Lexicon Plutarcheum Et Vitas Et Opera Moralia Complectens, Volume 1...

Daniel Albert Wyttenbach

LEXICON PLUTARCHEUM

ET VITAS ET OPERA MORALIA
COMPLECTENS

COMPOSUIT

DANIEL WYTTENBACH.

AD EDITIONEM OXONIENSEM EMENDATIUS EXPRESSUM.

VOLUMEN I.

LIPSIAE 1843
IN LIBRARIA KUEHNIANA.
(T. O. Weigel.)

MONITUM.

Exhibemus tibi, amice lector, indicem Graecitatis Plutarcheae, non qualem vellemus, utpote justa forma carentem et supremis auctoris curis destitutum, attamen qualem eum ad nos transmisit Wyttenbachius ὁ μακαρίτης. Neque enim in alieno opere mutare quidquam officii erat nostri: nec si fuisset vel maxime, omnia eo modo instruere et componere quo ipse conditor meditatus erat, aut leve foret aut expeditum. Idcirco dedimus operam, ut ex autographo omnia curate describerentur, deinde ut typographus ita provinciam suam administraret, ut aspectus Voluminis iis responderet, quae praecesserant.

Quod ad rationem operis conficiendi spectat, notandum est Wyttenbachium, scilicet quo facilius verborum ordinem alphabeticum conservaret, usum esse exemplari indicis Aelianei, charta pura singulis foliis interposita et in columnas distributa. Plutarcheas dictiones partim margini Aelianei indicis adspersit, immo haud infrequenter inter lineas exaravit, partim in charta pura, quam diximus, enotavit. Hinc descriptori haud leve incommodum et discrimen: nam ut de scriptura nihil memoremus, semper fere minuta, saepe compendiis et lituris deformata, ita nonnumqam legitimus verborum ordo corruptus est, ut fessi oculi quaerendo frustra laborarent, interdum quae satis plane scripta erant omitterent prorsus et negligerent.

Hoc porro monendum, paginarum numeros non ea qua par erat diligentia ubivis indicatos esse: id quod plurimis in locis ipse auctor sensisse videtur, qui sive ad oram libri, sive inter lineas haud infrequenter notare solitus sit, „nil hic,“ „non invenio,“ etc. Et in ipso libri fronte perscripsit, „Not. 684 „B.—685. quae sunt vocabula, ea perperam notata „sunt signo paginae 683.—685 A. F. item perperam „notata signo 684. Ergo quae 683 non inveniuntur, „quaerenda sunt 684, et 684—685. — Not. II. 1010 „A. et B. quae ibi non inveniuntur, quaerenda sunt „1011 A. B.“ Similiter eum et alibi peccasse nos non semel deprehendimus: quare rogandus est lector, si quid non invenerit loco indicato, ut in vicina pagina, aut vicina in parte paginae, investiget. Hanc certe nos methodum secuti, haud pauca ejusmodi vitia, currente calamo, sustulimus. Finem praefandi faciemus, postquam monuerimus, numerum I. primum volumen, II. secundum volumen, edd. Francof. 1599. 1620. vel Paris. 1624. significare.

Oxonii, Mart. 3. 1830.

INDEX

VOCUM VERBORUMQUE EXQUISITIORUM IN PLUTARCHO.

A confundit parit et paritur ex Δ. Stobaeus Phys. p. 50. ed. Heeren. fin. ἤδὲ, leg. δέ. Sed ἤδὲ est Canteri conj.

ἀβάκιον I. 793 F. Jambl. Vit. Pyth. 22. ἄμβαξ 24.

ἀβάκχευτος Himer. 558.

ἀβάπτιστος de sobrietate II. 686 B. (Pindar. Pyth. II. 146. Horat. Ep. II. 2, 22. *immersabilis*)—II. 983 C.

ἀβαρὴς II. 59 C. 1053 E.

ἀβασάνιστος II. 275 D.

ἀβασανίστως II. 28 B. 59 B. Euseb. P. E. IV. 132 C. Aeneas Gaz. 76.

ἀβασίλευτος II. 1125 E. I. 11 A. 34 B. 211 E. 509 A.

ἀβασκάνιστος II. 756 D.

ἀβάσκανος Teles Stobaei p. 575.

ἀβάστακτος I. 922 E.

ἄβατος I. 961 A. 1029 B. II. 21 B. I. 428 E. 466 D. 522 D. 574 C. 631 C. 697 E. 767 C. 949 A. II. 989 C. I. 142 C. Templum II. 267 C. 300 B. 828 D. 271 A. ψυχὴ II. 758 F. λόγος et ποταμὸς Plato 667 E.

ἀβαφὴς οἶνος II. 650 B.

ἀβέβαιος homo II. 34 A. 49 D. 69 C. E. 170 A. 205 A. 728 A. 734 D. 1058 B. 1092 D. 1114 C. I. 851 E. 1025 E. fama I. 282 B. — II. 29 A. 103 E.

ἀβέβηλον ἱερὸν λησταῖς II. 166 E.— I. 144 C. 993 C.

ἀβέλτερος (Aristid. I. 380.) II. 15 C. 59 A. 103 E. 177 E. (Hierocles Stobaei 477. Numenius Euseb. P. E. XI. 544 C.) 60 E. 613 C. 713 D. 716 B. 754 A. 791 E. 856 F. 1118 F. I. 289 B. 291 B. 1025 E. (quid sit hinc intelligitur.)

ἀβελτέρως II. 127 E.

ἀβελτηρία II. 66 C. 75 C. E. 82 E. 46 F. 73 C. 145 C. opposita πανουργία 379 E. 557 E. 601 B. 606 D. 607 A. 856 E. 985 E. 992 D. 1051 B. 1067 F. I. 49 B. 98 E. 173 A. 174 C. 242 E. 536 E. 567 E. 624 C. 706 B. 889 A. 920 C. 1018 B. D. cum ε II. 859 D. 961 E. 962 D. I. 35 A. E. II. 409 C. Alexis Athen. 562 B. Theophil. 563 A. Athenion. 660 F. Oenom. Euseb. P. E. V. 219 C. 232 A Dio Chrysost. XXXII. 375 D. XXXIII. 396 A. Aristid. I. 511.

ἀβίαστος II. 1057 D.

ἄβιος pro ἀβίωτος Plato 660 B.

ἀβίωτος I. 82 A. 280 A. Plato 660 F. Aristid. I. 135. 552. 566. et alibi. Teles Stobaei 524. 577. Philem. ib. 529. 569. Dio Chrys. 608 A.

ἀβιώτως ἔχω I. 960 C.

ἀβλάβεια II. 1090 B.

ἀβλαβὴς II. 26 A. 28 D. 125 B. 132 B. 669 C. 710 E. 778 E. 790 B. 818 D. 915 E. 935 A. 951 A. 964 A. 994 B. I. 23 A. 494 A. 1012 C. utilis Dio Chrys. 661 B. καὶ ἀζήμιος immunis a damno Plato 656 G. τοῦ δρᾶσαι καὶ παθεῖν Plato 690 G.

ἀβλαβῶς I. 427 D.

ἀβλαστὴς καὶ ἄκαρπος πρὸς ἀρετὴν II. 38 C. Simpl. II. 665 A. 912 A.

ἀβληχρὸς II. 133 D. I. 173 A. Valcken. Theocr. p. 218.

ἀβοήθητος I. 1028 A. II. 61 B. Upton. Indic. Epictet.

ἄβολος Plato 645 A.

ἀβουλία II. 1076 D.

ἀβούλητος v. Animadv. II. [illegible] A.

ἀβουλήτως II. 631 C.

ἀβουλία I. 96 A. 561 A. 976 C. II. 70 C. Porph. Abst. II. 40.

ἄβουλος I. 38 A. 977 A.

ἀβρὰ παθεῖν Solon. I. 79 C.

ἄβρα serva I. 712 A. v. Wernsdorf. ad Himer. p. 308.

ἄβρεκτος II. 381 C.

ἀβρόβιος II. 730 C. I. 889 E.

ἀβροδίαιτος II. 225 F. Musonius Stob. 235. Megaclid. Athen. 513 C.

ἀβρότερος Aristid. I. 232. Himer. 880.

ἀβρότης I. 129 E. 949 D. 962 C. II. 52 E. ἀβρότητες Persicae Aristid. I. 230.

ἄβρωτος II. 733 E. 139 A.

ἀβυρτάκη II. 664 A. v. Zenob. V. 3. et Schott.

ἄβυσσος II. 1130 E. πηγὴ Aristid. I. 256.

ἀγαθέος I. 443 C.

ἀγαθοποιὸς II. 368 B.

ἀγαθὸς differre videtur a καλὸς II. 1040 D. 1041 A. I. 795 E. ἀγαθὸν εἶναι περί τινα I. 385 B. ἀγαθός τινι salutaris cui II. 648 A. ἀγαθόν τινος fructus alicujus rei II. 718 F. παρ' Ἀμμωνίῳ τῷ ἀγαθῷ II. 748 D. τὸ ἀγαθὸν τῆς ἐξουσίας f. ἄγαν II. 779 E. conf. 778 B. ἀγαθῇ τύχῃ formula auspicandi II. 108 A. 852 C. I. 892 C. γεγενημένος ἀνὴρ ἀγαθὸς quum se fortem praestitisset II. 870 D. I. 115 B. Wesseling. Diod. Sic. II. 27. I. 204 E. 238 F. II. 234 A. γαλήνη est ἀγαθὴ λοχεῦσαι apta ad pariendum II. 981 C. ἀγαθῇ γῇ II. 986 F. ἐν ἀγαθοῖς εἶναι II. 1106 A. Deus αἴτιος ἀγαθῶν, ἀναίτιος κακῶν I. 173 D. sim. II. 34 A. τίνος ἦν ἀγαθὸν, cui bono erat II. 414 A. qui ita proprie dicuntur I. 193 B. οὐκ ἐπ' ἀγαθῷ I. 220 E. II. 204 D. Dio Chrys. XII. 195 C. XXIV. 280 C. XXXII. 365 A. 439 C. Lucian. T. I. 791. τὰ ἀγαθὰ virtutes I. 267 A. ἀγαθὸν πρός τι de medicina I. 736 D. ἀγαθὸν παρέχεσθαί τινα ἔν τινι II. 97 F. ἀγαθοῦ καὶ γενναίου ἀνδρὸς φρόνημα ἀναλαβεῖν II. 121 F. subaud. homo II. 114 C. 119 A. ἀγαθὸν bona fort. II. 103 A. — Simpl. II. 107 F. 109 D. E. 111 E. 113 C. 115 C. 118 F. 147 D. 154 E. ἀγαθὴ μνήμη mortuorum II. 121 E. ἀγαθοὶ κυβερνῆται cum his voraces homines componuntur II. 127 C. ἀγαθῶν καὶ σοφῶν II. 145 E. 150 C. ἀγαθὸς et ἀγαθὸν bonum, utile II. 147 D. 155 B. 158 B. 164 E. 167 E. ἀγαθὸν βρωθῆναι II. 157 E. ἀγαθὰ ἀγγέλλετε II. 180 C. ἀγαθὰ τὰ II. 172 E. 177 C. 215 F. ἀγαθὸς II. 173 A. 176 B. 178 B. 181 C. 183 D. 185 C. 190 F. 192 A. B. 201 D. 209 A. 211 A. 213 C. 218 A. C. 220 D. 221 A. E. 222 B. D. 223 E. 225 A. 226 C. 230 B. 231 F. 239 A. C. 242 C. Cum infinitivo II. 235 E. I. 932 C. ἐν ὅπλοις I. 388 A. fortis 1044 C. et passim. ἀνὴρ I. 1064 E. II. 136 C. miles I. 1072 B. aliter 1072 D. Vet. Poët. αὐτὰρ ἀνὴρ ἀγαθός ποτε μὲν κακὸς, ἄλλοτε δ' ἐσθλὸς Xenophon. M. S. I. 2. 20. ἀγαθὸς πᾶσαν ἀρετὴν Plato 670 C. G. καὶ ἄριστος Plato 671 C. universe Plato 699 A. 700 B. 703 F. G.

ἀγαθουργὸς II. 1015 E. Porphyr. Abst. II. 40. 41. ἀγαθουργία Oenom. Euseb. P. E. V. 230 D.

ἀγαίομαι, obstupesco II. 470 C. ex Archilocho.

ἀγάλλεσθαι ἐπί τινι vel simpl. τινὶ II. 331 B. 778 D. 809 B. 867 A. Thucyd. VI. 41. Duker. Aristides saepe I. 196. 492. 510. 519. 523. 534. 553. — florere de floribus herbisque II. 517 D. — II. 778 C. 817 A. I. 129 E. 188 C. 254 D. 272 A. 375 F. 433 F. 487 E. 598 A. 727 F. 734 B. 846 F. 1034 E. Aristid. I. 189. et saepe. Ἀγάλλω τι Aristid. I. 68. ἀγάλλειν θεοὺς ἀπαρχαῖς Lex Draconis ap. Porphyr. Abst. IV. 22. fin. Plato 682 E. G. bis.

ἄγαλμα II. 74 D. 166 C. 171 E. 984 B. 1029 F. 1030 B. I. 65 C. 132 A. B. 158 F. 160 C. 232 A. 302 A. 310 C. 876 E. ἡρωϊκὸν I. 436 A. ἀγάλματος εἰκὼν I. 676 E. Similiter Plato 682 E. G. 701 H. 702 A. Aristid. I. 179. βαρβαρικὸν Alex. M. II. 65 D. ἱερὸν II. 195 E. Pulcherrimum pater senex filio Plato 682 G. Homo ignavus Eurip. Autolyc. fr. III. 10. Thes. III. Tragicus ap. Dion. Chrys. 662 D. αἰδοῦς ex Aristoph. Nub. Aristid. I. 77. pictura Plato 691 G. τέμενος, ναὸς, ἱερὸν cet. Aristid. I. 22. Conf. eundem I. 149. 299. 231. 261. 361. 540. 541. 553. — ἄγαλμα tantum habent alii quorum Athenienses habent ναοὺς καὶ θέατρα Aristid. I. 189. — urbs Aristid. I. 512. — ἀγάλματα viri principes id. II. 298.

ἀγαλμάτιον I. 55 B. 471 B.

ἀγαλματοποιὸς Aristid. I. 189.

ἄγαμαι I. 14 B. 41 A. 57 C. 106 D. 118 D. 184 F. 247 E. 254 C. 317 D. 348 D. 431 D. 497 F. 589 D. 611 C. 612 A. 624 A. 625 D. 836 E. II. 28 B. 30 A. 67 E. 119 D. 235 D. 236 A. 401 F. 408 A. 595 D. 1107 E. Plato 688 G. 670 A. τινὸς Aristid. II. 100. τινά τινος id. II. 297.

ἀγαμία II. 491 E.

ἀγάμιον I. 451 A.

ἄγαμος I. 48 C. 129 D. 480 D. 503 C. II. 163 B. 164 B. 227 E. F.

ἄγαν. τὸ I. 43 E. 111 E. 132 C. 600 B. τὸ ἄγαν σφόδρον 689 C. 732 A. 747 E. 803 D. 939 B. 946 F. Simpl. Trag. II. 778 B. — 431 A. 437 A. I. 640 A. 795 E. 883 D. 901 F. II. 40 D. 66 B. 68 E. 119 F. 127 A. 134 F. 154 E. 212 E. 238 B. τὰ ἄγαν res magnae Trag. II. 811 D. Eurip. II. 880 F. ἀληθὲς II. 104 D. οὕτως Dio Chrys. 555 B.

ἀγανακτέω I. 143 D. F. 496 D. 515 B. 520 C. 626 A. 775 D. II. 10 C. 13 E. 58 E. 60 B. 122 D. 140 B. 143 A. 160 D. 167 C. 170 C. 174 B. 179 A. B. 188 E. 189 A. 192 C. 200 C. 203 E. 396 E. 425 B. 428 C. De inanimatis, recuso II. 737 F. De homine qui crepitat II. 734 E. De moriente pugnando II. 987 D. ὑπέρ τινος II. 71 C. 1121 B. I. 317 D. De bruto II. 96 D. *Sensus voluptatis et titillationis obluctans tamen et renitens* II. 446 C. Plato Phaedr. 346 G. ubi corrigere tentat J. Pierson. Moer. 41. Tim. 552 D.

ἀγανάκτησις I. 318 A.

ἀγανός. ἀγανώτατος θνατοῖς Pind. II. 1102 E. 413 C.

ἀγανόφρων Hom. II. 67 A.

ἀγαπάω I. 57 C. 70 A. 152 C. 153 B. 155 D. 211 D. 216 F. 218 B. 233 B. 258 C. F. II. 40 B. 282 B. 377 C. 545 D. 613 F. 689 C. 711 C. 723 C. 764 A. 872 A. 984 B. Dio Chrys. 583 C. Cum Participio II. 82 A. καὶ ἀσπάζομαί τι II. 45 A. 143 B. 408 B. 766 A. 1095 F. 1121 A. καὶ φιλέω II. 84 D. 778 A. καὶ θαυμάζω II. 84 E. 147 A. 782 A. I. 960 E. καὶ δέχομαι II. 793 F. καὶ τεθηπὼς II. 989 E. Pass. I. 647 B. II. 16 B. 1121 E. Contentus sum Gatak. M. A. p. 202. I. 317 B. 228 C. 356 A. 386 A. 522 E. 561 A. 707 E. 904 C. 934 E. 1044 A. II. 82 A. 101 D. 147 D. 170 F. Aristid. I. 305. ἀγαπωμένη ars, elegans f. I. 305 D. 310 A. καὶ τιμάω I. 364 D. ἐπί τινι I. 637 B. καὶ τιμάω καὶ σέβομαι I. 322 B. *cupio* gloriam I. 689 D. 887 B. II. 87 E. cum inf. I. 827 A. 828 B. quem ob mores I. 861 F. παθὼν quiesco post poenam I. 870 C. pro ἐράω I. 1023 B. II. 125 A. 143 B. 151 E. 209 D. Dio Chrys. 583 A. tracto quid, studeo II. 156 A. ἀγαπώμενος II. 114 C. quem II. 112 A. οὐδεὶς ἀγαπῶν. αὐτὸς ἀμελεῖθ' ἡδέως II. 95 D. τινά τινος ob quid II. 90 F. καὶ χαίρω II. 81 A. τι simpl. II. 79 C. 172 E. 189 A. 203 B. καὶ χράομαι II. 51 E. καὶ ζητέω II. 16 A. φίλους oppon. τιμάω σέβομαι cet. II. 7 E.

ἀγάπη καὶ φιλία II. 709 E.

ἀγαπήνωρ ex Homer. II. 617 B.

ἀγάπησις II. 148 B. 492 C. 495 C. 769 A. 979 F. 1100 D. I. 30 A. 165 D. 231 E.

ἀγαπητικὸς I. 81 E.

ἀγαπητὸς I. 111 D. 601 E. II. 123 C. Plato 677 E. Aristid. I. 266. — et solus filius II. 93 F. 119 B. 423 A. 595 B. Plato 36 G. amabilis II. 765 D. ἀγαπητὸν εἰ II. 800 C. Porphyr. Abst. I. 52. τι ποιεῖσθαι contentum esse aliquo Aristid. I. 478.

ἀγαπητῶς quid facere II. 410 D. 954 B. I. 380 B. 542 C. 931 C. Plato 677 E. Herodian. index. Aristid. I. 292. bis. 311. 348. 350. 389. 424. 439. 530. 532. II. 107. 235.

ἀγαστὸς I. 351 B. 481 C. 615 E. 888 C. Plato 635 F.

ἀγγεῖον II. 38 E. 39 A. 42 D. 47 E. 48 B. 81 B. 147 E. 407 B. 423 D. 698 B. D. 721 B. 782 E. 801 C. 829 A. 983 B. D. I. 30 E. 155 A. 272 F. 273 A. 777 E. 954 D. corporis hum. 130 C. 903 D. 967 C. 910 E. Plotin. 386 E. Quo pecunia servatur I. 442 A. B. vestium et simil. I. 677 C. 834 A. 928 D. 934 D. gallinarum I. 832 C. D. Vas impurum animus in quo bona corrumpuntur Lucret. VI. 16. Horat. Ep. I. 2, 54. Maris fundus, quo continetur mare Dio Chrys. V. 83 C. φρονήσεως καὶ λόγου est humanum corpus Dio Chrys. XII. 211 C.

ἀγγελία I. 150 C. 625 B. 813 B. 929 B. De ea oratio Antiphontis II. 833 D. et ἐπίταξις Plato 685 G.

ἀγγελιάφορος II. 221 D. 866 C.

ἄγγελμα I. 905 E. 788 B. 977 F. 724 C.

ἀγγέλλω I. 948 B. II. 180 C.

ἄγγελος I. 141 D. 542 D. II. 85. 118 F. 128 F. 240 E. Dei, avis II. 405 C. in tragoedia I. 446 D. Regis I. 810 C. Simpl. II. 119 A. λόγος ἄγγελος τῶν κατὰ ψυχὴν ἀγαθῶν Juncus Stobaei 593. fin. φωνῆ Dio Chrys. XII. 213 A.

ἄγε cum particip. I. 272 C. cum plural. II. 135 D. δή I. 988 A.

ἀγείρω. ἀγείρουσι περιοῦσαι I. 36 F. mendico II. 235 E. exercitum I. 246 A. sacra I. 820 D. χρήματα colligo I. 189 A.

ἀγείτων II. 423 D.

ἀγελαῖος ἵππος opponitur ἐξαιρέτῳ II. 593 B. τὸ ἀγελαῖον τῆς ψυχῆς II. 713 A. ἀγελαῖον animal II. 93 E.

ἀγελαρχέω I. 1060 F.

ἀγελάρχης I. 20 E.

ἀγελαστεὶ II. 727 A.

ἀγέλαστος I. 880 A. Aeschyl. Stob. 582. ἑορτὴ II. 378 D. 397 A. Homo Plin. H. N. VII. 18.

ἀγέλη I. 50 A. C. D. Lacon. 596 D. II. 162 D. κατ' ἀγέλην II. 237 B.

ἀγεληδὸν II. 980 A.

ἀγένεια mollities I. 888 B. luctûs II. 112 B.

ἀγένειος f. poët. καὶ ἁπαλὸς II. 769 B. imberbis I. 891 B. 1035 F. oppon. παιδὶ Plato 644 F.

ἀγενὴς oppositum ejus εὐγενὴς — ἀγεννὴς — γενναῖος colligitur ex Dione Chrys. XV. 243 D. 244 A. ubi item confunduntur ἀγενὴς et ἀγεννής.

ἀγεννὴς I. 259 C. 269 B. 275 D. 307 D. 630 D. 378 F. 322 D. 767 C. 761 D. 800 F. II. 37 E. 128 B. Inhonestus II. 808 F. Herba silvestris II. 529 B. Opponitur εὐπατρίδαις II. 821 C. infirmus II. 966 B. 1097 E. 1098 D. ignavus II. 1069 D. I. 593 D. καὶ ἀνόσιον I. 35 E. infans morbidus I. 49 E. infructuosus I. 90 G. καὶ ἄκαρπος I. 81 D. ἀγεννῆ φωνὴν ἀφιέναι I. 82 A. οὐκ ἀγ. τὸ εἶδος II. 149 C. 582 D. Simpl. οὐκ ἀγεννὴς II. 590 A. 770 D. I. 45 A. ovis I. 702 A. ἀγεννὲς φυτὸν f. ἀλλογενὲς II. 607 E. τοῖς καρποῖς II. 640 F. ἀγεννὲς πάθος II. 91 G. 715 E. μηδὲν ἀγεννὲς ποιεῖν de muliere, quae amore juvenis incensa ejus conjugium quaerit II. 749 D. Simil. I. 442 C. ψυχὴ II. 762 D. καὶ ἀνελεύθερος 786 B. ἀγεννές, ἄγριον, ἄωρον II. 796 A. ἀγεννὴς ἐν φόβοις ἄγριος ἐν ὀργαῖς 799 D. καὶ ταπεινὸν II. 794 C. 803 D. 822 C. I. 886 B. 903 B. 930 D. ἀγεννὴς res I. 851 A. 655 F. ὁ II. 112 D. 114 C. homo vilis, ignavus, non generosus et liberalis animo I. 855 E. ἀγεννέστερος τῶν κύκνων II. 161 C. οὐκ ἀγεννὴς animo subaud. II. 163 B. ἀγεννὴς dubium utrum genere an animo I. 866 B. ἀγεννὲς est gloriam appetere I. 887 B. D. Simil. II. 113 A. οὐκ ἀγεννὴς barba I. 917 C. φύσις I. 1024 A. δόξα II. 28 C. ἀγεννὲς καὶ ἀπαίδευτον II. 46 C. καὶ παθητικὸς II. 65 F. τὸ ἀγεννὲς καὶ ταπεινὸν animi II. 66 C. et γενναῖος amicus oppon. II. 69 D. φωνὴ II. 85 B. καὶ ταπεινὴ δίαιτα II. 123 C. λόγον οὐκ ἀγεννῆ μὲν δυσχερῆ δὲ ἐπιτελεσθῆναι II. 216 A. Var. Codd. dupl. νν. Vulgo ἀγενὴς καὶ φαῦλος II. 49 B. 51 C. 64 E. 65 F. Leg. ἀτενὴς I. 339 A. 1064 E. Dio Chrys. IV. 76 D.

ἀγεννῶς I. 663 C. 960 D. καὶ θηριωδῶς II. 1108 D. opp. ei ἀναισθήτως I. 1066 E. ἀγ. τι φέρω I. 855 D. οὐκ ἀγεννῶς II. 141 B.

ἀγέννητος II. 1013 E. 1016 A. C. 1017 B. 1053 D. 1114 A. C. I. 286 C. II. 153 C. novus inauditus II. 1135 B. quod fieri nequit I. 232 A. II. 115 A. infectum fieri nequit τὸ γεγονὸς Plato 683 G. cum ἄφθαρτος Wess. Diod. Sic. p. 10.

ἀγεννήτως II. 1015 B.

ἀγέραστός τινος II. 976 C. I. 215 B.

ἀγέρωχος II. 657 D. I. 185 B. 298 C. 1025 D. ἀγερωχία Dio Chr. 396 D.

ἄγευστος cibus II. 731 D. 733 E. I. 923 C. 937 B. activ. II. 13 B. 36 D. 1091 E. θυσία II. 124 B. τινος Hierocles Stobaei 490.

ἀγεώργητος I. 219 A. 1031 F.

ἄγημα Wessel. Diod. Sic. II. 204. I. 264 F. 586 F. 597 A.

ἀγήραος Pind. II. 1075 A. ἀγήρατον κακὸν I. 455 E.

ἀγήρως II. 434 B. 783 E. 792 E. 985 F. I. 159 E. II. 438 C. Aristid. I. 79. — de planta semper viridi II. 649 D. τιμὴ II. 723 E. lapis Plato 688 E.

ἀγητὸς χρήμασιν ex Solone I. 88 B.

ἀγητὼρ Jupiter Nic. Dam. Stob. 294.

ἅγιος I. 35 A. 65 F. Plato 664 A. animal pro ἱερὸς II. 670 A. ἅγιον corpus a cujus Venere abstinendum II. 682 C. ἅγιον καὶ ἄσυλον ἱερὸν in quod supplices aufugiunt II. 290 B. f. restituend. Hellanico Athen. XV. 679 F. emend. Plat. 642 A. τὰ ἁγιώτατα mensa II. 728 A. καὶ ἱερὸς I. 144 F. 676 D. ἅγιον ἱερὸν sacrificium II. 418 A. I. 347 F. 603 C. tribunus plebis I. 831 E. 834 D. τόπος ὅλος Plato 672 D.

ἁγιστεία II. 729 A. I. 31 E. 65 C. 67 B. Porphyr. Abst. II. 31. IV. 8.

ἁγιστεύω 501. 521. 626. Pausan.

ἀγκάλη amatoria II. 755 C. ἐν ἀγκάλαις τινὸς II. 925 B. 954 B. 977 F. 1123 B. urbis Aristid. I. 261. πρὸς I. 29 C. 658 F. 738 A. 1012 E. 1074 C.

ἀγκαλίζω. ἀγκαλίζεσθαι in lucta II. 638 E.

ἀγκαλὶς I. 22 B. ξύλων 782 A.

ἀγκιστροειδὴς II. 877 E.

ἄγκιστρον θινῶδες ἀγκίρας poetae II. 446 A. 782 D. πάθος II. 488 B. 996 E. 1088 A. piscis captura II. 730 C. Plato 641 G. Simpl. piscatoris II. 976 E. 977 A. B. C. E. I. 929 A.

ἀγκιστρόω. -ωμένη ἀκὶς teli I. 559 A.

ἀγκτὴρ II. 468 C.

ἀγκύλη pars jaculi I. 359 B.

ἀγκυλία Rom. I. 69 A.

ἀγκυλόπους sella curulis I. 408 D.

ἄγκυλος II. 988 E. I. 69 A.

ἄγκυρα I. 332 F. 646 A. 660 B. 661 D. 896 B. 930 B. 946 B. II. 204 C. 981 A. ἐπ' αὐτῆς σαλεύειν II. 493 D. I. 88 D. Hierocl. Stob. 449. ἱερὰ II. 815 D. Aristid. II. 194. ἀσφαλὴς Olympiod. Gorg. 222. ἀποβάλλεσθαι I. 427 B. βίου Stob. p. 3, 43. Sim. Philem. Stob. 210. Plato 694 A.

ἀγκυρηβόλιον σάλου καὶ πλάνης II. 317 A. Casaub. Strab. p. 240. Democrit. II. 495 E.

ἀγκύριον ut, anima in corpore restat II. 564 C. ἄρασθαι II. 604 D. Wessel. Diod. Sic. I. 699.

ἀγκών. εἰς ἀγκῶνα II. 983 B. I. 988 E.

ἀγλαΐα II. 787 B. hilaritas I. 53 C.

ἀγλαΐζω II. 965 C.

ἀγλαόκαρπος II. 683 C. seq.

ἀγλαόχθων II. 706 A. Pind.

ἀγλαῶπις aër II. 720 E. Empedocl.

ἄγλωσσος II. 963 D.

ἄγμα fragmentum I. 359 C.

ἄγναυπτος (vestis) II. 169 C. ubi v. Animad. animus I. 764 B.

ἄγναπτα ἱμάτια II. 691 D. 692 A.

ἁγνεία II. 171 B. 361 E. 684 A. 730 D. I. 66 E. Hecat. Abd. Euseb. P. E. IX. 408 C. Porphyr. Abst. I. 57. II. 1. saepe alibi 44. 45. Plato 674 E. 676 H.

ἁγνεύω II. 144 B. 729 A. 996 E. I. 23 A. v. Plato 646 C. οἴνου καὶ ἀφροδισίων II. 464 B. C.

ἁγνίζειν de aqua ut καθαίρειν de igne II. 263 E. Markland. Eurip. Suppl. 1211. — II. 972 B. 1105 B. I. 5 C. 32 F. 68 E. 331 D. 418 A.

ἅγνιος. ἁγνίαις ῥάβδοις II. 693 F.

ἁγνισμὸς II. 418 B.

ἀγνοέω I. 913 B. II. 43 F. 70 C. 73 F. 1128 D. E. 1129 C. non agnosco quem I. 587 A. II. 148 C. simulo me non scire II. 13 E. ἀγαπᾶν ἀγνοούμενον II. 82 A. οὐκ ἀγνοῶ δὲ transit. II. 127 B. ἀγνοούμενος ad quem venio II. 184 D. Simpl. II. 75 D. E. 82 D. 89 C. 109 A. 113 C. 119 C. 136 E. 137 A. B. 182 C. 183 F. 190 B. 195 A. 200 D. act. et pass. Plato 703 B. 704 C. — erro, Plato 630 A.

ἀγνόημα II. 165 A. 698 A. 948 A.

ἄγνοια II. 105 D. 116 B. E. 153 B. 161 D. 164 E. 165 B. 167 A. 705 C. 706 E. 1093 A. 1104 E. 1084 C. 1118 E. 1124 B. 1129 B. D. 1130 B. bis E. I. 179 F. 212 E. 443 D. 537 E. 600 B. 662 D. 1003 E. 1004 E. 1025 F. Plato 656 A. B. περὶ τι II. 531 C. 534 A. 541 C. E. καὶ ἀπάτη II. 17 B. 48 A. ἄγνοιαι καὶ δόξαι ψευδεῖς juvenum II. 26 A. καὶ ἀμαθία II. 31 F. 170 C. Dio Chrys. IX. 140. καὶ ἀπορία f. ἀπειρία II. 44 B. καὶ ἀσαφεία II. 47 C. dubium an pro ἄνοια Dio Chrys. VIII. 131 D. καὶ πονηρία. At ἄνοια IX, 138 B. Pro ἄνοια Pausan. 855.

ἁγνὸς ἀφροδισίων II. 268 D. Simil. 435 D. 438 C. Simpl. I. 35 F. 1025 C. II. 144 D. 683 F. 766 E. 417 B. E. 421 C. 431 E. 397 B. 402 C. Plato 647 D. flamma II. 665 E. ἁγνὸν ἱερὸν II. 857 D. — ἡ Δημήτηρ Hesiod. II. 169 B.

ἄγνος verbena II. 578 D. 641 D. 749 A.

Ἀγνούσιος pop. Att. I. 6 A.

ἀγνύθες instrumentum textoris II. 156 B. Pollux VII. 36. X. 132.

ἄγνυμι. ἀγνύμενος cantus poët. II. 1096 A.

ἀγνωμονέω I. 68 A. 137 D. 143 D. 198 A. 200 F. 235 C. 227 E. 747 E. 753 E. 926 C. 978 D. II. 796 B. 824 B. Eurip. Fr. Inc. Musgr. CL. Restitue in Perictyone Stobaei 458, 4. Aristid. I. 179. 409. 426. 429. 434. 441. 449. 476. 484. — Passiv. II. 249 E. 483 C. 766 E.

ἀγνωμονεύεσθαι II. 484 A.

ἀγνωμόνως II. 532 D.

ἀγνωμοσύνη II. 76 A. 780 A. I. 153 C. 172 D. 753 D. Aristid. I. 134. 160. 361. 409. 427. 441. 448. 455. 469. 470. II. 227. 248.

ἀγνώμων importunus II. 530 A. oppon. χαριεὶς 532 F. 535 E. 709 A. Wessel. D. S. I. 558. I. 441 A. 328 A. II. 148 A. 190 A. 232 B. Dio Chrys. 499 D. Aristid. I. 472. 522. II. 218. 251. 260. ἐπιθυμία II. 133 A. τινος Plato 703 G. — opinio II. 426 D.

ἀγνὰς II. 700 E. I. 280 E. 452 E. 832 F.

ἀγνωσία Cod. C. et Xyl. pro ἄγνοια II. 1130 E. Eurip. Stob. p. 538, 35.

ἄγνωστος I. 336 B. 868 A. ἄγνωστόν τινα κατασκευάζειν vestire ne cognoscatur II. 771 A. 1129 F. ἄγνωστον καὶ μικρὸν imperceptibile Aristid. I. 571. ἄγνωστοι θεοὶ Pausan. 412.

ἀγονία I. 32 E. II. 103 B.

ἄγονος poeta II. 348 B. νάματος terra II. 827 D. vir, στεῖρα foemina II. 906 E. Sim. Plato 647 H. promiscue II. 907 A. I. 51 E. 66 B. mulier I. 736 D. τινος I. 1023 D.

ἀγορὰ cibi annona I. 167 C. 219 A. 221 A. 223 C. II. 1122 E. in militia, annona I. 371 C. 430 B. 453 A. 628 D. 663 D. 1006 B. Cibi copia I. 378 E. 390 A. 492 C. 493 B. 536 D. 555 C. 509 A. 631 E. 633 A. 728 A. 837 A. 864 D. forum, locus I. 219 F. 220 C. 338 E. 487 C. II. 77 E. 78 B. 173 E. 182 C. 197 F. 199 F. 203 E. 206 C. 227 A. 794 A. 819 E. et στρατόπεδον res civiles et bellicae I. 514 D. forenses actiones Or. II. 80 A. ibi συγκυβεύουσι II. 94 A. ἐξ ἀγορᾶς amicos assumere ib. ἀγορᾶς ἐπιμελητὴς II. 204 B. frequentia hominum, res civiles I. 546 E. ἀγορὰν εἰς prodire I. 468 A. ibi sunt ἐργασίαι officinae I. 434 F. ἐξ ἀγορᾶς quid emere I. 893 E. idem ac ἐκκλησία I. 973 B. ibi docent philosophi I. 1028 A. in eam ferunt cibos venales mane rustici I. 1030 E. δι᾽ ἀγορᾶς duci ad supplicium Romae I. 1060 C. εἰς ἀγορὰν προϊέναι II. 33 A. ξένοις ἐν ἀγορᾷ colloqui II. 57 B. — fere *munus reip.* II. 144 C. ἡ αὐλὴ negotia in iis II. 136 B. ἐν ἀγορᾷ μακάριος non domi II. 100 D. δι᾽ ἀγορᾶς καὶ τραπέζης ποιεῖσθαι τὸ συμβόλαιον II. 533 B. ἀγορὰν κατέχει orator dominatur in foro I. 220 B. tempus Rom. s. nundinae I. 222 E. eam videre nolle I. 277 C. βοῶν Romae I. 299 D. τεράτων II. 1108 D. κατ᾽ ἀγορὰν I. 154 D. ἐξ ἀγορᾶς quid emere I. 162 A. Dio Chrys. 504 B. Philo Jud. 685 A. Lucian. I. p. 64. T. H. ἀγορᾶς εἴργεσθαι I. 168 B. ὁδὸς ἐπ᾽ ἀγορὰν sola frequentabatur a Pericle I. 165 D.

ἀγορὰ εὐτράπεζος II. 667 C. ἐξ ἀγορᾶς mulierem ducere II. 753 C. E. ἑώλων II. 1060 B. συῶν. Visconti ad Philostr. Her. Boissonad. 294. ἀγορὰ κοινὴ Plato 654 C. ἀγοραὶ tres quovis mense 1. 12. 23. Plato 651 A. annona Dio Chrys. 522 C. vel σκηνὴ ubi sunt θαυματοποιοὶ, Juncus Stobaei 597. πλήθουσα Phintys Stob. 445. Dio Chrys. 437 B. ἄρτος ἐξ ἀγορᾶς Alciphr. cit. Meurs. Att. Lect. VI. 7. Athen. 109 D. 112 B. D. Simil. Bas. M. T. I. 341 E.

ἀγοράζω II. 95 C. 97 C. 220 B. 234 C. 242 C. 668 A. 832 A.

ἀγοραῖος II. 785 D. I. 275 D. vates II. 407 C. homo in foro et caussis versatus II. 632 B. 710 D. λόγους ἀγοραίους II. 615 A. Mercurius II. 654 F. 844 B. ἀγὼν II. 713 F. Jupiter II. 789 D. 792 F. Musgr. Eurip. Heracl. 70. Aristoph. Eq. 408. 498. Aeschyl. Eum. 977. Taylor Lect. Lys. p. 70 R. Pausan. 234. 414. Dorvill. Sic. p. 73. Theophr. Stob. 281. Stanl. Aeschyl. T. II. 861. 6. Hominem ἀγοραῖον decet τὸ φορτικὸν II. 863 D. forensis homo et πολιτικὸς I. 158 B. Simil. Aristid. I. 339. 343. ἀγοραῖος et ἀγόραιος differunt Casaub. Theophr. C. 6. p. 83. ed. Fisch. Circumforaneus II. 407 C. ἀγοραία Minerva Pausan. 234. χάρις orationis popularis I. 174 D. ὄχλος opp. rusticis I. 456 C. ἀγοραῖον καὶ πανηγυρικὸν καὶ τὸ πρὸς δόξαν I. 525 C.

ἀγοραίως καὶ ῥητορικῶς I. 837 E. Conf. Dio Chrys. XXII. 274 B. circumforanea dicacitate I. 926 B.

ἀγορανομέω I. 298 E. 316 C. 453 C. 887 F. 709 E. 864 D. 987 D.

ἀγορανομία II. 197 A. 804 F. I. 256 A. 369 D. 781 F. 990 E. μείζων et ἐλάττων II. 202 B. I. 408 A.

ἀγορανομικὸς I. 647 C. 709 F.

ἀγορανόμος II. 658 E. I. 221 E. 222 A. C. Aediles 298 E. 408 A. 492 B. 646 B. 782 A. Plato 616 A. 617 A. 618 C. D. F. 650 G. 651 C. 663 E. 675 C. 676 H. 677 B. 678 C. 684 F. 690 G.

ἀγόρασμα I. 777 A.

ἀγορασμὸς Phintys Stob. 445.

ἀγορεύω veto, jubeo cum auctoritate II. 297 D. scriptor narrat II. 874 B. nomino II. 1035 A. τινὰ κακῶς I. 89 E. praeco I. 477 A. τι ἔν τινι aliquid in aliquo genere pono Plato 689 G.

ἄγος II. 418 B. 859 B. I. 84 A. C. 137 B. 170 A. 543 E. 784 A. 985 D. Aristid. I. 151. ἐλαύνειν 406.

ἄγρα II. 730 A. 965 C. 966 B. 969 C. 976 D. I. 174 B. καὶ κυνηγέσιον II. 959 D. θήραμα II. 970 A. capta fera II. 972 D. 980 B. captivus I. 178 E. anguillarum I. 245 E. venatio I. 573 C. amici I. 763 F. τινὸς fio I. 1007 F. cf. 1008 A.

ἀγράμματος II. 100 A. 405 A. 1111 E. 1121 F. 1125 E. I. 322 F. qui scribere nescit II. 186 A. vox, oppon. ἐγγραμμάτῳ Porphyr. Abst. III. 3.

ἀγραυλέω I. 61 F.

ἄγραφος I. 217 D. Jambl. V. Pyth. 226. ἄγραφα dicit orator I. 849 E. νόμος II. 163 A. 221 B. Plato 647 G.

ἄγρευμα II. 93 C. 661 F.

ἀγρεὺς Apollo Aeschyl. II. 757 D.

ἀγρεύω II. 727 E. 730 C.

ἀγριαίνω II. 39 F. 144 C. 234 A. Jambl. V. P. 216. Aristid. II. 253.

ἄγριος fluctus I. 726 C. πένθος II. 609 E. ἀγριωτάτοις καὶ φονικωτάτοις II. 727 C. ἀ. καὶ θηριῶδες II. 167 D. cf. 796 A. I. 693 C. carnifex apud inferos II. 828 F. κακὰ et λάχανα lusus verborum Aristoph. II. 853 C. χειμὼν II. 938 B. Plato 677 E. simpl. II. 957 A. 1094 E. καὶ αὐτόνομος elephas II. 968 E. amor II. 972 D. καὶ βάρβαρος II. 1075 A. βίος καὶ ἄμικτος II. 1124 E. I. 72 F. 125 A. materia λόχμη II. 397 F. animus superbus I. 235 B. 924 B. fructus I. 214 F. 923 C. fluvius I. 383 F. ἄγριον γῆρας I. 407 A. μῖσος I. 619 B. 1061 A. τὸ feritas I. 633 E. ἄγριος populus I. 717 E. crudelis I. 790 C. κακία hominis I. 979 A. ἀγρίως καὶ ὠμῶς I. 1054 C. II. 60 D. τόπος inferni II. 17 A. ἀγρίως καὶ αὐθαδῶς II. 19 B. ἄγρια πολλὰ profert anima expers culturae II. 38 C. σπέρματα II. 51 A. et ἥμερα animalia II. 61 C. τινὶ καὶ χαλεπὸς II. 69 A. τὴν ὄψιν II. 148 C. θηρίον II. 86 E. 147 B. medicina II. 134 D. ἀπάθεια II. 102 C. Vulg. ἀλλοτρίοις pro ἀγρίοις II. 86 D. ἀγρίως καὶ ἀγθρῶς II. 82 A. ἀγριώτερον vinum II. 663 D. ἐρίνεος II. 700 F. τὸ in homine II. 716 F. 796 A. 829 D. (ἀγριότης Jambl. V. Pyth. 93. l. ex Aristox.) ἀγρίως καὶ χαλεπῶς quid ferre II. 787 C. 1113 E. ἄγριον καὶ θηριῶδες factum II. 809 D. ἄγριος homo et ἥμερος Plato 664 D. Sim. 646 B. 664 D. τόπος Plato 672 F. 673 G. v. Plato 660 G. 689 E. 691 A.

ἀγριότης I. 726 F.

ἀγριόω. ἀγριοῦσθαι πρός τινα I. 171 A. Dio Chrys. VII. 105 B. ἀγριοῦται ventus I. 392 B.

ἀγριώνια festum Boeotorum II. 291 A. 299 F. 716 F.

ἀγριώνιος Bacchus I. 926 A.

ἀγριωπὸς I. 413 B.

ἀγρογείτων I. 351 E.

ἀγροικία ager, rus II. 519 A. Aristid. I. 283. II. 9. bis. rusticitas, inhumanitas II. 57 C. 66 C. 124 B. 664 D. 1108 B. I. 192 D. 716 B. 927 D.

ἀγροικίζομαι I. 454 C. Aristid. I. 491. 505. Zachar. Mityl. 224.

ἀγροικός. ἀγροικότερος ἐφάνη II. 583 F. moribus fastus II. 713 E. I. 961 C. inscitus II. 124 B. 744 C. I. 322 F. est vel ἀφελὴς vel ἠλίθιος II. 854 B. jactans II. 1117 E. καὶ ἀλλόκοτος I. 93 E. δίαιτα ruri I. 353 B. βίος 407 B. ἀγροικότερος I. 407 B. 412 E. ἀγροῖκος moribus I. 436 D. 716 B. 774 A. 1025 A. II. 57 A. D. Plato 663 A. Comparat I. 861 D. II. 178 B. 222 C. rusticus I. 754 E. τῷ βίῳ I. 550 E. II. 186 A. ἀγροίκως ᾠδεῖσθαι II. 81 E. ἀγ. ὀπώρα opponitur τῇ γενναίᾳ Plato 649 C. D.

ἀγρὸς II. 59 A. 199 B. 216 F. 229 E. 238 E. I. 634 D. 644 A. 768 D. 864 A. 884 E. 964 D. 1030 E. 1067 B.

ἀγρότειρα αὐλὰ ex Eurip. I. 441 E.

ἀγροτέρα dea II. 862 B. 965 C.

ἀγρότερος venator II. 757 D. Empedocl. II. 1113 A.

ἀγρυξία Pindar. II. 88 B.

ἀγρυπνέω II. 71 C. 814 E. I. 113 B.

ἀγρυπνητικὸς I. 142 E.

ἀγρυπνία I. 357 D. 432 D. 470 C. 501 F. 574 C. 591 F. 851 B. 938 A. 1037 D. II. 129 D. 135 D. 137 C.

ἄγρυπνος Aristid. II. 154.

ἄγρωστις II. 168 F. I. 993 E. I. 732 D. Porphyr. Abst. II. 7.

ἀγυιὰ I. 975 D. disting. στενωπὸς Aristid. I. 540.

ἀγύμναστος. ἕξις σώματος II. 764 C. Simpl. I. 590 A. 1049 B. Plato 638 F. Metaph. exercitio privatus Plato 647 F.

ἀγύρτης I. 415 C. 430 D. II. 166 A. 226 D. 303 C. Oenom. Euseb. P. E. V. 224 D. Dio Chrys. XXX. 303 A. 304 C. Ergo non ineptus homo, Upton. Ind. Epictet.

ἀγυρτικὸς vates II. 407 C. I. 44 F. 354 E.

ἀγχέμαχος I. 2 F.

ἀγχιβαθὴς II. 667 C. 985 B. 919 B. Herodian. VII. 2, 11.

ἀγχίθυρος Sextus Emp. 713.

ἀγχίνοια II. 716 A. 963 A. 969 C. I. 80 F. Casaub. Theophr. c. 14. p. 156. ed. Fisch. I. 501 E. Plato 698 H.

ἀγχίνους II. 832 D. Aristid. I. 76.

ἀγχιστεία II. 925 D. I. 64 F. Plato 679 G. 680 A. C.

ἀγχόνη strangulatio I. 520 D. ἀγχόνης ἐξ κρεμᾶσθαι I. 998 E. ἀίξασα ἐπ' II. 170 B. ἀγχόνην ἅπτεσθαι Simonid. Stob. 529.

ἄγχω II. 88 C. 165 A. 829 B. Aristid. I. 426. metaph. Aristid. II. 219.

ἀγχώμαλος I. 437 E. 710 C. 728 C. 1072 D.

ἄγω duco, adduco II. 123 F. 124 A. 127 B. 136 A. 707 A. B. 708 C. 709 D. 710 A. — in matrimonium duco med. II. 666 E. 736 E. I. 257 C. 350 E. 455 D. 621 B. 894 E. 920 C. 959 A. — ἄγ. ἡσυχίαν II. 696 F. 722 F. I. 385 F. 709 D. 714 A. — ἄγομαι adulatione I. 346 A. ἃ quem πρὸς μετοίκιον I. 376 A. exercitum contra quem I. 389 A. II. 230 D. diem ἔτους ἀρχὴν I. 412 C. 331 A. 672 D. 1064 A. sim. I. 420 E. τινὰ ἐν τιμῇ I. 429 B. ἄγομαι vinctus I. 448 F. ἄγω vinctum I. 448 F. καὶ φέρω λείαν I. 513 E. quem ὑφ' ἐμαυτοῦ, habeo quem mecum mihi subjectum I. 533 B. καὶ φέρω hostem I. 554 C. 1045 C. ἄγομαι activ. I. 564 A. ἄγομαι ἀγωγὴν educat. I. 596 C. ἄγω καὶ φέρω I. 601 A. 607 E. 675 F. 791 D.

817 A. 891 E. 1000 C. II. 200 B. Aristid. I. 440. ἄγεται captivus, vulgo ἀνάγεται, sc. ad victorem I. 629 A. 954 C. ἄγω ἔτος ἐκεῖνο εἰκοστὸν I. 625 A. 996 D. ἄγω ἀγῶνα I. 647 A. 908 A. 1040 B. χορὸν differt ab ἔχω I. 525 A. B. ἄγων ἥκω I. 397 B. ἄγει via in locum I. 685 D. ἄγω ἔνδοξος cum gloria vivo Ep. Olymp. ad Alex. M. I. 688 A.— ἄγομαι filio uxorem I. 755 C. ἄγομαι ad supplicium I. 761 A. II. 181 B. 189 A. ἄγεται βουλὴ habetur senatus I. 768 A. ἄγω τι εἰς ὑποψίαν I. 770 D. τινὰ ἐπί τι persuadeo cui quid I. 775 A.— ἄγε ὅπως I. 815 B. — ἄγω τινὰ sc. in carcerem I. 831 D. — ad supplicium II. 181 B. — ἄγει τοῦτο πόσον, de pondere I. 857 C. Athen. 502 F. — ἄγω καὶ φέρω proprie *adduco et apporto* I. 664 D. — ἄγω quem hominem, rego I. 866 B. — quem εἰς τάξιν ἡγεμονικὴν I. 880 A. — ἄγει με ἐπὶ πάντας ἀνθρώπους dominandi libido I. 918 D. — ἄγω σὺν ἐμαυτῷ exercitum I. 923 F. — simpl. στρατιὰν sc. mecum I. 924 C. — simplicius, sine στρατιὰν I. 933 A. — quem oratione I. 934 E. ἄγει ἡ σελήνη διχομηνίαν I. 967 E.— ἄγω et κομίζω I. 976 A.—ἄγω θέαν, edo ludos I. 993 F. — ἄγω τι ἐκ τιμῆς I. 996 B.—πῦρ ad urbem *adduco* I. 998 D. — et κομίζω mutantur I. 1007 E. 1008 A. — ἀνοχὰς I. 1042 D. — ἡσυχίαν I. 385 F. canem, instituo, educo II. 3 A. simil. 227 B. — puerum ἐπὶ τὰ καλὰ ἐπιτηδεύματα II. 8 E. — ἄγομαι ἐπί τινα allicio quem, adgredior: f. pro ἐπάγομαι II. 13 B. — ἄγω παῤῥησίαν cum infin. II. 14 A. — abduco II. 26 E. ἄγεσθαι ἔκ τινος per quid II. 33 E. ἄγει τι ἐπὶ τὸ αὐτό τινι II. 35 F. ἐπὶ τὸ καλὸν II. 55 B. ἄγομαι εἰς τὸ ἀναμάρτητον II. 87 E. ἄγω traho currum II. 108 F. ἔχω ἄγειν ἀεὶ II. 127 B. ἄγεται βίος πρός τινας καιροὺς II. 135 A. ἄγω σχολὴν et ἔχω II. 159 D. ἐπί τι f. subaud. τὸν λόγον II. 160 F.— ἄγει mare spumam II. 160 E. — ἄγω σχολὴν II. 155 D. — adduco II. 106 F. 179 D. 180 E. 181 A. 184 D. 195 E. 196 D. 218 D. 223 C. 225 F. 232 C. 203 F. — dux II. 225 A. 202 C. — festum II. 190 C. 192 D. 208 D. ἄγετε II. 210 D. εἰρήνην πρὸς τοὺς νόμους II. 216 E. ἄγειν ἢ βασιλεύειν II. 231 C. ἄγει καὶ κινεῖ carmen Vit. Hom. §. 57. ἄγω ἐπί τι de inanimatis, impellit me quid ad quid II. 684 A. 687 E. ἄγει medicus aegrotum ad alimenta II. 669 C. ἄγει in putredinem corpora calor II. 658 C. ἄγειν τὸν λόγον διά τινος II. 614 C. λόγους pro ἔχειν II. 645 C. ἄγειν βαφὴν contrahere, habere colorem II. 590 C. ἄγεται oleum, deducitur illinendo II. 696 C. ἄγειν τι εἰς μουσικὴν in versus poëticos quid redigere II. 406 C. ἄγειν τι εἴς τι, ut ἀνάγειν, alicui quid tribuere, referre II. 422 F. Arist. Rhet. I. 9, 3. — Sic ἅπαν ἄγειν εἴς τι Porphyr. Abst. II. 59. — ἄγειν lineam ducere II. 381 E. 580 F. I. 679 F. 837 F. ἄγειν fossam circa urbem II. 262 A. I. 131 C. 534 C. E. — f. leg. 618 B. pro ἀνάγω. — delectare II. 705 F. ἄγει ἴσον σταθμὸν II. 96 B. 828 B. ἄγεσθαι gubernari II. 136 A. med. ἐπί τινα adoriri aliquem II. 13 B. ἄγειν τι ἄζηλον reputare, ducere II. 36 E. ἄγειν καὶ φέρειν dona I. 864 D. Simil. II. 98 F. Plato 639 C. ἀ. κ. φ. regionem II. 703 F. 1066 B. I. 131 E. 140 C. 141 A. 187 C. Simplic. II. 705 E. Pausan. p. 227. I. 250 F. 226 D. 377 E. 412 A. 414 D. 444 A. ἄγων ducens v. dux I. 866 B. oppon. ἕπεσθαι II. 715 A. ἄγεται festum II. 675 D. I. 376 C. ἄγεσθαι ab oratore II. 39 E. cf. annot. delectari aliqua re II. 56 A. 77 B. 407 C. 426 C. 759 C. 674 B. 799 C. 1093 D. captivum II. 594 F. ἄγομαι ῥᾳδίως ὑπὸ τῶν ῥημάτων II. 707 F. ἄγεται διάνοια εἴς τι II. 715 C. act. festum II. 144 A. 162 D. 717 B. D. 723 A. I. 176 C. 464 E. med. ἡγμένος γυναῖκα II. 770 D. I. 90 F. ἄγεσθαι ὑπὸ τοῦ συμφέροντος II. 813 B. δόξης II. 125 A. ἄγειν τὴν πόλιν gubernare II. 822 F. v. annot. ad II. 26 C. ἄγεσθαι εἰς τὸ μηδὲν II. 825 D. ἄγεται oratio διὰ παθῶν II. 853 D. ἡγμένας II. 902 B. ἄγω aufero, deprimo II. 923 E. κύκλον describo II. 928 E. 931 A. pass. ἀπό τινος pro ἀπάγομαι II. 965 B. navis ἄγουσα λῃστὰς II. 985 A. ἄγειν τι εἰς τὸ μανθάνειν v. 1., rem discere v. 2., animali

quid discendo tradere II. 992 A. ἐπογὴν II. 1036 A. ἄγομαι festum, active, Apollodot. Epigr. II. 1094 B. ἐκκλησίαν I. 34 E. impero, opponitur ἕπομαι I. 58 D.—Med. auxilium arcesso I. 64 E. ἄγομαι πρὸς θάνατον I. 66 F. ἄγω quid in judicium I. 88 B. allicio I. 95 B. in eadem re cum ἀπάγω, ὑπάγω, ἐξάγω I. 134 A. in vincula et simil. I. 148 A. ἄγειν τὰ ἐγκλήματα εἰς διαλύσεις I. 168 C. ἄγε δὴ ad plures II. 1131 E. navem f. mitto I. 206 B. ἐκκλησίαν I. 271 D. στόλον dux I. 302 D. et κομίζω oppon. I. 212 C. ἠγμένος ἰδιωτικώτερον educatus Hierocl. Stob. 462. Sic ἄγω σκῆνος corpus curo, instituo, Perictyone Stob. 487, 39. sed διάγω ib. 488, 53. ἄγω ἐμαυτὸν σεμνῶς gero me Dio Chrys. XXXI. 322 C. pro εἰσάγω Plato 650 C. ἄνθρωπον εἰς ἀρχὴν aliquem facio magistratum Plato 653 A. εἰρήνην καὶ ἔχω συγγνώμην ib. 657 A. ἄγεται quis δοῦλος ib. 675 F. ἄγω δίκην ἐπί τινα judicem provoco Plato 692 B. ἄγον et ἀγόμενον Plato 700 F. 701 C. ἄγω τινὰ εἰς ἔντιμον χώραν id. 702 F. ἄγει σελήνη μῆνα Plato 704 C. ἥλιος τροπάς id. 704 D. ἄγω εἰς κρίσιν id. 653 B. C. ἄγω ἐμαυτὸν οὕτως gero me Aristid. I. 178. ἄγει ταύτῃ ὁ θεὸς Aristid. I. 270. ἄγω quem diem id. I. 352. praeco I. 353. ἄγω τινὰ μέγαν magni aestimo quem et simil. Aristid. I. 33. 48. 89. 90. 91. 110. 147. 188. 494. 557. II. 364. ἄγεσθαι tractari aliquo modo Aristid. I. 183. 207. 213. 226. II. 93. 95. 385. ἄγω tempus Aristid. I. 355. τινὰ ἐφ' ἡμᾶς nobis concilio id. I. 461. ἄγω guberno id. I. 569. ἄγομαι gubernor id. I. 568. ἄγω τινὰ vexo id. II. 100. τί τινος aestimo quid dignum aliquo ib. 225.

ἀγωγὴ — ἡ ἐκ παίδων εἰς ἄνδρας II. 37 D. transgressio ex puerili in virilem aetatem, nisi leg. v. ἀλλαγὴ v. παραγωγή. — Lacon. I. 596 C. D. 597 C. 750 F. 797 C. 805 E. 809 E. 813 B. 822 F. II. 210 B. 225 F. 226 A. 227 B. 237 B. D. 240 B. Sosib. Athen. XV. 674 B. Teles Stobaei 213.— Ratio persuadendi II. 106 B. Aristot. Rhet. I. p. 183. ed. Cantabr. Ratio victus II. 210 B. 225 F. Galen. Stob. 545, 20. Educatio II. 1 A. 2 A. 3 B. 5 C. 8 E. 12 B. 1043 D. 773 C. δικαστηρίων II. 493 A. Syllog. est forma quae opponitur materiae II. 1059 E. Music. II. 1141 C. Athen. 624. 625. Captivi I. 760 D. Pro διαγωγὴ oblectatio I. 897 D. ἐμπειρικὴ institutio, fere pro εἰσαγωγὴ Galen. T. I. 36 F. βίων ἀγωγαὶ παιδεῖαι, διδασκαλίαι, ἔθη II. 3 A. παίδων I. 47 A. 53 D. 77 C. E. 78 A. 347 C. 365 E. 1012 D. II. 238 E. 1142 B. C. D. cum secta jungitur Diog. Laert. I. 19. Aristocl. Euseb. P. E. XIV. 763 D. Steph. ad Sext. Empir. p. 201. σύντροφος ἐκ παίδων Euseb. P. E. II. 74 C. Pythagorica Jambl. V. P. 94. 247. βίου Jambl. V. P. 100. ita f. leg. pro ἀναγωγὴ Dio Chrys. VII. 122 D. et τροφὴ ἐλευθέρα Jambl. V. P. 173. καὶ παιδεία Dio Chrys. VII. 129 C. Sim. Plat. Leg. II. 578 E. κακὴ subaud. puerorum Plato 640 A. exercitus στρατοπέδων ἀγωγὴ Plato 640 B. Lacon. ἀγ. Fabricius Sext. Empir. 37.

ἀγωγία f. corrupt. II. 632 E.

ἀγώγιμος pudore I. 767 D. Subst. II. 1093 D. — I. 44 E. 85 B. 86 E. ἀγώγιμα merces I. 194 C. 448 F. Himer. 680. et Ind. — δραπέτης qui ab asylo abstrahitur II. 380 C.

ἀγωγὸς ἐπί τι II. 776 C. 1056 E. 1113 F. 1122 B. II. 333 B.— II. 15 F. 25 B. 799 B. 803 A. 823 A. I. 42 A. 152 E. — τινος I. 229 D. 647 B. 761 E. — viae dux I. 505 A. Aristid. I. 304. 444. — χάρις I. 546 F.

ἀγὼν certamen II. 674 D. E. F. 675 C. 676 F. 704 C. 712 E. 723 B. 724 C. I. 113 C. 119 A. D. 114 C. 483 E. F. 622 F. τιθέναι I. 11 E. F. 666 E. Lis II. 832 C. 839 C. I. 345 A.—in vita turbae cet. II. 593 E. F. 655 C. Amoris II. 758 B. — πολιτικὸς II. 783 B. 784 B. I. 196 D. E. δημόσιος II. 795 E. 809 E. Disputatio II. 713 E. F. ἀγῶνα ποιέω II. 724 A. ἀθλητικὸς II. 724 F. — belli II. 742 E. 743 B. 1099 B. I. 194 E. 200 B. 206 D. 214 C. 215 B. passim. 438 A. 521 E. — Argumentum fabulae vel actio histrionis II. 813 E. εἰς ἀγῶνα καθίστασθαι περί τινος II. 821 E. oratoris II. 975 C. ἐπὶ θεῶν Platonis II. 1013 E. — II. 1122 B.

I. 104 A. 108 A. 129 F. 149 F. 151 C. E. 647 A. 1040 B. — περὶ ψυχῆς I. 21 C. — metus I. 82 A. — ἀγώνων θεωρία I. 89 F. καὶ θυμὸς I. 111 B. et προαγὼν I. 101 C. — καλὸς ὁ ἀγὼν I. 13. Fragm. — μουσικῆς et μουσικὸς bis I. 160 B. II. 1134 A. 1138 A. — judicii I. 161 A. 336 D. E. — Ludus varii generis I. 255 B. 526 B. — πολεμικὸς I. 360 D. — ποιητῶν I. 641 D. Trag. I. 681 C. 856 B. — θέα ἀγώνων Graec. mos I. 925 D. — Subaud. belli II. 30 C. 31 D. vel belli vel athlet. II. 32 A. Plato 656 F. ἐν ἀγῶσι καὶ ἄθλοις — ib. 577 G. tripliciter distributus? ἱππικὸς, μουσικὸς, γυμνικός. — Ἀγὼν πολέμου I. 501 C. — τινὸς, de aliqua re II. 155 B. — ludus in cujus honorem I. 506 D. 511 F. — ἀγῶνα προθεῖναι I. 703 E. 810 A. — et μάχη I. 744 C. — Disp. contentio I. 792 D. — καὶ θυμὸς I. 845 E. — fori, judicii I. 848 F. 853 B. Plato 688 F. — et δίκη judiciale genus or. I. 886 D. 336 D. E. — forensis oratio I. 984 F. — an competitio? I. 987 A. — pugna I. 1002 E. 1003 E. — καὶ ζῆλος I. 1013 A. — μετ' ἀγῶνος συνίστασθαι in disp. II. 80 B. καὶ ἅμιλλα II. 87 F. εἰς ἀγῶνα πάσης τύχης συναποδύεσθαι II. 94 C. — hominum adversus feras II. 86 D. — διάλεξις habet ἀγῶνα et σφοδρότητα non item ἀνάγνωσις II. 130 C. — καὶ σπουδὴ II. 135 E. — generatim, oratoris, vel corporis, vel negotii II. 132 C. — σοφιστικὸς II. 133 D. — ἐπιτάφιος II. 181 E. — mus. vel gymn. II. 185 B. — μουσικῆς καὶ γυμνικὸς Plato 688 E. — πρόκειται Plato 698 C. — ἀγῶνα τῷ λόγῳ ποιεῖν ὥσπερ ποιητῶν ἢ χορῶν Aristid. I. 184. — simpl. Rhetoricus Aristid. I. 322. — oratoris vehementia id. I. 505. — pro νίκη cit. II. 255.

ἀγωνία certamen II. 1140 D. — metus mortis I. 431 B. — metus I. 667 E. — exercitatio II. 8 B. — pro ἀγὼν Himer. 460. — lectoris in poemate Vit. Hom. §. 6. — genus certaminum II. 638 C.

ἀγωνιάω II. 205 E. 408 D. 591 D. 689 B. 730 B. 896 B. 902 C. 978 B. 989 E. Teles Stob. 576. Porph. Abst. I. 54. Aristid. II. 24. — intentus sum, cupidus certaminis, Dio Chr. XII. 198 A. ἠγωνίαζε Dio Chrys. 68 B.

ἀγωνίζομαι II. 41 A. 44 C. 417 F. 985 C. I. 362 C. 491 A. 666 D. II. 710 E. Aristid. I. 328. 355. ἠγωνισμένων pugna I. 344 C. — κακῶς I. 569 A. — κρίσιν I. 847 F. — δίκην Eur. Andr. 337. ibi Musgr. — metaphor. ἀγῶνας II. 610 C. 820 C. — in theatro II. 755 A. 785 B. I. 160 B. 293 F. 823 E. — pugna II. 760 E. 207 C. 214 E. 215 E. Passim 217 B. 321 C. I. 369 C. 521 E. — in foro II. 790 E. f. 80 C. — μάχην II. 873 D. I. 157 C. 348 D. 384 F. — II. 1108 C. I. 94 B. 129 F. 137 E. 152 F. 279 E. — Mus. vel Gym. II. 189 E. 212 B. 228 D. — λόγον I. 853 A. — πρός τι ad quid tuendum I. 851 D. — ἀπὸ τοῦ βήματος ut de corona I. 848 E. — λόγῳ Demosthenis adversus alium I. 852 E. — cum inf. ad efficiendum I. 861 C. 747 E. — ἐπ' ἀγορᾶς I. 863 B. — ἀγῶνας in rep. I. 876 D. — ἀγῶνα imperatori miles I. 945 E. — καλῶς ordine I. 1005 F. — κακῶς infeliciter I. 1022 C. — κάλλιστον ἀγῶνα I. 1044 D. — histriones II. 87 F. — subaud. pugna II. 118 F. 191 D. 203 A. 210 F. 215 A. — Sophist. II. 131 A. — Disp. Sapient. II. 150 C. — πρὸς τὰς ὠδῖνας puerpera II. 227 D. — περὶ ἀρετῆς cives inter se II. 232 C. — τὰ Καρνεῖα II. 238 C. Pass. traduci in scena Aristid. I. 510.

ἀγώνισμα II. 674 E. 724 C. 854 A. 994 C. I. 338 C. 486 E. τινος fieri Casaub. Polyb. T. I. p. 748. Aristid. I. 274. 512. 517.

ἀγωνιστήριον Aristid. I. 108.

ἀγωνιστὴς bellator I. 398 A. 621 E. Aristid. I. 136. 218. 486. II. 406. Ἰσθμίων II. 400 E. Simil. II. 674 E. 1000 A. I. 120 E. 124 C. 1040 B. ἀγωνιστῶν Ὁμήρου καὶ Ἡσιόδου II. 153 F. Equus I. 639 A. ἀληθείας Socr. II. 16 C. ἀρετῆς Aristid. I. 145. actor opponitur ποιητὴς Aristid. I. 505. et αὐτουργὸς opponitur spectatori et auditori II. 334 D. et ὑποκριτὴς opponuntur II. 337 D. ita μιμητὴς 717 C. — caussarum patronus, v. orator I. 336 D.

ἀγωνιστικὸς — ὡς ἔχω I. 462 C. — Oratio I. 339 F. Aristid. I. 324.

ἀγωνοθεσία II. 723 A. 785 C. I. 607 C.

ἀγωνοθετεῖν II. 604 B. 621 C. 628 E. 724 A. I. 58 F. 781 E. 890 B. Teles Stob. 535.

ἀγωνοθέτης II. 674 E. 1000 A. I. 172 A. 375 E. 756 A. 782 B.

ἀδαής τινος II. 405 C. 595 D. Orac. Porph. Euseb. P. E. V. 193 D. f. leg. τέρπειν—δεδάη.

ἄδακρυς νίκη II. 318 B. Wessel. Diod. Sic. II. 59. Zenob. I. 28. Simpl. II. 595 D.

ἀδάκρυτος I. 254 B. 843 D.—μάχη II. 341 A. I. 614 E.

ἀδακρυτὶ I. 710 D. Aristid. I. 431. 529. II. 193.

ἀδαμάντινος v. annot. II. 340 A.

ἀδαμαντοπέδιλος Iris Pindar. II. 923 C.

ἀδάμας Plato 701 C. Aristid. I. 260.

ἀδάμαστος II. 2 E. τινι Pluto II. 761 F. Aristid. I. 263. πρός τι Jambl. V. P. 228.

ἀδάπανος II. 189 F. 230 B.

ἀδδηφαγία II. 635 A. 643 E. 995 E. I. 1028 C.

ἀδδηφάγος II. 267 E. ἀδδηφάγα ζῶα I. 45 B.

ἀδεὴς λόγος I. 394 C. ψυχὴ I. 579 B. activ. I. 760 C. II. 33 D. ἀδεὲς τὸ I. 789 A. ἀδεέστερον I. 1010 A. Simpl. II. 198 C. Aristid. I. 421. 439. 441. 460. 494 bis. 562. δέος Diogenian. I. 16. Sim. Aristid. I. 414.

ἄδεια ἔργων servis in festo concessa II. 287 F. πληγῶν II. 290 D.— ἀδικημάτων securitas, immunitas ab injuria 296 C. — ἄδειαν παρέχειν II. 649 A. — datur avi II. 727 F. — δέδοται τῷ φλυαρεῖν II. 726 E. — λόγων II. 728 B.—securitas in asylo II. 828 D. ἐν τινος ἀδείᾳ εἶναι II. 923 C.— ἀπό τινος I. 211 E. 291 E. 801 D. υἱὸς I. 939 A. ἐπ' ἀδείας I. 90 C. 208 E. 211 D. 390 A. 708 B. Plato 595 A. — I. 3 D. 14 F. 33 B. 66 E. 134 A. 163 E. 169 B. 179 D. 203 A. 224 E. 228 F. 244 A. 261 E. F. 274 D. 394 D. 472 E. 528 F. 535 E. 580 B. 591 D. 670 D. 730 B. 753 B. 870 A. 992 E. 1051 B. II. 163 A. 983 F. Aristid. I. 507. 389. 459. ἐν ἀδείᾳ ποιεῖσθαί τι ob quid securum esse Aristid. I. 564. f. pro ἀνένδεια Teles Stob. 524.

ἄδειπνος II. 157 D.

ἀδέκαστος II. 493 B. 1000 B. I. 48 E. 485 B. adulatione Dio Chrys. Or. II. 40 A.

ἀδεκτός τινος II. 881 B. 1025 B. Hippodam. Stobaei 553.

ἀδελφὴ II. 212 B. 242 B.

ἀδελφιδῆ I. 642 C. 773 E. 960 C. 994 D. An *fratris uxor?* Dio Chrys. VII. 114 A.

ἀδελφιδὸς I. 98 D. 99 B. 316 B. 709 C. 963 E.

ἀδελφιδοῦς II. 902 B. 492 C. I. 53 D. 128 C. 408 E. 413 B. 458 A. 589 C. 737 A. 760 E. 776 F. 889 D. 960 E. 982 D. Plato 680 A. E.

ἀδελφικὸς II. 281 E.

ἀδελφοκτόνος II. 256 F.

ἀδελφὸς II. 60 E. 65 B. 73 C. F. 361 D. 478 D. 676 A. I. 785 C. 796 C. 958 C. — II. 965 C. — confus. cum Δελφὸς II. 635 A. — corrupt. 983 F. — soror stultitiae pravitas Eurip. fragm. Inc. VII. — Metaphor. I. 284 E. 1034 A. II. 107 F.— congruens I. 448 F. Sim. Democr. Ep. in ed. Hippocr. Chart. T. VI. p. 29 B. II. 10 D. Plato 637 A. 640 E. 692 C. 702 G. Aristid. I. 238. 308. II. 369. 376. — Simpl. frater II. 157 A. 160 C. 162 C. 173 B. E. F. 177 E. 182 C. 184 A. 190 A. 197 D. 220 D. 224 A. 226 B. 231 D. 232 D. 233 E. 241 B. 242 A.

ἀδελφότης Dio Chrys. 472 D.

ἄδενδρος II. 929 D. I. 465 C. 556 C. 635 B. 934 F. 1024 B.

ἀδενώδης II. 664 F. ἀδὴν glandula Galen. I. 41 A. B. ἀδενοειδὴς Galen. I. 42 A.

ἄδεσμος φυλακὴ I. 870 A.

ἀδέσποτος nuntius II. 188 C. ἀρχὴ 369 B. 737 B. liber I. 848 C. 868 A. Alexand. Polyhist. Euseb. P. E. IX. p. 420 B. rectius verte. — virtus II. 740 C. Cyrill. Jul. 159 D. Aen. Gaz. p. 26. — fama I. 1068 D. II. 6 D. Cicero Ep. Div. XV. 17. — malo sensu II. 758 D. — Deus II. 426 C. οἰκία Dio Chrys. LV. 563 C.

ἄδετος I. 293 B. II. 202 B. 205 D. Aristid. I. 122.

ἁδέω placeo. ἁδεῖν Solon. I. 92 E.

ἀδεῶς I. 12 E. 46 F. 73 B. 129 F. 140 B. 141 E. 162 E. 232 E. 309 C. 415 E. 484 C. 501 E. 513 A. 533 D. 601 A. 671 A. 772 B. 817 B. 822 F. 960 D. 976 D. II. 85 D. 173 C. 237 A. 783 D. 982 E. 983 A. Thucyd. IV. 118.

ἄδηκτος. ἄδηκτόν τι praetermittere II. 864 C. — Gataker M. A. p. 333. — I. 619 E. II. 55 D. Conf. Phaedon. ap. Senec. Ep. 94.

ἀδήκτως II. 448 A. I. 619 E.

ἄδηλος II. 107 A. 108 B. 110 E. 115 E. 116 B. 119 A. 141 A. 210 B. 1110 C. 1124 B. 1129 F. 1130 A. I. 433 B. Plato 702 D. Aristid. I. 394. οὐκ ἄδηλόν ἐστι in fine periodi I. 62 A. sine ἐστὶ — I. 525 C. Aristid. I. 501. 554.

ἀδήλως II. 695 B. I. 131 D. 457 F. 465 D. 848 A. 930 E. 1028 E.

ἀδηλότης I. 145 C. 163 A. 167 E. 543 E. 703 C. 710 C. 788 F. 895 C. 1070 E. II. 27 C. 112 C.

ἀδημονέω v. n. II. 77 B.

ἀδημονία v. n. II. 78 A.

ἅδην satis ἔχειν II. 703 B. 1146 F. I. 230 D. pro ἀνέδην Diog. Laert. VII. 16.

ἀδηρίτως II. 763 E. I. 659 D. 708 D.

ᾅδης I. 108 A. II. 16 D. E. 106 D. F. 225 D. 1049 C. Plato 659 B. 672 A. E. — Platoni dictus προσηνὴς II. 362 D. ψυχῆς est corpus II. 362 A. — quare Pluton dictus Jambl. V. P. 123. — ἐν ᾅδου II. 740 B. 1064 D. — est ἀειδὴς II. 362 A. 948 E. 1130 A. — Simpl. II. 159 B. 167 A. 171 D. 241 A. 953 A. — καθ' ᾅδην pro ἐν ᾅδου II. 943 E. — τὰ ἐν ᾅδου II. 1091 E. F. 1092 C. 1115 A. ὥσπερ ἐξ ᾅδου I. 709 C. ἐν ᾅδου απέραντα πονεῖν Aristid. I. 133.

ἀδῄωτος I. 613 B. II. 194 B. Aristid. I. 445.

ἀδιάβλητος I. 689 D. 987 C. II. 4 B.

ἀδιάθετος intestatus, qui testamentum non fecit I. 341 D. Dio Chrys. 557.

ἀδιάλειπτος II. 121 E. Vit. Hom. §. 90.

ἀδιαλείπτως I. 106 E.

ἀδιάλλακτος I. 467 F. 952 E. Dio Chrys. 473 B. ἀδιαλλάκτως ἔχω πρός τινα I. 464 F. 554 A. 1005 D. 1043 D.

ἀδιάλυτος I. 287 C.

ἀδιανόητος II. 1078 A. B. Epict. Diss. p. 296. 381. Galen. T. II. p. 65 A. B.

ἀδίαντος II. 614 B. neutr. II. 649 C.

ἀδιάπτωτος II. 1118 B. 1124 A. Wessel. Diod. Sic. T. I. p. 59. ἀδιαπτωσία Hippocr. Ep. XX. p. 22 E. Upton. Ind. Epict. v. Πίπτω.

ἀδιάρθρωτος II. 378 C.

ἀδιάστατος II. 601 C. 926 B.

ἀδιάστροφος II. 780 B. Porphyr. Abst. II. 58. Jambl. V. P. 69.

ἀδιάφθορος II. 5 A. 6 A. 437 A. 725 D. 781 B. 820 A. I. 1025 A. 1032 E. Plato 620 D. 677 E. Aristid. II. 406. ἀδιάφθαρτος Plato 690 A.

ἀδιαφορία πρός τι II. 1071 F. 1072 A. simpl. II. 1072 A. Philosophorum II. 52 C.

ἀδιάφορος II. 424 E. 1015 B. 1042 D. 1060 B. D. E. 1061 B. D. 1063 C. E. 1064 C. 1066 E. 1069 C. D. 1070 A. B. 1075 E. 1076 A. Somni tempus Teles Stobaei p. 535.

ἀδιαφόρως II. 1061 C. D. 1063 C.

ἀδίδακτος. ἀδιδάκτως II. 673 F. 972 B. Pass. II. 968 C. 973 A.

ἀδιέξοδος II. 679 B. 957 D.

ἀδιευρίνητος I. 965 E.

ἀδιήγητος I. 180 E. 686 C. Aristid. II. 423.

ἀδικέω II. 32 A. 61 B. 73 F. 135 F. 144 A. 159 B. laedo II. 86 D. 127 A. 132 E. 173 C. 208 F. 665 B. 666 B. 680 E. 729 E. I. 171 B. 203 D. 409 D. 443 E. 500 F. 508 A. 975 B. 1043 B. 1073 A. quem suspiciosa I. 682 D. ἀδικέω et ἀδικέομαι I. 756 C. 766 F. 957 D. ἀδικεῖσθαι περὶ γάμον I. 819 E. περί τι 1010 D. γυναῖκα I. 1050 A. — ἀδικεῖν καὶ ἀδικεῖσθαι II. 36 A. 154 D. Plato 642 E. 292 A. Aristid. II. 61. τὴν φιλίαν II. 65 A. ἀδικεῖσθαι II. 66 E. 221 D. 231 A. 239 C. Simpl. injuria afficio II. 175 B. 179 A. 182 C. 186 A. 191 B. 198 D. 199 A. 209 E. 217 A. 219 E. — ἀδικεῖσθαι οὐκ οἶδας v. n. II. 190 A. — εἰ μὴ ἀδικοῦμεν in respons. ut Plat. Oenom. Euseb. P. E. V. 228 A. ἀδικεῖν νόμον nemo potest i. e. βλάπτειν Dio Chrys. 646 C.

ἀδίκημα I. 609 A. II. 162 C. 468 A. 159 C. 220 C. 241 E. περὶ γυναικωνῖτιν I. 1051 A. paronomas. cum ἀτύχημα II. 549 B. ἀδικημάτων δίκη II. 179 A. raptum Plato 673 C.

ἀδικητικὸς II. 537 A.

ἀδικία damnum II. 730 B. I. 637 B. E. τινὸς passiv. II. 766 C. ἀδικίας δίκη I. 169 E. — ἀπολογία I. 660 F. Simpl. II. 155 C. 159 C. 165 A. 199 A. 226 C. Plato 653 — 656. 674 F. 692 F. — πάντα φθείρει Plato 673 A. — ut in tempestatibus pestis, in corporibus morbus ib. B. oppon. ἀμέλεια Plato 681 E. ἀδικίαν μισεῖν est δίκης effectus Plato 683 G.

ἀδικοπραγέω II. 500 A. Perictyone Stob. 487. adjectiv.

ἄδικος — ἀδίκων χειρῶν κατάρχειν II. 583 F. sine ἀδίκων vid. ἄρχω. — distingui videtur a παράνομος II. 1126 B. — δόξα II. 1128 B. Simpl. II. 91 B. 144 D. 173 E. 193 B. 224 F. 253 B. 1058 B. — Res II. 216 D. 217 A. 298 F. — ἄδικα καὶ περιττὰ ἐδέσματα Jambl. V. P. 107.

ἀδίκως simpl. II. 209 B. 216 D. falso, praeter veritatem II. 47 A. 162 C.

ἄδιψος II. 157 E. σιγῇ 90 C. 515 A.

ἀδόκητος Poët. II. 337 F. conf. Thucyd. IV. 17.

ἀδόκιμος II. 4 C. 94 C. 952 C. pecunia Dio Chrys. 612 D.

ἀδολεσχέω II. 664 D. 707 C. Himer. 646.

ἀδόλεσχος II. 177 A. 502 B. C. 503 D. 509 A.

ἀδολεσχία, αἱ II. 697 D. leg. ἀσχολία I. 54 E. cf. 677 E.

ἄδολος I. 96 E. 279 B. 904 A. Aristid. I. 460.

ἀδόλως II. 716 B. Thuc. IV. 118.

ἀδόξαστος id. ac ἄδοξος philosophus II. 1058 B.

ἀδοξέω II. 47 E. 69 C. 793 D. 821 B. 870 C. 1100 C. D. I. 158 E. 179 E. 480 D. 482 A. 491 D. 500 D. 530 A. 546 B. 553 E. 616 C. 852 E. 877 D. 1060 B. παρά τινι II. 727 E.

ἀδόξημα παλαισμάτων II. 977 E.

ἀδοξία II. 82 C. 1128 B. 1130 E. I. 82 B. 110 E. 170 E. 277 C. 528 A. 530 D. 630 E. 775 D. 796 B. 808 D. 831 A. Aristid. I. 489. non malo sensu oppon. δόξῃ II. 101 B. ἐν πολιτείᾳ II. 168 B.

ἄδοξος. Vid. annot. II. p. 232 D. — καὶ πονηρὰ πρᾶξις II. 27 E. *non probanda* nisi leg. ἄδικος 793 D. I. 401 A. 656 E. 994 C. 999 D. — vilis, malus II. 64 E. 65 A. 726 B. Sopater Prol. Aristid. p. 3. col. 1. Phil. id. ac ἀδόξαστος II. 1058 B. ἄδοξον et αἰσχρὸν oppon. I. 762 C. δόξα II. 35 A. καὶ ἀδύνατος II. 49 C. ταπεινὸς II. 53 B. καὶ ἄφιλος βίος II. 135 B. ἔνδοξος oppon. II. 142 D. 225 D. locus II. 151 C. Simpl. II. 202 A. — ἄδοξον factum contrarium δόξῃ i. e. ἐνδοξίᾳ Dio Chrys. VII. 137 D. — animal Dio Chrys. 495 C.

ἀδόξως I. 203 A. 609 E. mori I. 16 C.

ἀδορυφόρητος II. 208 B. Eurypham. Stobaei 556.

ἄδουλος qui servum nullum habet II. 831 B. bis.

ἀδούλωτος animo II. 754 B. I. 21 B.

ἀδρανὴς II. 289 F. 373 D. 626 C. 657 C. 658 B. 764 D. 918 A. 929 A. 937 B. 933 D. 977 A. 987 E. 1057 E. 1129 D. I. 44 E. 442 D. 741 A. Euseb. P. E. IV. 132 C. V. 220 C. Dio Chrys. XII. 202 C. XX. 268 C.

Ἀδράστεια II. 1056 C. Julian. 403 B. 445 D.

ἄδραστος — ἄδραστα ἀνδράποδα II. 174 E. — Dio Chrys. 457 B.

Ἀδράστου ταχὺς ἵππος II. 1082 E.

Ἀδρίας ὁ sc. κόλπος I. 962 F.

ἀδρομερὴς II. 427 B.

ἁδρὸς — statuae II. 779 F. — I. 50 E. Eunap. Character orationis Vit. Hom. §. 72. Stanl. Aeschyl. T. II. p. 709 fin. Himer. 826. — I. 79 A.

ἁδρότης Hom. II. 17 E.

ἁδρύνω II. 676 B.

ἄδρυς? Pindar. II. 602 E.

ἀδυναμία II. 791 D. 1076 E. — Paupertas Aristid. I. 190.

ἀδυνατέω II. 8 E. Plato 661 A. E. 662 C. 668 A. 700 C.

ἀδύνατος II. 16 E. 49 C. 1122 F. 1123 C. 1124 A. quod fieri nequit II. 745 D. πρὸς θέαν II. 922 D. ἀδυνάτως ἔχω τὸ σῶμα I. 392 C. 1061 B.

πρός τι I. 611 B. 1016 D. Morbo I. 540 D. 561 B·

ἀδυσώπητος II. 64 F.

ἀδυσωπήτως II. 534 B.

ἄδυτος — ἄδυτον II. 437 C. Thessal. Or. 4 E. Dio Chrys. 556 A.

ᾄδω cano I. 542 D. II. 41 E. 46 B. 157 D. 161 C. 166 A. 175 A. 177 A. 185 C. 237 C. 236 A. 1144 D. καὶ λέγω II. 170 A. 417 E. 599 E. 657 A. 717 E. 748 C. 814 D. 983 E. 1014 A. 1141 A. καὶ ὑμνέω II. 724 E. quare α habeat II. 738 C. καὶ γράφω I. 8 A. 373 D. ᾀδόμενα πρὸς λύραν, λεγόμενα ἀπὸ σκηνῆς II. 33 F. In musico certamine I. 160 B. 524 F. 525 A. B. Orac. I. 854 E. τὰ ᾀδόμενα et ἔμμετρα in theatro II. 22 A. ὑπὸ τὸν αὐλὸν II. 41 C. celebro I. 170 D. II. 2 C. Inclamo legem velut carmen Plato 652 B. bis.

ἅδω placeo I. 522 C. Athen. 623 D. ἧσε.

Ἀδώνεια festum I. 532 B.

Ἄδωνις. Ejus numen Porphyr. Euseb. P. E. III. 110 B. D. 119 A.

ἀδωροδόκητος II. 543 D. 848 F. 852 D. I. 860 D. Aristid. I. 340.

ἄδωρος I. 161 D. 191 C.

ἀεί. ἡ ἀεὶ λεία I. 395 A. magistratus 598 A. 913 A. 1032 A. — ὁ ἀεὶ χρόνος II. 120 A. 121 E. Sim. παρὸν Plato 618 D. 674 E. 690 B. — οἱ ἀεὶ ἀποδεδειγμένοι γέροντες qui quotannis vel certo tempore eliguntur II. 482 D. Duker. Thucyd. IV. 68 init. Valcken. Theocr. p. 273. Casaubon. Strab. 113. Heraclid. Athen. 624 C. — ὁ ἀεὶ ἔγγιστος — ἀεὶ πλησιάζει vel similis constructio Plat. Rep. . . . . Xenoph. Anab. IV, 7, 17. II. 639 A. bis. Theophrast. Diog. Laërt. V. 52. f. transponend. — ἀεὶ fere abundat II. 364 C. 723 C. 735 D. 778 D. 785 E. 797 A. 880 A. 1033 F. f. *diu* II. 125 E. F. 1003 B. — τὸ φαινόμενον ἀεὶ καλὸν, an idem ac τὸ ἀεὶ φ. κ. I. 805 B. — abundat, nisi legas δεῖ quod omnino legendum II. 94 E. Simil. 185 B. — ἀεὶ μὲν δεῖ καὶ πανταχοῦ — μάλιστα δὲ II. 143 D. — Simpl. II. 186 A. 193 E. 195 D. 198 D. 210 A. 241 F. jung. κατ' ἔτος Dio Chrys. 528 B. ἀεὶ μὲν οὖν — ἐν δὲ Aristid. I. 506. τὸ ἀεὶ subst. id. II. 259.

ἀειγενὴς II. 374 D.

ἀειδὴς — καὶ ἄμορφος ὕλη II. 876 D. est ἅδης II. 948 E. 1130 A. Conf. Junc. Stob. 611. Stanl. Aeschyl. T. II. p. 727 b. — deformis I. 1056 E. — non spectabilis II. 317 E. sec. cod. B.

ἀειθαλὴς II. 648 D. 649 C. I. 159 E. Porphyr. A. N. 33.

ἀεικέλιος II. 614 C. ex Homer.

ἀεικὴς Poët. II. 682 B.

ἀεικίνητος II. 898 B. 899 B. 979 D. 1017 A.

ἀείμνηστος II. 2 C. 852 D.

ἀειναῦται II. 298 C.

ἀείρω Empedocl. II. 171 C.

ἀειφανὴς II. 888 C.

ἀειφυγία I. 91 F. Plato 661 G. 662 A. 663 E. F.

ἀείφυλλος II. 723 E. F.

ἀεκάζομαι II. 104 E. Homer.

ἄελπτος Oracul. II. 399 B.

ἀέναος I. 91 C. II. 377 E. 776 D. cum simpl. ν II. 725 D. substant. II. 1094 D. — Plato 696 C. Aristid. I. 101. 128. 332.

ἀέξω II. 872 E. 1088 D.

ἀεργηλὸς Poët. quid II. 394 A.

ἀέριος magnus Wessel. Diod. Sic. I. p. 38. simpl. Plato 702 C.

ἀεροβάτας Poët. II. 952 F.

ἀεροειδὴς II. 898 D.

ἀερόφοιτος Tatian. 158 C.

ἀερώδης II. 888 B. 893 E. 898 D. 903 D. 907 C. 909 D. 912 A. 1054 A. 1118 E.

ἀετὸς avis II. 223 F. Signum milit. Rom. I. 418 F. 554 F. 510 B. differt a σημείῳ 1003 F. 1007 A. 1072 E. Regum nomen I. 322 A. 388 A. II. 184 C. Dio Chrys. 598 C.

ἀζάλεος. ον γῆρας II. 789 B.

ἄζηλος II. 33 E. 36 E. 226 E. 239 D. 756 E. 794 A. 966 B. I. 45 C. 54 E. 962 C.

ἀζηλοτύπητος II. 787 D. I. 76 D.

ἀζηλότυπος I. 76 D.

ἄζωστος I. 220 A. 501 C. Vid. Perizon. Ael. V. H. XIII. 37. Plato 691 A.

ἀηδὴς II. 39 D. 45 F. 46 A. 47 F. 49 E. 55 A. 123 D. 124 E. 142 A. (f. εὐηθὲς 175 D.) 486 F. 704 E. 708 D. 716 E. 726 B. I. 654 F. 677 E. et ἀήθης oppon. I. 341 E. Plato 667 E. οὐκ ἀηδὴς εἰπεῖν suaviloquens I. 506 A. τὰ ἀηδῆ malefacta Aristid. I. 449.

ἀηδία II. 45 C. 66 C. 123 E. 138 D. 139 F. 147 F. 539 B. C. 655 F. 669 B. 681 A. 709 B. 817 B. I. 257 C. 254 B. 648 E. 872 D. Casaub. Theophr. Ch. 18 et 19. Aristid. I. 257. 293. 408. 532. 535. 566. II. 46 308. 313. 424. Dio Chrys. XXVII. p. 286 D. 525 A. ἀηδίᾳ invito Aristid. II. 194. simil. 346.

ἀηδὼν II. 158 B. 191 B. 212 F. 233 A. 1044 C. Aristid. I. 262.

ἀηδῶς II. 37 F. 73 B. 101 D. 128 A. 133 D. 166 B. I, 527 E. 639 A. 892 E. (f. ἀφυῶς 911 D.) 917 D. (926 B. pro ἀφυῶς *invenuste*) 1024 F. ἔχειν πρός τι II. 754 E. I. 842 A. 909 C. 943 A 954 B.

ἀήθεια II. 784 C. 872 B. 914 F. I. 392 E. 670 B. 788 F. 848 E. 878 C. 1070 E. Pausan. 332. ἀηθία Plut. II. 671 B.

ἀήθης I. 840 A. 909 B. 975 A. 989 D. II. 168 B. 432 E. 796 B. pro ἀληθὴς II. 1014 A. et ἀηδὴς I. 341 E. 526 F. 559 B. 645 B. 706 B. Dionys. Euseb. P. E. 781 C. Plato 667 A. E.

ἀὴρ II. 39 D. 131 D 165 C. 168 B. — σκοτώδης tenebrae II. 1110 C, τροπὴ περὶ τὸν ἀέρα I. 60 C. ἀποῤῥήγνυται I. 496 F. αἰθέριον πῦρ ἐν ἀέρι I. 439 D. συνίσταται autumno I. 934 C. κενὸς II. 81 B. ἀέρος πληγὴ auditus II. 98 B. ἀέρα τὸν κοινὸν σπᾶν Menandr. II. 103 C. Junc. Stob. 593. Bentl. Menandr. p. 65. *tenebrae* poëtis II. 948 D. E. et πνεῦμα synon. Anaximenis II. 876 A. I. 262 C.

ἀήττητος I. 21 F. 207 D. 208 B. 210 E. 221 C. 278 F. 287 C. 304 A. 307 F. 317 A. C. 338 D. 353 E. 355 E. 380 F. 416 F. 417 A. 435 C. 512 D. 522 F. 540 F. 560 B. 578 A. 593 D. 594 B. 605 F. 635 C. 720 C. 735 B. 789 A. 791 B. 867 A. 947 F. 1006 A. 1072 C. II. 207 B. 705 E. 1057 C. D. Aristid. I. 266. 332. ἀήττητον ψυχὴν servare II. 595 B. 987 D. τὸ ἀήττητον II. 987 D.

ἀθαλλὴς I. 635 B. Valcken. Theocrit. p. 303.

ἀθαμβὴς I. 49 F.

ἀθανασία II. 120 D. 1105 B. I, 322 B. -ίας συνεργὸς amor nuptiis II. 752 A. Plato 602 H. ἀθανασίας ἐγγύτατα Plato 609 F.

ἀθάνατος II. 119 A. 137 C. 152 B. 166 F. I. 57 D. 156 D. 163 A. 173 D. τιμὴ et θνητὴ Dio Chrys. 482 D. ὀργὴ Eurip. Stob. 172. Dionys. Hal. Ind. Lat. *Ira.* Wessel. Diod. Sic. I. p. 417. ἀθάνατος πονηρὸς Aristid. II. 71. ἀθἄνατα ἰᾶσθαι id. II. 227.

ἄθαπτος I. 373 D.

ἀθαρσὴς I. 524 C. 525 F. 878 D. 1031 E. II. 80 D. 150 C.

ἀθαρσῶς I. 651 D.

ἀθεατός τινος activ. II. 940 B. 983 E. 1091 E. I. 1069 C. II. 7 C. Luc. 322 pass. — I. 66 D. 139 B. 299 D. 874 E. Aristid. I. 77.

ἀθείαστος II. 758 E. 759 D. 417 A. I. 229 F.

ἀθέμιτος I. 265 C. II. 150 F. ἀθέμιστος Numen. Euseb. P. E. XV. 819 C.

ἄθεος II. 165 B. 167 D. 168 B. 169 D. 170 F. 171 A. 1013 E. 1075 A. 1102 A. 1112 C, 1119 E. 1125 E. active, homo I. 634 A. Plato 696 C. D. passive, a diis neglectus II. 436 E. 744 D. 757 C. τό τος II. 975 B. γῆ II. 166 D. ἀθέως vivere Plato II. 120 F.

ἀθεότης II. 66 C. 164 E. 165 D. 167 A. E. 169 D. 171 A. E. 757 B. 1100 C. 1101 B. 1125 A. Plato 696 E.

ἀθεραπευσία Aristid. II. 81 Plat.

ἀθεράπευτος II. 1128 D. I. 697 F. 707 B.

ἀθερίζω sperno Homer. II. 544 F.

ἀθεσία Wessel. Diod. Sic. II. 282.

ἄθεσμος II. 727 D. 729 E. 736 E. I. 712 C. 1026 E. βρώσεις II. 101 A.

ἀθετέω II. 662 E. 663 B. I. 155 B. 232 C. 1074 B. ἀθετεῖσθαι II. 420 C.

ἄθετος. ἀθέτως ἔχειν πρός τι II. 715 B.

ἀθεώρητος I. 309 A. in literis II. 405 A. ἀθεωρήτως I. 71 F.

ἄθηλος. πῶλος Simonid. II. 136 A. 446 D. 790 F. 997 D.

ἄθηλυς et ἀφελὴς conjung. II. 285 B.

Ἀθηνᾶ ejus numen expl. vid. index Eus. P. E. Ἀθηνᾶς νόμος muss. II. 1143 B.

Ἀθήναζε I. 168 C. bis.

Ἀθῆναι — ἐν Ἀθήναις pro Ἀθήνησι I. 882 E.

Ἀθηναῖον I. 806 C.

Ἀθηναῖος nomen II. 421 E. ἐκπίπτω τῶν Ἀθηναίων pro Ἀθηνῶν II. 185 E. Sim. 239 F. Ἀθηναῖοι i. q. ἐκκλησία II. 187 E. Conf. cum Θηβαῖος I. 609 B. Wessel. Diod. Sic. I. 476.

ἀθὴρ I. 793 C. Toup. ad Schol. Theocrit. T. I. p. 209 b. Restituendum forte Symp. VI. 8. 695 C. Senec. Ep. 82 fin. *Nil acutius arista.*

ἄθηρος II. 86 B. 961 C. E. Fragm. XIV. 3.

ἄθικτος I. 73 D. 159 E. 194 C. 384 E. 485 B. 613 B. 630 E. 816 D. 817 D. 893 C. 1031 A. II. 56 A. 59 A. 665 C. 963 C. ὁμιλίαις ἑαυτὸν φυλάσσειν de Pythia II. 438 C. τινος bono sensu II. 439 B. τινος II. 793 E. καὶ νεαρὸς amasius II. 749 F. I. 77 D. ἄθικτον ἱερὸν II. 760 C. τινι II. 38 A. τινος activ. Porphyr. Abst. II. 28.

ἀθλέω II. 795 E. πρὸς ἀγῶνα exerceo me II. 804 B. ἀγῶνα I. 891 A.

ἆθλημα II. 228 D. 638 D. 675 B. I. 52 A.

ἄθλησις II. 724 E. I. 8 B. 357 D.

ἀθλητὴς II. 8 D. 38 A. 46 A. 59 F. 130 B. 133 C. 180 A. 1105 C. I. 154 A. 167 D. 338 D. 366 B. 441 F. 470 D. 506 D. 522 F. 603 A. 666 D. 685 D. belli I. 593 D. 627 C. Casaub. Polyb. T. I. p. 761. ed. Ern. vir et puer I. 622 E. Comparatio I. 512 D. vituperatio Dio Chrys. VIII. 132 D. IX. 140 D. ἀγώνων μεγίστων Plato 643 B. ἀθλητῶν ἐγκρίσεις Aristid. I. 508. ἄθλιος ἀντ' ἀθλητοῦ Philo Jud. 895 D. ἀρετῆς Orig. Cels. 487 C. τοῦ μεγίστου ἀγῶνος philosophus Gataker M. A. p. 70.

ἀθλητικὸς I. 185 B. 357 C. ἀγὼν II. 724 F. I. 518 A. Haec sunt ἀθλητικὰ ironice II. 654 C. ἀθλητικὴ φιλοσοφία II. 724 E. ἰδέα faciei I. 1028 B.

ἀθλητικῶς II. 191 C.

ἄθλιος I. 355 A. 640 C. 931 E. F. 959 E. 1005 F. 1018 B. II. 6 D. 165 E. 166 B. 170 C. ἄθλιε II. 235 E. malus, σύγγραμμα II. 60 A. 65 B. 76 F. in fine tamquam appositio II. 994 D. Plato 672 F.

ἀθλιότης II. 112 B.

ἀθλίως II. 65 B. 1076 C. 1106 C. πράττω I. 948 A. ἀθλιώτατα II. 169 E. ἀθλίως ἔχων πρὸς παῖδας amans Dio Chrys. 606 B.

ἀθλοθέτης I. 160 B. Plato 618 G. H. 619 B. 691 D. belli Aristid. II. 475. 486.

ἆθλον praemium I. 443 E. 1056 F. II. 155 E. 156 A. πολέμου I. 654 C. esse alicujus I. 240 A. θεῖναι II. 624 A. I. 666 E. ἐκτελεῖν II. 1087 A. ὑπέστη I. 141 E. ἄθλοις ἐπὶ μεγίστοις pugnare cum quopiam I. 913 A. ἔχω τί τινος I. 982 A. προτίθεμαι sc. mihi I. 997 D. — ἐν μέσῳ κεῖται Dio Chrys. 473 A. 475 B. — Plato 656 F. G. 684 C.

ἆθλος labor, opus, II. 583 B. dicitur ab ἄθλιος et Herculi tribuitur Dio Chrys. VIII. 136 A. μουσικῆς καὶ γυμνικῶν τε καὶ ἱππικῶν Plato 689 A.

ἀθλοφόρος Dio Chrys. 458 B.

ἀθόλωτος II. 725 D.

ἀθόρυβος II. 81 D. 713 F. I. 108 C. 154 C. 189 D. 951 A.

ἀθορύβως I. 320 B. 364 C. 788 C. 933 E. II. 90 D.

ἄθραυστος II. 722 E. 877 E. F. I. 113 F. 245 A. 361 C. 560 B. Musgr. Eurip. Cycl. 292. Phoen. 1086.

ἄθρεπτος f. corrupt. II. 499 D.

ἀθρέω MS. II. 995 F.

ἀθροίζω I. 66 D. 193 A. 388 B. 395 C. 470 D. 471 D. 524 A. 564 C. 654 C. 907 D. 943 A. II. 64 B. 101 B. 161 D. 179 A. 204 C. 209 B. 1111 A.

ἄθροισις I. 26 A. Porphyr. Abstin. I. 11. corrig. ib. 29.

ἄθροισμα II. 649 C. 1140 A. 1116 C.

ἀϑρόος II. 160 F. 674 D. 695 C. 721 B. 754 F. I. 100 F. 146 C. 304 E. 329 B. 343 E. 344 A. 364 D. 452 A. 465 E. 539 F. 630 E. 935 F. 1030 F. Plato 686 C. ἄϑρους I. 118 B. 458 F. 585 D. 629 A. 509 D. ἀϑρούσταται 717 E. ἄϑρουν πίνειν II. 650 B. 698 C. 699 D. ἀϑρόον ἐπίδοσιν λαμβάνειν II. 682 E. ἀϑρόαι φωναὶ philosophorum II. 763 E. ἀϑρόας totum hominis ex anima et corpore constans f. ἀνϑρώπου II. 1118 D. ἀϑρόον ἐκλάμπειν II. 75 E. ἀϑρόαι ῥευμάτων ἐπιφοραὶ II. 102 A. ἀϑρόον τι ἀνεκάγχασε Hippocr. Ep. XX. p. 21 A. ἄϑρουν ἀφιέναι τὸν λόγον Dio Chrys. XXXIII. 395 B.

ἀϑρόως I. 198 D. 289 D. 576 B. II. 52 D. 68 E. omnes fructus agrorum vendere I. 162 A.

ἄϑρυπτος. λέξις II. 237 A. I. 53 A. — II. 238 A. 751 A. 766 F. 1055 A. — facies εἰς γέλωτα I. 154 C. ἄϑρυπτα κολακεία II. 38 A. sim. 74 C.

ἀϑρύπτως II. 180 E. imperare I. 175 E.

ἀϑρυψία II. 609 C.

ἀϑυμέω I. 101 D. 115 D. 160 C. 172 C. 238 B. 436 A. 512 F. 536 C. 538 B. 558 C. 578 D. 877 A. B. 881 C. 969 A. II. 12 F. 47 A. 80 C. 92 C.

ἀϑυμία I. 144 D. 372 F. 393 F. 537 A. 556 C. 576 A. 614 B. (τινος de re 627 B.) 720 D. II. 21 E. 129 B. Aristid. I. 503.

ἄϑυμος placidus II. 90 D. Plato 665 E.

ἀϑύμως ἔχω πρός τι I. 540 E. sine fortitudine I. 329 F.

ἄϑυρμα Eurip. Auge V. Musgr. Ruhnken. Hymn. Cer. 16. Aristid. I. 26.

ἄϑυρος de ore II. 503 C.

ἀϑυροστομία II. 11 C.

ἀϑύρω Plato 630 C. Himer. 330.

ἄϑυτος active Xenoph. H. G. III. 2, 16. Porph. Abst. II. 7. Jambl. V. P. 195. Plato 647 H. Suid. διαξαίνειν.

ἀϑῷος II. 67 C. 274 A. I. 344 F. 770 B. Porphyr. Abst. I. 9. Jambl. V. P. 197. Plato 626 G. Aristid. I. 258. 388. 413. 449. 509. 541. II. 64. 78. 90. 238. 250. 280. 426.

ἀϑώπευτος Teles Stobaei 524.

ἀϑωράκιστος I. 265 D.

αἲ pro εἰ εἰ II. 238 D. Lacon.

Αἰακεῖον I. 859 C.

Αἴας dissyllab. II. 737 F.

Αἰγαῖος sc. κόλπος I. 483 D. Himer. 210. 230.

αἴγειρος arbor Plut. ap. Porphyr. Stob. 563.

αἰγελάτης I. 621 A.

αἰγίαλος II. 160 E. F. 183 A. 902 D. 913 C. 985 B. I. 115 F. 118 A. 177 D. 269 A. 414 A. 426 B. D. 438 C. F. 506 E. κατ' αἰγίαλον I. 658 E. 661 D. 919 B. 931 F. 949 A. ψῆφοι ibi Dio Chrys. 658 D. 664 D.

αἰγίβοτος II. 987 A.

Αἰγιεῖς, eorum οὐδεὶς λόγος Prov. II. 682 F.

αἰγίϑαλλος II. 537 B.

αἰγικορεῖς Athen. I. 91 C.

αἰγόκερως signum coeleste II. 908 C.

αἰγίς tempestas Aristid. I. 487.

αἴγλη καὶ χάρις Aristid. I. 225. 250.

αἰγλήεις Poët. II. 456 C.

αἰγυιεὺς Aristid. I. 233.

αἰγυπτιάζω II. 670 E.

Αἰγύπτιοι II. 142 C. ἡ Αἰγυπτία Cleopatra I. 926 E. 929 A. E. II. 61 A.

αἰδέομαι I. 27 E. 209 B. 313 D. 394 F. 632 B. 1057 C. 1058 E. II. 32 C. 46 E. 56 D. 62 A. 66 E. 71 B. 72 D. 128 B. 140 B. 142 C. 144 F. 237 D. 711 D. 749 F. ὑπέρ τινος an pudet I. 480 A. ἐμαυτὸν II. 198 E. et φιλέω II. 139 C. πρεσβυτέρους differt a τιμάω, σέβεσϑαι II. 7 E. Sim. 120 A. Saepius cum φοβέομαι jungitur v. annott. II. p. 217 A. differt ab αἰσχύνομαι II. 449 A. 529 D. Theophrast. Stob. 212. fere jung. II. 46 D. Charond. Stob. 289. τὸ αἰδόμενον pudor II. 654 D. opponitur τῷ βλέπειν II. 716 D. α syllabam incipit II. 737 F. ἐλεέω Plato 661 E. ib. 662 F. 676 G. H. 678 D.

αἰδέσιμος Aristid. I. 196. 462. 506. II. 106.

αἰδεστὸς II. 67 B. opp. φοβερὸς II. 796 A.

ἄϊδηλος Poët. II. 38 F.

αἰδημόνως II. 144 F.

αἰδήμων II. 47 D. Sext. Emp. 353.

ἀΐδης II. 669 E.

ἀΐδιος I. 107 D. 139 B. 145 E. II. 208 A. 420 E. 433 F. 434 B. 438 D. 731 E. 1013 E. 1016 B. 1017 B. 1023 B. 1024 A. 1052 A. 1075 A. 1114 D. φυγὴ I. 223 D. Deus II. 718 A. 745 C. I. 286 C. 322 B. φύσις II. 718 D. F. ἔχθρα I. 89 E. 159 A.

ἀϊδιότης II. 420 D. 1104 B.

ἀϊδνὴς πηλός I. 1 A.

ἀϊδνὸς de nocte II. 394. 1130 A.

αἰδοῖα genitalia II. 61 D. 83 B. 183 A. 637 C. 681 D. 962 B. αἱ περὶ τὰ αἰδοῖα ἡδοναὶ II. 705 D. τὸ αἰδοῖον ἀποτρίβεσθαι II. 1044 B. τὸ αἰδοῖον I. 531 F. αἰδοίων φυγαὶ καὶ ἀναχωρήσεις II. 442 E.

αἰδοῖος — τράπεζα Pindar. II. 643 D. quare ita vocentur reges II. 781 B.

Ἀϊδωνεὺς Pluto II. 878 A.

αἰδὼς II. 32 D. 37 D. 39 C. 44 C. 124 A. 139 C. 141 E. 144 F. 153 F. 154 B. 228 C. 781 B. 1120 C. I. 3 C. 48 B. F. 77 B. 128 A. 219 F. 269 D. 362 C. 407 F. 542 C. 582 A. 607 B. 630 B. 655 A. 662 D. 713 F. 714 C. 753 D. 801 D. 820 B. 826 A. 829 C. 876 C. D. 936 B. 963 B. 967 A. 1061 A. 1071 B. differt a φόβος Dio Chrys. I. p. 6. καὶ τιμὴ II. 778 E. I. 94 F. Aristid. I. 367. II. 23. 42. 152. 321. καὶ δόξα II. 787 D. καὶ σιωπὴ I. 230 C. αἰδοῦς συμπεριφορὰ cum meretrice II. 712 C. μειλιχίη Jambl. Stob. 471. καὶ δέος Aristid. I. 570. τινος παρά τινος Aristid. I. 522. reverentia Aristid. I. 182. et φόβος optimi Plato 593 G. H. 594 D. καὶ αἰσχύνη θεῖος φόβος Plato Leg. II. 583 D. I. 574 B. τινος, aequitas erga quem, Plato 657 G. δίκη est αἰδοῦς παρθένος i. e. filia deae Αἰδοῦς Plato 686 G.

αἰζηὸς Poët. II. 377 E.

αἴθαλος I. 479 A.

αἰθέριος II. 921 D. astrum. — avis II. 956 C. simil. I. 439 D.

αἰθεροειδὴς II. 430 D.

αἰθερώδης II. 432 F.

αἰθὴρ idem ac ἀὴρ II. 695 B. Elementum quintum Plato 700 G. 702 A. B. αἰθέρος πνοαὶ poët. II. 760 D. ἐν αἰθέρι monumentum Simonid. II. 872 E. αἰθέρος οὐσία II. 1077 D. — disting. ab ἀὴρ Vit. Hom. §. 95. Confund. Porphyr. Euseb. P. E. III. 108 B. C. 119 C. reprehendit quidem Eusebius.

Αἰθίωψ Indus Wernsdorf. Himer. 698.

αἰθὸς Bacchyl. I. 73 C.

αἰθρέω Sophocl. II. 745 F.

αἰθρία II. 371 B. 665 F. I. 173 D. 461 B. 572 B.

αἴθριος II. 721 F. I. 613 F.

αἴθυγμα vestigium II. 966 B. Dio Chrys. 667 B. De verbo αἰθύσσω D. Ruhnkenius Ep. Cr. 33 seq.

αἴθω uro I. 139 B. αἴθων Leo I. 170 E. — Epigr. I. 482 E. αἰθομένου δὲ πυρὸς γεραρώτερος οἶκος ἰδέσθαι II. 100 C.

αἴθοψ vinum Homeri II. 692 E. F. 1099 E.

αἶκα Lacon. I. 55 C. II. 176 E. 231 F. 234 F. 511 A. Valck. Theocr. Id. I. 10.

αἰκάλλω Lacon. I. 805 D.

αἰκία in luctu II. 608 F. I. 953 E. ὁ μετ' αἰκίας θάνατος II. 856 B. πρὸ αἰκίας bellum suscipere II. 988 C. αἰκίαν πᾶσαν αἰκίζεσθαί τινα I. 662 A. — II. 8 F. 117 F. 1091 E. I. 368 C. Plato 662 F. 663 C. E. 664 A. 658 C. Aristid. I. 506.

αἰκίζω — αἰκίζομαι corpus alicujus II. 857 A. I. 95 D. 225 C. 419 C. 662 A. 722 A. 838 E. 879 A. 1066 B. — Pass. I. 248 E. II. 31 B. — Med. se ipsum luctu I. 954 C. — se ipsum II. 173 A.

αἰκισμὸς II. 8 F.

αἴλις v. corrupt. Euphor. II. 677 A.

αἴλουρος II. 144 C. καὶ γαλῆ II. 959 E.

αἷμα II. 49 C. 61 D. 127 C. 130 B. 180 E. 202 C. οἱ ἀφ' αἵματος consanguinei II. 265 D. πρὸς Dio Chrys. 636 A. ἐφ' αἵματι φεύγειν II. 294 D. Valck. Hipp. v. 35. Pausan. 177. 238. 376. — ταύρου II. 168 F. αἷμα καὶ γένος θεῖον εἰμι II. 302 E. genus, origo II. 240 E. ἐμφύλιον Pausan. 155. δι' αἵματος ad quid pervenire I. 391 E. χωρεῖν I. 453 B. καὶ πῦρ I. 978 B. γλυκὺ II. 101 C. αἵματα ἀνθρώπων II. 171 B. γενεᾶς καὶ αἵματος I. 638 F.

αἱμασιὰ II. 85 F.

αἱμάσσω I. 31 B. D. 362 A. 565 F. 792 F. 922 B. 952 D. 973 D. 992 B. 993 B. 1003 F. 1065 A. v. n. ad II. 126 F.

αἱματόεις Poët. II. 326 E.

αἱματώδης II. 238 F. 694 E. I. 232 A.

αἱματωπὸς II. 565 C. 900 F.

αἱμοδαιτέω Porph. Abst. II. 8.

αἱμοκουρία I. 332 B.

αἱμοῤῥοέω II. 1161 C.

αἱμυλία I. 65 D. 256 A. II. 16 B,

αἱμύλιος Hom. II. 1065 D.

αἱμύλος I. 444 E. 589 F. καὶ κομψὸς λέγειν II. 802 A. I. 95 A. E. Eur. Teleph. fr. XIX. Musg. Dio Chrys. 579 D. 631 A. 394 D. Plato 642 A. Pausan. 289. D. Ruhnken. Ep. Crit. I. p. 28.

αἰνέω. πατέρα proverb. I. 1027 C. D. ap. poët. recuso II. 22 F. et αἰτέω oppon. II. 177 B. αἰνησάμενον cum laudaveris Mez. II. 984 D. et ἐπαινέω Plato 690 D.

αἴνιγμα II. 12 D. 76 A. 148 D. 154 A. 407 B. 409 C. 671 E. 673 A. 717 A. 864 D. 988 A. 1071 C. 1072 E. 1125 E. Aristid. I. 67. 94. 205. 414. II. 366.

αἰνιγματώδης II. 420 E.

αἰνιγμὸς I. 1064 A.

αἰνικτὴρ Soph. II. 406 F.

αἰνίσσομαι vel αἰνίττομαι — de poëtis II. 107 E. 607 C. 659 B. 745 B. D. I. 69 F. τί τι II. 635 F. ᾐνιγμένος λόγος II. 673 F. τὶ εἴς τι II. 684 E. corrupt. II. 700 D. τι simpl. II. 9 D. 38 C. 138 C. 141 E. 415 C. 429 F. 537 C. 542 B. 718 A. 966 D. 1050 D. I. 114 A. 840 D. πρός τι II. 727 D. I. 166 E. Simpl. II. 99 C. 404 A. 729 B. 740 B. 820 A. 1026 C. disting. a διηγέομαι II. 935 A. Orac. I. 490 F. Pass. 867 E.

αἶνος παλαιὸς Eur. Stob. 585, 22. 590, 35.

αἴνυμαι. εὐρυεδοῦς αἰνύμεθα καρπὸν χθονὸς II. 485 G. 743 F.

Αἴξ. Αἰγὸς ἕλος Romae I. 36 C.—34 E. 37 A. 60 C. II. 30 C. οὐράνιος πλουτοφόρος II. 27 C.

αἰολίζω I. 479 D.

αἰόλιος νόμος mus. II. 1132 D.

αἰόλος. -τερον σφιγγὸς II. 16 D.

αἰπολέω. -εῖν quem jubere, prov. Aristid. II. 384.

αἰπόλιον differt a ποιμνίον II. 648 A.—II. 700 D.

αἰπόλος II. 435 D.

αἶπος Simyl. poët. I. 28 C.

αἰπὺς ex Homer. II. 516 B. ex Pind. II. 783 A.

αἶρα II. 658 E. [Diog. Laert. VI. 6.] 732 B. Porphyr. Abst. I. 30.

αἵρεσις II. 140 A. 772 A. C. 827 B. 1034 E. 1042 D. I. 112 D. 520 A. Secta II. 673 C. 878 C. 1072 F. 1086 C. αἱρεῖν non habet res II. 708 B. pro προαίρεσις I. 255 F. in rep. I. 591 C. 1055 C. καὶ λῆψις I. 888 E. αἵρεσίν τινος ποιέομαι eligo quem I. 988 F. II. 228 A. δουλείας πολιτεύομαι I. 994 C. αἵρεσις ἀμεινόνων I. 1058 E. electio I. 1071 A.

αἱρετίζω Hippocr. Ep. XX. p. 22 B.

αἱρετιστὴς Philem. Cler. p. 246.

αἱρετὸς II. 52 A. 115 D. 672 D. 1039 C. 1040 E. F. 1042 D. 1043 B. 1062 C. E. 1063 E. 1064 B. 1069 F. 1070 A. C. 1071 D. 1075 D. F. 1091 D. 1096 B. Simpl. faciendum I. 580 F. 852 A. II. 64 D. — in Aristocratia II. 616 E. — αἱρετώτερον II. 823 A. Plato 676 B. judex Plato 692 A.

αἱρέω — αἱρῶν λόγος II. 441 D. 449 C. 1070 B. Plato II. 112 E. Upton. Ind. Epictet. — τινὰ διώξας in judicio II. 552 B. I. 864 B. 1039 A. vinco Aristid. II. 421. evinco, demonstro II. 651 B. persuadeo Aristid. II. 411. — Med. pro ἡγέομαι existimo II. 702 F. αἱρεῖσθαί τι καὶ πράττειν II. 705 C. — μεγάλα μικροῖς II. 762 A. — in judicio II. 833 D. 843 C. 844 C. 845 D. Plato 626 G. et saepe. — αἱρεῖ μέ τι II. 989 D. placet I. 575 B. — Med. εἵλετο maluit II. 1126 B. — I. 101 E. — τὰ βασιλέως partes regis I. 118 C. Wess.

D. S. I. 414. — αἱρέομαι urbem pro activo I. 132 F. — εἵλοντο cum inf. inservit periphrasi II. 436 D. — cum inf. I. 203 F. 893 A. — αἱρεῖσθαι quem βίον I. 279 C. 630 D. 835 C. Eus. P. E. 5 B. C. Porph. Abst. III. 27. — δεῖπνον I. 296 C. capio, bis, semel male αἴρω, ut ἐξαίρω alibi saepe perperam pro ἐξαιρέω I. 308 A. — ἦρξε ἑλομένων Ἀθηναίων, Archon fuit electus ab Ath. I. 319 B. — αἱρέω δίκην I. 353 F. 1039 A. — αἱρεῖσθαι τὰ Ῥωμαίων partes I. 372 B. 385 D. 559 D. 985. Dio Chrys. 479 A. — Demosth. Rhod. Lib. 79 B. 82 A. αἱρέω urbem I. 430 B. 714 F. II. 231 E. 233 D. — τὰ ἐκεῖ πράγματα potiri illo regno Aristid. II. 382. — αἱρεθέντες capti I. 427 B. — αἱρεῖ virum puella, *placet* I. 628 D. — hostem I. 653 D. — everto I. 743 A. — αἱρέομαί τι ὡς ἔργον I. 877 C. — τινα capio I. 908 A. 933 C. — regionem I. 674 B. — concilio quem mihi I. 767 C. — αἱρέομαί τινα, sc. socium, Aristid. I. 432. 439. 451. 456. 460. 463. 464. 466. — τάξιν in rep. I. 879 F. — λόγον, pro ἀναιρέομαι, ingredior dicere de re. Thessal. Or. Opp. Gal. I. 5 E. — ω τὸ ῥαδίως ἁλισκόμενον II. 94 D. — καὶ λαμβάνω ἰχθὺν II. 139 A. — ἕλω aor. 2 subj. II. 176 E. — capio urbem, regionem, et similia II. 183 B. 195 E. 196 B. 199 C. 201 E. 209 E. 231 E. — μαί τι v. c. *dux eligor* II. 175 C. 177 C. 188 B. 193 E. 197 A. 199 B. 309 A. — μαι τὸν πόλεμον II. 220 E. — μαι activ. τινα ducem II. 199 A. 214 B. 229 A. — τά τινος II. 203 D. — εω Ἀθηναίους pro Ἀθήνας II. 239 F. — εῖσθαι αἵρεσιν Vit. Hom. §. 150. — ἑλόμενον γράψαι pro γράψαντα, postquam scripsisset, Jambl. V. P. 238. — ἔνθεν ἑλὼν Dio Chrys. XXXIII. 395 D. ᾑρημένος βίος Plato 635 D. αἱρέομαι quem ἐπὶ ἀρετὴν Plato 635 G. ἑλὼν furem, pro καταλαμβάνω in facto, Plato 660 E. αἱρεῖν interficere — ἀναιρεῖν Philo Jud. I. 739 E.

αἴρω. proficiscor I. 108 E. 117 D. 150 C. 205 F. 305 C. 313 F. 315 A. 414 B. 415 F. 425 B. 508 E. 470 D. 486 A. 539 A. 571 E. 600 D. 698 E. 720 C. 913 B. 1071 E. — αἴρεσθαι εὐτυχίαις I. 33 F. — αἴρεσθαι laetitia I. 179 B. potentia I. 258 F. — ἑαυτὸν II. 1043 E. — ὀφρῦν II. 752 A. — τινα μετέωρον I. 130 F. — Med. signum I. 181 E. 177 F. 206 D. 208 A. 557 D. 656 F. 657 B. 933 D. — αἴρω τὴν ἀφ' ἱερᾶς, sc. anchoram f. I. 228 F. — anchoram II. 815 D. I. 646 A. anchoras I. 246 B. 661 D. — μηχανὰς comoedia II. 665 E. — bellic. I. 305 C. — tragoedia II. 724 C. I. 116 D. 447 E. — demo II. 727 C. 925 D. 1051 B. 1125 B. 1130 E. Victor. Castig. Cic. p. 315. II. 158 C. — quare A habeat II. 738 C. — foenerator II. 829 B. Horat. *tollo*. — αἴρομαι μέγας II. 346 B. I. 587 E. 646 A. Markl. E. Suppl. 610. Bergl. Ar. Vesp. 1018. I. 260 E. 350 C. 587 E. 710 B. — ἀράμενος periphrasi inservit II. 617 D. I. 48 D. 56 A. 74 C. 621 A. — αἰρόμενος sumens Eurip. II. 661 F. — pars tollitur, seponitur, II. 671 C. — vas, quod tollitur II. 705 E. — lychnus II. 144 E. bis. 716 D. — quid in aqua II. 725 E. — Med. βέλος II. 757 D. I. 135 E. — fructum II. 767 D. — αἴρεται caro corporis, intumescit, II. 771 B. — ἄρασθαι πόλεμον II. 784 D. 871 E. Pausan. 227. 557. Jambl. V. P. 232. emend. 249. Aristid. II. 429. — act. vela do, in altum proficiscor II. 804 D. — extendi II. 925 B. — ἀράμενος suscipiens in humeros quem II. 984 D. — νίκην I. 119 F. — αἴρω quem μέγαν I. 285 F. 471 B. 646 A. 872 C. — αἴρομαι Med. *suscipio onus* I. 302 A. 394 E. 418 F. 948 B. 1064 C. — falso pro αἱρέω capio I. 308 A. — αἴρομαι lapidem et simil. I. 328 F. 332 B. onus I. 687 E. — periculum I. 327 E. — mortuum I. 331 E. — πόλεμον I. 352 A. Aristid. I. 167. 173. 396. 400. 436. — αἴρω τι εἰς ἀξίωμα I. 360 B. — ἔχθραν I. 379 F. Aristid. II. 428. — ἄρας ἀφίημί με in mare I. 392 B. — αἴρω hostem, *everto* I. αἱρέω I. 453 A. conf. 465 F. Philo Jud. 986 A. — mortuum sepeliendum I. 475 E. 830 E. — ἀράμενος quem praeficio exercitui I. 532 C. — pass. αἴρομαι ἐπὶ πλεῖστον δυνάμεως I. 534 E. — αἴρομαι clamorem I. 504 F. — αἴρω donum accipio I. 642 F. — σημεῖόν τινι I. 652 D. — pass. αἴρομαι λαμπρὸς I. 752 B. sim. 851 D.

854 F. — αἴρω τι aufero, sumo, I. 762 B. — αἴρεται quid ἐπὶ μεῖζον fama I. 788 C. — φωνὴν I. 832 F. κλαυθμὸν 1074 D. neutr. proficiscor in altum, vela do I. 885 A. 903 D. 904 F. Alexis Athen. 610 E. simil. II. 209 A. Aristid. I. 306. — αἴρεται avis I. 885 B. — αἴρεται classis, proficiscitur I. 910 C. (ἀρεῖται ita 967 D.) — αἴρεται ventus I. 946 B. — αἴρομαι τὰ ἱστία I. 946 E. Sim. II. 15 D. — αἴρω πᾶσαν μηχανὴν I. 965 C. — αἴρω τι ἐπὶ μεῖζον λόγῳ I. 970 C. — τὸν στόλον abiens proficiscor cum classe I. 979 F. — αἴρει μέ τι πρῶτον εἶναι hoc me tollit ad principatum v. principem me facit I. 1011 B. — λαμπρὸν I. 1055 F. αἴρεται βοὴ I. 1059 A. fluvius I. 1068 D. αἴρω quem supra mare I. 427 A. — αἴρομαι quem I. 563 E. αἴρεται mensa, vel quid de mensa, Athen. Posidon. 466 E. Timocl. 455 F. 642 F. II. 150 D. — ἀράμενοι cum sepeliamus II. 13 B. Sim. 202 A. — αἴρω τὸ πρᾶγμα εἰς ὀφρὺν, cum severitate quid agere II. 59 B. — αἴρεται ἄνω calamus II. 81 B. — ποῦ αἴρει τὸν ἄνθρωπον ἡ φρόνησις II. 98 E. — ἠρμένον ἐκ τῶν ὄντων II. 109 E. — ἀρθείσης τῆς τραπέζης II. 127 A. — αἴρεται κῦμα II. 163 C. — αἴρω in altum quid II. 184 C. 201 D. 204 C. — αἴρω lapidem ac. contra quem II. 241 B. — αἴρομαι φυγὴν in exilium abeo Porph. Abst. II. 29. Euripid. Rhes. 54. 126. αἴρομαι κλέος Plato 697 B. — αἴρεται quid crescit Aristid. I. 304. — ἦρε leg. pro ἦξε Aristid. I. 354. — ἠρκώς τινα qui quem laudavit Aristid. II. 330. αἴρω λόγον Aristid. I. 197. — αἴρομαι ἀγῶνα Aristid. I. 374.

αἶσα Homer. II. 114 A.

αἰσθάνομαι. τινος simpl. percipere II. 43 D. 49 D. E. 132 D. 550 A. 562 C. 706 F. I. 182 C. τι II. 746 A. — moveri, affici II. 592 B. experior I. 913 D. sentio, animadverto I. 1023 A. II. 161 B. F. 167 C. 173 D. 178 D. 181 D. 193 A. 194 A. 195 B. 196 A. 202 B. 210 F. 233 A. Plato 702 C. cum inf. II. 51 C. 54 A. 58 B. — simpl. II. 59 E. 63 E. 67 C. 70 E. — ἐμαυτοῦ II. 60 F. — intelligo recte II. 79 A. — De aetate *valet, sentit, sapit,* Plaut. Bacch. IV. 7. 19. 21. — Phil. II. 1024 C. 1025 E. — ᾐσθημένος I. 15 D. — Mus. II. 1145 D. — ἀρετῆς I. 566 B. 846 F. ἀρετῆς f. ἅπτομαι I. 923 B. pulcrit. I. 340 A. Sim. Galen. Protr. c. 9. T. II. 10 A. Dio Chrys. 471 C. 473 C. 480 A. 546 B. conjicio id quod non diserte dictum est Dio Chrys. 583 C. ἀκοῇ ἢ ἰδὼν Plato 670 E. ἐμαυτοῦ ῥᾴονος Aristid. I. 275. — τινὸς affici animo Aristid. I. 446. Aelian. N. A. VI. 1. Basil. M. Ep. T. III. p. 198 B.

αἴσθησις τινος I. 371 D. 790 F. — σώματος, φύσις ψυχῆς II. 360 E. Phil. Fragm. I. 4. — οὐδὲν περαιτέρω τῆς αἰσθήσεως ἐφορᾶν II. 559 F. — visum II. 672 E. — simpl. II. 699 D. 705 C. 715 C. 718 D. E. 722 C. 763 B. 899 E. F. 960 D. 975 D. 1024 E. 1025 A. 1026 C. 1048 B. 1082 D. 1083 B. I. 270 A. 271 E. 308 B. 556 C. — πρὸς αἴσθησιν quod ad sensum II. 930 E. — ἀνεῳγμένη II. 975 D. — opp. ἀποδείξει II. 1020 F. 1021 B. I. 305 D. — II. 1096 E. 1109 A. B. C. D. E. 1110 E. 1114 A. E. 1115 F. 1116 A. 1117 C. 1118 A. B. 1121 B. E. 1122 B. D. E. 1123 A. E. 1124 A. B. I. 152 D. II. 400 D. I. 862 D. 1001 A. 361 B. — καθαιρεῖσθαι τὴν αἴσθησιν I. 173 B. E. — Mus. II. 1137 C. 1140 A. 1143 F. 1144 A. B. C. F. 1145 A. — παρέχειν αἴσθησιν I. 300 E. 321 F. 1035 C. 1057 E. 1074 D. II. 92 E. τὴν — ἐπιληφθεὶς *deliquio animi* I. 372 B. conf. 733 A. 736 C. 960 D. — ἐν αἰσθήσει γενέσθαι τινὸς I. 498 C. — ἀποκρύπτω τὴν αἴσθησιν lateo quem I. 549 E. — καὶ τέχνη I. 888 D. — βραδεῖα I. 926 C. — ἀκουστικὴ II. 37 F. — ἡ τῶν μὴ φίλων sentire quosdam non esse ipsi amicos II. 49 D. — διαφορᾶς II. 75 B. — cum gen. II. 75 C. 87 C. — Propr. II. 98 B. C. animi et corp. II. 102 D. — μέτρον ἔστω τὸ προσφιλὲς τῇ αἰσθήσει II. 130 D. — αἴσθησιν παρέχει ἡ φύσις τοῦ σώματος μετρίως διακειμένου II. 131 C. — II. 140 D. 159 C. 161 D. — αἰσθήσεως κολακεία II. 228 B. — αἴσθησις κοινὴ Nobil. . . . . Epicur. Diog. L. X. 82. ἐπ' αἰσθήσει μόνῃ ζῆν Porph. Abst. III. 19. — γένεσις fit ὅταν ἡ ἀρχὴ λαβοῦσα αὔξην — αἴσθησιν σχῇ τοῖς αἰσθανομένοις Plato

668 A. — αἰσθήσεις — comp. νοῦς, κεφαλὴ cet. Plato 694 C. 695 D. — καὶ μνῆμαι Plato 699 D. — simpl. sensus Plato 705 B. — αἴσθησίς ἐστι sc. mortuo Aristid. II. 249. 306.

αἰσθητήριον II. 670 E. 899 C. D. 997 B. 1061 C. 1096 E. 1109 C. 1122 E. I. 557 E. 949 E.

αἰσθητικὰ pro αἰσθητὰ II. 90 B. αἰσθητικὸς activ. II. 686 D. 898 D. 904 E. 909 E. 910 B. 960 D. 1013 B. 1016 C. 1023 B. D. 1024 A. C. 429 E. 79 F. αἰσθητικῶς κινεῖσθαι Upton. Epict. 46.

αἰσθητὸς — φύσις II. 428 B. F. 429 B. 436 A. 718 D. F. 886 E. 895 B. 898 D. E. 899 F. 926 C. 1001 C. D. 1012 D. E. F. 1023 B. C. D. E. F. 1024 A. C. 1042 E. 1048 B. 1077 E. 1096 E. 1109 D. 1114 D. E. 1116 A. 1124 E. I. 65 B. 305 E. bis. — οὐκ *repentinus* I. 685 E. αἰσθητῶς ad sensum II. 953 C.

αἴσιος αἰωνὸς II. 282 C. I. 22 F. 185 E. 304 B. 728 B. 1059 E. Aristid. I. 361. 507. — ἐπ' αἰσίῳ Pausan. 270. δευτέροις αἰσίοις Euseb. P. E. VII. 332 D.

αἰσιόω — αἰσιούμενοί τι II. 774 B. 775 B.

Αἰσκληπτὸς ejus numen Porph. Eus. P. E. III. 112 D. alia conf. Index ed. Viger.

ἀΐσσω I. 3 B. 643 D. ἀῖξαι πρός τι insilire, repente invehi in alicujus reprehensionem II. 59 D. v. not. II. 170 B. ἀΐξειεν εἰπεῖν involare, festinare ad docendum quid, Plato 597 H. — Non habet transitivam vim, ut ostendit contra Musgr. et Brunck. D. Ruhnken. Ep. Cr. p. 34.

αἰσυμνήτης deus, Pausan. 573. 576. magistratus, aliquid Perizon. ad Aelian. III. 15. Forte ex Theophrasto, quem citat Dionys. Hal. A. R. V. 73. Hellad. ap. Phot. p. 1596. Meurs. p. 69. Aristot. Polit. p. 91, 4. Sylb.

αἶσχος deformitas II. 82 B. 902 C. 1060 C. — αἴσχη cujus ἀποκρύπτω I. 774 E.

αἰσχροκέρδεια II. 1046 C. I. 535 F. 785 A.

αἰσχροκερδὴς II. 34 D. 185 A.

αἰσχρολογία II. 9 F. 361 B. 417 C. αἰσχρορρημοσύνη Porphyr. Abst. I. 34. Euseb. P. E. V. 186 A.

αἰσχρὸς inhonestus II. 29 D. 30 E. 32 C. 35 C. 64 D. E. 66 A. D. 74 B. 160 A. 236 B. 208 C. 222 E. 223 C. — corpore II. 1058 A. 1073 A. B. I. 434 A. 479 F. — foemin. II. 966 B. βίος II. 21 C. αἴσχιστα II. 33 A. 128 A. B. αἰσχρὰν Plat. II. 1015 A. — α. καὶ καλὸν I. 909 E. II. 18 A. C. D. αἰσχρὸς unde oriatur II. 45 C. αἴσχιστος mor. II. 66 C. opp. καλῷ II. 64 B. 72 D. 90 E. 92 E. καὶ πονηρὸς II. 57 C. corpore opp. καλῷ II. 56 D. 141 C. αἴσχιον οὐδὲν quam hoc II. 88 D. et αἴσχιστα II. 128 A. αἰσχρὸν bis tum αἴσχιον II. 130 E. Simpl. αἰσχρὸν subaud. ἐστὶ II. 137 A. gradat. αἰσχρὸν — αἴσχιον II. 139 E. — Simpl. II. 165 A. C. 166 A. — Corp. II. 189 E. 190 D. 218 D. 228 E. 235 E. — αἰσχρόν ἐστί τι II. 234 A. 237 B. 241 B. — αἰσχρῶς II. 234 B. I. 82 A. — αἴσχιστος foem. II. 401 C. — αἴσχιστα ποιήσας καὶ παθὼν in jurgio II. 588 A. — αἰσχρὸν σόφισμα, an γλισχρόν? II. 1113 E. αἰσχρὸς τὴν ὄψιν I. 114 D. τὸ εἶδος 356 E. — φεύγειν I. 208 B. 558 C. — f. leg. ἐχθρὸς vel hoc sensu accipiendum I. 315 C. ἐπ' αἰσχρῷ I. 395 D. — αἰσχρῶς ἀγωνίζεσθαι pro *impedito agmine pugnare* accipit Toup. Ep. Cr. 5 seq. apud Caesar. p. 122. (717 E.) et Camill. p. 137 E. f. γλισχρῶς. Sed posterioris loci non eadem est ratio. Sic κακῶς Xenoph. Hellen. IV. 5, 16. Q. Gr. II. 302 E. Potius δυσχερῶς ut Appian. Syr. p. 106. Contra καλῶς est *ordine* I. 1005 F. Vere ap. Platon. Leg. III. 591 E. seq. αἰσχρῶς ἀμύνεσθαι. Conf. Caesar. B. G. III. 24. Nam ipse locus, ubi hanc pugnam memorat, est H. G. II. 10. Isocrat. 190. ed. 8° Paris. oppon. ἀληθῶς? Jungit cum γλισχρῶς Cels. Orig. 380 D. Proprie I. 1072 C. Aristid. II. 163. — ignave i. q. ἀσχημον, Plato 638 A. sim. 681 E. — αἰσχρῶς αἴσχιστα Plato 646 E. — αἰσχρὸς corpore, πάγκαλος animo Plato 654 D. — δίκαια an sint αἰσχρὰ Plato 654 E. F.

αἰσχρουργία II. 1042 B. Dio Chrys. IV. 76.

αἰσχύνη pudor, II. 46 C. 47 C. D. 71 B. dedecus I. 170 D. 775 D. 1072 D. II. 18 F. 56 F. 64 D. 199 A. 201 C. — ἐπ' αἰσχύνῃ II. 869 B. — cum φόβος II. 752 C. Stupri causa I. 482 B. II. 237 C. Muson. Stob. 458, 38. Dio Chrys. VII. 126 A. XI. 154 D. 159 A. καὶ γέλως II. 1061 A. ἐπ' αἰσχύνῃ γένος ad pudorem incutiendum cui I. 577 F. 693 E. σὺν αἰσχύνῃ I. 649 B. σὺν αἰσχύνῃ ὀρέγεσθαί τινος, an pro αἰσχροῦ τινος? I. 1054 B. — diff. ab αἰδώς, a poëtis promiscue Dio Chr. XIII. 221 A. Pro αἰδὼς bono sensu Phintys Stob. 445, 10. — αἰσχύνην adferens vulnus Plato 662 C. γένους generis sui honestatem infamare Plato 678 A. — turpitudo Aristid. I. 511. καὶ αἰδὼς Jambl. V. P. 156.

αἰσχυντηλία II. 66 C.

αἰσχυντηλὸς II. 622 D. Aristid. II. 510.

αἰσχύνω — locum sanguine I. 721 E. quem I. 308 D. — μαι ἐμαυτὸν II. 748 C. — καὶ φοβέομαι II. 88 A. 752 A. — mulierem I. 589 A. — αἰσχυνομένη ἄγνοια II. 1118 E. ἔργον λόγῳ I. 209 A. πενίαν I. 335 C. 334 D. differt ab αἰδέομαι II. 449 A. 529 D. — Simpl. II. 35 C. 55 F. 57 C. 71 B. 124 C. 127 E. 144 B. F. 145 C. 187 C. 188 A. 189 E. 204 C. 229 D. 241 E. F. αἰσχυνόμενος αἴσχιστα πενίαν φέροις II. 128 A. — μαι et αἰδέομαι opp. Theophr. Stob. 212, Conf. Aristox. conf. αἰδέομαι. Dio Chrys. XIII. 221 A. — μαι ὑπὲρ ἐμαυτοῦ καὶ τῶν Ἑλλήνων Plato 640 C. D. Sim. Aristid. I. 132. ἦσαν πρὸς αὐτοὺς, ἔσον ἄν τις αἰσχυνθείη εἰπεῖν Aristid. I. 146.

αἰτέω II. 43 A. 63 E. 109 A. 128 D. 155 F. 169 C. Pass. II. 809 A. — στίχον Grammaticus in ἐπιδείξει II. 737 C. — μαί τι II. 764 E. 778 F. 794 B. 822 C. (984 D.) 1041 E. F. 1064 C. I. 92 E. 126 D. E. 127 D. 169 B. 175 F. 343 A. — γάμον a muliere II. 768 C. — μαι εὐχόμενος a Diis II. 824 C. — μαι med. I. 217 E. 218 B. 365 F. 366 C. 370 B. 446 B. 703 C. 750 E. 776 A. 823 D. 951 C. 953 C. 1056 B. 1060 D. 1062 B. II. 67 C. 98 A. 143 A. 156 A. 166 D. 173 D. 175 D. 179 F. 184 E. 186 E. 208 D. αἰτέω munus peto I. 408 A. cum inf. 888 B. αἰτέομαι munus peto I. 410 A. 473 B. 774 D. — τινά τι I. 435 B. II. 235 D. — cui quid a Diis I. 525 B. II. 207 E. αἰτέομαι λόγον dicendi facultatem I. 623 F. 835 F. — ὄνομα, interrogo quem quod nomen habeat, I. 874 F. αἰτέω in disp. II. 42 E. 43 C. — μαι Med. τι memoro II. 984 D. — Calliope id fecit αἰτησαμένη παρὰ τοῦ Διὸς Dio Chrys. XXXII. 381 C. — μαι cum infinitivo II. 888 B. — συγγνώμην II. 190 E. Simpl. II. 175 A. 177 F. 179 E. F. 182 E. 186 D. 188 A. C. 235 B. 211 D. 234 E. — pass. II. 205 E. — act. et pass. II. 177 A. et αἰτέω opp. II. 177 B.

αἴτημα quaestio, nisi leg. ex B. E. αἰτίαμα, II. 401 B. — Mathem. II. 720 E. I. 890 B. — I. 126 E. II. 4 F. — ποιεῖσθαι παρά τινος Dio Chr. 469 C.

αἴτησις I. 146 A. 649 D. 681 E. 838 A. αἴτησιν σιωπῆς significo nutu I. 892 C.

αἰτητικὸν στίχον ἐμβάλλειν in comoediam II. 334 E.

αἰτία I. 130 B. — II. 871 C. I. 137 B. — τινός II. 407 B. — αἰτίαν ἔχειν τινος II. 829 D. reprehendor de re I. 409 D. 1054 C. pro τι ab hac caussa extitisse I. 489 E. 534 A. αἰτίας ἔχω reprehendor I. 649 C. Antioch. Alex. Athen. 482 C. — II. 846 B. C. I. 122 E. — αἰτίαν ἔχω ὡς I. 711 B. 826 F. 1039 F. — αἰτίας παρέχω, reprehendor, I. 735 E. — λαβεῖν II. 850 C. I. 132 D. accusor 206 E. 445 C. aliter 449 A. cum inf. I. 865 F. — simpl. culpa s. caussa facti mihi tribuitur I. 918 F. — καὶ ἀρχὴ II. 1015 A. — αἰτίας ἀφεῖσθαι II. 156 E. — αἰτίᾳ τῇ τοῦ νόμου ὑπεύθυνον εἶναι II. 214 B. — ἄνευ αἰτίας θεοῦ II. 405 B. 414 D. 555 A. — με καταλαμβάνει τοῦ ποιεῖν τι II. 464 E. — ἐν αἰτίᾳ γενέσθαι II. 207 D. 483 B. I. 21 C. 130 A. 334 E. — αἰτίαν ἔχειν κλέπτειν II. 803 C. 807 E. 862 C. 867 C. 1116 E. I. 107 A. 108 A. — ἐπιτήδειος ἀποθανεῖν II. 959 E. — αἰτίας ἀποφυγὴ criminis I. 803 E. — αἰτίαν ἔχω ὑπό τινος reprehendor a quo I. 835 F. 884 B. — αἰτία et ἄφεσις oppon. I. 1066 E. —

αἰτίαν in quem ἐκτρέπω I. 527 D. — ἡ ἀτάκτως φερομένη αἰτία fortuna II. 24 A. τὸ ἀσυλλόγιστον τῆς αἰτίας ib. B. — αἰτίας πορίζειν excusationes II. 27 F. 74 A. simil. — caussa simpl. II. 40 B. 104 C. 106 F. 109 B. 115 F. 119 A. 129 C. F. 141 A. 164 A. 168 B. — has philosophia tradit II. 44 B. subaud. inimicitiae s. crimen II. 54 A. — αἰτίαν φιλίας ὥσπερ σόφισμα λοιδορίας προσφερόμενος II. 68 B. — caussae imputatio II. 73 E. 74 A. — αἰτίας καθαρὸς II. 89 E. — καὶ τέλος I. 165 A. — αἰτίας εὕρεσις ἀναίρεσις σημείου I. 155 A. — αἰτίαν ἔχειν cum inf. I. 160 D. 480 F. 487 D. 515 A. 553 B. 597 A. 662 D. 873 F. 1006 E. II. 89 E. 141 B. 1134 B. — ποιεῖσθαι κατά τινος ὅτι I. 165 A. — αἰτίαν τινὸς I. 168 C. 199 B. — τινὶ ἐπιφέρειν τινὸς I. 169 A. — φυσικὴ et ἀναγκαία II. 435 F. 436 A. D. — καὶ ἀρχὴ II. 127 B. 435 F. — αἰτίαν φέρομαι ὡς II. 407 B. I. 1014 F. — et οὐσία τινὸς oppon. II. 1131 B. — αἰτίαν ἔχω I. 223 A. 231 B. 627 B. — ἐν αἰτίαις τινὰ ἔχειν I. 258 C. 725 F. — ἀπολύομαι αἰτίαν I. 326 E. — ἐν αἰτίαις εἶναι I. 435 A. 449 E. 654 E. 655 A. 755 F. 827 B. — λαβεῖν τινος αἰτίαν I. 526 E. — αἰτία an pro ἀνάγκη? I. 580 B. — αἰτίας τινὰ ἐξαιρεῖσθαι II 126 E. — αἰτία abund. ἕνεκα τῆς τοῦ περιεστηκότος πολέμου αἰτίας II. 211 A. — Caussa effic. vel sim. II. 175 A. 177 F. 199 E. F. 182 E. 186 D. 188 A. C. E. 194 A. 197 F. 200 E. 202 B. 210 C. 217 C. 224 D. 227 E. 228 D. 231 C. 232 D. — crimen II. 214 B. 220 B. 241 E. — αἰτίαι nomen libri frequens Democrito, Diog. L. IX. 47. 48. — αἰτία τινὸς pro ἕνεκά τινος Numen. Eus. P. E. XIV. 731 B. — τὴν μόνην αἰτίαν ταύτης ἀξιῶσαι τῆς αἰτίας, ἢ τὸ τῆς μέμψεως ὄνομα πρόσεστι *caussam hoc caussae nomine appellare quod reprehensio vocatur* Aristid. I. 94. — ἡ ἀπό τινος crimen ab aliquo factum Aristid. I. 449. αἰτίαν ἔχω cum inf. *dicor* Wernsdorf. Himer. 211.

αἰτίαμα II. 401 B. I. 228 C.

αἰτιάομαι simpl. cum ὅτι II. 8 E. 402 A. — accuso II. 45 A. 59 F. 60 A. 94 E. 117 A. 143 C. 164 B. 693 B. 703 B. F. 1040 E. 1113 C. I. 168 B. 455 D. 398 D. — Pass. cum infinitiv. II. 397 C. 402 A. 409 C. 835 D. — In caussa quid habere II. 676 A. 702 B. 722 D. 734 E. 907 A. — f. ἀντιάομαι II. 1059 A. — αἰτιάομαι quem II. 175 B. 176 B. F. et ἀνιάομαι Aristid. I. 77.

αἰτίζω Homer. II. 43 A.

αἰτιολογέω II. 689 B. — τὶ II. 893 C.

αἰτιολογία II. 700 B.

αἴτιος II. 60 F. 109 C. 112 D. — αἴτιος εἴς τι (nisi leg. ἐναντίον) pro ἐμπόδιον II. 93 C. — αἰτιώτατος κατέστη τοῦ II. 628 E. I. 97 B. 111 B. 115 B. 117 A. 694 C. 933 D. — αἴτιον πονηρὸν II. 943 C. — II. 999 E. 1074 C. 1087 D. 129 C. F. — Deorum genus αἴτιον ἀγαθῶν, ἀναίτιον κακῶν I. 173 D. Simil. II. 34 A. — γίνομαι ἀγαθοῦ τινος II. 67 C. — Simpl. II. 162 C. 214 C. 220 C. — omnibus boni, nemini mali Aristid. I. 83. 84. 85.

αἰφνίδιος I. 327 E. 329 E. 401 C. 548 A. 563 A. αἰφνίδιον adv. I. 70 B. 264 B. 538 E. 595 A. 604 F. 773 A. 946 E. 951 A. 968 F. αἰφνιδίως I. 239 D. 503 E. 830 D. II. 96 C. 804 A.

αἰχμαλωσία I. 39 C. 127 D. 596 A.

αἰχμαλωτίζω pass. II. 233 C. 234 B. 242 B.

αἰχμάλωτος II. 97 D. 126 E. 174 E. 176 E. 178 C. 181 B. 183 D. 194 A. F. 195 B. 196 B. 197 B. 198 B. 199 D. 209 C. 223 A. 233 C. 234 C. bis. — de agro II. 194 E. I. 517 A. 635 D. 986 E. — II. 737 A. 806 D. 829 A. I. 396 A. D. — II. 1095 F. I. 12 A. 16 B. 106 E. 109 B. 118 B. 119 A. 120 B. 131 D. 134 F. 165 A. 166 D. 250 E. 272 D. 585 A. 631 B. — de brutis I. 177 E. 582 C.

αἰχμὴ I. 36 B. 359 B. 362 B. 419 E. 471 B. 1015 E. ὑπὲρ αἰχμῆς pro ἐπὶ I. 560 A. — opponitur δόρυ I. 304 C. 640 F. bellum II. 863 E. F. I. 71 A. — κατ' αἰχμὴν I. 540 A. κατ' αἰχμὴν τὸ δόρυ προβάλλεσθαι II. 597 B. I. 540 A. — δόρατος ἐπέχει χωρίον II. 858 B. ἐπ' αἰχμῆς δόρυ statuere I. 36 B.

αἰχμητὴς I. 1 C. 36 B. αἰχμητὰς κεραυνὸς Trag. II. 762 E.

αἴω quare significet *audio* II. 758 B. — Pindar. II. 1095 E.

αἰὼν II. 1062 A. 1098 E. 1106 E. I. 663 B. — differt a χρόνῳ II. 393 A. 1007 D. 422 B. Olympiodor. in Aristot. Meteor. a. p. 32. — Aristid. I. 3. Plotin. 325 seq. 485 B. — αἰῶνος μήκιστον ἔχειν Xenoph. II. 784 E. βίου 993 D. — τὸν αἰῶνα μηκέτ' εἶναι δεῖ Epicur. II. 1104 E. — ἄχρι τοῦ καθ' ἡμᾶς αἰῶνος I. 302 A. — τὸν παλαιὸν καὶ μακρὸν αἰῶνα μάρτυρα τοῦ λόγου καὶ σύμβουλον λαβεῖν II. 93 D. — simpl. II. 107 B. — ἄπειρος II. 111 C. 115 C. vid. ἄπειρος. — dictus ἀπὸ τοῦ ἀεὶ εἶναι Plotinus 328 D. perperam .... ex ἀεὶ et termin. ὤν. sic tamen Aristot. de Coelo I. 9.

αἰώνιος II. 1106 D. F. I. 521 B. — καὶ ἀΐδιος differunt Olympiodor. Aristot. Meteor. a. p. 32 A. Locum exscripsi ad not. in S. N. V. p. 108. — βίος Porph. Abst. II. 52. ζωὴ IV. 20. II. 351 D. et ἀνώλεθρος differunt Plato 672 B.

αἰώρα v. annott. II. 130 C. — aquae Plat. Phaed. II. 924 B. 897 B. — II. 979 D. — dubitatio Wessel. D. S. I. p. 143. Scriptura dubia αι an ε. Steph. Thes. Ind. ἐώρα. Kuster. Suid. (vel ab αἴω vel ἕω.)

αἰωρεῖσθαι de navibus altum tenentibus Alcib. I. 207 A. 623 C. Toup. Ep. Crit. 80. — αἰώραν II. 924 B. — vacillare Aristid. I. 568. — oberro circum quid II. 970 C. I. 365 C. 868 B. 927 F. — I. 67 D. — αἰωρεῖ corpus animum, *agitat*, I. 1001 B. fluvius undam Aristid. I. 233. exercit. corp. Aristid. I. 331. II. 289. — αἰωρεῖσθαι fluctuare, mundus sine providentia II. 369 D. 901 E. — I. 42 B. dubitatione suspensus I. 400 E. 1030 F. Aristid. I. 418.

ἀκαδημαϊκὸς II. 741 C. 791 A. 1036 C. 1077 C. — ἀκαδημιακὸς II. 102 D. (al. ἀκαδημαϊκὸς) 1057 A.

ἀκαδημία II. 52 E. 78 A. 127 A. 192 A. 431 A. καλὴ I. 521 D. Vetus et nova I. 984 E. εἰς Ἀκαδημίαν καταβαίνω II. 33 B.

ἀκαθαρσία τῆς μήτρας II. 905 D.

ἀκάθαρτος impurus II. 670 E. 671 A. 716 E. mulier I. 1067 A. — II. 12 F. 158 D. 171 B. Plato 652 B. 677 F. 657 A. H.

ἀκάθεκτος I. 528 B.

ἀκαιρία I. 651 E. II. 68 D. 69 B. Isocr. Panath. 432. — tempus occupatur negotiis II. 130 D. Absentia opportuni temporis — repone Jambl. V. P. 49. pro ἀργία. restitue ibid. Jambl. V. P. 95. — χρόνων infoecunditas frugum Plato 597 H.

ἀκαίριμος γλῶττα Casaub. Strabon. p. 42.

ἄκαιρος II. 39 E. 60 E. 69 B. 126 F. 709 B. 710 A. 715 A. 737 B. 968 B. I. 313 B. 659 C. 786 D. 1000 A. — foeminino g. II. 139 F. 175 B. Plato 698 F. — οὐδὲ τὸ τῶν λόγων πλῆθος ἄκαιρον ἐν τοσούτῳ τῶν λόγων καιρῷ Aristid. I. 147.

ἀκαίρως I. 453 F. 576 C. 644 F. II. 54 C. 66 B. 126 D. 224 F.

ἀκακήτα Mercurius Aristid. II. 106.

ἀκακία I. 889 A.

ἄκακος II. 41 A. 90 B. 259 C. 479 E.

ἀκάκως I. 4 C. 959 E.

ἀκαλήφη II. 670 D. Gell. IV. 11. Porph. Abst. III. 20. V. P. 45.

ἀκαλλὴς II. 395 D. 754 A. 757 E.

ἀκαλλώπιστος II. 397 A.

ἀκάλυπτος κεφαλὴ I. 762 A. subaud. II. 232 C. βίος Menand. Cler. p. 154. Dio Chr. XXXII. 365 D.

ἄκαμας sol, Emped. II. 830 F.

ἀκάματος I. 3 C.

ἀκαμπὴς II. 959 E. I. 463 C. leg. εὐκ.

ἄκαμπτος I. 45 F. 117 B. 407 F. 761 D. 997 C. Eunap. 43.

ἄκανθα II. 131 A. 977 C. 983 C. — rubus II. 32 E. 138 D. — bellaria 225 F. si sana lectio. Vers. Poët. II. 971 F. Soph. II. 1100 C. ἀκάνθας ἐκλέγειν prov. Athen. 670 C.

ἀκανθολόγος poëta Antipat. Anthol. II. 47, 8.

ἀκανθυλλὶς II. 537 B.

ἀκανθώδης II. 908 D. ζωὴ Prov. Strom. Schott. 260. Suid. Prov. XI. 11.

ἄκαπνος — ἄκαπνα ξύλα Laco II. 632 E. Casaub. ad Diog. L. I. 104. Gesn. Cato R. R. p. 94.

ἀκάρδιος I. 737 E.

ἀκαρὴς momento II. 75 E. (εἰ ἔτ᾽ ἦ V. L. 75 C. Aristid. I. 439. Bergl. Ar. Nub. 496.) II. 670 C. 938 A. 960 E. 1015 B. 1062 A. 1088 B. 1098 E. 1112 B. 1115 D. I. 570 B. 928 B. Sallier. Moer. 43. Valck. Ammon. p. 18 seq. Wess. D. S. I. p. 198. Aristid. I. 286.

ἀκαρπία II. 103 B. 1126 B.

ἄκαρπος II. 15 F. 38 C. 41 E. 52 D. 57 D. 86 E. 99 F. 135 E. 158 D. 724 E. I. 51 E. 66 B. 100 F. 135 E. 465 C.

ἀκαρτέρητος II. 733 B.

ἀκατάγγελτος πόλεμος I. 68 C.

ἀκατακόσμητος II. 424 A.

ἀκατάληπτός II. 1056 F. 1057 C.

ἀκαταληψία II. 1122 A.

ἀκατάπαυστος II. 114 E. 924 B. I. 734 C. 1039 C.

ἀκατασκεύαστος oratio Vit. Hom. §. 218.

ἀκατάσκευος II. 835 B. Wessel. D. S. I. 362. Athen. 511 D.

ἀκατάστατος II. 714 E. 767 C. 437 D. Aristid. I. 474.

ἀκατάσχετος I. 432 A. Hipparch. Stob. 373. Wess. D. S. II. 189.

ἀκατασχέτως I. 148 E.

ἀκάτιον ἄρασθαι Epicureorum II. 15 D. ubi v. n. conf. 662 C. 1094 D. Schott. Ind. Prov. — I. 244 E. 497 E. 731 A. D. 919 A. 945 A. 964 A. Dio Chr. VII. 98 D. 628 D.

ἄκατος II. 466 B.

ἀκάττυτος calceus, Teles Stobaei 523, 49.

ἀκατονόμαστος II. 898 D. 1118 E. Hierax Stob. 106, 56. Conf. Κατονομάζω. Stob. Phys. p. 798. ed. Heeren. Lucret. III. 243. 280. Cic. Tusc. I. 17.

ἄκαυστος II. 952 C.

ἀκάχημαι Homer. II. 117 C.

ἀκαχίζομαι Homer. II. 118 A.

ἀκέλευστος Plato 690 H.

ἀκέντητος Pindar. II. 747 D.

ἄκεντρος II. 994 B.

ἀκέομαι — famem II. 523 E. domum II. 983 D. — Porphyr. Abst. II. 31. Rhoer. 60. ἐξακέομαι Perictyone Stob. 487.

ἀκέραιος malo sensu, (si sanus locus) II. 438 A. 793 F. 611 A. 699 E. 722 F. 782 E. — τινὸς bono sensu II. 439 B. — II. 1074 E. I. 202 A. 816 D. 958 E. 1041 C. Aristid. I. 198. 476.

ἀκερδὴς I. 319 A.

ἀκερδῶς II. 27 D.

ἀκέσιμος II. 956 F.

ἄκεσις I. 46 A. 69 B. Porphyr. Abst. II. 39.

ἄκεσμα Pausan. 356.

ἀκεστικὸς, — ἡ II. 974 A.

ἀκεστὸς et ἀνήκεστος opp. I. 611 D.

ἀκέστρια I. 259 C. 1052 C. 1056 E. Antipatr. Stob. 428.

ἀκέφαλος II. 417 E. I. 432 A. 1066 A. — μέτρον II. 397 D. 611 B. Athen. 632 D. E. μῦθος Plato 613 D.

ἀκήδευτος insepultus I. 167 C.

ἀκηδὴς I. 354 D. II. 47 F. var. lect. pro ἀηδὴς Plato 675 B.

ἀκήλητος II. 711 B.

ἀκήρατος II. 65 B. 725 C. 820 A. 892 A. 942 A. 1126 D. I. 65 B. 66 B. 220 B. Plato 647 D. νομὴ II. 1094 A. sim. Aristid. I. 7. λειμὼν Himer. 534.

ἀκήριος incolumis Simonid. Stob. 560.

ἀκήρυκτος II. 1095 F. I. 168 E. 318 F. Dio Chr. 473 C.

ἀκίβδηλος Plato 676 F.

ἀκιδνὸς Homer. II. 104 A.

ἀκίθαρις II. 758 F.

ἀκινάκης I. 330 A. 1018 D. 1026 D. II. 168 D.

ἀκίνδυνος I. 140 F. 520 B. II. 198 C. 226 C. 207 C. εἰμὶ ποιῶν τι Dio Chr. 479 B. in poësi II. 25 D. ἀκινδύνως I. 107 B.

ἀκινησία II. 953 D.

ἀκίνητος II. 1014 B. 1023 C. 1024 A. C. 1054 A. 1086 B. — ἀκίνητα κινεῖν II. 359 F. 756 B. Porph. Abst. I. 4. Plato 588 D. 648 D. 675 B. Schott. e Suid. IX. 100. — II. 404 E. 1096 D. 1129 D. I. 45 D. 47 A. B. 65 F. — sonus II. 1145 D. — καὶ ἀπαθὴς homo I. 434 B. Sim. II. 42 D. — ἀκίνητον quid ἐάω I.

635 A. — χώρα inculta II. 38 C. — ἀκίνητοι χορδαὶ φρενῶν II. 43 D. — ἀκίνητος ἐξ ἑαυτοῦ πρός τι II. 84 C. πρός τι II. 165 B. τι ποιεῖν Plato 649 G. — leges Plato 692 D.

ἄκις sagittae II. 344 C. 991 E. I. 559 A. 700 D. 897 E.

ἀκκίζομαι II. 620 B.

ἀκκισμὸς Philemon. Cler. p. 298.

ἀκκὼ et ἀλφιτὼ sunt μορμολυκεῖα infantum Chrysipp. II. 1040 B.

ἄκλαυστος I. 373 D.

ἀκλεὴς I. 540 D. 551 E. 559 D. 567 E. 861 F. 1022 B. II. 159 F. Plato 652 C. 660 C. ἀκλειὴς poët. II. 38 E.

ἀκλεῶς I. 277 A. 412 A. 477 D. 657 C. καὶ ἀτίμως I. 38 D. pro ἀκλινῶς leg. II. 765 B.

ἄκλειστος portus I. 892 C. οἰκία II. 823 A.

ἀκλήρημα Gatak. M. A. p. 311. Teles Stobaei 232. ἀκληρέω ib. 577. δυσκληρέω Plato 590 F.

ἄκληρος Plato 679 H.

ἀκλήρωτος II. 231 D.

ἄκλητος II. 707 D. Plaut. Capt. I. 1, 2 seq.

ἀκλινὴς II. 45 C. 780 A.

ἀκλινῶς II. 765 B. [vid. ἀκλεῶς.]

ἄκλυστος v. n. II. 82 F.

ἄκλυτος II. 722 E.

ἀκμάζω I. 38 E. 48 D. 113 D. 123 F. 129 C. 130 B. 172 D. 331 C. 362 C. 507 B. 711 C II. 770 C. 1097 A. 1098 E. — cum λυπέω II. 750 E. — aetate II. 111 C. πρὸς χάριν II. 190 B. 504 D. — ἀκμάζει πανήγυρις II. 635 sim. 760 E. — ver II. 667 C. sim. II. 671 D. — aetas pariundo apta II. 754 C. — simpl. sc. aetate II. 117 D. 215 B. 238 B. — αὐτῷ ἡ βασίλεια II. 113 E. — aliquo tempore *fuit* I. 1032 E. — ἡ συνουσία I. 930 B. — τῷ φρονεῖν I. 927 A. — σώμασι καὶ καθ' ἡλικίαν I. 799 A. — vitium I. 887 D. — ἀκμάζοντι ὡς ἑαυτῷ χρῆσθαι I. 653 A. — ἀκμάζει bellum I. 629 B. — σώμασι gens I. 224 B. — senior est quam νέος I. 395 A. Vit. Hom. §. 199. — vir Teles Stob. 535. Galen. ib. 545, 4. — νέος et ἀκμάζων oppon. νήπιος et ἀτελὴς Dio Chrys. 454 A. — καθ' ὥραν I. 401 A. — ἀκμάζων θυμὸς I. 431 B. — καὶ νέος I. 433 C. — θέρος I. 512 F. 576 E. 1036 C. — ἀκμάζει robur reip. I. 504 B. inimicitia I. 530 B. populus ἡλικία cf. Julian. Or. I. 571 A.

ἀκμαῖος I. 428 E. 546 F. 574 C. 605 B. 690 C. τὸ ἀκμαῖον II. 657 A.

ἀκμὴ cuspis II. 957 E. 966 C. I. 265 D. 729 C. 793 C. — robur II. 1142 C. — 1094 E. I. 532 C. 537 D. — I. 175 B. 176 D. 185 B. — ἀκμὴν λαβεῖν II. 656 F. I. 84 B. 85 A. — ἔχειν II. 818 B. Hiemis II. 983 A. I. 290 A. — II. 682 E. — Certaminis II. 736 D. I. 359 C. — Vini II. 693 A. — Aetas hominis differt a νέος II. 853 E. — σώματος I. 849 A. — ἀκμὴν habet eloquentia mea, *maturitatem* I. 878 D. — cujus auctoritas viget I. 883 F. — cibi quae cito perit I. 928 B. — θέρους I. 967 E. 985 E. — doloris I. 989 E. — hostium I. 727 D. — ἀμβλύνω τὴν ἀκμὴν militum *alacritatem* I. 1070 C. — juventus II. 12 B.

ἀκμὴ temporis aut regni I. 159 D. 161 E. 520 E. 521 A. 532 E. 1031 C. — operis antiqui flos tanquam novi I. 159 E. ἔχειν adhuc I. 382 B. καὶ ῥώμη f. juventus I. 554 B. sim. 787 F. — felicitatis I. 475 A. — χειμῶνος I. 492 D. — ἀκμῇ φιλίας χρῆσθαι in primis amicum esse cui I. 506 A. καὶ ὥρα juvenilis vigor I. 518 B. — morbi I. 534 E. — juventutis I. 619 D. — pomi I. 693 D. — ἀκμὴν ἔχει τι I. 709 F. — vigor I. 712 E. 989 A. — mulieris I. 771 A. — amoris I. 823 B. — ἀκμῆς ἐπὶ ξυροῦ II. 870 E. — ἀκμὴν modo II. 346 C.

ἀκμῆς ἀκμῆτος I. 399 E. 486 D. 971 E.

ἀκμηστρατηγὸς II. 1153 D.

ἄκμων II. 690 F. 691 A.

ἄκνημος II. 520 C.

ἄκνισσος II. 123 B. 661 B. Lucian. II. 795. ἀκνίσσωτος.

ἀκοὴ II. 41 E. 98 B. 167 C. 384 E. 1123 E. I. 568 C. 569 B. — ἀκοὴ ἑτέρων res quam ab aliis audivimus II. 386 A. Pausan. 257. 405. 792. Aristid. II. 138. 242. 344. — τὰς ἀκοάς τινι ἀνοίγειν mox ὦτα ad eum audiendum II. 143 A. — ἀκοῇ ἴσμεν Plato 647. 702 E. — ἀκοῇ ἐρᾶν et ἀνιᾶσθαι Aristid. I. 263. — αἱ ἀκοαὶ τοῦ θεοῦ Aristid. I. 276.

ἀκοίμητος I. 139 B.

ἀκοινώνητος II. 642 F. I. 49 A. 893 C. — gloria I. 317 C. — Plato 622 E. 675 E.

ἀκολάκευτος I, 221 C. 430 D. 986 E. Teles Stob. 524. Plato 605 C.

ἀκολασία II. 21 C. 27 B. 28 A. 34 E. 56 E. 74 B. 100 F. 101 A. 140 B. 145 A. 165 A. 167 B. 201 B. 746 F. 1065 C. I. 366 E. 512 E. 660 A. 770 E. 810 A. 1053 D. — differt ab ἀκρατεία II. 445 B. — refertur ad αἰδοῖα II. 562 D. — idem ac ἀκρατεία vel differt ut caussa et effectus II. 705 C. Plato 664 A. 692 E.

ἀκολασταίνω II. 52 D. 59 F. 97 F. 704 D. 797 B. 1047 A. I. 211 D. 275 E. Aristot. Nicom. II. 6. Aristid. II. 413.

ἀκολάστημα I. 564 C.

ἀκόλαστος I. 89 F. 90 B. 154 D. 156 E. 427 F. 475 E. 477 B. 515 A. 517 F. 521 C. 874 B. 1057 F. 1062 C. II. 18 B. 19 F. 57 D. 61 B. 88 C. D. 93 C. 126 A. 134 F. 136 B. 140 B. 142 A. 144 E. 205 A. 682 C. 697 F. 762 E. 768 D. 834 C. 916 C. 924 C. 983 A. 1025 A. — ῥῆμα I. 582 A. — Epistola I. 639 A. 770 D. 986 B. — differt ab ἀκρατὴς II. 446 B. C. — impunitus Dio Chr. VII. 126 D. — δημοκρατία II. 304 E. δίαιτα II. 442 C. 709 B. — φιληδονία II. 529 B. — conjungitur cum ἀκρατὴς II. 705 D. — ἀκόλαστον ὄνομα ἄκοσμον ῥῆμα II. 712 A. — τὸ ἀκόλαστον II. 101 A. 125 A. 126 B. 822 C. 1026 D. 1089 B. 1095 A. I. 1067 B. — et τὸ ἱλαρὸν sunt duae formae τοῦ ἐρωτικοῦ II. 854 D. — petulans I. 291 A. ἀκόλαστα βιβλία I. 564 E.

ἀκολάστως I. 345 C. cui insultare I. 876 B.

ἄκολος Homer. II. 43 A.

ἀκολουθέω II. 49 C. 104 C. 139 A. 159 E. 222 B. 1110 B. 1113 E. 1115 C. bis. I. 110 E. 737 F. 738 A. — νόμῳ I. 136 E. — et ἔρχομαι II. 1008. — de caussae effectu II. 645 F. — ἀκολουθεῖ δὲ τούτοις transitus in disp. II. 42 E. — cui bello II. 214 E. 225 E. Aristid. I. 174. 489. — τινι et τινα Aristid. I. 379. — intelligo Aristid. I. 505.

ἀκολουθητικὸς II. 449 C.

ἀκολουθία comitatus II. 578 D. 615 D. Teles Stob. 523, 50. — καὶ διαδοχὴ regni Aristid. I. 57.

ἀκόλουθος I. 536 B. 708 A. 768 D. 906 B. 1016 D. — militum 1071 E. — Adulator I. 795 F. ἡ I. 712 A. B. 874 F. — ἀκόλουθόν ἐστι II. 427 E. 999 A. — ἀκόλουθον τὸ προσεξευρίσκειν II. 804 B. τὸ II. 1121 C. — II. 1140 A. I. 889 C. — famulus II. 162 C.

ἀκολούθως II. 569 D. Aristid. II. 105.

ἀκόλυμβος II. 599 B.

ἄκομψος I. 310 C. 480 E. II. 6 B. Dio Chrys. 613 B. C.

ἀκόμψως II. 4 F. Dio Chrys. 613 B.

ἀκόνα II. 233 D. 691 A. 695 D. 838 E. 949 C. I. 170 E.

ἀκονέω. ἀκονεῖσθαι γλῶτταν Poët. I. 477 E. — ψυχὴν Herodian. VII. 1. 25. ἀκονῶν II. 221 C.

ἀκονιτὶ Aristid. I. 491. II. 212.

ἀκόνιτον I. 565 B. 897 E.

ἀκοντὶ adv. *invito* I. 176 E.

ἀκοντίζω II. 190 A. 219 C. 742 C. I. 348 B. 1018 F. λόγχη I. 1059 B. — Pass. I. 13 A.

ἀκόντιον I. 172 A. 327 B. 539 F. 1003 D. 1016 A. C. D. E. 1026 C. II. 174 F. 180 C. 227 D.

ἀκόντισμα II. 970 D. I. 129 D. 237 D. 326 F. 359 C. 396 E. pro — στὴς 420 B. 638 A. 729 D. 902 E.

ἀκοντισμὸς I. 653 B. II. 8 D.

ἀκοντιστὴς I. 304 C. 361 D. 537 A. 539 D. 935 C. D.

ἀκοντιστὺς Homer. II. 639 C.

ἀκόρεστος II. 1092 F. I. 433 B.

ἀκορίη Hippocrat. II. 129 F.

ἄκος I. 147 B. Phintys Stob. 444, 41. Plato 674 F.

ἀκοσμία II. 141 E. 1014 B. I. 582 B. 648 C. 865 A. 1059 D. 1073 A. — aciei I. 558 A. 561 B. — et κόσμος universi I. 962 B. — animi opponitur κοσμῷ mundi Fragm, I. 1.

ἄκοσμος I. 552 B. pugna I. 417 A. — ἄκοσμον ῥῆμα, ἀκόλαστον ὄνομα II. 712 A.

ἀκούσιος philosophiae I. 229 D. — ἀκουσιός ἐστί μοι μεταβολὴ l. ἀκουσίῳ I. 906 E. Ita tamen 552 D. — et ἑκούσιος Plato 654 G. H. seq. 655 C. D. G. 656 F. 657 C. D. 658 E. 660 F.

ἀκουσίως ἐκπίπτουσα φωνὴ II. 90 B.

ἄκουσμα I. 152 D. 564 E. II. 7 B. 37 E. 674 B. 786 E. 997 C. παρέχειν II. 608 E.

ἀκουστὴς II. 1136 F.

ἀκουστικὸς II. 37 F. 436 D. 898 E. Upton. Indice Epictet.

ἀκούω II. 69 B. 71 B. 118 D. 119 A. 124 D. 133 A. 136 D. — II. 139 A. — τὶ περί τινος accipere, interpretari v. n. II. 14 D. — κακῶς ὑπό τινος II. 89 B. D. 615 E. I. 154 D. 400 E. — II. 82 C. 705 C. 757 A. 776 C. 795 C. 816 D. I. 158 E. 168 A. 176 E. 178 C. 196 F. 206 E. 618 A. 915 A. 979 D. 1042 D. 1048 B. — κακῶς II. 29 B. 141 C. 170 C. 179 A. 206 A. 869 A. 1108 B. I. 435 A. D. 480 E. 530 A. 561 C. 610 C. 642 D. 645 B. 649 A. 688 F. 689 D. 755 F. 817 B. 875 C. 895 A. 909 A. 919 F. 956 B. 974 E. — reprehendor, castigor a philosopho II. 46 C. D. — non ἀκούειν, sed ἀκούεσθαι volunt ebrii II. 715 A. — ἀκούεται fertur II. 760 B. — οὔτε ἀκούειν ὑπομένουσι οὔτε συνιέναι δύνανται II. 763 D. — φιλόδοξος dicor II. 776 B. 778 B. — ἀκούομεν δὴ ὅτι init. period. II. 776 E. 1146 A. ἀκούεις γὰρ ὅτι II. 800 B. — cum duplici accus. ἀκούω τί τι audio hoc illud esse v. hoc ita interpretor II. 872 F. — τινος probare quem, assentiri II. 417 A. 923 F. 938 D. Aristid. I. 453. — dictum audire poëtae i. e. eo dicto reprehendi II. 975 C. — τι II. 175 B. E. 176 A. B. 179 A. 180 C. 181 B. C. 182 C. 183 E. 184 D. 185 B. 186 E. 191 B. 192 B. 197 C. 207 C. 212 E. 215 E. 216 B. 220 E. 222 C. 231 E. 232 E. 237 D. 241 A. D. 242 A. — τινος II. 174 F. 182 B. E. 192 A. 205 B. 207 E. 208 D. 220 C. D. 222 E. 235 E. 239 B. 273 E. — ἀκούω τινὸς II. 138 C. 145 B. 147 B. 149 E. 150 F. 152 D. 154 E. 158 B. 168 E. — κακῶς et εὖ ποιέω oppon. II. 181 E. καλῶς καὶ κακῶς II. 177 E. — ἀκούω simpl. II. 146 B. 152 F. 154 D. 159 D. 160 D. 161 B. 162 B. 163 A. — Med. ἀκουσόμεθα II. 159 A. Sim. 196 B. D. ἀκηκοεῖα II. 145 C. — τινος λέγοντος II. 122 E. — τι μὴ παρέργως II. 129 D. ἀκούω ex aliis et λογίζομαι κατ' ἐμαυτὸν II. 104 D. — sensus audientium II. 98 B. ἀκούει ἃ μὴ θέλει ὁ λέγων ἃ θέλει II. 89 A. Alcaei Steph. Thes. I. 284 F. — τινὸς μὴ παρέργως II. 86 C. — κακῶς ἐπί τινι de qua re id. ac λοιδορέομαι II. 70 D. — ἀκούοντες et λεγόμενα II. 68 C. — καὶ εἴπω II. 62 C. 147 E. — ἀκούω opp. ὁρᾶν I. 996 F. — ἀκούειν οὐκ ἀνεκτὸν I. 996 F. — obedire τινὸς I. 1069 A. II. 139 A. 381 E. Aristid. II. 201. οὐδὲ ἀκοῦσαι καλόν ἐστι I. 940 F. — ὡς ἡμῖν ἀκούειν παραδέδοται, ut fando audivimus II. 6 D. opp. f. scripto. — ἀκούοντα μὴ ἀκούειν II. 13 E. — μηδ' ἀκούειν μηδ' ἀποδέχεσθαι II. 25 E. — ἀργῶς in legendis poëtis quid II. 30 D. ἀμελῶς II. 31 D. ἐγρηγορότως II. 32 A. οὔτ' ἀκούοντες οὔτ' ἀκουόμενοι II. 39 C. — doctrinam fere phil. in libro περὶ τοῦ ἀκούειν II. 36 E. 37 A. C. 38 D. E. 39 B. E. 43 E. 44 C. 45 D. 46 B. C. 48 D. I. 648 E. Conf. Facciol. Lex. *Audire*. Albut. ap. Senec. Controv. XXXII. p. 299. ed. 12. — et λέγω oppon. II. 39 B. 42 F. — judex II. 44 D. — ἄκουε δὴ II. 1072 E. ἀκούετε λέως formula in concione Att. I. 6 A. — ἄκουκα Lacon. I. 52 E. 607 E. II. 191 B. 212 F. — τι in disciplina studeo I. 279 D. et λέγω I. 341 E. 1027 D. — τι χαλεπῶς I. 538 B. μήτ' ἀκούειν μήθ' ὁρᾶν decretum I. 449 A. — vocantem pro ὑπακούω I. 573 C. — καὶ εἴπω κακῶς I. 584 A. 921 A. — οὐδὲ ἀκούειν velle I. 786 E. II. 58 E. — ἀκούεται orator I. 849 A. — οὔτ' ἀκούειν οὔτε προσέχειν τινὶ I. 864 F. — ἀκούω τι nominor quid I. 863 B. 923 D. — μηδενὸς obedio nemini I. 975 F. 381 E. — οὐκ εὐμενῶς II. 147 E. — ἀκούειν καὶ λέγειν τὰ αἴσχιστα Aristid. I. 507. ἀκούσαντι ἄτοπον Plato 704 B. — ὥς γε οὕτως ἐξαίφνης ἀκούσαντι Plato 580 G. — κακῶς Apophthegm. corrupt. ap. Dio Chrys. 609 B. Vid. Reisk. — oppon. πυθέσθαι λόγων. ita leg. pro πείθεσθαι Dio Chrys. XXXII. 371 C.

ἄκρα, τὰ I. 108 F. 177 A. D. ἀπὸ τῶν ἄκρων forum occupare I. 878 C.

ἄκρα, ἡ I. 131 D. E. 148 D. 187 F. 244 F. 822 E. 891 E. 971 B. 973 A. 977 D. 980 B. 981 E. 1036 D. E. 1037 A. C. D. F. 1039 C. 1046 D. 1050 B. E. 1562 D. — ὥστ' ἀνὰ ποντίαν ἄκραν Poët. II. 129 A. — πελάγιος II. 804 D. — promontorium II. 160 E. 161 A. E. 1087 E. I. 339 C. 392 A. 438 F. 493 B. 814 A. 930 A. B. 968 D. E. — terrae continentes summitas montium I. 358 E. 373 A. 404 A. 418 E. — κατ' ἄκρας urbem capere Casaub. Theophr. Char. p. 115. ed. Fisch. Valck. Eurip. Ph. p. 406. I. 246 C.

ἀκραὴς ventus Aristid. I. 302.

ἀκραιφνὴς I. 536 E. II. 126 D. Porphyr. Abst. I. 54. — splendor II. 436 C. 894 D. — ἐλπὶς Aristid. II. 197. Sim. I. 555.

ἄκραντος II. 821 B. Sophocl.

ἀκρασία II. 10 F. 18 F. 33 F. 53 D. 68 A. 69 B. 97 D. 126 E. 127 E. 130 A. 678 E. 692 D. 706 B. 726 C. 730 B. 996 E. 997 B. 1076 F. 1093 B. 48 B. I. 51 E. 354 E. 408 C. 892 F. 957 C. 1041 A. — garrulitatis II. 508 B. — πρὸς μαθήματα ex conj. Reisk. II. 544 A. conf. 704 E. 705 B. C. mutat. in ἀκρόασιν Dio Chrys. XIX. 260 D. — Veneris II. 139 B. 655 A. 753 B. 768 E. — f. differt ab ἀκολασία II. 705 C. I. 41 E. f. leg. ἀκρόασιν. — πρὸς δόξαν I. 887 A.

ἀκρατὴς II. 10 E. 75 E. 140 B. 226 F. 705 C. D. 997 C. I. 45 D. 1018 E. — aeger morbo I. 225 B. γνώμη, δίαιτα θρασεῖα, ἀσθένεια θυμοῦ II. 90 C. ἀκρατὴς θυμοῦ μανίαις ὀργῆς Plato 658 C.

ἀκράτισμα jentaculum II. 726 B. C. Toup. Theocr. II. p. 342. Casaub. Athen. 338, 59.

ἀκρότητος f. κράτιστος I. 543 E. Herodian. I. 8, 4. et ibi vitiosum v. nott. MSS.

ἀκρατοποσία I. 703 E.

ἄκρατος II. 59 B. 61 B. 123 E. 124 A. 132 E. 149 B. 156 A. 173 C. 647 C. 672 A. 677 C. 715 D. 716 F. 726 C. 1025 A. 1067 D. I. 57 A. 200 A. D. 283 A. 416 C. 479 A. 508 B. 582 B. 687 E. 971 C. — τῷ πρὸς χάριν homo mere blandus et gratiam affectans II. 55 D. sed vid. v. 2 D. — πρός τι II. 391 D. — simpliciter *austerus* II. 142 B. ubi v. nott. — et θεῖος et νοῦς Toup. Long. p. 172. — color II. 647 C. 932 B. I. 551 F. 909 A. — Empedocl. II. 677 D. — ἀκρατῶς ἔχειν πρός τι II. 692 D. leg. ἀκρατῶς non ἀκράτως — ἀκρατότατος II. 696 A. — parrhesia II. 66 B. 72 B. 711 F. — nimius II. 66 B. 716 D. 779 E. — ἀκράτων παθῶν II. 788 F. — Simpl. II. 791 C. 951 D. 953 E. 955 B. 1026 C. 1085 B. 1101 A. — libertas II. 826 E. I. 43 D. Lucian. II. 9. — et πικρὰ de placito II. 964 E. — purus II. 968 C. 988 D. I. 78 A. 75 E. 154 C. 277 A. Plato 641 E. — τινὶ II. 976 A. — καὶ φυσικὸς II. 976 C. — malitia II. 75 C. 1067 E. — ἐλευθερία Platon. I. 155 F. — ἄκρατον indolis I. 287 F. — εἴς τι I. 418 C. — σκότος I. 537 E. — democratia I. 488 A. 981 C. — σεμνότης I. 647 B. — ἀρχὴ I. 648 B. — θράσος I. 650 A. — καὶ ἀνώμαλος φύσις I. 744 B. — λόγος philosophiae I. 781 F. — Demagogus I. 835 C. — monarchia I. 862 A. 963 A. — φιλοτιμία I. 872 B. — ἄκρατον quid tractare I. 897 C. — aristocratia I. 1027 E. — καὶ ἀρχαῖος imperator I. 1066 C. — ira I. 406 E. — ἡδονὴ II. 15 E. — φόνος Empedocl. Porph. Abst. II. 27. — φιλοτιμία Jambl. V. P. 249. Plato 603 C. E. 629 D.

ἀκρατῶς I. 55 B. 63 E. II. 1128 B.

ἀκράτως amarum II. 914 C. Ita leg. I. 55 B. pro ἀκρατῶς item 76 A.

ἄκρητος Eratosthen. II. 699 A.

ἀκρίβεια instrumentorum sentiendi II. 670 E. 969 A. — naturae II. 699 B. Sim. Plato 696 B. — auditus, ῥώμη visus II. 963 A. — figurae II. 966 E. I. 159 D. — I. 113 E. 139 F. 307 D. 778 A. — parsimonia I. 171 F. 162 B. — texturae II. 396 B. — juris I. 430 B. — exercitii militiae I. 653 B. — καὶ τέχνη tributur

Sophistis I. 886 C. — πάσαις ταῖς ἀκριβείαις hoc est verum Dio Chrys. XXXVII. 457 A. Sim. Aristid. I. 34. — δι' ἀκριβείας ἐστί μοί τι, non abundo aliqua re Plato 649 A. conf. 682 C. — numerus certus Plato 652 E. Math. Plato 601 F. — orationis dos Aristid. II. 393.

ἀκριβὴς acies I. 558 B. δίαιτα I. 614 D. 761 B. II. 87 D. 128 E. 131 B. 134 F. ignis f. purus II. 665 E. ἐν τοῖς λόγοις II. 832 E. τοῦ ἀκριβοῦς ἔχεσθαι II. 1029 A. — II. 64 E. 1118 B. 1122 E. — de re familiari tuenda I. 162 A bis. 338 A. — jure I. 603 B. ἀκριβέστερος I. 865 E. 1005 C. 1031 D. ἀκριβέστερον II. 87 F. ἀκριβὴς καὶ πικρὸς ἐξεταστὴς II. 41 A. — justus II. 209 E. — διακονία pars luxuriei Dio Chr. IV. 76 A. — πρὸς τὸν ἀκριβῆ λόγον secundum accuratam definitionem Dio Chr. LVI. 566 B. — minimus ac necessarius numerus Plato 682 C. vid. ἀκρίβεια — orator Aristid. II. 410. et saepe.

ἀκριβολογεῖσθαι II. 569 E. I. 320 E. Jambl. Stob. 315, 39. Numen. Euseb. P. E. XIV. 735 D. Aristid. I. 175. 411. 470. II. 288. 292. 322.

ἀκριβολογία I. 537 C. Aristid. I. 453.

ἀκριβόω II. 992 B. 1028 A. I. 68 D. Aristid. I. 229. 373. — firmo II. 214. — perficere studeo Aristid. I. 536. 554. Med. II. 930 D.

ἀκριβῶς II. 87 F. 152 D. 163 A. 229 E. 414 A. 1097 C. I. 71 E. 140 A. 944 D. καὶ μόλις I. 673 A. — Plato 697 C.

ἄκρις II. 147 C.

ἀκρισία Aristid. I. 456.

ἀκριτόμυθος Hom. II. 35 C.

ἄκριτος ventus I. 498 A. — fortuna I. 531 A. Dio Chr. 602 B. — activ. II. 159 A. — ineptus, stultus II. 159 B. — pugna I. 393 E. 946 E. καὶ ἄτακτος II. 736 E. — condemnari II. 825 B. I. 201 D. 614 B. 710 F. 770 A. 834 A. 836 C. 843 B. 876 B. 996 B. — multitudo pass. I. 11 C. 973 C. — I. 101 D. 222 D. 345 B. — affectus mixtus I. 199 C. Dio Chr. IV. 71 C. — sonus I. 249 A. 404 E.

ἀκρίτως II. 168 B. 564 B. I. 809 B. cum alio adj. ἀνάπλεως II. 36 D.

ἀκρόαμα in convivio II. 629 C. 704 C. 705 B. 710 B. 711 B. D. E. 713 E. 961 B. 1095 C. I. 518 E. 810 E. 925 F. 1060 A. simpl. II. 662 A. κωφὸν II. 973 D. ludorum II. 674 D. 725 E.

ἀκροαματικὸς Peripat. I. 668 B.

ἀκροάομαι Simpl. audio II. 39 A. 151 E. 152 C. 160 D. — I. 358 A. 641 D. 887 B. 918 F. 964 D. II. 20 B. 39 D. 40 A. C. 41 D. 42 E. 43 D. 45 E. F. — *obedio* I. 505 B. 920 D. Aristid. I. 383. 504. 570. — II. 1117 B. I. 152 F. 165 C. II. 406 C. f. intelligo — comoedos II. 239 B. — rationem habeo cujus Aristid. I. 392.

ἀκρόασις II. 14 E. 15 C. 16 E. 26 A. 28 D. 38 C. D. F. 40 A. bis D. 41 B. E. 43 A. B. F. 44 C. 45 B. C. E. F. 48 C. D. 58 D. II. 704 E. 796 D. 997 C. 1122 B. I. 641 D. 848 A. 925 D. Wouver. Polymath. c. 4. p. 33. Jambl. Stob. 472. φιλόλογος II. 44 D.

ἀκροατήριον II. 937 D. I. 349 E. — auditorium II. 45 F. Dio Chrys. XXXII. 363 B. Epictet Upton. 475.

ἀκροατὴς I. 520 A. 708 B. II. 17 A. 41 C. 43 A. 44 A. E. 80 E. 132 C. 142 B. disting. a γνωρίμῳ II. 841 B. — discipulus II. 840 A. 841 B. 1107 E.

ἀκροβολίζομαι I. 264 E. 682 F.

ἀκροβολισμὸς I. 312 D. 313 A. 370 A. 371 A. 653 F. Dio Chr. XI. 172 C. Plato 634 B. Aristid. I. 130. — oculorum Numen. Euseb. P. E. XI. 537 D.

ἀκρόδρυον II. 683 C. 735 D. I. 678 A. 1023 D. Porphyr. Abst. I. 46. II. 34.

ἀκροθίνια II. 724 C. 965 C. I. 419 A. Wessel. D. S. I. 310. Pausan. 498. Plato 688 A.

ἀκροθώραξ II. 656 C. seq. Philo Jud. 896 B.

ἀκρόκομος Orph. II. 723 E.

ἀκρόλοφος I. 108 F.

ἀκρόπλους II. 591 D. Aliter Democrit. Ep. inter Hippocratea XXI. p. 21 F. Charter.

ἀκρόπολις I. 6 A. B. 7 B. E. 8 D. 38 E. 141 D. 160 B. C. 242 A. 243 D. E. 244 D. 245 A. C. 247 F. 284 D. F. 287 B. 339 B. 389 F. 524 E. 441 F. 460 A. 461 A. B. 462 C. 481 D. 487 B. 521 C. 609 A. 775 E. 858 A. 899 C. 957 B. 964 A. C. 968 C. 970 C. E. F. 971 A. E. 974 D. 975 C. II. 195 E. 215 C. — Athen. templum II. 2034 B. — Caput corporis II. 647 C. Dionys. Euseb. P. E. 779 C. Comparatio I. 551 D. — ἀκρόπολις foeminae pulcritudinis αἰδὼς Demad. Stob. 443. Simil. Upton Indic. Epictet. Aristid. I. 197. 214. proprie Plato 697 C. Aristid. I. 359. 361. 425. 430. 461. 520.

ἄκρος I. 5 C. 153 F. 342 D. 436 E. 579 F. 586 B. 763 E. 777 A. 829 A. 870 B. 988 F. 1011 B. 1047 D. II. 435 B. — χείλει tangere II. 977 B. — summus in arte II. 583 B. 614 A. I. 68 E. 566 E. — ἀπόδειξις II. 660 E. Math. II. 1019 C. D. E. 1027 C. 1078 E. 1138 E. F. 1139 A. — τὰ ἄκρα corporis hum. II. 123 A. 130 D. τὰ ἄκρα II. 198 A. 695 C. — ἄκρων κόλουσις 147 C. Phil. Mor. II. 1058 B. 1108 B. sim. vir. 25 E. 75 C. — ἐπ' ἄκρον ἥκειν τινὸς II. 979 F. 1048 E. Aristid. I. 192. sim. ἐλαύνειν II. 1131 F. — II. 682 E. 962 D. 1042 D. 1067 F. 1076 C. 1089 D. 1090 B. 1106 D. 1108 E. — ἄκροι term. in proport. Mathem. 738 D. opp. μέσῳ et πέρατι II. 1091 D. — ἄκρη arx II. 200 A. — vir in sua arte Plato 614 D. 641 F. 644 D. 695 F. Aristid. I. 42. 342. 543. II. 227. bis. 298. — ἀκροτάτους θεοὺς Plato 702 D. — τὰ ἄκρα Mathem. Plato 704 F. — τῇ χειρὶ Himer. 786.

ἀκρόσοφος II. 1096 A.

ἀκροστόλιον I. 209 B. 910 B. Wessel. D. S. II. 313. Casaub. Athen. 356, 17.

ἀκροσφαλὴς II. 68 D. 561 E. 620 E. 713 A. I. 357 D. 747 B. 958 E.

ἀκροσφαλῶς ἔχειν simpl. cespitatione laborare II. 682 C.

ἀκροτέλευτος Aristid. I. 325. 346. τιον id. II. 107. 121. 212. 412.

ἀκρότης λόγου II. 24 D. ubi v. not.

ἀκρολογία II. 53 D. 454 B. 810 E. Sopater Stob. 313.

ἀκρόχολος II. 604 B. 628 G.

ἀκροχορδὼν II. 563 A. 800 E. I. 174 C.

ἀκρώνυχος de ave II. 320 D. — I. 590 B. — ἀκρώνυχον ἴχθος θεῖναι II. 317 E. — 325 B. suspensum vestigium ponitur Senec. Ep. 56.

ἀκρώρεια I. 249 B. F. 440 A.

ἄκρως I. 334 A. ἀγαθοὶ et μέσως φαῦλοι oppon. II. 1099 A. Sim. Dio Chr. 541 D.

ἀκρωτηριάζειν corpus II. 479 D. — I. 200 C. 531 E. Clearch. Athen. 524 D. Aristid. I. 128. Orig. Cels. 727 E.

ἀκρωτήριον promontorium II. 820 C. 967 B. I. 128 D. 895 D. — aedificii I. 738 A. — urbis I. 754 C. — corporis I. 885 F. Plato 686 D.

ἀκτάω v. ἀκτάζω in littore luxurior II. 668 B. Voss. ad Scylac. ed. Gron. Geographic. p. 7. seq.

ἀκτέον II. 160 E.

ἀκτὴ I. 290 C. 427 C. 631 B. 957 A. II. 128 B. 162 D. 668 B. — καλὴ Romae I. 30 D. 116 A. παράλιος et μεσόγειος Aristid. I. 224. Philodem. Anthol. Brod. p. 76.

ἀκτήμων II. 831 B. I. 44 A. 85 D. 827 C. 974 F. Muson. Stob. 412. Dio Chrys. X. 147 B.

ἀκτὶν I. 686 A. II. 147 A. in videndo 901 A. E. 906 E. 930 F. 931 E.

ἀκτινοβολία II. 781 A.

ἀκτὸς advectus I. 837 F.

ἀκυβέρνητος II. 981 A. I. 721 E.

ἄκυμος II. 1090 B.

ἀκύμων I. 245 D. II. 161 E. — mare II. 245 D. 705 A. 982 F. 984 B. non sine tumultu II. 722 D. βίος II. 8 A. ubi v. not.

ἄκυρος II. 743 A. 945 D. I. 94 B. 227 E. 778 D. Dio Chrys. LXIX. 623 A. Epictet. Indic. Upton. — τινὸς II. 814 E. Plato 682 A. — ἄκυρον, cujus potestatem et auctoritatem non habet bonus, *illicitum* Dio Chr. XXXIII. 395 B. — Plato 691 D.

ἀκυρόω I. 44 D. 379 F. 816 F. 886 B. 979 C. II. 226 C.

ἀκώλυτος I. 137 E. 735 B. 1056 C. D. E. Upton. Ind. Epict.

ἀκωλύτως II. 1050 C. I. 519 F. 833 E. 944 E. 953 D.

ἄκων I. 636 E. 664 B. II. 144 E. 170 F. 189 F. 232 F. bis. μηδ' ἄκουσαν κακὴν γενέσθαι ὑπὸ δειλίας II. 247 A. 971 C. ὥσπερ II. 764 A. — οὔτε ἑκὼν οὔτε ἄκων II. 972 E. Plato 677 G. ἑκὼν et οὔτ' ἄκων oppon. I. 38 D. 962 F. Plato 654 G. H. seq. — ἄκοντος ex ore verbum cecidit I. 156 C. — μηδὲ ἄκων I. 227 B. II. 31 B. — οὐκ ἀκούσης ἐρᾶν I. 711 D. — ἄκων ἀκούειν οὓς ἑκὼν εἴπῃ λόγους II. 89 B. — ἄκων μὲν ἔφερον δὲ Herodian. VIII. 6, 2. — καὶ ἑκὼν καὶ ἄκων μᾶλλον δὲ μηδέ ποτε ἄκων Aristid. I. 311. ἄκων ἥμαρτον Reip. ἄκων καὶ κολάζου II. 232 F.

ἀλάβαστος I. 243 D.

ἀλάβαστρος I. 676 A.

ἀλαζονεία II. 43 B. 52 E. 82 D. 100 E. 782 E. 1086 E. 1090 A. 1118 A. I. 114 C. 225 B. 297 A. 395 A. 530 F. 580 D. 591 C. 617 A. 800 A. 1021 B. ἀλαζονείαν ἀποφαίνειν τι II. 867 D. — Tragicorum II. 870 C. — Teles Stobaei 522. — λόγου II. 411 B. conf. Ruhnken. Tim. V. p. 14. seq. — πρὸς ἀλαζονείαν διαιρεσθαι II. 116 D.

ἀλαζόνευμα Aristid. I. 243.

ἀλαζονεύομαι I. 212 B. 750 D. II. 1088 B.

ἀλαζονικὸς I. 436 B.

ἀλαζονικῶς I. 410 B.

ἀλαζὼν de arista vacua et inani II. 81 B. 158 F. 419 A. 581 F. 1117 D. 1118 D. 1124 F. — τετυφωμένος, ἀλαζὼν, ὑπερήφανος deinceps quis sit Callicratid. Stob. 485. Aristid. II. 367 bis. 373. 377.

ἀλαθέως Lac. II. 211 C.

ἀλαλὰ πολέμου θυγατὴρ II. 483 D. 706 D. ἀλαλαὶ leg. II. 417 C.

ἀλάλαγμα I. 432 F.

ἀλαλαγμὸς II. 201 E. 564 B. 610 C. 706 A. I. 29 C. 83 B. 344 A. 393 F. 403 F. 460 D. 461 F. 679 A. 786 A. 481 C. 978 E. 992 C. 998 E. 1003 C. 1037 A. C. 1040 D.

ἀλαλάζω quare A habeat II. 738 C. — II. 198 E. 944 B. 1093 C. I. 161 E. 341 C. 371 B. fugiens 510 F. 614 A. 667 E. 1004 D. — in acclamatione auditorii II. 46 B.

ἀλάλημαι Hesiod. II. 105 E.

Ἀλαλκομένιος mensis Boeotiorum I. 332 A.

ἄλαλος — ἀλόλου καὶ κακοῦ πνεύματος πλήρης II. 438 B.

ἀλαμπὴς vita II. 413 B. Himer. 526. — Simpl. II. 736. 922 A. 930 E. 933 F. 940 E. I. 741 F. 742 C. Himer. 800.

ἀλάομαι I. 381 D. II. 1116 A. Dio Chr. 555 C.

ἀλαπάζω Homer. II. 541 D.

ἅλας nom. sing. Sal. II. 668 E.

ἀλαστὸς ἀγὼν II. 347 B.

ἀλάστωρ unde dictus II. 297 A. ubi v. not.

ἀλγεινὸς II. 46 E. 1026 D. 1088 C. 1091 A. D. βίος 238 A.

ἀλγέω II. 46 F. 60 B. 66 B. E. 74 D. 102 C. 118 C. 170 E. 235 F. 241 E. 996 F. 1088 C. 1091 B. 1123 A. I. 804 D. 814 F. 1007 B. 1048 E. — ὅπου τις ἀλγεῖ, κεῖσε καὶ τὴν χεῖρ' ἔχει Amphis citat. M. S. ad Lucian. T. I. p. 821. Stob. Grot. 417. Schott. Prov. Metr. 741. ἀλγοῦντος ὑπεξαίρεσις ἀλγύνοντος scribit Sext. Empir. Math. IX. 169.

ἀλγηδὼν II. 8 F. 66 B. 202 B. 234 D. 242 C. 662 C. 673 B. 748 D. 961 D. 1060 C. 1067 B. 1069 E. 1087 D. F. 1090 E. 1092 A. B. 1099 D. 1107 A. 1111 B 1126 E. Fragm. I. 4. I. 273 C. 408 F. 611 A. 989 D. oculorum mulier I. 676 E.

ἄλγημα I. 468 C. Aristid. I. 275. 286. 312.

ἄλγος II. 109 E. ἐμφανὲς στάσις Pind. II. 157 B.

ἀλγύνω — ἀλγύνει μέ τι I. 313 C. 434 A. ἀλγύνομαι I. 596 E. ἀλγύνειν αὐτὸς ἑαυτὸν II. 82 C.

ἀλέα II. 131 D. 158 D. 658 C. 701 C. 727 F. 928 C. 947 B. C. I. 741 A.

ἀλεαίνω II. 954 F. Epictet. p. 754.

Dio Chr. VI. 88 C.

ἀλεεινὸς II. 130 D. 722 A. I. 514 B.

ἀλεείνω Homer. II. 24 C.

ἀλεὴς frequens Callimach. II. 880 C.

ἄλειμμα II. 707 E. — II. 131 C. 237 B. 610 A. 662 B. 693 B. I. 50 C. 307 E. 677 D. 686 F. 686 C. 705 D. Hierocl. Stob. 462. Dio Chr. 662 A. Plato 683 C. diff. a χρίσματι Athen. 689 C. Cas. 975, 35. Perictyone Stob. 488, 1.

ἀλείπτης v. not. ad II. 133 B.

ἀλειπτικὸς II. 619 A.

ἀλείφω II. 786 C. 1091 E. I. 307 E. ἀληλειμμένος I. 921 B, II. 193 A. V. Lect. 148 B. ἀληλιμμένος II. 187 D. 412 D. 754 F. 1080 B. I. 488 F. ἀλείφομαι Med. *exerceor in gymnasio* I. 112 A. — metaph. ἀλείφειν ἑαυτὸν se praeparare ad quid I. 113 C. Archiloch. simpl. 167 E. Med. I. 479 C. 594 D. 783 E. 985 E. 1029 E. II. 142 A. 148 B. C. 201 C. — μύρῳ Athen. XV. 687 C. 689 F. 690 A. C. 691 A. E. — ἀλείφομαι in balneo Teles Stobaei 524. conf. nott. II. 131 D. 148 B.

ἀλεκτορὶς II. 129 A. 636 F. 637 A. 674 B. 700 D. 727 D. 730 A.

ἀλεκτρυὼν I. 384 D. 529 A. 614 F. 1016 A. B. 1030 E. II. 65 B. 191 E. 224 C. 238 F. Dio Chrys. 427 A. Herculi sacrificatus II. 696 E.

ἀλέκτωρ maritus Sophocles II. 417 B. Euripid. I. 193 C.

ἀλεξανδριστὴς I. 678 C.

Ἀλέξανδρος ὁ Πριάμου καὶ ὁ Φιλίππου II. 97 D. — Ἀλέξανδρον a quo auferre I. 692 A.

Ἀλεξανδρῶδες I. 673 F. Menander.

ἀλέξειν II. 228 D. med. *repellere* I. 20 E. II. 228 E.

ἀλεξιάρη II. 657 D.

ἀλεξίκακος v. n. II. 149 D.

ἀλεξιφάρμακον περιάπτεσθαι II. 660 F. I. 1011 B. — ἀλεξιφάρμακος δύναμις II. 663 C. — I. 634 A. 980 A. Muson. Stob. 595. fin. Metaph. Plato 692 E. 179 B. — Epist. Abderit. ad Hippocr. fin. Aristid. I. 255. 296.

ἀλετὸς I. 937 B.

ἀλέτριος -ίων II. 693 E.

ἀλετρὶς II. 1101 F.

ἀλεύασθαι II. 297 A. Casaub. Ar. Eq. 443.

ἄλευρον II. 387 A. 659 B. 673 E. I. 616 F. Plato 698 D.

ἀλέω II. 157 D. 830 C. D. ἄλει μύλα ἄλει II. 157 D. ἀληλεσμένος Porphyr. Abst. II. 6.

ἄλη oberratio I. 432 C. Dio Chr. VII. 99 C. XXXVIII. 476 C. Eustath. Hom. II. Steph. Krebs. II. 22 E. Restituit Euphorioni Valck. Ammon. p. 149.

ἀληγὸς -ὸν πλοῖον II. 684 D. 912 E. — asinus II. 971 B.

ἀλήθεια II. 49 A. 62 C. 80 E. 169 C. 233 D. ταῖς ἀληθείαις II. 221 D. — 314 A. 901 D. I. 709 E. ἐπὶ ταῖς ἀλ. Jambl. V. P. 144. Dio Chrys. 417 A. 477 B. 478 B. 488 B. Strabo 990. — dicere πᾶσαν τὴν ἀλήθειαν II. 300 E. μετὰ πάσης ἀληθείας II. 341 B. C. — vera cognitio II. 417 B. 746 E. — τὸ πρὸς ἀλήθειαν II. 674 C. ἀληθείας πεδίον II. 765 A. 422 B. — ἀλήθειαν καὶ ἦθος alicujus cognoscere, i. e. *verum statum* II. 823 D. ἀληθείᾳ pro τῷ ὄντι II. 430 B. I. 643 B. sine τῇ II. 226 E. — ἀρχὴ μεγάλης ἀρετῆς I. 422 D. Pindar. — viri I. 776 E. Dio Chr. 542 C. 613 C. D. Aristid. I. 265. — opp. μύθῳ eam in μύθῳ videre ut solem in νόθῳ φωτὶ II. 36 E. — et μίμησις II. 25 B. — Philosophiae II. 17 D. 48 C. — dicti II. 41 A. — ὑπὸ τῆς ἀληθείας calumnia in auctorem repellitur II. 88 D. ἀλήθειαν ἀκούειν II. 89 B. — , ὥσπερ ἡ ἀλήθεια ἔχει II. 111 E. — dictum II. 120 B. σοφώτατον II. 153 A. ἐπ' ἀληθείᾳ Charond. Stob. 289, 32. ἀληθείας Lucian. III. 598. — oppon. δόξῃ Plato 670 D. — σχήμασι opp. Plato 704 B. sim. Aristid. II. 395. — τινος cognitio alicujus rei id. 698 G. — ταῖς ἀληθείαις Sext. Emp. 566.

ἀληθεύω II. 88 C. 94 B, 536 C. Hierocl. Stob. 477.

ἀληθὴς — Simpl. II. 72 A. pro ἀληθινὸς II. 59 C. 84 D. τὸ δὲ τοῦ Χίλονος ἀληθές ἐστιν transitus II. 96 A. οὐδὲ γὰρ ἀληθές ἐστιν τὸ transitus II. 135 C. ἴσως μὲν γάρ τι καὶ Θεοφρ. ἀληθὲς εἶπεν transitus II. 135 E. ἐκεῖνο δὲ ἀληθὲς II. 136 E. ἀληθὲς et δυνατὸν Stoice II. 1055 D. ἄληπτον cognitio incomprehensibilis II. 700 B. — Stoic. II. 1074 D.

1082 C. — τὸ δὲ οὐκ ἀληθές ἐστιν I. 343 A. τὸ δὲ ἀληθὲς elliptice I. 398 E. ἀρετὴ et ἀληθινὴ I. 422 A. τὸ τοῦ τρόπου ἀληθὲς I. 480 D. ἀληθεστέρως εἰπεῖν I. 844 C. θαυμαστὸν μὲν ἀλλ' ἀληθὲς I. 846 E. τὸ ἀληθέστερον εἰπεῖν I. 946 D. ἀληθῶς acclamatio II. 45 F. abund. ὅρα γὰρ ἀληθῶς οἷόν ἐστι nisi sit trajectio pro ὅ. γ. οἷον ἀλ. ἐ. II. 46 B. — ἀληθὴς καὶ καλὴ ἀπόδειξις II. 46 C. — ἀληθῶς cum adj. vel particip. II. 47 B. 178 D. 203 E. — ἀληθέστερον γὰρ ἦν εἰπεῖν II. 61 C. sim. 126 D. ἀληθῶς citatio notatur ut alibi ὄντως II. 68 F. — καὶ τοῦτ' ἀληθέστατόν ἐστι—λεγόμενον II. 71 E. ἀληθῆ λέγεις ἀλλὰ — II. 185 C. Sim. II. 196 A. I. 187 F. ἀληθῆ λέγειν II. 234 F. δοκεῖ τι λέγειν ἀληθὲς abund. II. 143 E. οὐκ ἀληθῆ μὲν οὐδὲ καλήν, προφάσεως δέ τινος οὐκ ἄμοιρον οὖσαν II. 171 A. — τὸ ἀληθὲς II. 229 A. — ἀληθῶς interrog. Dio Chrys. VII. 113 C. pro ὡς ἀληθῶς Reisk. Dio Chrys. 422 A. — τὸ ἀληθέστατον δοξάζειν Plato 698 B. — rectus, justus Plato 653 A. 646 A. ἀληθῶς — ἀληθέστατα id. 705 B.

ἀληθινὸς I. 274 F. 344 E. 363 E. 378 C. 436 A. 441 B. 495 F. 503 B. 524 D. 591 D. 635 D. 656 F. bis. 742 B. 763 E. 828 E. 846 B. 1039 A. 1070 E. II. 43 E. 44 B. 50 E. 51 C. 147 E. 165 F. 234 C. 673 D. F. 674 C. 693 B. 770 E. 802 F. — ἀληθινὸς κόλαξ et sim. II. 50 C. 59 E. — ἀληθινὸν pars animi II. 61 D. Simpl. de bona re II. 62 D. 63 F. 65 B. C. 74 C. 80 E. 81 C. Aristid. I. 218. — ἀληθινὸν δάκρυον II. 69 E. — φρόνημα II. 78 C. — ἀληθινοὶ λόγοι II. 184 E.

ἀληθίζω f. leg. -ζομαι I. 230 B.

ἀληθῶς II. 607 C. 1106 A. ὡς ἀλ. II. 21 D. 37 E. 68 F. 124 B. 126 A. 136 D. 170 D. Plato 648 D.

ἄληπτος res vix pervestigabilis II. 700 B. 701 A. 1118 D. I. 531 A. 554 C. 576 B. 589 A. 562 E. II. 181 C.

ἄληστος II. 297 A. 418 B. Phil. Jud. Eus. P. E. VIII. 384 A.

ἀλήτης Homer. II. 22 E.

ἁλιὰς navis piscatoria II. 981 D. I. 83 A. 244 E. 245 D. 429 D. 539 C. 660 E. ter. 661 D. bis. 929 A. Numen. Eus. P. E. XI. 543 C.

ἄλιβας II. 736 A. 956 A.

ἁλιγενὴς II. 684 E.

ἁλιεία I. 245 E.

ἁλιεὺς I. 929 A. Piscis II. 978 D.

ἁλιευτικὸς II. 204 D.

ἁλιεύω II. 965 B. I. 929 A.

Ἀλίζονος (ὅσον ὕδωρ κατ') vers. Poët. II. 515 D.

ἀλίμενος I. 212 A. 897 A. 1031 C. Plato 596 B. Aristid. I. 520.

ἄλιμος cibus Epimenidis II. 157 D. Casaub. Athen. II. 18. Plin. XXII. 33. Porphyr. Abst. IV. 20. Vit. Pyth. 34.

Ἁλιμούσιος δῆμος Attic. I. 480 D.

ἀλινδὰ II. 1156 B.

ἀλινδέω. -μαι Equus II. 396 E.

ἀλίπεδος Aristid. I. 132. I. 233. pro ἄπεδον.

ἅλις cum gen. II. 699 D. 423 A. ἀλλὰ τούτων μὲν ἅλις II. 978 B. νοσοῦσ' ἐγὼ Prov. Valcken. Eur. Ph. p. 580.

ἁλίσκω — ἐὰν ἁλῶ θανάτου II. 552 D. ἁλίσκομαι (ὑπὸ μέθης) II. 650 A. 661 B. 705 D. — ψεύδεσι II. 672 E. ἁλῶναι τὴν σωτηρίαν ἅλωσαν ὑπό τινος II. 800 C. — ἑάλω in judicio II. 833 A. 836 A. I. 100 D. 172 E. ἥλω in judicio I. 783 B. mox ἥλωσαν. Luna umbra terrae II. 923 B. 932 D. 145 D. — προδοσίας cum διώκω I. 28 B. — δίκην I. 54 E. ἅλωσιν I. 70 D. — ἡλωκὼς I. 89 A. 394 D. 793 A. 934 A. — ἁλοὺς τινος I. 87 E. pass. urbs I. 131 E. 132 F. 138 C. 140 A. 144 B. 147 B. 149 A. ἁλοὺς ἐπὶ κακοῖς ἔργοις I. 164 E. Urbs dedit spem ὡς ἁλωσομένην I. 171 D. — ποιῶν τι I. 173 D. — ἁλίσκομαι sc. judicio I. 335 B. 649 B. 861 D. II. 221 C. — κλοπῆς I. 491 D. ἁλοὺς δώρων I. 542 A. simil. Plato 685 B. 688 B. F. 691 A. simpl. extra judicium convinci I. 647 C. ἡλώκει ἑπτὰ γραφὰς I. 753 B. — τινὸς I. 335 A. ἁλῴη I. 938 E. Pass. dicitur II. 2 C. — ἑαλώκασι *capti sunt* II. 36 B. — ἁλῶναι subint. ὑπ' ὀργῆς II. 31 A. — ἁλίσκομαι ὧν deprehendor quid esse II. 52 A. Sim. 153 A. 213 E. — Simpl. *captior*

II. 62 B. 177 E. 195 F. 196 B. 197 E. 207 D. 223 D. 237 E. — μένον ῥᾳδίως οὐχ αἱρετέον II. 94 E. — μαι morbo II. 127 E. ἁλόντων ζώντων II. 169 A.

ἀλιτεκής Wessel. Diod. Sic. I. p. 211.

ἀλιτέω — ἠλιτωμένος II. 358 D. Hom. Il. Υ. 120. An f. restituendum Aristoteli ap. Gell. VII. 6. ἀλιτωμένων pro ἀτελῆ ζώων. Philo Iud. 884 E. Eustath. 1175, 38.

ἀλιτήριος II. 297 A. ubi v. nott.

ἀλιτηριώδης ποινὴ II. 1101 C. Plato 652 B.

ἀλκὴ I. 3 B. 108 A. 113 E. 115 C. 136 E. 150 D. 175 F. 199 A. 266 C. 327 B. 329 E. 372 D. 373 B. 385 A. 387 A. 397 A. 403 B. 510 D. 461 C. 481 D. 554 E. 559 A. 571 E. 575 A. 729 B. 822 D. 936 B. 954 C. 967 D. 971 D. 987 E. 1031 C. II. 965 F. 991 E. 1049 A. πρὸς ἀλκὴν τρέπεσθαι I. 362 A. 812 E. 912 F. 931 C. 1042 B. Exercitus I. 659 D. f. 666 F. navis πρὸς ἀλκὴν *bellica* I. 944 C.

ἄλκιμος I. 382 C. 539 D. II. 228 A. jucundum vinum II. 669 B.

ἀλκύων avis II. 126 C. 982 F.

ἀλλὰ pro ἀλλ' ἢ *quam* II. 96 D. 283 A. 286 E. 362 A. 374 C. 488 A. (Meleager LXXI. Anthol. Brunck. T. I.) Plato 598 E. Joh. Chrys. de Provid. T. I. 736 C. — similiter pro ἢ II. 963 E. Homer. Il. π'. 62. — ἀλλὰ pro γὰρ ab initio explicandae narrationis II. 339 B. — post neg. construct. impedita II. 359 D. — post parenthesin instaurat orationem, ut *igitur* II. 564 C. — omissum II. 564 B. — ἀλλ' οὐ γὰρ responsio interrogationis, quae fiebat per γὰρ II. 612 F. — ἀλλὰ δέχομαι assensus ab initio responsioni II. 621 B. — ἀλλὰ objectio, quam ipse sibi facit loquens cuique respondet per μὲν οὖν II. 644 C. 952 E. objectio cui ipse loquens respondet per εὖ γε ποιῶν II. 649 D. ἀλλ' ὅρα εἰ μὴ II. 660 A. Objectio cui ipse sibi dicens respondet per καὶ γὰρ II. 663 C. Ἀλλ' ὅρα, πῶς ἔχεις εὐρεσιλογίας πρὸς τὸ II. 682 B. ἀλλὰ καὶ ὅλως II. 685 E. — ἀλλὰ οὗτος μὲν ille vero II. 710 D. — ἀλλ' ὅρα μὴ II. 719 A. 722 E. — ἀλλ' ὁρῶ ab initio periodi II. 735 C. — ἀλλὰ — ἀλλὰ II. 757 A. 110 D. 112 C. 177 B. Epict. Diss. p. 663. Aristid. I. 196. — pro δὲ post μὲν II. 757 A. I. 471 B. — ἀλλ' ἢ — οὐδὲν ἀλλ' ἢ II. 123 D. 811 B. 1072 B. I. 16 A. 25 F. 104 D. Dio Chr. XXIII. 269 B. non cepit Reisk. Hoc ab ἄλλος repetendum Bergl. Ar. Pl. 1173. — τὰ δ' ἄλλα *ceterum* adv. II. 814 E. ἀλλὰ — καὶ objectio — responsio II. 979 D. — ἀλλὰ μὴν II. 98 B. 99 A. 152 C. E. 153 C. 162 C. 177 D. 192 B. 208 D. 233 A. B. 1074 C. — εἰ δὲ καὶ ἄλλο μηδὲν, ἀλλὰ tamen II. 1086 C. Inductio objicientis II. 1122 F. οὐδενὸς — ἀλλὰ pro ἀλλ' ἢ — *nisi* I. 13 F. 1018 C. οὐκ — ἀλλ' ἢ I. 27 A. — ἀλλ' οὐ μόνον — ἀλλὰ καὶ II. 419 A. εἰ δὲ μὴ — ἀλλά γε II. 437 D. — οὐκ ἄλλος ἀλλὰ οὗτος pro ἢ Pausan. p. 869. II. 374 C. — ἀλλὰ μὴν pro καὶ II. 1135 C. ἀλλὰ μὴν καὶ II. 1135 E. 1136 E. 1140 F. 1142 C. 1144 B. — ἀλλ' οὖν II. 1140 D. instaur. orat. post digress. I. 1062 E. — ἀλλὰ γὰρ ubi γὰρ abund. II. 120 B. 1131 B. 1146 D. I. 458 E. 622 D. 733 D. — ἀλλ' ἢ pro ἀλλὰ I. 224 A. — ἀλλὰ νῦν γε nunc saltem I. 237 F. — ἀλλ' ἢ pro ἄλλο ἢ I. 255 D. — ἀλλὰ *tamen* I. 1256 D. pro δὴ I. 548 D. οὐδὲν ἀλλ' ἢ τοσοῦτον I. 701 D. ἄλλων καθαρμῶν f. μεγάλων I. 823 F. εἰ μηδὲν — ἀλλὰ *saltem* I. 1012 F. 1060 F. leg. ἅμα I. 1014 D. — ἀλλ' οἱ μὲν — οἱ δὲ Μαριανοὶ abund. fere I. 710 F. simile quid in Julian. Or. I. 27 D. Vid. Bibl. Crit. Vol. III. p. ii. p. 32. Transpos. τὸ αἰσχρὸν — ἀλλὰ μὴ τὸν θάνατον pro μὴ τὸν θάνατον ἀλλὰ τὸ αἰσχρὸν II. 30 E. ἀλλ' ὃ καταγελαστότατόν ἐστι II. 38 F. Transp. οὐ φευκτέον — ἀλλ' ἀκουστέον — ἀλλὰ μὴ ὥσπερ abund. fere II. 43 E. ἀλλὰ μὴ conjunctim. ὁμοιοπαθεῖν ἀλλὰ μὴ περιφρονεῖν pro μὴ περιφ. ἀλλὰ ὁμ. II. 72 B. ἀλλ' οἴει σὺ — εἰ μὴ responsio ironica II. 109 F. — ἀλλ' ἴσως in object. II. 119 E. ἀλλ', — οὐκοῦν object. resp. II. 119 F. ἀλλὰ ταῦτα μὲν transit. II. 131 B. ἀλλ' ἢ — ἀποκρινάμενος ὑπερήφανον οὐδὲν ἀλλ' ἢ μόνον κελεύσας κρόμμυα ἐσθίειν II. 153 E. sim. 161 B. ἀλλ' εἰ—

ἄλλα II. 168 A. — ὄψε μὲν ἀμφότεροι, ἀλλὰ νοῦν ἐσχήκαμεν II. 185 C. ἀλλ' οὐδὲ abund. Sic fere Dio Chr. 665 C. — ἀλλ' οὐδὲ μιᾶς 666 B. ἀλλὰ μηδὲ — ἀλλ' ὅμως II. 239 F. 240 A. — εἰ καὶ μὴ—ἀλλ' οὖν ut ita leg. Jambl. V. P. 21. ubi errat Kuster. ἀλλ' ἤ. Nonne? ab initio orationis Dio Chr. XII. 193 C. f. restituendum XXX. 299 D. ἀλλ' εἰ μὴ abund. ἀλλὰ, pro ἀλλὰ μόνον τούτοις ἃ ἂν Dio Chr. LXXX. 668 B. Duae interrogationes — ἀλλὰ δῆτα οὐ χρὴ—ἀλλ' αἰσχρὸν δὴ Plato 654 A. — ἀλλ' ἢ pro ἀλλὰ οὐδὲν ἢ si vera lect. Aristid. I. 111. Reisk. citat Diod. Sicul. I. 568, 80. — εἰ ἄρα ἀλλὰ τῷ χρόνῳ ἀνύσειε si forte tempore saltem perficeret Aristid. I. 318. ἀλλὰ μὴν pro δὲ post μὲν Isocrat. 190. ed. 8. Paris.

ἀλλαγὴ II. 166 D. 771 C. Plato 651 C. 610 E. Casaub. Theophr. Char. 18. p. 195. ed. Fisch. ἔτειος Eur. Fr. Dan. I. ap. Musgr. et Valck. D. p. 6. Sic Polyb. VI. 47. cum ἀπαλλαγὴ I. 471 E.

ἀλλακτέον II. 53 A.

ἀλλαντοπώλης Aristid. II. 298.

ἀλλάττω II. 761 B. I. 300 D. 313 A. 342 D. 922 A. f. corrupt. II. 1071 D. 212 A. Plato 610 E. πόνῳ πόνον II. 496 E. vestes II. 691 E. I. 537 A. 647 C. versum corrigere II. 756 C. ἀλλάσσει φύσις πάντα II. 998 C. merces ἀλλάττεσθαι Plato 676 C. bis F. γνώμην I. 75 B. βίον γυναικῶν assumere Clearch. Athen. 515 F. Sim. Aristid. I. 262. ἀλλακτέον ἕτερον βίον II. 53 A. — ἀλλάττεσθαί τί τινος II. 236 A. Plato 661 C. Himer. 594. Philomath. II.

ἀλλαχῇ II. 430 D. 1054 C.

ἀλλαχόθεν — ἄλλος II. 1086 D. 1129 E. I. 29 C. 433 F. 539 F. 993 C. alia de caussa f. Porphyr. A. III. 20.

ἀλλαχόθι — εἰ ἀλλαχόθι που κἀνταῦθα II. 431 A. — I. 428 C. 518 F. 1013 A. II. 20 D. E.

ἀλλαχοῦ II. 107 D. 433 F. 859 B.

ἄλλῃ. ἄλλος II. 99 C. I. 364 C.

ἀλληγορέω τι II. 363 D. 996 D. Vit. Hom. §. 96. Euseb. P. E. VII. 310 D.

ἀλληγορία comparatio in Poës. II. 409 D. Rhet. Vit. Hom. §. 70. ὑπόνοια Interp. poët. II. 19 E.

ἀλληγορικῶς Vit. Hom. §. 102.

ἄλληλος I. 100 F. II. 115 F. 138 B. C. 139 C. E. 140 E. 143 A. D. 147 E. F. 148 A. B. 155 E. 156 C. D. E. 157 C. 158 C. E. 159 D. bis. 175 E. 179 C. 197 C. 214 A. 215 C. 218 D. 221 B. 222 D. 226 B. 232 C. 233 E. πρὸς ἄλληλα καθ' ἡδονὴν τρέποντε animalia II. 637 B. tres priores fratres ἀλλήλων. abund. I. 12 C. πρὸς ἀλλ. βλέπειν I. 991 C. 1011 D. ἀλλήλους φθονεῖν νομίζοντες ita leg. pro dativ. -οις alter alterum sibi videre putans I. 1023 F. πρὸς ἄλληλα καὶ πρὸς αὐτὰ σκοπεῖν τὰ πάθη II. 83 E. δι' ἀλλήλων sunt convivia mutua I. 564 E. Porphyr. Abst. II. 40. κατ' ἀλλήλων quid ponere I. 641 A. sim. II. 74 C. πίπτειν I. 684 F. ἀλλήλους [πρὸς] τρέπεσθαι aggredi se invicem I. 867 B. del. ortum a seq. ἀδήλως I. 869 E. παρ' ἀλλήλους II. 226 B. ἀλλήλων ἄλλα diversa a se invicem Plato 701 C.

ἀλληλοφαγία II. 996 B. ἀλληλοκτονία Ep. Hippocr. XX. p. 22 C. Porphyr. Abst. I. 23. Plato 698 C.

ἀλληλοφυὴς II. 908 E.

ἀλλόγνως σαρκῶν χιτῶν Empedocl. II. 998 C.

ἀλλοδαπὸς II. 37 E. 438 C. 601 A. 977 D. I. 568 E. 573 E. 595 B. 800 B.

ἀλλοδημία Plato 691 C.

ἀλλοινία potatio varii vini II. 661 C.

ἀλλοῖος fio, muto sententiam I. 1002 F. Plato 645 C. Aristid. I. 338. II. 122. 137.

ἀλλοιόω — II. 437 E. 663 B. 963 E. 995 B. 1025 C. I. 963 D. -οῦσθαι II. 591 D. I. 505 E. 1037 D. Heraclid. Athen. 624 C. Plato 668 C. D.

ἀλλοίωσις II. 883 D. 884 D. 953 E. 1122 F. 1143 B. Rhet. schema Vit. Hom. 41. 48.

ἀλλοιωτὸς II. 882 C.

ἀλλέκοτος v. n. II. 149 B.

ἅλλομαι de duce II. 936 B. 937 A. in ignem I. 998 E. ab equo I. 563 C.

Ἀλλοπρόσαλλος Mars Homer. II. 737 B.

ἄλλος Simpl. II. 118 C. in malam partem judices ἄλλο τι γινώσκουσι mortem statuunt II. 187 D. — τί γὰρ γέγονε ἄλλο καινὸν fere abund. II. 507 E. — praeteritus τῆς ἄλλης νυκτὸς II. 587 A. — ὥσπερ ἄλλων τινῶν II. 618 A. cum ὄντων Lys. p. 787. ed. R. — sine alio ἄλλος quo hoc referatur omiss. f. ἀλλαχοῦ II. 670 A. — ἄλλα ἄλλους cet. II. 695 E. 746 C. ἄλλοτε ἄλλος II. 155 A. 157 B. 437 D. 733 D. I. 180 F. — πλούτῳ καὶ τῇ ἄλλῃ δυνάμει II. 772 E. — ἄλλα ἐξ ἄλλων II. 774 E. — εἰς ἄλλο transponere quid II. 824 E. — οὐ γὰρ ἄλλα — αὐτὸ δὲ τοῦτο S. N. V. Not. p. 19. II. 868 B. Herodot. — ἀπὸ ἄλλης ἀρχῆς II. 876 E. — ἄλλος ἐξ ἄλλου γενέσθαι II. 986 D. — fere abund. II. 1064 C. — κατ' ἄλλον τρόπον II. 1072 B. — ἄλλος οὗτος Ἡρακλῆς Prov. I. 14 A. Casaub. Athen. 940. Ptol. Hephaest. p. 328. Schol. 120. — γίνομαι sententiam muto ut ἕτερος γίνομαι Educ. Puer. Vid. Musgr. Supplem. ad Eur. Iph. Aul. 979. Dio Chr. XI. 183 B. — jungitur cum ἕτερος Menand. Cler. p. 116. Suid. ἄλλο. Lysias Evand. p. 787. ed. R. — ἄλλος καὶ ἄλλος I. 183 C. Aristid. I. 21. — pro λοιπὸς I. 186 A. 187 B. 211 A. 236 B. 251 F. 258 C. — ἄλλον ἐξ ἄλλου μεταβαλέσθαι τύραννον I. 236 B. ἀλλ' ἤ pro ἄλλο ἤ I. 255 D. 890 B. — ἄλλος ἐξ ἄλλου I. 263 E. 268 E. II. 52 B. — ἄλλος ὑπὲρ ἄλλον I. 559 C. — ἄλλα ἐπ' ἄλλοις I. 329 D. 896 B. 978 A. 1014 A. — reliqui I. 392 A. II. 159 B. — τἄλλο — δὲ I. 638 D. — εἰς τἄλλα ceterum I. 640 A. οὐδὲν ἀλλ' ἢ τοσοῦτον I. 701 D. se ipsum ut ἄλλον aemulari I. 735 A. — ὥσπερ ἄλλο τι κτῆμα partiri remp. I. 884 C. Sic 1034 D. — ἄλλης delendum ortum ex seq. μεγάλης ut Herodian. init. I. 985 E. — ἄλλος βίος reliqua vita conf. S. N. V. I. 1002 F. — ἄλλο οὐδὲν — δὲ I. 1021 B. — τοῖς ἄλλοις quid dicere I. 1026 E. — ἄλλη sc. via I. 1029 D. — ἄλλο δὲ οὐδὲν I. 1035 E. 1051 A. — ὡς ἄλλοι γεγονότες hoc fecerunt I. 1066 A. — ὡς θεῶν ἄλλων γεγονότων vel γεγονότες I. 1066 A. opp. τῷ αὐτὸς ἐκεῖνος I. 1068 E. — de tempore ἄλλη νὺξ et ἐπιοῦσα ἡμέρα reliqua nox Xenoph. H. Gr. I. 1, 8. — ἄλλο ἔτος sequens annus Xenoph. H. Gr. I. 2, 1. Sim. Jambl. V. P. 185. — ἄλλην πρὸς ἄλλῳ II. 22 F. — καθάπερ ἄλλῳ τινὶ φαρμάκῳ utendum hac re II. 66 A. abund. Aristid. I. 31. sim. cum ἀντὶ Aristid. I. 45. 83 bis. 90. 113. 216. 254. 310. 398. II. 181. 216. Himer. 372. — parrhesiae debemus honestatem e mediocritate quaerere II. 66 D. — ἄλλου παρόντος ἄλλον νουθετεῖν II. 70 F. — ἄλλων ἰατρὸς, αὐτὸς ἕλκεσιν βρύων II. 71 F. 88 C. Greg. Naz. Or. I. 37 B. — τῶν ἄλλων hominibus Gen. conseq. II. 79 C. ἄλλος οὗτος est amicus II. 93 E. Himer. 188. — οὐδέν ἐστιν ἄλλο πλὴν χρωμένων II. 93 E. — ἄλλον τρόπος, ἄλλον ἐγείρει φροντὶς ἀνθρώπων II. 95 B. — πρὸς αὐτὸν καὶ ἄλλον διεξιέναι τι II. 111 A. — μετὰ μουσουργῶν καὶ τῆς ἄλλης διαχύσεως II. 114 F. — τά τε ἄλλα — καὶ II. 140 B. 223 F. — Elliptice supplend. ex anteced. II. 159 A. — ἄλλο τι λέγομεν II. 162 B. τἄλλα II. 167 F. 141 F. — ἀλλὰ — ἄλλα II. 168 A. — οἱ ἄλλοι II. 148 C. — κατ' ἄλλο μὲν οὐδὲν, ὅτι δὲ Procop. B. Pers. I. 274 D. Vandal. 352 D. Demosth. Rhod. Lib. 79 B. Arrian. Epict. Diss. IV. 9. p. 647. Synes. 202 C. — οἱ ἄλλοι pro οἱ ἄνθρωποι Dio Chrys. XXXIII. 408 A. ἄλλοι μέν τινες leg. Casaub. ἀλλ' οἱ Dio Chr. 618 D. — ἄλλο τι omiss. ἢ Nonne? an aliud quam Plat. Leg. II. 670 A. Charm. 244 E. ἄλλα ἕτερα Plato 625 D. Eurip. Orest. 346. Suppl. 673. Plato 661 A. — ἄλλος fere abund. Plato 648 D. ἄλλον ἑτέρῳ fere pro ἄλλῳ Plato 661 C. sim. 668 C. saepius 679 G. 682 F. 683 F. 701 D. — ἀντὶ ἑνὸς ἄλλου τινὸς instar unius Aristid. II. 97. Liban. I. 805 C. Achill. Tat. 490. — ἄλλο τι τοῦτ' ἂν εἴη Aristid. II. 5. — ἐργάζεται ὥσπερ ἄλλο τι tanquam aliud agens agit Aristid. II. 337. — ἄλλος ἂν ἦν λόγος Aristid. I. 369. v. λόγος Sim. 378. ἀλλήλων ἄλλα diversa a se invicem Plato 701 G. conjung. Aristid. II. 102.

ἄλλοτε Simpl. II. 126 B. 208 E. 218 B. 733 D. ἄλλως I. 47 A. 568 B. II. 79 E. 167 F. 601 E. 647 B. 795 C. 562 B. 947 B. 1045 C. πρὸς ἄλλον II. 95 A.

ἀλλοτριοπραγία reipublicae tractatio dicitur a philosophis II. 57 D.

ἀλλότριος II. 51 D. 71 A. 90 E. 129 D. 1116 A. χώρα II 27 D. ἀλλοτρία mihi est mulier Philemon Cler. p. 298. καὶ οἰκεῖα res appetendae et fugiendae II. 126 C. 382 D. 600 D. 662 B. 688 C. 960 E. 961 B. 990 A. 997 E. 1038 B. 1091 D. E. 1096 E. 1106 D. I. 888 E. ἀλλότρια δειπνεῖν II. 707 E. Plaut. Pers. IV. 3, 4. Capt. I. 1, 9. Poen. III. 1, 31. Pers. I. 2, 6. III. 1, 9. Stob. p. 1. I. 38. ib. p. 63. 148, 35. 49, 6. — opponitur ξένῳ II. 678 E. familiar. II. 709 D. οἰκείῳ sensu civili I. 134 B. Aristid. I. 152. — ἀλλοτρίας δικαιοσύνης δεῖσθαι II. 493 A. ἀλλότριον ἀγαθὸν II. 542 D. Diog. Stob. 146, 27. Senec. Ep. 85. ad fin. Diog. L. IV. 48. — κακὸν II. 170 C. Plato Rep. III. 434 F. Philo Jud. 909 E. ἀλλότριον quid est II. 820 B. — τινὸς aliarum partium II. 824 B. — absurdus II. 1061 A. — ἀλλότριος τῆς φύσεως res II. 125 C. — ἀλλοτρίοις βλάβαις suscipere cladem I. 250 C. — opp. φίλῳ I. 319 E. gente I. 662 E. ἀλλοτρίαις χερσὶ σώζεσθαι I. 1049 A. ἀλλότριον στόμα II. 48 A. λόγος ib. B. alterius — ἀλλοτρίῳ προσώπῳ προσχρῆσθαι II. 57 B. ἀλλότριον et ἴδιον ὄνειδος II. 88 F. — ἀλλοτρίοις κακοῖς ἐλάττω ποιῶν τὴν ἑαυτοῦ λύπην II. 106 B. Lectio vocem exercet ὡς ἐπ' ὀχήματος κινοῦσα ἀλλοτρίου λόγου II. 130 C. ἀλλοτρία φωνὴ ut tibicinis II. 142 D. ἀλλοτρία πειθὼ Plato 683 G. νεκρὸς I. 381 B. 635 E. — et οἰκεῖα virtutis I. 410 B. — fortunae bonum I. 433 B. et ἴδιος II. 140 E. 191 E. 217 F. res II. 225 C. 233 A. ἀλλότριόν τινος II. 210 C. ἀλλοτρία γυνὴ II. 220. πεῖρα Aristid. I. 94. ἀλλότριον quid facere i. e. auferre Men. Stob. 378, 20. ὡς ἀλλοτρίῳ τῷ σώματι suo uti MS. Luciani II. 590. Adde Lys. Isocr. Bas. M. T. III. 140 C.

ἀλλοτριότης I. 257 D. 668 E. 696 B.

ἀλλοτριόω II. 1060 C. ἔπαινον II. 1039 A. — τινά τινος II. 1064 F. — I. 516 E. — οὖσθαι πρός τι Hierocl. Stob. 415, 10.

ἀλλοτρίως I. 240 D. 666 D.

ἀλλοτρίωσις Aristid. II. 242.

ἀλλόφυλος II. 430 E. 661 C. 688 C. 729 D. 733 D. I. 140 F. 254 E. 370 A. 734 B. 769 E. 1034 B. Aristid. I. 98. 502. 527. II. 195. ζῷον II. 86 D.

ἄλλως II. 133 B. 637 F. 708 B. I. 370 D. ἄλλως εὐῶδες φάρμακον medicina odorifera absque ut illud consilium medici fuerit, praeter consilium II. 54 E. ubi v. n. — λόγιος II. 149 B. ubi v. n. — cursu naturali τέρατι opponitur II. 149 C. — ceterum II. 537 A. 586 F. 653 D. — οὔτε ἴσως δυνατὸν οὔτε ἄλλως ἐπιεικὲς II. 276 D. 686 C. 790 C. 805 C. 951 D. 1007 A. I. 127 F. 236 E. — ἄλλως τοῦτο οὐ πρὸς Διόνυσόν ἐστι 280 E. ἄλλως mori *aliter* i. e. *naturaliter* 286 B. I. 845 D. — ἄλλως γέ πως II. 370 E. ubi v. n. — ἄλλως casu opponitur libero consilio et necessitati II. 390 A. I. 542 D. 572 B. T. H. Luc. 255. — temere, male I. 585. 694 F. — obiter II. 626 F. 872 E. — ἄλλως δὲ initio periodi continuatae II. 638 D. ei opponitur ἀληθῶς II. 709 A. — perverse I. 614 A. — μὲν ceteroquin I. 643 F. — I. 645 E. — τέ πως f. ὅμως γέ π. I. 811 D. — oberro I. 834 D. 914 F. Dio Chrys. Or. VII. 99 A. — ὀνείρατα I. 861 D. — τε καὶ an *praesertim* an *ceteroquin?* I. 815 F. II. 164 E. — δέ πως I. 975 A. οὔτε ἄλλως cum adjectivo I. 1044 B. — μὲν οὖν *obiter* init. II. 68 C. — alioquin, *si aliter fit* II. 88 E. — πολλὰ τῶν ἀναγκαίων ἄλλως δὲ φαύλων II. 91 B. — vinum bibere non sitientem II. 132 D. — ἄλλως τε cum genit. conseq. praesertim quum II. 151 A. δὲ μὴ II. 239 A. τε II. 223 B. — ἄλλως οὐκ ἔστιν εἰπεῖν II. 862 E. — non ad rem pertinens II. 855 B. — οὐκ ἦν res si non aliter habebat II. 863 B. — σκόπει δὲ ἄλλως II. 962 B. — ἄλλως alias II. 974 B. 981 F. — alio modo quocunque II. 168 C. 974 C. — alio modo, fere abund. II. 978 A. — alio tempore, ceterum II. 982 E. — οὔτε ἄλλως συμμεταχεῖριστον ὄντα sine antec. οὔτε II. 1012 B. — πρὸς ἄλλο ἄλλως ἔχειν II. 1114 C. — φιλοσόφως ἄλλως ἀπτόμενος δὲ cet. I. 24 B. 45 D. ἄλλως δὲ init. in caussa affirmanda I. 60 B. εἴτε — εἴτε δόξαν ἄλλως I. 103 E. — σχήματ' ἄλλως filii Eur. Erechth. fr. I. v. 32. Bergl. Aristoph. Nub. 1205. ὄχλος ἄλλως male tentat Taylor Demosth. Fals. Leg. Vol. IX. Reisk. p. 360. Dio Chr. LV. 561 C. — ceteroquin I. 225 B. 557 C. 798 A. 799 A. II. 61 B. 203 A. — ceterum an *frustra* I. 423 D. — ceterum; I. 450 A. — πονέω I. 537 B. frustra I. 576 B. ὄνομα Aristid. I. 542. II. 135. περιέρχεσθαι Aristid. II. 307. μὴ ἄλλως ποιεῖν Aristid. I. 413. 348. — ἄλλως μὲν — ἀεὶ δὲ Dio Chrys. 440 A. — ἄλλως μάτην Dio Chrys. VII. 124. in repetitione XXXII. 393 C. D.

ἅλμας ἐλαία II. 687 D.

ἅλμη II. 151 D. 974 C.

ἁλμυρὶς II. 248 D. 684 E. 801 A. I. 593 F. 732 D.

ἁλμυρὸς I. 549 C. 938 B. II. 137 A. 669 A. 670 E. 684 D. 688 B. 700 F. 706 D. 711 D. 897 A. 913 C. D. 916 F. 940 D. 998 A. — pulchritudo mulieris et δριμὺς II. 684 D. Giphanius Ind. Lucret. V. *Sal.* Plin. XXXI. 41. et Dalec.

ἁλμυρότης II. 913 D.

ἀλοάω II. 327 A.

ἄλοβος I. 403 C. 600 D. 705 C. Xen. H. Gr. III. 4, 15.

ἀλογία II. 153 B. 1084 E. I. 16 C. 175 A. 430 E. 1020 C. Plato 701 G. τύχης Aristid. I. 97. II. 404. I. 480 f. Schol. πολλὴ Aristid. II. 2. 20. 29. 73. 174. 260.

ἀλόγιον -γίαν ὀφλεῖν Schol. Aristid. II. 306.

ἀλογιστέω II. 656 D.

ἀλογιστία II. 114 E. 466 C. I. 354 E.

ἀλόγιστος I. 38 A. Epictet. p. 792. ed. Upt. 801 E. Hippocr. Ep. XX. p. 22 B. II. 56 B. 158 E. 165 C. Menand. Stob. 505. Dio Chr. XXIV. 425 D. Plato 655 H. 699 E.

ἀλογίστως I. 819 C. II. 171 E.

ἄλογος II. 1026 C. 1014 B. 1015 E. 1017 A. C. 1026 C. 1064 F. φωνὴ II. 1026 A. — praeter naturam II. 649 B. 686 E. jung. ἄψυχος II. 1000 E. F. — ἄλογα bruta II. 662 F. 704 F. 960 C. seq. 992 C. 1092 A. — τὸ ἄλογον τῆς ψυχῆς II. 706 A. sim. 61 D. 83 A. B. — οὐκ ἄλογον δόξαν ἀπειροκαλίας φυλάττεσθαι II. 710 A. τύχη II. 740 D. — φύσις II. 886 D. 904 E. 969 A. — πρός τι non sufficiens caussa II. 922 D. — ὕλη II. 1085 B. — Simpl. II. 58 A. 424 B. 426 D. 428 F. 432 D. 436 E. 563 A. 1092 E. 1114 B. — quid in arte II. 1145 D. — quod a priori demonstrari nequit I. 305 E. — caussa I. 534 F. — ἀλογώτερον I. 873 B. καὶ θηριῶδες II. 33 E. — tamquam ἄλογος ἐλαύνομαι πόθῳ II. 77 C. ἄλογα ζῶα II. 91 C. — ἀθυμία sine caussa rationabili II. 129 B.

ἀλόγως II. 724 C. 1016 E. 1122 F. I. 71 F. 132 E.

ἀλοέω f. οι femur orator. I. 825 A.

ἀλόη qua vinum coloratur II. 693 C. — II. 141 F.

ἀλοιδόρητος — nemo effugit τὴν ἀλοιδόρητον ἀμαθίαν II. 757 A. 89 A.

ἀλοίτης Emped. II. 1113 B.

ἀλοιφὴ tinctura, color II. 565 C. libri litura II. 611 A. navis II. 676 A. corporis cultus I. 10 D.

ἄλοξ Aeschyl. I. 320 C.

ἀλοπηγία salina I. 33 D.

ἁλουργὴς καὶ περιπόρφυρος I. 34 A. 47 C. 152 E. 360 F. 588 C.

ἁλουργὶς I. 25 E. 273 E. 518 E. 909 A. II. 397 A.

ἁλουργὸς I. 631 B. 686 D. 702 C. 927 A. II. 209 C. 935 A. 989 E. 997 D.

ἀλουσία Aristid. I. 274. 275. 277. 282. 283. 285. 317.

ἄλουτος II. 123 B. D.

ἅλς. ἅλες ἱεροὶ Menandri, πικροὶ Aristophanis II. 854 B. — I. 555 A. II. 128 C. — ἁλῶν μέδιμνος cum amico edendus II. 94 A. — ἁλῶν καὶ τραπέζης τινὶ μεταδοῦναι II. 295 C. — οἱ περὶ ἅλα καὶ κύμινον Prov. II. 684 E. Refer huc Plaut. Pers. II. 3, 16. — οἱ ἅλες II. 697 A. D. 729 A.

ἄλσος I. 30 B. 61 F. 101 C. D. 335 F. 428 D. 459 A. 487 C. 842 D. 920 A. 1020 D. II. 148 B. Dio Chrys.

VII. 120 D. Aristid. I. 540. Plato 688 E. 617 E.

ἀλσώδης II. 648 C.

ἀλτὴρ in gymnas. II. 793 B. Upton. Ind. Epictet. Pausanias 446. 456. 459. Lips. Senec. Ep. LVI. Jambl. Vit. Pythag. 97. ἀλτηροβολία Artemidor. I. 57.

ἀλτικὸς I. 68 F.

ἀλυβάζω Musaeus I. 426 E.

ἀλυκὶς II. 897 A.

ἀλυκὸς II. 913 B. C. D.

ἀλυκότης II. 627 B.

ἀλύμαντος II. 5 E.

ἀλυπία. ἀλυπίας φάρμακον Antiphontis II. 833 C. — I. 843 F. II. 37 A. 103 F. 114 C. 118 C. 1101 A. — ἡμέρης μιῆς μέγα κέρδος Sotad. 528, 34.

ἀλύπηρος I. 619 B.

ἀλύπητος - ως Plato 693 A.

ἄλυπος I. 110 B. 1069 D. II. 45 C. 86 B. 92 B. 99 E. 100 D. 101 B. 115 D. 130 D. 131 C. 133 E. 134 E. 141 A. 825 E. 1057 D. 1090 C. Plato 605 C.

ἀλύπως I. 855 F. 860 B. II. 36 E. 46 C. 50 B. 57 E.

ἄλυρος II. 406 A. Plato 636 D.

ἄλυς v. n. ad II. 78 A.

ἄλυσις et δεσμὰ II. 829 A. I. 421 A.

ἀλυσιτελὴς II. 818 F.

ἀλυσιτελῶς I. 347 D.

ἄλυσσος II. 648 A.

ἄλυτος II. 1017 A. I. 261 D. 800 C. Aristid. I. 163. 220.

ἀλύω I. 19 F. 242 E. 281 D. 392 D. 521 A. 576 D. II. 22 E. 965 A. — Conf. Aristoph. Vesp. 111. ex Eurip. I. 834 D. 885 A. 948 B. 951 A. 991 A. 1019 D. 920 A. 939 E. Cas. Athen. 339, 57. Dio Chrys. VII. 114 C. XX. 265 B. Repone Epict. Diss. p. 396. Philo Jud. 730 D.

ἄλφα II. 737 E. *Bos* apud Phoenic. 738 A. modus pronunciandi ib. B.

ἀλφηστὴς Homer. II. 603 B.

ἄλφιτον I. 65 C. 69 E. 355 B. 679 F. 680 A. II. 210 B. 437 B. 698 B. 699 B. 730 C. 822 E. 1058 C. 1097 C. Plato 698 D.

ἀλφιτὼ et ἀκκὼ mulieres quarum nomina μορμολυκεῖον Chrysipp. II. 1040 B.

ἀλφὸς Casaub. ad Theophrast. 19. p. 197. ed. Fisch. I. 1023 B. Aristid. II. 408.

ἄλφω de pretio II. 668.

ἅλω phaenomenon II. 409 C. 893 C. 897 D. horreum II. 659 B. 701 C. 774 E. — Delphis II. 418 A.

ἀλώδης II. 627 F.

ἀλώπηξ I. 469 F. 476 E. II. 155 D. ἀλώπεκος ἴχνια βαίνειν Solon I. 95 E. ἀντὶ λέοντος Aristid. II. 310.

ἀλωπεκῆ I. 437 A.

Ἀλωπεκῆθεν I. 318 C.

ἀλωπέκιον II. 234 A. bis.

ἀλώσιμος aliqua re II. 660 A. 800 A. 821 B. — II. 966 F. 976 C. 980 B. I. 130 F. Euripid. Temenid. fr. IX. — I. 369 E. 460 C. 697 E. 736 A. 773 F. 790 A. ἀλώσιμον ἐρώτημα Aristid. II. 275.

ἅλωσις — τὴν σωτήριον ἅλωσιν ἁλῶναι ὑπό τινος II. 800 B. I. 502 F. 733 E. sim. 892 F. — I. 70 D. 139 F. 140 A. 151 C. 504 A. 547 A. 627 F. II. 181 D. 207 A. — Urbis vastatio I. 734 F. 744 C. Dio Chrys. XXXIV. 415 D. XXXVI. 438 A. D.

ἀλωτὸς II. 98 A. Sophocl.

ἀλώφητος II. 1005 E. I. 187 E.

ἅμα pro σὺν II. 172 C. 229 A. 343 E. 590 B. 657 D. 699 C. E. F. 713 A. 775 D. 820 A. 1073 A. I. 60 C. 103 F. 130 A. 144 A. C. 147 A. 150 C. 656 C. Fere abund. II. 575 D. 965 C. 1073 A. B. Simpl. II. 65 E. ἅμα corrupt. I. 837 A. et ὁμοῦ jung. I. 898 C. ἅμα ἡμέρᾳ I. 195 A. 210 D. 211 F. 221 A. 312 D. 313 E. 332 A. 399 D. 401 E. 417 C. 438 A. 439 B. 525 A. 606 A. 628 C. 696 F. 470 E. 471 D. 497 B. 498 A. 507 D. 509. 540 C. 576 F. 632 D. 655 D. 710 A. 764 D. 815 A. 913 C. 936 C. 944 F. 951 A. 992 F. 1001 A. 1002 D. 1005 C. 1029 E. 1039 C. 1040 D. 1066 E. 371 A. 841 C. 868 D. 869. II. 124 C. 184 E. Dio Chr. 404 D. — ita leg. pro ἀλλὰ I. 387 A. — cum particip. vid. ad II. 10 C. — ἅμα καὶ simpl. II. 125 A. 145 F. 150 A. 156 D. 169 B. 162 B.

ἅμα δὲ II. 146 E. 149 C. ἅμα — καὶ et οὐκ ἔφθη — καὶ II. 945 F. I. 177 F. 231 E. ἅμα πρόσω καὶ ὀπίσω II. 1035 D. ἅμα μὲν, ἅμα δὲ I. 116 D. 245 B. 332 C. II. 238 A. ἅμα ἡλίῳ et sim. Wessel. Diod. Sic. I. 613. ἅμα φάει I. 368 C. ἅμα τῇ νυκτὶ I. 501 A. ἅμα ἕπεσθαι τῇ τύχῃ I. 184 A. ἅμα — καὶ utrumque cum verbo I. 490 D. ἅμα τῷ ἐλθεῖν I. 604 B. Simil. 806 B. ἅμα leg. pro ἄρα I. 651 C. 721 B. ἅμα νοήματι I. 685 E. ἅμα γέλωτι καὶ μετὰ παιδιᾶς I. 712 F. ἅμα τῷ πρῶτον ἐν Ῥώμῃ γενέσθαι I. 776 E. τὸ ἅμα II. 1081 D.

Ἀμαζόνειον I. 12 F.

ἀμαθαίνω Plato 656 A. 593 F. 590 C. Aristid. II. 411. Zachar. Mityl. 224.

ἀμαθεία (f. aliud quam ἀμαθία) II. 676 E.

ἀμαθὴς ἡδονὴ vid. ad II. 258 E. ἀμαθὴς καὶ ἀπαίδευτος levis qui fortunam ferre nescit II. 782 E. 992 A. ἀμαθὴς ῥώμη Eurip. Temenid. fr. XI. ἀμαθὴς δύναμις I. 909 E. ἀμαθὴς homo I. 874 A. II. 192 B. 205 B. 217 C. 231 D. Stoic. II. 25 C. ἀμαθὴς καὶ ἀναίσθητος ita cod. C. D. vulgo ἀπαθὴς II. 46 B. Dio Chr. 501 A. jung. σκληρόν. — II. 1058 B. I. 173 D.

ἀμαθία I. 599 A. 617 E. II. 28 D. 31 F. 43 D. 47 D. 72 A. 75 B. 82 E. 107 C. 145 C. cum putamus nos scire quod non scimus Plato Soph. 153 F. 589 H. 590 A. B. C. χαλεπὴ 664 F. II. 164 E. 170 C. Plato 704 A. 692 C.

ἀμαθῶς f. corrupt. Aristid. II. 304.

ἀμάλακτος II. 953 E.

ἀμάλθεια II. 1058 C. Socr. Stob. 369. Philem. 502, 24. Hippodam. 554. Wess. Diod. Sic. I. p. 281.

ἄμαλλα manipulus segetis messorum I. 100 F. Soph. ap. Hesych. v. et Fragm. Brunck. T. II. p. 49. Semus Delius ap. Athen. XIV. 618 E. Anthol. I. 56, 11. Pauli Silentiarii. ἀμαλλοφόρος hyperborei Porphyr. Abst. II. 19.

ἅμαξα I. 90 B. 139 D. 272 E. F. 359 B. 401 E. 402 A. B. F. 412 F. 416 E. 417 E. 421 A. 495 F. 502 B. 515 E. 547 D. 564 C. 621 F. 696 F. 702 C. 757 D. 1025 E. 1029 D. 1067 D. II. 50 D. 146 D. 155 A. — exercituum I. 933 B. C. 934 A. et ἁρμάμαξα I. 933 B. C. 934 A.

ἀμαξαῖος lapis Wessel. Diod. Sic. II. 213.

ἀμαξεὺς bos I. 975 A.

ἀμαξεύω I. 583 A.

ἀμάξιον I. 961 D.

ἀμαξοκυλιστὸς II. 304 E.

ἀμαξόπηγος I. 169 C.

ἀμάομαι τὴν ἐλευθερίαν II. 210 A. ubi v. not.

ἁμαρτάνω Simpl. II. 56 A. D. 69 A. D. 70 D. 71 B. 72 A. F. 73 C. E. 74 A. C. 137 A. — Stoic. II. 1056 E. — τινὸς carere qua re II. 758 A. I. 86 A. ἁμαρτάνεταί τι ab eo aberratur II. 826 F. — ἡμαρτημένος vid. ad II. 139 F. — II. 1125 F. 14 A. saepe alibi 39 C. 40 C. D. 47 B. C. F. 82 A. C. 83 F. 85 D. 89 B. 92 E. 143 D. 163 A. 173 D. 174 D. 186 F. 195 E. 198 D. 199 C. 206 D. 220 A. 232 B. F. 237 C. 241 D. οὐχ ἁμαρτήσεται τὸν σοφώτατον ἀναμείνας σύμβουλον τὸν χρόνον I. 163 B. πρός τι I. 964 D. — οὐδενὸς τῶν ἐπιεικῶν. pro ἀτυχέω omnia aequa consequor I. 950 A. τὰ ἁμαρτανόμενα II. 40 B. ἁμαρτάνω τοῦ παντὸς II. 136 B. ἡμαρτημένως Jambl. Vit. Pyth. 233. ἁμαρτάνω τινὸς in philosophia errare in quo Plato 696 E. ἁμαρτάνω πολεμῶν infeliciter bello Aristid. I. 489.

ἁμαρτὰς Junc. Stob. 598.

ἁμάρτημα ejus def. Chrysippi II. 1037 C. — II. 35 B. D. 46 D. 53 E. 59 D. E. 67 B. 73 B. 87 B. 89 E. 129 D. 131 C. 144 C. 220 C. Plato 656 A. — quomodo differat ab ἀδίκημα, διάπτωμα, ἀπότευγμα II. 468 A. — περὶ γυναῖκας I. 1067 F.

ἁμαρτητικὸς II. 420 C. τὸ II. 551 E.

ἁμαρτία distin. ab ἁμάρτημα II. 449 D. error I. 1036 A. 1035 E. II. 82 D. — I. 614 D. II. 29 D. 70 F. 126 E. 168 D. 215 B. — Artificis II. 41 C. Moral II. 47 F.

ἁμαρτοεπὴς Homer. II. 35 C.

ἀμάρτυρος II. 975 D. ἀμαρτύρητος Eur. Herc. F. 289.

ἁμαρτωλὸς II. 25 C.

ἀμαυρὸς fit δίκη obscura II. 549 D. I. 741 F. 878 C. II. 125 C. Hierocl. Stob. 482. ἀμαυρότερος τῇ χροίῃ Apollod. Athen XIV. 636 A. — II. 759 A. 953 C. 929 A. 930 B. 937 A. B. 966 B. 1062 B. 1088 F. 1129 E. I. 41 E. 108 D. 111 E. 173 E. II. 420 E. 421 D. 431 E. F. 417 B. I. 383 C. 469 A.

ἀμαυρόω iram alterius II. 815 E. — Simpl. II. 891 D. 933 D. 1099 D. I. 158 B. 228 C. 543 C. — supero quem I. 194 C. Sim. II. 21 A. Pind. — gloriam cujus I. 291 B. ictum alicujus I. 656 C. amorem et simil. I. 665 C. τὴν ἕξιν II. 792 D. ἀμαυροῦσθαι II. 362 E. 735 B. 736 A. I. 930 D. alicujus honorem II. 676 F. 866 A. λόγος II. 734 F.

ἀμαύρωμα I. 741 A.

ἀμαυρῶς II. 590 C.

ἀμαύρωσις oculorum II. 411 E. sensuum I. 949 E. honoris II. 149 A.

ἀμαχεὶ ἀμέλει II. 433 C. — I. 151 C. Intt. Thuc. IV. 73. 206 A. 208 E. 388 B. 389 C. 496 D. 513 A. 540 C. 717 E. 1041 D. Dio Chrys. 476 A. — Aristid. I. 491.

ἄμαχος I. 150 A. 365 C. 389 B. 399 F. 403 F. 409 A. 410 A. 534 C. 535 B. 551 C. 576 B. 596 E. 646 B. 654 A. 715 A. 720 C. 748 B. 772 F. 773 A. 828 C. 831 B. 838 C. 963 C. II. 201 A. 666 B. κάλλος ἄμαχον I. 620 A. 551 C. ἄμαχος φιλοφροσύνη II. 667 D. — invictus I. 111 B. 210 E. 304 A. II. 67 B. 141 C. 201 A.

ἀμάω — ἀμᾶσθαι τὴν ἐλευθερίαν II. 210 A. nisi leg. μώμεθα cum Valck. ad Theocr. p. 276.

ἀμβλίσκω I. 40 E. Muson. Stob. 450.

ἀμβλύνω I. 764 F. 787 A. 851 C. 989 A. II. 31 C. 132 A. — ἀμβλύνειν τι in musica II. 474 A. τινά τι ποιεῖν I. 737 A. pass. effectus II. 610 B. 783 B. I. 961 A. quid hebetat vim vini II. 656 A. Simpl. II. 235 F. 716 A. 917 C. 951 C. 978 C. 1026 E. I. 158 A. 717 B. 1070 C. II. 432 F. 175 A.

ἀμβλὺς (oratio II. 564 C.) 576 E. τινὶ pro πρός τι I. 794 B. — ἀμβλὺ ὁρᾶν II. 579 C. — sanguis II. 651 D. vulnus vel cicatrix I. 898 C. ensis 1016 F. ἀμβλεῖα βὴξ 1061 C. ἀμβλύτερον pugnare I. 962 E. ἀμβλὺς τινι lenis in quem I. 200 F. animo minus alacer I. 397 C. 935 D. 1070 C. satiatus ad quid I. 431 B. non efficax I. 570 A. 643 A. 699 E. 785 F. 807 A. II. 22 B. 73 A. 135 F. τῇ εὐνοίᾳ I. 838 B. πρός τι II. 652 D. I. 208 B. εἴς τι I. 351 C. 453 A. 528 E. Simpl. infirmus II. 686 F. 802 C. I. 48 A. 463 F. ignis II. 933 D. acuminis, cuspidis II. 966 C. γωνία II. 1013 D.

ἀμβλύτης τάχους II. 929 A. Sim. 76 D. καὶ ἀργία II. 980 C. stomachi II. 995 A. (animae II. 996 A. 1110 D.) affectus I. 1061 A. καὶ ἀχλὺς διανοίας II. 42 C.

ἀμβλυωπέω II. 53 F. 732 C.

ἀμβλυωπία II. 732 C. 1153 A.

ἀμβλυώττω II. 13 D. 963 B. 974 B. 979 E. 1120 F.

ἀμβολιεργός τινος II. 548 D. vid. ad II. 118 C.

ἀμβρόσια II. 938 B. 941 F. 156 F.

ἀμβρόσιος II. 1105 B. 402 D.

ἄμβων — f. ἄμβωσι cribrum I. 45 A. . . . . . Athen 483 B. Cas. 804 B. conf. Scal. conj. Varron. p. 50.

ἀμέθυστος ante convivia sumitur II. 15 B. Casaub. Athen. I. 25 fin. p. 757. Saracen. ad Dioscorid. I. 176. p. 24. — dies II. 464 C. lapis et planta II. 647 B.

ἀμείβω I. 432 A. 506 D. — ἀμείβεσθαι χάριν τινὸς II. 401 F. I. 682 E. — τί τινος II. 607 E. — ἀμείβεσθαι aliquid aliqua re II. 709 B. 985 C. τιμὰν Ilyc. II. 748 C. — I. 53 B. — χρόας παντοδαπὰς I. 264 B. 1064 B. — ἀμείβεσθαί τι πρός τι I. 267 F. — ἀμείβεσθαι quem gratia I. 280 F. 303 B. D. 318 B. 573 C. 891 B. ἀμείβειν σχῆμα I. 308 C. ἀμείβεσθαι respondere I. 230 B. 766 D. bellum ἀμείβει μυρίας μορφὰς ἀγώνων I. 439 B. — ἀμείβεσθαι quem gratia vel donis I. 623 A. 625 D. 629 E. 769 F. 1017 C. ἀμείβεσθαι simpl. gratiam refero I. 690 B. τινά τινος I. 708 F. — respondeo cui I. 849 D. ἀμείβομαι salutatorem I. 1071 F. — sine casu respondeo II. 29 B. ἀμείβω praetereo Aristid. I. 113. ἀμείβεσθαι θεοὺς colere Aristid. I. 149.

ἀμειδὴς II. 477 E. 1130 E.

ἀμείλικτος II. 76 A. 610 A. 723 F.

ἀμείλιχος (f. ἀμείλικτος) II. 761 F. Solon I. 86 A.

ἀμεινίας II. 1124 C.

ἀμείνων II. 65 C. 107 A. 113 A. 152 C. 171 B. 184 C. 214 D. 209 F. 210 A. 226 A. ἄμεινον quid est sine altero comparato I. 1065 C. ἄμεινον oportet Plato 705 A. ἀμεινόνων αἵρεσις I. 1058 E. ἄμεινόν ἐστι oraculi formula II. 271 C. I. 448 C. Plato 642 B. οὐκ ἄμεινόν ἐστι II. 437 D. 824 C. Plato 605 B. οὔτε γὰρ δυνατὸν οὔτε ἄμεινον II. 443 C. ἄμεινον πράττειν II. 1106 B. οὐκ ἄμεινον ἦν cum inf. et interrog. II. 70 E. F. pro superlat. II. 112 C. ἄμεινον subaud. ἐστὶ II. 209 E. 224 A. 234 B. ἀμείνων homo II. 228 D.

ἄμειψις I. 328 A. 456 B. II. 978 E. Forum II. 297 F. — responsio II. 803 C.

ἀμέλγω I. 1022 F. II. 98 E. 956 D. 965 A. ἀμελγομένη αἶξ Dio Chrys. 651 C.

ἀμέλει II. 21 C. 45 B. 47 A. 71 E. 82 C. D. 127 A. 128 B. 150 E. 159 D. 176 C. 309 F. 686 E. 720 A. 1030 B. 1066 D. 1096 E. 1101 C. D. 1097 A. I. 194 C. 635 A. 743 A. 744 B. 926 A. 961 B. 598 C. init. addito καὶ II. 956 A. sine καὶ II. 957 D. F.

ἀμέλεια II. 59 E. 95 D. Plato 670 G. 671 B. 672 F. 681 E. 704 G. θεραπείας I. 907 A.

ἀμελέω I. 162 A. C. 847 D. 881 D. 1026 A. Plato 705 A. II. 15 A. 67 C. D. 89 C. 93 C. 95 D. 137 C. 729 D. Cum accusativo Musgr. Eurip. Ion. 448. Sic ὑπερφρονέω Oedip. fr. I. ἠμελημένον βαλανεῖον I. 842 B. ἀμελέω καὶ καταφρονέω II. 89 F. ἑαυτοῦ II. 31 F. 47 F. 60 C. Simpl. II. 140 A. 147 D. 177 D. 184 A. 194 D. 206 F. 208 F. Plato 670 B. C.

ἀμελὴς scriptor I. 523 F. — II. 34 D. 60 D. 64 F. Plato 670 H. 674 C.

ἀμελοῦς χώρα II. 300 A.

ἀμελῶς I. 141 A. 211 F. 844 F. II. 59 E. 168 A. καὶ ῥαθύμως I. 864 A. καὶ ἀργῶς II. 30 D.

ἄμεμπτος ὑφ' αὑτοῦ II. 777 C. I. 61 E. — τι I. 153 D. 233 D. — I. 348 C. 565 B. 567 E. 598 A. 600 B. 640 E. 648 E. 955 B. 616 D. Plato 679 F. Aristid. II. 406. — τινι I. 474 D. εἰς θεοὺς I. 662 B. ἄμεμπτα τὰ σὰ I. 989 F.

ἀμέμπτως II. 789 B. I. 878. καὶ εἰ δίκῃ ἀμέμπτω Plato 687 F.

ἀμεμφὴς εἰς ἀρετὴν II. 439 B. — activ. 296 D. II. 610 E. I. 480 A.

ἀμεμψίμοιρος Teles Stob. 575.

ἀμενηνόω Homer II. 22 D.

ἀμερὴς II. 882 C. 883 C. D. 1002 C. 1022 E. 1012 C. D. 1025 E. 1026 D. 1046 C. D. 1080 C. D. E. 1081 C. 1123 E. I. 881 C.

ἀμεριαῖος II. 1046 C. D. E.

ἀμεριμνία II. 830 A. ἀμεριμνέω Jambl. V. P. 21. ἀμέριμνος βίος Menand. Cler. 270. 352. II. 101 B.

ἀμέριστος II. 1001 D. 1002 C. 1012 D. E. 1014 D. 1022 E. F. 1023 D. 1024 A. D. 1025 B. E.

ἀμετάβλητος vita felix, alioqui ἀμεταμέλητος II. 99. E. ubi vid. not.

ἀμετάβολος II. 437 D. I. 430 D.

ἀμεταδότως II. 525 C.

ἀμετάθετος II. 675 B.

ἀμεταμέλητος ἡδονὴ II. 137 B. ubi vid. not.

ἀμετάπειστος II. 1117 F. 1118 A. I. 7 C. 768 A. 829 F.

ἀμετάπτωτος II. 97 B. Stoic. Upton. Indic. Epict. πίπτω. 659. 1085 B. 1058 B. 1061 E. I. 177 A. 238 C.

ἀμεταπτώτως I. 963 E.

ἀμετάστατος II. 135 B. 675 B. 1061 E. 1106 F.

ἀμετάστροφος Plato 963 F. 701 C.

ἀμετάτρεπτος I. 7 C. ἀμετάτροπος Orac. Porphyr. Eus. P. E. VI. 339 D.

ἀμέτοχός τινος II. 877 F. bis.

ἀμετρία II. 66 D. 827 A. 893 A. 1014 F. I. 800 A. 887 A. 928 A. — sermonis oppon. συμμετρία II. 6 D. confund. 108 E. 114 B. Conf. Diod. Sic. I. 12. fin. Wess. Euseb. P. E. IX. fin. 458 D. Porphyr. Abst. II. 4. Nepos Praef. fin. ed. Epaminond. 4, 6. Isocrat. Panath. 414. — γαστρὸς II. 12 B. — et συμμετρία Plato 680 A.

ἄμετρος, -ως II. 1016 E. 136 A. — II. 429 A. I. 796 B. instrumentum Fragm. I. 1. Plato 698 F. — versus II. 80 D. — nuncius Plato 700 A.

ἄμη. ἄμαις καὶ σκαφαῖς ἀρύσασθαι II. 963 C.

ἀμηγέπη vid. ad II. 71 F.

ἀμήνιτος II. 90 D. 413 D. 464 C. 491 F. 741 A. 825 D. repon. II. 167 D.

ἀμηνίτως II. 95 D. 809 E.

ἄμητες II. 1112 E.

ἀμητὸς II. 1113 D.

ἀμηχανέω I. 381 E. 674 B. 829 D.
ἀμηχανία II. 118 E. 830 A. 991 C. I. 145.

ἀμήχανος II. 966 B. 993 D. 1090 D. 1098 E. 1103 C. 1106 A. I. 28 E. 70 B. 72 B. 132 B. 232 B. C. 323 E. 327 A. — pass. II. 971 F. I. 479 F. 559 A. 887 F. 979 D. 1011 B. 124 F. 767 D. 912 C. II. 95 C. 159 C. 160 D. Magnus I. 502 B. 650 C. 732 F. 981 A. II. 168 B. Plato 596 B. 701 E. Aristid. II. 330.

ἀμία piscis II. 966 A. 977 A. (dictus ab ἅμα II. 980 A.) Cas. Athen. 498, 19.

ἀμίαντος II. 383 B. I. 66 B. f. ἀμήνιτος I. 173 D. II. 395 E. I. 529 A. Plato 624 F.

ἀμιγὴς purus in laude II. 964 D. — II. 1023 C. 1091 E. 429 C. 430 D. 436 A. I. 307 D.

ἄμικτος II. vulg. 167 D. 426 D. 428 D. 679 A. B. 696 B. 702 B. 725 C. D. 943 E. 955 B. 964 F. 970 B. 980 D. 1078 B. 1112 C. 1124 E. I. 49 A. 355 F. 388 A. 530 C. 633 D. 656 E. 960 E. Aristid. 225.

ἅμιλλα quid sit II. 487 B. 501 B. 628 A. 639 D. E. 681 E. 710 F. 713 E. 723 B. 736 E. 758 B. 784 F. 799 A. I. 50 B. 95 B. 128 E. 158 C. 221 E. 233 F. 288 B. 340 E. 359 F. 392 B. 501 D. 520 B. 523 F. 530 C. 546 A. 553 E. 598 C. 607 D. 647 A. 649 A. 681 C. 751 D. 765 D. 770 C. 847 C. 867 B. 930 D. χειρῶν II. 644 A. Simpl. II. 87 F. 206 A. B. 239 D. 795 A. 825 E. 960 A. 962 D. I. 842 C. II. 47 D. 80 D. 92 B. 131 A. 133 D. 151 B. — differt a φθόνος II. 796 A. conf. Plato 606 A. B. 643 E. 644 F. 645 A. C.

ἀμιμήτως I. 523 C.

ἀμὶς II. 234 C. χρυσῇ II. 1048 B. Upton. Arrian. Epict. I. 2. p. 13. II. 820 E. 1048 A. 1069 C. Casaub. Athen. 42, 64. 12 F.

ἁμιλλᾶσθαί τινι II. 200 E. cum aliquo in aequo currere — I. 323 C. D. Plato 643 E. 644 E. H. 672 H. — πρός τι Plato 696 G. Aristid. I. 112. — evadere, eniti in locum editum II. 523 B. 593 E. 200 F. I. 510 E. 438 E. 1034 E. 1036 E. — aemulatione cum quo concertare 487 B. 709 A. — II. 724 B. I. 55 E. 68 E. 82 E. 159 D. (Markl. Iph. A. 309.) 297 A. II. 51 B. 162 F. 210 C. 239 C. I. 342 B. D. 353 C. 359 B. 371 A. 671 F. 905 C. 721 E. 796 B. 863 E. 877 F. 914 A. 925 E. — Sol cum luna in eclipsi II. 933 A. — Advenio cum studio I. 646 C. 979 F. — Exercit. militar. I. 653 A. — curro I. 658 D. 813 C. Plato 644 E. — ἁμιλλησάμενος historiam scripsit Aratus Xyl. *festinans*, f. *post pugnam* I. 1028 C. — contra quid I. 1041 C. — πρὸς ἑαυτὸν Aristid. I. 149. — alium Aristid. I. 203. 239. 519.

ἀμιμητόβιος Ant. et Cleop. I. 928 A. 949 C. Lips. Tacit. Ann. XIII. 46.

ἀμίμητος I. 59 B. 203 C. 523 C. F. 662 F. II. 51 C. 53 D. 59 B. μορφῇ I. 159 D.

ἀμιξία διαίτης II. 780 A. Deorum Epicur. Attic. Euseb. P. E. XV. 800 F.

ἀμισὴς II. 10 A.

ἀμισθὶ I. 320 B. II. 706 B.

ἄμισθος II. 90 A. I. 236 B. ἀρετὴ Aristid. II. 270.

ἅμμα nexus II. 383 F. 976 E. I. 187 E. ἅμματα manus luctatoris complectentis I. 192 C.

ἄμμε Lacon. II. 225 B. Simpl. μ 238 A. B. ἄμμες I. 52 D. 53 B. [ἄμμιν Lac. I. 597 A.] ἀμὶν Lacon. II. 251 B.

ἀμμίσγων Empedocl. II. 917 C.

ἀμμὸς arena I. 177 D. 556 B. 558 E.

Ἄμμων. ἐξ Ἄμμωνος venire I. 704 F.

Ἀμμώνιος T. Hemsterh. ad Lucian. p. 391.

ἀμνημόνευτας I. 139 E. Diog. Laert. 86.

ἀμνημονεύω II. 612 D. Lucian. T. II. p. 26. Menag. D. L. V. 72. p. 220. ἀπιστεύω Dio Chr. V. 82 C.

ἀμνημονέω II. 705 B. 743 B. I. 324 E. 512 B. 872 F. Aristid. II. 209. 262. — in iis quae non habent α priv. utraque forma Diotog. Stob. 330, 18. τὸ ἀγεμονοῦν ὑπὸ τοῦ ἀγεμονεύοντος — f. -εῦντος — ἡγεμονεύω Numen. Eus. P. E. XI. 537 D. Plotin. Eus. P. E. XV. 829 D. Upton. Ind. Epict. Plat. Leg. I. 567 G. Coray Hippocr. II. p. 209. Plotin. 229 E. 231 A. 234 C. εἰρηνεῖν Suid. v.

ἀμνήμων I. 433 B. Magistratus Cnidi II. 292 A.

ἀμνηστία II. 612 D. 714 D. 1129 A. I. 351 F. 740 B. 882 C. 992 E. — psephisma ejus Athenis II. 814 B. decretum I. 922 A.

ἀμοιβαῖος — ἀμοιβαῖα in tragoed. I. 565 A. 645 A. — πῶλος in spectaculis τι vid. R. Dio Chr. 607 C. — ἀμοιβαῖα beneficia Aristid. I. 470. — colloquia forte Aristid. II. 194. 276.

ἀμοιβὴ — Diis solvitur II. 935 C. 1146 C. Porph. Abst. II. 12, 24. Plato 576 A. 327 G. — I. 10 E. 44 D. 344 C. 356 A. 387 D. 396 D. 427 C. 920 C. 926 C. II. 23 E. 108 F. 205 A. 226 C. 406 B. — Curruum in R. imp. stationes veredariae I. 1056 C. — pecuniae I. 492 C. differt a χάρις Dio Chr. 474 B. jung. cum ib. 646 D. ita leg. pro ὁμοίας.

ἀμοιρέω I. 52 C. 545 B. 677 E. II. 8 A. 44 E. 53 E. 242 F. 703 A. 875 E. 960 C. 1013 B. 1092 F.

ἄμοιρος I. 159 B. 682 A. B. II. 171 A. 611 C. 664 A. 683 A. D. 744 E. 989 D. 992 C. 1015 A. 1086 B. 1104 E. Plato 702 F. ἄμοιρος ἔπαις ἀνώνυμος Plato 662 B.

ἀμόργη II. 702 A.

ἀμορφία II. 408 F. 428 E. 1058 A.

ἄμορφος II. 145 C. 158 D. 205 C. 636 B. C. 719 D. 754 A. B. 875 D. 882 C. D. 993 E. 1003 B. 1007 C. 1014 B. F. 1024 B. I. 49 E. 407 A. 433 F. 846 C. 874 D.

ἀμουσία II. 7 B. 52 D. 711 C. 716 D. 831 E. 903 A. I. 491 F. Dio Chr. XXXII. 380 C.

ἄμουσος II. 8 A. 612 E. 716 F. 802 D. I. 158 C. οὐκ I. 687 F. 1032 D. II. 960 A. — τὴν ψυχὴν, ἄτοπος τὴν ὄψιν animal II. 670 A. — II. 405 A. E. Plato 656 A. — piscis Empedocl. II. 685 F. — pass. a musis neglectus II. 744 D. — et μουσικὸς de rebus inanimatis II. 745 C. sim. 150 E. Plato 652 F. ineptum Plato 693 D. ἄμουσον ὄντα μὴ συρίζειν II. πρός τι 66 C.

ἀμούσως I. 928 F. II. 67 F. 107 E.

ἀμπελινὸς οἶνος II. 648 E. ἀμπελινὴ ὀπώρα II. 692 E. — I. 711 E.

ἄμπελος II. 28 D. 1049 C. I. 807 D. pro vino I. 69 E. ἄγριος I. 548 A. — II. 15 E. F. 94 E. 150 D.

ἀμπελουργέω I. 357 E.

ἀμπελουργὸς II. 1049 C.

ἀμπελὼν I. 417 F.

ἀμπεχόνη II. 59 E. 989 E. I. 127 A.

ἀμπέχω I. 273 C. E. 484 D. 616 E. 909 A. 962 C. II. 161 A. 397 A.

ἀμπίσχω Diogen. II. 632 E.

ἀμπλάκημα II. 226 E.

ἀμπλακὰ -ῆσι Empedocl. II. 607 C. — Hippocr. Ep. 25. Phintys Stob. 444, 41.

ἀμπλακίσκω Phintys Stob. 441, 41.

ἀμπλακὼν Ibyc. II. 748 C.

ἄμπωτις fluxus maris II. 502 D. 897 B. C.

ἀμυγδάλη II. 233 A.

ἀμυγδαλῆς II. 624 E.

ἀμυδρὸς II. 415 C. 432 C. 564 D. 565 D. 657 B. 745 E. 762 A. 920 C. 930 E. 937 A. 1014 C. 1025 D. 1027 E. 1089 C. I. 21 C. 139 F. 212 E. 456 B. 587 C. 955 B. Plin. XXII. 67. Jambl. V. P. 252. Plato 702 D. Aristid. I. 306. 314. 539.

ἀμύητος II. 418 D. Aristid. I. 260.

ἀμύθητος I. 321 D. 338 B. Aristid. I. 38. 39. 232. 249. 261. 292. 305. 308. 309. 319. 541. II. 363.

ἄμυθος quod fabulam non decet II. 16 B. C. 25 D.

ἀμυκτικὸς II. 642 C.

ἀμύλια II. 466 D. Steph. Thes. IV. 392 H. Gesn. Th. V. Conferendus est locus Eubuli ap. D. Heins. Lect. Theocr. c. 27. p. 382. Matron. Athen. IV. 134 E. 644 E. 647 F. 648 D. seq.

ἀμύμων Hom. II. 1087 B. βίος f. ἀκύμων I. 73 E.

ἀμύνα I. 729 B. 834 C. 840 F. 845 B. 851 C. 937 D. 1048 D. 14 C. (oppon. ἀσφαλείᾳ 302 F.) 317 C. 324 B. 478 B. 559 A. 560 B. 579 D. II. 597 D. 622 A. 817 C. 966 C. 987 C. 988 E. 1060 A.

ἀμυντήριον II. 714 E. Wessel. D. S. I. 356. ἀμυντήριος II. 988 E. Plato 678 D. 687 C.

ἀμυντικὴ ὁρμὴ II. 457 B.

ἀμύνω I. 381 E. 429 A. 430 C. II. 674 F. repello II. 666 B. 710 B. 635 A. 726 A. I. 112 C. 113 E. ἀμύνομαι ὑπέρ τινος II. 154 B. ἀμυνομένῳ ὑπὲρ ἐλευθερίας II. 869 B. ἀμύνεσθαί τι sententiam II. 923 F. 1079 B. I. 635 D. τινα I. 4 B. 18 D. E. 279 E. 303 F. 356 A. 489 A. 505 E. 933 E. 756 C. 416 E. — I. 99 D. 100 C. 101 C. 105 F. 107 B. 108 B. bis. 109 A. 131 F. 140 D. E. 141 B. 1070 B. II. 21 E. — Act. τοῖς παροῦσιν I. 149 F. — ἀμύνεσθαί τινα punire II. 409 F. I. 731 C. — πρό τινος I. 215 D. 645 F. — ἀμύνομαι Med. I. 388 B. 558 C. 957 D. 1065 C. II. 30 B. 156 A. 190 B. 198 A. 200 A. 208 F. 219 C. 222 B. 227 C. 233 F. 237 E. — ἀμύνω τινὶ I. 454 A. 586 B. 712 C. — Act. 698 C. ἀμύνομαι morbum I. 848 D. — τὴν τύχην II. 600 B. τινι defendere sententiam alicujus II. 698 A. ἀμύνεσθαί τινα ὑπέρ τινος punire quem alicujus caussa II. 768 D. 1108 A. oppon. ἄρχω aggredior Plato 684 C. ἀμύνω et ἀμύνομαι jungit Plato 594. 662 G. 663 E. 684 C.

ἀμύριστος II. 397 A.

ἀμύσσω II. 522 C. 624 D. 688 B. 913 F. 982 B. Dio Chr. XXXIII. 407 B.

ἀμυστίζω II. 650 B. Athen. 783. Lambin. Horat. Carm. p. 109.

ἀμύω Sophocl. II. 1129 C.

ἀμυχὴ speculi II. 473 E. 936 E. — corporis vibex I. 90 C. 898 C. — I. 384 D. amicitiae Jambl. V. P. 101.

ἀμφανὴς Pindar. II. 562 A.

ἀμφηκὴς Bacchyl. I. 73 C.

ἀμφὶ I. 12 D. II. 10 C. 50 D. 230 E.

ἀμφίαλος II. 667 E.

ἀμφίασμα Plato II. 120 B.

ἀμφίβια II. 636 E.

ἀμφίβληστρον II. 977 E.

ἀμφιβολία II. 756 C. 863 E. 1050 A. 1070 D. 1083 C. I. 19 E. II. 407 B. 8 F. I. 472 A. 804 E. 990 E. Jamblich. Stob. 471.

ἀμφίβολος II. 409 F. 998 D. I. 202 B. 389 B. 673 D. — utrinque oppugnatus I. 146 F. Thuc. IV. 32. ib. intt. — Res de qua dubitatur I. 1057 A. 1068 C. 371 B.

ἀμφιβρότη II. 683 E. Empedocl. cynaedus Orig. Cels. 554 A.

ἀμφιγνοέω II. 601 C. 1120 F. I. 10 D. C. 288 E. 662 B. Dio Chr. VII. 109 D. Aristid. II. 430. I. 533.

ἀμφιδασείας κόρσας II. 456 B.

ἀμφιδέξιος II. 34 A. 767 A.

ἀμφιδοξέω vid. ad. II. 75 D.

ἀμφίδοξος activ. *dubius* II. 11 C. 434 D. νίκη I. 175 D. — I. 627 B.

ἀμφιδρυφὴς Homer. II. 498 C.

ἀμφιέζω I. 835 D.

ἀμφιέννυμι I. 156 F. 504 B. 801 D. 918 D. 961 E. II. 86 D. 98 D. 112 F.

ἀμφιθαλὴς puer II. 418 A. Ruhnken. Tim. p. 19. I. 64 D. Aristid. II. 423.

ἀμφίθυρος II. 835 E. I. 78 B.

ἀμφικαλύπτω I. 82 F.

Ἀμφικτύονες I. 83 F. II. 724 A.

Ἀμφικτυονία II. 794 B.

Ἀμφικτυονικὰ ψηφίσματα II. 678 A.

Ἀμφικτυονικὸς I. 122 B. II. 409 A.

ἀμφίκυρτος vid. ad. II. 381 D.

ἀμφιλαφὴς I. 371 C. 461 E. II. 246 D. 1088 D. arbor ἀμφιλαφεῖς τῷ λόγῳ λαβὰς δίδωσι II. 724 D. — πλάτανιστος simul. imitatio Plat. Phaedr. Ep. Hippocr. XX. p. 119 E. Charter.

ἀμφιλαφῶς I. 586 D.

ἀμφιλογέω. -μαι I. 445 D.

ἀμφιλογία II. 407 E. I. 611 E. 354 E. Dio Chr. XXII. 274 D.

ἀμφιπέτηλα δρυὸς II. 515 D.

ἀμφιπλέκω I. 529 A.

ἀμφίπολος sacerdos II. 297 B. I. 68 F. Wessel. D. S. II. 137. — servus II. 789 C. — Dei I. 956 E.

ἀμφιπονέω Archil. II. 23 B.

ἀμφιπποτοξόται II. 197 C.

ἀμφιπρόσωπος I. 72 F.

ἀμφίῤῥυτος Delos, poët. Aristid. I. 47.

ἀμφισβητέω I. 353 D. II. 173 B. 229 C. Plato 638 D. E. 662 E. τινος Plato 183 F. Aristid. Isocrat. Synes. 116 D. Diodor. Sic. II. p. 496, 98. Pass. I. 38 D. II. 190 E. — 11 B. I. 317 B. Plato 684 B. 675 E. F. 680 F. G. 688 G. 691 B. Simpl. Plato 692 E.

ἀμφισβήτημα II. 825 D. I. 88 B. 639 F.

ἀμφισβητήσιμος II. 665 D. 743 A. Plato 662 D. 691 B. Aristid. I. 546.

ἀμφισβήτησις I. 65 E. 139 F. 245 B. 285 F. 382 B. 415 B. 495 D. 924 A. 1009 E. 840 C. Plato 685 C. 691 B. 697 C.

ἀμφισβήτητος Plato 638 E.

ἀμφίστομος II. 979 F. — acies I. 557 B.

ἀμφιταράσσομαι Simonid. II. 602 C.

ἀμφιτίθημι — ἀμφιτίθεσθαι στέφανον ἐλευθερίας II. 870 F. στέφανον Comic. II. 1098 B.

Ἀμφιτρίτη II. 163 B. 164 D.

Ἀμφιτροπῆθεν pag. Attic. I. 335 A.

ἀμφορεὺς II. 697 B. 409 B. 416 B. et χοῦς I. 332 A. 836 A. et κοτύλη Aristid. II. 353.

ἀμφοτερόγλωσσος Timon. I. 154 B.

ἀμφότεροι — vid. ad II. 177 F. ἀμφότερα ἐπ' II. 698 C. 790 E. I. 51 D. 112 E. 138 E. 214 E. 273 F. 315 A. 398 A. 432 E. 879 D. 947 F. 1031 D. ἀμφότερα παίζειν. an lusus? Euseb. P. E. III. 127 A. conf. IV. 131 C. 134 A. B. ἀμφότερα bona et mala fort. II. 103 A. — anceps litera II. 737 E. — ἐξ ἀμφοτέρων aperire sc. θυρῶν I. 78 B. — κατ' ἀμφοτέρους sc. parentes I. 153 C. ἀμφότεροι I. 566 F. 568 E. 647 F. II. 70 A. 118 D. E. 138 C. 139 C. 140 E. 149 B. 172 B. 176 A. 185 C. 193 C. 195 A. 200 D. 202 B. 212 A. 229 A. E. — δι' ἀμφοτέρων bis I. 809 E. — ας θάτερος I. 1068 C. ἀμφότερα καλῶς ποιεῖν ἄρχειν καὶ ἄρχεσθαι I. 749 A. — et ἕτερος Aristid. I. 482.

ἀμφοτέρωθεν I. 264 E. ita leg. Reisk.

ἀμφοτέρως I. 428 B. 448 D.

ἀμφύετε II. 349 C.

ἄμφω II. 140 E. 1118 D. 1120 A.

ἄμφωτις magis juvenibus quam luctatoribus circumdanda Xenocrat. II. 38 A. 706 C. P. Faber Agonist. I. ii. fin. Philostrat. Icon. II. 21. init. p. 844. Pollux II. 83.

ἀμώμητος Archiloch. II. 239 B.

ἀμωσγέπως — Vid. ad II. 73 E.

ἂν — ἂν οὖν ψεῦδος ᾖ pro τί δὲ ἂν ψ. ᾖ II. 628 A. Arist. Nub. 485. — ὡς ἂν πολυμαθὴς ἀνὴρ II. 676 E. — ἄν γε ab initio responsionis II. 682 A. — abund. quaerebat τίνες ἂν εἶεν οἱ cet. II. 683 E. — ἄν γε δὴ II. 131 C. 697 D. 712 E. 713 A. I. 500 F. — ἂν ἐκείνου λόγος incitative II. 753 A. — verbo additum conjunctivum efficit II. 864 A. B. D. — participio I. 104 C. 194 A. 425 D. 467 E. 527 A. 573 D. 343 B. 737 B. 764 D. 821 D. 823 B. 825 D. 950 A. 988 C. II. 154 B. 223 D. Plato 665 G. — ὡς ἂν εἰδὼς abund. I. 119 B. — cum genitivo conseq. I. 151 D. — cum verbo notat *forte* I. 153 F. II. 341 F. — cum infinitiv. I. 252 B. 307 E. 316 E. 987 D. II. 232 E. Aristid. II. 417. — bis I. 625 D. II. 4 D. — pro οὖν ironice I. 819 C. — omissum ap. πραχθὲν I. 794 C. — ἄν γε II. 14 E. — ἂν μὴ κἀκεῖνο βουλώμεθα προσλαβεῖν II. 30 B. — ἂν μὲν ᾖ — ἂν δὲ II. 131 D. — ἂν δ' ἄρα II. 142 B. — τοῦτο ἀστεῖον ἂν — ref. ad τοῦτο II. 145 B. — ἂν δύνῃ *si possis* Lat. II. 226

F. — cum particip. coniunctivum efficit Numen. Euseb. P. E. XIV. 731 B. leg. ἂν αἰτία. — cum. inf. perf. δεδωκέναι ἂν Dio Chr. VII. 103 A. — inf. praes. Plato 639 E.

ἀνὰ τὴν πόλιν I. 69 C. ἀνὰ τὰ ὄρη 150 C. ἀνὰ μέσον Menand. II. 103 E. Antiphan. ap. Grammaticum a Ruhnkenio e cod. Sangerm. descriptum, cujus excerpta exstant in Koppiere Obs. p. 7. — ἀνὰ χεῖρα res II. 614 A. 920 B. 1123 D. — στόμα II. 676 E.

ἀνὰ in ἀνακύπτειν nil significat II. 695 A. — λόγον II. 1001 C. — in numero I. 46 B. 755 C. 767 B. — πᾶν ἔτος I. 167 E. — in loco I. 365 A. 373 A. 728 A. — ἀνὰ κράτος I. 370 E. — μέρος I. 414 C. 423 C. 485 E. — colles fugere I. 449 E. — ἀγυιὰς I. 975 D. — vis apparet in I. 494 E. bellum non πέπαῦσθαι sed ἀναπεπαῦσθαι — fluvium πλεῖν I. 927 A.

ἀνάβαδην vid. ad II. 336 C.

ἀναβαθμὸς Pausan. 409. 430.

ἀναβαίνω — in currum II. 50 D. in concionem II. 803 D. ad magistratum I. 99. B. — in navem I. ἐμβ. I. 631 A. in academiam II. 1126 C. — I. 294 A. B. 437 D. 891 E. 1012 B. 1015 B. 1022 D. II. 185 E. — I. 940 A. D. E. — in aerarium I. 767 C. βῆμα 779 F. — e Piraeo I. 858 E. — in urbem I. 640 A. — ἐφ' ἵππου II. 196 A. 204 E. — εἰς τὸ Καπετώλιον II. 296 F. — ἐπὶ τὸ βῆμα II. 207 A. — navem I. 171 C. — I. 186 B. II. 236 D. 234 C. 196 C. — ἀναβαίνει ἔργον surgit opus aedificii I. 159 C. — in templum I. 803 B. — ad magistratus honores I. 157 A. — ad tyrannum I. 237 F. — ἀναβὰς orator I. 314 B. 766 D. 833 A. — ad Ammonis oraculum I. 144 F. 447 F. — Romam I. 517 B. 519 B. — viam I. 631 D. 632 F.

ἀναβακχεύω I. 564 F. 926 E.

ἀναβάλλω I. 120 E. Med. vocem I. 269 C. — ἀναβάλλομαι vestem I. 352 C. Casaub. Athen. 53, 54. — ἀναβάλλομαι differo I. 419 C. 534 A. 642 D. 738 A. 1063 B. 1074 A. 773 D. II. 125 B. 238 C. — ἀναβάλλω differo I. 616 B. — ἀναβάλλεσθαι in equum I. 587 D. — ἀναβάλλομαι χρήματα differo pecunias accipere I. 755 D. — f. leg. ἀναβαλεῖν (quem in alium equum) pro ἀναλαβεῖν I. 1015 F. ἀναβάλλομαι quem I. 940 E. — ἀναβεβλημένον μέλος Dio Chrys. I. 1, 4. — ἀναβάλλομαι canere Himer. 432.

ἀναβαπτίζω I. 306 C.

ἀνάβασις Nili incrementum II. 368 B. κατάβασις Al. Pol. ex Artap. Eus. P. E. IX. 434 B. Aristid. II. 336. 337. 338. 348. 352. 353. 357. 361. 362. — lucis II. 935 C. — gradus I. 30 E. 772 B. C. — in Persiam I. 940 B. — in templum II. 108 E.

ἀνάβασμα in templum, *gradus* Aristid. I. 360.

ἀναβατήριον II. 984 B. sacrificium.

ἀναβάτης equi I. 867 C. II. 2 E. 196 E. 830 E.

ἀναβιβάζω II. 977 D. I. 94 C. milites in murum I. 1073 A. — ἀναβιβάζομαι milites in naves I. 171 C. — quem proveho (Wessel. Diod. Sic. II. 210.) I. 345 C. — φθόγγους I. 828 B. — ἀναβιβάζομαι παιδία in iudicium Aristid. II. 177. — naves in terram Xenoph. H. Gr. I. 1, 2.

ἀναβιόω II. 85 C. D. Plato 698 A.

ἀναβίωσις I. 502 F.

ἀναβλαστάνω de virtute II. 769 A. — de vitio II. 991 A. — plant. II. 168 F. Plato 649 E.

ἀναβλέπω II. 1026 F. 1063 A. — δεινὸν I. 793 A.

ἀναβλύζω II. 887 B. I. 454 E. 697 C. Dio Chr. XXXII. 379 D.

ἀναβοάω I. 94 C. 351 B. 438 F. 547 A. 631 D. 793 F. 816 B. II. 52 B. 175 D. 178 C. F. 191 D. 203 A. 204 C. 206 C. 207 D. 209 A. 413 A.

ἀναβολεὺς equitis I. 563 E. 838 A.

ἀναβολὴ I. 147 D. 201 A. 297 C. 328 E. 351 A. 368 B. 429 B. 773 D. 1059 E. II. 118 C. 146 C. — εἰς ἀναβολὰς post longum tempus I. 914 B. — ἀναβολῇ quid vendere aut emere i. e. ut pretium non statim solvatur Plato 676 D. — iudicii Plato 692 B.

ἀναγγέλλω II. 118 D. 208 F. I. 65 A. 163 B. 178 D. 731 F. 733 A. 1017 C. Diog. Laert. VII. 157. Dionys. Alex. Euseb. P. E. 779 C. Aristid. I. 122. II. 356.

ἀναγελάω II. 739 C. I. 705 F. 1029 E.

ἀναγινώσκω II. 18 C. 24 D. 31 A. 58 A. 133 C. 144 B. 145 A. 151 B. C. 153 A. 157 E. 724 A. 737 C. 829 E. 1093 A. 1107 E. 1115 C. 1118 A. I. 83 D. 283 B. 444 E. 448 C. 582 D. 793 C. 597 C. 606 E. 629 B. 633 B. 651 E. 675 A. 677 D. 722 E. 638 E. 745 C. 758 A. 770 D. bis. 772 D. 851 A. 860 E. 918 A. B. 920 E. 963 F. 1063 C. 100 A. 180 D. 142 C. 202 F. 205 F. 206 B. 207 B. 210 C. D. F. 212 C. 213 A. 217 D. 218 A. 221 B. 229 F. Locum poetae corrigere II. 31 D. ejus utilitas ad sanitatem II. 130 C. D. — f. idem ac *declamare* Aristid. I. 281. 328. — *ἀναγινώσκω τι μόνον οὐκ* II. 626 A. — Grammatice de V. L. II. 415 D. 675 A. 938 D. — *οἱ ἀναγινώσκοντες* qui philosophos legunt I. 664 E.

ἀναγκάζω Simpl. II. 70 C. 81 E. 96 D. 112 E. 115 D. 123 D. 125 A. E. 127 C. D. 172 F. 175 A. 182 C. 194 B. 199 E. 202 D. 204 C. 237 E. I. 937 B. *ἠναγκασμένον βέλος* extensum I. 558 B.

ἀναγκαῖος cum *καλὸς* II. 653 B. I. 333 F. 336 D. 664 C. — opp. *περιττῷ* I. 346 F. II. 155 D. 159 E. — *χρησίμῳ* I. 346 F. 347 A. 354 B. 361 A. — non optimum sed propter necessitatem quaesitum II. 243 E. 460 B. I. 116 D. II. 416 C. 1006 B. C. *ἀναγκαίως τι προσλαβεῖν* disserendo II. 436 E. — *ἆθλοι* (ut ap. Jul. Or. I.) II. 595 D. 793 E. F. — utile 610 F. *ἀναγκαῖος ἀγὼν* milit. I. 357 D. — cognatus I. 403 C. *τὰ ἀναγκαῖα* in doctrina, *praecipua* I. 523 F. *ἀναγκαία δίαιτα* I. 940 D. — *ἀναγκαίως* et *προθύμως* oppon. I. 545 C. Sim. II. 50 B. *ἀναγκαίοις ὅρμοις προσίσχω* I. 659 C. — quantum satis est I. 661 E. — *ἀναγκαῖα* cui nunciare I. 692 E. — *ἀναγκαίοις οὐκ ἀναγκαῖα* addere I. 722 A. Sim. II. 135 A. — *ἀναγκαία ἀνδρεία* I. 762 F. — *πολλῶν μηδ' ἀναγκαίων* I. 846 D. — *οὐκ ἀναγκαίας καὶ ἀδίκου* I. 867 C. — *ἀναγκαία βρῶσις* I. 912 C. — *ἀναγκαίαν διατριβὴν ἔχω* in loco I. 985 B. — *καὶ χρήσιμος* II. 22 C. — fere utilis II. 39 A. 42 E. 48 A. — Amicitia tria quaerit, *τὴν ἀρετὴν ὡς καλὸν, τὴν συνήθειαν ὡς ἡδὺ, τὴν χρείαν ὡς ἀναγκαῖον* II. 94 B. — *τὰ ἀναγκαῖα* II. 81 F. 91 B. 184 E. — opp. *ἡδεῖ* vid. ad II. 124 D. E. — Simpl. II. 124 A. 194 C. — *τὰ ἀναγκαῖα* res utiles II. 156 B. — *ἀναγκαῖον μάθημα* et *ἀναγκαῖα* qualia sint Plato 639 F. G. H. 696 D. F. — utilis, necessarius ad vitam II. 116 C. 121 E. — *τὸ ἀναγκαῖον ἡδὺ ποιεῖν* II. 685 A. 124 E. — *ἀναγκαίων ἀφθονία* II. 732 D. — opponitur *καλῷ* II. 135 D. 160 B. 758 A. I. 129 D. 143 E. 162 C. 307 D. 361 A. 1048 E. Porphyr. Abst. III. 19. f. ex Plo. Plato 653 F. G. Eur. Iph. A. 724. Markl. conj. — conjung. *αἰσχρῷ* II. 758 B. — *τὸ οὐκ ἀναγκαῖον* II. 793 E. 1088 C. — *ἀναγκαῖος πόνος* II. 793 F. — *ἀναγκαῖον καὶ σεμνὸν* II. 794 A. — *ἀναγκαῖαι ἡμέραι* II. 842 C. — *πάθος* II. 973 D. — *ἀναγκαία ἀσφάλεια* II. 984 C. — *ἐπιθυμία* II. 989 B. f. ex Epicur. — *ἡδονὴ* II. 991 A. *οὐκ ἀναγκ. ἡδονὴ* II. 136 D. — opp. *χρηστῷ* II. 1106 C. conf. 42 E. — II. 1118 B. F. 73 A. 157 B. 161 D. — *ἀναγκαῖος φύσει καλὸς νόμῳ* I. 23 D. — *πρὸς πίστιν* I. 60 B. — ubi I. 162 A. 413 F. 458 F. 574 D. 726 E. 1070 D. — *ἀναγκαῖοι* cognati I. 172 B. II. 119 C. D. *αἰτία* II. 436 A. *ἀναγκαῖον* quid est II. 102 A. 113 C. 115 E. — *ἀστρονομία καὶ αἱ μετὰ ταύτης ἀναγκαῖαι ἄλλαι τέχναι* an sint quibus *opus est* an *firmitatis necessariae* Plato 696 D. — astronomia *καὶ τὰ πρὸ τούτων ἀναγκαῖα μαθήματα* ib. F. *ἀναγκαῖον πιστεῦσαι* opp. fabulae Aristid. I. 272.

ἀναγκαίως I. 158 E. 383 D. 428 E. 623 F. 637 C. 903 F. 917 B. II. 57 F. *ἔχει* Eur. II. 110 E. Bergl. Arist. Vesp. 261. Diph. Athen. ap. Taylor L. Lys. 298. Aristocl. Euseb. P. E. XIV. 758 C. 762 D. 769 A. Plato 621 F. 681 F. Aristid. II. 271. Eunap. 38.

ἀνάγκη βασάνων dolorum II. 346 E. Wessel. Diod. Sic. I. p. 287. — *πραγμάτων* II. 23 D. — *καὶ πληγὴ* II. 443 B. — cruciatus, tormenta II. 508 D. — *ἐξ ἀνάγκης* II. 116 B. — f. connexio rerum II. 580 F. —

caussa II. 720 E. — Dea II. 745 C. 1026 B. — Platon. II. 1014 E. F. 1015 A. 1026 B. opp. ἀρετῇ et συμφέροντι II. 868 E. νόμου I. 1025 B. opponitur *probabili* Plato Theaet. 123 A. — γεωμετρικὴ, φυσικὴ II. 1122 D. — ἰσχυρότατον II. 153 D. — quaestionis (dubium an de tormentis) I. 21 E. — ἀνίκητος II. 153. — necessitudo generis I. 26 A. 29 D. 90 A. Dicaeus Stob. 398. — Simpl. I. 47 A. 48 C. II. 47 D. 124 A. 131 B. 134 A. D. ἀνάγκα Lacon. 235 E. — supplicium I. 67 C. phil. I. 154 B. — τὸ κατ' ἀνάγκην II. 435 F. Subaud. ἐστὶ II. 148 A. 170 E. 215 D. — precum I. 231 C. E. — peccatum necessarium I. 253 C. — ζημίας solutio mulctae Plato 689 C. 692 C. φυσικὴ I. 538 F. θεία Plato 625 D. 639 F. — διαίτης I. 689 B. — ἐσχάτη I. 696 B. 710 E. — ἐν ἀνάγκαις ut ms. ἐξ ἀνάγκης I. 835 F. — mors, caedes sui ipsius I. 1004 E. difficultas temporum, quae quid cogit facere I. 1045 C. 1047 B. 1048 E. — ἀνάγκαι et διάνοιαι opponuntur in natura, caussae brutae et intelligent. Plato 696 D. — cum gerund. Plato 700 C. — imperium id. 701 C. — κατ' ἀνάγκας Aristid. I. 397. ἀνάγκης συμβουλὴ f. συμβολὴ id. I. 547. ἀνάγκη ἀποδείξεως id. II. 813. ἀνάγκης πολλῆς ταῦτα II. 176. — ἀνάγκης μοῖρα II. 116 E. — cum inf. II. 114 C. — II. 125 D. 227 D. 832 D.

ἀναγνώρισμα II. 310 B.

ἀνάγνωσις — studium legendi II. 604 D. 1107 E. Plato 636 F. — lectio II. 14 E. 15 A. 30 C. 37 A. 130 C. — ejus utilitas ad corpus Vit. Hom. §. 217. Aristid. I. 472.

ἀνάγνωσμα II. 35 F. 675 A. 676 C. 354 A. I. 358 A. 846 D. Euseb. P. E. 407 D.

ἀναγνώστης Servus I. 544 A. 695 E. Upton. Index Epictet.

ἀναγνωστικὸς historiae amator II. 514 A.

ἀναγόρευσις I. 223 D. recitatio 299 E. consulum creatio 840 C.

ἀναγορεύω II. 58 E. 65 F. 105 D. 173 E. 176 E. 202 E. 240 A. 741 E. 768 A. 871 D. 1106 F. 1108 E. 1117 C. 399 A. I. 55 F. 102 E. 220 C. 221 D. 222 C. 238 F. 247 C. 260 A. 304 B. 386 E. 389 C. 408 B. 410 A. 411 B. 432 F. 473 A. E. 503 A. 546 D. 550 F. 553 D. 579 E. F. 580 A. 617 B. E. 620 F. 623 A. 646 F. 681 D. 892 D. 896 D. 900 B. 906 E. F. 921 A. 943 C. 552 C. 1045 B. 1046 E. 1053 D. 1055 D. F. 1062 C. D. 1065 B. 1066 A. 942 B. — Nomino I. 421 D. 473 E. 625 D. 685 B. 709 C. 720 D. 832 F. 836 B. 865 A. 879 B.

ἀνάγραπτος Himer. 678.

ἀναγραφὴ στηλῶν II. 852 E. χάρτης II. 900 B. — libri commentatio II. 1012 B. 1133 F. I. 83 F. 153 B. 243 D. 316 D. — ἀναγραφαὶ acta publica II. 1116 F. 1132 A. 1134 B. I. 59 F. 60 B. 321 E. 517 E. 606 D. — I. 788 C. 878 B. 953 F. Theophr. Stob. 281 bis. in templis Eus. P. E. I. 31 B. Arist. Eus. P. E. 350 D. — Dio Chr. XXI. 270 A. pro ἀπογραφὴ census, nomen in albo civium Plato 651 D. E.

ἀναγράφω II. 668 D. 733 C. 1116 F. 1132 E. 1133 A. 1134 A. 1135 E. I. 73 F. 97 A. 84 A. 80 E. 109 D. 111 F. 129 A. 170 F. 202 E. 277 A. 279 A. 319 A. B. 321 F. 377 B. 378 C. 424 A. 445 A. 448 A. 473 E. liber inscribitur nomine 520 A. — describo I. 468 B. 491 E. 622 F. 639 A. 641 D. 672 A. 689 B. — pro ἐγγράφω I. 384 A. — 334 D.

ἀναγράφομαι I. 466 F. 507 B. simil. 607 C. 859 B. Dio Chr. 318 D.

ἀνάγω — ἑαυτὸν ἀνωτέρω II. 1068 D. ἀνάγεσθαι de navibus I. 12 B. 83 A. 118 C. 171 C. 201 B. 211 C. II. 128 B. — Geometr. reducere I. 24 B. tempus nativitatis invenire ἀνάγειν εἰς ὥραν. — ἀνάγεσθαι de sponsa II. 301 D. et B. f. — ὀφρῦς II. 975 C. — med. reverti, refugere II. 376 B. — pro συνάγω, colligo, librum compono I. 60 B. — referre τι εἰς ὑπόνοιαν ὁσιότητος II. 407 A. 421 C. 996 C. — ἀνάγεσθαι pro ὁρμᾶσθαι — ἀπὸ τῶν αὐτῶν ἡμῖν ἀναγόμενος, ex iisdem studiis ac nos profectus II. 592 E. — adduci ad quem II. 606 B. — genus alicujus in aliquem II. 201 F. 857 D. — quid in quem II. 868 D. I. 65 B. 300 A. — τι περὶ τὴν αἴσθησιν II.

876 C. — Sacrificia, ita pro ἀνάπτειν, Conon. Narrat. 39. Sic festum Ep. Hippocrat. IV. p. 13 D. Porphyr. Euseb. P. E. 117 E. hinc ἀναγωγὴ Abst. II. 34. — quem εἰς θεῶν τιμὰς l. 60 D. — ἀνάγει aura in antrum l. 545 B. — ἀνάγομαι in judicium l. 1026 C. — phalangem extendo l. 557 B. — ὀπίσω tactic. l. 558 A. ἀνάγομαι navi l. 163 C. 239 D. 240 C. D. E. 245 D. 323 C. 392 A. 409 F. 426 A. 428 F. 429 D. 437 E. 468 A. 492 E. 493 B. 499 A. D. 516 D. 593 A. C. E. — εἴς τινά τι tribuere cui quid opinione II. 421 B. — pro κατάγω i. e. ad se quem ducere II. 403 B. — milites l. 371 A. 417 C. — vocem tollo l. 374 F. 624 B. 652 E. 658 B. D. 660 A. II. 161 B. — τι εἴς τι imputo caussae l. 671 C. vallum I. 719 F. — quem in locum I. 757 D. — sanguinem evomo l. 819 B. — rem auditam εἰς γνώμας I. 849 C. — ἀρχὴν γένους εἴς τινα l. 861 B. — ἀνάγω ἐμαυτὸν ταῖς ἐλπίσιν l. 952 E. — τι εἴς τι erigo l. 988 F. — ἀνάγει me quid περαιτέρω τόλμης l. 1056 C. — plebem in urbem pro συνάγω Dio Chr. 517 D. — ἄγομαι εἰς θεῶν τιμὰς II. 229 F. Eunap. 66. — ἄγεται πάντα ἐπί τι omnia ad hoc ut caussam referuntur II. 32 D. — ἀνάγω quem, proveho ad honores l. 71 C. — aedificium ab initio ad finem l. 104 F. 145 C. — τινὰ ἐπὶ λόγον l. 117 E. τὸν λόγον ἐπ' ἀρχὴν Plato 565 G. — εἴς τινα possessionem vendico, reclamo, redhibeo Plato 676 B. E. (ἀναγωγὴ ib. D. bis.) — Deo donum Aristid. l. 1. — ταῦτα ἡμῖν ἐς τοσοῦτον ἀνήχθω τοῦ λόγου Aristid. I. 119. — τι σεμνῶς extollo quid laudibus id. II. 394. — χοροὺς et sim. id. l. 48. 55. 331. II. 101. — quem ad honores l. 435 E. 481 E. — τι ἐπί τι computo l. 490 F. simil. 504 A. 333 E. — captivam l. 490 C. 500 F. 511 A. 582 E. 638 C. 671 A. 834 A. 999 D. Xen. H. Gr. II. 4, 6. III. 3, 11. Polyb. T. III. p. 141. ed. Ern. conf. glossar. II. 70 C. — τεῖχος l. 534 D. — fessam l. 618 B.

ἀναγωγὴ — ἐπί τι Arithm. II. 1020 D. — relatio ad auctorem II. 1122 A. — βίου f. ἀγωγὴ Jambl. V. P. 100. — solutio e portu Jambl. V. P. 257. Aristid. l. 22 bis. — possessionis vindicatio Plato 676 D. E. bis. — relatio inter Deos II. 293 C. Eunap. 66.

ἀναγωγία II. 37 D. 800 D. 1086 C. l. 233 A.

ἀνάγωγος II. 46 B. 140 B. 147 F. 612 C. 707 E. 1008 C. 1127 C. l. 591 B. 744 E.

ἀναγώνιστον ex emend. conjung. cum ἀκίνδυνον II. 25 D. l. 598 C. Thuc. IV. 92. fin. Wass. Duk. l. 910 C. — Activ. qui certare nequit Herophilus ap. Sext. Empir. Matth. XI. 50. Plato 649 D.

ἀναδάζομαι — ἀναδάσασθαι l. 44 A. 85 B. 800 D. 1044 F. Pausan. 288. 333. — ἀναδασθεῖσα γῆ l. 798 F. — ἀποδάζομαι Dionys. Al. Eus. P. E. XIV. 777 C.

ἀναδασμὸς II. 226 B. 1059 B. l. 44 A. 76 D. 87 B. 801 B. 828 C. 845 A. 974 E. 979 C. Pausan. 140. 382. Plato 500 D. 588 D. Dav. Ruhnken. Tim. p. 33.

ἀνάδαστος — γενέσθαι ἐκ θεμελίων II. 654 A. Dav. Ruhnken. Tim. p. 33. — l. 133 A. Jambl. V. P. 262. Dio Chr. 463 A. B.

ἀναδείκνυμι in lucem produco II. 456 E. 1007 D. 1105 F. l. 124 C. — σθαι, ἀποδ. l. 100 D. 187 F. — ἀναδείκνυμι me tyrannum l. 237 E. 725 E. 1028 D. — ostendo quid in altum tollens l. 384 A. 393 F. 560 A. theatrum populo dico l. 647 A. statuam 843 C. — me patefacio l. 726 C. μι et μαι rex l. 1024 E. 1058 D.

ἀναδεικνύω II. 417 E.

ἀνάδειξις magistratuum l. 400 E. 781 B. 782 A. 840 C.

ἀνάδελφος II. 480 E.

ἀναδενδρὰς II. 290 E. 1044 D. Pherecrat. Athen. 685 A. — simpl. arbor II. 342 D. — aurea Persarum Wess. Diod. Sic. II. 364. Brisson l. 77. Himer. p. 294.

ἀναδέρω II. 567 B.

ἀνάδεσις coronae l. 579 E.

ἀναδεύω II. 700 A. 954 E. 997 A. l. 78 A.

ἀναδέχομαι II. 533 F. 672 E. (711 passiv. D.) 734 A. 815 D. 836 D.

946 D. 1111 B. I. 80 D. 101 A. 712 E. f. arceo 719 A. — πάλιν rem publicam I. 190 E. — 748 B. 784 A. 787 D. 789 C. II. 53 A. 98 C. 208 E. — vulnus I. 237 D. 303 D. Simil. II. 131 A. — haereditatem I. 883 A. — onus in rep. I. 318 D. — amicitiam cujus I. 883 B. — opus I. 327 A. 333 A. 862 B. II. 73 A. — pro simpl. δέχ. I. 1024 F. II. 46 E. 47 F. 72 B. — munus I. 453 A. 616 C. — imperium I. 1054 E. 1055 D. — τι ἐφ' ἐμαυτὸν I. 555 E. — morbus venenum ἀναδέχεται ὑφ' ἑαυτὴν domat, vincit 565 B. — τινί τι I. 584 D. τι ὑπέρ τινος I. 586 A. — bellum I. 598 E. — ἀδίκημα I. 609 A.

ἀναδέω II. 45 A. 244 D. 253 B. I. 107 D. 177 E. 736 E. 896 D. Sim. Casaub. Athen. p. 658, 13. Aristid. I. 88. — πίστιν sibi comparare II. 243 A. 317 B. ἑαυτὸν ἔκ τινος II. 322 E. ἀναδεῖσθαι στεφάνῳ II. 645 D. 646 E. I. 415 A. 418 C. 421 A. — ἀναδεῖταί τι ἔκ τινος I. 969 E. — ἀναδεῖ τὰ εἰκόνια Amator. II. 753 B. — Med. II. 943 D. I. 302 A. 439 B. 511 A. 586 D. Aristid. I. 23. τί τινι I. 541 D. sursum ligo I. 590 A.

ἀναδίδωμι Simpl. II. 721 E. 1026 E. 1092 E. — 780 D. 786 E. ἀναδιδόναι et καταπέττειν II. 80 A. 153 F. 663 A. — tradere ad induendum ut ἀναλαβεῖν II. 241 F. — cadaver vermes I. 824 A. — odorem II. 645 E. 918 B. differri I. 116 A. bis. — Pass. editur sonus II. 664 D. — τοὺς ἀναδιδόντας περὶ ἰχθυοπωλίαν II. 668 A. — mare auras II. 669 C. 928 C. I. 249 A. — terra aquam II. 676 B. — aquam in plantas II. 912 F. — terra fructus II. 131 F. 913 A. 957 F. 987 A. B. 991 E. 1077 B. I. 135 E. 983 C. — aër fulgura II. 427 C. 954 E. — populus famam acceptam I. 268 D. — affectus vitium I. 220 E. — cui quid I. 322. F. ἴλος auram I. 427 B. — terra quid I. 468 D. 576 D. II. 38 C. — ψῆφον plebi I. 829 E. — libellum supplicem I. 909 C. Epistolam opp. ἀποδίδωμι Hippocrat. Ep. XV. init. — corpus calórem II. 100 B. — fructum II. 138 D.

ἀνάδοσις cibi II. 654 A. 912 D. 133 F. Porph. Abst. I. 45. 46. — lectionis quasi *concoctio* I. 153 A. aëris II. 31 E.

ἀνάδοχος sponsor I. 966 D. 966 C.

ἀνάδυσις militiae detrectatio I. 490 D.

ἀναδύω II. 399 D. — I. 650 B. — II. 368 D. 714 D. 719 E. I. 131 E. II. 657 D. 804 A. — I. 346 C. — Activ. 448 D. 527 E. 574 D. 630 D. 828 E. 879 E. 1063 A. II. 80 C. τινι f. ἐνδύομαι II. 415 B. — e loco abdo I. 546 E. — τὸν σχηματισμὸν I. 1050 A. Med. occulto me II. 733 B. — ἀναδύομαι II. 819 B. 856 C. 863 C. 961 E. I. 3 D. 365 A. — ἐκ γῆς II. 910 B. — II. 982 C. I. 262 C. — fluvii ἀνέδυσαν f. exaruerunt I. 6 C.

ἀναδωδωναῖος II. 31 E.

ἀναζευγνύω et -υμι II. 182 B. 183 F. 191 A. 211 B. 346 D. 749 C. I. 228 C. 231 E. 261 C. 263 D. 270 F. 286 D. 294 D. 312 D. 313 F. 368 C. 403 C. 418 F. 461 C. D. 471 C. 549 A. 578 D. 584 E. 586 C. 589 E. 604 C. 613 F. 615 C. 641 A. 655 D. 690 E. 728 E. 786 A. 802 A. 812 C. 814 A. 816 E. 826 B. 900 B. 902 B. 934 E. 938 C. 954 B. 999 B. 1024 A. 1045 D. 1049 A. 1070 C.

ἀνάζευξις II. 502 F. I. 228 D. 608 B.

ἀναζέω ἰλὺς II. 337 A. I. 1019 C. ira II. 728 B. — aër II. 1005 A. Latt. Diod. Sic. T. I. p. 11.

ἀναζητέω I. 670 A. 689 C. 993 E. 1046 A. 1065 F. II. 233 A.

ἀναζυγὴ II. 209 F. I. 595 A. 603 B. 624 D. 906 B.

ἀναζώννυμι pass. ut κάπηλος Dio Chr. 628 A.

ἀναζωπυρέω II. 600 B. 616 E. 663 F. 695 A. 941 C. 1095 E. — neutre II. 888 E. 695 A. I. 247 F. — I. 162 E. 640 E. 645 D. 789 D. — Aristocl. Euseb. P. E. XIV. 763 D. ἀναζωπυρεῖσθαι animo Jambl. V. P. 112.

ἀναθαῤῥέω II. 165 E. 645 C. 718 A. I. 100 B. 200 F. 555 E. 659 F. 683 D. 855 D. 913 A. 932 A. 977 B. 1005 A. ἀναθαρσέω I. 497 E. 535 B. 1031 F. II. 68 C.

ἀναθαῤῥύνω II. 765 C. I. 171 E. 600 E. 578 B.

ἀναθεάομαί τι II. 586 A.

ἀνάθεμα pro ἀνάθημα sacrarium I. 291 B.

ἀναθερμαίνω animam II. 405 F. I. 744 B.

ἀνάθεσις consecratio II. 724 B. D. I. 894 E.

ἀναθέω Aristid. I. 237. 287.

ἀναθεωρέω II. 65 E. 1119 B. I. 255 D. 765 C.

ἀναθεώρησιν ἔχειν II. 19 E. 322 E. Toup. ad Longin. §. 7. p. 169. — II. 172 D. 686 B. 786 E.

ἀνάθημα II. 675 B 835 B. 870 E. 394 D. 8 A. 9 E. 401 C. D. 8 F. I. 27 C. 127 C. D. 133 B. D. 239 C. 250 E. 310 A. 316 B. 378 B. 201 F. 404 E. 405 A. 424 B. 508 F. 504 D. 524 A. E 525 B. 534 A. 565 D. 832 A. 861 C. 894 A. E. Plato 691 E. ἀπὸ βαρβάρων II. 870 D. νίκης I. 318 E. — I. 531 E. F. II. 200 B. Himer. 636. 638. — aedificium I. 722 B. 738 F. 761 E. 970 F. — est ἀνδριὰς Dio Chrys. XXXI. 337 C. 354 D. — statua II. 337 C. et ἄγαλμα Aristid. I. 149. Schol. — I. 27 C. 158 D. 160 F. Plato 691 G. 692 A. — eorum qui sanati sunt Aristid. I. 38.

ἀναθλίβω II. 688 D. 903 D.

ἀναθολόω pass. II. 702 A.

ἀναθόλωσις Plato 642 A.

ἀναθορέω I. 148 F. 765 C. 937 A. T. H. Lucian. I. 29.

ἀναθυμίασις corporis intemperies ad animam redundans II. 610 B. 647 D. 689 E. 875 E. 890 E. 891 D. 893 A. 896 C. 887 A. 889 D. 890 A. 893 F. 894 C. 951 F. 938 D. E. 930 B. 928 C. 943 D 949 A. 995 E. 1053 A. 1084 F. 1085 A. I. 36 A. 249 A. 262 B. C. 418 A. II. 433 A. 434 B. C. 435 A. C. 436 F. 437 C. 400 A. B. 129 C. 131 B.

ἀναθυμιάω pass. II. 31 D. 432 E. 622 E. 715 E. 877 D. 878 E. 909 F. 897 A. 1053 A.

ἀναίδεια II. 710 A. Plato 659 C.

ἀναίδην (v. inf. ἀειδῆν) II. 585 C. 871 B. I. 48 F. 495 B. 895 A. 939 B. Wessel. Diod. Sic. II. 110. Muson. Stob. 595. Aristid. I. 508. 518. II. 298.

ἀναιδὴς (f. ἀειδὴς) II. 957 A. color II. 64 A. πάθος I. 474 D. λόγος Aristid. II. 335. — I. 1022 B. et ἀναίσχυντος II. 14 B. item jung. Jambl. V. P. 95. — Aristid. I. 435.

ἀναίμακτος I. 4 A. 23 F. 70 F. 65 C. 254 A. 371 B. II. 203 B. Aristid. I. 189.

ἀναίματος II. 660 E.

ἄναιμος (Eur. II. 666 C.) 686 F. 913 E. 980 B.

ἀναίμων II. 692 E.

ἀναιμωτὶ I. 497 C. 560 C. 632 B. 725 A. Aristid. I. 310.

ἀναίνομαι II. 709 C. 1070 B. I. 232 C. vitium 445 E. Muson. Stob. 161, 1. Sopat. ib. 314, 8. Aristid. I. 372. 464. I. 210. 214.

ἀναίρεσις — acta rescindere I. 878 B. — καὶ θέσις armorum Plato 637 G. — II. 947 D. interitus 1051 D. 1106 C. E. 1114 E. 1115 D. 398 D. 399 B. — I. 812 A. — mortuorum in pugna I. 14 A. 450 A. 527 A. 540 A. 606 B. II. 193 B. — I. 555 B. caedes 544 E. 709 B. 984 F. — ἀναίρεσις ἔργων antiquatio Plato 650 B. — institutum, mores ib. 687 A. urbis Aristid. I. 174.

ἀναιρετικὰ vox Epicur. II. 420 D. E.

ἀναιρετικὸς II. 427 E. 918 E. 951 D.

ἀναιρέω — ἀναιρεῖσθαι infantem non exponere II. 320 D. 489 F. I. 13 F. 19 C. 20 C. Upton. Ind. Epict. Pausan. 171. I. 932 C. — de medio tollo II. 675 C. 1104 E. 1105 A. 68 A. 70 B. 72 B. 158 C. I. 120 F. 167 C. — respondeo II. 302 D. 563 D. 773 A. 412 B. I. 2 B. 7 F. 17 B. 80 D. II. 403 B. D. I. 325 C. 331 C. 706 F. 1051 D. Plato 656 F. — Disp. II. 1040 E. 1041 A. 1043 B. 1051 D. 1054 B. 1102 F. I. 958 D. Confuto II. 581 E. 757 B. 1059 E. 1075 E. F. 1081 C. D. E. 1083 B. 1084 A. 1108 D. 1109 D. 1111 B. 1112 C. E. 1113 B C. 1114 B. D. 1115 F. 1116 A. E. 1119 B. C. 1120 B. 1122 B. C. 1123 C. 1124 F. 1125 C. D. 1127 D. 402 E. — 3 A. — φιλίαν extinguo II. 55 D. — βάτον II. 709 D. — demo II. 728 C. 1013 E. 1065 B. 413 E. I. 428 B. — pass. ἔθνος Phocensium II. 840 B. — med. suscipio quid II. 998 C. 1098 D. — ἀναιρέω urbem I. 32 E. 38 C. 138 E. 412 C. 461 C. 468 C. 568 C. 839 A. bellum 922 A. — Med. demo I. 109 D. — τινὶ πόλεμον Markl. Eur. Suppl. 492. Pausan. 557. — sumo I. 321 E. 592 B. creditor aufert 713 B. ἀνελεῖν hostium exercitum I. 1070 A. — ἀναιρέομαι νίκην I. 353 D. 480 B. 957 D. Aristid. I. 134. 163. 180. 400. — ἀναιρεῖται statua I. 881 C. 886 B. — ἀναιρεῖν cujus τιμὰς I. 368 E. 1032 E. — acta rescindo I. 645 A. — imperium evertere I. 373 F. 838 D. II. 56 E. — ἀνελὼν I. 908 D. 924 A. B. 950 A. 951 D. — consuetudinem I. 392 D. — mortuum tollo I. 449 E. 1040 B. ἀναιρέομαι vexillum I. 557 A. — ὑπόνοιαν I. 629 D. — militiam remitto 781 B. — I. 731 E. 911 E. 913 E. — pass. Carthag. excisi, deleti II. 88 A. — ἀναιρεῖται βουλευτήριον πόλεως, καταλύεται συνέδριον βασιλέως II. 98 A. — ἀναιρέω malum demo, extinguo, deleo II. 127 F. ἀνεῖλε αὐτὸν vulnus II. 131 B. — ἀναιρέω τοὺς ὅρους II. 122 E. — ἀναιρέομαι λείψανά τινα; II. 162 E. — ἀναιρεῖταί τι ἔκ τινος II. 140 D. — ἀναιρέω occido II. 161 E. 163 E. F. 176 A. 181 B. 197 E. 198 B. 206 E. 209 C. 214 C. 216 D. 222 B. 228 F. 232 F. 239 B. 240 F. 241 A. B. — demo II. 176 A. 185 D. 238 C. 239 C. — gentem II. 224 B. — depositum Plato 675 B. ἀναιρέομαι C. D. ἔργον opifex faciundum recipio 678 E. G. ἀναιρεῖ oraculum 675 D. Aristid. II. 21. 22. ἀναιρέω artem Plato 699 E. εὐγένειαν ἀναιρέομαι sum nobilis, nobilitatem mihi vendico Aristid. I. 42. sim. 98. ἀγῶνα Aristid. II. 255. πρεσβεία id. I. 516.

ἀναισθησία II. 992 C. 1103 C. 1104 D. 1106 B. E. F. 57 A. Aristid. II. 401. — non sentire quid II. 1145 B. I. 273 C. II. 167 C. — mortis II. 107 E. 109 D.

ἀναισθητέω τινὸς II. 1062 C. 1103 D. 1105 A.

ἀναίσθητος — ἀναισθήτως sine sensu II. 688 A. I. 89 A. 920 C. 974 D. — accipere beneficium I. 1063 D. 1066 E. καὶ ἄψυχος II. 703 C. 980 B. 1053 C. I. 733 C. — II. 158 E. 205 F. 824 B. 861 E. 960 D. 995 E. 1064 F. I. 700 D. 902 D. — pass. II. 877 B. Porphyr. Abst. II. 39. — activ. II. 1087 E. 398 A. — hebes homo I. 523 F. 843 D. bis. II. 46 B. Fragm. I. 4. — τὸ ἀναίσθητον privatio sensuum II. 1106 D. E. — ἀναίσθητος αὐτοῦ II. 136 E. — poenae immunis, innocens Plato 648 E. — sensibus carens Plato 694 E. — Aristid. I. 428. 445. 451. 492.

ἀναΐσσω I. 416 C.

ἀναισχυντέω II. 62 B. 144 B. Philon. vid. ἀναισχυντία. Jambl. V. P. 217. Aristid. I. 401. 501.

ἀναισχυντία I. 196 F. 197 A. 566 C. II. 7 B. 46 C. 66 C. Plato 677 F. G. 595 A. Aristid. II. 308. — et αἰδὼς Sent. Max. et Anton. p. 333, 32. Philonis T. II. p. 672.

ἀναίσχυντος I. 400 E. II. 71 A. 158 E. 1111 B. Plato 685 G. et ἀναιδὴς II. 14 B.

ἀναίτιος II. 203 C. 731 D. 1015 C. 1045 C. I. 526 F. Plato 701 G. adv. II. 1015 B. ἀναίτιος κακῶν I. 173 D. ἀναίτια αἰτιᾶσθαι Hierocl. Stob. 416. Aristid. II. 318.

ἀναιτίως II. 574 E.

ἀνακαγχάζω I. 924 C. Hippocr. Ep. XX. p. 21 A.

ἀνακαθαίρω — ἀνακαθαίρεται campus nebulis I. 249 B. 373 A. regio I. 673 E. 735 C. — bellum I. 920 B. Plato 585 H.

ἀνακαθίζω I. 368 A. 671 D.

ἀνακαινίζω I. 300 D.

ἀνακαίω ὄρεξιν II. 1089 A. πῦρ Hierocl. Stob. 491.

ἀνακαλεῖσθαι mortuorum ἐπὶ χοὰς II. 269 B. 585 E. — ἀνακαλέω invito I. 164 F. 950 C. — adhortari II. 649 A. I. 29 C. 992 A. — animam mortui I. 482 C. — invocare deum II. 671 E. I. 94 D. Sim. 926 A. Athen. 619 F. — δίκην I. 488 A. — restituere e deliquio II. 695 A. — I. 635 A. 678 E. 680 D. 836 D. — revocare II.

746 A. I. 216 F. 325 D. 367 E. 482 B. bellum 529 C. 570 A. 938 C. 1004 A. adjutorem II. 760 D. I. 651 E.— vocare II. 812 C. 934 D. I. 1016 E. 1064 D.—ἀνακαλέω nomine II. 44 F. 883 C. 922 A. I. 36 F. 604 D. 1053 D. 1056 C. — provocare animal e latebra II. 961 E. — advoco II. 972 D. — cito I. 422 E. 1030 E. Athen. 167 E. ibi Cas.—revocare e perturbatione II. 1029 D. I. 747 D. 897 C. 1042 A. 1044 C. Sim. II. 9 A. 78 C. — I. 134 C. 146 B. 264 B. 276 B. 377 F. 400 B. 416 C. 423 D. 438 E. 512 B. — ἀνακαλέομαι revoco II. 133 A. 214 C. 231 B. — ἀνακαλέω II. 209 F. — ἀνακαλέομαι nominor Jambl. V. P. 61.

ἀνακαλυπτήριον I. 239 E.

ἀνακαλύπτω fontem II. 776 D. — Simpl. II. 51 D. 432 E. 1012 D. I. 25 E. 72 C. 143 D. 272 B. 319 D. 514 C. 592 B. 697 C.

ἀνακάμπτω ἐν στοᾷ est περιπατῶ II. 796 D. Diogen. Laert. II. 127. V. 2. VI. 48. VII. 5. II. 977 B. deglutio — II. 12 F.

ἀνακαμψέρως planta II. 939 D.

ἀνακάπτω — ita leg. II. 977 B. Vid. Steph. Thes. Valck. Animadv. Ammon. p. 20. 21. ἐγκάπτω.

ἀνάκαυσις II. 248 C.

ἀνάκειμαι — donarium II. 401 A. Athen. 469 C. 476 E. 701 D. Dio Chrys. 629 A.—II. 593 A. 675 B. 738 E. 838 C. 839 D. 843 C. E. I. 107 C. 455 F. 572 E. 674 A. 958 E. Pausan. 133. 137. 141. 149. 234. 407. 667. Dio Chrys. 269 B. 356 A. 462 A. — ἀνακεῖσθαί τινι II. 370 F. 430 E. — tribuitur cui quid I. 39 F. Hierocl. Stob. 490. — I. 327 F. cui deditus sum 580 A.

Ἄνακες Dioscuri, quare dicti I. 16 A. 69 B.

ἀνακεραννύω τι πρός τι II. 395 C. 398 B. 943 E. 949 F. — ἀνακεράννυταί τί τινι II. 129 C. I. 1053 C. — ἀνακεραννύω cognationem I. 36 D. Eurip. Hippol. Valck. p. 191. I. 771 B.

ἀνακηρύττω I. 61 C. II. 230 D.

ἀνακινέω II. 1000 E. I. 494 E. 626 E. 862 F. Aristid. I. 420. 497.

ἀνακίνησις Plato 603 D.

ἀνακιρνάομαι II. 626 C.

ἀνακλαίω — ἀνακλαίεσθαι πρός τινα II. 566 E. Sim. Aristid. I. 512. — II. 766 A. I. 298 A. 770 B. 836 B. 858 A. 884 F. — I. 380 B. 682 A. 945 E.

ἀνάκλασις II. 248 C. 396 A. 400 B. 407 E. 409 D. 521 C. 765 E. F. 890 A. B. 893 B. 894 E. 929 D. F. 930 A. B. C. D. 931 B. 934 D. 936 B. C. D. F. 937 A. B. C. 938 E. I. 1037 A.

ἀνάκλαστος Grammat. II. 1011 D.

ἀνακλάω mentem in quid II. 359 A.—lucem f. pro ἀνταυγῶ II. 88 D. 696 A. 728 A. 892 E. 894 B. C. 901 F. 920 A. C. 930 B. 936 B. C. 937 A. — cervicem hostiae II. 998 E.— caudam pavo Dio Chr. XII. 194 A.

ἀνάκλησις ranarum ad coitum II. 982 D. — I. 36 C. 37 A. 146. — Militaris I. 181 B. — Deorum I. 249 A. 786 A. Sim. Athen. 620 A. II. 161 B. — I. 685 B. II. 35 A.

ἀνακλητικὸς vid. not. ad II. 236 D.

ἀνακλίνω se in σχολὴν II. 498 B. Sim. Aristid. I. 164.

ἀνάκλισις I. 949 E.

ἀνάκλιτος θρόνος I. 34 A.

ἀνακλύζω II. 590 F.

ἀνακογχυλιάζω Aristid. I. 349.

ἀνακοινόω I. 2 B. 693 D. 808 A. 988 F. Plato 675 A.

ἀνακοινωνέομαι I. 988 F.

ἀνακομίζω — ἀνακομίζομαι in coelum II. 739 C. — Med. II. 410 A. 943 C. I. 17 A. 116 B. 164 C. 178 E. 363 F. 483 D. — ἀνακομίζομαι me, ex consuetudine alicujus rei me revoco I. 1060 F. — convalesco, instauror Aristid. I. 225.

ἀνακοπή, vid. not. ad II. 76 F.

ἀνακόπτειν vituperantes II. 70 D. — hostis I. 935 E. II. 324 A. — pass. de fluvio II. 590 E. I. 726 C. activ. Aristid. II. 331. — II. 702 B. — repello II. 324 A. 897 F. I. 265 F. 272 C. 296 A. 313 E. Casaub. Theophr. Cap. 25. p. 234. — ἀνακόπτομαι I. 402 B. 729 C. — pugna I. 537 E. — ἀνακόπτω hostem I. 465 E. 690 B. 971 D. II. 324 A. — equum I. 543 E. Aristid. I. 60.

ἀνακουφίζειν ἑαυτὸν πρός τι II. 469 C. — delphin hominem naufragum II. 985 A. — I. 575 D.

ἀνακράζω — ἀνακραγὼν II. 757 C. I. 251 F. 324 B. 395 F. 528 C. 632 C. 689 F. 713 E. 874 F. 952 D. 991 E. ἀνακραγεῖν I. 776 A. 1065 E. II. 4 E.

ἀνάκρασις πρός τι II. 712 A. B. 1078 B. I. 691 D.

ἀνακρεμάννυμι montis I. 518 C.

ἀνακρίνω II. 181 A. 207 B. 256 D. 580 E. 969 D. 999 B. I. 5 E. 21 B. 92 D. 224 D. 497 A. 520 C. 545 E. 623 D. 670 F. 677 E. 693 A. 701 A. 867 D. 988 A. 990 F. 1036 A.

ἀνάκρισις II. 866 E. I. 21 C. E. Plato 652 G.

ἀνακροτέω I. 422 E. 431 E. 736 E. 921 C.

ἀνακρουστέον II. 512 F.

ἀνακρούω equum II. 445 C. I. 192 D. canem II. 520 E. — ἑαυτὸν ἀπό τινος II. 514 A. — ἀνακρούομαι ἁρμονίαν I. 812 A. Himer. 614. — med. II. 647 D. 896 E. — quem a vitio II. 35 E. 653 C. Jambl. V. P. 113. — Med. gubernator II. 787 E. Casaub. Theophr. c. 25. p. 234. ed. Fisch. I. 660 E. — Pass. 810 E. — πρύμναν Scheffer M. Nav. III. 4. J. F. Gronov. Obs. IV. 26. Wessel. Diod. Sic. I. 418.

ἡ ἀκρουσις retractio equi II. 549 C. animi II. 78 A.

ἀνακρουστικὸς II. 936 F.

ἀνακτάομαι I. 204 D. 388 C. 490 D. 580 A. 813 B. 868 F. II. 676 F. ἐμαυτὸν Valck. Theocr. p. 365. ἑαυτὸν Dio Chrys. VII. 998. sim. 117 B. E deliquio animi quem restituere II. 694 C. sim. Soran. ed. Galeni Par. I. 1 C. Hierocl. Stob. 415, 23. — urbem, recreo — Aristid. I. 515.

ἀνάκτορα II. 81 E. 169 E.

ἀνάκτορον I. 68 E. 159 F. 415 C. 459 B.

ἀνακυκλέω saltationem II. 968 C. — Plat. convers. mundi II. 1023 D. Sim. 106 E. — λόγους I. 859 E. — ἀνακυκλέομαι in voluptates I. 925 E.

ἀνακύκλησις I. 80 C.

ἀνακυλίω II. 304 F.

ἀνακύπτω — affectio in posteris redit II. 563 A. Sim. Aristox. Athen. 546 B. — idem ac κύπτω II. 695 A. — ἀνακύπτει λόγος II. 734 D. — Wessel. Diod. Sic. I. 613.

ἀνάκωλος χιτωνίσκος vid. not. ad II. 261 F.

ἀνακωμῳδέω II. 10 C.

ἀνακῶς ἔχειν curare — Atticum I. 16 A. Herodot. VIII. 109. Thucyd. VIII. 102. Duker.

ἀνακωχὴ II. 526 A.

ἀναλαλάζω I. 991 A.

ἀναλαμβάνω — I. 155 E. suscipio quem I. 141 F. corrigo II. 1010 C. 1141 F. I. 796 A. confirmare dubitantes II. 1086 D. restituo II. 805 B. 809 B. — orationem ab alio scriptam II. 212 C. 504 C. — memoria recolere II. 473 D. Casaub. Athen. 437, 37. — pass. pecunia aerario adjicitur II. 484 A. — tractare, suscipere λόγον II. 1035 E. 372 E. 548 E. 558 D. 1115 A. I. 53 B. Plato 700 E. 701 G. — vestem II. 184 A. 186 E. 304 D. 382 C. 543 C. 608 F. 620 C. 693 C. 790 B. 813 D. 831 E. I. 332 B. 418 B. 638 E. 711 F. 914 D. 961 E. 990 C. 1012 D. — γονὴν mulier, concipere II. 495 E. — instaurare aedificium II. 409 A. 687 D. — neutre (φιλία iterum reconciliatur II. 481 C.) 610 B. 611 F. — ἐλάττωσιν vid. not. ad II. 2 C. — tragoedias ἐπὶ σχολῆς II. 840 A. — f. disco II. 844 C. 992 A. 1039 E. Athen. 630 F. II. 145 E. Muson. Stob. 204, 8. 371, 21. Porphyr. Abst. III. 10. 15. Dio Chrys. XVIII. 259 A. B. Aristid. I. 350. — baurio aquam II. 913 C. F. Similiter 978 D. — placitum revocare, restituere II. 964 E. — cito, memoro lo um II. 1040 E. 1065 A. — virtutem II. 1063 E. — ab initio repeto II. 1113 E. 1116 E. — curo aegrotum I. 9 B. — pro ἀπολαμβάνω I. 72 E. 111 C. — ἀγῶνα I. 108 A. — exercitum I. 108 F. 151 E. 163 D. 208 A. 639 E. 913 B. 933 D. — recreo populum I. 170 F. 270 A. 300 E. 313 F. — ἀναλαμβάνει vas aliquid liquoris II. 526 B. recipit. — memoriam recolere II. 536 C. 1089 A. 432 C. — instauro I. 146 D. — quid instrumento II. 567 C. — ἑαυτὸν II. 136 A. 576 B. I. 36 C. 146 A. 183 A. 427 C. — τοῦτο aegrotum II. 635 C. 695 A. E. Simpl. II. 644 C. 980 D. 981 A. 1025 C. I. 8 E. — Pass. — cibus corpore suscipitur II. 650 D. — voluptas II. 662 A. — natura nutrimentum II. 663 A. 688 C. 689 B. 695 A. — convivas (ut παραλαμβάνω) recipio II. 679 C. 686 A. I. 156 F. — Morbum ab alio ὀφθαλμίαν II. 681 D. — cibus humorem II. 689 E. 699 F. — Mens speciem II. 735 A. — Res quid in se habet I. 176 D. — ἀναλαμβάνω decretum, quid in eo mutare I. 196 A. — sumtus in me recipio I. 232 A. — quem in navem I. 268 F. — arma I. 226 C. 416 B. — τὰ πράγματα imperium suscipio I. 236 C. — hospitem I 282 A. Sim. II. 5 B. — exercitum, milites secum ducit dux I. 325 B. 370 B. 392 C. 396 D. 399 C. 537 D. 463 A. 498 D. 506 D. 509 E. 510 E. 513 B. 553 B. 582 C. 593 A. 343 C. D. 817 B. 979 F. 980 C. 1036 C. 1038 F. — recipio quod antea habui; f. ἀνὰ mutationem notat I. 328 D. II. 196 A. — τι augeo, crescere facio I. 434 F. — puerum sc. in domum meam, educandum I. 345 F. 545 E. 583 B. — quid spe I. 362 D. — ἀναλαμβάνω quem, f. adjungo mihi, Xyland. concilio I. 364 F. — τι recupero I. 341 B. 342 F. 365 F. 891 E. — se e fuga I. 367 A. — neutre, recreor I. 389 E. — recupero I. 391 D. 432 B. — vulneratum I. 402 E. 561 B. — f. muto 405 D. — ἀναλαμβάνει elephas insessorem I. 405 C. — ἀναλαμβάνω munus I. 412 C. — populum mihi concilio I. 421 D. — τὰς ἀγκύρας I. 427 B. — quem consolor I. 443 D. — vitia in animum I. 460 A. II. 53 D. — ἀναλαμβάνεσθαι quid τῇ γραφῇ scripto consignare I. 479 E. — recreo I. 492 D. 623 C. Aristid. I. 347. — instauro urbem, recreo I. 504 A. 614 D. 633 E. sim. Aristid. I. 475. 515. — τι memoria I. 532 D. — mecum sumo servos, sc. socios itineris I. 544 F. 545 E. 764 A. — dictum retracto, muto I. 555 A. — advenam I. 561 C. — ἀναλαμβάνω quem, mihi concilio I. 571 B. — fugientes milites I. 576 A. 1072 D. — σχῆμα I. 581 B. — instauro I. 619 A. 646 D. 796 C. 903 D. — λόγον ab alio scriptum, sc. ut meo nomine dicam I. 606 E. — uxorem I. 335 D. — amicos mecum sumo in viam I. 636 F. 658 B. D. E. 9 C. D. 669 C. — ἀναλαμβάνεται quis διδάσκαλος ἐπὶ μισθῷ sc. in regiam I. 660 C. — ἀναλαμβάνει pictor speciem I. 665 A. — clientem I. 643 D. — regionem capio I. 639 C. — ἀναλαμβάνομαι a medico, recreor, ex deliquio restituor I. 675 B. — πρός τι conjungor cum quo I. 679 F. — milites recreo I. 685 F. 702 B. — quem εἰς τοὺς ἑταίρους I. 690 C. — convalesco I. 700 E. quem convivio I. 702 D. 930 B. — me ex pavore I. 706 A. — eos qui ad officium redeunt suscipio I. 720 D. — plebem conviviis I. 733 E. 734 F. 832 A. 879 A. 922 E. — καὶ ἀποδίδωμι veterem morem I. 744 F. — orbam filiam I. 751 D. — disco, percipio I. 759 F. [Heins. ad Max. Tyr. p. 162.] Dio Chrys. 559 B. — me ex risu I. 765 B. — plebem εἰς τὸ σιτηρέσιον I. 771 D. — me e fuga I. 772 F. — uxorem recipio I. 784 E. F. — onus I. 780 C. — exulem I. 786 F. — socios I. 790 A. 883 F. 885 D. — quem a metu I. 791 D. — ἀναλαμβάνομαί τι — recupero quid I. 797 C. 959 A. — sumo infantem in ulnas I. 803 A. — ἀναλαμβάνομαι activ. I. 809 E. — ἀναλαβεῖν ἑαυτὸν, se ipsum ad veterem statum, in integrum restituere I. 811 C. — τινί τι (ita enim leg. pro accus.) restituere, recuperare cui quid I. 813 B. 828 A. 916 E. 1002 B. — mulierem I. 818 F. — Machon. Athen. 583 C. Antiph. 586 F. 590 C. 592 D. 593 A. — quem τιμῇ I. 820 B. ἀναλαβεῖν quem in equum f. ἀναβαλεῖν I. 822 D. — τέκνα καὶ οἶκον vidua suscipit curam I. 824 D. — εἰς ἐμαυτὸν, rem auditam I. 849 C. — historiam alterius — sumo quid a quo I. 860 A. — ἀναλαμβάνει caussam patronus I. 864 B. 865 D. — ἀναλαμβάνω meretricem I. 893 E. — sponsam I. 903 E. 904 A. — ἀναλαμβάνομαι sanor I. 904 C. — ἀναλαμβάνω oblecto I. 942 C. — ἀναλαμβάνομαι in navem I. 947 A. 949 C. — ἀναλαμβάνω ex deliquio ad me redeo I. 931 D. — recreo me, omiss. ἐμαυτὸν I. 969 C. — quem tueor, recipio tuendum I. 975 B. — φιλίαν instauro I. 962 E. — τὴν αἰσχύνην ut alibi ἀναμάχομαι I. 975 D. — ἀναλαμβάνω me ἐκ τοῦ πάθους I. 976 F. — suscipio hominem ad me I. 980 A. 983 D. 999 C. — me ex morbo I. 985 C. — mecum sumo quid I. 985 C. — quem confirmo animo I. 990 A. Hierocl. Stob. 415, 23. — quem mihi concilio I. 995 A. — quem in alium equum — (f. ἀναβαλ.) I. 1015 F. — τι sc. in humeros I. 1018 A. — dignitatem suscipere I. 1068 B. — ξίφος I. 1074 D. — αὐτὸν recreare se I. 939 A. — coquum conduco, Menand. Athen. 661 F. vel magistrum in domum suscipio — dictum, recipere ut quasi indictum sit II. 10 F. — poësis ex philosophia τοὺς λόγους ἀναλαμβάνουσα II. 15 F. — ἀναλαμβάνειν nostrum κακόηθες inimicus non amicus II. 92 B. — ἀναλαμβάνω exhalationes in me II. 96 F. — φρόνημα II. 121 F. — αὖθις οὖν ἀναλαβόντες ἐξ ἀρχῆς λέγωμεν II. 130 A. vid. mox. — ψῆφον II. 194 B. — σῶμα ἐκ τῆς ἀῤῥωστίας Porphyr. Abst. I. 15. — τι τῇ διανοίᾳ Jambl. V. P. 165. — Pro simplici λαμβάνω, ἐπαινέτην Dio Chr. 655 D.

ἀναλάμπω — pro ἀντιλάμπει II. 345 E.? — e deliquio redeo II. 694 F. — frequentor II. 711 B. 973 D. I. 118 F. — ἀναλάμπει ignis I. 455 F. — bellum I. 454 B. — I. 911 D. — amor I. 932 A. Philostr. p. 212. — e deliquio ad me redeo I. 991 A.

ἀνάλαμψις II. 410 F.

ἀναλγὴς II. 528 D. 1057 D. I. 94 A.

ἀναλγησία II. 445 A. I. 100 A. — crudelitas Aristid. I. 402.

ἀνάλγητος II. 46 C. 452 A. 495 A. 824 B. I. 274 A.

ἀναλέγω — colligo historiam I. 39 E. II. 78 F. — ἀναλέγομαι colligo II. 464 F. 520 B. 578 E. 582 A. 961 A. [9]78 F. 1089 C. I. 444 C. Procop. B. P. I. 249 A. — refero II. 628 D.

ἀναλείπω II. 1072 B.

ἀναληθὴς Coriolan. I. 233 E. (Toup. Longin. 3. p. 162.) Epictet. Diss. IV. 1. p. 540. Marc. Ant. II. 16.

ἀνάλημμα Wessel. Diod. Sic. II. 215.

ἀναληπτέον II. 136 A.

ἀνάληψις susceptio tanquam muneris II. 351 E. ubi vid. n. ἱερῶν ib. — οἰκείου restitutio II. 431 F. 797 B. — μαθημάτων II. 472 B. — recuperatio I. 101 B. — instauratio I. 734 F. Aristid. I. 553.

ἀναλίσκω Simpl. II. 604 B. — insumo I. 105 A. 106 A. 110 A. 161 A. 164 E. 172 A. 565 D. 625 B. 642 C. 892 A. 928 A. II. 657 A. 702 D. 704 A. 724 E. 1052 C. 1126 E. — consumo II. 62 B. ita leg. 151 D. 186 E. 606 C. 686 F. 694 E. 695 B. C. I. 1019 C. — Fruor II. 730 A. — Simpl. capio II. 700 D. ἀνηλωμένος II. 783 C. — λόγον Aristoph. Lys. 468. Bergl. — tempus I. 271 D. ἀναλωται ὁ χρόνος καὶ ὁ βίος II. 41 E. — ἀναλίσκεσθαι νόσοις Aristid. I. 83. — ἀναλίσκω pecuniam praeceptoribus id. II. 23. — Simpl. Plato 693 C. bis. [vid. ἀναλόω.]

ἄναλκις I. 697 B. II. 32 F.

ἀνάλλομαι I. 730 C.

ἀναλλοίωτος II. 1025 C.

ἀναλογέω τινὶ II. 725 B. emend. Kust. Jambl. V. P. 105.

ἀναλογία Mus. II. 1134 F. 1138 E. 1139 A. pro geometrica arithmeticam II. 484 B. 719 A. B. 1008 D. 1015 E. 1017 A. F. 1025 A. 1027 E. 1028 B. Plato 704 E. — Simpl. II. 931 C. 1084 F. 430 E. 433 D.

ἀναλογίζομαι II. 42 A. 1119 A. I. 433 A. 540 D. 754 B. 951 A.

ἀναλογικὸς II. 1144 F.

ἀναλογισμὸς I. 914 F. II. 126 F.

ἀνάλογος II. 718 E. 1145 C.

ἀναλόγως I. 44 C.

ἄναλος insulsus II. 684 F.

ἀναλόω — οῖ, ώμενος II. 691 A. 696 B. 877 D. Bergl. Arist. Lys. 468. — Pausan. 584. 807. Aristid. II. 339. et ἐξαναλ. 357. — οῦσθαι bello, mori I. 981 F.

ἀνάλυσις II. 884 D. 915 C. — Geometr. I. 24 B. — viae vid. ad II. 76 D.

ἀναλύω — Nix II. 898 A. — captivum 986 A. C. — aperio I. 442 A. a vinculis I. 161 E. — syllogismos — vid. ad 133 B. — pass. facultatem II. 788 B. — Geometrae II. 792 C. — pass. εἴς τι II. 875 E. 876 A. 877 D. 888 A. 1081 F. — Redeo ex convivio — vid. ad II. 76 D. — ἱστὸν I. 18. — τι εἴς τι II. 435 A. — Mus. II. 1142 A. — ἀναλύεσθαι τοῖς πάθεσι vitiis suis obsequi II. 83 E. ἀναλύει Jupiter materiem in se II. 1065 B. — se ipsum II. 1114 B. — rescindo alterius acta I. 379 F. — Sim. II. 22 B.

ἀνάλωμα — tempus τὸ πολυτελέστατον I. 928 A. — Exhalatio II. 384 A. conf. II. 691 A. — Sumtus, impensa II. 182 D. 236 F. 822 A. C. D. 997 D. I. 105 A. D. 107 E. 129 E. 164 E. 262 B. 131 F. 330 E. 349 C. 459 D. 474 B. 518 C. 709 A. E. 711 C. 771 D. 830 D. Plato 678 B. bis. 693 C.

ἀνάλωσις II. 1085 A. Porphyr. Abst. III. 18.

ἀνάλωτος II. 5 E. 14 F. 56 A. 178 A. 705 E. 782 A. 1057 E. I. 58 B. 142 C. 161 F. 204 B. 308 C. 577 B. 905 D. 697 E. 761 C. 352 C.

ἀναμάρτητος — τὸ II. 25 D. 72 B. 87 E. 404 B. 419 A. 782 B. 996 F. 1056 F. 1120 E. I. 191 C. Porphyr. Abst. II. 31. Aristid. I. 225. 239.

ἀναμάσσω — μαι τοῦ αἵματος τῷ προσώπῳ I. 952 A. — ποινὴν Orac. Oenom. Euseb. P. E. V. 210 D. 211 A. Vales. Euseb. H. E. p. 136. — quid anima Aristid. II. 98. — luo Pausan. 882.

ἀνάματος carens fontibus II. 870 E. Epigr.

ἀναμάχεσθαι II. 223 F. Vid. not. meae ad Julian. Or. I. Wessel. Diod. Sic. I. 659. II. 96. Upton. Ind. Epictet. — dedecus I. 965 C. — cladem I. 1040 B.

ἀναμέλπω II. 329 E. Jambl. V. P. 63.

ἀναμένω II. 47 C. 200 C. 202 D. — τι γενέσθαι II. 995 B. — τι I. 776 C. — II. 8 F. 394 E. I. 147 A. 163 B. 185 D. 330 A. 393 A. 477 C. 790 B. bis. 943 C. 562 B. 960 D. 1035 F.

ἀνάμεσον II. 103 E. vid. supr. ἀνά.

ἀναμετρέομαι memoro I. 173 B. Thessal. Or. p. 7 F. — metior cogitatione II. 76 C.

ἀναμέτρησις I. 93 E.

ἀναμηρύομαι II. 978 D.

ἀναμίγνυμι — μαι hostibus I. 569 B. — σθαι sibi invicem induciis I. 583 C. — I. 833 A. 847 B. II. 140 E. 143 A. 172 C. 214 A. Aristid. I. 489. — cui hoc, consuetudine I. 937 D. — hostibus, pugna I. 967 B. — σθαι turbae I. 1073 A. — ἀναμιγνύειν ἑαυτόν τινι, alii MSS. καταμιγνύειν II. 51 A. — ἀναμιγνύει certamen luctatores II. 638 F. — νσθαί τινι pro συμμίγνυσθαι II. 650 D. 692 F. 696 A. 698 D. 699 C. 700 A. 707 E. 719 A. 725 E. I. 41 E. 73 B. — I. 65 D. 71 D. 74 C. 75 E. 84 E. 107 B. 108 D. 144 A. 145 F. 154 D. 162 C. 287 F. 469 E. 502 C. 530 E. II. 396 C. 421 A. — πρός τι II. 415 A. — ἀναμιγνύω τινά τινι I. 405 C.

ἀναμιμνήσκω hortor II. 422 C. — Sim. II. 33 A. 70 A. 128 C. — ἐμαυτὸν II. 720 A. B. C. — μαι Med. II. 130 E. 168 B. Plato 699 C.

ἀναμὶξ Aristid. I. 184. 229. 250. 510. 551. II. 47. 86.

ἀνάμιξις amicitiae II. 643 E. — I. 171 E. 537 E. II. 432 A. 664 D. 688 C. 689 C. 691 F. 698 B. 702 B.

ἀναμισθαρνέω II. 807 A. I. 524 C.

ἄναμμα II. 890 A. Diog. Laert. VII. 145. ἄμμα Porph. A. N. 11.

ἀνάμνησις est μάθησις II. 629 E. Corrig. II. 422 C. — II. 1131 B. et μνήμη Plotin. 391 A. B. ἀνάμνησις ἔχει res II. 686 C. — Veneris II. 917 C.

ἀναμνηστικὸς Cat. Min. 759 F. differt a μνημονικὸς si vera est lectio. Vid. Aristot. de Memor. Initio — ap. Non. Marc. 5, 78. (excitatione Gesneri Thes. v. *Memini*) p. 441. Gell. VIII. 7. et citatus a Gronovio Aristot. Anima II. 4. H. A. I. 2. Plato 81 G. Ind. edit. Aliter Philo Jud. 1060 B. C. D. Contra Philo 78 A. 420 C. 429 D. 430 A. Plato Theaet. 136. 137 H. Plotin. 455 F. Stob. 194. Olymp. MS. Phaed. p. 172. 176.

ἀναμολύνω II. 580 E.

ἀναμπέχονος Poët. II. 557 D.

ἀναμφιδόξως II. 441 F.

ἀναμφισβήτητος II. 742 E. 963 D. I. 39 D. 480 A. Plato 638 E. 703 D. — qui in judicio non habet defensionem, sine controversia punitur Plato 630 A.

ἀνάνδρεια I. 1000 C.

ἀνανδρία mulieris, celibatus II. 302 E. — I. 273 D. 414 E. 564 B. 570 E. II. 47 C. 201 B. Plato 660 B.

ἄνανδρος II. 19 F. 56 B. 68 D. 711 C. 751 B. 962 F. 990 B. 1058 B. I. 90 C. 170 D. 193 C. 328 E. 424 E. 560 B. 745 D. 859 E. Mulier I. 36 D. quae virum non habet. Plato 682. 685 A. — I. 966 F. ignava.

ἀνάνδρως I. 717 A. II. 46 C.

ἀνανεόω — οῦσθαι γάμον ut σπονδὰς II. 760 A. I. 488 B. 999 A. — Suid. habet nomine Plutarchi in v. memoria recolere Aristid. I. 361. Sim. ib. I. 556.

ἀνανεύω II. 529 F. I. 634 B. 711 B. Thessal. Or. 5 E. Dio Chrys. 104 C. 171 C. Upton. Ind. Epict. Aristid. I. 289. 310. 349.

ἀνανήφω I. 141 B. Casaub. Athen. p. 209, 13.

ἀνανήχομαι II. 985 B.

ἀνάνθεος sine flore II. 684 C.

ἀνάνθης ita leg. cens. Reisk. II. 684 C. ubi vulg. leg. ἀνάνθεον.

ἀνανταγώνιστος — ως II. 1128 B. I. 644 A. 748 B. II. 25 B. Junc. Stob. 588. εὔνοια Thucyd. H. Vales. Euagr. 36.

ἀναντίβλεπτος II. 67 B.

ἀναντίῤῥητος I. 124 A.

ἄναξ unde dictum I. 16 A.

ἀναξαίνω — ται odium I. 853 F.

ἀναξηραίνω pass.? II. 610 D. 624 D. 915 B. 919 C.

ἀναξηραντικὸς II. 624 D.

ἀναξιοπαθεῖν indignari II. 309 D. I. 788 F. — θεῖαι Democr. ap. Hippocr. Ep. XX. p. 25 B. ed. Charter.

ἀνάξιος II. 190 E. 222 D. 229 B. 232 E. 240 F. 241 A. ut ap. Ter. II. 783 D. I. 530 E. F. — ἀνάξιον αὐτοῦ quid vel nil facere, dicere I. 661 C. 665 F. 669 E. — in utramque partem, ut Terent. Plato II. 121 A. Senec. Controv. Jul. Bass. p 212. Terent. Eun. V. 2, 25. Phorm. III. 2, 28. Auct. Herenn. IV. p. 54 a. ed. Berol. Cic. Or. II. 71. Conf. ἄξιος. Plato 687 A.

ἀναξίως I. 243 C.

ἀναξυρὶς I. 690 F. 1069 D. Dio Chrys. XXXVI. 439 A. LXXI. 628 B. Himer. 816.

ἀναξύω II. 637 E. I. 105 A.

ἀνάπαιστα τὰ I. 170 D.

ἀνάπαλιν secus ac oportet II. 414 B. I. 125 B. 636 E. — contrario modo II. 718 B. 811 B. 1001 A. 1019 F. 1044 D. I. 138 C.

ἀναπάλλω I. 1065 D.

ἀνάπαυλα I. 462 B. II. 617 D.

ἀνάπαυσις I. 53 E. 264 B. 270 A. 313 D. 351 D. 512 F. 620 C. 915 A. II. 9 C. 100 E. 129 E. 166 B. 979 D. 981 A. I. 144 D. Aristid. II. 245. I. 468. 521.

ἀναπαύω I. 462 D. — cum muliere 638 D. 665 D. — II. 60 C. 100 E. — I. 492 A. 728 C. — opp. παύομαι I. 494 E. — pro καθεύδω II. 143 D. — τὸν λόγον Aristid. II. 296. — ἀναπέπαυται mortuus I. 661 F. II. 110 E. — satietatem affero II. 694 D. — pro simpl. παύομαι I. 285 E. — Med. II. 722 E. I. 127 C. — ἀναπαύομαι cum participio II. 224 E. — ἐμαυτὸν II. 135 F. — ἀναπαύω quem I. 263 A. 380 E. 528 D. 678 F. ἀναπαύομαι quem activ. I. 528 E. — ἀναπαύομαι πρὸς λύραν de Achille II. 331 E. — Non est καθεύδω I. 741 A. Aristid. I. 233. 235. 249.

ἀναπείθω II. 38 B. 61 A. 124 D. 127 E. 661 F. 676 E. 707 A. 764 C. E. 765 E. Abresch. Dil. Thuc. Auct. p. 258. I. 10 F. 35 A. 85 D. 171 B. 194 C. 280 C. 285 B. 390 B. 429 E. 447 F. 469 E. 439 B. 868 F. 916 E. 928 A. 998 B. Ita leg. I. 953 C. 1049 D. Plato 686 A.

ἀνάπειρα Wessel. Diod. Sic. I. 548. II. 1143 B.

ἀναπειράω — ομαι II. 992 B.

ἀναπεμπάζω — εσθαί τι II. 605 A. Vid. Tim. V. Euseb. P. E. VII. 311 D.

ἀναπέμπω de donario Delphis II. 401 F. — terra profert II. 447 D. simil. 912 E. F. — pass. de sono II. 590 F. — Activ. II. 722 E. 936 E. 937 A. I. 80 D. 126 A. — f. καταπ. I. 307 A. — I. 415 A. 436 A. 757 C. 837 C. 1020 A. 1056 D. — sonus ἀναπεμπόμενος I. 417 A. — ἀναπέμπω dimitto I. 638 C. — ad dominum I. 690 D. — vocem I. 738 A. — ἀναπέμπεσθαι ad praetorem in judicium I. 863 D. — ἀναπέμπει corpus animae quid II. 610 B. 765 A. 1087 B. — cibus digestione II. 216 C. 690 A. — quid ad judicium superioris II. 714 C. I. 669 E. — quid εἰς θεοὺς ἀναπέμπω Diog. L. I. 88.

ἀναπετάννυμι τὴν αὔλειον II. 710 C. — II. 1130 C. I. 78 B.

ἀναπετάω — ἀναπεπταμένη παῤῥησία vid. ad II. 139 E. — χώρα II. 193 E. I. 115 F. 177 D. 183 A. — διατριβὴ ἐν ἡλίῳ II. 752 C. I. 171 B. — ἀναπεπταμένος oculus II. 670 F. — Aër II. 720 D. I. 76 F. — ἀναπεπταμένος I. 257 C. 264 D. 272 D. 438 C. 461 C. 518 D. 937 A.? campus 1072 A. Casaub. Athen. 357, 41. — portam I. 303 E. 353 E. 737 F. II. 167 A. regio I. 465 C. 675 C. II. 193 E. — antrum I. 545 B. — calumnia aures regis I. 693 A. — βῆμα tribunal I. 757 E. — ἀναπεπταμένοι ὀφθαλμοὶ Nicost. Stob. 427.

ἀναπήγνυμι — ται caput I. 560 A. — corpus alicujus I. 1019 E.

ἀναπηδάω II. 175 B. 180 F. 188 C. 704 D. 755 B. I. 320 D. 374 F. 565 A. 608 A 611 D. 638 E. 905 A. ἐπὶ τὸ βῆμα I. 751 E. obstrepens oratori I. 752 E. 754 A. 757 C. — I. 563 F. 913 C. 943 B. 953 D. F. 977 A. 1046 B. bis. 939 F. — animi motu Porphyr. Abst. I. 34.

ἀνάπηρος I. 107 F. II. 180 F. 194 C.

ἀναπιλύω ita leg. Reisk. I. 262 C. pro ἀναδύει.

ἀναπίμπλημι bono sensu II. 71 B. 683 C. 696 F. 700 A. 771 B. 777 A. — taedium affero II. 694 D. — simpl. II. 725 D. E. 736 A. 1039 F. 1066 A. 1078 C. 430 E. 395 E. 396 D. — ἀναπίμπλασθαι affici, inquinari II. 17 D. Ruhnk. Tim. p. 23. II. 396 D. 437 D. 443 C. 450 E. 509 A. 526 D. 538 E. 651 E. 681 E. 692 B. 752 D. 1073 B. I. 171 B. Thucyd. II. 51. ubi corrige interpr. Herm. Phaedr. 175. — ἀναπίμπλημί τινά τινος imbuo quem vitio I. 348 C. Sim. II. 3 F. 107 E. — σθαι γραμμάτων Ἑλληνικῶν tanquam contagione I. 350 B. — turba, confusione I. 400 B. 1044 D. conf. 1042 A. 1072 C. — λόγων corrumpi I. 581 E. — quem δυστυχίας I. 659 A. — inquino I. 774 A. 1051 A. II. 50 E. 53 C. πλησθῆ τὸ πρόσωπον ἐρυθήματος II. 154 B. — κακῆς δόξης fama Dio Chrys. XXXIII. 410 C. — τὴν ἐμαυτοῦ μοῖραν, morior, Plato 705 B.

ἀναπίπτω II. 992 B. Wessel. Diod. Sic. II. 412. — I. 517 F. 807 A. 991 C. animo.

ἀναπλασμὸς ἐλπίδων II. 113 D. ubi v. n.

ἀναπλάσσω me ad quid II. 799 A. — 426 E — 59 B. 65 D. Euseb. P. E. 341 D. — mss. melius ἀνακάμπτω II. 924 A.

ἀναπλέω I. 120 C. 127 F. 257 F. 271 B. 324 A. 439 B. 571 F. 701 F. II. 410 A. — redeo Aristid. I. 387.

ἀνάπλεως — μούσης Ἑλληνικῆς II. 422 D. — II. 36 D. 99 B. 158 D. 400 C. 671 A. 683 A. 751 A. 779 C. 974 C. I. 876 B.

ἀναπλέκω — percussores Caesaris dum eum interficiunt ἀναπεπλεγμένοι I. 991 F.

ἀναπλήθω I. 885 E. — poenam. 867. Pass. implicor II. 798 D. conf. F.

ἀναπληρόω II. 655 B. 1020 A. 1116 B.? I. 102 F. — corrigere, supplere I. 40 E. 373 D. 663 B. 1142 C. Plato 692 C. — Senatum I. 179 E. Simil. 305 A. 970 B. — πότμον Dio Chrys Or. I. 10 A. — imitari, pulchrum exemplum implere II. 84 C. Aristoph. Nub. 991. ἐμπλήσειν, quod non intellexit Kusterus. συμπληροῦν Plato 621 B. — milites I. 394 C. 397 C. — I. 403 C. 480 A. II. 9 E. 242 A. — actionem ab alio inchoatam I. 544 C. — virtutem I. 797 E. 799 A. 809 D. — spem I. 911 D.

ἀναπλήρωσις II. 686 E. 687 E. F.— Lunae I. 911 D.—irae I. 1048 E.— virtutis, velut imaginis I. II. 64 C.

ἀνάπλους I. 778 B.

ἀναπνέω—εῖ aqua II. 682 E. — Simpl. II. 733 C. 1063 C. I. 592 C. — recreor I. 428 F. II. 165 E. — dico, sentio Plato 646 E. F. Aristid. I. 147.

ἀναπνοή II. 133 D. 680 D. F. 698 C. 902 A. expl. 903 D. E. 1003 D. E. 1085 A. I. 34 D. 143 B. 480 B.— ἀναπνοὴν dare cui metaph. II. 812 A. I. 904 E. — τινος II. 917 F. solatium I. 1054 C. Sim. 9 B. — fontis II. 402 C.— orificium hiatus I. 262 A.— I. 734 C. 938 E. II. 43 B. 44 E. Plato 698 A.

ἀναπόδεικτος II. 720 E. I. 233 C. 839 B. Erotian. Prooem. p. 14.

ἀναποδόω ἔπι II. 876 F. bis. — ἀναποδίζω Hippodam. Stob. 534. Herodian. V. 6, 17. Aristid. II. 161.

ἀναπόδραστος II. 166 E.

ἀναπόλαυστος II. 829 D. 1104 E.

ἀναπολέω II. 556 A.

ἀναπολόγητος I. 1006 A.

ἀναπόστατος II. 166 E.

ἀναπράττεσθαι τοὺς τόκους II. 295 D.

ἀναπτάομαι I. 555 E.

ἀναπτερόω—οῦσθαι spe I. 581 B. Dio Chrys. 444 D.

ἀναπτοεῖσθαι venere II. 261 A. 596 F. I. 284 B. 286 C. 972 C.

ἀνάπτυξις II. 382 D. 967 C.

ἀναπτύσσειν λόγους II. 503 B.— hominem II. 567 B.—vinum ψυχὴν II. 715 E. F. — σθαι βάθεσι terra II. 935 C. — Simpl. II. 979 B. 149 C. I. 77 A.— tactic. I. 289 E. vestem I. 909 C. 993 B. urbem Aristid. I. 199.

ἀναπτύω exspuo I. 1051 C.

ἀνάπτω—ἑαυτὸν εἰς τύχην II. 322 E. τι εἰς τύχην I. 263 D. τινι τὴν χάριν I. 937 E. εὐδαιμονίαν ἐκ θεοῦ Porphyr. Abst. II, 3. — τι εἰς ἀρχὴν I. 43 B. 47 B. 67 E. — σθαι ναῦν I. 133 C. Valck. Hipp. p. 246. ind. Wessel. Diod. Sic. I. 692.— II. 1053 A. — τὴν χάριν τινὸς εἴς τινα I. 986 F.— πάντα εἰς θεὸν καὶ ἐκ θεοῦ Attic. Plat. Euseb. P. E. XV. 798 D. Sim. id. 809 B. — τι θεοῖς Porphyr. Euseb. P. III. 92 D. Aristid. I. 149. — κράτος Wessel. Diod. Sic. I. 692. Philo Jud. Eus. P. E. 386 C. — incendo II. 96 C. 419 E. 681 C. I. 66 C. D. 145 A. 296 C. 665 B. 882 C. 1030 F. — ται το λογικὸν ὥσπερ ἐξ ἐλαφρᾶς ὕλης incenditur II. 132 A.— ἀνάπτω φῶς metaph. Jambl. Stob. 471. — σθαι εἴς τι combustione in quid abire II. 1107 C. — incendo, incito hominem Aristid. I. 378.

ἀναπυνθάνομαι II. 47 D.

ἄναρθρος II. 611 B. 994 E. I. 416 C. 738 A. Vit. Hom. §. 16. — Hierocl. Stob. 462. Porphyr. Abst. I. 34. explico vid. Exc. — λόγος inconcinnus II. 613 E. Porphyr. Abst. III. 3.

ἀνάριθμος II. 862 B.

ἀναρίθμητος I. 478 A. 494 C. 498 E. 573 F.

ἀνάριστος II. 127 E. 157 D.

ἄναρκτος nulla aetas maris II. 754 D.

ἀναρμοστία II. 746 C. 1015 D.

ἀνάρμοστος πρός τι II. 678 B. 769 C. 1017 C. 1029 E. 1030 A.—deum II. 696 B. — τινι II. 711 F. 1034 B.— I. 156 C. Wessel. Diod. Sic. I. 585. — I. 691 E. 800 A. II. 126 A. 1146 B.

ἀναρπάζω sudorem abstergeo, deleo II. 624 E. — Sol humorem II. 658 B. Aristid. II. 347 bis. — I. 35 A. Wessel. Diod. Sic. I. 585.— ται mortuus II. 111 D. 117 B, — urbem Aristid. I. 161.—μαι quem, corripio in vincula I. 301 A. 329 A. —vulneratum amicum I. 387 A. 393 D. — ται exercitus ab hoste caeditur I. 412 A. — vexillum I. 575 E. —μαι hostem I. 622 A. 719 E. 1070 E. — pass. vulneratus I. 971 E. — et ἀνασπάω Aristid. I. 123.

ἀνάρπαστος II. 116 C. Porphyr. Abst. II. 8. Herodian. ind. Aristid. I. 135. 221.

ἀναῤῥάπτω — f. leg. ῥάπτω I. 77 A.

ἀναῤῥέω — dico — ἀναῤῥηθεὶς I. 892 C.

ἀναῤῥηγνύω—μι.—ται navis I. 392 B. — μι collem I. 418 E. — ται bellum I. 424 B. — σι luxus urbem I. 425 C. — pontem I. 554 B. — ται hostis ingruit I. 718 A. 719 D. — μι portam I. 822 E. — ται concio, obstrepit I. 992 D. — vena I. 1016 F. — μι terram II. 16 E. — ἀναῤῥήγνυσθαι εἰς ἅπαν τόλμης I. 870 C. — activum II. 1026 F. — med. I. 3 D. — activ. fores I. 284 A. — urbes an accusatione? an clamore? I. 374 C.

ἀνάῤῥηξις navium in pugna I. 946 C.

ἀνάῤῥησις Aristid. I. 117. Demosthenis oratio περὶ ἀναῤῥήσεως Aristid. II. 382.

ἀναῤῥιπίζω II. 133 F. 383 C. 444 C. 513 E. 611 F. 758 F. 793 B. 975 F. I. 454 A. 729 B. 856 C. 998 C. T. Hemsterhus. Lucian. 112.

ἀναῤῥιπτέω aquam (codd. ἀνεῤῥύττω) II. 951 C. Fons aquam Aristot. Mir. Ausc. L. VIII. — hostem ὑπὲρ κεφαλὴν I. 265 F.

ἀναῤῥίπτω κίνδυνον I. 111 B. Thuc. IV. 85. I. 531 A. 663 F. 855 B. 1010 A. Aristid. I. 394. — μάχην I. 727 D. 1004 D. 1040 F. Markl. Eur. Suppl. 330. — κύβον I. 182 B. 651 D. 723 E. 1002 D. II. 206 C. — τὸ πᾶν πρὸς ἕνα κίνδυνον I. 1029 B.

ἀνάῤῥιψις πετρῶν καὶ φλεγμονῶν II. 398 E. — aquae II. 951 C.

ἀνάῤῥοια II. 929 E.

ἀναῤῥοιζέω II. 979 D.

ἀναῤῥοφέω II. 894 B.

ἀναῤῥώννυμι vel -όω — convalesco I. 649 E. — I. 42 E. 413 A. 709 F. 862 D. 882 D. II. 75 B. 182 B. 687 B. 694 D.

ἀναρτᾶν τὸ ζῆν ἐκ βρόχου II. 314 B. — se ipsum II. 841 A. — animo τινα ἔκ τινος Teles Stob. 509, 1. — ἀνηρτημένος ἐνταῦθα ταῖς ἐπιθυμίαις II. 989 D. — σθαι quem concilio mihi Himer. 772. — τᾶσθαι ταῖς ἐλπίσιν εἰς θεὸν I. 70 F. sim. Aristid. I. 411. 439. — φρόντισιν ὅπως I. 1034 C. — suspendo I. 548 A. — equum I. 590 B. — ται resp. in quam I. 770 D. — τᾶσθαι ταῖς ὄψεσιν εἴς τινα I. 1067 E. — εἴς τινα I. 940 D. Aristid. II. 181.

ἀνάρσιος II. 1030 A. Poët. ut ἀνάρσιος D. Ruhnken. Tim. 97.

ἀναρχία II. 827 A. I. 60 F. 149 E. 221 A. 258 E. 391 C. 495 E. 721 E. 781 F. 782 D. E. 1006 B. 1062 E. — Rom. f. justitium I. 648 A. B. C. — Simpl. II. 37 C. 181 F. Plato 686 D. — Athenis Dio Chrys. XXI. 270 A. sub XXX. tyr. ex Xenoph.

ἄναρχος nemo civis sit Plato 686 B.

ἀνασβέννυμι II. 917 C.

ἀνασείω thyrsum II. 759 A. — quid I. 922 B. — togam I. 645 B. — Wessel. Diod. Sic. I. 612. — σθαι ὑπὸ ἡδονῶν Dio Chrys. 530 C.

ἀνάσιλλοι κόμαι I. 557 F.

ἀνασκευάζεσθαι monumentum II. 578 E. — I. 138 F. 719 A. — in locum confero me, colligo vasa I. 461 D.

ἀνασκάπτω I. 17 B. — urbem munio I. 652 D.

ἀνάστασις imaginis Himer. 636.

ἀνασκεδάννυμι hostes I. 398 A.

ἀνασκέπτομαι II. 438 D.

ἀνασκευάζομαι I. 584 B. abeo 588 F.

ἀνάσκητος I. 82 A. 137 D. II. 90 C. 405 A. Dio Chrys. 616 A.

ἀνασκήτως II. 112 D.

ἀνασκιρτάω — equus I. 539 B.

ἀνασκολοπίζω Gatak. Adv. p. 903.

ἀνασκοπέω I. 108 C. 308 E. II. 40 C. 168 B. Plato 665 C.

ἀνασοβέω II. 44 C. 713 A. τὴν θήραν Aristid. II. 116. ex Plat. Ep. Crit. 53.

ἀνάσπαστος I. 500 D. 505 C. Aristid. I. 209. — ἀνάσπαστοι χρυσοῖ Theophr. Athen. 543 F.

ἀνασπάω — pro ἁρπάζω II. 557 C. — ὀφρῦς II. 68 C. 657 C. Oenom. Euseb. P. E. V. 224 A. Aristid. II. 388. 95. — μεταπτώσεις τῶν λόγων II. 657 C. Sim. Aristid. II. 309. (f. not. Julian. Epist. κυκᾶν) — depromo II. 724 D. — Syringen II. 1096 A. — I. 402 A. 620 D. 993 C. bis diversa signif. 1009 C. 1035 B. — Statuam I. 499 F. Dio Chrys. 460 A. — ξίφος I. 563 E. 991 E.

ἀνάστασις et μετοικισμὸς urbis II. 398 D. I. 78 C. — τροπαίου II.

873 A. — urbis eversio I. 351 F. 693 C. — adventus hostium I. 377 C. — reditus in vitam Aristid. I. 85. II. 228.

ἀνάστατος II. 505 A. I. 668 A. — ἀνάστατον ποιέω regnum I. 423 E. 482 D. συμπόσιον II. 514 C. — χαρίτων II. 613 A. — γίνεται ὑπό τινος regio II. 552 E. I. 236 B. 253 A. 255 B. 1034 B. Aristid. I. 133. — δόμων II. 632 E. — Aristid. I. 177. 203. 205. 417.

ἀνασταυρόω Casaub. Ex. Baron. XVI. 77. I. 177 E. 257 B. 704 F. 708 C. 953 B. id. ac κρεμόω 823 E.

ἀναστέλλω II. 659 C. — μανία ἀπὸ σώματος ἐπὶ ψυχὴν ἀνεσταλμένη profecta II. 758 D. — I. 127 C. 174 E. 635 B. Aristid. I. 358. — hostem I. 947 A. 971 E. — ἀνεσταλμένῳ χιτῶνι II. 178 C.

ἀναστέφω II. 676 D. 755 A. I. 9 F. 10 B. 389 C. 640 F.

ἀναστηλόω εἰκόνα II. 1033 E.

ἀναστολὴ κόμης I. 619 D.

ἀναστομόω II. 495 D. 627 C. 651 D. E. 907 A. 912 D. 1005 C. Wessel. Diod. Sic. I. p. 204. Aristot. Probl. IV. 13.

ἀναστόμωσις fluvii II. 590 E. Casaub. Athen. 251, 65.

ἀναστρατοπεδεύω II. 770 B.

ἀναστρέφω I. 181 C. 405 A. 582 B. 920 E. — Med. τινι II. 777 A. — Activ. II. 1015 A. — corrigo quem II. 560 A. — τι ad explorandum II. 600 D. — argumentum, convivium II. 653 A. — τὸ Ἡσιόδειον contra illud agere II. 753 A. — ἀναστρέφομαι τὴν γνώμην, mutari II. 798 E. activ. I. 879 F. — τὸ μύσος ἐπί τινα II. 857 A. — τὴν κίνησιν II. 950 D. — τὴν τάξιν II. 1064 D. — Med. versari ante oculos I. 23 A. 55 A. 133 A. II. 179 F. 417 A. 473 F. Sim. Dio Chrys. 471 C. — I. 144 A. — Act. I. 151 A. 949 C. — λόγος ἀναστρέφει sed f. leg. pass. II. 396 E. Plat. 566 A. — ἀναστρέφεσθαι in studio II. 79 C. 1140 E. 1134 F. I. 360 C. 546 F. Upton. Ind. Epictet. — in loco I. 593 B. 612 D. 615 E. 620 D. 622 C. 794 C. 817 A. 820 F. II. 77 F. 145 B. 241 D. Plato 657 A.

ἀναστροφὴ oculorum II. 671 B. — spatium II. 680 A. — I. 586 E. — pars pugnae I. 587 B. — refugium, receptus II. 112 D. — commoratio, degere II. 216 A. — vitae ratio Teles Stob. 523, 54.

ἀνασύρομαι obsc. II. 241 B. 248 B. Dio Chrys. XXXIII. 405 B. Casaub. Theophr. Ch. p. 83. et 136. ed. Fisch. Toup. Theocrit. T. II. p. 391. Wessel. Diod. Sic. I. p. 96. — II. 330 D. vastare regionem, si sana lectio.

ἀνασφάλλω convalesco Dio Chrys. XXXIV. 415 C. D. Fischer. ind. Aeschin. Socr. voc.

ἀνάσχεσις II. 972 B. I. 69 B.

ἀνασχετικὸς II. 31 A.

ἀνασχετὸς — οὐκ ἀνασχετὸν ποιεῖσθαι II. 794 D. I. 60 F. 341 F. 505 B. Bergl. Aristoph. Ach. 618. Thucyd. II. 21. — Plural. I. 539 D. 570 E. Eur. Stob. 565, 18.

ἀνασχίζω II. 161 E. 996 E. — ται mare navigii cursu.

ἀνασώζω II. 747 B. 985 F. I. 392 D. 1044 A. — ἀνασώζειν τινὶ ὑπόθεσιν alicujus sententiam defendere II. 411 D. — I. 144 C. 206 D. 844 B. — instauro Pausan. 652. ἀνασώζεσθαι captos I. 258 A. — μῦθον πρὸς ἀλήθειαν I. 686 A. — μαι συμφορὰν sano Aristid. I. 89.

ἀναταράττω II. 591 D. — Pass. commisceor 725 C. E. 824 A. I. 189 E. II. 127 C.

ἀνάτασις abstinentia II. 62 A. ubi v. n. — minae Wessel. Diod. Sic. I. 641. Epictet. Fragm. 765. I. 345 E. 908 D. Casaub. Athen. 285, 35. Thessal. Or. 8 F. f. leg. ἐπ' ἀνατάσει. Euseb. P. E. IV. 132 D. conf. 87 A. Viger. 144 C. Porphyr. Abst. I. 8. Dio Chrys. XXXIV. 425 B. — φρονήματος I. 408 E. — cervicis I. 666 D.

ἀνατάττω — med. repeto quae didici II. 968 C.

ἀνατείνω — neutre II. 591 A. χεῖρα Lacon. I. 52 A. — ἀνατεταμένος πάγος I. 343 D. — ἀνατείνειν τινὰ attentum reddere aliquem, erigere II. 60 C. — neutre erigor II. 923 B. I. 163 A. 895 D. — μαι activ. augeo, intendo quid I. 809 A. —

manus in coelum I. 29 B. 67 C. 135 A. 323 A. 382 D. 682 D. 842 D. 902 D. 936 E. II. 105 A. manus precans I. 990 A. Upton. ind. Epict. manus II. 228 D. — gladium I. 151 A. 1073 D. δόρυ I. 169 C. — minas II. 36 C. ubi v. n. activ. κέρας tactic. I. 289 E. — ται puer τοῦ ὠτὸς a magistro I. 348 A. — manus in locum I. 858 B. F.

ἀνατέλλω — ει fumus I. 371 B. — fluvius I. 465 C. — sol I. 625 F. 741 A. 970 A. II. 203 E. Plato 666 D. — planta crescit I. 730 C.

ἀνατέμνω mortuum II. 159 B. — se ipsum II. 223 B.

ἀνατήκω — μαι II. 752 D. — ferrum II. 954 A. sim. II. 136 B.

ἀνατίθημι — εσθαι ὤμοις II. 983 B. sibi ipsum II. 793 C. 816 C. — ἄγαλμα I. 619 F. 688 E. 876 E. — Med. εἰς χρόνον II. 817 C. — me ipse χειραγωγοῖς II. 794 D. — mihi ipse civitatem II. 812 D. — σθαί τι κατὰ ῥάχιν de piscibus II. 977 C. — tribuo cui quid, imputo II. 1016 A. 1055 B. D. 433 E. 435 B. 1141 B. I. 210 A. — med. quid in disputatione. Vid. Ruhnken. Tim. II. 1087 C. — φέρων I. 27 A. Fragm. I. 4. Dio Chrys. 456 D. — cui νικητήριον ἐλευθερίαν I. 730 D. — pro ἀντιτιθέναι, si vera lectio II. 78 D. — Teles Stobaei 577. — Musis epigramma II. 14 B. — alicui regni administrationem II. 263 B. C. 794 B. — alicui librum II. 478 B. sim. Aristid. I. 90. — τινί τι tribuere II. 636 D. 117 D. 862 E. 871 D. 873 D. I. 84 A. — Deo quid II. 653 A. 724 B. — cui caussari II. 683 C. 702 B. — σθαί τινι factum communicare sacratum? II. 772 D. — cui quid Aristid. II. 122. 149. — librum in templo Aristid. II. 356 bis. — coronam γράφων Plato 686 E. — pro νομοθετέω, nisi hoc ipsum corrigendum Plato 684 D. — me patriae Dio Chrys. L. 542 D. — me negotio Dio Chrys. XXXIV. 423 C. — Vulgo male pro ἀντιτίθημι II. 78 E. — σθαί τι in alium libri locum pro ἀποθ. II. 54 B. — statuam I. 92 B. — et ἀνίστημι I. 710 A. — templum I. 104 B. — consecro I. 114 C. 119 F. II. 397 F. 8 B. 163 D. 164 A. 400 D. 428 C. 464 A. 481 D. — σι cui se civitas I. 169 F. — σθαι med. cui quid tribuere, pro activo II. 435 D. — sepono in aliud tempus II. 400 C. Casaub. Athen. II. 1. p. 77, 28. Plato. Sic Herodian. VII. 4. 6. ἀνάθεσις. vid. not. — ἐναι τινὰ εἰς Δελφοὺς Pausan. 882. — ἀγῶνα Deo, oppon. simpl. τίθημι II. 1140 C. — Diis I. 250 F. 251 D. 309 C. II. 204 E. 224 B. — Plato 688 A. 691 F. G. — ἀντίθημι cui sermonem tribuo, in histor. facio eum dicentem I. 379 D. — μαι quem in equum I. 1016 D. — statuam in templo I. 347 C. — quid in manus statuae I. 860 D. — imputo I. 353 F. 453 B. 846 D. 876 A. — μαί τι tribuo mihi laudem rei I. 373 D. Sim. Aristid. I. 489. 501. — spolia I. 400 D. — cui librum dedico, inscribo I. 454 E. 494 D. — ἀναθεῖναι ἑαυτὸν τῇ τιμῇ rerum gestarum, otiari a factis I. 518 A.

ἀνατλάω fatum meum I. 428 C. Sim. II. 118 E.

ἀνατολή — ὰς facit luna II. 731 F. — αἱ locus solis orientis II. 932 F. 933 A. 964 F. I. 69 F. 636 F. 1068 D. fluvii — astrorum II. 1006 E. Plato 704 C. — ῆς ἀρχῇ II. 400 A. — ἐπιοῦσα II. 400 B.

ἀνατολικὸς — ἀνατολικὰ μέρη II. 888 A.

ἀνατολμάω I. 513 A. 939 D.

ἀνατομὴ II. 968 A.

ἀνατρεπτικός, τινος Dioscor. II. 75.

ἀνατρέπω II. 49 C. 418 B. 756 B. 985 B. — ψυχὴν II. 555 D. — virtutem scelere II. 555 F. — εσθαι ἐκ τῶν πράξεων II. 581 B. — τὴν πόλιν II. 806 D. — confuto II. 964 D. 1059 D. 1074 B. 1119 E. 1125 E. — Simpl. II. 1067 E. I. 97 F. 117 C. 151 A. 405 C. 410 F. 412 B. — animo I. 38 A. — ται hostis I. 240 C. — regnum I. 260 E. 955 F. II. 49 C. — consilium I. 355 E. — aedificium I. 347 A. — res cujus I. 393 E. 394 F. — statuam I. 525 E. 1048 D. 1062 E. — hostem I. 643 C. — remp. I. 551 A. 644 A. 770 B. 774 B. 986 A. II. 56 E. — μαι vincor I. 891 B. — ται ἡ ἰσχὺς I. 817 E. —

urbs I. 977 F. — πω hominem I. 1056 D. — μαι ab equitatu I. 1059 E. — muto sententiam I. 776 E. — in navi I. 777 F. — navem Plato 673 C. δόγμα et ἑαυτὸν Plato 696 E. — mensam Lucian. II. 608.

ἀνατρέφω I. 147 B. 715 D. II. 225 F. 1142 C.

ἀνατρέχω II. 161 D. 373 E. 978 C. 981 C. I. 38 E. 108 D. 205 A. — νέφη 1036 C. erigere se ad virtutem II. 2 C. εἰς ἐμαυτὸν II. 915 A. — ἡ πολυτέλεια I. 425 A.

ἀνάτρησις II. 968 B. I. 341 A.

ἀνατρίβω frico in balneo I. 277. 284. 295. 359.

ἀνατροπεὺς νεότητος II. 5 B. — II. 1059 B. Valcken. Hipp. p. 238, 2 E. II. 949 F. Dio Chrys. 463 C.

ἀνατροπὴ II. 158 F. 1071 D. I. 423 B.

ἀνατροφὴ I. 827 D. Hierocl. Stob. 462, 17. 449. Muson. ib. 450.

ἀνατυποῦσθαί τι II. 329 B. 331 D.

ἄναυδος II. 89 B. 431 B. 434 C. 721 C. 738 E. 953 D. 963 A. D. 973 C. I. 367 B. 427 C. 658 F. 694 E. 705 D. 841 F. 1067 F.

ἄναυλα θύειν II. 277 E. ἄναυλος θυσία II. 16 E. amor II. 406 A.

ἀναυξὴς II. 912 A. I. 465 C. Dio Chrys. 527 A.

ἄναυξος II. 981 F.

ἀναφαίνω II. 664 C. 670 D. 781 F. 862 B. 1007 D. — invenio II. 345 F. — prodigium I. 854 D. — II. 161 D. 968 C. 1110 E. — cum particip. periphrast. I. 628 A. 636 B. — ἀναφαίνεται λύχνος I. 927 D. — τι τῶν ἀγαθῶν sc. ὄν, apparet hoc esse ex numero bonorum II. 108 D. — μαι cum nom. fio, appareo II. 151 E. Plato 705 A. bis.

ἀναφαίρετος I. 224 E. 433 B. 832 A. II. 5 E. Upton. ind. Epict.

ἀναφανδὸν II. 863 F. I. 200 F. 239 A. 271 C. 309 C. 456 D. 551 B. 565 C. 582 A. 608 E. 722 B. 784 C. 892 B. 897 B. 963 D. 995 A. 1029 C. 1049 E. 1062 E.

ἀναφέρω in tutum II. 509 B. — φωνὰς II. 433 C. — fructum II. 555 D. — med. laetor II. 1102 A. — ἀναφέρεταί τινί τι, quid ad quem, si sana lectio II. 403 A. — praeda in publicum I. 187 C. — ἀναφέρειν similitudinem de pictore qui eam exprimit II. 53 D. — neutre vid. n. ad II 65 B. — τι πρὸς ἑαυτὸν sibi in memoriam revocare II. 126 E. — τι referre, historias memoriae prodere II. 301 A. 838 E. — conservo v. n. ad II. 20 C — f. tollo, celebro II. 301 D. — ἑαυτὸν II. 388 C. — ἀναφέρομαι refertur ad auctorem dictio II. 218 A. I. 36 C. — τινί τι pro εἴς τινα II. 403 A. — εἰς ὁμοιότητα γένους 562 F. — oraculum II. 563 C. 192 E. Eunap. 42. — aqua II. 127 C. 950 B. — e somno II. 973 F. — ἀναφέρω aquam haurio e puteo II. 974 E. — χρησμὸς II. 1116 E. 1117 A. Eunap. 62. — in memoriam revocare v. n. ad II. 126 E. — λόγον memoro I. 16 B. — ad auctorem I. 31 F. — ομαι sursum I. 36 B. — pro simpl. φέρω I. 77 D. — ad senatum vel populum I. 132 F. Eunap. 62. — φωνὴν profero II. 433 C. — convalesco II. 563 D. 592 D. I. 29 A. — τὴν διάνοιαν II. 596 A. — τι πρὸς ἀπόδειξιν II. 628 B. 991 F. — humor cibos in corpus II. 690 A. — ρει Sappho μέλεσι τὴν ἀπὸ καρδίας θερμότητα II. 762 F. — redundat in quid II. 808 A. mox passive B. — foenus II. 831 B. — ἀπομνημονεύειν τι ἀναφέροντα ἐπὶ τὸ παλαιότατον II. 832 D. — μνήμην rei II. 860 A. 1089 C. — fructum II. 957 F. Sim. II. 126 C. — τι ἐπί τι II. 430 B. 948 C. 1040 E. 1050 B. 1071 A. C. — σθαι animo I. 259 C. — spolia I. 302 A. — ταί τι ad senatum, vel in publicas tabulas I. 397 A. Eunap. 62. — μαι ad me redeo mente I. 405 D. — ται praeda in castra I. 421 B. — ἀναφέρω rem παρὰ τοῦ θεοῦ, an oraculum Delphis acceptum renunciare mittenti I. 462 E. Eunap. 62. — τὴν ὁμωνυμίαν in avum I. 480 C. Sim. Athen. 587 C. — ται scriptum pro simpl. φέρεται, fertur, I. 603 B. — ἀναφέρω quid in aerarium I. 342 B. 642 F. 781 D. — gemitum I. 694 E. — ται εἰρησία I. 915 C. telum I. 729 E. — φέρω quid ad imperatorem I. 734 B. 821 E. 842 E. 1018 B. Sim. II. 143 B. 176 B. 180 C. Eunap. 62. — τι πρός τι accipio quid de quo interpretando I. 744 A. — colorem I. 754 C. — petitionem ad aerarium I. 767 A. — πίστιν in quem I. 770 F. — ρει me quid ad mentem reducit I. 783 C. — ομαι emergo I. 788 E. — ἐρει me quid erigit I. 797 D. — ρω sanguinem evomo I. 811 D. conf. 819 B. — πρὸς τὸν πόλεμον ἐκ πολλῆς δυνάμεως accedere ad bellum magnis copiis I. 817 F. — τι ἐπί τινα dictum cui tribuo I. 825 E. — testamentum sc. ad senatum I. 830 F. Eunap. 62. — ρει sensus τι πρὸς τὸ φρονοῦν I. 888 E. — ται ἡ εἰρεσία I. 927 B. — ρει κέντρον forma mulieris I. 927 E. — ρω τι πρός τινα, narro, refero I. 934 D. — refero, narro I. 982 A. Eunap. 62. — τὸ γένος εἴς τινα I. 984 C. Soran. ed. Galen. Paris. T. I. 1 A. — similitudinem πρός τινα, similis sum alicui I. 984 D. — ται numerus caesorum ad regem I. 1018 D. — ταί τι πρὸς Lat. refertur sc. labor ad quid II. 40 C. — ρει ὁμοιότητα pictor II. 53 D. — ται venenum ad cor II. 61 B. — μαι ad virtutem ὥσπερ ἐπὶ ζυγοῦ II. 75 C. — ὥσπερ ἐκ βυθοῦ ad virtutem II. 76 B. — ται male dictum in auctorem, repellitur II. 88 D. — φασὶ τὰς τῶν εὐωνύμων πληγὰς τὴν αἴσθησιν ἐν τοῖς δεξιοῖς ἀναφέρειν II. 140 D. — ται λόγος ad quem defertur II. 147 A. — μαι emergo, sursum feror ex fundo maris II. 161 A. D. E. — ται dictum in quem II. 218 A. — ρω ὄνειδος in deos II. 232 C. — sensus corporis ἀναφέρεται ad animam Fragm. I. 4. — ρω τὴν ἀναφορὰν τινος εἴς τι Jamblich. V. P. 47. πρὸς τοῦτο ἀναφέρων ἐποιεῖτο τὴν κάθαρσιν Jambl. V. P. 70. — ὁ χρόνος ἀναφέρει τὸν χαρακτῆρα actus servavit corporis formam ut adhuc agnoscatur Dio Chrys. 549 C. dele οὐκ ante ἦν. — ρει reus quid ad judices Plato 666 E. — ρω εἴς τινα omiss. τὸ γένος Aristid. I. 183. Schol. habuisse videtur γένος 237. 257. simil. I. 510. Eunap. 52. — dixi hoc ἀναφέρων εἰς Ἀριστοφάνους Τελμισσέας — respiciens Aristid. I. 277. — ἀνενηνοχέναι ib. 366. ἀνενηνόχειμεν ib. 436. — ρω ἐπί τι recordor quid I. 527. 653. — εἰς ἀξιόχρεων et sim. II. 16. 114. 370. 377. 384. εἴς τι simpl. II. 34. 37. 413. — τι εἴς τι II. 122.

ἀναφεύγω — ει rumor I. 268 E. — I. 296 A. 449 E. 562 D. 579 B. 741 C. 978 D. 1070 A. ἡ ὕλη si sana I. II. 414 D. f. ἀνυφαίνω. — μαι — ξῃ Xen. H. Gr. II. 3, 19.

ἀναφθέγγομαι II. 40 D. 683 B. 697 F. 751 A. II. 11 C. 270 B. 730 A. 874 D. 905 D 937 C. 953 A. 1008 B. Fabric. Sext. Emp. 283.

ἀναφῆς II. 721 C. 947 B. 1114 A. 1116 D.

ἀναφλεγμαίνω — νει pars vulnerata I. 953 C.

ἀναφλέγω II. 681 C. — affectum I. 199 D. — ται ἔρως II. 138 F. — τὴν ψυχὴν studio philosophiae I. 959 E. — sitis 938 B. — memoria II. 765 B. 798 F. I. 296 A. — ambitione I. 527 E.

ἀνάφλεξις I. 439 E. II. 681 B.

ἀναφορὰ principium ad quod quid refertur II. 1035 D. τινος πρὸς τὸ τέλος II. 54 D. relatio, conjunctio II. 558 F. — elevatio II. 893 C. 894 A. — relatio ad caput rei II. 1035 D. 1070 F. I. 888 E. Upton. Ind. Epict. — ἐλεῖν ἐπί τι II. 1071 A. — recreatio e clade I. 82 B. — πρὸς τὰς ἔξωθεν ἁμαρτίας I. 352 E. — ρὰν peccati non habere, in aliud non posse referre I. 742 C. — ρὰν ἀναφέρειν εἴς τι Jambl. V. P. 47. — ἐπί τι Aristid. I. 492. ἔχει τι εἴς τι id. II. 117. — testimonii id. II. 345.

ἀναφρόδιτος II. 57 D. 751 E. 972 D. I. 917 D.

ἀναφυγὴ I. 263 E.

ἀναφύρω II. 1109 D. I. 416 F. 559 B. 971 D. 976 B. Aristid. I. 541.

ἀναφύω II. 379 C. 398 D. 676 D. I. 7 B. 172 E. 334 F. 1020 D. 1034 B. 1049 F. — med. ἀνέφυ τοῖς σοφισταῖς λόγος II. 559 B. Philostr. p. 210.

ἀναφωνέω II. 105 B. 107 A. 739 E. 809 D. 827 C. I. 19 A. 229 B. 834 E. 874 D. 896 D. 995 B. — ἀναγινώσκοντας ἢ ἀναφωνοῦντας II. 130 C. — πεφωνημένα in poëtis II. 30 D.

ἀναφώνημα I. 416 D. 625 C.

ἀναφώνησις II. 1071 C. I. 995 C.

ἀναχαιτίζω vid. n. ad II. 150 A.

ἀναχαίτισμα II. 611 F.

ἀναχαλασμὸς II. 909 D.

ἀναχαλάω II. 647 C. 877 C. 898 A. 910 B. 911 B.

ἀναχάραξις squamarum piscis II. 396 C. 979 C. [1079 E. ἀποχ.] 1080 A.

ἀναχαράσσω II. 396 A. 913 E.

ἀναχάσκω II. 907 A.

ἀναχέομαι de tranquillitate II. 321 C. — II. 1078 D. 1098 D. — rumor II. 268 B. — f. ἀναλύω Dionys. Eus. P. E. 775 D.

ἀναχρώννυμι II. 930 F. —μαι II. 89 D.

ἀνάχρωσις II. 358 F. f. 53 C.

ἀνάχυσις dilatatio I. 419 F.

ἀναχωννύναι aperio II. 151 D. mare f. ἀναλώσῃ.

ἀναχωρέω I. 143 C. 1009 A. II. 202 D. 206 D. 209 B. 228 F. 1077 D. — in pugna I. 935 E. 1040 A. II. 113 F. — a docendo et dicendo εἰς τὰς συγγραφὰς Aristid. I. 82. recuso, nolo Aristid. I. 318.

ἀναχώρησις in iride II. 359 A. si vera lect. — recessus II. 73 E. 867 D. 909 C. D. I. 120 C. 139 D. 265 F. 295 F. 306 D. 364 D. 614 C. 912 A. — εἰς ἑαυτὸν II. 973 D. in somno Plotin. Eus. P. E. XV. 811 C. — recusatio Aristid. 360. II. 402.

ἀναψάω — ήσασθαι cantilena I. 10 B.

ἄναψις II. 400 B.

ἀναψυχὴ I. 171 B. Plato 677 E.

ἀναψύχω equum I. 268 C. —ομαι II. 649 F. I. 127 B. Wessel. Diod. Sic. II. 627. — I. 470 F. 576 E. — naves Aristid. I. 372. — sicco T. Hemsterhus. Lucian. 521.

ἀνδάνω τοῖς πέλας Democr. II. 821 A. — cum accus. Musgrav. Eurip. Or. 1640.

ἀνδεκτὼρ Aeschyl. II. 965 A.

ἀνδέτας? Ita B. E. pro ἀρδέτας. Ap. Boeotios his ἐγγράφεσθαι f. viris vel militibus II. 761 B.

ἄνδηρος II. 649 D. 650 C.

ἀνδραγαθέω I. 186 C. 580 A. 587 A. 697 F. 856 A. 858 C. II. 195 E. 221 B. 222 A. 242 A.

ἀνδραγάθημα II. 861 C. I. 573 A. 577 C. 994 F.

ἀνδραγαθία I. 5 E. 48 A. 142 C. 186 B. 195 F. 210 D. 215 B. 218 C. 234 E. 246 C. 326 A. B. 332 C. 336 B. 409 A. 455 B. 473 D. 497 F. 534 D. 569 F. 715 D. 802 B. 825 C. 844 F. 898 A. 1025 D. 1065 D. II. 181 E. 183 D. 210 C. 221 B. — virtus quaedam II. 97 E.

ἄνδρακας Homer. II. 151 E.

ἀνδραποδίζομαι I. 136 D. 308 D. 316 D. 504 C. 589 A. 663 A. 1048 D.

ἀνδραποδισμὸς I. 441 D. Plato 662 E. 691 D.

ἀνδραποδιστὴς II. 632 F.

ἀνδράποδον fere oppon. δούλῳ II. 4 B. pejori sensu. — δειλὸν II. 57 D. — II. 99 E. 109 C. 174 E. 234 C. 241 B. C. Plato 676 D. — et ἀνὴρ II. 147 D. Diog. L. VI. 33. 43. Dio Chrys. 62 C.

ἀνδραποδώδης II. 6 A. 210 C. Plato 663 A. Aristid. II. 416.

ἀνδραποδωδία II. 7 B.

ἀνδρεία I. 61 D. 197 A. 311 B. 398 A. 608 E. 808 D. 959 E. II. 29 D. 30 D. 31 E. 56 B. 190 F. bis. 200 A. 210 A. E. 215 F. 223 E. 238 B. 241 F. 432 A. 445 A. 988 C. Plato 695 C. 698 F. 699 F. et δικαιοσύνη II. 213 B.

Ἀνδρεῖα apud Cretenses ut Φιδίτια Laconum v. n. ad II. 218 D.

ἀνδρείκελον II. 16 B. Ruhnken. Tim. p. 25.

ἀνδρείκελος Adject. I. 705 A.

ἀνδρεῖος — II. 32 C. 56 C. 75 E. 113 A. 118 E. 183 D. 210 B. 214 C. 219 F. 232 E. 235 E. Plato 700 B. I. 959 E. 962 A. — τὸ I. 400 A. — ον ἱμάτιον I. 990 C. II. 37 C. — κόσμος II. 37 F. — inveniendo nova audax v. n. ad II. 235 E.

ἀνδρείως II. 231 E.

ἀνδρία pro ἀνδρεία I. 140 F. 274 A. II. 97 E. (al. MSS. ει.) 176 E. 183 B. 201 B.

ἀνδριαντίσκος I. 9 B. 854 E.

ἀνδριαντοποιὸς II. 99 A. 776 C. 779 E.

ἀνδριὰς I. 92 B. 187 C. 860 B. D. 861 D. 921 D. 943 F. 988 A. B.

passim 107 C. 270 B. 272. 1011 C. D. 1056 D. — II. 7 E. 91 A. 180 A. 191 D. 198 E. 200 B. 205 D. 215 A. 233 A. 395 A. 400 E. 674 B.— ἀνδριάντων δίκη I. 247 E. 347 C. D. 436 E. 451 E. 518 C. 525 B. 619 F. 739 A. D. 780 B. 816 E. 841 B. — ἀνδριάντος γυμνότερος Dio Chrys. XXXIV. 414 A.

ἀνδρίζεσθαι II. 1046 F. 1047 A.

ἀνδρικὸς II. 44 F. 96 C. 614 A. — in veritatis indagatione II. 427 E. 651 E. 690 D. — 238 F.

ἀνδρικῶς II. 1071 B. — veritate indaganda II. 427 E. 744 B.

ἀνδρόγυνος II. 219 E. 756 C. Dio Chrys. XXXIII. 405 D. Aristid. II. 412.

ἀνδροκτόνος Eurip. II. 88 F.

ἀνδρομανὴς Eurip. I. 76 F.

ἀνδρόμεος Homer. II. 698 F.

ἀνδρόποιος II. 334 F.

ἀνδρόπρωρος II. 1123 B. Empedocl. Aelian. N. A. XVI. 29.

ἀνδροφονία II. 1050 D. 1086 E. I. 32 A. 472 D.

ἀνδροφόνος Venus II. 768 A. — II. 1065 F. I. 87 E. 922 B. 993 C. Plato 676 E. — scelestus Casaub. Athen. 398, 41.

ἀνδρόω—ἀνδροῦσθαι virum se praestare, sc. venere II. 288 B. Gatak. M. A. 31.—educare infantem puerum II. 490 A. — II. 837 A. Wessel. Diod. Sic. I. 301. Teles Stob. 524. Aristid. I. 74.

ἀνδρώδης I. 10 C. 20 D. 77 A. 107 C. 202 C. 282 C. 406 E. 434 A. 478 E. 481 E. 533 A. 636 D. 805 D. 856 A. 959 C. II. 74 B. 88 D. 110 C. 757 C. 970 F. 1136 B.

ἀνδρὼν vid. n. ad II. 148 C.

ἀνδρωνῖτις II. 145 B. 457 C. 755 E. Taylor. Lys. p. 12. ed. Reisk. Diog. L. VI. 59. Suid. Prov. Schott. II. 66. Polyb. ind. Suid. ἀνδρωνῖτις.

ἀνέγγυος φθορὰ II. 249 D. Wass. Thuc. III. 46.—I. 714 A. 825 F.— mulier quae non legitimo matrimonio conjuncta est II. 262 A. — 288 F. I. 38 F. 356 A. Sim. Pyth. ap. Jambl. V. P. 132.—spurius I. 1 C.

ἀνεγείρω I. 142 E. Plato 653 D.

ἀνέγκλητος II. 80 A. 1030 C. 1051 A. 1057 A. I. 161 B. 734 D. 748 B.

ἀνεγκλήτως II. 87 B. 102 E.

ἀνέγκλιτος II. 393 A.

ἀνέγρομαι εἰς πολὺ φῶς II. 75 E. 764 E.

ἀνέγερσις II. 156 B.

ἀνέδην II. 173 F. 360 E. 621 A. 704 D. 750 A. I. 90 A. 728 A. Anonym. Stobaei 127, 56. Plato 677 G. — ἀνέδην καὶ ἐμφανῶς ὀχεύειν de animalibus II. 290 B. 338 C. Synes. 107 D.

ἀνείδεος II. 882 C.

ἀνειδωλοποιέω II. 904 F. 1113 A.

ἀνειλεῖσθαι—secedere II. 503 C.— II. 1006 C. ἀνειλέω librum II. 109 C.

ἀνειμάρθαι, i. e. οὐχ εἰμάρθαι II. 885 A.

ἀνειμένως II. 128 F. 412 E. 781 C.

ἄνειμι—εἰς θέατρον II. 443 A. — in arcem I. 481 D. e mari in terram I. 726 D. 1032 D. 1054 E. in coelum I. 35 F.— Sol I. 147 A.— ad propositum II. 661 D.

ἀνείπω de praecone II. 301 C. 419 C. I. 208 B. 326 A. 374 E. F. 375 E. 752 D. 892 C. Plato 688 A.— oraculo II. 315 F. Pausan. 218. 408. 523. Diog. L. I. 30. Porphyr. Abst. II. 29. Dio Chrys. XXXI. 340 A.— I. 39 C. 151 F. 255 A. 312 F. 691 A. 909 C. ita leg. I. 1057 C.

ἀνείργω II. 9 A. 730 B. 1040 B. I. 34 A. 158 F. 164 B. 185 E. 222 C. 508 D. 833 B. 938 B. 1072 D. Aristid. I. 113.

ἄνειρξις bis II. 584 E.

ἀνείρω — vid. ἀναῤῥηθεὶς I. 892 C.

ἀνείσοδος I. 402 D. 961 A.

ἀνείσφορος I. 129 E.

ἀνεισφορία I. 585 B.

ἀνέκαθεν II. 857 F. 860 D. I. 69 B. 78 F. — Atticum pro ἄνωθεν I. 16 A.

ἀνέκας Attice pro ἄνω I. 16 A.

ἀνεκβίαστος II. 1055 E. I. 1050 C.

ἀνεκδήμητος II. 269 D. dies nefasta.

ἀνέκδοτος mulier quae non legitimo matrimonio conjuncta est II. 262 A. — filia I. 318 D. 825 F.

ἀνέκλειπτος II. 438 D.

ἀνέκπληκτος active II. 7 A. — pass. I. 20 C. 223 E. II. 78 B. — I. 421 E. 443 A. 572 F. 760 C. 976 D.

ἀνεκπλήκτως I. 671 A. 966 F.

ἀνεκτὸς II. 854 A. 925 E. I. 996 F. ἀνεκτὸν οὐ ποιεῖσθαί τι I. 4 A. 27 A. 228 B. 258 D. — οὐκ I. 414 D. 423 B. 630 E. 714 A. 787 B. 809 B. 925 F. — II. 11 D. 64 A. 69 B. 73 C. Plato 673 D.

ἀνέκφευκτος II. 166 E.

ἀνέλεγκτος I. 598 C. Jamblich. Stob. 471.

ἀνελέγκτως I. 839 B.

ἀνελευθερία II. 50 C. 137 B. 716 A. B. 829 E. I. 565 E. 602 A. 797 E. 894 A. 1061 D. Teles Stobaei 522 saepe, Plato 646 F.

ἀνελεύθερος—ον ἔχειν τὴν ἀνάμνησιν res II. 686 C. — I. 152 E. 423 B. 518 E. 645 F. 887 B. 1060 B. II. 46 D. 60 D. 61 E. 63 A. 88 C. F. 92 D. 100 A. 697 E. 704 D. 751 B. 764 A. 966 B. Plato 662 A. 672 B. 677 G. H. Aristid. II. 112. — in voluptate quis I. 379 B. II. 124 F. 136 B. — οὐκ I. 768 D. — in stilo II. 142 A. — opp. ἀναισχύντῳ Plato 685 G.

ἀνελευθέρως I. 504 B.

ἀνέλιξις saltationis I. 9 D.

ἀνελίττεσθαι II. 83 D. ubi v. n.

ἀνελκύω I. 497 F.

ἀνέλκω gladium II. 597 A. —ται telum I. 359 C. — hamum I. 929 B. — naves I. 948 D. — me ipse ex tristitia II. 112 B.

ἀνέλπιστος I. 364 B. 499 E. 622 A. 659 A. 662 D. 903 E. 971 C. 1017 C. 1031 E. 1034 C. 1060 D. Aristid. I. 273.

ἀνελπίστως II. 163 F. 809 D. I. 280 B. 628 B. 889 C. 923 C.

ἀνέμβατος locus sacer II. 300 D. I. 402 D. 486 A.

ἀνεμέσητος II. 1134 C. I. 274 E. 350 D. 499 E. 812 B. Plato 652 A. 661 D. 700 D.

ἀνέμητος ὄχλος I. 771 D.

ἄνεμος—Amoris II. 759 E. τὸ κατ' ἄνεμον latus II. 972 A.—Metaphor. II. 123 F. — ἄνεμος πᾶς πνεῖ κομίζων mihi cibum, omni vento cibus mihi advehitur I. 693 E. — καὶ πνεῦμα II. 139 D. 1006 A. — ἀνέμων πνεύματα Pausan. 441.

ἀνέμπληκτος—ως I. 1062 D.

ἀνεμπόδιστος II. 568 D. 1056 D. E. Stoic. Upton. Ind. Epict.

ἀνεμποδίστως II. 321 D.

ἀνέμφατος προσώπου κατάστασις indifferens et nullum animi judicium significans vultus II. 45 C.

ἀνεμώδης II. 967 B.

ἀνενδεὴς II. 1068 C. Muson. Stob. 413, 47.

ἀνένδοτος Hierocl. Stob. 461, 19. Jambl. V. P. 233.

ἀνενθουσίαστος II. 761 B. 1098 D. 1102 B.

ἀνενθουσιάστως II. 346 B.

ἀνέντευκτος II. 10 A. 355 A. 493 B.

ἀνεξάλειπτος II. 1 A.

ἀνεξέλεγκτος II. 153 A. 852 D. I. 279 D.

ἀνεξέταστος II. 712 D. I. 345 B. 443 E. 731 B. Aristid. I. 139. — βίος Arrian. Diss. I. 26. p. 88. Upton.

ἀνεξεύρετος ἀριθμῷ II. 964 A.

ἀνεξικακία II. 90 E. 464 C. 489 C. I. 220 E. 290 F.

ἀνέξοδος λόγος—qui ad actionem traduci nequit II. 1034 B. *Contemplatio sine exitu* Seneca De Otio Sap. c. 32. — βίος 1098 D. — 242 E. — duces 426 B. — 610 A. — dies nefastus II. 269 D. — πλοῦτος Dio Chrys. IV. 75 C.

ἀνέξοιστος II. 728 D.

ἀνεόρταστὸς II. 1102 B. Metrodor. Democr. Stob. 154, 38.

ἀνεπαίσθητος II. 1062 B. E.

ἀνεπανόρθωτος II. 49 B.

ἀνέπαφος M. Antonin. p. 70. Theophr. Stob. 281. Phintys Stob. 445, 27.

ἀνεπαχθὴς I. 619 C. 763 A. Porphyr. V. P. 36. Aristid. II. 400.

ἀνεπαχθῶς I. 61 A. 887 A. II. 54 C. 102 E.

ἀνεπείγω — ἀνέπειγεν f. ἀνέπειθεν I. 953 C.

ἀνεπίβατος II. 216 A. 228 B.

ἀνεπιδεὴς Plato 688 E.

ἀνεπιδύω sudorem I. 943 F.

ἀνεπικούρητος Philem. Cler. p. 344.

ἀνεπίληπτος II. 4 B. 26 A. 87 D. 153 B. 1056 F. 1066 A. I. 157 F. 794 D.

ἀνεπίμικτος I. 19 E. II. 416 E. 438 C. 603 B. 604 B. 989 C.

ἀνεπίμονος intolerandus II. 7 B.

ἀνεπίπληκτος Plato 592 E.

ἀνεπιπληξία id. 592 E.

ἀνεπίῤῥεκτος Hesiod. II. 703 D.

ἀνεπίσχετος — ως I. 511 A. 782 D.

ἀνεπίτακτος II. 987 B.

ἀνεπιτέχνητος — ως II. 900 B.

ἀνεπίστρεπτος φεύγει II. 418 B.

ἀνεπιστρεπτὶ II. 46 E.

ἀνεπιστρεφής τινος II. 881 B.

ἀνεπιτήδειος II. 151 F. 676 D. 991 C. 1010 B. I. 309 D. 692 D. 829 A.

ἀνεπιτήδευτος I. 203 C.

ἀνεπιτίμητος I. 853 B.

ἀνεπίφθονος II. 808 B. 1124 C. I. 173 C. 630 F. 1062 A. Aristid. I. 483.

ἀνεπιφθόνως I. 129 C. 632 B. II. 7 E.

ἀνεπίφραστος Simonid. Stob. 529.

ἀνεπιχείρητος II. 532 C. 1075 D. I. 720 B. 806 B.

ἀνέραστος II. 61 A. 406 A. 634 B. 752 C. 756 E. 761 B. 767 C.

ἀνερεθίζω I. 3 F. 389 B.

ἀνερευνάω II. 522 F.

ἀνερίθευτος Wessel. Diod. Sic. T. I. p. 83.

ἀνερμάτιστος II. 501 D. Wessel. Diod. Sic. II. 317. ex Platone Ruhnken. ad Longin. p. 134. Philo Jud. Euseb. P. E. VIII. 387 C. — mensa vacua II. 704 B.

ἀνέρομαι I. 989 E. II. 47 C. Plato 632 A.

ἀνέρχομαι — rumor ad principium I. 268 B. — ad dicendum I. 271 F. ἀνῆλθεν I. ἀνήχθη I. 700 E. fluvius Pausan. 883. Aristid. II. 331. 361.

ἀνερωτάω Plato 667 E.

ἄνεσις — λύπης II. 102 B. — vectigalium I. 571 B. 767 C. 1060 F. — I. 961 A. II. 75 B. 76 B. — licentia I. 972 E. — otii II. 9. B. C. bis. — Music. II. 99 C. opponitur angustiae II. 679 E. ποιότητος II. 725 A. D. — καὶ ἐπίτασις II. 732 B. I. 40 D. 58 B. Philostr. p. 211. II. 99 C. — πάγων I. 576 E. — II. 437 C. 594 D. 619 E. 625 B. 644 C. 660 C. 688 D. 690 C. 711 A. 909 E. 939 F. — vini 946 D. 1067 F. 1088 A. I. 47 E. 110 D. 112 B. 303 A. 452 B.

ἀνέστιος II. 601 E. 830 B. 925 F. 956 B. I. 38 C. 102 D. 354 B. cum ἄοικος Ruhnken. Ep. Cr. I. 105. Diogenis ἀρὰ Valck. Hippol. 1028. Diog. L. VI. 38. Dio Chr. 486 D.

ἀνέταιρος II. 807 A.

ἀνέτοιμος Poët. II. 505 C.

ἄνετος νέμεται juventus II. 12 A.

ἄνευ simpl. II. 134 A. 147 D. 159 C. ἄνευ δὲ τούτων simpl. sine his II. 127 B. — vid. n. ad II. 25 D. — ἄνευ τινὸς excepto illo, negat. I. 439 B. 496 B. 905 E. — παρατάξεως neminem interficere extra aciem I. 653 C. — γε μὴν τούτων I. 1011 A. — transp. ὧν ἄνευ II. 47 C. sim. 147 A. — τινὸς invito Thuc. IV. 78 intt. γνώμης τινὸς Vit. Lycurg. Or.

ἀνεύθυνος II. 45 E.

ἀνεύρεσις I. 5 E. 743 C.

ἀνεύρετος II. 700 D. Athen. 511 D. Plato 660 D. 691 C. Sext. Emp. 455.

ἀνευρίσκω II. 712 C. 720 E. 1093 E. I. 123 D. 144 D. 145 E. 855 E. 857 D. 879 A. 912 A. 988 B.

ἀνευρύνω II. 907 D. 977 B.

ἀνευφημέω Plato 700 B. Porphyr. Abst. II. 31.

ἀνέφελος I. 455 F. καὶ καταφανὴς nox I. 1036 C.

ἀνέφικτος II. 54 D. 68 D. 780 F. I. 736 A. 1029 A. repon. Aristid. I. 366.

ἀνέχω — τὸ φῶς facem praefero I. 552 C. — τινά τινος I. 685 A. cohibeo quem ab aliqua re. — τὴν ὄρεξιν II. 704 A. — Sol oritur II. 974 F. 1129 E. — μαι cum particip. II. 401 C. — act. manus I. 329 D. — neutre, eminet quid I.

343 E. 729 C. II. 161 A. Aristid. I. 9. 224. 231. 521. — ἀνέχομαι simpl. hostem maneo I. 327 B. plenius βαλλόμενος 329 C. — ται equitatus τὰς ἴλας f. ἀναχεῖται I. 729 D. — cum inf. I. 392 E. — discere 927 F. — τινος I. 417 B. II. 64 E. cum particip. I. 453 F. — II. 728 A. 806 B. I. 135 A. — ὁρῶν τι II. 729 A. — sine accusat. II. 31 C. 47 A. — I. 170 B. II. 416 A. I. 513 E. οὐδὲ κραυγὴν ἀνέχομαι 513 E. — I. 933 A. II. 39 B. — ἀνέχω produco II. 106 E. 710 D. — ἀνέχομαι οὐκ I. 465 D. 739 E. 950 A. 964 A. II. 221 D. 225 D. E. 234 C. — ἀνέχω neutre emineo, exsto II. 161 A. 162 D. 563 A. 938 D. I. 18 D. 224 F. — ἑαυτὸν ἀπό τινος sevocare II. 514 A. — θυμούμενον II. 31 C. ἀνέχει φῶς II. 587 C. — μαι gladium tollo I. 951 D. — ἑαυτὸν in superiore parte se tenere II. 649 C. — sustento quem παιδείᾳ Aristid. I. 182. — εται scopulus e mari II. 911 D. — ante oculus pallium I. 171 C. — vexillum in altum tollo I. 22 B. 208 A. — I. 36 F. 119 E. — naves I. 532 E. F. 946 B. conf. 947 A. — manus diis I. 131 E. 418 B. 420 C. — porto I. 273 A. — μαι 576 D. pro simpl. ἔχω I. 315 B. — οἱ πρῶτοι ἐκ τῆς γῆς ἀνασχόντες Abyden. Eus. P. E. IX. 416 B. — emineo Aristid. I. 117. διά τινα I. 234. — ει munus, ornamenta Aristid. I. 541. — ἐπὶ λόγων versor in studiis id. II. 2.

ἀνεψία I. 78 F. 696 E. 919 E.

ἀνεψιότης Plato 659 B.

ἀνεψιὸς πρεσβύτερος II. 749 E. — I. 3 F. 8 D. 126 E. 155 E. 257 D. 617 B. 334 C. 707 E. 762 C. 858 E. 937 E. 989 D. II. 92 A. Hierocl. Stob. 481. 482. Plato 661 G. 662 D. 681 G.

ἀνηβάω II. 5 E.

ἄνηβος II. 712 E. I. 899 D. Plato 644 F. Aristid. I. 295.

ἀνήδυντος II. 142 B. 716 E. 799 D. 405 D. Athen. 564 A.

ἀνήδυστος I. 743 E.

ἀνήκεστος II. 82 A. 551 D. 825 E. F. 1128 D. I. 19 B. 172 B. 173 C. E. 222 B. 291 D. 322 D. 379 F. 410 E. 422 D. E. 453 B. 455 A. 457 A. 506 B. 547 A. 611 D. 633 C. 643 B. 721 E. ἀνήκεστα ἦν neutr. pl. I. 879 D. — II. 26 C. 56 E. 74 B. 110 E. — Aristid. I. 58 bis. 404. 409. 452. 532. 550.

ἀνηκοΐα II. 38 B. 502 C. 676 E. 1094 D.

ἀνήκοος — λόγου anima II. 713 B. — εἰμί τινος II. 869 C. 421 A. 145 C. 113 B. 36 D. 7 C. I. 984 E. Aristid. I. 77. — leg. ἀντίκηκοος I. 654 D.

ἀνηκουστία II. 12 B.

ἀνηκουστέω Diog. Laert. I. 66. Plato 626 B.

ἀνήκω — ει γένος in quem I. 2 A. 655 D. 984 D. sim. Aristid. I. 94. 257. — ει via I. 405 B. — ager a mari in terram I. 974 D. — τὸ ἀνῆκον εἴς τι Antipat. Stob. 417. l. ita leg. ap. Diog. Laert. VII. 9. Jambl. V. P. 109. 195. 205. — ειν περί τι, versari in aliqua re Jambl. V. P. 45. — ει τι εἴς τι Aristid. I. 517. 519. II. 265.

ἀνήλιος II. 330 D.

ἀνήμερος II. 729 D. 997 C. 999 A. I. 135 E. 408 D. 633 D. — βίος II. 86 D.

ἀνήνεμος II. 713 F. convivium.

ἀνήνυτος I. 634 F. Hippocrat. Ep. XX. p. 21 F. Porph. Abst. I. 51 Rhoër. Plato 600 A. 625 C. 684 F. 607 G. Aristid. I. 386. 468. 558.

ἀνὴρ abund. I. 730 A. 3 E. — λῃστῶν ἀνὴρ pro λῃστὴς II. 985 A. — φυσικὸς I. 690 C. — φιλόσοφος II. 42 E. 46 B. — δειλὸς II. 47 C. — repet. subj. I. 162 C. (conf. Mer. Casaub. Polyb. T. I. p. 863.) 362 B. 185 D. 650 A. II. 140 C. 148 E. 149 F. 150 C. 157 E. 162 B. — maritus I. 97 E. 136 A. 347 E. 427 F. 503 A. 575 D. 624 B. 807 C. 907 C. II. 33 A. 71 B. 139 C. D. F. 140 A. B. C. D. F. 141 B. F. 142 A. B. D. E. 143 B. C. D. E. F. 144 A. B. C. D. E. F. 145 D. 156 C. 179 D. 242 B. 754 B. — pro ὁ ἀνὴρ omiss. articul. II. 136 D. 920 F. 923 A. Diog. L. III. 35. Dio Chr. 557 D. Aristid. II. 18. 121. 124. 287. 348. 356. 400. Sext. Emp. p. 38. Phaedon. 67. — emphaticum I. 512 F. 640 B. 1069 C. II. 7 E. ἄνδρα εἶναι Gatak. M. A. p. 97. — ἄνδρα ζητεῖ obscoen. I. 645 A. — ἀνδρὸς διαφέρει I. 663 A. — volo esse I. 870 C. — βίοι ἀνδρῶν Aristoxeni II. 1093 C. — ἱππεὺς II. 1119 A. — idem mox ἄνθρωπος dicitur I. 22 A. — ἀνδρῶν ἀγὼν Olympiae, Epictet. ap. Upton. p. 12. 13. I. 318 E. 622 E. Diog. L. VI. 34. 43. — mox νεανίσκος dicitur II. 395 A. — κατ' ἄνδρα τιμᾶν sine alio accusativ. *eos viritim honorare* I. 291 C. 359 F. 373 B. 472 E. 511 E. 544 B. 591 F. 672 F. 993 B. 1001 E. 1005 A. 1068 A. — ἐπ' ἀνδράσιν virili aetate II. 487 C. — φιλόσοφος II. 710 E. I. 166 C. — ἀνδράσι χορηγεῖν II. 851 A. — ἀγαθὸς γενόμενος fortiter pugnans II. 202 C. 870 D. I. 372 E. 618 C. 678 B. — simpl. II. 136 C. — rep. subj malo sensu II. 64 F. — opp. ἄνθρωπος II. 71 E. Philostr. 20. 391. — ἴσθι emphas. moral. II. 88 C. — emph. i. e. *fortis* II. 100 E. — ἀγαθὸς καὶ γενναῖος II. 121 F. — et γυνὴ oppon. II. 113 A. 212 E. — Ἕλλην ἀνὴρ II. 133 A. — Simpl. II. 126 A. 127 F. 133 E. 136 D. 137 C. 139 A. 145 D. 146 D. 147 C. 148 A. 150 C. 151 A. F. 152 D. 153 E. 154 B. F. 156 D. 157 C. 161 E. 163 A. 167 D. 172 D. bis. 173 E. 175 B. D. E. 187 A. F. 190 E. 191 C. D. 193 E. 194 A. 195 C. D. 196 C. 201 D. 203 D. E. F. 205 D. 206 A. 208 D. F. 209 B. ter. 211 E. 213 C. 214 B. 215 B. 219 A. 222 A. D. 223 C. 224 D. 227 E. bis. 228 E. 230 F. 231 B. E. 236 A. 240 C. — et χρήματα oppon. II. 185 D. ἀγαθὸς II. 173 A. 184 C. 190 C. 218 C. 219 D. — κακὸς II. 173 B. — opp. παιδὶ II. 235 C. — ἀκμάζων II. 237 B. — et τέκνος oppon. II. 208 D. — κατ' ἄνδρα singulos Porph. Abst. IV. 22. ἄριστα ἀνδρῶν hoc fuit Jambl. V. P. 168. conf. ἄνθρωπος — τοὺς κατὰ ἄνδρα f. abund. singulos Dio Chrys. XXXII. 362 C. — ἀνὴρ γυνὴ et γυνὴ ἀνὴρ Plato 645 F. ἀνδρῶν ἀσέβημα et παίδων diff. Plato 674 G. — ἀνδρῶν καὶ ποιητῶν σοφῶν Aristid. I. 19. — ὁρῶν πρὸς ἄνδρα distribuo quid non omnibus sed quibusdam Aristid. I. 38. — ἄνδρες πόλεις οὐκ οἰκοδομήματα Himer. 155.

ἀνήροτος II. 987 B. Wessel. D. S. I. 331. Diogenian. I. 18.

ἀνησίδωρος II. 745 A.

ἀνθάπτομαι Aristid. I. 172. 180. II. 311.

ἀνθέλκω II. 772 C. F. I. 788. E. Plato 573 C. Aristid. I. 146. 154. 212. 448. 522.

ἀνθεμόεις Pindar. II. 748 B.

ἀνθερικὸς II. 662 E. 157 F. 158 A. Aristid. II. 309. e Soph. Aj.

ἀνθεστιάω I. 930 C.

Ἀνθεστηριὼν mensis II. 735 D. I. 461 A. 901 A. 1051 F.

ἀνθέω — εῖ quid, *in more est* I. 916 D. — scomma in convivio I. 930 C. fortuna I. 968 B. — οὖσα urbs I. 1069 D. — ἀνθεῖ Academia λόγοις Carneadis I. 520 A. juventute I. 543 E.? 596 E. 619 D. — forma an fama I. 619 F. τὸ ἀνθοῦν equitum flos I. 653 A. — πρὸς χάριν in rep. I. 742 D. — δόξῃ I. 848 A. 901 B. 1032 E. τιμαῖς [poët. ap. II. 671 C.] 676 F. 767 A. 1059 B. — metaph. I. 447 C. 495 C. — juvenis sum I. 1052 B. — ἐν δόξαις καὶ ἀρεταῖς II. 553 B. simil. 804 E. I. 161 F. 577 C. — frequentia II. 667 C. I. 233 B. 234 C. 256 B. — ῶν καὶ πρόσφατος amicus II. 93 C. — εῖ cutis Aristid. I. 295. μικρὸν χρόνον Eurip. Elect. 944. urbs ἀνθεῦσα πᾶσι Iamb. Lucian. T. I. 869.

ἀνθήλιος ventus II. 894 F.

ἀνθηρὸς λόγος II. 646 B. Vit. Hom. §. 73. Sim. II. 50 A. 79 D. 41 F. 683 E. 802 E. Athen. 625 B. — Simpl. II. 41 E. 54 E. bis. 395 B. 765 D. E. 770 B. 854 B. 994 D. 1130 C. I. 1152 D. 161 B. iron. I. 656 B. luxuriosus I. 956 E.

ἀνθηρῶς II. 46 A.

ἄνθησις II. 647 F.

ἀνθίας — πρὸς τὰν ἀνθίαν ζῆν Prov. II. 668 A. — II. 977 C. 981 D. E.

ἀνθιερόω II. 1117 C.

ἀνθινὸς — vestis II. 278 A. 304 D. 554 B. στρώματα II. 78 A. χρώματα 645 E. εὐωδία ib. — 645 D. 646 E. 647 E. I. 1022 B.

ἀνθίστημι et μαι I. 655 F. f. ἀντισπάω τινὰ 817 F. — II. 724 F.

[στάντες] I. 618 C. D. 674 B. 1005 B. — ημι 527 B. 529 D. 531 B. Plato 644 G. contra pondero Aristid. I. 253.

ἀνθοβαφικὴ Fr. XV.

ἀνθόβαφος II. 830 E.

ἀνθοβολέω I. 649 F. 722 E.

ἀνθολκὴ I. 498 E. II. 20 C.

ἀνθολογέω II. 917 E.

ἀνθομολογέω — μαι χάριν I. 260 B. 991 C.

ἄνθος II. 30 C. 127 B. ἀρετῆς II. 767 A. — βολαῖς ἀνθῶν I. 650 E. — colores I. 686 D. 754 C. καὶ ὥρα II. 757 F. 778 A. — ὥρας Aristid. I. 231.

ἀνθοσμίας — αν δρέπειν? II. 632 F. — 963 D. Aristid. I. 255.

ἀνθρακιὰ II. 693 B. 934 B.

ἀνθρακώδης II. 922 A. 933 F. 934 A. B.

ἄνθραξ I. 431 F. 961 D. 1009 C. II. 156 B.

ἀνθρηνιώδης II. 916 E. Steph. Thes. L. G. I. 451.

ἀνθρώπειος II. 105 A. 112 C. 117 D. ἀνθρώπεια κακὰ Junt. Stob. 592. ref. Tusc. I.

ἀνθρωπικὸς quod humanum modum non excedit II. 543 E. — II. 117 F. 135 A. 704 F.

ἀνθρωπικῶς II. 999 B.

ἀνθρώπινος II 13 C. 119 E. 1125 F. I. 162 C. 171 A. 172 F. 228 C. 387 D. 734 D. — opp. θείῳ I. 740 F. — ἀνθρώπινα ἀνθρωπίνως φέρειν II. 102 A. 118 B. Sim. Wessel. Diod. Sic. I. p. 69 seqq. Conf. Terent. Adelph. I. 2, 65. Stob. 615, 42. — sententia magis humana II. 731 B. ἀνθρώπινον πάθος II. 88 E. ἀνθρωπίνῳ λογισμῷ II. 111 C. τὰ ἀνθρώπινα res humanae II. 115 B. — II. 150 B. 156 B. 162 C. 167 F. 170 C. — οὐ τῷ ἀνθρώπῳ ἀλλὰ τῷ ἀνθρωπίνῳ quid dare Ant. Max. p. 275, 28. Stob. 221. Gell. IX. 2. Cic. Or. Quinct. 31. Simil. Diog. L. IV. 7. V. 17. Cas. et Menag. et ib. V. 21. Epict. fr. 177. Emendand. Julian. Fr. p. 291 A. — mors instabat ὅσαγε τὰ ἀνθρώπινα Jambl. V. P. 220. Plato 645 F. — τὴν ἀνθρωπίνην φύσιν ἐπιδείκνυμι κακὸς γενόμενος Plato 688 F. κατὰ τὴν ἀνθρωπίνην δόξαν Plato 689 A. ὡς τά γ' ἀνθρώπινα ut sunt res humanae Plato 693 A. — ον θαῦμα et θεῖον Plato 704 E.

ἀνθρωπίνως I. 623 D. — λογίζεσθαι II. 126.

ἀνθρωπίσκος Hierocl. Stob. 491. Aristid. I. 353.

ἀνθρωποειδὴς II. 880 C. 882 A. 1121 C. I. 65 B.

ἀνθρωπόθυμος vox ficta II. 988 D.

ἀνθρωποθυσία II. 417 C. 857 A.

ἀνθρωποθυτέω Porphyr. Abst. II. 27.

ἀνθρωποκτόνος II. 1165 A.

ἀνθρωπόμιμος II. 1155 A. 1158 C.

ἀνθρωπόμορφος II. 149 C. 167 D.

ἄνθρωπος vocativ. II. 1103 D. μετ' ἀνθρώπων εἶναι vivere I. 35 B. — repetitio subiecti I. 134 B. 136 A. 160 C. 169 D. 193 F. 351 A. 400 D. II. 70 A. 71 C. 80 C. 91 D. 149 B. 176 A bis. C. 177 A. B. 181 B. C. 188 B. 195 E. 235 E. sine artic. rep. subj. II. 93 B. Dem. Cor. 333 A. — Plaut. Menaechm. Prol. 66. Terent. Phorm. Prol. 2. IV. 2, 1. — ἢ II. 26 E. 113 B. 141 B. 760 C. 768 B. 972 E. I. 136 B. 165 A. 186 F. 682 A. Valck. Theocr. 395. ἐξ ἀνθρώπων ἀφανίζεσθαι I. 145 E. Taylor. Lys. p. 66. Reisk. Wessel. Diod. Sic. I. p. 24. — opp. αὐλητῇ I. 52. F. — ἄριστα ἀνθρώπων pro omnium II. 808 D. Aristid. II. 207. — τὰ πρῶτα τῶν ἀνθρώπων rerum humanarum II. 931 E. — ἀνθρώπων πρῶτος quid facio I. 718 F. 432 F. II. 346 A. — Abund. I. 616 C. E. — ἄνθρωπε τί παθών; cet. ut S. N. V. II. 1055 A. — Nat. II. 1119 C. — καὶ χρήματα I. 147 B. — ὑπὲρ ἄνθρωπον Wessel. Diod. Sic. I. 557. — singularis repetitio subiecti II. 396 E. — ἀνθρώπων πρῶτος Olymp. Pausan. 652. — omiss. ὁ de magno viro Catone I. 798 F. — ἄγει quem regnandi cupiditas ἐπὶ πάντας ἀνθρώπους I. 918 D. — ἀνθρώπων λαμπρότατος pro πάντων I. 922 A. — τὰ ἐξ ἀνθρώπων maxima Hippocr. Ep. XIV. p. 14 D. conf. not. MSS. in Julian. Ep. 34. Aelian.

N. A. X. 21. — Simpl. II. 87 B. 98 D. E. 100 C. 103 B. D. 104 C. 105 A. 107 B. C. D. 113 C. D. 115 B. D. 116 B. 117 E. 124 B. 127 B. 139 D. 146 D. 147 D. 151 C. 153 B. 157 B. 158 C. D. E. 161 A. 163 C. 165 B. 166 A. F. 167 B. E. 168 A. bis. 169 A. D. F. 170 A. 171 B. D. — malo sensu opp. ἀνὴρ II. 71 E. — τὸ κράτιστον τῶν ἐν ἀνθρώποις II. 108 F. — τὶ ἄριστον ἀνθρώποις Cod. Periz. ἐν ἀνθρώποις II. 109 A. — ἐν τοῖς ἀνθρώποις διὰ στόματος quid est II. 115 C. — ἄνθρωπε II. 168 C. 178 C. Aristid. I. 414. 443. — ὦ ἄνθρωπε II. 187 A. 216 D. — est ψυχὴ χρωμένη σώματι. Origenes c. Cels. 721 A. — τὰ ἐν ἀνθρώποις πράγματα ita leg. pro οἷς Junc. Stob. 596. — κάλλιστα ἀνθρώπων hoc fecit Dio Chrys. VIII. 137 B. conf. ἀνὴρ Aristid. I. 170. sim. 171. II. 313. — οἱ ἄνθρωποι hoc faciunt, i. e. vulgo Dio Chrys. XIV. 229 C. init. ut οἱ πολλοὶ mox 230 D. XXXV. 430 C. — δεικνύναι τὸν ἄνθρωπον se ipsum Dio Chrys. XXXV. 430 D. — ἀπολλύειν τὸν ἄνθρωπον i. e. se Arrian. Epict. II. 9. — ἀνθρώποις θεὸς et θεῖος ἄνθρωπος Plato 639 G. ὑπὲρ ἄνθρωπον quod fieri nequit Plato 647 C. — τό γ' εἰς ἀνθρώπους ἐλθὸν quantum ad humanas vires pertinet Aristid. I. 149. οὐκ εἶχον εὑρεῖν οἵτινες ἄνθρωποι γένωνται fere abund. II. 180. — τὰ ἐξ ἀνθρώπων omnia Aristid. I. 265. 419. 438. Dionys. Hal. Isaeo fin. 104. Sylb.

ἀνθρωποφαγία I. 498 C.

ἀνθρωπόω — ἀνθρωποῦσθαι II. 1120 D.

ἀνθυβρίζω I. 166 D. 511 D. 608 A. 926 C.

ἀνθυπάγω Aristid. I. 146.

ἀνθυπάρχω Stoic. II. 960 B. C.

ἀνθυπατεύω I. 887 F.

ἀνθύπατος II. 813 D. 816 C. 824 E. I. 185 C. 302 F. 304 B. 312 B. E. — I. 313 C. (adjectiv.) 424 E. 429 F. 476 B. 571 A. 574 A. 625 D. 627 D. ἀνθ' ὑπάτων — 646 C. 718 B. 787 C. 887 D. 1064 B. Dio Chrys. 528 B.

ἀνθυπείκειν II. 485 B. 487 B. 488 A. 815 B. 1006 A. I. 222 A. 598 C. 742 D. 833 E.

ἀνθύπειξις II. 815 A. I. 80 C.

ἀνθυπουργέω II. 95 E.

ἀνθυποφέρω — μαι II. 939 A. — II. 76 D.

ἀνθυποχώρησις II. 903 D.

ἀνία II. 782 B. C. I. 234 B.

ἀνιάομαι I. 12 D. 123 A. 317 D. 377 A. II. 61 B. 69 A.

ἀνιαρὸς II. 39 D. 42 A. 95 D. 114 E. 119 D. 121 E. 806 A. ἀνιηρὸν Eueni dictum II. 1102 C. 1106 D. — I. 135 B. 401 A. 602 A. 661 E. 968 C. 989 F.

ἀνιαρῶς — fero quid I. 394 F. 858 A. 1051 A. ἔχω I. 503 A. — τι ὁρᾶν II. 674 A.

ἀνίατος vis coloris II. 599 F. v. l. pro ἀνίκητος I. 907 C. — et δυσίατος Plato 652 B. simpl. Plato 661 E. 662 C. 686 B. ἀνιάτως ἔχειν εἴς τι Plato 655 G. Himer. 642.

ἀνιάω — ομαι — I. 12 D. 123 A. 317 D. 84 E. 96 E. 101 F. 152 A. 187 F. 197 B. D. 373 E. 391 F. 409 C. 424 A. 429 C. 432 A. 446 F. 452 F. 453 A. 457 F. 503 C. 522 C. 546 D. 575 E. 626 A. C. 627 F. 645 B. 685 A. 727 C. 734 B. 736 B. 776 A. 909 C. 933 C. 1014 B. 1033 E. II. 61 B. 69 A. 88 B. C. 134 B. 141 A. 401 D. 1093 A. [v. supra ἀνιάομαι.]

ἀνίδρυτος II. 828 D. 925 F. Demosth. Aristog. I. 497 C. Tayl. ed. R. IX. 834. Toup. Theocrit. II. p. 408 A.

ἀνιδρωτὶ Aristid. I. 274.

ἀνίερος II. 144 B. 1125 E. I. 956 E.

ἀνιερόω II. 676 A. I. 215 A. Ep. Paeti opp. Hippocr. Chart. p 10 D.

ἀνίημι — τινι κόλασιν II. 536 A. 773 A. — πάθος II. 616 D. — ἀνεῖσθαι delectari II. 210 B. 746 C. — II. 604 A. ἱερόν τι ἀνεῖται I. 100 F. 101 B. Pausan. 186. Cas. Athen. 700, 24. — ἀνειμένος deo II. 285 D. 290 C. 758 F. — ἀνείθησαν αἱ μαντεῖαι oracula opperta sunt II. 292 E. — ἀνειμένος ab ἀργὸς differt II. 332 D. — templum ἀνειμένον εἰς πτερὰ II. 359 A. — ἀνίεται νοῦς in somno II. 432 C. 602 E. — ἀνίημι πῦρ ex veste II. 554 B. — περιπλεκόμενος II. 611 E. — 620 F. 692 A. 789 E. 914 C. —

ἀνειμένον διαίτης I. 480 C. 524 D. 574 A. Athen. 524 F. — μαι licentia I. 488 A. — εῖται bibliotheca omnibus I. 519 F. — μι quem dimitto e manibus I. 553 A. — cui vectigal I. 953 E. — μι ὕπτιον in convivio I. 582 B. — poenam I. 635 A. 754 A. — me adulatoribus ἱππάσιμον I. 677 E. — ὀργὴν I. 704 A. — cui vincula I. 705 E. — οὐκ ἀνίησι populus incitatus I. 752 D. — neutr. τῆς λαβῆς ἀνείσης I. 306 D. — ἀνειμένος τόπος γναφεῦσι I. 349 B. — μί τινά τινος I. 374 D. — κόμην I. 433 F. — obsidionem I. 509 D. terram incultam I. 441 D. — τὸν δῆμον ἐξυβρίσαι I. 445 C. pass. 877 D. — οὐκ prosequendo I. 449 E. — δῆγμα I. 478 B. — γνώμην repudio I. 871 C. — cui δασμὸν I. 8 C. 730 D. 731 A. — εῖσθαι πρός τι I. 45 B. 71 B. — εῖται licet I. 66 E. — ειμένος πέπλος I. 76 F. — simpl. I. 75 D. 103 D. 127 D. 287 F. 308 A. 359 F. — ἀνειχῶς I. 106 F. — ἀνεθεὶς I. 110 D. — ειμένη ratio reipublicae I. 161 B. — timorem alicujus I. 161 C. 876 A. — ηνίας populo I. 158 C. — ἀνίεται animus II. 432 C. — ἀνειμένος vultu II. 412 E. — mare ἀνίησι quid II. 399 C. — εῖσθαι εἰς θράσος I. 177 A. — colorem ex se I. 232 B. — affectum remittere I. 293 D. — εται σίδηρος II. 622 D. — εσθαι conjung. cum καθίστασθαι II. 656 E. — ἀνειμένη κρᾶσις vini II. 677 F. 678 B. — febri ἀνίεσθαι II. 688 E. — vino Diog. L. VII. 26. — τὸ ἄγαν σφοδρόν τινος 689 C. 779 E. I. 40 C. — potus sitim II. 689 F. 726 F. — ἀνειμένος de vita II. 734 B. I. 187 E. — ferrum igne II. 762 C. — βαφὴν amittere II. 779 C. — ἀνειμένως II. 128 E. 781 C. I. 243 F. — anima otio II. 792 C. I. 277 C. sim. Heraclid. Athen. 512 B. — ἀνίημί τι ἐπί τι II. 793 B. — ἀνεὶς εἰς τύχην ἐᾶν Trag. II. 811 D. — φλόγα II. 824 F. I. 870 C. — Mus. II. 826 E. 827 B. 1022 A. 1029 C. 436 F. 1141 D. 1146 D. — patriae quid ἀνεῖναι donare II. 841 D. I. 255 B. [Deo Athen. 675 D.] f. Apollodori — pass. non ligatum esse II. 888 E. — ἀνειμένος ἀὴρ II. 893 C. 1053 C. terra fructum II. 938 B. I. 30 D. Sim. Aristoph. Stob. 609. Grot. 501. Aristid. I. 108. — pass. στόμα II. 948 A. — σῶμα II. 949 E. — dimittere, remittere intentionem manuum II. 967 C. — ἀνειμένος τινὶ ὑπ' ἀργίας II. 980 C. — ἀνεῖται minuitur II. 1004 B. — ἀνειμένως θερμὸν mediocriter II. 1062 C. — Cicero in provincia δείπνων τοὺς ἐπαρχικοὺς ἀνῆκεν I. 879 A. — ἀνειμένως luxu I. 897 B. — μι subaud. laborem I. 908 D. — milites in luxum I. 920 B. — ἀνειμένως uti sociis I. 927 D. — οι quem numquam adulator I. 928 A. — χρόνον τινὸς ἀνίησι judex dat veniam temporis I. 930 A. — μένως eo, sine ordine et metu I. 935 B. — ειμένη νευρὰ arcus I. 937 D. μαι πρὸς ἀπολαύσεις I. 956 E. — ται libertas in licentiam I. 973 A. — μι ictum I. 973 C. — σι cupiditas I. 551 E. — μι arcum I. 562 F. — ειμένος licentia I. 981 B. — μι vincula cui I. 987 E. — militibus urbem εἰς ἁρπαγὴν I. 1005 F. — (μι et ἐπιταχύνω τὴν πορείαν I. 1030 A. — cui iram I. 1056 D. — nervum arcus I. 939 A. — φρουρὰν II. 76 E. — ὀξύτητα chordarum et affectuum II. 84 A. — ται glacies II. 79 A. — et ἐπιτείνω lyram II. 9 C. reprehensionem II. 72 D. — ἀνεθεὶς ferrum igne II. 73 C. — et χαλάω cupiditatem II. 113 A. — σθαι victu II. 210 B. — ειμένη ἐλευθερία Aristid. II. 202. — ειμένως καὶ ἀφελῶς malo sensu Aristid. II. 116. — μι quem quid facere Aristid. II. 131. — μι λέγειν desino dicere Aristid. II. 76. — αι ἡ γνώμη remittit se animus Aristid. I. 511. — χώραν μηλόβοτον Aristid. I. 500. — μι et ἐάω Aristid. I. 458. — ἀνεῖται locus consecratus Aristid. I. 108. 147. sim. 45. 175. 186. 189. 195. 445. — in disp. oppon. πιέζω Plato 695 G. — μένη παραμυθία debilis Dio Chrys. XXXIII. 412 C. — μένοι λειμῶνες Dio Chrys. VII. 101 C. patentes. — ἀνείθη laetatus est, ita leg. pro ἀνέθη Dio Chr. IV. 70 D. ἀνειμένα μέλη Dio Chr. 30 A. — μι quem quid facere ἀνῆκε ita leg. Porph. A. N. 25.

ἀνίκητος fatum II. 153 D. 885 A. 1055 E. 1056 B. — vis coloris II.

599 F. — I. 1 C. 396 A. 400 A. ita leg. pro ἀνήκοος 654 D. 663 D. II. 178 C.

ἄνικμος II. 951 B. Dioscorid. III. 51.

ἀνίλαστος II. 170 C.

ἀνιμάω II. 773 D. I. 749 F. Nicostr. Stob. 426. Hierocl. 491.

ἄνιππος II. 100 A.

ἄνισος II. 157 C. 226 C. 1021 A. 1079 C. D. E. 1080 B. I. 44 D. 484 D. 559 D. 649 C. 959 D. καὶ ἄδικος Nicostr. Stob. 446 fin. et ἴσος Aristid. II. 368. — ἐπ' ἀνίσων I. 423. conf. 437.

ἀνισότης II. 1021 B. 1078 F. 1080 A. B. I. 76 C.

ἀνισόω Aristid. I. 423. 471.

ἀνιστάω statuas II. 210 D. Sic ἀνάστασις restitutio Dio Chr. 462 A.

ἀνίστημι — II. 618 E. 706 C. quem ἐπὶ τὸ βῆμα II. 784 C. — II. 1107 E. 1122 E. I. 23 E. 441 C. 640 D. — statuam ponere I. 33 A. 673 C. 710 A. 734 E. χρυσοῦν τινα II. 170 E. — II. 1043 D. 1097 B. I. 104 E. 119 B.? 141 F. 145 D. 513 B. pass. 877 F. — τινα ἐπί τι II. 653 C. I. 145 B. — expello I. 164 F. 224 D. 571 D. — σθαι ἐξ εὐνῆς II. 727 C. — ad dicendum I. 240 C. 744 A. 746 B. 748 A. 749 B. — ἀπό τινος ad dicendum, materiam sumere ab aliquo argumento II. 804 A. — τινα statuam cui ponere II. 837 D. — σται statua II. 871 B. 972 C. I. 160 C. — pass. circulus πρὸς ὀρθὰς II. 931 A. — excito II. 979 C. 1015 E. 1095 D. I. 108 C. 144 A. 177 B. 208 D. 224 B. 230 C. 314 A. — cujus auctoritatem jacentem erigere I. 629 D. — ται fluvius oritur I. 637 D. — μαι proficiscor I. 639 E. 903 A. — ται regio, abeunt incolae I. 651 F. — magistratum ἐκ τοῦ δίφρου, removeo munere I. 800 E. — supplicem I. 800 D. 803 A. B. 804 B. — quid in templo pro ἀνατίθημι I. 302 A. — quem e loco I. 561 A. — exercitum moveo 592 E. 913 A. 970 A. 971 E. 995 D. — μαι κατά τινος I. 374 B. 407 F. — ται ὀρθὸν τὸ θέατρον expectatione I. 374 F. — ἀναστὰς dicere I. 407 E. 769 F. 771 A. — motus sua sede I. 508 E. — accusatorem in quem I. 504 F. — consolor I. 561 A. — μαι ἐκ σφάλματος I. 580 C. — bellum I. 629 B. — tropaeum I. 594 A. — σται statua pass. I. 881 C. — στασαν veteranos imperf. e domiciliis suis ad arma vocarunt I. 923 A. — ται agger I. 933 C. — ανται rustici ut se jungant cum exercitu I. 969 E. — μι τινα surgere facio e sede I. 975 B. — τινα χαλκοῦν I. 984 A. — statuam I. 1033 C. II. 205 D. — quem e theatro I. 1050 B. — ἀς ἐκ τῶν θεατῶν II. 170 A. — imaginem I. 1048 D. — ἀναστὰς παρὰ τοῦ αὐτοκράτορος μετὰ δεῖπνον I. 1060 E. — μι quem amice, facio abire, dimitto I. 1067 F. — μι exercitum, moveo castra I. 938 C. — ἀναστὸς ad dicendum II. 26 C. 188 C. 192 F. 199 D. — urbem, instauro II. 40 E. — ex loco periphr. II. 42 B. 43 F. — ἀνασταθῆναι jussit Caesar τὰς Πομπηΐου τιμὰς II. 91 A. — ἀναστας convalescens II. 101 D. — subaud. e lecto II. 108 F. 127 E. — μι quem judicem, i. e. rejicio, ejicio II. 178 E. — ἀνέστη ipse abiit ex judicio, in quo sedebat II. 179 A. — ἀνιστάμενος ἀνδριὰς II. 198 E. — μι surgo simpl. II. 235 C. D. — μαι surgo simpl. II. 214 A. — ἀναστὰς lepus excitatus II. 218 D. — μι μάρτυρα Plato 685 A. — ῆναι κείμενον e morbo convalescere Aristid. I. 38. 55. 289. 290. — μι urbem deleo Aristid. I. 177. 221. — muros instauro Aristid. I. 177. — e mortuis II. 228. 263. — ex numero civium quem deleo Dio Chr. XXXI. 318 D.

ἀνιστόρητος pass. II. 731 C. 733 B. Upton. Ind. Epictet. — καὶ ἀθέατος activ. Dio Chr. XII. 211 B.

ἀνιστορήτως ἔχω τινὸς I. 889 C.

ἀνιστορούμενα Porphyr. V. P. 54.

ἀνίσχω de sole II. 952 E. I. 92 C. 371 A. 411 D. 538 B. 938 A. 980 C. — fluvius I. 636 F. luna II. 161 E. — πνεῦμα μαντικὸν ἀνίσχει ita Reisk. pro ἴσχει Aristid. I. 107.

ἀνιχνεύω II. 694 C. I. 678 B. 740 F.

ἀννιβίζω I. 303 B.

ἀνοδία II. 171 B. 508 D. I. 427 C. 938 A. — ἐξ ἀνοδίας quid revocare II. 746 A.

ἄνοδος II. 762 A. in Persiam I. 212 D. montis I. 547 F.

ἀνοδύρομαι II. 123 C.

ἀνόητος I. 657 F. II. 15 C. 28 C. 29 B. 34 A. 46 B. 60 D. 61 E. 69 E. 75 E. 80 C. 87 B. 100 A. 139 A. 157 B. 160 E. 224 E. 241 F. Plato 667 A. 674 D. 699 A. 701 H. ἀνόητα εἰπεῖν stulta Plato 696 F. — καὶ ἄφρων II. 22 B. 34 A. — καὶ ἐμπληκτικὸς II. 748 D. — II. 782 B. 992 C. 1014 C. 1015 E. 1029 E. 1128 D. I. 47 C. 285 A. — τὸ II. 827 A. — Stoic. II. 1033 F. 1048 C. 1063 A. 1069 B. 1073 A. — καὶ κενὸς I. 363 E. 482 A. II. 35 E. puer nondum prudens I. 340 C. οὐκ I. 825 B. 950 A.

ἀνοήτως I. 537 B. 1068 C. 35 C. ἀνοήτως quid praeterire non animadversum Plato Leg. II. 581 A.

ἀνόθευτος II. 1150 D. 1152 B.

ἄνοια II. 114 F. 117 A. — καὶ τρυφὴ I. 485 E. — pro ἄγνοια I. 796 A. 914 F. II. 70 C. Dio Chr. X. 151 C. Plato 565 D. 590 B. 591 B. 630 B. 669 D. 670 B. 674 B. 683 G.

ἀνοίγω simpl. I. 139 C. II. 43 C. 105 D. 167 A. 173 A. 196 E. F. 238 E. — γραμματοδιδασκάλειον II. 278 E. — ται cui πᾶσα οἰκία I. 448 F. Sim. 544 C. — ται λόγος materiae St. II. 1077 B. — γω testamentum I. 740 B. — εσθαι arcanum emittere II. 339 E. — τὰς θύρας domum meam venio II. 100 D. — anima ut oculus II. 563 E. — ἀρτηρίαν II. 130 B. — flos II. 646 D. — κόλπος I. 545 B. — ὥσπερ πύλης II. 674 D. — scholam Aristid. II. 24. — ἀνέωγε (vel pars aedificii vel coeli) II. 693 D. I. 231 E. Lucian. III. 574. — ut Xenoph. Hist. Gr. ἤνοιγε περὶ τὸ Ῥοιτεῖον comparat cum Virgil Aen. XII. 450 De la Cerda — quare A habeat II. 738 C. — πόρους animi II. 432 E. 765 C. — αἴσθησις ἀνεωγμένη II. 975 cui nil obest. Ver aperit βλαστοὺς I. 72 C. — ἀνοίγνυμι I. 303 F. 905 A. ἀνοίγων ὁ servus I. 848 A.

ἀνοιδέω — εἰ mare II. 897 B.

ἀνοικεῖος Cons. Ap. init. Victor. Castig. Cicer. p. 492. II. 102 A.

ἀνοικίζω urbem, destruo Pausan. 883. I. 511 F. — I. 300 D. Himer. 146. 148. 152.

ἀνοικοδομέω I. 121 C. 144 D. 479 C. Dionys. Al. Eus. P. E. XIV. 774 A.

ἀνοικονόμητος II. 517 E.

ἀνοιμώζω II. 114 F.

ἄνοιξις II. 738 C.

ἀνοιστέος ὁ λόγος II. 390 C. 431 A.

ἄνολβος poët. II. 36 C.

ἀνολολύζω II. 768 D. 1100 C.

ἀνόμιλητος I. 235 B. II. 50 B. Plato 689 G.

ἀνομία — εἰς ἀνομίαν ἔρχεσθαι δι' αὐτονομίας II. 755 B. — II. 1051 B. I. 40 D. Aristid. II. 59.

ἀνομοθέτητος Plato 627 A. 649 G.

ἀνόμοιος II. 96 D. E. 216 C. 424 E. I. 479 F. Plato 704 E. numerus iniquus Aristid. II. 260.

ἀνομοιότης II. 428 C. 1014 D. 1015 D. 1024 D. 1026 A. 1030 A. 1114 E. I. 824 E. 882 D.

ἀνομοίως I. 333 F.

ἀνομολογέω II. 1070 D. I. 173 E. 871 F. Muson. Stob. 596. Plato 608 F. Aristid. I. 507.

ἀνομολογία I. 565 E. Hierocl. Stob. 449.

ἀνομολόγως Porphyr. Abst. II. 40. Upton. Ind. Epict.

ἄνομος καὶ ἀθέσποτος ἀφεῖσθαι II. 758 D. — II. 229 D. — λόγος ἀσεβὲς ἔργον Plato 664 B.

ἀνομόργνυμι — σθαι animo quid I. 877 C.

ἀνόνητός εἰμί τινος II. 800 D. Dio Chrys. XXIX. 297 D. Aristid. I. 451. — τινι II. 821 B. — I. 933 A. II. 23 E. F. 36 D. 40 A. 46 E. Aristid. I. 452.

ἄνοπλος II. 98 D. 232 C. I. 141 B. 292 C. 522 E. 642 D. 904 A. 563 A. C. 997 B. 1014 E. 1059 D. 1069 C.

ἀνόργανος κίνησις II. 381 A. I. 162 B. Porphyr. Abst. I. 6.

ἀνοργίαστος Plato 702 F.

ἀνορέα Pindar. II. 1030 A.

ἀνόρεκτος γενέσθαι cibum non amplius cupere II. 460 A. 687 C. — pass. cibus II. 664 A.

ἀνορθόω regnum I. 961 C. Plato 677 G. Sim. Aristid. I. 84.

ἀνορύττειν mortuum inimicum II. 212 C. 229 F. I. 451 A. 606 F. — I. 84 C.

ἀνόσιος I. 35 E. 621 C. 634 A. 758 F. 767 B. 804 D. 970 B. 991 E. 1067 A. II. 169 F. bis. 170 D. bis. 1130 C. Mus. 1142 A. Plato 663 E. 673 D. 674 G. 679 F. 703 G.

ἀνοσιουργέω II. 556 D.

ἀνοσίως I. 97 C.

ἀνοσιότης II. 1051 B.

ἀνοσιουργία I. 1052 B. Plato 672 F.

ἄνοσος II. 7 A. 1057 D. 1075 A. I. 664 F.

ἄνοστος II. 915 E.

ἀνουθέτητος II. 283 F. 509 C.

ἄνους II. 935 B. 943 B. 1003 A. Plato 694 E.

ἀνοχὴ — αὶ induciae II. 184 E. 223 A. 851 D. I. 16 A. 29 F. 226 E. 245 E. 294 A. 377 F.

ἀνοψία II. 237 E.

ἄνοψος II. 123 B.

ἄντα ἐῴκει poët. II. 920 E.

ἀνταγγέλλω f. ἀναγγέλλω II. 840 E.

ἀνταγωνίζομαι I. 859 D.

ἀνταγωνιστης II. 971 A. I. 194 B. 269 D. 276 D. 278 F. 303 A. 372 E. 446 C. 473 F. 478 B. 480 C. 498 E. 512 D. 543 F. 555 F. 626 D. 640 E. 666 D. 721 D. 741 F. Plato 639 C. 643 B. — πρός τι dehortator, prohibitor II. 749 E. — II. 87 F. 178 E. 179 D. 233 D. Plato 691 D. — bello II. 236 E.

ἀντᾴδω ut Gallus II. 794 C.

ἀνταιδέομαι I. 934 E.

ἀνταίρω — ει regio alteri I. 257 F. — πρός τι resistere cui I. 261 B. 338 A. 392 C. Aristid. I. 116 — σθαί τινι χεῖρας I. 843 A. Sim. Aristid. I. 451. II. 169. — ω τινὶ II. 28. Aristid. I. 141. 163. 164. 366 482.

ἀνταιτέω II. 384 E.

ἀντακολουθεῖν II. 1046 E.

ἀντακούω Aristid. I. 524.

ἀνταλαλάζω I. 371 B. 404 D.

ἀνταλλάττω — μαι I. 433 C. Aristid. I. 463. Himer. 372. — Activ. II. 56 B.

ἀνταπαμείβομαι Tyrt. I. 43 D.

ἀντανάγομαι I. 211 D. 946 E. activ.

ἀνταναιρέω II. 20 D.

ἀντανάκλασις vocis actio II. 502 D. 901 C.

ἀντανακλάω II. 903 A.

ἀνταναφέρω II. 20 C.

ἀντανίστημι II. 40 E. 348 D. — αμαι II. 723 B. I. 455 E. 694 A. — τινι resisto I. 79 A.

ἀντάνειμι Aristid. I. 253.

ἀντάξιος II. 32 F. 92 D. 122 C. 181 D. 718 D. 759 F. 1124 E. I. 1067 B.

ἀνταπαιτέω I. 79 E. 785 B. II. 95 D. Aristid. I. 479. 493. 494.

ἀνταποδίδωμι calamitatem, in eam cadere ex fortuna II 608 F. — II. 808 C. 825 C. 904 B. 924 F. I. 62 B. 339 E. — quo didicimus II. 973 C. — clamorem I. 249 D. 464 C. Aristid. II. 412. Simpl. ib. 95. 253. 270. — pass. μι ut Plato Aristid. II. 100.

ἀνταπόδοσις II. 72 F. 136 B. 737 D. Vit. Hom. §. 84. Hippodam. Stob. 534.

ἀνταποστέλλω II. 248 C.

ἀντάπωσις II. 890 D. mutua repulsio.

ἀνταρκέω I. 819 B. Aristid. I. 264 pro αὐταρκ. II. 100. 337. I. 420.

ἀνταρκτικὸς II. 888 C.

ἀντασπάζομαι I. 254 D. 431 A. 821 C. 951 B. II. 202 F.

ἀνταυγεία II. 589 B. 591 E. 696 A. 890 B. 891 E. 921 A. 930 D. 936 E.

ἀνταυγέω Empedocl. II. 400 B.

ἀντεγκαλέω I. 941 D. II. 66 E.

ἀντειστάγω I. 714 B. Aristid. 226. 263. 266.

ἀντεισπράξεις I. 644 D.

ἀντεκκλέπτω I. 168 F.
ἀντεκπλέω I. 438 B. 486 C.
ἀντεκπλήττω Aristid. I. 130.
ἀντεκτίθημι I. 840 A. 1027 C.
ἀντεκφέρω II. 72 E.
ἀντελαύνω I. 539 C.
ἀντελιγμὸς II. 896 C.
ἀντεμβάλλω I. 367 A.
ἀντενδύω II. 139 C.
ἀντεξάγω I. 101 B.
ἀντεξελαύνω I. 207 B. 367 A. 587 A. 1015 D. 1016 A. 1070 A. II. 143 C.
ἀντεξαιτέω I. 670 D.
ἀντεξετάζω I. 253 C. 708 E. 847 A. II. 65 B. Aristid. II. 586. I. 330.
ἀντεξιππάζω I. 622 A.
ἀντεξίστημι II. 946 D.
ἀντεξόρμησις Thuc. II. 91. Wass. Plut. laudat. I. 656 C.
ἀντεπεισάγω II. 903 D.
ἀντεπείσοδος II. 903 D.
ἀντεπεισφέρω II. 903 E.
ἀντεπεξέρχομαι Aristid. I. 149.
ἀντεπιβουλεύω I. 906 C.
ἀντεπιδείκνυσθαι II. 674 B. I. 676 E. 025 D. Aristid. I. 130.
ἀντεπιστρέφω II. 810 E.
ἀντεπιστροφὴ II. 901 D.
ἀντεπιτείνω II. 933 C.
ἀντεπιχειρέω I. 127 F.
ἀντέπω II. 40 E. 124 C. 1023 B. 1110 F. I. 109 F. 368 E. 887 F. pro ἀντέχω I. 413 E. ?
ἀντεραστὴς II. 753 B. 754 C. 1128 B. I. 194 B. 582 E.
ἀντεράω II. 712 C. 760 B. rivalis 972 D. I. 51 D. 964 D.
ἀντερείδω I. 73 A. 321 C. 375 A. 417 C. 477 E. 615 E. 829 A. II. 28 D. 59 C. 130 B. 321 F. (e cod. B.) 665 F. 666 A. B. D. 691 A. B. 845 C. 914 A. 923 E. 931 B. 937 A. 1116 D.
ἀντέρεισις pugnae II. 346 B. 1085 D. I. 439 D. — reflectio II. 396 A. — germinis II. 649 B. I. 66 D.
ἀντερίζειν τινὶ, resistere, pugnare II. 321 E.
ἀντέρομαι II. 739 B.
ἀντέχω II. 187 E. 1124 C. I. 335 D. 850 D. 854 B. 907 E.
ἀντέρως I. 193 D.
ἀντερωτάω I. 222 E. 611 D. II. 236 D. 811 A.
ἀντευπάσχω Aristid. II. 404.
ἀντευποιέω Aristid. II. 404. 440.
ἀντεφορμέω I. 212 A.
ἀντέχω I. 105 D. 106 A. 130 C. 217 A. E. 277 C. 503 A. II. 59 C. 624 C. 651 C. 827 B. — servo II. 649 D. iis qui per ianuam irrumpunt II. 674 D. — duro, maneo II. 684 C. — μὴ ὑπακοῦσαι II. 708 A. — μαι τινός II. 230 B. 831 E. 954 B. 1024 B. 1047 E. I. 119 F. 947 E. 970 E. Plato 672 D. — resisto I. 398 E. 402 C. 412 A. 887 F. — opponitur ἀνθίστημι Herodian. VIII. 5, 2. pro duro I. 399 D. — pro ἀντωθέω Aristid. II. 181. — ἀντέχει thorax vulneri I. 1015 E. — dolori quis I. 1027 B. — πρός τι II. 69 E. 659 A.
ἀντήλιος II. 248 C. vid. ἀνθήλιος.
ἀντηχέω II. 414 C. 925 E. 960 B. 1000 B. I. 416 D. — Obstrepere dicenti I. 709 C.
ἀντήχησις II. 589 C.
ἀντὶ — μηδενὸς gratis II. 384 D. 822 A. — ἀνθ' ὧν II. 184 B. 861 D. Dio Chr. 663 C. Aristid. I. 329. 460. 470. 471. 482. 493. 501. 520. 557. — ἀκούω τι ἀντί τινος, sub hoc illud intelligo, bis II. 898 C. — πάντων prae omnibus I. 376 E. 710 B. II. 151 E. — τοῦ ζῆν quid amare, prae vita I. 689 D. — παντός ἔχω τι omnibus praefero quid I. 838 A. — ἓν ἀντὶ πολλῶν κακῶν ἀγαθὸν II. 147 D. — τινὸς II. 172 E. 207 B. 209 B. bis. 210 A. 218 F. — ἀνθ' ἑαυτοῦ II. 197 D. 222 F. — ἀνθ' ἑνὸς II. 203 C. — ἀντ' ἄλλης κινήσεως, ἀντ' ἄλλης παιδιᾶς, simplici motu, per lusum Aristid. I. 31. II. 101. 181. 360. — ἀντὶ πατρός τινι γίγνεσθαι Aristid. I. 110. instar. Sim. 149. 232. 248. 255. 404. 536 bis. 540. 541. II. 181. 411. — εἷς ἀντὶ πάντων ἦν instar Aristid. I. 135. — ἑνὸς ἄλλου τινὸς instar unius Aristid. II. 97.

ἀντιάζω I. 978 A.

ἀντιβάδην II. 381 A.

ἀντιβαίνειν II. 6 D. 50 A. 63 A. 85 B. 237 F. 402 B. 447 B. 515 E. 1057 A. I. 320 C. 485 B. 551 A. 742 D. 792 B. 963 A. Dio Chrys. IV. 81 C.

ἀντιβάλλω I. 539 F.

ἀντίβασις II. 442 A. 584 E. 777 C. I. 726 C.

ἀντιβατικὸς I. 742 D.

ἀντιβλέπειν πρός τι ἀνεωγόσιν ὀφθαλμοῖς II. 476 E. — II. 681 C. I. 362 E. 615 A. 656 B. 887 E. Lambin. Hor. Carm. p. 121.

ἀντίβλεψίς τινος II. 681 B.

ἀντιβολέω II. 109 C. 565 A. 1094 D. I. 154 A. 200 A. 206 A. 267 F. 287 C. 308 F. 422 E. 431 F. 471 B. 515 F. 631 D.

ἀντιγονὶς vas, poculum I. 273 B. Athen. Supplem. libri XI. p. 783, 50. et 497 F.

ἀντιγραφεὺς Aristid. I. 472.

ἀντιγραφὴ exemplum descriptum II. 577 E. Arist. Eus. P. E. 350 D. — scriptum contra quem II. 1059 B. — responsum II. 1098 B. — I. 708 E. 882 A.

ἀντίγραφον aliquid discere ut ex paterno ἀντιγράφῳ II. 480 F. — I. 468 B. 487 A. 583 F. 668 B.

ἀντιγράφω II. 191 A. 211 B. 213 A. 218 E. 222 B. 225 C. bis. I. 505 E. 556 D. 590 E. 607 E. 638 C. 639 C. 887 E. 806 D. 880 E. 1068 C. — contra quem II. 1034 E. F. 1040 D. — in monumento Aristid. II. 303.

ἀντιδημαγωγέω I. 838 C.

ἀντιδιαιρέομαι Aristid. I. 180. 214.

ἀντιδίδωμι II. 165 B. I. 90 D. pro ἀπο — 593 F. — in Rhetorica. Vit. Hom. §. 127.

ἀντιδικέω I. 1045 C. Plato 688 H.

ἀντιδικία II. 483 B.

ἀντίδικος II. 805 B. I. 320 D. 547 C. 852 F. 874 C. 887 E. Plato 685 B.

ἀντίδοσις actio publ. II. 839 C. — II. 957 A. I. 781 E. 884 D. Dio Chrys. 475 A.

ἀντίδοτον II. 42 D. 54 E.

ἀντίδουλος Aeschyl. II. 964 F.

ἀντιδράω I. 307 A.

ἀντιδωρέομαι Plato 685 D.

ἀντίδωρος — II. 98 C.

ἀντίζυγος — ον folium II. 723 C. — dialect. II. 960 D.

ἀντίθεος Homer. II. 360 F.

ἀντίθεσις II. 952 D. 953 B. 960 C. 1016 B. Fragm. I. 1.

ἀντίθετος II. 853 B. — πρός τι II. 672 B. — locus II. 895 B. 960 D. adv. II. 1022 D.

ἀντίθημι Anaxag. pro ἀνατίθημι II. 929 B.

ἀντίθυρον Aristid. I. 283.

ἀντικαθῆμαι de exercitu Pausan. 501. I. 230 E. 418 D. 497 A. 593 A. 627 A.

ἀντικαθίστημι I. 779 C. 828 E. 830 C. 1029 B. Himer. 146. 148. 152.

ἀντικαλλωπίζομαί τινι πρός τι II. 406 D.

ἀντικαταλλαγή τινος πρός τι II. 49 D.

ἀντικαταλλάττω — μαί τινός τι II. 1064 A. Diod. Sic. I. p. 5. Wess. I. 924 B. Jambl. Stob. 315, 41. Dio Chrys. 665 B. *do quid pro quo* Philomath. II. — I. 709 E.

ἀντικατατείνω λόγον II. 669 E.

ἀντικατασκευάζω Aristid. II. 249.

ἀντικατηγορέω I. 757 B. 1013 A.

ἀντικεῖσθαί τινι πρός τι II. 952 B. — II. 40 F. 946 B. 947 D. 948 D. 960 B. C. 1006 C. 1053 E. ἀντικείμενος II. 946 B. D. 947 D. 949 A. 1059 D. E. 1124 A. Acad. Galen. T. II. 16 A. B. seq. 17 C.

ἀντικνήμια διεσθίει Syria dea II. 170 D. (ἀντικνήμια φλᾶν Aristoph. Plut.)

ἀντικολακεύω I. 204 C.

ἀντικομίζω I. 448 B. 944 E.

ἀντικομπάζω I. 944 E.

ἀντικοπὴ germinis II. 649 B. 77 A.

ἀντικόπτω τινὶ II. 897 C. Xen. H. Gr. II. 3, 11. — sermone II. 39 C.

ἀντικοσμέω II. 813 C. 827 A. Aristid. I. 547.

ἀντίκρουσις II. 721 B. I. 214 D.

ἀντικρείω quem II. 751 B. Plato 653 D. cui I. 320 A. 351 D. 440 F. 514 C. 599 C. 713 E. 753 E. 757 C. 834 E. 838 D. I. 651 B. 746 B. 748 D. 806 A. 827 D. 871 B.

ἄντικρυς, ἄντικρυ I. 44 D. 93 D. 185 D. 288 C. 344 B. 345 D. 346 D. 369 B. 390 D. 423 B. 494 B. 495 A. 497 B. 505 D. 532 D. 544 E. 576 F. 585 D. 588 E. 629 D. 631 F. 651 C. 696 D. 708 B. 709 A. 716 F. 742 D. 775 B. 782 C. 790 C. 836 D. 838 B. 839 B. 858 C. 875 F. 1041 C. 1064 A. II. 225 D. 226 C. 229 B. 648 E. 652 B. 659 A. 671 E. 677 C. 683 E. 692 D. 789 E. 868 F. 955 E. 1014 E. 1016 E. 1108 E. 1109 C.

ἀντίκτησις II. 481 E.

ἀντικυμαίνω I. 897 B.

ἀντικωμῳδέω I. 373 E.

ἀντιλακτίζω — ουσα κνίσσα Pindar. II. 949 A. 10 C.

ἀντιλαμβάνω — εσθαι ἑαυτοῦ II. 536 D. — ται ἐμοῦ λόγος II. 423 B. — ἀλλήλων II. 619 A. — τινὸς percipere quid II. 8 A. 12 B. 432 B. 626 B. 671 A. 779 C. I. 888 A. — Passiv. II. 684 C. 718 F. 772 C. 796 B. 863 F. 868 C. 978 C. 1066 D. I. 77 B. 142 B. 152 D. 329 F. 386 A. 388 C. 399 C. 436 E. — τῶν πραγμάτων I. 22 A. 580 B. — aggredi hostilem agrum I. 164 A. — τῆς θαλάττης I. 166 B. 285 C. — τι I. 190 C. — pro ἀπολαμβάνω I. 285 D. II. 41 D. — non dimitto I. 316 A. — μαί τινος I. 445 E. 563 E. 565 A. 638 E. 779 A. 791 E. 833 D. 990 B. 998 C. 1068 D. Plato 638 D. — retineo quem ruentem I. 586 A. — μαί τινος κεναῖς ἐρωτήσεσι II. 48 A.

ἀντιλέγω II. 839 C. ἀντιλέγεται liber spurius habetur. — II. 58 A. C. 60 E. 216 D. 232 D. 239 B. 240 D. 1115 B. I. 113 E. 156 C. 565 F. 611 E. 625 E. 648 C. 659 C. 1061 F. — ἀντιλεγόμενον regio de qua disceptatur Xen. H. Gr. III. 2, 21.

ἀντιλάμπω — πει Sol. 373 E. 420 F. περιττὴ λέξις τῷ ἀκροατῇ πρὸς τὸ δηλούμενον II. 41 C. — mihi quid λεῖον, ut accedit II. 920 D. — I. 264 D. 1036 C.

ἀντίλαμψις II. 930 D. 931 B.

ἀντιληπτικὸς II. 98 B. 899 D. 1023 F.

ἀντίληψις perceptio II. 625 A. 901 B. Oenom. Euseb. P. E. VI. 256 C. D. 257 C. Porph. Abst. I. 33. 39. — reprehensio vel simil. II. 78 A. — αἰσθητηρίου II. 899 C. 1038 C. — simpl. II. 936 B. 1109 D. 1114 E. I. 674 C. — ansa II. 966 E. I. 3 A. 88 B. Wessel. D. S. T. I. p. 36. — studium II. 1140 E. 1145 A. — ἀντίληψιν ἔχειν II. 438 A.

ἀντιλιτανεύω II. 117 C.

ἀντιλογία — αν ἔχειν II. 743 A. 813 A. — I. 5 B. 40 A. 73 F. 93 C. 320 A. 450 E. 1071 E. II. 80 C. 229 E.

ἀντιλογίζομαι Aristid. II. 262.

ἀντιλοιδορέω I. 935 E. II. 88 E.

ἀντιλυπέω I. 898 E.

ἀντιλύπησις Fragm. I. 1.

ἀντιμαρτυρέω I. 202 A. — ἀντιμαρτυρεῖ ἔνδοθεν πάθος πρὸς κενὴν δόξαν II. 471 C. Sim. 55 F. — Simpl. II. 662 D. 873 A. 1120 E. 418 A.

ἀντιμαρτύρησις codd. II. 1121 E. *detestatio* verti.

ἀντιμάχομαι II. 1156 B.

ἀντιμεθίστημι Aristid. II. 142.

ἀντιμειρακιεύεσθαι I. 454 C.

ἀντιμεσουρανεῖν II. 284 E.

ἀντιμετάβασις II. 319 C.

ἀντιμεταλαμβάνω τι II. 785 C.

ἀντιμετάληψις βίου II. 466 B. — Simpl. II. 438 D. 904 A.

ἀντιμεταῤῥέω II. 904 A.

ἀντιμέτειμι I. 353 C.

ἀντιμηχανάομαι II. 256 C.

ἀντίμορφος I. 564 D.

ἀντινήχομαι II. 979 B.

ἀντινομία II. 742 A. 743 A. I. 713 B.

ἀντινομικὸς — ἡ θέσις II. 741 D. 742 F.

ἀντινομοθετέω II. 1044 C.

ἀντινουθετέω II. 72 E.

ἀντίξους II. 888 C.

ἀντιξύω Aristid. II. 84.

ἀντιός τινι I. 136 F.

ἀντιπαθεία II. 641 B. 952 D.

ἀντιπαθής II. 664 C. 940 A. 937 C.

ἀντίπαις II. 261 D. 1050 B. in cod. B. I. 267 A. 356 D. 659 F. 864 C. 982 C.

ἀντίπαλος I. 47 D. 122 C. 132 C. 158 B. 258 D. 261 E. 345 D. 353 C. E. 424 C. 481 F. 489 B. 522 F. 546 E. 607 A. 650 D. 656 B. 659 D. 724 A. II. 212 D. 742 C. 1015 E. 1025 B. — τὸ II. 757 C. Thucyd. II. 45. Wass. Duk. — aequalis viribus I. 317 A. 530 D. II. 227 D. Aristid. I. 131. — εἰς τὸ ἀντίπαλον cui venire, ad aequalitatem virium ac belli I. 434 E. 721 D. — πρός τι adversarius I. 369 B. 433 F. — εἰς ἀντίπαλον ἐλπίδα καθίστασθαι I. 681 B. — res II. 87 A.

ἀντιπαραβάλλειν ἑαυτὸν II. 545 D. — I. 121 B. 824 B. II. 72 D.

ἀντιπαραβολὴ II. 40 F.

ἀντιπαραγγελία I. 1043 F.

ἀντιπαραγγέλλω I. 422 B. 710 C. 783 C.

ἀντιπαράγω II. 719 C. Porphyr. Abst. IV. 21.

ἀντιπαραγωγὴ aciei I. 382 F.

ἀντιπαραπέμπω pass. vicissim solatium accipio II. 1099 D.

ἀντιπαρασκευάζω -μαι I. 841 B.

ἀντιπαρατάττω I. 402 A. 419 F. 513 C. 592 C. 728 F. 818 B.

ἀντιπαρατείνω Jambl. V. P. 218.

ἀντιπαρατίθημι II. 21 B. Menand. Stobaei 423.

ἀντιπαρεξάγω I. 271 B. 328 D. 393 C. 510 A. 524 D. 1007 C. II. 470 B. Dio Chr. VII. 118 B. Casaub. ad Polyb. Praef. citatus Reiskio.

ἀντιπαρέξειμι I. 883 A. II. 195 C.

ἀντιπαρήκω II. 897 F. 944 C.

ἀντιπαρηγορέω II. 118 A.

ἀντιπαῤῥησιάζομαι II. 72 E.

ἀντιπάσχω II. 641 B. 904 A. I. 610 D. Wessel. Diod. Sic. T. I. p. 49.

ἀντιπεσταγέω II. 1000 B.

ἀντιπέμπω I. 512 C. f. pro ἀποπ. II. 222 E.

ἀντίπερας I. 438 A. 698 E. 719 B. 923 E. 1033 F. Aristid. I. 884, dubium.

ἀντιπεριηχέω II. 502 D.

ἀντιπεριίστημι II. 915 B.

ἀντιπερισπάω II. 897 B. C. Jambl. V. P. 24.

ἀντιπερισπασμὸς Wessel. Diod. Sic. I. 681.

ἀντιπερίστασις II. 896 C. 898 B. 1004 D. E. 1005 F.

ἀντιπεριστροφὴ II. 901 C.

ἀντιπεριχωρέω I. 618 D.

ἀντιπεριψύχω II. 691 F.

ἀντιπεριωθέω II. 1005 E.

ἀντιπερίωσις II. 1005 D.

ἀντιπίπτειν adversari II. 95 B. Thes. 13 D. Vid. Wetst. et Raphel. ad Actor. VII. 51. Eurypham. Stob. 556. — II. 625 C. 1040 B. 1055 E. — μοί τι scrupulum mihi injicit II. 636 E. — τὸ ἀντιπῖπτον difficultas II. 929 E. — τινι πρός τι II. 1055 E. — τί τινι πρός τινα I. 13 D. — τινι I. 918 C. 921 A. 1064 D. — Simpl. Aristid. I. 386. 387.

ἀντιπληρόω poculum Aristid. II. 115.

ἀντιπνέω I. 877 B.

ἀντίποδες II. 869 C. 924 A. 1030 B.

ἀντιποιέομαι I. 82 B. 104 C. 448 E. 467 A. 584 E. 800 C. 833 E. 1018 B. II. 637 D. 772 F. T. Hemsterhus. Lucian. I. 29.

ἀντιπολεμέω II. 1150 B.

ἀντιπολιορκέω I. 301 E. 574 D.

ἀντιπολιτεία I. 712 E.

ἀντιπολιτεύομαι II. 760 A. B. 775 C. 809 B. I. 121 E. 156 C. 518 A. 524 B. 745 F. 851 F. 855 C.

ἀντίπραξις II. 721 D. I. 102 F. 779 F.

ἀντιπράττειν τῇ νοήσει πρὸς τὸ ἀληθὲς II. 407 A. 653 A. 697 B. 749 F. 819 B. I. 42 C. 151 D. 323 B. 355 E. 621 E. 774 E. 798 E. 1041 B.

ἀντιπροσαγορεύω I. 544 D. 622 C.

ἀντιπροσείπω Aristid. II. 308.

ἀντιπροσκυνέω I. 1117 C.

ἀντιπρόσωπος II. 897 E. 1117 C. I. 1042 C.

ἀντίπρωρος II. 979 B. I. 119 C. D. 392 B. 438 B. 494 A. 945 A. 946 D. 947 A. 951 B. — Elephas I. 698 D. Dorvill. Char. 627. Littus Aristid. I. 113.

ἀντιῤῥήγνυμι -ῥαγεὶς II. 1005 B.

ἀντίῤῥησις II. 39 C. 1037 A. I. 901 D.

ἀντίῤῥοπός τινι I. 744 A. Aristid. I. 131. 160. 214. 231. 238. 394. 477. — πάντων ἠπίων Ὑγιεία Aristid. I. 46.

ἀντισέβομαι II. 1117 C.

ἀντισηκόω Lucian. III. 658. Eur. Greg. Naz. 200 A.

ἀντισκώπτω I. 243 B. 926 C.

ἀντισπάω luxuriantem I. 981 B. — II. 1146 F. I. 366 B. f. leg. 817 F.

ἀντιστασιάζω II. 91 F.

ἀντίστασις τύχης I. 274 B.

ἀντιστασιώτης Aristid. II. 249. Dio Chr. XXV. 283 B.

ἀντιστατέω II. 802 B. Aen. Gaz. p. 67. Zachar. Mityl. 188.

ἀντιστάτης ὄχλος τινὶ πρός τι II. 1084 B. ἀντιστάτας pellere pro ἀντιστάντας I. 556 B.

ἀντίστημι I. 158 A.

ἀντιστρατηγέω I. 573 F.

ἀντιστράτηγος I. 477 F. 541 C. 578 A. 586 C. 787 A. Propraetor I. 837 C.

ἀντιστρατοπεδεύω I. 288 D. 370 C.

ἀντιστοιχία II. 474 B. Athen. 501 B.

ἀντιστρέφω II. 737 D. Aristid. I. 182. — τι ut syllogismus I. 1010 D.

ἀντίστροφος ἡ ποιητικὴ τῇ ζωγραφίᾳ II. 17 F. (Aristot. Rhet. init. 697. Vid. Victor. l. c. Aristot.) 140 E. 632 D. 855 D. Plato 689 G. 690 H. — memoriae vaticinatio II. 432 A. — Simpl. II. 140 E. 446 C. 936 D. I. 131 F. Aristid. I. 254. 546. II. 37. 122. — adv. II. 558 C. 660 E. 905 D.

ἀντισύγκλητος I. 425 C. 456 D.

ἀντισυμφωνέω II. 334 B.

ἀντισχυρίζομαι II. 535 B.

ἀντίταγμα I. 517 F. 524 B. 585 B. 815 D. 962 E.

ἀντιτακτικὸς II. 759 E.

ἀντίταξις II. 663 B. 952 D. E. I. 111 B. Frag. I. 1.

ἀντιτάσσω II. 21 D. 35 A. ἀντιτάσσομαι ὑπέρ τινος I. 319 C. — πρὸς λόγον I. 318 D. Sim. II. 49 A. 68 C. — I. 1 B. 156 F. 158 A. 161 A. 166 E. 469 C. 520 A. 522 D. 535 E. 620 B. 624 C. 628 B. 641 E. 650 F. 872 C. 875 C. 898 A. 1003 B. F. II. 168 C. 180 B. 209 E. 217 C. 647 A. 662 B. 684 B. 694 B. 705 D. — ω ἐμαυτὸν I. 712 C. — I. 895 D. II. 27 A. 127 F. 183 C. — ω τινὰ κατά τινα I. 1015 A.

ἀντιτείνω II. 10 B. 13 D. 56 D. 101 A. 127 D. 168 C. 445 B. 448 B. 575 E. 661 C. I. 77 F. 115 F. 295 D. 382 E. 445 C. 530 C. 740 C. 852 D.

ἀντιτεχνάομαι I. 577. B.

ἀντίτεχνος II. 369 D. 661 E. Dio Chr. XII. 207 C. Plato 639 C. Aristid. II. 249. Galen. T. I. 37 D.

ἀντιτίθημι — pass. τινὶ II. 711 F. — II. 92 D. 105 A. 1075 C. 1112 A. I. 776 B.

ἀντιτιμωρέομαι I. 979 A.

ἀντιτολμάω I. 185 B.

ἀντίτονος machinae I. 306 C.

ἀντιτυπέω I. 742 C.

ἀντιτυπία II. 599 D. 618 F. 884 E. 931 B. 1111 E.

ἀντίτυπος II. 66 B. 133 E. 164 F. 171 E. 395 A. 407 F. 796 B. 882 F. 890 D. 951 D. 953 C. 1081 B. 1130 D. I. 558 B. 888 E. 856 (ὄγκος II. 390 D.) II. 701 C. 1014 C. Simpl. ἀγωγὴ II. 442 C.

ἀντίφθογγος Aristid. I. 262.

ἀντιφιλέω II. 608 D.

ἀντιφιλονεικέω II. 818 A. I. 424 B.

ἀντιφιλοτιμέομαι I. 161 A. 346 A.

ἀντιφιλοφρονέομαι I. 578 F.

ἀντιφορτίζω —σθαι Wessel. Diod. Sic. I. 606. Hippocr. Ep. XX. p. 21 D.

ἀντίφραγμά σοι κείσθω II. 558 D.

ἀντίφραξις plenilunium a Pythagoreis vocatum II. 367 E. ubi vid. n.

ἀντίφρασις trop. Rhet. Vit. Hom. §. 25.

ἀντιφράττειν τινὶ τὴν ὁδὸν II. 548 D. — II. 891 E. 925 B. 929 B. 931 F. 932 C. 934 A. 963 A. I. 539 B.

ἀντιφυλάττω — μαι I. 906 C.

ἀντιφωνέω II. 22 A. 233 F. 375 D. I. 416 D. 1030 D. 1061 B.

ἀντίφωνος τινι II. 36 E. 361 A. — τινος II. 412 B. — Simpl. Mus. II. 96 E. Plato 637 D.

ἀντιφωτισμὸς II. 625 D. I. 537 F.

ἀντιχαλεπαίνω II. 468 C.

ἀντίχειρ II. 559 E. 761 C. I. 51 C. 438 A.

ἀντίχθων II. 891 E. 895 C. E. 944 C. 1028 D. Pythag. Porph. V. P. 31.

ἀντίχορδος — καὶ ταῦτα μὲν ὥσπερ ἀντίχορδα κείσθω II. 663 F.

ἀντιχορηγέω I. 198 B.

ἀντιψηφίζομαι I. 448 F.

ἀντλέω II. 127 C.

ἄντλημα II. 974 E.

ἀντλία Aristid. II. 409.

ἄντοικος II. 898 B.

ἀντονομασία trop. Rhet. Vit. Hom. §. 24.

ἀντροειδὴς II. 896 E.

ἄντρον I. 326 C. 576 G.

ἄντυξ clypei Himer. I. 536.

ἀντωνέομαι I. 193 F.

ἀντωμοσία Aristid. II. 417.

ἀντωνυμία II. 1009 C. 1011 C.

ἀνύβριστος II. 46 C. 92 D. 622 B. I. 282 E. 503 C. 520 B. 582 A.

ἀνυγραίνω II. 566 A. passive de anima. — vinum mentem II. 620 D. — II. 156 D. 658 B. 940 A. 1053 C. I. 262 C. 287 F. 622 E.

ἀνυδρία I. 680 B. (-εία 689 E.) 938 A.

ἄνυδρος I. 40 B. 487 C. 516 E. 527 C. 556 C. 571 E. 592 D. 635 F. 638 A. 792 D. 891 D. 916 F. 937 D. II. 232 A. 951 E.

ἀνύπαρκτος I. 59 B. II. 360 A. 420 C. 425 E. 439. 963 F. 1045 C. 1046 B. 1068 E. 1087 C. 1124 A. 1145 C. ἀνυπαρξία Senec. Ep. 87 C. Sext Emp. 368.

ἀνυπέρβλητος II. 1091 B. I. 825 D.

ἀνυπεύθυνον (πρὸς τὸ) quid facere II. 386 A. ἀνυπεύθυνος II. 90 C. 826 E. 827 A. 855 D. I. 137 D. 175 E. 179 C. 443 E. 631 F. 734 C. 764 C. 765 D. 779 C. 1044 F. 1046 A. Stanl. Aesch. Pers. 213. Diotog. Stob. 330, 27. Diog. L. VII. 122. Dio Chrys. 565 D. 568 C. Plato 617 G. 660 A. Aristid. I. 510.

ἀνυπηρέτητος Eurypham. Stob. 556.

ἀνυπόδετος I. 743 D. 762 C. 780 D. II. 98 D. Kuster. Aristoph. Nub. 103. utrum cum ε an η. Wessel. Diod. Sic. I. p. 91. η et ε Lucian. III. 247.

ἀνυποδησία II. 634 A. Plato Leg. I. 568 E. Aristid. I. 308.

ἀνυπόδικος I. 764 C.

ἀνυπόθετος ἀρχὴ II. 358 E. principium sine fundamento 399. B.

ἀνυποθέτως II. 399 B.

ἀνύποιστος Timaeus Athen. XII. 519 F.

ἀνύποπτος — ως II. 614 B. 686 B. 1059 E. I. 240 C. 243 F. 282 C. 448 B. 593 F. 675 A. 770 B. 904 A. Active 987 B. 990 A. 995 A. 1024 C. 1029 C.

ἀνυπόστατος I. 251 A. 287 A. 241 C. 412 A. 715 A. 727 D. Vit. Hom. §. 87. Diogenian. Euseb. P. E. IV. 139 B. Jambl. V. P. 215. Aristid. I. 447.

ἀνύσιμον II. 2, 6. de πειθοῖ II. 442 C. Jambl. Vit. Pyth. 174. Xenoph. K. Π. emend. Valck. Theocr. XVIII. 17. p. 149. Refer huc item Dio Chrys. 485 C. Aristid. I. 289. Bibl. Crit. II. 60.

ἀνύσιμος I. 495 B. 576 B. 837 D. II. 2 C.

ἀνυσίμως II. 452 D.

ἄνυσις II. 77 A.

ἀνυστὸν ὡς ἐστὶ II. 14 C. 87 C. 101 A. 115 E. 130 D. 393 D. 428 C. 484 D. 703 E. 719 C. 720 B. 723 B. 745 B. 826 B. 954 B. 1025 B. 1027 A. 1122 D. I. 57 D. 131

A. 365 F. Xenoph. Exp. I, 8, 11. f. repon. Democrit. Stob. 475, 4.

ἀνύτω — ὡς ἥνυτον quantum poteram Aristid I. 349. 567. II. 301. 414. — suadendo Aristid. II. 96. — Plato 663 D.

ἀνυφαίνω retexo f. leg. II. 414 D. Lat. retexo Cort. Cic. Div. XI. 14. — texo Dionys. Alex. Eus. P. E. XIV. 774 A.

ἀνύω I. 549 B. 662 C. 1092 E. — viam I. 331 D. 728 A. 937 A. II. 76 C. Aristid. I. 97. 249. 285. 311. 340. 360. Pro venio in locum Markl. Eurip. Suppl. 1142. Thessal. Orat. p. 7 A. — Simpl. Aristid. I. 350. II. 360.

ἄνω — οἱ ἄνω δυνατώτατοι Graecis sunt Romani II. 814 C. — καὶ κάτω μεταφέρω τινὰ II. 872 A. 1089 D. 1111 B. 1123 F. sim. Plato 701 D. 703 H. — ἀνωτάτω universae II. 874 D. Casaub. Strab. p. 513. II. 428 F. ad Phaedon. p. 72. — ἀνώτατος II. 881 E. 882 A. 883 B. 893 A. — κατὰ τὸν ἀνωτάτω λόγον universali ratione II. 898 A. — ποταμῶν II. 936 D. Aristid. II. 400. 418. — τὰ ἀνωτάτω II. 948 C 1059 D. I. 130 C. — Simpl. II. 988 A. I. 16 A. — τὰ ἄνω πράγματα de Graecis, Persica II. 342 C. — φέρεσθαι II. 718 F. — τὰ κάτω γίνεται II. 216 B. Prov. Porph. Abst. II. 40. — ἀνωτέρω rem ἐξάγειν f. altius evehere II. 639 D. I. 1 B. — ἀνωτέρω propius conjunctione generis II. 265 E. — ἀνωτάτω positus judex II. 564 C. Simil. 1000 E. — supra in libro f. II. 692 F. 1110 C. — ἀνωτέρω de tempore II. 559 A. — τὰ ἀνωτάτω summum II. 701 E. — ἄνω oriens, κάτω occidens Aristid. I. 100. — οἱ ἄνω θεοὶ Plato 663 C. — ἄνω in convivio loco II. 150 A. — τὰ superiores partes corporis II. 149 C. — ἄνω ἀπάγορεύω II. 77 A. — ἀνωτέρω ἀναγαγεῖν ἑαυτὸν II. 1068 D. — βλέπειν ut avis II. 1105 D. — ὁ ἄνω κόσμος Plato 703 C. — ἡ ἄνω βουλὴ supremus senatus I. 88 D. Taylor. Dem. ed. Reisk. IX. p. 706. Vales. Harpocr. p. 67. — οἱ ἄνω superiores, potentiores, Persae I. 124 E. 1013 E. — in Persia, remotius a Graecis I. 127 E. 505 A. 513 E. 591 B. 603 C. 668 D. 912 A. 933 B. — ut. Heraclit. et Stoic. II. 415 B. — ἄνω τοῦ πολέμου καθῆσθαι Aristid. I. 473. — sursum II. 424 D. — βλέπω ad deum Aristid. I. 537. — procul a mari I. 259 A. 410 D. 754 D. — καὶ κάτω I. 328 A. 888 B. 808 A. — ἄνω in domo minus honesta habitatio I. 451 E. Sic *coenacula*. Conf. Act. Apost. Plaut. Amph. III. 1, 3. — f. ἅμα I. 1045 F. — βουλὴ, f. Areopagus I. 488 A. — in concione sedet populus I. 527 E. — fortuna fertur ἄνω I. 603 F. — antiquis temporibus I. 852 B. Aristid. I. 93. 166. 177. 179. 223. 337. 378. 444. II. 30. 118. 164. 254. — οἱ ἄνω τόνοι vocis I. 862 C. — οἱ ἄνω τόποι I. 907 E. — γένους Plato 662 B. Sim. 663 A. 677 H.

ἀνωδυνίη Protag. II. 118 E.

ἀνώδυνος — φάρμακον II. 614 C. Sim. 79 E. — I. 800 B. 949 D. II. 102 D.

ἀνωδύνως I. 861 C.

ἄνωθεν I. 131 A. 258 D. 630 B. pro simpl. ἄνω II. 84 A. 724 E. I. 384 D. — πόθεν ἄρχεσθαι I. 8 C. Plato 625 G. — ἄρχεσθαι I. 432 E. ex continente I. 487 C. — βαλεῖν δέρμα super induere Dio Chr. VII 111 C. — olim, ab antiquissimis temporibus I. 16 A. v. n. ad II. 239 D. — I. 116 C. 118 A. — ex mediterranea terra I. 818 A. — genere I. 191 E. — e Persia I. 852 C.

ἀνωθέω I. 3 B.

ἀνώλεθρος II. 1016 A. 1107 B. 1116 D. Plato 700 B. — differt ab αἰώνιος Plato 672 B.

ἀνωμαλία I. 44 A. 71 F. 72 A. 76 C. 86 A. 92 A. 92 C. 199 D. 264 B. 331 A. 357 D. 373 B. 406 E. 455 A. 866 A. II. 136 C. 413 E. 633 D. 647 D. 711 F. 763 D. 911 A. 915 A. 928 F. 930 D. 937 A. 939 A. [Lunae 937 F.] 1005 D. 1016 A. D. 1028 E. 1029 D. 1078 F. 1079 A. 1080 A. 1144 A. — I. 417 D. campi 534 C. 559 C. animi 565 E. 1031 F. fluvii 672 D. anni 735 D. E. loci 978 C. aciei 1003 C. 1073 B.

ἀνώμαλος ὑπ' ὀργῆς II. 74 E. — I. 1026 D. II. 96 E. Plato 622 C. D. E. 623 C. 677 C. — II. 661 D. 666 A. 735 B. 915 A. 1079 E. I. 44 D. 112 F. 266 A. 374 E. 454 F. 560 D. 744 B. [dicendi ratio 916 D.] II. 130 D. 226 C. — νὺξ II. 721 F.

ἀνωμαλότης II. 892 A.

ἀνώμοιος Plato 689 A.

ἀνώνυμος I. 406 D. 1017 E. Plato 660 C. 662 B. — f. nefandus Aristid. I. 322.

ἀνώτατος — ον antiquissimum, maxime necessarium II. 1147 A.

ἄνωτος codd. II. 963 B.

ἀνωφερὴς II. 8 A. 36 D. 46 E. 49 D. 121 E. 829 D. 1061 C. 1065 A. 1069 C. 1070 A. 1076 A. I. 225 A.

ἀνωφελῶς II. 66 C.

ἀνωφελὴς II. 924 F. 926 C. 950 D. 952 D. 1053 E. (649 C. pro ἀνωφελές) Cornut. de diis cap. 26. Wessel. Diod. Sic. T. I. p. 10. Vit. Hom. §. 105.

ἀξία II. 778 A. 816 C. 817 A. — παρ' ἀξίαν I. 21 A. 114 B. 151 A. 183 F. 269 C. 353 F. 355 F. 365 E. 367 B. 429 C. 451 D. 515 F. 540 D. 547 C. 550 C. 573 A. 615 A. 616 D. 617 A. 643 D. 765 B. 796 D. 854 C. 880 E. 885 C. II. 32 B. 59 A. 100 A. 483 B. — τὸ κατ' ἀξίαν II. 617 C. 719 B. C. I. 333 C. 1074 C. κατ' ἀξίαν I. 270 C. 511 F. 682 C. 1013 B. II. 59 E. — Stoic. II. 1034 C. Upton. Ind. Epictet. — ἀξίαν ἔχειν Stoic. II. 1070 B. 1071 B. 1072 D. E. — pretium I. 346 E. 442 D. diff. a τιμὴ Dio Chr. 520 D. Plato 656 G. 678 E. 683 H. — viri pro ἀξίωμα I. 710 C. — παρ' ἀξίαν et κατ' ἀξίαν oppon. Aristid. I. 116. — ἀξίαν ἔχειν mercedem accepisse Aristid. II. 365. — ἀξία urbis, flos civium Aristid. I. 509. — οἱ ἐπ' ἀξίας honorati Vales. Euseb. H. E. p. 148 B. C.

ἀξιέραστος II. 94 F. 1073 A. B. I. 37 E.

ἀξίνη I. 416 A. II. 43 C.

ἀξιοζήλωτος I. 380 E.

ἀξιοθαύμαστος II. 983 D.

ἀξιοθέατος I. 273 E. 801 E. 910 C. 927 D. 1032 F.

ἀξιοκοινώνητος Plato 693 H.

ἀξιόλογος II. 214 E. 218 F. 930 D. 1088 C. 1092 D. 1097 E. 1104 F. I. 97 A. 201 B. 410 C. 699 C. 732 B. 740 B. 812 B. 1021 C. 1031 C. optimatum 1067 D. — Teles Stob. 524.

ἀξιολόγως II. 128 E.

ἀξιόμαχός τινι II. 322 A. Pausan. 591. I. 204 E. — I. 113 E. F. 360 D. 391 B. 464 D. 500 C. 570 B. 571 D. 639 C. 736 B. — πρός τινα I. 236 D. 342 F. 779 C. — I. 865 F. — cum inf. I. 997 B.

ἀξιομίσητος II. 10 A. 537 C.

ἀξιομνημόνευτος I. 612 B. II. 5 F.

ἀξιόπιστος II. 68 C. 146 C. 178 F. 795 A. 999 F. 1121 C. I. 359 A. 480 B. 507 A. 679 D. 735 C. 852 C. 1009 E.

ἄξιος — τὸν ἄξιον τιμᾶν II. 44 D. ἄξιόν γε Aristid. II. 435. — οὐκ ἄξιον iniquum II. 648 B. I. 139 E. — pro οὐ δεῖ II. 23 F. 69 C. 137 C. 675 B. 715 D. 740 E. 790 B. 946 C. 978 A. — pro ἀξιόχρεως H. Steph. II. 96 D. — Sine gen. I. 38 F. — ἔπαινος mortui I. 133 B. — ἄξιά γε ταῦτα ἐκείνων II. 664 B. — ἄξιόν ἐστι quid facere, operae pretium est II. 401 F. 697 D. 762 F. 1069 D. 1070 F. — ὡς ἄξιον sc. ὄν II. 959 C. — ὄνομα II. 1125 F. — praestat αὐτὸν ἄξιον εἶναι πολλοῦ quam πολλοῦ ἄξια κεκτῆσθαι II. 231 E. — ἄξια τῶν ἔργων ἀπεδείκνυε καὶ τῶν κακῶν ὧν ἀπέσχετο Aristid. II. 124. — simpl. pro λόγου ἄξιος Dio Chrys. 613 D. — cum inf. II. 177 A. — τινὸς II. 114 C. 151 D. 165 A. 178 E. 202 B. 203 F. — μνήμης II. 172 D. — σπουδῆς II. 35 A. 138 A. 141 D. — πολλοῦ II. 76 B. 129 D. τὸ ἄρχειν oppos. 199 A. εἶναι et κτᾶσθαι II. 230 E. Sim. 201 F. — ἄξιός εἰμι ποιεῖν τι II. 71 D. — ἄξιόν ἐστι pro δεῖ II. 67 D. Dio Chrys. 443 C. — ἄξιον τοῦ παντὸς II. 65 E. Proverb. Diog. I. 91. Zenob. II. 2. Suid. voc. Iliad. ο'. 719. — οὐκ ἄξια ταῦτα ἐκείνων II. 64 A. — μηδενὸς II. 34 F. 60 E. 214 C. 215 A. D. 299 C. — μηδὲ ἄξιον τῆς εὐγενείας φρονῶν II. 34 D. — τῆς Ῥώμης ἀνὴρ II. 196 C. — τῆς παρασκευῆς I. 171 D. — τινι Aristoph. Nub. 474. Bergl. — ut Terent. Eun. I. 197 B. 899 E. —

ἄξιον cum inf. subintell. ἐστι I. 431 B. 523 A. 746 A. II. 3 F. 27 C. D. 151 E. 159 C. 163 D. — ἄξια λόγου δρᾶν I. 494 A. Sim. II. 238 B. — οὐκ ἄξιόν τινος I. 521 B. ἀξία τιμὴ I. 742 A. καὶ τιμὴ II. 229 A. — ἄξιον πλείστου με παρέχω I. 747 D. — λόγου I. 861 B. ἄξιον ἑαυτοῦ φρονεῖν I. 988 E. — praemio et poena I. 999 B. — οὐκ ἐπ' ἀξίοις II. 6 D. — Ellips. ὀλίγου vel τοῦ παντὸς Dio Chrys. II. 19 C. — ἀργυρίου non ipsum argentum Aristid. II. 308.

ἀξιοσπούδαστος II 6 C.

ἀξιόχρεως II. 398 B. I. 733 F. 829 C. Thessal. Or. Opp. Galen. I. p. 7 C. ubi leg. ἐσσόμενος Plato 659 D. 675 D. 676 B. 685 A. bis. 691 A. — et ἀξιόπιστος distinguit Lycurg. Stob. 220. — Dio Chrys. 608 B. Aristid. I. 88. 136. 381. 514. 516. 532. II. 16. 25. 128. 172. 211. 227. 360. 364.

ἀξιόω dignor I. 38 A. 162 D. 322 C. 369 D. 515 A. 1061 A. 1066 C. II. 58 C. 64 C. 807 B. 1118 D. Porphyr. V. P. 54. Arist. Nicom. IV. 3. Eudem. III. 5. Aristid. I. 79. — rogo II. 700 E. 731 B. 732 B. 810 A. — jubeo II. 63 B. 64 D. 67 A. 68 D. 71 B. C. — λόγου II. 686 D. — honoro I. 1073 E. II. 185 F. — οῦταί τι statuitur quid II. 606 A. 1082 E. 1083 C. — οῖ ὁ λόγος II. 102 D. — non quem alloqui ἀξιοῦν II. 729 C. — peto II. 807 B. 858 B. I. 200 A. 377 F. — όω et οῦμαι Antiph. Stob. 422. — dignum judico II. 45 D. 810 A. I. 102 A. 1066 C. — peto cum infinitivo II. 152 B. 154 B. F. 155 B. 166 A. 822 D. Sim. Aristid. II. 225. — statuo Philosoph. II. 1103 E. Plato 703 F. — οὐκ ἀξιόω I. 193 F. — καὶ αἰτοῦμαι I. 217 E. — οῦμαι cum infin. I. 631 A. — όω II. 114 F. 116 D. 119 A. 133 D. 159 E. 179 A. C. 182 C. 183 D. 187 C. 188 C. F. 190 A. 194 A. 197 A. 199 A. 200 F. 209 C. 220 E. 222 B. 228 C. 233 C. 236 A.

ἀξίωμα I. 25 A. 77 A. 79 E. 87 B. 108 D. 117 D. 123 B. 129 D. 133 D. 158 B. 169 F. 172 C. 175 E. 184 B. 193 B. 194 F. 197 A. 202 C. 216 D. 224 D. 256 F. 258 F. — petitum, libellus supplex ad regem II. 633 C. — καὶ μέγεθος II. 139 B. 794 A. — ὄγκος II. 813 D. I. 154 B. — ἦθος, πάθος histrionis II. 813 E. — dignitas morum II. 331 E. — enunciatio qua quid statuitur II. 399 B. 961 C. 969 B. 1047 C. D. 1080 C. — γένους II. 477 A. — γυνὴ τῶν ἐν ἀξιώματι II. 577 C. Wessel. Diod. Sic. II. 531. Sim. II. 207 E. — ἀξιωμάτων συμπλοκὴ II. 732 F. 1047 C. — II. 1009 C. 1011 A. B. E. — εὐσεβείας πάτριον II. 166 B. ἀρετῆς καὶ δόξης II. 72 A. — opp. δόξῃ et δυνάμει I. 321 A. — μορφῆς I. 917 C. — I. 331 B. 347 E. 360 B. 362 D. 364 E. 383 D. 421 E. F. 424 D. 446 D. 452 A. 483 F. 486 E. 488 A. 536 A. 566 A. 569 E. 572 E. 595 B. — 8 A. 9 B. 629 D. 630 C. E. 667 B. 692 A. 710 A. 741 E. 753 D. 760 B. 766 D. F. 770 F. 773 F. 778 C. 783 D. 798 A. 799 B. 804 C. E. 819 A. 824 B. 825 D. 831 C. 833 D. 844 A. 856 A. 880 D. 894 F. 906 A. 943 B. 1054 B. C. Aristid. I. 412. 418. — regium I. 382 A. — καὶ ἰσχὺς τῆς πίστεως II. 35 E. — ὑπατικὸν I. 379 A. — gradus honoris I. 381 A. 516 A. — viri I. 987 B. — et res ipsa oppon. I. 514 B. — pro δόξα I. 1029 D. 1031 C. — poenae, honestas I. 530 E. — orationis Aristid. II. 5. corporis I. 546 F. — πρὸς τὸν ὄχλον apud I. 552 F. — βουλευτικὸν ἔχειν I. 558 D. 868 F. — civitatis I. 613 D. 741 E. — ἐν ἀξιώματι δικαιοσύνης μέγιστος I. 626 E. — et τάξις oppon. I. 635 C. — ἀρχῆς I. 644 A. 922 A. 986 F. 992 B. Sim. Plato 590 D. E. F.

ἀξιωματικὸς II. 29 B. 617 D. 1136 D. I. 619 D. 671 A.

ἀξίως simpl. φιλοσοφεῖν II. 680 B. 699 B. — laudare I. 100 A. τίνος mori II. 240 C. F. — οὐκ ἔστιν εἰπεῖν τοῦτο II. 494 A. 495 C.

ἀξίωσις II. 56 B. 742 A. 808 D. I. 294 D. 642 B. 650 D. 713 C. 722 D. 811 E. 907 C. — I. 167 E. — conditio I. 916 C.

ἀξυνεσία Dio Chrys. 569 D.

ἀξύνετος — τὸ ἀξύνετον λόγου animae II. 713 B.

ἄξων terrae II. 923 A. coeli II. 745 F. tabula leg. II. 779 B. I. 78

E. 88 E. 91 B. E. 92 A. B. Legis Dio Chrys. 667 C.

ἀοίδιμος ll. 767 E. 871 D. v. l. I. 1 C. 671 F. 818 E. 931 A.

ἀοιδὸς—μῦθον δ' ὥς ὅτ' ἀοιδὸς ll. 874 B. — ἀοιδῷ Hesiod. ll. 92 A.— ἀοιδοὶ πολλὰ ψεύδονται Dial. noth. Platon. 735 A.

ἀοίκητος ll. 1115 A. I. 389 D. 515 C. 592 D. Aristid. I. 149.

ἄοικος I. 38 C. 828 D. ll. 155 A. 831 B. 956 B. Aristid. I. 404. Clearch. Athen. 611 D.

ἄοινος οἶνος ll. 647 C. —ον convivium, tonstrina ll. 679 A. 716 A.— μέθη ll. 716 A.

ἀοκνίη Hippocr. ll. 129 F.

ἄοκνος I. 279 B. ll. 51 B. 62 B.

ἄοπλος ll. 874 A. I. 613 B.

ἀόρατος—τὸ ἀόρατον infernum ll. 564 F. 591 B. 926 C.— Lunae pars aversa ll. 931 A.— ll. 1016 B. 1130 A. I. 36 F. 65 B. 676 D. Plato 700 G.

ἀοράτως ll. 891 A.

ἀοριστία ll. 429 C. 1015 E. Galen. t. ll. p. 16 A.

ἀόριστος I. 544 D. 632 A. 863 E. στιγμὴ ll. 111 C. —ων τομὴ ll. 43 A. — animo ll. 76 B. Porphyr. Abst. I. 54. 55. — φθόνος ll. 537 A. — ll. 24 A. 43 A. 76 B. 422 A. 424 A. 428 E. F. 429 A. 430 F. 438 D. 636 C. 719 B. 720 B. 732 E. 1001 D. 1007 C. 1013 B. 1014 C. D. 1024 B. 1025 C. 1026 A. 1074 B. C. 1078 F. 1106 C. E. 1122 A. — δυὰς ll. 876 E. 877 B. 881 D. 1012 E. Sext. Emp. ind.

ἀοργησία Epict. Upt. p. 434.

ἀόργητος ll. 10 B. Upton. Ind. Epict.

ἄορνα ὕψη ll. 181 C. 327 C. Aristot. Mirab. Ausc. c. IX. ibique Beckm.

ἄουτος Homer. ll. 1010 E.

ἀπαγγελία ll. 45 A. ubi vid. n.

ἀπαγγέλλω annuncio I. 64 F. 164 C. 343 B. 689 B. 751 E. 793 D. E. ll. 57 A. 119 A. C. 151 D. F. 160 D. 178 A. 193 F. 200 C. 205 D. E. 211 F. 221 D. 225 E. 240 F. 241 C. — narro ll. 64 A. — poësis ll. 18 B. Sim. act. et pass. ll. 42 E. — renuncio ll. 213 D. 215 E. 216 A. recito ll. 1124 C. Olear. Philostr. p. 5. ll. 105 A. vulg. ἐπαγγ. — historicus I. 183 D. 664 F. 899 D. 1014 F. 1016 B. 1023 D. 1054 A.

ἀπαγὴς ll. 949 B.

ἀπαγόρευμα ll. 1037 C.

ἀπαγόρευσις I. 937 A.

ἀπαγορευτικὸς ll. 1037 F.

ἀπαγορεύω renuncio I. 636 E. 1043 E. ll. 8 C. 91 C. 135 F. 124 D. 146 E. 153 D. 228 F. 717 E. 787 B. 1091 D. 1099 A. 1118 E. 1127 D. Plato 659 B. 693 D. — deficio I. 214 D. 219 E. 426 C. 434 D. 462 B. 485 C. 531 C. 537 C. 556 C. 561 A. 596 E. 636 D. 654 B. 678 E. 689 E. 691 C. 761 F. 810 F. 936 C. 1063 E. 1073 C. II. 57 E. 64 D. 77 A. 137 C. 156 D. 174 F. 195 D. 394 E. 649 E. 655 F. 661 E. 669 A. 972 C. 987 D. 1078 D. 1095 A. 1096 F. 1122 A.

ἀπάγχω I. 342 B. 421 A. — ἀπήγξατο I. 8 F. 123 A. 949 A. II. 10 C. 70 F. 199 A. prae invidia Dio Chr. 517 D.

ἀπαγριόω — οῦσθαι animo I. 236 C. 241 A. 978 C.

ἀπάγω abduco II. 12 F.—ad supplicium duco II. 509 F. I. 148 C. 151 D. 252 F. — averto quem ab opere II. 160 C. —ω quem simpl. II. 149 C. 180 F 189 B. 195 E. 202 E. 207 F. 210 C.— ἐμαυτὸν ποῤῥωτάτω vitii i. e. a vitio II. 88 C. — cui τὰς χεῖρας ὀπίσω I. 99 F.— τὰς ὄψεις ἀλλαχόσε oculos meos averto I. 99 F. 856 B. — ὑπάγω, ἐξάγω, ἄγω I. 134 A. — ἀπάγειν τὸ εἰκὸς πρὸς τὴν διάνοιάν τινος f. ἐπ. II. 430 A. — τὴν δόξαν ἀπό τινος II. 435 A. — τινι ἑορτὴν Pausan. 885. Simil. I. 893 E. — quem innexum, vincula I. 215 D. — μαι quem εἰς λόγους f. ἐπαγ. I. 391 B.— subaud. exercitum I. 600 F. 913 C. 933 E.— τὸ ἱμάτιον τῆς κεφαλῆς I. 622 D. Sim. 736 B. 739 B. 885 C. 921 D. — quem ad mortem I. 623 D. E. 1005 F. 1060 D. II. 216 C. — cujus διάνοιαν ἐπὶ τὸ ῥάθυμον I. 685 E.— cui τὰς χεῖρας εἰς τοὐπίσω I. 716 A. — ὑποψίας quem I. 792 D. — reduco I. 844 C.—quem in judicium I. 877 D. Plato 662 G. — urbes subigo I. 890 F. — τινά τινος a vitio II. 9 F. — πόῤῥω eludendo II. 57 A. — θεωρίαν εἰς Ταίναρον II. 160 C. ubi v. n. θυσίαν II. 628 F. — diis χαριστήρια Aristid. II. 200. — simpl. turbare aliquem II. 160 C. — seducere amatum Junc. Stob. 598, 12. Numen. Euseb. P. E. XIV. 737 C. Cicer. Ep. Div. I. 9, 53. T. H. Lucian. 126. T. III. 178. — θάτερον μέρος τοῦ προσώπου τῆς καλύπτρας nudare II. 302 F. — ἄπαγε II. 583 E. — ? II. 621 A. — τι ad quid II. 718 E. — in sermone aliorsum abduci II. 764 A. — δαιμὸν I. 6 C. Diog. L. I. 53. — σθαι εἰς δεσμωτήριον I. 169 C. 407 E.

ἀπαγωγὴ λόγου εἰς τὸ μηδὲν II. 1072 C. — hominis εἰς τὸ μὴ ὂν II. 1130 A. — πρὸς τὸ χεῖρον II. 22 B.

ἀπᾴδω I. 56 D. II. 108 D. 451 F. 809 E. 1065 B. Dio Chrys. XII. 224 D. XIV. 230 B. καὶ ᾄδω ib. XXVII. 286 D. XXXIV. 418 C. Plato 633 D. Aristid. I. 141. 508. II. 44. 317. 330.

ἀπάθεια (in vitio ponitur) II. 102 C. 165 B. 167 C. E. 495 A. 997 C. 1057 D. 1116 A. I. 76 E. 171 D. — ὑπό τινος I. 214 B. 726 F. 758 C. 791 E. 972 C. (in laude ponitur) II. 82 E. 83 B. E.

ἀπαθέω (si vera lectio, de plumis effluentibus, ἀποῤῥέω) 680 E.

ἀπαθὴς affectibus carens II. 721 E. 1024 A. illaesus II. 102 D. 824 A. I. 654 D. — f. pro ἐμπαθὴς II. 258 E. — ὑπό τινος I. 213 C. 357 B. 384 E. Sim. II. 56 A. — πρός τι II. 46 D. 711 B. I. 196 F. 443 A. 997 C. — I. 759 E. 940 D. 990 C. — simpl. aqua II. 725 B. — οὐσία II. 765 A. 1022 E. — simpl. 397 B. 404 B. 419 A. 420 E. 438 A. 946 B. D. 1026 D. 1057 C. 1086 B. 1096 D. 1101 A. 1110 F. 1112 C. 1114 B. 1116 D. I. 434 B. — oratio II. 1011 A. — τινος II. 421 A. 1006 D. — in poësi conf. ἐμπαθὴς II. 25 D. bis. — καὶ ἀναίσθητος ad musicam. Sic vulg. at codd. A. D. ἀμαθὴς II. 46 B. — καὶ ὑπερήφανος in amore II. 63 A. — καὶ εἰλικρινὴς purus ac sincerus II. 72 A. — ὑπ' ὀργῆς, opp. ἐμπαθεῖ II. 72 B.

ἀπαιδευσία I. 961 D. 962 A. II. 47 C. 117 A. 119 D. Plato 658 F.

ἀπαίδευτος I. 89 F. 478 E. 1053 C. II. 34 D. 37 E. 39 E. 46 C. 88 C. 238 D. — rudis et durus ad amorem II. 764 C. 766 C. I. 847 D. — καὶ ἀμαθὴς ad ferendam fortunam II. 782 E. 992 A. — περὶ ἡδονὰς I. 916 C. Simil. II. 31 C.

ἀπαιδία I. 2 D. 39 B. 82 B. 1061 C.

ἀπαίρω navi discedo II. 161 B. 407 F. 604 E. 840 D. 870 F. I. 57 E. 163 D. 211 D. 390 A. 458 B. 540 B. 545 F. 570 A. 573 B. 614 C. 637 E. 650 C. 691 E. 705 F. 755 D. 766 A. 786 D. 815 C. 873 D. 879 E. 901 E. 906 B. C. 911 B. 916 D. 930 E. 1029 E. Athen. 595 C. Jambl. V. P. 28. — abigo, dimitto II. 1049 B. 673 A. — mensas II. 702 D. 723 B. — proficiscor II. 709 D. I. 3 D. 41 C. 124 B. 291 F. 381 E. Aristid. I. 151. 308. II. 36. 235. 356. 434. T. Hemst. Luc. I. 83. — naves II. 869 D.

ἄπαις I. 7 C. 20 B. 959 B. 982 D. Plato 662 B. 682 B. — παίδων Xen. K. Π IV. 62.

ἀπαίσιος infaustus II. 266 D. 327 E. Plato 613 A. ex em. D. Ruhnken. Tim. 97. qui tamen postea maluit ἀνάρσιοι — vid. ib.

ἀπαιτέω sibi posco II. 171 D. Teles Stob. 510. aliquoties — λόγον dialect. Plato 668 F. — αἰτίαν II. 28 A. B. — ὧν λόγος τὸ ἐφεξῆς II. 66 D. — εἴ res quid II. 102 A. — simpl. posco II. 156 A. 132 C. 135 A. 203 E. 206 F. — I. 98 B. 141 C. 637 C. 650 D II. 44 D. 73 D. 107 A. 116 A. B. add. pass. I. 341 F. II. 199 C. pass. II. 831 E. 832 A. 936 E. — χρείας II. 820 B. — et ἀποδίδωμι I. 766 F. — argumentum II. 428 E. 675 A. C. 756 B. D. — disput. II. 402 B. 936 E. 937 C. 960 D. 1126 A.

ἀπαίτησις II. 206 F. I. 98 D.

ἀπακριβόω — οὖσθαι πρὸς κανόνα καὶ διαβήτην II. 802 E. — τὸ ἀπηκριβωμένον πρὸς ἀρετὴν II. 962 B. Porphyr. Abst. III. 25. Suid. v. Μαρκιανός. homo I. 795 D. — II. 1004 D. I. 302 F. 365 C. Plato 636 D.

ἀπαλγέω τι I. 815 A. Aristid. I. 323. 370. 547.

ἀπαλείφω I. 688 C. 767 E. Dio Chrys. XXXI. 356 A. LXXVI. 648 D. Aristid. II. 201. 386.

ἀπαλλαγή II. 92 A. 109 D. 112 C. 121 E. 773 A. 1091 D. 1106 D. I. 389 D. 471 E. 537 B. 1057 B. — βίου I. 907 A.

ἀπαλλαξείω Aristid. I. 284.

ἀπαλλὰξ f. l. Aristid. I. 289.

ἀπαλλάττω dimitto II. 770 E. I. 1043 D. libero, pass. II. 673 A. B. — με τύχης interficio me I. 819 E. conf. 820 A. — τοῦ ζῆν I. 790 F. discedo II. 67 C. 89 C. 92 A. 100 D. 714 C. 740 B. 817 B. I. 170 E. — κακῶς ἀπαλλάττειν II. 238 E. 594 A. I. 796 A. 807 D. Xenoph. Mem. S. I. 7, 3. III. 13, 6. — creditores, solvo I. 881 F. — me, interficio me I. 793 F. — ἀπήλλακται τόπος alicui, non est locus II. 646 A. — ἀπηλλαγμένος τινὸς II. 72 A. 432 D. 777 F. 1015 C. 1025 D. 1026 E. 1064 C. I. 872 D. —ομαι morior I. 1002 F. — quem punitum I. 1018 C. —μαι τοῦ ζῆν I. 1027 A. —ξομαι ἐπὶ πλείω μηκύνειν II. 3 A. — ω τινὰ ἀρχῆς II. 394 B. — ἀχθαι τινὸς I. 480 E. —ει me venenum interficit I. 503 C. — ω μέ τινος I. 520 A. II. 101 C. — τινα αἰτίας I. 522 C. — τινά τινος I. 528 E. 571 B. 754 F. II. 114 B. 116 A. — μαι γυναικὸς repudio I. 623 A. —munere perfunctus sum I. 647 A. — τινὸς πρός τινα I. 910 F. — βέλτιον II. 821 A. Wessel. Diod. Sic. I. p. 191. Plaut. Stich. II. 2, 70. — ἀχθαι πραγμάτων II. 53 B. 69 C. 928 E. I. 572 B. — οὐκ ἀπαλλάττεσθαί τινος non carere II. 970 E. Thucyd. I. 138. — pass. τινος II. 37 C. 76 A. 1117 B. I. 257 C. 355 E. 357 D. 358 E. 385 F. — τινὰ τινος II. 414 F. 1124 D. 1126 B. I. 149 C. 353 F. 355 B. 356 D. 375 E. 397 D. —ω τι I. 154 F. 229 A. 372 A. 590 A. — χαλεπῶς dego I. 244 D. 250 B. Sim. Dio Chrys. XXX. 345 C. XXXI. 358 D. 600 D. 602 C. — ἀπαλλάττομαι χρησάμενος periphrastice I. 276 B. — τινά τινος pro ἀπολύω I. 377 C. 600 E. — μαι λύπης et sim. II. 111 E. 112 B. 114 D. 118 B. 124 E. — ω ἀβλαβὴς pro vulg. adverb. II. 125 B. — μαι ἔκ τινος abeo ex loco II. 135 D. — μαι simpl. abeo II. 149 E. 174 E. 222 C. D. 224 A. — τινος liberor quo II. 160 B. C. 166 C. 169 A. — defero quid II. 175 C. 217 A. — finio opus Plato 641 F. 654 C. 655 B. 670 F. 688 G. 690 B. — μαι τοῦ βίου Plato 652 C. —ει τῆς συγγενείας ἑαυτοῦ pater abdicans filium Plato 681 G. — σθαι ἐγκλημάτων ib. 676 B. — ω τινὰ satisfacio cui Plato 692 G. — τω νοσοῦντας ἐν ἑαυτοῖς seditione laborantes concilio, modo dict. διαλλάττω sic Isocrat. Paneg. p. 15. ed. Mori. — ομαι ἥδιστα — afficior suavissime Aristid. I. 183 bis. — fere pro διαλλάττω reconcilio id. I. 484. 535.

ἀπαλλοτριόω II. 1138 C. Theophr. Stob. 281. Aristid. I. 473. — οὖται τὸ δέρμα Aristid. I. 288.

ἁπαλὸς II. 49 B. 209 C. caro ad edendum II. 696 E. — καὶ μυδῶν, II. 659 A. — ad imprimendum sensum II. 660 C. — καὶ ἄβατος ψυχὴ II. 758 F. — καὶ ἀγέννειος II. 769 B. — ἁπαλὰ ὀνόματα II. 802 E. — ἁπαλὸν καὶ λεῖον σχῆμα orationis II. 874 B. — ἁπαλὸς καὶ εὐάγωγος II. 987 E. — ἡ ψυχὴ II. 1058 B. — ὸν πῦρ Wessel. Diod. Sic. I. p. 193. — ἡ καὶ προσηνὴς ὁμιλία II. 46 E. — ὰ χρώματα II. 78 A. — ὸν ἦθος II. 164 E.

ἁπαλόχρους παρθενικὴ II. 516 F. [Hesiod. II. 465 D.]

ἁπαλύνω II. 913 F.

ἀπαμβλίσκω fructum I. 1042 B.

ἀπαμβλόω — mulier abortum parit I. 647 C.

ἀπαμβλύνεσθαι τὴν ὁρμὴν I. 863 A. — activ. II. 786 A. 957 E. 959 E. 966 C. I. 844 A. 863 A. —σθαι τὴν ὄψιν I. 254 B. — I. 1049 D. — senectus Herod. Stob. 591. 35, 39.

ἀπαμφιάζω II. 406 D.

ἀπαμφιέννυμι II 516 F.

ἀπαναίνεσθαι II. 132 B. ubi v. n.

ἀπαναλίσκω I. 733 F.

ἀπανθέω II. 691 F. I. 741 A. Aristid. I. 87.

ἀπανθίζω II. 30 C. Jambl. V. P. 146.

ἀπανθρωπία Dio Chrys. VII.

ἀπάνθρωπος οὐκ color non ingratus II. 54 E.—Vit. Hom. §. 214.—II. 745 D. 746 E. 972 D. I. 165 F. 195 D. 471 F. 623 E. 761 F. 961 A.

ἀπανθρώπως οὐκ II. 27 B.

ἀπανίστημι—ασθαι Aristid. I. 375. 429.

ἀπάνουργος II. 966. Casaub. Athen. p. 190.

ἀπαντάω respondeo II. 8 D. 28 D. 512 E. 531 F. 976 A. 1079 D. I. 243 B. 613 D. Upton. Ind. Epict. Occurro II. 729 C. 1062 F. I. 999 E.— τᾷ τινὶ τύχῃ II. 398 E. τᾷ τινι χαίρειν ἐκ τύχης Dio Chrys. p. 389 D. R. pro πάντα—θύρας ἀπαντῆσαι κλειομένας II. 264 E. — evenit II. 341 C. 399 D. — obtingit τιμωρία II. 548 E. Sim. Plato 610 A.—πρὸς κτῆσιν II. 617 D. 838 E. 839 C. — ἀπαντᾷ τι ad oculos II. 626 D. 666 B. — durum II. 701 C. sim. 161 F. — ἐπὶ τὰς θύρας ad januam aedis propriae II. 754 F. — Simpl. II. 768 C. — ὄψις ἀπαντᾷ sc. cum excipit, videt II. 782 D. — in senatum II. 793 D.—mibi quid II. 814 B. 1198 E. I. 457 F. 957 B. Aristid. I. 422, 428.—accusatio II. 817 F.— Sol ὀξὺς II. 920 C.— opp. τῷ καταλαμβάνεσθαι II. 933 A. — τᾷ terra appellantibus navim aspera I. 968 F. —ῶν non προσείπω I. 985 D. — τᾷ μοι φήμη I. 1065 A. — cui ad me venienti I. 776 D. — τᾷ mibi quid omiss. *molestum* (an ut προσάντης?) Oenom. Euseb. P. E. V. 220 C. — ταί μοί τι παρά τινος dicatur mihi quid a quo Dio Chrys. 469 B.—in judicium I. 96 C. Plato 684 H. 685 A. —ᾷ accidit I. 988 B. — rebus, tracto I. 111 B. — hosti I. 115 A. 116 C. 166 C. — I. 146 C. 147 C. 151 A. 292 C. 914 A. II. 148 E. 149 E. 163 C. 181 C. 184 B. 189 A. C. 192 E. 205 B. 212 E. 215 E. 222 B. — praedicto τύχῃ ἀπαντᾷ II. 308 F. — ᾷ mibi nil boni a quo Pausan. 571. — μοι φωνὴ I. 218 C. 1059 B. — advenio I. 262 D. 449 B. Jambl. V. P. 98. — vulneri I. 287 E. — cui ἐνιστάμενος I. 345 C. — τᾷ ἡ χάρις εἰς πίστιν I. 376 A. — τᾷ quid temporibus Socratis, *incidit in ea* I. 433 A. — in judicio I. 464 A. — ὥσι extremitates fossae I. 618 B. — τᾷ mihi beneficium I. 676 C. — τᾷ τι εἰς τὸ I. 887 E. — vulneri, accipio vulnus I. 697 D. — τᾷ μοι εὔνοια I. 708 F. Sim. 739 C. 923 C. — άω in concionem I. 832 C.—ᾷ τι λαμπρῶς bene succedit I. 832 F. — in divinat. ut Xenoph. M. S. I. 894 D. 946 B. 1007 A. Dio Chrys. 495 C. — μοι παράλογος I. 936 E. — ὁ ἀπαντῶν obvius quisque Dio Chr. 608 B. — ventito ad quem domi Aristid. I. 287. — in orationem Aristid. II. 422. — refuto Aristid. I. 155.—τᾷ λόγος Aristid. I. 430.— οὐδὲν φιλάνθρωπον Himer. 394.

ἀπανταχόσε I. 151 B.

ἀπάντησις responsio II. 803 C. F. 810 E. I. 851, A. Athen. 583 F. — obviam venire II. 967 E. I. 66 F. 878 A. 882 F. 883 E. 931 F. — I. 228 A. 632 D. 834 D. 934 C. 963 B. — umbrae ad lunam I. 968 A. II. 169 A. ubi v. n.—hominum occursus II. 62 C.

ἀπαντλέω II. 991 B. I. 697 C.

ἀπάντλησις II. 1049 B.

ἀπανύω Aristid. II. 407.

ἅπαξ I. 618 C. II. 25 B. 46 D. 124 C. 204 E. — τὸ πρῶτον II. 732 D. — ἢ δὶς II. 1056 D. — ἄνθρωποι γεγόναμεν Epic. II. 1104 E.— mori I. 1035 B. — ἄρχεσθαι Philo Jud. 945 D. — semper Aeschin. VIII. 125 C.

ἁπαξαπλῶς Hierocl. Stob. 462.

ἀπαξιόω II. 413 E. 717 D. 766 D. I. 18 E. 207 D. 409 A. 555 F. 591 A. 781 D. 789 D. 878 D. 981 C. 1057 E. με μεγάλων 1069 A. 940 E.

ἀπαράβατος II. 745 D. 885 B. 410 F. Upton. Ind. Epict. Tutum 568. Suidas εἱμαρμένη.

ἀπαραίτητος I. 98 E. 126 E. 158 A. II. 113 C. 199 B. 809 D. Aristid. I. 438. — necessarius II. 668 F. — II. 74 C. 123 E. 166 D. 950 E. I. 230 D. 235 B. 252 E. 339 A. 345 D. 392 E. 459 F. 462 A. 689 D. 697 A. 712 E. 746 D. 901 A. 975 C. 1010 B. 1040 C. 1047 B. Plato 673 E. Activ. II. 59 D.

ἀπαραιτήτως I. 91 A. 164 F. 766 F.

ἀπαρακάλυπτος II. 266 E.

ἀπαράλλακτος II. 1077 C. I. 697 C. 825 C. Wessel. Diod. Sic. T. I. p. 102.

ἀπαραλλαξία II. 1077 C.

ἀπαραμύθητος II. 787 B. I. 556 C. — τινος Plato 700 E.

ἀπαράσκευος I. 401 C. 544 C. II. 112 C.

ἀπάρατον ἦν vetitum erat, si sana lect. II. 239 E.

ἀπαράτρεπτος II. 745 D.

ἀπαράχυτος purus, inconcussus II. 968 C.

ἀπαραχώρητος activ. pervicax II. 10 A.

ἀπάργματα II. 323 B.

ἀπαρεμπόδιστος II. 568 D. Upton. Ind. Epict.

ἀπαρενόχλητος II. 118 B.

ἀπαρέσκω I. 716 B. — τὸ τοῖς πολλοῖς ἀρέσκειν ἐστὶ τοῖς σοφοῖς ἀπαρέσκειν II. 6 A.

ἀπαρηγόρητος II. 1107 A. Menand. Cler. p. 28. ubi Plut. in Galb. I. 407 A. 856 B. 1029 C. 1032 B. 1061 B. Menand. Stob. 398.

ἀπαριθμέω τινὶ συμβολὰς II. 682 A. — Aristid. II. 360.

ἀπαρκτιὰς ventus I. 968 E.

ἀπαρνέομαί τι I. 168 E.

ἀπαῤῥάσσω I. 673 A.

ἀπαῤῥησίαστος II. 51 C. 68 D. 606 B. Dio Chr. XII. 195. D.

ἀπαρτάομαι v. n. ad II. 113 B. 105 E. — ἀπηρτημένος τούτοις ὁ ποιητὴς II. 105 E. — ἀπηρτημένος τούτοις ὁ ποιητὴς II. 105 E.

ἀπαρτάω obstringo mihi quem beneficio I. 838 B. τὸν λόγον Lucian. III. 499.

ἀπαρτίζομαι — ἀπηρτισμένος Fr. Metr. I.

ἀπάρτιον I. 874 D. II. 205 C.

ἀπαρύτειν πάθος II. 75 B. 463 C. 471 C. 551 B. 584 C. I. 352 B. — Med. II. 610 E. — τειν fortunam I. 273 F.

ἀπασπάζομαί τινα, valedico cui Himer. 194.

ἀπαρχὴ hominum I. 6 F. Dionys. Hal. I. 16. II. 298 F. ubi v. n. — I. 46 C. 116 E. — θυσίας auditio disputationis II. 40 B. ubi v. n. — regi monita ut Jul. Orat. II. 151 E. — I. 468 F. 485 A. 638 E. II. 401 C. 402 A. 647 A. 703 D. 1117 D.

ἀπάρχομαι II. 729 C. 935 C. I. 2 E. 3 B. 468 F. 599 A. 703 C. 843 C. — Diis δείπνου καὶ λοιβῆς I. 421 D. — frequens Porphyr. repone Abst. II. 20. — τινί τινος I. 532 E. II. 158 E. — ἐπιτάγμασι regis, incipio exsequi ejus mandata Aristid. I. 123. — cui orationem Aristid. I. 324. — τινὸς pro simpl. ἄρχομαι Himer. 694.

ἅπας — ἐξ ἅπαντος ἀγαπᾶν τι I. 566 A. — διώκω τὴν ἀσφάλειαν I. 1015 A. — Simpl. II. 146 D. E. 148 A. 151 E. 152 B. 160 E. 161 B. 162 D. 166 A. — εἰρήνην ἐξ ἅπαντος ἔπραττεν II. 213 B. — τὸν ἅπαντα χρόνον II. 240 F. ἅπαν εἴς τι ἄγειν Porphyr. Abst. II. 59. — ἅπαντες de tribus dicitur Plato 697 E. F. — ἀπ' ἴσων ἁπάντων Himer. 344.

ἀπατάω I. 562 A. II. 15 D.

ἀπατεὼν II. 407 C. Diog. Laërt. X. 8.

ἀπάτη error II. 48 A. 56 D. 91 B. 164 E. 165 F. 190 D. 195 D. 199 A. B. 731 E. 990 C. 1119 E. 1122 C. 1123 C. — II. 1070 E. I. 422 B. 529 E. 540 B. 556 B. 558 E. 563 A. 572 F. 573 B. 600 C. 617 E. — f. ὑπάτη II. 1029 C. — καὶ δόλος I. 226 B. ἄγνοια II. 17 B. δόξα II. 17 D. καὶ ψυχαγωγία Dio Chr. XXXII. 362 A. — βίαιος Plato 655 H. — λαθραίως Plato 656 D. — καὶ ψεῦδος Plato 676 F. bis.

ἀπατηλὸς II. 15 C. 16 B. 41 C. 735 D. 777 E 915 C. 970 D. 987 E. I. 656 F. 700 A. 790 E. 1001 A. Aristid. II. 112. — Timon. I. 154 B. — λόγος Plato 667 A.

ἀπάτωρ abdicatus Plato 68 F.

ἀπαυγασμὸς in somno rei verae II. 83 D. ubi v. n.

ἀπαυδάω defatigor II. 9 B. 189 E. 228 D. 431 B. 438 D. 658 B. 1130 C. I. 972 E?

ἀπαυθαδίζεσθαι II. 250 B. 700 B. — δειάζεσθαι II. 766 C.

ἄπαυστος II. 159 D. 924 C. 1016 B. 1106 C. I. 71 C. 299 A. 522 F. 574 B. 939 E. Vit. Hom. §. 87, 112. Dio Chrys. 474 C. πόλεμος.

ἀπαυτοματίζω II. 717 B.

ἄπεδος f. ἀλίπεδος I. 233.

ἀπεθίζω quem I. 688 D. Porph. Abst. I. 54.

ἀπείδω vid. n. ad II. 119 C. pro ὑπερείδω sperno II. 1070 F.

ἀπείθεια II. 794 C. 872 B. I. 271 E. 581 D. 753 A. 828 B. 968 C. ἀπειθία I. 103 A.

ἀπειθέω I. 103 A. 581 E. 605 A. 625 F. 775 B. 829 B. II. 134 E. 212 A. conjung. cum ἀπιστέω II. 998 F.

ἀπεικάζω II. 185 E. 188 D. 723 C. 973 A. 984 B. 1051 D. 416 C. 440 D. I. 911 C. — τί τι pro τί τινι II. 1135 A. — quem cui I. 400 A. II. 47 E. Plato 672 H. 673 A. 693 F. 695 E. 696 F. 700 D. E. 702 D.

ἀπεικονίζω Porph. Gradib. §. 44. p. 281.

ἀπείκω — ἀπεικότως II. 947 F. 3 D. 103 B. Porph. Abst. I. 46. — I. 156 B. II. 411 D. Hippocr. Ep. XIV. p. 14 F. — οὐκ ἀπεικὸς Hierocl. Stob. 490, 48. restituendum ib. 491, 1. Aristid. I. 222. 223. 394. 555. II. 18. 92. 145. 229. 263. 350. 425. in Dion. Chrys. XII. 703 D. leg. ἔτι δὲ μᾶλλον οὐδ' ἀπεοικότως τὰ φυτά.

ἀπειλέω II. 12 C. 20 B. 205 F. 206 C. 231 D. 235 B. Plato 681 C. τινὶ dat. rei I. 120 D.

ἀπειλὴ metus impendens II. 1106 E. — ἀπειλαὶ βαρβαρικαὶ I. 509 B. — hostium I. 569 E. 613 C. — I. 570 E. 933 D. 895 C. II. 13 A. Plato 681 C. — equi I. 667 E.

ἀπειλητικὸς Plato 641 G.

ἄπειμι II. 39 A. 42 B. 57 F. 72 D. 181 A. 191 F. 196 D. 209 A. 231 B. 234 B. 235 F. 237 A. 240 E. — ἀπεῖναι I. 631 E. 772 F. Dio Chrys. XXXII. 382 B. — ἄπειμι absum ἧττον ἐπιθυμοῦσι τῶν ἀπόντων οἱ ἀπέχεσθαι ἐθισθέντες τῶν παρόντων II. 704 B. — oppon. τῷ πάρειμι I. 48 B. II. 110 A. — inf. ἀπεῖναι I. 658 B. II. 67 E. — ἀπέστω quid Plato 677 A. — ἄπεστι λόγος τινὸς Plato 699 C. — ἄπειμι πρὸς ἐμαυτὸν II. 88 D. 129 D. Plat. Ap. 360 E. — pulvis *abit* a metallo quod tunditur II. 659 C. — ἀπεῖναι πλέον ἔχοντα II. 660 B. — evanescere (pro ἔπεισι) II. 664 E. — de inanimatis II. 692 A. 696 B. 725 E. — vapor ex se exhalatur II. 696 E. 735 A. 913 E. 916 D. bis. 919 D. 1083 C. — ἄπεισι ἀχάριστος καὶ ἄπιστος II. 727 F. — anima ad inferos II. 745 D. — πόῤῥω γὰρ οὐκ ἄπειμι documentum non enim e longinquo repeto II. 756 D. — mori II. 1039 E. — ἄπεστι αὐτοῦ μηδὲν μέρος II. 1074 B. — ἀπιὼν ex pugna dixit ad amicos I. 727 B. 734 A. — ignis restinguitur I. 475 E. — periphrastice I. 484 B. πλέον ἔχων I. 930 E. II. 125 F. — II. 133 C. Plato 675 E. — ἄπεισι futur. I. 945 C. — ἀπιέναι λαβόντα Plato 676 A. bis. — βίον subaud. id. 683 A.

ἀπείπω συμμαχίαν f. leg. pro ἀπολείπω I. 493 A — discipulo σχολὴν II. 55 C. — uxorem repudio I. 517 F. — filium Plato 681 L. — deficio I. 68 E. 123 D. 171 A. 172 B. 219 D. 423 C. D. 478 B. 554 C. 576 B. 624 C. 644 E. 646 E. 679 A. 699 A. 761 B. 819 B. 947 E. 1010 C. II. 663 E. Dio Chrys. 521 A. cum participio deficio II. 340 A. 631 F. 731 C. Aristid. I. 552. — πρός τι II. 920 B. I. 137 E. 513 E. — recuso vid. n. ad II. 124 C. — et ἀπογινώσκω I. 567 A. — veto I. 303 E. 596 F. 610 D. 876 A. II. 201 C. 213 F. 228 D. 751 B. — ἀπείπασθαι II. 230 A. 511 F. 512 B. 585 C. 616 C. 700 D. 792 E. 808 E. 863 B. I. 193 D. 217 B. 226 D. 252 D. 261 A. 284 F. 299 E. — τινα I. 694 A. γνώμην I. 711 A. — munus I. 727 E. 921 A. — τι I. 762 D. 811 B. 988 C. 1046 C. 1051 A. — spem I. 911 B. — ἐμαυτὸν Aristid. I. 60. — ἀπειπάμενος II. 742 C. D. 787 F. — I. 342 E. 371 D. 451 A. 585 D. Aristid. I. 415.

ἀπειραγαθία Hierocl. Stob. 415 pen.

ἀπειραγάθως Wessel. Diod. Sic. II. 32.

ἀπειράκις II. 426 E.

ἀπείρατός τινος II. 119 F. 681 C.

ἀπειρομαχῶς II. 732 E.

ἀπείργω — ει λόγος vetat II. 584 B. 672 C. — simpl. 727 E. 1027 E. 1104 B. I. 90 B. 122 B. 184 D. 542 D. II. 12 D. 15 A. 38 C. 44 D. 190 D. 228 A. 423 C. Plato 662 F.

ἀπειρία belli imperitia I. 410 B. 430 B. imperitia cum ἀγνοίᾳ II. 1094 C. 1138 C. I. 766 B. 1025 F. — et θράσος I. 191 A. Sim. Plato 639 H. 640 A. 684 G. — Simpl. II. 66 C. 160 B. 197 F. Plato 704 C. — Infinitas II. 420 B. 421 F. 422 A. 423 B. C. 426 D. 428 F. 429 A. 431 A 899 A. D. 925 E. 1012 E. 1014 D. 1015 A. 1021 B. 1026 B. 1027 A. 1074 B. 1114 B. 1123 E. 1124 B. — ὕλης ita leg. pro εὔπορ. I. 568 B.

ἀπειροβίως Hierocl. Stob. 416, 29.

ἀπειροκαλία II. 124 E. 527 D. 584 B. 710 A. 711 C. 782 E. 989 C. 1098 C. I. 93 D. 798 D. 1057 E.

ἀπειρόκαλος I. 47 C. 959 D. II. 40 C. 44 D. 713 E. 817 A.

ἀπειροκάλως Aristid. II. 224.

ἄπειρος imperitus II. 1125 E. — quid facere II. 743 E. — imperitus καὶ νέος I. 891 A. II. 41 C. 47 C. — πραγμάτων κόρῃ sc. in amore I. 926 F. — τινος Simpl. II. 54 B. 136 E. 174 A. 238 F. — magnus II. 198 B. Plato 674 F. — καὶ ἄπληστος κτῆσις Plato 658 F. — φόβος 593 G. — infinitus, immensus II. 719 C. 732 E. 1111 B. I. 1131 E. — αἰὼν II. 111 C. 115 C. 117 E. χρόνος I. 568 B. Plato 703 B. — Phys. II. 424 D. 426 E. F. 426 C. 429 A. 430 F. 438 D. 1139 F. — ἄπειρον Anaximenis II. 398 F. 876 E. 1054 B. 1107 A. — et περίληπτος oppon. II. 877 E. F. — πλῆθος II. 879 B. 1110 F. — simpl. I. 886 B. C. 1001 D. 1013 E. 1015 D. 1026 A. 1078 E. 1079 A. C. 1082 E. 1114 A. — δυὰς II. 1002 A.

ἀπειροσύνη ex Eurip. II. 764 E.

ἀπείρω — ηκε deficit II. 413 A. 786 A. 970 B. I. 139 F. 224 F. 276 D. Dio Chrys. 521 C. — f. ἀπείρω verbis addo II. 1116 F. — ἀπειρηκὼς ταῖς ἐλπίσιν I. 241 F. 394 E. 424 F. 432 B. — I. 339 A. 445 E. 495 D. 512 D. 521 A. 614 E. 694 E. 725 F. 884 F. 911 A. Plato 682 E. — veto I. 969 B. 1038 D. pass. ἀπείρηντο intrare vetitum iis erat I. 999 F. II. 214 A. 239 E. — ἀπορρηθῆναι abdicari a patria Plato 681 F.

ἀπείρως II. 205 B.

ἀπεισαγγελία — ας δίκη ita vulg. II. 63 E. Aeschin. adv. Ctes. 260 C.

ἄπειστος al. ἄπιστος II. 61 E.

ἀπέλαστος equus Poët. II. 748 B.

ἀπελαύνω I. 427 A. II. 10 B, 74 B. 123 C. 192 D. 228 A. 406 C. 435 A. 698 E. 778 A. 836 A. 856 C. 873 A. 1092 D. — I. 92 A. 168 B. 616 A. Musgr. Eurip. Herc. Fur. 63. — abeo equo I. 502 A. — τὸν ἵππον δρόμους Aristid. I. 310. — σθαι abesse Aristid. I. 476.

ἀπελέγχω Fragm. I. 1.

ἀπελευθερικὸς I. 451 E. 864 C.

ἀπελεύθερος II. 70 E. 200 B. 634 B. 770 E. 792 B. I. 100 E. 184 E. 349 C. 504 B. 520 A. 620 A. D. 626 E. 640 A. 661 A. E. 763 C. 777 F. 793 D. 830 B. 862 A. 881 F. 885 D. 886 A. 924 B. C. 938 E. 950 A. 1001 E. 1055 E. 1056 A. E. 1062 B. 1063 F. 1064 B. 1066 B. C. 1074 C. — in comoedia II. 66 D. — quid patrono praestare debeat Plato 675 F. seq. 682 D.

ἀπελευθερόω I. 181 E. 504 B. 524 F. Plato 652 F. 675 F. 676 A. ter.

ἀπελευθέρωσις I. 100 E.

ἀπελλάζω concionem habeo Lacon. I. 43 A. B.

ἀπελπίζω τι II. 787 D. I. 1063 E. — μεν ἑαυτοὺς Dio Chrys. 474 A.

ἀπεμεῖν Varr. Lectt. II. 147 F.

ἀπεμπολᾶν II. 312 B. Euseb. P. E. IV. 162 B. ἀπεμπολεῖν Jambl. V. P. f. ex Heraclid. P. Dio Chrys. XV. 239 C.

ἀπεμφαίνω Casaub. Strab. p. 532.

ἀπέμφασις Casaub. Strab. p. 697.

ἀπενθής I. 254 B. 375 B. 643 D.

ἀπενιαυτέω Plato 657 B. 658 A.

ἀπενιαύτησις Plato 658 B.

ἀπεντίθεσθαι Simplic. Coel. 124 b.

ἀπεπτεῖν II. 136 D. Upton. Ind. Epictet.

ἄπεπτος ἀρχὴ II. 495 B. — Simpl. II. 651 D. 697 A. 723 C. 734 E. 995 F.

ἀπέραντος II. 1106 F. I. 82 A. 184 A. 265 D. Aristid. I. 133. 140. 267. 358. 370. 377. 398. 411. 429. II. 194.

ἀπέρασις II. 134 E. ubi v. n.

ἀπέρατος — ἀπερατώτατος II. 719 C.

ἀπεράτωτος II. 424 D. 1056 C. 1080 A.

ἀπεργάζομαι — ἐν ἐμαυτῷ τι II. 682 D. pass. ἀπειργασμένος nobis a deo medicus profectus II. 717 E. I. 817 C. — II. 1023 B. I. 104 B. id. fere ac ποιέω II. 25 A. 972 B. 976 D. I. 957 E. — simpl. II. 62 B. 131 B. 1023 A. 1025 B. 1026 B. Plato 693 F. 698 D. E. 703 D. — quem educatione, ut opus I. 356 E. — et συνεθίζω I. 360 A. — λόγον conscribo, librum facio II. 121 D. — τί τι II. 40 A. 174 A. — quem bonum vel sim. II. 12 C. 225 F. — τι μῦθον pro ἀποδείκνυμι Himer. 198. τὸ τέλος Plato 671 H. ἀπεργασία I. 888 F.

ἀπεργαστικὸς Plato 698 D.

ἀπερείδω — ἀπερείδεσθαι τοὺς ὀδυρμοὺς ἐπὶ τὴν τύχην II. 167 F. — oculos in quem II. 681 E. — petere, figere tamquam telo 198 C. 457 A. (Plato bono sensu Rep. VI. 479 A.) I. 169 D. 739 F. — lux in quem II. 566 C. — odium in aliquem II. 537 A. — Aristid. I. 234. — πρός τι II. 691 A. — ται πνεύματι daemon Porph. Abst. II. 38 — τι εἴς τι II. 705 A. — οὐκ ἔχοντες ὅποι ἀπερείδωνται τὸν θυμὸν II. 775 E. — τὴν προαίρεσιν ἐν ἑαυτῷ II. 799 B. — μαι ἄτρεμα depono II. 968 E. — I. 322 D. 474 C. 976 C. 1037 E. H. 198 C.

ἀπέρεισις ita leg. II. 1130 D. Aristaeus Eus. P. E. VIII. 371 D. 373 A. Plato Cratyl. 275 A. Theophr. Caus. Plant. II. 16. falso leg. ἀπέρασις. Sic. ἀντέρεισις Plotin. 422 D. E.

ἀπερημόω I. 44 F.

ἀπερίεργος II. 1144 E. v. n. ad 353 D.

ἀπερίληπτος II. 877 B. 883 A. 1114 B. I. 622 A.

ἀπερίσκεπτος — ως I. 217 F. 456 C. 1016 A. II. 87 D. 171 E. Upton. ind. Epict.

ἀπερίσπαστος II. 281 C. 603 E. 1120 E. I. 321 B. Antipat. Stob. 419. Porph. Abst. I. 46. Upton. ind. Epict.

ἀπερίτμητος II. 495 C.

ἀπερίτρεπτος II. 983 C.

ἀπέριττος II. 267 F. I. 1054 B. ἀπερίσσευτος Phintyi Stob. 444, 53.

ἀπερυθριάω II. 547 B. Aristoph. Nub. 1218. Menand. Cler. p. 216. Apollodor. Stob. 307.

ἀπερύκω II. 218 A. 788 E. 821 C. I. 52 D. 589 E. Phintys Stob. 445. Eurypham. ib. 556.

ἀπέρχομαι II. 47 D. 149 D. 176 F. 188 B. 192 D. 194 E. 218 D. 219 A. 234 B. — singul. II. 77 B. an pro ἀπελαθῶσιν? — de inanimatis II. 691 F. 695 B. 1116 C. — Periphr. II. 106 B. 821 E. I. 599 E. Aristid. II. 2. 219. Philo 519 E. — ἀπελθόντος τοῦ ἐνιαυτοῦ Plato 691 E.

ἀπεστὼ absentia Herod. II. 872 F.

ἀπευθὴς Pind. II. 318 A.

ἀπευθύνω II. 15 D. 52 A. 88 E. 757 D. 780 B. 1074 E. Dio Chrys. 613 D. 645 B. 656 B.

ἀπευκταῖος II. 289 B.

ἀπεύχομαί τι II. 816 A. 965 F. Aristid. I. 388. 560. II 151.

ἄπεφθος II. 828 B.

ἀπεχθάνομαι II. 149 B. 806 B. 1095 E. 1102 B. 1127 D. I. 409 E. 410 C. 423 C. 443 E. 796 C. 851 E. 919 F. 984 A. 1060 F. Aristid. II. 308. — I. 157 D. 350 C.

ἀπέχθεια II. 64 A. 220 A. 796 B. 825 F. I. 113 A. 132 E. 134 E. 168 D. 170 E. 173 C. 385 B. 522 B. 686 A. 733 C. 767 D. 782 E. 875 B. 1010 D.

ἀπεχθὴς II. 87 A. 621 A. 674 E. 1101 C. I. 900 D.

ἀπεχθῶς I. 1059 A. I. 240 D.

ἀπέχθομαι I. 310 F.

ἀπέχω — ομαι. abstineo I. 479 A. 977 F. II. 27 D. 91 C. bis. 124 B. 144 C. D. 145 A. 152 D. 157 D. 159 B. 209 F. 237 F. — disto II. 228 B. 892 B. 957 C. 1115 D. I. 352 C. 394 B. 638 C. 1059 D. — habere sua I. 104 B. 680 E. Diog. L. VII. 100. — demo Pausan. 579. — μαί τινος simpl. II. 101 A. γυναικὸς II. 97 D. — οὐδὲν ἀπέχει non ineptum est v. a. verisimili remotum II. 433 A. 447 C. 680 E. 1078 A. I. 974 E. Plato 267 A. — μαί τινος οὐκ facio quid I. 843 B. — satis habeo II. 124 E. ubi v. n.

ἀπεψία II. 125 E. 127 D. E. 128 A. F. 131 E. 134 E. 654 B. 661 D. 911 B. 912 B.

ἀπηλιώτης ventus II. 895 B. 932 F. I. 572 A. Aristid. II. 332.

ἀπήμιος Jupiter Pausan. 78.

ἀπήμων II. 570 A.

ἀπήνη — ejus certamen II. 675 C. I. 125 A. — I. 254 E. 556 A. II. 31 A. 108 E. F.

ἀπηνὴς v. n. ad II. 19 B.

ἀπηχὴς Aristid. I. 506. II. 152.

ἀπήχησις — μα Gatak. M. A. p. 9.

ἀπήχημα Bas. M. T. III. p. 319 A.

ἀπιέναι πρὸς ἑαυτὸν II. 88 D. (Plato Ap. S. 361 E.)

ἀπίθανος II. 423 B. 667 A. 732 A. 830 C. — οὐκ ἀπίθανον κάλλος II. 684 E. — λέγειν II. 812 E. — πρὸς ὁμιλίαν πλήθους II. 819 C. — I. 91 E. 97 A. 731 F. 1012 A. 1044 E. — cum inf. I. 524 D. T. Hemsterhus. Luc. p. 102.

ἀπιθάνως II. 31 E. 67 F. 413 E. 1057 C. I. 950 A.

ἄπιος I. 782 A. II. 303 A. 640 B. Plato 649 D. Aristid. I. 315.

ἀπισόω I. 5 B.

ἀπιστέω non credo II. 65 F. 160 D. 163 D. 170 F. cum inf. II. 139 B. — pro ἀπειθέω I. 118 E. — I. 132 C. 149 D. suspicor. — pass. I. 566 C. 618 A. 748 A. 764 E. 826 E. 1010 E. — οὔτε πιστοῦν I. 882 E. — εἶταί τι II. 732 C. I. 139 F. conjung. ἀπειθέω II. 998 F. — et πιστεύω I. 52 B. 64 C. 132 C. add. et pass. II. 188 B. τινι diffido II. 206 D. — εἰ ἡ ψυχὴ Plato 703 F. simpl. ib. 702 G.

ἀπιστία ad praesens, ὑποψία ad futurum II. 556 A. — hirundinis II. 728 A. — perfidia I. 241 A. 310 E. 398 B. 565 E. 966 A. — II. 434 D. 821 B. 1123 E. 1124 B. — religionis Heraclit. I. 232 D. 706 B. II. 165 B. bis. 167 B. Porphyr. de Grad. §. 30. — activ. 740 A. 526 D. — pass. incredibilitas I. 534. C. — diffidentia I. 660 F. 780 D. 783 C. 786 B. C. 949 E. 950 A. II. 50 E. 53 D. 155 C. — rei I. 789 D. — I. 890 B. — Dio Chr. 508 B. f. ἀπληστία R. — ejus oratio LXXIV. de hoc argumento — ῥώμη ἀπιστίας Plato 647 B. — f. ἀπνευστία Aristid. I. 292. — φυλακτήριον tyr. Himer. 138.

ἄπιστος incredibilis I. 374 F. 504 C. 542 D. 999 D. 1007 A. II. 160 D. 161 B. 228 B. — τον τὸ τῆς ὄψεως I. 337 E. — τύχη I. 439 B. — an ἄπειστος I. 570 C. Aristid. I. 527. ἀπίστως f. ἀπείστως — activ. I. 660 A. II. 164 B. — perfidus I. 562 A. 979 A. II. 170 D. F. 178 F. — cui non creditur II. 220 D. Dio Chrys. 638 D. — f. ἄσπειστος I. 251 A. II. 727 F. sed. v. 728 A. Pausan. 832. — λαλιὰ rumor incertus II. 737 C. — II. 1062 E. St. 1121 D. 1124 A. I. 367 D. — bellum I. 68 C. p. ἄπιστος πύθεσθαι I. 130 B. — ἄπιστον εἶναί τινος I. ἀποστῆναι Dio Chrys. XXXIV. 424 D.

ἀπίστως I. 362 B.

ἀπίστως λέγεταί τι f. ἀτόπως II. 21 D.

ἀπισχναίνω II. 658 A. Philemon. Cler. p. 348. Stob. 374. 2.

ἀπισχυρίζεσθαι II. 81 A. 1062 A. I. 169 A. 797 B. 972 C. 999 A. 1074 A. Himer. 362.

ἀπλανὴς pars mundi II. 745 B. 746 A. 925 F. 1015 F. — stella II. 888 E. 925 A. C. 1024 E. 1028 C. 1029 A. — σφαῖρα II. 1029 B. — animo et corpore Plato 623 G.

ἀπλάνως II. 565 E.

ἄπλαστος II. 16 B. 62 C. 586 B. 802 F. I. 274 F. 658 D. — φωνὴ I. 862 C.

ἀπλάστως II. 634 E. Dio Chrys. II. 23 D.

ἀπλατὴς II. 390 D.

ἄπλατος Porph. Abst. I. 55 bis.

ἄπλετος II. 420 A. 563 F. 565 E. 684 D. 925 A. 929 A. 1012 D. 1076 B. 1077 B. I. 420 D. 558 E. 708 A. Wessel. Diod. Sic. I. p. 258.

ἄπλευρος Teles Stob. 575.

ἄπληκτος II. 721 E.

ἀπλήρωτος II. 524 B.

ἀπληστία τινὸς II. 793 C. 812 D. — II. 101 C. 125 E. 127 C. 134 B. 829 D. 1066 B. I. 253 E. 277 A. 904 C. Teles Stob. 522. Plato 643 G. Aristid. II. 287.

ἄπληστος — τὸ ἄπληστον τοῦ μανθάνειν II. 592 F. 1092 F. — ον νοῦν ἔχειν Teles Stob. 524. — όν τι ἔχων II. 661 F. — τινος I. 400 E. 616 B. II. 170 C. 173 B. Plato 668 F. — δίψος non est ἀπλήστιον ὑγροῦ II. 688 C. — I. 619 C. 764 C. — όιατοι I. 1066 D.

ἀπλήστως II. 989 F. — τῇ νίκῃ χρῆσθαι I. 731 E. — ἔχω τινὸς I. 897 D. sim. Plato 677 D.

ἄπλοια II. 857 B.

ἁπλοϊκὸς Phintys. Stob. 444, 52.

ἁπλοκύων Favonius ita nominatus a Bruto I. 1000 A. quod Antisthenis fuit cognomen. Diog Laërt. VI. 13. Hinc H. Steph. Thes. L. G. II. p. 521 C. "quod ut Neanthes "scribit primus ἀπλῶσαι θοιμάτιον "dicatur." Sed legendum διπλῶσαι reliqua pars loci arguit, et Salmasius docuit, et ita receptum in ed. Meibom. Viri Cynici erat διπλοῦν pallium: commentitii Cynici simplex ἁπλοῦν; sed sub eo χιτῶνα gestabant. Itaque ἁπλοκίων est *delicatus et mollis Cynicus* Teles ap. Stob. citat. Lambin. Hor. Sat. p. 86. Crates διπλώσας τὸν τρίβωνα περιῄει p. 525. ed. Stob. — δίπλαξ Antipatri Epigr. in Hipparchum Anthol. III. 12, 52. p. 339. In Diog. L. verba αὐτός τε ἐπεκαλεῖτο ἁπλοκύων glossa habenda sint, nisi ita accipiatur totus locus: ut Diogenes vel Crates primus duplicaverit pallium, et Antisthenes adhuc simplici usus fit. Unde postea delicatiores Cynici simplici utentes pallio Antisthenis se exemplo tutati sint, eique item nomen ἁπλοκύνος dederint. Sed tunc post ἁπλοκύων legam καίτοι πρῶτος. Nam secundum alios primus pallium ἐδίπλωσε Diogenes. (Vid Diog. L. VI. 22.) Cercidas ap. Diog. L. VI. 76. Diog. vocat διπλοείματος. Antisth. VI. 6. Anthol. III. 33, 12. p. 419. ib. Epigr. 13. Ep. 15. p. 420. — Horat. Ep. I. 17, 25. — Rusticorum ac rudis simplicitatis hoc erat. Virgil. Aen. V. 421. — διπλῆ ap. Homer. Euripid. ap. Cerdam. Bosius Ind. Nep. ad Datam. III. 2. — Cynici nulla tunica utebantur, erant ἀχίτωνες M. Ant. ibi Gataker. p. 117.

ἁπλότης II. 90 E. 824 E. 926 C. 936 C. 961 C. Phys. elementi II. 947 D. — Mus. II. 1135 D.

ἁπλοῦς (οὐχ) 70 E. 208 E. — homo II. 208 E. 716 B. I. 1026 E. — τροφὴ II. 123 B. 661 B. 662 D. — color II. 661 C. — positivus gradus II. 677 D. — ἡ καὶ μία φύσις II. 746 B. — τὸ ἁπλοῦν decet mulierem II. 853 D. — II. 876 A. 1022 E. 1025 C. I. 80 B. 436 A. F. — quod non habet gravitatem II. 883 A. — Elementum II. 427 B. E. 943 E. 947 E. — καὶ φαῦλος II. 976 D. — γενναῖος II. 987 C. I. 204 E. 363 E. Basil. M. Ep. 159 B. Plato 423 B. — anima II. 1002 C. — λόγος II. 1083 B. E. — notio principii II. 1086 B. C. D. — Music. II. 238 C. 1141 C. — καὶ λεῖος II. 1093 C. — animus I. 277 D. — ἁπλᾶ βιβλία I. 943 A — τῷ τρόπῳ I. 984 C. — in poësi opponitur ποικίλῳ II. 25 D. — εὐμενὴς καὶ ἁπλοῦς θεατὴς II. 41 A. — καὶ εἰς II. 52 B. — ἀληθείας μῦθος II. 62 C — homo II. 63 B. Aristid. II. 368. 392. — ratio agendi hominis II. 63 F. — οὐχ ἁπλοῦν ἄριστον II. 70 F — τό γε ἁπλούστατον ut simplicissime dicam Plato 627 C. — et διπλοῦν Plato 656 A. — simpl. Plato 676 A. B. — ἁπλοῦς λόγος Aristid. I. 453. 457.

ἄπλους θάλασσα I. 486 A. 631 D. 930 A.

ἄπλουστος διαίτη II. 354 A. homo II. 21 B. Soph. — πλοῦτος II. 679 B. I. 45 C.

ἁπλῶς — ὡς ἁπλῶς εἰπεῖν II. 78 E. Hierocl. Stob. 449. — οὐχ ἁπλῶς II. 88 B. — τοῦτο οὐχ ἁπλῶς γινόμενόν ἐστιν II. 143 E. — ἁπλῶς μὴ omnino non, non omnino Phintys Stob. 445, 1. μηδ' ἁπλῶς omnino non Jambl. V. P. 112. — καὶ ὡς ἔτυχε Maxim. Eus. P. E. VII. 342 D. — καὶ μάτην quid dicitur perperam Sopater Proleg. in Aristid. column. 4. ed. Aristid. — ἁπλῶς quid dicere opponitur auctoritate et fide historica, falso, perperam, Porph. Abst. II. 54. οὕτως ἁπλῶς ita negligenter Dio Chr. VII. 129 C. Reisk. malit ἀμελῶς perperam. Julian. not. 134 C. Plat. 568 F. 655 E. Aristid. I. 500. II. 288. 296. — καὶ φαύλως Dio Chrys. XXXVI. 429 C. Sim. LXI. 581 D. — ἁπλῶς omnino, prorsus Dio Chr. VII. 571 A. — ἁπλῶς ἔχω imperitus sum Isocrat. p. 64, 5. — θνησκέτω condemnatus, sine exceptione vel provocatione Plato 688 B. 691 F. — ἁπλῶς εἰπεῖν Aristid. I. 93. — ἁπλῶς καὶ πολιτικῶς id. II. 219. — ἁπλῶς λεγόμενον opp. πολλαχῶς II. 22 D. 1010 B. 1024 A. — temere II. 72 A. — καὶ συντόμως I. 1015 E. — ἁπλῶς οὕτως II. 986 A. I. 598 C. 693 C. Plato 432 C. 410. — ὡς ἁπλῶς εἰπεῖν II. 78 E. 819 D. 950 A. 1074 E. I. 984 C. — omnino I. 526 E. οὐδὲν 895 E. 956 E. simpliciter II. 22 B. 50 A. 71 A. 124 D. 200 C. 332 F. 341 B. 732 E. 761 F. 806 B. 819 E. 1070 D. E. 1082 D. 1096 B. I. 209 B.

ἀπνευστὶ πεῖσθαι II. 642 D. — bibere ἀμπνευστὶ II. 650 B. — dicere II. 788 D. Dio Chr. XXXIII. 395 C.

ἀπνεύστως II. 844 E.

ἄπνους οἰκία II. 515 B.

ἀπὸ — οἱ ἀπὸ τῆς αἱρέσεως II. C. sim. I. 84 B. II. 1131 E. Diog. Laërt. VII. 132. 133. v. n. ad II. 386 B. — ὑποκορίζεσθαί τινα ἀπό τινος II. 692 D. — λαμπρὸς ἀπὸ τῆς τέχνης II. 699 C. — cum gen. pro simpl. dativo II. 702 C. 749 E. — ἀπὸ στόματος λέγειν II. 711 C. I. 114 C. Plato Theaet. 114 D. — prandium sumere ἀπὸ τῶν τυχόντων II. 726 D. — ἀπό τινος βίον ἔχειν II. 729 C. — οἱ ἀφ' Ἕλληνος II. 730 E. — ἀπὸ κλήρου II. 740 A. — ἀπὸ σπουδῆς 14 E. 740 A. 1123 C. — ἀπὸ νευμάτων II. 760 A. — οἱ ἀπὸ σκηνῆς II. 785 B. — οἱ ἀπὸ βήματος II. 785 C. — ἀπὸ τῆς τύχης casu II. 798 D. — ἀπὸ πέντε ταλάντων quid efficere II. 800 E. Duker. Thuc. VIII. 87. ἀπὸ τῶν πραγμάτων ἀνίστασθαι, dicendi argumentum a rebus ipsis sumere II. 804 A.—ἀπό τινος φιλοτιμεῖσθαι II. 819 C. — τῆς οἰκείας φύσεως quid facere 832 B — ἀνάθημα ἀπὸ βαρβάρων II. 870 D. — pro ὑπὸ II. 301 E. ἀπὸ χειμῶνος ἀπώλοντο — φωνῆς pro φωνῇ II. 412 B. — neque ἀπ' ὀνόματος γνώριμος II. 419 B. — pro ἐπὶ, ἀπὸ τοῦ μνήματος ἀναβιοῦν II. 568 A. ἀπό τινος γενέσθαι II. 597 F. 726 C. 992 B. I. 85 D. 121 C. Polyb I. 7. Synes. 108 C. Wessel. Diod. Sic. I. p. 128. — cum genitiv fere abundat II. 611 A. 683 A. 723 F. Anacr. 43. Faber. aliter accipit Duker. Thuc. p. 462 b. — ἀφ' ἑαυτοῦ sponte II. 630 C. 631 A. 645 F. 968 C. I. 17 A. 34 C. — τρόπου II. 4 A. 45 A. 636 E. 671 F. 675 E. 738 C. [Plat. Theaet. 114 F.] 416 A. 1052 E. I. 411 F. 481 C. 734 E. Teles Stob. 516. ἀπὸ σκοποῦ Junc. Stob. 594. Upton. Ind. Epict. in ἀπό. Pausan. 810. — τινός τινι συμβάλλεσθαι II. 668 D. — τέλος ἀπό τινος II. 872 D. — ἀπὸ τῶν ἄρκτων f. ὑπὸ II. 911 B.—ἀπ' ἄλλης ἀρχῆς II. 876 E. I. 1491 B. — οἱ ἀπό τινος scholae philosophi, vel discipuli doctoris II. 879 A. 882 C. 892 B. 893 B. et alibi in Plac. Phil. Diog. L. IX. 49. v. n. ad II. 386 B. — τὸ ἀπὸ γῆς spatium inde a terra II. 925 E. ἀπ' ὀφθαλμοῦ τινα παραφυλάττειν II. 969 F. — ἡ ἀφ' ἱερᾶς II. 975 A. — τῆς αὐτῆς αἰτίας II. 979 E. — ἀπό τινος σκέπειν τινὰ II. 981 F. — ἀπὸ χρείας φιλεῖν II. 984 C. — ἀπὸ πρίονος domus facta II. 997 C. Pro διὰ Thucyd. VII. 29. Duk. v. n. ad II. 95 E. — ἑτερομηκὴς ἀριθμὸς ἀπὸ δυεῖν πλευρῶν II. 1016 C. —

τρίγωνος ἀπὸ πεντάδος II. 1018 F. — πρῶτος, δεύτερος, cet. ἀπό τινος II. 1029 B. — ἀφ' αὑτοῦ sponte, nulla externa de caussa II. 1061 A. I. 23 B. 108 D. 129 D. 174 F. 339 B. 468 E. 540 B. 570 C. 835 E. 905 C. 972 E. — σύμπτωμα ἀπὸ ἕξεως II. 1072 C. fere abund. — ἀπὸ προστάγματος II. 1064 C. — ἀπὸ κλήρου I. 7 C. — ἀπὸ τοῦ σώματός τινα θαυμάζειν I. 21 A. — ἀπὸ τύχης I. 21 E. ἀπό τινός τινα ὀνομάζειν I. 30 B. 40 C. 93 A. — juvenes ἀπὸ γένους, nobiles? I. 31 B. — ἀπὸ πολλοῦ σταθμοῦ ὀλίγην δύναμιν ἔχει Spartana pecunia I. 51 E. 442 D. II. 411 D. Simil. Kuster. Aristoph. Eq. 535. — ἀπ' ἐλπίδος γενέσθαι spe dejici I. 85 D. plenius I. 112 B. — ἀπὸ μητέρων ἀδελφιδοῖ I. 98 D. — οἱ ἀπὸ γένους I. 109 D. 128 E. 174 D. sim. 321 E. 479 C. majores 1027 D. — τὸ ἀπό τινος φοβερὸν metus qui ab aliquo impendet I. 108 A. — ἐν ταῖς ἀνέσεσι καὶ σχολαῖς ἀπὸ τῶν μαθημάτων γενόμενος I. 112 B. brevius supra I. 85 D. vid. γενέσθαι. — ἀπὸ τοῦ βελτίστου I. 113 B. 147 F. — aliquid scire ἀπὸ τῆς μαντικῆς i. e. per I. 130 E. — ἀπ' ἐξουσίας ὑπατικῆς agere I. 129 B — οὐκ ἀπ' ἐλπίδος hoc est non sine spe I. 164 A. — τὰ ἀπ' ἀρετῆς ἔργα I. 152 E. — ὅσον ἀπὸ βοῆς ἕνεκεν Thuc. VIII. 92. Xenoph. Hellen. II. 4, 1 Duk. — in compos. v. c. ἀπανθροῦσθαι et negationem notans Gatak. M. A. 188. — ἀπό τινος ὀνομάζεσθαι II. 421 E. — ἀπό τινος τρόπαιον Pausan. 619. I. 190 D. E. ἄπο τινός? f. corrupt. expers alicujus rei II. 1140 B. — ἀπ' αὐτοῦ γένος παρέχειν I. 174 B. — ὁ ἀπό τινος φόβος I. 176 B. — cum genitivo pretii (factum est ἀπὸ τοσούτων ταλάντων) I. 176 C. 302 D. 499 E. 507 B. 512 C. 521 D. 764 B. 810 A. Theopomp. Athen. 595 B. — ἀπό τινος μετέωρος supra quem in tuto collocatus I. 176 E. — ἀπὸ τῆς αὐτῆς ἐξουσίας provinciam administrare I. 179 E. — ἀπὸ ἀχρηματίας πολεμεῖν e paucis pecuniis, paucis pecuniis instructum I. 211 A. ἀφ' ἑσπέρας initio vesperae I. 269 A. — ἀπ' ἀρετῆς quid facere I. 218 C. — ἀπὸ κραυγῆς cui opem fero clamore I. 222 C. — ἀπό τινος fortis videtur, ex aliquo facto I. 226 C. — quid facere ex opinione quadam I. 238 C. — abund. I. 249 A. 309 C. — ἀπὸ τοῦ ὤμου ἐπισείειν τι I. 264 F. — distantiae I. 265 A. — ἀφ' ἑαυτοῦ τρέπειν τὴν αἰτίαν I. 267 D. — ἀφ' ἡμέρας jam antecedenti die I. 297 E. — ἀπό τινος spolia I. 302 A. B. — τὴν ἀφ' ἱερᾶς αἴρειν I. 228 F. — ἀπὸ τῶν τριάκοντα μυριάδων τετρακισμύριοι φυγεῖν dicuntur, ex 300,000 salvi evaserunt 40,000, I. 330 D. — ἀπὸ τῆς φυγῆς subintell. *redux* I. 434 D. — ἀπό τινος δόξα I. 349 F. — ἀπὸ γένους λαμπρὸς I. 353 C. — ἀπὸ μεγάλης δυνάμεως quid facere I. 361 C. 407 D. — ἀπὸ σταδίων β distat quid I. 357 B. — οἱ ἀπό τινος genus, prosapia I. 369 E. — locus θινώδης ἀπὸ θαλάσσης — an ὑπό? I. 380 C. — ἀπὸ tantis copiis quid facere I. 391 E. 394 E. 395 A. 407 D. 550 D. 683 D. — ἀπὸ δυοῖν ὀνομάτων vocari I. 407 D. — ἀπὸ γένους μέγας I. 411 B. — ἀπὸ φωνῆς verbis, non animo I. 422 E. — non re I. 553 A. — voce quem appellare, signum voce dare I. 431 A. — ἀπό τινος triumphare I. 431 F. 550 C. 643 A. B. 733 E. 734 A. 834 C. — ἀπὸ δείπνου I. 432 C. post 497 B. — ἀπό τινος I. 433 E. inscriptio spoliorum Valck. Obs. N. T. 531 F. 673 D. — ἀπ' ἐργολαβίας quid facere I. 481 A. — ἀπ' ἀρετῆς ἀληθινῆς quid facere I. 524 D. simil. 478 B. 544 F. — ἀπό τινος γενέσθαι I. 442 A. 497 C. 499 C. 683 C. 703 D. 709 D. 942 C. 1074 B. — ἡνίων τὸν Ἀγησίλαον ἀπὸ φθόνου τῆς τιμῆς, sc. ii qui Lysandrum colebant I. 446 F. — αἱ ἀπ' ἀρετῆς τιμαὶ I. 447 C. — ἐπιβουλὴν — οὐδὲ ἀφ' ὧν ἔτυχεν ἀρξαμένην, insidias quae non vulgares auctores habebant I. 448 A. — οἱ ἀπὸ σκηνῆς scenici I. 452 A. B. — ἀφ' ὥρας f. inde a prima juventute I. 452 B. — ὁ ἀπὸ τῆς ἑτέρας στάσεως I. 465 A. 467 B. 1049 D. — ἀφ' ἑαυτοῦ αὔξησιν λαβεῖν I. 475 E. — ἀφ' ἡμέρας ab initio diei I. 474 E. — ἀπὸ μείζονος δυνάμεως φοβερὸς I. 516

D. C. — ἀπό τινος ὁρμᾶσθαι. I. 517 F. — ἀπό τινος mihi quid in mentem venit I. 523 A. — quid fit pro ὑπὸ I. 513 D. — ἀπό τινος pugnare, copiis, subsidiis I. 536 E. 538 B. — ἀπὸ κράτους vinci I. 536 E. — ἀπ' ὀλίγης τιμῆς quid vendere I. 543 E. — ἀπ' ὄψεως quem cognosco, de facie I. 561 F. — τὰ ἀπὸ μαντικῆς ostenta I. 565 E. — ἀπὸ τοῦ λέγειν δύναμιν ἔχω I. 568 C. — ἀπό τινος φόβος I. 572 E. Aristid. I. 500. — ἀπὸ τῆς αὐτῆς στάσεως I. 575 D. — ὄψεως laetus vultu I. 578 E. — βουλῆς senatorius I. 581 A. 790 A. — οἱ ἀπὸ μητρὸς οἰκεῖοι I. 597 D. — ἀπὸ μείζονος παρασκευῆς quid facere I. 605 A. — ἀπό τινος clarus I. 606 B. — ἀπό τινος γενέσθαι I. 336 F. — et παρά τινος differt I. 341 F. — liberatus I. 342 F. — ἀπό τινος (pecunia) exercitum alere I. 649 C. — οἱ ἀπὸ τῶν πραγμάτων λογισμοὶ prudentia e rerum usu collecta I. 649 F. — pro ἐπὶ — οἱ ἀπὸ τῶν νέων prospiciebant I. 661 B. conf. 679 A. — ἀπὸ τῆς ὄψεως fortem apparere I. 671 A. — ἀπὸ πατρὸς quem προσαγορεύω I. 680 D. — ἀπὸ σκηνῆς armatum esse i. e. jam inde armatum egressum esse I. 684 B. — ὁ ἀπὸ σφαίρας pilae studiosus I. 687 F. ἀπό τινος λόγου bellum ex hoc sermone ut caussa I. 698 B. — pretium I. 705 A. — ἡ ἀπὸ Σύλλα στάσις I. 709 F. ἀπό τινος quid timere I. 710 C. — perfunctus aliqua re I. 712 E. — ἔλπις I. 718 D. — οἱ ἀπὸ βουλῆς senatorii I. 725 A. ἀπὸ προσώπου durus apparet I. 743 D. — ἀπὸ τοῦ βήματος χρηματίζομαι I. 751 B. — ἀπὸ νεύματος I. 757 C. — τὰ ἀπὸ φιλοσοφίας λεγόμενα I. 786 A. — ἀπό τινος πραγματεύομαι I. 788 C. — missa sententia I. 789 F. quid fit pro ὑπὸ I. 814 C. 816 E. — Xenoph. Hellen. II. 4, 3. Lys. Tayl. p. 264. — ἀπὸ πάθους ἀληθινοῦ quid dicere I. 828 E. — ἀπὸ ἐξουσίας quid facere I. 829 E. — ἀπό τινος quem honorare cujus hominis causa I. 836 E. — ἀπὸ ἀνδρός ἐστι mulier, absens a marito I. 836 E. — ἀπὸ φιλοσοφίας ἑταῖρος I. 870 E. — ἀπὸ λόγου ἔνδοξος eloquentia clarus I. 872 F. — ἀπὸ τῆς ἴσης ἐξουσίας cui resistere I. 872 C. simil. 918 F. 974 E. — ἀπὸ τοῦ βήματος quem laudo I. 873 C. — ἀπὸ τῶν ἄκρων forum cingere militibus I. 878 C. — ἀπό τινος πλέω decedo navi e loco I. 879 B. — ἀπὸ παιδείας πρῶτος pro ἐπὶ παιδείᾳ I. 879 C. αὐτὰς ἀφ' ἑαυτοῦ sponte I. 882 C. — ἀφ' αὐτῶν καὶ προηγουμένως quid faciunt I. 888 E. — ἀπὸ θήρας ἐπέστη τινὶ sc. omiss. ἐλθὼν I. 890 A. — ὁ ἀπὸ θυμέλης scenicus, et ὁ ἀπὸ βήματος orator I. 894 D. — ἀπό τινος argento vivere I. 913 E. — ἀπὸ τρυφῆς τοσαύτης post I 923 C. — τινὸς usque ad aliud, exclusive I. 944 C. — inclusive ibid. D. ἀπό τινος dico, sc. nuncius missus a quo, alicujus nomine dico I. 950 A. — ἀπό τινος honorari, ob quem I. 959 C. — ἀπὸ μιᾶς ὁρμῆς I. 970 A. — ἀπὸ μητρὸς vocari I. 972 A. 1061 C. — ῥυτῆρος equo uti I. 976 D. — οἱ ἀπὸ Πλάτωνος φιλόσοφοι I. 984 E. — οἱ ἀπὸ Ῥώμης qui Roma huc veniunt I. 995 A. — ἀπ' οὐδεμιᾶς προφάσεως I. 995 B. — Pompeius τὴν μεγάλην ἀρχὴν ἀποβαλὼν ἀπὸ Καίσαρος ἔφυγεν, an ὑπό? I. 999 C. — ἀφ' ἑσπέρας quid facere tempore vespertino, an incipere facere, an ἐφ'? I. 1000 D. — ἀπὸ τοῦ νεκροῦ τὰς χλαμύδας λαβών, detrahens I. 1005 C. — ἀπὸ λόγων ῥητορικῶν cui familiaris I. 1009 A. — ἀπ' ὀργῆς — f. ὑπ'. I. 1007 B. — ἀπό τινος ὑπάρχει τι quid oritur ex quo I. 1010 B. — ἀπό τινος τόπου quid animadvertere I. 1015 C. — ἀπὸ τῶν αὐτῶν cibo uti I. 1020 E. τὰ ἀπὸ σπόρου I. 1023 D. — ἀπὸ δείπνου cui quid mitto I. 1022 B. — ἀπ' οὐδένος ἦν εἰκότος eum hoc facere f. εἰκὸς I. 1042 E. — ἀπὸ τῆς πυρᾶς statim post funus I. 1056 F. — ἀπό τινος quid oro pro παρά τινος I. 1062 B. — τοὺς ἀπὸ Καίσαρων κολαζομένους, pro ὑπὸ I. 1066 C. — θαῤῥοῦσιν ἀπ' ἐλαττόνων sc. copiis I. 1070 D. — ἀπὸ γ̅ σταδίων καὶ ἐστρατοπέδευσε I. 1071. D. — οἱ ἀπὸ Ἀλεξάνδρου βασιλεῖς I. 941 C. — ἀπὸ στάθμης lapidem addere aedificio II. 86 A. — ἀπό τινός τι ἀποβάλλειν pro ὑπὸ Xenoph. H. Gr. II. 4, 3. — τῆς ἀσθενείας ἀφ' ἧς λέγονται i. e. ex quo animi affectu haec dicuntur II. 17 D. — ἡ ἀπὸ φαρμάκων πρὸς ἄνδρας ὁμιλία veneficio comparatus coetus II. 20 A. ἀπὸ κοινῶν αἰτιῶν συνεστῶσαν morbum II. 26 C. — ἀπό τινός τι γίνεται oritur quid a quo II. 31 F. — pro ἐπι, τὰ ἀπὸ σκηνῆς λεγόμενα — cod. D. ἐπί. II. 35 F. — ἀπὸ τῆς ἀκροάσεως καθ' ἑαυτοὺς γενόμενοι II. 40 D. — ἀπὸ γνώμης II. 44 D. ἀπ' ἐναντίων φύσεων τὸ αὐτὸ ἁμαρτάνοντες II. 47 D. — φύσει ἀφ' ἑαυτοῦ II. 53 D. — ἀφ' ἑνὸς διαγράμματος II. 55, D. — ἀπ' αὐτῆς (τῆς κακίας) πάντων νοσημάτων ἀφειμένος, abund. II. 76 A. — vitium et αἰτία ἀφ' ἧς γέγονε male dictum II. 80 D. — ἀπὸ ὀλίγου νομίσματος quid acquirere II. 93 E. — ἀπὸ πάντων ζῆν II. 101 D. — ἀφ' οὗ pro ὑφ' οὗ caussa II. 124 C. 128 F. — εὐθὺς ἀπὸ δείπνου II. 134 A. ἀπό τινος γενέσθαι II. 136 D. — ἡ ἀπὸ στόματος καὶ φωνῆς χάρις II. 138 D. — ὁ ἀπὸ σώματος καὶ ὥρας ἔρως II. 138 F. — ἀπό τινος κοσμεῖσθαι II. 145 E. — τρέψεσθαι II. 159 B. ἀπὸ γῆς εὐθὺς eum susceperunt delphini II. 162 D. — τὰ ἀπὸ τῶν ἱερῶν καθαιρεῖν ὅπλα II. 223 B. — τοῖς ἀπὸ τῆς Σάμου πρέσβεσι II. 223 C. — ἀπὸ τῶν παρόντων quid facere II. 172 C. Sim. 175 E. 186 A. — ἡ ἀπό τινος αἰσχύνη II. 199 A. — σχολὴ II. 196 B. — pro ἐπὶ H. 195 D. — τὰ ἀπὸ Σικελίας ἀναθήματα II. 200 B. — ἀπὸ τῆς Ῥώμης μεταπέμπεσθαί τι II. 201 A. — ἀπὸ τῆς αὔριον II. 214 B. — pro ὑπὸ II. 225 B. — τὸ ἀφ' Ἡρακλέους εἶναι II. 226 A. Sim. 229 F. — ἀπό τινος προσαγορεύεσθαι II. 231 C. — ἀπὸ δείπνου subaud. γενόμενοι II. 232 F. — τινος πέμπεσθαι pro ὑπὸ II. 236 A. — ἀπὸ μικρᾶς δαπάνης II. 237 E. Sim. 237 F. — ἀπό τινος κινεῖσθαι Vit. Hom. §. 90 — verbis additum notat quasi debitum v. n. ad 37 C. ἀπὸ Δαναοῦ templum instaurari, i. e. a Danao conditum Diog. L. I. 89. — οὐκ ἀπὸ σκοποῦ Philo Jud. Eus. P. E. VIII. 399 A. — ἀπό τινος ἀποθνήσκω emoritur mihi vitium Porph. Abst. I. 41. λιμώττω ib. IV. 20. — κονίζω τι ib. 45. φυλακὴ ib. II. 39. custodia qua me alius custodit — apud verba notat finem actionis, ἀποδεδειπνηκέναι Jambl. V. P. 89. — video venatorem ἀπὸ τῆς ὄψεως καὶ στολῆς, quantum apparebat ex — Dio Chr. VII. 99 B. — plene cum φαίνεσθαι Dio Chr. VII. 105 B. LXXI. 630 C. — ἀπὸ χρόνου τινὸς Cyrus Persis imperavit Dio Chrys. XXV. 282 B. Reisk. ἐπὶ χρόνου τινὸς — ἀπὸ γένους μοι ἦν cognatus Dio Chrys. XXVIII. 291 A. — ἀφ' ἕνδεκα ἐτῶν, vel ἀφ' οὗ ἕνδεκα ἔτη, ante undecim annos Dio Chrys. XXVII. init. 454 D. — ἀπὸ λόγων καὶ ἔργων καὶ φιλοσοφίας ἄνδρας ἀγαθοὺς γενομένους pro ἐν λόγοις, ἔργοις, φιλοσοφίᾳ Dio Chrys. XLIV. 611 B. cum gen. abund. vel pro ἐπὶ Plato 612 B. ἀπὸ τῶν ἀριστερῶν μάχεσθαι, sinistra manu Plato 630 D. sim. 644 D. — ἀπό τινος ἐλεύθερος Plato 644 C. — ἀπὸ ὑπάτων consularis Herodian. VIII. 2, 14. similia vid. Scheid. in ind. — ἀπό τινος alienus ab aliquo ut ἀπὸ σκοποῦ, ἀπὸ τρόπου Aristid. I. 197. — χαλεπῶς εἶχον ἀπὸ τῆς λύπης Aristid. I. 319. — ἀπὸ μικρᾶς τροφῆς ἀνεπαυόμην dormiebam sumto exiguo cibo Aristid. I. 353. — ἀπὸ τοῦ πρώτου παραστάντος quid facere Aristid. II. 128. — Inscript. Ἀθηναῖοι ἀπὸ Περσῶν, ἀπὸ Θηβῶν Aristid. II. 379. — ἀπὸ Διὸς τρίτος Aristid. I. 37. 229 f. ἐκ ibid. 42. — ἀπὸ πολλοῦ τοῦ κρείττονος Aristid. I. 146. — procul, sine, Aristid. I. 386. ἀπό τινος αἰτία crimen ab aliquo factum ib. 449. — ἀπὸ χρημάτων bellare Aristid. I. 473. — τῆς συνηθείας ib. 505. — ἀφ' ἑαυτοῦ sponte Aristid. II. 100. — ἀπὸ πολλοῦ τινος procul. ib. 123. — ἀπό τινος γενέσθαι et ἔκ τινος Isocr. Panath. 430. — ἀπὸ ἐπάργων Theophylactus Fabric. B. G. VI. 491. Sic Julianus in Anthol. vid. Ind. Brod. Πλωτῖνος ἀπὸ φιλοσόφων Suid. V. Alia Wernsdorf. ad Himer. Or. IV. p. 472.

ἀποβαίνω — in terram e navi I. 8 E. 82 E. 542 D. 778 B. — ἀπέβη εἰς οὐδὲν χρηστὸν αὐτοῖς eventus hujus rei infelix iis fuit II. 299 F. I. 659 C. — I. 81 B. 499 E. — accedo I. 837 E. — ἀποβαίνει signum, i. e. in eventum I. 679 B. 1047 D. Andocid. Myst. 10. R. 64. — πρὸς τὸ ἀποβαῖνον ἁρμόζεσθαι se ad eventum comparare I. 879 F. — in terram I. 968 F. 969 B. — τινος II. 200 E. — fio quid II. 225 F. — καραδοκοῦσα τί ἀποβήσοιτο ἐκ τῆς μάχης II. 241 C. — τὰ ἀποβαίνοντα eventus Isocr. Demon. p. 16, 35. — ἀποβαίνει τί τινος Aristid. II. 248.

ἀποβάλλω I. 147 E. — II. 418 E. — I. 92. A. 130 B. 171 F. 172 B. C. 174 E. 176 D. 178 A. II. 659 C. 723 F. 1106 D. — ἀσπίδα II. 220 A. sim. 239 B. Plato 687 A. D. — milites πεσόντας II. 203 B. — μαι med. pro activ. II. 126 E. — oppon. τῷ παραλαμβάνω. leg. ἀπολαμβάνω I. 187 F. II. 196 A. — πόλιν patriam ab hoste occupatam I. 237 D. 856 D. — μαι I. 1045 D. — quem morte I. 850 D. E. 824 D. 847 B. — f. corrupt. I. 394 B. — urbem ὑπό τινος I. 1028 D. — imperium I. 628 A. ἐν μάχην 999 C. conf. 986 E. milites II. 197 E. 201 F. I. 570 A. 571 D. 607 F. 813 F. 919 F. 977 B. 1024 C. 1040 E. 939 E. — hominem qui abiit I. 602 A. — et ἀπολαμβάνω I. 336 B. — ται judex, rejicitur I. 649 B. — exercitum I. 655 A. — patriam, perire facio I. 663 B. — simpl. urbem I. 970 C. 983 C. — πολλοὺς sc. milites I. 971 F. Xen. H. Gr. II. 4, 3. — μαί τινος et ἀφίσταμαί τινος opp. 1010 E.

ἀποβάπτω I. 743 E.

ἀπόβασις I. 85 F. 486 D. 638 C. 903 F. — σιν ζητεῖν II. 498 C. — e navi I. 661 B. 744 B. 748 B. 968 E. Aristid. I. 395.

ἀποβάτης — την cui ἔφιημι, in Agonist. I. 750 E. Petit. Agon. I. p. 91. Harpocrat. Voc.

ἀποβιάζομαι τι II. 515 A. 530 E. 699 D. I. 232 C. — Simpl. II. 721 A. 949 E. 1004 E. bis. 1005. B. D. I. 321 C. — fluvium natando I. 348 B. — passiv. Dio. Chr. VII. 99 B.

ἀποβιβάζω I. 244 D. 486 D. 490 B. 525 A.

ἀποβίωσις, II. 389 A.

ἀποβλαστάνω τινὸς II. 954 C.

ἀποβλέπω II. 11 D. 70 E. 71 E. 327 C. 550 C. 751 C. — passiv. I. 204 D. 290 C. 320 C. 588 C. — I. 353 B. 374 B. 433 B. τι 509 C. 858 B. 903 C. 982 B. — ad quem I. 447 B. 496 D. 577 C. 694 E. 737 B. 749 B. 766 B. — honore I. 831 F. 981 A. bis. — II. 823 D. 994 C. 1103 C. I. 15 C. 58 F. 83 A. 121 F. 184 D. 238 A. — πάντα πρός τινα in omnibus rebus Galenus Protrept. c. V. VI. — in quem dicens I. 990 D. in quem II. 186 C. 189 A. — f. oculos averto Dio Chr. Or. XXI. 272 C. — εἴς τινα observantiae et exempli Plato 690 D. — εἴς τι in rem, rationem habere ejus Plato 699 E. εἰς ἀλλήλους I. 1011 D. — ad januam I. 1026 A. — in exemplum II. 44 A. 416 C. — ἀπό τινος oculos avertere a quo Antipat. Stob. 428. πρός τινα imitando Dio Chrys. 349 B. — εἴς τι Aristid. I. 424.

ἀπόβλητος II. 821 A.

ἀποβολεὺς et ῥίψασπις Plato 687 B.

ἀποβολὴ II. 168 C. 1106 C. I. 81 C. 403 C. 949 B. — ἀρχῆς activ. II. 37 D. — χρημάτων II. 87 A. ὅπλων Plato 687 A. B.

ἀποβρασμὸς Sext. Emp. 575.

ἀπόβρεγμα περιστερεώνων II. 614 B. ἐπίβρεγμα Myronid. Athen. XV. 692 A.

ἀπόγειος luna II. 933 B. — τὰ 954 B. — ventus Dio Chr. XXXIV. 424 B.

ἀπογεύομαι II. 672 A. 711 A. 991 C.

ἀπογηράσκω II. 702 C. 1129 D.

ἀπογίνομαι v. n. ad II. 109 F.

ἀπογινώσκω I. 204 C. 207 A. — II. 883 E. 888 F. 1020 E. 421 F. 402 E. I. 177 E. 185 A. 203 A. — cum inf. I. 418 B. 493 C. 546 E. II. 198 A. 202 B. 3 C. 227 C. 567 A. 609 E. 343 C. 624 D. 804 F. 814 E. 031 B. 992 B. II. 85 E. — τι I. 430 D. 490 E. 482 E. 16 E. 32 A. 101 B. 241 A. 292 E. 373 B. 536 B. 570 F. 579 D. 585 E. 610 B. 727 B. 779 F. 826 B. 885 A. 931 C. 933 C. 935 B. 1059 F. II. 1017 F. — cum genitivo II. 1024 A. 1102 A. I. 174 B. 185 A. — τὸ μὴ cum inf. Aristid. II. 404. — ἀπεγνωσμένη θεραπεία II. 213 A. — ἐλευθερίαν II. 166 B. — πλουτήσειν II. 85 E. — pass. ἐπὶ κλοπαῖς II. 280 E. pro καταγιν. — τὰ πράγματα I. 975 B. 977 D. 980 B. bis. 1017 A. 1045 A. — μηδὲν II. 476 C. — ἐμαυτοῦ I. 790 B. — τινα in perditis numerare II. 590 A. 685 C. Dio Chr. 516 D. — ἐμαυτὸν II. 505

C. 971 A. I. 293 D. 577 E. 830 E. Aristid. I. 346. — μαι a medicis desperatur ll. 761 E. I. 160 C. Dio Chr. XXXII. 392 C. — τῆς σωτηρίας ll. 771 C. — homo malus Dio Chr. 505 D. patriam II. 862 E. simpl. sine casu I. 9 E. 12 C. 673 C. Aristid. I. 552. 556. — τί τινος I. 36 E. — pass. I. 267 B. 613 A. 1073 C. Jambl. V. P. 252. — ἀπεγνωσμένος I. 537. B. — morbus 607 E. — πρᾶξεις I. 967 D. — σωτηρίαν I. 460 E. — τὰ καθ' ἐμὲ I. 905 E. — τινος alicujus rei consilium abjicio I. 866 F. — ται τά τινος I. 1053 E.

ἀπογλαυκόω — οῦσθαι visum I. 245 C.

ἀπόγνωσις I. 398 E. Attic. Euseb. P. E. 799 C. τινος I. 621 C. Jambl. V. P. 102. Epict. p. 18. Aristid. I. 310.

ἀπόγονος ll. 984 A. — I. 97 B. 201 F. 572 E. 616 A. 894 E. 954 F. ll. 187 B.

ἀπογραφὴ χάρτης ll. 900 B — descriptio ll. 686 D. — eorum qui certaturi sunt ll. 704 C. — census, aestimatio bonorum. Ita leg. pro ἐπιγρ. I. 276 E. 345 C. — certaminis Aristid. ll. 2. — I. 790 A. Plato 612 B. 614 G. 652 E.

ἀπογράφω — pass. censeor I. 103 D. 275 E. 379 A. — in tabulas referre I. 118 F. — ω τινά τινος Aristid. ll. 174. — med. δημοσίᾳ τι Dio Chrys. XXXI. 325 C. — μαι legem ll. 221 B. 552 D. — μαι ἐμαυτὸν nomen profiteor I. 532 F. 949 D. ll. 181 A. — σθαι filium in φράτορας I. 172 F. quid ἴδιον in Olympicis I. 196 D. — Simpl. Anthol. ll. 1, 1. — ἐπί τι, munus petere, nomen suum profiteri in petitoribus I. 463 B. — μαι describo I. 761 E. Aristid. I. 361. — Med. I. 789 B. Plato 675 E. F. — μαι quem τινος accuso I. 875 A. — σθαι πρὸς τοὺς ἐπάρχους ll. 275 B. — nomen dux ll. 339 C. Tayl. Aeschin. p. 690. ed. R. I. 605 B. — I. 703 E. Ὀλύμπια Upton. Arrian. p. 208. — εἰκόνα ll. 782. A. — jurid. ll. 851 F. Plato 649 E. Isocr. Callim. 641.

ἀπογυμνέω vinum hominem denudat ll. 645 B. 1128 E. I. 610 B. 1050 A. — ll. 16 E. 51 D.

ἀπογύμνωσις in palaestra ll. 751 F. Moral. ll. 142 C.

ἀπογυναίκωσις ll. 987 E.

ἀποδακρύω ll. 632 E. I. 293 B. 459 B. 587 D. 786 A. 952 C. — arbor ll. 640 D.

ἀποδαρθάνω — θεῖν I. 969 E.

ἀποδεής ll. 473 D. 659 B. 701 E. 702 A. B. 967 A. I. 944 D.

ἀποδείκνυμι ll. 1126 D. I. 39 A. 103 C. D. 109 C. 127 C. 169 B. — ll. 828 F. 1028 C. 1006 C. — pass. 60 ll. 667 C. 747 A. — supero quem aliqua re I. 77 E. — quem consulem vel simil. I. 129. B. D. 131 B. 133 B. 137 B. 142 A. 146 E. 150 B. 151 D. 775 E. — τινα ἐπί τι munus ei trado I. 179 F. — τινα χρηστὸν vel simil. supero quem pravitate I. 187 D. v. ad Phaed. — μαι consul. vel simil. I. 234 A. 320 E. τινί τι bonum cui quid facio I. 234 E. — εἰς τὸ κοινὸν prodo I. 250 D. — med. virtutem, factum ut ἐπιδ. I. 733 F. 352 E. 376 D. 413 D. 414 E. 569 B. 644 E. — pro simpl. δείκνυμι, nudum gladium I. 739 C. conf. ll. 149 F. — μαι odium in quem I. 984 C. — μί τινα παῖδα et sim. I. 363 E. 960 D. Aristid. ll. 31 v. ad Platon. Phaed. — μαι facio Plato 626 E. — ut ἀποφαίνω τινὰ σοφόν, facto comprobo quem fuisse sapientem Plato 601 G. v. ad Phaed. — τινά τι demonstro quem quid esse ll. 164. B. 167 D. 212 D. — σι φλύαρον τὸν Πυθ. λόγον i. e. suo facto ll. 169 E. demonstro ll. 108 C. 202 C. — leges, sancio Xen. H. Gr. ll. 3, 8. ἀποδείκνυμι act. pass. magistratus I. 344 E. 359 E. 369 D. E. 375 E. 378 B. 379 A. 409 A. 412 B. C. 432 B. 424 E. 440 D. 447 A. 452 C. 453 D. 455 B. C. 569 C. 579 F. 626 D. F. 774 D. 584 C. 585 A. C. 651 A. 785 F. 908 A. 916 E. 917 F. 921 A. 922 C. 975 A. 972 F. 987. B. 1012 C. l. 173 B. 200 D. 204 B. 208 D. 212 C. — μι quem majorem quo I. 372 E. — μεγάλην μεταβολὴν I. 1059 F. vid. Dem. — μί τινα cum infin. praeficio quem muneri I. 437 D. ll. 191 C. 197

F. — σι hoc factum hunc σοφὸν I. 453 B. sim. 517 B. v. ad Phaed. — μι cui tyrannum impono I. 478 C. — facio I. 487 C. 576 B. 861 C. 881 E. — ται ἐπαρχία τινὶ I. 516 C. — ύω τι χρυσὸν I. 570 D. v. ad Phaed. — τι περίπατον facio ex aliquo loco ambulacrum I. 590 A. — τι judicibus I. 620 E. — μαι factum, virtutem, facio I. 715 C. 855 A. 917 A. 999 B. 1097 C. — fortuna ἀπεδέξατο ῥοπὴν f. ἐκ. I. 818 A. — μι quem οὐδὲν διαφέροντα παιδὸς supero quem I. 835 B. v. ad Phaed. — cui locum, an tribuo I. 840 B. — περίπατον assigno cui 914 C sim. Dio Chr. 628 B. — μαι quem loquens de quo eum significo I. 921 B. — μένος ἐχθρὸς manifestus, juratus I. 1039 C.

ἀποδεικτικὸς II. 242. F.

ἀποδειλίασις I. 671 C.

ἀποδειλιάω II. 62 B. 192 F. 209 C. 242 A. 784 F. 817 E. 873 A. 1069 D. 1120 C. Jambl. V. P. 228. I. 42 F. 95 E. 248 C. 265 B. 285 B. 418 F. 424 D. 448 D. 493 A. 555 A. 602 B. 716 F. 747 B. 806 C. 815 B. 859 E. 934 B. 967 B. 1006 B. 1064 C. Aristid. I. 57. — πρός τι I. 261 B. — τι timeo I. 711 B.

ἀπόδειξις philosophiae vid. ad II. 145 B. — operis II. 585 A. Aristid. II. 8. 9. — II. 27 D. 32 D. I. 850 A. — τὰ μετ' ἀποδ. λεγόμενα opp. praeceptis popularibus II. 145 B. sim. 243 A. — ει χρῆσθαι τοῦ μὴ θνήσκειν τῷ μὴ τρέφεσθαι II. 160 A. — Plato 667 F. ἔργων Aristid. I. 272. — ιν λαμβάνειν τινὶ a ludimagistro vel sim. II. 736. D. 737 B. 932 D. I. 266 B. 575 C. Ita accip. Diog. L. V. 74. Athen. 457 D. — judicii II. 782 D. — δοῦναί τινος II. 70 F. 988 F. I. 51 C. 403 A. 835 C. — Mus. II. 1134 C. — virtutis I. 382 C. 544 D. 989 F. II. 46 C.

ἀποδεκτὸς II. 1061 A.

ἀποδέρω II. 912 E.

ἀπόδεσμος I. 860 B. ἀπόδεσις Jamb. V. P. 118.

ἀποδέχομαι λόγον II. 650 F. 656 A. 667 A. 738 C. 39 F. — probo, utor II. 728 C. 968 A. 1146 A. D. 326 C. I. 347 B. — conditionem II. 742 E. — τινος λέγοντός τι II. 783 E. simpl. II. 797 A. I. 164 E. — τινός τι II. 823 F. 1135 E. — ἀποδεκτέος II. 876 D. — probo I. 340 E. 745 C. 848 B. 959 E. 1009 B. 1060 A. II. 25 E. 27 E. 44 D. 104 C. 153 A. D. 188 A. 220 D. 233 E. — μαι ὡς ἀληθές, δοκιμάζω ως καλὸν II. 18 B. — δεῖ ἀποδέξασθαι κρίναντα II. 94 B — simpliciter status, bonum vel malum Plato 638 D.

ἀποδέω numeri, ut alibi simpl. δέοντα I. 129 E. 201 B. 349 E. 539 D. 590 E. 642 E. 787 A. 910 A. B. — οὐκ ἀποδεῖ II. 335 C. — τοσοῦτον ἀποδεῖ τοῦ II. 698 E. 1109 A. 1121 F. — ὀλιγόν τινος II. 745. E. — εἶναι sine genitivo II. 771 A. 978 E. — τινος superor ab aliquo II. 411 C. 987 F. 1093 D. I. 698 A. — τινί τινος II. 1019 D. 1088 C. I. 511 B. — οὐδέν τινος II. 1076 B. — τινός τινι in numero I. 261 E. — absum οὐδέν τινος I. 388 A. 481 C. — δεῖ τί τινός τινι I. 393 B. — τινος πολὺ I. 414 F. 504 C. — ὀλίγον τινὸς subint. numero I. 555 A. 556 B. — τοῦ παντὸς I. 561 A. — τινος I. 762 F. — mensura I. 838 A. — ἀποδέοντα Himer. I. 777 E. — hominis Dio Chrys. 470 C.

ἀποδέω ligo II. 807 D. umbilicum.

ἀποδηλόω (f. ὑπο) II. 642 E. I. 363 C. 490 C. 498 B.

ἀποδημέω I. 56 C. 445 A. Plato 689 E. G.

ἀποδημία I. 39 D. 41 B. 69 E. 79 E. 92 E. 384 E. 446 A. 763 E. 764 D. 768 E. 835 B. II. 126 B. E. 186 B. 220 F. 226 B. 238 D. Plato 689 E. F. ἀποδημία et φυγὴ oppon. I. 964 B. mors et vita II. 107 C. 117 A. Eleganter imaginem ejus describit Porphyr. Abst. I. 30. — ἀποδημίας πέρι ἐμπορεύεσθαι Plato 689 D.

ἀπόδημος II. 790 E.

ἀποδιδράσκω II. 185 B. 717 A. 777 B. 802 A. 1106 D. I. 118 C. 305 E. 359 E. 462 A. 470 D. 497 E. 522 D. 531 C. 614 B. 623 C. 811 A. 847 B. 855 A. 876 D. 914 F. 936 C. — e vita I. 1002 F. — τὸν ἔλεγχον II. 43 D. — ἐκ τοῦ μανθάνειν II. 47 E.

ἀποδίδωμι II. 106 F. 116 A. 109 A. 174 C. 175 A. 186 D. 194 A. B. 195 B. 199 C. — χάριν I. 231 C. II. 41 D. — vendo II. 199 E. 676 C. 1047 E. 1093 E. I. 32 A. 98 D. 123 E. 178 F. 193 E. 338 E. 339 C. 342 B. C. 349 C. 505 D. 541 E. 553 C. 616 C. 670 E. 681 D. 837 C. 960 A. 994 A. 1034 A. 1035 B. 1040 B. — recito II. 207 F. ubi v. n. — τὴν ἀρχὴν ἐν τῷ τέλει natura II. 368 C. simil. 140 E. bis. 723 C. I. 419 B. Fragm. I. 4. — τὸ εἰωθὸς τῷ τρόπῳ efficio II. 397 B. — οι ὁ χρόνος τι ὥσπερ ὀφείλων II. 398 E. — praestare quod didicimus II. 443 B. 973 E. — τὸ κατ' ἀξίαν II. 558 C. — τῷ λόγῳ τὸ εἰκὸς II. 561 B. Sim. Aristid. I. 104. — τὸ οἰκεῖον εἰς ἀρετήν II. 563 B. simil. 750 E. — definio II. 572 A. 877 B. 1069 F. Sim. Athen. 666 D. Plato 668 F. Aristot. Top. I. p. 273, 23. ed. Sylb. et V. p. 342. saepe alibi. Plato 695 C. — γραφὰς καὶ ταφὰς II. 584 B. — cui locus ἀποδίδοται II. 619 C. D. — ὄφλημα II. 637 A. — caussam alicui II. 32 C. 655 B. — II. 735 C. 737 E. — profero II. 736 B. — Deo decimas vel simile II. 736 C. — tribuo II. 738 E. 746 E. 1028 E. F. I. 552 C. — opp. ἐπιδίδωμι II. 188 A. 822 E. — speculum formam II. 139 E. — σι res fructum II. 126 D. 128 E. — μι cui rem agendam II. 62 E. — μι cui honorem tribuo II. 84 D. — hominem in judicium II. 833 E. — vicissim facio II. 140 E. 901 B. I. 15 A. Plaut. Persa V. 2, 45. — significo II. 920 C. — subjecto praedicatum II. 948 C. — pensum, opus absolvo II. 437 C. 974 E. 1144 E. I. 40 A. Plato 644 H. — statuo II. 1085 C. E. — nomini suam vim II. 1113 A. — cui τὸ προσῆκον II. 1114 D. sim. II. 27 E. 28 E. — II. 1120 A. — εὐχὴν I. 6 F. 10 A. — tribuo cui quid opinione I. 60 A. 65 E. 147 F. II. 35 E. 1141 B. — artifex efficit I. 69 A. bis. — tribuo cui quid re et facto I. 66 F. 134 D. 326 C. II. 157 C. — artifex ἀποδίδωσι τὸ ἐκδοθὲν I. 104 B. — pro παραδ. trado I. 100 B. — opus accurate factum ἀποδίδωσι τὴν ἰσχὺν I. 159 E. — opp. τῷ ἐπιδίδωμι II. 188 A. Tayl. Aesch. Ctes. p. 408. ed. R. — δίδωμι ut ἀπολαμβάνω et λαμβάνω id. p. 476. — numerus ἀποδίδωσι ἑαυτὸν II. 429 D. — habeo II. 1136 D. — opp. τῷ ἀπολαμβάνω, reddere velle, offerre I. 178 F. — λόγον rationes reddo I. 194 E. II. 186 E. — trado I. 207 F. 232 E. 252 D. — offero reddendum quamvis nondum alter recipiat I. 304 E. 358 D. — populo suffragia, eum in suffragia mittere I. 222 D. — cui epistolam ut Lat. I. 418 B. 444 E. — facio I. 432 F. — τόξοις subaud. militibus — i. e. aciem instruo I. 469 A. — pro simpl. do I. 447 A. II. 176 E. 206 F. 207 A. F. — mortuo honorem I. 451 A. — cui τὸ πρωτεῖον I. 478 C. — σι quid natura I. 480 A. — μισθὸν I. 588 A. — ὑπόσχεσιν cui I. 656 F. — γνώμην I. 712 D. — veterem morem restituo I. 744 F. — cui λόγον audientium I. 757 B. — ται χειροτονία populo I. 758 B. — provinciam successori I. 784 C. — τι πρὸς τὸ δημόσιον, ut in aerarium referatur I. 842 F. — scriptum absolvo I. 824 B. Sim. Aristid. I. 179. — μι opus absolvo, facio I. 846 E. Sim. II. 18 A. Plato 698 E. — cui honorem tribuo I. 855 C. — μαι τι πρὸς ἀργύριον ἰσιὰς I. 937 B. — μι τὴν εἱμαρμένην περίοδον διαφθορᾶς iterum pereo I. 999 A. — civibus τὴν πολιτείαν I. 1010 F. — cui χώραν quasi simpl. do I. 1014 C. — solvo cui quid I. 1019 D. — cui τιμὰς I. 1033 C. sim. Plato 702 G. — σθαι quem ψήφοις I. 779 D. — μι τὸ εἰκὸς καὶ πρέπον II. 18 A. — cui μαρτυρίαν II. 46 A. — ἔπαινον II. 50 B. 242 F. — καρπὸν II. 73 D. — ἀποδιδόντας (l. ἀπολαβόντας) II. 137 E. — ται λόγος explicatur locus Hierocl. Stob. 481. — μι ἔργον Plato 678 G. — μαι vendo Plato 676 D. E. Aristid. II. 232. — orationem Aristid. I. 296. 299. 323. 331 bis. — f. agere orationem Arist. II. 96.

ἀποδιδράσκω II. 185 B. 717 A. 777 B. 802 A. 1106 D. I. 118 C. 305 E. 359 E. 462 A. 470 D. 497 E. 522 D. 531 C. 614 B. 623 C. 811 A. 847 B. 855 A. 876 D. 914 F. 936 C. e vita I. 1002 F. — τὸν ἔλεγχον II. 43 D. — ἐκ τοῦ μανθάνειν II. 47 E. — ο φρόνιμος Stoic. Baton. Athen. p. 163 B. Philo Jud. 1050 B.

ἀποδιΐστημι II. 968 D.

ἀποδιοπομπεῖσθαι v. n. ad II. 73 D.

ἀποδοκιμάζω II. 6 E. 91 A. 102. 707 C. 1035 F. 1142 E. 1144 F. 1145 B. I. 46 E. 355 B. 855 F.

ἀπόδοσις caussae II. 641 C. simpl. II. 116 A. B. redditio — redditio caussae, rationis Porphyr. Abst. II. 10.—Definitio, descriptio Porphyr. Abst. III. 3.

ἀποδοχή—ῆς τυγχάνω Wesseling. Diod. Sic. T. I. p. 79. conf. ind. Athen. 211 B. — πάσης ἄξιος Hippocr. Ep. 23. Sim. Erotian. Prooem. p. 12. Sext. Emp. 449.

ἀπόδρασις τοῦ λόγου II. 359 D. 550 C. 628 D. 641 C. — defectio fluminis II. 433 F. — ex re per nomen II. 449 A. — simpl. II. 663 D. 961 C. 978 A. I. 328 F. 432 D. 560 F. 561 D. 689 B. rei quae evanescit II. 433 F. — effugium accusationis I. 299 A. — negotii I. 640 E. — I. 788 D. 835 C. II. 135 C.

ἀποδράω II. 873 A. E. I. 141 B. 192 F. τινος II. 792 D. — fut. ἀποδρασόμεθα rationem reddere II. 652 B. — δρὰς ᾤχετο I. 291 E. 724 E. 942 F. — I. 429 C. 751 B. 823 C. 857 B. 904 F. II. 18 F. — ἄναι I. 858 A. II. 166 C. — δρὰς I. 957 A. 966 F. 969 F. 1031 A. 1032 C. — ασομενος I. 1053 E. — ἐκ τῶν πραγμάτων Aristid. I. 367. 442. 444.

ἀποδρέπομαι II. 79 D.

ἀποδύρομαι luctum effusione finire II. 455 C. Eurip. Oeneo ap. Musgr. fragm. VII. I. 593 F. 670 A. Menand. Stob. 583, 54. Empedocl. Porphyr. Abst. I. 1. — II. 54 A. Aristid. I. 343. 431. 444.

ἀπόδυσις in palaestra II. 751 F.— f. leg. ἀπόχυσις II. 896 C.

ἀποδυσπετέω περὶ τὴν ἐπιθυμίαν τινὸς II. 502 E. M. Anton. IV. 32. V. 9.

ἀποδυτήριον Aristid. I. 281.

ἀποδύω—ἀποδύεσθαι εἰς ὕπαιθρον II. 274 D. — in palaestra II. 750 A. —πρός τι II. 811 E. — τι τῆς ψυχῆς II. 819 E. — εσθαι διαβολὸς f. ἀπολύεσθαι I. 221 F. 868 B.—μαι vestes I. 427 E. 173 D. 202 A. f. pro ἀπολ. I. 700 E.—ω quem sc. vestibus I. 600 F. — ξίφος I. 637 A. — ἀποδύω πρός τι pro med. I. 848 D.— εἰς ἀγορανομίαν peto I. 990 E. —εσθαι εἴς τι oppon. *leviter tractare quid* Dio Chrys. XXXIV. 424 A.—ω τὸ σῶμα Arist. I. 45.

ἀποζάω — ἀποζῆν Nicost. Stob. 446, 9. Dio Chrys. 555 C.

ἀπόζω τινὸς II. 13 E.

ἀποζεύγνυμι — ἀπεζευγμένος τῶν οἰκειοτάτων Aristid. I. 139.

ἀποθαυμάζω II. 762 B. 940 E.

ἄποθεν II. 625 D. Aeschyl. — II. 727 D. 739 B. I. 21 F.

ἀποθεραπεύω II. 118 C.

ἀποθεόω I. 63 E. II. 210 D. Aristox. Athen. 546 B.

ἀπόθεσις πένθους II. 119 D. Sim. Porphyr. Abst. IV. 20.—divitiarum aliquo loco I. 318 F. Plato 649 B. C.

ἀποθεσπίζω II. 585 E. 589 E. I. 62 C. 350 B. 352 E 474 A. 492 D. 855 D. 961 C. 997 F.

ἀποθέται locus ubi infantes exponuntur apud Lacon. I. 49 E.

ἀπόθετος abjectus II. 159 F. — λόγος II. 728 F. ἀρὰ I. 553 A. — pretiosus Markl. Lys. p. 313. ed. R. — νόμος Mus. II. 1132 C. 1133 A.—pecunia I. 725 B.—Homericus locus ut Plato Phaedr. Athen. 669 B. Plat. 347 B. Himerius Wernsd. 430.

ἀπόθευ Lac. II. 241 D.

ἀποθεωρέω τινὰ II. 30 A. 35 A. 172 D. 437 A. 467 E. 470 B. E. 488 B. 968 E. I. 41 E. 55 B. 248 A. 249 D. 311 A. 664 C. 1028 E.

ἀποθεώρησις ut leg. II. 1045 B. I. 291 D. 843 E.

ἀποθέωσις II. 210 D. I. 903 C.

ἀποθήκη II. 770 E. 1069 A. I. 44 A. Aristid. II. 304. pro κειμήλιον. 305 ἀφορμή.

ἀποθηλύνω vinum II. 692 C. I. 856 C. 940 E.

ἀποθηριόω II. 995 D. Wessel. Diod. Sic. II. 166. Upton. Ind. Epict. Polyb I. 81.

ἀποθηρίωσις II. 1045 B.

ἀποβλίβω II. 928 A. 954 D. I. 262 C. — ται ἔλαιον ex planta, Strabo, Diod. Sic. ap. Jablonsk. Voces Aegypt. p. 111.

ἀποθνήσκω pugnans I. 624 D. E. 637 F. 933 C. 936 A. 945 E. — ἢ νικάω I. 1036 E. — ἐν πολέμῳ Theopomp. Athen. 536 D. — καὶ ζῆν II. 1064 C. — θανούμενος παραδίδοται I. 711 A.—opp. τῷ κτείνεσθαι I. 1028 A. — morte punior I. 67 A. — opp. νικᾶν II. 30 C. ὑπό τινος II. 68 B. 969 E. I. 96 B. 796 D. — ὑφ' ἑαυτοῦ I. 34 D. 184 F.— ἀποθανεῖν κελεύομαι I. 1059 C. ter. — simpl. II. 87 C. 106 B. 107 A. 111 D. E. 114 D. 115 E. 116 B. 117 B. D. 118 E. 119 E. 124 C. 136 D. 160 A. 162 E. 168 F. 169 A. 175 D. 176 F. 178 D. 181 B. E. 183 D. 186 C. 188 A. 189 A. 190 B. 191 D. E. 194 D. 196 E. 198 C. 201 A. 202 A. 205 A. 215 A. 217 F. 219 B. C. 222 A. E. 224 E. 225 A. C. E. 228 D. 234 D. 235 B. 236 A. D. 237 A. 238 A. 240 E. 241 C. 242 A. —ουσι τινα μὴ ἀποθάνωσι II. 110 A.—ἀπό τινος f. πάθους liberari vitio Porphyr. Abst. I. 41.—ἐάνπερ ἀποθανὼν ᾖ Plato 705 B.

ἀποθρασύνομαι II. 78 C. 64 F. Jambl. V. P. 217.

ἀποθραύω I. 690 F. 946 D.

ἀποθρηνέω I. 184 D. 503 A. 560 E. 724 E.

ἀποθυμίασις II. 647 F.

ἀπόθυμος si vera lectio II. 87 F.

ἀποθύω I. 160 E. 474 A. 543 D. 606 B. II. 862 B.

ἀποίητος quod fieri nequit I. 232 C. simplex, nativum Aristid. I. 76.

ἀποικέω I. 365 E. Aristid. I. 480.

ἀποικία II. 526 B. 734 F. 838 B. D. H. 96 B. 163 B. Plato 679 D. 680 B. 681 H. — II. 1049 A. I. 32 F. — Gen. μετέχειν II. 604 F. 831 E. — et συνοικία Dionys. Eus. P. E. 777 C.

ἀποικίζω metaphor. I. 395 F. — pass. II. 925 D. 1123 E. I. 503 B.— τινος II. 975 F. 989 C. — simpl. removeo II. 1008 A.—in aliam familiam adoptari I. 273 F.

ἀποικίλος Fragm. Metr. I.

ἀποικὶς I. 227 A. 236 F. 837 D.

ἀποικοδομέω I. 731 C. Restituunt Hierocli Stob. 229. Gesn. et Pearson.

ἄποικος (χώρα) II. 630 B. 669 D I. 105 D. 123 F. 166 B. 369 D. 504 A. Aristid. I. 181. 229. 523.

ἀποιμώζω Aristid. I. 305. 544.

ἄποινα ὄφλω Aristid. II. 389.

ἄποιος materia II. 369 A. 374 E. 882 C. 947 C. 1015 A. B. 1076 C. 1085 C. F. 1086 A. 1110 F. 1111 A. C.

ἀποίχομαι morior I. 629 E.

ἀποκαθαίρω II. 693 A. I. 76 B. Jambl. Stob. 316. Aristid. I. 25.— σθαι plebem in coloniam I. 219 C. —ται luna I. 264 C. 539 B. — ται μηδὲν ἡ ψυχὴ τῆς ἀβελτηρίας II. 75 C. —σθαι εἴς τι Vit. Hom. §. 109.

ἀποκάθαρσις mulierum II. 650 C. I. 31 D. — II. 51 A. 91 E.

ἀποκάθημαι M. Antonin. I. 17 fin. Metaph. Plato 623 E. — mori Aristid. I. 79.

ἀποκαθίζω sedeo, de viatore II. 649 B.

ἀποκαθίστασθαι se removere II. 564 A.—άναι ἑαυτὸν cogitatione in aliud tempus II. 610 D. — I. 347 C. 444 C. 668 A. —μι quem εἰς τὸ ἀσφαλὲς I. 589 E.

ἀποκαίω—εσθαι frigore II. 1120 E. I. 894 C.—καὶ τέμνω I. 345 E.

ἀποκαλέω I. 834 D. 961 B.—convicior II. 204 F. 420 B. 542 D. 561 F. 716 F. 736 A. 738 F. 987 C. 1046 B. 1091 B. 1117 C. 1127 A. I. 64 D. 76 F. 98 C. 154 E. 198 B. 221 A. 414 C. 415 D.—Bono sensu II. 776 E. 993 F. I. 296 B. 473 D. 736 F. 849 E. 978 B. Hierocl. Stob. 461. 482. malo sensu II. 10 C. 33 D. 57 D. 60 A. 123 D. 178 B. 192 B. 204 F. 205 F. 231 D. I. 328 F. 337 C. 579 E. 618 A. 650 E. 670 C. 692 C. 708 B. 727 E. 736 F. 745 D. —dehortor I. 175 A. — revoco I. 532 F. — τινος quem, revoco quem a quo I. 884 A.

ἀποκαλύπτειν τινὰ alicujus vitium in manifesto ponere II. 71 C. I. 510 C. 966 A. — ται bellum II. 204 C.—τι II. 633 F. 1072 E. I. 259 C. 432 E. 635 A. 710 D. 887 C.—Med. II. 704 D. 880 E. 1096 D. I. 224 D. 696 D. 771 B. — caput reverentiae caussa II. 200 F. 806 E. I. 546 B.— τὴν μοχθηρίαν sc. meam II. 82 A.— ἀποκεκαλυμμένοι λόγοι obscoeni Vit.

Hom. §. 214. — ἀποκεκαλυμμένως dicere Isocrat. 296.

ἀποκάλυψις II. 70 F. 262 A. 348 C. 472 A.

ἀποκάμνω II. 47 E. 1097 A. 1107 A. 1126 F. I. 375 B. 572 B. 779 B.— cum particip. I. 217 D. — ταῖς ἐλπίσιν I. 1036 B. — πρός τι I. 1042 B. Plato 700 C.

ἀποκαραδοκέω II. 310 E.

ἀποκαρτερέω I. 57 F. 74 B. 162 C. 279 A. 506 C. 1022 D. Upton. Ind. Epict. II. 497 D. 690 A. 1069 D.

ἀποκατάστασις II. 937 F. I. 735 E. 894 E. — An Didym. Euseb. P. E. XV. 821 A.

ἀπόκειμαι II. 159 F. 395 B. 432 E. 672 E. 701 C. 702 B. 703 E. 783 F. 812 B. 940 E. 967 F. 1085 A. 1130 D. I. 139 B. C. 259 A. 270 B. 292 D. — quid victori 508 A. — custoditum 502 F. 512 C. 521 B. 536 D. 633 C. testamentum 942 F. 1042 B. — Teles Stob. 522. —ται ἐφ' ὑμῖν τὸ πεισθῆναι, constituistis non credere Dio Chrys. 469 D. — ἀποκείσθω ὄνειδος εἴς τι ad tempus Plato 690 E. — σθαι in tempus servari Arist. I. 425. 488. — ταί τινί τι ib. 445. 501. — σθαι servari Aristid. I. 540. 548.

ἀποκείρω I. 3 A. II. 168 C. Med. I. 746 B. Aristid. 262. 547. caput, comam an a trunco? I. 559 E.

ἀποκεφαλισμὸς II. 358 E. — ίζω Upton. Ind. Epictet.

ἀποκήρυξις abdicatio filii a patre I. 112 E.

ἀποκηρύττω Junc. Stob. 598. II. 236 B. 277 C. quid amissum I. 193 A. consules I. 423 A. vendo I. 476 F. Erotian. Gloss. Hipp. Prooem. init. ubi pro δὴ leg. μή. — venalia II. 236 B. Dio Chrys. 605 B. — filium εἰς Κέρκυραν Diog. L. I. 95. —se ipsum τοῦ τῶν ἀνθρώπων βίου Dionys. Al. Eus. P. E. XIV. 782 A. — filium Plato 681 F. G. H.

ἀποκινδυνεύω I. 295 B. 470 F. 664 C. 672 D. 673 E. 802 B.—εἴς τι I. 756 C.—πρός τι II. 151 A.

ἀποκλαίω fletum effusione quasi finire II. 455 C.— se ipsum I. 560 E. I. 1027 A. Eurip. Stob. 583, 25.—ἀποκλαίοντι Lac. II. 234 D.

ἀποκλάω I. 525 A.

ἀποκλείω I. 618 B. II. 140 D. 168 C. 206 C.—σθαι per adulatores I. 193 B.—ω domum I. 392 D.—τινά τινος I. 382 D.—τινι τὸ μουσεῖον II. 744 F.—τὰς θύρας II. 754 F. I. 238 B. 240 C.—τινα II. 828 E. I. 365 D. 786 F. 977 C. 979 F. — σθαί τινος Wessel. Diod. Sic. I. p. 140. I. 731 C. Aristid. I. 60. 289. 292. 299. 304.—τινα θύραις II. 413 E. Aristid. I. 483. πάντα ἀπεκέκλειστο in urbe noctu, via clausa Aristid. I. 347.— ἀποκλείω τὴν αὔλειον I. 643 E. cui φωνὴν I. 772 D. — μαι πρὸς τὸ τεῖχος, an ἀποκρούομαι I. 998 C. — ει mulier amatorem I. 1061 E. Menand. II. 19 A. Upton. not. Epict. 533.—ω discipulum e schola II. 55 C. — cui τὰ ὦτα, cum non audire volo II. 143 E.—μαι cum inf. Porphyr. Abst. II. 45.

ἀποκληρόω Chrysipp. II. 1045 E. F. I. 7 C. 166 F. Plato 615 F. 618 E. bis.—Med. II. 826 E.

ἀποκλήρωσις II. 1045 F.

ἀποκλίνω πρός τι I. 10 D. 42 E. 813 B. Plato 633 E 650 A.—ει regio πρὸς θάλατταν I. 932 B.—ω sedens I. 1008 C. — in quem dicens I 1050 D. — ἀποκλίνει navis Dio Chrys. 617 C. — ει μοι ἡ αἴσθησίς τινος Porphyr. Abst. II. 31. —ω τῇ τιμῇ πρός τινα II. 143 B. Sim. Aristid. I. 180. et ἐπὶ 407. 463. 472. 473. 501. — caput II. 760 A. I. 859 E.— II. 20 C. — ἑαυτὸν I. 368 B.— ται lectica, subvertitur I. 1065 C.

ἀπόκλισις fortunae II. 611 A. I. 405 C. — descensus ab equo vel elephanto II. 970 D. — solis I. 264 D. — navigii I. 643 F.

ἀπόκλιτος dies II. 273 D.

ἀποκλύζω II. 706 D. — ει δόξα philosophiam ex animo I. 877 C.

ἀποκναίω vid. ad II 48 A.

ἀποκνέω I. 75 B. Plato 636 G. Aristid. I. 417. 443. 466. 538. II. 82. 107.

ἀπόκνησις II. 783 F.

ἀποκνίζω II. 977 B.

ἀποκοιμάομαι I. 488 B. Plato 617 G.

ἀποκομίζω — ομένη mensa II. 994 E. — I. 105 D. 109 D. Aristid. I. 280. 283. — μαι navi I. 372 C.

ἀποκοπὴ χρεῶν II. 226 B. 343 C. 807 D. I. 86 D. 110 E. 799 F. 800

D. 812 D. 813 A. 919 D. Plato Rep. VIII. 500 D. Themist. p 271 C. Dio Chr. XXXI. 332 B. Plato Leg. III. 588 D. V. 608 C. — πεδίων in militia I. 358 B.

ἀποκόπτω pro ἀνακόπτω reprimo II. 324 A. 341 E. 186 D. — μενος locus I. 510 D. — debitum I. 504 D. — quem ἱδρείας I. 574 D. — μαι τὴν χεῖρα I. 716 D. — ὀχέιους II. 487 F. 423 C. — II. 395 C. 403 F. 440 A. 1078 C. 1098 E. 1106 B. 1107 B. I. 16 A. 142 F. 499 B. 531 F. 533 F. 536 B. 540 A. 732 B. 837 D. — oculum I. 45 E. — caput I. 99 A. 346 B. 379 C. — μαι via I. 383 E. — urbi commeatum I. 430 B. — μαι τὴν φωνὴν I. 811 D. — τῆς δυνάμεώς τινος I. 837 A. — collum I. 1004 E. corrig. 1006 E. — quem τινας a loco I. 1048 A. — ἱερὰν I. 773 D. — χρέα Jambl. V. P. 262.

ἀποκοσμέω Pausan. 592. Aristid. I. 549.

ἀποκουφίζω I. 158 D. 813 A.

ἀποκρατέω II. 494 D.

ἀποκραιπαλέω I. 929 C.

ἀποκρίνω II. 430 D. I. 757 E. — pass. εἴς τι II. 683 C. — II. 689 C. 1083 — Act. II. 692. D. — II. 1084 B. 1086 A. — excerno II. 92 B. 892 A. 904 B. 906 C. 955 A. 913 C. 917 A. 1113 C. I. 154 C. — rejicio Plato 640 F. 684 E. 694 A. 696 C. — respondeo II. 61 C. 109 A. 147 B. 149 F. 152 F. 153 A. D. E. 154 A. 155 E. 180 B. 181 C. 189 F. 192 A. 194 E. 202 F. 204 D. 213 B. F. 227 B. 235 B. 236 C. 237 C. — act. prae reliquis colo II. 593 A. — pass. demi, tolli I. 474 E. — σθαί τινος I. 498 A. — poëtae, eum confutare II. 68 E. — bis divers. nove, eligo, repudio Plato 687 C.

ἀπόκρισις ut f. leg. II. 267 F. amputatio II. 693 D. — excretio II. 904 A. — responsum oraculi II. 138 B. — ejus benevolentia laudatur in juvenes II. 395 A. — σιν do I. 834 E. 927 E. — Responsio simpl. II. 151 A. 153 A. B. C. 156 A. 202 F. 205 A. — ἀπόκρισιν καὶ ἐρώτησιν διανείμασθαι Plato 695 A.

ἀπόκροτος γῆ II. 2 E. Thuc. VII. 27 ibi Wessel. Duker. I. 593 E. — ὁπλὴ, χηλὴ II. 98 D.

ἀποκρουνίζω II. 690 E.

ἀποκρούω II. 708 F. 977 B. med. leg. παρακρ. II. 1086 D. — med. I. 229 A. 239 D. 295 F. 461 D. 993 D. 1069 D. Aristid. I. 481. — pass. I. 462 D. 571 D. 822 E. — ει me a sententia metus I. 885 A. — μαι quem I 919 A.

ἀποκρύπτω II. 47 D. 82 B. 144 B. — 1115 C. 1118 F. 1128 D. E. 1130 D. — πήγην II. 703 B. τινά τι II. 755 D. — εται τὰ φαῦλα τῆς τύχης II. 645 C. — semen occando II. 670 B. — retineo, reprimo II. 717 A. 868 E. — obtero, obruo, reprimo II. 989 C. I. 173 F. — tego quid copia militum I. 118 A. — ει splendor ὄψιν I. 136 F. — ει luna solem II. 400 D. — ται nomen cognomine II. 401 A. — med. τι I. 294 C. 491 A. 888 B. Plato 639 H. 691 E. — τινά τι I. 327 F. 497 C. 988 F. 1051 A. — ται castra telorum copia I. 326 E. Sim. I. 1019 B. — τει quid aër I. 372 F. — τω I. 524 C. 528 D. 349 E. — coelo I. 586 C. — μαί τι πρός τινα I. 594 E. 990 B. — ω arcanum I. 586 E. — ει virtus vitium I. 596 E. sim. I. 640 A. 744 E. — σθαί τινος leg. αποκοπτ. M. Sonl. I. 747 A. Simpl. I. 1005 D. II. 150 D. 162 A. E. 166 D. — ει luna, neutre I. 1036 F. — ται locus multitudine hostium I. 778 B. — pass. simpl. II 28 D. — dii qui se non ostendunt Plato 702 D. quem supero Aristid. I. 124. 128. 262. II. 3. 134. — ει navigans terram, ex oculis dimittit Aristid. 378. 473. v. Reisk.

ἀποκτέννυμι II. 1064 C. omnes libri excepta Gr. Lat.

ἀποκτείνω II. 60 D. 119 A. 162 C. 187 D. 188 A. 190 A. 194 B. 195 B. 197 B. 203 B. 204 F. 206 C. 208 E. 219 C. 220 B. 223 B. 231 B. ἀπεκτονώς I. 1010 B. — facio ut quis interficiatur I. 114 E. — quem accusans, f. corrupt., I. 344 E. 852 E. — trado interficiendum I. 871 D. — quem ἢ παραχρῆμα, ἢ ἐν ὑστέροις χρόνοις ἐκ τῶν πληγῶν Plato 656 F.

ἀποκτιννύω vel -μι II. 96 B. 647 F. 727 E. 962 E. 964 F. 994 B. 1076 E. I. 23 A. 32 C. 180 E. 222 D. 280 E. 330 D. 386 D. 423 A.

451 E. 500 C. 594 E. 707 E. 761 A. 809 B. 833 A. 834 A. 878 C. 981 E. 1026 F. 1036 D. 1665 F. 938 D.

ἀποκνέω I. 41 A. 475 C II. 242 C.

ἀποκύησις II. 907 C. 965 E. 1053 D.

ἀποκυματίζω II. 734 E. 943 C.

ἀποκωλύω II. 739 A. 797 D. Plato 699 D. 702 E.

ἀπολαγχάνω II. 102 E. I. 762 B.

ἀπολακτίζω I. 932 B.

ἀπολακτισμοὶ βίων II. 517 E. sic et 937 F.

ἀπολαμβάνω II. 211 E. I. 36 B. — opp. *λαμβάνω* II. 945 C. — *τί τινος* pro *ἀπολαύειν* II. 258 B. — *τὸ προσῆκον* II. 551 A. — 701 F. — *οἰκεῖον* 797 D. 130 E. — *τὸ μέτρον* II. 659 B. — seorsim quem sumere II. 679 A. — *ἑαυτὸν ἀπό τινος* Porph. de Gradib. §. 42 p. 277. §. 43. ib. Dio Chrys. XIII. 227 C. *ἀποληπτέον* assumendum f. *ἀπολειπτέον* II. 948 A. — pass. *τισι*, distinctum esse II. 921 C. — pass. tempestati II. 953 C. vento *ἀπολείπεσθαι* Dio Chr. 589 D. deprehendi Burm. Phaedr. V. 4. 10. — *ἀναπνοὴν τινος*, strangulare quem I. 34 D. — *χάριν* I. 100 D. — et *ἀποβάλλω* I. 147 E. 336 B. — et *ἀποδίδωμι* I. 178 F. — pass. intercipi I. 181 B. 919 A. sim. 1019 B. — *δίκην* I. 229 A. — partem hostium intercipere I. 249 C. — intercipio I. 266 B. 577 D. — *ηφθεὶς* f. *ειφθεὶς* I. 427 C. — et *προσαποβάλλω* I. 615 B. — et *λαμβάνω* oppon. Demosth. I. 850 B. C. — *ω* quem honoribus, leg. *ἀναλ.* I. 975 E. — *ἀπολαμβάνω ἱμάτιον*. *ἐνδεῖον* est debitum *ἀπο.* — ref. Virg. Aen. 6. II. 37 C. — redditum II. 176 C. — gratiam II. 178 E. 213 E. — urbem et *καταλαβέσθαι* oppon. II. 231 E. — *ειν τῆς δημοσίας γῆς* Dio Chr. VII. 205 D. — *ω. τινὰ ἰδίᾳ* Dio Chr. LXXVIII. 661 A. Eunap. 69 — ut *ἀποδίδωμι* definitionem vel definitum Plato 695 B. — *εσθαι* in loco, sepositum esse, bono sensu, Plato 695 E. — *όμενον χρόνον τινὶ διανέμειν* ib. 702 F. — *ων* quem Aristid. I. 252 pro *ἰδίᾳ λαμβ.* — *τὸ πνεῦμα* Aristid. I. 309. — *μικρὸς μικρά*, sophista mercedem id. II. 394. — *ω* unum ex multis id. I. 274. — *τινος τοσοῦτον* id. II. 207. — *μεναι* interceptae Plat. 496 F.

ἀπόλαυσις I. 735 A. 796 D. 956 E. 957 D. 981 A. — res ipsae quibus frui possumus II. 279 E. 704 B. — II. 33 A. 66 D. 94 E. 125 A. C. 126 C. 127 A. 131 F. 134 B. C. 136 C. 610 D. 662 A. 686 C. 688 C. 750 D. E. 780 E. 785 D. 818 B. C. 1088 D. 1089 B. 1099 A. 1106 C. 1107 A. 1130 B. I. 79 E. 82 A. 153 B. 355 A. 667 A. Porph. Abst. II. 25. saepe.

ἀπόλαυσμα I. 270 D. II. 125 C.

ἀπολαυστικὸς II. 8 A. 1094 E. 1097 D. Athen. 510 B. — pass. pro *ἀπολαυστὸς* II. 128 E.

ἀπολαυστὸς I. 355 A.

ἀπολαύω II. 259 E. 693 D. I. 488 C. *χαρᾶς* I. 547 A. 555 D. 585 D. 859 A. II. 200 F. — illudo cui I. 631 E. 334 E. II. 101 A. 587 F. — II. 676 B. 1073 D. — Simpl. II. 698 A. 701 B. 725 D. 1060 A. *συμφορᾶς* I. 528 B. Plato 674 F. — II. 676 E. corrupte — pro *ἀπολύω* corrupte II. 714 E. — *πράγματος λόγῳ* II. 630 F. — *πρᾶγμα ὀνόματος* II. 638 B. malo II. 748 C. 837 A. 928 F. — *οὐδὲν χρηστὸν τινος* II. 765 B. — *τοῦ πράγματος* narrando (pro *ἐντρυφᾶν*) II. 855 B. — trahere imitationem a quo II. 975 E. — *ἀπολελαυσμένα* II. 1089 C. 1099 C. — *τινός τι* I. 154 E. 191 F. 214 C. 783 C. II. 135 E. — *λόγου παραπεσόντος* II. 397 B. — mali I. 504 B. 839 B. *τινὸς τινος* I. 334. C. — *ἐρημίας* I. 948 B. — alterius calamitati insulto II. 68 E. 69 D. — *οὐδὲν εὐτυχοῦντος* nil bonum ex eo felice percipio II. 96 C. — Simpl. II. 124 E. F. 125 E. 145 A. *τῆς φύσεως* Aristid. II. 286.

ἀπολεαίνειν periodos II. 350 D. — speculum II. 384 A.

ἀπολέγω — *ομαι τὴν κτῆσιν* II. 726 A. (872 B. V. L.) *τὸν βίον* II. 1060 D. — magistrum II. 1100 A. I. 54 A. 84 B. 519 B. 527 B. 630 F. 760 C. — judicem rejicio I. 783 A. bis opp. *ἀπολείπω* — *μαι πόνον* recuso II. 1069 D. — *γω* delibo, eligo Aristid. I. 380.

ἀπολείβω II. 396 B.

ἀπολείπω I. 92 A. — II. 466 C. — II. 643 F. 686 C. 701 F. — II. 977 E. 1116 A. 1124 F. — pass. *τι-*

νός τινος II. 989 A. 991 A. — τὸ ἀπολεῖπον quid desideratum II. 688 A. —μαί τινος privor II. 1067 C. 1072 D. — Med. remaneo, non simul eo II. 755 C. — τινί τι tribuere opinione II. 992 E. — τί τινος ἀπολείπειν certa mensura ab aliquo deficere II. 1018 E. — σθαί τινός τινι II. 1062 A. 1076 A.—statuere, quasi non negare vid. ad II. 75 C.—οὐδὲν τινος pro διαφέρειν II. 138 D. 966 D. 1096 C. — τι ἔν τινι II. 663 C.—οὐκ ἀπολέλοιπεν ὑπερβολὴν τούτου II. 391 A. 789 C. 982 A. 1048 F. I. 730 B. — colorem, mutari colore II. 566 B. — non ire ad quem II. 594 A. — cursor post se relinquit II. 638 E. simil. II. 963 A. 161 D. — οὐδὲ ἐπιχείρησιν ὑπὲρ αὐτοῦ πιθανὴν ἀπολέλοιπε II. 698 A.— οὐδὲν τῶν πραγμάτων, nil intentatum relinquere II. 1079 E. — deficio II. 1078 A. — σθαι χρόνων τινὸς I. 66 A. — liberos I. 128 B. 351 B. 352 F. — cum inf. μικρὸν I. 150 D. 719 E. 724 A. 782 D. II. 359 F. ubi v. n.—Uxorem deserere, repudiare II. 1034 A. Kuster. Arist. Pl. 1033 I. 195 D. — πενίαν nil relinquere monentem I. 189 F. — πει τὸ οἰκεῖον natura II. 663 E. — scriptum II. 686 D. 779 D. 1126 C. — sim. 243 A. — μαί τινος defero quem II. 868 C. I. 149 A. — pass. relinquitur quid II. 689 E. 1028 A. I. 8. F. — retinere II. 692 D. — activ. deliquium animi pati II. 694 C. — simpl. II. 413 A. 431 A. 695 B. 721 F. I. 117 D.—τινος relinqui a quo solum II. 707 D. 989 C. 990 D. 1020 E. I. 60 A. 104 B. vacuum II. 722 A. λόγον repudio II. 722 A. 1071 B. — vestigium II. 728 B. — med. retro manere II. 816 C. — τὸν καιρὸν II. 988 E. — μικρὸν ἐπὶ ἡλίου δυσμὰς paulo ante occasum Aristid. I. 356.—ἀπολειφθέντες vento in mari, recte alibi ἀπολαμβ. vid. Dio Chr. 589 D. — pro παραλ. — omitto Dio Chrys. XI. 159 C. D. — λελειμμένοι a mortuo II. 212 C. — πω μικρὸν συνάψαι II. 191 C. 215 A. — σθαι remaneo II. 191 A. 231 E. — filium moriens II. 174 F. — cui quid II. 178 D. 181 B. 183 B. 184 B. C. 186 B. 195 F. 205 D. 207 E. bis.— ἀπολειφθέντες f. ἀποληφθ. I. 197 E. 527 B. 652 B. — particip. numerale ut δέοντα I. 212 C. — σθαί τινος I. 216 D. II. 242 B. — τινα aliquem aliquo loco ponere sententia I. 286 C. — librum scripsisse I. 307 C. — filius μετὰ τὴν τελευτὴν I. 318 D. — σθαι πολέμου non tractare bellum I. 358 B. — πω θέαν non video quid I. 379 B. — μαι ὑπό τινος, deseror, relinquor a quo I. 403 E. — ει me animus I. 421 E.—μαι mihi quid I. 434 C. —μαι haeres I. 452 B. 922 B.—μαί τινος non advenio, absum I. 486 F. — ω συμμαχίαν, an ἀπείπω I. 493 A. — μαι τοῦ λαβεῖν frustror, excludor adeptione I. 502 D. — μαί τινος superor a quo I. 515 A. — aliquid non assequi I. 522 D. 604 A. 622 F. 627 C. 628 C. — τινί τινος I. 520 F. — μαί τινος absum a quo I. 604 A. 607 D. 766 E. 879 D. Plato 699 E. — πω natos I. 335 C. 847 D. — in numero significando I. 344 F. — ω οὐσίαν moriens I. 620 A. — πίστιν facio fidem I. 642 A. — quem supero I. 663 B. — τὸν βίον I. 674 D. — judicem, non rejicio I. 783 B. — πω μικρόν τινος I. 847 D. μικρὸν ἀπολείποντα γεγονὼς ἔτη ὀγδοήκοντα I. 897 A. — ει opus μικρὸν τοῦ τέλους ἔχειν I. 898 E.—ω deficio I. 911 D. —πω morior I. 952 B.—disto I. 862 D.—ὄψιν non video quid I. 980 C. — ται μοί τι sc. haereditate I. 993 B. — ται quis γράμμασι κληρονόμος relinquitur testamento scriptus haeres I. 994 B. — πω μικρὸν τοῦ τεθνάναι I. 1017 B. — librum I. 1042 A. — πάντες ὀλίγον διακοσίων I. 1050 B. — μαι remaneo, non simul eo I. 1068 E. — τινί τινος I. 1066 B. — ἀνδρείας I. 794 E. — τὸ ἀμίμητον II. 51 C. 53 D. — μαι simpl. superor II. 54 C. 58 A. — ω καὶ προΐεμαι omitto II. 67 B. — τὸ ἀπολειπόμενον et προσλαμβανόμενον in progressibus II. 77 C.—ω omitto al. mss. παραλ. II. 108 E. — ω οὐδὲν τινος — similis ei sum II. 439 D. — τί τι II. 158. — ταί τι sc. nondum dictum II. 157 A.

ἀπόλειψις simpl. I. 540 A. D. vid. ad II. 100 E. — pass. τινος I. 13 E.

ἀπόλεμος — quiescens a bello II. 759 A. I. 111 B. 306 B. 310 E. E.

1069 A. 1070 E. — ἄμιλλα II. 784 F. — I, 485 B. 521 D. 529 A.

ἀπολέμως I. 366 D. 372 A.

ἀπολεπτύνω II. 695 B.

ἀπολευκαίνω I. 693 E.

ἀπολήγω εἴς τι II. 496 A. 933 B. — simpl. desino II. 656 E. 972 F. 1006 A. 1094 E. I. 731 F.

ἀπολιγαίνω II. 713 A.

ἀπολιθόω pass. II. 766 D.

ἀπολιμπάνω I. 117 B. II. 58 E.

ἀπολιόρκητος II. 1057 E.

ἄπολις II. 601 B. D. I. 117 E. — regio I. 236 D. Diog. dictum Valck. Hipp. 1029. Upton. Arrian. p. 208. — ex urbe ejectus Plato 681 F. — τῆς ἀρχαίας πολιτείας civitatis prioris expers Aristid. I. 218.

ἀπολισθαίνειν a litera quam enuntiare non possumus II. 277 D. — τινος II. 914 F. 950 B. 1005 D. I. 150 D. Attic. Euseb. P. E. XV. 794 C. — II. 66 B. 326 B. I. 294 B.? 937 A.

ἀπολίτευτος I. 521 D. 550 D. Active II. 7 A. 1034 B. 1099 D. I. 57 F. 423 E.

ἀπολλύω vel -μι in mare ἀπόλλυσθαι II. 729 B. 1113 C. — 1116 C. — ἀπολοίμην εἰ μὴ σε τιμωρήσαιμην II. 462 C. — υται urbs, diruitur II. 737 A. — ἀπόλοιο κακὸς κακῶς II. 760 C. — non me divitiae perdent, sed ego illas II. 831 F. — ἀπόλωλε de mortuo II. 1104 E. Philem. Stob. 569. — ἀπωλόμεθα εἰ μὴ ἀπωλόμεθα I. 126 F. Simil. II. 184 C. 185 F. ambig. I. 397 B. — milites, amitto eos pugna I. 167 D. 935 E. 996 A. II. 184 C. — ἀπολωλέναι in locum venisse ubi pereundum est I. 282 C. — λυσθαι per quid I. 481 A. — interfici I. 604 F. — μαι pereo II. 151 D. 157 C. 159 B. 191 D. 195 D. 219 A. 231 E. — et προσαπόλλυμι, fut. — λῶν I. 947 A. pro ἀποβάλλω I. 983 C. bis. — μι me I. 998 E. — caput ipse meum I. 1015 E. — pro ἀποβάλλω I. 1019 A. 1040 A. II. 18 D. 119 B. C. 410 E. — τι ἀπό τινος I. 1051 A. — ὑφ' ἐμαυτοῦ II. 191 A. 211 F. — ἀπολωλέναι clamo, me perire I. 1064 C. — ἀπολέσθαι simpl. II. 34 B. — f. perdo, perire facio II. 44 B. 46 E. 59 A. 65 D. 147 F. 159 B. 163 E. 185 A. — ύναι ἑαυτὸν εἴς τι II. 49 E. — καὶ διαφθείρω ib. et 67 F. — ἀπολωλὼς mortuus II. 109 B. — σι quem quid II. 123 D. — quid simpl. II. 126 F. 128 D. 135 C. — κακῶς II. 205 A. — ἀπολωλεκὼς τι activ. II. 234 A. — ἀπολεῖσθαι II. 235 A. — amitto et perdo II. 211 E. — ἀπολώλασι perierunt II. 241 B. — ἐσχάτως ἀπολωλὼς pessime perditus, i. e. corruptus vitiis διεφθαρμένος Dio Chr. XXXI. 348 C. — ἑαυτὸν Dio Chr. 475 D. τὸν ἄνθρωπον sc. Arrian. Epict. II. — τοὺς νόμους Plato 683 C. — μι πολλὰ μέρη μεγαλονοίας per iram Plato 684 C. — μι τὸν χρόνον Aristid. II. 134.

Ἀπολλώνιον τὸ I. 1046 B.

Ἀπολλώνιος — nomen unde II. 421 E.

ἀπολογέομαι I. 826 D. 868 E. 906 E. 922 F. 936 A. 941. D. 964 A. 973 C. 1042 F. II. 29 B. 47 A. 62 C. 73 E. 213 D. 223 D. — II. 1060 A. I. 38 E. 96 C. 99 E. 100 B. 293 F. 359 C. 538 A. 466 F. 467 E. 487 D. 500 B. 648 B. 808 F. — δίκην II. 784 D. — τι II. 872 B. I. 172 D. 966 C. — τινι contra quid I. 123 D. 250 C? τινι ad quem I. 819 E. ad aliquem, rationes cui reddo Dio Chrys. 544 B. Aristid. I. 402.

ἀπολόγημα αἰτίας II. 635 F. 758 C. 867 A. I. 25 F. 59 C. — I. 470 B. 663 E. II. 66 C.

ἀπολογία I. 660 F. II. 98 D. 171 A. Fragm. I. 3. — II. 1060 A. — περί τινος I. 821 F. — causae explicatio II. 906 A. — αν dat auctor ὑπέρ τινος II. 739 B. — II. 743 E. I. 200 F. 232 E. — αν cui facio meo facto I. 881 E.

ἀπολογίζομαι II. 192 D. I. 801 F. 1045 C. — τι εἴς τι I. 533 B.

ἀπολογισμὸς II. 726 B. 822 E. I. 80 A. 164 E. 473 D. 849 C. Casaub. Theophr. p. 222. ed. Fisch.

ἀπόλογος II. 1093 C. f. pro ἄλογος II. 1045 B.

ἀπολούω II. 1091 E. I. 449 D. 658 D. Pausan. 387.

ἀπολοφύρομαι Antiphan. Stob. 135.

ἀπόλυσις defensio, explicatio II. 1045 B. 1048 C — κακῶν mors I. 1052 B. II. 108 E. Dio Chrys. 663 B.

ἀπόλυτος II. 426 B. Upton. Ind. Epict. Fabric. Sext. Emp. 609.

ἀπολυτροῦν captum accepto praemio in libertatem restituere II. 343 B. I. 631 D. Wessel. D. Sic. II. 122. Plato 677 F.

ἀπολύτρωσις I. 631 B.

ἀπολύω — dimitto quem I. 559 D. 814 A. — τινα αἰτίας I. 861 A. II. 89 E. — vinctum I. 339 B. 998 B. 1005 D. — med. amplexum I. 841 E. — μαι morior I. 952 A. — I. 988 E. — judicio I. 209 B. 447 F. 855 C. 857 B. 875 D. — ἑαυτὸν τοῦ ζῆν II. 241 E. — quem in patriam Wessel. Diod. Sic. I. p. 135. — ἀπολύουσα γνώμη 620 F. — ψῆφος 766 E. — non admittere II. 838 D. — τί τινος II. 716 B. 857 A. — fama, 1050 C. — Med. ζωστῆρα I. 143 D. — mulctam 344 E. — solitarium esse II. 665 A. — Pass. τινὸς II. 43 B. 432 C. 718 E. — Mus. II. 1142 A. — convivas II. 1147 A. — Med. fraudes alicujus eludere I. 187 E. — διαβολὴν II. 436 E. 842 F. I. 157 C. 326 E. 449 E. 489 E. 543 C. 836 A. leg. 868 B. 904 B. 950 B. — εσθαι malo II. 107 C. 110 E. 112 B. — ω quem II. 176 A. 181 B. 183 C. 207 C. — μαι e captivitate II. 206 A. — ω quem judicio II. 203 D. 236 A. — σθαί τινος II. 209 B. — ω ἐμαυτὸν τῆς αἰτίας ἢ τοῦ ζῆν II. 241 E. — σθαι ἔγκλημα Vit. Hom. §. 171. sim. Fragm. I. 1. — ἀπολῦσαι et ἀπολέσαι oppon. Antiph. Stob. 308. — ἀπολελυμένως absolute, simpliciter, omnino Callicrat. Stob. 486, 22. — μαι αἰτίαν Aristid. I. 488. 501. II. 152. 228. 229. — ω ἐρώτημα solvo Aristid. I. 331.

ἀπομαγδαλία I. 461 D. Gatak. Adv. p. 875 seq. Cas. Athen. 695.

ἀπομαλακίζομαι I. 45 D. 273 D. II. 226 F.

ἀπομαλθακίζομαι II. 62 A. 1097 A. I. 289 B.

ἀπομανθάνω I. 46 B.

ἀπόμαξις I. 31 C.

ἀπομαραίνω I. 423 E. 520 E. 755 A. 846 C. Pass. II. 20 B. 76 F. 663 B. 664 F. 696 F. 777 A. 792 D. 945 A. 1073 A. 1101 D. I. 74 B. 222 F. 238 D. 254 C. oppos. σβέννυσθαι II. 703 F.

ἀπομαρτυρέω II. 860 C. Porph. Abst. IV. 8.

ἀπομάττεσθαι ἑαυτῷ τι imaginem phantasiae inprimere II. 455 E. — II. 984 B. Eunap. 7. Diog. L. II. 61. — abstergo II. 168 C. 1091 E. I. 31 B. 943 F. 1007 A. Cas. Athen. p. 7. 8. Euseb. P. E. 472 D.

ἀπομάχομαι I. 383 E. 602 A. 720 F. 739 D. — verbis 538 C. — τινι contra quid I. 715 F. — πρός τι I. 985 F. Dio Chr. IV. 81 C.

ἀπόμαχος Himer. 714.

ἀπομέμφομαι II. 229 B.

ἀπομερίζω II. 320 D. Cas. Athen. p. 712. Plato 652 G.

ἀπομηκύνειν τινὰ aliquem removere in longinquum II. 514 A.

ἀπομιμέομαι II. 26 B. 53 C. 106 C. 681 E. 780 F. 970 A. 978 B. 1091 C. 1142 D. I. 10 E. 67 A. 202 E. 437 C. 497 E. 651 B. 666 B. 791 E. 813 A. 893 E. Plato 649 G. 656 F.

ἀπομίμησις I. 69 F. 200 C.

ἀπόμισθος II. 789 C.

ἀπομισθόω II. 287 B.

ἀπομνημόνευμα I. 52 A. C. 192 C. 620 A. 989 D. II. 172 B. Diog. L. I. 63. 79.

ἀπομνημόνευσις ἑτέρων citatio in auctore II. 44 E.

ἀπομνημονεύω I. 858 B. 901 D. — εται χάρις II. 287 C. Casaub. Strab. p. 1004. Aristid. I. 111. 267. 415. 440. II. 261 — μενα I. 519 A. apophthegma 340 A. 341 A. — opp. libro I. 872 E. — act. τινος II. 646 E. — τι 726 A. 832 D. l. ἀποσεμνύνω I. 65 B. II. 218 E. Aristid. II. 339. Simpl. II. 817 F. 1071 D. I. 120 F. 156 C. 287 B. 437 C. 443 B. 489 B. 836 E. — cui quid ut Xenoph. Pausan. 85. Aristid. I. 179. 459. II. 146 C. 228 B. Plato 674 F. not. Juliani 117 A. Gronov. Senec. p. 85.

ἀπομνησικακέω Euseb. Stob. 309, 9.

ἀπόμνυμι — μαί τι II. 802 A. I. 870 A. Dio Chr. VII. 111 D. — I. 66 F. 982 E. — σθαι περὶ τῆς ἀρχῆς I. 872 B. Herodian. IV. 2, 8. — μι deos Plato 685 A.

ἀπομονόω — οῦσθαι I. 367 A. 534 E.

ἀπόμοτος Aristid. I. 405.

ἀπομυθέομαι Homer II. 69 E.

ἀπόμυξις II. 1084 C.

ἀπομύττεσθαι βραγίονι II. 631 D. Bion ap. Diog. L. IV. 46. Horat.

cubito. Suid. Prov. Schott. I. 9.— Pass. *senex*. ll. 788 A.

ἀποναρκάω πρός τι ll. 8 F.

ἀπονάρκησις ll. 652 D.

ἀπονεμητέος ll. 1034 C.

ἀπονέμω ll. 719 B. I. 108 D. 597 E. 672 B. 980 F. — providentia ll. 114 D. 119 F. 1050 E. — simpl. tribuo ll. 157 C. Plato 673 C.

ἀπονεύω πρός τι ll. 620 D. — reclino me ll. 971 B. — ει uterque ll. 906 A. 924 A. — lectica I. 1065 A.

ἀπονητὶ I. 196 B. Eurip.

ἀπονήχομαι τοῦ σώματος ll. 476 A. — ll. 831 E. I. 105 F. 107 A. 731 D.

ἀπόνιμα I. 474 F.

ἀπονία ll. 465 C. 1041 E. 1047 E. 1089 D. bis. 1092 A. I. 20 E.

ἀπόνημαι Dio Chrys. 509 D. Aristid. I. 562. II. 124. 226. 230. 249. 310.

ἀπονίζω ll. 249 D.

ἀπονίπτω — σθαι τῦφον ψυχῆς ll. 616 D. — μαι manus I. 472 F. pedes 749 F.

ἀπονοέω — μαι manus I. 96 B. 790 D. Upton. Ind. Epict. — ἀπονενοημένως Isocrat. 226.

ἀπόνοια — decretum Phocensium ll. 244 D. — opponitur ἀνδρίᾳ ll. 452 A. Aristid. ll. 112. — καὶ δεινότης ut ap. Theophr. Char. ll. 805 C. — et τόλμη jung. ap. Plut. Agesil. Cato Utic. Casaub. Theophr. Char. VI. p. 81 ed. Fisch. I. 197 A. 590 B. 615 D. 672 E. 782 C. 784 A. 843 A. 876 E. 913 A. 951 C. 998 D. 999 A. ll. 201 D. Aristid. I. 565. — ἀπονοίας τάφος I. 985 A. — et τροφὴ Hierocl. Stob. 490. Dio Chrys. 508 B. — vulg. ἀπορία — ἀπόνοια et ὕβρις quid faciunt Dio Chr. XXXIII. 409 B. καὶ μανία Dio Chr. 510 A. — bono sensu, desperatio Aristid. I. 349.

ἄπονος doloris expers II. 241 E.

ἀπονοστέω I. 606 B.

ἀπονυκτερεύειν II. 195 E. I. 186 B. ἀποκαθεύδειν Zenob. II. 20. Vid. Select. Gr. Hist. ἐκκαθεύδω.

ἀπονυστάζω I. 872 F.

ἀπόνως I. 307 D. 861 C.

ἀποξενοῦν τὸ σῶμα τῆς πατρίδος ll. 1034 A. — τινα τῆς Ἑλλάδος εἰς βαρβάρους ll. 857 E. — I. 363 D. 568 E. 703 B. — Jambl. V. P. 2. Plato 597 F. 657 E.

ἀποξένωσις ll. 649 E. 661 E.

ἀποξηραίνω ll. 696 D.

ἀποξύνω II. 695 D. I. 825 B.

ἀποξύρομαι f. -ἐομαι I. 1067 B.

ἀποξύω II. 913 E.

ἀποπάλλω pass. 686 B.

ἀπόπατος excrementum II. 727 D.

ἀποπαύω — μαι τινος ll. 721 D. — ll. 406 E.

ἀπόπειρα I. 690 A.

ἀποπειρᾶσθαί τινος ll. 87 A. 247 D. 728 F. 997 B. I. 120 A. 324 A. 326 E. 341 B. 359 C. 512 D. 545 A. 621 D. 666 D. 679 E. 805 F. 806 B. 823 A. 923 E. 971. A. 986 C. 1035 B. Dio Chrys. 650 C.

ἀποπέμπω II. 26 E. 27 C. E. 140 A. 146 F. 147 F. 151 B. 723 B. — μαι uxorem I. 455 C. 712 C. D. 881 D. 882 A. ll. 54 A. 141 A. — morbum sanare II. 561 D. — cui cibum de mensa II. 703 E. — pellicem II. 73 B. — repudio II. 127 B. 711 E. I. 32 A. 39 B. 77 C. 257 B. 883 C. — cui debitum I. 178 F. — remitto I. 396 B. — pro simpl. πέμπω I. 444 A. — donum, pro anteced. ἐκπέμπω II. 38 B.

ἀποπενθέω I. 233 B.

ἀποπεράω I. 426 A. F. 439 A. 652 D. 718 F. 932 A.

ἀποπέτομαι mulier II. 752 F. — 61 F. 1073 A.

ἀποπηδάω I. 244 A. 418 B. 466 D. 502 D. 712 B. 823 B. 976 D. 1036 B. II. 40 A. 196 A. 977 D. de inanimatis II. 737 F.

ἀποπήδησις in amore II. 769 F. Sim. ἀποπηδᾶν Jambl. V. P. 176. Himer. 490. ut Xenoph. Mem. I. 2, 16. ubi vid. Ruhnken. — Atomorum II. 921 D. 1112 B.

ἀποπίπτω II. 223 B. 676 B. 977 C.

ἀποπιμπλάναι iram alicujus II. 417 D. I. 797 D. Dio Chrys. 3 D. — cupiditatem I. 647 E. — ἀποπληρόω τὴν διάνοιαν Dio Chrys. 656 A. Aristid. II. 148. 187.

ἀποπλανάω — μαι ab instituto sermone II. 436 E. 770 B. 1048 A. Sim. 28 E. — a nido avis II. 962 E. — I. 184 D. 701 F.

ἀποπλάττω—μαι activ. I. 279 B. Antip. Stob. 428.

ἀποπλέω I. 115 D. 538 A. II. 27 C. 74 B. 211 B. 222 E.—II. 779 D. Mos. Solanus vult ἀποπλεῖν. Male. Sic quidem Xenoph. H. Gr. III. 4, 5.—pro ἀναπλέω vel ἐπιπλέω Xenoph. H. G. I. 1, 3.

ἀπόπληκτος II. 472 C. 1060 D. I. 347 F. Teles Stob. 577. Dio Chrys. XI. 165 D. LXXIV. 643 A.

ἀποπληξία II. 124 C. pro ἐμπληξία Aristid. I. 436.

ἀποπληρόω iterum impleo II. 702 E.

ἀποπλήρωσις II. 48 C. 132 A. 1125 A. I. 125 F.

ἀπόπλους II. 215 A. 868 A. I. 398 B. 538 B. D. 652 E. 946 E.

ἀποπλύνω I. 732 D.

ἀποπνέω — neutre de anima II. 360 C.—vinum evanescit II. 692 C. —spiro; redoleo quid II. 13 E. — ἀποπνεῖσθαι de luce quae vento efflatur II. 281 B. — τοῦ στόματος ἥδιστον II. 421 B. 623 E. — odorem quid ἀποπνεῖ II. 396 B. 695 E. — simil. 734 E. 943 C. — efflare et amittere II. 791 B. — τι εἴς τι Metaph. I. 123 B.— τινος I. 666 B.

ἀποπνίγω —μαι I. 431 F. 503 C. 565 B.

ἀποποιεῖσθαι II. 152 A. 385 E.

ἀποπραΰνω I. 581 D.

ἀποπρεσβεύω—refero de legatione mea II. 816 D. Plato 685 G. Polyb. Indic. Philostrat. p. 482.

ἀποπρίω II. 924 A.

ἀπόπροσθεν Plato 703 B.

ἀποπτῆμι anima ἀποπταμένη abit II. 666 C. — ἀμενὲς οἴχεται II. 928 A.—ἀς II. 968 F.

ἀποπτοιέω II. 1129 E. f. Empedocl.

ἄποπτος v. n. ad II. 133 A.

ἀποπτύω II. 237 A.

ἀποπυρη Teles Stobaei 524.

ἀπόρευτος I. 142 C. 428 E.

ἀπορέω—οὐκ λόγων I. 467 D. 602 D.— Philos. I. 995 D. — med. dubito, inops consilii sum II. 577 D. I. 153 E. 223 B.— II. 47 D. 751 A. I. 18 A. 99 A. 151 E. 306 E. 329 A. 1032 A. — ἠπορημένος I. 802 C. Dio Chrys. VII. 97 B. — consilii inops in periculo II. 161 C. — μὴ suspicor II. 109 B. — τινὸς simpl. II. 89 C. 235 C.—έω simpl. dubito II. 46 B. 112 A. 214 E. — αἰτίας caussam alicujus rei ignorare II. 680 C.—initium philosophiae ibid. — εἶσθαί τινος I. 874 F. — disput. ἠπορήθη II. 695 E. — act. τινι propter quid II. 772 A. 773 D. Numen. Euseb. P. E. XIV. 734 D. — τὰ φυσικῶς ἀπορούμενα II. 1115 A. — cum inf. I. 116 D. — εἶσθαι dubitare I. 726 B. Sim. II. 22 E. — I. 912 B. 913 A. χρημάτων I. 902 F.— ἀπορέω tanta copia balneorum ut dubites ubi laveris, ut Terent. coena dubia, Jebb. not. Aristid. I. 232.

ἀπορητικὸς —οἱ sc. philosophi I. 262 D.

ἀπόρθητος Aristid. I. 258. 555.

ἀπορία I. 325 C. 432 C. 640 E. II. 24 A. 27 E. 85 D.—αν res habet II. 708 A.—corporis f. ἀπόῤῥοια I. 907 B.—I. 158 D. 949 E. II. 220 A. — ας παρέχω II. 75 D. 77 D. — λόγων I. 429 A.— belli I. 654 A. B. D. — f. pro ἀπειρία ignorantia II. 44 B. — dubium ἀποριῶν ὑποπίμπλασθαι est philosophi II. 734 C. — I. 122 C. II. 7 D. 76 F. 395 F. 400 D. 402 C. 414 F. 430 B. 435 A. 1015 B. 1079 C. 1083 A. 1115 B. 1118 C. — αἰτίας I. 130 B.— dialecticae effectus I. 154 A.— Simil. II. 78 F. Plato 698 A. — καὶ πενία I. 324 D. — καὶ σπάνις I. 979 D. cum infin. I. 560 F. ἀπορία problem.—αν cui προβάλλειν II. 153 E. — dubitatio, anxietas II. 153 F. — inopia consilii in periculo II. 161 D.

ἄπορος pauper I. 74 D. 354 D. 422 E. 711 C. 827 C. — βίος καὶ θηριώδης II. 356 A. ἐν ἀπόρῳ sedere I. 571 C.—explicitu difficilis II. 636 A. 700 F. 701 B.—pro inconcinnus II. 653 D.—ἄπορον ἔχει τὴν αἰτίαν II. 700 D. — καὶ ἀδύνατος pass. II. 719 E. 964 A.— βιασθῆναι I. 726 C.—ἐν τοῖς ἀπόροις τεχνικὸς II. 832 E. Chaeremon Athen. 562 F.—pro ἄπειρος II. 1035 D. — καὶ πένης II. 1058 B. I. 644 A. 775 C.— inaccessus II. 1118 E. I. 343 C. 344 B. 370 E. — τύχη I. 94 D.—pass.

factu difficile I. 230 B. 527 C. — fluvius I. 286 B. 383 E. — πενία I. 354 D. — ἄπορά ἐστι neutre I. 726 D. — ἄπορον δέος I. 739 E. v. l. Plato 593 G. Sim. 660 B. — res, dubia I. 770 F. — ἐν ἀπόροις λογισμοῖς εἶναι I. 772 B. — ρῶ πάθει συνέχεσθαι I. 780 F. — ρον πρᾶγμα sum cui I. 783 B. — ρος καὶ ἄτιμος plebs I. 783 D. 797 E. — λογισμὸς I. 885 A. — τῶν ἀπόρων multa mihi accidunt, inopia magna I. 923 A. — βίος καὶ πλανὴς καὶ ἄδοξος I. 999 D. — ἀνήμερος II. 86 D.

ἀποῤῥάπτω oculos II. 997 A.

ἀπόῤῥευσις II. 993 C. Juncus Stob. 587, 15.

ἀποῤῥέω ἵππον II. 288 A. 984 E. I. 403 F. 404 B. 587 A. 1015 F. sim. 1016 D. Virg. Aen. XI. 501. 828. — abscedere simpl. II. 420 B. 769 D. — ἀποῤῥεῖ anima ἀπὸ τῶν παθῶν II. 465 B. — μνήμης II. 413 E. — res τῆς δόξης II. 199 A. ubi v. n. — odor ab aliqua re II. 648 A. — Nilus II. 670 A. — πνεῦμα a re II. 695 B. — Simil. I. 938 E. — folia II. 735 E. — galea capite II. 743 C. — pro ἀποῤῥέπω de materia II. 1055 B. — simpl. II. 396 B. 1089 D. 1129 D. — quid tamquam aqua II. 414 C. — delabi I. 239 C. 300 C. — quid de fonte I. 339 A. — έω τῆς αὐλῆς subduco me ex aula I. 1050 F. — εῖ falsus amicus II. 49 D. 93 C. Sim. Plato 623 D.

ἀπόῤῥηγμα I. 978 C.

ἀποῤῥήγνυμι I. 711 C. Empedocl. Porphyr. Abst. II. 27. — I. 949 A. — II. 425 C. — ται lapis e coelo I. 439 D. F. — apex montis 488 E. — laqueus I. 503 B. — φυγῇ I. 1004 C. — μαι τῆς φάλαγγος I. 361 E. 464 B. 561 D. 935 E. 946 E. — ται aër I. 496 F. — quem a se Dio Chrys. 419 D. homo ἀπεῤῥωγὼς impudens Muson. Stob. 83, 8.

ἀπόῤῥησις qua quid ἀπείρηται f. dictu nefas habetur II. 278 E. — testimonii, excusatio I. 408 C. — interdictio, dehortatio Dio Chrys. XI. 178 D. XVII. 248 B. Aristid. II. 390. — defectio Aristid. I. 300. 374.

ἀπόῤῥητος — quod nominare nos pudet, nefandus II. 937 E. — arcanus II. 53 F. 54 A. 63 B. 70 F. 408 B. 714 B. 799 E. 815 A. I. 99 B. 164 E. 448 B. 514 C. 626 F. — liber Sibyllinus I. 176 B. — νόσος I. 277 E. — ὁ ἐπὶ τοῖς ἀποῤῥήτοις scriba regius I. 502 E. — ον γράμμα I. 506 B. 639 A — τὸ I. 586 E. 665 F. 894 D. 1026 F. — I. 332 C. 676 D. 680 F. 683 B. 820 E. 884 D. 902 B. 989 E. F. 990 D. E. II. 175 B. 180 D. 185 E. — ον ἱερὸν I. 870 B. 874 E. — δι' ἀποῤῥήτων clam I. 966 D. Aristid. I. 492. II. 277. — Epistola I. 1022 E. — a Laced. facta Aristid. I. 511. — lites fratrum Aristid. I. 483. — ον vetitum, maleficium Plato 682 D. I. infandum — vetitum, non ratum Plato 694 A. 697 B. — καὶ παρὰ φύσιν scelestum, nefandum Dio Chrys. XXXIII. 409 C. — ἀπόῤῥητα pudenda II. 284 A. — I. 490 E. 526 B. II. 139 E. — vetitum vid. ad II. 239 D. — sacra II. 671 C. I. 299 D. 631 C. 714 D. Aristid. II. 319. 329. — ος λόγος II. 50 E. 728 F. I. 130 E. F. 341 D. 505 F. 538 E. 668 A. Aristid. II. 391. — συνουσία I. 65 A. 67 C. 69 F. — πρὸς τοὺς πολλοὺς pro ἄῤῥητον I. 122 A.

ἀποῤῥιπτέω I. 339 C.

ἀποῤῥίπτω — λόγον aspernere II. 367 A. 801 B. 1106 A. — de eo qui abjectus et spretus est II. 788 B. — vestem I. 357 A. — μαι negligor I. 786 C. 985 C. 1041 C. 1062 D. 1063 E. Dio Chrys. 515 A. — cognomen I. 861 B. — δόξας καὶ πλούτους II. 752 E. f. repudio 763 C. — hominem II. 806 B. D. 823 D. I. 212 E. 446 E. 1022 D. 1023 E. — vitium in forum cauponum II. 819 E. — λόγον repudio II. 952 D. — se ipsum II. 970 C. — χρείαν τινὸς I. 99 B. — σθαι in exilio I. 234 A. — μέ τινος libero me a quo discedo I. 313 F. — equus equitem I. 327 B. — repudio I. 345 E. 547 F.

ἀποῤῥοή I. 91 D. II. 53 C. 422 B. 424 B. 618 E. 729 B. 747 C. D. 762 A. 765 D. 776 E. 953 B. 978 C. — Aristid. I. 266, 4 bis.

ἀπόῤῥοια II. 96 F. 99 C. 680 F. 681 A. 733 D. 905 A. 916 C. D. E. F. 917 E. 930 F. 1005 B. Porphyr. Abst. II. 46.

ἀπόῤῥους Aristid. II. 351. 354.

ἀποῤῥύπτω II. 913 D.—de anima D. Ruhnken. Ep. Cr. p. 275. Lucian. II. 717.

ἀπόῤῥυτος Hesiod. II. 725 D. — locus Dio Chrys. VII. 101 C.

ἀποῤῥὼξ ἄδου II. 167 A.— I. 461 D. 672 E. Aristid. I. 253. 254.

ἀπόρφυρος — ον ἱμάτιον, τέλειον Rom. I. 949 C.

ἀπόρως ἔχω I. 359 B.

ἀπόρωτος II. 891 E.

ἀποσαλεύειν τοῦ κατὰ φύσιν II. 493 D. Upton. Ind. Epictet. Simpl. 491 F.— ἐπ' ἀγκύρας I. 660 C.

ἀποσβέννυμι—ἀπεσβηκὼς γέρων II. 794 F.— ἀπέσβη Eurip. II. 1090 C. Aristid. I. 555. — I. 66 C. II. 402 B.—σθαι morte I. 366 B. 1027 B.—ηκὼς lychnus I. 460 B.— σι ventus auram I. 726 C.— quis τὸ γόνιμον mulier vacans I. 771 A.—ηκε conticuit I. 856 E. Simil. Plato 634 E. Aristid. I. 384. — ἀπεσβεσμένος τὸ ὄμμα II. 167 B. — ἀποσβέννυται τὸ πνεῦμα ventus cessat II. 419 B. — θρασεις II. 681 E. (activ.) lucernam II. 702 D. E.— τινί τι II. 713 E.— gloriam I. 968 B.— Simpl. II. 789 E. 217 F.

ἀποσείεσθαί τινα imperatorem ut equus II. 324 E. I. 1050 A.—alicujus numinis iram II. 417 D. pro ἀφοσιοῦσθαι Euseb.—Simpl. II. 665 F. Eleganti conjectura Menandro reddidit Bentl. Em. p. 11.— equus equitem I. 183 C. 237 C. Aristid. II. 246.— τὴν δύναμιν f. passiv. I. 185 C.

ἀποσημαίνειν εἴς τινα II. 177 B.— simpl. significo II. 694 A. 1009 D. I. 10 D. 456 A. 507 A. Aristid. I. 324.— prodigium Pausan. 854.

ἀπόσηψις II. 1087 E.

ἀπόσιτος II. 635 C. 687 D. Casaub. Athen. p. 97. Porphyr. Abst. I. 27. II. 44. 45. Julian. 190 D. Aelian. N. A. VI. 3. VII. 10.

ἀποσιωπάω II. 58 B. 60 C. 182 E. 739 E. I. 196 A. 365 A. 753 E. 831 C. 989 A. — non respondeo II. 157 C.

ἀποσιώπησις II. 1009 E.

ἀποσκάπτω Plato 617 C.

ἀποσκεδάννυμί τί τινος εἴς τι II. 180 B. — simpl. II. 693 A. — τινος calumniam I. 411 A. — μαι I. 538 A.—hostem e muro telis I. 700 C.

ἀποσκέπτεσθαί τι II. 582 C.

ἀποσκευάζω II. 674 E. med. (929 C. Empedocl.) I. 103 F. Wesseling. Diod. Sic. I. 612. Med. — μαί τι I. 773 B. 969 C. 1058 C. Dio Chrys. XXXVIII. 456 B. Aristid. I. 140.

ἀποσκευὴ II. 174 A. 197 D. var. lect. 924 C. I. 117 B. 325 B. 397 B.—impedimenta milit.—αί. I. 303 E. 508 E. 548 B. D. 584 E. 585 D. E. 593 E. F. 594 B. 654 E. 675 F. 678 A. 679 D. 684 A. 724 E. 945 A.

ἀποσκηνοῦν τὰ ὦτα πόῤῥω μουσικῆς II. 334 B. 592 C.— I. 892 F.— οῦσθαι τῶν ἰδίων II. 627 A.

ἀποσκήπτω Wessel. Diod. Sic. I. p. 81. — εἴς τι I. 628 B.

ἀποσκιασμὸς I. 155 B.

ἀποσκίδνημι I. 140 E. 180 F. 303 A.

ἀποσκιρτάω e schola Himer. 332.

ἀποσκλῆναι — ἀπεσκληκὼς Aen. Gaz. 67.

ἀποσκνιφόω Empedocl. II. 929 C.

ἀποσκοπέω in locum I. 726 B. — 981 B. Aristid. I. 123. 263. II. 169. T. Hemsterhus. Lucian. 304.

ἀποσκορακίζω II. 740 A. Jambl. V. P. 112.

ἀποσκοτίζω II. 605 D.

ἀποσκοτοῦσθαι I. 577 A.

ἀποσμήχω Pausan. 387.

ἀποσοβέω II. 11 D. 65 B. C. 778 A.

ἀπόσπασμα vid. ad II. 99 C.

ἀποσπασμὸς II. 77 C.

ἀποσπάω I. 29 E. 416 F.—sc. ad me 646 E.—pars aciei—ται 1003 E. ut Xenoph. removeo me II. 971 D. —aquam a fonte II. 949 C.— med. refugio II. 955 F. — act. oppon. τῷ περισπάω II. 971 C. — II. 687 A. 718 D. 724 A. 725 D. 743 C. 1048 A. 1070 C. 1086 D.—Pass. in mare II. 798 D. I. 968 E. — hians concha II. 967 D.— II. 3 D. 50 F. 77 B. C. 95 B. 1108 D. 1119 E. I. 121 E. 473 B. 556 C. 659 E. 678 F. 859 C. 778 D.—ται vel τέμνεταί τι τῶν ἡμετέρων alii dicunt καίεται nisi hic de morte suorum dicitur II,

102 D.—τινά τινος II. 166 E. — II. 176 F. — τὸ ἀποσπασθὲν ἴχνη φέρει τῆς ἀποσπάσεως Porphyr. Abst. I. 32. —άω abeo procul ut B. Crit. III. 1. in cena. Appian. Aristid. I. 353. II. 343.

ἀποσπένδω vini II. 655 E. —σθαι Med. II. 209 B. — diis simpl. II. 677 C.

ἀποστάζω verba Himer. 360.

ἀποστασία I. 1053 E.

ἀπόστασις II. 825 D. 879 E. 906 B. 907 A. I. 97 D. 182 A. 185 E. F. 203 F. 291 B. 293 D. 303 B. 398 E. 967 E. 968 C. 1054 D. — I. 581 E. 582 D. 769 E. 814 A. 860 A. 1038 B. II. 220 B.—animi a corpore Porphyr. Abst. I. 41. et saepe—ulceris Aristid. I. 288.—defectio II. 770 D. I. 381 B. 548 C. 620 C. 1062 E. 1066 C.—distantia II. 936 A. bis. 937 A. 992 D. 1028 B.

ἀποστατέω II. 702 B. Aeschyl. Fragm. Stanl. T. II. p. 642, 1. et Stob. 102, 6. 599. Aristid. I. 461. 568. II. 99. — τινος II. 613 B. 758 A. τινι I. 160 B.

ἀποστατὴρ Lacon. prohibitor I. 43 C.

ἀποστάτης canis II. 821 D. Servus I. 22 D. — I. 485 B. 616 C. 663 E. 720 D.

ἀποστατικὸς I. 20 F.

ἀποστατικῶς ἔχειν I. 285 C. 314 A. 1057 B.

ἀποσταυρόω I. 146 F. 979 B. 1046 C.

ἀποστέγω II. 668 F. Plato 648 H.

ἀποστέλλω I. 105 D. II. 146 E. 150 A. 160 C. 173 E. 179 E. 180 F. 193 C. F. 196 D. 204 D. 207 D. 230 A.—consilium I. 167 F. Sim. Aristid. II. 91. telum I. 556 B. — mandata f. ἐπιστ. I. 617 D. — act. libros συγγραψάμενος I. 1027 E. Sim. II. 37 C.—μαι dux I. 776 A.

ἀποστερέομαι I. 454 C. 634 D. II. 431 E. 115 E. 226 C. — ῆσθαί τινος II. 165 C. — se ipsum τινος II. 43 C.—ω τινά τινος II. 872 C. 1105 E. — χάριν II. 1068 E. — ἀποστερέω non est vi eripere, sed fraude alicui debitum non reddere II. 295 C. 303 B. I. 842 F. 847 D. 941 D. 974 F.—sententia sua aliquem aliqua re privare II. 436 A. 985 D. — II. 1116 B. Tayl. Dem. ed. R. IX. 491. Ironice Aristid. II. 308.—τινά τινος I. 419 B. — μαί τι I. 910 C. — εἰς ψυχὴν σώματος Plato 660 A.

ἀπόστημα civitatis, malus civis II. 809 E. — distantia II. 935 D. 1028 A. D. — morbus Gatak. M. A. p. 55. 117. Upton. Epictet. p. 44. I. 475 C. — sic ἀφίστημι Dio Chrys. XXXIII. 395 D.

ἀποστίλβω II. 957 F. I. 510 C.

ἀποστολὴ dimissio I. 966 C. — missio alicujus in provinciam, expeditio I. 236 B. — I. 778 B.

ἀπόστολος expeditio II. 618 E. Aristid. I. 368. 378. 383. — classis I. 746 E. Aristid. I. 153.

ἀποστοματίζω I. 11 B.

ἀπόστοργος II. 491 C.

ἀποστρατηγὸς qui dux fuit I. 311 A.

ἀποστρέφω I. 121 F. 385 E. II. 432 F. 1073 D. 1094 D. — aversor, abominor II. 1109 B. 1128 C. I. 351 D. 730 D. 803 F. 1051 A. — τι εἰς ἐμαυτὸν II. 482 D.— ὀχετὸν II. 487 E.—rejicio pro ἀποτρέπω II. 124 B. 530 A. 718 D. 802 D. — fabricando II. 567 E. — ἀποστρέφομαι II. 387 C. (ita l. pro ἀποτρεπ.) 66 C. 413 E. 450 D. 538 A. 1095 C. — pass. ἀποστραφέντα καθεύδειν non coitu II. 654 E. — αι τί τινος sine accus. II. 706 B. — ἀποστρεφομένης τὴν κορυφὴν μόλις φιλεῖς Philippides II. 750 F.—in sermone alio abduci II. 764 A. — μαι ὄψιν spectaculum abhorrere II. 771 C. 801 A. I. 183 A. — activ. tego II. 800 F. — ἀπεστραμμένως II. 895 B. — oculos splendor II. 921 E. — ἀποστρέφει μέ τι aversor quid II. 993 B. — τὸν λόγον II. 1048 A. — μαί τι I. 69 F. 144 E. 309 A. 662 A. 972 E. II. 801 A. — in odium I. 89 C. — τὸ πρόσωπον πρός τινα I. 99 E. — act. hostis I. 142 F. 715 A. B. — cogitationem II. 400 D.—activ. avertere quem a consilio I. 178 C. II. 64 C.—navem I. 252 D.—τὴν διάνοιάν πρός τι I. 255 E. — activ. I. 313 E. —averto quem—quem a proposito I. 324 B. — χεῖράς τινος ὀπίσω I. 367 C.—μαι revertor II. 166 C. — ἀποστρέφω quem I. 464 B.—navem ἐκ περιαγωγῆς I. 494 A.—hostem, et ἀποτρέπω socios I. 588 E. — cui manus I. 594 A. 793 A.—ἀφεὶς εἶπεν I. 603 C.—equum I. 344 B. 1015 E. —neutre I. 652 F. — ω τινά τινος I. 680 B.—currum I. 684 F.— τὸν πλοῦν I. 726 C. — ω τινά τινος a cujus amore I. 876 A. — ω τινὸς desero quem I. 892 F.—τι, repudio I. 913 A. — ει μέ τι I. 987 B. — ω vultum I. 1009 A.— τὰ ὦτα ἐπί τι II. 46 E. — ειν et ἀπευθύνειν vitam suam e vitiis ad virtutem II. 88 E. — τὴν γλῶτταν Demosth. II. 88 C. —ει ὥσπερ ὀχετὸν II. 91 E.—quem a quo II. 95 B.—καὶ μεταφέρω τὴν διάνοιαν ἐπί τι II. 138 A. — μαι τὴν ὄψιν, utrùm spectaculum avertor, an averto oculos II. 149 D.

ἀποστροφὴ, refugium animi II. 133 B. 468 E. 1101 B. 1103 C. I. 236 E.—refugium, locus quo confugere possimus II. 491 F.—Lunae II. 929 C.— I. 132 B. 197 C. Wesseling. Diod. I. p. 207.— fluvii I. 510 A.—ut II. 491 F. Antipat. Stob. 417, 40. Xenoph. M. S. II. 9, 6. Aristid. I. 365. 373.

ἀποσυλάω τὸ γῆρας cui Himer. 190. aliter 362.

ἀποσύρω de fluctu II. 979 B.

ἀποσφακελίζω I. 49 E.

ἀποσφάλλεσθαι εἴς τι II. 392 B.—delabor II. 939 A. I. 160 C.—τινος I. 86 A. 392 A. Plato 689 E. —τῆς ἐλπὶς I. 1042 E.

ἀποσφάττω I. 56 F. 84 B. 149 A. 212 C. 293 B. 305 B. 322 C. 325 C. 331 A. 437 C. 440 C. 443 E. 502 C. 512 B. 561 D. 662 A. 983 E. 1040 D. 1065 D. E. 457 A. 472 E. bis. 473 C. 476 A. D. 479 A. 595 A. — II. 816 A. — ἑαυτὸν II. 168 F. 203 C. 1069 D. I. 321 A. 822 F. 1004 F. 1074 E.

ἀποσφενδονάω II. 1062 A.

ἀποσφενδόνητος II. 293 B.

ἀποσφραγίζω — μαι II. 784 E. I. 665 C.

ἀπόσχεσις II. 123 B. 125 C. 974 C.

ἀποσχίζω pass. I. 548 D. Plato 604 E.

ἀποσχοινίζεσθαί τινος (pro ἀπασχίζεσθαι) II. 443 B. Philo Jud. 1133 E.

ἀποσώζομαι I. 548 A. 549 F.

ἀπότασις ποδῶν II. 670 C.

ἀποτάττειν τι II. 201 A. I. 335 C. 683 B.—τεται τοῖς ἀγῶσιν valedicit certaminibus Junc. Stob. 588. Sim. Jambl. V. P. 13. 145. — cui quid, Aristaenus Euseb. P. E. VIII. 360 D. Porphyr. Abst. II. 38.— ἀπόταχτον quid, cibus vel stipendium cui destinatum Porphyr. Abst. IV. 17.— ἀποταττόμενός τινι χώρας II. 120 B. ἀποταφρεύω viam II. 1087 C. — I. 465 E. F.

ἀποτείνω neutre, erigor II. 936 A. —μενοι μέσων νυκτῶν cum particip. II. 60 A. — μένος quid dico Diog. L. V. 17. Euseb. P. E. XV. 801 A.—τέτασθαι ad mare urbs Aristid. I. 24. Sim. 540.—μαι contra quem Porphyr. Abst. I. 3. Philo 484 C. — ει ventus in locum Aristid. II. 332. — ἀποτείνειν fabulam proprie eleganterque II. 358 F. sim. I. 792 C. — Aristid. I. 289. 355. Himer. 460.—sonum II. 721 B. I. 455 F.—pass. II. 901 B. corrig. Euseb. P. E. VI. 273 A.

ἀποτειχίζω metaph. II. 647 C. — II. 1126 B. I. 163 C. 209 A. 284 D. 535 C. 540 C. 549 B. 912 C. E. 913 A. 970 F.

ἀποτειχισμὸς I. 535 B. 549 A.

ἀποτέλεσμα opus absolutum II. 575 B. — effectus II. 637 C. 673 E. 874 C. 879 C. 882 E. 886 B. I. 58 D. Hierax Stob. 107. Porph. A. N. 32.— ἀποτελέσματος δημιουργὸς, παραδείγματος μιμητὴς II. 1023 C.— Astrolog. I. 24 B.

ἀποτελεστικός τινος II. 652 A.

ἀποτελεσματικὸς Galen. T. II. 64 D.

ἀποτελευτάω — ᾷ τι εἴς τι II. 706 A. 968 B. Plato 702 B.

ἀποτελέω τι II. 748 B. 878 E. 966 E. 1022 E. 1110 A. 1112 B. 1113 B. 1114 B.—quem malum II. 1070 E. Sim. Plato 698 B. — I. 66 A. II. 399 E. Plato 678 D. bis. 693 A. 697 C. 700 G. 701 E. 704 G. 692 E. 703 H. — Phys. II. 429 B. — οὐ μέγα I. 568 B. — aetate Plato 678 B. 629 F.— pro τελέω initior Plato 638 E.— λεσθεὶς ἀνδρεῖος pro factus fortis II. 75 E.—sidera quid faciunt II. 19 E.

ἀποτέμνεσθαι χώραν II. 250 B. 267 C. Simil. I. 20 F. 40 B. 106 E. 168 D. 228 B. 290 D. 365 D. 465 C. 827 C. 905 F. II. 429 A. Pausan. 207. 277. 376. 388. 467. 609. 838. Dio Chrys. XI. 189 B. Aristid. II. 393. I. 400. Eunap.—τι τῇ ὄψει II. 922 E. Sext. Emp. 284.—Simpl. II. 1027 B.—μαι κεφαλὴν I. 508 A.—hostes I. 463 E. — τινος locum I. 465 D. 487 D.—ω ἱερεῖον I. 490 C. —ται caput I. 564 B. — μέρος σώματος II. 113 B. — ἤσθαι δεῖ θεῶν malificentiam i. e. non tribuenda Porphyr. Abst. II. 41.— divido argumentum orationis Jambl. V. P. 134. Plato Leg. II. 576 A.

ἀπότευγμα II. 468 A. Victor. castig. Cic. p. 106.

ἀποτευκτικὸς Hippodam. Stob. 554.

ἀπότευξις I. 463 C. II. 168 C. v. n. ad II. 168 C. ubi leg. I. 1063 D.

ἀποτήκω II. 451 E. 689 A. 913 D. 917 A. — ται aër in aquam I. 545 C.

ἀποτίθημι — simpl. II. 45 F. 139 D.—μαί τι amitto II. 240 B.—spem. I. 949 C.—quid in adjumentum II. 8 C.—φιλίαν II. 94 D.— μαι τρίχας II. 352 C. D.—vitium II. 42 B. sim. 60 E.— scripto mandare II. 686 D. —εἰς γραφήν. ad tempus II. 809 B. — μαι mortuum II. 968 B. — quem in custodiam II. 163 B. — repudio II. 1023 A. I. 704 B. An forte Plato 665 C. — μι λόγους χρημάτων apud judices I. 169 F. — ἀρχὴν abdico me I. 182 A. 254 C. 473 E. 550 E. 551 A. 630 C. D. 727 E. — vulneratum I. 561 B.—ablatum, sc. quod sumsi I. 601 F. — abscondo pecunias I. 624 C. sim. II. 164 A.— τὸ πένθος I. 706 B. — vestem II. 173 D.

ἀποτίκτω II. 906 E. 964 C. 1053 C. I. 516 F. Plato 700 G.

ἀποτίλλω II. 173 D.

ἀποτιμάω Callim. II. 677 B.

ἀποτίμησις censurae I. 550 F.

ἀποτίννυμι II. 1087 A.

ἀποτίνω I. 89 F. 755 C. 879 B. Plato 681 E. 692 A. — et τίνω junctum cum πάσχω saepe ap. Platon. Leg. 683 B. F. G. 885 C. 686 C. F. 688 B. 690.

ἀποτολμάω I. 126 D. 454 D. 560 D. 815 A. 976 C. II. 11 D. — μᾶι activ. I. 1064 D. — μώμενος Plato 595 A.

ἀποτομὴ Geogr. II. 891 A.

ἀποτομία II. 13 D.

ἀπότομος I. 144 D. 344 B. II. 199 B.—rupes I. 548 A. 697 F. II. 161 F.

ἀποτόμως—ἀκριβὴς δίαιτα II. 131 B. Aristid. II. 325.—ib. II. 37.

ἀποτορνεύω Plat. II. 45 A. — simpl. Dionys. Al. Euseb. P. E. XIV. 776 D.

ἄποτος II. 86 E. 705 D. 911 E. 940 D. I. 549 C.

ἀποτρέπω II. 145 A. 223 C. 754 E. 1089 E. 1127 D. I. 317 D. 340 A. 531 C. E. 532 C. 914 B. — μαι Deum I. 808 C.—ται fluvius 636 F. —μαι εἴς τι I. 536 B.—abeo I. 405 B. 862 B. 994 D. — med. τινος II. 970 E. 999 B. I. 330 B. 383 E. — πω malum genium II. 376 D. — socios, ἀποστρέφω hostem I. 588 E. —μαί τινα repellere II. 122 B. bis. 300 D. — simpl. neutre II. 163 F. 581 B. 1058 A. I. 149 A. 328 D. 503 D. Oen. Euseb. P. E. 220 C. —pass. II. 700 E.— ἐπί τι II. 833 C. I. 20 F.—preces I. 183 E.— μαι hostem repello I. 1003 D.—ω quem I. 938 B. — τινος a vitio fugio II. 14 A. — al. ἀποστρέφω II. 85 A. — quem a vitio vel simili II. 89 B.— τὴν ὄρεξιν ἐπί τι II. 125 D. — perverto pro ἀποτρίβω vel διαστρέφω Plato 610 E.

ἀποτρέχω II. 74 D. 202 E.

ἀποτρίβομαι v. n. ad II. 82 C.— detero II. 966 C.—τὸ αἰδοῖον ἐν τῷ φανερῷ Diog. II. 1044 B. — σθαι hostes 259 C. 813 F.—πεῖραν I. 298 F.—amantem I. 429 C. — τὸ γῆρας opinionem senectutis I. 425 A. — μαι repudio I. 515 F. 642 C. 921 C. 991 E. — pass. curis Hierocl. Stob. 415. 21.

ἀποτριβὴ πόας cum gramen hominum vestigiis conculcatum est II. 326 B. — I. 142 B. 221 E.

ἀποτρόπαια sacrificia II. 290 C. 292 A. 369 E. 497 D. Porph. Abst.

II. 24. Artemidor. V. 66. *Depulsiones* ap. Val. Max. Prooem. monente Torrenio. Porphyr. Euseb. P. E. IV. 174 B.

ἀποτρόπαιος δυσφημία II. 587 F. simpl. τέρας Dio Chrys. 411 D. — Dii II. 159 E. 708 E.

ἀποτροπὴ I. 838 C. II. 239 C. 728 C. 1125 E. averruncatio II. 284 B. 417 C. I. 184 E. 314 D. Jambl. V. P. 135. Dio Chrys. XXXII. 385 C.—defectio II. 341 E. — vitii curatio II. 519 F. 520 D. Plato 663 D. bis. 651 H. — fluvii II. 811 B. — pugnae I. 683 F. — dehortatio II. 11 D. opp. προτροπὴ Oen. Euseb. P. E. V. 220 D. — aquae Plato 649 E.

ἀπότροπος δαίμων Plato 661 E.

ἀπότροφος II. 917 D.

ἀποτρύχω I. 144 E. 925 F. 933 A.

ἀποτρύω quem paulatim conficio, I. 261 F. 808 A. — Pass. 837 D.

ἀποτρώγω II. 662 D. 977 C. I. 531 F.

ἀποτυμπανίζω v. n. ad II. 170 A.

ἀποτυγχάνω II. 45 B. 184 C. 197 F. 202 B. 241 B. 595 A. 806 B. I. 55 C. 171 D. 258 B. 317 C. 408 A. 423 D. 435 B. 447 F. 454 C. 773 D. 783 E. 838 A. 987 B. 1023 C. 1035 C. 1051 A. — pass. ἀποτευχθέντος τοῦ πράγματος Dio Chrys. 514 D.— τῶν μικρῶν, ἐπιβαλλόμενος μείζοσι Plato 667 D.—simpl. sine genitivo Plato 670 A.—στοχαζόμενος Aristid. II. 34.

ἀποτυπόω Plato 704 E.

ἀποτυφλόω surculum arboris II. 529 B.—fontem II. 703 B. — σθαι splendore perstringi I. 1031 E. — τὸ φιλότιμον ἀποτυφλώσας II. 1107 C.

ἀπουλοῦν cicatricem obducere II. 46 F.

ἀπουλώτιστος II. 1091 E. ἀπουλωτικὸς Dioscor. I. 48. sim. Apoll. Dysc. XLII.—σαι Diosc. V. 92.

ἄπους II. 636 E. 797 E.

ἀπουσία v. n. ad II. 364 D. — II. 957 F. 1042 D.

ἀποφαίνω II. 153 B. 156 B. 158 B. 1055 A. 1056 B. 1065 A. 1071 E. 1079 E. 1085 B. 1095 F. 1122 A. 1125 C.—simpliciter τινα II. 433 E. 674 F. 676 A. 677 E. 685 F. 716 B. 727 B. 731 D. 732 A. 733 A. 756 A. E. 867 F. 1016 A. 1025 D. 1026 C. —II. 1052 D. 1053 A. 1069 A. 1077 A. 431 A. — I. 381 A. II. 154 E. 155 B. — II. 718 C. 730 E. 856 D. 1006 C. 1023 B. 1120 F. 1121 C. E. 1122 A. — demonstrans quid ἀποφαίνόν τι II. 666 F. — Med. γνώμην I. 145 B. 254 E. 352 C. 654 C. Markl. Eurip. Suppl. 335. Dio Chr. 640 C. 654 D. — ω τί τι I. 349 A. 434 B. 639 D. II. 34 E.—ω et ομαι eodem sensu, brevi spatio I. 387 C.—ω statuo, dico I. 598 A. II. 30 B. 31 F. 32 A. 192 C. — μαι dico, statuo I. 442 C. 478 C. II. 58 B. 64 B. 107 E. 115 B. 224 E.— νω τί τινος I. 645 D.— et ἔρομαι I. 659 C. —ται judex I. 1026 C. — ω quam reginam I. 941 B. — ω quem cum inf. perf. II. 105 D.—ω defero rem Plato 617 G. 626 G.

ἀπόφασις v. n. ad II. 19 D. — dictum I. 352 F. II. 19 D. 21 D.— sententia judicis I. 1026 C.

ἀποφάσκω II. 393 B. Upton. Ind. Epictet.

ἀποφατικὸς II. 732 E. 1047 D.

ἀπόφαυσις Lunae II. 892 C.

ἀποφέρω II. 835 F. Pass. vapor τινος II. 681 A. — ἀποφέρεσθαι ad aliquem δόξαν II. 374 E.—εται oraculum I. 325 C. —μαι νίκην I. 380 E. — vitium contraho, inquinor II. 4 A. 12 D.—reporto Simpl. II. 240 E. — ω ἀνοψίαν II. 237 E. —quid in locum debitum Plato 674 G.—quod vendere non possis, domum ex foro referre Plato 676 H.—quid ἐν γράμμασι Plato 691 F.

ἀποφεύγω II. 788 E. 834 D. 840 C. 841 A. 848 E. 849 A. I. 36 A. 38 A. 307 A. 353 F. 408 D. 479 E. 487 F. 491 A. 517 B. 708 E. 712 D. 769 D. 853 A. 869 A. 873 B. — anima δόξας καὶ νόμους somno II. 101 A. δίκην II. 135 E. Plato 688 B.—et φεύγω δίκην Aristid. II. 1.— γειν ἁπάσαις Aristid. II. 176.

ἀπόφευξις II. 63 E.

ἀπόφημι nego II. 492 A. I. 203 F.

ἀποφθέγγομαι II. 405 D.

ἀπόφθεγμα I. 50 B. 52 B. F. 121 C. 337 D. II. 145 D. 408 E. 1141 C.—τινὸς I. 51 E. 337 E. 985 A.

ἀποφθινύθω Hesiod. II. 1040 C.

ἀποφλεγμαίνειν iram II. 13 D.

ἀποφοιτάω de discipulo desertore magistri II. 408 D. 1138 B. I. 435 B. Aristid. I. 273.

ἀποφορά v. n. ad II. 183 D. — evaporatio II. 437 C. 647 F. 680 F. 695 A. 990 A. 993 B. — vectigal I. 333 C. 827 C. 838 E. — stipendium milit. II. 183 D. — II. 239 D.

ἀποφορὰς II. 203 A. 417 C. 828 A. I. 137 F. 138 E. 210 B. 510 C. 671 E. Aristid. I. 262. — πύλη II. 518 B.

ἀποφράττω I. 192 E. 470 A.

ἀποφυγή II. 186 E. 803 E. 830 E. 1064 C. 1091 A. E. 1107 B. — excusatio Aristid. II. 85.

ἀποφώλιον καὶ σύμμικτον εἶδος Minotaurus Eurip. Thes. p. 6 D. II. 520 C.

ἀποχαλάω II. 655 B.

ἀποχαλινόω II. 794 C.

ἀποχαρακόω I. 638 A.

ἀποχάραξις II. 1070 E. ἀποχαράττω Dio Chrys. 337 A.

ἀποχειροτονεῖν II. 301 C. I. 235 C. 435 D. me 528 A.

ἀποχετεύειν invidiam in alios II. 485.

ἀποχέω — ἀποχυθέντα δένδρων φύλλα II. 332 B. — pass. et ῥέω differt II. 887 A. — in fumum II. 949 A.

ἀποχράομαι utor in transitu II. 582 F. I. 113 D. 125 F. — simpl. utor II. 700 A. — et χράομαι disting. v. n. ad II. 178 C. — bono sensu I. 243 E. 459 B. 526 D. 659 D. 864 D. Aristid. II. 234. — simpl. malo sensu I. 274 E. 469 A. — ad finem utor, aliqua re cum totum in usum meum consumo I. 338 F. 593 B. 735 A. — I. 704 B. II. 64 E.

ἀπόχρη II. 59 A. 119 D. 120 F. 1027 D.

ἀπόχρησις amputatio rerum supervacanearum (si sana lectio) II. 267 F.

ἀποχρηστέω II. 670 A.

ἀποχρῶν πρός τι II. 656 D. 1123 E. Muson. Stob. 428. — I. 100 C. 369 E. 572 A. 642 D. 761 F. 771 B. 867 D. — τινι II. 1141 E. F. et διαρκής I. 302 F. — ὄντι χράομαι Aristid. I. 151.

ἀποχρώντως II. 1009 D. E. I. 128 D. 726 E. Plato 634 A. Aristid. II. 12. Pausan. 609.

ἀπόχρωσις σκιᾶς II. 346 A.

ἀποχυρόω I. 852 C.

ἀποχώννυμι portum I. 746 F.

ἀποχωρέω de cibo II. 688 C. — in pugna I. 935 E. 1064 E. — Simpl. II. 236 D. — absum, ut ἀποδημέω opp. φιλοχωρέω Dio Chrys. VI. 92 D. — diversus sum Aristid. I. 226. II. 361.

ἀποχώρησις alvi exoneratio II. 232 F. I. 62 F. — II. 903 D. 907 C. I. 419 A.

ἀπόχωσις I. 935 B.

ἀποψάω λοιδορίαν II. 89 D. Aristoph. Eq. 569.

ἀποψεύδομαι ἐλπίδος I. 315 B.

ἀποψηφίζομαι I. 458 A. 527 C. 800 B. D. 831 F. 972 E. — τινα I. 220 D. — I. 271 E. 299 F. 300 C. 304 E. 773 E. Aristid. I. 988. — pass. τινος I. 754 D. — I. 756 B. 943 C.

ἄποψις II. 133 B. et ἀποστροφή Casaub. Strab. p. 1152. I. 521 C. — ἀπόπτομαι Dio Chrys. I. p. 11 B. Bosch. Anthol. I. 37, 12. p. 284. Brod. p. 76.

ἀποψόφησις II. 866 C. Aristot. Probl. XXXVIII. 7. hinc Apollon. Dysc. c. XXII. Athen. 349 F.

ἀποψύχω — εται orator Aristid. II. 392.

ἀπραγία I. 174 D.

ἀπραγμάτευτος Wessel. Diod. Sic. II. 190. Muson. Stob. 167, 50.

ἀπραγμόνως II. 726 D. 787 A. I. 37 C. 212 F. 390 C. 391 E. 475 A. 595 E. 663 A. 769 A. facile 834 F. II. 131 F. 134 E.

ἀπραγμοσύνη II. 53 A. B. 87 A. 600 A. 604 C. 789 B. 1043 B. C. I. 357 D. 805 C. 915 A. 1055 E. Aristid. I. 444.

ἀπράγμων II. 101 D. 778 B. 815 B. 824 B. 945 A. 1043 B. I. 63 B. 225 B. 280 C. 395 F. 425 E. 472 D. 484 D. pass. 507 E. 630 C. — Dio Chrys. 520 B.

ἄπρακτος II. 1114 B. — dies nefastus II. 270 A. I. 210 B. — a negotiis immunis II. 776 E. 792 B. — non efficax II. 42 D. 73 A. 92 C. 114 C. D. 118 B. 165 C. D. 188 B. 504 C. 712 D. 946 B. 999 E. — I. 115 A. Wessel. Diod. Sic. I. 654.

I. 184 D. 205 C. 266 C. 271 E. 306 E. 358 B. 370 D. 382 D. 397 A. 463 F. 502 A. 550 D. F. 559 A. D. 616 D. 618 A. 882 A. 897 A. — pass. quod effici nequit I. 261 F.— f. ἄπρατος 1060 D. II. 107 B. — repulsam ferens I. 446 E. 599 E. f. 764 E.—λόγος καλοῦ πράγματος Dio Chrys. 590 B.—nondum factus Aristid. I. 446.

ἀπρέκτως I. 329 F. 336 D.

ἀπραξία I. 342 D. 590 A. II. 33 A. 135 B. 784 A. 793 B. 1100 C. 1122 A. 1129 A. D. 1130. E.—αι f. feriae ap. R. I. 456 D. E.

ἄπρατος f. legi I. 1060 D.

ἀπρέπεια Plato 667 E.

ἀπρεπὴς II. 45 D. 175 C. 819 A.

ἀπρεπῶς II. 1100 D.

ἀπρὶξ Aristid. I. 215. 332.

ἀπροαίρετος ἐν ἡμῖν αἰτία II. 765 D.

ἀπροαιρέτως II. 910 E.

ἀπροβούλευτος sensu juridico II. 835 F. I. 88 D. ἀπροβουλεύω Plato 657 C. D. F. ἀπροβουλία id. 657 E. ἀπροβούλως Dio Chrys. 567 B.

ἀπρόθυμος v. n. ad II. 87 F.

ἀπρονόητος II. 878 C. Gatak. M. A. p. 83. I. 538 F.

ἀπρόοικος II. 227 F.

ἀπροόπτως Chrysipp. II. 1038 F. pro ἀνυπεροπτως.

ἀπροπτώτως II. 1038 C. Upton. Ind. Epict.

ἀπρόῤῥητος ita leg. ap. Platon. 697 B.

ἀπροσάντητος codd. ἀπροσαύδητος II. 921 F.

ἀπροσαύδητος codd. II. 29 B. 921 F. Aristotel. Eus. P. E. XI. 511 A.

ἀπρόσβατος I. 697 E.

ἀπροσδεὴς II. 122 E. 159 C. II. 639 A. 956 E. 958 B. 992 A. 1010 C. 1058 C. 1068 B. 1070 B. I. 162 B. 354 F.

ἀπροσδιόνυσος II. 612 E. 671 E.

ἀπροσδόκητος— ήτως I. 32 D. 36 F. 133 C. 212 B. 609 C. 737 D. 812 E. 815 D. E. 869 C. 892 C. 999 D. 1064 D. II. 25 D. 206 F. 208 E. 285 B. 303 F. 327 D. 348 F. 398 F. 538 A. 539 E. 612 A. 690 D. Plato 678 C. 679 G.

ἀπροσεξία v. n. II. 69 E.

ἀπροσήγορος II. 679 A.

ἀπρόσιτος I. 193 B. 259 D. II. 68 D.

ἀπροσίτως laudum exclamatio II. 45 F.

ἀπρόσμαχος I. 115 C. 266 A. 871 C. 946 C. 1031 C.

ἀπροσπέλαστος II. 414 B. I. 949 A.

ἀπροσφώνητος II. 375 B.

ἀπρόσωπος iniquitas Aristid. II. 409.

ἀπροφάσιστος II. 62 B. 64 E. 742 C. 743 A. I. 304 C. 781 C. Socrat. Stob. 514. Dio Chrys. VII. 115 B. 663 B.

ἀπροφασίστως II. 64 D.

ἄπταιστος I. 190 B. II. 691 D. 721 B. v. n. ad II. 76 C.

ἀπτὴν I. 386 F. II. 48 A. 60 A.

ἀπτικὸς II. 896 E.

ἅπτομαι — quid animam II. 706 A.— II. 1128 E. II. 296 C. 662 F.—comedo I. 923 C. 937 E. Diog. Laërt. VI. 26. 73. Jambl. V. Pyth. 109.—tracto I. 24 B. 112 D. 124 D. II. 239 D.— σπέρμα simpl. de foecundo coitu II. 681 F.— τι II. 439 F.— τινὸς afficio quid II. 49 B. — ἅπτεται μου δόξα II. 548 C. I. 112 F. Simm. II. 16 A. C. 17 D. 28 C.— σκῶμμα II. 633 A. — opus genitiv. II. 87 D. 239 D. 677 E. 694 B.—τῆς χώρας occupare locum II. 679 F.— τῆς γυναικὸς II. 717 E. 752 A. — II. 48 B. 109 E. 734 A. 1080 D. E. 1081 A. 1114 D. 1116 B. 1119 E. 1121 C. 1126 D.— quem sermone II. 740 C. 795 C. sim. 65 C.—τινος ἡ διάνοια II. 1086 A. I. 24 B. — γονάτων II. 1100 A.— ἧφθαι II. 233 B.—pestis ἅπτεται ἀγονίας καὶ ἀφορίας I. 32 E.—μου ὁμόνοια, alii me suspectum habent I. 60 C. 551 A. —μάχης I. 163 A.—γυναικὸς Gatak. Stil. N. T. p. 79. I. 619 E. 676 E. — quid quem animo I. 175 A. 194 B. 200 C.—μαι τινὸς mente I. 229 F. 641 F. II. 30 D.—facio quid I. 225 C. 349 A. 914 F. II. 50 D.— terram navi I. 786 C. — μόνον τινὸς I. 813 A.—ικος hostem I. 838 C.—ταί μου suspicio I. 839 C.—cum inf. alii MSS. ἄρχομαι I. 846 E.—

γνώμης τινὸς alicujus sententiam tentare I. 921 E. — vim infero cui I. 923 D. — γῆς orans I. 1023 C.— τινος placeo cui I. 1033 A. — in libro, memoro eum I. 1045 C. — ταί τινος λόγος movet, quem I. 1067 D. — τινὸς Μούσης τῇ Χάριτι II. 15 E.— ψυχῆς II. 38 A.— τῶν παθῶν adulator II. 53 F.— τινὸς reprehendo quem II. 70 D. E. 71 B.—afficio quem animo subaud. φησὶ II. 58 B. — τινος reprehensio II. 70 E. — μαι παῤῥησίας λόγῳ II. 71 E. — ται medicus II. 82 A. — abund. cibum προσφέρεσθαι πεφυλαγμένως ἁπτόμενον II. 131 E.— καὶ γεύομαι II. 123 A. — τινος cibum II. 129 B. — ται ὁ ἔρως τοῦ φρονοῦντος. II. 138 F. — uxor τοῦ ἀνδρὸς, movet eum, afficit II. 141 A. — Simpl. II. 152 C. — ἅπτομαι mox ἅπτομαι τροφῆς ἕνεκα Porphyr. Abst. II. 31. — πράγματος attingo, obiter tracto Dio Chrys. XXXIV. 425 B. C. — ἡμμένους μὲν μαθημάτων, κακῶς δὲ ἡμμένους Plato 640 A.—μαι λόγων bis Plato 667 A.— assequor cogitando Plato 696 D.—Venere Plato 645 G. 646 C. E. 647 C. H. — studio quid attingere id. 696 E.—ἧφθαι ἀληθείας Aristid. II. 353.

ἁπτὸς—οὐσία II. 765 A. 1013 C. 1014 C. 1016 D. Plato 390 E. 701 E. — II. 38 A.

ἅπτω accendo I. 109 D. II. 418 A.—pro ἀνάπτω II. 263 E.—λυχνοῦχον II. 710 E. — pass. II. 764 C. I. 655 D. 778 A. — incendo I. 535 A. 687 B. 869 C. — ligo, pro ἐνάπτω I. 33 E. Himer. 816. — ἡμμένης leg. ἡρμένης Aristid. I. 380.

ἀπτὼς vix cadendo II. 85 B. 455 B. I. 353 E. 593 D. 958 E. Jambl. M. Aeg. 94, 20.

ἀπύρηνος Teles Stob. 575. Dioscorid. I. 151. p. 22.

ἄπυρος II. 956 C. 965 E. Hesiod. Wessel. Diod. Sic. II. 364. I. 338 C. 367 A. — 574 B. II. 201 C. — ον σκεῦος Plato 586 A.—τέχνη Aristid. I. 12.—ἄπυρα σιτία in militiam II. 349 A.—in sacrificiis II. 578 B.

ἄπυστος Homer. Pausan. 558.

ἀπωδεῖν τινι II. 1042 B.

ἀπῳδὸς Himer. 756.

ἄπωθεν II. 778 A. 812 B. I. 180 E. 194 A. 306 A. D. 470 A. 508 A. I. 532 F. 545 C. 602 B. 686 E.

ἀπωθέω II. 688 C. 1064 E. I. 4 F. 390 B.—τινά τινος II. 871 D. passiv. repulsam ferre II. 467 D. — μαι legatos I. 527 C. — ventus navem I. 726 C.—μαι δόξαν I. 734 C. II. 165 E. — repudio I. 736 E. 982 B. — ἀπωθεῖσθαι ignominiam Caes. 734 C. II. 241 D. leg. ἀπώθεν. Vid. Valcken. ad Theocrit. p. 259. et seq. Praeterea ita occurrit ap. Julian. Or. I. p. 17 D. Demosth. Fals. Leg. p. 408, 22. ed. Reisk. Themist. Or. VIII. p. 103. Heraclid. ad calcem Cragii Rep. Lac. p. 498. — I. 615 A. — Simpl. II. 91 B. 903 E. 1070 A. 1101 E. 1129 B. — I. 86 B. 126 E. 140 F. 165 F. 501 F. 695 F. — πένθος II. 114 D. παρωθεῖσθαι II. 119 C. Archiloch. Stob. 617. Brunck. An. I. p. 40.— λύπην Dio Chrys. Or. III. 41 D.— εὐλάβειαν II. 432 E.—vitium II. 483 C. 47 D. Jambl. V. P. 171. 223. sim. Aristid. I. 263. — non admittere sermonem, ut eam te non intellexisse simules II. 522 B.—poculum recusare II. 831 B.— II. 712 F. 713 C.— simplic. refugio II. 662 B. 663 D. 1023 A. 1025 C. ms.—pass. remitti II. 700 A.— repudio munus II. 813 C. 820 C. I. 218 D. 319 A. 395 D. — hostem II. 869 B. I. 421 D. 615 D. 731 C. Aristid. II. 415. —ἀπεωσμένος II. 953 E.—ἀπωσμένος τινὸς II. 925 A.—vento II. 984 A.— τροφὴν II. 987 E. — τινα I. 237 E. repudio I. 570 C. 660 D. 794 A. — ω τινά τινος e loco, non admitto quem I. 999 C.—μαι quem a janua I. 777 B.

ἀπώλεια I. 972 F. II. 116 C. 221 C.

ἀπώμοτον II. 285 F. Dio Chrys. IV. 76 A. f. R. XXXII. 362 C. Plato 638 A. Aristid. I. 273. vid. ἀπόμοτος.

ἀπωτάτω (γενέσθαι τινὸς) II. 66 C. 83 D. 91 A. 645 B. 673 A. 798 F. — II. 135 B. 656. 953 E. 954 A. 1015 C. 1102 D. I. 289 E. 395 E. 502 F. 506 F. 533 C. 535 C. 555 D. 558 D. 598 D. 654 D. 717 F.

ἀπωτέρω II. 972 E. I. 438 D. 635 D. 700 C. 937 D. 1009 A. 1067 B.

ἀπωχυρόω—μαι πρός τι I. 852 C.

ἄρα utique, certe I. 170 B. 790 F. — γε init. I. 269 E. 958 B. ἆρ' οὖν; — ἢ II. 94 E. 152 F. 156 E. 157 D. 159 D. 170 D.— ἆρα interrog. II. 105 B. 1060 A.—plene abund. ἐκαλεῖτο δὲ ἄρα Ἀλύνομος II. 340 D. 385 E. Sim. 151 F. Nicostr. Stob. 427, 21. Plato 673 B.— ἄρα δὴ ab initio periodi II. 384 D. cum οὖν II. 493 B.—τοῦτο ἄρα ἦν τὸ cet. II. 660 D. 953 A. I. 304 E. 305 D. 315 A. — ἆρά γε interrog. II. 668 C. 710 D. 814 D. — τὸ δὲ οὐκ ἦν ἄρα τοιοῦτον ut Bibl. Crit. I. 424 A. 1051 B. — ὥσπερ—οὕτως ἄρα I. 742 D.—admir. I. 801 D. 955 A.— explicans I. 835 C.— εἴπερ ἄρα δυνατὸν ἦν II. 4 E. — ἆρ' ἄξια ταῦτα ἐκείνοις παραβάλλειν II. 73 D.—ἄρα δεῖ σκοπεῖν πότερον ut initio period. II. 1109 E. f. ὥρα δή — ἆρ' οὐ II. 1121 B. — forte I. 25 C. 936 E. — ἆρ' οὖν ἄξιόν ἐστι I. 62 D. 152 C.— οὐκ II. 159 C.—ἦν δ' ἄρα I. 98 D. 469 A.—leg. ἅμα Xenoph. Cyrop. VIII. 2, 14. I. 459 F. 651 C. 721 B. 730 A. II. 84 F.— ἆρ' οὖν οὐ v. n. ad II. 93 B.—abund. II. 698 E. I. 130 F. 380 C. — μή ποτ' ἆρ' II. 729 E.—init. II. 223 D. 827 E. — nimirum II. 945 D.—finis syllogismi, ergo, II. 969 B. Post εἰ Dio Chrys. XIV. 230 A.— οὐκ II 1074 C.—pro *an* εἰ extra negationem σκεπτέον ἄρα τοῦτ' ὅπως ἔχει, *videndum an hoc ita fit* Plato 575 B. si sanus locus.— ἆρ' ἂν interrog. Plato 581 D.—ἂν ἄρα γένηται Plato 659 G. ut Cic. *si quis fiat.*

Ἀρὰ dirae I. 210 A. 238 B. 288 E. —σθαι 324 E. 388 A. 458 A. 553 A. B. 718 E. Plato 659 B. 663 E.— II. 742 D. 766 C. 773 E. 801 B. I. 16 E. 91 E. 135 B.

ἀραβὸς concussio cibi in stomacho II. 654 B.

Ἄραβες II. 134 D.

Ἀράβιος ὀδμὴ Perictyon. Stob. 488, 2.

ἀραγμὸς januae II. 594 E.

ἀραιὸς II. 51 A. 564 D. 581 F. 590 D. 650 D. 665 F. 878 C. D. 891 D. 892 F. 898 B. 906 B. E. 911 B. 922 B. 931 B. 934 B. bis. 947 F. 945 D. 952 D. E. 981 C. 1004 F. 1005 D. 1052 F. 1083 A. I. 557 B. 576 F. 968 D.

ἀραιότης II. 895 E. 896 C. E. 902 A. 905 E. Aristid. II. 353.

ἀραιόω — οἱ farinam, fermentum, II. 659 B. — II. 695 D.

ἀραίωμα II. 903 E. 980 C.

ἀραίωσις II. 695 B. C.

ἀραιῶς raro quid facere Dio Chrys. XVIII. 258 D.

ἀράομαι precor, opto Herodot. II. 870 B. imprecor diras I. 288 E. 553 B.

ἀραρότως I. 656 B.

ἀραρὼς II. 922 B. 979 B. I. 972 D. Numen. Euseb. P. E. XV. 820 A. Dio Chrys. XII. 210 D.

ἀράσσω II. 321 D.

ἀράχνη II. 966 E. 980 B. I. 529 A.

ἀράχνιον I. 81 A.

ἀργαλέος poëta II. 348 B.—I. 133 C.— ἀγὼν κιθαρῳδῶν II. 749 C. I. 847 F. — I. 638 A. 689 E. 847 F. Aristocl. Euseb. P. E. XIV. 763 C.

ἀρατήριον I. 16 E.

Ἀργᾶς cognomen Demosth. I. 847 E. F.

ἀργέστης ventus I. 572 A.

ἀργέω II. 25 D. 26 B. 134 A. 405 F. 677 F. 975 D. 1015 E. 1145 E. I. 63 D. 140 E. 259 A. 359 D. 389 E. 513 B. 771 A. 994 F.

ἀργηλὸς somnus poët. II. 1130 A.

ἀργῆτα Soph. II. 785 A.

ἀργία I. 55 E. 87 E. 91 D. 96 D. 354 C. 423 E. 915 A. II. 12 D. 24 A. 69 B. 135 B. 190 E. 200 F. 229 D. 732 D. 980 C. 1129 E. Plato 660 H. 670 G. 671 C. Aristid. I. 220. 424.—f. pro αἰτία II. 414 B.— item corrupt. 913 C.—leg. ἀκαιρίαν Jambl. V. P. 49. conf. Anaxarch. Stob. 216.— ejus δίκη Ath. Tayl. Lect. Lys. p. 297 seq. II. 221 C. conf. citati ad Val. Max. II. 6, 3.— Aristid. I. 444. — officina quae ab aliis negotiis abducit I. 305 F. — καὶ ἀταξία I. 1049 B. — agri II. 158 D.

ἄργιλος II. 676 E.

ἀργιλώδης II. 676 A. I. 576 C.

ἐργοποιὸς I. 75 A.

ἀργὸς otiosus I. 56 C. F. II. 56 C. 229 E. 235 E. 694 D. 992 D. ἀργὸν ἔχω τὰ θαυμάζειν II. 84 C. sim. II. 92 C. E. — τόπος orationis, sterilis Aristid. I. 93. sim. 123. — de oraculo II. 431 B. 434 C. — εἴς τι I. 1047 C. — syllogismus II. 574 E. Orig. Cels. 406 E. — ingenio II. 48 B. — ἀργὸς πρός τι II. 45 B. 618 E. 684 D. I. 360 D. 434 B. 461 F. — οὐκ ἀργὸν κάλλος mulieris II. 684 E. Sim. I. 1028 D. Max. Tyr. XXVII. 8. — ἀργὸς avis circum paludes II. 751 A. — ἀργὴ καὶ ταπεινὴ προαίρεσις II. 819 F. — καὶ ἄπρακτος II. 946 B. — καὶ ἀκίνητος homo II. 84 C. 92 C. Porph. Eus. P. E. X. 465 C. — ἀργὸς τοῦ φρονεῖν II. 992 D. — ἀργὴ oratio II. 100 A. — materia II. 1015 A. 1054 A. I. 139 A. — καὶ ἀλλότριος II. 1085 A. — I. 90 A. bis. 590 A. 627 C. 653 A. 700 B. 845 B. navis pondere I. 946 C. — ager I. 100 F. 162 B. 262 B. II. 38 C. Plato 660 C. sim. 652 F. Aristid. I. 101. 232. — χρηματιστὴς I. 257 A. — ἐπί τι I. 302 F. — ἀργὴ dies I. 328 D. — scriptor et ἀμελὴς I. 523 F. Porph. Eus. P. E. 465 D. in philosophia qui caussas non indagat Jamblich. V. P. 87. — concordia I. 598 C.

ἀργυράγχη I. 857 E.

ἀργυραμοιβία I. 299 A.

ἀργύρασπις I. 590 F. 593 A. C. F. 594 B. 595 A.

ἀργυρέος II. 175 D. 198 B. C. 201 B. 204 E. 226 C. — ἀργυρεία μέταλλα I. 113 C. II. 434 A. sic leg. I. 525 C. — ἀργυρεῖος argenteus I. 585 C.

ἀργυρικὸς I. 91 A.

ἀργύριον II. 62 A. 99 E. 125 A. 173 F. 185 A. 189 D. 205 E. 211 D. — ἀργυρίου τι ὤνιον ἔχειν II. 24 E. — opp. χρυσῷ I. 342 A. ἐν χρυσοῖς εἰς ἀργυρίου λόγον habuit 5000 talenta I. 584 F. — jung. χρυσίῳ II. 101 B. argenti fodina? I. 543 F. — ἐν ἀργυρίῳ habere τὴν οὐσίαν I. 525 C.

ἀργυρίτης ἀγὼν II. 820 C. ἀργυρικὸς Timaeus Athen. 522 D. ἀργυρίτης et στεφανίτης ib. 584 C.

ἀργυροκόπος II. 830 E. 876 B.

ἀργυρογνώμων I. 544 A. Upton. Ind. Epict.

ἀργυρολογέω socios II. 840 A. I. 208 A. 211 B. 436 B. 901 B. 924 C. — λόγος Aristid. I. 210.

ἀργυρόπους I. 47 C.

ἄργυρος II. 177 B. 199 D. E. 211 D.

ἀργυρώνητος I. 125 A. II. 37 D.

ἀργῶς I. 244 F. 888 A. — ἔχω τὸ σῶμα πρός τι διακείμενον II. 125 A. — ἔχειν πρός τι I. 162 A. 330 D. — διακεῖσθαι II. 1145 A. — quid audire 786 A. II. 30 D. Aristid. II. 370. Sim. II. 2. 105. 211. — I. 348 C. II. 159 A. — bellare I. 797 E.

ἀρδεία II. 687 F.

ἀρδέτας Boeot. (B. E. ἀνδέτας) II. 761 B.

ἄρδην perire II. 410 C. 771 C. 1119 F. 1125 C. I. 138 E. 568 D. 731 F. 734 B. 769 E. Aristid. I. 401. 405. 496. — jung. cum ἀρχὴν I. 373 F.

ἄρδω — μαι de anima II. 477 B. Himer. 604. 644. — malo sensu II. 566 A. Plaut. Most. I. 2, 63. — Simpl. II. 664 E. 688 E. 974 E. Aristid. I. 261. — καὶ βρέχω II. 939 B. — Metaphor. Musgr. Eurip. Suppl. 209. — equum I. 267 C.

ἀρειμανέων Genit. Simyl. I. 28 D.

ἀρειμάνιος II. 262 C. bellicosus 321 F. 758 F. *Belli insane cupidus* Nicetas ap. Senec. Controv. VIII. fin. Diog. Laërt. VI. 61. Philo Jud. 736 A.

ἄρειον melius Aristot. II. 115 D.

Ἄρειος — ον πεδίον Romae I. 100 F. 647 D. 883 C. — Jupiter I. 385 C. — πάγος I. 88 D. E. F. 90 E. 96 C. 117 A. 155 F. 157 A. 488 A. 748 E. 852 D. 857 F. 873 A. II. 794 B. 812 C. 846 C. 850 A. quamdiu fuerit Wernsdorf. Himer. 162. — Val. Max. II. 6, 4. vv. dd. ad Lucian. II. 899.

ἀρέσκευμα I. 893 E.

ἀρεσκεύομαι II. 4 D. var. lect.

ἀρέσκον placitum philosoph. II. 448 A. 1006 C. 1036 B. — ἀρέσαντα πᾶσι dicere I. 331 B. — εἴ τι sine dativo I. 544 D. — οὐκ ἀρεσκομένην ἀπόκρισιν docui I. 834 E. — εἰ me quid Dio Chrys. 440 C. 499 A. 557 A. Plato 595 E. 637 A. Aristid. II. 250.

ἀρέσκω placeo II. 6 A. 44 C. 51 F. 52 F. 187 F. 217 D. 800 B. — I. 821 B.—μαι placeo II. 4 D. I. 695 C. 873 C.

ἀρεστὸς Chrysipp. II. 1039 C. Upton. Ind. Epict.—τινι II. 413 E. 854 A. I. 165 D. 183 C. 741 A. 919 F.— I. 289 B. II. 39 B. 99 B.

ἀρεστῶς cui λέγειν II. 6 B.

ἀρετὴ cujusvis rei praestantia II. 667 F. 668 C. — ὀρθὸν εἰς ἀρετὴν ἐλθεῖν educatione II. 757 F.—opp. ἀνάγκῃ II. 868 E.— est καλὸν opp. συμφέροντι II. 868 E.—et τύχῃ opp. I. 153 B. — τὴν ἀρετὴν εἰς χρείας ἀνθρωπίνας καταμιγνύναι I. 162 C. τὰ ἀπ' ἀρετῆς ἔργα I. 152 E.—corporis I. 192 B.—fortitudo I. 359 C. —et χρεία oppon. I. 368 E.—ἡ ἀπ' ἀρετῆς τιμὴ I. 447 C.— πολιτικὴ et πολεμικὴ I. 481 C. — καὶ δόξα I. 819 C. 828 A. 843 B. 1009 E. 1054 B. Conf. II. 24 C.— ἀρετῆς fructus ἀγεώργητος I. 1031 F. — quo sensu apud poëtas dicatur II. 24 C. D. E.—Simpl. II. 36 C. D. E. 38 A. C. 42 A. 47 C. 56 B. D. 58 E. 66 C. 72 A. 75 A. D. 76 C. 78 E. 79 E. 80 D. E. F. 84 D. E. 85 B. E. 90 B. 92 D. 93 B. E. 94 B. 103 A. 111 A. 119 D. 141 D. 152 D. 153 D. 154 E. 165 A. 192 A. 198 F. 200 D. 210 E. bis. 212 B. 213 B. 220 D. 222 B. 223 A. 225 C. 227 E. 228 E. 229 F. 232. 238 A. 239 A. 241 E. bis.— Stoic. II. 25 D.—ταὶ II. 58 C. — ἀρετὴ καλὸν, συνήθεια ἡδὺ, χρεία ἀναγκαῖον II. 94 B. — δόξα, πλοῦτος II. 109 B.— γνῶσις (f. κτῆσις) ἀρετῆς καὶ χρῆσις II. 137 E. — ὕδατος II. 158 A.— τῆς ἐλπὶς ὁ θεός ἐστιν, οὐ δειλίας πρόφασις II. 169 C. — et τέχνη oppon. II. 233 D. — ἀρετὰ Lacon. II. 191 D. 219 A. — ἀρετῆς ἐπιμέλεια Plato 660 A. — et σωτηρία τοῦ ὅλου Plato 671 G. ἀρετὴν ἔχειν ἢ μέρος ib. 684 F. ἀρεταὶ δημοσίαι Plato 696 G. — πρὸς ἀρετὴν σωτηρίας Plato 697 D. — est Musica Wernsdorf. Himer. 284.— ἄμισθος Aristid. II. 170. — Plato 699 C. D. 702 G. 703 D. H. 704 B. 705 C.— quid? quatuor ejus partes Plato 694 G. seq. 696. 697.

ἀρήγω II. 702 F. 729 E. I. 977 F.

ἀρήϊος II. 287 B. 760 D. 790 A. I. 7 D. 36 B. 310 E. 398 A.

ἀρηΐφατος Poët. II. 317 D.

ἀρηΐφιλος Homer. II. 741 E.

ἄρης dictus ab ἀναιρεῖν Chrysipp. II. 757 B. — ἀντερὸς Eurip. I. 956 E.—ab Homero saepe dicitur χαλκὸς II. 23 C.— II. 238 F.

ἄρθμιος II. 1030 A. conf. Callim. fr. p. 514. An κρ Porphyr. Abst. II. 27.—Anon. ap. Stob. Phys. p. 6. ed. Heeren. Eunap. 63.

ἄρθρον articulus gram. II. 372 D. 1009 C. 1010 A. B. D. — corporis II. 1087 E. —ων ἐκβολαὶ II. 164 E.

ἀριδείκετος Homer. I. 9 A.

ἀριζήλως II. 764 A.

ἀριθμέω II. 78 F. — et ὀνομάζω diff. I. 72 C. existimo Dio Chrys. XXXI. 358 A. vid. Reisk. — Plato 699 F. G. 703 F.

ἀριθμητικὸς et γεωμετρικὸς proportio II. 643 C. 719 A. B. — analogia vocatur πρώτη II. 738 D. ἡ ars II. 699 E. 744 D. 979 E. F.—ἡ μεσότης II. 1019 C. 1138 D. — II. 174 B. 1017 F. 1019 C. 1028 A. 1047 D. Plato 699 H.

ἀριθμητὸς οὐκ I. 443 E.

ἀριθμὸς tempus II. 495 F. conf. 415 C.— τινος οὐδεὶς οὔτε λόγος II. 682 F. Philo Jud. 927 D. Eunap. 79. ubi v. n.— et λόγος oppon. II. 719 B. 1138 D. conf. 1139 B. — ἀριθμῷ, λόγῳ, μέτρῳ, omnia facta II. 720 B. — ἀριθμὸν περιφεύγειν II. 732 E.—proportio, ordo II. 747 E. — λόγος, ἁρμονία II. 1013 C. D. 1015 E. — κατ' ἀριθμὸν math. II. 1019 C. f. Olympiodor. ms. in Phaed. p. 5. 6. III. 39. oppon. κατ' εἶδος 100 in Gorg. 183. — habet ποσότητα, τάξιν, δύναμιν, χρείαν II. 1027 D.—καὶ λόγος II. 1014 D. 1017 B.—καὶ εἶδος II. 1016 E.—καὶ ἁρμονία II. 1029 E. 1030 A. — I. 85 D. 86 D. II. 173 F. 225 B. Plato 699 A. B. D. E. 700 A. 703 E. 704 D. E. 705 A. — ὅπλων I. 129 E. — Periclis oeconomia ἐβάδιζε δι' ἀριθμοῦ καὶ μέτρου I. 162 B. — ἄλλως Bergler. Aristoph. Nub. 1205. Eunap. 79. —et πλῆθος differt II. 429 A. 460 E. — πολὺς possessionis I. 191 C. — οὐδεὶς i. e. infinita multitudo I. 460 D. 472 A. — et ὅρος I. 472 A.— ἀριθμοῦ φύσιν ἐκφεύγειν

Himer. 396. 400. — abund. I. 539 D.—ῷ τεταγμένα abund. fere I. 864 E.— et μέτρον oppon. I. 1013 F.— Lat. *numerus*, pro *cohors*, vel *numerus militum* Lips. Tacit. Hist. I. 6. — ἐκ πολλῶν ἀριθμῶν εἰς ἕνα καιρὸν ἡκόντων oritur τὸ καλὸν II. 45 C. — philosophorum studium II. 52 C. — κανών, μέτρον, σταθμὴ II. 99 C. Plato 615 G.—δέκα ἐτῶν pro δέκα ἔτη II. 113 E. — βίος ἄγεται πρός τινας καιροὺς ἢ ἀριθμοὺς ἢ περιόδους II. 135 A.— ἁρμός, ἀριθμός, et ἄνθρωπος conjunctae significationes Mercur. Stob. 603. — conf. ἄρθμιος II. 1030 A.— ἀριθμοῦ χρόνου μέτρον anni archontum Plato 688 C. Aeschin. in Tim. 177 C. — ἀριθμὸν πληροῦν nil nisi numerum esse Aristid. I. 117. Eunap. 79. — militum Aristid. II. 215. 222.— et τάξις differunt Aristid. I. 522.

Ἀριούσιος οἶνος II. 1099 A. Sil. Ital. VII. 210. Casaubon. Strab. p. 955.

ἀριπρεπὴς II. 801 D.

Ἀρισταρχεῖον templum Dianae episcopae Elide II. 302 C.

ἀριστάω I. 416 B. 470 F. 677 D. 954 D. 1055 B. II. 70 E. 187 D. 201 C. 726 E. 1082 B.

ἀριστεία I. 27 C. 234 E. 317 E. 413 C. 491 E. 493 D. 531 F. 551 D. 763 A. 826 A. II. 202 C. 861 C. 869 B. Plato 686 D.

ἀριστεῖον II. 198 B. 220 F. 873 A. 990 D. I. 56 A. 120 D. 143 A. 185 F. 194 F. 215 B. 218 B. 253 D. 270 E. 273 E. 331 A. B. 336 B. 553 E. 569 B. E. 598 A. 917 E. 950 E. —γέρας I. 12 A. Plato 643 A. 677 H. 684 C. 686 F. —εῖα vitae sub hoc et aliis nominibus, Plato 688 A. C. F. 690 B. E. 693 G. 694 C. 695 D. — εῖα φέρεσθαι Aristid. I. 516.

ἀριστεῖος θυσία I. 397 F. — ἀγὼν I. 397 F.

ἀριστερὸς videtur δεξιὸς ut in ἀσπίσι II. 1141 E.— ἐν ἀριστερᾷ ad sinistram I. 436 A. II. 201 D. ἐπ' — II. 192 F.—ὸν κέρας I. 510 B.— omisso κέρας II. 536 F. 1007 C. — I. 729 A. 933 B. II. 214 E. — in malum omen I. 832 D. E.— bonum Plaut. Epid. II. 2, 2.—τῇ ἀριστερᾷ κρατεῖν τὸν ἄρτον, τῇ δεξιᾷ λαμβάνειν τοῦ ῥψου II. 99 D.

ἀριστεροστάτης res sc. Aristid. II. 161. Vulg. σ deest etiam in schol. ms. Bis eadem res citatur.

ἀριστεὺς II. 156 E. 706 E. 1126 E. I. 233 A. 464 E.

ἀριστευτικὸς II. 319 B.

ἀριστεύω II. 11 F. 119 A. 789 E. I. 68 C. 93 F. 120 D. 179 D. 194 E. 238 A. 253 D. 254 A. 402 B. 465 E. 747 D. 994 F. — optimus sum II. 879 D.

ἀριστίνδην I. 84 C. 440 D. II. 154 C.

ἀριστοκρατία II. 145 F. 789 E. 1027 E. I. 58 B. 151 D. 216 D. 221 A. 488 A. 517 F. 713 D. 837 B. 963 B. 981 D.

ἀριστοκρατικὸς—ῶς metaphor. II. 616 E.—simpl. II. 714 B. 826 E. I. 76 B. 155 D. 150 E. 158 A. B. 191 B. 220 C. 275 B. D. 319 C. 379 A. 421 F. 485 B. 634 D. 713 F. 771 E. 852 D. 865 E. 871 D. 877 D. 917 F. — bono sensu I. 471 F. 532 C. II. 203 E.

ἄριστον prandium unde dictum II. 726 C. D. I. 338 C. 920 A. 954 D. — sedens edit I. 826 E. — μετ' ἄριστον I. 1029 F.—simpl. II. 70 E. 127 B. 136 A. 180 A.—simpl. ἀφαιρεῖν ἑαυτοῦ καὶ τῶν ὑποζυγίων II. 64 B.

ἀριστοποιέομαι I. 439 A. 683 E. 998 B. II. 225 B.

ἄριστος simpl. I. 111 B. 115 C. D. E. 126 A. 129 D. 137 B. 143 D. 145 B. 151 C. D. 154 E. 155 C. D. 166 E. 174 E. 180 D. 181 B. 190 D. 206 E. 216 C. 222 E. 225 D. 230 F. 232 C. 233 E. 238 C. 240 C.—οἱ ἄριστοι optimates II. 714 B. I. 2 A. 13 F. 26 E. 33 D. 42 C. 78 C. 84 B. 121 F. 127 E. 133 C. 204 E. 275 C. 413 F. 422 E. f. 866 E. 561 D. 562 F. 563 C.— pro adverbio II. 737 A.— bis, altero loco f. leg. ἀρεστὸν I. 86 B.—simpl. plural. subintellig. ἄνδρες I. 102 A. 163 A. —f. princeps senatus I. 275 E. — in republica I. 395 C. 626 E. — f. unus ex optimatibus I. 334 F. 433 C. — opp. plebi I. 487 F. 516 C. 544 E. 645 B. 996 D. 997 C. — ἀρίστας ἀρίστοις uxores date I. 703 E.—in concione I. 979 C.— ἀριστε εἶδος χρήμασιν II 34 F. — subaud. ex amicis regis II. 65 C.— βίος II. 111 A. — ὅθεν ἄριστα Χείλων II. 148 A. — ἄριστα πράττειν facere optime II. 216 D.—reponendum in Soph. Stob. 239, 41. pro ῥᾷστ'. conf. Sel. Hist. Herod. — ἄριστον mox dictum βέλτιστον Plato 653 F. G.—δόξα τοῦ ἀρίστου Plato 656 C.— ἔφεσις περὶ τὸ ἄριστον Plato 656 D.— ἄριστος τῶν ἐν τῇ πόλει Plato 658 H. simpl. — ἄριστε καὶ βέλτιστε Plato 671 D.— ἄριστα καὶ κάλλιστα Plato 700 G. D. — quis Plato 704 A. B. — περί τινα γίνομαι Aristid. I. 441.— οἱ καὶ πολλοὶ Fabr. Sext. Empir. 297.— ἄριστα λέγεται formula v. n. ad II. 67 B. — ἄριστα ἀνθρώπων ille hoc fecit II. 808 D. — ἀνδρῶν Jambl. V. P. 168.—singulari modo II. 810 D. — ἄριστόν ἐστι τοῦτο ποιεῖν II. 1006 E.— II. 19 A. 20 A. similis formula—ἄριστα δὲ II. 29 B. 34 E. — ἄριστον μὲν οὖν transitus II. 134 D.— ἄριστα II. 152 D. 154 D. 160 D. 194 C. 216 A. — et κάλλιστα II. 213 C. Plato 683 H. — καὶ ῥᾷστα Plato 672 B.— καὶ μάλιστα Plato 704 B.

ἀριστοτέχνας deus Pindar. II. 618 B. 807 C. 927 A. 1065 D.

ἀρκέω τινὶ II. 62 B. — ἀρκεῖ αὐτοῖς satis est contra eos II. 548 E. — ἀρκεῖ II. 124 A. 178 D. 181 E. 191 A. 211 F. 219 A. 225 B. 1118 B. — ἀρκεῖσθαί τινι II. 114 B. 830 D. 1044 F. I. 219 D. 297 D. 355 A. 574 C. 750 A. Teles Stob. 523. — ἀρκέσει leg. pro ἀρέσκει Teles Stob. 510. — ἀρκεῖσθαι ἔν τινι Porphyr. Abst. I. 48.— διὰ ἃ καὶ μόνα ἤρκει τὴν εὔνοιαν ὑμῖν εἶναι — quae sola sufficerent ut per ea benevolentia vobis tribueretur Aristid. I. 91.

ἄρκευθις, δος duplex genus II. 383 E.

ἄρκευθος juniperus II. 383 C.

ἄρκιος Hesiod. I. 2 B.

ἀρκούντως II. 649 D. Aristid. II. 94.

ἀρκτικὸς II. 429 F. 888 C.

ἄρκτος ἡ II. 169 E. 974 B. 977 D.

ἄρκτος et βορέας I. 576 E.—ἄρκτων ἔξω proverb. Aristid. I. 481.

ἀρκτοῦρος II. 832 A. I. 968 E.— ῳ σύνδρομος ὥρα Plato 649 B.

ἄρκυς—Plato 642 A. ἀρκύων ἐντὸς I. 493 D.

ἅρμα II. 65 B. 155 A. bis 173 F. 212 B. — ἐλεφάντινον I. 626 A. — Solis Plato 670 B. — Ellips. in τέθριππον, σκευοφόρον vid. voc. — Prov. δι' ἅρματος convivas recipere, i. e. multos II. 679 C. — πτηνὸν Platonis II. 740 B. — Venus apud Delphenses II. 769 A. — ἐν ἅρμασι primus, secundus, et tertius κηρύττεται Aristid. I. 187.

ἁρμάμαξα I. 125 A. 690 A. 1013 E. II. 173 F. Aristid. I. 203.

ἁρμάτειος νόμος II. 335 A. 1133 E. F. Musgr. Eurip. Or. 1391. citatos Leisnero ad Bos A. Gr. p. 205.— τροχὸς II. 2 E. 889 F.

ἁρματηλασία Aristid. I. 25.

ἁρματηλάτης II. 587 D.

ἅρμενος II. 1030 A. Poët. ap. Telet. Stob. 575, 15.

Ἁρμιλούστριον I. 32 C.

ἁρμόδιός τινι II. 793 A.

ἁρμοδίως I. 333 D.

ἁρμόζω—ζον τὸ οὐκ II. 242 C. — ζον τὸ II. 208 D. — ει τι πρός τι congruit II. 34 B.—ἡρμοσμένος homo πρὸς ἑτέρων ἐπιμέλειαν Thessal. Or. 3 F. — mus. ἡρμοσμένον κατακούειν II. 792 C. — ουσα γνώμη bona sententia II. 801 B.—όζω simpl. II. 983 D. I. 138 A. — civitatem I. 44 A. 47 C. 81 A. 280 C. 603 E. II. 144 C. — mus. II. 430 A. 1142 E. 1143 D. 1144 A. C. — μαι fortunam I. 274 B. 879 F. — me ipse ἁρμόζω, urbem ἁρμόζομαι I. 603 D. E. — γάμον v. n. ad II. 138 C. — med. σθαι πρός τι II. 43 B.—σθαι II. 625 B. 827 A. — nablium dicitur per licentiam II. 638 B.—εται λύρα, κινεῖται αὐλὰς II. 706 C. I. 112 C.— λύρα, ψαλτριὰ II. 710 D. E. — ει τί τινι II. 130 A. 210 C. 712 E. — ἡρμοσμένον Philos. II. 719 E. — simpl. ἁρμόζεται lyricen II. 87 F. 736 E. —σθαι λύραν II. 175 A. 615 B. — ται vox ad corporis habitum I. 862 E. —ει μοι medicina II. 561 E.

ἁρμονία II. 740 B. 793 A. 822 A. 1014 E. 1015 E. 1016 B. 1018 B. 1021 B. 1023 B. 1026 A. B. C. 1027 A. 1029 D. E. 1096 A. I. 167 B.—

de corpore II. 684 C. 719 D. — καὶ ῥυθμὸς II. 732 E. Plato 704 F. — καὶ λόγος II. 746 C. 1013 C. — Pythagorica est συμμετρία numerorum II. 876 E. — Epicur. II. 1109 C. — reipl. I. 75 C. 161 B. 288 A. 598 B. 812 A. 1027 E.—amor, conjugium Solon. I. 79 D. II. 138 C. — Mus. 436 F. 1133 B. 1135 A. 1136 C. 1137 A. E. 1138 A. C. 1139 B. F. 1140 A. 1141 B. F. 1142 D. 1143 B. E. 1144 F. 1147 A. Plato 705 A. — animi II. 437 D. — stili I. 846 F. II. 16 B. — καὶ συμμετρία oritur ἐξ ἀριθμῶν εἰς ἕνα καιρὸν ἡκόντων II. 45 C.— ᾠδὴ πεποιημένη ἐφ' ἁρμονίας II. 46 B. — φιλικὴ et musica II. 96 E.—καὶ μέλος II. 156 C.— συμφωνία II. 238 B. — mundi ut εὐνομία in civitate Hippodam. Stob. 555. — animus II. 898 C. — oppon. generi χρωματικῷ II. 1096 B.

ἁρμονικὸς II. 620 F. 645 D. 657 B. 809 E. 827 A. 946 E. 1133 E. νόμος. — μορίῳ μαθήματος ἁρμονικῷ II. 744 C.— Vir. II. 35 C. 1014 C. 1020 D. F. 1133 F. 1134 D. 1143 F. —math. II. 1017 F. 1026 C. 1028 A. — κὴ sc. ars II. 1093 D. 1142 E. 1143 A. D. E. I. 888 F.

ἁρμόνιος pro ἁρμένιος Plat. Rep. X. II. 740 D. — Perictyone Stob. 487, 28.

ἁρμὸς januae I. 665 F. II. 138 E.

ἁρμοστὴς amor II. 763 E.—Lacedaem. II. 773 E. I. 207 E. F. 284 D. 285 E. 295 C. 440 C. 441 F. 669 C. 903 A. Aristid. I. 210.—Simpl. I. 58 E.— λόγος II. 430 E.

ἁρμοστὸς — ῶς f. εὐαρμόστως II. 438 A.

ἁρμόττω II. 18 D. 122 F. I. 121 D. — ον II. 147 D. 157 C. 1038 B. 1068 A.— Aristid. II. 205.

ἄρνας agnos II. 171 C.

ἀρνέομαι II. 6 D. 57 B. 58 A. 73 E. 82 D. 700 E. 1013 E. 1111 B. 1123 A. 1124 A. 1128 E. I. 455 D. 474 E. 529 E. 545 E. 565 E. τι II. 752 A. 753 B. 808 D. 856 C. I. 921 C. 947 D. non accipio item 993 D. I. 1028 C. 1042 D. — ούμενος II. 1072 A. pass.

ἄρνησις II. 66 C. 798 B. 999 C. 1041 F. I. 299 A. 422 D. 1059 E. Plato 689 A. Aristid. I. 133. 340. 341.

ἄρνυμαι μισθὸν Plato 637 G. — ζωὴν Plato 687 B.

ἄρος planta II. 974 B.

ἄροσις II. 670 A.

ἀροτὴρ I. 385 C.

ἀρότης II. 406 C.

ἀροτὸς παίδων II. 144 B. Hemsterhus. Lucian. Tim. p. 127. Aristaenet. I. 19. — ἱερὸς Athen. II. 144 A.— II. 169 B. 670 D.

ἀροτριάω—ᾶ πᾶσα βοῦς Prov. Dio Chrys. 628 D.

ἀροτριόω II. 1161 C.

ἄροτρον—ῳ ἀκοντίζεις Diogenian. III. 33. Apostol.

ἄρουρα II. 49 B. 670 C. 994 C. Plato 646 H. Vener.

ἀρουραφύλαξ II. 1162 A.

ἀρόω I. 130 D. 572 A. II. 64 E.— Metaph. Aristid. I. 329.

ἁρπαγὴ II. 755 C. I. 371 D. 373 C. 400 B. 401 B. 460 D. 462 A. 503 E. 609 E. — ἐφ' ἁρπαγὴν nare I. 911 A.—opp. petitioni I. 952 B. — I. 977 D. 1004 B. 1005 F. differt a κλοπὴ 1069 E. — καὶ πραγμάτων I. 1055 C.

ἅρπαγμα εὐτυχίας II. 330 D. v. Wetsten. Ep. Philipp. II. 6.

ἁρπαγμὸς amatorum Cretensium II. 12 A.

ἁρπάζω II. 203 C. 226 C.—mulierem I. 90 F. mihi nomen II. 81 C. —τὸ αἰνιχθὲν arripio, in usus meos converto II. 505 D.—arripere percipiendo, de animo II. 647 F. — λόγους II. 741 C. — in animat. II. 917 F. —ται auriga ab equis ferocientibus I. 104 A. — τὴν πλεονεξίαν I. 247 B. —ζω καιρὸν I. 364 E. 969 C. —μαι vento I. 392 A. —ζω victoriam I. 515 D. — *praelium rapere* Claudian. Eutrop. II. 468. Gesn. Thes. L. L. — amicum vulneratum pro ἀναρπ. I. 549 F. 700 D. — ζεται τὰ πράγματα a duce solenti, *celeritate bellum bene administratur* I. 627 C. καὶ κλέπτω I. 887 D. —ζει quid fluvius I. 912 B.—mulier virum, sc. amorem viro injiciens I. 927 F. —ζει bestia hominem I. 987 E. — ζω urbem I. 1045 E.—mihi ὄνομα II. 81 C.

Ἁρπάλειος. a. Harpali crimen II. 808 A. 814 B.

ἀρπάλεος Homerica vox II. 126 D. Od. ζ'. 164. Mimnerm. Stob. 387.

ἅρπαξ nom. legionis Rom. I. 1072 A.

ἅρπασμα I. 343 F. Plato 673 C.

ἁρπασμὸς II. 644 A.

ἁρπαστον gymnast. Artemidor. II. 57.

ἅρπυια II. 133 A. 709 A. 832 A. I. 496 C.

ἀῤῥαβὼν I. 1060 C. Theophr. Stob. 281. vitae est ars Antiph. Stob. 382.

ἀῤῥαγὴς I. 898 A. Aristid. I. 220.

ἀῤῥενικὸς nomen II. 1011 C.

ἀῤῥενότης Hierocl. Stob. 491.

ἀῤῥενωπὸς I. 917 C. Dio Chrys. I. 15 B. 77 B. Plato 633 E.

ἀῤῥεπὴς II. 1015 A. 1062 B. 1070 A. ex Mss.

ἄῤῥηκτος tyrannis II. 508 F. — II. 1057 C. I. 284 F. 287 C. — vox 761 F.

ἄῤῥην II. 174 F. — ἔρως II. 11 E. — deus II. 239 A. — II. 990 D. — παῖς I. 257 C. — παιδίον I. 448 B. II. 105 A. — ὑπομονὴ II. 103 A.

ἄῤῥητον καὶ ἀόρατον II. 564 F. — τι ἐᾶν II. 763 B. — Simpl. II. 997 B. 1013 E. 1057 D. 1114 C. I. 74 D. 504 C. — ἄῤῥητος ἐπιστήμη non vulgata Jambl. V. P. 252. — mater Bacchi I. 711 E. — μῖξις I. 723 F. — τόν τι παρίημι I. 886 C. — Venus I. 1067 A. — ἀῤῥήτων ἀῤῥητότερα Porphyr. Euseb. P. E. IV. 144 C. — τά μοι ἔστω Numen. Euseb. P. E. XI. 537 C.

ἀῤῥήτως σιωπᾶν II. 115 D.

ἀῤῥηφόρος II. 839 B.

ἄῤῥιζος II. 665 A.

ἄῤῥιχος II. 527 D.

ἄῤῥυθμος II. 429 A. I. 928 F. Plato 699 E.

ἀῤῥωστέω I. 150 B.

ἀῤῥώστημα civitatis tyrannis Dio Chrys. 446 D. — vitium animi I. 541 F. 939 C. II. 7 D. — πόθος μῖσος Phil. Jud. Euseb. P. E. VIII. 389 C.

ἀῤῥωστία I. 148 D. 389 E. 534 E. 540 D. 591 E. 696 F. 707 E. 715 F. 757 A. 862 C. 880 C. 904 B. 924 C. 974 F. 1043 B. II. 123 D. 126 B. E. 168 B. C. 791 D. E. — mentis I. 430 D. II. 57 C.

ἄῤῥωστος II. 692 D. 831 B.

ἀῤῥώστως ἔχω I. 611 B.

ἀρσενόθηλυς II. 368 C.

ἄρσις II. 738 C. 1130 A. — metr. καὶ θέσις Fabric. Sext. Emp. 368.

ἀρτάομαι I. 421 B. 860 E. v. n. ad II. 116 C.

ἀρτεμὴς II. 1105 F.

Ἄρτεμις II. 170 A. B. 239 C. Unde dicta II. 938 F. Ejus numen e pl. Porphyr. Euseb. P. E. III. 113. 114.

Ἀρτεμίσιος mensis I. 672 D.

ἄρτημα II. 591 D. 1129 E. Casaub. Strab. p. 23. I. 777 E.

ἀρτηρία, ἡ II. 60 A. 130 B. 698 C. E. 699 C. D. 700 A. 876 C. 903 E. 907 E.

ἀρτηριακὸς II. 899 A.

ἄρτι II. 154 C. 159 D. 735 D. 979 E. 1081 C. E. I. 134 C. — καὶ πρώην II. 771 B. I. 984 D. — γεγονότες, νηπία, παῖδες, II. 113 D. — nunc demum II. 220 D. 226 B.

ἀρτιάκις II. 429 D.

ἀρτιοπέρισσος II. 1139 F. 1140 A.

ἄρτιος — ἄρτια ludere II. 741 C. (ἀρτιάζειν Dio Chrys. XXVI. 284 B. 285 D.) — I. 69 E. II. 429 B. D. 1017 C. D. E. F. 1018 C. F. 1022 E. 1027 E. 1139 F. 1140 A. 1145 C. Plato 699 D. 700 G. 704 D. — simpl. et περιττὸς Plato 687 G.

ἀρτίπους I. 612 D. 662 E. Plato 630 E. oracul. II. 399 B.

ἀρτίστομος servus I. 232 C.

ἀρτιτελὴς, νεοτελὴς Himer. 180. 764.

ἀρτίφρων II. 88 B.

ἀρτίως modo II. 149 C. 234 B. 661 E. 767 C. I. 81 B. 292 D. 498 B. 821 E. Aristid. I. 63. 69. 208. 216. 318. 335. 388. 390. 422. 458. 463. 469. 472. 477. II. saepe. — statim I. 973 D.

ἀρτοποιὸς, ἡ II. 401 E. I. 677 B. 764 D. Nicostr. Stob. 426. — foeminae erant Duker. Thucyd. p. 148, 1.

ἄρτος I. 127 A. II. 101 D. 123 D. 128 D. 153 E. 174 A. 201 C. 1118 A.— καθαρὸς Teles Stob. 523, 52. — Δημήτρειος II. 876 C. — sinistra manu tenendus II. 99 D.

ἀρτύειν cibos II. 137 A.

ἄρτυμα πόνων quies II. 9 C.

ἄρτυνοι magistratus Epidauri v. n. ad II. 291 D. E.

ἄρτυσις metalli II. 395 C. — cibi II. 99 D. 137 A. 993 C.

ἀρύτω—ομαι voluptates II. 706 C. — σασθαι μαντικῆς II. 411 E. — εσθαι Simonid. bis restituend. II. 402 C.—μαι τὰς ἐλπίδας ἐντεῦθεν— an ἀρτάομαι vel ἀρτύομαι Porphyr. Euseb. P. E. IV. 143 C. — ἀρύσασθαι II. 743 E. 963 C. I. 722 B.

ἀρχαγέτας Lacon. rex I. 43 A. B. C.

ἀρχαΐζειν II. 558 A. Maneth. περὶ ἀρχαϊσμοῦ καὶ εὐσεβείας Porphyr. Abst. II 55. Jambl. V. P. 247.

ἀρχαικὸς—ῶς II. 1135 B. — II. 238 C. 1135 D. Vit. Hom. §. 51.— obsolete, inepte Aristid. I. 482. — de rebus novis ἀρχαίως εἰπεῖν Isocrat. Paneg. Mor. p. 8.

ἀρχαιολογία II. 855 D. I. 1 C.

ἀρχαῖος I. 80 B. 107 D. 159 E. II. 216 B. 230 F. 238 C. 1114 A. C. ἄκρατος καὶ ἀρχαῖος αὐτοκράτωρ I. 1066 C.— βίος II. 726 C.—obsoletum, ineptum I. 188 D. Dio Chr. XII. 203 D. XIII. 227 A. B. Aristid. I. 482. II. 152. — τὸ ἀρχαῖον capitale, summa I. 504 D. Olear. Philostrat. p. 172. Dio Chrys. 332 A. Aristid. I. 386. — ἀρχαία φιλοσοφία II. 104 C. — ἀρχαῖος καὶ σοφὸς λόγος II. 111 E.— φιλόσοφος II. 111 F. — καὶ παλαιὸς II. 115 C. Plaut. Amph. Prol. 118. Most. II. 2, 45. Bacch. IV. 4, 60. Mil. Glor. III. 1, 157. Poen. V. 2, 18. Trin. II. 2, 100. Plato 656 H. — οἱ ἀρχαῖοι II. 109 D. — καὶ ποιητικὸς ἡδὺς εἰπεῖν non πιστὸς Aristid. II. 356.— ἀρχαῖον cui quid est, *vetus mos*, Aristid. I. 450. Himer. 224. — ἀρχαίως καὶ ἀφελῶς Aristid. II. 301.

ἀρχαιοτροπία I. 742 F.

ἀρχαιότροπος Jambl. V. P. 157.

ἀρχαιρέσια II. 810 B. I. 100 D. 103 E. 129 C. 149 E. 150 C. 152 A. 312 E. 411 B. 413 D. 473 E. 642 B. 713 C. 769 B. 773 D. 782 C. 838 B. 867 D. 886 F. 975 A. Aristid. I. 342. — τὰ I. 745 B.

ἀρχαιρεσιάζειν μετά τινος (sic cod. B.) II. 324 F. — II. 794 C. I. 133 D. 151 F. 550 A. 551 F. 650 C. 1063 B.

ἀρχαιρέσιον I. 647 C.

ἀρχεῖα magistratus II. 218 C. ubi v. n.

ἀρχέκακος II. 861 A. Herodot.

ἀρχέτυπος II. 890 B. —ον II. 966 E.

ἀρχὴ Simpl. II. 276 C. 299 A. — ἐξ ἀρχῆς II. 431 A. — ἐξ ἀρχῆς f. omnino II. 1094 A. 1096 D. — εὐθὺς ἐξ ἀρχῆς II. 107 A. — ἐξ ἀρχῆς II. 223 E.—ab initio simpl. II. 164 E.— τὴν ἀρχὴν omnino I. 670 C.— sine τὴν II. 115 B.— Sensu philosoph. II. 365 B. 429 A. 675 F. 1108 E. 1111 A. C. 1112 C. 1116 D. Plato 668 A. — caussa II. 623 D. 645 F. 662 A. 720 E. 731 D. 733 D. — Extremitas fili v. c. Musgr. Eurip. Hipp. 771. Wessel. Diod. Sic. T. I. p. 42. — Disputationis fundamentum II. 418 F. — ἀρχὴ κυριωτέρα II. 1118 D. — imperium simpl. II. 175 C. D. 176 C. D. 183 G. 196 A. 197 F. 200 C. 204 D. 207 E.— Magistratus αἱ ἀρχαὶ I. 651 D. — Plato 705 C. II. 714 B. 817 C. 1125 C. 1126 A. I. 161 F. 296 D. αἱ τῶν πληθῶν ἀρχαὶ II. 1125 C.— ἀπ' ἄλλης ἀρχῆς II. 363 C.—ab initio periodi II. 533 F. 656 D. 876 E. 958 A. 1018 A. I. 342 E. 491 A. 663 A. Porphyr. Abst. I. fin. Fabric. Sext. Emp. 287. 309. 633.— argumentum orationis II. 653 C. — principium not. II. 450 F. 451 C. 693 B. 734 C. — λόγου ἀρχὴν καθάπερ κλωστῆρος ἀναλαμβάνειν II. 558 D.— et σπέρμα II. 48 B. 56 B. 636 B. 777 E. I. 76 C.—αἰσθήσεων II. 647 C.— ζωτικὴ II. 703 A.— φιλίας II. 709 D. E.— γόνιμος II. 718 A.—initium loci ex libro, oratione, cet. II. 737 B.— σπερμάτων II. 780 D. conf. II. 968 A. — τοῦτο ἀρχὴν ἔχει τὴν φύσιν II. 994 F. — αἰτία, οὐσία, δύναμις II. 1007 B. — ἀρχὴν ἐνδίδωμι 1000 E. 1118 C. I. 20 F.— παρέχω 1001 A.— καὶ αἰτία II. 127 B. 1015 A. E. 1049 D. I. 130 B.— καὶ δύναμις II. 34 A. 1015 B.— καὶ ῥίζα II. 1015 C. — ἀρχῆς ἀπ' dubium an omnino an a magistratu II. 1033 D. — ἀρχὰς δοῦναί τινος II. 1049 B. — κινήσεως II. 1074 A. καὶ πέρας II. 1082 B.—def. II. 1085 B.— καὶ ὕλη II. 1069 E. simil. 436 B. — αὖθις ἑτέραν ἀρχὴν λαβόντες II. 1073 D.—ἐξ ἀρχῆς non accedere ἐπὶ τὰς τοῦ πλήθους ἀρχὰς omnino non accedere ad remp. II. 1125 C. —ἀρχὰς ὑποσπείρω τινὶ I. 165 B.— ἀρχὴ μέσον καὶ τέλος II. 738 F. — ἀρχῆς κρείττονος ἄμοιρος II. 744 E.— γάμου ἀρχὴν ποιεῖσθαι τὴν ἀκρασίαν II. 753 B. — ἀρχὰς δοῦναί τινι II. 757 B. 1118 C. — καὶ κίνησις II. 758 E. 770 B. I. 139 A.— ἀρχὴν γενέσεως ἔχειν II. 857 D. 875 B. 945 C. 1049 D. Didym. Euseb. P. E. 821 B. Plato 602 G. — ἐν ἀρχαῖς pro ἀρχῇ II. 874 D. — ἀρχὴ definit. II. 875 C. seq. — differt a στοιχείοις II. 875 C. seq. — ἀρχὰς λαμβάνειν II. 949 F. I. 97 C. 113 A. — καὶ πηγὴ II. 56 B. 947 B. 1013 C. — ἐκ νέας ἀρχῆς αὖθις II. 959 B. — καὶ τέλος II. 962 A. I. 142 C. — Mus. II. 1142 F. 1143 B. — ἀρχὴν ἑτέραν λαβεῖν denuo incipere I. 979 D. — παιδικὴ ὀργῆς I. 982 C. — et ἄρχων I. 987 D.— τὴν μεγάλην ἀρχὴν ἀποβαλὼν Pompeius f. leg. μάχην I. 999 C. conf. 985 A. — θαλάττης I. 1022 A. — ἐξ ἀρχῆς alicui rei studui I. 1027 E.— ἔτους I. 1062 C.— ἀρχὴ ἄνδρα δείκνυσι Demosth. Exord. 56. II. 811 B. I. 887 C. Barton. Harpocrat. v. vid. Maussac. Diog. L. I. 77. Diogenian. II. 94. Suid. Strom. Schott. 23. — καὶ δύναμις II. 37 A. — ἀρχῆς ἀποβολὴ liberari ab imperio II. 37 D.—caussa simpl. II. 38 E. — imperium, de ea disserit philosoph. II. 46 B. 154 C. 166 D. — caussa τὸ αἰδεῖσθαι ἀρχὴ τοῦ σωθῆναι II. 46 E.—discendi, αἱ πρὸς τὰς μαθήσεις ἀρχαί, al. αἱ πρῶται μαθήσεις II. 47 B. — initium, sim. II. 47 C. 48 B. 125 C.— ἀρχὴ ἡ ἀλήθεια πάντων ἀγαθῶν θεοῖς etc. Plat. pro ἄρχει II. 49 A. — ἀπὸ τῆς ἀρχῆς σκοπῶμεν initium non disputationis sed rei de qua agitur II. 51 D. — χρόνου initium II. 115 C.— munus II. 102 E. — ἀρχῆς μέγεθος II. 103 E.— ἀπ' ἀρχῆς II. 104 C. 143 A. 146 C. 162 C. 171 C.— ἐν ἀρχῇ initio II. 138 E.— λόγος non habet ἀρχήν, fundamentum, veritatem II. 398 F. — δεῖσθαι τῆς ἀρχῆς ad consulem accedere aliquod ab eo petitum I. 188 A.— caussa I. 229 D. E. II. 102 C. — rumoris I. 268 B. — leg. ἀρετὴ I. 315 C.— καὶ πρόφασις I. 303 C. — κυριωτέρα sub se habet τὰς φυσικὰς ἀνάγκας I. 358 C. — et ἀρχόμενον subditi oppon. I. 514 D.—ἐξ ἀρχῆς κατὰ γένος I. 556 B. — ἀρχὴν ἄρχω I. 566 C. 887 C. — στρατηγικὴ I. 588 C.—militaris I. 627 D.— ἀρχαὶ munera I. 649 A. I. 113 C.— imperium an initium? I. 672 D. — vinculi bis I. 674 B. 777 E. 885 B. — ἀρχὴν λόγου πέρας ποιεῖσθαι φόβου II. 905 B. — ποιεῖσθαί τι ab aliquo incipere I. 727 E.— παρέχω pro αἰτίαν I. 823 F. Dorvill. Char. p. 417.— γένους origo I. 861 B.— ἀρχαῖς πρόσειμι peto magistratus I. 863 A. — ἃς ἔχω αὐξήσεως in rep. I. 870 E.—trib. pl. I. 918 A.— ἀρχὴν λαμβάνει τι, initium II. 227 D. — ἄξιος ἀρχῆς II. 199 B. — ἀρχὴ καὶ λαβὴ φιλίας vid. inf. II. 149 A.— κατ' ἀρχὰς II. 138 E. — fere caussa II. 156 D. 158 B. 159 C. — ἀρχὴν γενέσθαι παρέχω pro τοῦ γ. II. 171 A.—αἱ τῶν ὅλων Phys. II. 164 F.— imperium τελεωτάτη II. 151 E. — ἐξ ἀρχῆς αὖθις II. 124 C. 130 A.— ἐν ἀρχῇ sc. morbi II. 123 D. initia ἀρχὰς ἀτελεῖς πράττειν φιλίας II. 93 D. — καὶ συνηγορία II. 78 B. 79 F. 92 C. — ἀρχὴν λαβεῖν magistratum adipisci, Ven. et λαχεῖν II. 85 A.— magistratus, persona II. 80 C. — ἐπ' ἀρχὴν κατιέναι εἰς ἀγορὰν II. 78 B. f. pro ἀρχαιρεσία 79 F. — τὴν ἀρχὴν λόγου ποιήσομαι τὴν ἀρχὴν τοῦ γένους Isocr. Hel. 359.— ἀρχὴ τέλεοτ. imper. initium Isocrat. 211. —archontis munus Aristid. I. 119. — ἀρχῆς βάρος Plato 687 E. ἀρχῆς ἀξία Plato 687 E. — πολιτικὴ Plato 676 G. — leg. ταραχὴ Dio Chrys. 533 D. — ἀρχὴ δέ τοι ἥμισυ παντὸς Pythag. Jambl. V. P. 162. Diogenian. II. 97. Suid.— ἀρχὴ et ἀρετὴ conjung. Aristot. Stob. 303.

ἀρχηγέτης II. 163 B. v. n. ad 296 F.

ἀρχηγέτις I. 192 E. Aristid. I. 405.

ἀρχηγὸς deus, artis II. 958 C. 1135 B.— I. 82 F. Wessel. Diod. Sic. I. 382. II. 427 D. I. 191 E. 908 E. — Thyiadum ut Is. Osir. . . . . sic Quaest. Gr. 293 E.

ἀρχῆθεν II. 238 E. 759 E. I. 773 A.

ἀρχιγραμματεὺς II. 583 B.

ἀρχιερεὺς II. 89 E. 672 A. 675 D. I. 139 E. 455 C. 710 C. D. 828 B. 1065 D.—et ἱερεῖς Plato 688 C.

ἀρχιερωσύνη I. 655 B. 728 B.

ἀρχίκλωψ I. 1029 C.

ἀρχικὸς II. 5 E. 221 E. 816 E. I. 58 D. 568 E. Plato 590 B. 686 E.—χὴ δύναμις philosophiae II. 878 C.

ἀρχικυβερνήτης I. 702 A.

ἀρχιμάγειρος II. 11 B.

ἀρχιμῖμος II. 474 E.

ἀρχιοινοχόος I. 385 D. 705 E.

ἀρχιπειράτης I. 642 F.

ἀρχιτεκτονέω I. 160 B.

ἀρχιτέκτων II. 156 B. 159 E. 802 A. 807 C. I. 543 E. 679 E. F. 1064 B.—et τέκτων Aristid. II. 97.

ἀρχιυπερασπιστὴς I. 583 C.

ἀρχοειδὴς II. 1985 C.

ἄρχω — χειρῶν ἀδίκων II. 193 B. Plato 658 E. Basil. M. T. I. 375 A. 405 C. v. Leopard. Em. X. 12. 13. —impero II. 139 B. 147 D. I. 151 E. 152 B. C. 154 E. 171 D. — ει imperare non potest ἀνόητος II. 100 A. — ἄρχομαι ἀρχὴν II. 1016 B. —magistratum gero II. 1129 C. — ἄρχω κατὰ κράτος I. 77 A.—archon sum I. 114 C. Inscript. sic ap. Tayl. Lect. Lys. p. 323 R. I. 319 B.— ἄρχοντες magistratus I. 135 D. — τινι impero cui I. 320 F. — ἀρχὴν ἐπώνυμον I. 318 D. 321 E.— νόμων I. 382 E. —μενον subditi I. 514 D. — militaris I. 188 E. 524 B. 526 A. E. 634 A. 650 E. 655 C. 663 E. 826 F. 916 E. 923 C. 943 A. 945 B. 996 B. 1054 B. 1057 C. 1061 B.— ἄρχω ἀρχὴν I. 566 C. II. 151 E.—μαι ἀπό τινος quasi deo I. 591 B. 597 F. — τὸ ἄρχον est deus I. 680 F.— ἄρχειν rerum potiri I. 873 A. — ἄρχουσα mulier imperiosa I. 875 B. — ἀρχθεῖσα terra a quo I. 911 B. — ἄρχειν ἄρχοντος I. 920 D. —opp. ἰδιώτῃ militum I. 936 B. — augustus sum I. 955 E.— ἄρχω καὶ κρατέω I. 1006 A. — ἀρξάμενος I. 1022 A. abund.? — ἄρχω praetor sum I. 1043 B. — ἄρχων paedagogus vel λόγος II. 37 D. —ων ἄρχεται ὑπὸ τῶν νόμων II. 211 A. conf. B.—et ἄρχομαι II. 5 C. 172 E. 211 A. Plato 644 C. —ω τινὸς actionis II. 212 E.—et μάχομαι oppon. 215 D. — ἄρχων II. 185 D. 189 A. 192 F. 194 C. 195 D. 196 B. 197 F. 198 D. 199 D. 203 D. 210 A. B. 211 A. 212 A. D. 216 E.—χω τινὸς II. 174 E. 181 C. 185 D. 186 C. 190 C. 196 A. 198 D. bis 208 B. — ἄρχειν ἑαυτοῦ debet ἄρχων II. 198 E. — ἄρχων milit. II. 202 C. 236 E. — ἄρχω impero II. 208 B. 227 E. 237 D. — magistr. civil. II. 204 B. — ἀρχόμενοι II. 221 D. — ἄρχω ἐμαυτοῦ II. 210 F. — μαι ὑπό τινος II. 209 F.— καλῶς II. 237 A.— ἄρχειν καὶ ἄρχεσθαι ἐπιστάμενον μετὰ δίκης Plato 572 C. — ἄρχοντες ἀρχόντων Lac. exerc. Aristid. I. 221.—ordior ἄρχομαι ἀφ' ἑστίας II. 93 D. — et παύομαι II. 993 C.—et τελευτάω I. 136 E. — ἄρχει αὐτοῦ τῆς γενέσεως Ὀλυμπιὰς ογ. X. Rhet. 835. f. χρόνος—τινὶ κακῶν II. 1141 D. I. 723 E. — μαί τινος incipio quid I. 376 D. — πλεονεξίας prior alienum appeto I. 585 F.—ει τί μοι κακῶν μυρίων I. 828 A. — ἀρξάμενος cum semel coepisset I. 961 A. — οὐθ' ὅθεν ἀρκτέον, οὐθ' ὅποι παυστέον εἰδότων II. 6 C. — ἄρχομαι πρῶτον ἀπό τινος II. 1 A. — ἀπὸ τῶν θεῶν II. 23 A. —όμενοι τοῦ λόγου ab initio disputationis II. 65 E.—μαι καὶ κατάρχεσθαι II. 140 C.—et παύομαι —ὅτε παύεται πραγμάτων τότε ἄρχεσθαι δοκοῦσα μὴ παυομένων II. 167 A.—cum inf. II. 144 A.—simpl. II. 151 A. 154 D.—ἠργμένος v. l. II. 176 C.—ὑπηργμένος Plato 700 F.— τὸ ἐμὸν γένος ἐν ἐμοὶ ἄρχεται, τὸ δὲ σὸν ἐν σοὶ παύεται II. 187 B. — μενος ᾖδεν, primus, incipiens II. 238 A. —ξάμενοι ἀπὸ τῶν πλουσίων cunctos homines miseros censent philosophi Dio Chrys. 629 B.— et ἀμύνομαι opponitur Plato 684 C.— ἄρχω ἀρχόντων Plato 687 E.—ταρξάμενα ἀπὸ θεῶν τῆς γενέσεως τελευτᾶν εἰς ἀνθρώπους, creari coepta id. 702 B. —, ἀρχόμενος ἀπ' ἀρχῆς Aristid. I. 37.—proverb. ib I. 51. 130.— ὅθεν ἄρξεταί τις in oratione saepe ita multis dictum Aristid. I. 94.— ἄρχομαι βοῦν sacrifico Aristid. I. 319. — ἦρξεν αὐτῷ σωφροσύνης ἐκείνη ἡ ἡμέρα id. 354. —σθαι ἀπ' ἀρχῆς Aristid. I. 204. 207. 215. 492. — ἄρχομαι καὶ τρέφομαι ὑπό τινος II. 400 B. — ἀρξάμενος ἄπο quid penitus conficere II. 693 C. sim. Aristid. I. 571. — ἄρχω.—ων praeturam gero II. 693 E. F. — ἀρξάμενον ἐκεῖθεν ἐνταῦθα διέτεινε II. 694 B. — ἀρχομένου πίθου II. 701 D.— μήτε ἄρχεσθαι βουλόμενοι μήτε ἄρχειν δυνάμενοι II. 754 D.— ἰσχυρῶς II. 755 A.— ἄρχω et ἄρχομαι oppon. II. 781 A. 783 D. 813 D. 816 E. 1008 B. 1016 B. 1033 B. I. 34 B. 58 D. 123 E. 582 C. 595 C. 596 D. 606 E. 749 A. 1074 F. Plato 669 A. 686 D. 699 A. 700 F. 701 G. perf. particip. ἠρχὼς I. 851 E.

ἄρχων I. 2 A. 11 A.—simpl. magistratus I. 114 C. — trib. pleb. I. 776 B. 778 E.— ὑποζυγίου II. 83 A. —summus imperator II. 148 D. 149 A. ter. 152 A. B. C. — Plur. Roman. I. 98 A.— Magistrat. Athen. I. 157 A. 294 E. — ἐπώνυμος καὶ πάτριος I. 893 D.

ἄρω. τὸ ἀραρὸς animae II. 446 A. Hierocl. Stob. 229, 16. — ἀραρεῖν τινι Simonid. II. 722 C. — ἀραρὼς simpl. II. 983 D. I. 260 E. 266 A. 656 C. 729 B. Numen. Euseb. P. E. 526 A. — ἀρμένος II. 1030 A.

ἀρωγὴ I. 697 D. 935 F. 1001 B. Plato 677 G.

ἀρωγὸς deus II. 758 B. — I. 464 C.

ἄρωμα I. 475 D. 666 C. 676 A. 750 E. II. 100 D. 184 E. — unde dictum Porphyr. Abst. II. 5.

ἀρωματίζω II. 623 E.

ἀρωματικὸς II. 791 B.

ἀρωματοφόρος I. 679 C. II. 179 E.

ἄρωσις II. 670 A.

ἄσακος myrrhina II. 615 B. Suid. αἴσακος. Lips. Tacit. Hist. IV. 71.

ἀσάλευτος II. 83 E. 982 F. 1089 E. I. 173 D. 892 A. 898 B. 963 C. Wesseling. Diod. Sic. I. p. 160. Jambl. V. P. 16. Dio Chrys. 643 C.

ἄσαλος II. 981 C.

ἄσαρκος I. 35 F. 862 C. Porphyr. Abst. I. 1.

ἄσαρος pro vulg. ἄσακος f. rectius. Plin. XXI. 16. et citati Harduino.

ἀσάφεια γλώττης II. 652 D. I. 848 E. 850 E. — II. 27 A. C. 47 B. C. 62 B. 146 B. 398 E. 406 E. 407 C. 409 C. 1047 A. 1073 D. 1085 D. 1123 E. 1124 B. I. 34 D. 89 A. 282 B. 343 D. 404 D. 720 B. 785 B.

ἀσαφὴς I. 88 B. 545 B. 738 A. II. 161 A. 743 A. 937 B.

ἄσβεστος—ον πῦρ II. 410 B. 411 C. 702 E. I. 66 D. 67 C. Aristid. I. 225. 275. Himer. 734.— Subst. I. 576 D. 593 E.

ἄσβολος fuligo I. 479 D.

ἀσβολέω I. 479 D. Upton. Ind. Epict.

ἀσγάνδης Pers. I. 674 D. v. n. II. 326 F.

ἀσέβεια II. 169 E. vid. ἀσεβεῖν— ἀσεβείας δίκη I. 169 D. 712 B. 875 A.

ἀσεβεῖν τοὺς θεοὺς II. 291 C. — II. 828 F. —εῖται deus I. 982 F. — domus Plato 662 A. — et ἀσεβὴς ἀσέβεια Plato 658 B. C. 659 C. 664 F. 665 B. A. 667 A. 670 D. E. 673 D. F. G. H. 674 D. F.

ἀσέβημα II. 816 D. I. 160 E. 412 D. 534 A. 957 B. 1051 E. Aristid. I. 452.

ἀσεβὴς I. 595 A. II. 19 E. 168 C. 209 B. 223 C. 236 D. — καὶ δεινὸν I. 261 D.— ἀσεβῶν χῶρος v. n. ad II. 165 E.—peccans in deos Muson. Stob. 450. Dio Chrys. XXXI. 314 A. B. 335 C. D. — ἀσεβὲς ἔργον, ἄνομον λόγον Plato 664 B.— Plato 706 E.

ἀσεβῶς II. 1150 A.

ἀσελγαίνω II. 13 A. 233 A. 621 A. I. 14 C. 582 B. Plato 662 G. Aristid. I. 509. II. 158. 402.

ἀσέλγεια II. 668 A. 1127 B. I. 160 D. 195 B. 271 E. 291 E. 414 E. 432 A. 460 A. 516 B. 645 A. B. 712 C. 820 C. 868 F. 957 B. 1049 C. E. Aristid. II. 235. — ἀσελγείας δίκη I. 376 A.

ἀσελγὴς II. 88 D. 189 C. 854 D. I. 122 E. 242 C. 298 F. 517 E. 1051 B. 1068 C. Aristid. I. 63. 509. 511.

ἀσελγῶς ζῆν II. 801 A. I. 290 C. 291 E. 293 B. 893 F. — II. 1124 C. I. 341 E. 390 F. 741 F.

ἀσέληνος I. 343 D. 698 D. 800 B.

ἄσεμνος II. 89 F. 426 E. I. 277 C.

ἄση amoris Pausan. 51. Stoicorum definitio Stob. Ecl. Eth. p. 176 pen. T. II. 176. 180. ed. Heeren.

ἀσήμαντος φωνὴ II. 1026 A. — Plato 691 A.

ἄσημος φωνὴ II. 564 B. 687 C. — λόγος fama quae nullum auctorem habet II. 596 B. — quod dignosci nequit II. 161 A. — argentum II. 673 E. I. 412 E — σκῶμμα in personam ignotam jactum II. 712 A. ἄσημον γένος origo obscura v. n. ad II. 232 D. — homo II. 5 B. v. n. ad II. 232 D. — ἄσημον factum iron. I. 869 B. — clamor I. 1003 B. 1030 C. latratus canum 1036 E. — locus II. 208 D.

ἄσηπτος II. 659 D. 665 C. 684 B. 998 A. 1097 A. Aristid. I. 254.

ἀσθένεια II. 17 D. 68 E. 139 B. 191 A. 204 E. 1075 B. 1076 E. 1122 C. I. 132 C. 847 D. 998 B. Plato 656 A. — visus, f. ἀτένεια II. 680 D. — mulieris, ἀτονία viri II. 905 A. — in arte, imperitia II. 53 D. — oculorum II. 88 E. — θυμοῦ II. 90 C. — ψυχῆς II. 116 E. 119 D.

ἀσθενέω pro νοσέω I. 530 D. 988 E. II. 129 C. — et ἀθυμέω I. 538 B. — II. 209 F.

ἀσθενὴς II. 16 E. 87 D. 93 F. 113 A. 125 C. 127 B. 174 F. 230 C. 240 A. 224 F. — τι ποιεῖν I. 173 E. — οὐδενὸς ἀσθενέστερον II. 734 A. — effigies II. 735 B. — τιμὴ II. 990 D. — urbs I. 1038 C. Markl. Eurip. Suppl. 188. — καιρὸς ἀσθενὲς ἔχων τὸ δίκαιον I. 186 E. — argumentum I. 318 E. — ἑτερος ὢν ἢ ὥστε δοξάζειν II. 170 E. — ἀσθενῶς καὶ ἀπιθάνως quid narrare Dio Chrys. XI. 180 B. f. ἀναισχύντως.

ἆσθμα I. 420 E. 577 B. 746 A. II. 77 A. 99 B. — τος μεστὸς I. 897 A.

ἀσθμαίνω I. 420 F. — inani studio metaphor. Hippocr. Ep. XX. p. 23 E.

Ἀσιανὸς I. 800 C. rhetor. I. 916 D. 925 F.

Ἀσιάρχης Aristid. I. 334.

Ἀσιὰς lyra Mus. II. 1133 C. Conf. Etym. Ἀσίατις et Steph. Byz. Ἀσία urbs Asiae I. 581 A.

ἀσιγησία II. 502 C.

ἀσίδηρος I. 563 C.

ἄσιχχος II. 132 B. Valck. Annot. N. T. p. 340. I. 49 F. — σικχὸς II. 87 B.

ἀσινὴς II. 281 C. victima II. 437 A. Activ. II. 727 C. — Porph. Abst. IV. 2. ἀσινέω Euseb. Stob. 310, 11.

ἀσιτέω II. 237 E. Aristid. I. 280 saepe 286.

ἀσιτία II. 132 D. 134 F. Aristid. I. 282. 285. 286. 306. 355.

ἄσιτος II. 187 D. 705 D. 734 A. 770 F. 969 C. I. 595 A. 772 A. — καὶ ἰσχνὸς Plato 581 B. — Aristid. I. 350. 355.

ἀσκάλαφος apud inferos II. 1104 D.

ἄσκεπτος II. 45 D. 646 F. Antip. Stob. 418. — ὅτερον αὐτῷ χρῆσθαι I. 889 A.

ἀσκευὴς Muson. Stob. 412.

ἄσκευος miles, pro ψιλὸς Pausan. 701.

ἀσκέω — ἤσκητο χρῆσθαι πολλαῖς γλώτταις II. 421 B. Sic fere Galen. T. I. 37 C. — orno I. 204 C. 273 A. 487 C. 496 B. 676 A. 728 C. — εἶσθαί τι II. 226 B. 579 C. — τραγῳδίαν II. 840 A. — I. 75 D. 113 C. 349 C. II. 43 C. 48 D. Aristid. I. 441. — ἀσκέω τι filios I. 258 B. — εἶσθαι cum infin. I. 399 A. 491 E. 684 B. — πρός τι I. 469 D. 835 B. — pass. exornari I. 461 F. Dio Chrys. 663 D. activ. 670 A. — σθαι περί τι I. 648 E. sim. II. 225 F. — έω τὸ σῶμα I. 750 E. — χορὸν I. 964 F. — εῖται σώματι miles I. 967 D. — έω τινὰ II. 8 D. 226 A. — τι rem II. 210 C. 212 B. 215 C. — formo I. 301 F. — ἀσκεῖ quem morbus II. 87 A. — ἠσκηκὼς ἀσκητὰ et μαθήματα oppon. Muson. 595.

ἀσκηθὴς Solon. I. 93 B.

ἄσκημα Upton. Ind. Epict.

ἄσκηνος I. 574 B.

ἄσκησις et ἔργον differunt II. 584 F. 585 A. — animi II. 76 F. 77 D. 79 E. 81 C. 83 B. C. 90 B. D. 91 B. Dio Chrys. 573 B. Epict. Diss. III. 12. — milit. I. 357 C. 359 D. 364 A. 367 B. 619 C. 978 F. Plato 656 F. Aristid. I. 474. — athletarum II. 593 D. 724 F. 79 E. 29 F. I. 357 C. 569 A. 1028 B. Plato 647 C. — Simpl. II. 973 D. I. 50 B. 53 E. 77 F. 112 E. 287 B. 337 E. 338 E. 762 A. 763 F. 805 C. 846 F. 849 B. 860 E. 886 E. 1000 D. 1008 E. — opp. λόγῳ I. 83 C. II. 34 C. 38 D. opp. φύσει 226 A. I. 238 B. E. — constructio Herodian. VIII. 5, 10.

ἀσκητὴς II. 668 E. I. 58 A. 574 B.

ἀσκητικὸς βίος Plato 634 G.

ἀσκίον I. 1017 B. F.

ἄσκιος II. 411 A.

ἀσκίτης νόσος Epicur. II. 1097 E. H. Steph. Thes. L. G. I. p. 588.

ἄσκοπος τύχη Theophr. II. 104 D.

ἀσκόπως I. 980 A.

ἀσκὸς ἐκρέων II. 902 C. — Orac. I. 2 C. — I. 11 B. C. — Solon ἀσκὸν δέρειν I. 86 B. — I. 574 E. F. 638 A. II. 39 D. — πεφυσημένοι ἀσκοὶ hominum Epicharm. Theodoret. IV. 477 D.

ἀσκωλιάζω II. 621 E.

ἆσμα I. 122 D. 170 D. 542 D. 564 B. II. 19 F.

ἀσμενίζειν τι II. 101 D. ubi v. n.

ἄσμενος II. 777 B. 788 D. I. 394 D. 481 E. 501 D. 508 A. 547 F. 600 C. 765 D. 790 E. 879 C. 932 E. 949 C. 980 A. 775 B. — Dat. ἀσμένοις hominibus accidit I. 137 B. Musgr. Eur. Phoen. 1075. I. 512 C. 557 C. 572 C. 680 F. ita leg. 879 E.

ἀσμένως II. 82 E. 68 E. 106 B. 982 C. 1091 E. 1094 E. (f. leg. dativ. ἀσμένῳ I. 32 C.) I. 222 E. 351 A. 358 D. 496 B. 519 F. 550 C. 573 C. 621 F. 821 C. 825 E. 995 C.

ἀσόλοικος I. 810 E.

ἀσοφία I. 402 E.

ἄσοφος II. 330 A.

ἀσπάζομαι voce I. 254 E. — I. 653 B. — καὶ δεξιοῦμαι 753 E. I. 765 A. C. II. 94 A. — I. 821 C. 861 B. E. II. 170 E. 184 B. 200 D. 202 E. 203 A. 205 C. 207 C. 209 D. 673 E. 764 F. 51 D. 56 A. 84 E. — benevole accipio I. 1023 A. 1027 A. — II. 708 B. 737 B. I. 62 F. — navis alteram I. 951 B. — τά τινος I. 719 B. — ἀσπάζομαι καὶ ἀγαπάω II. 766 A. 1095 F. 1121 A. 408 B. 45 A. 143 B. — διώκω II. 814 E. — φιλέω II. 816 B. — simpl. II. 70 B. 96 A. 984 C. 1125 B. I. 57 F. 66 E. 126 C. 141 F. 135 A. — τῷ στόματι I. 81 B. — mulier ἀσπασαμένη φίλον τινὰ ποιεῖται de meretrice I. 20 B. 165 D. τινα ἐρωτικῶς I. 79 A. — περιβαλὼν I. 181 F. 188 B. — valedico I. 224 A. 270 D. 281 C. 282 E. 661 A. 791 E. 792 B. 826 B. 988 E. 1002 D. Jambl. V. P. 145. — καὶ τιμάω I. 372 A. — καὶ περιπλέκομαι I. 375 B. Sim. I. 977 B. — meos I. 396 B. — saluto I. 430 A. 431 A. B. 432 E. 467 D. F. 469 E. 519 C. 542 C. 544 D. 344 C. 906 A. 879 A. C. 880 E. 913 D. 922 D. 969 B. 1071 E. 776 D. 777 E. II. 160 C. — τι I. 501 E. 519 F. Plato 702 C. — σθαι ἀλλήλους I. 589 C. — quem voce I. 592 B. — καὶ φιλέω. osculans I. 602 A. 948 E. II. 139 E. — quem imperatorem saluto I. 624 E. 625 C. 637 B. 736 A. 943 B. II. 203 D.

ἀσπαίρω Aristid. I. 356.

ἀσπάλαθος II. 383 E. Pherecrat. Athen. 685 A.

ἀσπάλαξ animal II. 700 E. Porphyr. Abst. II. 48.

ἀσπαλιευτικὸς II. 976 E.

ἀσπανίστεια Teles Stob. 524.

ἀσπάραγος II. 553 C. 663 D. I. 716 B.

ἄσπαρτα ἀνήροτα Cels. Orig. 560 D. Lucian. T. II. 204.

ἄσπασμα παρέχειν se ipsum II. 608 E.

ἀσπασμὸς I. 256 B. 782 E. 937 D. 992 E. Plato 677 H. — canum II. 821 A. — simpl. Aristid. I. 83.

ἄσπειστος πόλεμος f. e corr. Reisk. II. 537 B. Fabr. Sext. Emp. 170.

ἄσπετος dicitur Achilles apud Molossos I. 383 C.

ἀσπίδιον Mamerc. II. 251 D.

ἀσπιδιώτης Homer. II. 615 E.

ἀσπὶς I. 76 B. 113 E. 971 D. II. 190 B. 292 D. 294 A. 219 C. 220 A. 234 C. 241 F. 320 B. 1141 E. —

peditatus I. 331 F. 402 A. — ejus gestandae ratio I. 809 E. — ἀσπίδος ῥίψις I. 528 A. — ἐν ἀσπίδι sc. indutus I. 566 F. —, in templo I. 481 D. — πρὸς ἀσπίδα vocare cives, ad arma I. 404 C. — et θυρεὸς I. 360 E. F. differt Perizon. Ael. III. 24. — ἐπ' ἀσπίδα I. 183 C. — serpens I. 949 E. 955 A.

ἄσπονδος I. 168 E. 234 B. 251 A. 318 F. 554 A. 562 E. II. 1095 F.

ἄσπορος II. 987 B. I. 219 A. 702 B. Aristid. I. 101.

ἄσσα quae Lacon. II. 219 C.

ἀσσάομαι II. 918 C. ursa. conf. 914 B. Valck. Adnot. N. T. p. 341. Hippocr. Ep. 22.

ἀσσάριον I. 135 B. 338 E. 355 B. bis.

ἀστάθμητος II. 1026 A. 1090 B. I. 122 E. 869 C. 993 E. Aristocl. Euseb. P. E. XIV. 758 D. Porphyr. Abst. I. 9. Dio Chrys. IV. 79 B. XV. 238 D. XVI. 613 D. Demosth. F. L. 217 B. Liban. T. I. 448 B.

ἀστάλακτος ita MSS. pro ἀσάλευτος II. 982 F. I. 545 B.

ἀστάνδης II. 326 E. ubi v. n.

ἄστατος II. 103 F. 885 C. 949 B. 945 B. I. 553 B. Galen. Protr. T. II. p. 4 A.

ἀσταφὶς Plato 649 D.

ἄσταχυς II. 994 C.

ἀστείζομαι I. 310 C.

ἀστεῖος — scitus II. 124 B. 135 D. Nicostr. Stob. 427. Aristid. 506. 511. — homo probus, ut elegans apud Latinos II. 25 C. (urbanitas virtus apud Stoicos Cicer. Ep. Div. III. 7.) 35 E. 443 C. 672 E. 778 A. 779 B. 881 C. 1038 B. 1043 B. 1046 C. I. 112 C. 139 D. 237 C. 337 E. 904 B. — opponitur αἰσχρῷ II. 584 C. 707 D. 709 B. — βίος an pro ἀστικὸς? I. 407 B. — bonus II. 80 E. 12 F. 25 C. 29 B. E. 35 E. 67 E. (αἱ ἀπαρχαὶ f. θεῖαι 114 C.) 143 B. 592 A. 705 B. 751 B. 822 B. 1060 D. I. 667 E. 755 A. — vinum II. 620 B. — alluditur ad ἄστυ I. 41 F. conf. II. 124 B.

ἀστείως II. 4 F. 7 C. 74 D. 123 E. 737 C. I. 86 C. 909 B.

ἀστένακτος II. 171 C.

ἀστενάκτως II. 107 A.

ἀστερίζω II. 888 C.

ἀστεροειδὴς II. 933 C.

ἀστεροπὴ Solon. I. 80 B.

ἀστερόω II. 879 E.

ἀστερωπὸς II. 879 F.

ἀστεφάνωτος I. 210 B. Junc. Stob. 589.

ἀστὴρ II. 745 F. 746 A. 1029 B. 1030 B. — disting. a πλανωμένη σφαῖρα II. 1028 A. — I. 1008 B. II. 161 E. Plato 703 B. C. — magnus vir Epigr. II. 1098 A. I. 316 C. — Ἄρεως et sim. genitiv. II. 19 E. — piscis II. 378 B. — ἀστέρων πρὸς ἡμέραν φερομένων sub finem noctis Aristid. I. 351. — differt ab ἄστρον Hermes Stob. Phys. p. 480. ib. 518. Valcken. ad Heren. Philon.

ἀστιβὴς I. 522 D.

ἀστικὸς II. 847 F. I. 456 C. — ἀστυκὸς vid. II. 839 D. Duker. Thucyd. V. 20. — et Ἀττικὸς urbanus confunduntur Ruhnken. p. 147 seq.

ἄστολος I. 77 A.

ἄστομος cibo abstinens II. 938 B. 940 B. — gladius, ferrum I. 442 D. — equus I. 1015 D.

ἄστοργος II. 750 F. 917 C. 926 E. 970 B. — ἀστοργία Athen. 619 C. 625 B.

ἀστὸς I. 193 B. II. 120 A. 224 A. Dio Chr. XV. 235 D. 236 A. Plato 651 A. B. 657 B. 658 E. 659 E. 663 G. 685 E. — foem. f. II. 295 A.

ἀστοχέω II. 705 C. 737 C. 743 E. I. 420 D. 46 A. conf. ἄστοχος Dio Chrys. 447 A. — τοῦ σκοποῦ II. 724 C. — τοῦ τρέποντος I. 1059 F.

ἀστόχημα II. 520 B. C.

ἀστοχία II. 800 A.

ἀστραβὴς II. 3 E. 780 B. — ἀστραβὲς speculum II. 718 E.

ἀστράγαλος II. 148 D. 177 E. 229 B. 680 A. 741 C. 812 A. 1045 C. I. 192 C. 195 B. 437 C. Dio Chrys. 62 A. 133 C. — λοι βέβληνται jacta est alea ut Lat. I. 1040 F.

ἀστραγαλωτὸς — ἀστραγαλωτὴ μάστιξ II. 1127 C. Pollux X. 54. Lipsius de Cruce II. 3. quem laudat T. Hemsterhus. in addendis ad Polluc. Epigram. Erycii Anal. Brunck. T. II. p. 295. vid. Brunck. Appulei. Metam. . . . et ibi Elmenhorst. Meurs. Hesych. Illustr. p. 127. Suid. v. Στραγγαλιώδης. Lucian. Imag. 103. ed. Graev. ἡ ἐξ ἀστραγάλων μάστιξ Posidon. ap. Athen. 153 A. Menag. Diog. Laërt. IV. 34.

ἀστραπαῖος II. 664 D. F. conf. 912 F.

ἀστραπὴ II. 36 A. 664 E. 782 C. 893 D. F. I. 249 F. 301 A. — καὶ βροντὴ bis II. 912 F. I. 968 E.

ἀστράπτω — ει καὶ βροντᾷ neutre II. 913 A. I. 554 A. — I. 156 B. 264 F.

ἀστράτεια II. 987 C. 988 A. f. leg. pro στρατεία I. 610 D. Plato 662 C. 686 F. bis. G.

ἀστράτευτος II. 760 D. I. 882 A.

ἀστρολογία I. 145 C. 331 A. II. 744 E.

ἀστρολογικὸς II. 417 A. 744 E. 979 C. — κὴ σφαῖρα II. 838 C.

ἀστρόλογος I. 532 A. bono sensu II. 936 A. 405 E. I. 199 F.

ἄστρον — ἄστρα καὶ σελήνη II. 780 E. 830 D. — simpl. igneum II. 925 A. B. 929 A. 932 C. 933 D. E. F. 1114 B. 98 C. 171 A. Plato 696 F. 701 A. D. E. bis. G. H. 702 C. G. 705 A. — ut Lat. de magno viro II. 1094 A.

ἀστρονομέω Plato 706 C.

ἀστρονομία Plato 696 D. 704 C.

ἀστρονόμος Plato 704 C.

ἄστρωτος II. 98 D. Epict. 122. ed. Upton. ἀστρωσία Plat. 568 E.

ἄστυ — εἰς ἄστυ καταλέγεσθαι II. 841 F. — II. 1097 B. I. 44 B. 82 B. 90 C. 94 E. 109 C. 121 D. 155 D. 157 D. 158 B. C. 161 B. 170 D. 171 B. 205 C. 206 C. 321 C. 322 C. — et πόλις I. 11 A. — mutatur II. 151 B. Porphyr. V. P. 56. Dio Chrys. Or. III. 56 D. f. disting. Plato 675 C. Aristid. I. 214. — τὰ ἄστη I. 116 C. 132 D. 957 B. bis. vox Aegyptiacae originis Diod. Sic. T. I. p. 33. Wessel. — Athen. I. 10 E. 435 D. 440 C. 441 A. E. F. 455 D. 461 A. 483 D. 487 C. 526 F. 542 E. 608 C. 980 F. 995 A. 1028 F. II. 213 A. 283 D. — τὰ ἄστεα I. 576 C. — An Roma? I. 827 E. diserte 881 C. et saepius — Immo I. 827 notantur Athenae, ut 1028 F. Suid. v. Ζηνόδοτος ὁ ἐν ἄστει, f. Athenis docuit, Longin. ed. Toup. 125. — Roma I. 109 C. — Mundus deorum et hominum II. 1065 F.

ἀστυγειτονικὸς πόλεμος II. 87 E.

ἀστυγείτων I. 32 D. 479 D. 569 C. 827 C. Hierocl. Stob. 481. Alex. Pol. ex Artapano Euseb. P. E. IX. 429 C. Dio Chrys. 487 C. 490 C. 492 C. 496 A. 514 D. Aristid. I. 460. 490. 520. II. 102.

ἀστυκὸς II. 839 D.

ἀστύνομος II. 1076 F. Epictet. p. 358. Plato 616 E. 617 A. 618 C. D. F. 624 C. 629 G. 639 A. E. 650 A. G. 651 C. 662 G. 675 C. 677 B. 678 C. 684 F. 691 B.

ἀστυπολία Hierocl. Stob. 490.

ἀσυγγνώμων II. 59 D. ἀσύγγνωμος Phyntis Stob. 444, 39, 45.

ἀσυγκάθετος Aristocl. Euseb. P. E. XIV. 761 D.

ἀσυγκαθέτως II. 1057 A.

ἀσύγκρατος II. 134 D. ubi v. n.

ἀσύγκριτος I. 191 D. 307 D. 978 D. pro ἀσύγκρατος II. 134 D. — major I. 477 B.

ἀσύγχυτος effigies II. 735 B.

ἀσυκοφάντητος II. 756 D. Porphyr. Abst. IV. 7.

ἀσυκοφαντήτως II. 529 D.

ἀσυλαῖος deus I. 22 E.

ἀσυλλόγιστος Menand. Cler. p. 202. 206. II. 24 B. Dio Chr. 46 D.

ἀσυλλογίστως II. 432 D. — ἔχω I. 735 D.

ἀσυλία II. 828 D. 981 E. I. 22 E. 30 B. 268 F. 888 C. 831 F. 1040 B. Teles Stob. 509. Dio Chr. XXXI. 337 D.

ἄσυλος sermo καὶ ἱερὸς II. 593 A. — illaesus, inviolabilis Plato 657 C. — ἀνεῖται βίος II. 604 A. — ἄσυλον ἱερὸν II. 760 C. 828 D. I. 631 C. — II. 419 E. 917 F. I. 331 F. 459 A. 831 B. D. E. 834 D. 993 C.

ἀσύμβατος II. 946 E.

ἀσυμβάτως ἔχειν I. 136 E. 884 C. 966 E.

ἀσύμβλητος II. 1125 C.

ἀσύμβολος λόγου μετασχεῖν II. 635 C. — ἀσύμβολον quem accipere II. 646 B. Terent. Phorm. II. 2, 25. Athen. 239 A. 240 D. 244 D. 572 C. — simpl. II. 727 E. 957 A. 1127 A. I. 216 B. 621 D. 679 D.

ἀσύμμετρος II. 820 F. I. 123 B. 153 D. 161 E. 630 E. 742 F. Plato 677 C.
ἀσυμπαθὴς II. 976 C. 1112 A. sibi I. 223 E.
ἀσύμφορος II. 60 E. 702 C. 1069 E. I. 320 B.
ἀσυμφυὴς II. 908 D.
ἀσύμφυλος II. 709 B. 729 A. 907 A. 993 D. 995 F. I. 799 E. Lucian. II. 15. M. S.
ἀσυμφωνία II. 1015 E. Plato 655 A.
ἀσύμφωνος Plato 654 F.
ἀσυνάλλακτος II. 416 F.
ἀσυνάρμοστος II. 709 B.
ἀσύνδετος motus astrorum II. 386 A.—planeta II. 908 B. C. D. Astrolog. — II. 1023 C. 416 E. — oratio II. 1011 A.
ἀσύνδηλος I. 56 E.
ἀσυνειδότως II. 214 E.
ἀσυνέτως II. 141 B. — ἀσύνετός τινος Porph. Abst. III. 3.
ἀσυνήθης II. 47 B. 127 A. 709 E. 733 A. 783 C. I. 743 F. 838 C. — et ἀδύνατον differunt II. 163 D.
ἀσυνήθως II. 678 A.
ἀσύνθετος II. 1085 B.— Mus. II. 1135 B. bis 1144 B.
ἀσύντακτος — ὄχλος I. 159 B. — οι milites I. 747 B. — I. 241 D. 1014 E. — ον schem. Rhet. vit. Hom. §. 41. — non praeparatus ad dicendum II. 6 D.
ἀσυντάκτως I. 525 A. 497 C.
ἀσυντέλεστος II. 1056 D. 1083 A.
ἀσύστατος II. 697 A. 963 F. 1025 A. 1014 B. 1123 C.
ἀσφάλεια imperatoris I. 382 B. 1015 A. — I. 751 F. 852 B. 988 F. 1040 B. II. 56 C. 147 D.— σώματος tyranni I. 1039 B. D.—orationis II. 789 D. 803 F, conf. ind. Isocrat.— ἀναγκαῖα II. 984 C. — καὶ ἕδρα II. 1058 F. — vitae II. 1124 D. — I. 35 F. 93 A. 98 E. 113 B. 155 D. 163 A. 169 D. 770 D. 286 A. 302 F. 374 C. 471 D. 526 D. 531 D. 534 C. 566 A. E. 567 E. 589 D. 591 D. 595 E. 615 D. 618 D. 653 C. 817 B. 871 F. 1021 C. II. 428 D. 431 A.—profectionis, libera discessio I. 966 C. — αν γράφω Juridic. Epict. Diss. p. 235.— duplex Aristid. I. 421,
ἀσφαλὴς II. 13 E. 126 C. 135 A. 984 B. 1043 B. F. 1063 C. 1118 B. I. 89 A. 110 E. 114 C. 125 E. 154 F. 173 D. 191 B. 427 B. 566 D. 589 E. 650 A. 663 E. 744 B. dux 771 F. — κοσμὸς II. 39 B. — γνώμη I. 1028 E. — et ἐπικίνδυνον II. 7 A. — ἐν ἀσφαλεῖ esse II. 88 A. — incolumis II. 161 F. Plato 667 E. — ἀσφαλές μοι τοῦτο ποιεῖν Plato 684 F.— ἀσφαλὴς et πανοῦργος Aristid. I. 399.—imperator Aristid. I. 66.
Ἀσφάλιος Neptunus I. 17 D. Pausan. 234. Aristid. I. 17.
ἄσφαλτος I. 685 D.
ἀσφαλῶς I. 350 E. 370 C. 438 C. 531 A. 553 C. 614 D. (iron.) 965 E. II. 47 E. 71 E. 179 E. Plato 698 G. — dicere Hom. Aristid. II. 98. — έστερον I. 627 E
ἀσφάραγος idem ac βρόγχος II. 698 D. E. — I. 4 C.
ἀσφόδελος II. 157 E.
ἀσφραγωνία II. 138 D. Saracen. Dioscorid. II. 152. p. 43 not.
ἄσφυκτος v. n. ad II. 132 D.
ἀσχάλλω II. 26 B. 77 C. 90 E. 123 B. 465 F. 798 D. 960 F. I. 170 E. 416 A. 501 B. 507 D. 1061 E. Aristid. I. 285.— ἀσχαλάω Naumach. Stob. 438, 2.
ἀσχημάτιστος oratio II. 835 B. — καὶ ἄμορφος v. n. ad II. 97 A.
ἀσχημονέω I. 758 D. 770 E. II. 23 E. 39 C. 45 E. 73 F. 88 D. 92 E. 142 E. 178 D. 189 A. 1066 A. 1067 E. — πρὸς ἀκροάτας II. 39. Toup. Longin. p. 164.
ἀσχημοσύνη II. 235 D. Plato 667 E. Aristid. I. 509.
ἀσχήμων II. 751 E. I. 960 F. Plato 689 B. 692 C. 693 C. 699 E. — μον ἔργον II. 236 B. — τὸ II. 242 C.
ἀσχολέω—μαι II. 726 A. I. 162 A. 496 C. 527 F. 665 F. Hippocr. Ep. XX. p. 22 D.—ἠσχολήθην pro ἠβουλήθην reddendum Erotiano Gloss. Hippocr. Proëm. p. 2. ed. Lips. Jambl. V. P. 59. Aristid. I. 423. II. 178.
ἀσχολία II. 45 C. 69 C. 160 A. C. 170 A. 431 D. 673 B. 693 E. I. 90 D. 96 D. 110 C. 121 B. 127 E.

130 B. 132 E. 145 E. 236 E. 354 F. 621 E. 526 B. 797 E. 905 C. 965 D. — καὶ κώλυσις φιλοσοφίας impedimentum II. 782 A. sim. II. 76 E. 77 B. C.—differt a πρᾶξις II. 823 C.

ἄσχολος I. 1043 C. Plato 643 G. 644 B. Aristid. I. 456. II. 229.

ἀσχόλως Aristid. I. 533.

ἀσώδης ursa II. 974 B. vid. ἀσσάομαι.

ἀσώματος II. 63 C. 424 E. 718 C. 765 A. 882 C. 894 C. 902 E. 905 B. 926 A. B. 960 B. 1001 D. 1002 C. 1014 B. 1029 D. 1073 E. 1074 C. 1080 E. F. 1081 A. B. 1085 C. 1086 A. 1114 A. B. I. 305 E.—Plato 700 G.

ἄσωστος et σῶς I. 193 A.

ἀσωτία I. 279 B. 459 F. 591 C. 857 B. 920 C. 1061 D. 1068 C. II. 56 C. 198 D. 445 A.

ἄσωτος II. 6 B. 34 D. 55 C. 57 C. 60 D. 88 F. 730 C. 847 E. Plaut. Most. II. 1, 4.

ἀσώτως I. 1060 B.— ἔχειν aegrotans II. 918 D.

ἀτακτέω II. 184 F. 411 B. I. 624 A.—τινὸς f. ἀτυχέω II. 235 B.

ἄτακτος I. 276 E. 480 E. 534 E. 537 E. 538 E. II. 76 B. 171 A. 420 D. 424 A. 736 E. 996 C. 1014 D. 1015 E. 1016 C. D. 1017 A. 1074 C. 1114 B. D.—materia (phil.) II. 720 B.—τάξις II. 731 C.—vita II. 5 A.—miles I. 747 A.—moribus I. 750 E. II. 55 C. 76 B.— κραυγὴ I. 1014 E. — fortuna II. 107 A. — ἀφροδίτη Plato 647 F.

ἀτάκτως II. 24 A. 740 D. 989 F. I. 71 F. 211 F. 345 C. 624 C. 992 A.— καὶ μανικῶς motus in mundo Plato 669 E. 699 E.

ατελαίπωρος—de vero inveniendo ut Thucyd. II. 964 C. Duker. Thuc. p. 665 a. Upton. Epictet. Ind. Euseb. P. E. X. 460 D.

ἀταμίευτον juvenum libido II. 12 B.

ἀταμιεύτως insequor I. 1044 C. sim. Plato 657 D.

ἀταξία I. 40 D. 186 B. 536 E. 575 F. 586 B. 1003 E. 1049 B. 1069 A. 1074 B. II. 129 E. 201 B. 428 F. 724 E. 732 E. 1015 A. 1029 E. Plato 701 B.—pulsus venae I. 907 B.— διαίτης II. 168 B. — orationis II. 45 A.

ἀταπείνωτος II. 28 C. 33 D. I. 223 E.

ἀτάρακτος -ότερον II. 1104 B.

ἀταραξία II. 101 B. 824 B. 1125 C. Aristocl. Eus. P. E. XIV. 758 D. Stoic. Upton. Ind. Epict.—ἀταραξίας στέφανος I. 566 B.

ἀτάρβητος Empedocl. II. 400 B.

ἀτάσθαλος Himer. 236.

ἀταφία I. 316 A. 540 A. II. 17 C.

ἄταφος I. 219 D. 537 B. 639 E. 859 F. Plato 660 B. D. 674 D. 693 E.

ἄτε δὴ II. 16 C. 32 A. 65 A. 155 B. 395 E. 728 E. 740 C. 744 A. 1077 F. 1116 C. I. 25 F. 68 B. 77 A. 139 A. 299 C. 310 C. 351 E. 362 E. 420 E. 434 E. 473 D. 479 A. 494 A. 498 C. 538 D. 540 A. 577 A. 589 D. 602 D. 607 A. 623 B. 689 D. 725 F. 740 C. 769 F. 794 C. 797 A. F. 798 D. 893 D. 968 D. 985 C. 1015 E.—ac si II. 1121 F.

ἄτεγκτος II. 44 A. ubi v. n.

ἀτειρὴς Homer. II. 739 F.

ἀτείχιστος II. 1125 D. I. 417 A. 441 C.

ἀτέκμαρτος II. 399 D. 680 F. I. 500 C. 683 C. 720 A. Stob. 534, 8. Upton. Ind. Epict. Plato 570 D. Synes. 4 B. Aelian. N. A. II. 13. VI. 60. δυστέκμαρτος Gatak. M. A. p. 57.

ἀτεκμάρτως II. 399 A.

ἀτεχνία I. 5 D.

ἄτεχνος I. 5 F. 59 C. 796 E. F.

ἀτέλεια II. 860 B. I. 169 D. 581 B. 585 B. 603 C. 616 A. (f. ἀφελ. vel εὐτελ.) Aristid. I. 339. 340. 341. 344.— Demosthenis Or. ὑπὲρ ἀτελειῶν I. 852 B. 853 A.

ἀτέλεστος I. 369 D. ἀτέλεστος amoris Eurip. Fr. inc. Musgr. CLXV.

ἀτελεύτητος II. 114 E. 928 E. — ῳ ἐπὶ ἔργῳ Hom. I. 604 B.

ἀτελὴς homo I. 433 A. — I. 480 B. II. 38 E. 49 B. 66 A. 93 D. 134 C. — τινὸς I. 522 B. — τῷ φρονεῖν I. 707 B. καὶ ἄκαρπος II. 752 B. —

πρὸς ἀρετὴν I. 194 D. — στρατείας immunis a militia I. 299 C. — infectus I. 778 D. — γενέσθαι τινὸς II. 611 C. I. 845 A. — concubitus II. 652 D. — conversatio II. 660 B. — fructus II. 723 C. 981 F. — qui nil solvit II. 727 E. — Simpl. II. 742 E. 743 A. 1073 B. 1074 B. C. 1089 B. 1102 F. I. 96 E. 276 A. 322 F. 550 F. 939 C. Plato 691 D. — ἀτελὴς ὁμολογία Plato 678 C. — ἐς τι πράττειν pro — ὡς 697 E. — et ἀληθὴς 473 F.

ἀτελῶς βιοῦν II. 472 F.

ἀτενὴς II. 44 A. ubi v. n. I. 616 B. — navis f. ἀλιτενὴς I. 119 C. — terra II. 640 E. — animus I. 380 A. 761 A. — ἐς βλέπω I. 760 C. 885 E. — τὸ I. 981 B.

ἀτενῶς I. 111 B. 1064 E. prave ἀγεννῶς.

ἀτενίζω τινὶ II. 881 A. — εἴς τι Antipat. Stob. 418.

ἀτέραμνος II. 701 C.

ἀτεράμων II. 700 C. seq. 701 A. C. D.

ἅτερος pro ὁ ἕτερος II. 401 E. I. 14 B. Lacon. I. 52 B. II. 228 E. — I. 62 E. 110 E. 244 A. 632 A. 651 A. — et θάτερος 776 B. 800 E. 905 E. 1012 B. 1023 E. [et ἕτερος II. 233 F. 234 E.] item 234 E. Plato 592 E. 671 B. 674 A. Aristid. I. 536. II. 254.

ἄτερ I. 69 E. 762 A. 878 F. — corrupta II. 86 B.

ἀτερπὴς II. 16 B. 18 C. 73 C. 713 E. 1066 B. 1095 A. 1102 B. I. 225 B. C. E. 250 E. 846 F. — ἀτερπέστατον τέλος ἔχουσαν II. 342 D. — οὐκ ἀτερπέστερον II. 723 D.

ἀτεχνία II. 75 B. 1050 A. I. 845 A. Upton. Ind. Epictet.

ἄτεχνος II. 66 C. 779 F. I. 810 F. Plato 685 D. Aristid. II. 283. — ότερός τις importunus II. 784 B.

ἀτεχνῶς II. 743 E. I. 50 E. Phaedon. 70. — Revera II. 45 D. 51 D. 53 D. 68 A. 159 C. 395 B. 422 C. 435 A. 672 D. 725 B. 736 A. 792 B. 935 F. I. 161 C. 556 C. 766 B. 852 F. 956 F. 1045 B.

ἄτη II. 164 C. 168 A. 418 E. I. 666 A. — ἄτης ἐν λειμῶνι Synes. 89 D. Julian. 226 B.

ἀτημελὴς I. 923 C. pro ἀμελής τινος Dio Chrys. 635 C. Upton. Ind. Epictet.

ἀτημελῶς capillus I. 802 D.

ἀτιθάσσευτος II. 728 A. I. 1024 C.

ἀτιμάζω I. 435 D. 773 B. 1000 B. II. 112 A. 228 C.

ἀτιμέω? II. 1104 E. ἀτιμήσαντες I. 344 E.

ἀτιμία I. 379 E. 427 F. 451 C. 501 C. D. 612 E. II. 59 D. 88 E. 89 A. 114 E. 174 B. 191 C. 227 E.

ἄτιμος I. 187 A. 476 C. 547 F. 753 B. 757 E. 783 D. 797 E. 997 B. II. 550 E. 833 A. 834 A. 985 E. conf. Mor. ad Xenoph. H. Gr. II. 2, 6. Dio Chrys. 608 D. — I. 861 F. II. 148 F. 191 B. 237 C. Plato 700 F. — munere motus I. 830 A. 941 D. — impunitus Plato 652 F. Ruhnken. ad Tim.

ἀτιμόω I. 180 A. 472 C. 773 B. 831 B. bis 836 D. Aristid. I. 510.

ἀτιμώρητός τινος Plato 618 A 693 B.

ἀτίμως I. 380 A. 623 B. 723 B. 957 E. 985 C. 1061 D.

ἄτμητος I. 69 E.

ἀτμίζω II. 915 B.

ἀτμὶς II. 688 C.

ἀτμὸς in corpore II. 129 C. 435 A. 689 F. 946 A. 949 A. 951 C.

ἀτμώδης II. 951 B.

ἀτοκία ne sumat gravida. Lex. Muson. Stob. 450.

ἄτοκος Plato 678 E.

ἀτολμία I. 3 D. 359 E. 425 C. 458 D. 537 C. 845 A. B. 848 F. 849 E. 1041 D. II. 57 C.

ἄτολμος I. 151 A. 421 E. 566 A. 572 F. 847 B. 870 D. II. 59 F. — τόλμαν I. 534 B.

ἀτόλμως II. 47 B.

ἄτομος Epicur. II. 164 F. 398 B. 652 A. 720 F. 721 D. 722 A. 765 C. 1015 C. 1054 B. 1100 A. 1105 A. 1110 E. F. 1111 A. C. D. 1112 A. B. 1113 E. 1116 C. 1123 E. I. 881 B. — ἀτόμων ἐξ ἕδρας μετάθεσις II. 655 B. — corporis humani II. 734 B. — unde dicta II. 877 E. — τελευταῖα καὶ ἄτομος διαφορὰ simpl. diversitas quae nullas amplius partes habet, minima I. 743 B. — individuum, i. e. res singularis, ultima pars εἴδους Porphyr. Isag. c. VI. Index ms. Olympiodori.

ἀτονέω II. 625 B. I. 225 F.

ἀτονία II. 535 D. 908 A. — viri ἀσθένεια mulieris II. 905 D.

ἄτονος II. 289 F. 411 D. 529 F. 666 A. 772 D. 908 A.

ἀτόξευτος πέτρα II. 326 E.

ἀτοπία prodigiorum I. 174 F. 555 A. — I. 616 F. 774 E. 886 E. II. 60 B. 129 B. 149 B. — novitas II. 559 C. 682 A. B. I. 90 F. 140 B. 224 D. 225 E. 315 C. 927 E? — ὥρας insolitum tempus II. 598 A. — difficultas, quaestionis absurditas II. 714 D. 727 C. 1015 C. 1065 D. 1075 D. 1083 A. E. 1089 D. 1095 C. 1097 C. I. 70 A. C.

ἄτοπος II. 95 C. 708 D. 745 C. 874 B. — II. 808 D. — καὶ ἀηδὴς II. 918 C. — malum, damnum II. 49 A. 59 A. 74 A. 341 C. 612 D. — difficile intellectu II. 432 E. 579 A. 1015 B. — ingratus, adversus II. 612 D. — facies deformis II. 670 A. — ἄτοπα βουλεύματα II. 147 D. — τὰ ἄτοπα II. 149 C. — καὶ δεινὸς insolens ac difficilis res II. 151 B. Sim. Dio Chrys. XIII. 221 C. — καὶ ψυχρὸς II. 1061 A. — superlativ. II. 1075 D. — I. 130 E. 133 A. 187 D. 617 B. 706 B. 886 E. 958 E. — inexpectatus I. 227 D. 229 D. — somnium I. 740 C. 922 F. *inscitum* Plaut. III. 1, 5. — ineptus I. 925 D. — καὶ δυσχερὲς opinio II. 16 D. — πρᾶξις II. 18 A. — malus II. 18 E. 19 B. 27 F. 32 E. — Simpl. II. 124 F. 128 B. 129 A. 166 A. 168 B. 170 D. vulgo. Plato 698 H. 704 B. — ἄτοπος καὶ μὴ ἄτοπος Plato 697 F. 699 A.

ἀτράγῳδος II. 519 A.

ἄτρακτος II. 271 E. F. 564 A. 592 A. 745 F.

ἄτραπος βίου II. 586 A. — οὐ διαμαρτεῖν II. 762 A. — σκότους Poët. II. 931 E. — simpl. II. 969 A. I. 343 D. 370 D. 463 B bis. 720 A. — λόγων Empedocl. II. 418 C.

ἀτράχηλος Teles Stob. 575.

ἀτρεκὴς II. 320 B. 937 E. 938 E. 1006 E. — ἦτορ Parmenid. II. 1114 D. I. 24 A.

ἀτρεκῶς II. 974 F.

ἄτρεμα I. 384 D. 532 A. 562 F. 619 D. 654 E. 691 B. 699 C. 744 A. 790 A. 808 B. 821 A. 841 E. 883 A. 896 B. 907 A. 921 E. 946 A. 1002 A. 1044 E. II. 71 B. 72 A. 73 D. 123 B. 133 A. E. 200 F. 205 F. — II. 558 D. 623 B. 636 C. 698 C. 699 D. 707 B. 714 E. 718 E. 722 D. 926 C. 968 E. 970 D. 972 D. 1101 D. I. 125 B. 167 E. II. 395 C. 400 B. 422 B. I. 178 B. 327 D. 329 B. 330 F. — II. 51 E. 71 B. 75 D. 76 B. 77 E. 83 B. 85 B. D. — firmiter, vere I. 126 B. — quiete I. 307 B. II. 85 D. — ἔχω I. 931 F. Jambl. V. P. 185.

ἀτρεμαῖος II. 722 F.

ἄτρεμας mediocriter II. 1062 C.

ἀτρεμεῖς foem. linea I. 837 F.

ἀτρεμέω I. 27 A. 106 A. 108 D. 210 D. 213 A. 229 A. 243 E. 263 C. 299 B. 330 A. 343 D. 389 E. 438 B. 449 C. 576 D. 650 D. 652 D. 654 B. 656 B. 670 E. 716 F. 736 C. 747 B. 790 C. 926 D. 946 B. 977 B. 1009 E. 1045 F. II. 91 C. 134 A. 156 D. 169 D. 714 E. 926 A. 979 C. 1005 D. moveor inaequaliter II. 939 A. — et ἀτρεμίζω Aristid. II. 193. 390.

ἀτρεμὴς Parmenid. II. 1114 C.

ἄτρεπτος II. 725 B. 799 B. 1056 C. 1112 A. 1116 C. I. 106 C. 196 F. 214 B. D. 230 D. 407 F. 471 E. 759 E. 773 A. 792 B. 1004 C. — animo malo sensu II. 46 D. Dio Chrys. IV. 77 A.

ἄτριπτος homo non exercitatus II. 499 D.

ἄτρομος Poët. II. 815 C.

ἀτρόμως v. l. II. 85 D.

ἄτροπος II. 1056 C.

ἀτροφέω II. 688 E. I. 30 E. 1038 C.

ἀτροφία II. 906 F. — lychni 949 A.

ἄτροφος pass. homo qui non nutritur II. 912 D. — activ. planta quae non nutrit II. 913 B. — oleum quod non flammam nutrit II. 411 D.

ἀτρύπητος — ον οὖς I. 873 F. II. 205 B.

ἄτρυτος II. 160 B. ut Plato Phaed. 114 D. — oculus II. 670 E. — I. 632 F. 715 F. 725 F. 761 F. 767 C. II. 62 D.

ἀτρύφητος II. 10 B.

ἄτρωτος I. 193 B. 563 F. 605 E. II. 1057 D. — quod non vulneratur II. 318 B. — durus homo II. 614 A. — τινι ὑπό τινος II. 952 F.

ἄττα pro τινα II. 692 F. I. 1012 D. v. n. ad II. 160 D.

ἀττέλαβος II. 380 F. — ἀττέλεβός II. 636 E. 637 B. τελεβώδης ψυχὴ Casaub. Athen. 293. Diog. Laert. VI. 1.

ἀττικίζω partes Athen. sequor II. 835 D. I. 208. — linguae et orationis usu Galen. T. I. p. 52 D. Aristid. I. 530.

Ἀττικὸς II. 255 D. — καὶ θερμὰ Aristid. II. 380.

Ἄττος ejus numen Porphyr. Euseb. P. E. III. 110 A. D. 119 A.

ἄττω II. 87 D. — τὴν διάνοιαν v. l. μεταλλάττω Dio Chrys. IV. 80 A.

ἀτύζομαι Pind. II. 167 C. 746 B. 1095 E.

ἀτύπωτος II. 636 C.

ἀτυφία I. 76 E. 764 B. II. 29 B. 82 B.

ἄτυφος II. 43 B. 45 C. 79 B. 1119 B. I. 690 F. 782 C. 1057 E. Aristocl. Euseb. P. E. XIV. 763 C. Dio Chrys. 657 C.

ἀτύφως II. 32 D.

ἀτυχέω II. 860 F. — σκόπου II. 582 F. — clade affici I. 138 C. 410 B. — et δυστυχέω Epict. diss. p. 330. — οὐδενὸς I. 435 F. 681 F. Xenoph. H. Gr. III. 1, 19. Eunap. 83. — τινὸς I. 763 F. Aelian. N. A. VI. 12. — ἐπὶ τοῖς ἀώροις infelix sum in immaturis, i. e. natos immaturos morte amitto II. 113 C. — in eligenda re aberro a vero Dio Chrys. 463. — ἔν τινι Aelian. N. A. VI. 19.

ἀτύχημα quomodo differat ab aliis II. 468 A. — clades II. 397 F. I. 138 B. 148 D. 256 A. 368 E. 1004 E. Dio Chrys. 415 C. — I. 770 D. II. 72 B. 96 A. 166 E.

ἀτυχὴς qui sua culpa infelix est. II. 462 D. sic ἀτυχία 112 B. Dio Chrys. 521 D. 600 D. — πρός τι. II. 485 D. — II. 221 A. 1076 D. — qui quid non accepit II. 98 F. — ἀτυχής τινος Plato 672 E.

ἀτυχία. f. ἀτοπία, II. 1075 D. — clades I. 138 A. 140 F. 179 E. 207 C. 302 D. 662 E. 855 C. 1006 C. 1024 C. II. 195 D. — mentis error, ejus qui sua ipse culpa infelix est II. 112 B. simpl. calamitas II. 117 A. — αἱ II. 103 A. 106 B. — ία et εὐτυχία belli II. 195 C. — II. 230 B.

αὖ pro καὶ II. 975 B. Oenom. Euseb. P. E. V. 213 A. Contra II. 979 A. αὖ τοὺς pro αὐτοὺς II. 35 D. — αὖ πάλιν II. 60 D. 134 F. 157 B. 163 E. 1078 C. — in fin. Plato 697 F. 699 B.

αὐγασμὸς II. 894 E.

αὐγάσδεο Lacon. II. 238 B.

αὐγή — ὑπ' αὐγὰς videre τι II. 462 D. 623 C. Musgr. Eurip. Hec. 1154. ἐν αὐγῇ σελήνης dormire II. 658 E. — differt a φλὸξ λευκὴ II. 732 C. — Lux II. 36 E. 396 A. C. 407 E. 950 B. 952 E. 953 B. — in sedibus beatorum II. 1105 B. — I. 66 D. 741 A. II. 158 D. — ferri, λαμπηδὼν aeris I. 265 A. — armorum I. 592 A. — quae est circum flammam I. 685 D.

αὐγοειδὴς II. 922 D. 928 C.

αὐδάω II. 335 B.

αὐδηεὶς — εσσα poët. Aristid. I. 26.

ἀϋδρία Plato 648 H.

αὐθάδεια II. 808 D. 816 C. 854 A. I. 169 D. 220 D. 234 D. 444 A. 555 A. 635 D. 651 E. 786 D. 787 F. 961 B. C. 964 A. B. 981 B. Aristid. I. 219. II. 60. 150. 309. 319. 367. — ἐρημίας ξύνοικος II. 69 F. — αὐθαδία Eur. Dict. Stob. 474, 15. — αὐθάδεια ferocia, libertas nimia Aristid. I. 519. 527. 529. 533.

αὐθαδὴς II. 40 F. 71 A. 700 C. 823 A. 827 A. 926 F. I. 45 F. 46 A. 293 D. 408 A. 495 E. 567 E. 693 F. 778 B. 797 D. 874 E. 998 B. Aristid. I. 76. Aeschyl. Dio Chrys. 549 A. 552 A. Plato 689 E.

αὐθαδῶς II. 19 B. 808 E. I. 482 A. 1013 C. — de inanimato I. 1 C. II. 15 E. — opp. μετὰ πειθοῦς Dio Chrys. 449 B.

αὐθαίρετος I. 219 D. 290 D. 819 F. 881 D. II. 1033 B. 1048 D. Eurip. Beller. fr. XIX. Musg. Dict. vii.

αὐθέκαστος v. n. ad II. 11 E.

αὐθήμερον I. 108 E. 168 C. 179 F. 321 C. 331 E. 389 F. 811 A. 959 C. II. 1058 B. Plato 684 E. Aristid. I. 147. II. 162. 163.

αὖθι Lac. illic II. 242 E.

αὐθιγενὴς II. 976 A.

αὖθις bis I. 445 A.—αὖ I. 303 F. 306 F. 618 A.— ἐξ ἀρχῆς II. 124 C. — μικρὸν I. 793 E. — ἐπανελθὼν II. 63 D. — Simpl. II. 70 F. 74 E. 127 C. 130 A. 131 B. 136 A. B. 146 E. 150 B. 154 D. 157 A. 158 D. 167 C. 193 B.— cum νῦν II. 564 C. —fere abundat II. 715 B. —initio periodi, *ut allud simile dicam* II. 821 E. — ἑτέραν ἀρχὴν λαβόντες II. 1073 D. — λαμβάνω I. 143 D. — οἱ αὖθις *posteri* I. 723 E.

αὐθωρεὶ II. 512 E.

αὐλαία II. 173 F. I. 127 B. C. 395 D. 425 A. 592 B. 688 C. 693 B. 1026 B. bis.

αὐλέω I. 192 E. 583 E. 1029 E. αὐλεῖν αὐλῷ (l. αὐτῷ) 1060 A. — α ejus est initium II. 737 F. 738 C. 1095 F. — I. 160 B. Mus. II. 1132 F. 46 C. 173 C. 174 E. 1134 A. 1135 B. 1136 C. 1142 B. 1144 D.

αὖλαξ II. 702 D. I. 23 E. — βαθεῖαν αὔλακα Aeschyl. II. 32 D. 88 C.

αὔλειον v. n. ad II. 140 D.

αὐλὴ I. 541 A. — principum, regum. II. 466 C. 1126 C. I. 126 C. 703 F. 707 A. 822 D. 925 F. 961 A. 963 B. 1026 E. 1033 E. 1050 F. 1062 B. 1064 E. II. 78 B. 92 D. 136 B.— ἐπ' αὐλήν τινος venire, ut ἐπὶ θύρας, potentioris II. 814 E. — templi I. 96 E. — αὐλῆς ἔπαρχος praef. praet. I. 1053 E. 1058 B. — πολύθυρος II. 99 E. — αὐλὴ pastorum describitur Dio Chrys. VII. 101 B. — Aristid. I. 540.

αὔλημα I. 915 C. 976 A. confunditur cum κροῦμα II. 638 C.

αὔλησις II. 1133 E. 1134 E. 1144 D.

αὐλητήριος — ον γλεῦκος II. 1109 E.

αὐλητὴς I. 71 D. 76 A. 77 E. 152 F. 310 E. 318 E. II. 674 D. 1029 F. 1095 F. 1133 D. 1136 A. D. 1141 C. D. 1144 D.—in navi I. 537 A. — Simpl. I. 498 A. 593 D. 925 C. II. 142 D. 174 E. 180 F. 184 C. 193 F. 200 C. bis.

αὐλητικὸς κάλαμος I. 465 C. — νόμος II. 138 B. 1133 C.—κὴ τέχνη II. 1133 E. 1135 E. 1141 C. I. 192 F.

αὐλητικῶς II. 404 F.

αὐλητρὶς II. 150 D. 643 B. 710 B. 755 A. I. 390 D. 441 E. 1034 F.

αὐλίζομαι I. 137 E. 507 F. 811 B. 832 C.

αὐλικὸς II. 141 C. 778 B. 800 A. I. 820 F. 894 D. 896 B. 1049 C.

αὐλίον Aristid. I. 350.

αὐλοποιὸς II. 150 E. 836 E. 1138 A.

αὐλὸς κινεῖται II. 706 C. 984 D.— II. 1135 F. 1136 A. B. 1138 A. 1140 C. 1141 C. 1144 D. I. 439 B. — ὑπὸ τὸν αὐλὸν ᾄδειν II. 41 C. — II. 56 E. 132 E. 133 E. 193 F. 210 F.— πρὸς αὐλὸν II. 238 B. I. 441 C. 927 B. — αὐλὸς πρηστὴρ II. 889 F. — ἰσόκοιλος II. 1021 A. — Simpl. II. 150 E. 156 C. 162 E. 163 E. 1030 B. I. 287 F. 310 F. 926 A.— αὐλῷ leg. αὐτῷ I. 1060 A. — duos simul instare Aristid. II. 393.

ἄϋλος materiae expers II. 440 E. 1085 C. 1086 A.

αὐλῳδικὸς II. 1132 C. bis. D. F. 1133 A. D. 1134 D.

αὐλῳδὸς II. 149 F. 704 C. 1134 A.

αὐλὼν I. 508 E. 719 A. Aristid. I. 22.

αὐξάνω II. 199 D. 687 A. I. 113 A. 481 E. 488 C. Plato 667 H. Luna 700 A. 704 E. pass. fiducia II. 795 B. 956 D. — II. 700 F. 735 F. I. 424 A. 996 C.

αὐξέω—αὐξοῦνται II. 724 F. — I. 979 D.

αὔξη Plato 668 A. B. 688 E.

αὔξησις I. 113 B. 162 D. 356 D. 410 E. 453 A. 475 E. 595 D. 830 C. 870 E. 911 D. 1038 C. II. 204 D. 732 A. 757 F. 796 B. 806 B. bis 1052 D. 1083 A. B. 1084 A.— Lunae II. 416 E.

αὔξω II. 687 A. 779 A. 1020 A. 1052 C. D. 1088 C. 1114 A. C. I. 108 A. 250 A. 338 C. 357 F. 361 B. 409 A. 447 A. 524 D. 580 A. 608 D.

617 D. 1068 E. — virtutem alterius II. 796 A. 809 E. sim. Heraclid. Athen. 512 B. — vitium II. 822 C. — cresco Dio Chrys. IV. 80 B. — ὁμενος λόγος I. 10 C. — αὔξεσθαι ἐπί τι I. 219 F. — laudo I. 291 A. Simil. Jambl. V. P. 39. Dio Chr. 661 A. — I. 650 A. 933 D. 1049 D. II. 35 E. 48 B. 49 D. 61 D. 103 A. 125 E. F. 130 B. 134 B. 159 B. 237 E.

ἄϋπνος II. 276 A.

αὖος II. 666 A. I. 177 E. ἀμουσία I. 491 F.

αὖρα astrorum II. 878 F. — II. 1087 E. I. 73 B. 427 B. 545 B. Aristid. I. 232. 347. — μαλακὴ I. 469 C. 576 F. — fluvii I. 726 C. 938 E. Antyll. Stob. 546. 4. Senec. Q. N. V. 7, 8, 9. Aristid. II. 361. — αὔραν καταοπείρει terra I. 969 A. — ἀτυχίας Hermol. Stob. 534. — picta Himer. 398. W. ἄβρα.

αὔριον II. 128 A. 703 F. 726 D. — ἡ αὔριον II. 127 A. 179 E. 188 D. 197 E. 214 B. — δαίμων D. Ruhnken. Ep. Cr. p. 174. cf. infra v. Ὄκνος — α ejus initium II. 737 F. — εἰς I. 527 F.

αὐστηρία I. 345 D.

αὐστηρὸς — ὰ τράπεζα II. 525 C. — differt a δριμεῖ II. 990 A. — differt a πικρὸς II. 137 A. 141 F. 620 D. 913 B. — 653 A. 760 D. I. 41 D. 45 F. 55 B. 76 A. 339 F. 524 C. 667 A. 695 A. 743 B. E. 745 B. 746 C. 765 E. 768 D. 782 A. 825 A. 831 A. 1063 C. — vini II. 656 A. 672 B. 1109 A. B. — καὶ μουσικὸς II. 674 D. — καὶ χαριεὶς II. 711 C. — et φιλοσόφως II. 396 F. — oppos. λιπαρὸς II. 708 D. 913 B. — ὸν in mente vino et musica expellitur II. 713 A. — ὸς amator II. 749 E. 753 C. Sim. 139 B. — moribus 142 B. — II. 16 A. 57 E. — temperatur animi suavitate Jambl. Stob. 315. — καὶ πολιτικὸς II. 68 B. — et πικρὸς de medic. et parrhes. II. 49 E. 51 C. 67 B.

αὐστηρῶς II. 19 C. 180 E. 784 D.

αὐτάγγελος II. 347 C. 363 C. 489 E. 740 B. I. 268 C. 344 C. 896 A. 949 B. 1014 A. Aristid. I. 122.

αὐτάγρετος Simonid. Stob. 529. Neoptol. ib. 602.

αὔτανδρος navis I. 496 C. 895 E.

αὐτάρκεια II. 57 C. 101 B. 828 C. I. 63 D. 78 C. 354 F. Porphyr. Abst. I. 54.

αὐταρκέω Aristid. I. 330. vid. ἀνταρκέω 355. 389. Isocrat. 227.

αὐτάρκης ἑαυτῷ II. 461 C. B. — II. 792 E. 958 B. 1052 C. F. 1058 C. 1068 B. 1070 B. I. 59 A. 135 D. — scriptor qui omnibus placet II. 854 A. — πότος non nimius Vit. Hom. 208. — εἰς διάλυσιν qui exitio resistere potest. II. 888 A. — πρὸς ἀρετὴν I. 60 A. — ἔργον dei II. 413 F. 423 A. — πρός τι II. 1143 D. 1144 C. — simpl. II. 101 D. 159 C. 1145 A. I. 355 A. B. 695 C. 847 C. — pass. καὶ ἱκανὸς II. 157 A.

αὐτεπάγγελτος II. 510. Pausan. p. 350. Isocr. Demon. p. 9, 3. Aristid. I. 266. 477. 481.

αὐτήκοος I. 822 A. II. 9 C. Vit. Hom. §. 212.

αὐτίκα γοῦν ex. gr. II. 69 A. — δὴ μάλα II. 3 A. 963 B. — γοῦν II. 1077 F. ex. gr. II. 32 E. 445 A. 746 D. 1137 D. 1138 A. Aristid. II. 360. — I. 532 E. 544 E. 168 E. — μάλα I. 936 C. — Rh. Porphyr. Abst. II. 2.

αὐτοβοεὶ I. 733 A. 911 A.

αὐτόγλυφος II. 1155 B.

αὐτογνώμων — όνως I. 891 D.

αὐτόγραφος II. 1115 C. I. 582 D.

αὐτοδίκαιον Aristid. II. 182.

αὐτόδορος cum ipsa pelle II. 694 B.

αὐτόδακτος Aeschyl. II. 434 A.

αὐτοθάνατος qui ipse sibi mortem conscivit II. 293 E.

αὐτόθεν II. 1078 D. 1083 A. 1087 D. 1089 F. 1092 A. 1106 C. I. 89 A. 111 B. 150 D. 563 D. Porph. Abst. II. 4. Aristid. I. 107. — e vestigio ex eo, tempore et occasione II. 57 A. B. — 131 F. (Muson. Stob. p. 160, 12.) 363 C. 377 C. 392 E. 407 C. 421 F. 450 E. 529 B. 631 D. 663 A. 665 E. 711 F. 714 D. 726 D. 728 B. 734 C. 819 D. 830 B. 916 E. 930 A. — opponitur τῷ πόῤῥωθεν II. 634 D. 995 A. 1020 B. — simpl. I. 343 F. 393 B. 457 A. 495 E. 510 D. 528 E. 550 C. 558 B. 586 D. 827 E. — Ex hoc ipso loco I. 391 A.

394 F. II. 134 E. Plato 680 B. — Upton. Epictet. p. 1. indic. I. 199 E.—statim Plaut. Trucul. II. 4, 89. *ex hoc loco* ubi vid. Salmas. — hinc I. 197 E.—ad huc f. I. 263 D.

αὐτόθι II. 401 D. 567 A. 578 D. 974 E. I. 7 E. 8 D. 16 F. 17 E. 115 A. 132 D. 144 C. 163 C. 188 D. 239 E. 240 A. 254 A. 275 F. 325 E. 328 F. 332 A. 370 E. 375 E. 380 C. (cum ἐν 383 B.) 398 E. 400 E. 403 B. 416 B. 444 D. 449 D. 462 E. 463 A. 467 C. 492 F. 493 B. 506 C. 512 E. 525 D. 536 D. 538 B. 544 F. 547 B. 552 D. 553 D. 559 D. 571 B. 572 B. D. 621 C. 623 C. 625 A. 632 F. 640 A. 686 F. 698 D. 844 F. 908 D. 912 E. 940 B. 1005 A. 1010 C. 1056 B., pro αὐτόθεν II. 81 F.

αὐτοκέλευστος Aristid. II. 281.

αὐτοκίνητος II. 404 F. 898 B. 899 B. 952 E. 1013 C. 1014 D. 1016 A. 1017 A. 1122 D.

αὐτόκλητος II. 707 E. 709 E. Sent. Anton. et Max. 720, 32. Hierocl. Stob. 461. Eunap. 74.

αὐτόκολον Aristid. II. 182.

αὐτοκρατής II. 426 B. 493 D. 731 C. 826 E. 1026 C.

αὐτοκρατορικῶς I. 922 D.

αὐτοκράτωρ II. 805 A. 945 D. I. 143 E. 190 B. 200 B. 201 A. 216 A. 226 D. 272 D. 277 A. — legatus I. 197 E. 198 B. Aristoph. Lys. 1009. Av. 1549. Wessel. Diod. Sic. I. 422. I. 197 E. 198 A. B. 527 C. 753 B. Plato 660 H. Aristid. II. 289. — στρατηγέω Gr. I. 323 B. — στρατηγὸς Gr. I. 325 B. 531 D. 534 A. 585 C. 970 E. 972 E. 979 C. 1046 D.—Rom. dux militiae I. 465 E. 474 C. 493 A. 505 E. F. 546 B. 553 C. D. 556 E. 562 E. 563 D. 564 B. 579 E. 580 A. 622 C. 630 C. 660 E. 661 E. 663 E. 713 B. 726 A. 764 C. 828 D. 879 B. 887 D. 889 C. 923 E. 927 F. 929 B. 931 E. 936 B. 946 E. 951 C. 952 A 999 E. 1003 E. 1005 B. — Rom. ut Anton. et Octav. I. 940 F. 941 E. — ρες καὶ στρατηγοὶ Rom. I. 560 C. 630 A. 763 D. — στρατηγὸς Barbar. I. 573 B. — Rom. I. 645 B. 651 F. 655 A. 959 A.—ωρ καὶ στρατηγὸς I. 781 F.— adjectiv. magistratus I. 866 D. — ἑαυτοῦ Aristid. II. 431.—διαλλάκτης I. 1033 B.—ἡγεμὼν Gr. 1045 B. — Caes. Rom. Princ. Aug. I. 1053 D. bis. F. 1054 C. 1055 A. D. F. 1056 C. 1057 B. C. 1058 D. E. 1059 A. B. D. 1060 D. 1061 A. B. 1062 D. 1063 A. 1064 B. C. 1065 C. 1066 B. C. E. 1068 C. 1069 A. 1071 A. 1073 D. E. 1074 E. II. 123 D. 172 B. C. 203 C. 204 A. Dio Chrys. 487 C. 490 D. 510 D. 514 A. 515 D. 519 A. B. 529 A. 547 D.

αὐτολήκυθος II. 50 C. ubi v. n.

αὐτομάθεια II. 973 E.

αὐτομαθὴς II. 992 A.

αὐτοματία Timoleontis II. 816 D. I. 253 D.

αὐτοματίζω II. 608 E. 807 F. Aristid. II. 389.—αὐτοματισμὸς Porph. A. N. 32.

αὐτόματος II. 706 E. 1015 E. 1045 C. 1055 C. 1115 B. I. 241 E. 674 A. II. 90 C. 127 D. Aristid. I. 461. — πῦρ I. 455 F.

αὐτόματον latius patet quam τύχη II. 426 D. 572 D. 885 C. — ἐκ ταὐτομάτου II. 420 B. — καὶ τύχη II. 398 B. F. I. 167 F. 190 E. 568 D. 768 A. sim. II. 98 C. 99 D. — ἀπὸ τοῦ αὐτομάτου I. 241 C. 384 B. 555 A. 686 A. 835 B. 1007 A. — αὐτόματον καὶ θεῖον in augurio Dio Chrys. XXXVI. 414 C. — καὶ δαιμόνιον ἡ τύχη Dio Chrys. XXXIV. 421 D. Sim. L. 541 D. — αὐτόματα mala λοιμὸς, σεισμὸς Dio Chrys. XXXVIII. 474 A. — φύσει Dio Chr. 499 D. — τύχη Dio Chrys. 600 B. 603 A.

αὐτομάτως I. 386 C. 469 C. 520 D. mori. — II. 676 D. 678 E. 825 B. 906 D. 1055 D. I. 8 A. 34 D. 66 F. sine consilio II. 724 C. 739 A. 740 D. 910 B. I. 84 A. II. 397 E. 398 F. 399 D. E. I. 248 E. 268 C. 673 E. 969 B. II. 40 B. 99 A. 187 B. τὸ αὐτομάτως II. 435 D. oppon. φύσει I. 707 C.

αὐτομολέω I. 304 D. 342 C. 678 C. Aristid. I. 378. 379.

αὐτομολία I. 949 E. 1002 B. Aristid. I. 368 ter. 369.

αὐτόμολος I. 82 D. 106 F. 108 E. 118 E. 186 A. 187 A. 263 C. 305 B. 328 C. 346 B. 379 C. D. 913 B. 1006 E. 1070 A. Aristid. I. 442.

αὐτονομέω — εῖσθαι I. 611 C. D. 974 F. 1038 D.

αὐτονομία I. 241 B. 295 A. 476 F. II. 194 B. 644 D.—per eam ad ἀνομίαν venire II. 755 B. — αὐτονομίας ἄδεια Himer. 322.

αὐτόνομός τινος II. 209 A. — II. 583 F. 826 E. 968 E. I. 34 B. 247 C. 270 B. 294 D. 342 F. 371 F. 376 C. 478 B. 600 C. 608 D. 611 D. F. 685 A. B. 699 C. 757 E. 912 E. — II. 155 A. 197 A. 209 A. Aristid. I. 224. 529.

αὐτονυχὶ Aristid. I. 294.

αὐτοπαγὴς Ephor. ap. Aristid. II. 350.

αὐτοπάθεια Fragm. I. 1.

αὐτοπαθὴς—ῶς I. 786 A.

αὐτοπραγία II. 1043 B.

αὐτοπροαίρετος Vit. Hom. §. 105.

αὐτοπτέω Pausan. 356. Porphyr. Eus. P. E. 198 C.

αὐτόπτης I. 554 B. II. 9 C. Plato 670 E. Aristid. I. 226.

αὐτοπρόσωπος Himer. 190.

αὐτόπυρος II. 466 D. Steph. Thes. III. 639. — Forte ἄρτος est in quo adhuc sunt furfures, ut in Diogenis dicto Stob. 157. Plin. XXII. 63. Hard.

αὐτὸς — αὐτοῦ libentius edit. II. 687 A. Gatak. Stil. N. T. p. 133 G. II. 65 F. — εἰς ταὐτὸν II. 1060 A.—αὐτὸς ἐκεῖνος de alio I. 941 A. conf. 940 F. II. 56 F. 87 C. — αὐτὸ τοῦτο καλεῖσθαι I. 712 A. — αὐτῷ στρατοπέδῳ I. 719 E. v. n. ad II. 152 A. — οὐκ ἔτ' εἰμι ὁ αὐτὸς I. 729 E. 989 C. 1041 E. — αὐτὸς εἰμὶ πρὸς ἐμαυτὸν τὴν διάνοιαν I. 744 A.—ad remedium refertur I. 755 A. 818 D.—εἰς τὸ αὐτὸ συνέρχεται mulier viro I. 805 A.—ἐπ' αὐτὸ τοῦτο I. 819 A. 840 E. 858 A. — ἐν τῷ αὐτῷ convivari I. 825 D. — αὐτὸν πρὸς ἑαυτὸν οἴκαδε ἀπιέναι I. 825 E. Conf. Plaut. Epidic. III. 2, 43. Trucul. V, 4, 78. — et ἐκεῖνος ad diversa I. 847 C. — omiss. ap. δέκατος pro αὐτὸς δέκατος I. 853 B. — αὐτὸς ἀφ' αὐτοῦ sponte I. 882 C. cf. ἀπό. — εἰς τὸ αὐτὸ τὴν δύναμιν συμφέρω I. 884 C. sim. 901 E.—αὐτοὶ per excellentiam reges I. 891 F. 892 A. — ἐξέστη αὐτοῦ I. αὐτοῦ, ira I. 903 B.—εἰς τὸ αὐτὸ συνωθεῖσθαι I. 898 F. — αὐτὸς et αὐτὸς de eodem I. 936 E. — αὐτὸς οὗτος εἰμὶ I. 980 A. — εἰς τὸ αὐτὸ συνάγω quos I. 988 A.—αὐτὸς traject. I. 988 B. — αὐτὸς βασιλεὺς omiss. artic. ὁ β. I. 1015 B. 1016 B. — αὐτός — αὐτὸς de diversis I. 1020 A. τὸ δι' αὐτῶν opponitur coactioni II. 856 B.— αὐτὸ τοῦτο per appositionem *hoc ipsum* addito nomine II. 875 A.—αὐτὸς ἕκαστός ἐστι (*ipse* illud ego, conscium sibi.) II. 944 F. — ἐξ αὐτῆς natura quid profert II. 991 E. — αὐτὸ τοῦτο simpl. II. 1060 B. — αὐτοῦ corrupte pro ἄδου in lib. de Leg. Poët. Sic Hymn. Hom. Nov. 351. — pro subjecto f. corrupte II. 688 E.—αὐτοῖς ὀνόμασιν II. 784 D. — τρίτος αὐτὸς II. 244 C. Wessel. D. S. II. 330. Plato 613 D. —, πρᾶγμα ἀφ' αὑτοῦ γινόμενον sponte II. 1050 A. — ἐπ' αὐτῶν elliptice sc. χρημάτων II. 392 C. — τινὶ II. 671 C. 726 C. 763 B. 1056 C. 1074 D.—sine articulo ἐπ' αὐτοῦ πυροῦ pro ἐπ' αὐτοῦ τοῦ π. II. 693 D. 1043 B. — αὐταῖς κανδάλαις I. 412 C. 432 B. — sine artic. αὐτὸς Σύλλας I. 424 B. — et ἐκεῖνος oppon. I. 436 B. 1016 B. 1019 A. 1069 E. II. 142 D. 144 F. 145 C.— ἐπ' αὐτὸ τὸ ἔργον I. 448 D. — τὸ αὐτό τινι πάσχειν I. 454 B. II. 49 E. — αὐτοῦ οὐκ εἰδὼς I. 456 F. — αὐτοῦ quid projicere I. 464 A. — εἰς τὸ αὐτὸ συνιέναι I. 528 F. 592 D. 635 B. 779 A. 781 A. 930 A. 985 D. — abund. ap. med. ἀπογράφεσθαι ἑαυτὸν I. 532 F. — εἰς τὸ αὐτό τινι σπεύδειν I. 540 F. Xenoph. Cyrop. I. 3, 4. — imprecatus est ἀρὰς δεινὰς μὲν αὐτὰς, δεινοὺς δὲ θεοὺς I. 553 A. 576 A. 590 A. —αὐτοῦ ibi I. 554 F. 953 E. 954 F. 1030 B. — εἰς τὸ αὐτό τινα προάγω I. 607 A.— αὐτὰς καθ' ἑαυτὰς πράξεις magnas I. 622 F. — αὐτὸς οὗτος ἀνὴρ I. 677 C. — cum καὶ omisso participio II. 1025 C. δυνάμεις εἰς θνητὰ πάθη παρεισιοῦσαι ὄργανα φθαρτῶν καὶ αὐτὰ σωμάτων.—αὐτῷ ταὐτὸν sibi idem II. 1025 F.—αὐτὰ pro ταῦτα II. 1079 A. — αὐτοὶ οὗτοι II. 1122 E. — αὐτὸ τοῦτο II. 72 E. 181 C. 1128 A. ad antecedens refertur Diog. L. IX. 74. 104. X. 6. Cic. Ac. I. 4. — αὐτοῦ ibi I. 96 B. 507 F. — εἰς τὸ αὐτό τινι ἐλθεῖν I. 97 C. 152 C. 160 D. Eurip. fr. incert. XXIV. et ap. Valcken. Hipp. 273. Pausan. p. 868. I. 371 F. 410 D. — καθ' αὑτὸν solus I. 110 E. — δι' αὑτοῦ loqui sine interprete I. 126 D. — παρ' αὐτὸ τὸ δεινὸν I. 125 B. — ὁ αὐτός εἰμι I. 161 B. — εἰς τὸ αὐτὸ τινι φοιτᾶν I. 169 D. 638 B. 692 D. 887 E. 1020 E. — repetitio subj. ex antecedentibus ἐξ 48. τῶν αὐτῶν γίνεται, sc. τριγώνων II. 427 D. ἐν αὐτῷ quid habere fere abundat. I. 180 D. — δι' αὑτοῦ venire, pedes, opp. equo I. 188 A. — αὐτό γε τοῦτο particip. I. 202 C. — εἰς τὸ αὐτὸ συμπίπτειν in praelium I. 206 C. — ἐξ αὐτῶν quid emittere, abund. I. 232 B. conf. ἔχω. — ἐκεῖνος αὐτὸς I. 220 D. 300 C. 318 A. 415 F. 467 B. 479 E. 484 A. 703 D. 748 A. 821 A. 838 D. 881 E. 927 B. 980 D. 981 A. 987 E. — οἴκαδε πρὸς αὑτὸν I. 281 E. — ut Lat. *ille* v. c. *pugnas pugnarunt, non illas quidem magnas, sed tamen*, cet. I. 285 C. — εἰς τὸ αὐτὸ συντιθέναι τι I. 297 B. — αὐτὸς αὑτοῦ κράτιστος I. 298 D. sim. Aristid. II. 258. — τινὶ I. 319 A. II. 109 E. 127 E. — οἶδα solus I. 329 E. — saepe repetitur I. 348 B. — εἰς τὸ αὐτὸ συμπίπτειν I. 386 E. 628 B. — συμφέρεσθαι I. 799 A. — συνέρχεται exercitus I. 1041 E. 1070 F. — αὐτὸς ἐκεῖνος et ἄλλος opp. I 1068 C. II. 43 E. — αὐτός τις II. 82 D. 125 E. — καὶ αὐτὸ et ipsum ut Lat. II. 14 C. — πρὸς αὐτὸν καὶ πρὸς ἕτερον διαλέγεσθαι II. 38 D. — δεῖται οὐδ' αὐτὸ μικρᾶς εὐλαβείας II. 40 F. — καθ' αὑτοὺς γινόμενοι II. 47 E. sim. 172 D. — αὐτοὶ δι' αὑτῶν quid faciunt II. 48 B. — αὐτὸς ἐκεῖνος II. 139 B. — αὐτὸ δὴ τοῦτο τὸ καλὸν II. 49 E. — repetitio subj. abundat II. 80 C. 131 B. Xen. Cyrop. I. 3, 15. Plato 594 G. Phaedon. 87. — τις aliquis esse simpl. II. 82 D. Himer. 136. — ἄλλος αὐτὸς amicus alter ipse II. 93 E. — ὁ αὐτός εἰμι non mutor II. 103 A. — rep. emph. ἡ πρώτη αἰτία — ἡ αὐτὴ II. 106 F. — αὐτὸ τὸ πρᾶγμα φανερόν ἐστι II. 407 D. — πρὸς αὐτὸν καὶ ἄλλον τι διεξιέναι II. 111 A. — εἰς τὸ αὐτὸ ἔρχεσθαι II. 113 C. — τὸ μὴ δι' αὐτὸν πράττειν κακὸν μέγιστον φάρμακον ἀλυπίας II. 114 C. — αὐτῷ προσδιαλέγεσθαι sic mss. vulg. αὐτῷ II. 114 E. — αὐτὸς αὑτῷ σὺ αἴτιος II. 117 A. — αὐτοῦ et alii casus II. 117 E. 118 D. 123 F. 124 A. 128 D. 129 E. 131 C. 135 B. F. 136 E. 137 A. 144 C. 148 E. 154 C. 158 B. 159 C. 160 C. 161 A. C. 162 E. 163 E. 166 B. 167 C. F. 168 A. B. 170 E. 171 D. 172 E. 173 E. 185 E. 192 D. 193 A. 197 E. 198 E. 203 B. 204 B. D. 206 E. F. 217 C. 221 D. 223 B. 225 D. 227 D. 228 F. 229 E. 233 D. 237 D. E. — αὐτὸ δι' αὑτοῦ II. 102 A. — αὐτοὺς καθ' ἑαυτοὺς II. 123 B. — εἰς τὸ αὐτό τινι βαδίζειν II. 124 A. — artic. omiss. αὐτῷ Σωκράτει pro αὐτῷ τῷ Σωκράτει II. 124 E. — repetitum II. 129 B. — αὐτὰ ταῦτα δι' αὑτὰ II. 129 F. — αὕτη II. 131 B. — τὸ ἀκώλυτον αὐτῶν II. 137 E. — εἰς τὸ αὐτὸ συνιέναι ἐπὶ βίου κοινωνίᾳ II. 138 B. conjugium — αὐτὴν ἐν ἑαυτῇ διαλαλεῖν τι II. 141 D. — ἡ αὐτή ἐστι πᾶσα γυνὴ II. 144 E. — αὐτὸς πρὸς αὑτῷ γενόμενος II. 151 C. — φοβεῖσθαι μὴ αὐτὸν ἀλλ' ὑπὲρ αὐτοῦ II. 152 B. — δι' αὐτὸν et διὰ τὸν νόμον oppon. II. 155 D. — αὐτὸν αὑτοῦ μὴ δεῖσθαι II. 159 A. — αὐτὰ corrupt. II. 159 B. — αὐτοῖς δι' αὑτοὺς ministrant II. 160 C. — κολαζομένην αὐτὴν ὑφ' αὑτῆς ὡς ὑφ' ἑτέρου II. 165 E. — δι' αὐτὸν leg. αὑτὸν propter se ipsum II. 168 B. — τὴν αἰτίαν ἐξ αὑτοῦ καὶ τῶν περὶ αὐτὸν ἀνασκοπεῖ II. 168 B. — αὐτὸς πρὸς αὑτὸν εἰπὼν II. 168 D. — αὐτοὶ τὰ αὑτῶν τέκνα καθιέρευον II. 171 C. — αὐτὸς et ἐκεῖνος perperam transposita II. 197 F. — ἐκάλουν αὐτὸν οὐκ ἐκείνῳ χαριζόμενοι pro αὐτῷ II. 200 A. — αὐτὸς δι' ἑαυτοῦ II. 211 F. — αὐτοὺς τὰς αὑτῶν ἁμαρτίας φέρειν II. 215 B. — rep. subj. pro ἐκεῖνος II. 189 E. — αὐτὸ τοῦτο II. 181 C. 190 B. 219 C. — et ἐκεῖνος oppon. II. 183 B. 185 C. 189 B. 190 A. 240 F. — εἰς ταὐτὸν II. 194 B. — τοὺς αὐτοὺς ἀεὶ αἱρεῖσθαι ἄρχοντας II. 199 A. — αὐτὸς pro ἐγὼ II. 222 C. — pro ἅμα II. 200 E. — ἑαυτοῦ cum superlativ. II. 213 F. — cum οὗτος II. 215 C. — ταὐτὰ eadem II. 201 F. — οὐκ εἰμὶ ὁ αὐτὸς II. 223 E. — αὐτοῦ hoc loco II. 225 E. — ἐκ τῶν αὐτῶν γεγονότες sc. parentibus II. 226 A. 232 B. — αὐτὸς ἐκεῖνος II. 229 A. — αὐτὸν ἑαυτῷ ἐπιπλήττειν II. 237 C. — ἑαυτοῦ εἶναι ipsum in sua potestate esse Teles Stob. 522, 49. — pro ἐμαυτῷ — οἱ δὲν ξύνοιδα αὐτῷ l. αὐτῷ Vid. Reisk. Dio Chrys. XII. 195 D. — ἐν τῷ αὐτῷ γενέσθαι convenire ad se invicem Dio Chrys. XVIII. 259 C. — αὐτό τε l. τοὺς αὐτὸ τοῦτο ἀνθρώπων ἄρχοντας Dio Chrys. LVI. 565 C. — αὐτοῦ ἐάν τι *hoc loco quid sinere.* f. abund. pro *omittere* Dio Chrys. LVI. 568 B. — αὐτὸς Caesar Dio Chrys. 489 D. 512 D. — αὐτὸς ap. Hom. et Virgil. est corpus Upton. Arrian. Epictet. p. 85. — αὐτοῦ pro αὐτοῦ vel ἑαυτοῦ passim Upton. Ind. Epict. — αὐτὸς abund. repetit. subj. pro τοῦτον Plato 565 B. — τὰ αὐτὰ ὡσαύτως τοὺς αὐτοὺς Plato 631 A. 669 G. — τὸν αὐτοῦ ποθεῖν suum quemdam Plato 693 C. — opponitur animo et notat corpus, Homer. Il. A. 4. ibi Eustath. (et ψ'. p. 1788.) ex Antisthene. vid. Dissert. mea de Placito Immortalitatis p. 68. Aristoph. Ach. 398. ibi schol — αὐτὸ δὴ τοῦτο quid proverbio dicitur Aristid. I. 105. — ταὐτόν ἐστι multum et nihil dicere, nil proficit Aristid. 246. — αὐτῷ συνεῖναι Aristid. I. 359. — αὐτὸς οὐδὲ αὐτῷ περὶ τῶν αὐτῶν τὰ αὐτὰ φρονεῖν Aristid. II. 46. sim. Plato Gorg. 299 B. — αὐτοῖς l. αὖ τοῖς Aristid. II. 52. — αὐτὰ κατηγορεῖ res ipsa ostendit ib. 409. — ἐν τῷ αὐτῷ γενέσθαι conjungi Aristid. I. 503. αὐτὸς αὐτῷ περὶ τῶν αὐτῶν τὰ αὐτὰ φρονεῖ Aristid. II. 46. — αὐτὸς δέκατος Aristid. II. 135. 173. — περὶ τῶν αὐτῶν τῆς αὐτῆς ἡμέρας οὐ τὰ αὐτὰ γινώσκομεν Isocrat. 294. — αὐτοὶ γάρ ἐσμεν Plato 645 G. — τὸ αὐτὸ ὂν Plat. Themist. paraphr. p. 17 b. l. 1. — αὐτὸ γάλα Himer. 220. αὐτῶν ποιητῶν omiss. τῶν Himer. 328. 638. αὐτὸς ἐκεῖνος I. F. Reitz. Lucian. III. 120. — τὰ αὐτοῦ πράττειν rep. abstinere Liban. T. I. 484 D.

αὐτοσχεδιάζω II. 652 B. Orat. II. 848 C. bis — ita leg. I. 850 C. — τι Dio Chrys. XXXIV. 426 A. Aristid. I. 236. II. 187. Simpl. σχεδιάζω Jambl. V. P. 213.

αὐτοσχέδιος περὶ II. 641 F. — τὰ oratoria II. 842 C. Dio Chr. XIX. 261 B. Aristid. I. 324. 331. — I. 456 B. — οἱ λόγοι II. 6 C. — ον λουτρὸν Aristid. II. 423.

αὐτοτελὴς v. n. ad II. 122 E.

αὐτότεχνος II. 991 E.

αὐτουργέω I. 412 E. Muson. Stob. 428. Hierocl. ib. 491. Dio Chrys. 580 A.

αὐτουργία f. λειτουργία II. 394 C. — I. 153 A. 225 D. 336 C. 337 C. Hierocl. Stob. 490. Teles ib. 509. Numen. Euseb. P. E. XIV. 734 B. — αὐτούργημα pro ἔργον Dio Chr. XII. 211 A.

αὐτουργὸς II. 172 B. 334 D. I. 27 C. 156 E. 353 B. 369 B. 407 A. 424 F. 957 D. 1013 B. Dio Chrys. 13 B.

αὐτόφορτος navis perit II. 467 D. I. 259 D.

αὐτοφρόνησις Himer. 304.

αὐτοφυὴς II. 153 A. 646 B. 667 C. 881 E. 917 B. 973 A. 987 B. I. 343 C. 349 B. 545 B. 572 A. 1031 F. Valck. Diatr. p. 41.

αὐτόχειρ I. 32 C. 35 D. 38 D. 77 C. 309 A. 459 E. 1010 D. τινος 1026 D. II. 89 A. Eurip. Dio Chr. XI. 153 B. Plato 656 G. bis. 657 C. E. 659 A. D. Aristid. I. 28. 289. 411. 425. — ἑαυτοῦ ib. 560. II. 106.

αὐτοχειρία quem interficere Pausan. 700. Plato 659 E. F.

αὐτόχθων I. 2 A. — πηγὴ (confert Ruhnken. Long. 35. p. 149.) II. 38 C. 500 D. — homo Aristid. I. 166. 188. 231. 523. 532. Himer. 372.

αὐτόχροος II. 270 E.

αὐτόχυτος aqua Aristid. I. 253. 255.

αὐχέω Cratin. I. 484 E. Vit. Hom. §. 214. Aristid. I. 103. 525.

αὔχημα Aristid. I. 39.

αὐχὴν I. 590 B. — ἐπ' αὐχένι στρέφουσαν Poët. II. 748 B. — peninsulae I. 163 C. Philostrat. p. 162. Aristid. I. 238. — locus I. 549. — montis I. 562 D.

αὐχμάω II. 187 D. Aristid. II. 174. Himer. 730.

αὐχμηρὸς II. 187 D. 192 E. 193 A. 237 B. Aristid. II. 423. opponitur ἀληλιμμένῳ I. 50 C. 117 E. 512 F. — calidus, siccus II. 939 E. — I. 487 C. — locus I. 516 E.

αὐχμὸς penuria comparat II. 409 B. 411 D. E. — convivii I. 927 D. — corporis squalor II. 610 B. I. 885 E. — siccitas II. 650 D. 938 D. 939 D. I. 69 B. 557 C. — et ὄμβρος II. 733 D. 896 C. Himer. 730. — ἐξ ἐπομβρίας Heraclit. II. 136 B.

αὐχμώδης caro corporis II. 688 D.

ἀφάβρωμα II. 295 A.

ἀφαγνεύω τοῦ σώματος Neutr. II. 943 C.

ἀφαίρεσις II. 226 C. 431 F. 473 A. 1010 E. 1010 E. I. 47 B. 110 C. 504 C. — χρεῶν 801 A. 940 A. 972 E. 987 D. 1026 A.

ἀφαιρέω simpl. II. 150 D. — εἴσθαι εἰς ἐλευθερίαν II. 550 B. Plato 675 F. Aristid. II. 202. — μαι libero Aristid. I. 373. — τινός τι vitium dedocere II. 550 E. (virtutem II. 714 F.) 722 B. 778 E. 800 B. Dio Chr. XI. 152 A. — eximium praemium II. 557 E. — ἀφεῖλε pro ἀφεῖλκε II. 566 A. 597 D. — μόχλον II. 597 D. — ὀργήν τινος II. 616 E. — ἀφηρέθησαν τράπεζαι II. 635 B. v. n. ad II. 150 D. — activ. ἁγνεῖαι ἀφαιροῦσι οἶνον II. 684 A. — έομαι quid per quid, extinguo II. 713 E. — sumo ad usum II. 735 D. 1027 B. — alterius iram II. 795 A. — omitto II. 41 B. 808 E. 1010 D. — minuo II. 814 A. — τὸ ἄγαν II. 66 B. 431 A. 437 A. 939 B. — ομαι ἐμαυτόν τινος II. 1092 D. — τι τινὸς leg. ὑφαιρ. II. 1111 C. — μαί τι pass. II. 200 E. — simpl. II. 173 D. 182 D. 186 C. 198 E. 214 B. 226 D. — μαι ἱμάτιον i. e. sibi ipsum II. 168 D. — et ὑφαιρέω opp. II. 132 D. — μαι activ. simpl. II. 102 C. 116 A. — μαι λύπας alterius ut alioquin activ. — έω II. 118 A. — ὁ ἀφῃρημένος mortuus II. 114 C. — έω τινὸς rei vitium II. 66 E. 67 E. 69 A. 83 E. 91 B. — έω ἐμαυτοῦ ἄριστον II. 64 B. — μαι τί τινι vel τινος var. codd. II. 44 B. — τὸ πολύ τινος vitii II. 40 F. 41 E. — ἀφελόντες remittentes factum ipsi suum pro ὀφέντες I. 896 F. — iram alterius I. 1000 A. v. infr. affectum — suspicionem I. 1013 A. — τὸ πλήσμιον I. 1061 E. — καί τινά τι I. 939 C. — ἀφῄρει τῶν δακρύων καὶ ἀπέκρυπτεν Cleopatra ap. Antonium I. 940 D. — τι vitium sibi II. 75 D. — μαι simpl. aufero cui quid II. 13 E. 126 B. — vitium fere tempore II. 38 D. — ἀφελεῖν ἢ προσθεῖναι ἢ μεταθέσθαι II. 39 C. — μαι τὴν δίωξιν, impedio quo minus alius me persequi possit I. 8 A. — μαι med. simpl. vindico quem in libertatem I. 85 B. 376 A. — simpl. demo, minuo I. 89 C. E. II. 51 C. 132 E. — τινός τι aliquem ab aliqua re liberare I. 103 A. — privare I. 171 E. 377 A. — ἀφαιρῆται leg. ἀφίκηται II. 432 E. — reprimo, tollo affectum I. 184 D. 381 B. 539 A. bis 591 E. 783 C. 788 C. 920 C. II. 123 C. — Med. pro activ. simpl. demo I. 191 A. II. 139 D. bis. 165 A. 178 C. 180 D. 200 D. 209 E. 213 D. 214 B. 229 F. — μαί τινά τινος privare quem quo I. 271 E. 280 D. 312 B. 722 A. Attic. Euseb. P. E. XV. 809 C. — ἀφαιρέω τινὸς omiss. τι aliquid ex aliqua re demere I. 312 C. 955 A. pass. — μαί τινος πολὺ magna cujus parte privor. I. 363 E. — I. 814 F. Dio Chrys. XI. 168 D. — med. ἀφαιρέομαι actionem alterius, eam impedio I. 371 C. conf. 923 D. — galeam, sc. ipse mihi eam detraho I. 389 C. — έω et προστίθημι I. 424 C. II. 69 A. — μαι τὸν φόνον impedior à caede I. 549 D. — έω τὸ τῆς φυγῆς αἰσχρὸν I. 558 C. — μαι τὴν θάλασσαν τῶν πειρατῶν libero mare praedonibus I. 631 F. simil. 609 C. — ω κίνδυνον depello I. 871 F. — μαι quem servo e periculo I. 880 D. Aristid. I. 485. — μαί τινά τινος privo quem aliqua re I. 943 E. — μαι τὰ πράγματα pro ὑφ. Aristid. II. 267. — sanguinem Aristid. I. 311. 340. — ἀφελόντι εἰπεῖν et συνελόντι Aristid. I. 187. II. 38. — rapio Plato 692 G. — μαι τὰ ὅπλα Plato 687 B. — έω τινὰς θάνατον judicio Plato 661 F.

ἀφάλλομαι II. 1069 F. telum resiliens II. 929 E. lux II. 931 B. 936 F.

ἀφανὴς II. 1026 C. 1129 F. I. 114 B. — genere I. 931 C. — fio I.

20 B. 60 C. 116 E. 731 D. cf. inf. Aristid. I. 488.

ἀφανίζω II. 15 E. 703 B. 728 B. I. 368 E. 705 E. 926 E. — II. 689 F. 734 C. 962 E. F. — II. 684 B. 831 E. I. 436 E. 662 A.—quid miscendo, ut stannum in aere II. 752 E.—II. 221 E. 233 D. 1103 E. 1106 B. I. 71 D.—Romuli I. 34 C. 37 A. —ω scriptum I. 443 C. —μαι submersus I. 554 F. II. 23 B.—luctum laetitia rebus I. 856 B. II. 112 F.—ται quid incendio I. 778 A.

ἀφανισμὸς lunae II. 670 B. 1130 E.— I. 34 E. 308 E. 968 C. 977 D. II. 107 C.

ἀφανιστὴς II. 828 F. sine auctoritate ap. H. Steph. Thes. L. G. IV. p. 18.

ἀφαντασίωτος II. 960 D.

ἄφαντος Epimenid. II. 409 F. Wessel. Diod. Sic. I. 310. not. ad Julian. 59 A. Aristid. I. 260.

ἀφάπτω I. 421 B.

ἀφαρπάζω deripio cui vestem II. 755 A. I. 393 F. [tempest. 499 D.]— I. 547 D. 645 A. 938 D. 1004 C. pro ὑφαρπ. Aristid. I. 481.

ἀφασία II. 1123 C. Bergler. Aristoph. Thesm. 911. Oudend. et Bernard. ad Th. Mag. p. 135. Dav. Ruhnken. Ep. Crit. p. 212. Aristocl. Eus. P. E. XIV. p. 758 D. Plato 570 A.

ἄφατος II. 864 C. I. 432 B. Numen. Euseb. P. E. XI. 543 C.

ἀφαναίνω II. 1094 F. Pindar. ap. Athen. ed. fragm. Schmidii 163. Procl. et Schol. Hesiod. Ἔργ. 584. Porphyr. Abst. IV. 21.—de verbo quaedam notat Kuster. Aristoph. Ran. 1121. Thesm. 853.

ἀφεγγὴς II. 934 A. 952 E. 1130 B. Aristid. I. 259. Himer. 800.

ἀφειδέω ἀρετῆς II. 96 D. 535 D.— ἑαυτοῦ 586 D. 760 C. 959 B. I. 208 A. 396 F. 449 E.— I. 478 E. 775 B. 805 D. II. 54 A. 65 A. — πάντων II. 81 B. 629 A. — τινος II. 964 A. I. 886 E.— I. 101 C. 142 E. 292 E. 318 A. 656 E.—τοῦ σώματος I. 157 C. II. 137 C. —τοῦ ζῆν I. 367 E.— ψυχῆς I. 788 F. 1073 E. — militum I. 908 C. — χρημάτων I. 1074 C.— ψυχὴ σώματος II. 135 E.

ἀφειδὴς liberalis I. 257 A. Upton. Ind. Epictet. — τινὸς I. 344 B.

ἀφειδία II. 762 D.

ἀφειδῶς I. 533 B. 575 B. 584 B. 709 E. 797 D. 807 C. 830 D. 866 A. 917 F. 991 F. 994 A. 1001 E. II. 65 D. 125 E. 207 F. 279 D. — II. 822 B. I. 150 F. 196 C. 278 E.— fortiter I. 569 E. 691 A. 747 D. II. 119 C. — aspere vulgo pro v. l. ἀπηνῶς II. 19 B.— ἀφελῶς καὶ ἀφειδῶς Aristid. II. 265.

ἀφέλεια I. 365 A. 750 C. 805 B. II. 142 A.—victus II. 461 A. conf. ib. C. 580 B. 748 A. — cibi II. 158 A. ἀφελία Gen. Socr. Vid. Steph. Thes. Append.—II. 609 C. leg. pro ἀσφάλεια (781 B. ὠφέλεια) I. 356 F. 481 E. 708 B. Satyr. Athen. 534 B. —II. 148 D.

ἀφελὴς oratio I. 47 C. 53 A. 338 C. 339 E. 599 C. 658 D. II. 238 A. 835 B. 854 E.—vestitus II. 528 B.— II. 406 D. I. 279 B. 750 C. 810 B. 820 B. 825 A. — II. 62 C. Teles Stob. 523.— II. 609 A. 646 B. 755 D. 997 D. 1047 A.— cibus II. 661 C. — ἄγροικον duas formas habet ἀφελὲς et ἠλίθιον II. 854 C.—έστατα I. 436 C. — ἀφελὴς γνωμολογία II. 712 A. B. — ἀφελὲς leg. pro ἀσφαλεῖς Aristid. I. 375. Isocr. Paneg. ed. Mor. p. 11.

ἀφελῶς II. 558 A. 616 D. 634 E. 662 C. 686 B. 709 E. 716 B. 728 F. I. 381 A. — οἰκέω I. 640 C. 716 B. 744 B. — καὶ ἀτύφως II. 616 E. 617 A. —ῶς laudare. εὐλαβῶς credere II. 41 A. — καὶ ἀφειδῶς Aristid. II. 265. vulg. ἁπλῶς 301. — ῶς malo sensu. Aristid II. 116.

ἀφέλκω II. 945 B. 1041 E. I. 143 D. 540 A.

ἄφενος Hesiod. II. 92 A.

ἀφερμηνεύω I. 31 A. Plato 636 A.

ἀφέσιμος Aristid. I. 344.

ἄφεσις καὶ τροφὴ (l. αὔξησις B.E.) II. 764 B. — χρεῶν I. 88 D. 798 E. 813 A. Sim. Plato 658 E. — teli I. 306 E. — currum I. 463 F. Sim. II. 224 F. Vales. Euseb. p. 142 A. — στρατηγίας I. 536 C. — στρατείας I. 609 B. — uxoris I. 641 E. — et αἰτία oppon. I. 1066 F.

ἀφεστὴρ II. 292 A. Cnidi magistratus.

ἀφέτης — οἱ I. 116 B.

ἄφετος I. 339 B. 821 B. — νέμεται juventus II. 12 A. ubi v. n. — homo senex Plato R. VI. 474 G. Protag. 197 D. — νομὴ I. 445 A. 507 E. Sim. II. 38 D. Isocrat. 185. ed. 8. Paris. — τινὸς II. 768 A. — sacer II. 981 D. Synes. 104 B.

ἄφευκτος I. 460 B. et ἄφυκτος Lucian. II 626.

ἀφεψέω decoquo II. 692 D.

ἀφὴ connexio II. 558 E. 565 A. 718 A. — ἀφὴν ἐνδιδόναι II. 660 B. 86 F. — tactus II. 706 A. 978 C. 1094 E. 1062 C. 1067 B. 1078 B. D. 1080 E. — ἀφῇ tractare picturam II. 735 C. Sim. II. 410 A. — Epicur. II. 769 F. Sic ἀφὴ est venerea Porphyr. Abst. I. 34 fin. Dio Chrys. IV. 75 D. — comprehensio manuum II. 967 C. — musicae I. 161 D. Callicratid. Stob. 485. Antig. Caryst. 185. χρείᾳ muta in χειρὶ, nam non de sono intelligendum — περὶ ἀφὰς λύχνων Wessel. Diod. Sic. II. 341. Athen. 526 C. Aristid. II. 324. — amicitiae I. 927 E. — τῶν σπλάγχνων facienda in τρίψει II. 130 D. — luctatorum Upton. ad Epictet. p. 197 et ind.

ἀφηγέομαι — νέως II. 773 B. — II. 1027 E. 1051 F. 1114 C. 1136 A. I. 67 D. — dux sum τινὸς I. 22 B. 61 A. 549 D. — narro I. 410 D. 432 E. 445 A. Porphyr. Abst. II. 4. Aristid. I. 159. — leg. ἀφαιρέομαι Erotian. Proem. p. 2. — τινί τινος ita leg. ap. Porphyr. Abst. II. 38 vid. Exc. — scholam Jambl. V. P. 265. 266. ἐξηγητὴς Plato 649 E.

ἀφήγησις Aristid. I. 154.

ἀφηδύνω quem I. 964 F.

ἀφηνιάζω II. 486 F. 1015 A.

ἀφηνιασμὸς v. n. ad II. 371 B.

ἀφθαρσία II. 425 D. 881 B. 1054 C. 1055 D. 1105 D. 1111 D. I. 322 A.

ἄφθαρτος II. 165 B. 322 B. 419 A. 420 A. E. 433 F. 438 C. 725 C. 870 B. 899 C. 960 B. 1051 F. 1052 A. B. 1054 D. 1074 F. 1075 A. C. 1077 D. 1091 B. 1103 D. 1107 B. 1114 A. D. 1117 C. I. 66 B. Wessel. Diod. Sic. T. I. p. 10.

ἄφθιτος II. 723 E. 880 F. I. 139 A.

ἄφθογγος II. 738 E. 973 C. I. 67 B. 657 D. 729 F.

ἀφθονία exemplorum II. 768 B. — I. 54 D. 633 A. 846 D. II. 44 C. 45 B. 239 D. 678 E. 732 D.

ἄφθονος II. 103 E. 667 C. 668 B. 688 E. 977 F. I. 142 E. 150 E. 568 B. 569 C. — σχολὴ II. 787 B. — καὶ ἱκανὸς II. 989 D. — copiosus I. 415 F. 451 C. 453 A. 1031 C. II. 131 F. — ἐν ἀφθόνοις διάγω I. 554 E. — fluvius I. 557 C. — laudator, invidiae expers I. 872 E. Teles Stob. 575.

ἀφθόνως II. 179 E. 743 F. — sine invidia, liberaliter II. 50 B. 148 E. jocus ἀφθόνως διὰ φθόνον Agathon. Stob. 223. Philemon Grot.

ἀφίδρυμα simulachrum II. 1045 A. 1136 A. I. 65 B. Wessel. Diod. Sic. II. 40. Porphyr. Abst. II. 35.

ἀφίδρυσις II. 1136 A.

ἀφίδρωσις II. 695 D.

ἀφιερόω v. n. ad II. 271 A.

ἀφιέρωσις I. 104 F.

ἀφίημι Simpl. II. 149 E. 177 E. 178 D. 181 B. 190 A. 191 B. 192 E. bis. 207. E. — II. 758 D. — φωνὴν II. 669 D. 671 F. I. 371 E. 428 A. 467 A. 468 E. 483 B. — ἀφεῖσθαι ἀπὸ τῆς ἀφροσύνης ἐλεύθερον πάντων νοσημάτων II. 76 A. nisi leg. ὑπ' αὐτῆς et subint. προκόπτει — εἶται tanquam telum impetus agendi II. 581 C. — ἀφιέναι τὰς ἡνίας II. 13 D. conf. not. ad Julian. Or. II. 50 B. 248 D. — τὴν ὀργὴν remittere 696 F. 736 D. — λόγον (inchoatum) 420 E. 423 B. — τι τῶν ἀρεσκόντων opinionem repudiare II. 448 A. — τὴν κόλασιν dimittere II. 460 A. — τινὶ τὴν ὀργὴν ὥσπερ θηρίον in quem II. 462 E. — εἴς τινα II. 514 D. 683 D. — λόγον in aliquem II. 548 C. — τινι integrum II. 651 A. — equum, descendo ab eo I. 359 A. — τινί τι condonare, ignorare cui quid. I. 377 C. — ειμένος ζῆν ut senex avis I. 380 F. — jacio I. 384 A. — moerorem I. 403 F. — στρατείαν I. 412 F. — τὴν διάνοιαν σχολάζειν in philosophia I. 492 A. — τί τι permitto alicui quid II. 594 A. — [odorem II. 646 D.] 647 B. 648 A. 665 C. 681 A. 691 F. 697 B. — lumen II. 658 B. — ut omittam quod II. 675 A. 964 A. — δάκρυον II. 700 F. I. 169 E. — τινὶ ποιεῖν τι II. 707 D. — ἵνα ἀφῶ ut omittam II. 726 E. 1051 E. — ἀπόπατον in quem II. 727 D. — ἀφεικότα II. 735 D. — τὸ συκοφαντεῖν II. 735 E. — φρύαγμα, perdere, amittere II. 754 A. C. — τὸ θέατρον, relinquens, non eo abiens II. 755 A. — flammam ore II. 762 E. — γονὴν II. 767 C. — ἀφεικὼς II. 785 F. 791 A. neutre II. 804 D. — e carcere II. 808 E. — pass. judicio II. 807 F. 808 A. — τι alicujus rei consilium II. 818 E. — τινα urbem impunem II. 815 F. — hominem II. 816 A. — desero quid II. 831 E. — ἀφεῖσθαι τῆς αἰτίας II. 156 E. 834 E. 1096 E. I. 320 E. — excrementum II. 962 F. — ἀρχὴ ἀφ' ἧς τὸν βλαστὸν ὁ πυρὸς ἀφίησιν II. 968 A. — ἀφειμένος qui operis vacationem habet, senex mulus II. 970 A. — omitto II. 972 F. — corpus meum διὰ βάθους II. 979 D. — τι ἐκ τῆς συνηθείας II. 1011 A. — κατάληψιν amitto II. 1036 E. — ὅτι in disserendo II. 1042 B. F. 1097 E. — ἄφες II. 1049 B. 1068 E. — τὴν ἀρετὴν amitto II. 1064 A. B. — ἀφεὶς δὲ τοῦτο II. 1063 B. — dimitto II. 1066 D. — ἀφεῖναι se ipsum in mare II. 1069 E. I. 105 F. 353 A. 392 B. 651. 700 C. 725 E. — ἀφιᾶται l. ἀφῖκται II. 1072 B. — οἵας φωνὰς ἀφιεὶς II. 1097 A. — τινὶ τὴν δίκην I. 14 C. — ἀφειμένος τινὸς I. 30 A. — τινι τὸν ὅρκον I. 57 F. — φωνὴν I. 73 D. — τινὶ ἀποῤῥοὴν I. 91 D. in quem 109 A. — τὸ φρόνημα amitto I. 98 B. — τὴν ἀρχὴν I. 100 D. — viam I. 127 B. — ἀδίκημα I. 148 C. — τινα αἰτίας I. 149 E. — σθαί τινος I. 151 C. II. 76 A. — φωνὴν in quem I. 156 B. — agrum μηλόβοτον I. 162 B. Olear. Philostr. p. 15. Davis. Max. Tyr. 581. — θυμὸν ἅμα κέντρῳ ἀφιέναι I. 171 F. — ἀφίημι τὴν ὀργὴν deponere iram I. 195 B. 202 C. — ἐμὲ εἰς πολιτείαν I. 196 B. — pacem I. 197 C. — anchoram emitto I. 228 F. — γάμον I. 257 B. — τὴν ἐκκλησίαν I. 271 D. — τὴν ὀργὴν εἴς τινα I. 311 E. — ἀφεῖσθαί τινος dimittere quid I. 317 B. — ἀφίημι τὸ σῶμα ἐπὶ γῆν I. 309 D. — τινα sc. liberum I. 297 D. — ἀφεῖσθαι sacer I. 331 F. — ἀφεῖσθαι στρατείας I. 515 A. E. — ἀφίημι me in delicias I. 518 B. II. 204 B. — in otium I. 521 D. — μέ τινα στρατείας I. 532 A. — μαί τινος omitto quid I. 539 B. — μαι pass. δουλεύων in libertatem dimittor I. 542 C. — a judicibus I. 543 ἀρὰς in civitatem R. I. 553 B. — exercitum f. ducem contra hostes I. 555 F. quem sc. liberum I. 577 E. 653 D. 734 E. 908 D. 778 C. — σι φωνὴν τὰ πράγματα ut Demosth. I. 591 D. Sim. Aristid. I. 362. II. 194. 212. 277. — μι quem τῆς ἐπ' ἐμοὶ δίκης I. 594 C. — μί τινα ἀνάγκης I. 596 D. — quem αὐτόνομον I. 600 C. 608 D. 611 D. Xenoph. H. Gr. III. 1, 10. 17. simpl. sine αὐτόνομος Xen. H. Gr. III. 2, 21. 22. — spem I. 604 B. Sim. II. 150 A. — currum dimitto, non utor II. 146 C. — quid, pro ἐάω, non muto I. 606 C. τινα τῆς αἰτίας I. 624 A. 952 E. — ἀφίημι exercitum I. 625 A. 629 D. 651 A. B. — μαι στρατείας I. 630 A. — μι cui τὴν ἀδικίαν I. 637 F. — uxorem I. 641 F. 645 C. 875 A. — simpl. — σι eques sc. fraenum equi I. 667 E. — σι me ira relinquit I. 694 D. — μι me ἐκ τοῦ λογισμοῦ πρὸς τὸ μέλλον (ut in mare. vid. hic) I. 723 E. — coronam in quem I. 722 E. — ἀφεῖσα ψῆφος I. 766 E. — ἀφίεσθαι χρεῶν I. 798 F. — μι concionem, dimitto I. 832 B. — τὴν πρεσβείαν, desero susceptam legationem, relinquo collegas legatos I. 850 D. — τὴν ψυχὴν I. 859 F. — μαι a judicibus I. 874 A. — ται τὰ πράγματα in bellum I. 879 C. — ἀφέμενος τοῦ τὰ κοινὰ πράττειν recedo a reip. negotiis I. 881 A. — ἀφεικὼς cum inf. dicere, aliud dicam I. 886 C. — μι captivos I. 896 A. 999 A. 1037 F. 1038 B. — ἀγκύρας jacio I. 896 B. — ἀφίεται hostis in quem passiv. I. 912 F. — equum, descendo ab eo I. 913 C. — exercitum I. 918 B. bis. — hostem in hostes I. 947 B. — me in lectum I. 951 D. — μι καὶ προΐεμαί τι I. 963 D. 1044 F. — regnum I. 963 D. 966 B. — imperium I. 971 B. ter. — milites contra quem emitto I. 971 C. 976 B. 978 A. — quem, sc. liberum poena I. 979 B. —

τινα, τῆς αἰτίας I. 986 C. — τινα, subaud, accusatum I. 988 E. — idem quod ἀπωθέω proxime, non recipio quem I. 999 D. — λόγον μέγαν ἐν φιλοσοφίᾳ, dico an repudio I. 102 E. — δόρυ emitto I. 1016 B. — μίαν φωνὴν I. 1031 E. — τὴν διάνοιαν παίζειν I. 1034 D. — πᾶσαν φωνὴν I. 1045 C. sim. Aristid. I. 354. 440. — φωνὴν dignam imperatore I. 1060 F. — quem intrare, pro παρίημι I. 1064 D. — fere negligo I. 1075 A. — ἀφεὶς ἔα Posidipp. Athen. XIV. p. 659 D. ex em. Heringae Obs. p. 286. — τὰς ἡνίας cupiditati cujus II. 13 D. sim. 83 A. — τινα τῆς στρατείας II. 32 E. — ἀφειμένον σκῶμμα II. 46 C. — τι, non sumo II. 59 B. — vitium II. 70 D. — ἀφεθεὶς ταχὺς, exasperatus dicterio, ita dimissus sine lenimento II. 74 E. — εἶσθαί τινος vitio, liberatum esse II. 76 A. — ἀφεικὼς τὰς ἐν πόλει τιμὰς II. 77 D. — μι animal in libertatem II. 91 C. — ἐμαυτὸν εἰς τὴν τύχην II. 97 F. — ἀφεῖσθαι πραγμάτων 100 E. — cui λύπην moriens II. 117 B. — μι βιβλία καὶ διατριβὰς aegrotans II. 137 D. — μί τινί τι II. 134 E. — ἄφες με II. 144 D. — μι simpl. 165 A. — οἰστὸν ἀφιέναι διὰ δακτυλίου II. 181 B. — ἀφεῖσθαί τινος II. 179 A. — μι quem liberum II. 197 B. 209 A. 219 C. — omitto II. 203 F. — ἀφεθῆναι domum II. 207 C. — μι cum inf. II. 217 F. — cui γῆν II. 232 A. — quem ad cursum II. 225 F. — ἀφέντ' ἐᾶν Eur. Stob. 437, 27. — τινά τινος remitto cui quid, non exigo, Oenom. Eus. P. E. V. 224 A. — μαί τινος dimitto quem. Hinc expl. Numen. Euseb. P. E. 733 B. cf. Excerpt. — ἀφιέναι avehi Aristid. II. 344. Himer. 398. — ιέναι τῷ λόγῳ f. ἐφ. Aristid. I. 11. — ιέναι τὴν ὀργὴν εἴς τινα Aristid. II. 437. — εῖσθαί τινος Plato 656 E. — μί τινα φόνου Plato 658 C. E. — μι quem sc. sino quem abire Plato 697 D. — μί τινα ἐλεύθερον εἴς τι simpl. admittere quem ad quid Plato 691 D. — μι me ἐλεύθερον Dio Chr. 611 A. — μι τὰ ὅπλα Plato 687 B. C. — ἀφεθεὶς libertus Plato 676 A. — λόγον Plato 664 B. — ἀφειμένος sacer Plato 617 E.

ἀφικνέομαι II. 42 A. E. 57 A. 67 D. 148 B. 667 C. 674 E. 701 B. 709 D. 1067 E. Restituend. II. 432 E. ἀφῖκται l. pro ἀφιᾶται II. 1072 B. 1111 C. 1123 C. I. 125 B. D. F. — ἐπιπλεῖστόν τινος I. 35 C. sim. Hippocr. Ep. 25. dubium an ἐφικν. — redeo I. 423 A. — εἶται opus ad προσῆκον I. 599 B. ad finem, perfectionem. — ἐγγυτάτω τινὸς I. 1006 E. — εἰς τὸ δειπνεῖν I. 1018 D. — simpl. in locum II. 109 B. 113 C. 189 B. 194 E. 209 A. 241 E. — εἶται res II. 104 C. — ordiri, sed f. leg. ἀφ' ἑστίας Dio Chrys. XI. 166 C. at vid. Reisk. — Simpl. in locum remotum pervenire Dio Chrys. XXXV. 436 A. — ἐπ' ἔσχατον ἀνοίας Plato 670 B. — εἰς πρεσβύτου τέλος in senectutem Plato 705 C. — διὰ παντὸς proverb. Aristid. I. 126. — μαι ἐπὶ πᾶν pro ἐφικνέομαι τοῦ παντὸς Aristid. I. 198. 252. Sim. 274. 474. — proficiscor, an redeo? id. II. 356. — ται quid εἰς τὸ αὐτὸ Aristid. II. 384. — εἴς τινα Aristid. II. 28.

ἀφιλάνθρωπος II. 135 C. 1098 D.

ἀφίλαυτος II. 542 B.

ἀφιλάσκομαι quem Plato 659 H.

ἀφιλία II. 606 E. 1100 C. I. 82 B.

ἀφιλόκαλος II. 672 E.

ἀφιλόλογος II. 673 A.

ἀφιλοπλουτία I. 477 B.

ἄφιλος II. 50 B. 51 C. 87 A. 135 B. 423 D. 479 C. 679 B. 751 B. 756 E. 807 A. Epictet. p. 618.

ἀφιλόσοφος II. 464 B. 1027 E. I. 1000 B.

ἀφιλόστοργος II. 140 C. Epict. Upton. ed. p. 274.

ἀφιλότιμος passive res quae non multum honoris adfert II. 35 A. — activ. II. 605 E. — ον πάθος II. 715 E. — simpl. II. 754 A. I. 318 E. 355 E. 434 B. 468 B. 805 E. 962 B. 1041 A. — Musgr. Eurip. Phoen. 581. f. repon. Numen. Euseb. P. E. XIV. 727 C. οὐκ ἀφιλοτίμω nam φιλότιμος et studiosus doctrinae — vid. voc. infra.

ἀφιλοχρηματία I. 844 A.

ἄφιξις I. 533 E. 969 C. Dio Chr. 392 B. Plato 657 G. repon. 675 F.

ἀφιππάζομαι I. 265 B. 501 D. 682 A. — ζω abeo equo I. 1046 C.

ἀφιππεύω I. 183 D. 406 A. 556 F.

ἀφίπταμαι II. 1089 B. — ἀποπτάμενοι οἴχονται I. 1001 C.

ἀφίστημι II. 431 A. I. 200 F. — I. 320 B. — disto II. 91 D. — μαι deficio I. 164 C. F. 166 B. — ἀποστὰς e distantia I. 213 D. — τινά τινος I. 363 D. 400 B. 447 B. 566 D. 905 E. 911 F. 975 B. II. 87 E. 152 B. — μαι τῆς εἰρήνης I. 346 D. — urbes I. 388 E. 390 A. 485 F. 532 D. 868 F. — ἀπέστη abiit I. 398 D. — μαι τῆς κατηγορίας I. 454 A. sim. 649 A. — τινα τῆς πείρας I. 495 A. — et μεθίστημι I. 522 A. — ἐμαυτόν τινος II. 585 B. — τινα I. 22 B. 377 C. 378 E. — αται aqua a navi II. 641 E. ἀποστὰς II. 743 A. 1120 D. 1121 D. I. 168 B. — ἐμαυτόν τινος II. 800 B. I. 721 D. — ἀπέστη τινὸς II. 806 B. I. 81 B. 98 B. — τινά τινος II. 808 A. 864 B. 1023 B. 1122 D. 1123 D. I. 104 E. — ἀναι τινὸς II. 812 B. 992 D. I. 97 F. 111 C. 129 E. — urbem ad defectionem redigere II. 815 E. I. 187 E. 203 F. 248 B. 290 A. 308 A. 1047 F. — σθαί τινος πόῤῥω II. 1071 B. — ἀποστῆσαι τινά τινος II. 1099 D. I. 192 F. Plato 698 G. — μαι discedo I. 533 C. — μαι πάθους I. 614 D. — animam τῶν περὶ τὸ σῶμα παθημάτων I. 337 C. — μαι subaud. proposito I. 626 B. — ad quem I. 788 F. — τοῦ φοιτᾶν I. 806 A. — τῶν πραγμάτων ὥσπερ ὑπὸ φλεγμονῆς ἀφισταμένων περὶ τὸν ἐμφύλιον πόλεμον I. 879 C. — ἀποστῆναί τινος πόῤῥω recedo I. 910 E. sim. II. 182 D. — μι quem, discedere facio I. 914 C. — quem τῆς ἀρχῆς, magistratu quem moveo I. 921 D. — exercitum ad defectionem induco I. 948 C. — αμαί τινος opp. τῷ ἀποβάλλομαί τινος I. 1010 E. ται ἀνδρὸς uxor I. 1061 D. — ἀποστήσει τοῦτο τὴν πίστιν τοῦ χείρονος II. 21 D. — ἀφίστημι τὴν πίστιν sc. τινος II. 35 E. — animum τοῦ λογισμοῦ II. 61 D. — αμαί τινος abstineo qua re II. 73 E. ἀποστὰς opp. παρόντι II. 77 C. Luna ὅταν ἀποστῇ τοῦ ἡλίου II. 139 C. — σι quid τινά τινος a vitio II. 145 C. — μαί τινος cedo v. c. urbes subaud. cui II. 151 B. — discedo II. 165 E. — ἀποστῆναι τῆς στρατηγίας II. 185 A. — ἀποστὰς deficiens a quo II. 173 C. 183 B. 189 B. 220 B. — ἀπέστης ἂν τῆς ἐπιθυμίας II. 225 C. — ἀπέστησαν τῆς θαλάσσης maris imperium demiserunt II. 239 E. — οὐκ ἀποστήσομαι subaud. a proposito Dio Chr. 470 D. plene 539 C. — ἀφεστιὼς τοῦ λεγομένου, ignarus, non particeps alicujus rei Plato 632 C. — ἀφεστιὼς servus a domino Plato 675 F. — ἀφίσταμαι ἀρχῆς abdico me magistratu Plato 681. E. — sine casu desino Plato 693 G. — εἰ δεῖ πάντων ἀποστάντα ἓν εἰπεῖν omnibus omissis Aristid. I. 389. — μί μέ τινος cogitatione Aristid. II. 316.

ἀφλέγμαντος mensa (Ion) II. 686 B.

ἄφλοιος I. 373 E.

ἄφνω II. 124 A. 129 B. 1117 B. I. 34 D. E. 268 D. 362 F. 364 B. 371 B. 395 E. 591 F. 636 B. 706 A. 920 D. 1042 A.

ἀφοβία I. 81 E. 222 B. 743 B. 808 D.

ἄφοβος I. 49 F. II. 101 B. — quod nullum timorem injicit I. 272 F. Plato 631 A.

ἀφόβως I. 966 F. leg. ἀφθόνως II. 795 A. 1057 D.

ἄφοδος exitus e vita Hierocl. Stob. 462.

ἀφομοιόω ἐμαυτὸν πρός τινα II. 761 A. I. 1027 D. — I. 203 C. 255 D. 962 B.

ἀφομοίωσις πρός τι II. 988 D.

ἀφοράω II. 1128 C. I. 43 F. 60 A. 347 D. 493 C. spe 784 D. 795 D. 819 E. 837 B. 877 B. 955 B. 981 A. 996 C. — εἰς τὴν τύχην spem in fortuna pono I. 1002 D. — πρὸς ἑαυτὸν II. 42 B. sim. 116 D. — abund. οὐδὲν διαφέρει πρὸς τὸν ἄπειρον αἰῶνα ἀφορῶσιν II. 111 C. sine ἀφοράω II. 117 E. — ταί τι πόῤῥωθεν II. 160 E. — εἰς τρόπον τινὸς II. 227 F.

ἀφόρητος I. 496 B. 603 D. 837 D. II. 73 C.

ἀφορία I. 6 C. 10 B. 32 E. II. 417 D. 435 D. 491 C.

ἀφορίζω — definio II. 568 F. 571 A. 572 B. — II. 1061 B. 1084 B. I. 651 C. — ἀφορισμένος II. 731 E.

1144 B. — ἀφωρισμένως ll. 423 B. 466 A. — σμένα instituta Jambl. V. P. 240. — templum diis Porphyr. Abst. ll. 46.

ἀφορμὴ sensuum ll. 336 B. — ll. 581 C. 666 D. 793 D. 806 C. E. 1036 B. I. 98 C. 110 C. 153 A. — caussa ll. 631 B. C. 650 D. 832 D. 1121 C. I. 123 C. — contrarium ὁρμῆς, aversatio ll. 1037 F. — capitale pecuniae I. 349 B. Dio Chrys. VII. 119 C. — copia I. 353 A. 403 C. — occasio I. 446 E. 453 A. 528 D. ll. 22 A. — γεωργίας I. 830 F. Dio Chrys. VII. 106 A. — orationis I. 849 C. — πράξεων I. 931 C. 934 D. — cui dare I. 968 A. — initia fortunae I. 1009 E. Dio Chrys. XI. 180 C. Lysias Athen. 611 F. Galen. Pr. T. II. 15 C. — τοῦ κακῶς φρονεῖν ll. 100 A. — μὰς ab Homero sumserunt posteri scriptores. Vit. Hom. §. 74. 115. 122. 216. 218. — et αὐχὴ disting. Num. Euseb. P. E. 732 A. — φόβος Aristid. I. 372. — salutare remedium Aristid. ll. 305.

ἀφορολόγητος I. 374 E.

ἄφορος terra ll. 939 D. 993 E. 1042 B.

ἄφορτος i. e. οὐ φορτικὸς Antip. Stob. 428.

ἀφοσιόω — οῦσθαι aliquid ut nefarium omittere v. n. ad ll. 63 A. — expiare, pietati satisfacere 287 A. 418 B. I. 11 F. 100 D. — dicis caussa ll. 935 B. 1133 C. I. 487 F. Aristid. ll. 95. Platon. Phaed. — οῦσθαι ἀρὰς expiare imprecationes I. 210 A. — οῦσθαι abominari I. 466 C. 665 F. — τι I. 641 C. 779 D. deprecari. — omitto I. 665 D. — expio I. 718 E. — diem I. 738 D. — recuso I. 893 C. nolo I. 928 D. — μαι τὴν δεισιδαιμονίαν rejicio quid ne superstitio malum afferat I. 1002 A. — περί τινος religiosi quid constituo Plato 613 F. — τὴν πόλιν, expio civitatem Plato 660 A. — οῦσθαι ὑπέρ τινος sacra expiatoria facere pro quo Plato 660 D. — πρός τι Aristid. I. 229. 291. 324. ll. 190.

ἀφοσίωσις I. 255 A. 590 D. Porphyr. Abst. I. 9.

ἀφραίνεσθαι ex corr. II. 9 A. — ω ll. 1037 D. 1048 E. 1051 A. 1063 A. 1064 F. 1065 A.

ἄφρακτος I. 151 B. (f. 632 F. pro ἄφραστος) 785 E.

ἄφραστος I. 732 F.

ἀφρίζω ll. neutr. 696 B.

ἀφροδισιάζω ll. 65 F.

ἀφροδίσιος — τὰ ἀφροδίσια I. 348 F. ll. 33 A. 128 D. 129 E. 136 A. 158 E. 301 E. 705 C. 750 E. 752 A. 759 E. 988 F. 989 A. 1089 A. Plato 660 E. — τὸ statua I. 9 D. 705 E. — τὰ festum ll. 785 E. 1095 A. nautarum 1097 E. I. 521 B. Lucian. III. 320. festum Athen. 574 C.

Ἀφροδίτη ll. 138 C. bis. 143 D. 144 B. 146 C. 156 C. 170 B. 196 B. 239 A. — Ejus numen expl. Porphyr. Euseb. P. E. III. 114 B. C.

ἀφροντιστέω I. 849 E. Plato 664 B. 677 A.

ἄφροντις ll. 45 D. 106 D. 792 B.

ἀφρόντιστός τινος ll. 1061 C. D.

ἀφρόνως I. 33 E.

ἀφρὸς ll. 99 E. 160 E.

ἀφροσύνη ll. 32 B. 75 A. 76 A. 78 C. 103 E. 1064 A. 1067 D.

ἀφρούρητος I. 374 E.

ἄφρουρος I. 904 A.

ἀφρώδης ll. 691 F.

ἄφρων ll. 22 B. 170 B. 214 C. 419 A. I. 566 D. 640 A. 1015 D. Plato 699 A. 701 B. D. bis. G. 703 E. — dicitur non quod nullas habet φρένας, sed quod μοχθηρὰς Teles Stob. 575.

ἀφύα ll. 83 D. 170 D.

ἀφυβρίζω εἴς τι I. 897 B.

ἀφυὴς invenustus jocando ll. 531 C. — ll. 209 B. 694 D. I. 45 D. 874 A. — ῆς πρός τι I. 423 D. 436 C. 516 F.

ἀφυῶς κεκρᾶσθαι πρός τι I. 143 B. — ἔχειν πρός τι I. 256 C.

ἀφυΐα ll. 104 C. 1088 A.

ἄφυκτος ll. 107 B. 614 D. Plato 660 B. Aristid. I. 7. 223. 438. ll. 413. — ἄφυκτα ἐρωτᾶν ll. 59. 88. 272. — I. 130 F. 403 B. 422 C. 554 B. 860 E. 927 E. — ἄφυκτά ἐστι I. 560 E. 660 F. ἦν ἄφυκτα I. 433 D. — πειθὼ ll. 854 B. conf. ad ll. 132 D.

ἀφύλακτος I. 147 D. 470 E. 571 D. 1011 B. — Passiv. ll. 13 A. 24 A. 167 A. — fatum I. 737 D.

ἄφυλλος II. 648 E. I. 373 E.

ἀφυπνίζω I. 529 A. Aristid. I. 216. 330. 332. 334. 349. 353. 354.

ἀφυσιολόγητος II. 1117 B.

ἄφωνος litera et φωνήεσσα comparantur II. 613 E. 737 E. 738 C. D. 1008 B.—ad quid non respondere II. 648 F.—metu I. 468 D.—καὶ λόγιος I. 646 E.—II. 59 F. 117 B. 164 B. 204 C. 694 D. 706 D. 714 C. 722 D.—ον δικαστήριον Plato 661 C.—corpus quod sonum non edit II. 721 E.

ἀχαλκεύτοις πέδαις αἰδοῦς ἔζευκται II. 482 A. 763 F.

ἀχάνη I. 1029 D.

ἀχανὴς—ἐς πέλαγος v. n. ad II. 76 C.—exercitus II. 866 A.—I. 418 E. 420 C. 507 C. 555 D. 556 E. 560 F. 572 A. 593 E. 651 C. 680 B. Suid. voc. ἀκληρούντων. ἀνέχειν.—I. 993 D.—τόπος Suid. Περὶ πλήθουσαν.—mutus Suid. Πρόληψις.

ἀχαράκωτος I. 417 A.

ἄχαρις II. 148 A. 668 E. 751 E. Aristid. II. 330. Simpl. II. 758 F. I. 214 B. 233 D. 1025 A.—ἄχαρι quid pati Pausan. 141.—χάρις ἄχαρις II. 583 F.—sine fructu II. 660 B.—οὐκ ἄχαρις διατριβὴ II. 734 D. 960 A. I. 674 A.—virgo nondum apta Veneri II. 751 E.—τύχη I. 711 D.—συγγενέσθαι I. 961 B.—οὐκ ἀχ. παιδιὰ I. 1000 B.—οὐκ I. 1061 F.—χάρις ὀνειδιζομένη II. 64 A.—argutum Aristid. I. 545.

ἀχαριστέω II. 1068 D. I. 135 C. 366 B. 386 C.—τῷ βίῳ saepe Porphyr. Abst. I. 55.—εἰσθαι I. 421 F. 948 E.—εῖν τινί τι I. 758 D.—non gratificari cui I. 764 D. Antiphon. Stob. 155. Hoc jam occupavit D. Ruhnken. Tim. p. 56.

ἀχαριστία I. 231 C. 398 B. 410 D. 755 E. 975 B. 976 C.

ἀχάριστος II. 727 F. 728 A. 1068 D. I. 123 C.—καὶ ἄφρων II. 34 A.—δῆμος II. 860 F. I. 123 C.—λήθη II. 473 C.—πένθος II. 609 E. 716 F.—ἡδονὴ II. 464 C. 555 F. 830 E. Stob. 418, 19.—χάρις I. 235 B. Isocr. Demon. p. 12, 2.—non beneficus I. 252 B.—I. 428 A.—α πάσχω I. 634 E. 1063 E.—αι ἡδοναὶ venereae Dio Chr. Or. VI. 89 B.—ὀργὴ ἀχάριστον πρᾶγμα Plato 684 B. vid. Plut. Coriolan.

ἀχάριτος I. 89 D. II. . . . Aud. Poët. reponit pro ἀχάριστος Schn. ad Demetr. Phal. 130.

ἄχειρ II. 797 D.

Ἀχελῷος aquam πότιμον notat Porphyr. Eus. P. E. III. 111 D.

Ἀχέρων dicitur ἄχρωστος II. 948 E. F.—II. 106 E.

ἀχέτας δόναξ II. 456 A. conf. Aristoph. Pac. 160.

ἀχθεινὸς I. 596 F. II. 118 C.

ἄχθομαι II. 20 D. 39 D. 51 F. 52 F. 53 E. 56 D. 60 B. 72 D. 94 C. 139 E. 144 E. 160 D. 180 F. 186 A. 202 A. 241 B. 673 D. 674 A. E. 728 D. 1094 F. I. 94 B. 162 D. 331 C. 374 D. 409 C. 412 E. 443 C. 452 F. 467 E. 599 F. 736 A. 775 D. 921 A. D. 940 B. 1060 D. 1061 E.—ἀχθεσθεὶς II. 806 C.

ἄχθος I. 432 D. 594 C. l. ἄχος I. 773 B.

ἀχθοφορέω II. 881 B. I. 412 E.

ἀχθοφορία II. 1130 D.

ἀχίτων I. 220 A. 762 C. 780 D. II. 210 B. ἐν ἱματίῳ II. 276 C. Kuster. Aristoph. Nub. 103. I. 220 A. Xenoph. Ἀπ. I. 6, 2. Dio Chrys. 628 A.—Philosoph. Muson. Stob. 460, 31. Olymp. certator Porphyr. Abst. I. 31. Comicus Gataker ad M. p. 117.

ἀχλὺς II. 948 E. vertigo I. 691 A. animi II. 42 C. Himer. 880.

ἀχλυώδης de mente II. 383 B. 995 F.—color 965 F.

ἄχνη metalli II. 659 C.—II. 913 E. I. 576 F.—crinium Dio Chrys. 412 D.

ἀχνυμένη σκυτάλη II. 152 E.

ἀχολία II. 608 D.

ἄχορος θυσία II. 16 C.

ἀχόρταστος Philem. Cler. p. 366.

ἄχος I. 223 D. ἄχει πεπληγὼς I. 529 F.

ἄχραντος II. 700 A. 820 A. I. 1020 F.

ἀχρὰς I. 186 A.

ἀχρεῖος—ον ἰδὼν consternatus Il. β'. 269. Ovid. Her. II. 129. *inutilis* sc. ut quis non οἶδε ὅπως χρήσεται ἑαυτῷ—Athen. 283 C.—II. 40 A. 241 A. irritus Aristid. I. 371.

ἀχρηματία penuria pecuniae I. 175 A. 211 A. 579 C. 818 B. Euseb. Stob. 567.

ἀχρημάτιστος dies II. 273 D.

ἀχρήματος II. 1125 E. I. 997 B. Philo Jud. P. E. VIII. 381 D.

ἀχρηστία II. 135 B. 1130 E. Aristid. I. 491.

ἄχρηστος II. 29 E. 39 C. 42 E. 68 B. 88 E. 136 D. 147 E. 180 D. 201 C. 209 C. 218 D. 224 F. 693 C. 697 A. 1065 D. 1066 C. 1068 A. 1118 E. I. 112 E. 152 D. 187 A. 225 A. (524 A. ἱστορία) 574 F. 809 F.—τες περιττὸς II. 524 A.—ον τὸ χρήσιμον ποιεῖ II. 176 C.—ον ὅπλον II. 21 E.

ἀχρήστως II. 66 A. 98 E. 122 C. 899 B.

ἄχρι Simpl. II. 167 B. 184 E. 207 F. 210 E. 223 E. 586 A. 665 D. 688 C. 701 A. 708 A. 729 F. 979 C. 1027 E. — negative II. 640 B. — sic ἄχρις βωμοῦ φίλος. — cum infinit. sine τοῦ II. 979 D.— τοῦ μὴ διψῆν προελθεῖν II. 655 F. — ἂν οὗ II. 690 A. — ἂν II. 701 E. 713 F. 734 E. 831 A. 977 B. 982 A. — μηδὲ ἄχρι λόγου I. 579 F. — ις ἧκον sine οὗ I. 636 D. — τῶν πραγμάτων I. 680 B. — οὗ I. 701 F. 729 F. 762 A. 772 D. 788 E. 789 C. 792 C. I. 951 D. 987 A. 998 C. II. 82 B.—ἐὰν I. 726 F. 738 D. 747 B. 791 A. — I. 298 C. 302 A. 316 C. 930 E. 931 E.— quamdiu I. 380 A. 725 E. 1002 C. —cum inf. I. 372 B. (τοῦ cum inf. 404 C.)—donec I. 384 A. 684 C.— τινὸς I. 476 D. 656 F. (τῶν ἅπλων 1066 C.) II. 146 D. 147 C.—ἄχρις οὗ II. 734 B. I. 643 B. 862 A. II. 51 F. 70 B.— οἱ ἄχρις ἑξήκοντα II. 791 E. — ἄχρι τῶν πολεμίων φιλάνθρωπος II. 799 C. — ἄχρι τούτου — ἄχρι τοῦ Aristid. I. 502. Vid. μέχρι — τινὸς probandus II. 970 B.—ἄχρι προσπέσῃ τε II. 980 B. — I. 172 B. 388 B. 389 B. 393 F. 402 B. 426 E. 427 B. 908 E.—ις ἂν οὗ I. 871 A.— παντὸς semper I. 863 F.

ἄχρονος brevis vitae II. 908 C.

ἄχρυσος II. 528 B.

ἀχρωμάτιστος II. 1110 C.

ἀχρώματος οὐσία II. 97 A.

ἄχρωστος II. 947 B. 948 E. 1111 A.

ἄχυμος II. 901 B. 912 B.

ἀχυρινὸς II. 658 D.

ἄχυρον plur. II. 138 E. 691 C. 692 A. 701 C. 1096 B.

ἀχώριστος II. 1034 C. 1110 F.

ἄψ Etym. falso Vit. Hom. §. 9.

ἀψαυστὶ II. 665 F.

ἄψαυστος I. 116 E. 145 E. 1042 B.

ἀψευδὴς de rebus II. 16 C. 765 A. —καὶ δίκαιος ἐχθρὸς II. 91 C. — δὲς καὶ σαφὲς φύσει πρᾶγμα τέχνη Plato 678 E.

ἄψευστος I. 1025 E.

ἀψικορία II. 504 C.

ἀψίκορος II. 7 B. 20 A. 93 D. 752 B. 759 F. 1088 A. I. 215 A. Aeschin. Socrat. Axioch. 13. cum quo comparandus Dio Chrys. XXXII. 369 C.

ἀψιμαχέω I. 290 F. 548 E. 975 E. 1044 B.

ἀψιμαχία I. 40 D. 144 A. 582 A. 840 A. 853 F. 1002 B.

ἀψὶς -ιδος II. 103 F. 376 D. 889 F. poët. — fornix Plato 688 E. — coeli vid. not. ad Plat. Phaedr. 345 A.

ἀψοφητὶ I. 185 C. 801 D. II. 57 A. Ruhnken. Longin. p. 143. Aristid. I. 165. 216. 233. 306.

ἄψοφος κέλευθος Pindar. II. 1007 C.

ἀψυχία f. animi deliquium II. 694 E.

ἄψυχος καὶ ἄλογος II. 385 C. 960 C. 1000 E. F. — II. 9 C. 38 E. 1014 B. 1015 E. 1053 C. 1074 B. I. 74 D. 117 E. 544 A. 676 E. Plato 669 A. — opp. ἀνθρώποις v. n. ad II. 96 D. — οἱ χθονίων βωμὸς sepulchrum Plato 693 C. — ον σῶμα arbor II. 659 A.—opponitur λογικῷ et ἀλόγῳ II. 885 C. 960 C. 992 C.—II. 935 B. 980 B. I. 45 C. Plato 696 D. E. — καὶ ἄτρυτος I. 725 C. — ον ὄργανον I. 863 F.

ἀωδὴς sine odore II. 1014 F.

ἀωρὶ Aristid. II. 433.

ἀωρία v. n. ad II. 371 B.

ἄωρος φιλαργυρία II. 529 B. — vir II. 753 A.—intempestivus II. 148 A. 785 F. — ἄωρα πράττειν II. 790 B. 1095 A. — invidia in sene ἄωρον ἄγριον ἀγεννὲς II. 796 A. — nondum nubilis I. 38 E. 39 D. 89 D. — vitium φιλαρχία I. 407 A. — I. 432 D. 644 F. — ἀωρότερα τοῦ γήρως I. 452 A. — μέθη I. 919 F. — φιλοτιμία II. 47 D. — mors II. 110 D. E. F. 113 B. C. D ter. 117 D. E. Restituend. pro ἄδωροι Metrodoro Stob. 592. conf. Apollodor. ib. 601. — πρόφασις Aristid. I. 433. — θέαμα turpe Aristid. I. 570.

ἀώρως mori II. 119 F.

ἄωτος sine auribus II. 963 B.

B.

Βαβυλώνιος I. 338 E.

βάδην — θᾶττον ἢ βάδην II. 334 A. 726 A. 771 D. I. 188 B. 238 C. 597 F. 774 F. — Simpl. II. 817 A. I. 430 A. 561 D. 651 D. 896 B. 977 F. 1046 B.

βαδίζω — διὰ πολυτελείας I. 319 F. — I. 329 A. 357 E. 365 C. 372 D. 386 E. 449 C. 457 A. C. 500 E. 588 E. 635 E. F. 637 C. E. 651 A. 1047 E. — ζει quid καθεξῆς in mensa, circumfertur II. 615 B. — διὰ μέσου arbiter II. 616 F. — corpus in perturbationem II. 653 F. — simpliciter eo II. 187 D. 676 D. βαδίζω μαχούμενος 1130 A. — 1127 B. 413 B. I. 292 C. 295 C. — de inanimato II. 687 A. 699 F. 755 B. — venio II. 707 C. 708 A. 709 E. 710 A. — ἐπὶ δεῖπνον II. 147 D. 707 D. 709 E. — morbus βαδίζει ὁδὸν II. 731 B. — ὁδῷ Stoici II. 831 F. 1059 A. — in oratione II. 929 B. — Sol II. 1066 B. — praesens, praeterit. fut. II. 1082 B. — εἰς τὰ ὅπλα I. 83 A. — βαδίζει ἡ οἰκονομία δι' ἀριθμοῦ καὶ μέτρου I. 162 B. — τὶ ὁδῷ negotium I. 385 B. — adversus hostes ad pugnam II. 70 C. — πρὸς τοὺς πολεμίους pugnatum I. 510 B. — ἐπὶ I. 512 F. 513 A. B. 515 D. 532 D. 775 B. — ζει λόγος δι' ὀλίγων I. 538 E. — ἐπί τι peto quid I. 629 C. — δύναμις Caesaris βαδίζει ἐπὶ τὴν τῶν ὅλων μεταβολὴν I. 709 A. — βάδιζε abi I. 773 F. sim. Dio Chrys. XXXIII. 410 B. — εἰς ἕξιν ἐβάδιζε νεανικὴν exercebat I. 862 E. — ω cum exercitu I. 969 C. — curru, iter facio I. 1062 A. equo Dio Chrys. 414 D. — ἐπὶ πρᾶξιν II. 85 A. sim. 124 A. — ουσα ἐλπὶς ἐγγυτέρω τοῦ τέλους II. 85 E. — Simpl. II. 127 E. 128 E. 146 D. 188 B. 189 A. 200 E. 211 C. 225 A. 226 E. 231 D. 234 D. 237 A. 241 E. — ὁδὸν II. 168 D. — πρὸς τοὺς θεοὺς sc. in templa II. 169 E. — obambulo II. 192 E. 222 B. — ὁδὸν rectam philosophiae Aristocl. Euseb. XIV. 763 D. — κοσμίως Aristid. II. 95.

βάδισις I. 10 D. 671 A.

βάδισμα πρᾶον I. 184 D. Diog. L. V. 86. — I. 223 E. II. 84 E. 89 E. — philosophi II. 81 B.

βαθέω Delphic. Dial. pro πατέω II. 292 E.

βαθέως περιαμπέχεσθαι II. 800 F. — καθεύδω I. 737 F. 772 B.

βαθμὶς Pind. II. 776 C.

βαθμοειδὴς II. 1079 E.

βαθμὸς I. 30 D.

βάθος geometr. II. 719 D. — phalangis I. 373 B. 420 B. 466 B. 558 A. — διὰ βάθους I. 417 F. 577 A. — ictus gladii leg. βάρος I. 973 D. — εἰς βάθος quem vulnero I. 991 E. — καὶ πλάτος corporis hum. II. 237 F. — imperii magnitudo I. 647 B. — ἔχων II. 44 A. ubi v. n. — ἐν βάθει, διὰ βάθους v. n. ad II. 130 D. — ἐπὶ βάθος tactic. II. 680 A. — ἐκ βάθους στρέφειν τὴν γῆν II. 670 B. — animi I. 174 C. Simplic. Phys. p. 32 a. init. — orationis I. 174 E. — regionis I. 411 D. E.

βάθρα II. 347 D. in foro I. 740 C. 920 A. 937 D. 993 C. 1100 E. Epict. Diss. III. 21. p. 482. Plat. Protag. 189 F.

βάθρον II. 1125 E. in schola philosophi II. 796 D. in concione theatri I. 252 E. 418 E. 868 D. 872 B. II. 235 D. — ante templum, ubi sedent audientes Dio Chr. 442 B. f. aliter accipiendum. — fundamentum Aristid. I. 133. II. 142.

βαθύδενδρος poët. II. 1104 E.

βαθυκήτης Theogn. II. 1039 F.

Βαθύλλειος saltatio II. 711 F.

βαθυπόλεμος Pindar. I. 310 B.

βαθυπώγων sophista II. 710 B.

βαθὺς — εῖαν ἀρχὴν ἔχειν causa in visceribus abdita II. 488 C. — egregium II. 504 A. — altus I. 848 A. —

εῖα suspicio II. 863 E. — χώρα foecunda II. 915 D. Olear. Philost. p. 6. forte dives 727 C. — oppon. arenosae Aristid. II. 352. — umbra II. 932 B. — πηλὸς II. 989 F. — ὁμίχλη I. 108 F. — εῖα ὑπήνη I. 140 C. — βαθὺς prudens vir Wesseling. Diod. Sic. II. 552. I. 357 B. Plato 682 B. — νοῦς dicti II. 1146 E. Eunap. 72. — εῖα nox I. 671 C. 1000 A. — mons I. 500 C. — πεδίον I. 593 E. — εῖα ἑσπέρα I. 788 B. — ὺς πώγων I. 923 C. — βαθὺ καὶ πρᾶον ἦθος I. 805 E. — εῖα κόμη I. 1017 C. — ὺς ὕπνος II. 107 C. D. I. 793 D. — εῖα τομὴ II. 131 A. — εῖαι πύλαι II. 167 A. — α ἑσπέρα II. 179 D. urbs, nom. propr. II. 196 B. — θάλασσα II. 200 A. — ἡσυχία Aristid. I. 553.

βαθίσκιος II. 1006 A.

βαθύφρων Solon I. 86 A.

βαικὸς Phrygium nomen Aristid. II. 3.

βαίνω — βαίνειν πρὸς ῥυθμὸν II. 211 A. — βεβηκὼς ἐν ἀφανεῖ deus II. 376 C. — βαίνειν κατὰ κενοῦ II. 463 C. — βαίνεσθαι subagitari, de coitu II. 751 D. — ἐπὶ σφαιρῶν II. 889 C. 1029 C. — incedo II. 939 A. — et μένω confunduntur II. 219.? — in curru I. 310 E. — τὸ βεβηκὸς aciei I. 360 F. — βεβηκὸς tropaeum I. 464 B. — βεβηκὼς firmiter stans I. 499 B. — statua I. 531 F. 539 D. — βεβηκυῖα φρὴν firmum ingenium I. 582 D. — βεβὼς ἐφ' ἅρματος I. 684 B. — βεβηκὼς ἐν ὀλέθρῳ qui est in pernicie, qui jam perit I. 791 D. — stans I. 824 F. — βαίνειν ἴσα Πυθοκλεῖ — τινὶ — ἁβρὰ βαίνειν et similia Casaub. Athen. 373. — ἔξω τινὸς Plato 661 E. ἐκτὸς ib. 667 A. — βεβηκὼς ἐπὶ τάξεως Aristid. I. 453.

βάκκαρις flos II. 647 D. Athen. XV. 689 F. 690 B. C. D. Unguentum Plin. XXI. 16.

βακτηρία I. 95 C. 117 E. 406 A. 441 F. 757 C. 1034 E. II. 147 A. 182 D. 185 B. 227 A. 413 A.

Βάκχαι et Satyri Dionysi socii Himer. 264. 596.

Βακχεῖα plur. τὰ II. 1119 E. Aristid. I. 230.

Βακχεία II. 565 F. 671 E. I. 702 C. pro Baccha II. 623 C.

Βακχεῖον II. 517 A. I. 956 E.

βακχεῖος rhythmus Mus. II. 1141 B.

βακχειώτης poët. Bacchus Himer. 596.

βάκχευμα II. 609 A. I. 829 A. Eurip. Athen. 544 E.

Βακχεὺς deus II. 1119 E. βακχεύτας Athen. 544 E.

βακχεύσιμος II. 432 E. 716 B.

βάκχευσις II. 1089 C.

βακχεύω II. 647 A. 671 F. 758 F. 791 C. 796 C. I. 352 D. 728 A. 835 A. — περὶ ἔρωτα II. 505 E. — passiv. philosophia II. 580 C. — Aristid. II. 394.

Βάκχη II. 747 C. I. 926 A. 1065 D. — ejus allegoria Porphyr. Euseb. P. E. III. 110 D. 111 C.

Βακχικὸς II. 758 E. 759 A. I. 702 D. 990 F.

Βάκχος II. 671 F.

βὰλ v. Aegypt. II. 383 D.

βαλανάγρα II. 705 E. Casaub. Aen. Tact. p. 517. ed. Polyb. Ern. T. III.

βαλανεῖον I. 105 B. 412 D. 743 D. 792 B. 842 B. II. 42 B. 61 C. 62 A. 127 E. 128 B. 131 C. 734 B. 1122 E. — ἰδιωτικὸν 899 D. Aristid. I. 277. 278. 284. 511. Teles Stob. 524 bis. Auct. ad Herenn. IV. p. 44 a. Schol. Aristoph. Plut. 535. Himer. 732.

βαλανεὺς II. 235 A.

βαλανηφάγος I. 214 F.

βάλανος fructus φοίνικος II. 397 E. 723 D. 1077 A. I. 214 F. Aristid. II. 353.

βαλάντιον βαρὺ II. 535 C. — τοξεύω II. 5 D. — λῦσαι II. 706 B. — argentum II. 62 B. 802 D. — I. 515 F. 525 E. 564 B. 875 C. Bion. Stob. 504. βαλλάντιον I. 836 A.

βαλαντιοτομέω II. 97 F. 1051 A.

βάλιος Eurip. II. 52 B.

βάλλω — ψῆφον II. 186 E. — βαλεῖν καὶ λαβεῖν II. 38 D. 442 D. conf. 45 E. — βάλλει τινὰ πόθος τινὸς II. 790 D. — pass. λόγος fundamentum jactum est II. 826 B. — disting. a τιτρώσκω II. 1057 D. — βάλλεσθαι εἰς νοῦν II. 1095 A. I. 10 E. 343 C. ἐπὶ 815 D. — in futuro utrum duo an unum λ habeat II. 412 E. — μα στρατόπεδον et simil. ponere, facere castra I. 262 E. 264 A. 308 A. 434 E. 462 F. 514 B. 640 F. 787 E. domum Plato 624 F. — πολλὰ καὶ καλὰ aleator I. 400 A.—μαι ἀγκύρας I. 427 B.— εἰς μνήμην quid I. 459 C.— βάλλω χάρακα facio I. 470 A. II. 187 A.— βάλλειν et δέχεσθαι in pila II. 45 E.—όμενος καὶ τυπτόμενος II. 90 D. — ω ἐπί τινα et πατάσσω disting. peto, tango II. 147 C. Hecat. Abd. Euseb. P. E. IX. 409 A.—ἐμαυτὸν κάτω II. 234 C. — τινα II. 227 A. τινα εἰς ἔσχατα sc. calamitates Plato 645 E. — vestem ἄνωθεν βαλεῖν super reliquam vestem induere Dio Chrys. VII. 111 D. — ειν ἐγγύς τινι Hierocl. Stob. 230.

βάλσαμον I. 932 B.

βαμβακύζω II. 1058 D. Hipponax —An mangonizo vinum? Vid. Casaub. Athen. p. 279.

βάμματα et χρώματα pictorum II. 54 E. opponitur χρώματι λευκῷ Plato 691 G.

βάναυσος II. 286 E. 214 A. 215 A. 239 D. 615 A. 785 D. 802 A. 1034 B. C. I. 41 F. 54 E. 60 D. 76 B. 90 D. 149 D. 152 E. 159 B. 305 F. 307 D. 481 A. 617 E. 863 B. F. 887 B. 897 E. 927 D. 979 C. Galen. Pr. T. II. 15 D. Plato 699 A. Aristid. I. 535. II. 33.

βαναυσουργία II. 743 F.

βαπτίζω—εσθαι fluctibus vitae II. 593 F. Wessel. D. S. I. p. 84. — ebrietate II. 656 D. 975 C. Athen. 472 D. Philo Jud. 896 B. — navis II. 829 C. — quem nomino II. 853 B. Debetur Christiano epitomatori —simpl. II. 166 A. 914 D. 990 D.— haurio, vit. Alexand. non cepit M. du S. T. IV. 570, 1. — Sic Theophr. Char. βάψας ἀρυταίνειν, ubi vid. Casaub. Athen. p. 236.—educat. Tayl. Demosth. ed. R. IX. p. 827. — haurio I. 702 C. — μαι debilis I. 1062 C. — laboribus ut fluctibus II. 9 B.—ται λογισμὸς cibo Philo Jud. Euseb. P. E. VIII. 399 A.

βαπτὸς I. 612 F. Plato 650 B.

βάπτω II. 688 F. 725 C. 946 C. — βάπτειν τὸν κάλαμον εἰς νοῦν Aristotelis dictum, imitatur Quintil. IV. 2. *sensu tincta verba.*—fortitudinem εἰς λόγον II. 458 D.—ratio qua bibunt aves II. 699 D. — βάπτεσθαί τι II. 954 C.—τω quid sc. colore I. 754 C.—lectum I. 360 F. —coronam unguento I. 1022 B. — ferrum II. 136 A.— τὸν πώγωνα καὶ τὴν κεφαλὴν II. 178 E. ἐμβάπτω sc. omiss. *manus* Jambl. V. P. 83.

βάραθρον II. 171 E. 1130 D. I. 28 F. 219 D. 320 A. 412 D. Aristid. I. 486.

βαραθρώδης I. 49 E.

βαρβαρίζω II. 59 F. 183 B. 534 F.

βαρβαρικὸς II. 398 D. 408 F. I. 240 E. 758 B. Rom. I. 371 E. 393 A.—fastus I. 297 A.—δεισιδαιμονία II. 756 C. 935 B. Simil. II. 418 E. I. 299 D. 665 E.—τὰ βαρβαρικὰ sc. γένη I. 79 D. 656 E. 1025 A. — τὸ sc. ἔθος I. 84 E. 116 C. 140 F. — Thraces I. 163 C. Parthi I. 573 D. —ὸν δεσμωτήριον in quo servi sunt I. 827 D. — et Ἑλληνικὸς moribus oppon. II. 30 C. 39 E.—ὸν ἄγαλμα Al. M. II. 65 D. — ὸν πένθος II. 114 D. — τυφὸς II. 157 F. — ὀνόματα et ῥήματα superstitionis II. 166 B.

βαρβαρικῶς I. 150 D.— καὶ ὠμῶς I. 973 F.

βαρβαρισμὸς gramm. II. 177 C 680 F. 731 E.

βάρβαρος II. 113 A. B. 141 A. 153 B. 170 C. 171 B. 180 A. 182 C. 184 F. 185 A. 187 A. 202 D. 203 B. 211 C. 222 D. 1075 A. 1126 D. I. 138 B.— Persarum rex I. 120 C. 204 B. Persae I. 162 D.—immanis I. 289 C. 790 C. 914 E. Rom. I. 371 E. — convicium I. 406 A. — servus I. 828 A. — mercenarius I. 971 D. 976 B. — ἐν ὀργαῖς I. 1014 B. — indoctus II. 205 F. — oppon. Gr. Plato 703 A. D. — τὴν ψυχὴν Damasc. Suid. Ὄλυμπος — Graecis prudentiores Jamblich. M. Aeg. p. 155. 156.

βάρβιτος II. 629 D.

βαρέω — βεβαρημένος II. 655 B. 895 B. I. 416 C. Porphyr. Abst. II. 45.—faciem luctu I. 273 D. Porph. Abst. I. 54. — βεβαρηκότες οἴνῳ Hom. Aristid. I. 329.

βαρέως καὶ αὐθαδῶς II. 808 F. Sim. Dio Chrys. 600 C.— *φέρειν* I. 12 D. 16 C. 115 D. 164 D. 374 D. (dormio leg. *βαθέως* I. 1074 C.) II. 69 C. 110 E. 178 D. 211 F. 795 A. —*ἔχω* morbo I. 706 D.

βάρις cymba II. 263 C. 358 A. Wessel. Diod. Sic. T. I. p. 108.

βάρος gravitas personae, ingenii, animi. II. 522 D. 782 D.—*καὶ ὄγκος οἴκου* cognationis II. 749 E. 752 E. —*φθόνου* II. 812 A.— *ἔχειν* de invidia II. 820 F. — *νόμων* durities, vel invidia in legislatorem rediens Plato 680 C.—armaturae I. 371 A. —et *βάθος* phalangis I. 373 A. B.— imperii I. 424 B.—pedum I. 468 C. —*πλούτου* I. 692 B.—et *χάρις* opp. I. 889 E.—ictus gladii, ita leg. pro *βάθος* I. 973 D.—*λόγων καὶ δηγμὸς* II. 68 F.—*ος οὐκ ἔχων* homo animo II. 81 B.—corporis hum. II. 237 F. —*βάρος* pendens a chorda II. 1024 A.— II. 1073 F. 1083 B. C. 1130 D. Plato 703 F. — *ἔχων ἀνὴρ* ad res ger. I. 172 C. — soliditas, firmitas I. 159 D. — Geometr. I. 350 F. — *ἤθους* I. 336 D. — fastus I. 339 E. 347 F. — *καὶ ὄγκος ἀρχῆς* I. 760 E. 909 A. Sim. Plato 687 E.

βαρυβόας Pind. II. 167 E. 763 C. 1075 A.

βαρυδαίμων I. 949 A. Sophocl. Stob. 560, 12. Suid. v. *Εὐρύβατος*.

βαρυεγκέφαλος Epic. II. 1086 E.

βαρυθυμέομαι II. 739 E. I. 454 A.

βαρυθυμία II. 417 D. 477 E. I. 401 A. 429 A. 573 A. 704 A. Oenom. Euseb. P. E. 230 D.

βαρύθυμος I. 352 B. 669 A. 1014 B. II. 13 D.

βαρύλυπος II. 114 E.

βαρύνω II. 669 C. 782 A. I. 60 C. 97 D. 581 B.— -*ω* et -*μαι* orac. I. 1051 E. — *βαρυνόμενον* proprie de corp. II. 161 E.—*νει* cibus II. 127 C. 131 E. 133 B. D. 134 A.—res—*ει* malum II. 99 F. —*νον τὸ* morbi II. 75 C. Sim. 102 A. —*ομαί τι* II. 726 B. 955 F. I. 129 D. 173 E. 616 E. 634 F. 688 F. 812 D.—*εται γυῖα* II. 789 D. — II. 1026 E. 1030 C. I. 15 B. 98 B. — *μαί τι* I. 204 A. 512 B. 537 C. 596 E. 617 A. 621 B. 735 E. 763 A. 869 D. 909 B. 982 D. 987 D. 988 E. 994 C. 996 C. 1046 A. 1061 E. II. 134 B. C. 139 B.— *τινι* I. 346 E. II. 9 B. — fatigor I. 678 E.

βαρύνωτος concha Empedocl. II. 618 B.

βαρύοσμος II. 55 A.

βαρυπαθεῖν II. 167 F.

βαρυπενθία II. 118 B.

βαρύποτμος II. 474 F. 989 D. I. 826 A.

βαρὺς de anima II. 385 B.— *διὰ γῆρας* II. 983 A.— I. 727 D.— *βαλάντιον* II. 535 C. — molestus II. 100 F. 165 E.— de aëre et vento II. 647 B. 649 E. — *μέθη* II. 596 A.— II. 127 A. 147 F. 315 F. — *βαρύ τι προσπίπτει* II. 669 A.—vini II. 692 E.— *βαρὺ φθέγγεσθαι* II. 709 B. — *βαρὺ καὶ νοσῶδες χωρίον* I. 538 B. —*βαρὺς τὸ ἦθος* II. 141 F.—vectigal II. 172 F.—*εῖα καρδία* II. 173 E.— *ρὺ στενάζω* II. 211 E.—*ύς τινι* fastu I. 591 C. — praeda I. 588 E. — *εῖα σύῤῥαξις* pugnae I. 587 B. — superbus I. 599 B. 603 D. 634 A. 701 F. 703 C. 961 C. II. 44 A. 72 A. — *βαρεῖα* doctrina I. 668 A. — *πληγὴ* I. 739 B. *βαρὺ ὄφλημα* I. 915 C.— *τὸ* fastus I. 972 D. Dio Chrys. 602 A. B. — *οὐ βαρεῖα τροπὴ* fuga non magna I. 979 E. — *βαρὺ ἀγώνισμα* oppon. *κουφῷ* II. 724 C.—et dives II. 753 C. — *βαρὺ τοῦτό ἐστι* hoc aliis molestum est II. 793 D. —*ὺς* cibo II. 124 A.—subditis II. 799 D. — *πρός τινα* II. 807 A.—munus II. 813 D. — *βαρὺ ὄζειν τινὸς* II. 828 A. —vestis madida II. 831 A. D. — et *ὀξὺς* mus. II. 946 E. 947 E. 948 B. 1096 A. — cibus II. 995 A. — sonus II. 139 C. 1029 C. I. 557 D. — simpl. II. 1074 A. — *τῇ δυνάμει* I. 123 B. —*εῖα δύναμις* gravis armaturae exercitus I. 149 B. — *καρδία* Cyri I. 1013 F. *βαρυτέρα ὑπεροχὴ* I. 161 E.—*βαρεῖα λεία* I. 178 B.— *βαρὺς ἐν τῷ θαῤῥεῖν* I. 282 D. — *καὶ χαλεπὸς* I. 307 D. —*τὸ σῶμα* I. 455 E.—*πρός τι* I. 512 E.—*φρόνημα* I. 528 B.

βαρυσίδηρος I. 264 F.

βαρύσταθμος I. 442 D.

βαρύστονος Epic. II. 1086 E. Demosth. Cor. 351 B.

βαρύτης music. II. 96 E. 389 E.— καὶ νόσος II. 998 C. 1129 D.—corporis II. 647 B. 650 D. 694 E. 947 C. 978 C. 995 C.—vocis II. 780 A. — I. 99 F. 174 C. pro βραδύτης ingenii — fastus I. 228 A. 443 D. 896 E. 974 F. Dio Chrys. 600 B. 601 D. —regis I. 389 B. 640 A.— vultus I. 430 E.— irae I. 570 B.— καὶ σιωπὴ I. 695 C.— ἤθους I. 776 D.—tristitia I. 785 A.—φρονήματος I. 787 B. — corporis I. 897 A. — fatigati I. 1037 D. κατάπλαστος auditoris II. 44 A.—ἐπισκυνίου II. 45 C.—Simpl. II. 127 D. 128 A.

βαρυφροσύνη II. 710 E. I. 223 E.

βασανίζω dolorem adfero II. 529 C. 908 B. 996 A. F.—tormentis exploro II. 848 A. 1126 E. — in musica II. 1021 A. — et στρεβλόω disting. 1057 E. — I. 368 C. 696 D. 758 B.—exploro verum, f. ostendo, aperio I. 887 C. Plato 679 A. 703 B. — crucio quem expectatione I. 896 C. — et ἐλέγχει somnus et lachrymae fucatam uxoris faciem Nicostr. Stob. 445.

βάσανος I. 49 E. 693 A. 885 A. 943 D. II. 208 C. Plato 643 F. 704 G.—repone Porphyr. Abst. III. 19. Aristid. I. 548.—ον λαβεῖν explorare II. 109 B. δοῦναι Plato 613 C. ἐλευθέρα Plato 688 A.

βασιλεία II. 70 C. 113 E. 151 D. 154 C. F. 173 B. 262 F. 221 D. 229 E. 232 A. 236 B. 719 B. et μοναρχία I. 85 E.—καὶ ἡγεμονία II. 49 C.

βασιλείδιον I. 597 A. II. 1 D. libri quidam, qui et alia diminutiva habent.

βασίλειον—τὰ—εια palatium II. 52 D. I. 505 F. 514 F. 515 C. 522 F. 636 F. 687 B. C. 949 A. 950 E. 1014 B. 1021 C. 1067 E.—τὸ sing. I. 513 A. 702 D. 896 C. —animi 962 C.—λεια τὰ λόγων Himer. 866. corona, insigna regni II. 358 D. Wessel. Diod. Sic. I. p. 57. Philo Bybl. Euseb. P. E. 38 C. βασιλείας παράσημον.

βασίλειος — λειοι dii I. 682 D. conf. Dorvill. Char. 477. — ον τὸ regulus, rex infans, Lacon. I. 800 C.

βασιλεὺς I. 115 A. 118 C. 153 C. 157 D. 160 A. 164 A. 165 B. E. F. 350 C. II. 185 E. 213 C. 231 F. 240 D. 58 E. F. 62 F. 118 C. 119 C. 105 A. bis. 142 D. 147 A. D. 151 A. B. E. 152 A. 153 D. 157 C. 163 B. 168 F. 172 B. D. E. 173 B. 174 A. B. C. 176 C. E. F. 177 B. 178 F. 179 B. D. 180 B. C. 182 C. F. 183 E. 184 D. 189 D. F. 190 A. C. F. 191 C. 193 C. 196 E. 197 C. E. 200 E. F. 201 A. 204 A. D. 205 B. D. bis. 209 A. 211 A. C. F. 213 A. D. 214 D. 207 B. 208 A. 209 B. F. 221 C. E. 222 A. 223 E. 225 D. 226 B. F. 234 B. 235 F. 236 A. 237 A. 239 E. 240 C. — Ἀλέξανδρος ὁ βασ. per excellentiam M. II. 717 C. 734 B. I. 619 D. 664 E. 669 A.—simpl. Augustus II. 419 E. 723 D. — βασιλεὺς βασιλέων Agamemnon II. 789 F. — ἐκ βασιλέως χρηστοῦ θεὸς εὐμενὴς I. 35 A.— μέγας Pers. I. 78 D. 211 B. 294 A. B. —sine artic. de certo rege II. 168 E. 174 C.—et βασιλεία regnum oppon. I. 64 A. — Stoic. II. 58 E. F. —Athenis I. 88 E. 157 A. — parasiti Plaut. Asin. V. 2, 70. Men. V. 514.—σατύρων comic. I. 170 E. —, lusus puerorum Upton. Arrian. diss. p. 83. Horat. Plato Theaet. Herod. Xenoph. — βασιλέων I. 500 C. 505 E. 639 C. 654 F. 727 D. 900 C. 941 B. — εἷς Φίλιππος καὶ Ἀλέξανδρος I. 849 F.— Deus Plato 672 B.— ὑπήκοος I. 944 B.—et tyrannus I. 962 B. 1051 B. bis.—quis I. 1032 A. — Ἀλεξάνδρου τοῦ β. II. 53 C. 57 A. 188 B.— Μιθριδάτῃ τῷ β. II. 58 A. — simpl. II. 139 B. 140 A.

βασιλεύτατος I. 7 A. Hesiod.

βασιλεύω—simpl. II. 126 C. 151 C. 155 A. 157 D. 178 B. 183 A. 184 B. 210 F. 215 B. 225 A. 231 C. — καὶ κρατέω I. 706 A. — μαι II. 155 D. 1124 D. I. 60 E. 61 A. 97 C. 580 E. 597 A. — καὶ κρατοῦμαι I. 956 C. oppon. Romani τὸ βασιλεύεσθαι κατέλυσαν I. 833 E. — σθαι et ὑβρίζεσθαι disting. I. 909 C. — qui animo et virtute contentus est βασιλεύει II. 101 D. —σθαι II. 195 A. 209 A.

βασιλίζω I. 378 A.

βασιλικὸς simpl. I. 896 C. II. 44 F. 85 B. 123 E. 150 B. 151 A.

152 F. 172 B. 173 D. 181 E. F. 192 A. 197 C. — opponitur τυραννικῷ II. 417 B. 784 D. 942 A. I. 93 C. 120 B. 161 B.—καὶ θεῖος II. 32 A. — ὂν τὸ γρυπὸν II. 56 C. — mensura Aristid. I. 316. —praeclarus, magnificus II. 1098 D. 1107 E. — amicus regius II. 1126 E. —κὴ pars domus I. 105 B. — οἰνοχόος II. 620 E. — medicina II, 663 C. — τὸ βασιλικὸν τοῦ λόγου II. 746 D. — κὸν τὸ II. 160 C.—τὸ προσώπου I. 1028 B. — κὰ τὰ sc. possessiones I. 950 D. — ὸς candidus, apertus, sine dolo I. 904 A. — ἐν τοῖς βασιλικοῖς subaud. hostis I. 897 E.—κὰ χρήματα a rege accepta I. 887 E. —κὴ σεμνότης I. 889 E. sim. II. 26 E. —κὴ sc. ministri I. 730 E.—ὸν ἦθος I. 619 D. 1023 B.—Mithridaticus I. 501 B. et similiter passim 636 F.— Caesarum I. 1057 E. —κὰ ὑπομνήματα I. 397 A.—ὸς vultus I. 384 D. —κὴ φιλία I. 360 D. — κὸς dux I. 359 A. — βασιλικὸν τὸ fiscus Wesseling. Diod. Sic. I. 455.—φρόνημα I. 1023 A.— κὰ γράμματα eleganter puta II. 397 C.—peritus imperandi II. 405 B.— κὴ ὁλκὰς I. 306 A.—navis I. 778 B. — κὸς καὶ θεῖος I. 321 F. — animus I. 356 D. 676 D. —virtus I. 763 C. 804 F. —κὴ aedes I. 347 B. 722 B. 761 E. 1065 A. —κὴ ἐλπὶς I. 343 A. —ὁδὸς I. 911 E.

βασιλικῶς I. 97 F. 915 B. II. 181 E.

βασιλὶς I. 676 D. 750 C. 907 E.

βασιλίσκος avis in fabula II. 806 E.—I. 476 C. II. 1 D. si vera lectio. Alia diminutiva ibidem libri.

βασίλισσα I. 503 A. 906 F. 941 B. ll. 111 F. 180 A.

βάσιμός τινι I. 1 A. ll. 65 E. 530 A. Eunap. 83.—I. 286 A. 574 C.

βάσις fundamentum I. 405 E. — σιν τινὶ παρασχεῖν II. 158 D.

βασκαίνω fascino ll. 681 D. 682 A. B.—pass. ll. 683 A.—invideo ll. 806 A. I. 147 E. 158 E. 608 B. 629 D. 633 F. 735 E. 853 C. ll. 91 A. 92 C. Dio Chrys. 505 A. Aristid. I. 438. ll. 1.

βασκανητικὸς ll. 682 D. βασκαντικὸς mss. v. n.

βασκανία ll. 39 D. 683 A.

βάσκανος II. 60 E. 92 B. 680 C. 682 A. 796 A. 821 C. 854 D. I. 189 D. 291 C. 914 B. 958 E. 978 E. Aristid. I. 416. ll. 398.

βασμὸς gradus generis, cognationis Dio Chrys. 500 A.

βάσσα p. βήσσῃ Soph. Oed. Col. ll. 785 A.

βάσταγμα ll. 59 B.

βαστάζω ll. 64 B.—δορὺ I. 170 E. simpl. I. 1074 F.— ll. 317 F. fero, conservo. Sed h. signif. nec elegantiae nec sensui convenit, quare leg. ἐβάπτισε vel ἐβύθισε. Wetsten. Matth. VIII. 17. ex Galeno adfert, ubi notat sanare. Reisk. vertit *libravit*, i. e. modo exstulit, modo depressit.—aufero ll. 238 E. 318 C. Wetsten. Joan. XX. 15. Athen. 693 E.

βάταλος Dem. I. 847 E.

βατὸς καὶ ἄβατος Soph. ll. 21 B. ex em. Salmas. in fr. Menand. pro βάθος I. 674 A.

βάτος dumus ll. 94 E. ubi v. n. 1077 A.

βατραχομυομαχία ll. 873 E.

βάτραχος ll. 164 A.

βαΰζω canis latrat Heraclit. ll. 787 C.

βαφεὺς I. 71 D. 152 E. 340 C. — χρυσοῦ I. 159 C.

βαφὴ ll. 335 D. 566 B. 583 D. 590 C. 609 B. 646 D. 779 C. 934 E. 988 D. 1014 F. I. 78 A. 93 C. 156 A. 232 B. 361 B. 461 F. 525 A. 602 D.—ornatus I. 311 C. animi I. 877 C. ll. 73 D. ferri ll. 433 A. 436 A. 530 E. 734 A. 954 C. 957 A. —vini color naturalis ejus ll. 395 B. 650 B. 966 F. — sim. I. 399 B. 442 D. 684 B. ll. 73 D. — simpl. tinctura ll. 433 B. 661 C. 689 A.—humectatio ll. 689 A.

βαφικὴ ἡ ll. 228 B.

βάψις Perictyone Stob. 487. — 488, 5.

βδελυρία I. 524 B. 711 D. 893 E. ll. 50 C. 67 E. 68 B. 90 E.

βδελυρὸς ll. 10 C. D. 715 D. I. 154 D. 515 E. 643 D. 915 D.

βδελύττομαι (musicus, discrepantiam ll. 645 G.) ll. 27 D. 28 A. 82 C. 126 A. 670 D. 710 E. — simpl. ll. 753 B. 801 A. 854 A.

1062 F. 1094 C. 1095 F. 1096 A. I. 192 F. 198 F. 238 D. 494 F. 530 C. 697 B. 810 C. 919 F. 920 A. 953 A. 1022 B.

βέβαιος—ον πνεῦμα ll. 821 D.— signum ll. 982 E. — φῶς I. 537 E. scientia I. 555 C. 1068 B. — virtus ll. 1058 B. I. 319 D. fides 422 D. 588 C.— τινι 963 A.—972 D. 1010 E. 1011 D. simpl. ll. 1115 E. 1116 B. I. 92 A.—ον φρόνημα virtutis ll. 48 A. 78 C.—quid manet in mente ll. 47 E. — amicus ll. 49 D. 93 D. 97 B.—in suo instituto ll. 53 A.— ἔν τινι βεβαίῳ animus est ll. 78 A. —ον ἦθος 97 B. Dio Chr. XXXII. 381 D. 392 A. res, fortun. ll. 113 D. — ος δόξα foem. ll. 161 E. — amor ll. 138 F. φήμη οὐκ ἔχουσα τὸ βέβαιον ll. 163 C.

βεβαιότης ll. 83 E. 428 D.

βεβαιόω quid ἔργῳ ll. 613 C. simil. 1062 E. 1109 D. 1126 B. 1131 A. I. 101 D. 127 F. 142 A. 145 E. 352 F. 551 B. D. 580 D. 789 C. 892 C. 941 A. 996 C. 1056 C. Plato 632 A. B. — demonstro ll. 671 A. 1108 D.—med. ll. 47 C. 228 F. 725 B. I. 477 D. 589 D. 1010 F.—inscius ll. 52 A.

βεβαίως quid manet ll. 723 F.— occultare ll. 982 B.— I. 994 C. 997 C. — ἀγαθὸς ll. 44 B. τι κτᾶσθαι ll. 93 B.— ἐξετασθεῖσα φιλία ll. 94 C. — quid scire ll. 188 D. sim. Plato 703 A.—cum adjectivo Plato 696 F.

βεβαίωσις ll. 1061 E. 1122 A. I. 85 C.

βεβαιώτης auctor unde quid demonstratur ll. 675 A. C. I. 137 B. 370 F. — I. 844 D. ll. 49 A. Aristid. I. 395.

βέβηλος ll. 418 D. Aristid. I. 234.

βεκκοσέληνος ll. 881 A.

Βελεστίχη Venus Alexandriae ll. 753 F.

βελόνη ll. 950 C. I. 1018 A. algae marinae ll. 494 A. 983 C.

βέλος ll. 187 C. 191 D. 219 A. — ἀπὸ τόξου 327 E. 344 C. — amoris Aristid. I. 263.—opponitur ἀμυντηρίῳ ll. 714 E.—ἐξ ἀφανοῦς calumnia ll. 856 C. I. 315 E.— ὀξὺ I. 908 C. παρὰ θεοῦ ὤν fulmen et similia Plato 660 D.— ἐξ οὐρανοῦ Aristid. I. 152.— βέλη ἐπὶ σκοπὸν ἀφιέναι Plato 694 F.— ἄνευ βέλους ut Lat. sine telo Plato 662 G.

βελοσφενδόνη I. 464 B.

βελουλκέω II. 977 B.

βελτιοῦσθαι II. 75 A. 115 C.

βέλτιστος Simpl. II. 151 A. 169 E. 190 A. — ἡ τοῦ βελτίστου φύσις II. 115 D. — τὸ βέλτιστον in civitate II. 745 D. — ὦ βέλτιστε II. 1073 B. 1121 C. — παρὰ τὸ βέλτιστον I. 90 B. 838 C. Plato 679 C. ἀπὸ τοῦ βελτίστου τρόπου I. 147 F. — ἀπὸ τοῦ βελτίστου quid facere II. 594 C. I. 113 B. Dio Chr. 79 D. — πρὸς τὸ βέλτιστον I. 161 B. 865 E. — κατὰ τὸ I. 169 A. 422 A. — βέλτιστοι civium I. 173 B. — optimates 236 C. 320 E. 321 A. 423 A. 425 B. 779 E. Xenoph. H. Gr. II. 3, 15. conf. 17. p. 77. 79. ed. Mor. — a quo simplici oriatur II. 412 E. — τὸ oppon. δήμῳ I. 232 E. 234 A. — βέλτιστος et μέγιστος I. 421 F. — μετὰ τοῦ Aristid. II. 45. Plato ib. 6. 116. 123. 168. 170. — οἱ βέλτιστοι I. 148 A.

βελτίων II. 127 B. 131 C. 133 F. 135 A. 139 B. 149 A. 150 D. E. 154 C. E. 169 D. 173 E. 175 A. 176 C. 177 E. 179 A. B. 180 B. 181 C. 186 E. 188 E. 190 F. 191 F. 192 F. 194 A. D. F. 199 D. 204 A. 205 D. 213 B. 216 B. 220 F. 221 A. E. 225 A. 229 A. 236 E. 241 A. — de divis. cum κρείττων II. 115 B. C. — βέλτιον δὲ cum infin. I. 880 A. II. 74 C. 115 B. — βελτίων ἂν εἴη hoc faciens Plato 656 A. Aristid. I. 81. 195. 451. 489. 490.

βελτίωσις II. 702 B.

βέμβιξ bombyx Phintys Stob. 444, 54.

βέρεθρον II. 1064 E.

βῆμα gressus — ἐξ εἴκοσι βημάτων emissum telum I. 898 C. — καὶ λόγον παραδοῦναι ἑτέρῳ II. 58 C.—κατὰ βῆμα II. 241 E.—βῆμα πρόσθες II. 241 F. βήματι τρίτῳ poët. Aristid. I. 230. — tribunal I. 106 B. 121 F. 151 E. 156 C. D. 158 B. 167 D. 172 C. II. 188 C. 192 E. 196 D. 201 E. 207 A. — oratorum

II. 784 C. 785 C. 788 B. 789 C. 790 C. 794 C. 798 E. 804 E. 819 D. 975 C. I. 230 C. 247 A. 260 B. 277 C. 335 B. 415 D. 422 D. E. 430 D. 473 A. 526 C. 528 C. 566 B. C. 578 E. 621 E. 623 C. D. 625 B. 630 B. 634 E. 641 A. 644 A. 722 E. 737 B. 744 E. 748 E. 751 B. E. 756 B. 757 D. E. 769 D. 772 B. 775 C. 779 F. 780 E. 824 F. 828 C. 829 E. 834 B. 835 B. 837 E. 839 C. 848 E. F. 849 A. 854 A. 856 C. 868 C. 872 B. 873 C. 885 F. 894 D. 905 C. 921 B. C. D. 924 C. 927 C. 941 A. 943 B. 948 F. 952 F. 988 B. 996 D. 1055 A.

βήξ tussis, iracundiam tamquam tussi exasperare II. 461 B — II. 698 C. 1084 C. I. 1051 C.

βήρυλλος II. 1160 E.

βία II. 223 D. 300 E. 417 E. I. 392 D. 670 F. 1000 A. — *βίας ὑπὸ καὶ μόλις* I. 99 D. *βίᾳ τινὸς* invito quo I. 304 A. 719 D. 722 E. 1055 F. — Plato 685 G. 686 A. B. — *καὶ κράτος* Solon ap. Aristid. II. 397. — *βίᾳ* II. 134 B. 139 D. — *ἔχθρα, δυσμένεια* II. 94 D. — *μετὰ βίας ἀναγκάζεσθαι* II. 96 D. — *βίαι θυμῶν* II. 327 A. — *βία πολεμικὴ* II. 832 C. — f. abundat. Sol *ἕλκει βίᾳ ἀναθυμιάσεις ἀπὸ τῆς γῆς* II. 383 C. — et *πειθώ* I. 122 C. — *καὶ ἄκοντος* I. 626 C. — *πρὸς βίαν* Hierocl. Stob. 477. Aristid. I. 140.

βιάζομαι II. 101 C. 115 D. 139 D. 719 E. I. 90 F. 151 A. D. 170 C. 1062 C. — mulierem *ἐν τῇ παρθενίᾳ* II. 301 D. 773 D. F. 991 A. — *τὸ βεβιασμένον* II. 767 E. — pass. mulier II. 857 A. I. 97 D. — urgeo, assevero II. 1067 A. 1071 C. 1077 C. 1078 C. 1081 A. 1084 D. — *τὰ ἐννοίας* II. 1082 D. — *λόγῳ* II. 424 D. — *τὴν πάροδον* I. 370 E. — *πρός τι* ad locum I. 397 F. 613 E. 744 B. — I. 417 C. 418 D. II. 180 F. 181 A. 182 B. 183 C. D. 232 F. — *τὸ σῶμα* I. 534 E. — f. stupro I. 570 D. II. 202 B. — quem in pugna I. 655 F. 657 A. — Med. et pass. *βιάσασθαι καὶ βιασθῆναι* I. 663 D. 664 B. — *εἴς τι* in locum I. 738 D. *παρὰ γνώμην* I. 1075 B. Sic alicubi Eurip. — *νόμους* II. 175 E. — Pass. II. 183 C. Plato 597 F. — *βεβιασμέναι ἐξηγήσεις*, coactae, curiosae, nimis quaesitae Porph. A. N. 36. — *τινος* pro *πρός τι* nisi corruptus locus Plato 645 B. — med. et pass. aliquoties: primum addito *περὶ τὰ ἀφροδίσια* Plato 660 E.

βιαιοθανατάω II. 1152 B.

βίαιος II. 966 C. 417 D. I. 565 E. F. 896 E. 912 D. 1024 D. — *τοῖς βιαίοις ἔνοχος* reus violentae actionis II. 303 B. Plato 660 F. 662 E. 664 A. B. 683 A. — *καὶ χαλεπὸς* II. 880 B. — non verisimile II. 992 E. — rex I. 400 F. I. 352 C. II. 74 A.

βιαιότης II. 565 D.

βιαίως regnare I. 385 B. male mutatur in mss. 877 E. I. 1015 F. II. 81 E.

βιασμὸς II. 755 C. *βίασμα* Porph. Abst. II. 31 f. *μίασμα* ut Gall. interpres.

βιαστικὸς — κὸν disputationis II. 614 C. 885 B. Plato 678 G.

βιβάζειν II. 303 A. B. i. e. *βαίνειν ποιοῦσιν* ad coitum committunt I. 49 B.

βιβλιακὸς literatus I. 24 A.

βιβλίδιον II. 422 D. I. 486 B. 731 D. 989 D. — Epistola, modo *βιβλίον* I. 738. E.

βιβλιοθήκη I. 316 C. 468 A. 519 F. 731 C. 943 A.

βιβλίον II. 86 C. 133 A. 697 E. 1070 E. 1086 C. I. 337 C. 351 D. 444 B. 450 F. 468 A. 564 C. 606 D. 664 E. 668 B. 767 E. F. 768 D. 772 D. 777 F. 787 B. 788 D. 792 E. 793 C. 1000 E. — *σχολὰς ἐπὶ βιβλίοις περαίνειν* II. 796 C. — epistola mox *βιβλίδιον* I. 738 E. — *βιβλία, λόγοι, περίπατοι* II. 1033 B. — sunt partes *συντάξεως* II. 1043 A. — plenum *γραμμάτων* II. 405 E. sic pro charta I. 859 E. 860 A. 1059 A. — *βιβλία* I. 846 D. 885 F. 519 E. 620 E. 985 E. 1017 E. — et *γράμματα* promiscue I. 468 B. — f. corrupt. Aristid. II. 36. — et *σύγγραμμα* I. 872 D. — *ἴα ἁπλᾶ* I. 943 A. — et *γραμματεῖα* I. 1065 F. — II. 43. F. 52 C. 133 C. 137 D. 146 E. bis. 207 B. 212 C. 229 F. 189 D. — *τὰ*, bibliotheca Dio Chrys. 456 D. — *ἐπὶ βιβλίῳ* mori, Aristid. 88.

βίβλος papyrus. charta Niliaca II. 1126 F. — cortex I. 617 A.

βιβάσκειν f. II. 303 A.

βιβρώσκω I. 342 A.

βίη Ἡρακλείη II. 1112 E.

βικρὸς Delphic. Dial. pro πικρὸς II. 292 E.

βιογραφία Phot. Bibl. 407. 52. Damasc. 1029, I.

βιοδότος Plato 678 D.

βίος Simpl. I. 291 C. II. 47 B. 53 A. 56 B. ap. poëtas II. 22 D. — ejus definitio · · 58 C. — βίος ἑδραῖος II. 1129 D. — βίον συγχεῖν II. 1108 F. — opp. τῷ φιλοσοφεῖν II. 1116 C. 1119 E. 20 B. — et χρόνος diff. II. 351 E. βίον ζῆν II. 1124 E. πολὺς γενόμενος II. 792 C. — βιοῦν I. 306 B. — βίου χρόνος II. 1098 E. — καὶ πράγματα II. 51 F. — βίος τῶν πολλῶν vita communis II. 25 C. — βίοι τρεῖς, θεωρητικὸς, πολιτικὸς, ἀπολαυστικὸς II. 8 A. — βίοι καὶ ἔθη II. 3 B. βίων ἀγωγαὶ II. 3 A. — διὰ τὸν βίον propter vitae rationem I. 766 D. — καὶ τρόπος I. 337 F. 456 A. 799 F. 800 A. II. 4. B. — καὶ ἤθη II. 53 C. I. 338 D. 345 B. 451 D. 456 A. Livius praef. §. 9. Chamaeleon Athen. 624 A. — βίον σύσκευάζεσθαι I. 342 D. — βίος καὶ πράξεις I. 345 A. II. 42 D. — ἴδιος cujusque I. 353 A. — βίοις καὶ δυνάμει ἀμαυρότεροι reges, vita et potentia obscuriores I. 383 C. — periphr. ἐκ βίου ταπεινοῦ — ἔν τινι λόγῳ γεγονὼς pro ex ignobili homine I. 453 E. — τῷ βίῳ σοβαρὸς I. 552 D. — βίου τρόπος I. 630 D. — βίοι ἀνδρῶν Aristoxeni II. 1093 C. — βίου ἡγεμὼν I. 863 A. — βίοι παράλληλοι Plutarchi I. 1 A. 102 E. 243 D. 255 C. F. 278 F. 279 A. 664 E. F. 841 E. 889 B. 958 F. II. 172 C. — facultas, possessio I. 44 B. 76 C. 87 B. — ἀπὸ γῆς I. 71 B. — vitae exemplum I. 73 E. — vitae genus I. 91 C. 113 A. C. — plur. simpl. I. 129 E. 160 E. — Comici sunt σατυρικοὶ τοῖς βίοις I. 160 D. — τὸν βίον διοικεῖν I. 162 B. — τρυφερὸς τῷ βίῳ I. 147 A. — καθαρὸς ἐν ἐξουσίᾳ I. 173 C. — κατασκευὴ περὶ βίον I. 156 A. — δόξα περὶ βίον I. 161 D. — ἀνθρώπινος hominum genus II. 413 A. — βίοι ipsa vita viri I. 190 A. βίος καὶ τρόπος Pauli Aemilii I. 276 C. — βίος divitiae I. 279 B. — βίου ἀγωγὴ II. 3 A. sic simpl. βίος ib. B. 5. B. vita anteacta. — βίοι καὶ ἤθη 287 C. I. 423 D. βίος — ἦθος II. 41 B. — vitae institutum II. 466 B. F. 486 D. — genus humanum II. 478 C. 956 A. B. Hierocl. Stob. 490. — βίον μεθαρμόζεσθαι II. 603 D. — aliter a Platone aliter a Stoicis dicitur Porph. ap. Stob. Phys. p. 201. — βίον ἀπό τινος ἔχειν II. 729 C. — τῷ βίῳ κεαρὸς II. 754 E. — βίον θέσθαι procul a republica II. 798 F. — πολιτικὸς idem fere ac homo II. 800 E. — καὶ πράξις II. 823 C. — ut hominis, ita civitatis II. 826 C. — καὶ οἶκος II. 831 F. — βίου κόσμος ratio vitae II. 836 C. — βίος καὶ ζωὴ II. 908 C. — et ζῆν Antipho Stob. 533 fin. Plato 633 F. Ammon. diff. voc. et Valck. p. 30. — βίος κοινὸς II. 880 C. — βίων ἀπολακτισμοὶ II. 937 F. — βίος καὶ χρόνος II. 958 C. conf. S. N. V. 41 E. 993 D. 994 E. — βίοι καὶ ἤθη καὶ πρᾶξις II. 981 F. — βίοις τὰ θηρία aliena sunt a vana opinione II. 989 C. — βίος διοικεῖται II. 989 F. αἰὼν βίου II. 993 D. — et δόγμα II. 1033 A. — νόμος II. 1033 B. — λόγος II. 42 A. 71 E. 1033 B. 1070 A. ubi v. n. — τῷ βίῳ quem superare I. 852 D. — καὶ λόγος καὶ δίαιτα II. 52 E. — vitae ratio, βίων ἀνομοιότης I. 882 D. — βίοι καὶ ὁμιλίαι I. 896 E. — βίοις σατυρικοὶ homines I. 1060 A. — βίον εὐροεῖν II. 35 C. — βίος et πράγματα oppon. σχολῇ II. 76 A. — πράξεις II. 85 D. — βίου χρυσέα κρηπὶς κεκρότηται II. 86 A. Pindar. — θηριώδης, ἄπορος, ἀνήμερος II. 86 D. — τὸν βίον περιοδεύει ὁ ἐχθρὸς, f. ἡμῶν II. 87 B. — τοῦ βίου τὰ νοσοῦντα perscrutatur ὁ ἐχθρὸς II. 87 C. — βίου καὶ δόξης ἀνταγωνιστὴς II. 87 F. βίος et λόγοι oppon. II. 89 F. — καὶ ἦθος II. 92 C. 139 E. — τὰ καθαρὸν τοῦ βίου II. 92 D. — ἄρχεσθαι ἀπὸ τῆς τοῦ βίου φήμης initium disp. capere ab ultima recordatione generis humani II. 93 D. — βίοι — ἤθη — πάθη II. 96 D. — βίου τυφλὴ χειραγωγὸς τύχη II. 98 B. — βίος ἄλυπος, μακάριος, ἀμετάβλητος II. 99 E. — καὶ δίαιτα ἄλυπος II. 100 C. — βίος ἀπράγμων II. 101 D. — vitae nostrae actio II. 87 D. 88 A. E. — ἄριστος οὐχ ὁ μακρότατος ἀλλ' ὁ σπουδαιότατος II. 111 A. — βίος ζωῆς II.

114 D. Sim. Plato 701 B. — θνητὸς II. 114 D. 120 B. — θειότερος 114 C. — χρόνος ἐν τῷ βίῳ brevis II. 117 E. — βίου σχῆμα II. 122 A. 135 A. — βίον ἐκλείπειν II. 107 E. 110 E. 111 B. — Simpl. II. 102 E. 103 B. F. 104 C. F. 107 B. C. 110 E. 111 B.D. 112 B. 113 B. E. 114 C. D. E. 115 B. D.E.F. 116 C.D E. 118 B.D. 119 C.E.F. 135 C. 159 A.D. 166 F. bis. 178 A. 201 C. 212 A. 217 A.C. 221 E. 223 C. 224 E. 225 F. bis. 226 B. 229 D. 234 E. 237 C. — ἄφιλος, ἄδοξος II. 135 B. — hominis, ζωὴ bruti II. 135 B. — ον προΐεσθαι II. 146 C. — εἰς ἅπαντα τὸν βίον II. 148 A. — βίον τῷ χρόνῳ βραχὺν ὄντα κακοῖς πράγμασι μακρὸν ποιεῖν II. 148 B. — defin. διαγωγή τις πράξεων ἔχουσα διέξοδον II. 158 C. Porphyr. Stob. Ecl. II. 201. — βίον βιοῦν II. 160 B. — στέργειν II. 160 B. — τῷ βίῳ τελευτῶν ἐξάδω (an τὸν βίον?) II. 161 C. — βίου ἐστὶ πέρας πᾶσιν ἀνθρώποις ὁ θάνατος II. 166 F. — βίου κοινωνία II. 138 B. — παρὰ πάντα τὸν βίον II. 184 B. — βίου σπέρμα II. 172 D. — ἐθῶν καὶ βίων II. 238 D. — βίου τάξιν καταναλίσκειν II. 220 C. — βίος est ὄργανον ζωᾶς ἀνθρωπίνας Callicrat. Stob. 485. v. n. ad II. 120 A. — σύστημα πράξεων Hippodam. Stob. 553, 53. — διαθέσει ἢ πράξει διαφέρων γίνεται Hippodam. Stob. 554. — diff. a ζωή. *Βίος* est *vita humana* in hoc corpore. ζωὴ generatim duratio naturae sentientis et cogitantis. Sic Dei, brutorum, hominis post hanc vitam est ζωή. Huc facit Favorin. Stob. 585. τὸ γῆρας οὐκ ἐπ' ἐξόδῳ τοῦ βίου εἶναι, ἀλλ' ἐπ' ἀρχῇ μακαρίας ζωῆς. Conf. Ammon diff. voc. p. 30. Porphyr. Stob. Ecl. II. p. 201. — βίοι an idem ac περὶ βίων quo nomine est Theophrasti ap. Diogen. Laërt. V. 42. Stratonis ib. 59. Heraclidis 87. Timothei V. 1. — ἐν τοῖς βίοις vid. ind. auct. Diog. Laërt. Ἕρμιππος, Σάτυρος. — Περὶ βίων Epicuri i. e. de Vitae generibus Diog. Laërt. X. 27, 86. — bis. vita et victus Jambl. V. P. 170. — βίον ἡμῖν τέχναις ξυγκατασκευάκασι Apollon. et Minerva Plato 678 C. — συλλέγεσθαι εὐχαῖς ἀνηνύτοις mendicus Plato 684 F. — διανέμειν ἑαυτοῦ victum, suum administrare, vesci Plato 700 A. — βίου φήμη generis humani traditio II. 93 D.

βιοτεύω II. 874 F. 941 D. I. 247 F. 596 C. 634 C.

βιοτὸς vita Empedocl. II. 1113 D. Aristid. II. 49.

βιόω II. 1126 A. 1119 C. — ἐβίωσαν Vit. Cic. sic Senec. Ep. 12. — βιῶσαι II. 660 E. 783 D. 367 F. — βιόω βέλτιον differt a πράττω βέλτιον II. 563 C. — καλῶς II. 48 D. — differt a ζάω v. n. ad II. 351 D. — jungitur II. 1042 A. — et ζῆν II. 100 C. 101 D. 110 E. 1117 E. 1128 C. 1129 B. Numen. Euseb. P. E. XI. 537 D. Himer. 122. — εὖ II. 422 C. 41 B. — βιωσόμενος ὀρθῶς I. 889 A. — βιόω ἡδέως mox ζῆν II. 100 C. 101 D. — βιοῦν ἐνδόξως καὶ μακαρίως II. 145 F. — II. 160 B C. 187 D. 199 E. 222 A. 233 E. — βίον II. 238 A. — βεβιωμένος βίος Plato 698 A. — τὰ βεβιωμένα *vita anteacta* Aristid. I. 509.

βιωτικὸς II. 142 B. ubi v. n.

βιωτὸς — οὐ βιωτὸν I. 266 C. sine οὐ Plato 660 F.

βιωφελὴς Sext. Emp. 281.

βλαβερὸς II. 35 E. 36 A. 46 B. 86 F. 87 B. 94 D. 99 F. 102 C. 134 B. 152 F. 153 A. D. 165 B. 167 D. 222 D.

βλαβὴ θηρίων ab animalibus II. 642 B. — II. 1064 F. Stoic. — Simpl. II. 38 B. 125 B. — βὴν βλάπτεσθαι II. 56 D.

βλάβος Plato 657 G. 661 F. 662 D. E. 675 B. Aristid. I. 478.

βλακεία II. 47 E. ubi v. n.

βλάμμα II. 1041 D.

βλὰξ II. 28 D. ubi v. n.

βλάπτω II. 20 B. 22 C. 23 F. 25 E. 34 A. 41 A. 43 C. 49 D. 51 A. 56 D. 64 B. 66 B. 68 C. 91 B. 124 E. 128 A. 136 E. 153 D. 165 C. 217 A. 220 A. 228 D. — βλάπτει τι τὸν λόγον obest quid orationi meae II. 975 E. — Stoic. II. 1064 F. 1070 E. — σθαι εἴς τι II. 1106 D. — ὑπὸ θεοῦ I. 729 E.

βλαστάνω II. 4 C. 227 D. 394 E. 400 B. 683 C. 700 F. I. 47 F. — ει virtus I. 705 E. — mutatur in βλάπτω Porph. Abst. I. 30. Aristox. Stob.

Ecl. conf. dissert. Mahnii — corpus εἰς εὐεξίαν I. 1028 B. — fons Himer. I. 134.

βλάστη II. 116 B. 796 B. 990 C. I. 30 D. Plato 586 B. 619 C. 627 D.

βλάστημα poët. Aristid. I. 69.

βλάστησις — ἐὼς ὁρμὴ II. 757 E. 968 A. 76 F.

βλαστὸς ὁ II. 968 A. 1049 C. I. 72 C.

βλασφημέω II. 116 B. 170 B. D. 227 A. 870 D. I. 199 C. 341 D. 688 F. 780 E. 825 B. 847 D. Plato 684 A. Aristid. I. 496. 507. 510. II. 9. 60. 173. 221. — μετ' εὐφημίας Aristid. II. 422.

βλασφημία convicium in foro II. 795 A. 817 C. 825 E. — Simpl. II. 88 D. 89 D. 170 D. 232 E. 874 B. 1086 F. 1117 E. I. 38 B. 122 E. 154 D. 160 D. bis. 252 A. B. 543 D. 644 E. 645 B. 784 B. 785 D. 787 B. 832 B. 910 D. 974 B. 1045 E. 1069 B. Aristid. I. 505 510. II. 111. 116. 122. 243. 269. 273. 280. 293. 329. — oppos. εὐφημίας in sacrificio Plato 632 D. E. 641 A. — malum omen Aristid. I. 370. 380. 409. 483.

βλάσφημος. II. 176 A. 184 D. 697 E. 854 D. 1100 D. I. 387 E. 650 A. 746 B. 1068 C.

βλαῦται I. 310 E. Hermipp. Com. Athen. XV. 668.

βλάψις Plato 683 C.

βλέμμα II. 45 C, 84 E. 680 D. 780 A. I. 21 B. 430 E. 612 C. 802 F. 824 F.

βλέπω simpl. II. 167 C. 232 E. — pass. periphrasi servit, et notat esse II. 637 A. 1073 A. — ων εἰς ἐμὲ ἅμα καὶ μειδιῶν II. 676 E. — ὀξύτερον II. 699 A. — πρός τι βλέποντες hoc fecerunt II. 756 A. 795 E. 823 D. Victor. Aristot. Mor. p. 94. — ἀπό τινος πρός τι Metaph. II. 813 E. — latus βλέπει ad boream, vertitur II. 972 A. I. 576 C. sim. 592 D. — pass. manifestum esse II. 1053 D. 1054 D. — τὰ βλεπόμενα opp. iis, quae audiuntur I. 21 B. — βλέποντα εἰς τι quid facere, hoc consilio II. 160 A. 1135 A. 1143 A. Plato 567 E. F. G. 591 G. bis. 596 E. 597 G. 600 B. 611 C. 612 F. 621 D. 623 F. 639 F. 661 A. 671 H. 672 B. 679 B. C. 683 H. 686 C. D. 694 D. F. G. 695 E. G. 705 A. Aristid. I. 91. 218. 312. — βλέπουσι arma adv. hostes I. 603 F. — βλέπων καὶ ζῶν I. 794 A. — βλεπόντων ἀγαθὸν τὸ φῶς, οὕτω τῶν ἀκουόντων ὁ λόγος II. 39 E. — sensus videntium II. 98 B. — ἔξω metaph. II. 100 F. — καὶ γινώσκω II. 139 A. — ἡδέως τι II. 140 A. — ται cum particip. periphr. II. 143 B. Dio Chrys. 622 C. conf. ὁράω. — Pass. simpl. II. 144 F. — φαίνεται, βλέποντι πρὸς II. 148 D. — μὴ βλέπω τινὰ et βλέπω ὡς πολέμιον oppon. II. 167 C. βλέπω νικᾶν proposui mihi victoriam Aristid. II. 29. — πω πρός τι et εἴς τι quid facient Aristid. I. 403. 412. 420. 493. 513. 564. — cupio quid Aristid. II. 147. 164. 169. 181. 213. 269. 398. — πρὸς πλεονεξίαν τὰ πάντα Himer. 138.

βλέφαρις II. 659 C.

βλέφαρον II. 659 C.

βλέψις I. 296 A.

βλήττειν Anaxag. II. 98 D. vel βλίττειν II. 956 D. vid. D. Ruhnken. Tim. v.

βληχὴ Fragm. Epict. Upton. p. 770.

βληχρὸς pro ἰσχυρὸς dixit Pindarus II. 17 A. (quo respexerunt Etymol. M. p. 200, 13 et Suid. Vid. Valcken. Theocr. p. 218. et 220 A. B. ex Pericle *languidus*) 933 D. 1130 D. I. 572 A.

βλοσυρὸς II. 933 F. 944 B. I. 760 C. Aristid. I. 281.

βοάω II. 46 B. 58 A. B. 168 A. E. 199 B. 201 E. 204 E. 239 A. 240 E. 668 A. — ignis II. 703 A. — μέγα II. 667 A. 1058 D. 1069 D. — tragoedia σεμνότερον II. 711 E. — καὶ διαφέρομαι II. 1077 C. — petens quid I. 651 A. — ἔτι πρόσωθεν II. 122 C. — II. 128 B. 187 F.

βόειος II. 667 F. 976 F. I. 294 E.

βοὴ I. 55 E. 151 F. II. 171 D. ms. — peditum, κραυγὴ equitum I. 933. F. — μετὰ βοῆς v. l. μέγα βοήσαντας II. 148 C.

βόεος — βοέῳ ποδὶ II. 299 B.

βοηδρομέω I. 470 D. 578 B.

βοηδρόμια I. 12 F.

Βοηδρομίων II. 861 E. I. 12 F. 138 B. D. 330 F. 683 B. 744 D. 859 A. 900 E. F.

βοήθεια defensio sententiae mihi facta II. 698 A. Demosth. Ep. I. 108 A. Plat. Phaedr.—mus. II. 1146 E.—Simpl. II. 69 B. 94. C. 161 C. 167 F.—animi II. 102 B.—medicina II. 22 B. 61 B. 102 A. — mortuo Plato 693 B. — genus artis Plato 698 F. G.

βοηθέω II. 1126 E. 143 B. 162 E. 163 B. 168 C. D. E. 199 C. 212 D. 213 D. 219 A. — *πρὸς τὸ μὴ* II. 725 B. — Valck. Hipp. p. 246. — *τινὶ* conservo quid II. 701 C.? — *πρός τι* contra quid II. 624 E. 646 B. 647 C. 648 F. 658 A. 695 A. 714 D. 911 D. 914 D. 915 D. 918 B. 979 A. — *τινι* confirmo quid rationibus II. 680 C. 811 B. I. 132 A. Aristid. I. 300. legi I. 774 D. 775 A. 1065 C. — pass. *βοηθεῖταί τι* II. 687 F. 689 B. 720 B. — sibi ipse adultus II. 730 E. 982 A. — *τινι εἰς* locum II. 861 E. — cujus sententiam defendere Plat. Ap. S. — *θεῷ* I. 109 F. — *βοήθειαν* I. 29 E. ad locum I. 1038 F. — *βοηθεῖ* remedium I. 384 D. — cui *θάνατον* Plato 660 F.

βοήθημα remedium II. 61 C. 72 B. 154 C. 681 C. 1147 A. I. 312 B. 825 B.

βοηθητικὴ χρεία II. 465 A. — *κὸν τὸ* II. 554 A. — II. 938 F. I. 17 C. 24 E. 95 A. 544 D.

βοηθὸς λόγου I. 746 B. — nomen legionis Rom. I. 1072 A. — II. 188 B. — *νόμος* Plato 649 E. 678 F.

βοηλασία I. 14 C.

βοηλάτης I. 338 E.

βόθρος II. 113 A. B. ubi v. n. I. 23 D. 91 D.

βοΐδιον II. 673 F.

βοιωταρχέω I. 285 A. E.

βοιωτάρχης I. 288 D. 290 B. 599 B. 609 D. 854 C. 1034 A. II. 193 E. — quot fuerint Wesseling. Diod. Sic. II. 45.

βοιωταρχία II. 194 A. 785 C. 813 D. 817 E. I. 290 E. 291 A. 297 C.

βοιωτιάζω I. 284 F. 630 A. Dio Chr. 506 A.

Βοιώτιος νόμος Mus. II. 1132 D. —*τία ὗς* Aristid. I. 492. Olympiodor. Phaed. ms. III. p. 9.

βολαῖος II. 554 F. I. 491 F.

βόλβος II. 664 A. B.

βολὴ ἀκοντίων II. 227 D. — hasta infligitur *μετὰ βολῆς* *valido ictu* II. 298 A. — I. 384 A. — *δίσκων* II. 724 B. — piscatus II. 977 E. — vices in lusu I. 192 C. D. — *ἀνθῶν* I. 650 E. — *αἱ ὀμμάτων* I. 897 A. Aristid. I. 72.

βόλις I. 890 A.

βολιστικὸς instrum. pisc. II. 977 E.

βόλλα pro *βουλὴ* Aeol. II. 287 B.

βόλος jactus aleae II. 619 E. — piscium II. 91 C. 729 D. 985 A.

βομβέω II. 823 E. Aristid. II. 309.

βόμβυξ II. 713 A.

βορὰ cibus II. 727 A. 991 B.

βόρβορος II. 671 A. 1110 D. Cleomed. II. 477. — *ρῳ λοῦεσθαι* Athletae Galen. Protr. T. II. p. 14 B. — profani ap. inferos Aristid. I. 259.

βορέας II. 139 D. 895 B. I. 115 F. 572 A.

βόρειος I. 136 B. 522 D. II. 411 A. 782 D.

βοῤῥᾶς — *βοῤῥᾶ πνέοντος ὡς ἀνὰ ποντίαν ἄκραν* II. 129 A.

βόσκημα I. 20 F. 171 D. II. 414 C. Plato 683 F. — *βοσκήματος τρόπῳ* 635 B. —*Ἀττικὸν* Aristid. I. 492. 493 ter.

βόσκω—*βοσκήσεται* oves edunt II. 398 D. — *ἐμαυτὸν* I. 1035 D. — hominem I. 338 E. — I. 572 A. — *γῆρας* ipse meum II. 792 B. — *ἐπιθυμίαν* II. 818 C. — ut Phineas Harpyias II. 832 A. — med. II. 1096 C.

βόστρυχος I. 1012 E. Aristid. I. 262.

βοτὰ τὰ I. 498 A. 576 E. II. 408 C. 1094 A.

βοτάνη II. 982 D. 42 A.

βοτανικὸς II. 663 C.

βοτάνιον II. 776 E.

βοτὴρ I. 20 F. 130 C. 548 B. 621 A. 795 C.

βοτηρικὸς I. 24 A.

βοτρυοστέφανος II. 295 A.

βότρυς Plato 649 C. D.

βου intendit Varr. R. R. II. 5. 4.

βούβρωστις II. 694 A.

βουβὼν II. 61 F. 910 F. I. 341 C. 587 C. 739 D. Aristid. I. 287.

βουγάϊος II. 299 B.

βουγενής·-ῆ Emped. II. 1123 C.

βούγλωσσα II. 614 B.

βουζύγιος II. 144 B. Buzyges Aristid. I. 13. II. 130. ex Eupolide.

βουθυσία—η Apollodotus II. 1094 B.

βουθυτέω II. 119 B. 208 E. 1094 A. I. 264 C. 311 A.

βουκάτιος mensis Boeot. I. 290 E.

βουκολέω decipio II. 13 E. vid. annot. ad Select. Hist. Adde Ποιμαίνω Theocr. XI. 80. Goens ad Porphyr. A. N. 30. p. 119. αἰπολέω Prov. metr. Schotti 1278. Aristid. II. 316.

βουκόλησις II. 802 E.

βουκόλιον I. 385 E.

βουκόλος I. 20 F. 177 F. 294 E.

βούκρανον κράνος II. 358 D. ubi v. n.

βουλαῖος Jupiter II. 789 D. 801 D. 819 D. I. 25 D.—α Themis II. 802 B.—ας Ἑστίας ara II. 836 F. — Dii Wesseling. Diod. Sic. T. I. p. 144.

βούλευμα II. 735 A. I. 697 A. B. — II. 145 D. I. 162 F. 593 F. βουλεύομαι βούλευμα 1011 B. — leg. η 642 B.

βουλευτήριον II. 755 C. 781 E. 794 E. 796 F. 800 C. 842 E. I. 11 A. 34 B. 43 C. 107 D. 155 B. 311 E. 347 B. 394 E. 623 B. 650 C. 722 D. 766 F. 813 C. 840 F. 841 F. 876 C. 925 D. — πόλεως opp. συνεδρίῳ βασιλέως II. 98 A. id. quod θέατρον in quo citharoedus ἐπίδειξιν habet. Dio Chrys. XIX. 260 C. ubi orationes habentur Aristid. I. 519.

βουλευτὴς II. 1076 F. I. 24 E. 34 E. 98 D. 151 E. 431 A. 460 B. 575 F. 579 F. 722 A. 866 C. 1000 A.

βουλευτικὸς—τὸ I. 25 A. 178 E. 558 D. — I. 868 F. 876 C. 990 E.

βουλεύω — senator sum I. 626 C. — μαι περί τινος de eo puniendo I. 1056 D. — μαι καλῶς I. 389 C. — μαι κακῶς I. 824 D. II. 69 D. — I. 133 B. — μαι ποιεῖν τι II. 867 D. I. 336 E. 642 C. — εύω τι I. 197 C. — τι ἐπί τινι v. c. προδοσίαν I. 410 E. 585 D. — acta Caesar ἐβούλευσε servare constituit I. 740 B. — βεβουλευμένη ἀπόκρισις II. 715 C. — τινί τι I. 968 C. — pass. consuli I. 87 C. med. 128 A. — όμενα καὶ πραττόμενα II. 87 C. — όμενος deliberans, qui consilia amicorum advocavit II. 95 C. — μαι II. 112 D. E. — μαι cum inf. II. 183 A — περί τινος et μετά τινος opp. 187 A. — pro βούλομαι II. 193 E. — Simpl. μαι II. 193 E. 201 F. 202 F. 206 B. 207 E. 211 D. 217 B. — Senator Romanus sum II. 203 B. — μαι καλῶς περί τινος II. 205 B. — ὑπέρ τινος II. 224 D. Aristid. I. 400. 425. 448. — saepe repetitur Anaxand. Stob. 419. leg. pro βασιλεύεσθαι Dio Chrys. 3 C. — εσθαι quid fit quaerit Dio Chr. Or. XXVI. — ω τινὶ θάνατον — Sim. Plato 659 D. F. Conf. Bibl. Crit. — μαι Plato 701 C. D. — μαι τὰ δίκαια et βραβεύειν oppon. (vulg. βούλομαι) Aristid. I. 189. conf. 193. 361. II. 266. — μαι ὡς βούλομαι Aristid. I. 399. — ref. Plut. Aristid. II. 420. — περί τινος de subdito Aristid. I. 373. 391. 399. 418. 423. 437. 447. 450. 451. 489. 501 556.

βουλή—τινὸς βουλῆς ἡττᾶσθαι consilio alicujus I. 531 B. — ῆς μεταλαβεῖν in senatum legi I. 546 D. 550 B. — ῆς μετέχω senator sum I. 622 D. 630 D. — οὐ μέτεστί τινι non est in senatu I. 625 E. — τυγχάνω I. 626 B. — Ἄρτεμις II. 869 C. — Romanus senatus, id. ac σύγκλητος I. 132 E. 133 A. 134 D. 135 C. 142 A. 149 F. 150 D. 151 D. F. 215 D. E. 216 A. C. 223 A. 227 D. 228 A. 231 F. 271 E. 275 C. 298 F. 299 A. 300 D. 302 E. 345 F. 346 C. 352 B. C. 379 D. 380 A. 396 B. — βουλὴν προθεῖναι I. 145 B. 655 C. — Ath. I. 157 A. bis. I. 197 F. 198 B. — Rom. I. 370 B. 394 F. 407 F. 422 C. D. 451 C. 457 E. 629 F. 634 E. 645 B. C. 650 F. bis. 651 A. D. 653 B. 654 E. II. 139 D. 201 E. 203 E. — et σύγκλητος I. 580 E. — nulla est, si non est εὐβουλία II. 97 F. — οἱ διακόσιοι Sext. Emp. 261. — βουλὴν θέσθαι I. 718 C. — est, una sessio senatus I. 767 C. 768 A. 771 E. — ἣν συνάγω I. 882 F. — ἀθροίζω I. 943 A. — ἐν βουλῇ εἶναι deliberare I.

999 C. — ἐκ βουλῆς sumus — l. 630 D. 632 A. — pro ἀπό. — βουλὴ γερόντων καὶ νέων ἀνδρῶν ἀριστευόντων αἰχμαὶ ll. 789 E. — ἀς ἐξάρχειν ἀγαθὰς II. 118 F. — καὶ ἀπορία deliberatio Aristid. I. 553. — senatorius ordo I. 595 C. — γίνεται habitus senatus I. 595 C. — I. 88 D. 92 B. 97 E. 98 A. 102 F. 108 D.

βουλήεις Solon I. 86 A.

βούλημα I. 609 A. II. 238 E. Plato 620 G. 633 C. — et ησις significatio sensus scripti Porph. A. N. 21. 31. Aristid. l. 194. Schol. βούλευμα II. 49. 65. 257.

βούλησις ἀγαθῶν τοῖς πλησίον ll. 536 E. — II. 1063 D. 1076 D. E. F. I. 145 C. 745 C. 749 D. Aristid. I. 473 et πρᾶξις I. 740 A. — et οἴησις II. 49 A. — et δύναμις Dio Chr. XXXV. 429 C. — propositum Plato 582 B. 607 D. 610 E. G. 611 D. 612 E. 656 B. 659 D. 661 E. 669 B. 672 C 683 A. Aristid. I. 93. — voluntas Plato 655 H. — dei opponitur ἀνάγκαις naturae Plato 696 D.

βουλιμία ll. 695 A.

βουλιμίασις ll. 695 D.

βουλιμιάω ll. 694 B. C. 695 A. I. 995 D.

βούλιμος quid unde dictus quasi πολύλιμος ll. 693 F. 694 A. seq. B.

βοῦλλα I. 30 C.

βούλομαι malo I. 496 D. 668 B. — τι βούλονται interrogat. l. 1059 B. — τι σφόδρα I. 986 D. — faveo I. 653 D. — ὅσον βούλομαι vinco quem I. 600 C. — τὸ βούλεσθαι voluntas I. 781 C. — μαι εἶναι bono sensu l. 791 E. — μαι εἶναί τι τοῦτο ut Lat. *explico* ll. 19 F. — ἠβουλήθης II. 242 F. — uxorem βουλομένην alteri ἐκδοῦναι l. 165 D. — τὸ βουλόμενον l. 1025 F. Passiv. Musgr. Euripid. Iphig. A. 2080 — τί βούλεται τὸ quid sibi vult haec res ll. 435 B. 164 A. B. — εἶναι ll. 1135 B. Hierocl. Stob. p. 230. T. Hemsterhus. Lucian. p. 27. — βούλεται εὐφυὴς εἶναι affectat. l. 243 B. — οὐκ ἔστι μοι τοῦτο βουλομένῳ, nolo hoc l. 258 A. Sim. 435 A. 629 C. Isocr. p. 177 ed. 8° Paris. — πρὸς τὸ βουλόμενον quid accipere l. 1071 B. — πλέον ἢ βούλοιτο κρατῶν τῆς θαλάττης l. 437 E. — τὰ βουλόμενα f. pass. s. consueta l. 519 D. — κινεῖται βουλόμενος ll. 631 D. — significo ll. 668 A. B. 747 B. Aristid. I. 492. — οὐδὲ βουλομένοις nobis hoc licet facere II. 712 F. 1112 B. Aristid. II. 27. — et δύναμαι conjung. II. 754 D. 782 C. 169 C. 180 A. — II. 170 F. — βουλομένη ἀνδρεία non coacta II. 988 B. sim. 124 A. βούλεται δηλοῦν II. 1010 B. 1039 E. [Gatak. M. A. 293.] I. 473 D. Plat. 575 E. 578 E. not. ad Julian. 357 A. — εἶναι notat I. 701 F. — ἢ βούλει; interrog. II. 1065 D. — εἰ δὲ βούλει II. 1067 D. εἰ βούλει II. 83 D. — βουλόμενος οὐκ ἄν τις ἐκλάθοιτο II. 1095 C. — οὐδέ φασιν, οὐδὲ βούλονται II. 1096 C. — οὐδὲ βουλόμενόν ἐστι παρελθεῖν II. 1097 C. — οὐδὲ βουληθεὶς hoc quis faciat II. 1099 E. — ἐμαυτὸν ἄποικον γενέσθαι, ut Latini (vid. Heusinger. ad Offic. Cic.) I. 60 B. — ἃ δεῖ βούλεσθαι μαθόντες ὡς βούλονται ζῶσι II. 37 E. — et οἴομαι jung. bis II. 49 A. 65 D. 170 F. — τῷ βουλομένῳ παρέπεσθαι voluntati alterius obtemperare II. 55 D. — μαι ποιεῖν pro simpl. ποιῶ II. 95 A. — ται de re inanimata II. 131 B. — Simpl. II. 137 D. 138 C. 139 A. 140 A. 142 E. 143 B. 144 A. 147 D. 148 F. 150 F. 151 A. 153 C. 154 D. 155 B. 157 D. 160 D. 162 E. 163 F. 164 A. 172 E. 173 A. B. 174 E. 175 B. D. E. 176 C. 177 F. 178 C. 179 B. 181 B. 182 A. D. E. 183 E. 185 A. 189 A. D. 190 C. 191 C. 192 A. 193 B. 194 B. 195 C. 196 D. E. 198 D. E. 199 C. 201 A. F. 202 A. 206 B. C. E. 210 F. 212 B. 213 F. 214 A. B. 215 A. B. D. 219 A. 222 C. 224 A. 225 C. D. F. 226 F. 227 A. 229 A. 236 A. — δοξάζειν περὶ θεῶν ἃ βούλεται II. 170 F. — ὡς βούλεται καὶ μὴ δι' ἑτέρου cum rege colloquitur II. 185 E. — δι' αὐτοῦ I. 126 D. εἶναι quis II. 205 B. — ἢ malo II. 209 E. — ut Gr. νικῶμεν ὡς ἐβουλόμεθα Plaut. Amph. I. 1180 — imperat. βούλου Philem. Stob. 455, 42. — jungitur cum θέλω Porphyr. Ἀφορμ. §. 28. — εἰ βούλεται, *sive, fac hoc esse*, Dio Chr. 659 D. vid. Reisk. — οὔτε — οὔτε — οὐθ' ὅτι ποτὲ βούλεται Plato 638 E. — Imp. βουληθῆτε Aristid. I. 397. — ὁ Ἀλκιβιάδης βούλεται αὐτῷ, παράκλησιν dialogus Alcibiadis Platoni habet propositam adhortationem Aristid. II. 323. — μαί τι cupio Aristid. I. 562.— ὅσον βούλομαι κρατῶ id. II. 256.— τί σοι βούλεται τοῦτο id. 295. τί βούλεται τοῦτο σημαίνειν Gatak. M. A. 293.

βουνοειδὴς I. 17 B.

βοῦνος I. 461 E.

βουνώδης I. 559. C.

βούπρωρος hecatombe II. 668 C. Soph. Trach 13. Steph. Thes. L. G. III. p. 1608 F. citat Eustath. Od. λ'. 130. p. 423. ed. Bas. Conf. Hesych. ubi nil viri docti nisi Steph. et Eustath. citant; praeterea Casaub. Athen. p. 10. qui item nil aliud.

βοῦς II. 137 C. 139 B. 147 D. 175 D. 198 D. 229 E. 238 F. I. 103 A. B. II. 64 E.—ἐκ τοῦ βοὸς τοὺς ἱμάντας λαμβάνειν II. 1090 E.

βουστροφηδὸν Pausan 420.

βούτυρον II. 1109 B. C.

βουφόνος Wesseling. Diod. Sic. I. p. 258.

βραβεῖόν τινι ἀποδοῦναι II. 742 C.

βραβεὺς Plato 689 A.

βραβευτὴς II. 638 E. 750 A. 817 B. 965 D. 1045 D. I. 781 A.

βραβεύω II. 644 A. 712 E. 757 C. 758 B. 759 A. 946 E. 960 A. 1007 D. 1107 E. I. 22 F. 58 C. 152 A. 284 E. 603 E. 620 E. 648 A. 649 A. 712 A. 780 D. 781 B. 800 E. 865 A. B. 981 D. 1002 F. 1022 A. 1039 E. Clearch. Athen. 670 A. Aristid. I. 24. 189. 892. 506. Wesseling. Diod. Sic I. 583. 693.

βραγχία τὰ in respiratione II. 903 F. — piscis II. 979 C.

βραδέως II. 53 A. 206 C.

βραδύνω II. 707 E. 726. A. I. 93 C. 387. D. 419 C. 594 D.

βραδυπορέω II. 907 F.

βραδύπορος II. 626 A. 941 B.

βραδὺς καὶ γέρων II. 972 C.—cum inf. I. 759 F. — I. 424 C. II. 132 F. 150 A. — habes I. 471 E. II. 47 E. — βραδύτερον ἀφικνεῖσθαι II. 113 C. — astrum Plato 703 A. — βράδιον Lucian. III. 573.

βραδύτης I. 569 E. (λαλιᾶς, leg. θρασύτης 582 B.) astri Plato 703 C.

βρασμὸς II. 317 B. 1111 E. Cornut. N. D. c. 3.

βραχιονιστὴρ armilla I. 27 F. 28 B. βραχίοντα leg. Dio Chr. 346 A.

βραχίων I. 587 D. 840 E. 955 A. B. 1007 A. II. 134 D.

βραχυλογέω II. 193 D. 545 B.

βραχυλογία II. 153 E. 408 E. 803 E. I. 699 D. 731 F. 743 E. 985 A. Plato 665 B.

βραχύλογος I. 700 F.

βραχύνω syllabam I. 153 F.

βραχυόνειρος II. 686 B.

βραχύπορος I. 414 A.

βραχὺς II. 672 E. 787 A. 1077 B. — ἐν βραχεῖ Dio Chrys. 440 C. 651 C. βραχύ τι Aristid. II. 10. — κατὰ βραχὺ Plato 606 G. — βράχεσιν (ἐν) breviter pro ἐν βραχεῖ II. 172 D. 28 E. — βραχὺ ἐν II. 391 D. — βραχέα προσθεὶς in disput. II. 14 A. — βραχέα maris II. 590 D. 980 F. — breviter I. 659 C. 1003 C. — βραχὺ γράμμα II. 737 E. — βραχέα dicere pauca II. 983 A. Sim. I. 723 C. — φροντίζειν τινὸς I. 170 D. — βραχὺ συγγενέσθαι τινὶ ad breve tempus II. 395 A. — βραχέα pauca I. 446 D. — βραχέσι τύποις I. 770 C. — βραχὺς pro μικρὸς I. 453 A. 546 C. Plato 681 A. 701 A. H. 702 E. — εῖα ἀρχὴ I. 1001 B.

βραχύστομος vas II. 47 E.

βραχύτης ἐπιθυμιῶν et σωφροσύνη II. 989 B. — νοημάτων laus orationis I. 761 F.

βραχύτονος I. 306 F.

βραχυχρόνιος II. 107 A.

βρέτας τὸ I. 1042 B. Menodot. Athen. 671 C. D. E. Porphyr. Euseb. P. E. III. 109 B.

βρέφος II. 672 F. 754 D. 907 A. C. F. 910 D. 149 C. 242 C. 1052 E. 1053 C. I. 18 F. 19 C. D. E. F. — 348 A. 719 D. βρεφῶν κάθισις II. 158 B.

βρέχω II. 152 D. 689 E. 977 A. 982 C. I. 31 C. 685 D. 697 F.

βρίζω Homer. II. 615 D.

βριθὺς Homer. II. 59 B. Aeschyl. I. 334 D.

βρῖθος II. 926 D. 954 D. I. 306 C. 459 A. 908 B. 946 A.

βρίθω—βεβριθὼς τροπαίοις II. 349 C. — II. 994 C. — ἔβρισε delatum est I. 439 F. — οἱ ἱππεῖς ἐπὶ τὸ ἀριστερὸν ἔβρισαν delati sunt I. 729 A. — βριθομένη τέκνων βλασταῖς Eurip. II. 116 B. κάτω Suid. Ἀγαθοεργία. Greg. Naz. 234 D.

Βρισεὺς Bacchus Aristid. I. 29.

βρόγχος respirationis instrumentum II. 698 D.

βρόμος Epic. II. 1091 B. 1117 A. — I. 557 B.

βρομώδης II. 791 B.

βροντάω I. 156 A. 346 D. — τᾶν οὐκ ἐμὸν ἀλλὰ Διὸς II. 54 D.

βροντὴ et κεραυνὸς II. 664 B. C. seq. — et ἀστραπὴ II. 782 C. 893 E. — I. 249 F. bis. 346 D. 554 E. 557 E. 968 E. 975 A. II. 192 F. Aristid. I. 496.

βρότειος Emped. II. 878 A. Eurip. 1040 B.

βροτήσιος Eurip. II. 737 A.

βροτόομαι II. 317 D. Poët.

βροτὸς II. 440 E. 735 F.

βρόχος II. 216 C. 1039 E. 1040 A. I. 123 A. 402 A. 421 B. 804 B. — βρόχον ἐνάπτειν λύσασαν τὴν ζώνην II. 253 D. Eurip. Hel. 135. Herodian. VII. 9, 20. — βρόχος venatorius II. 757 D. 918 F. 919 A. — piscatorius II. 976 E. — morbi Himer. 790.

βρυάζω Epic. II. 1098 B. Stob. 7, 17. ap. Gatak. pr. M. Ant. p. 5. Aelian. V. H. IV. 13. Stob. 159, 24. T. Hemsterh. Lucian. 414.

βρυασμὸς II. 1107 A.

βρυχάομαι I. 405 B.

βρύχημα leonum II. 972 B. 1125 B. I. 417 A. 694 D.

βρύχομαι II. 993 B.

βρύχω I. 170 E. Aristid. I. 234.

βρύω II. 1106 C. 1110 E. 71 E. — βρύον mare ejicit II. 456 C. 641 E. 732 D. 912 A. 980 C. — Himer. ind. — παραβρύεσθαι Jambl. Stob. Phys. 890.

βρυώδης II. 641 E.

βρῶμα II. 101 C. 124 D. 126 D. 136 F. 210 B. 237 F. 734 E. 801 A. 1010 C. Plato 683 C. 691 A.

βρῶσις II. 83 B. 101 A. 126 C.E. 669 F. 673 A. 730 D. F. 786 A. 912 B. 991 A. 996 B. Dio Chrys. 658 D.

βρώσκω II. 15 B. 157 E. 697 D.C.

βρωτικὸς II. 635 C. 663 C. 686 F.

βρωτὸς Eurip. II. 110 C. — βρωτὸν cibus I. 90 B.

βυβλία libri II. 729 D. I. 265 C.

βυθίζω—μαι II. 831 D. I. 499 C. 731 D.

βύθιος II. 395 B. 932 A. 933 B. 970 B. 995 F. — βύθιον sonare I. 557 E.

βυθὸς maris II. 17 C. 399 D. 730 B. — Soph. — ἀθεότητος ὑπολαμβάνων ἡμᾶς II. 757 B. — II. 1099 D. I. 183 D. — campi 558 E. — sylvae 717 F. — abyssus I. 356 E. — I. 673 E. 968 B. II. 76 B. 82 F. — ἐν βυθῷ veritas Philo Jud. 566 B. 567 B.

βύρσα I. 701 F. Aristid. I. 203. II. 403. — καὶ κρανία militia terrestris? Aristid. II. 205.

βυρσοπαγὴς—ὲς tympanum Parthorum I. 557 E.

Βύσιος nomen mensis ap. Delph. H. 292 E.

βύσσινα ῥήματα II. 174 A. βύρσινα ex emend. Budaei ad ex. T. — II. 396 B. — φάρος II. 100 D. Soph.

βύσσος II. 433 B.

βῶλος II. 992 B. I. 23 E. 679 B. 682 F. 828 D.

βωμοειδὴς I. 128 D.

βωμολοχέω II. 407 C. (cod. B.E.)

βωμολοχία opposita ἀγροικίᾳ II. 65. C. — II. 47 F. 50 C. 64 E. 65 B. 66 C. 67 E. 97 D. 133 C. 707 F. 712 A. E. 799 F. 803 B. 810 D. 1066 A. 1086 E. 1108 A. I. 46 D. 154 C. 233 D. 310 D. 459 F. 474 B. 524 D. 784 B. 810 A. 893 E. 925 F. 928 F. 943 D. 961 B. 974 C. 1040 E. 1049 E. Dio Chr. 396 D.

βωμολόχος *qui fana ventris caussa circumis* Plaut. Rud. II. 2, 52. — II. 68 A. B. 88 C. 1095 C. I. 211 C. 564 B. 886 D. — τὸ II. 822 C.

βωμὸς I. 184 C. II. 141 E. 158 C. D. 166 E. 208 E. 237 C. 239 C. — ἀπὸ βωμοῦ ψῆφον φέρειν I. 169 E. — Supplicis I. 888 C. — μέχρι βωμοῦ φίλος II. 186 C. — βωμὸς ἄψυχος ζῴνίων sepulcrum Plato 693 C.

βωτὴρ—f. βοτὴρ I. 426 C.

Γ.

Γᾶ μὲν εἰς γᾶν Epicharm. II. 110 A.

γαγγραίναις διαρβωθεὶς ab adulatoribus Alexander II. 65 D.

γάζα I. 686 D.

γαζοφύλαξ II. 823 C. I. 899 D. 900 D.

γαιήοχος I. 17 D.

γαῖσον I. telum Wessel. Diod. Sic. l. 586.

γάλα I. 348 A. II. 132 A.—*λευκὸν* II. 695 E. — *ὄνειον* I. 858 E. — *βόειον* I. 1022 E. — *καὶ μέλι* I. 1019 B. *ἐν γάλαξι τρέφεσθαι* Plato 665 D. — *γάλα αὐτὸ* nymphae Himer. 220.

γαλακτέω II. 640 F.

γαλακτοειδὴς II. 892 E.

γαλακτόω pass. II. 968 A.

Γαλατικὰ ἔργα immania et fera II. 1049 C.

γαλαξίας (ὁ) *κύκλος* II. 892 E. seq.

γαλεάγρα II. 606 B. 974 D. I. 757 B. Hierocl. Stob. 477.

γάλεος piscis II. 982 A.

γαλεώτης II. 924 A.

γαλῆ piscis II. 977 F. — felis II. 97 D.—omen Oenom. Euseb. P. E. V. 219 C.

γαλήνη simpl. maris II. 126 C. *σαρκὸς* II. 126 C. corporis II. 136 C. comp. cum mari II. 610 B. 662 C. 686 B. 647 D. — *καὶ νηνεμία* I. 945 F. II. 160 E. differunt Sylb. ind. Aristot. Voc. — *ἄχρι τῆς ψυχῆς* II. 713 A. Eurip. Orest. *γαλῆν* pro *γαλήνην*, ita *Μέσσην* Homer. pro *Μεσσήνην* Strabo 559. — Simpl. II. 722 C. 981 C. I. 107 A. 133 C. 969 A. Plato 677 E. — vitae II. 751 E. — *καὶ ἡσυχίᾳ* II. 437 E. 759 B. 777 A. — *λευκὴ* poët. II. 798 D. — animi II. 1100 E. Gataker. M. A. p. 355. II. 82 F. 101 B. — vultus I. 186 F. II. 45 B.

γαληνίζω II. 1088 E. Eurip. Stob. 583, 40.

γαληνὸς βίος II. 8 A. Sim. II. 122 A.

γαληνόω fluvius I. 719 A.

γαλιάγκων II. 359 E. ubi v. n.

γάλλος sacerdos Cybeles II. 1127 C. Upton. ind. Epict. Prov. Suid. IV. 64: e Phrygia divitias jactat Auct. Herenn. IV. 49.

γαμβρὸς II. 174 B. 198 B. 205 D. 702 E. 707 C. 808 A. I. 61 E. 107 E. 266 C. 269 D. 270 E. 348 C. 452 D. 600 D. 637 C. 737 A. 751 C. E. 800 D. 955 D.

γαμετὴ II. 26 E. 59 E. 64 F. 71 B. 139 E. 140 B. C. 142 C. 144 E. 145 B. 728 B. 789 B. I. 125 A. 473 B. 620 A. 940 D. 1056 F. — *γυνὴ γαμετὴ* I. 472 A. 513 A. II. 141 C. Plato 658 A. 660 E.

γαμετὴς I. 347 F.

γαμέω II. 666 E. F. 749 D. — *ἡ γαμουμένη* II. 772 A. I. 89 D. — *γαμεῖσθαι* mulier I. 18 D. 101 B. II. 225 A. — *γεγαμημένη* I. 49 A. 71 E. II. 228 A. — act. et pass. I. 77 D. — vir *ἔγημε* mulierem duxit I. 128 B. 153 C. id. ac *ἑστιῶ γάμους* I. 155 E. — *ἔγημε* I. 257 B. D. 383 C. 384 F. 385 E. 387 F. 401 E. 802 A. *γαμέω καὶ γαμέομαι* I. 228 A. 331 E. Plato 680 D. — *γῆμαι γάμον* I. 350 E. 408 E. — *ὁ γεγαμηκὼς* I. 347 F. II. 228 A. — *γεγαμηκότες* II. 138 E. 143 A. — *γαμεῖ γάμον ἐνδοξότατον Καικιλίαν* cet. I. 455 C. 517 E. — *γημαμένη* mulier viro *συνοικεῖ* I. 481 A.—Med. *ται* mulier I. 584 E. — *τινι* 875 B. 1024 D. — *ἔγημε* uxorem I. 750 C. 881 F. 1025 D. — *γῆμαι γάμον* vir. I. 774 B. — *ἐγάμει γάμους πλείονας* complures uxores duxit I. 957 A. — *γεγαμημένη τινὶ* mulier I. 1028 A. — *μὴ γαμεῖν* oportet *κρατούμενον ὑπὸ τῆς γυναικὸς* II. 900 A. — *γαμεῖν τοῖς ὀφθαλμοῖς—δακτύλοις* II. 141 C. — *γήμας* II. 141 C. 184 B. — *γαμοῦντες* vir et mul. II. 140 E. 142 F. *γαμέω* mulierem II. 222 A. 289 C. — *γῆμαι* et *γήμασθαι* Plato 680 F. — Prov. *ἢ ταύτην χρὴ γαμεῖν, ἢ μὴ γαμεῖν* Aristid. I. 336.

γαμήλιος II. 982 E. I. 89 E. — *τράπεζα* II. 666 F. — *ἔρως* II. 752 A. — *λόγος* II. 138 B. — *Ἥρα* II. 141 E. Aristid. I. 7. — *σπόρος* II. 144 A.

γαμικὰ δεῖπνα II. 666 D. — II. 667 B.

γάμος II. 13 E. 138 C. 140 D. F. 141 E. 142 E. 143 A. 149 D. 155 C. 192 A. 666 D. E. F. 679 D. 736 E.—

numerus Platonis in Rep. II. 1017 C. 1018 C. — γάμοι νόμιμοι I. 38 F. — uxor Musgr. Eurip. Alc. 972, — γάμον ἀφίημι divortium facio I. 257 B. 279 B. — γάμου λύσις divortium I. 257 B. — περὶ γάμον λυπεῖσθαι a marito, sc. adulterio I. 195 A. — πρὸς γάμον ἄγεσθαι γυναῖκα I. 350 E. — γάμον λαβεῖν I. 356 A. 378 A. — γάμοι βασιλικοὶ I. 388 E. — γυναικῶν I. 388 E. — γάμον γαμεῖν v. γαμέω. — γάμων ὥραν ἔχειν I. 805 A. II. 27 A. — ἐπιδοῦναί τινι γάμον I. 907 C. — περὶ γάμον ἀδικεῖσθαι I. 919 E. — ἐν γάμοις μίμων καὶ γελωτοποιῶν versari I. 920 A. — πρὸς γάμον cui dare mulierem I. 966 D. — γάμων καὶ γυναικῶν μέχρι maledicere cui I. 1045 E. — φερνὰς ἐπὶ γάμοις λαβεῖν II. 78 B. — γάμος in bonis censetur II. 113 C. — γάμος ἱερὸς Jovis et Junonis. Th. Gale ad Apollodor. p. 6. Hesych. ἱερὸς γάμος.

γαμψώνυχος II. 670 C. 727 C. E.

γαμωδᾶν corrupt. Lacon. I. 43 A.

γάννυμαι II. 540 C. 634 A. 1098 E. Aristid. I. 330. 332. 354. 571. II. 388.

γάνος, γανοῦσθαι, γάνωμα, γάνωσις vid. n. ad II. 42 B.

γὰρ remot. ab initio Hemsterh. Lucian. 432. — Itane? II. 423 B. — explicantis II. 424 D. 502 E. Anthol. II. 34, 3. — Porro Lucill. Anthol II. 1, 7. — At Xenoph. M. S. I. 1, 2. — νῦν δὲ οὐ γάρ ἐστι f. abund. Plato 661 A. — οὕτω — γὰρ pro ὥστε Dio Chr. XI. 176 C. — σημεῖον δέ· τοὺς γὰρ Dio Chr. VI. 87 B. — γὰρ interrog II. 186 A. 187 A. 612 F. 646 B. I. 525 E. Dio Chrys. X. 147 C. Plaut. Amph. II. 1, 2, 33. Aul. I. 1, 3, 5. — Respond. II. 175 D. 179 D. 190 A. 192 C. 197 A. 200 E. 205 A. 216 F. 231 A. 242 A. 627 E. — pro ὅτι in explicatione ab initio (ut saepe) II. 684 B. 827 F. 1003 A. I. 631 D. 897 A. Senec. Qu. Nat. V. 18. init. vid. emend. Platon. Leg. 630 A. 634 H. 641 C. — τοι II. 710 F. — abund. in ἀλλὰ γὰρ II. 1131 B. 1146 D. — in citatione v. n. ad II. 37 F. — init. expl. II. 197 C. I. 512 A. — transpos. Athen. 544 F. 545 A.

γαργαλίζεσθαι II. 546 C. 610 C. — ον τό II. 705 A. 786 C. — ζῶ II. 51 D. 61 B. D. 137 A. 705 E. 766 E. 1088 A. — aures Aristid. II. 405. 414.

γαργαλισμὸς II. 126 B. 765 C. 997 B. 1129 B. I. 361 B. Epicur. Cleomed. 475. Athen. 546 E.

Γαργηττοῖ I. 6 A. 16 E.

γάρος II. 995 C. Epict. Diss. Artemidor. et Rigalt. p. 29. Athen. 494 D. et alibi Aristid. I. 317.

γᾶρυς Simonid. II. p. 122 C.

γαστὴρ II. 131 D. 133 A. 159 A. 192 D. 107 D. 198 D. εἰς τὴν γαστέρα δημαγωγεῖν II. 625 C. — τῇ γαστρὶ σύνδειπνος γενόμενος II. 660 B. — αἱ περὶ γαστέρα ἡδοναὶ II. 705 D. — γαστρὸς ἀπὸ πλείης βουλὴ καὶ μῆτις ἀμείνων II. 714 A. — γαστρὶ ζῆν II. 853 B. — εἰς τὴν γαστέρα ἐνάλλεσθαί τινι II. 1087 B. — Epic. II. 1087 D. 1108 C. 1125 A. B. — ἐν γαστρὶ ἔχειν Pausan. 162. 170. 176. 211. 303. 362. 603. 644. 673. — λαβεῖν Demetr. comp. Alex. Pol. Eus. P. E. IX. 423 C. — cibi cupiditas, γαστρὸς ἐγκρατής, disting. a potu I. 677 B. C. Xenoph. K. Π. I. 2, 8. M. S. I. 5, 1. — voracitas I. 340 A. 349 A. II. 12 B. — ἐν μιᾷ γαστρὶ θέσθαι τὴν διαδοχὴν I. 392 D. — καὶ οἶνος I. 957 E. — ὅλον τὸ σῶμα poët. II. 54 D. — et κοιλία mutantur II. 95 E. — γαστρὶ καὶ τοῖς αἰσχίστοις μετρεῖν τὴν εὐδαιμονίαν II. 97 D. — et γλῶττα victimae sola reliqua sunt II. 183 E. — γαστρὶ χαρίζεσθαι Aristid. II. 424. — γαστέρας plures habere non est in felicitatis parte ponendum Dio Chrys. X. 145 D.

γαστριμαργία II. 124. E. 965 E. 996. E. Muson. Stob. 166.

γαστρίμαργος II. 1094 C.

γαστροειδὴς I. 166 E.

γαῦλος II. 466. B.

γαυρίαμα I. 269 F. 916 D.

γαυριάω II. 22 E. 483 F. I. 53 D. 59 A. Aristid. I. 547. II. 95. Dio Chr. 659.

γαῦρος v. n. ad II. 128 E.

γαυρότης II. 1091 C. I. 289 C. 301 A. 428 A.

γαύρωμα Aristid. II. 394.

γε — γ' ἂν I. 643 B. Athen. 610 C. — γε δὴ II. 40 B. 135 E. 136 F. 374 C. 465 A. 628 D. 960 A. 1115 E. I. 523 E. 971 D. 976 C. — cum particip. ut Julian. Caes. II. 1028 C. — μὴν I. 394 D. 492 C. 601 C. 602 C. 610 B. 1011 A. — II. 40 F. 45 B. Plato 644 A. — abundat penitus II. 640 A. — restitue Pausaniae γ' οὖσαν pro δὲ 183 fin. — τοι I. 416 A. 473 B. 476 C. 485 B. 666 E. — παρά γε τοῖς εὖ φρονοῦσι Xenoph. Venat. XIII. 8. — εἰ δὲ μή γε II. 13 D. — abund. ἐν παντί γε II. 45 C. — γε — τε f. corr. τε II. 71 F. respons. refutans II. 241 C. — γε — τε pro μὲν — δὲ Plato 629 F. Sim. 639 F. ter Aristid. I. 505. — γέ που Aristid. II. 20. 28. 75. 332. 343. 347. 399.

γέγηθα II. 409 C.

γεγηθὼς II. 766 A.

γεγωνέω I. 374 F. γεγωνὸν Jambl. V. P. 134.

γεγώνησις II. 722 E.

γεηρὸς II. 627 B. 650 D.

γεινάμενοι οἱ parentes II. 1123 A. 193 A.

γειτνίασις vicinitas II. 286 E. 925 D. I. 163. C. 226 D. 240 C. 257 F. 299 C. 372 D. 386 E.

γειτνιάω II. 698 A. 776 F. 951 D. I. 20 E. 91 D. 497 C. 534 C. 543 E. 827 D. 831 A. 870 B. ῶντα ῥήματα gram. Dio Chrys. XII. 213 D.

γειτονέω Plato 648 D. — ημα mare πικρὸν καὶ ἅλμυρον Plato 596 C. Aristid. II. 206. In Alcmanis fr. habet Fulv. Ursin. Lyr. p. 69. Liban. II. 383 C.

γειτονίᾳ πικρὰ Plato 648 E.

γείτων I. 755 C. II. 185 D. Plato 676 B. ὁ ἐγγύτατα Plato 660 D. 678 C. et γειτόνων II. 48 C. Aristid. I. 138.

γελάω τινὶ ἐπί τινι II. 169 D. — ὁ γελώμενος βολβὸς II. 664 C. — ὑπὸ γέλωτος εἰς τὸ γελᾶν ἀφικνεῖσθαι Aristoph. II. 853 B. — γελᾶν et γελᾶσθαι I. 926 C. — Simpl. II. 46 B. 47 E. 63 D. 88 E. 123 A. 139 F. 142 A. 146 E. 148 C. 149 E. 151 C. D. 152 D. 154 C. F. 156 A. 160 D. 165 F. 169 D. 175 E. 177 E. 187 E. 200 C. 214 A. 223 C. E. 229 B. 231 B. — Med. pro activ. II. 145 C.

γελοιάζω II. 231 C.

γελοίως — II. 88 E. 677 C. 1118 E. — Simpl. II. 152 A. 154 B. F. — γελοῖα ποιῶν οὐκ ἔτι γέλωτος ἄξια πάσχεις II. 814 A. — est vel παιγνιῶδες vel καταγέλαστον II. 853 D. — τὴν ὄψιν I. 685 E. — ambig. ut Plat. Symp. I. 769 D. 886 F. — oratoris dos I. 851 B. — Cassium dicebant esse ὑγρότερον τῷ γελοίῳ καὶ φιλοσκώπτην I. 997 C. — comici II. 68 B. — τὰ γελοῖα II. 199 A. in iis σπουδάζειν — γελοῖος quis sit τῷ συνεχῶς γελοιάζειν II. 231 C. — γελοῖον quid est II. 200 B. — α λέγω II. 231 C. ἐν τῷ γελοίῳ αἰσχύνεσθαι II. 241 E. Plato 684 B. D. 704 D.

γέλως II. 47 E. 54 E. 57 A. 59 B. 64 E. 67 E. 68 C. 125 C. 140 A. bis. 156 A. B. 160 D. 205 F. — ἀνόητος II. 241 F. — πολὺς II. 194 B. — ἐν γέλωτί τινί τι προφέρειν II. 124 E. — γέλωτες ἐν περιφάτοις luxuriosorum II. 52 C. — σκῶμμα, λοιδορία II. 35 D. — γέλωτα θέσθαι τι II. 989 A. I. 156 B. — λαμβάνει με I. 1047 E. — Plato 643 C. D. — γέλως καὶ αἰσχύνη II. 1061 A. — πολὺς hoc facere II. 1075 D. — Sim. Aristid. I. 386. 439. 440. II. 8. 339. 350. 368. Eunap. — μετὰ γέλωτος ἐπεμβαίνει τι τῇ ἀτοπίᾳ II. 1078 C. — corpus sec. Stoic. II. 1084 C. — καὶ παιδιὰ II. 78 B. 1101 F. I. 135. D. — ἐπὶ γέλωτι II. 1127 A. — γέλωτα ἐλεύθερον γελᾶν ἐπί τινι Metrodor. II. 1127 C. — ἂν εἴη ταῦτα I. 63 C. ἐν γέλωτι τίθεσθαί τι I. 832 F. — εἰς γέλωτα τίθεσθαί τι II. 826 C. — Γέλων γέλως Σικελίας I. 960 B.

γελωτοποιέω II. 803 C. I. 469 B. — rideo I. 616 E. 1005 E.

γελωτοποιὸς II. 18 C. 60 B. 401 C. 709 E. 710 C. 726 A. 760 A. 1095 D. I. 452 A. 920 A. 1005 D.

γεμίζειν sc. navem mercibus II. 303 C.

γέμω II. 712 A. I. 107 D. 163 C. 352 A. 431 B. 486 E. 496 B.

502 B. 515 C. 574 C. — τινος malo sensu I. 657 F. ll. 39 D. 42 C. 70 C. 167 A.

γεναρχὴς ll. 325 F.

γενεὰ I. 60 A. — quantum sit temporis spatium ll. 415 D. seq. Lambin. Hor. Carm. p. 139. — invenit se esse Aethiopis γενεὰν quartam 563 A. — γενεαὶ uxores et nati I. 252 D. 633 C. 717 E. ll. 867 B. restitui — ᾶς καὶ αἵματος ταύτης Homeric. I. 638 F. — ὰν ἀπολιπεῖν natos I. 915 D. — ὰ nati I. 955 C. 959 B. 1074 A. Thessal.. Or. opp. Galen. I. 6 C. Polyb. T. III. p. 84. ed. Ern. Jambl. V. P. 262. — ὰ καὶ γάμος ll. 149 E.

γενεαλογέω τινὰ ἀπό τινος ll. 894 B. — I. 40 A.

γενεαλογία I. 72 B.

γενέθλη Emped. ll. 1111 F.

γενέθλιος — τὰ neutr. ll. 207 C. 679 D. 717 A. 718 C. I. 138 D. 760 D. — dies ll. 717 B. C. I. 23 F. 661 C. 950 C. 1002 D. — deus ll. 166 D. 1075 F. 1119 D. I. 682 E. Plato 662 F.

γενειάω ll. 149 C. 177 A. 770 C. I. 82 E. 524 E. 550 F. 577 C. 625 E. 630 D. 711 E. 864 E. 888 B.

γένειον I. 140 C. II. 180 B. — ll. 1058 B. I. 3 A. Pausan. 180. et saepe. — τὰ I. 746 B. — νεια καταβρέχω ad radendam barbam I. 916 A. — radi I. 1067 B. — I. 406 A. Dio Chrys. VII. 99 B. XXXVI. 442 B. 628 A. 629 A. — γένεια τὰ barba I. 785 A. — είων tangere sinistra I. 885 E.

γενέσιος cogn. Apollinis ll. 402 A.

γένεσις ll. 719 E. D. 720 B. 731 B. 1129 F. — γενέσεως ποταμὸς ll. 106 E. — εἰς τὰς ἐπισκοπεῖ μάντις I. 930 D. — γένεσιν λαγμάνω ll. 126 C. — ἐνδίδωμι ll. 126 C. — τροφὴ καὶ παίδευσις Plato 609 F. 627 B. 704 A. Cic. Ep. Div. VI. 5, 8. — nascendi actio, nativitas Plato 687 C. — ὅσως τὸ θεῖον καὶ θνητὸν Plato 699 E. — Plato 700 F. bis. 702 B. — γένεσις καὶ τροφὴ ζώων ll. 171 A. — τροφὴ παιδεία Plato 626 C. 648 D. 678 A. 680 G. 697 G. conf. 610. — simpl. natura, rerum successio Plato 671 H. — natura ortus hominum deinceps Plato 672 A. al. κοινή. — phys. Plato 688 A. — γένεσιν ἔμμισθον ἀποτελεῖν Plato 678 D. — γένεσις, τροφή, φύσις Aristid. I. 76. — γένεσιν meam εἰληχὼς deus Aristid. I. 335. — προανίσχειν ταῖς γενέσεσι abundat II. 427 E. — est νεῦσις ἐπὶ γῆν ll. 566 A. — σιν ἔχειν ἐκ τῶν παρόντων ll. 634 E. — λαβεῖν ll. 732 D. — πρὸς γένεσιν ἐκτρέχειν ll. 732 D. — γένεσιν ἀπαρτίκτειν τινὸς ll. 1111 E. — ll. 109 E. 110 A. 1112 A. B. C. 1113 C. 1114 C. 1115 B. 1116 A. — ἐμφανὴς opponitur conceptioni I. 24 C. — partus I. 107 F. ll. 3 D. — de aedificio I. 159 E. — φύσει τῆς γενέσεως ut unum ex altero fecit ll. 427 C. — καὶ χώρα ll. 101 B. — — γένεσιν ποιεῖν ll. 734 A. — δευτέρα animae ll. 740 B. — γενέσεις procreatio hominum ll. 752 A. Sim. 19 E. — καὶ αἰτίαι ll. 766 D. — γένεσιν ἔχειν ll. 427 C. 911 E. — καὶ τροφὴ ll. 975 E. — καὶ τόκος ll. 982 E. — πρὸς γένεσιν ἀρετῆς εὐφυὴς ll. 987 B. — καὶ σύστασις ll. 1013 E. — ll. 436 C. D. 1001 A. 1013 B. 1015 B. 1024 B. 1025 F. 1080 F. I. 47 E. 139 A. — καὶ σωτηρία 1030 C. — τέκνων a diis petitum ll. 1075 E. — ἀρχὴ γενέσεων ll. 1077 A. Plato 602 C. — καὶ φθορὰ ll. 1083 B. — καὶ οὐσία ll. 1085 E. 428 B. — μεταγολὴ ll. 428 E.

γενετὴ — ἐκ γενετῆς ll. 327 A. I. 388 A. Wessel. Diod. Sic. I. 355. Jamblich. V. P. 171. 201. Aristid. I. 571.

γενικὸς II. 826 E. pro γεννικὸς ll. 46 E. γενικὴ casus genitivus ll. 1006 D.

γενναῖος ll. 858 F. — I. 107 E. 238 F. 382 E. 481 C. 560 B. ll. 68 D. 96 A. 118 A. 121 F. 103 A. — probus, fortis, non subdolus II. 91 C. — εἰρωνικῶς ll. 975 C. I. 793 A. — τὰ γενναῖα ταῦτα haec generosa facta I. 1057 E. — animal 1024 D. — equus I. 1015 D. — τὸ εἶδος an ἦθος I. 823 B. ut 1028 A. — αία mulier I. 676 C. E. — αῖον καὶ ἀληθὲς πολὺ τῷ τρόπῳ ἔνεστι I. 480 E. — canis I. 478 B. — barba I. 433 E. — καὶ ἁπλοῦς I. 363 E. 436

F. — τὸ γενναῖον virtus naturalis II. 551 D. 796 A. I. 293 A. 789 A. 961 C. 1027 D. — καὶ πολὺς ἰχθὺς II. 667 C. — γενναῖον ἐγκελεύεσθαι II. 402 F. 751 A. — musica virilis II. 1146 B. — id. ac εὐγενὴς I. 347 F. 350 A. — γενναῖος θάνατος I. 241 B. 242 B. — γενναῖον animal Jambl. V. P. 213. — νέος καὶ γενναῖος τὸ σῶμα Dio Chrys. VII. 102 D. — quomodo differat ab εὐγενὴς Dio Chrys. XV. 243. — ναία καὶ ἀληθὴς ῥητορικὴ Dio Chrys. XXII. 274 C. — αία ὀπώρα et ἄγροικος oppon. Plato 649 B. C.

γενναιότης γένους Dio Chr. XXXIX. 483 C.

γενναίως II. 119 A. D. 103 A.

γεννάω de viris opponitur τῷ τίκτειν II. 651 C. — ομαι pro γίνομαι II. 735 D. — άω τι describo alicujus ortum II. 1023 B. — differt a ποιέω II. 1001 A. — II. 111 C. 116 B. 118 D. 141 A. 223 A. 227 D, F. 228 A. — facio II. 143 E. — τρέφω, παιδεύω Jamblich. V. P. 213. — μαι id. ac παιδοποιέομαι Plato 626 H. de muliere ut de viro — άω de muliere ib. 627 A. 682 D. — et φύω Aristid I. 261.

γέννησις et ποίησις differunt II. 1001 A. conf. Aristot. Top. IV. 4. T. I. p. 327, 17.

γεννητὴς Plato 659 D. 681 E. — cum simpl. v. ib. 662 D.

γεννητικὸς II. 876 C. 962 A. 1013 B.

γεννητὸς II. 718 A. 719 A. 1016 C. D. 1017 B. C. 1051 E. 1052 A. Wessel. Diod. Sic. I. p. 10. I. 386 C. — παῖς et ποιητὸς differunt Plato 679 E.

γεννήτωρ II. 1049 A. γενέτωρ Apollo Jamblich. V. P. 25. Plato 658 C. 662 B. 680 G.

γεννικὸς (l. γενικὸς) universalis, generalis II. 874 D. Diog. Laert. VII. 61. 132. Hemsterh. Luc. 9.

γεννικῶς cum νν Venet. pro γενναίως II. 46 E. 238 A.

γένος — II. 835 C. 839 E. 985 A. I. 153 C. 155 C. 172 D. — populus I. 453 E. 642 D. 660 A. — varii γένει καὶ διαφορᾷ II. 667 E. — patria I. 165 F. 501 D. 667 B. 705 D. 859 B. 934 F. 1024 F. 1038 A. — θεῶν I. 173 E. — familia, gens I. 318 D. E. 319 B. 353 B. C. 356 C. 451 C. — τιμηταὶ — τὰ γένη καὶ τὰς πολιτείας διέκριναν I. 345 C. — οἱ ἐγγὺς γένους cognati, propinqui II. 289 D. — οὐκ ἂν ἦν δανειστῶν γένος II. 830 D. — τῷ γένει sua natura II. 954 D. — κατὰ γένος διαιρεῖσθαί τι II. 989 B. — ut Lat. ἐν τῷ γένει τούτῳ II. 1038 E. I. 218 E. Sim. II. 19 B. — Log. et εἶδος II. 1115 D. — κατὰ γένη καὶ δήμους I. 10 F. — juvenes ἀπὸ γένους nobiles I. 31 B. — οἱ ἀπὸ γένους posteri I. 109 D. 128 E. — patria I. 111 F. 113 A. 118 B. 393 D. 480 C. II. 1133 C. 1134 E. — καὶ οἶκος I. 153 C. — προσήκων κατὰ γένος I. 165 D. 480 C. Aristoph. Ran. 710. Mus. II. 1134 E. 1141 B. 1142 E. 1143 D. 1145 A. — κατὰ se vocant Ligurinos I. 416 D. — generatio I. 456 A. B. — nobilitas I. 476 C. II. 141 A. C. Dio Chrys. 607 D. — κατὰ γένος ἐξ ἀρχῆς munus possidere I. 556 B. — καὶ δόξα I. 648 E. — γένεσι καὶ πλούτῳ καὶ φρονήμασι διαφέροντες I. 653 A. — γένος pro πρᾶγμα vel simil. periphr. et rep. subj. I. 888 D. — τυράννων pro tyranni I. 987 E. Aristox. Athen. 546 B. — natio, populus, Trojan. Gr. II. 29 D. Aristid. I. 222. 224. 225. 519. 523. 542. — ἀνθρώπειον II. 117 D. τὸ μὲν ἐμὸν ἀπ' ἐμοῦ ἄρχεται, τὸ δὲ σὸν ἐν σοὶ παύεται II. 187 B. — origo, majores II. 202 A. 225 F. — pro συγγένεια Plato 680 A. 681 F. — καὶ εἶδος Plato 704 E. — Elementum ut Timaeo Plato 702 B. — periphrastice cum genit. id. 701 A. — γένη animalium II. 226 A. — periphrast. τὸ τῆς σώφρονος ἰδέας γένος pro σωφροσύνη Plato 646 A — ἓν γένος ὂν περιλαβὸν τὰ τρία γένη Plato 647 G. — periphr. pro materia Plato 698 E — γένος ἡμέρας Plato 699 G. — homines Himer. 398.

γεραίρω unde dictum II. 789 E. — I. 36 B. (Valck. Theocr. VII. 94.) I. 491 C. 1062 D. Vit. Hom. §. 184. Plato 631 G. 700 D.

γεραίτερος I. 103 D.

γεράνδρυον II. 796 A.

γέρανος II. 979 A. I. 306 C. 518 D. saltatio apud Cretenses I. 9. D.

γεραρὸς II. 794 C. I. 619 D. 679 E. Aristid. I. 86. 335.

γέρας ἐπιθεῖναι ταῖς ἀρχαῖς ex corr. Heus. II. 12 E. — I. 12 A. 384 D. 508 B. 521 B. 575 C. II. 207 C. 218 C. 239 F. 417 B. 676 F. 703 D. 728 E. 729 D. Plato 643 B. 678 G. 688 F. — dictum a γῆρας II. 789 E. I. 107 E. 129 D. 302 C. 305 A. — κηρύττω I. 998 F. — plural. I. 769 B.? Dio Chrys. 376 D. — do cui quid I. 1016 A. — ἐξαίρετον I. 663 A.

γερονταγωγέω II. 807 A. I. 524 C. Aristoph. Eq. 1096. Soph. ap. Schol. Aristoph. Nub. 1419.

γερόντιον I. 341 A.

γεροντικὴ εὐλάβεια I. 988 F.

γεροντικῶς II. 639 C. I. 180 C.

γερουσία (Lycurg. et Rom.) II. 789 E. I. 34 C. 43 E. 184 F. 311 B. — Spart. I. 401 D. 598 A. — Gr. urbis I. 564 C. — Rom. I. 721 F. 722 D. 724 C. 739 E. — metaph. Plato 672 G.

γέῤῥον—ος I. 946 D. doct. schol. Lucian. T. II. p. 913. — clypeus I. 272 F. 329 F.

γέρων senior est quam πρεσβύτης II. 392 C. Lacon. I. 42 D. 43 D. 55 D. 57 E. — etymol. non ut ῥέοντες εἰς γῆν sed γέηροι II. 650 C. — κωμικὸς II. 739 F. — παλαιὸς II. 795 C. καὶ νέοι II. 1105 B. — γέρων ὁ senior. Antigonus ὁ γέρων, primus I. 278 D. II. 330 D. 506 D. — Spart. I. 597 E. 606 F. 799 A. 800 A. 808 F. II. 212 C. 217 A. 238 A. — Simpl. II. 46 A. 71 B. 144 F. 182 A. 204 B. 207 B. 231 A. 235 D. — τύραννος II. 147 B. — γέροντες an βουλὴ opp. δήμῳ et νεωτέροις Dio Chr. XXXIV. 418 A. 419 C. — δὶς παῖδες Plat. Leg. I. 573 F.

γεῦμα I. 440 F. 542 C. — τος ἕνεκεν II. 7 C.

γεῦσις II. 98 B. 126 B. 137 A. 705 D. 706 A. 1121 B.

γευστικὸς II. 898 E.

γευστὸς II. 38 A.

γεύω II. 982 D. 1106 F. I. 75 F. Spanhem. Arist. Ran. 465. I. 363 F. Simonid. ap. Aristid. II. 380. — τινά τι I. 440 D. — τινος I. 633 E. 961 E. II. 236 F. Jambl. V. P. 21. —ἀνδρὸς mulier Aeschyl. II. 81 D. μαι τινος doctrinae II. 38 C. Sim. 81 D. — τροφῆς II. 123 D. Simpl. Porphyr. Abst. II. 29. — καὶ ἅπτομαι II. 123 A. — ἄρτι γευόμενος φιλοσοφίας II. 590 A. Sim. 806 D. I. 407 D. 452 E. 528 F. 739 D. 848 D. 1058 C. ἄθλων II. 595 D. — τι II. 687 D. — hinc Latinum gusto II. 726 E. — fere idem quod edo II. 728 E. 729 C.

γέφυρα — αι Xerxis in Hellesponto I. 324 B. — α II. 185 C. — I. 101 A. 105 E. F. 120 B. C. 141 E. 525 B. 533 F. 540 C. 718 F. 719 A. 837 F. — diff. a ζεῦγμα I. 418 F. — ξυλινὴ I. 842 C. Rom.

γεφυρίζω quem illudo I. 455 D. 460 A. Casaub. Strab. 613.

γεφυριστὴς I. 451 F.

γεφυροποιὸς pontifex I. 65 F.

γεφυρόω — οῦται fluvius mortuis II. 340 E. — activ. I. 525 A. 718 F. 930 B.

γεφυρωτὴς I. 509 C.

γεωγραφία I. 1. A.

γεώδης imbecillus II. 625 C. — II. 416 E. 396 A. — I. 67 A. 142 B. — terrenus II. 687 A. 691 B. B. 696 A. B. C. 725 C. E. 892 A. 911 D. 913 C. D. 914 B. D. 915 A. 925 A. 927 D. E. 928 C. 934 D. 936 E. 941 B. 954 E. 955 C. 1063 B.

γεωειδὴς II. 430 E.

γεωμετρέω II. 52 D. 718 C. 719 E. I. 963 C. — γεωμετρουμένη μεσότης pro et cum γεωμετρικὴ II. 1138 D. — Simpl. activ. II. 145 C.

γεωμέτρης II. 140 A. 737 D. I. 890 B.

γεωμετρία II. 122 D. 719 C. 720 E. 736 D. 744 E. 1093 C. E. I. 307 D. 963 E. Plato 704 D.

γεωμετρικὸς et ἀριθμητικὸς proportio II. 643 C. 719 B. C. E. — II. 720 A. 931 C. 1028 C. 1122 D. I. 48 C. 648 E. — γεωμετρικὴ δύναμις II. 1139 D. — I. 307 B. E. — ὸν ἀβάκιον I. 973 F.

γεωμιγὴς II. 893 C.

γεώμοροι Sami II. 303 E. Athen. I. 11 C. D. Wessel. Diod. Sic. II. 549.

γεωπαῖναι Aristid. I. 191.

γεωργέω — colo amicitiam (ita et Heraclid. Allegor.) II. 776 A. Zachar. Mityl. 229. Democr. ap. Hippocr. Ep. XX. p. 24 C. Charter. — I. 121 F. 136 D. 351 D. 357 E. 565 C. II. 58 B. 175 A. 181 B. 223 A.

γεωργία I. 71 A. B. 349 B. 351 D. 357 F. II. 33 B. 158 C. 700 E. Plato 698 D.

γεωργικὰ τὰ praedia II. 1044 D. — γεωργικὸς I. 351.

γεωργὸς II. 81 B. 86 E. 92 B. 147 C. 169 B. Callicrat. Stob. 485. — apium Dio Chrys. 510 C. 535 C.

γεωργώδης — ες κατὰ τὸ II. 8 B.

γῆ Simpl. 158 C. D. 160 B. 161 A. E. 162 D. 164 A. D. 165 D. 171 A. 171 A. 180 B. 190 E. 194 E. 196 C. 204 C. 226 B. 229 C. 232 A. 234 D. 239 D. ὁ ἀπὸ γῆς βίος I. 71 B. — γῆς πέρατα II. 418 B. conf. 421 C. — γῆ est γένεσις omnium II. 770 A. — γῆν τύπτων in lamentatione II. 774 B. — καὶ ὕδωρ αἰτεῖν rex Pers. a Graecis II. 866 D. I. 114 E. — ὑπὸ γῆς στενάζειν de mortuo I. 275 D. — mortuus Aristid. II. 171. — ὑπὲρ γῆς καὶ ὑπὸ γῆς aurum satis I. 324 E. Sim. Aristid. I. 73. — omnes reges τῆς γῆς i. e. Graeci successores Alexandri Magni I. 384 F. — καὶ θάλαττα I. 581 C. 871 F. II. 230 D. 240 A. — πολλὴ καὶ ἀγαθὴ I. 633 E. — παρὰ γῆν navigare I. 658 B. — ἐπὶ γῆς νεύειν spica II. 81 B. — ἀναδίδωσι multos cibos II. 131 F. — ejus numen Porphyr. Euseb. P. E. III. 110 C. D. 111 A. B. 115 D. Plato 691 G. — πάντων μήτηρ καὶ πατρὶς Aristid. I. 225. — γῆν πρὸ γῆς φεύγειν Aristid. I. 538. — κεῖσαι ζῶν ὑπὸ γῆς μᾶλλον quam mortui Aristid. II. 380. — Plato 700 A. G. 701 B. E. F. 702 D. — ὦ γῆ καὶ θεοὶ I. 510. II. 198. οὐδ' ὅποι γῆς εἰσὶν εἰδέναι Prov. Dio Chrys. III. 47 B. Epict. Diss. p. 235.

γηγενέτας Timoth. II. 177 B.

γηγενὴς II. 137 C. 637 A. 733 D. 934 B. 400 B. — animal terrestre II. 966 B.

γήδιον I. 720 E.

γηθέω — γεγηθὼς I. 223 C. 428 E. 592 B. 667 E. 924 C. II. 221 F. 241 F. 242 B. Aristid. I. 264. Sim. Plato 682 G.

γῆθος II. 100 C. 101 B. 477 D. 786 D. bis. 1102 A. 1103 A. 1091 B. I. 612 C.

γηθοσύνη II. 1099 F.

γήινος II. 888 B. 890 C. Plato 668 E.

γηραιὸς I. 139 E. II. 216 B.

γῆρας II. 73 C. 140 C. 199 A. 207 C. 736 A. πρὸ γήρως II. 111 B. — πενία, φυγὴ II. 100 D. — μακρὸν II. 120 B. — ὠμὸν καὶ ἄγριον I. 401 A. — εἰς γ. ἑαυτῷ συγγραμμάτων ἐκλογὰς ἀποτίθεσθαι Marc. Anton. III. 14. 87. — —ἀποσυλᾶν τινος Himer. 190.

γηράω ἐπὶ πλεῖον II. 911 B.

γηράσκω et γηράω I. 521 C. II. 111 C. 152 A. D. 235 E. γηρᾶσαι II. 748 C. — γηράσκω et γηράω distinguuntur II. 911 B.

γηροβοσκέω pass. II. 786 B.

γηροβοσκία II. 111 E.

γηροβοσκὸς Hierocl. Stob. 448. 449.

γηροκομέω Aristid. I. 568.

γηροκομία II. 583 C. I. 339 A.

γηροτροφέω II. 983 B. I. 254 F.

γηροτροφία II. 579 E.

γηροτρόφος Pind. II. 477 B.

γηροφορέω II. 983 B.

γήρυμα II. 973 A. 965 A.

γήτειον II. 663 B. An idem ac γήθυον Athen. 662 E?

γιγαντομαχία II. 731 F. I. 944 A.

γίγαρτον II. 1077 A. Athen. 663 E.

γίγας II. 171 D. 926 E. I. 289 B. 418 E.

γίγνομαι, γίνομαι. — μενα fructus Dio Chrys. VII. 104 B. — όμενοι et γενόμενοι Plato 615 B. — γιγνομένων, μελλόντων, γεγονότων Plato 623 A. — μενα ἐκ τῆς χώρας fructos Plato 650 D. — et εἰμὶ oppon. Plato 654 C. — et φαίνομαι Plato 690 C. γίγνεσθαι abund. Plato

616 E. — γιγνόμενον γίγνοιτ' ἂν et simil. Plato 628 G. 640 G. 641 C. D. 647 H. 650 D. 652 A. D. 663 E. 696 H. bis. — οὐδὲν ὅτι οὐ γιγνόμενος ἐμοί omnia mihi beneficia praestitit Aristid. I. 89. — τὰ γιγνόμενα veritas laudis W. ad Himeri 638. — τὸ γενόμενον pro τὸ γενέσθαι II. 436 A. — τὸ γιγνόμενον summa I. 261 A. Demosth. ind. — γινόμενα et γεγενημένα oppon. I. 1014 F. — γενόμενος παρανομώτατος hoc fecit I. 321 E. — ἦν γεγονὼς οἰκέτης f. natus erat servus, nunc est libertus — I. 765 A. — γινόμενα et πραττόμενα II. 13 E. — disting. ab εἰμὶ et μιμέομαι II. 52 A. — τὸ γινόμενον constitutum, consuetum donum Theophr. Stob. 281, 39. et Char. XV. ad calc. ed. Fisch. Sim. Teles Stob. 509. Aristid. I. 92. nisi fructus notat. 244. 246. 270. II. 32. 128. 158. 294. 308. 314. 400. 427. I. 40. 86. 523. 527. — abund. ejus statuam Al. γενέσθαι καὶ σταθῆναι II. 334 E. — εταί μοι τελευτὴ 397 E. — γινόμενον effectus opponitur caussae II. 690 F. γινόμενος differt a γεγενημένος et ὢν II. 454 F. — τὰ γινόμενα ἐπιμαρτυρεῖ II. 540 D. experientia 680 C. — ομαι παρ' ἐμαυτῷ II. 563 D. — ἀπό τινος II. 40 D. 597 F. 726 C. 992 B. 1120 C. I. 85 D. (plenius 112 B.) 121 C. Viger. Euseb. P. E. p. 448 D. — γινόμενόν ἐστι ἀχρήστως pro γίνεται II. 599 B. 609 B. — πρός τινι II. 612 E. 1118 C. — pro εἰμὶ vel λέγομαι II. 691 E. — cum τρέφεσθαι et παιδεύεσθαι II. 727 A. — ἐν νόσῳ II. 733 C. — ἐν κύλιξι II. 736 E. — γίνεται τετρὰς τετράκις II. 738 E. — ἐν φόβῳ II. 861 C. — ἔκ τινος II 862 A. — γίνονται ἡμέραι v. c. centum ab illo ad hoc II. 908 B. — γεγονὸς ὑπάρχει pleonasm. II. 1076 D. — πρὸς τὴν αἵρεσιν partes sectae defendere II. 1086 D. sim. Diog. Laërt. VI. 25. — γενόμενα sensu philos. II. 1116 A. B. C. E. — γίνομαι χαλεπῶς moleste fero I. 45 D. Musgr. Eurip. Or. 74. II. 119 D. — πῶς; ἡδέως II. 189 B. — γινόμενα reditus fructus I. 85 B. 91 E. — ἡ γειναμένη I. 141 C. 356 F. — γίνεται τὸ μαραυγεῖν πρὸς τοῦτο II. 599 F. — γενέσθαι ἡδέως hilariter transigere tempus II. 119 D. 668 B. — καλῶς bene II. 704 E. — γιγνόμενα et γενόμενα oppon. I. 159 A. — abund. particip. sumsit milites ὑπὲρ τρισχιλίους γενομένους I. 370 B. 670 E. 727 F. — παρεχάλει τοὺς στρατιώτας ἄνδρας ἀγαθοὺς γενέσθαι I. 372 E. — γενόμενος δυοκαίδεκα ἐτῶν cum natus est annos 12. I. 384 C. — γενόμενοι ἀνδρῶν κράτιστοι cum fortissime pugnassent I. 419 A. — γεγονὼς κακῶς nothus I. 446 B. — abund. cum adj. I. 520 F. — τὰ γεγονότα facta I. 179 B. — ἐγένοντό τινες, οἳ — οὐκ ἠκολούθησαν I. 562 B. — ἐγκρατὴς maneo compos I. 589 E. — οὔτε γέγονε, οὔτε ἐστὶ I. 633 D. — γενομένους ἀνθρώπους haec φέρειν δεῖ I. 659 B. γίνεται βουλὴ habetur senatus I. 767 B. 771 E. — ὄντος αὐτῷ φίλου, ἐραστοῦ γεγονότος cum haberet amicum qui quondam ipsius amator fuerat I. 805 F. — Cleomenes τοιοῦτος ἀνὴρ γενόμενος οὕτως κατέστρεψε I. 823 A. — γενόμενος ἐκ παίδων cum e pueritia excessisset I. 925 D. — καὶ βιόω I. 861 A. — τρέφομαι ib. — γενέσθαι mihi quid κελεύω I. 954 D. γεγόμενος πρός τι pro πεφυκὼς a natura factus I. 1011 A. — γεγονὼς ἔτος πεντήκοστον I. 1024 E. — γενόμενα et ἔργα disting. Aristot. ap. Stob. I. p. 2, 50. vulgo consequentiae, Gr. ἐπακολούθημα, aliis fructus. Sic. Herodot. init. exord. — et πράγματα vid. ind. Demosth. Reisk. — καὶ λεγόμενα II. 26 E. — τὸ γινόμενον factum II. 74 A. — ἄρτι γεγονότες νήπια παῖδες II. 113 D. — ἀρχὴν τὸ γενέσθαι ἄνθρωπον μεγίστη συμφορὰ Crantor II. 115 B. conf. ib. C. D. E. 117 D. — τοὺς ἐπὶ τοῖς υἱοῖς γινομένους θανάτους pro θανάτους υἱῶν II. 118 C. — ἔν τινι II. 126 E. 128 E. 132 E. 136 B. 143 D. 148 B. — γενησόμενος καὶ μέλλων II. 129 A. — μαι ἔκ τινος venio ex negotio II. 129 E. — μαι μόνος II. 140 A. — τοῦτο οὐχ ἁπλῶς γινόμενόν ἐστιν II. 143 E. abund. nec ne? — αὐτὸς πρὸς αὑτῷ II. 151 C. — ἔργον est τὸ γινόμενον res de qua agitur II. 168 E. — μήτε γεγονέναι μηδὲ εἶναι II. 160 F.

— γεγονέναι καὶ πάλιν γενήσεσθαι II. 170 E. — ἀρχὴν (subaud. τοῦ) γενέσθαι παρέσχεν, καὶ γενομένη δέδωσιν ἀπολογίαν II. 171 A. — venio, adveni II. 163 B. — αὐτὸς ἐφ' ἑαυτῷ, vulg. ἑαυτὸν II. 179 A. — ἐγένετο ἐπίγραμμα εἰς τοῦτον factum est, scriptum est II. 234 F. — γεγονὼς ἔτη ͅλ II. 207 C. — μαι ἀγαθὸς fortem me praesto II. 234 A. — γεγονὼς ἀπὸ Βρασίδου ex Brasidae posteris II. 207 F. — πρὸς ἑαυτῷ II. 209 D. — γίνομαι κατά τινα loco II. 235 D. — in loco II. 239 B. — μαι ἀνῃρημένος pro ἀναιροῦμαι ind. Sylb. Aristot. T. I. v. γίνομαι. — τινος sententiam sequor Aristid. I. 376. 414. 525. vid. Genitivus et Εἰμί — ὀυκ εἶχεν ὅστις γένηται Aristid. I. 290. II. 381. 393. — γενόμενα et γιγνόμενα Aristid. I. 201. — cum partic. γενοῦ εἰσακούσας Aristid. I. 51. — γεγονὸς abund. Plato 704 E. — διὰ φόβων Plato 628 F. — ταί τι περί τινα facit quis quid Jambl. V. P. 200. — περί τινος narro de qua re Junc. Stob. 598.

γινώσκω II. 65 A. 136 F. 162 C. — γνῶθι σαυτὸν II. 1118 C. I. 847 A. v. n. ad II. 164 B. — καὶ γινώσκομαι II. 1130 A. — γινώσκειν γυναῖκα rem habere, apud unum Plutarchum occurrere dicit H. Steph. Thes. I. 1829. Sed plura aliorum quoque exempla vide apud Wetsten. ad Matth. I. 25. II. 818 B. Gataker. Stil. N. T. p. 74 E. F. F. ita I. 20 B. — I. 583 D. 638 C. 647 B. 676 D. E. 762 E. 926 F. 986 A. 1056 E. Hermog. ex Menandro IV. Invent. περὶ σεμνοῦ λόγου. — γινώσκεσθαι ἀνδρὶ ἀφ' ὥρας de muliere II. 259 C. — γινώσκω τι ποιεῖν animadverto, cogito quid quod faciendum erat II. 597 E. — τοῖς γνωσθεῖσιν ἐμμένειν II. 799 D. — γνώσθη τι II. 1128 C. — ἔγνω cum inf. statuit. I. 238 B. — γινώσκω τι decerno I. 350 A. 367 F. 370 E. 379 E. 408 F. 412 B. 429 F. 441 B. 445 B. 447 C. 449 C. 623 F. 633 E. 771 C. II. 161 B. 214 E. — καὶ ἐπίσταμαι I. 375 C. — filium agnosco, habeo pro meo, I. 597 A. — imperatorem 1059 B. — et φθέγγομαι oppon. II. 39 B. — Simpl. II. 40 B. 61 D. 177 D. 479 A. 186 A. 187 C. 188 C. 195 A. F. 205 A. B. C. 206 C. 215 C. 219 F. 222 C. 225 C. 236 D. — γνοίη τις ἂν II. 64 B. — ὁ πάντα γινώσκων καὶ πολυπραγμονῶν reprehensor II. 73 C. — καὶ γλέπω sine τι II. 139 A. — additur alii verbo II. 140 C. — periphr. τοῦτο γινώσκουσαν δεῖ II. 143 A. — γινώσκειν ἑαυτὸν II. 164 B. — κοντες καὶ εἰδότες II. 171 C. ἐὰν ἄλλο τι γνῶσι, si nos ad mortem condemnent II. 187 D. — δοκέω τι μηδὲ γινώσκειν II. 212 E. — καὶ ἐπίσταμαι Plato 686 C. — γνῶναι καὶ γνόντα καρτερεῖν Plato 691 F. Sim. 695 F. — Simpl. Plato 699 F. 700 A. G. 702 C. D. 703 A. G. 705 C. — τὰ αὐτά τινι Aristid. I. 110. — ω τι facio quid Aristid. I. 424. 478. amo quid Aristid. I. 523.

γλαύκινος II. 821 E.

γλαυκόμματος I. 336 C.

γλαυκὸς mare Hom. II. 934 F. — I. 336 C.

γλαυκότης I. 461. E.

γλαυκῶπις μήνη II. 929 C. Empedocl. 934 D.

γλαῦξ I. 166 D. nummi insigne I. 442 B. C. 535 F. 858 B.

γλαφυρία II. 1065 D. I. 105 A. 387 D.

γλαφυρὸς II. 673 F. 712 D. 720 A. 874 B. 971 F. 1091 C. 1096 B. I. 51 A. 305 E. 311 A. — opponitur χρειώδει II. 715 B. 989 C. 997 C. — I. 407 B. 487 C. 589 F. 739 D. 863 C. 983 D. II. 122 D. Plotin. 474 B. — γλαφυρὸς medicus Porph. Abst. IV. 2.

γλαφυρῶς II. 346 A.

γλεῦκος II. 655 E. seq. 735 D. 918 E. F. 390 C.

γλήχων II. 511 C.

γλισχρὸς jejunus, nimis argutus II. 31 E. ubi v. n. — parcus II. 44 C. 237 E. bis. 334 B. 379 A. 762 B. 1077 A. I. 50 F. 435 A. Aristid. II. 367. — γλισχρὰ καὶ μικρὰ II. 601 D. (masc. 811 C.) 975 E. 987 A. 1091 E. I. 862 C. 884 F. 1060 A. — ὸς locus, sterilis I. 370 D. 461 C. — τοῖς καρποῖς II. 640 F. — καὶ ἀσθενὴς humor II.

683 D. 680 F. — γλίσχρα καὶ διακονικὰ munera II. 794 F. — tenax II. 966 F. — tenuis II. 1087 D. — ὰ χορηγέω in oeconomia I. 171 F. — parvus I. 375 D. canis II. 48 B. leg. λιχνός.

γλισχρότης navis immundae parietum bis II. 641 E. — II. 125 E. 1088 D. I. 114 A. confund. cum αἰσχρός. vid. Diog. L. II. 30.

γλισχρῶς καὶ ἀπροθύμως I. 651 A. conf. 716 B. — stillat foris II. 954 C. — καὶ μόγις II. 954 E. I. 130 C. 142 E. 583 E. 817 F. — I. 257 B. parce I. 204 D. 211 B. 435 A.

γλίχομαι II. 1. B. 47 B. 84 D. 424 D. 601 D. 606 D. 745 E. 749 A. 943 D. 961 E. 1004 F. I. 69 A. 235 B. 322 A. Aristid. I. 397. 410. 453.

γλοιὸς eo ἀλείφεσθαι in balneo Teles Stob. 524.]

γλουτὸς I. 105 F.

γλυκαίνω II. 1120 E.

γλυκερὸς Poët. II. 116 C. Homer. 656 A.

γλυκυθυμία II. 476 D. 970 B. 982 A. 1104 C. I. 117 B. Plato 569 D.

γλυκύθυμος II. 67 A.

γλυκύπικρος II. 681 B.

γλυκὺς differt ab ἡδὺς II. 128 C. 655 F. seq. — suavis II. 47 A. 53 B. — oppos. δριμὺς II. 708 D. — τῷ ἤθει II. 723 D — εῖα ἐλπὶς I. 1034 D. — κὺ το σκληρὸν Simonid. I. 1048 E. — κὺ καὶ ἁπαλὸν ξύλον II. 49 B. — καὶ προσηνὴς II. 50 A. — κὺ αἷμα II. 101 C. — Simpl. II. 128 C. 133 C. 137 A. B.

γλυκύτης II. 67 B.

γλύφεσθαί τι ἐν σφραγῖδι curare sculpendum II. 806 D. — I. 452 E.

γλυφὴ II. 174 D. 985 B. I. 251 F. 411 A. 493 A. — sigilli I. 661 A. 665 C. 1020 A.

γλωσσαλγία II. 510 A.

γλωσσοκόμιον I. 1060 A. Anthol. II. 47, 1, Prov. metr. Schotti 132. Hellad. ap. Photium Schotti p. 1585.

γλῶττα prisca vox II. 22. C. ubi v. n. — in sacrificiis observabant ἐπὶ σπλάγχνων γλῶτταν II. 166 B. — ἀφίησιν εἰπεῖν ἀνθρώποις II. 707 E. — membrum corporis II. 146 F. 1126 E. — nomen I. 72. D. — lingua v. c. Persica I. 126 D. II. 150 D. 421 B. — et φωνὴ disting. I. 155 C. — γλώττης σφραγὶς I. 209 E. — ut ὄργανον πολύχορδον I. 927 E. — et οὖς quare haec gemina, illa singularis II. 39 B. — ἡ περὶ τὴν γλῶτταν ἐγκράτεια II. 90 B. — pars corporis II. 142 D. — et γαστὴρ sola reliqua fiunt victimae II. 183 E. — σσαν στροβιλοῦν II. 235 E. — linguae obscenus in venere usus Val. Max. III. 5, 4. Aristoph. Phil. Jud. Eus. P. E. VIII 389 C. — Dialectus Ion. Aeol. ut Dio Chrys. XII. 157 B.

γλωττοκομέω pass. II. 849 B. C.

γνάθος — οὺς ἔχειν II. 995 E Menandr.

γναθώνειος II. 707 E.

γναφεὺς Aristid. II. 33.

γναφικὴ πλύνει vestes II. 99. D.

γνήσιος I. 168 A. 171 F. 172 C. D. 259 C. 445 E. 597 B. D. 639 A. 662 B. E. 669 B. 1026 E. 1052 C. II. 15 C. 112 A. 707 E. 1070 C. scriptum II. 840 E. 849 D. I. 335 C. 1009 D. amicus II. 89 B. — uxor I. 1023 B. II. 140 A. 173 F. — animo I. 1071 A. Deus Plato 702 G.

γνόφος — οἱ τοῖς ἀπὸ τῶν γνόφων πνεύμασι πλέοντες Dio Chrys. XXXIV. 424 B.

γνοφώδης II. 949 A.

γνώμη—ἀπὸ γνώμης ex animi sententia II. 44 D. 798 E. — κατὰ γνώμην I. 133 D. — τὰς κρίσεις—μετὰ γνώμης dare — an praetor qui judices in suffragium mittit? I. 990 C. — deliberantes οὐ κατὰ τὰ αὐτὰ ταῖς γνώμαις ἐφέροντο I. 999 C. — ἐπί τινα, insidiae I. 1009 E. κατὰ γνώμην opp. ἀνάγκῃ I. 1073 B. — sententia dicti II. 27 A. — poëtae II. 35 E. F. — in consessu et consilio II. 41 B. — et χρησμὸς oppon. II. 57 F. — γνώμης δεόμενοι II. 57 F. — εἴς τι quasi ῥοπὴ II. 62 B. — opponitur ἔργῳ II. 89 C. — οὐ κατά γε τὴν ἐμὴν γνώμην II. 135 B. — πρόχειρόν τι ἔχειν γνώμης fere abund. II. 639 B. — γνώμην λαβεῖν II. 718 C. — sententia in judicio vel senatu II. 795 A. I. 43 C. 84 A.

145 B. C. 150 C. 151 E. — παρὰ γνώμην v. n. ad II. 44 D. — γνώμην ἀποφαίνομαι II. 856 E. I. 352 C. 654 C. — προστίθεσθαί τινι II. 868 E. — μὴ κατὰ γνώμην τυγχάνω τῶν ἐνταῦθα rebus adversis hic utor II. 1106 A. — ἔθους ἕνεκα μᾶλλον ἢ γνώμης, senatores consuetudine magis quam sententiae caussa in senatum congregabantur I. 34 B. — γνώμης μεταλαμβάνειν jus suffragii habere I. 77 A. — παρασκευάζεσθαι γνώμῃ I. 69 C. — et ἕξις I. 74 D. — διὰ τὴν γνώμην libenter I. 92 A. — γνώμῃ κρατέω I. 116 F. 221 D. — γνώμην ποιέομαι I. 120 A. 305 A. 778 E. Hierocl. Stob. 490. Synes. 119 B. 128 A. — Sententia, propositum I. 125 D. — γνώμη εἰς ἐμὲ περιέρχεται in senat. I. 871 A. — μην ἐρωτᾶσθαι senat. I. 870 E. — λόγους—εἰς γνώμας ἀνῆγε καὶ περιόδους I. 849 C. — γνώμης πεῖραν δοῦναι I. 820 B. — μην ἔχω cum inf. I. 788 A. — κατὰ γνώμην τινὸς I. 783 F. — μη in senatu I. 711 A. 712 D. 986 A. B. 992 B. E. passim. — ἀπὸ γνώμης v. ad II. 44 D. — μην τρέπω πρός τι I. 659 F. — in concione I. 627 D. — judicii I. 620 F. — μῃ διαπιστεύω τὸν κίνδυνον apud se tacere I. 586 E. — et λόγος I. 584 B. — ἐκ μιᾶς γνώμης I. 632 B. — μην προθέσθαι I. 554 D. — ἐπαμφοτερίζω τῇ γνώμῃ fere abund. I. 512 C. — προτίθεται I. 441 D. 442 C. — et τύχη oppon. I. 416 F. Dio Chr. 592 A. B. 599 C. Synes 4 B. — μην ἐρωτάω I. 407 E. — ης ἐπὶ εἶναι dubitare I. 384 B. μην ἔχειν ἐκεῖσε I. 365 C. — μετὰ γνώμης I. 169 A. μῃ τινὸς quid facere ib. B. — μην εἰσηγέομαι I. 160 A. — ἀπὸ γνώμης ingratum Pausan. p. 522. — sententia, decretum I. 175 C. E. — διαφέρονται γνῶμαι praeferuntur I. 311 E. — οὐ κατὰ γνώμην τινὶ non gratum cui I. 233 A. 648 A. — ἐν μιᾷ γνώμῃ exercitum continere I. 304 D. — μην γράφω εἰς τὸν δῆμον I. 320 A. 341 D. — I. 905 C. — εἰσφέρω I. 320 A. B. — dictum apophthegma I. 351 B. — prudentia I. 352 E. — γνώμη καὶ χεὶρ I. 353 E. 1007 C. — καὶ φρόνημα I. 896 E. opp. 1028 E. — pars διανοίας I. 902 A. conf. C. γνώμη ἴδιος I. 902 B. — γνώμῃ μεθίστημι quem, pro μεθίστημι quem τῆς γνώμης I. 918 B. — ἀκρατής, δίαιτα θρασεῖα II. 90 C. — γνώμη sententia quam tulimus, pronunciavimus Phil. Mor. II. 152 B. 154 D. — consilium div. provid. θεοῦ II. 163 D. — animi II. 172 C. 187 F. — orationis II. 187 F. 233 E. — γνώμην κατατίθεμαι Theogn. Stob. 502. — μετὰ γνώμης καὶ πειθοῦς quem audire Dio Chrys. XXXII. 365 A. — γνῶμαι poëtarum Isocr. Or. ad Nicocl. p. 32. ult. — μετ' ἀδίκου γνώμης κρίνειν Plato 649 G. — et ἦθη diff. Plato 689 G. — et μνήμη confund. Aristid. I. 450. — τῇ γνώμῃ quid facere, an *ex animi sententia* ut vertit Canter. an *lubenter* Aristid. II. 420. I. 164. 485. — opp. ἀνάγκῃ Aristid. I. 150. 458. — τῇ γνώμῃ ἀφεστηκὼς id. I. 154. — παρὰ γνώμην id. I. 171. II. 266. — γνώμης castitas I. 506. 537. γνώμῃ ἁμαρτάνω II. 252. — τύχη II. 255. 524. 527. — γνώμη et μνήμη confus. Phil. Jud. 1017 E.

γνωμαλογέω II. 530 C.

γνωμολογία ironice, intempestiva doctaque admonitio II. 69 B. — simpl. II. 712 B. 803 A. I. 2 B. 174 D. 337 D. — Poës. Theognid. II. 16 C.

γνώμων—ονι χρῆσθαι aliquo viro II. 751 B. 968 F. — lingua (Xen. M. S.) II. 990 A. — horologii II. 411 A. 1006 E. I. 155 B.

γνωρίζω τινά τινι concilio II. 579 D. I. 186 C. — vocem alicujus II. 976 A. simil. 978 D. — I. 14 D. 136 F. — notum facio I. 3 E. — ζειν ἑαυτοὺς reconciliari Aristid. I. 195. — γνωρίζεσθαί τινι mulier concumbit cum quo II. 273 A. B. — nemo Aristid. I. 536. 569 — γνωρίζω quem in amicitiam recipio I. 193 C. — agnosco quem I. 224 C. 415 B. 426 C. 578 D. 587 B. II. 161 A. 162 D. — cognosco de facie I. 561 F. — μαι ad auctoritatem pervenio I. 949 F. — τινι 1049 A. — μαι ἔν τινι Plato 699 E. — ex obscuro clarus fio in rep. I. 336 B. — agnosco regem ut Lat. Herodian. VIII. 4, 6.

γνώριμος nobilis in rep. 345 C. 379 A. nobilis, patricius Wessel

Diod. Sic. I. 634. 448 B. — celeber II. 244 E. 674 E. 731 A. I. 114 B. — familiaris II. 81 A. 241 E. 679 C. 697 D. 707 C. 708 B. 723 B. — philosophorum discipuli II. 63 E. 70 E. F. 71 B. 118 D. 220 C. 448 E. 796 D. 838 A. 1120 D. I. 124 E. 165 C. — ον sibi convivium debet manere — η cithara convivii II. 712 F. — γνώριμον δόξαν II. 242 E. — disting. ab ἑταῖρος II. 836 D. — diff. ab ἀκροατὴς II. 841 B. Idem fere Upton. ind. Epictet. — res nota II. 978 D. — Foem. γνωρίμη I. 41 E. amica Aristid. II. 428. — cognitus τινὶ II. 419 B. — opponitur infimae plebi I. 223 C. 513 E. 524 B. 836 A. 838 C. F. 970 977 C. 979 D. Morus Xenoph. Hellen. II. 2, 3. Dio Chrys. XXXIX. 413 C. XXXVI. 442 B. — γνωριμώτατοι optimates I. 236 C. — nobilis I. 271 E. 539 C. 621 A. — καὶ συνήθης I. 752 C. 981 E. II. 156 D. — disting. I. 988 F. — f. bonus civis I. 769 A. — γνώριμον rem nobis facere, sc. usu II. 123 C. Plato 631 D. — distinguitur φίλος Antiphan. Stob. 220. — f. doctus, celebratus Aristid. II. 361.

γνώρισις ἡγεμόνων II. 491 B.

γνωριστικὸς II. 79 C.

γνωρίσματα εὐγενείας τὴν ἀρετὴν habere II. 320 E. — I. 2 D. 4 A. 21 D. 303 D. 569 F. ind. amata Aristid. II. 123.

γνῶσις II. 17 D. E. 44 B. 47 B. (ἀρετῆς f. κτῆσις 137 E.) 977 C. 1118 B. F. 1129 A. C. F. 1143 D. E. I. 160 E. 864 A. 886 C. — pro γνώρσις conciliatio II. 582 E. 645 B.

γνώστης I. 370 E.

γνωστικὸς — ὸν, τὸ II. 904 E. 990 A. 1023 D. — τινος II. 1023 D. 1142 F.

γνωστὸς II. 947 A. — τὸ decretum I. 176 C.

γογγρόκτονος II. 966 A.

γόγγρος II. 182 F. 668 C. D. 965 F. 978 F.

γόγγυλις — δες I. 337 A. 355 B. II. 194 F.

γοερὸς II. 623 A. 669 D.

γόης II. 63 A. 166 A. 407 C. I. 869 E. Porph. Abst. II. 45. Dio Chrys. II. 22 B. Aristid. II. 292. 367. not. Julian. 197 D.

γοητεία differt a τέρψις II. 747 A. 961 D. definitur. — II. 16 D. 19 F. 20 A. 97 A. 126 A. 139 A. 171 A. 990 C. I. 70 C. 469 E. 933 A. Porph. Abst. II. 41. Aristid. I. 487.

γοήτευμα II. 792 B. Porphyr. Abst. I. 28. 43.

γοητεύω II. 417 A. 663 C. 764 E. 961 E. 989 E. Plato 674 C. 683 D.

γόμος onus navis II. 914 A. Liban. Bongiovan. 203.

γόμφωμα II. 321 D. I. 306 E.

γομφόω Empedocl. II. 95 A.

γονεῖς de animalibus II. 3 A. — hominibus II. 59 E. 60 F. 63 D. 72 D. 101 F. 106 E. 109 D. 117 B. 143 B. 216 D. 232 B.

γονεύω II. 980 C. 981 C.

γονὴ — ὴν ἀναλαμβάνειν II. 495 E. concipere, de muliere. — II. 982 F. plur. — homo ἐν γοναῖς cum nascitur II. 496 B. 718 A. — semen II. 664 A. 767 C. — γοναὶ I. 21 C. — γονὴ ortus Plato 696 F.

γόνιμός τινος II. 165 A. 645 B. 661 E. 715 F. 778 C. 788 E. I. 232 B. — II. 429 E. 675 F. 685 D. E. F. 718 A. 724 E. 764 B. 765 C. 907 F. 908 A. B. C. 917 B. 919 C. 944 E. 957 F. 994 B. 999 D. 1025 F. 1111 E. I. 48 E. 355 E. — homo secundi ingenii Aristoph. Ran. 96. Bergl. Aristid. II. 380. 29. τὸ γόνιμον vis pariendi I. 571 A. — secundum semen II. 38 E. — ἔχθρας γονιμώτατα πάθη II. 86 B.

γονοκτονέω II. 1162 A.

γόνος II. 637 A. 905 A. D. 906 B. C. 965 E. 981 E. F.

γόνυ in calamo II. 77 A. ubi v. n. — γόνασι προσπίπτειν τινὸς II. 290 C. 1117 B. C. I. 791 F. — γονάτων τινὸς λαβέσθαι I. 649 B. — εἰς γόνυ καθίζεσθαι I. 842 C. precans. — καθέντες εἰς γόνυ Rom. acies I. 936 F. item κλίσις 937 A.

γόος in cantu II. 712 F.

γοργόνειος I. 117 A.

γοργόνωτος Aristoph. II. 853 C.

γοργὸς II. 642 A. Dio Chrys. II. 24 B. IV. 61 A. Aristid. II. 325.

γοργότης Aristid. I. 320 A.

γοργόφονος II. 747 D.

γοργὼν II. 830 A. 1122 A.

γοργῶπις Poët. II. 99 A.

γορϊᾶν Lacon. corrupt. I. 43 A.

γορπιαῖος mensis I. 9 C.

γοῦν demonstr. II. 113 F. 120 D. 226 D. assens. iron. II. 192 B. 217 D. — confut. II. 224 B.

γουνοῦμαι Archiloch. II. 23 A.

γραίας ἀκάνθης πάππος Soph. II. 1100 C.

γραΐδιον II. 241 C.

Γραικὸς I. 341 A. 863 B. 880 B. II. 199 D.

γράμμα litera II. 736 D. 737 A. 738 C. E. 739 A. Plato 652 G. — scriptum legis I. 172 E. 827 C. sim. Plato 653 G. 654 A. B. — edictum I. 642 D. E. — τὰ βασιλικὰ eleganter picta II. 397 C. — Mus. II. 1144 A. B. — aerarii sc. acta I. 766 F. 767 A. 826 D. — Epistola I. 185 E. 268 E. 299 E. F. 396 C. D. 398 E. 580 D. 581 F. 582 A. 634 E. 641 A. — τινι ἐπιστέλλω πρός τινα I. 1074 A. — γράμματα διδάσκειν differt a παιδεύειν νέους I. 194 E. — epistola venit παρ' Ἀλκιβιάδους κελεύοντος cet. I. 205 C. — φράζοντα I. 207 C. 239 A. simil. 280 E. 1071 E. Xenoph. H. Gr. I. 1, 15. Herodian. IV. 10, 3. VI. 2, 9. — Mathem. I. 305 E. — doctrinae I. 350 B. 648 E. 886 D. — Graeca I. 564 E. — καὶ πράγματα I. 664 C. 972 B. — ἄτων τύπος II. 673 E. — καὶ ἐπιστολαὶ disting. I. 581 C. D. bis. 855 C. — σιν ἐντρέφεσθαι I. 583 B. simil. 885 D. καὶ ἐπιστολαὶ jung. I. 629 A. 868 A. — τὰ ἀπόῤῥητα I. 639 A. — μα testamentum I. 994 B. — τα διδάσκω II. 830 A. 840 A. — σι καὶ λόγοις ἐντυγχάνειν II. 1027 A. 1125 B. 1126 B. I. 59 A. B. — inscriptio Delphica II, 116 C. 1118 C. — literae, legere discunt pueri II. 47 B. 1120 F. — plur. liber, II. 129 D. 1121 A. I. 827 E. — γράμματα ἄψυχα I. 74 D. — ἔρημα τοῦ βοηθοῦντος I. 110 F. — librum replent II. 405 E. — sic cum βιβλία jung. I. 468 B. 826 D. — κατὰ γράμμα κληρουμένων II. 175 C. — ματα inscriptio II. 273 D. — disciplinae II. 196 B. — relicta cujus II. 204 A. 229 F. — literarum characteres II. 204 E. 207 C. 214 F. — τα discere II. 237 A. — documenta in judicio Dio Chr. 506 C. 644 D. — ἐν στήλαις Dio Chr. 657 C. — σφαλερὰ prosaica Plato 636 D. — ἐν γράμμασι τι ἀποφέρειν quid describere, i. e. ἀπογράφειν Plato 691. — γράμματα optimae leges Plato 692 D. — libri id. 692 E. — legis 697 A. — λόγοι ἐν γράμμασι id. 664 F. — tabulae pictae Aristid. I. 27. 28. — γράμμα καὶ πρᾶγμά τινος II. 311. — τα epistolae Aristid. I. 263. 341. 342. 343. — οὔτε γράμματα οὔτε νεῖν Aristid. II. 285. — pictura II. 408. — καὶ μαθήσεις II. 137 C. — ματα καὶ βιβλία II 133 A.

γραμματεία publicum munus, sed leg. πραγματεία II. 788 F. I. 595 C. Eumenis.

γραμματεῖον II. 151 B. 202 F. 846 E. I. 55 E. 174 D. 593 B. 801 B. 1003 B. — εῖα καὶ βιβλία I. 1065 F. — κοῖλον Numen. Euseb. P. E. 734 C. — ἄγραφον anima (conf. Aristot.) II. 432 C. Dio Chr. 667 C.

γραμματεὺς qui legit II. 625 D. Aeschyl. — publicus II. 841 E. 852 E. — I. 118 E. Duker. Thucyd. VII. 10. I. 187 C. 281 B. 766 B. C. 776 A. 810 C. ita leg. 484 E. 951 E. 1022 D. II. 196 E. — regis II. 417 A. 421 B. — praetoris R. Aristid. I. 340. 341.

γραμματεύω munere in rep. fungor II. 796 E. 833 E.

γραμματηφόρος I. 1056 D. 1067 C.

γραμματίδιον I. 442 B. 986 A. 1022 E. II. 109 C.

γραμματικὴ ductus et figura literarum II. 579 A. — I. 319 A.

γραμματικὸς II. 22 F. 31 E. 59 F. 401 B. 422 E. 675 A. 712 A. 728 F. 737 C. D. E. 739 E. 742 A. 766 E. 1086 F. 1131 C. I. 258 B. 468 B.

γραμματικῶς II. 405 A.

γραμμάτιον II. 407 C. I. 627 B. 881 A.

γραμματίστης II. 738 F. 776 B. I. 348 A. B. 498 A. Dio Chr. XIII. 223 D. XV. 240 B. Arrian. Diss. III. 22. p. 463. vid. Upton. Plato

637 A. — a γραμματικῷ disting. Galen. Protr. T. II. 5. f. leg. γραμμικάς. — Aristid. II. 24. 95. 147. 225. 371. 378. — Wouwer. Polymath. c. IV.

γραμματοδιδασκαλεῖον II. 712 A.

γραμματοδιδάσκαλος I. 194 D. Wouwer. Polym. c. IV. Teles Stob. 535.

γραμματοφόρος II. 799 E. I. 283 B. 491 C. 640 F. 720 C. 789 C. F. 898 D. 969 D.

γραμματοφυλάκιον I. 332 A. Soran. Vit. Hippocr. Galen. ed. Par. I. 1 B. bis.

γραμμὴ — καὶ σκιὰ pictoris II. 58 D. — Geometria II. 579 C. 719 D. 1023 D. — II. 748 B. — κατὰ γραμμὴν II. 679 F. 1004 B. — II. 408 E. I. 307 E. — et χρῶμα in pictura disting. II. 16 B. — mathem. II. 63 B. 140 A. — γραμμὴ σωθεῖσα facit pulcram picturam Aristid. II. 408. ἀπὸ γραμμῆς ἄρχεσθαι Aristid. II. 184.

γραμμικὸς II. 606 C. I. 305 E. emend. Valck. Galen. T. I. 46 B. C. atque sic f. restituendum 52 A. T. II. p. 5 C. — μικὴ θεωρία Diog. L. I. 25. — et γραμματικὸς confus. Sext. Emp. 284.

γραπτὸς — ἡ εἰκὼν II. 210 D. 837 C. — πίναξ II. 232 E.

γράσσος clamor militum, ἀλαλαγμὸς II. 180 C. unum hoc exemplum H. Steph. ind. Thes. Gatak. M. A. p. 163, 6 F.

γραῦς — μύροισιν οὐκ ἂν γραῦς ἐοῦσ' ἠλείφεο Archil. I. 167 E. — I. 157 E. 487 E. 578 D. 627 E. 815 D. II. 166 A. 168 D.

γραφεῖον II. 59 F. 859 E. 968 E. 1120 C. I. 583 C. 764 C. 840 E. 898 C. Himer. 760. — ἐπὶ γραφείου quid fingere II. 868 C. — stilus Epict. Diss. p. 463.

γραφεὺς II. 54 E. 1124 G. I. 468 E. — scriba I. 603 A. 770 C. II. 60 A.

γραφὴ pictura II. 674 B. 735 C. I. 187 C. 331 C. 353 A. 518 C. 619 F. 816 E. 898 E. — accusatio I. 857 A. — liber II. 677 A. 1114 C. I. 443 A. — pictae tabulae descriptio Himer. 208. 240. — crimen II. 221 C. — φαὶ σχηματίων II. 145 A. — εἰς γραφήν τι ἀποτίθεσθαι II. 686 D. — II. 748 A. — ἄψυχος pictura I. 45 C. — εἰς γραφὴν κατατίθεμαι συγγράμματα I. 74 D. — picta tabula I. 112 A. 272 D. II. 243 A. — scriptio I. 255 C. E. 479 E. 538 E. — sculptura I. 452 E. — scheda scripta de acceptis rebus I. 587 F. — ἤ τι περιλαβεῖν I. 881 D. — Vitarum Plutarchi I. 889 B. 958 B. — et ἀνδριὰς honores I. 903 C. — dubium utrum crimen an scriptio I. 974 C. — καὶ πίναξ I. 1032 D. Sim. II. 183 B. — φὴ πάσης τέχνης Aristid. I. 540.

γραφικὸς — ἡ sc. ars II. 748 A. Plato 698 E. — συγγραφεὺς II. 874 B. — ὂν φάρμακον II. 934 E. — scriptio, liber I. 138 A. — ἡ ὑπόθεσις I. 673 E. — ὂς amor, ut pingi solet I. 927 B.

γραφικῶς I. 927 B. — saltator rem ostendit II. 747 C.

γράφω II. 738 E. 109 A. — pingo II. 99 B. 174 D. 396 E. — τί τι quid per quid II. 400 A. I. 481 A. — II. 674 A. — γέγραπται de lectione constituta in vet. libro II. 415 E. 756 C. 967 F. — εσθαι σχολὴν ἐν Λυκείῳ II. 790 D. conf. I. 41 E. — ειν τινὶ πολιτείαν II. 835 F. — med. accuso, differt a κατηγορέω II. 842 D. — describo, alterius librum transcribo I. 41 E. — γράφω sc. legem, I. 82 B. 86 D. 90 D. 95 D. 102 F. 103 B. 172 D. E. 200 B. — γράφεσθαι legem I. 90 A. accusare I. 88 C. 334 B. — simpl. scribo II. 207 B. 229 F. — ψήφισμα I. 114 F. 117 A. D. 157 D. 162 D. 269 D. E. II. 187 E. — σθαι τινά τινος accusare I. 123 C. 291 C. — orationem habitam conscribo I. 188 C. — quem, propono eligendum I. 237 A. — γνώμην I. 320 A. — id. ac modo νόμον εἰσφέρω I. 341 D. — quem in ostraco I. 321 E. bis F. — ψήφισμα I. 324 D. 531 D. 918 A. — simpl. cum ellips. ψήφισμα vel sim. I. 324 E. 520 B. 541 E. 859 B. 893 E. — τινι τιμάς I. 763 A. — καὶ λέγει in concione I. 761 A. — simpl. II. 170 C. — εται καὶ φέρεται ab exercitu τι sc. nuncius I. 752 B. — νόμον I. 407 D. 631 F. 634 C. 649 A. 779 F. 780 C. II. 207 D. — δόγμα I. 407 D. — μαι med. pingi curo I. 428 E.

619 F. — διάλυσιν γάμου I. 474 A. — φω quem tutorem in testamento I. 494 D. — abund. ἀτέλειάν τινι γράφων καταγγέλλω I. 581 B. — φει quid historicus I. 614 F. — φω μέ τι nomino me nomine quodam I. 625 D. — φει τῷ Μετέλλῳ κωλύων τὸν πόλεμον I. 634 A. — ταῖς πόλεσι μὴ προσέχειν τῷ Μετέλλῳ ib. — γέγραφέ τινι τὰ πράγματα ποιούμενος? an legem s. testamentum fecit, qua cui donavit res I. 641 B. — subint. νόμον I. 644 A. D. 645 D. — γράφω εἰς τὴν βουλὴν τιμὰς Caesaris, suadeo in senatu, decerno honores Caesari I. 734 D. — μαι συνθήκας I. 781 A. — μαι dux, creor. I. 812 A. — ται leg. subaud. I. 827 C. 828 B. 837 D. 838 C. E. 839 A. — κληρονόμος I. 830 F. — γράφεται et κρίνεται γραφὴ disting. — φω καὶ πλάττω I. 889 E. 917 C. Galen. Protr. T. II. p. 4 A. D. — γνώμην in Pop. Athen. I. 905 C. — quid in testamento I. 922 E. — ω τινὰ πολίτην Soran. ed. Galen. Par. I. 2 B. — ω quid ἐν τῷ δήμῳ I. 744 E. — quem civem I. 755 A. — cui donum I. 767 D. E. — γράψας ἀπέσταλκά σοι τὴν σχολὴν II. 37 C. — ω τινὶ sc. in ep. II. 70 A. 161 B. 174 E. 183 C. F. 191 B. 206 E. 207 E. 212 D. 218 F. 225 C. 229 B. 233 F. 241 A. D. — καὶ πέμπω πρός τινα II. 100 E. — γράφω τινὶ sc. in libro praeceptum in usum alicujus hominis II. 130 A. — ω ἀπόλειψιν II. 144 A. — τὰ γεγραμμένα τινὶ liber ab eo scriptus II. 145 A. — ω τι πρός τινα adversus quem II. 146 E. τὰ γεγραμμένα scripta sc. in epistola II. 151 B. — ω καὶ προστάττω pro -ων προστάττω II. 153 E. — ει scriptor II. 152 D. 155 F. 182 F. 189 D. 199 D. 205 F. 212 C. 218 F. 219 C. 232 E. — ευ legislator II. 155 F. 157 E. — μενος καὶ πιστευόμενος λόγος II. 162 B. — ω τινὰ ἐν τοῖς ποιήμασι Ἡλίου παῖδα II. 182 C. — σθαί τινα τῆς αὐτῆς Aristid. II. 151. — εἰς τέφραν Julian. 286 C. ἐν ὕδασι γράφειν Julian. 249 A. — σθαι accusare Plato 681 E. 682 A. 686 F. 689 A. 692 A. — ω accusationem vel defensionem Plato 689 A. — ω testamentum et sim. Plato 679 D. E. F. — μαί τινα πρός τινα accuso quem apud judicem Plato 678 A. — σθαι ἐν τῷ προσώπῳ inustus Plato 652 C. — μαι med. inscribi me praebeo Plato 651 D. — f. edictum Dio Chr. XXXIV. 417 D. — simpl. scribo II. 207 B. 229 F.

γρηγορέω, ἐγρηγορέω I. 141 F. 348 F. 731 E. 973 B. 1000 D. II. 40 C. 106 E. Heraclit. 166 C. 179 A. B. 187 C. 419 B. Plato 674 E.

γρῖπος piscat. II. 967 E. Diog. L. I. 32. ib. βόλος.

γρῖφος II. 673 A. 717 A. 988 A. Aristid. II. 148.

γρόνθος id. quod πυγμὴ Smith. Schol. ad Ep. Apostol. ed. Bas. p. 336.

γρόσφος I. 464 B.

γρῦ Aristid. II. 411.

γρύζω Aristid. II. 376. 391. I. 451.

γρυλλίζω suum Dio Chr. VII. 113.

γρυπος ut Cyrus II. 172 E. 821 C. — cognomen I. 218 B. 406 E. — II. 44 F. 56 C.

γρυπότης II. 633 B. 964 F. I. 917 C. — unguium, phthiseos II. 641 D.

γρὺψ I. 606 C. Aristid. I. 50.

γυῖα membra II. 358 A. — βαρύνεται II. 789 D. — γυῖα membra I. 327 B.

γυμνάζω I. 133 F. 134 A. 279 D. 361 C. 363 C. 488 F. — μαι II. 130 E. bis. 131 B. D. 192 C. 196 C. 237 A. — ζεσθαι ἐν ὅπλοις I. 928 E. — ζω milites I. 653 A. — γεγυμνάσθαι ἐν λόγοις II. 93 B. — ζεσθαι περὶ τὴν Ῥωμαϊκὴν διάλεκτον I. 846 E. Sim. II. 22 C. — τὴν φωνὴν I. 850 E. — ζω τὸν λόγον εἰς ὑπόθεσιν I. 873 C. corpus ἐπί τι I. 916 D.

γυμνασία immoderatum luctae studium, si vera lectio II. 69 B. — exercitatio meditationis II. 646 A. 1022 C.

γυμνασιαρχέω I. 930 F.

γυμνασιάρχης I. 1032 A.

γυμνασιαρχία I. 524 E. 565 D.

γυμνασίαρχος imperat ephebis II. 754 D. 755 A. 756 A. 817 B. 823 D. Teles Stob. 535. Philo Euseb. P. E. VIII. 394 D. 395 A. Dio Chr. 422 C. — pro γυμνασιαρχικὸς I. 931 A.

γυμνάσιον ll. 124 E. 127 E. 129 A. 130 A. ter. C. F. 133 D. 239 C. differt a μελέτημα ll. 965 F. — simpl. ll. 1125 F. l. 488 E. 553 E. 641 A. — philosophi II. 1086 D. — palaestra II. 724 C. 751 F. 752 B. 756 C. — Differt a palaestra II. 751 F. — γυμνάσιον Ἡρακλέους I. 112 A. — γυμνάσιον calamitas II. 655 C. — Marcelli, Romae I. 316 B. — in castris I. 207 D. — simpl. I. 255 B. 446 F. II. 187 D. Plato 617 E. 618 G. 619 B. 624 H. 634 B. 637 G. 688 D. — f. dicendi I. 862 D. — ἐκ τοῦ αὐτοῦ Plato Gorg. Aristid. II. 17. — locus concionis I. 941 A. 952 F. — ον καὶ παλαίστρα I. 899 D. — καὶ θῆραι I. 385 A.

γύμνασμα II. 639 C. 979 A. 1119 D.

γυμναστὴς II. 133 B. ubi v. n.

γυμναστικὸς I. 203 C. II. 140 B. — κὴ sc. ars II. 7 D. Definitio. Plato Leg. II. 584 B. 611 C. 618 G. 627 G. 630 E. 637 F. 645 C. 666 E. Aristid. II. 288.

γυμνητεύω miles I. 263 E.

γυμνήτης II. 874 A.

γυμνητικὸς — ὸν τὸ militum pars I. 371 A.

γυμνῆτις philosophia II. 432 B.

γυμνικὸς — ὰ certamina II. 639 B. 675 B. C. I. 6 E. 255 B. 374 E. 647 A. — καὶ ἱππικοὶ ἆθλοι Plato 689 A. — κῆς ἀγὼν Plato 691 D.

γυμνοπαιδεία — αι Lac. pro -ιαι I. 484 F.

γυμνοπαιδία II. 208 D. 227 E. 1134 B. I. 48 C. 612 B.

γυμνὸς I. 792 F. 827 A. 901 E. 1011 B. II. 168 D. 209 C. — tractus non tectus terra II. 701 B. C. Metaph. II. 987 C. 1111 E. — δρόμος apertus I. 935 A. — και ἄνοπλος I. 522 E. — miles I. 559 B. non satis armatus. — γυμνὸς ὅπλων I. 616 E. — γυμνὴ ψυχὴ Plato II. 120 C. Orig. Cels. 419 D.

γυμνοσοφιστὴς I. 700 F.

γυμνόω II. 979 B. I. 272 B. 955 A. — γεγυμνωμένα ξίφη II. 161 D.

γύμνωσις I. 48 B. 348 C. II. 227 D.

γυναικεῖος — α dea I. 711 E. — φύσις II. 220 D. — ὸν ἱμάτιον induere I. 378 E. — malo sensu Plato 689 B. — νόσος conf. Herod. Dio Chrys. IV. 76 D. — maledicentia Plato 684 B.

γυναικισμὸς I. 731 D.

γυναικοκρασία v. n. ad II. 20 A.

γυναικοπρεπὴς II. 102 D.

γυναικώδης I. 49 F. 90. II. 112 F.

γυναιμανία — f. leg. II. 69 B.

γυναικομανία Chrysipp. Athen. p. 464 D. E.

γυναικωνῖτις muliebris sing. II. 145 B. 465 D. 755 E. — II. 61 C. 230 C. 750 C. F. 819 D. 868 A. I. 127 D. (Tayl. Lys. p. 12. ed. Reisk.) 282 D. 496 B. 669 A. 711 D. 759 D. 770 E. 811 F. 956 B. 1026 E. 1051 A.

γύναιον — α καὶ παιδάρια II. 70 A. — I. 125 B. 165 C. 350 E. 383 D. F. 390 E. 687 A. C. 689 B. 692 C. D. 794 D. 909 D. 1029 E. II. 195 E. 401 C. 760 A. 767 C. 1126 E. — αια amores I. 916 C. II. 52 D. — malo sensu I. 919 F. 920 A.

γυνὴ II. 125 A. 126 A. 134 F. emph. ut Aristaen. τὴν γυναῖκα ἔχειν II. 463 E. 474 D. — uxor I. 130 A. 165 D. 384 F. 385 A. 426 A. 515 A. 543 A. 547 E. 620 A. E. 623 A. 642 F. 646 E. 647 B. 904 B. 940 E. 969 D. 1023 B. II. 70 B. 85 D. 87 C. 89 A. 90 B. D. 97 D. 100 A. D. E. 139 B. C. D. 140 A. D. F. 141 A. E. 142 A. C. D. F. 143 A. B. C. D. E. 144 A. B. C. D. E. F. 145 B. C. E. 149 E. 150 C. 156 C. 178 E. 179 B. 184 B. 189 C. 194 C. D. 204 D. 206 A. 220 D. 225 A. 226 F. 227 E. 235 E. 242 B. oppon. παῖς — χήρα II. 182 B. — ἐλευθέρα I. 169 D. — αἶκα λαμβάνω I. 384 E. 642 C. 703 E. II. 97 D. — et παρθένος disting. I. 401 E. — γαμετὴ I. 472 D. — κες amores viri erga mulieres II. 69 B. — ἀκόλαστος similitudo II. 93 C. — κρατεῖ πάντων, ἐπιτάττει, μάχεται Menand. II. 100 D. — sepulturam curant II. 119 B. — κες καὶ πότοι II. 184 E. — ἔδωκεν αὐτῷ τὴν παρθένον γυναῖκα II. 189 C. — oppon. κόρη II. 232 D. — γυνὴ αὐτοῦ II. 175 B. C. 189 C.

γύννις II. 234 E. Hierocl. Stob. 491.

γυρῖνος II. 912 D. Arat. Harduin. Plin. IX. 73.

γυρόνωτος Aristoph. II. 852 C.

γῦρος II. 202 F.

γὺψ II. 87 C. 829 A. 831 C. 1096 A. 1130 D. I. 22 F. 23 A. B. 415 B.

γυψὸς II. 914 D.

γωνιὰ angulus geom. II. 719 D. 1080 B. 1093 E. — στερεὰ et ἐπίπεδος ἀμβλεῖα II. 1003 D. — in angulo philosophari ut Plat. Gorg. II. 777 B. 788 A. Numen. Euseb. P. E. XIV. 738 C. Sim. Aristid. I. 176. Damasc. Suid. Οὐλπιανὸς Plat. Gorg. 297 A. B. C. Bibl. Crit. XII. — instrumentum II. 807 D. I. 309 A. — Pictoris. II. 64 A. — simpl. II. 77 E.

γωνιώδης II. 966 E.

Δ.

Δᾳδουχία II. 621 C.

δᾳδοῦχος munus Athen. II. 843 B. I. 200 E. 202 E. 321 D. 334 B. 900 E. Aristid. I. 257. 520. — Metaph. II. 10 E.

δᾳδοφόρος furia poët. II. 1123 B.

δᾳδώδης II. 648 D. 651 B.

δαήμων Archiloch. I. 3 A.

δαὶ — τί δαὶ al. τί δὲ II. 114 E. Dio Chr. 469 B. bis 476 B. 591 B. 650 B. D. 655 D.

δαιμονάω II. 169 D. Xenoph. M. S. I. 1, 9. I. 154 E. 309 E. Euseb. P. E. IV. 149 B. 154 C.

δαιμονίζομαι II. 706 D. Philem. Cler. p. 338.

δαιμονικὸς et impurus II. 362 F. 996 C. — καὶ ἐριννυώδης II. 458 B.

δαιμόνιον I. 6 C. 109 B. 249 D. 250 F. 273 F. 386 E. 409 F. 418 A. 428 B. 454 E. 455 E. 456 B. 461 A. 523 A. E. 529 B. 612 E. 741 B. 958 E. II. 115 C. 168 D. — genius I. 286 C. 289 D. 532 B.

δαιμόνιος vir quis? II. 589 D. — ώτατος ἐραστὴς Aristotelis II. 734 F. — καὶ καλὸς II. 871 A. — simpl. II. 871 B. I. 116 D. — ὦ δαιμόνιε II. 392 E. 926 D. — ον πάθος I. 35 C. — κατά τι δαιμόνιον ἢ τύχην I. 104 A. Dio Chr. XXXIV. 421 D. τι ὑπεναντιοῦται I. 171 A. — καὶ θεῖος II. 438 C. (jung. Olear. Philostr. p. 4.) I. 184 C. 1033 C. II. 24 A. — τὰ δαιμόνια prodigia I. 225 A. 458 A. — Nicias ἦν τῶν ἐκπεπληγμένων τὰ δαιμόνια I. 525 C. — δαιμόνιον τὸ fortuna I. 454 C. — ιος vir I. 578 F. — ον fortunae praeses, malo sensu I. 641 F. — σημεῖον παρὰ τοῦ δαιμονίου I. 671 F. — ος τύχη I. 884 C. — τὸ δαιμόνιον ἐπαναφέρει τὸ τέλος τῆς Ἀντωνίου κολάσεως εἰς τὸν Κικέρωνος οἶκον I. 886 B. — σημαίνει τι I. 968 A. B. — ος ὁρμὴ II. 161 C. — ον ῥεῦμα ἄτης II. 168 A. — ον spectrum II. 236 D. — τὰ τοῦ δαιμονίου, f. εὐδαιμονία Plato 705 C.

δαιμονίως II. 683 A. I. 108 D. 1017 E.

δαίμων ap. Homer. quomodo accipiatur II. 22 C. 24 A. C. 361 A. 415 A. Hesiod. 415 A. — fortuna Hippocr. Ep. XX. init. Upton. ind. Epictet. — ἀγαθοῦ δαίμονος II. 735 D. Wessel. Diod. Sic. T. I. p. 249. — ὦ δαῖμον II. 105 A. malus genius II. 369 D. E. — mala fortuna I. 755 D. — ἀγαθῷ δαίμονι sacrificare, vino II. 655 E. — δαίμονα βασιλέως προσκυνεῖν Pers. I. 1019 A. — ἡ II. 746 C. I. 453 B. — ἀγαθὸς II. 755 E. — et deus sec. Zoroastr. II. 1026 D. — εἴτε θεὸς εἴτε δαίμων II. 1130 A. — ὅπως ἂν διδῷ ὁ δαίμων αἱ τύχαι πάρεισιν I. 815 C. — εὐμενὴς I. 35 C. — gradus. ἄνθρωπος, ἥρως, δαίμων, θεὸς I. 36 A. Dio Chrys. III. 45 C. — invidiae ut malo daemoni convicia sacrificare I. 160 E. — Loci ex lib. Def. Orac. unde colligatur quae sit nominis vis 415 A. B. 418 E. F. 419 F. 420 A. 421 D. 431 A. B. D. 435 A. C. 436 F. — ἢ θεὸς I. 184 A. II. 16 D. — καὶ τύχη I. 210 A. 353 F. 366 B. 433 A. 855 D. — fortuna I. 260 D. 269 C. 274 D. 434 D. 519 A. 573 A. 693 C. II. 68 E. F. — numen, deus I. 470 B. 847 B. 867 D. — πονηρὸς, malus genius, fortuna I. 556 E. 958 E. — κακὸς item I. 581 C. 741 B. 1000 F. — βαρὺς I. 659 A. — simpl. daemon I. 958 D. 1001 B. — μέγας Caesaris I. 740 E. hominis I. 930 E. — ὑποχωρεῖν τῷ δαίμονι I. 1062 E. — συνεργέω I. 1057 D. — δαίμων hominis mortui II. 109 C. — μονος ἐπιπόνου καὶ τύχης χαλεπῆς ἐφήμερον σπέρμα

II. 115 D. — δαίμονες II. 112 A. Genii quibus Jupiter honores distribuit. — δαίμων καὶ τύχη II. 117 A. Plato 661 E. — mox καὶ θεοὶ disting. a τύχη II. 153 A. B. conf. Junc. Stob. 597. — πληγαὶ θεοῦ προσβολαὶ δαίμονος II. 168 C. — suus cuique animus Xenocrat. Aristot. Top. II. 2. T. I. p. 299 A. — ἀγαθὸς et ἀγαθὴ τύχη sunt duo diversa numina quae habent κέρας Ἀμαλθείας Socr. Stob. 369. Aristid. I. 276. — non dictus a δαήμων sed a δειμαίνω — ita quidem Euseb. P. E. IV. 174 C. 175 B. Ref. ad Eurip. Alcest. — ἕτερος infelix fortuna Stanl. Aeschyl. T. II. p. 801. — quale sit genus Plato 702 C. — σκέπτεται quid Aristid. I. 264.

δαίνυμι Homer. II. 29 D. Pind. 107 B.

δάϊος Aeschyl. II. 334 D.

δαὶς II. 642 F. 644 A. 712 F. 1087 B.

Δαίσιος mensis I. 672 D. 706 C. 1051 F.

δαιτρὸς a dividendo II. 644 A.

δαιτυμὼν II. 644 A. 661 A. 710 B. — καὶ ἑστιατὼρ f. Plat. Dio Chrys. I. p. 3 D.

δαίω λαμπτῆρος σέλας II. 759 E.

δαΐως II. 1097 C.

δάκνω II. 48 B. 59 D. 186 D. 190 A. 208 E. 219 C. 234 D. E. — ομαι ἐπὶ γυναικὸς II. 619 A. — ει quid ac. animum II. 134 A. — ει fumus II. 697 A. — τὸ δάκνον II. 769 E. I. 221 F. — dicta II. 65 C. D. 67 B. 810 E. — mater crocodili pullum διασπαράξασα ἀποκτείνει δάκνουσα II. 982 D. — πικρῶς II. 1038 E. — pass. desiderio II. 1093 A. — activ. II. 125 B. Comic. I. 156 A. — philosophi admonitio Gatak. M. A. p. 333. I. 221 F. II. 46 D. F. 47 A. 55 C. Vid. ἄδηκτος. — ἐπί τινι δάκνεσθαι I. 195 E. 898 E. Aristid. I. 88. — μαι animo I. 697 F. 690 D. 733 B, 909 D. II. 22 E. 29 B. 62 D. 77 B. 84 D. 85 D. 91 A. 92 A. B. 102 C. — parrhesia I. 742 B. — calamum I. 859 E. — ει me alterius bonum II. 39 D. — amor II. 44 F.

δάκρυον II. 69 E. 84 F. 105 F. 106 A. 111 C. 112 A. 114 C. 168 C. 209 F. Aristid. I. 568. — οις τέγγω Emp. II. 878 A. — πολὺ I. 209 D. — α ἐμπίπτει I. 976 E. II. 84 C. al. ἐκπ. — I. 169 E. 170 C.

δακρυῤῥοέω I. 232 A. II. 129 C.

δακρύω — δεδακρυμένη καὶ ταπεινὴ II. 357 A. — 187 E. 189 C. 197 F. — I. 99 E. 260 B. 269 C. 273 B. 329 D. 378 E. 515 F. 625 B. 715 C. 758 F. 832 C. 842 A. 858 B. 936 A. 976 D. — conjung. cum κλαίω II. 976 A. — Simp. I. 578 F. 616 F. 620 D. II. 113 E. 171 C. 187 E. 189 B. 191 A. 206 B. 235 C. Plato 693 D.

δακτύλιον annulus II. 12 E. 63 E. 180 D. 181 B. 754 A. I. 431 C. 452 E. 688 B. 1020 A. 1022 D. 1056 A.

δακτύλιος I. 315 F.

δακτυλοδεικτέω Wessel. Diod. Sic. I. 615.

δάκτυλος II. 73 B. — numerantium II. 141 C. 174 B. Aristid. I. 295. — Idaei Dactyli I. 70 C. II. 85 B. — medium protendere est contemptus — Upton. Arrian. p. 176. — pro κόνδυλος II. 439 D. — I. 631 C. — λους συνέχειν δι' ἀλλήλων I. 860 D. — δάκτυλον προτεῖναι alicujus rei caussa II. 1046 C. 1061 F. — καθαίρειν in foro piscium II. 706 B. — pedis I. 384 D. — μέγας τοῦ ποδὸς II. 907 E. I. 490 D. 832. — οις κιθαρίζειν II. 233 F. — ον ἐκτεῖναι II. 1038 F. 1070 B. — εἰκῆ vetat philosophia Epictet. fragm. Upton. p. 760. — Simpl. II. 1079 A. — λῳ ἄκρῳ quid tangere Aristid. I. 317.

δαλερὸς Emped. II. 663 A.

δαλὸς καὶ δᾷς I. 264 B. Dio Chr. 667 B. — I. 678 E. 740 C. 922 B. 993 C.

δαμάζω — ἐδάμασσεν ἔρως poët. II. 1073 C. pullum I. 361 A. — I. 596 D.

δαμασίμβροτος I. 596 C.

δάμναμαι Poët. II. 98 E.

Δαναΐδες αἱ II. 160 B.

δανείζω II. 795 C. 827 F. 829 B. C. 830 B. D. 831 C. I. 85 B. 86 D. 87 A. 1035 C. II. 807 D. E. 822 D. 827 F. 828 A. 829 E. 830 A. B. D. 1058 C. — I. 387 E. 504 E. 544 B. 565 C. 593 B. 616 B. 703 F. 799 E. 887 F. — II. 62 A. 83 C. 106 F. 107 A. 193 B. Antiphon. Stob. p. 155

Dio Chrys. 520 C. — πᾶν ἑαυτοῦ Diog. L. II. 62. Aristid. I. 479.

δάνειον II. 205 C. 327 D. 495 B. 831 A. I. 504 E. 591 D. 650 C. 713 B. 722 B. 866 E. 874 D. 881 F. — Leg. IV. p. 601 D.

δανεισμὸς II. 87 C. 706 B. I. 349 B. 546 E. 809 B. Plato 648 C. 678 F.

δανειστὴς II. 4 B. 188 A. 819 E. 822 D. 828 A. B. E. 829 B. C. E. 830 D. 831 D. 832 A. I. 148 A. 215 D. E. 496 B. E. 504 C. 547 A. 712 F. 713 B. 881 F.

δανειστικὸς I. 789 C. 801 B.

δάνος mors II. 22 C. unde ῥιγεδανός.

δαπανάω II. 155 A. 166 A. 218 C. 823 D. I. 160 F. 176 F. 185 C. — ᾶται cibus in corpus II. 641 A. 689 E. — μαι act. I. 459 E. 1035 D. — passim morbo I. 1059 D. sim. Sotad. Stob. 528, 21.

δαπάνη pecunia I. 318 F. — convivium factum ἐκ δαπάνης II. 64 F. 686 D. — II. 64 D. 150 C. bis. 192 D. bis. 212 B. 237 E. 693 E. 711 A. I. 162 A. 166 E. 338 A. 339 E. 492 F. 521 D. 565 D. 709 E. 866 A. 912 D. 916 D. 980 B.

δαπάνημα II. 85 E. I. 519 E. 964 F.

δαπανηρὸς I. 171 F. 333 E. 705 B.

δάπανός τινος II. 624 D. 956 E. Toup. Longin. p. 240. Procl. ad Hesiod. p. 149 a. fin. — Hinc Latinum *damnum* interpretes ad Plaut. Trucul. I. 144.

δαπὶς — δαπίδες (Conf. Lindebrog. ad Amm. Marc. p. 48.) I. 602 D. 695 B. 1047 E.

δαρεικὸς II. 173 D. 193 C. 211 A. 486 E. 846 A. 847 F. I. 435 B. 1013 C. 1019 D. F. 1022 E. — argenteus est et aureus I. 485 C.

δᾳς II. 418 A. 640 D. 667 A. I. 109 D. 177 E. — καὶ δαλὸς I. 264 D. — ἐπὶ δᾷδα καὶ κορωνίδα τοῦ βίου προελθεῖν II. 789 A. — I. 200 A. 457 D. 871 E. 1071 C. — καιομένη I. 418 B. 982 E. — καὶ λάμπας I. 977 E. differt Athen. 700 D. E. — καὶ δαλὸς Dio Chr. 667 B.

δάσασθαι I. 27 E. 34 C. Aristid. I. 19. — μενος τὴν λείαν Anaximander Athen. 498 A. Sext. Emp. X. fin. pro πασαμένους leg. δασαμένους.

δασμολογέω II. 832 A. I. 581 D. Dio Chrys. 506 C.

δασμολογία I. 925 D.

δασμὸς II. 774 C. I. 6 C. D. 7 B. 8 C. 11 E. 352 A. 1060 E. Dio Chr. 665 A.

δασύνω — εσθαι II. 651 E. — litera II. 738 C.

δασύπους II. 730 A. 971 A. D.

δασὺς corona II. 596 D. — σὺ animal II. 733 C. — sylva I. 399 D. — χαρτίον II. 60 A.

δασύτης gram. II. 1009 E.

δαῖχος fragm. comm. Nicandr. XIII. 1.

Δαυλίδες aves II. 727 D.

δάφνη I. 266 F. 273 E. 309 E. bis. 331 D. 418 C. 516 D. 635 B. 640 F. Plato 688 C. — I. 921 C. — νης ἐμφαγεῖν Oenom. Euseb. P. B. 224 A. παρατρώγειν II. 665 D. — simpl. II. 723 E. 735 E. 46 A. — nuptialis II. 755 A. — quare sacra Apollini Porph. Eus. P. E. III. 112 B.

δαφνηφόρος I. 119 F. 516 D.

δαφνηφορέω I. 273 E.

δάφνινος II. 645 D.

δαψίλεια τύφου Epicur. II. 1127 B. bis. — I. 245 E. 480 C.

δαψιλὴς II. 600 E. 676 B. I. 70 C. bis. 71 A. 162 A. 351 C. 573 A. 705 B. — ἐς χρῆμα ποίησις Dio Chr. XII. 212 D.

δαψιλῶς II. 179 E. 236 B.

δὲ pro γε, ἐν γοῦν τοῖς ἄλλοις ἦν καὶ Στ. II. 335 C. — sine antecedenti μὲν II. 797 B. 1097 A. — pro οὖν II. 741 D. — sine μὲν — πολλαὶ — πολλαὶ δὲ II. 746 C. — μὲν — δὲ pro *et* — *et* II. 750 A. — interrog. II. 750 B. — accusativo additum significat εἰς, ut κλισίηνδε II. 1009 C. — οὔπω δὲ — δὲ — δέ I. 622 B. — ὅσοι μὲν — οὗτοι δὲ moriuntur — abund. Dio Chrys. VI. 97 A. D. — ἀπ' οὐδενὸς ἔργου πονηροῦ, τῷ δὲ ut S. N. V. conf. Mer. I. 872 D. — leg. τε I. 895 F. — δέ πως I. 912 D. — pro γε ὧδ' ἂν — cuicumque demum II. 273 A. Sim. 235 F. vulg. — ὀρθῶς δέ γε II. 32 F. — δέ που II. 42 C. — plane abund. f. delendum II.

87 C. — δὲ δὴ II. 115 C. — τὰ δὲ — ταῦτα δὲ repet. subj. 145 F. Porph. Abst. II. 38. Dio Chrys. III. 37 C. sim. 46 B. Plato 689 B. — pro γὰρ II. 193 D. — in fin. II. 232 B. 235 D. — μοι ἐπεὶ pro *tunc* Homer. II. π΄. 199. 706.

δεδίττομαι II. 74 B. 150 B. 661 A. 724 D. 749 E. 753 C. 778 A. 818 C. I. 627 A. 770 B. 780 B. 1058 C. — ται ἱερεῖον I. 983 B.

δέησις ἐρωτικὴ II. 807 F. — II. 994 E. I. 162 C. 170 C. 475 D. 594 A. 609 F. 760 C. 775 D. 826 E. 912 C. — ιν πρὸς τρέπεσθαι I. 617 B. — καὶ παραίτησις I. 791 B. — δεήσει πολλῇ quem παραιτεῖσθαι I. 893 A. — σίν τινος ποιεῖσθαι orare quem I. 960 A. 964 D. — πᾶσαν δεῖσθαι I. 962 A. — δεήσεσι πάσαις καὶ μηχαναῖς Plato 697 D.

δεητικὸς I. 1074 B. Wessel. Diod. Sic. II. 193.

δεητὸς II. 687 E.

δεῖ simpl. II. 144 C. — τὰ δέοντα II. 826 D. 39 A. — παραδείγματα πρὸς τὸ μὴ δεῖν ἐκτρέπεσθαι II. 114 C. — οὐκ ἔδει exclam. lugentium II. 111 D. sim. II. 48 A. — πρὸ τοῦ δέοντος II. 113 C. — τινος neutre sine subjecto II. 576 B. — πέρα τοῦ δέοντος II. 575 D. I. 485 B. Sim. II. 2 E. — εἰς ὃ δεῖ pro εἰς δέον II. 593 B. — οὐκ ἐν δέοντί γε II. 654 C. conf. Euripid. — ἐν οὐ δέοντι II. 48 A. — opus est II. 669 D. — δεῖν cum alio infin. fere abundat II. 719 B. — πολλοῦ δεῆσαι II. 799 F. — μικροῦ δεήσαντα τὴν πόλιν ἀνατρέψαι II. 806 D. I. 144 C. — ὡς δέον II. 811 D. — ἐδέησε ὀλίγου hoc facere II. 825 C. I. 393 E. 438 D. — δέον accusat. consequ. II. 831 B. 871 D. 1107 F. I. 553 E. 555 A. 933 A. — ὀλίγου δεῖν II. 214 A. 857 C. 873 A. 989 C. 1093 A. I. 38 B. 333 D. 342 E. 375 B. 610 F. 655 F. 789 A. 1006 A. — τὰ δέοντα et ὄντα oppon. II. 874 E. — ἑξήκοντα ἑνὸς δέοντα unde quinquaginsa II. 892 C. 909 B. Herodot. I. 94. Thuc. IV. 102. Duk. Pausan. 672. — πολλοῦ II. 929 C. 938 D. 1016 D. — εἰς δέον II. 1110 A. I. 164 E. 219 B. 306 B. vid. Δέον. Plato 609 A. — I. 38 F. — δεόντως II. 220 F. — μὴ δέον ἐστὶ II. 1074 A. — τοῦ δέοντος στοχάζεσθαι I. 153 C. — δεῆσαν I. 179 E. 450 F. II. 80 C. Aristid. I. 146. 196. 289. II. 323. — δέουσαι in numero ut supra I. 182 B. 517 E. 642 E. 716 C. — δέοντα in numero ut supra I. 273 A. 282 A. 794 C. 853 A. 955 C. — πράττειν τι τῶν δεόντων quae oportet I. 320 A. — ἢ μικρᾶς ῥοπῆς ἐδέησε γενέσθαι, quod parum abfuit quin fieret I. 329 B. — ὀξύτερον τοῦ δέοντος et simil. I. 382 B. — τὰ δέοντα ποιεῖν I. 447 B. — ἐν δέοντι I. 489 D. 569 D. 573 A. 866 C. — δέοντες in numero I. 547 D. — τὸ δέον I. 549 B. — ὥσπερ δεησόντων I. 556 E. — ἐν ἔδει τινί τινος leg. ἐνέδει I. 682 B. — δεόντων numero I. 686 D. 910 B. — μικροῦ δεῖν I. 788 B. — δεῖ μοί τι ποιεῖν I. 880 E. — ἔδει erat in fatis I. 942 A. — δεῖν πεμπτέον εἶναι f. del. I. 1058 B. — δέοντα f. leg. pro δεινὰ I. 1070 E. — παρ᾽ ὃ δεῖ II. 83 F. — τοῦ δέοντος ἁμαρτάνειν II. 9 C. 10 E. — εἰ δεῖ οὖν δεῖ apodosis II. 48 D. — δεῖ μοί τινος πρός τινα II. 141 F. — εἰ δεῖ τὸ φαινόμενον εἰπεῖν II. 158 C. — δεήσει II. 157 F. — ἔδει II. 171 D. — Simpl. II. 183 B. 194 B. 209 D. 213 D. 217 B. F. 220 D. 222 F. 223 E. 225 E. 234 E. 236 D. 237 C. — ὡς δέον cum inf. II. 239 A. — δεῖ fere *licet* II. 226 C. — δέουσα χρῆσις pro πρέπουσα Hierocl. Stob. 482. εἰ δεῖ (vel χρὴ) οὕτως εἰπεῖν Porph. Abst. IV. 29. — πολλοῦ γ᾽ ἔδει cum inf. Jambl. V. P. 216. — δέον pro δεόντως Dio Chrys. 462 C. — δέον ἂν εἴη αὐτοῖς παιδιῶν, pro δέοι, δεῖ τινί τινος habet quis opus aliqua re, ita accipiendus Plato Leg. VII. 629 G. — μὴ δέον accus. conseq. id. 630 B. — τῶν δεόντων μαθημάτων necessariorum Plato 640 G. — ὀλίγου δέω φάναι Aristid. I. 446. sic saepe. — εἰς δέον κατέστη *utile fuit* ib. 500 bis. — id. II. 43. — δέοντα et πρέποντα disting. Aristid. II. 96. — δέοντα λέγειν dicenda ib. 98.

δεῖγμα — II. 684 A. 736 A. 976 C. f. μίγμα — servo I. 1052 A. — II. 158 A. 172 D. 965 A. 962 D. I. 335 E. 354 E. 387 C. 408 E. 413 B.

492 C. 542 C. 638 E. 890 E. 920 E. 1063 A. Plato 690 A. — locus mercaturae Wessel. Diod. Sic. II. 353. — vendendorum I. 856 E. Dio Chr. 440 C. Aristid. I. 553.

δείδω I. 342 B. 566 B. 622 F. II. 60 E. 65 B. 69 F. 127 E. 128 A. 130 E. 132 E. 137 C. 141 B. 148 F. 149 D. 150 B. 154 E. 166 E. 170 B. 182 B. 184 B. 187 A. 190 D. 203 A. 206 E. 211 D. 214 E. — καὶ θαυμάζω I. 537 B. — καὶ τρέμω I. 395 A. — τὰ φοβερὰ II. 1092 C. — δεδίθι I. 726 D. — et φοβέομαι disting. II. 1104 A. I. 538 B. 539 C. — μήτε δεδιότες πενίαν μήτε εἰδότες πλοῦτον II. 159 E. — δειδ. θεοὺς II. 165 D. 166 D. — δεδιέναι φόβον νοῦν ἔχοντα Aristid. I. 450.

δεικελίκτας II. 212 F. I. 606 D.

δείκελος — ον II. 921 B. Porphyr. Eus. P. E. III. 101 D. 106 A. 115 B.

δεικνύω vel δείκνυμι — II. 126 B. 139 E. 147 A. 149 C. 186 E. 187 C. 188 A. 192 F. 194 C. 196 C. 200 F. 206 E. 208 D. 214 D. 224 A. 230 D. 236 F. 240 E. — invenio, auctor sum II. p. 380 A. ut φαίνω alias. Sic *ostendo* ap. Quintil. XI. 2. Horat. Ep. I. 19, 22. et plura ap. Gesner. Thes. — Plut. II. 356 A. — de pictore et statuario II. 335 E. 346 F. (Dio Chr. XII. 209 C. corrupt. vid. Exc. 4.) item LXV. 612 C. δείκνυσθαι pro δάκνεσθαι Aristid. II. 302. — sacr. et myster. δεικνύμενα et δρώμενα II. 352 C. ubi v. n. — τι ἀπό τινος demonstrare quid per quid II. 651 A. — infantulos ad lunam II. 658 E. — δείκνυσιν ἀρχὴ ἄνδρα II. 811 B. Upton. Epict. p. 77. — δείκνυται πρόσωπον in scena pro διδάσκεται II. 854 B. — δείκνυταί τί τι II. 924 E. — δεικνύει poëta πρός τι — vulg. αἰνίττεται II. 952 A. Aristid. I. 198 — et ποιέω disting. II. 1129 F. — I. 161 C. — me hostem I. 227 E. — I. 241 B. — τι χρυσὸν superari a quo — νῦται fugere I. 304 C. — ύμενον in doctrina I. 307 E. — ξει ἀγὼν vir quantus sit I. 326 C. — ει ὄψει historicus I. 1014 F. μι quem sacerdotem, leg. ἀναδείκνυμι I. 1025 B. — σι deus prodigium I. 1047 D. — ται quid etiam nunc I. 750 C. — caussa ἡ δείξασα ἡμῖν τὸ τοῦ ἡλίου φῶς caussa nativitatis nostrae II. 106 F. — τοῦτο ἔδειξε τὸ εἰωθὸς haec res ostendit consuetam, i. e. eadem est atque illa consueta II. 115 A. — viscera soli II. 159 B. — δείξει αὕτη ἡ ἡμέρα τὸν ἀγαθὸν II. 231 F. — exemplum Plato 612 D. — μι ἔργῳ, φράζω, λόγῳ Plato 638 B. — simpl. Plato 699 F. — opp. καταδείκνυμι Aristid. I. 184. Med. ostendo me Aristid. I. 219. id. ac καταδείκνυμι id. I. 186 — δέδεικται ib. I. 454. — μι creo ib. I. 515, Sim. II. 2. doceo id. II. 225.

δεικτικὸς — ῶς demonstrative gram. II. 747 C.

δειλαίνειν II. 1040 F. Aristot. Nicom. II. 6.

δείλαιος II. 22 B. 119 B. 164 C.

δείλη — δείλης II. 111 C. 935 E. 1058 A. I. 119 F. 306 D. 438 B. 706 F. 765 F. — ὀψία I. 382 E. 652 B.

δειλία II. 56 C. 66 C. 73 E. 74 B. 80 C. 169 C. 215 F. 224 B. 232 C. 784 A. 962 B. D. 988 C. 1050 D. I. 524 C. 525 D. 527 D. 528 A. 565 C. Plato 670 C. 671 C. 683 C. 692 F. — in disp. II. 1146 E. ας πρόφασις I. 855 A. 663 E. 769 E. 1040 F. II. 31 F. 34 E. — ἀνανδρίας Plato 660 B. — est affectus in appetendo et voluptate Plato 575 C. — δειλία ad mortem, μαλακία ad laborem.

δειλίασις I. 184 A.

δειλινὸς — διατριβὴ Philosophi II. 70 E.

δειλὸς de planta II. 939 C. — miser I. 116 E. II. 22 B. — δε λὰ παρὰ δειλῶν sc. sacrificia f. Prove b. I. 265 C. — I. 309 E. 329 A. 408 D. 1029 E. II. 75 A. 88 D. 181 C. 185 A. 195 C. 209 B. 224 B. 229 D. 240 F. — ἀνὴρ II. 47 C. — καὶ γλισχρὸς (leg. λιχνὴς) canis II. 48 B. — δειλοὶ κύνες II. 68 D. — πρὸς ἀρετὴν II. 222 B. — αἰσχρὰ νόσος, δειλὸν εἶναι Soph. Stob. 97, 7. — καὶ ἄδικος ut Dio Chr. III. 45 C. — φόβοι Plato 658 H.

δειλῶς mori I. 957 E. — II. 26 B. 32 F.

δεῖμα a δέω τὴν ψυχὴν II. 165

C. — et φόβος II. 1104 B. — I. 138 E. 432 C. II. 168 A. — terriculamentum D. Ruhnken. Ep. Crit. p. 257.

δειμαίνω II. 729 F. Plato 628 E. 657 A. 683 E.

δειμὸς II. 763 C.

δεῖνα — τοῦ δεῖνος II. 707 D. — ο II. 407 D. 826 D. — τῷ δεῖνι II. 95 D. 829 D. — οἱ δεῖνες Aristid. I. 312. — τὸν δεῖνα καὶ τὸν δεῖνα Aristid. II. 298. 304. τοὺς δεῖνας Aristid. I. 430. 449. ὁ δεῖνα τοῦ δεῖνος τὸν δεῖνα Liban. I. 302 A. 761 C.

δεινολογέομαι I. 571 A. Euseb. Stob. 567. Numen. Euseb. P. E. XIV. 735 B. 736 B.

δεινοπαθέω ἐπί τινι II. 781 A. Muson. Stob. 234. Teles 576.

δεινὸς — ὄν τι πάσχειν II. 219 E. — παρὰ τὰ δεινὰ II. 172 F. vid. Παρά. — τὰ δεινὰ II. 173 E. 176 B. 207 A. — et ἐμπειρία, est ratio pro theoria: opponitur usui s. praxi Dio Chr. 616 D. — II. 149 D. 151 B. 159 B. 165 F. 166 E. 169 A. — τὸ δεινόν II. 595 A. — δεινὸν τὸ τούτου ἐστὶ, haec res graviter affecta est, ut de ea timendum sit II. 158 C. — τὸ δεινὸν ἐγγύς ἐστι I. 656 D. — όταται principes I. 660 B. — δεινὸς crudelis, severus II. 459 F. — cum infinitivo II. 45 A. 56 F. 59 D. E. 622 C. 653 B. 682 C. 707 E. I. 155 E. — II. 670 E. — οὐδὲν ἡγεῖται II. 64 E. — δεινὸν οἴομαί τι II. 718 A. — ἡγέομαι II. 600 C. — δεινὸς εἰπεῖν et ῥήτωρ differt II. 803 E. I. 743 F. — καὶ οὐ τοῦτο δεινὸν, ἀλλὰ . . II. 857 D. 1073 A. — consuetudo δεινή ἐστι ποιεῖν τι (ut Demosth.) II. 960 A. I. 877 C. — ingeniosus II. 60 E. 963 A. Dio Chrys. XXXIII. 409 D. 410 C. 536 B. 537 C. — σοφιστὴς II. 988 E. I. 573 A. Eurip. Suppl. 902. ubi Markl. Hippol. 921. ibi Valcken. II. 229 A. sim. Hermias MS. p. 179. — τί δεινὸν εἰ II. 144 E. 1067 A. — δεινὸν οὐδὲν εἰ II. 1067 B. — οὐ μὴν ἐνταῦθα τὸ δεινότατόν ἐστι, ἀλλὰ II. 1076 C. — τὸ δὲ δεινῶν, φασὶ δεινότατον, εἰ Ellipt. II. 1082 B. Aristocl. Euseb. P. E. XIV. 767 B. — pictor, ut deceptor II. 1123 C. — δεινὰ ποιεῖν ὁμολογοῦσι II. 1126 F. — δεινὸν ποιέομαί τι I. 4 D. 392 E. 920 B. — δεινὰ πάσχειν οἴεσθαι I. 21 A. — ἡγεῖσθαι I. 903 C. — δεινὸν εἰ sc. ἐστι II. 159 E. 163 E. δεινὸν μὲν οὖν τὸ τῆς γεωργίας periculum imminet agriculturae II. 158 C. — δεινὸν ἦν cum inf. *grave esset* II. 144 C. — δεινὸς ἔρως II. 147 C. — πρὸς τὰ δεινὰ δυσκάθεκτος II. 31 D. — πρὸς τὰ δεινὰ ἑτοῖμος I. 1064 C. — πρὸς τὸ δεινὸν χωρέω I. 1047 C. — δεινόν τι πάσχειν graviter affici I. 82 A. — δεινὸν ἡγέομαι I. 99 A. II. 132 E. — δεινὰ ποιεῖν I. 100 B. Aristoph. Ran. 1125. — δρᾶν καὶ πάσχειν I. 101 C. — δεινὸς εἰπεῖν I. 114 D. 232 F. 514 D. 520 A. 544 C. 558 D. 629 E. 759 E. 769 F. — παρ' αὐτὸ τὸ δεινὸν I. 125 B. — δεινὸν φαίνεται I. 170 B. — δεινὰ piacula I. 287 C. — δεινὸς cum inf. I. 337 D. 343 D. 385 A. 877 E. II. 104 C. 169 A. — λόγος δεινὸς, orationis forma gravis I. 339 F. — οὐδὲν δεινὸν εἶναι dixit, nil esse incommodi dixit I. 341 F. — δεινόν ἐστι quid I. 369 D. II. 30 C. — νὸς dux I. 389 D. 434 E. 511 C. 580 D. 787 E. — visu I. 398 A. 399 B. 403 E. 465 F. — οὐδὲν δεινὸν sc. ἐστι I. 436 D. 474 C. — δεινὸς θεὸς I. 553 A. — εἰπεῖν opp. αἰμύλῳ et πιθανῷ I. 589 F. — περί τι peritus I. 700 F. — τὸ periculum I. 739 A. — νὸν ἀναβλέπω I. 793 A. τὰ δεινὰ praelium I. 1015 A. — δεινὰ f. leg. δέοντα I. 1070 E. — δεινὸν ἔν τινι peritus in re II. 31 E. — οὐδὲν αὑτῷ omnia aequo fert animo II. 57 E. — ἀπειλέω II. 235 B. — δεινὸς sc. hostis Aristid. I. 192. — δεινὴ ἡ ἔρις φιλίαν μεταστῆσαι Aristid. II. 297. — δεινὸν pro φαῦλον id. II. 13. — δεινὴ γὰρ ἡ συνήθεια cum inf. Himer. 272 — δεινὰ ποιεῖσθαι Wessel. Herodot. IX. 33. Procop. B. P. I. 268 B. II. 324.

δεινότης καὶ πολιτεία Periclis II. 343 A. I. 156 B. — imperatoria I. 413 E. 424 C. 439 C. 464 E. 568 D. 586 B. 618 C. 817 E. — facultas, virtus II. 716 B. — πολιτικὴ I. 434 B. — λόγου in malam partem II. 802 E. I. 105 F. — malo sensu cum ἀπονοίᾳ II. 805 C. —

decet rhetorem II. 853 D. — *χάρις καὶ ὥρα* II. 874 B. — *καὶ πανουργία* II. 916 C. I. 503 D. — scientia sophistae I. 153 F. — *μετὰ χάριτος* I. 165 B. — sagacitas I. 198 A. 204 B. 376 D. 381 B. 387 C. bis. 422 D. — *δεινότης καὶ τόλμα* I. 481 F. 517 B. — scriptoris I. 523 C. — sc. civilis I. 526 D. 643 F. 646 B. — *καὶ ἀνδρεία* I. 556 A. — *λόγου* I. 660 C. — generatim regis, prudentia, astus I. 666 F. — oratoria I. 708 E. bis. 999 D. Aristid. II. 178. 318. — *καὶ δύναμις* eloquentia I. 849 D. — eloquentia et *πίστεις* oppon. I. 873 F. — oratoris judicialis I. 886 C. — *καὶ σπουδὴ* orationis I. 886 D. — *ἐν τοῖς λόγοις* I. 926 E. — *καὶ σύνεσις* f. militaris I. 1031 F. — scientia II. 148 D. Dio Chrys. 581 A. leg. *δεινότητος*. — scripti II. 212 C.

δεινέω orationem I. 167 C.

δεινῶς διατίθεσθαι περί τινα ut Plat. Symp. I. 45 F. — *ἀνελευθέρου τινὸς δεινῶς* II. 46 D. — *δεινῶς ἔχειν* I. 794 A. 908 D.

δείνωσις I. 379 C. 825 A. 922 B.

δεῖξις — *δεῖξιν ποιεῖ* grammaticus pro *ἐπίδειξιν* II. 737 C. — pars saltationis II. 747 B. sim. Athen. 620 D. — forma materiae II. 428 F. 882 D. — II. 1011 C. — disputatio, narratio II. 1135 F.

δεῖος νόμος Mus. II. 1132 D. corrupt. Pauw. praef. Theoph. Char. fin.

δειπνέω Simpl. II. 105 B. 127 A. B. 137 F. 140 A. 147 E. 150 B. C. 175 F. 179 E. 181 F. 189 B. 194 F. 197 C. 200 E. 201 C. 220 E. 226 F. 227 C. 282 E. 419 B. — *πρός τι* (cibum) II. 683 E. Plaut. Pseud. III. 2, 53. — *οὐ δεδειπνηκέναι ἀλλὰ βεβρωκέναι* II. 697 C. — *ἡρῶα* (ut *ἑστιάω*) II. 811 D. — *δειπνῶμεν ἵνα θύωμεν, ἵνα λουώμεθα* II. 1071 C. — *παρακαλέω τινὰ δειπνεῖν* ad coenam invito II. 123 F.

δειπνίζειν populum epulis, largitione II. 92 E. ubi v. n.

δεῖπνον unde dictum II. 726 D. — II. 44 E. 64 E. 124 A. E. 127 A. B. 128 A. 132 F. 133 B. bis. D. 134 A. 176 A. 178 D. 179 B. 180 A. E. 184 D. 189 B. 194 F. 206 F. 207 D. 232 F. 237 E. — simpl. mensa II. 672 E. — convivium II. 678 E. 679 A. B. 680 C. 707 B. 712 A. I. 349 A. — *πολυτελὲς, στρατιωτικὸν* II. 686 A. — *ὑποδεκτικὸν* II. 727 B. — *παρὰ δεῖπνον*, mox *ἐν δείπνῳ* II. 133 B. — *ἐπὶ δ.* II. 133 C. — *δεῖπνον καταγγέλλειν τινὶ* II. 736 D. — *να μεθημερινὰ* II. 785 F. — ejus ratio I. 810 D. — *να ποιεῖσθαι* I. 815 E. — *οις ἄριστε* II. 34 F. — 68 A. 145 E. 147 D. E. 148 F. 154 B. 158 E. 170 A.

δειπνοποιέομαι II. 226 D.

δειπνοφόρος in festo Athen. I. 10 D.

δειπνωτήριον I. 519 D.

δεῖρα poët. II. 1093 D.

δεισιδαιμονία II. 26 B. 34 E. 43 D. 53 D. 66 C. 100 F. 164 E. 165 B. C. D. E. 166 A. D. 168 D. E. 169 A. C. D. 170 B. F. 171 A. E. bis. 201 B. 238 D. 1051 E. 1092 C. 1101 C. 1104 B. 1128 D. I. 56 A. 66 F. 75 B. 84 C. 105 F. 132 C. 138 E. 154 E. F. 176 B. 225 B. 248 E. 255 E. 300 D. 301 A. 309 E. 447 E. 459 B. 478 B. 538 D. 539 A. 553 B. 573 D. 591 A. 658 E. 706 B. 738 B. 823 F. 1002 A. 1051 D. — *δεισιδαιμονίαν οὐκ ἐκφεύγειν* arbitrari se religioni nondum satisfecisse II. 287 A.

δεισιδαίμων et *θεοφόρητος* ut gradus disting. II. 54 C. — II. 165 B. E. 166 B. 167 D. 168 A. B. D. E. 169 D. E. F. 170 B. D. E. F. bis. Teles Stob. 522. 524.

δέκα καὶ διακόσια II. 1018 B. — II. 201 F. 202 A. — *δεκάτρια* II. 1019 A. *δεκαδύο* II. 1019 A. I. 256 C. 824 D. — *καὶ τέσσαρες* I. 464 E. — *δεκατρεῖς* I. 822 C. *δεκάπεντε* I. 975 A.

δεκάβοιον I. 11 D.

Δεκάδα locus Spartae I. 803 F.

δεκαδαρχία ἀνθυπατικὴ II. 277 E. I. 866 D. *δεκαρχία* Dio Chrys. 446 C. — Spartan. I. 435 E. 440 F. Aristid. I. 210.

δεκαέννεα II. 932 B.

δεκαετὴς I. 92 E.

δεκαετία I. 66 E. 157 B.

δεκάζω v. n. ad II. 92 D.

δεκαμηνιαῖος I. 67 F.

δεκάμηνος annus 10 mensium II. 907 E. F.

δεκαναΐα item πεντεναΐα Wessel. Diod. Sic. I. 721.

δεκανὸς Bardesanes Eus. P. E. VI. 10. p. 278 D. Hermes Stob. Phys. p. 470. ed. Heeren.

δεκαπλάσιος I. 346 E.

δεκαρχία Aristid. I. 210.

δεκὰς II. 736 C. 740 A. 876 E. I. 548 F. a δέχεσθαι Porphyr. V. P. 52.

δεκασμὸς I. 408 B. 649 A. 774 A. 782 C. 875 D.

δεκάσχημος Fr. Metr. 1.

'δεκαταῖος I. 81 B.

δεκατάλαντος I. 306 D. lapis.

δεκατεύω I. 133 A. B. 836 D. II. 267 E.

δεκατημόριον Plato 679 E.

δεκατία (f. δεκατεία) decimatio militum I. 934 B.

δέκατος — ἡ δεκάτη I. 132 E. F. 133 A. 448 B. 474 A. 543 B. 606 B. — δεκάτη pars mensis II. 1084 D. — αἱ δεκάται II. 400 F. 401 C. — pro δέκατος αὐτὸς quod omissum I. 853 B.

δεκάχαλκον I. 135 B.

δεκήρης navis I. 944 B. 945 D.

δεκτικὸς II. 79 F. 372 F. 432 D. 492 E. 688 B. 769 C. 881 C. 916 E. 944 A. 1027 E.

δελεάζω II. 210 C. I. 774 E. 810 F. 1053 E. — II. 669 A. 829 D. I. 187 A. 462 B. 485 D. 644 D. Aristid. I. 395.

δέλεαρ II. 977 B. 1093 D. 1107 A. I. 337 C. 629 A. 784 F. — II. 13 A. 547 C. 554 F. Aristid. I. 483. 494.

δελέασμα II. 823 C. I. 241 B. 1034 D.

δελτάριον I. 770 D. bis. (ἐρωτικὸν 943 B.) 986 A.

δέλτος I. 448 C. 517 E. 673 E. 767 E. 778 C. 826 D. E. 878 B. 954 E. bis. — et πίναξ idem Jamblich. V. P. 238. — οι ψήφων I. 781 F. — puerorum scholae II. 59 F. 182 E. Eurip. . Senec. Controv. III. Praef. — est lignum ut charta papyrus contextus Porphyr. Euseb. P. E. III. 98 A.

δελφάκιον II. 82 E. 674 C.

δελφὶν — ἵνα λεκάνῃ non capit I. 506 C. — aureus I. 835 B. — II. 160 F. seq. — ῖνος ἐν χέρσῳ βία I. 847 A. metric. prov. Schott. 1015.

Δελφικὸς — καὶ f. leg. mensae I. 826 B. — ξίφος prov. metr. Schott. 1290. Aristot. Polit.

Δελφίνιον locus Apollini sacer I. 278 B.

Δελφίνιος Apollo II. 984 A. Taylor. lectt. Lys. p. 223. Potter Lycophr. 208.

Δελφοὶ — ὁ ἐν Δελφοῖς θεὸς I. 7 F. 82 F. 531 F. — εἰς Δελφοὺς I. 130 A. 133 B. II. 150 D.

δέμας ἑλίξας ἀμφ' ἄκανθαν II. 971 F. — est a δέω, quasi δεσμωτήριον animae, σῶμα de mortuo, Vit. Hom. §. 124. Incertus ap. Stob. Phys. p. 784. Heeren. Macrob. Somn. Scip. I. 11. p. 57.

δέμνιον — οις Eur. II. 1126 A.

δέμω — ἐδείματο I. 69 C. — μασθαι οἰκίαν I. 423 F.

δὲν et μηδὲν est σῶμα et κενὸν Democrito II. 1109 A. Alcaeus Etymol. M. 639, 33. 640, 26. Bergler. praef. Odyss. p. 22.

δενδρίτης Bacchus II. 675 F.

δένδρον I. 1043 D. — δένδρεσιν I. 262 A. — ornat. armatura I. 541 D.

δενδροφόρος I. 459 A.

δενδρόφυτος I. 136 B.

δεξαμενὴ II. 374 B. 882 C. 1023 A. Aristid. I. 278. II. 423.

δεξιὸς — δεξιὸν ἐπαστράπτει II. 594 D. — ἐπὶ δεξιὰ I. 131 F. Plato 793 B. — δεξιὰν ἐμβάλλειν τινί II. 12 E. 597 F. I. 478 A. 550 E. 587 D. 765 C. — ὀρέγειν λόγῳ II. 664 D. — ἐκ δεξιῶν I. 119 A. — ἂν ἐκτείνω I. 658 C. — ὰ βασίλειος I. 682 C. — ἂν προτείνω I. 399 C. 467 C. 562 F. II. 85 C. — ἐπὶ δεξιὰ in acie I. 420 C. — ᾶς ἅπτεσθαί τινος I. 467 A. — ὰν cui per alium dare I. 690 B. — λαβεῖν I. 724 F. — cui mitto I. 932 E. Tacit. Hist. I. 54. Ern. f. fallitur ut Bryanus. Xen. Anab. II. 4, 1. Nep. Dat. X. 2. Brisson. P. R. I. 5. 163.

— cui ἐνδοῦνα I. 982 A. — ἄς τινὸς λαβέσθαι I. 968 C. — ᾧ opp. τὸ μὲν I. 728 F. item omiss. 729 B. — ἐπὶ δεξιᾷ II. 192 E. ἐν δ. II. 201 D. 222 A. 979 E. 1026 E. — opp. εὐωνύμῳ II. 140 D. — dextra capiendum opsonium, sinistra panis II. 99 D. — docti Aristid. II. 112. 229. 411. — δεξιοὶ et οἱ πολλοὶ oppon. Aristid. II. 10. δεξιῶς jacere II. 63 D. — ἔχει τοῦτο πρός τι II. 660 A. — φέρειν II. 103 A. 116 D.

δεξιόομαι II. 794 C. I. 126 A. 144 F. — II. 62 C. 63 E. 94 A. 511 D. 788 C. — salutando I. 661 A. 703 C. 736 A. 753 E. 792 A. 879 A. — οῦσθαι prensare II. 63 E. 276 C. Heins. Hesiod. p. 77. 78. — I. 200 C. 219 F. 629 F. 783 D. — II. 723 B. I. 119 A. 199 C. 269 D. 292 C. 303 D. 320 E. 344 E. 368 D. 372 A. 374 F. 381 A. 385 C. 418 B. 559 D. 612 C. 625 C. 630 D. 678 C. 1004 D. 1034 F.

δεξιότης est scientia II. 632 A. auditoris Aristid. I. 559.

δεξιοφανὴς II. 930 B.

δεξίτερος comp. pro positiv. II. 677 D.

δεξίωσις I. 64 B. 270 C. 515 F. 540 F. 544 D. 765 A. 992 E. 1073 A. — prensatio I. 256 B. 655 B. 708 F. 783 D. — salutando I. 661 C. 669 C. 782 E. 882 F. — regis I. 810 C. — salutatio II. 35 A.

δέομαι oro II. 109 C. 148 E. 156 E. 157 A. 175 E. 188 A. 189 C. 192 E. 194 C. 207 C. 209 F. 210 C. 211 C. 214 D. 236 A. — indigeo II. 125 D. 126 B. 129 C. 131 D. 132 D. F. 134 B. D. 136 B. C. 137 D. 138 C. 143 B. 147 A. E. 151 E. 153 F. 158 B. 159 A. 164 B. 169 B. 173 A. 181 D. 182 B. 185 D. 189 F. 190 E. 197 F. 222 C. D. 234 E. 236 D. F. 238 E. bis. — τὴν φύσιν μὴ δεομένην διδάσκουσι δεῖσθαι συστολῆς II. 135 A. — δεόμενον quem εὖ ποιεῖν II. 90 E. — ἑτοιμότερον τῶν δεομένων pro τοῦ δέοντος II. 62 D. — τὰ οὐ δεόμενα, quae non opus habent, sc. eo quod dictum erat II. 48 A. — διδάσκω, ἀπειλέω II. 12 C. — τινὸς δεῖσθαι parte corporis carere ex conj. Salmas. I. 1066 A. — volo I. 1043 D. — οὐ δέομαι cum inf. I. 1002 — opp. χαρίζεσθαι I. 940 A. — τι ποιεῖν volo, propono conditionem I. 931 B. — προφάσεως I. 918 D. — μηδὲν I. 834 D. 880 A. Xenoph. H. Gr. II. 4, 14. — καὶ παραιτέομαι I. 789 E. — δεόμενος οὐδὲν invitus I. 724 D. — οὐ δεῖσθαί τινος οὐδὲ βούλεσθαι I. 648 B. — δεηθῆναι et ὑπουργῆσαι δεομένῳ I. 619 C. — οὐδέν τινος nolo quid I. 595 E. 810 A. — δέομαι et ἐνδέομαι opponuntur (Seneca Ep. 9. ibi Muret. Cic. Tusc. I. 36.) II. 155 D. apud Stob. 484. II. 1068 A. B. C. — μηδὲν δεόμενος ἐποίησε τοῦτο nulla utilitatis ratione ductus hoc fecit II. 298 E. I. 610 E. — οὐδὲν δεομένῳ cui quid facere perperam II. 407 B. 441 B. 855 C. 863 B. 1122 A. — τι ποιεῖν II. 611 C. 1059 D. — τινὸς quaerere quid II. 734 E. I. 116 D. — οὐδὲν δεόμενος II. 788 C. 1023 B. 1102 B. I. 93 D. 342 F. 377 C. 640 B. 771 A. 996 C. II. 80 E. — οὐ II. 8 A. 102. — δεόμενα pro δέον — ἑτοιμότερον τῶν δεομένων pro τοῦ δέοντος II. 62 D. — δέομαι ἀμέτρως Plato 677 D. — et δέομαι Xenoph. Cyrop. 1. 4. 10. Thucyd. VIII. 64. — δεηθήσεσθαι pro δεήσεσθαι opus habituros esse II. 213 B. — τινος simul notat *peto quid*, et *indigeo eo* II. 186 C. — δεομένη δέχεται φύσις II. 125 B. — δεῖ χρῆσθαι δεόμενον II. 94 B. — δέομαί μή τινος, non habere et non desiderare II. 1125 E. — παίδων δεόμενος oraculum consuluit I. 2 B. — ται ἡ φύσις τινὸς I. 77 C. — cupere I. 82 B. 388 D. — fere opus habere et petere I. 98 B. μετρίων δεῖσθαι. — πᾶσαν δέησιν I. 162 C. — τι τῆς ἀρχῆς I. 188 A. — et χράομαι oppon. I. 217 E. — δεόμενος cliens patroni caussarum I. 336 D. 337 D. Sim. II. 173 F. — cum inf. *cupio* I. 345 D. — μὴ nolo I. 413 E. II. 125 A. — οὐδέν τινος I. 485 D. — θεάματός τινος I. 542 B. — δέομαί τι ἔχειν Galen. T. I. p. 46 E. δεομένῳ πέμπω τι II. 64 B.

δέος I. 417 B. II. 164 E. 166 B. — συνδεῖ II. 666 D. — καὶ τιμὴ I. 58 F. — καὶ ἔκπληξις I. 417 B.

— φόβος I. 432 D. 808 D. Plato 213 B. — φοβερὸν I. 624 F. — θανάτου II. 1105 A. 1106 E. — παιδικὸν II. 1104 C.

δέπας II. 432 B.

δέρκω — τὸ δεδορκὸς τῆς φύσεως II. 15 B. 281 B. — δέδορκε δεινὸν Nicostr. Stob. 427. — ομαι Solon. I. 82 F. — δεδορκὸς βλέπουσα justitia leg. pro δεδοικὸς in Chrysippi loco ap. Gell. XIV. 4. quem nil de mendo suspicans adfert J. Cleric. Sylv. Phil. c. 8. p. 264. — δριμὺ Galen. Protr. T. II. p. 4 D.

δέρμα I. 638 A. 737 B. 1019 E. II. 48 B. 86 D. 1067 E. Aristid. I. 355.

δέρξις orac. II. 432 B.

δερτρὸν εἴσω δύνειν II. 829 A.

δέρω animal II. 993 B. — ομαι verbero I. 58 F. — δαίρω Upton. ind. Epict. — ἀσκὸν Solon I. 86 B.

δεσμεύω II. 12 B. — δεσμευτικὸς Plato 650 C.

δέσμη II. 174 F.

δέσμιος II. 1091 E. I. 368 G. 623 D. 939 E. 950 A. Plato 656 F.

δεσμὸς II. 140 E. 165 E. Jambl. V. P. 266. Plato 652 F. — animi corpus Porph. Abst. I. 38. 47. — fasciculus I. 951 F. — οὐκ ἀσυμπαθὴς II. 329 E. — γάμος II. 13 E. — Math. II. 1020 B. 1027 C. Mor. I. 71, A. II. 37 C. — imperii I. 284 F. — firmamentum I. 529 C. — ὥσπερ ἐκ δεσμῶν λυθεῖσαι II. 37 C. 131 D. — δέσμὸς doctrinarum Plato 705 A.

δεσμωτήριον I. 407 F. 412 D. 480 D. 502 E. 746 E. 758 C. D. 775 C. 780 A. 803 D. 804 C. 857 F. 870 E. 871 B. D. 983 B. II. 186 A. — servorum I. 827 D. — τίσεως Plat. 312 E. Plato 673 C. 674 D. — phys. pro δεσμὸς f. corrupt. II. 927 C. — Attic. οἴκημα I. 86 C.

δεσμώτης I. 379 D.

δεσπόζω I. 792.

δέσποινα I. 47 E. 432 A. 570 D. Proserpina Pausan. 675. — dea I. 658 B.

δεσποσύνη Lacon. I. 57 B. Musgr. Eur. Iph. T. 440.

δεσπότης I. 503 A. 544 A. 570 D. 621 C. 904 C. II. 37 C. 93 B. — blanda apellatio I. 952 A. — servi II. 160 C. 712 F. I. 431 B. C. 432 A. — deus II. 758 C. I. 325 C. possessor I. 504 E. 640 D. — tyrannus I. 433 C. 754 A. — II. 142 E. 165 D. 166 D. 177 C. 238 D. — Somnus 209 F. — Venus Plato 647 G. — herus, pater fam. II. 155 D. bis. Callicrat. Stob. 486. Dio Chr. 472 C. Plato 691 B. — liberti Plato 676 A. — δεσπότης et ἄρχων diff. Aristid. I. 204. — νόμος Aristid. I. 504. — et τύραννος id. II. 75.

δεσποτικὸς I. 272 C. 963 A. quid. vid. Callicratid. Stob. 486. — κὴ στάσις. patris fam. et matris dissidium Dio Chr. 472 C.

δεσποτικῶς II. 329 B. I. 398 C. 473 A. 742 E.

δεσπότις II. 1016 B.

δευρὶ II. 764 F. 1054 E. I. 230 A.

δεῦρο κἀκεῖσε II. 705 A. 1068 C. I. 610 E. 901 E. — adesdum II. 965 D. I. 439 D. — ἐκεῖ II. 722 A. 977 B. I. 739 D. 1065 A. — δεῦρο δὴ in disp. II. 936 A. — Simpl. I. 581 C. 963 D. 1050 F. II. 67 D. 155 E. 162 B. 233 C. 241 B.

δευσόποιος II. 270 E. — φάρμακον 488 B. 779 C. 990 B. I. 706 A. Dio Chr. 651 A.

δεῦτε I. 230 A.

δευτεραῖος II. 862 A.

δευτεραῖα — τὰ II. 740 A. 871 D. 872 A. I. 353 D. 446 E. 708 D. 1018 B.

δευτερεύω II. 738 A. I. 591 A. 987 D.

δεύτερος — Scipio I. 825 F. — μία καὶ δευτέρα de diversis I. 873 A. 1023 B. — δεύτερον δὲ τὸ γενομένους ἀποθανεῖν II. 115 E. — δεύτερον δὲ transit. II. 67 E. — δεύτ. ἅπαντα ποιεῖσθαί τινος II. 162 B. Aristid. I. 560. II. 429. — Simpl. II. 152 A. 154 D. 158 B. 183 C. 197 F. 206 B. 214 A. 225 E. — ρον iterum II. 184 D. 201 A. E. 202 B. α μετά τινα τάξις II. 173 C. — ρος πλοῦς Menand. Stob. 376 fin. — ρων ἀμεινόνων Aristid. I. 226. parod. 262. 269. 572. II. 417. — δ. διὰ δευτέρων Dio Chr. XII. 209 A. ita leg. — τὰ δεύτερα λέγειν v. n. ad ll. 54 C. — ἑτράπεζα ll. 672 E. Athen. 639 seq. ll. 133 E. interp. Plin. XII. 2. — τινὸς l. 852 B, — δεύτερος λέγων ll. 1034 E. — εἰς ἢ δεύτερος ll. 1067 D. — pro adverbio, secundo loco ll. 1120 C. — οὐδενὸς l. 711 D. — α λέγων histrio l. 866 E. Teles Stob. 68. — ρα καὶ δευτέρως Plato 664 A. — καὶ ἕτερος Plato 669 A. deterior Plato 689 G.

δεύω ll. 99 D. 1097 D.

δέχομαι ll. 172 B. 174 A. 181 D. 188 B. E. 195 B. 198 A. 203 D. E. 210 C. 211 C. 213 E. 216 E. 218 D. 226 D. 241 C. — quem τραχέως vel. οἰκείως sim. Victor. Castig. Cic. p. 346 — δέχεσθαί τι pro δεῖσθαί τινος ll. 157 E. — intelligere, interpretari II. 415 D. 1006 D. 1023 B. — opponitur τῷ περιλαμβάνειν ll. 629 C. — μάθησιν disco I. 174 C. conf. Porphyr. Abst. III. 15. — δέχεσθαι convivas ll. 629 F. 707 B. 708 B. 709 A. 710 A. I. 640 C. 904 A. — τὸν λόγον ll. 646 F. — natura accipit quid lubens ll. 663 F. 689 A. Sim. 67 E. 127 C. 135 C. — ab alio poculum ll. 711 E. — οἶκοι differre videtur ab ἑστιάω ll. 723 A. — fere abund. ll. 732 C. — sc. τὴν πρόκλησιν ll. 741 F. 742 B. C. — capax sum alicujus ll. 766 A. — corrupt. pro δέομαι ll. 787 B. — restituend. cum ἀγαπάω II. 793 F. — δίδωσι τοῖς δέχεσθαι βουλομένοις scriptor interpretibus II. 1016 C. — metaphys. II. 1077 D. E. — locus rem II. 1078 B. — calumniam I. 169 D. — probo sententiam II. 420 C. — καὶ τρέφω quem II. 49 B. — στρατείαν, non recusare militiam I. 215 E. — fere pro εὔχομαι Aristid. I. 399. — hostem, i. e. pugnam, non detrectare I. 313 A. II. 143 C. — ferrum, vulnus I. 1057 B. Abram. Cic. Sext. 37 fin. — τὴν ὁρμὴν hostis irruentis I. 360 A. — subint. hostem I. 393 E. — ταί με πράγματα — incido in fortunam I. 553 C. — μαι et δίδωμι oppon. I. 572 E. — hostem I. 633 D. 933 F. II. 143 C. — ται fluvius fluvium I. 627 D. — μαι παρά τινος I. 663 C. — τὴν πεῖραν I. 691 D. 692 E. — γνώμην cujus sc. ad reprehendendum I. 871 B. — σθαι littus, petere I. 698 E. — conjurationem I. 769 E. — τι concedo, sc. conditionem I. 826 C. 910 C. — preces I. 835 D. quem, sc. socium I. 919 E. — τι ἀναισθήτως non reprehendere quid I. 920 D. — probo I. 989 B. 1028 F. — τὸ μέλλον expecto I. 992 D. — ἁμαρτίαν τινὸς I. 1036 A.

Δέων et δέον vid. Δεῖ.

δέω ligo — ligatur materia λόγῳ II. 719 D. — δεδεμένους λῦσαι II. 1097 C. δέω et ἀναλύω comic. I. 161 E. — quid versu et metro II. 407 F. — δήσασθαι vulnus I. 296 C. I. 344 E. 367 C. — δέω τινὰ τοῦ ποδὸς I. 374 D. — δεδέσθαι ἐν πέδαις I. 535 E. — σθαι vinculis I. 567 E. — δέω quem I. 637 C. 1057 F. — δεδέμενοι s. debitores I. 800 F. — δέδεται γλῶσσα Theogn. II. 22 A. — δέει lac ὀπὸς Empedocl. II. 95 A. — pass. II. 194 D. bis. δεόμενος ἀπὸ τῶν ἐκτὸς Porph. Abst. II. 44. contracte καταδοῦσι Dio Chr. XIV. 231 A. Reisk. malit δέουσι. — δέον ἐστί τινος opus est aliqua re Plato 704 D. — δεδέσεται Aristid. I. 29.

δέω absum — ὀλίγου δέων εἰπεῖν II. 782 A. 1058 B. 1105 A. Phil. Jud. Eus. P. E. 386 B. — ὀλίγου δεῖν II. 1093 A. — ὀλίγου δεῆσαι καταβαλεῖν ἑαυτὸν II. 77 E. — μικρὸν cum infin. II. 1099 C. 1124 E. I. 403 F. 410 F. 548 B. 615 C. 700 D. 814 E. 955 F. 986 A. — τοσοῦτον τοῦ ποιεῖν II. 1113 A. τοῦ λέγειν Aristocl. Euseb. P. E. XIV. 769 A. — ὀλίγου I. 209 E. — ὀλίγον I. 408 B. 424 B. 431 E. 580 B. 639 D. 892 E. — μικροῦ cum inf. I. 470 E. 551 A. 652 E. 849 A. 1001 D. — τοῦτ' ἐξεργάσασθαι μικρὸν ἐδέησε τοῦ παντὸς parum abfuit quin hoc totum perficeret I. 534 D. — ὀλίγον τοῦ λαβεῖν I. 567 D. — δέοντος ἑνὸς in numero — vid. δεῖ. I. 665 C. — δέον ἐστὶ pro δεῖ Porphyr. in Ptol. Harm. p. 211 — δεῆσαν accus. conseq. Aristid. I. 116. Attice ait schol. MS.

δὴ — pro δὲ, εἰ δὴ II. 113 D. 116 A. 117 D. — τοῦτο δὴ τὸ I. 298 C. 640 D. 792 C. — τὸ δὴ λεγόμενον scil. κατὰ II. 3 C. — τί δή ποτε II. 723 B. I. 594 E. 749 E. —

ᾧ δή τινι τρόπῳ I. 15 D. — κατὰ δή τι λόγιον I. 66 A. 175 F. 1071 F. Sim. 800 B. 1017 B. — ἐκ δή τινος αἰτίας I. 448 B. — cum superlativ. 465 A. 488 E. 526 D. 637 A. 643 E. 654 C. 869 D. 889 C. 895 B. 1031 D. — θείαν δή τινα I. 493 E. — οὕτω δὴ I. 471 B. πολὺ δή τι I. 478 E. — ὡς δὴ leg. Reisk. I. 712 A. — πολλοὶ δὴ I. 717 E. — ἅττα δὴ quaecunque tandem II. 160 D. ubi v. n. — ἥκιστα δὴ I. 731 B. — ὀλίγοι δὴ Galen Protr. T. II. 3 B. 14 D. II. 118 B. Jambl. V. P. 198. — μὲν δὴ ante δὲ abundat II. 80 B. (Aristot. Rhet. II. p. 339. ed. Cant.) — f. dubitat I. 380 C. 531 D. — ironicum, scilicet, II. 247 C. 546 F. I. 448 D. — — plane abund. II. 711 D. — pro μὴ II. 732 B. — Igitur, sane II. 959 B. I. 194 A. 1002 C. — ἐγένετο δὴ ταῦτα init. I. 395 D. init. transitionis, igitur I. 580 D. — ὃ δὴ μάλιστα I. 906 C. — δή που I. 1011 A. 1025 E. — δή ποτε aliquando 1019 D. — δὴ νῦν II. 180 D. — ὅπουθεν δήποθεν Dio Chrys. XXXI. 327 B. Plat. Sympos. init. — abund. in μὲν δὴ — δὲ Plato 699 G.

δῆγμα II. 1087 E. I. 478 B. 901 C. 949. amatorium II. 61 B. — ἔρωτος II. 77 B. 629 A. — aspidis I. 956 A.

δηγμὸς II. 553 A. 795 B. 810 C. 1092 E. I. 193 C. 77[illegible] A. — conscientiae II. 126 F. — stomachi appetitus II. 688 B. medici I. 161 C. — philosophi II. 47 A. 56 A. 68 E. 69 A.

δῆθεν iron. II. 973 E. — I. 395 D. 448 C.

δήϊος Simonid. II. 869 C.

δηϊότης II. 830 C.

δήκτης λόγος II. 55 B.

δηκτικὸς II. 81 C. 74 D. 687 D. 769 E. 854 C. 913 C. F. 396 A.

δηλαδὴ II. 115 A. 629 C. 1127 B. I. 556 F.

δηλέομαι Herod. II. 874 A.

δηλητήριον II. 662 C.

Δήλιος deus II. 1130 A. — Δήλιον f. oraculum Apollinis in urbe Sinope Diog. L. VI. 20.

δηλονότι II. 120 E. 701 D. 863 A. 1064 A. 1137 C. bis. 1141 B. 1143 E. 1146 F. I. 488 B.

δηλοποιέω I. 170 D.

δῆλος II. 110 A. 738 F. 1118 C. 1120 C. I. 662 D. — δῆλός εἰμι ποιῶν τι II. 146 F. 148 F. 177 B. 178 D. — δῆλος ἐξ ἀδήλου II. 1129 F. — δῆλόν ἐστι novus usus II. 14 E. 38 C. 68 C. 695 D. — I. 112 A. II. 14 E. — δῆλον absolute positum initio II. 658 D. Ita pro δηλοῖ a librariis. — Gatak. M. A. p. 54 b. A. — subint. ἐστι I. 521 E. — Plato 703 H.

δηλόω II. 138 B. — φοβούμενος me timere I. 652 F. — cui φεύγειν ut fugiat I. 1036 B. — τὸ δηλούμενον in oratione II. 41 C. — δηλοῦται ἡμῖν διά τινος II. 274 B. C. — II. 104 B. 107 E. 116 C. 149 A. 375 C. 1112 E. 1113 C. 1120 E. — ignis omnia δηλοῖ II. 703 A. — in saltatione II. 747 E. poëta II. 869 C. — memoriae trado I. 164 E. — οὕτως τι εἶναί τι 371 B. — Epistola quid I. 582 A.

δήλωμα signum II. 62 D. 77 D. 78 E. 84 B. 683 E. 867 A. 968 F. 976 C. Plato 630 A.

δηλῶμαι Laconica vox II. 219 C.

δήλωσις II. 407 E. 1114 E. 1118 F. I. 664 F. 1075 A. — explicatio dialectica Galen. T. II. 60 E. imperium magistratuum Plato 686 C.

δηλωτικὸς — τὸν -ὸν saltatoris II. 747 C.

δημαγωγέω vid. n. ad II. 26 C.

δημαγωγία definitur II. 802 D. — τινος II. 11 E. 794 E. — I. 154 B. 161 B. 170 D. 485 A. 524 C. 835 E. 994 B.

δημαγωγὸς II. 177 E. 185 A. 203 C. 211 A. B. 764 F. 788 D. 800 E. 801 A. 855 C. I. 37 F. 64 E. 112 E. 114 D. 144 E. 153 E. 157 D. E. 173 E. 194 C. 210 A. B. E. 221 A. 223 A. 232 E. 253 B. 333 E. 343 A. 346 E. 353 B. 366 B. 390 C. 391 C. 398 D. 441 B. 477 E. F. 491 A. 495 A. 504 F. 507 C. 514 E. 515 C. 528 C. 531 D. 541 D. 547 C. 603 E. 604 C. 621 D. 768 B. 774 C. 781 D. 795 D. 796 C. 849 D. 857 E. 905 C. 926 D. 929 C. 974 E. 975 A. D. 993 C. 998 B. 1050 B. — καὶ κόλαξ II. 52. D. Dio Chrys. 468 D. Plat. Gorg. Aristot.

δημαρχέω I. 415 D. 552 F. 643

D, 645 A. E. 646 F. 672 A. C. 722 B. E. 778 D. 918 E. 919 D.

δημαρχία I. 179 D. 221 C. 223 C. 369 D. 407 D. 408 A. 422 C. 566 D. 569 F. 630 A. 644 A. 648 B. 768 D. E. F. 769 B. 771 D. 773 B. 775 B. 778 D. 829 F. 831 F. 832 A. 835 B. 836 A. 838 B. 840 C. 845 B. 876 A. 878 B. 922 E. II. 197 A.

δημαρχικὸς — ἡ δέλτος I. 778 C. 878 B.

δήμαρχος II. 834 A. I. 132 D. E. 133 D. 134 E. 149 E. 150 A. 151 D. 178 D. 179 C. 216 C. 221 D. 222 A. D. 223 B. 271 C. D. F. 299 A. 338 B. 341 D. 344 E. 347 B. 369 D. 379 A. 407 E. 410 A. 424 E. 457 E. 458 A. 553 A. 634 C. 648 A. 650 C. 708 F. 712 C. 714 B. D. 719 D. 725 B. 761 E. 769 A. 774 E. 775 D. 780 B. 781 B. 827 E. 828 E. 831 C. D. E. F. 866 D. F. 871 C. 917 F. 918 C. 922 D. — μειράκιον I. 341 D. 725 C.

δήμευσις II. 782 C. 818 C. I. 473 A. 546 C. 871 B. C.

δημεύω pecunias alicujus I. 202 F. 707 D. Dio Chr. VII. 201 A. Aristid. II. 176. — II. 775 C.

δημηγορέω II. 118 F. 175 C. 183 B. 796 D. I. 122 A. 156 B. 252 A. 253 D. 376 C. 413 E. 528 B. 647 F. 825 A. 837 B. 838 A. E. 865 E. 872 B. C. 887 B. 936 D. 970 E. F.

δημηγορία II. 836 B. I. 523 D. 851 C.

δημηγόρος Plato 664 D.

Δημήτηρ II. 138 B. 158 D. 159 E. 169 B. 1119 D. Etymol. et signific. II. 942 D. Porphyr. Euseb. P. E. III. 109 B. — Δήμητραν Dio Chr. 595 B. ut 594 B. Δήμητρος.

Δημήτρειος ἄρτος II. 876 C. Porphyr. Abst. II. 6. — mortuus ap. Atticos II. 943 B. Scal. conj. Varron. p. 147. Plaut. Pers. II. 4, 13. Brodaeus Anthol. Gr. III. 22, 26. p. 360.

δήμιος κολαστὴς II. 277 A. — carnifex I. 1026 D. — II. 277 A. I. 123 A. 871 D. Aristid. II. 43. 52. 91.

δημιουργέω gubernaculum II. 779 A. — sepulchrum II. 873 B. — simpl. II. 983 C. Plato 698 F. 700 C. 702 B. — sculpo, fingo minutum opus II. 1083 E. — φωνὰς II. 1131 D. — educo I. 348 C. remp. tracto Aristid. II. 179.

δημιούργημα II. 559 D.

δημιουργία I. 159 D. Aristid. I. 225.

δημιουργὸς I. 45 A. B. 78 E. νυκτὸς καὶ ἡμέρας luna et sol II. 171 A. — coquus v. n. ad II. 180 A. — poëseos II. 348 B. Sim. 16 C. — qui perpetravit factum II. 1099 F. miserae vitae II. 554 B. — Deus creator II. 436 B. 720 B. C. 1001 E. 1014 A. B. 1015 A. 1017 A. 1023 C. 1029 E. 1030 C. — de natura II. 731 B. — λόγος πειθοῦς II. 792 D. (801 C. disting. a σύνεργος) Sim. II. 156 C. — magistratus II. 807 C. interp. Thucyd. I. 56. V. 47. — I. 1047 B. Dio Chrys. 422 C. M. S. Lucian. II. 202. — calceos facit II. 853 E. — terra noctis et diei sec. Platon. II. 1006 E. — opificum classis Athenis I. 11. C. D. — simpl. I. 152 E. 159 D. 160 C. Phintys Stob. 445, 6.

δημοκηδὴς I. 102 E.

δημόκοινος II. 552 F. 828 F. Soph. ap. Etymol. M. ed. Brunck. T. II. p. 54.

δημοκοπέω v. n. ad II. 91 D.

δημοκρατέω I. 221. B. II. 166 C.

δημοκρατία II. 152 A. C. 154 C. D. bis. 155 D. ter. 176 D. 189 A. E. 201 D. 228 C. 790 C. Periclis. 816 E. 826 E. F. 827 A. B. 1010 B. — I. 11 A. C. I. 42 E. 52 A. 97 C. D. 102 D. 110 B. 121 F. 156 E. 161 E. 166 A. B. 198 C. 204 F. 238 A. 246 F. 253 E. 332 C. 390 D. 478 C. 485 B. 488 A. 591 C. 756 A. 837 B. 893 B. 963 B. 970 D. 981 C. 1049 D.

δημοκρατικὸς — II. 719 B. I. 85 A. 123 B. — κῆ mensa I. 521 D. — republicanus generatim I. 1063 B.

δημοκρατικῶς II. 616 F.

δημοποιητὸς II. 628 A. I. 91 F. T. Hemsterhus. Aristoph. Plut. 368. Aristid. I. 103.

δημόπρατος I. 565 C.

δῆμος libera respublica II. 262 C. 800 A. et saepius hoc libro. 846 B. C. — I. 436 E. 439 E. 440 C.

444 E. 972 E. 981 D. — I. 11 D. 24 D. 98 C. 109 B. II. 188 A. C. 196 F. bis. 198 C. D. 201 A. E. 212 C. fere *concio* illis locis. II. 199 B. 207 E. 214 F. — δῆμος I. 742 A. — respublica — δήμῳ προσιέναι II. 789 B. — καταλύεται II. 821 F. — Athen. pars I. 10 F. — democratia II. 154 E. — Aristid. I. 474. II. 225. 226. 227. — ἐν δήμῳ dicere I. 201 A. sim. 981 D. — ἐκ δήμου quid accipere I. 336 B. — προσδέχομαι εἰς δῆμον quid subaud. e seq. I. 379 E. — in concionem I. 415 C. — δήμου πρᾶξις rei civ. administratio I. 853 B. — δῆμος ὄντες milites I. 515 C. jam dimissi et plebe facti — τῷ δήμῳ προσῄει in concionem prodire I. 565 E. — ἐν δήμῳ valere I. 630 A. sim. in concione I. 646 D. — concio I. 650 E. 651 A. 710 C. 868 E. — κατὰ δῆμον Athenis I. 1 B. — I. 85 F. 129 B. C. 132 D. E. 133 E. 134 E. 150 A. C. 151 D. E. F. 153 C. 155 A. B. C. E. 157 E. 158 B. C. D. E. 160 F. 161 B. 162 D. 163 B. 164 E. 169 B. E. F. 170 A. C. 172 D. F. — καὶ πλῆθος I. 95 D. — παρέρχεσθαι εἰς τὸν δῆμον I. 113 C. 122 A. 332 D. — opp. ἀρίστοις I. 121 E. — τὸν δῆμον in descriptione hominis I. 111 E. 318 C. — τῶν δήμων I. 153 C. vid. H. Steph. 480 D. [et 111 E.] (ubi hanc lectionem repudiat Wass. ad Marcell. vit. Thucyd. p. 3, 6.) 318 B. 480 D. Mosc. II. 834 B. 840 A. 841 B. 844 A. Casaub. Athen. 696 D. Laërt. II. 18. et Menag. — est θηρίον I. 858 B. — pars civium Plato 612 E.

δημὸς adeps victimae II. 294 C.

δημοσθενίζω I. 827 E.

δημοσιεύω neutr. ταῖς φροντίσι II. 823 C. — I. 354 E. 356 A. — Porph. Abst. II. 36. Aristid. I. 83. — ον balneum I. 743 D. — ειν τὴν χρείαν δυνάμενος λόγος II. 34 C. Aristid. II. 109. remp. tracto Aristid. II. 273. 305.

δημόσιος II. 142 C. 187 D. 194 E. — ἀγὼν II. 798 B. — πρᾶγμα II. 793 C. — δημοσίᾳ I. 335 B. 394 D. — πήγη δημοσίᾳ ῥέουσα II. 778 D. — I. 96 C. 108 C. 109 C. 117 A. 133 C. II. 795 B. — καὶ ἰδίᾳ II. 231 F. 421 D. I. 442 E. 604 C. 648 D. 782 F. 999 B. 1000 B. C. — σίᾳ ἀδικεῖν I. 491 E. — τὰ tractare remp. II. 813 C. — χρηματίζεσθαι ἀπὸ τῶν δημοσίων II. 819 E. — σια fiunt bona, confiscantur, II. 834 A. I. 871 A. Plato 676 B. — τὸ simpl. I. 91 E. 124 A. 182 C. 184 D. 187 C. 195 E. 223 C. 270 A. 733 B. Aristid. II. 224. — τὰ πράττειν remp. tractare I. 81 A. 194 C. 475 B. — I. 87 F. 117 A. — τὰ I. 112 F. 254 F. — sc. χρήματα I. 157 A. 159 B. 161 A. 320 E. F. — τὸ sc. aerarium I. 308 E. 342 B. 344 E. 481 B. 639 A. 766 F. 827 C. II. 217 B. — ἐκ δημοσίου quid accipere I. 330 E. — ον εἰς prodire I. 334 B. 761 C. — ος ὁ sc. servus I. 339 E. Aristid. II. 44. — plane οἰκέτης I. 367 F. — τὰ δημόσια reip. tractatio I. 351 C. 357 F. 484 D. — σία πίστις publica fides I. 423 D. — ον χρέος I. 475 B. — ον ταμεῖον I. 512 C. 642 F. 721 F. — reipl. I. 526 B. C. — α χρήματα I. 620 D. — ον εἰς προϊέναι I. 630 D. — ὁ carnifex I. 758 E. — α πράγματα I. 762 B. — πρὸς τὸ δημόσιον quid vendere, ut in aerarium redigatur I. 842 F. — οἱ famuli, lictores I. 848 A. — τὸ — ον II. 181 A. — ἐν τῷ II. 196 A. — εἰς τὸ prodire II. 214 B. — α fiunt χρήματα, publicantur Plato 652 E. — αι ἀρεταὶ Plato 696 B. τὸ δημόσιον ut alibi τὸ κοινὸν reip. Plato 691 F. — ξένος δημοσίᾳ et δημόσιος Plato 690 F.

δημοσιώνιον II. 820 C. Wessel. Diod. Sic. II. 531.

δημοτελὴς v. n. ad II. 77 E.

δημότης I. 149 F. 151 D. 152 A. 222 C. 223 E. 484 D. 708 F. — Tyrt. I. 43 D. — civis II. 583 F. — plebeius factione I. 445 A. — plebeius conditione I. 573 B. 928 E. 984 C. — ejusdem δήμου homo Hierocl. Stob. 481.

δημοτικὸς I. 7 C. 25 A. 33 F. 37 F. 43 F. 47 C. 70 B. 87 C. 93 E. 94 A. 103 A. B. 110 D. 139 D. 150 C. 155 D. 158 B. 342 D. 345 B. 389 B. 408 A. E. 421 E. 431 C. 455 C. 775 D. 776 D. 778 E. 1057

D. II. 408 C. 657 B. 726 B. 793 F. 794 F. 801 E. 813 C. 817 C. 823 D. 997 D. — ὸν vinum plebeiis conveniens I. 431 D. Sic 530 C. 544 C. D. — popularis factione I. 437 B. 443 E. 917 F. — lenis, indulgens, I. 524 D. II. 148 D. — I. 596 D. 599 C. 630 E. 650 D. 979 C, 1069 D. II. 155 F. — τὸ δημοτικὸν plebeii opp. τοῖς κρατίστοις I. 714 C. — ὰ dicere I. 725 A. 1066 F. — λόγος I. 770 A. — ὸς Atheniis quis I. 849 E. — δημοτικώτερον adv. I. 909 E. — ἡ vestis I. 992 B. — et pauper opp. ἐλευθέρῳ II. 8 D. — s. privatus II. 154 C.

δημοτικῶς I. 839 F. 924 E. 1059 C.

δημότις I. 1013 F.

δημώδης I. 168 F.

δημωφελής II. 552 A. 784 D. 826 B. I. 471 F.

δηνάρια II. 900 C. I. 135 B. 864 E.

δῆξις I. 48 A. II. 35 E.

δηόω I. 170 B. 323 E. Aristid. I. 445.

δήπου II. 1108 D. 1146 A.

δήπουθεν II. 111 C. 130 E. 160 C. 396 F. 409 A. 672 B. 677 F. 682 B. 718 A. 723 C. 966 D. 1061 B. 1072 C. 1080 A. 1118 A. 1122 E. I. 40 A. 599 A. 600 B. 954 A.

δῆρις Poet. II. 777 C.

δῆτα (τι) II. 874 B. — καὶ δῆτα καὶ II. 1117 C. I. 134 F. — καὶ δῆτα I. 607 E.

διὰ — βίου II. 234 C. — πόρπακος ἔχειν τὴν χεῖρα II. 193 E. — temporis II. 190 C. 194 B. 204 B. 226 B. 239 C. — τῶν ἔργων quid ostendere II. 226 E. — δι' ἐκείνου conficere bellum, hoc imperatore, II. 200 A. — simpl. per locum meare II. 181 B. — τινὸς θαυμάζεσθαι II. 176 C. — τὸ γινόμενον et δι' οὗ γίνεται differunt II. 156 B. — τὸν ἄπειρον αἰῶνα διὰ τέλους II. 115 C. — δι' εὐπετείας pro εὐπετῶς II. 77 D. 930 F. — διὰ μαρτύρων θεῶν pro ἐπὶ II. 338 F. — πράξεων σύνειμι τῇ ἀρετῇ II. 80 E. — διὰ μακροῦ II. 47 C. — δι' ὀργῆς γενέσθαι τινὶ II. 302 D. Valcken. Eurip. Ph. 177 seq. it. 526. Bergler. Arist. Ran. 1259. I. 178 D. — ἔχθρας τινὰ ἔχειν II. 822 A. Sim. I. 26 F. — 828 C. ἔχθους. — χειρῶν ἔχειν τι II. 1107 E. 1108 D. I. 63 F. 170 E. — χωρεῖ τι διὰ πάντων I. 29 D. 431 B. conf. Pausan. 760. de Hercule. — διὰ verbis adjunctum notat certamen ut in διαβάλλεσθαι. Vid. Valcken. ad Theocr. p. 95 b. fin. διαλαγχάνειν II. 299 E. Synes. Regn. p. 40 D. Salmas. Solin. 27 b. A. Stob. S. IV. p. 59. Diog. dictum διαθέω, Plat. Theaet. 116 C. Xenoph. Symp. IV. 20. Kuster. Aristoph. Eq. 1400. — in peragere διαγωνίζεσθαι II. 561 A. — διὰ φιλοσοφίας συγγενέσθαι τινὶ II. 578 A. — δι' ἀλλήλων ἐντυγχάνειν non per nuncios II. 678 D. — διὰ λόγων ἀλλήλοις συνεῖναι II. 686 D. 710 B. — τινὶ συγγενέσθαι I. 561 E. — χρόνου ἀφικόμενος II. 709 D. 727 B. 829 E. 830 C. 831 D. I. 607 F. — σπέρματος pro ἐκ II. 718 A. — στόματος quid est II. 115 C. 736 E. 920 B. — διὰ θεάτρων ἀλλήλοις συνεῖναι II. 749 C. — δι' ὑποψίας τινὶ γενέσθαι II. 969 D. — (ἔχειν τινὰ I. 737 C.) I. 274 D. 350 C. 584 A. 912 B. — διὰ μισθὸν καὶ πρὸς δόξαν II. 973 B. — δι' ἔτους per totum annum II. 983 A. — διὰ πέντε II. 1008 D. 1018 B. D. E. 1019 B. D. E. 1020 E. F. 1021 A. B. C. 1028 F. 1029 A. C. 1139 A. D. — διὰ τεσσάρων ib. 1018 B. D. E. 1019 B. E. 1020 E. 1021 A. B. C. 1028 F. 1029 A. C. — πασῶν ib. 1018 B. D. E. 1019 B. D. 1020 F. 1021 A. B. C. 1028 E. F. 1029 C. — διά τινος differt ab ἐκ τινος II. 1009 F. — δὶς διὰ πασῶν II. 1018 E. — δι' ἑτέρων in aliis libris II. 1036 B. I. 443 A. simil. 481 E. 484 E. 948 B. Athen. 520 D. Porphyr. Abst. IV. 11. 19. — διὰ et ἐκ opponuntur II. 1076 D. 1114 B. — δι' αὐτῶν soli II. 237 E. 1087 A. — δι' αὑτοῦ studio opponitur φύσει II. 1092 A. — διὰ et παρὰ oppon. II. 1103 B. — μέσου οἱ I. 85 E. 137 C. — διὰ χρυσοῦ quid factum est ex auro I. 443 A. Dio Chrys. VII. 101 B. — σπονδῶν tollere caesos I. 449 F. — ὅπλων ib. — τινος quid facere I. 457 C. 571 C. 643 A. — ἀλλήλων διαφέρειν abund. — differre a se invicem I. 456 A. Conf. Dio Chr. 458 D. Reisk. — τραπέζης quid numerare I. 456 D. — τινος munus petere, cujus commendatione I. 458 A. — χειρὸς ἔχω τι I. 185 E. II. 136 D. — στόματός τι ἔχειν I. 491 E. — χειρῶν quid ferre I. 481 C. — διὰ τριῶν ἡγεμόνων ἀήττητος διεξελθεῖν tres adversarios duces vincere I. 412 D. — διὰ et περί τινα I. 506 B. — ἡμερῶν ὀλίγων post et simile I. 506 A. E. — τινὸς quid describere I. 523 F. — διὰ πορθμείου pro ἐν πορθμείῳ I. 535 C. Dinon. Athen. 514 B. conf. Casaub. — ὀλίγων βαδίζει opinio a paucis frequentatur I. 538 E. — χειμῶνος et ἐκ χ. in et post hiemem oppon. I. 536 C. — τῆς νυκτὸς bis, et sine articulo I. 540 A. — πάντων it fama I. 551 F. 927 C. — διὰ παντὸς it telum I. 554 B. 558 A. — πάντων quid fit in toto exercitu I. 557 D. — δι' ἡσυχίας tacite I. 561 A. δι' ἀλλήλων sunt convivia I. 564 E. — ἑαυτοῦ peccare I. 567 D. — διὰ θάμβους τι ποιεῖσθαι percelli aliqua re I. 580 F. — ἀγόμενος διὰ τῶν Μακεδόνων per medium eorum ductus I. 594 A. — ἑαυτοῦ suo nomine I. 609 A. — διὰ τῶν ὅπλων ἐπὶ τυραννίδα βαδίζειν I. 629 C. — χειρὸς duce equum I. 630 B. — ὤτων καὶ κεφαλῆς ἱματίων habere I. 640 C. — διὰ θριάμβου εἰσελαύνω I. 871 E. — ἐρίδων τινὶ εἶναι I. 724 A. — δι' ἄλλων ζῆν a famulis curari, non αὐτουργεῖν Teles Stob. 509. — διὰ μέλανος quid scriptum est, atramento I. 87 E. — ὀργῆς τινα ἔχειν I. 123 F. 134 E. 447 B. 527 D. 583 E. 587 B. 778 E. 812 E. — τῶν ὕπνων exclamare I. 126 B. — αὐτοῦ loqui, sine interprete I. 126 D. 927 E. 970 D. II. 185 E. — τάχους I. 120 B. C. — χειρὸς χρῆσθαι pilo I. 150 E. — σκωμμάτων παίζειν I. 146 C. — φάβων γενέσθαι Plato 628 C. — τινὸς ad summos honores adscendere I. 157 A. — δι' ἀριθμοῦ καὶ μέτρου βαδίζει ἡ οἰκονομία I. 162 B. — δι' ἀμφοτέρων τῶν χειρῶν lapidem tollere I. 169 C. — διὰ μέσου II. 431 D. τὸ δι' οὗ II. 436 E. διὰ παντὸς II. 437 C. (et διάπαντος vid. suo loco) I. 414 E. 419 D. 445 A. — διά τινος quid memorare, e libro citare II. 1132 A. — mixtum esse, pro ἐκ II. 1130 D. — δι' αὐτοῦ venire, pedibus, non equo I. 188 A. 1016 D. — διά τινος ἰέναι, quid tractare I. 203 C. Plato 568 B. — ταχέων I. 206 B. — δι' ὀλίγου e parva distantia I. 211 E. 438 D. 732 F. — intra breve tempus I. 912 E. — ἑαυτοῦ βαδίζειν non lectica I. 255 C. — δι' ὀργῆς ποιεῖσθαί τινα I. 277 E. 479 A. — γενέσθαι τινὶ I. 687 F. — αὐτοῦ quid judicare, solus I. 264 E. — Sim. 744 C. 763 A. 1028 F. — μάχης ἰέναι hosti I. 288 D. — αὐτοῦ quid facere, non per alium I. 296 D. E. 314 B. 585 A. 977 C. — διὰ τῶν νεκρῶν inter cadavera I. 212 D. — διὰ πολιτείας βαδίζειν I. 319 F. δι' ὁμαλοῦ in aequo I. 396 E. — ἑρμηνέως I. 345 B. — δι' αὐτοῦ quid facere I. 355 B. 388 E. 447 E. — vel ἑτέρου I. 931 D. — μέσου quid frangere I. 359 C. — διὰ ἐτῶν τεσσαράκοντα post 40 annos I. 364 A. 473 A. 483 E. 508 E. 799 D. 800 B. 970 D. 999 A. — δι' αὐτοῦ mori I. 368 C. 380 D. 542 A. 1059 C. — αἱ διὰ μέσου ἀρχαὶ ad consulatum I. 369 D. simil. 383 C. — διὰ λόγων τινὶ γενέσθαι I. 589 C. — διὰ λόγων συνεῖναι I. 391 D. — ἔρχεσθαί τινι I. 395 C. 463 E. — πρός τινα I. 447 A. — φροντίδος τι ἔχειν I. 393 A. — διὰ μάχης aequari I. 416 B. — ὀργῆς I. 417 C. — ἀμφοτέρων τῶν χειρῶν I. 418 B. — πνίγους in calore I. 420 F. — δι' ἡμᾶς et ἀπὸ τύχης disting. II. 35 C. — λόγος διά τι ratio reddenda II. 385 C. 680 D. — διὰ τὸν λόγον pro λόγῳ cum ratione II. 996 F. — βίου dictator perpetuus I. 734 C. — ἄλλους per alios I. 743 A. — διὰ πάντων ἐστὶ ὡς, rumor pervadit omnes quod I. 740 D. — διὰ βίας χωρέω I. 774 F. — φιλοσοφίαν cui πλησιάζω I. 846 E. — Genitiv. II. 67 D. — αὐτῶν ipsi I. 892 A. — διὰ ὑπονοίας τινὶ sum I. 928 F. — τιμῆς habeo quem I. 957 A. — τινὸς θνήσκω pro ὑπὸ I. 985 C. — ἑαυτοῦ ἀποθνήσκειν sua ipsum manu I. 991 C. — διὰ τῶν χειρῶν quid facio, non διὰ τῶν ποδῶν I. 1008 F. — διὰ τριῶν σταυρῶν quem ἀναπήγνυμι I. 1010 E. — τινὸς φεύγω 1067 F. 1072 C. — accus. δι' αὐτὸν sua culpa v. n. ad II. 168 A. 97 C. — οὐ δι' αὐτὸν ἀλλὰ διὰ τὴν πόλιν ἔνδοξος Themist. II. 185 C. — αὐτὸς δι' ἑαυτοῦ II. 211 F. — συνέβη αὐτῷ τοῦ Ἄργους, δι' ὃ παρεσπόνδησεν, ἀποπεσεῖν διὰ τὰς γυναῖκας II. 223 B. — propter — per ib. — διὰ σοῦ καὶ διὰ σὲ Aristid. I. 51. — διά τινα per quem, quantum in eo est Isocrat. Lochit. 682.

διαβαίνω Simpl. II. 200 D. 202 D. 204 D. — II. 968 E. F. — ἀργύριον II. 829 E. — εὖ διαβὰς pugnare II. 788 D. — διαβαίνω πρός τι II. 897 E. oratione — cresco II. 1038 E. — in insulam I. 164 C. F. — sc. mare I. 343 F. 468 F. 995 C. 996 C. 1000 C. 1038 D. 1051 A. — fluvium I. 383 F. 416 D. E. — διαβατέον I. 513 C. — in Graeciam I. 925 A. C. E. Sim. 986 E. II. 196 C. 206 B. 211 C. — ἐπί τινα II. 174 E. 203 D. — διαβεβηκότα τῇ δυνάμει τοῦ λόγου II. 31 E. Sim. Euseb. P. E. 520 D. — διαβαίνειν et αὔξεσθαι τὰς ἀρετὰς Chrysippi. II. 1038 E. — colossus II. 779 F. Statua Dio Chr. 457 B. Wessel. Diod. S. T. I. p. 111.

διαβάλλω Simpl. I. 531 C. II. 29 C. 40 C. 143 F. 141 A. 177 D. 189 B. 207 D. 221 C. — λει res rem II. 813 A. 990 A. — Plato 677 C. D. — λειν τινὰ πρός τινα II. 475 E. 807 D. I. 665 E. 817 A. — τινα terreo II. 563 C. I. 15 C. — quem πρὸς πάθος aversum reddere ab eo II. 727 D. 730 F. 809 F. 999 A. — τί τινι II. 1128 B. — reprehendo quid apud quem Sim. II. 18 F. 730 F. — repudio I. 16 B. 722 E. — τινά τινι II. 53 E. Dio Chr. 482 D. — διαβάλλεσθαι πρός τινα ἀστραγάλοις certare II. 148 D. 272 F. Sic in medio διαπίνομαι Hedyl. Athen. 486 A. — κλῆρον I. 509 E. — διαβεβλημένη τιμωρία, ignominiosa II. 672 C. — refelli II. 930 B. — reprehendi, vituperari II. 19 E. 1044 F. I. 349 B. — βεβλημένη αἴσθησις, sensus cujus fides labefactata est II. 1124 B. — πρός τινα odio I. 132 D. (Aristot. Rhet. III. p. 462. ap. Victor.) I. 362 E. 546 C. — act. τινα εἴς τι I. 160 D. II. 89 E. — calumnior I. 197 D. II. 999 A. — pass. πρός τι, occupari odio adversus quid I. 219 D. Sim. Diog. L. VII. 165. — ει με suspicio apud aliqs I. 240 E. — τί τινα I. 294 D. 410 B. 466 E. — ω mare I. 468 D. 731 F. — σθαι πρὸς γυναῖκας, male audire de adulterio. I. 521 E. — πρός τινα in calumniam apud quem incidere I. 132 D. 389 E. 546 C. 692 C. 1051 A. — ω τινὰ πρός τινα I. 750 A. 1033 D.

διαβασανίζω Plato 692 D. 693 H.

διάβασις II. 968 E. I. 383 F. 393 A. 418 D. 469 A. 486 A. 507 E. 540 A. 572 F. 637 E. 672 D. E. 930 B. 975 D. 1071 C.

διαβαστάζω τι tollo ad explorandum pondus I. 857 C. — Simpl. βαστάζω Asclep. Myrlean. ap. Athen. 493 D.

διαβατήριος — ρια θύειν I. 507 F.

διάβατος — fluvius et λόγος Plato 667 E.

διάβαθρον calceus Aristid. I. 276.

διαβεβαιόομαι II. 731 A. I. 119 B. 182 C. 299 E. 304 A. 496 E.

διαβεβυσμένος II. 676 E.

διαβήτης II. 802 E.

διαβιβάζω τὸ μέλος Mus. II. 1134 F. 1137 C. — I. 290 B. 554 E. 741 A. 746 F. 939 A. 1000 E. — fluvium I. 507 E. 513 C. Metaph. Plato 670 F. Aristid. II. 371. — sententiam ad aliam rem II. 34 B.

διαβιβρώσκω II. 65 D.

διαβιόω II. 660 E. 438 B. I. 98 B. Plato 660 H. 705 B.

διαβλαστάνω I. 556 C.

διαβλέπειν πρὸς ἀλλήλους II. 548 B. — καὶ μειδιᾶν II. 736 C. — simpl. II. 36 E. 103 B. 135 B. 760 A. 974 A. I. 367 C. 368 A. 859 F. 1074 C.

διαβοάω — ᾶται res II. 871 A. I. 83 F. 113 B. 103 C. 238 A. 569 D. 577 C. 1042 C.

διαβόησις II. 455 B.

διαβόητος I. 42 B.

διαβολὴ odium II. 456 A. 468 E. 610 A. I. 41 B. 110 E. 170 A. B. 167 C. 169 C. 172 B. 539 A. II. 61 E. 65 C. 90 A. 141 B. 162 C. 168 B. 180 D. 206 A. 229 F. 232 E.

τινος ex re I. 517 E. odium, metus II. 110 A. II. 221 C. διαβολῆς ὀξύτερον. — ἐν διαβολῇ γενέσθαι πρός τινα II. 623 F. I. 52 B. 341 D. 506 C. — καὶ ὑπόνοια I. 1002 B. — amicitiae II. 643 E. — εἰς διαβολὴν καὶ ὑποψίαν ἐμπίπτειν I. 34 C. II. 436 E. — calumnia juris, tabulae institut.? Plato 685 D.

διάβολος II. 59 D. 61 C. 727 D. 778 D.

διαβουλεύομαι II. 346 D.

διάβροχος II. 641 E. 698 B. 734 A. 831 A. D. 915 D. I. 127 B. 174 F. 487 B. — navis Aristid. I. 372. 379.

διάβρωσις II. 967 F. 1087 E.

διαγανακτέω II. 74 A. I. 240 C. 243 C. 477 A. 844 A.

διαγανάκτησις I. 414 E.

διαγγέλλω II. 1023 E. — II. 521 D. I. 141 B. D. 545 E. 970 B. — sibi invicem Plato 626 F.

διάγγελος in exercitu II. 678 D. I. 1063 F.

διαγελάω de aquâ II. 950 A. 952 F. I. 709 A. — irrideo II. 234 E. 1118 C. Dio Chrys. 629 C. — I. 671 E.

διαγεύομαί τι II. 469 B.

διαγίνομαι — 162 B. — μένου οὐ χρόνου πολλοῦ I. 997 B. — abund. I. 238 F. — non morior I. 824 E. 1006 D. — vivo I. 913 E. II. 119 D. — cum participio Aristid. I. 178. 189.

διαγινώσκω cum inf. II. 211 A. 225 A. I. 68 F. II. 1142 F. 1143 D. I. 549 D. constituo 907 E. — τὰ διεγνωσμένα decreta Aristid. I. 398.

διαγκωνισμὸς II. 644 A. Musgr. Eur. Or. 904.

διάγνωσις II. 990 A. I. 223 E. 457 E. Plato 684 E.

διαγνωστικὸς II. 1143 C. D.

διαγορεύω I. 179 A. II. 89 B.

διάγραμμα βασιλικὸν II. 977 D. — mandatum I. 312 D. 516 D. 635 A. 644 D. 1060 D. — fig. math. v. n. ad II. 133 A. — vatis I. 430 D. — ὡς ἐπὶ διαγράμματός τι φυλάττειν I. 430 D. — tribuni pl. I. 820 B. 840 A. 876 F. 877 A. — διαγράμματος ἀφ' ἑνὸς II. 55 D. vid. Casaub. ad Athen. XI. 617. I. 852 A.

διαγραφὴ figura I. 358 B.

διαγράφω — delere scriptum II. 345 D. v. n. ad 360 A. — pecuniam Vales. Ex. Polyb. p. 187. — τι εἴς τι II. 377 D. 757 B. — II. 430 B. 630 B. — figur. mathem. II. 786 C. I. 31 F. — legem perfero I. 407 E. — explico I. 539 B. — edictum do I. 635 D. — perscribere I. 672 B. bis. Diog. Laërt. II. 137 et Menag. — designo I. 680 F. Plato 624 C. — abrogo I. 842 C. — vel expungo vel muto Porphyr. P. E. Euseb. IV. 143 D. — deleo Aristid. I. 176. II. 63. 205. 292. 326. 368. 370. Aen. Gaz. p. 29.

διαγριαίνεσθαι II. 27 D. 144 D. 465 C. I. 993 D. — act. II. 101 A. 167 C. 610 C. I. 955 A. 1060 D.

διαγρυπνέω I. 772 A.

διάγω II. 69 C. 107 F. 118 B. 128 B. 132 F. 178 C. 835 E. 989 C. I. 641 B. 647 B. 897 E. 949 D. 950 C. 985 C. — adhuc vivo I. 864 E. — tracto, scribo, disputo n. ad II. 121 D. — elephantus proboscidem II. 968 D. — lineam ducere per figuram II. 1018 A. I. 307 E. — syringem oppon. τῷ συνάγω II. 1096 B. — tempus I. 240 C. 474 C. 914 F. — διῆκτο I. 685 E. — quem ad tribunal praetoris I. 865 C. — librum, alii συνάγω II. 121 D.

διαγωγὴ status II. 115 E. 121 D. 158 C. — delectatio v. n. ad II. 126 B. — vitae actio v. n. ad II. 158 D.

διαγωνίζομαι pass. I. 915 D. 844 D. 878 D. 913 A. 944 E. — repugno I. 884 D. — pro simpl. ἀγωνίζ. Clearch. Athen. 670 B. — II. 561 A. distinguitur a simpl. ἀγωνίζ. — I. 120 D. 149 C. 166 C. 304 A. C. 312 D. 314 E. 358 C. 388 D. 404 A. 419 F. 424 D. 443 C. 469 F. 536 F. 537 B. 550 A. 556 D. 560 E. 566 C. 578 A. 601 A. 872 A. 979 E. II. 639 B. 675 A. 713 D. 742 B. 785 B. 789 A. 794 E. 810 B. 822 F. 202 D.

διαδάκνω — μαι τῷ Κερβέρῳ II. 1105 A.

διαδείκνυμι II. 2 D. 540 D. 541 B. 932 B. I. 1031 C.

διαδέχομαι II. 134 C. 161 C. — succedo I. 625 A. — me bellum I. 299 B. — vicissim suscipio II. 169 D. 939 A. 962 E. 1096 E. — II. 777 D. I. 37 B. — διατριβήν τινες II. 850 B. — custodiam Plato 616 B. disp. Plato 670 F. — pro κληρονομέω Teles Stob. 510.

διαδέω — ομαι diadema mihi circumligo II. 489 F. I. 909 A.

διάδηλος II. 733 C. 972 D. I. 183 E.

διαδηλόω I. 710 A.

διάδημα I. 267 C. 273 B. 446 D. 503 A. B. 511 A. 517 B. 522 E. 556 B. 915 C. 705 D. E. 736 E. bis. 711 A. 738 C. 824 D. 831 A. 833 B. 896 D. 921 C. II. 173 C. 184 A. E. 753 D. — differt a τιάρᾳ II. 488 D.

Διαδήματος cognomen II. 318 E.

διαδηματοφόρος I. 941 C.

διαδιδράσκω III. 476 C. I. 483 C. 493 D. 747 A. 998 C.

διαδίδωμι dono II. 173 E. — sic διάδοσις II. 251 C. — communico (morbum II. 681 D.) 776 F. — simpl. II. 721 B. 722 B. — ἐπί τι II. 953 D. — sonum aes II. 995 E. — simpl. II. 1024 C. I. 82 C. — famam et sermonem I. 25 D. 121 E. 208 D. 257 F. 455 B. 465 B. 515 B. 564 A. 581 C. 586 C. 680 F. 802 B. 822 B. 991 A. 1029 C. — Musgr. Eur. Phoen. 1409. — pro simpl. δίδωμι I. 301 D. — διαδόντες ἀλλήλοις λόγον, ὡς I. 367 E. — ται silentium I. 374 E. — muneror I. 591 F. 994 C. — ται pecunia I. 604 C. — μι dono I. 1001 F. — *distribuit*, de plantis, et simpl. *vim* II. 15 F. — simpl. *distribuo* II. 150 D. 210 C. 211 B. 224 A.

διαδικάζω et μαι Plato 618 F. 661 C. 675 F. 676 E. 680 F. G. 684 G. 650 B. 659 C. 660 C.

διαδικασία II. 350 B. 488 C. Fragm. I. 2. Plato 676 E. 685 C. 690 E. Aristid. II. 228.

διαδικεῖν II. 196 B.

διάδοσις στεφάνου . . . — communicatio, contagies occulta II. 558 E. 681 B. Upton. Epict. 847. — sim. fragm. I. 4. — II. 930 D. 848 D. Upton. ind. Epict. Aristid. I. 105. — μειδιαμάτων I. 474 D. — distributio populo facta Aristid. I. 295. II. 100. 144.

διαδοχὴ philosophiae II. 605 B. 875 E. 876 D. I. 112 D. 276 D. 707 C. D. 800 C. 835 E. 890 E. F. 932 C. D. 955 F. 1052 D. — II. 1133 C. — hereditas I. 922 E. — I. 159 D. 172 E. 383 B. 736 F. 771 B. — αἱ plur. I. 915 D. Teles Stob. 504. Aristid. I. 372. — vigiliarum I. 286 A. F. — virtutum I. 844 A. — humani generis immortalitas Aristid. I. 38. — ἐκ διαδοχῆς Aristid. II. 94.

διάδοχος I. 258 D. (corrupt. οὐ μέγας I. 306 F.) 342 B. 435 F. 514 F. 515 D. 516 C. 649 D. 956 A. 982 D. 1012 C. 1049 A. 1057 C. 1062 B. 1063 C. bis. II. 207 E. — Alexandri M. I. 666 B. 890 F. 896 D. 956 A.

διαδράω effugio II. 834 F. 835 F.

διαδρομὴ perturbatio hominum II. 346 D. — I. 227 F. 263 E. 470 E. 613 C. 992 C. 1067 E. II. 63 F. Senec. Controv. II. 12. init. Plin. Epp. VIII. 23, 5. Eunap. 75. — κιττοῦ καὶ λάκκων in horto II. 749 A. — ἣν habet morbus, i. e. contagionem II. 825 D. — rivus I. 518 C.

διαδύω I. 720 C. 874 E. Hippocr. Ep. XIV. p. 14 A. — ται putredo in corpus I. 1019 D.

διαζάω I. 281 A. 719 D.

διαζεύγνυμι pass. II. 908 D. — pass. dialect. II. 969 A. B. 1026 B. — Upton. ind. Epict. — Mus. 1029 A. 430 A. 1138 E. 1139 A.

διάζευξις in musica II. 491 A. 1136 D. Jambl. V. P. 121. — dialectica II. 1011 A.

διαζωγραφέω II. 1003 C.

διάζωμα I. 159 F. 747 C. Isthmus.

διαζώννυμι I. 118 C. 163 C. — σι flamma urbem I. 998 D.

διάζωσμα adminiculum, fulcrum quod rem continet II. 132 A.

διάημι Hesiod. II. 465 E.

διαθάλπω II. 799 B.

διαθερμαίνω I. 789 D.

διαθερμασία Epicur. II. 1100 F.

διάθεσις II. 335 E. — mercatus

v. n. ad II. 297 F. — descriptio operis v. v. animi inductio II. 335 C. Synes. Dio 37 B. — descriptio operis, *le plan* II. 347 D. I. 160 A. 735 D. — status, affectio II. 673 D. 682 C. D. 702 C. 782 A. B. 918 E. 1128 E. — τάξις καὶ διάθεσις II. 687 C. 967 F. 1014 B. — histrionis in agendo II. 711 C. 747 C. 748 B. 940 F. — opponitur προαιρέσει II. 815 C. — animi benevolentia II. 820 F. 821 A. 822 B. — καὶ μορφὴ II. 1003. — numerus διαθέσει ποικιλώτερος, ut abundans omisit interpres II. 1019 B. — ἕξις καὶ διάθεσις II. 1058 B. 1124 B. — animi status II. 37 A. 101 D. 432 D. E. 1092 A. 1101 C. I. 523 F. — προσώπου I. 222 B. — provinciae ordinatio I. 516 A. — coenae I. 519 E. 920 E. — funeris I. 915 B. — propr. dispositio, collocatio II. 156 B. — καὶ ἦθος animi I. 846 B. II. 56 B. Stob. 416. — φύσις I. 847 A. II. 51 E. — f. gestus oratoris et ratio pronuntiandi I. 849 B. — pictae tabulae v. n. ad II. 17 B. — fabulae oeconomia v. n. ad II. 16 B. — administratio, an θέσις adoptio 1062 C. — καὶ πρᾶξις animi II. 18 C. Hippodam. Stobaei 554. — sc. animi II. 33 D. 65 A. 84 D. 85 D. 102 A. 138 F. 170 F. — mala animi II. 39 E. — affectus audientis II. 40 A. 42 A. 45 B. 46 D. — dicentis II. 42 A. — corporis, valetudinis II. 43 B. — orationis II. 44 E. — hominis v. c. virtus, doctrina II. 96 C. — ἀρετῆς II. 75 C. — τινὸς κόμης II. 89 E. — καὶ ἦθος, πάθη, ἐπιτηδεύματα, λόγοι II. 97 A. — ἦθος, πάθος II. 142 D. — testamenti Plato 678 H. — ἐν διαθέσει λόγος pro ἐνδιάθετος Porph. Abst. III. 3. Gram. act. pass. med. Vit. Hom. §. 55. Idem est ac τρόπος ib. §. 82.

διαθεσμοθετέω II. 573 D. E.

διαθέω I. 736 D. 788 C. 921 B. C. 977 E. 987 E. 993 C. 1036 E. — I. 31 C. 734 A. 615 D. Aristid. I. 420. — τὴν λαμπάδα certamen I. 79 B. — πρός τινα certo II. 58 A. Dio Chrys. VIII. 132 C. — turbatus Dio Chr. VII. 99 B. — θεῖ pluvia Aristid. I. 351.

διαθήκη I. 90 A. 217 D. 475 D. II. 69 B. Plato 679 A. B. 680 F. — δοῦναί τινί τι κατὰ διαθήκας I. 20 B. — ας γράφω I. 593 B. — αι testamentum I. 626 D. 740 B. 922 E. 942 F. 993 A. B. — I. 830 F. — αις ἐν cui quid addere I. 883 D.

διαθηρεύομαι II. 330 B.

διαθολόω II. 978 B. (Olear. Philostr. p. 10.) I. 593 E.

διαθορυβέω I. 1061 B.

διαθροέω I. 246 A.

διαθρυλέω II. 675 A. I. 488 B. — ηταί τινι ἡ χθών. Dio Chr. XXXIII. 400 D.

διαθρύπτω — aures adulatione I. 961 B. Nicostr. Stob. 426. — Plato 679 A. — διατεθρυμμένος II. 711 C. I. 627 E. 981 C. 1064 C. — I. 458 C. — murum I. 976 B.

δίαιθρος I. 455 F.

δίαιμος — ον ἀναπτύω I. 1051 C.

διαίνω II. 699 D. 725 C. repono 939 E.

διαίρεσις II. 427 C. 720 A. 744 B. 967 E. 1025 E. 1081 F. 1114 A. I. 71 E. 76 A. — καὶ διάκρισις II. 23 A. — Mus. II. 1135 A. 1142 D. 1145 C.

διαιρετικὸς II. 429 D. E. 695 B. 878 A. 952 B. 1026 D.

διαιρετικῶς II. 802 F.

διαιρέω aperio II. 173 B. — ignis corpora II. 687 A. — Simpl. II. 720 A. 744 D. 983 B. I. 71 D. 166 F. — perscribo Aristid. distribuo genus in speciem II. 98 A. — τι σιδηρέῳ II. 459 A. — εῖται a navi aqua II. 641 E. — έω τροφὴν II. 662 F. 689 D. — σφάττω καὶ διαιρέω orationem II. 704 A. — distribuo II. 226 A. D. — διελέσθαι τι partiri inter se invicem II. 106 B. — ῃρημένης μιᾶς ψυχῆς ἐν πλείοσι σώμασι II. 96 E. — έω φῦμα II. 89 C. — μαι partem praedae. An mihi sumo? I. 1048 D. quid in δόσεις, medicinae I. 1033 A. — carnem in mensa I. 1020 E. — ἡγεμόνας aciei I. 978 A. — διελέσθαι explicare II. 874 D. 1128 D. — activ. explico II. 970 E. — τι κατὰ γένος II. 989 B. — II. 429 C. 1082 A. 1083 E. I. 418 D. — Mus. 1142 D. 1143 D. — se ipsos dividunt milites I. 282 A. 283 C. 414 B. — διαιρεῖ dux τὰς ἡγεμονίας inter praefectos I. 263 E. — judico I. 490 C. ita f. leg. pro διερεῖν 824 C. — exercitum I. 555 E. F. — διελὼν τὰ πελάγη ducibus Pompeius I. 632 E. — εἶσθαί τι inter se dividere I. 744 E. — έω τι πρὸς πόδα I. 855 A. — διελὼν I. 928 E. 934 E. II. 73 A. — εἶσθαι populus in multas urbes pro διοικεῖσθαι Aristid. I. 558. 569. — έω dirimo litem Aristid. II. 49. — ροῦνται περί τι diversas sectas sequuntur Aristid. I. 519. — διελόντα εἰπεῖν I. 158. — statuo Aristid. I. 387. — διελέσθαι Aristid. I. 92. — διελόμενοι τὸ πᾶν πρὸς τὰς ἡμέρας Aristid. II. 360. — διελομενος Plato 574 C. 656 A. — dub. an pro διαίρω Plato 624 A. D. 660 F. 681 B. — μαι distinguo, fere intelligo Plato 689 F. — τρῶσαι καὶ διελεῖν Dio Chr. 418 C. — μαι intelligo Porph. Abst. II. 41.

διαίρω I. 142 F. Dio Chrys. 488 C. — στόμα II. 70 D. 503 A. — f. pro ἐγείρω II. 826 B. — bellum transfero I. 603 E. — in alium locum navi, ut διαβαίνω I. 947 D. — διαίρεσθαι πρὸς ἀλαζονείαν II. 116 D. — διῃράμενον gladio insequi II. 236 B. — gladium tollere II. 273 F. I. 317 D. Sim. 441 F. II. 236 D. — εἴς τι irrumpere II. 380 C. — διηρμένον τὸ τῆς ψυχῆς n. ad. II. 165 C.

διαισθάνομαι II. 137 A. 522 C. 562 A. 990 A.

δίαιτα — ας ἀμιξία II. 780 A. — θρασὺς II. 90 C. ubi v. n. — domicilium II. 515 E. 667 C. 669 D. — II. 671 A. 733 E. 734 C. 823. 985 E. 171 B. — δίαιταν τρέφεσθαι II. 159 F. 677 F. 678 A. 693 A. — ἀκόλαστος II. 442 C. — arbitrium II. 516 C. — λιτὴ II. 668 F. 709 B. — διαίτῃ κόσμιος II. 88 B. — τῃ μαλακὸς vel σκληρὸς II. 83 F. — σώφρων καὶ κεκολασμένη I. 1001 E. — καὶ ἤθη I. 959 D. — καὶ τρυφὴ I. 889 E. 909 B. — καὶ τροφὴ παρά τινι I. 759 E. ἀκριβὴς I. 704 E. 975 A. II. 87 D. — ἡ καθ' ἡμέραν I. 914 C. — Simpl. I. 619 C. 620 A. 627 F. 676 E. 692 B. 761 C. bis. 763 D. 797 F. 799 A. E. 825 A. 843 C. D. E. 960 F. 965 A. 1062 A. 1069 A. 1070 E. — medica I. 668 C. — in agro I. 526 F. — καὶ βίος victus I. 519 A. 521 D. E. 606 B. — habitandum I. 518 C. D. bis. — περὶ δίαιταν καὶ σῶμα II. 800 C. — II. 51 E. F. 83 F. 122 C. 123 B. 126 B. F. 128 E. 129 D. E. 131 A. 132 B. 134 D. 135 A. 137 B. 148 C. 157 E. 158 A. B. 168 B. 192 D. 209 F. 210 A. 212 A. 225 F. 226 F. 227 B. 823 B. 936 D. 940 B. 941 C. 963 E. I. 136 A. B. 143 B. 155 D. 336 A. C. F. 337 B. D. 339 C. 342 D. 345 B. 346 E. 348 C. 349 A. 350 D. 353 B. 357 C. D. 379 E. 365 A. 385 A. 390 E. 407 B. 408 E. 412 E. 424 F. 480 C. 530 C. 540 D. 542 B. 543 B. 574 B. C. 589 B. E. 591 C. 596 C. 614 D. 748 B. 750 F. — ταν ποιεῖσθαι II. 956 B. — ᾳ χρῆσθαι II. 956 B. commoratio II. 954 B. I. 492 F. — abstinentia II. 974 C. — ἀδρανὴς II. 987 E. — καθαρὸν αὐτῆς II. 994 D. — ἀνεπίμικτος I. 19 B. — καὶ διατριβὴ ἐλευθέριος I. 20 E. Sim. 953 B. — conclave I. 105 B. 380 D. — δίαιταν διοικεῖν I. 162 A. — ταν ἔχω dego I. 407 B. 899 B. — θρασεῖα II. 90 C. — καὶ βίος ἄλυπος II. 100 D. — αν τρέφεσθαι est θεραπεύειν ἑαυτὸν II. 159 F. — καὶ ξενία II. 162 C. f. commoratio. — τας παντοίας habet Asia Aristid. I. 519. 522.

διαιτάω medicus morbum II. 157 C. 678 A. I. 350 D. — ζημίαν II. 221 F. Toup. Long. p. 249. — litem II. 742 A. I. 134 D. 352 B. 382 F. 455 A. 625 A. 639 F. 800 E. 854 F. 980 E. Plato 617 G. — διαιτάομαι II. 180 E. 602 E. 800 F. 811 F. I. 45 B. 125 A. 213 B. D. 386 C. 423 B. 438 C. 452 A. 497 A. 634 F. 750 A. 924 E. 966 B. 980 E. 981 A. 994 F. 1067 A. — δίαιταν I. 171 B. 799 A. — in disputatione Casaub. Strabon. p. 996. — διαιτᾷ μοι τὴν τύχην ὁ πόλεμος I. 230 F. — άω παρά τινος II. 221 F.

διαίτημα II. 123 C.

διαίτησις II. 693 D. in panificio?

διαιτητὴς et κριτὴς opponuntur II. 616 F. — idem fere ac κριτὴς II. 668 C. — ut vulg. II. 750 A. I. 421 C. 612 E. II. 218 D. Plato 678 C. 680 E. F. 692 A.

διακαὴς II. 934 A. 935 A. 940 B.

διακαθαίρω — ει usus scientiam

II. 788 B. — II. 70 B. — λόγον Aristid. II. 77.

διακαθέζεσθαι ordine sedere I. II. 412 F. διακαθῆσθαι I. 885 C.

διακαίεσθαι II. 454 E. 457 A. 476 F. 516 C. 735 B. 1069 C. — ω τινὰ II. 500 A. 759 B. 1126 D. I. 3 E. 546 B. 853 B. 854 B. — simpl. II. 665 B. — pass. σύρφετος II. 824 F. — act. στάσιν II. 824 F. Sim. I. 454 B. — διακεκαυμένος II. 896 B. 1059 C.

διακαλύπτω II. 764 A. I. 673 F.

διακαρτερέω II. 47 A. 239 C. 770 F. I. 462 A. 540 F. 563 A. 760 C. 1037 A.

διακαταδαρθάνω II. 687 C.

διάκαυσις II. 892 E.

διάκειμαι fere abund. διάκειμαι ἔχων τι Plat. II. 1016 E. — μοχθηρῶς morbo I. 160 C. — κακῶς I. 167 C. 500 F. 526 C. 587 A. 592 B. 606 A. 907 A. 1017 A.—οὕτω I. 322 B. II. 39 E. — cum adv. πρός τι I. 526 A. — animo affectus I. 896 B. — simpl. cum adverb. II. 112 D. 124 A. 125 A. 128 A. D. 131 C. 212 A. — τοὔμπαλιν τινι Aristid. I. 566. — οἰκείως II. 673 D. 878 F. I. 126 B. 171 E. 177 E. 186 D. 189 A.

διακελεύομαι II. 549 B. 561 A. 1047 C. 1127 D. I. 2 B. C. 15 A. 98 C. 118 C. 304 F. 427 A. 453 B. 592 A. 674 F. 747 D. 772 B. D. 799 B. 1040 D. 1065 C. — opponitur πείθω Plato 683 D. E.

διακέλευσμα Plato 634 E.

διακενῆς II. 128 A. 596 B. 814 C. 873 B. 961 D. Bergler. Aristoph. Vesp. 924. Aristid. II. 130. 367.

διάκενος λόγος opponitur ἐσκεμμένῳ II. 803 E. — ἑλκυσμὸς II. 900 E. F. — II. 59 C. 237 F. 1089 C. 1097 A. I. 51 A. 105 B. 496 A. — interruptum Plato 640 F.

διακεχλιδὼς I. 192 B.

διακηρύττω vendere I. 877 D. — γμένα belli I. 1031 F.

διακινδυνεύω pugnam ineo II. 225 B. 230 D. 793 E. 978 C. I 161 A. 245 F. 287 D. 372 D. 501 B. 615 E. 801 F. 806 F. 1010 A.

διακινεῖν τι II. 63 D. 454 F. 722 D. I. 839 B. Aristid. I. 365.

διακλέπτω II. 978 B. I. 250 D 417 E. 466 B. 541 D. 542 B. 545 E. 893 A. 924 D. 953 F.

διακληρόω II. 1107 F. Plato 617 B. — τινὰ ἐπί τινι I. 869 C.

διακλίνω τι vito I. 259 F. 696 B. 921 C. emend. Dio Chrys. II. 31 D.

διάκλισις aciei I. 396 F.

διακναίω quem II. 1141 F.

διακομίζω adducere quem II. 582 D. — I. 384 B. — pass. inferri II. 659 A. Plato 672 F. — μαι pass. navi I. 1032 D.

διακονέω — ἡ διακονοῦσα ancilla II. 63 D. 628 C. 677 F. — publice Plato 691 E. F.

διακονία II. 50 B. 62 D. 64 E. 174 D. 677 E. I. 332 A. 357 A. Plato 677 G. — Aristid. I. 82. Grammat. schola explicare antiquos.

διακονικὸς — ἡ λειτουργία II. 794 A.

διακονίω — σθαι II. 970 F.

διάκονος II. 63 B. Plato 644 A. populi ars turpis Aristid. II. 152 seq. 187. 193. 223. deo Aristid II. 199.

διακοπὴ I. 416 F. 993 C.

διακόπτω II. 699 D. 712 C. — impedimenta II. 77 A. 530 F. 1045 B. — vim vini II. 656 B. — II. 743 C. 954 C. — hostes I. 286 D. 387 A. 636 D. 655 F. 657 A. 729 C. 819 A. 879 E. 914 E. 922 B. 977 C. 1007 C. I. 105 F. 150 D. 301 C. bellum 374 C. II. 513 F. — et impedio I. 319 F. — discindo I. 403 D. — μαι vulneribus I. 587 D. — ω divido I. 627 E. vinum vas I. 707 A. — I. 718 A. — colloquium duorum I. 772 C.

διακορὴς II. 972 F. 974 C. — I. 48 F. II. 228 A. not. M. S. ad Julian. 65 D. Ruhnken. ad Tim. in v.

διάκορος II. 995 F.

διακόσια II. 113 E. 1018 B. — οι II. 194 B. 199 C.

διακοσμέω rempublicam II. 779 D. 1126 A. C. I. 383 D. — deus II. 436 A. 946 E. 1014 A. 1016 D. 1027 A. 1030 C. Plato 664 E. 696 E. — doctrina opinionem II. 1013 C. — I. 62 D. 96 E. II. 148 B.

— aciem I. 217 E. 371 E. 022 C. 733 A. 927 E. 1044 E. — chorum I. 640 B. — σθαι τὸ ἦθος εἰς ἀρετὴν I. 962 A.

διακόσμησις εἰς ἦθος II. 563 E. — I. 77 E. 154 B. 592 B. Dio Chr. 445 C. 446 B.

διάκοσμος liber Parmenidis II. 1114 B. Casaub. Strab. 907. Salmas. Epict. 168. — liber Democriti de quo Theophr. Diog. L. V. 43. — aciei I. 249 C. 343 F.

διακούω τινὸς II. 179 D. 419 A. 680 F. 701 D. 702 E. 791 A. 869 F. 995 E. I. 112 C. 126 F. 154 A. — philosophum I. 862 C. 965 C. audiendo exploro I. 860 E.

διακρατέω I. 571 E. Porphyr. Abst. I. 49.

διακριβόω caussam II. 656 C. I. 542 A. — quid arte II. 693 C. 989 E. I. 440 B. — pass. I. 331 A. 735 E. Athen. 511 C. Aristox. 545 D. F. Plato 695 F.

διακρίνω I. 158 B. — separo II. 431 D. I. 305 F. — pass. particip. discretus I. 301 E. — μαι πρὸς hostes decerno I. 361 C. — νειν alicujus capillos II. 148 C. I. 53 D. Dio Chr. XXI. 271 A. Naumach. Stob. 439. — pass. (cibus II. 688 B.) 430 B. 695 C. 698 D. 699 C. 700 A. 951 A. I. 35 F. — διακεκριμένως II. 629 D. — λόγους II. 848 C. Simpl. I. 151 A. μαι e pugna I. 396 E. 721 D. — ται pugna I. 402 D. 1002 B. — locus cui I. 474 B. — σθαι sine pugna discedere I. 496 F. Dio Chrys. 475 A. σθαι ἀπό τινος I. 576 D. — separatim I. 640 B. — νω δίκην I. 689 C. — ει calor humorem I. 741 A. — σθαι ferro med. I. 785 C. — ται seditio sanguine I. 833 E. — τινά τινος I. 867 A. — σθαι ἀλλήλων pace I. 932 A. — quid a quo distinguo II. 50 B. 54 E. — διορίζω II. 140 E. — τι πρός τι Dio Chr. 470 C. — σθαι est φθίνειν phys. Plato 667 H. — judicio Plato 620 A. 685 E.

διάκριος classis Athenis II. 805 D. — I. 85 A. 94 E.

διάκρισις aëris per suffitum II. 383 C. — divisio agri I. 830 C. — distinctio II. 23 A. 679 C. 719 B. I. 41 F. 76 E. 743 C. — πνεύματος II. 691 A. — separatio II. 424 E. 693 E. 884 D. 885 D. 888 D. 951 A. 1055 A. 1084 E. 1113 B. Plato 668 B. 669 C. — calor II. 947 B. — κόμης I. 547 F. — belli Dio Chr. 474 C. — judicii Plato 619 A. 626 C. 673 G.

διακροτεῖν conterere, perfringere II. 304 B.

διακρούειν ἑαυτὸν ἐν τοῖς πράγμασι impedire se ipsum in rebus gerendis II. 80 D. — μαι diem I. 738 B. — — preces I. 739 B. — μαι morbum I. 728 A. Sim. II. 168 E. — iram Jambl. V. P. 196. — διακρούεσθαι II. 168 E. 449 F. 534 B. 630 D. 711 B. 725 D. 961 A. 977 E. 986 D. I. 68 C. 249 E. 364 C. 475 D. 594 D. 828 E. — repudio I. 241 B. 526 D. 774 A. Ep. Hippocr. XX. p. 21 B. Charter. II. 28 D. 70 D.

διάκρουσις et φυλακὴ II. 420 D. 460 C. 530 F. 960 E. — I. 222 F. 888 E.

διάκτωρ II. 777 B.

διακυβερνάω convivium II. 1026 E. I. 393 C. II. 712 B.

διακυβεύω v. n. ad II. 128 A.

διακωδωνίζω II. 704 D. Simpl. Athen. 638 D. V. D. ad Longin. Υψ. 23. simpl. pro κωδωνίζειν Porph. Abst. IV. 17. Demosth. Fals. Leg. 221 C. — Pass. divulgari Liban. I. 782 C.

διακωλύω II. 191 C. 201 A. 214 F. 217 F. I. 98 B. 358 D. 366 C. 377 D. 386 D. 465 B. 798 E. 801 A. 811 E. 814 B. 917 B.

διαλαγχάνω II. 719 B. I. 247 C. 830 F. Aristid. I. 19. — locum legionis in acie I. 1071 E.

διαλακτίζω λόγον II. 648 B.

διαλαλέω II. 141 D. 180 C.

διαλαμβάνω — vicissim facio I. 276 B. — Wessel. Diod. Sic. I. p. 39. — hostem I. p. 362 B. 393 D. 937 A. — pro καταλ. comprehendo I. 1036 A. — διαλαμβάνει amplectitur nos ratio ne labamur II. 85 B. ubi v. n. — occupo mare, totum impleo navibus I. 635 E. 944 F. sim. Herodian. ind. — ειν τι τῇ κρίσει II. 575 C. — discerno I. 353 A. Plato 683 E. 684 D. — hostes I. 510 E. — pro ἰδίᾳ λαμβάνειν II. 565 A. 594 C. — juvenes in gymnasio II. 931 A. — τι ἐκ μέσου II. 597 B. — vias I. 1030 C. 1040 C. Sim. Aristid. I. 113. — navis aquam II. 641 D. — constringo v. n. ad II. 85 B. — διείληπται λόγος dictus, tractatus est Dio Chr. XVIII. 268 A. — dividere, partiri Plato 618 D. — διαλαμβάνειν τι τοῖς διανοήμασι, bifariam judicare Plato 623 G. — τι διχῇ discernere quid bifariam Plato 657 C. — διείληπται annus ὥραις sim. Plato 664 E. — διειλημμένος ῥίζαις Plato arbor vel simil. 703 A. — distinctus postibus ager Aristid. I. 103. — νω τὰ ἐν μέσῳ pro λαμβάνω Aristid. I. 138. — διειλήφεσαν αἱ πόλεις genera et formas reip. Aristid. I. 222. Isocr. Paneg. . . ind. Mori. Aristid. I. 250. — διαλαβόντες ἐτείχιζον τὸν Ἰσθμὸν Aristid. II. 191. — νω locum τροπαίοις Aristid. I. 161. — intercipio ib. 296. — pro περιλαμβάνω ib. 519.

διαλαμπρύνω vetus dictum II. 734 F.

διαλάμπω cognitio per animam II. 382 D. sim. 82 F. 390 B. — active τι II. 393 D. — φῶς apparet II. 567 F. 933 C. — I. 193 B. 256 B. 826 A. 998 D. — ει dies I. 343 E. — οντος neutre, cum dilucesceret I. 404 E.

διαλανθάνω II. 961 A. — διαλεληθὼς σοφὸς v. n. ad II. 75 D. — I. 172 E. 542 B. II. 17 B. 164 A. 229 F. 238 F.

διαλγέω II. 70 A.

διαλγὴς II. 496 D. I. 706 C.

διαλέγομαι in concione I. 210 A. 226 C. 274 F. 395 B. 642 A. 736 C. 799 A. C. 851 A. 852 D. 882 B. 992 C. Sim. II. 113 F. Dio Chr. VII. 104 A. XXXII. 392 C. — II. 224 F. 229 C. 236 C. 1116 E. 1117 D. 1128 F. — I. 192 E. II. 522 D. 778 B. Plato 704 D. — ἀπὸ δίφρου 706 C. — τοῖς νέοις II. 864 D. I. 873 A. — I. 966 C. II. 40 E. 43 A. E. 44 D. 46 B. 67 C. 69 C. 70 E. 118 D. 122 C. E. 133 B. C. 220 D. 230 C. — ago de pace I. 971 A. B. — philosophi oppon. ἀναγνώσει II. 130 C. D. — et τερετίζειν differt II. 1010 A. — πρὸς τἀναντία II. 1035 F. 1050 F. — praesent. et fut. II. 1082 C. — περί τινος ὡς τινὸς II. 1114 A. Aristid. I. 360. II. 403. — coire ven. I. 89 C. — ἑαυτοῖς I. 135 A. — simpl. II. 141 B. 150 D. 152 D. 156 E. 162 B. 174 A. 181 A. 190 E. 192 B. — et προσφέρομαι II. 217 D. — ad populum Dio Chr. 394 B. Aristid. II. 417. — ἐμαυτῷ Aristid. II. 428. — τινὶ ὡς παιδὶ Id. I. 488. — μαι rem f. εἰς omiss. ib. 514. — ται ἡ γυμναστικὴ τοῖς ἀθληταῖς ib. II. 288. — μενον εἰπεῖν abund. f. ib. I. 540. — ται poëta II. 158 A. — idem quod λέγω II. 132 A. — μεῖζον regum ut mos I. 387 B. Sim. II. 53 C. — τινὶ colere quem I. 446 D. F. — ad corrumpendum I. 996 B. — sc. de pacto I. 1028 E. 1045 C. 1046 A. — φιλανθρώπως I. 1066 E. — πα F. δημοτικὰ ib. — πρὸς ἐμαυτὸν καὶ πρὸς ἕτερον II. 38 D. — f. doceo II. 39 B. — πρὸς ἑαυτὸν II. 148 E.

διάλειμμα I. 444 B. — ποιεῖν II. 624 C. — 655 C. D. — I. 23 B. 156 E. 266 B. II. 76 D. E.

διαλείπω — cum particip. II. 228 D. — λεῖπον τὸ loci II. 191 C. 215 A. — dicendo intervallum facere, vel finire II. 158 E. — ἐνιαυτὸν ἀπό τινος I. 900 E. — μικρὸν I. 661 F. 704 E. 768 E. 878 A. — χρόνον I. 412 B. — μικρὸν διαλιπὼν II. 426 E. 691 C. I. 309 D. — conticuit ἢ διαλιπὼν ἢ παυσάμενος II. 712 D. — διαλιπὼν paucos dies II. 772 B. I. 81 B. cum genitivo Herodian. VIII. 8, 22. — dicendo haesitare I. 196 A. — sc. tempus I. 237 F. 341 B. 463 A. 472 B. 578 E. 779 C. 792 E. 953 D. 1040 A. II. 39 C.

διαλείφω quid e pictura I. 1033 A.

διαλεκτικὴ II. 122 D. 133 C.

διαλεκτικὸς τὰς ὀφρῦς ἀνασπῶν II. 657 C. — τερον quid tractare II. 668 D. — et λογικὸς promiscue II. 874 E. — Simpl. II. 969 A. 1119 D. I. 881 B. II. 43 A. 78 E. 176 C.

διάλεκτος locus scriptoris; ipsa ejus verba II. 1043 C. 1016 A. — phrasis, dictio opponitur nomini proprio II. 357 E. — nom. propr. I. 683 A. — stilus, ratio loquendi ut Plato Symp. II. 405 D. 408 E.

523 F. 1010 E. 1011 C. 1140 F. Oenom. Euseb. P. E. 328 C. — allocutio II. 680 E. — Lingua v. c. Latina I. 67 A. 69 B. 275 B. 371 F. 561 E. 569 B. 846 E. 862 F. 861 B. 927 F. II. 185 E. Aristid. I. 62. — Mus. II. 1138 B. 1144 D. — sententia oratoris I. 232 B.

διάλεξις v. n. ad II. 41 D. adde Vales. Euseb. p. 98.

διάλευκος I. 694 B.

διάλιθος ita leg. I. 273 A. 496 A. 515 C. 517 D. 518 E. II. 201 C.

διαλιπαίνω oculos lachrymis Epic. II. 1101 A. Euripidi vult inferre Musgr. Hec. 454.

διαλλαγὴ — αἱ I. 227 F. 551 C. 643 F. 651 A. 904 F. 924 B. 929 D. 964 D. II. 29 C. 219 E.

διαλλακτὴς II. 763 D. 823 B. 825 D. I. 83 C. 85 D. 291 F. 392 F. 639 F. 1033 B. Aristid. I. 204. 384. 472. 484.

διάλλαξις Empedocl. II. 885 D. 1111 F.

διαλλάττω differo I. 888 E. — muto I. 854 E. — μαί τινι II. 814 D. I. 311 F. 630 D. 1009 B. 1022 F. — I. 25 F. 97 C. 114 F. 125 F. 126 F. 151 F. 168 C. 216 C. 235 C. 291 E. 331 C. 375 F. 437 B. 445 C. 467 D. 475 B. 486 B. 490 A. 611 D. — vestem I. 870 A. 888 A. — μαι I. 455 A. 466 D. 550 E. 564 D. 620 D. 652 F. 776 E. 905 B. II. 55 C. — ω quem cui I. 584 D. 585 F. 625 D. 645 D. E. 856 F. 899 A. 980 B. — σθαί τινι II. 156 E. 179 C. — ω hostes inter se II. 222 D. — σθαι reconciliari Dio Chr. 482 B. Plato 678 C. — ω reconcilio Aristid. I. 191. 394. II. 220. 293. 309.

διάλλομαι I. 23 B.

διαλογίζομαι II. 1092 C. I. 534 B. 801 D.

διαλογισμὸς II. 180 C. 735 B. 1125 B. I. 140 E. 657 F. 962 A. 986 C. 1091 A.

διαλογιστικὸς II. 1004 D.

διάλογος II. 1115 B. I. 525 C. 447 B. 881 B. 967 C. 120 D. Plat. philosophorum mos dialogos scribere Upton Arrian. p. 105.

διάλοιπος Aristid. I. 199.

διαλυμαίνω — μαι factum narratione II. 861 A. 865 A. I. 825 B. 926 C. — μαί τινα II. 858 C. I. 40 F. 355 E. 514 C. 801 A. 811 D. 816 B. — Pass. τι I. 592 D.

διαλυπέομαι II. 578 C.

διάλυσις et φθορὰ II. 426 B. 1054 D. F. 1103 C. 1105 A. 1106 C. — reconciliatio II. 1039 B. I. 106 D. 168 C. 208 C. 258 C. 374 A. 385 B. 394 C. E. 396 A. 398 C. 441 A. 469 D. — convivii finis II. 678 C. — simpl. II. 721 D. 826 D. 1063 F. 1112 A. — pro διάχυσις II. 765 C. — γάμου I. 474 A. — εις pacificatio I. 535 D. 541 C. 564 B. 611 B. 616 B. 651 A. B 663 C. 724 B. 748 D. 753 C. 754 A. 785 D. 811 C. 815 C. 826 B. 842 A. 924 A. 963 F. 966 F. 988 C. — εις pax I. 589 D. 812 B. II 196 E. — exercitus I. 628 C. 648 A. — pacti violatio I. 827 A. — εις cum inimico I. 873 D. — ἱς δανείων solutio aeris alieni I. 881 F. — ις beneficii I. 891 D. — εις debiti I. 1032 B. 1033 B. — σώματος καὶ ψυχῆς, non est χωρισμὸς, sed *interitus* utriusque II. 109 D. — separatio Plato II. 121 D. — idem quod κατάλυσις interitus II. 158 C. — opp. συλλόγῳ, vel notat negotii confectionem Plato 616 D. — animi et corporis Plato 642 D.

διάλυτος II. 136 B. 1050 A. I. 1029 D.

διαλύω — Simpl. II. 138 E. III. 697 B. 713 A. 819 B. 1130 A. — διαλύεται ἔχθραν II. 762 C. — simil. φιλίαν 806 F. 809 D. 1039 B. I. 165 A. — I. 122 F. — ειν τὸ πιθανόν τινος II. 1036 A. — explicare II. 397 D. 401 B. 683 E. 701 A. — φάρμακον vim ejus restinguere II. 609 E. — εσθαι πρός τινα solvere debitum II. 339 B. 585 D. — ω συνουσίαν II. 594 B. I. 190 B. — φιλίαν II. 712 F. Dio Chrys. Or. III. 56 B. — τὰ πράγματα lites dirimere II. 815 A. — σθαι εἴς τι II. 831 A. — factum narratione II. 861 A. — ται corpus II. 078 B. — fallaciam rei detego II. 1036 A. — εται σχολὴ schola II. 1086 C. — anima perit II. 1108 C. — II. 1113 A. I. 95 A. 312 D. 313 A. — et καταλύω I. 111 D. — ται exercitus κατὰ πόλεις in patrias I. 118 B. 164

D. 469 B. — legem I. 172 E. — de inanimatis II. 400 C. — urbs perit I. 184 C. — Plato 687 E. F. — σθαι ἀπό τινος I. 369 F. — μαι πρός τινα I. 388 C. 460 B. 936 A. Jambl. V. P. 263. — μαι e pugna I. 397 B. — pacem facio I. 436 D. 601 B. — ται debitum I. 504 E. — urbs Tigranocerta, incolis in veteres sedes dimissis I. 511 F. — ω concionem I. 527 F. 529 F. 758 C. 829 E. 831 C. — τάξιν aciei I. 558 A. — θέντες στρατηγοὶ abeunt, conjunctim agentes separare se et abire coguntur I. 579 C. — ω litem I. 611 E. II. 143 E. — problema II. 146 E. 152 F. 154 B. — sc. exercitum I. 627 D. turbas I. 629 E. ω milites I. 632 F. — ται κατὰ πόλιν exercitus I. 642 A. — exercitum I. 653 E. 1037 B. — ω χρέος I. 703 F. — ται ἀπειλὴ I. 771 D. — σθαι discedere I. 788 D. Dio Chr. XXXII. 374 B. — ω θόρυβον f. διακωλύω I. 791 C. — convivium I. 792 D. II. 164 D. — ω debita I. 801 A. Dio Chr. XI. 183 D. — μαι subint. τινὶ, cum quo in gratiam redeo I. 878 A. — abeo invicem I. 884 D. — ω litigantes I. 929 D. — ται nix I. 997 E. — abit conciliatus I. 1000 B. — senatus, finitur I. 992 E. — θέντες fugiunt I. 1026 C. — μαι exercitum I. 1043 D. f. subaud. debitum pro alio II. 63 C. — ω τὸν ἅλυν II. 78 A. — σθαι τὰς κοινολογίας II. 80 B. — ει medicina II. 134 E. — μαι τὴν πρός τινα φιλίαν, rumpo II. 151 F. — pereo, item διάλυσις, mox καταλύομαι II. 158 C. — ω τὸ συμβεβηκὸς, sano, corrigo adversae fortunae casum II. 168 C. — ω simpl. dissolvo II. 174 F. — μαι πρός τινα II. 194 C. 218 D. 223 F. coeo in pacem — μαι pass. discordia II. 274 F. — σασθαι τὸν πόλεμον II. 209 C. — διαλελυμένος χρησμὸς, an metro solutus? Oenom. P. E. V. 233 C. — ω mercedem, solvo Aristid. II. 146.

διαλωβάομαι — διαλελωβημέναι δόξαι II. 986 E. — corpus interfecti I. 740 B. — pass. I. 962 A.

διαμαντεύεσθαι oraculum consulere II. 302 D. — simpl. II. 976 C. I. 832 C.

διαμάομαι τὴν γῆν II. 379 A.

διαμαρτάνω II. 1022 F. 1116 D. I. 919 A. — τοῦ παντὸς I. 325 E. 328 D. 1049 D. II. 134 D. Plato 684 C. — τινὸς I. 97 E. 109 B. II. 417 E. — I. 280 E. 478 C. 882 F. 908 E. 935 F. 963 B. 999 D. 1039 E. 1046 C. II. 10 E. 40 C. 217 B. — orator διημαρτημένος qui male dicit II. 44 D. — μένη δόξα Diogenian. Euseb. 264 B. — τεῖν γνώμη Aristid. II. 252.

διαμαρτία I. 177 C. F. 386 F. 405 A. 912 B. 1040 B. II. 153 B.

διαμαρτυρέω I. 223 A.

διαμαρτύρομαι I. 442 C. 489 B. 507 C. 531 C. 553 A.

διαμαστίγωσις II. 239 D.

διαμαστροπεύω — εταί τι I. 714 A.

διαμάχη II. 1026 D. Plato 638 A.

διαμάχομαί τινι περί τινος — reprehendere II. 609 B. 1109 B. I. 502 E. 508 F. 606 A. 907 A. 911 A. 922 C. — II. 168 E. bis. — πρός τι aversari II. 76 E. 81 A. 649 E. 750 B. 818 C. 995 D. — λογισμὸς II. 706 B. — II. 825 E. I. 16 B. 147 F. 166 C. 170 B. 176 D. 325 D. 489 D. 496 F. — II. 16 A. 39 A. 74 C. 76 E. 125 B. 139 D. 145 A. 190 C. 191 C. 198 A. 214 F. 215 D. — διαμάχομαι leg. pro διαμηχανάομαι I. 763 E.

διαμείβω — ομαι φύσιν animalis II. 739 F. 1004 E. I. 328 B. — II. 1063 F. I. 79 F. 484 D. 928 B. 954 C. Plato 676 C.

διαμειδιάω v. n. ad II. 152 C.

διαμειρακεύομαι I. 887 A. Hemsterhus. Lucian. 444.

διάμειψις I. 178 E. 393 E. 924 B.

διαμελαίνω neutre II. 921 F. 950 A. I. 371 B.

διαμελίζω discerpo II. 993 A. — music. — ομαι II. 973 B.

διαμελισμὸς II. 355 B. 358 E. 996 C.

διαμέλλω I. 233 A. 447 C. 469 C. 626 F. 651 C. 754 A.

διαμένω πλήρης mansi plenus II. 702 E. simpl. II. 720 D. 723 E. 1020 A. — II. 684 C. — ει ἀκμὴ gladii I. 793 C. vinum incorruptum II. 692 D. — ἄμικτον II. 696 B.

702 C. 725 B. — quiesco II. 923 E. — II. 174 F, 216 B. 1025 C. 1083 B. C. D. E. 1105 A. 1114 E. I. 113 F.

διαμερίζω Plato 651 B.

διαμερισμὸς Zenon. II. 653 E. Sext. Emp. XI. 190. Pyrrh. III. 245.

διαμετρέω — ὕδωρ I. 201 A. — μαι locum I. 679 E.

διαμέτρησις II. 785 C.

διάμετρος — ὥσπερ ἐκ διαμέτρου τὴν ἀντικειμένην χώραν ἔχειν II. 757 A. Basil. M. T. III. p. 154 D. — ἡ circuli II. 935 D. 1028 C. D. seq. 1080 B. 1093 E. — ον congiarium Rom. I. 908 C. — ἡ κατὰ διάμετρον κίνησις II. 43 A.

διαμηχανᾶσθαι ut alibi διαμάχεσθαι II. 131 D. I. 763 E. 768 A. 775 F.

διαμιγνύω τι ἔν τινι II. 1132 D.

διαμικρολογέομαι I. 95 F.

διαμιλλάομαι II. 65 B. 817 C. I. 114 B. 409 B. 728 B. 734 D. 838 D. 860 D. 862 F. 877 B. 942 B. 1033 E. — Plato 544 E. G.

διαμισέω I. 282 F.

διαμνημονεύω τι f. scripto consigno II. 726 C. 866 C. — recordor II. 83 B. 145 A. 163 B. 744 B. — memoro II. 433 C. 985 B. — I. 80 A. 88 C. 156 B. — 337 E. II. 431 C. Plato 698 H.

διαμολύνειν παλίμψαιστον f. διομαλύνειν II. 504 D.

διαμονὴ vini II. 676 B. — II. 113 D. 1055 B. D.

διαμονομαχεῖν τινι II. 482 C.

διαμορφόω II. 722 C. I. 27 B.

διαμόρφωσις II. 1023 C. I. 705 A.

διαμπὰξ I. 559 A.

διαμπερὲς I. 359 B.

διαμφισβητέω II. 755 E. 787 C. I. 979 A. 1017 D.

διαμφισβήτησις I. 255 F.

διαναγκάζω Plato 645 F.

διαναπαύω II. 136 D. 726 D. I. 300 F. 371 A. 557 D. 933 A. — ομαι I. 241 D. 249 A. 819 A.

διαναυμαχέω metaph. II. 787 E. — I. 206 C. 211 C. 212 B. 323 D. 477 E. 571 E.

διανάω perfluo I. 262 C.

διανεμετικὸς pass. divisibilis II. 1003 C.

διανέμησις II. 818 C. I. 941 A.

διανέμω II. 422 E. 424 E. 700 B. 719 E. 723 C. 938 D. 948 A. 1081 D. I. 108 F. 113 C. 159 C. 170 F. 172 E. — σθαί τι πρός τινα II. 194 E. 199 D. 812 A. I. 239 F. 389 D. 905 A. 948 B. — et ὁρίζω differunt I. 71 B. — I. 548 F. 639 C. — dona simpl. docui quid I. 1062 B. — τοὺς ἱππεῖς τοῖς κέρασιν I. 557 B. — τι ἐν ἀλλήλοις I. 924 A. Simpl. distribuo II. 123 A. — δίχας Plato 617 C. 690 F. — κριθὰς καὶ πυροὺς εἰς ἄλφιτα Plato 651 B. — ἐμαυτὸν Plato 667 G. — διανείμασθαι ἐρώτησιν καὶ ἀπόκρισιν Plato 695 A. — astra τὰ διανέμοντα τὰς αἰτίας παντὸς τοῦ κόσμου Plato 696 E. — τὸν ἑαυτοῦ βίον, victum suum administrare, cibo potuque uti Plato 700 A. — ω cui mortem id. 692 F. — pro simpl. νέμω id. 702 F.

διανεύω II. 252 B. ubi v. n.

διανήχομαι II. 1103 E. I. 498 A.

διανίστημι II. 179 A. 596 A. 597 A. 794 E. I. 755 F. 988 E.

διανοέω — οὐδὲ δυνατὸν οὐδὲ διανοητέον II. 1081 A. — οἴομαί τι διανοεῖσθαι II. 1081 C. — simpl. II. 149 D. 157 B. 161 E. 185 B. 197 B. 212 A. 226 D. 1101 E. — τὸ παθὼν καὶ τὸ διανοηθεὶς I. 35 B. — μαι τι πρὸς ἐμαυτὸν II. 419 A. — activ. II. 425 D. — θην statui II. 15 A. — ὡς ἐρῶν Plato 695 B. — μαι ὡς περί τινος II. 764 C. sim. Plat. 565 F. — ὡς ὄντας II. 796 E. 1017 A. simpl. II. 89 C. 111 A. 1079 A. Plato 646 A. 661 E. G. 662 F. 665 F. H. 666 D. 688 C. 696 A. D. E. 699 F. 701 E. F. 703 C. D. E. 704 E. 705 A. — τί τι II. 1079 E. 1085 A. 1091 A. 1107 B. 1117 C. Plato 676 F. — φρονέω I. 481 E. — Plato 576 D. — μαι οὕτω ὡς cum partic. praes. I. 230 F. — μαι τι ὡς βέβαιον I. 269 E. Plato 652 D. — cum inf. consilium capio et perficio Thucyd. I, 18. — ὡς cum fut. particip. Dio Chr. 503 C. 510 D. — διανόημα Plato 671 G. — pass. Plato 697 E.

διανόημα II. 40 C. 41 D. 786 E. I. 743 E. et ἔννοια Jambl. V. P. 185. — αἰσχρὸν opponitur καλῇ ψυχῇ Plato 639 A. fere ut διάνοια. Isocr. ad Demonic. init. — διανοέομαι Plato 671 G. — καὶ βλέπω ἐπὶ μικρὸν Plato 679 B. — μα id. 703 E.

διανόησις differt ab ἔννοια sec. Stoicos II. 961 C. — Plato 665 F.

διανοητικὸς II. 1004 D.

διάνοια II. 133 A. 134 A. 136 C. 1025 D. 1026 A. I. 238 B. F. 276 A. 427 B. 744 A. — I. 51 F. 508 B. 520 E. 557 E. 989 C. II. 683 A. 713 A. 1146 F. — καὶ γνώμη I. 629 A. — Mus. II. 1143 F. — est ἡγεμονικὸν animae Stoicis II. 441 C. — Plat. II. 1001 C. 1002 A. — αν παρέχειν τινὶ II. 588 D. — sensus verborum II. 713 A. B. 1015 F. 1029 A. I. 51 E. 52 E. 55 B. — differt ab αἰσθήσει II. 716 C. 718 D. E. I. 361 B. 1001 A. B. — II. 780 F. — καὶ λογισμὸς II. 960 A. C. — ἔχειν sententiam II. 1014 A. — bis, consilium et animus I. 64 F. — αν ἐπὶ τοῖς καλοῖς κινεῖν I. 162 C. — modo νοῦς I. 152 E. — consilium, finis I. 650 D. — f. ἀδημονία I. 914 F. — propositum I. 805 B. II. 26 A. 172 D. — καὶ ὀξύτης I. 813 A. — τὴν ὑγιείνω II. 894 E. — καὶ φρόνημα I. 897 F. — ejus partes γνώμη et ἐλπὶς I. 902 A. — καὶ φωνὴ I. 970 B. — et σῶμα oppon. I. 1049 B. — sententia dicti II. 36 A. 151 B. — animus II. 39 E. 40 B. 42 C. 43 D. 47 E. — ἐν τῇ. δ. τι ἔχειν II. 116 E. — πρὸ διανοίας τι λαβεῖν II. 118 B. — animus Hierocl. Stob. 481. — οἷας ἀπολαύειν quorumdam Dio Chrys. XXXIV. 413 C. — prudentia Dio Chrys. LXV. 607 D. — mox νοῦς dicitur ib. LXXV. 647 D. — appositio, κεκολασμένος αὐτὸς ὑφ' αὑτὸν καὶ τῆς αὐτοῦ διανοίας Dio Chrys. 657 C. γίνομ. ταῖς διανοίαις ἐν τῷ τότε χρόνῳ Plato 587 B. — διανοίας μεγάλης τοῦτό ἐστι Plato 674 E. — νόσος σώματος πήρωσις Plato 680 D. — τὴν διάνοιαν ἐπὶ μείζοσι γάμοις ἐπέχειν Plato 680 E. — αις βουλήσεις dei oppon. ἀνάγκαις naturae Plato 696 D. — hominis cogitatio id. 702 C.

διανοίγω I. 241 E.

διανομεὺς I. 484 B.

διανομὴ leg. διαμονὴ I. 820 F. Hemsterh. Arist. Plut. p. 318. — fati et providentiae II. 102 E. ubi v. n. — olei quum illinitur II. 696 C. — ην λαμβάνειν dividi II. 744 A. — simpl. II. 818 E. 1017 F. I. 992 F. Plato 600 A. 608 F. G. 609 A. G. 612 B. E. F. 615 D. 621 E. 650 D. — plebi munus II. 1010 B. I. 157 A. 221 B. 220 A. 333 E. 407 F. 949 C. — liberorum II. 1000 A. — I. 71 C. 113 C. 170 E. 484 B. 644 C. 775 A. 830 C. 834 B. 839 B. 922 A. — numeri partes I. 176 C.

διαντλέω — πάθος I. 1051 C.

διανυκτερεύω II. 950 B. I. 263 B. 426 D. 465 F. 730 F. 832 C. 885 A.

διανύω II. 1083 A. — βίον Aristid. I. 232.

διαξιφισμὸς II. 597 E.

διαπαγκρατιάζω II. 811 D.

διαπαιδαγωγέω τι II. 596 F. I. 61 B. 864 F. — τινα II. 614 E. I. 158 C. 383 A. 556 F. 928 E. — τὸν καιρὸν I. 576 C.

διαπαίζω II. 79 B.

διαπαλαίω II. 304 D. I. 587 B. v. n. ad II. 358 C.

διαπάλη I. 214 D. II. 50 F.

διαπαννυχίζω II. 775 D.

διαπαντὸς II. 720 B. 830 E. 917 B. 924 B. I. 363 A. C. 369 B.

διαπαπταίνω I. 180 D.

διαπαρθενεύεσθαι II. 242 C. Aristoph. fr. Glauc. p. 1231. ed. Bergler. — I. 19 E.

διάπασμα quo mulieres sudorem siccant II. 624 E. 990 B. Dioscorid. Mat. Med. I. 6. p. 9 A. et Saracen. it. c. 121. quod vertit Plin. XXI. 19. vid. Sarac. Plin. XIII. 3. XXI. 73. διαπάσσω Dio Chrys. 659 C. ex Herod. VI. 125.

διαπατάω I. 2 C. διαπατημένη δόξα II. 117 A.

διαπατταλεύω I. 1019 E.

διαπειλέω — ομαι I. 706 E. 804 A. — I. 1074 B.

διάπειρα I. 14 B. 186 D. 394 C. 415 A. 686 E. 967 B. 989 E. II. 413 B.

διαπειράω — μαι II. 64 D. 422 A. 1142 C. I. 988 F. Plato 678 E. bis.

διαπείρω — εσθαι ἥλοις II. 567 F. 996 E. — I. 248 F. 421 C. 930 A. 1018 A.

διαπενθέω I. 109 C.

διαπέμπω — μαί τι activ. II. 155 E. 215 A. — dona II. 1097 B. — literas II. 1129 A. — I. 127 F. 505 B. 605 C. 1033 D. E. — σθαι ad quem I. 241 C. 617 B. II. 54 A. — I. 388 D. 580 A. 678 A. 912 E. 1030 E. — ται praetor Romam in provinciam I. 479 D.

διαπεραίνω — μαι λόγον Aristid. II. 398.

διαπεραιόω I. 20 C. 69 B. 468 E. 904 D.

διαπεράω I. 117 B. 123 E. 324 F. 411 E. 417 C. 429 D. 440 E. 497 F. 545 F. 569 A. 571 D. 638 A. 653 E. 660 B. 672 C. 939 B. II. 113 E.

διαπέτομαι II. 41 F.

διαπηδάω I. 445 D. II. 229 D. certo saltu Dio Chr. VIII. 132 C.

διαπικραίνω II. 457 A.

διαπίνω II. 715 D. Athen. 486 B. Cas. ib. 814.

διαπιπράσκω I. 477 A.

διαπίπτω aberro II. 181 B. — Chrys. II. 1048 A. 1052 B. 1121 E. — in pugna II. 303 D. 597 C. Pausan. 561. I. 464 D. 550 B. — fuga I. 588 D. II. 227 A. — in dicendo II. 804 A. — ει λόγος in turbam I. 1063 A.

διαπιστεύω me cui I. 371 E. Sim. I. 336 B. 437 E. 447 C. 586 E. 868 C.

διαπιστέω II. 938 C. 1123 D.

διαπλανάω quem seduco II. 017 E.

διαπλασμὸς II. 877 D.

διαπλάττω II. 200 D. 401 E. 427 B. 981 E. — panem I. 726 E.

διαπλέκω II. 41 E. 154 B. 671 D. — βίον Plato 634 G. — διαπλέξαι hostem I. 937 C.

διαπλέω I. 83 A. 107 A. 344 C. 410 C. 859 C. II. 206 C. — vitam Dio Chrys. 601 A. conf. 446 B. C. Plato 633 F.

διάπλεως τινος II. 651 A. 723 B. 1060 B.

διαπληκτίζομαι τινι II. 760 A. Kuster. Aristoph. Av. 440. Tayl. Dem. ed. Reisk. IX. p. 827. I. 242 D. 370 A. 452 A. 513 D. Cleomed. 473.

διαπληκτισμὸς II. 710 C.

διαπλοκὴ ferri I. 158 B.

διαπνέω transpiro II. 917 D. I. 485 F. ut fugiens vinum vis φαρμάκου perit Dio Chr. XIII. 223 A.

διαπνοὴ II. 702 C.

δια πνόησις vid. διαπόνησις II. 693 D.

διαποικίλλομαι activ. II. 596 D. 710 D. I. 347 C. 437 A. B. 576 B. Plato 655 H. — λος Phintys Stob. 444, 54.

διαπολεμέω I. 153 C. 188 F. 405 D. 529 A. 570 D. 571 C. 572 C. 942 D. 1029 A.

διαπολιτεία II. 510 C. Sic διαπολιτεύομαι Marcell. Vit. Thucyd. p. 6. quod frustra repudiant intt. Reisk. Aesch. Ctes. 584. Casaub. Polyaen. p. 45. Dio Chr. 478 B.

διαπομένω II. 358 B.

διαπονέω φωνὴν I. 849 B. — magistrum II. 844 C. I. 153 F. — Simpl. II. 965 F. I. 47 F. 75 D. 265 C. 357 E. 361 C. 848 B. D. — disciplina v. n. ad II. 358 B. Plato 639 F. 649 G. 653 E. 696 B. C. 704 D. 705 C. — corpus piscis διαπεπονημένον II. 669 C. — praeparatus cibus II. 726 D. Toup. Theocr. T. II. p. 340. I. 518 E. II. 48 A. 130 A. — disp. II. 427 E. sim. 825 A.

διαπόνημα Plato 637 G.

διαπόνησις (ita Ald.) in panificio II. 693 D.

διάπρνος τὸ σῶμα I. 420 F. sim. 569 A. II. 135 F. — I. 1071 A.

διαπόντιος II. 317 C. 407 F. 750 B. I. 200 F. 363 B. 455 E. 531 C. Aristid. I. 378.

διαπόνως pro ἐπιπόνως I. 174 C.

διαπορεύομαι I. 679 A. II. 210 B. 211 C. 229 C. Plato 690 E. 704 F. — inferis Plato 672 F.

διαπορέω — εῖσθαι II. 730 B. —

II. 160 B. 206 B. 207 D. 397 E. 425 C. D. 438 D. I. 1011 E. — εῖσθαι ad incitas redigi Pausan. 563. I. 219 D. 766 E. 831 C. 999 A. — II. 413 A. 422 A. 666 D. 683 B. E. 700 C. 707 C. 1079 D. 1094 E. I. 131 A. 138 A. 140 C. 165 A. 171 C. 172 A. 173 A. 407 C.

διαπορητικὸς II. 395 A.

διαπορθέω I. 68 C. 131 F. 170 F. 377 E. 394 B. 412 B. 439 A. 449 B. 614 C. II. 203 D. — χάρακα I. 1003 E. 1004 A.

διαπορία II. 1095 C. 1127 C.

διάπρασις I. 473 A.

διαπράττεσθαι mulierem, cum ea concumbere II. 404 A. conf. notata mea ad Platon. Symp. 318 F. — τινί τι, alicui quid apud alium efficere II. 577 D. 760 A. I. 873 A. — cum inf. II. 807 F. 1097 C. I. 197 F. 342 C. 385 B. 445 A. 607 B. 632 D. — simpl. II. 816 C. 1118 C. I. 122 D. 163 E. — διαπέπρακται Lat. *actum est* I. 176 F. — ται urbs evertitur v. n. ad II. 183 E. — σθαι bellum I. 549 D. — ἔργα I. 622 E. — med. quid a quo impetro I. 138 C.? 671 C. — ταί τι perit I. 721 A. II. 183 E. — μαι cum inf. I. 899 B. II. 212 D. — ται quid finitur I. 732 E. — σθαι ἔχθραν ἀντὶ φιλίας II. 149 B. — διαπεπραγμένου ἱερείου ut dictum Antipatri de Demade citat. Phocion. init. Synes. p. 272 B. Th. M. V. p. 219. Plut. II. 183 E. 525 C. I. 741 F.

διαπρεπὴς I. 361 A. 486 E. 501 D. 672 F. 740 E. 763 A. 919 C.

διαπρέπω II. 302 A. 771 E. — I. 389 C.

διαπρεπῶς II. 214 D. 873 C. I. 273 E. 353 D. 461 F. 541 D. 720 D. 963 B. 1003 A. 1007 B. 1024 B.

διαπρεσβεύομαι I. 580 C. Xenoph. Hist. Gr. III. 2, 17. Aristid. I. 190.

διαπρίω II. 077 C.

διαπτερύσσομαι II. 1151 D.

διαπτοεῖσθαι II. 247 D. 564 B. I. 371 D. 712 B. 870 D. — έω quem I. 807 A.

διαπτόησις Plato 626 D.

διαπτύσσειν τι ὑπ' αὐγὰς II. 623 C. — Jambl. V. P. 105.

διαπτύω τι nauseo II. 101 C. Aristocl. Euseb. P. E. XV. 791 D. — et rideo Dio Chrys. 477 A. 479 B. — sperno Fragm. Comm. Hesiod. X. 3. — pro διαπτύσσω Philo Jud. 1125 D. — vid. Mang.

διάπτωμα II. 1047 C. D.

διάπτωσις II. 800 A. 1125 C.

διαπυνθάνομαι II. 28 B. 58 D. 149 E. 189 D. 419 D. 708 C. 722 E. 1141 D. I. 374 F. 448 C. 542 D. 766 B. 805 F. 846 D.

διάπυρος I. 388 A. — odium I. 1028 B. Sim. II. 82 A. — fax I. 740 C. — homo igneus, prodigium I. 737 D. — carnifex apud inferos II. 828 F. — ον metallum I. 496 F. — inimicus II. 74 C. 82 A. 89 B. I. 978 C. — locus I. 666 C. — amor II. 21 C. 84 C. 406 A. I. 1033 F. — cupidus ardenter II. 450 F. — πρὸς ὀργὴν II. 577 A. — II. 788 E. affectus 84 C. I. 200 A. 319 E. — acer II. 805 A. I. 75 E. 136 B. — πρός τι I. 494 D.

διαπυρόω — οῦσθαι I. 744 B. animo.

διαπυρσεύω gloriam I. 892 A.

διαπωλέω σῖτον I. 1068 E.

διαρθρόω τι εἴδεσι II. 636 B. 719 E. Jambl. V. P. 103. Upton. ind. Epict. — Simpl. II. 909 B. Porphyr. Abst. I. 31. II. 43. oculis Jambl. V. P. 70. Fragm. XXIV. 1. Stob. 394, 4. Plat. 579 E. 694 H. — οῦσθαι membris bene formatum esse I. 589 F. — linguam I. 850 E. Porphyr. Abst. III. 3.

διάρθρωσις I. 51 A. 237 F. 909 B.

διαριθμέω quid apud se II. 740 D. — II. 740 E. I. 322 E. Plato 699 E. F.

διαρίθμησις II. 27 C.

διαρκέω I. 90 E. 142 D. 189 E. 453 B. τι retineo, si vera est lect. II. 649 D. Aristid. II. 102.

διαρκὴς II. 138 F. 377 E. 560 B. 626 D. 1085 D. 1116 D. 1120 D. I. 180 D. 269 F. 302 F. — I. 91 C. 427 B. 680 C. 761 F. 787 D. 846 C. 864 F. Aristid. I. 382. 540. 543. II. 36.

διαρκῶς II. 940 C.

δίαρμα v. n. ad II. 165 C.

διαρμόζω — μαι II. 797 B. 1017 A. 1025 A. 1096 A. I. 108 E. — act. II. 983 C. — οσμένος I. 745 F. — μαι τὸν βίον II. 88 A.

διαρπάζω I. 100 E. 101 E. 124 C. 132 F. 134 D. 147 B. 397 B. 511 E. 620 E. 653 C. 1031 A. II. 174 A. 195 F. 197 D. 200 E. — παγησομένη I. 1067 F.

διάῤῥαμμα II. 978 A.

διαῤῥάπτω II. 978 A. I. 794 A.

διαῤῥέω pass. ποταμοῖς II. 953 E. — de cadavere putrescente II. 296 C. — aqua e manu II. 1082 A. — fluvius per regionem II. 1130 C. — εἶ fama evanescit I. 268 B. — exercitus I. 468 E. 614 C. 618 D. 753 B. 913 B. 1046 C. — luxu I. 603 D. — διεῤῥυηκὼς ὑπὸ πλούτου καὶ μαλακίας II. 32 F. — animus inexercitatus II. 90 C. — metu Dio Chr. 610 B.

διαῤῥήγνυμι II. 995 B. I. 81 A. — invidia Gatak. M. A. 239. — f. clamando Dio Chr. 605 A. — διεῤῥωγὼς χιτὼν II. 82 B. — ται κεκραγὼς Dio Chr. XXXI. 344 B. — σθαι invidia Dio Chrys. 505 A. Aristid. I. 489.

διαῤῥήδην II. 552 A. 965 D. 1062 C. 1075 B. I. 1018 E. Plato 654 G. 661 A. C. 662 A. 669 G. 683 D. 691 A. Aristid. I. 144. 307. 356. 532. 536. II. 12. 18. 39. 110. 131. 161. 263. 359.

διάῤῥησις Plato 683 D.

διαῤῥιπτέω I. 726 E.

διαῤῥίπτω II. 722 B. I. 128 C. — pro διαιρέω II. 1141 C. I. 360 B. — pro ἀποῤῥίπτω I. 267 E. — literas I. 588 B. 645 E. — sacrificium I. 599 B. — τινί τι I. 751 B. — διεῤῥιμμένα Plato 654 F.

διάῤῥιψις I. 448 B.

διαῤῥοὴ plur. meatus II. 699 A.

διάῤῥοια κοιλίας I. 423 C. — I. 691 A. II. 125 F. 128 F.

διαρτάω disjungo I. 248 D.

διασαίρω — διασεσηρὼς I. 412 D.

διασαφέω II. 677 A. 764 A. 1013 B. 1023 E. 1024 B. I. 537 E. 555 A. Hierocl. Stob. 462. Plato 614 D. 676 G.

διασείω illude II. 580 D. 704 D. Victor. Aristot. Rhet. p. 612. — excito II. 663 D. 1059 A. — caput II. 435 C. — II. 1099 C. I. 306 E. 498 B. 832 C. Aristid. I. 380. — remp. I. 866 E. Sim. Galen. T. II. 17 E.

διασημαίνω II. 980 E. I. 146 F. 174 D. 631 C. 892 C. 833 A. 854 E. 998 C. — ore I. 1037 C.

διάσημος I. 832 C. 981 F. II. 1 C.

διασήπομαι II. 299 F.

διασιωπάω I. 602 B. 816 C. II. 209 D.

διασκαλεύω dentes II. 980 E.

διασκάλλω II. 981 B.

διασκάπτω I. 405 A. 572 D. 735 B. 815 F. — οἶκον pro τοιχωρυχεῖν II. 213 D.

διασκεδάννυμι minas alicujus II. 815 D. I. 169 F. 343 F. — I. 470 B. 772 E. 839 D. 975 B. — ται hostis I. 700 C. — μι vim cujus I. 711 D. — hostes I. 822 E. 935 C.

διασκέπτομαι I. 450 E. II. 86 C. 119 B. 229 E. Plato 654 C. 679 H.

διασκευάζω milites II. 346 E. 327 A. — I. 141 B. 142 D. 283 A. 1067 E. Galen. Pr. T. II. 14 E. librum Oenom. Euseb. P. E. V. 529 B. VIII. Arist. Eus. 354 C.

διασκευὴ comicae personae Dio Chr. 391 B. — 552 A. Suid. Τιμόθεος.

διάσκεψις deliberatio I. 254 E.

διασκίδνημι I. 181 B. 328 E.

διασκιρτάω I. 590 B.

διασκοπέω — εῖσθαί τι med. I. 196 A. 992 A. — I. 555 C. Plato 654 C.

διασκώπτω II. 82 B.

διασμάω Dio Chr. XXXII. 375 D.

διασμήχω II. 693 D. Aristoph. Nub. 1239.

διασοβεῖσθαι v. n. ad II. 32 D.

διασπαθάω I. 874 D.

διασπαράττω II. 982 D.

διάσπασις II. 721 A.

διάσπασμα aciei I. 266 A. 343 D. 358 F. 361 E. — II. 721 B. 77 A. 53 F.

διασπασμὸς II. 129 B. 417 C. I. 373 A. 404 D. 632 C. 680 C. 822 A. 938 D. E. 1003 C. 1014 E. 1072 A.

διασπάω Simpl. II. 138 E. 722 B. — ταὶ factio I. 709 F. sim. Plato 687 F. — hominem metaph. Dio Chrys. 506 C. — II. 398 A. I. 293 E. — διεσπασμένος ejectus. dissipatus II. 652 E. 1129 E. — τὴν ἀνταυγείαν II. 696 A. 921 C. 936 C. — ignem materia injecta II. 696 C. — I. 131 D. prorumpo 376 A. — phalanx I. 358 B. 360 E. 393 B. 416 D. 421 A. 666 B. 807 D. 937 C. 978 C. 1007 C. — εσπασμένος locus I. 675 D. — vallum hostium I. 747 C. 923 E. 935 B. — μαι quem lacero I. 740 C. — άω ib. D. — ται oratio I. 848 E. — tentorium I. 911 A. — claustra I. 987 E. — σθαι virgis lacerari I. 993 E. bis. — μαι acies mea nimis extenditur I. 996 A. — ω τὸ κοινὸν I. 1038 C. — hominem discerpo I. 1056 D. — se ipsum II. 144 D. 167 C. — amicitiam Plato 660 G. — σθαι quem Aristid. II. 139. — ταῖς φυλακαῖς id. I. 537.

διασπείρω II. 681 A. 689 E. 695 D. 720 D. 740 D. I. 59 D. 6 A. — I. 101 E. 144 B. 172 A. 228 C. II. 99 C. ignem e longinquo in domos I. 977 E. — σθαι fuga I. 859 B. — ἐκ διεσπαρμένων colligit historiam Plutarchus I. 846 D. — ται phalanx I. 585 D. calor e corpore I. 995 E. — ται ventus I. 572 A. — ονται milites I. 462 B. 590 E. 816 F. — ονται capti, sc. divenditi I. 376 F. — διεσπαρμένοι distributi II. 772 B. Plato 630 E. — famam I. 862 C. — ει nix auras II. 938 D. 939 E. — tela II. 978 C. — II. 395 F. 1088 A. — pass. λόγοι II. 431 D. — act. II. 398 F. 399 A. I. 448 B. 627 E. — fluvius in stagna divisus I. 286 B.

διασπορὰ II. 1105 A. 1109 F. I. 967.

διαστασιάζω I. 32 D. 148 B. 322 D. 377 C. 987 A.

διάστασις Harm. idem ac διάστημα II. 1020 A. B. 1022 B. 1027 C. 1077 E. 1081 A. — dissidium I. 221 C. rectius dictum quam στάσις Plato 611 F. — conjugii I. 257 B. 474 C. 881 B. — discrimen, dijudicatio II. 1035 D. — labiorum in enunciando II. 738 B. — segregatio II. 427 C. 428 C. 429 D. 430 D. 885 D. I. 232 B. — distantia II. 428 C. 925 A.

διαστατικὸς II. 952 B. I. 647 D.

διαστατὸς II. 1023 B. — τριχῆ Porphyr. Abst. II. 37.

διαστέλλειν velum diducere II. 471 A. — II. 182 D. 920 D. 950 B. I. 17 B. 951 C. — εἴσω lumen solis II. 517 B. Sim. I. 1036 F. — καὶ φράζειν, f. διαγγέλλειν II. 736 B.

διάστημα Math. II. 367 F. 389 E. 1014 E. — 744 C. music. 1020 E. — astron. II. 411 A. 603 E. 936 A. — . . . τι καὶ κέντρῳ περιγράφειν II. 513 C. vid. περιγράφω. 776 F. 822 C. — Simpl. II. 655 D. 721 B. D. 1003 D. 1098 D. — ἐκ διαστήματος II. 681 C. — in saltatione II. 747 C. — διακόπτειν II. 879 E. sim. 77 A. — temporis II. 884 B. 1007 B. — arithm. II. 1017 D. 1027 B. D. — Mus. et arithm. II. 430 A. 1017 E. 1018 E. 1019 A. 1020 A. B. E. 1021 D. E. F. 1022 A. B. C. 1024 A. 1027 B. 1028 D. — II. 306 F. 1082 E. F. — Mus. II. 1138 D. 1139 A. C. 1142 E. 1145 A. B. C. D. — loci I. 463 E. 592 F. 1030 C. — aciei I. 733 E.

διαστολὴ — in naso I. 861 B. — et συστολὴ II. 903 F. 904 B. — differentia II. 893 D. — distinctio II. 1079 B. — εἰς διαστολὰς aedificare I. 536 A.

διαστρατηγέω I. 261 F. 316 B. 392 D. 467 A. — pro παραστρ. I. 762 E. — f. ἰδίᾳ στρατ. 1053 B.

διαστρέφω ἀλήθειαν II. 868 D. Aristid. I. 485. — deus homines II. 1048 E. 1049 D. — quem, nauseam cui facere, II. 1128 B. codd. διατρέπω. — perverse interpretor II. 19 E. sim. 40 A. bis. Demosth. ind. — τὸ πρόσωπον I. 535 A. D. — Sim. Dio Chr. XVII. 253 C. — pass. II. 38 B. C. 165 B. 658 E. I. 522 C. — simpl. II. 66 C. 166 B. 735 B. 607 D. I. 143 D. 160 E. 539 F.

διαστροβέω II. 554 F. I. 491 F.

διαστροφὴ anguli II. 930 A. — et διατροφὴ oppon. II. 1072 B. — disciplinae II. 1142 B. — I. 889 A. II. 164 E.

διασυγχέω II. 1078 A.

διασυρμὸς et διασυρισμὸς Wessel. Diod. Sic. I. 724.

διασύρω II. 57 C. D. 175 B. 480 B. 631 E. 803 C. 833 C. 845 B. 1073 C. 1346 A. I. 625 D. 782 B. — Jamblich. V. P. 234. Dio Chrys. 514 D. Aristid. I. 506. 510. II. 130. 135. 293. 296. 326. — τινα τοῖς ὀφθαλμοῖς II. 500 A.

διασφὰξ II. 515 C. Conf. Ruhnken. Tim. p. 61. Valcken. Eurip. Ph. p. 600. — II. 1126 B. Aristid. I. 272.

διασφενδονέω supplicium I. 690 B.

διασφενδονίζω I. 300 D.

διασχηματίζω II. 926 E. 1016 E.

διασχίζω ξύλα Hierocl. Stob. 491. — Plato 667 H.

διασώζω Simpl. II. 422 D. 721 B. 746 A. 831 D. 941 C. I. 112 D. 139 C. — pass. διασώζεσθαι πρός τι II. 626 B. — μαι φεύγων εἰς ὄρος II. 869 B. — Sim. Jambl. V. P. 193. — ζω με I. 983 A. — τὸ πιθανὸν II. 431 A. 695 B. — I. 561 C. 564 A. E. 770 B. 802 B. 924 D. II. 20 C. 102 C. 135 C. 225 E. 229 F. 240 A. — I. 237 C. 238 E. 318 E. 382 D. 461 D. 489 A. 492 B. E. 541 D. —

διάταγμα consulis vel magistr. II. 820 E. I. 312 E. 621 E. 625 D. 735 F. 918 A.

διάταξις reipublicae II. 1125 C. D. F. 1126 A. I. 65 E. 76 A. 78 C. 253 B. 333 E. 516 F. 520 B. 639 B. 643 D. 644 D. 645 A. 774 C. 840 D. — mundi II. 119 E. — f. restit. Jambl. V. P. 217. conf. 216.

διαταράσσω II. 683 A. 1104 D. I. 32 D. 343 F. — Pass. in demonstrando II. 630 A. — σω quem, aliquis me viso perturbatur II. 594 F. I. 373 F. — II. 17 D. 28 C. 82 F 699 D. 1123 E. I. 15 C. 84 A. 150 F. 365 B. 372 F. 393 B. 404 E. 444 D. 581 F. 620 C. 736 A. — hostem I. 557 A. — μαι sc. animo II. 161 A.

διαταραχὴ II. 317 B.

διάτασις v. n. ad II. 127 D. adde I. 223 F. Aristot. Polit. VII. 17. p. 960. ed. Heins.

διατάττω II. 993 C. 1124 D. 1129 A. — aciem II. 797 B. — I. 160 B. an muto ? 360 E. II. 111 D. 207 D. 238 E. Dio Chr. 470 B.

διαταφρεύω I. 652 D.

διατείνω mathem. II. 63 B. — διατεινάμενος τοῦτο εἴποιμι II. 2 C. Aristocl. Euseb. P. E. XI. 511 C. — διατείνειν εἴς τι, pertinet, refertur II. 103 ? 1038 A. 1041 C. 1050 C. 1056 D. 1068 E. 1078 E. 1142 F. 1143 D. II. 54 D. Jambl. V. P. 101. 200. — faciem II. 456 C. — ει ira in ἔργα I. 378 C. — μέχρι τούτου II. 642 E. 694 B. Wessel. Diod. Sic. I. 318. — διατείνοντα quid audire II. 711 D. — διατεταμένος colossus II. 779 F. — ει quid διὰ γένους εἰς φύσιν II. 820 A. — ει quid ἀπό τινος εἴς τι II. 903 B. — Med. affirmo II. 1042 A. Sim. Wessel. Diod. Sic. I. 563. Upton. Epict. p. 237. I. 305 E. Aristocl. Euseb. 511 C. — I. 725 C. 750 B. II. 2 B. Oenom. Euseb. P. E. 227 D. 257 B. Dio Chrys. XII. 205 C. XIII. 222 D. XVII. 247 D. XXXI. 319 A. XXXII. 384 D. — ὑπερδιατ. L. 542 D. Aristid. I. 434. — voce I. 240 D. — γένος, permanet gens in tempus, I. 316 D. 345 A. — διατεταμένη φοινικὶς ὑπὲρ σαρίσσης, ita leg. pro διατεταγμένη I. 358 E. — μαι λόγχην I. 471 A. — ει ἡ χάρις πρός τι I. 479 E. — duro I. 735 E.

διατείχισμα II. 871 F. I. 138 F. 140 D. 141 F. 343 C. 344 A. 971 C. 979 B.

διατελέω v. n. ad II. 13 A.

διατέμνω quem, sc. articulatim vel medium Dio Chr. XXI. 271 B. Cas.

διατήκω II. 659 B. 665 B. 691 F. 695 D. 978 B.

διατηρέω II. 127 C. 216 E. 701 F. 723 E. 1120 F. I. 41 E. 173 C. — quem quid I. 350 D. 353 E. — bellum continuo I. 973 A. — urbem I. 1069 D.

διατίθημι afficio II. 681 D. — ἡδέως II. 708. 712 F. — σχῆμα saltator. II. 747 C. Athenaeus 628 E.

— κρίσιν Porphyr. II. 1. — τινὰ subintell. ex anteced. de Venere II. 768 E. — instruo, compono I. 124 B. — τινὰ bene aut male Wessel. Diod. Sic. T. I. p. 99. et quos laudat Bergler. Alciphr. II. 1. Hemsterh. Lucian. Nigr. 38. Plutarch. II. 606 B. — σθαι τὴν παιδιὰν ἔν τινι I. 810 B. — διατίθεσθαι λόγον etc. v. n. ad II. 379 A. — ὥραν II. 530 A. I. 986 E. — pass. ἡδέως II. 630 B. (pro ἡδέως male ἥδεσθαι 709 C.) 760 C. — σθαι ἐρωτικῶς πρός τινα I. 805 B. — μι quem οὕτως I. 832 C. — mala eos διέθηκε II. 96 B. — μαι testamentum facio Plato 678 H. 679 A. B. C. D. E. F. G. II. 680 B. I. 66 F. 161 D. 797 D. — et συντίθημι λόγον oppon. Aristid. I. 46. — μαι bellum, compono Aristid. I. 458. — ἀγῶνα f. διαθεύσεται pro διαθήσεται id. II. 245. — ἄλην Dio Chrys. 476 B. — μί τινα κακῶς II. 227 A. — pass. κακῶς II. 125 E. — quem οὕτως ὡς cum infin. I. 1049 A. — dictum constituo, corrigo I. 1027 C. Aristid. I. 25. — πόλεμον pacem facio I. 960 D. — διατίθεμαι vitam, vivo, vitam dego II. 789 C. — nude, affici quodammodo II. 1025 F. I. 82 A. 153 A. — vendere v. n. ad II. 297 F. — affici χαλεπῶς I. 171 A. — διατίθημί τινα φανταστικῶς II. 433 C. — suas res tractare Plato 682 A. — consumo I. 297 A. 521 C. — μι πανήγυριν I. 375 E. — μαι quem ὁμοίως persuadens idem I. 396 B. — μι scriptionem compono I. 491 E. — μαι in quem bene, pass. I. 589 A. — μι ἀγῶνα I. 607 C. — simpl. compono I. 914 D.

διατινάσσω στρώματα Hierocl. Stob. 491.

διατμίζω II. 624 D. 695 C.

διατοιχέω parietem muto Aristid. I. 461.

διάτονος music. II. 744 C. 1029 A. 1134 F. ter. 1135 A B. 1142 D. 1143 E. 1145 C.

διατοξεύσιμος χώρα I. 510 D.

διατορεύω II. 1083 E.

διάτορος II. 325 C. — II. 303 E. Dio Chrys. 30 C. 77 A. Eunap. 72.

διατραχηλίζεσθαι tempestate II. 501 D.

διατραχύνω ventus fluctus II. 979 B.

διατρεπτικός τινος λόγος II. 788 F.

διατρέπω perterreo II. 796 F. 1128 B. I. 350 E. 765 B. — II. 196 A. 208 E. 222 B. — convertere, attentum reddere II. 87 E. 462 C. — pass. II. 785 E. 434 E. — Med. vito I. 266 A. Dio Chrys. XXXI. 332 D. 488 C. 610 C. — II. 208 E. 222 B. 434 E. 442 F. pudore 471 B. 529 B. 530 C. 532 C. 536 C.

διατρέφω — ομαι παρημελημένως II. 340 D. — I. 10 B. 270 E. 983 F. 905 A. 912 E.

διατρέχω — tumultus I. 702 E. — fama I. 390 E. II. 434 B. venae metalli — I. 399 B. — τινος μώλωπες II. 564 D. — ει quid in corpore nostro II. 786 E. — rumor I. 969 D. — munera, honores I. 422 B. — curro ultro citroque I. 423 C. — vitam Plato 633 B.

διατρέω II. 343 E. 994 E. I. 315 D. 992 C. 1073 C.

διατριβὴ mora I. 64 F. 108 B. 120 C. 121 D. 414 B. 507 D. 536 C. 537 C. 561 B. 622 F. 758 E. 935 B. 1070 D. 1071 B. II. 48 B. 721 B. Simpl. I. 112 C. 126 D. — I. 349 E. II. 51 E. — locus in quo philosophi congrediebantur I. 350 B. 850 B. II. 832 C. 837 A. 850 B. 929 B. — περὶ λόγους II. 667 D. 789 C. I. 63 B. 521 B. 965 A. Aristid. I. 18. 35. II. 311. — conversatio et dissertatio philosophorum I. 172 A. 243 A. 743 C. 1028 C. II. 43 E. 58 F. 70 E. 71 E. 80 A. 133 E. 135 D. 137 D. 605 A. 796 D. 1078 C. 1107 E. 1130 C. — generatim, consuetudo, studium, conversatio cum hominibus I. 526 A. — καὶ σχολὴ locus II. 668 A. — περὶ παιδιᾶς I. 759 E. — domicilium I. 768 D. — παιδικὴ I. 848 B. — ἐν παισὶν 861 F. — f. schola I. 879 C. — ap. philosophos I. 883 F. — luxuries I. 920 A. — bono sensu I. 961 D. 967 C. — malo sensu I. 961 F. — διατριβαὶ I. 1070 E. II. 61 A. — διατριβὴ νέων II. 80 A. — in otio I. 279 D.

338 B. — locus oblectationi aptus I. 370 C. 487 C. — in loco I. 407 B. — ἐλευθέρα I. 192 F. — ἣν παρέχειν cui I. 196 F. 777 A. — βὰς ἔχων hortus I. 204 C. — ludibrium I. 240 E. 509 E. 1043 A. Dio Chr. 614 C. — περί τι studium I. 255 E. — oblectatio I. 643 D. Petav. ad Synes. p. 46. II. 128 E. Dio Chrys. IV. 74 D. — voluptas II. 662 A. 705 B. 710 D. 1092 E. 1130 B. I. 41 E. Casaub. Athen. 37. — βὴν τοῦτο παρέχειν, quaestionem II. 701 A. I. 154 A. 159 B. 162 A. — ἐν λόγοις ποιεῖσθαι II. 713 C. — οὐκ ἄχαρις II. 734 D. — schola II. 854 A. Upton. Epict. p. 5. Aristid. I. 82. 83. — τῆς σχολῆς οὐκ ἐφιεμένη Aristid. I. 146. — ἣν εἴχομεν περιφέροντες τοῦτον Aristid. I. 348. tempus terebamus. — τόπος τεταγμένος διατριβῆς, forma scholae suis legibus ordinatae Aristid. I. 353. — βὴν καθίσταμαι ib. 353. — schola ib. 512. 517. 522. II. 249. — ἐν λόγοις id. II. 2.

διατρίβω II. 120 B. 128 B. 199 C. 200 C. 230 F. 979 C. — τινὰ moror II. 871 E. — περὶ λόγους II. 159 D. 842 C. 941 E. 985 E. — in oratione II. 982 E. — ἐπί τινι I. 91 C. — numen in materiam compello, inesse statuo I. 538 F. — ει philosophus περὶ τοὺς νέους I. 805 D. Sim. Aristid. I. 342. — τὸν χρόνον I. 944 E. 1049 B. Aristid. II. 130. — ἐν ἀπορίαις cogitatione I. 989 C. — περὶ φιλοσοφίαν II. 8 A. — οὐκ οἶδ' ὅτι δεῖ πλείονα λέγοντα διατρίβειν II. 8 B. — βω ταῖς ψυχαῖς περί τι Isocrat. 229.

διατροπὴ ναυτιώδης II. 442 F. Wessel. Diod. Sic. II. 191. — animi, metus Dio Chr. 478 B.

διατροφὴ II. 991 E. Menand. Cler. p. 8. — I. 484 D. 672 A. II. 131 F.

διατρύγιος vinum ap. Hom. II. 692 E.

διατρώγω II. 1126 E.

διάττω II. 326 B. 564 A. 722 A. 893 C. — διῆξε rumor I. 179 C. — διῆκτο I. 294 A. — διῆξε Dio Chr. 453 A. — οἱ διάττοντες stellae II. 416 D. 1087 F. I. 439 D. F. 800 C. Aristid. I. 45. Hemsterh. ad Lucian. T. I. 338. Aristid. I. 252. 318. 361. Basil. M. III. 351 D. Greg. Naz. E. 242.

διατυλίσσω Sext. Emp. 279.

διατυπόω II. 83 A. Plato 654 B.

διατύπωσις I. 705 A. — Schem. Rhet. Vit. Hom. §. 67.

διαυγάζω II. 893 D.

διαυγασμὸς II. 893 D.

διαύγεια II. 914 B. 915 A. B.

διαυγὴς vinum II. 692 F. — lapis II. 894 C. — Simpl. II. 395 E. 939 B. 943 D. I. 440 D. 697 C. 938 B.

διαύγω — ει dies I. 1037 C.

δίαυλος metaph. II. 936 B. Anaxand. Stob. 437. Alexis Stob. 601. — Certamen, explicat Pausan. 420. I. 896 C. Plato 644 E. F.

διαφαγεῖν II. 505 D. I. 192 C.

διαφανὴς II. 434. — non pellucidus, sed purus, splendidus. — ἔς τι γίνεται II. 766 E. — II. 943 B. I. 770 F. — καὶ διάπυρος candens II. 567 C. Wessel. ad Herod. II. 92.

διαφαίνω τι II. 757 E. (764 A. ma. B. E.) 933 F. I. 619 D. 681 D. 1050 A. — neutr. II. 931 E. — pass. II. 933 C. I. 371 B. 385 A. 546 B. — I. 3 B. 308 E. 430 A. — pro simpl. φαίνομαι I. 154 B. — ταί τι I. 333 B. — μαι I. 710 B. — ω ἦθος I. 821 A. 835 A. — virtutem I. 1028 D.

διαφαρμακεύω aegrotum II. 157 C.

διάφασις v. n. ad II. 354 B.

διαφαυλίζω II. 299 C.

διάφανσις II. 929 B. 417 B. f. Toup. Cur. nov. Suid. p. 32.

διαφερόντως II. 723 D. I. 65 A. 93 F. 165 D. Eunap. 40.

διαφέρω II. 111 C. — Aristid. I. 505. — ἐμοὶ οὐδὲν διαφέρει Plato 689 D. — antecello Plato 694 H. 695 C. 702 A. — II. 40 E. 43 E. 462 D. 737 E. 747 B. 824 D. I. 156 A. 322 A. 355 D. Plato 654 D. — οὐ διαφέρει τοῦτο πρὸς τὸν λόγον refert II. 1022 F. 1092 A. — med. vagor I. 140 B. — act. imperium per multum tempus gero I. 161 F. Dio Chr. 538 D. — simpl. diversus sum II. 65 A. 147 B. 154 A. 149 F. 197 C. 199 A. Plato 703

C. — ω bellum Aristid. I. 158. sim. 379. — μαι οὐ non curo, non studeo cui rei, cum inf. Dio Chrys. XXXI. 343 A. XXXII. 375 C. — τινι περί τινος 658 D. — ω οὐδέν τινος II. 142 A. 145 A. 147 D. 174 C. 218 C. 225 A. — ται φήμη II. 163 C. — ει differt II. 126 A. — ει οὐδὲν II. 135 B. — διαφέροντες hostes vel amici II. 577 A. — ων ἀρετῇ II. 709 E. — διαφέρει aqua ποθῆναι, differt II. 725 B. — perfero, tolero II. 771 B. Duker. Thuc. VI. p. 412, 1. — I. 574 C. Aristid. I. 548. II. 194. 213. — μαι et συμφέρομαι oppon. v. n. ad II. 80 D. — διαφέρω τοὺς ὤμους εὖ saltando II. 961 E. — διαφέρει οὐδὲν ὁ λέγων τοῦτο τοῦ λέγοντος ὅτι II. 962 C. — τι διοίσει τοῦ cet. II. 1023 A. — διαφέρεσθαι εἰς ὄνου πρόσωπον II. 1064 B. — pro διαφορεῖσθαι v. n. ad II. 97 F. — bono sensu II. 591 F. — transigere vitam II. 944 C. — διαφέρειν τὴν ψυχὴν II. 133 D. tractare, διάγειν sim. 134 A. — tempus, neutre, perdurare II. 258 C. — τινὸς οὐδενὶ οὐδὲν II. 453 E. — τίς μοι μᾶλλον, carior mihi est II. 986 C. — τινὸς πρός τι II. 988 F. Restituend. Dioni Chrys. XIX. 261 B. — οὐδέν τινος II. 1128 D. — ται liber, vagatur, fertur I. 41 E. — ειν τινὰ pro τινὸς aliquem superare Wessel. Diod. Sic. T. I. p. 117 Dio Chr. 339 D. — κατά τι II. 1132 F. — caput I. 178 A. — σθαι πρός τινα I. 221 F. — curis I. 224 A. 397 D. 410 F. — εἴς τι Plato 681 C. — διαφέρων ἰδίᾳ abund. Plato 681 B. — lusus in ambiguo διαφέρω et διαφερόντως Plato 644 C. — ω τι fama quid differo, spargo, circumfero Dio Chr. XLII. 504 A. — ει τι καί τι subintell. ab alio, non pro τί τινος Dio Chr. XIX. 261 B. — ω καὶ κινεῖ τὰ πάθη hominem Fragm. I. 1. — lectio διαφέρει πράως τὴν φωνὴν II. 130 C. — διενεγκόντες ταῖς ἀρεταῖς II. 119 D. — ὁ ἄωρος θάνατος ὡς πρὸς τὴν τῶν ἀνθρώπων φύσιν οὐδὲν διαφέρει II. 113 C. — οὐ — μαι cum particip. non diffiteor me hoc fecisse II. 80 D. — μαι viam persequor II. 77 A. — τὸ διαφέρον πρὸς ἡδονὴν καὶ ὠφέλειαν II. 64 B. — τὰ διαφέροντα res magni momenti II. 43 E. — ρει μοι τοῦτο πρός τι I. 240 B. — ψῆφον I. 247 E. 710 D. 829 B. 865 A. Dio Chr. 516 A. — τινὶ excello aliqua re I. 300 F. 944 D. — ονται αἱ γνῶμαι perferuntur I. 311 E. — ω quid, perfero, perduro I. 888 A. Aristid. I. 92. — μαι oberro I. 420 D. 969 A. — τῇ γνώμῃ fluctus animo I. 452 D. — ειν δι' ἀλλήλων differre a se invicem I. 456 A. — ρω τῷ φρονεῖν I. 526 D. 631 A. II. 58 C. — ται transfertur I. 592 C. — ται mari, provehor I. 636 B. — circumferor I. 655 E. 822 E. — currus I. 690 A. — noctem dego I. 694 E. — ω πολλὰ ἐν ἐμαυτῷ agito I. 723 E. — σθαι fuga I. 724 A. — ρω τὸ σῶμα moveo me I. 739 D. — διαφέροντά μοι, res magni momenti mihi I. 738 F. 991 D. II. 73 A. — μή τί σοι διαφέρει I. 806 D. — ω transfero I. 880 D. 901 E. — ται quid in pompa I. 1002 A. — movetur I. 1004 A. — agitari motu I. 1065 A. II. 97 F. — ται ναῦς II. 419 B. 563 F. — quid καθ' ἕκαστον in convivio II. 615 B. — in comoedia II. 712 B. — quid per fluvium II. 725 C. — διαφοράν τινι II. 832 A. C. — in mixtura II. 1078 B.

διαφεύγω — τὸν ὄχλον II. 590 B. — II. 153 A. 162 A. 186 D. — de inanim. II. 655 E. 675 C. 680 C. 699 B. 1030 C. — γει τί τι, res Aristid. I. 116. — γον ῥῆμα et ὄνομα διώκειν II. 80 D. — refugio quid I. 998 F. — ει ἡμᾶς ὁ λόγος II. 690 F. Plato 667 D. — simpl. II. 397 C. 723 A. 743 B. 1072 C. 1077 A. 1084 B. 1092 A. 1118 F. 1122 D. I. 133 C. 145 E. 147 B. 550 B. 559 D. bis. — crimen II. 816 B. Plato 688 F. — τι memoriam II. 935 A. 961 A. — differt a φεύγω II. 1098 E. — Sol nubila II. 431 F. — me quid, fugit, latet II. 41 C. 407 E. 523 F. Plato 695 G. — me verbum, quod quaerenti non venit in mentem I. 196 C. II. 80 D. — ουσί με αἱ πράξεις I. 239 A. — διαφεύγω τὸν καιρὸν negligo tempus I. 282 A. Sim. Plato 668 C. — Simpl. I. 578 C. 685 A. 789 F. II. 16 C. 28 D. 61 E. 79 C. 131

C. — ει τι latet I. 586 B. 846 D. — γω τι I. 620 A. 734 B. 882 D. — ει τι meum λογισμὸν I. 854 B. — διαπεφευγὼς leg. — φυκὼς I. 867 C. — ω φεύγων I. 946 F.

διάφευξις II. 977 E.

διαφθάνω I. 891 E.

διαφθείρω tollo phil. II. 1084 A. — II. 60 A. 66 D. 110 D. 126 B. F. 133 B. 134 E. 183 B. 217 D. 239 E. — urbem diruo II. 1126 F. — occido II. 188 C. 195 D. — stupro II. 175 D. 825 C. 856 E. I. 184 F. 213 D. 515 A. 770 D. 962 F. 1057 F. 1061 D. διαφθείρω an possit notare *concoquo cibum* II. 128 D. — seduco quem I. 98 A. D. — ομαι οὕτως, eo amentiae procedo II. 487 F. — διεφθορὸς ἦθος II. 767 B. — ὼς II. 402 E. 791 D. 935 A. I. 276 E. passiv. laxat Lucian. III. 557. — amitto II. 968 A. — pass. pereo aqua II. 985 A. — I. 126 C. II. 67 F. 68 C. — act. et pass. I. 136 A. διεφθορότων λόγων κακοὶ ζῆλοι Dio Chrys. 30 A. — speciem, formam I. 126 C. II. 185 E. — φθαρμένος animo vel alites II. 139 A. — ων seipsum luctu II. 117 F. — ω quid, perire sino, amitto invitus II. 87 B. Dio Chr. VII. 98 D. — μαι oppositum τῷ σώζομαι Moral. II. 85 D. — ων vir -ουσα γυνὴ II. 73 E. — ω καὶ λυμαίνομαι τὴν ἀκρόασιν, orationem auditam male accipiendo et interpretando corrumpo II. 40 A. — μαι voluptate I. 1061 C. — μαι felicitate I. 1018 B. — μένος κακίᾳ I. 979 E. — ρω τὴν ἀρετὴν sc. meam I. 979 A. — αρμένον ὕδωρ I. 923 C. — νίκην I. 902 D. — ἐμαυτὸν I. 899 B.? — τοὺς καιροὺς I. 869 A. — ορὸς ὑγρὸν corporis I. 830 E. — ω τὴν πρᾶξιν I. 822 E. — σθαι ὑπὸ κενῆς δόξης I. 803 A. — ται βλέμμα I. 802 F. — ρω quem pecunia corrumpo I. 164 D. 292 C. II. 193 C. — hostium naves I. 166 D. — διέφθορε active II. 1141 F. — formam corporis I. 192 E. — interficio hostes I. 211 C. 233 A. 234 F. 237 F. 238 B. 250 B. 251 B. 252 B. 302 E. 364 B. 383 D. 385 D. 416 F. 463 E. 479 C. 582 E. 629 C. 733 B. 869 C. 905 D. 934 B. 985 B. 1005 F. 1012 E. 1071 C. 1072 C. II. 203 A. 211 D. — διαφθείρεσθαι metu I. 282 E. — seduco quem pecunia vel alia ratione I. 326 D. 365 B. 377 D. 390 A. 469 D. 570 F. 603 E. 646 F. 650 C. 657 F. 780 D. 783 F. 868 F. 973 A. 996 B. — σθαι a demagogis I. 343 A. — me interficio I. 467 F. 999 A. — μαι morior I. 982 D. 623 B. 632 B. II. 124 C. διεφθορὼς I. 495 E. 742 E. II. 69 E. 128 D. Aristid. II. 89. — μαι mentem I. 520 B. — σθαι igne I. 583 F. — ω cui τὸ δεῖπνον I. 649 B. — cujus clementiam reprimo I. 914 A. — μαι τὴν ψυχὴν ὑπ' ὀργῆς I. 758 F. — Sim. δόξαν II. 16 D. — I. 820 D. — pereo, obeo naufragio II. 33 A. — διεφθορότα σώματα, cadavera II. 87 C. — ω interficio II. 242 C. — luxurie Aristid. II. 195.

διαφθορὰ vini II. 692 D. — mixtura II. 826 E. — simpl. II. 3 F. 104 C. 109 F. 145 D. 1041 B. I. 797 C. F. 999 A. — Aristid. II. 408.

διαφίημι I. 801 F. II. 3 B. 173 C. Xenoph. H. Gr. III. 2, 17.

διαφιλονεικέω πρός τινα I. 681 D. Jambl. V. P. 101.

διαφιλοτιμέομαι I. 328 B.

διαφλέγω II. 910 A. — cujus animum I. 414 D.

διαφοιτάω II. 1108 D. I. 179 B. 456 E. 535 B. — rumor I. 724 F. Dio Chr. 419 B. Aristid. I. 310.

διαφορὰ differentia II. 51 D. 75 B. 83 E. 163 D. 719 B. 1123 E. — dissidium I. 129 B. II. 20 E. 43 C. 67 B. C. 70 E. 72 E. 87 C. 91 C. 95 E. 138 D. E. 143 D. E. 149 D. 201 E. 204 C. — significationis distinctio Porph. Abst. III. 3. 4. 15. — διαφοραὶ κόσμου, diversae partes II. 422 F. 423 A. conf. F. 424 C. E. — genere et διαφορᾷ varii II. 667 E. 719 E. — διαφορὰ species II. 744 D. — f. pro ἀδοξία I. 79 D. — aliquem de vini διαφορᾷ interrogare, i. e. quod vinum libentius bibat II. 708 C. — cupiditatis 731 C. — sensus differentiae II. 961 B. simil. II. 424 D. E. — mutatio venti II. 972 A. — Phil. II. 422 F. 423 A. E. 424 C. 430 B. 1014 D. 1015 C. F. 1024 D. E. 1025 A. E. F. 1026 A. C. 1027 A. 1030 A. 1073 F. 1076 C. 1084 A. 1110 C.

— differentia τινὸς πρός τι II. 163 D. 1075 C. 1114 E. — II. 29 B. C. D. 30 A. B. 42 B. 52 A. 53 B. 54 D. 62 B. D. 63 C. 109 E. 110 A. 136 E. 1116 B. C. D. 1121 D. — turbatio II. 1114 C.

διαφορέω — εῖσθαι de hominibus, instar tesserarum Eur. II. 604 E. — I. 721 B. — materia corporea Porph. Grad. §. 33. ed. Cantab. — civitas seditione Dio Chr. 446 D. — διαφορούμενον ἀξίωμα Sext. Emp. II. 112 seq. Math. VII. 294. 306. VIII. 429 seq. — ρέω dissipo, conficio II. 366 C. 127 F. 131 B. — de fulmine II. 434 C. Longin. II. 665 A. — bona dissipo II. 484 A. 1126 B. Wessel. Diod. Sic. I. 590. — expello, pervado II. 627 E. — stomacho cibus v. n. ad II. 127 F. — cibos in convivio II. 709 A. — εῖται homo bello I. 242 C. — populor I. 308 D. E. 986 E. 1054 C. — έω τὸ πνεῦμα corporis, bono sensu II. 134 A. — et συμφορέω Plato 591 F.

διαφόρησις II. 389 A. (933 C. mss.) I. 217 E. — πλούτου I. 867 C.

διάφορος adversarius v. n. ad II. 78 A. — 225 F. 1045 F. 1120 F. I. 77 F. — τὰ lites I. 88 A. — et ἀνόμοιος II. 96 D. — praestans πρὸς ἀρετὴν I. 812 B. — τὸ pecunia Stob. Flor. Grot. p. 388. Aristid. Euseb. P. E. VIII. 350 A. Lucian. II. 405. — malus II. 1047 E. — τὸ differentia II. 77 A. — τὸ διάφορον καὶ μαχητικὸν II. 757 B. — ἐκ τοῦ διαφόρου I. 60 E. — ἄν ἐστι τοῦτο ἢ ἀδιάφορον II. 143 B.

διαφόρως II. 1025 C. 1049 B. — praecipue I. 761 D.

διάφραγμα II. 699 D. 899 A. B. Aristid. I. 333.

διαφράγνυμι I. 146 F.

διαφράττω I. 261 F. 898 B.

διαφυγγάνω Heraclit. I. 232 B.

διαφυγὴ I. 205 A.

διαφυὴ I. 384 D. 861 B.

διαφυλακτικὸς II. 276 A.

διαφυλάττω I. 21 F. 172 C. 385 A. II. 14 E. 27 D. 52 E. 54 B. 61 D. 85 B. 87 D. 137 D. 224 C. 713 A. 1077 D. C. 1084 A. 1085 A. D. — officium II. 101 F. 163 D. 199 F. me invictum I. 663 D. — observo ut παραφ. I. 1058 B. — τινί τι I. 923 E.

διάφυξις I. 826 B.

διαφυσάω II. 950 B.

διαφύω — διαπεφυκὸς II. 559 D. — τινὸς I. 963 A. Toup. praef. C[illegible] post. Theocrit.

διαφωνέω desideror Wessel. Diod. Sic. I. p. 208. — dissentio Plato 654 A. E.

διαφωνία II. 961 A. 1123 E. 1131 F.

διάφωνος II. 1039 D.

διαφωτίζω locum in pugna Gall. eclaircir I. 349 D. — II. 76 B.

διαχαράσσω pass. formari II. 636 C. — II. 974 B. Aristid. I. 47.

διαχαύνω II. 976 B. 986 B. E.

διαχειμάζω II. 207 E. 949 E. I. 122 A. 130 A. 478 F. 514 E. 534 A. 553 D. 579 C. 588 A. 646 C. 717 C. 718 B. 817 A. 933 A. 930 F.

διαχειρίζομαι tracto I. 161 C. — interficio II. 220 C. — ζω orat. Aristid. II. 293.

διαχείρισις rhetoric. Aristid. II. 96.

διαχειροτονέω Plato 618 D.

διαχέω — διακεχυμένος II. 412 E. 562 A. 565 F. 720 F. 898 A. B. (938 E. 939 B. lux) 943 D. 948 D. 950 B. 997 A. 1078 C. — εῖται σῶμα II. 610 B. 647 D. 949 E. 1087 F. 1096 B. (leg. I. 73 C.) — vinum II. 1088 E. — humor cibum II. 689 F. 912 D. 915 D. 968 A. Sim. II. 130 D. — διαχεόμενος ventus per foramen II. 855 A. — ται vinum diffusum Juvenal. XI. 159. — εἰ θέρος τὸν ἀέρα Dio Chr. VI. 88 C. — έω τὴν φιλοφροσύνην affundo II. 156 D. — έονται morbi disperguntur, extinguuntur II. 127 C. Sim. 130 D. — έω καὶ ἐκπραΰνω dolorem II. 74 D. — διακεχυμένοις laude II. 73 C. — εῖσθαι vino I. 416 C. — simpl. I. 576 D. — σθαι vultu I. 650 B. 675 A. 759 F. II. 180 E. — laetari I. 862 F. — ται fluctus I. 919 B. — sim. tranquillum mare II. 82 F. ubi v. n. — ται auditor laetitia, malo sensu II. 46 B.

διαχράομαι II. 772 C. I. 140 C. 173 A. 298 A. 309 A. 368 B. 428 B. 455 B. 559 E. 641 A. 704 E. 868 D. 1002 E. — II. 236 A.

διάχρυσος I. 496 A. II. 142 C.

διάχυσις II. 114 F. (οἴνου II. 150 C.) 432 E. 564 B. 631 A. C. 688 E. 689 E. 771 B. 909 C. 933 C. 947 C. 1077 B. 1078 A. 1092 D. — corruptio II. 956 D. — fluvii I. 286

B. 427 A. — vultus I. 505 D. — laetitia I. 782 B. II. 114 F. — oculorum I. 857 D. — cibi in stomacho II. 131 C.

διαχωρέω dilato me, v. concido II. 680 A. — cibi in corpore transeunt, excernuntur Porph. Abst. I. 45. — ῥεῖ κάτω μέλαινα, f. χολή Aristid. I. 214.

διαχωρίζω II. 968 D.

διαχωρισμὸς II. 910 A.

διαψάλλω Himer. 694.

διαψαύω II. 1080 E.

διαψεύδομαι pass. τινὸς I. 903 B. 910 E. — τινὰ quem I. 178 F. — Stoic. II. 1056 F. — erro II. 165 C. 662 D. I. 139 C. 319 A. — σμένη δόξα Diog. Euseb. 264 B. Porph. Abst. I. 49. — τινὸς I. 58 A. 453 B. — spem I. 376 D.

διαψηφίζομαι Plato 681 G. 685 A.

διαψήφισις Plato 692 B. F. 652 G.

διάψυξις II. 967 F.

διαψύχω minuo cujus potentiam I. 446 E.

διβολία f. vestimentum II. 754 F. est *par jaculorum* Pollux VII. 157.

διβόλιον — a jacula I. 420 B.

δίγλωσσος I. 114 E. 561 E. 686 E. Casaub. Athen. I. 2. p. 9. Diog. L. I. 100. — Dio Chrys. 555 A.

δίδαγμα II. 480 F. I. 181 B. 1060 D. Dio Chr. XX. 265 D.

διδακτὸς II. 671 C. 991 D. — τὰ, εὑρετὰ, εὐκτὰ II. 98 A.

διδασκαλεῖον — simpl. de puerorum schola in qua poëtae tractantur II. 35 E. 42 A. 186 D. I. 133 F. 149 D. 252 E 575 C. 861 D. 987 F. Plato 634 B. 637 C.

διδασκαλία simpl. II. 32 E. Plato 618 G. 624 H. 633 E. — philosophi I. 668 A. — μάθησις I. 668 C. — καὶ παιδεία II. 790 E. — scenic. fab. II. 348 D. I. 154 E. 483 E. 565 D. 785 A. 839 D. 1096 A. Valck. Eurip. Ph. p. 371. — II. 19 E. 826 B. 1027 E. 1119 F. I. 347 C.

διδασκαλικὸς II. 406 E.

διδασκάλιον — α ὀφείλω τινὶ II. 857 B. 1108 E. I. 920 D. — I. 47 D. 285 D. 610 D. 668 A. — schola II. 145 A. — merces II. 189 E. 213 E. 217 D.

διδάσκαλος chori II. 710 F. 787 E. I. 319 A. Aristid. I. 207. — scholae II. 186 D. 736 D. 739 D. I. 133 F. 134 A. B. C. Wouver. Polym. c. 4. — καὶ παιδαγωγὸς II. 37 C. I. 357 E. — παιδὶ praeest II. 754 D. — ἄνευ διδασκάλου II. 1122 D. — I. 134 A. C. 153 E. 154 A. 273 B. I. 667 A. 848 A. 999 C. II. 4 B. C. 9 C. 12 A. B. 14 B. 58 F. 71 B. 73 D. 145 C. 151 D. 205 A. 238 D. — comoediae I. 156 B. — Mus. cantilenae compositor differt ab αὐλητῇ II. 1141 D. — ἄμισθος inimicus II. 90 A. — nec διδάσκαλον, nec tempus quando didicit, potest declarare Bas. M. T. III. 130 B. — λοι παίδων sunt paedotribae, citharistae. grammatistae Dio Chr. XIII. 223 D. XV. 240 B. — simpl. Aristid. I. 507. 508. 509. — Plato 635 F. 636 D. 637 A. 695 C. — ἐν διδασκάλου I. 736 D. — παίδων I. 949 E. — multi in urbibus Aristid. I. 225. Liban. T. I. p. 15 D. ap. Theon. Sophist. p. 130. ed. Camer. conf. ind. Liban. et Demosth. *Puer.* — γραμμάτων in via docet pueros, ibique habet scholam Dio Chr. XX. 264 B. — γράμματα διδάσκειν contempt. Dio Chr. VII. 121 D.

διδάσκω II. 39 A. 48 A. 65 C. 72 F. 74 C. 107 E. 124 D. 128 C. 130 E. 135 A. 139 B. 140 A bis. 156 A. 157 E. 174 F. 175 F. 176 B. 189 F. 199 B. 205 A. 213 E. 217 E. 222 D. — μαι cum inf. II. 18 C. — μαι II. 39 B. — Aesculapius filios medicinam οὐκ ἐδιδάξατο ἀλλ' αὐτὸς ἐδίδαξε Aristid. I. 42. II. 23. — poëta simpl. docet alium quid Plato 684 E. — κω filium per magistros Dio Chr. XIII. 223 C. — καὶ νουθετέω philosoph. II. 46 B. — δέομαι, ἀπειλέω II. 12 C. — ἱπποδρομίαν I. 760 E. — παῖδας I. 348 A. — γράμματα I. 348 A. — καὶ ἐγκαλέω I. 331 F. — καὶ παρηγορέω I. 331 A. — τὴν χρείαν II. 130 A. dico usum esse magistrum, sic enim accipiendum ex usu quem tetigit T. Hemsterhus. ad. Th. Mag. 187. Vid. ad Act. X. 15. — poëta fabulam II. 634 D. 814 B. 839 D. 853 E. I. 114 C. — εἰ ἄνδρα πόλιν Simonid. II. 784 B. δείκνυσι 811 B.

— cum πείθω, δεδίττομαι II. 818 C. — δέομαι II. 815 B. — poëta, simpl. carmen recito II. 872 E. — act. filium χαλκέα I, 77 E. — med. τέχνην I. 90 D. — act. καὶ πείθω I. 161 B. 206 A. 323 E. 438 B. — musicus harmoniam *exhibet*, ut fabulam II. 1136 C. — καὶ λέγω I. 202 B. 780 A. — ὡς ὄντος I. 213 A. — καὶ μανθάνω Plato 684 B. 689 B. 690 H. 699 G. 703 E. 704 B.

διδαχὴ II. 880 A. 2 C. Plato 663 C. Mox παιδεία.

δίδυμος II. 107 E. 1083 C. I. 473 E. 488 C. 697 B. — testiculus II. 905 E. — gemelli II. 906 B. 3 C. — signum Zodiaci II. 908 C.

δίδωμι Simpl. I. 143 A. 157 A. 158 D. 165 E. 166 B. D. 173 B. C. E. bis. 174 D. 176 A. B. 177 A. 179 F. 182 A. 183 D. 184 E. 188 C. E. 191 E. 192 B. 193 B. 196 C. 197 B. 198 B. D. 199 E. 205 F. 211 C. 213 A. 217 E. 223 D. 234 A. 235 B. 239 A. 240 D. 242 B. 262 C. 215 F. — πρόφασιν pertexo I. 377 C. — vulnus cui I. 387 A. 499 B. 534 F. 558 B. — II. 708 A. — II. 931 D. I. 89 D. 90 F. 91 F. 103 A. B. — et λαμβάνω II. 667 B. I. 5 A. — δίδοται πρὸς ἄνδρα Dio Chr. VII. 112 C. — δίδωμί τινι ἀνάμιξιν possum misceri cum quo II. 702 B. — σκιὰς in symposio, i. e. concedo II. 708 A. — Mathem. II. 720 A. I. 24 B. 305 F. — δεδόσθω liceat II. 867 D. Euseb. P. E. III. 96 B. ἔστω καὶ δ. Eus. ex Numen. ib. 526 C. — χρῆσθαι τοῖς διδομένοις in disp. II. 1087 D. — παράγγελμα II. 1128 C. — πυρὶ τὸν νεκρὸν I. 74 C. — κατὰ τὸ διδόμενον (pro παρεῖκον) II. 1035 E. F. — simpl. dono II. 339 D. — pro τίθημι immitto II. 357 C. — τραῦμα καὶ λαμβάνω II. 597 F. — medicinam II. 656 E. 692 D. — δοτέον τούτοις simpl. concedendum est his II. 547 A. 719 A. — τι νόμῳ ut Latini II. 617 A. 923 F. 938 F. — τῷ θεῷ τὰς ψυχὰς II. 710 E. — μοι χαλινοὺς, remitto frena Eurip. Stob. 437, 21. — cui μετανοῆσαι tempus poenitentiae II. 204 A. — ἀπόκρισιν II. 202 F. δίκην II. 194 D. — με εἰς locum I. 616 C. — cui τάξιν, pono quem in loco imperator I. 591 E. — μοί τι II. 601 C. Dio Chr. XXXI. 355 D. — cui κέρας εὐώνυμον imperatur I. 605 C. — cui quid προσπέμπων I. 601 B. — me cui rei I. 621 E. — τινὶ ταύτην τὴν χάριν ὅπως plane Lat. do cui hanc gratiam ut I. 642 B. — δοτέον τινί τι concedendum cui quid I. 665 A. — concedo I. 676 C. 723 A. — ὅπως ἂν ὁ δαίμων διδῷ, αἱ τύχαι πάρεισιν I. 815 C. — με ἡδονῇ I. 897 D. — καὶ λαμβάνω πληγὴν I. 908 E. 935 C. me cui I. 923 E. — ἐμβολὴν cui I. 946 D. — cui filiam sc. in matrimonium I. 955 F. — ται uxor εἰς οἶκον ἀνδρὸς I. 989 E. — σι senatus τιμάς τινι I. 992 F. — συγγνώμην I. 996 B. — vitam meam patriae I. 1002 F. — subaud. τι, munus I. 1060 D. — λόγον εἰς ὄχλον dico ad plebem Eurip. II. 6 B. — λόγον et λαμβάνω II. 11 B. — τὸ εὐμενὲς ἔνδοθεν in salutatione, tacitus II. 62 C. — μοι φίλῳ, sine τι, donum, sc. pauperi II. 81 A. — θεὶς χρησμὸς cui II. 96 B. 239 E — μέ τινι ἰσχύειν, pro ἐμποιῶ τινι ἰσχὺν II. 130 B. — τῶν πραγμάτων διδόντων II. 136 A. — μέ τινι γυναῖκα II. 149 E. — ται ἀνδρὶ mulier II. 175 E. — ἔδωκε αὐτῷ τὴν παρθένον γυναῖκα II. 189 C. — concedo I. 570 D. II. 42 C. — cui venenum I. 565 B. 873 F. 1051 C. — cui θάρσος I. 533 C. — cui triumphum decerno, concedo I. 517 C. — me ἐπί τι I. 453 B. 501 F. — πρὸς I. 685 F. — σι lex permittit I. 451 C. 625 E. 774 D. 778 E. 799 E. — σι ἑαυτῷ φρονεῖν, sumsit sibi spiritus I. 407 E. — τῇ ῥύμῃ equorum auriga ut Plat. Phaedr. I. 104 A. — ἐμαυτὸν εἴς τι I. 130 E. (Wessel. Diod. Sic. II. 292.) 687 A. 830 D. 939 E. — et λαμβάνω I. 159 A. 166 A. II. 143 A. 172 B. 179 F. 188 F. 190 D. 195 A. 196 B. — offero v. n. ad II. 180 B. — τινός τι Casaub. Lect. Theocr. I. p. 240. — concedo disputatione II. 414 C. Teles Stob. 522. Dio Chr. XXXI. 338 A. — ναι λόγον ἀλλήλοις I. 208 C. — me cui I. 204 B. — me in societatem I. 241 F. — δεδομένη sc. via I. 287 F. — λόγον pro διαδίδωμι I. 289 D. — δίδοταί τί τινι, δεδομένον quid cui rei vel homini a natura tributum est Plato 704 E. — δεδομένον ἦν cui judicare id. 594 G. — μι cui legem pro τίθημι ib. 664 F. — λόγον τινὶ Aristid. II. 426. — ἐμαυτῷ τι Aristid. I. 56. — ἐμαυτὸν ὑπέρ τινος impendo me cui rei Aristid. II. 266. — τι τῇ τύχῃ condono Aristid. I. 567. ἔστω, δεδόσθω Orig. Cels. 445 C. 469 A. Numen. Euseb. P. E. 526 B, Greg. Naz. Ep. XXI. p. 785 A.

διεγγυάω — μαι I. 712 E.

διεγείρω ἐμαυτὸν II. 975 C. — quem I. 783 A. 969 E. II. 107 E. quid II. 117 F.

διέδεται προσφυὲς σοῦ τὸ σῶμα II. 170 A.

διείδω — διεῖδεν II. 39 C.

διειλεῖν librum II. 1039 E.

διειλιγμὸς II. 695 A. affectio stomachi?

δίειμι transeo II. 76 C. 229 C. 721 C. 824 H. 922 D. 929 B. 1078 C. D. Sim. Aristid. I. 49. 208. — narro I. 145 F. 258 D. — σι λόγος I. 942 B.

διείργω I. 118 E. 130 C. 362 A. 497 C. 679 F. Plato 663 A.

διείρω (I. 824 C. διερεῖν f. διελεῖν) Aristid. I. 48. — dicto, dico Plato 636 C. 637 E. bis. 683 C. 704 F. — Liban. I. 474 A.

διεκβάλλω I. 286 D. 571 E.

διεκδύνω turbam I. 240 D.

διέκδυσις I. 574 C.

διεκθεῖν τινος II. 589 D. 665 F. 666 B. 916 E. I. 286 E. 971 D.

διεκπαίω — σάμενος I. 579 C. — Kuster. Aristoph. Plut. 605. Wessel. Diod. Sic. I. 157. II. 198. Pausan. 341. 561. Casaub. Athen. 198.

διεκπεράω Eur. II. 111 A.

διεκπίπτω II. 51 A. 249 A. 691 A. I. 109 B. 137 E. 286 E. 370 C. 389 C. 425 D. 554 B. 605 F. 724 F. 786 D. 913 D. 946 E. 970 C. 986 B. 1037 F. 1038 E. 1072 C. Porph. V. P. 57. Philostr. 714. 785.

διεκπλέω II. 1078 C. I. 207 B. 323 C.

διέκπλους I. 639 D.

διεκπνοὴ II. 890 F.

διεκφεύγω I. 143 A.

διέλασις II. 659 D.

διελαύνω II. 829 A. I. 315 E. 344 C. 359 B. 375 A. — τινὰ τοῦ δόρατος pro dativ. 403 F. 559 E. bis. 638 B. bis. 661 C. 673 A. 694 D. 703 A. 715 B. 908 C. 976 D. 991 E. 1003 D. 1015 E. 1018 F. 1025 D. 1039 A. disco quid Jambl. V. P. 27.

διελέγχω II. 437 B.

διελίττειν falsitatem opinionis II. 411 B.

διελκύειν vitam II. 1033 D. — αν navem Wessel. Diod. Sic. I. 300.

διεξάγω de fato et provid. II. 568 D. Didym. Euseb. P. E. 824 A. — neutr. dego II. 1090 B. — vitam Diog. Laërt. VI. 71. Upton. ind. Epictet. — pass. Hierocl. Stob. 491. repon. Stob. Ecl. Ethic. p. 118. ed. Heeren.

διεξαγωγὴ v. n. ad II. 158 D.

διέξειμι penetro, pervado II. 627 B. I. 556 F. — orationem I. 709 D. 849 C. 850 F. 922 B. Plato 698 C. — de cibo concocto II. 654 A. 698 D. — permeo II. 149 A. — potus διὰ τοῦ πλεύμονος II. 698 A. B. — astrum Plato 704 C. bis. — narro II. 64 A. 111 A. 698 D. 945 D. I. 102 C. 252 E. 335 A. 479 E. 545 E. — fluvius per terram II. 725 D. — musicus cantilenam II. 973 F. — II. 235 D. 343 C. 1082 E. I. 60 B. 286 F. διέξιμεν Aristid. I. 21. 222.

διεξέλασις I. 463 F.

διεξελαύνω II. 761 C. I. 107 A. C. 132 C. 251 F. 393 A. 402 F. 426 C. 577 A. 601 A. 636 D. 684 F. 741 C. 892 C. 1016 C. Aristid. I. 222. 234.

διεξελέγχω II. 922 F.

διεξέρχομαι — μένος II. 761 C. narrando II. 109 C. 119 C. 714 D. 988 F. I. 82 C. 101 F. locum I. 428 E. tempus I. 328 D. 489 D. 829 E. — perrumpere hostes I. 286 F. 512 D. — Simil. Galen. Protr. 4 C. — in theatro muta persona II. 337 D. — διὰ πασῶν Hercules mulieres Pausan. 763. — justitia II. 563 A. — transeo II. 968 A. I. 8 A. — fulmen II. 624 B. — εται sonus τῶν ὤτων II. 713 A. —

tibicina στεναγμὸν II. 755 A. — λόγον I. 611 C. 942 C. 993 B. — pro lego I. 793 B. 849 D. 856 B. — pro simpl. ἐξέρχομαι Plato 699 A. — ται luna Plato 699 G. — Sim. 702 G. 704 D. — explico Plato 697 E. bis. 704 D. — officium persequor, vel simil. Aristid. I. 45. II. 393. — τὸν αἰῶνα Aristid. I. 188.—per virtutes et simil Aristid. I. 60. 82. 111. 143. 223. 264. — νικῶν Aristid. II. 178. Vid. Annot. ad Select. hist. supplem. — διὰ βίου Plato 644 A.

διεξοδικὸς — ἡ ἱστορία I. 183 D.

διέξοδος v. n. ad II, 158 D. — ἀνέμων tragic. II. 718 A. — tractatio, pars doctrinae II. 874 D. Diog. L. VIII. 42. Porphyr. V. P. 36. Synes. 47 B. — saltationis I. 9 D. — pugnae Plato 637 G. bis. — I. 101 A. 177 D. 561 D. 952 C. Plato 601 F. 620 E. 632 B. 637 B. Aristid. I. 23. — coeli Plato 699 C. 703 A.

διεορτάζω I. 396 A.

διέπω magistratum II. 775 A. I. 40 F. 421 D. — munus, opus II. 789 C. — τὰ πράγματα remp. II. 634 F. — administro I. 159 E. 179 E. 375 C. 379 B. 708 C. 782 A. — regnum I. 660 B.

διέραμα II. 1088 E. (Ex hoc uno loco interpretatur Gataker Adv. 854 D.) conf. II. 692 C. 1073 D. vid. διεωρωμένος, μεταιρόμενον ὕδωρ, Gatak. Adv. ind. διέραμα, ἐξέραμα.

διεργάζομαι I. 97 D. 203 A. 441 E. 515 A. 733 B. 818 C. II. 71 B. Plato 656 F. occido.

διερεθίζω II. 61 E. 794 C. I. 185 F. 416 D. 1068 C.

διερείδομαι πρός τινα II. 341 E. 787 C. 953 E. I. 259 C. 366 B. — δω τι II. 529 C.

διερευνάω med. I. 117 B. 601 F. 874 F. II. 87 C. activ. Jambl. Stob. 471.

διερεύνησις Jambl. Stob. 471.

διερίζω — εσθαί τινι I. 345 A.

διερὸς II. 735 E. F. 951 B. 1073 D. Porph. A. Nymph. 10.

διέρπω II. 516 F.

διερύκω I. 40 D.

διέρχομαι II. 969 A. 216 D. 226 B. 229 C. — ται λόγος I. 192 F. — cogitatione II. 207 C. — librum II. 1101 B. 1107 E. — ἐπὶ πόσον, vi, potentia II. 442 C. — χρόνου II. 109 B. — τινὶ II. 1043 E. — τῷ λόγῳ I. 271 F. II. 122 E. 671 D. 708 E. 747 B. 1027 A. 1097 A. Markl. Eur. Iph. T. 672. Plato 702 B. bis. — τὸ θεῖον per omnia Porphyr. Abst. IV. 9. — μαι narro II. 163 A. — νόμον Πύθιον cano II. 161 C. — ται δεκασμὸς in concione versatur I. 875 D. — vox I. 374 F. montem supero I. 514 A. — tempus I. 550 F. 800 D. — hasta I. 560 E. — scriptum I. 639 A. 792 E. 942 F. II. 14 E. 15 A. 60 A. — orationem I. 709 C. 710 F. — ται λόγος I. 939 B. 1055 D. 1064 F. — μαι in locum I. 1046 F. — dissero II. 28 E. 67 C. 68 E. — per virtutem, ut διεξέρχομαι Aristid. I. 70. 154.

διερωτάω II. 115 D.

διεσθίω II. 170 D. 234 A. 733 B. 918 F. 977 A.

δίεσις music. II. 389 E. 430 A. 1019 A. 1135 A. 1145 A. B. C. Upton. ind. Epict.

διεστῶτα II. 142 D.

διευκρινέω Porph. Abst. II. 4. Epict. Diss. p. 226.

διευλαβέομαι II. 7 A. 90 A. Porph. Abst. IV. 8. Plato 631 A. 642 F. 645 G. 648 F. G. 662 F.

διευσχημονέω I. 612 B.

διευτυχεῖν II. 103 C. 110 E. 167 E. Theopomp. Athen. 531 D.

διεχὲς συνεχεῖ oppon. v. n. ad II. 115 F.

διέχω — ει turba I. 833 A. — διασχὼν I. 717 F. — separo me I. 630 B. — I. 605 F. — cum inf. separarunt se I. 29 C. — distribuo I. 43 A. — pro διαρρεῖν? II. 395 F. — secedo in via I. 192 D. — διασχὼν separans I. 193 C. — intra aciem intro, divido I. 266 B. 286 E. — τῆς ἐσθῆτος diducens vestem I. 271 F. — τὰς χεῖρας ἐν μέσῳ, separo I. 491 B. sim. 830 B. 924 D.

διεωρωμένος vinum percolatum II. 692 C. conf. 1088 E.

δίζημαι Phocyl. II. 47 E.

διηγέομαι ἐμαυτὸν II. 345 D. — ἰδεῖν τι me aliquid vidisse II. 590

B. — opp. ἀντίττομαι II. 938 A. — virum i. e. ejus vitam I. 901 E. — Simpl. II. 38 F. 63 E. 64 A. 108 E. 124 D. 125 A. 146 C. 153 C. 163 C. 241 B. 242 B.

διήγημα II. 109 D. 874 B. 1095 C. 1116 F. I. 112 E.

διηγηματικὸς pro διηγητικὸς II. 631 A. — dialogus Platonis II. 711 C.

διήγησις et μῦθος II. 975 D. — καὶ ἱστορία II. 1093 B. Aristid. II. 122. — I. 40 A. 67 C. II. 70 B. 133 E. — philosophi vita I. 480 C. 523 C. 565 F. 796 C. 843 E. 901 E. — Historia I. 1016 B. 1017 E. — Rhet. Vit. Hom. §. 74. seq. — ἁπλῆ Aristid. I. 120.

διηθεῖν vinum II. 101 C. 692 C. 693 A. — lac II. 496 A. — Simpl. II. 699 D. 890 A. 897 A. 913 C. bis. D. I. 262 C. 764 C.

διήθησις II. 693 E. Dio Chr. XXXIII. 395 D.

διήκω — τι διά τινος late aerpit II. 812 A. 813 B. — II. 865 E. 882 A. 885 A. 899 B. 901 C. 1026 B. — τι πόῤῥω I. 292 A. — I. 411 E. 1001 B. Aristid. I. 101. II. 96. 222. 520. — τῇ χρείᾳ pervulgatum ob necessitatem II. 684 B.

διημερεύω I. 212 E. 677 D. 706 C. 762 A. 907 A. II. 111 D. 127 E. 133 C. 142 C. 157 D. 166 A. 705 D. 788 A. 797 C. — dormiendo I. 677 F.

διηνεκὴς II. 679 C. Hierocl. Stob. 461, 19. 33. Plato 646 H. Aristid. I. 88. 180. 193. 205. 231. 235. 244. 296. 355. 426. 540. 550. II. 39. 102.

διηνεκῶς semper II. 955 E.

διήρης v. n. ad II. 77 E.

δίησις dimissio pro δέησις leg. Bryan. et MSS. I. 1012 F.

διηχέω I. 246 D.

διηχὴς II. 721 E. Eustath. p. 121. med.

διθυραμβικὸς II. 1132 E. 1141 B. E.

διθυραμβοποιὸς II. 952 E.

διθύραμβος II. 160 E. 835 B. 1133 E. 1141 B. C.

δίθυρος I. 73 A.

Δῖοι Joves II. 425 E.

δίιημι II. 640 D. 699 A. D. 827 E. 913 D. 919 D. 931 B. C. 953 B. restituend. 396 C. I. 287 E. 409 D. 467 E. 908 B. 953 B. 1036 B. Amynt. Athen. 500 D. — pro ἀφίημι exercitum Xen. H. Gr. III. 2, 21. — cui gladium, trajicio quem I. 938 E.

διικνέομαι — εἶναι παράγγελμα I. 541 C. — fama I. 572 B. — δίικτο fama I. 855 B. II. 148 D. — beneficium in alium Thessal. Or. Opp. Galen. T. I. 3 E. — notitia Dio Chr. XII. 203 C. — telum per arma in corpus Dio Chr. XVI. 245 C.

Δίιος II. 421 E.

διιπετὴς I. 416 D. 418 A. Musgr. Eurip. Rhes. 43. accipit pro διαφανής. male. Nilus Aristid. I. p. 8.

διΐπτημι — διαπταμένη ἀστραπῇ II. 1046 C. I. 36 A. II. 665 B. 666 B. corrig.—med. evanescere II. 953 F. Plato 588 A. Aristid. I. 404.

διΐστημι I. 198 C. II. 141 B. — διαστήσας passivum tempus II. 119 A. pro ἐπιστήσας. — διαστῆσαι, διαστεῖλαι, διαστίσαι ambiguae lectionis Casaub. Strab. p. 64. — διΐστημι τοὺς τοίχους κεκραγὼς II. 461 D. — separo bis. act. et pass. II. 429 C. 430 E. — separo II. 95 B. 618 F. 662 B. 687 A. 721 A. 912 A. 977 F. 1005 A. 1025 C. 1029 E. — removeo me, ut cursor II. 638 E. Med. dissociati II. 205 C. — pass. vel med. II. 664 B. 688 F. 1111 E. I. 84 B. 85 A. 244 E. — corrupt. f. pro διιπτ. II. 666 B. — διαστάντα ἀντιλέγειν II. 813 B. — καὶ διαιρέω II. 1083 E. — ἤρισάν τε καὶ διέστησαν ut Homer. Il. ά. I. 60 E. — I. 331 A. — et συνίστημι I. 71 C. — neutre I. 143 E. — ται τὰ πράγματα bello civili I. 917 F. 985 C. — μαι ἐπί τι secedo ad quid agendum I. 998 A. — disjungo I. 420 A. — διΐσταται populus dissidio I. 424 E. 530 D. — uxor a marito, divortio I. 427 F. — acies I. 558 B. — μαι in locum I. 614 A. — πρός τινα I. 534 B. 994 A. — μι aciem I. 605 F. — divido I. 628 D. — διαστᾶσιν αἱ γνῶμαι I. 660 C. — διΐσταμαι et συνίσταμαι ad quem I. 713 D. — ταί τινι plebs inueuti I. 736 E. 772 C. — σι quid duos I. 964 C.

—ι μι τινά τινος I. 1042 B. — διαστήσας μικρὸν χρόνον f. pro ἐπιστήσας seu ἐπισχὼν se cohibens II. 119 A.— σώματα alia constant ἐκ διεστώτων, alia ἐκ συναπτομένων, alia sunt συμφυῆ et ἡνωμένα II. 142 E. F. — διέστη πρὸς αὐτοὺς τὸ πλῆθος ab iis discessionem fecit plebs Jambl. V. P. 255. — διαστῆσαι pro διαστεῖλαι quod R. vult distinguere Dio Chr. 554 A. — διεστηκότα generis duae species Plato 674 B. — μι discerno docendo Plato 633 F. — διαστήσας alios disposui certis locis Aristid. I. 218. — διέστηκε terra Aristid. II. 350. — μι socios id. I. 482. 489. 518.

διισχυρίζομαι II. 426 E. 430 F. Plato 654 D. 703 A. 705 B.

δικάζω—όμενος II. 679 C. Plato 649 E. — δίκην II. 44 D. — justum censeo II. 867 A. Reisk. f. δικαιόω.—ἄρχω, λέγω I. 110 D. — disting. a κρίνω Xen. K. Π. I. 2, 16. I. 322 C. — τινὶ I. 320 D. 848 C. — μαί τινι κακώσεως II. 135 E. — μαι f. accuso? Plato 685 D.

δικαιοδοσία I. 623.

δικαιοδοτέω II. 779 A.

δικαιολογέομαι II. 61 A. 230 C.

δικαιολογία II. 483 B. 560 E. 616 B. 866 E. 994 E. I. 29 D. 168 E. 314 D. 425 B. 431 A. 722 D. 837 A. 851 D. 953 E. 972 B.

δικαιοπραγέω II. 135 F. 439 A. 776 D. 791 D. 818 A. 964 B. 1041 B. I. 81 B.

δικαιοπράγημα II. 1041 A.

δικαιοπραγία II. 2 A.

δίκαιος simpl. II. 63 E. 71 A. 166 A. 186 A. 190 F. 205 A. 213 B. C. 215 E. Plato 700 B. 703 G. — δίκαιον ἴσον II. 719 B. — mitis Solon. I. 80 B. — legitimus I. 119 D. 162 A. — δίκαιός εἰμι ποιεῖν τι v. n. ad II. 163 A. — dignus sum, mereor I. 182 C. 831 F. — ἔστι μοι δίκαιον οὐδὲν πρός τινα II. 669 D. — de mensura II. 368 B. — ὄψον, κρέας II. 669 C. D. seq. — τὰ, jura, beneficia, fructus juris II. 238 E. — ον τό, jus II. 204 A. 215 C. — ἡ τοῦ δικαίου προσηγορία Aristid. II. 186 A. — ος ἐχθρὸς II. 91 C. α et μὴ δίκαια II. 64 C.—judex audiat πρὸς τὸ δίκαιον II. 44 D. — ἄγαν δίκαιος I. 998 C. — ον καὶ καλὸν I. 907 E. — τα bonitas caussae I. 783 B. — οις ἡττᾶσθαι I. 766 D. — ἐπὶ τοῖς I. 650 D. — ἐπὶ πᾶσι δικαίοις venire, conditionibus I. 529 D. — τὰ πρός τινα I. 493 E. — α πάντα ἔσεται I. 457 C. — καὶ χρηστὸς I. 387 D. — τὰ juris dictio I. 369 C. — τὰ justitia I. 365 C. — ον et utile I. 334 A. 389 E. — δίκαιος verus, accuratus, in suo genere bonus, Tayl. Aesch. p. 586 ed. Reisk. — ότερον adv. II. 158 B. — α ἡδονὴ II. 158 E. — α καὶ καλὰ non omnia regibus sunt, sed μόνα τὰ δίκαια δίκαια, et μόνα τὰ καλὰ καλὰ II. 182 C. — ον res II. 173 D. 174 C. 185 C. 188 F. 190 E. 202 C. 208 C. 209 B. 242 A. Plato 699 F.— στάτῳ λόγῳ II. 737 E. 1072 D. — neutr. plur. νόμοι καὶ δίκαια II. 755 B. — ἐπὶ τοῖς ἴσοις καὶ δικαίοις II. 814 E. Vid. Ἐπί. I. 108 C. 585 F. — δίκαια jura civitatis II. 826 C. — ἔστι μοι οὐδὲν δίκαιον πρός τινα II. 999 B. — τὸ officium, pietas I. 24 A. — τὰ δίκαια, jura, officia I. 76 E. 79 A. 134 B. 137 A. 168 A. II. 101 F. — τὰ conditiones I. 198 A. 647 E. — τὰ jus II. 178 F. 221 B. — δίκαιον τὸ jus suum II. 212 D. — ος res II. 221 D. — δίκαιον et ἄδικον II. 224 F. 229 A. — hoc est II. 231 F. 234 A. — πολλὰ δίκαιά μοι πρὸς αὐτοὺς ὑπῆρχε, multa officia Dio Chr. 490 D. — singul. δίκαιον id. 514 A. Aristid. I. 557. — caussa prohibens quo minus quem laedamus Dio Chr. 641 A. 644 C. — τὰ δίκαια λαβεῖν παρά τινος Aristid. I. 410. — ἡ τοῦ δικαίου τάξις ib. 418. — ἐπὶ πᾶσι δικαίοις id. II. 219. 252. — ἐν παντὶ δικαίῳ id. II. 252. — δικαίῳ στόματι mus. 166 A.

δικαιοσύνη I. 322 B. 332 E. 339 A. 354 B. 382 F. 389 E. 608 D. II. 70 A. 97 C. E. saepe 159 C. 190 C. D. F. 213 B. 215 E. 216 D. 224 F. — ἐν δ. fere Hebraismus II. 375 A. — II. 1127 C. — 423 D. — Persona II. 1141 D. — II. 56 D. 57 C.

δικαιόω II. 984 F. I. 7 C. 20 A. — statuo in judicio II. 294 C. — punio Plato 683 G. — οῦσθαι II. 566 B. — όω quem ἀποθνήσκειν I. 349 A. — τι 608 D. χερον. Oenom.

Euseb. P. E. V. 231 B. pro ἀκούσας — cum inf. I. 630 E. — censeo I. 1005 E. II. 97 E.

δικαίωμα Plato 656 E.

δικαίως recte, cum ratione II. 117 C. — καὶ νομίμως oppon. I. 1059 C. — καὶ ὁσίως I. 234 F. resp. 215 B. 217 F. — appositio Aristid. II. 27.

δικαίωσις int. officium II. 99 E. ut Thucyd. aestimatio — poenae illatio II. 421 C. 565 A. Thuc. VIII. 66. intt. I. 1017 F. — vis nominis (ut Thucyd. II. 56 B.) 449 A. — I. 896 E.

δικαιωτήριον ut Plat. Phaedr. Junc. Stob. 611.

δικαιωτὴς II. 549 D. — Lex. 1023 B.

δικανικὸς II. 743 D. 744 D. 803 A. 810 D. 832 C. I. 112 D. 863 C.

δικάσιμος Plato 692 F.

δικαστήριον et συνέδριον II. 793 D. — metaph. II. 46 A. 826 A. — judices I. 873 B. — I. 169 F. 246 F. 488 A. 526 D.

δικαστὴς jungitur cum κριτὴς II. 616 C. (Xenoph. Symp. V. 10.) idem II. 869 A. Plato 619 G. — Rom. 360. I. 649 A. — simpl. judicii II. 63 E. 155 B. 167 A. 174 C. 178 E. 194 B. 200 E. I. 169 E. — in regione 585 A.

δικαστικὸς I. 157 A. 837 A.

δίκη — δίκην ἔχειν II. 95 D. 182 C. 608 A. — II. 91 D. 178 F. 179 A. 187 C. 194 D. 205 B. E. 213 C. 216 C. 221 C. — δίκην more II. 5 F. 63 A. 61 F. 66 B. 127 C. 414 C. 438 B. 666 C. 673 A. 770 B. 829 A. 953 C. 1068 C. 1105 D. I. 456 B. 477 D. 532 D. 706 B. 768 E. — Dea II. 781 B. 1124 F. — δίκη ὑπὲρ κεφαλῆς αἰωρουμένη II. 252 E. — δίκην ἔχειν v. ν ad II. 152 E. — dupl. καταδίκην II. 381 D.? — δίκην ἀποδοῦναι poenas exigere II. 551 E. — τίνειν — τὴν δίκην II. 553 F. — νόμος et ἄρχων in qua sint ratione II. 780 E. — δημόσια II. 805 A. — καὶ κρίσις II. 182 C. 825 E. I. 864 B. Plato 689 C. — Aeschyl. supplicium II. 950 E. — δίκας δοῦναι καὶ λαβεῖν II. 944 C. I. 166 A. 976 E. — καὶ συνηγορία opp. κατηγορία II. 964 C. — κατὰ δίκην II. 168 A. 1083 B. — δίκη θεῶν II. 1125 A. — ἐν χειρὶ τὴν δίκην ἔχειν II. 1125 A. I. 137 D. — κρίνεσθαι I. 106 E. Thucyd. III. 57. Duker. — ἐρήμη I. 135 B. — ἐπὶ δίκην ἔρχεσθαι I. 136 A. — δώρων cet. I. 169 E. — δίκην παρέχειν pro ὑπέχειν I. 931 B. Markl. Eurip. Iph. T. 944. — δίκης ὑπέρτερον II. 223 B. δίκην τίνω II. 230 B. — κατὰ δίκαν Lac. II. 211 C. — πρὸ δίκης quem punire, *indicta caussa* I. 179 C. — divina I. 322 A. — scripta formula I. 335 A. — δίκην ἀσελγείας cui ἐπιτίθημι I. 376 A. — ας λαβεῖν παρά τινος I. 392 F. — ας πέρι ἀσκεῖσθαι in caussis gerendis I. 568 F. — αι jurisdictio I. 630 A. — quem παρέρχεται I. 662 A. — ης τυχεῖν bono sensu II. 669 F. — puniri I. 839 B. Plato 658 D. — ην εἰπεῖν κατά τινος accusare quem I. 851 C. — Demosthenis, ultio qua vindicatur I. 860 E. — de quo sumta, τινὸς I. 990. — ην ἔχειν παρά τινι I. 1038 F. — ὡς ἐν δίκῃ historiam scribere I. 1045 C. — ην δικάζω II. 44 D. — φεύγειν II. 63 E. 169 E. — δίκης ὀφθαλμὸς II. 161 E. — ην δοῦναι II. 168 B. C. — θανάτου II. 194 A. — ἐν δίκῃ juste, recte, Plato 700 A. 702 F. — τιμωρὸς Plato 703 G. lites, judicium, univ. Plato 698 G. — δίκη θάνατος, ut alibi ζημία Plato 691 E. 692 B. — δίκη συνέχει πόλιν εἰς ἓν Plato 687 F. — ἐν δίκῃ ἀμέμπτῳ καὶ ἀμέμπτως Plato 687 F. — dea, αἰδοῦς παρθένος Plato 686 G. — ejus laus, πάντα ἐξημέρωσε βίον Plato 685 C. D. — non fit κολάσεως ἕνεκα Plato 683 G. — τὴν δίκην ταύτην hoc modo Plato 652 F. — δίκας δοῦναι et λαβεῖν judex Plato 624 D. — ἡ πάντ' ἐφορῶσα Porph. II. 45.

δικόλογος II. 473 B. 486 C. 1036 A. I. 492 A.

δικορράφεω Apollodor. Stob. 307.

δικότυλος I. 810 E.

δίκροτος navis Aristid. I. 539.

δίκταμος, δίκταμον — de duplici scriptura vid. Scheffer. Aelian. V. H. I. 10. — II. 974 D. 991 E. Aristid. I. 316.

δικτατωρία I. 997 D.

δίκτυννα II. 965 C. 984 A.

δίκτυον et σαγήνη II. 975 D. 977 F. — II. 163 A. Aristid. I. 403.
διμερὴς II. 898 E.
δίμηνος—ον II. 909 B.
δίμετρος I. 909 A.
δίμοιρος—ον I. 842 E.
δίμορφος II. 274 F.
Διυδυμένη I. 127 C.
δινέω—δινεῖσθαι de avi II. 252 D. — II. 922 C.
δίνη II. 566 D. 927 C. 938 F. I. 107 A. (Wessel. Diod. Sic. T. I. p. 10. recte retinet) 439 E. 717 B. 726 C.
δινήεις Poët. II. 682 B.
δίνησις II. 588 F.
δῖνος II. 404 E.
δινώδης I. 348 A.
διὸ II. 972 F. I. 341 E. 639 D. 1010 E. 1031 E. 1032 E. passim. — δὴ I. 415 F. II. 38 D. — II. 14 E. 37 A. 102 C. 112 E. 114 D. E. 116 A. 127 C. 128 D. 129 C. 130 C. 132 C. 193 A. 207 F. 226 D. 227 C. 233 D. 237 D. — δεῖ II. 41 E. 47 A. 66 B. 71 D. 142 B. 144 B. — additum temere II. 49 C.
διόβλητος II. 665 D. F. 684 C.
διογενὴς — reges ita vocantur II. 801 D.
διογκόω II. 676 B. I. 130 C. 611 A.
διόγκωσις II. 771 B.
διοδεύω I. 371 C. 605 B.
δίοδος II. 211 D. 215 F. I. 604 D. 637 D. 874 F.
διοίγω II. 1069 A. Eurip. Bellerophi. Stob. Flor. Grot. p. 393. Gesn. 520.
διοικέω I. 162 A. 342 D. 512 C. 641 D. 892 B. 813 D. 856 C. 878 B. 946 F. II. 207 B. — luxuries aulam — εἶ I. 925 F. — πρεσβείαν I. 960 B. — pro ὑπηρετέω I. 962 B. II. 1076 B. — anima corpus II. 819 D. 1051 D. — puerum I. 884 B. — μίαν κοιλίαν ἀπὸ δυεῖν χειροῖν II. 95 E. ubi v. n. — κέομαι II. 880 A. — gubernor a quo I. 1058 B. — κέω greges cujus I. 385 E. — exercitum I. 649 C.
διοίκησις II. 814 D. F. 1051 D. 1076 B. Dio Chr. 516 B. 534 A. — I. 320 E. 447 A. 767 E. 985 C. — τροφῆς f. concoctio II. 160 A. — ὁ ἐπὶ τῆς διοικήσεως Vales. Exc. Polyb. p. 181. Aristid. I. 341, id. ac διάθεσις mercaturae Aristid. I. 109.
διοικητὴς servus I. 544 A. 837 D. 947 D. 948 B. — regius, vel munus I. 586 A. 616 E. 692 B. 778 A. 1046 E. II. 179 F. 207 B.
διοικητικός τινος II. 885 B.
διοικίζω I. 132 D. Wessel. Diod. Sic. I. p. 142. II. 430 E. Aristid. I. 212.
διοικισμὸς I. 133 D. 287 C.
διολισθαίνω de aedificio, nido II. 966 E. — aqua e manu II. 1082 A. — e pugna elabor I. 813 C.
διόλλυμι pass. II. 680 E. I. 38 D. 471 D.
διόλου II. 589 C. 626 C. 696 A. 922 E. 1053 B. 1081 E. I. 686 A. 837 F. 973 D. δι' ὅλου separatim, explicatur II. 695 F.
διομαλίζω I. 338 D. Longin. 180, 14.
διομαλύνειν II. 130 D. ubi v. n.
διόμνυμι — μαι I. 150 A. 297 F.
διομολογέω I. 812 B. Plato 691 A.
διονομάζω Wessel. Diod. Sic. I. p. 264.
Διονύσια — κατ' ἀγρὸν II. 1098 B. — Scriptores de hoc festo recentes enumerat Taylor. Demosth. Mid. T. IX. ed. Reisk. p. 568.
Διονυσιακὸς — ὸν θέατρον II. 852 C. — θέαμα II. 1095 C. — νῖκαι. Διονυσιακαὶ fuit liber Aristot. Diog. L. V. 26. quod supplendum ex Anonymo apud Menag. p. 202. ἀστικῶν καὶ ληναικῶν sed νικῶν non ad antecedens ἐριστικῶν referendum. Mox in eodem Anonymo pro πρεοιμίων leg. παροιμιῶν, ex D. L. I. c. Ἀστυκαὶ et ληναϊκαὶ ex Apollodoro memorat idem Diog. Laërt. VIII. 90.
Διονυσιὰς — ἄδος ὀπώρα Plato 649 B.
Διονύσιος — nomen unde II. 421 E. — τὰ Διονύσια τυραννεῖα I. 254 F.
Διόνυσος II. 132 F. 156 C. Porphyr. Eus. P. E. III. p. 109 D. 1113 A. — ἐν Διονύσου I. 318 E. — οἱ περὶ τεχνῖται II. 87 F. ubi v. n. οὐ πρὸς τὸν Διόνυσον II. 280 D.

Expl. Aristid. I. 511. — dictus a διονύσειν Artemidor. II. 42.

διόπερ II. 115 B.

διοπετὴς Stella Euripid. II. 1090 C. — II. 1118 A. I. 68 D.

δίοπος custos, inspector I. 20 E.

διοπτὴρ I. 1063 F.

διοπτικὸς — τὰ — ὰ II. 1093 E.

διοράω I. 558 E. Plato 702 C.

διοργίζεσθαι II. 178 F. 553 E. I. 599 B.

διορθόω quem corrigo II. 803 D. I. 93 C. — med. II. 103 A. 957 A. librum veteris auctoris Aristid. I. 85. — rem, dogma II. 1059 C. I. 590 D. — Homerum I. 195 E. 668 D. Sim. II. 58 A. — χρείας ἀνθρώπων Teles Stob. 204.

διόρθωμα I. 71 E.

διόρθωσις I. 55 A. 338 F. 590 E. 435 D. 827 D. II. 40 C. 58 A. 1142 B.

διορθωτὴς I. 87 D.

διορίζω II. 70 B. 140 E. 207 D. 732 E. 758 C. 970 E. 1028 F. 1029 E. 1109 A. Plato 657 E. 660 F. 687 A. — ων lunae, circulus a sole illustratus II. 931 A. — distinguo II. 1128 D. I. 11 E. 27 A. 54 D. Plato 654 H. — μαι Plato 655 A. 656 B. 694 H. 697 F. — εσθαί τι πρός τινα I. 12 A. — lege I. 105 E. — τι τινος I. 368 F. — f. leg. διισχυρίζομαι I. 679 A. πρός τι a quo separor I. 917 A. — πρός τινα περί τινος I. 791 C. — ut διαιρέω statuo Aristid. I. 401. Plato 660 C. id. quod mox D. ἐξορίζω.

διορισμὸς II. 54 D. 1006 D. F. 1007 C. I. 70 A. 112 A.

διορμίζω Hierocl. Stob. 449.

διόροφοι porticus Vales. Euseb. 205 C.

διορυγὴ I. 174 B.

διορύττειν quem II. 341 C. 519 F. — arcanum 87 C. Aristid. II. 309. Himer. 130. — ται τάφος I. 703 B. — I. 747 A.

Διὸς Κόρινθος II. 1072 B. — ὕδωρ ἐκ Διὸς Aristid. I. 128.

διοσήμεια ἡ II. 419 E. I. 256 C. 779 D. 975 A. 1063 C. — μία Dio Chr. 473 D.

διοσήμειον II. 664 C.

Διοσκουρεῖον I. 473 C.

Διοσκουρίδαι I. 15 E.

Διόσκοροι I. 14 E. Διόσκουροι I. 824 E.

διότι pro ὅτι II. 117 E. 195 B. 212 B. 216 B. 230 A. 231 A. 234 F. 239 B. 852 D. — pro διά τι II. 210 B. 222 A. 228 A. 231 B.

διοχλέω I. 486 D. 490 B. 897 C. Aristid. I. 147.

δίοψις II. 408 E. 915 A. 948 E. I. 886 D.

δίπηχυς I. 127 C.

διπλασιάζω II. 667 B. 738 D. 1021 D. I. 110 C. 333 D. 632 D. 650 D.

διπλασιασμὸς solidi II. 718 E.

διπλάσιος II. 155 F. 235 B. 1018 B. E. 1019 A. 1020 A. D. F. 1021 A. B. C. 1022 D. 1027 B. D. 1078 A. 1138 D. 1139 C. D. E. Plato 704 E. quater. — διπλασίῳ II. 233 A. — πλεῖν ἢ διπλάσιος γεγονὼς ex Platone Aristid. I. 281.

διπλασίων II. 1138 E.

διπλοὴ ambiguitas II. 407 C. 408 F. — duplicitas II. 441 D. 1083 C. — mentis II. 715 E. — ferri II. 802 B.

δίπλοος pro διπλάσιος II. 1027 B.

διπλοῦς — ἢ vestis I. 415 A. — τινος duplo major. I. 813 E. — τοῦτο οὐδενὶ λείπει διπλῆν τὴν γνώμην dubium Aristid. I. 132. — διπλᾶ κρούειν Arist. II. 402. διπλᾶ στρέφω κατά τινος f. ex Plat. Aristid. II. 250.

διπλόω — ται ferrum I. 181 B. — τρίβων Teles Stob. 524.

δίπλωμα Rom. I. 1056 C.

δίπους II. 636 E.

διπρόσωπος II. 269 A.

δίπτυχος Euripid. II. 1028 F. — ω ὀρχεῖσθαι orator Aristid. II. 395.

δίπυλον Jani II. 322 B. — I. 166 E.

δὶς διὰ πασῶν II. 1018 E. 1019 B. 1029 B. — τοσοῖδε Euripid. I. 90 D. Sim. II. 146 B. — II. 175 E. 184 C.

δισκεύω II. 793 C.

δισκοειδὴς II. 891 C. 895 D.

δίσκος II. 724 B. I. 155 B. — Solis II. 890 F. 891 A. — Aristid. I. 202.

διστεγμὸς II. 214 E.

διστάζω I. 1059 A. II. 62 A. Diog. Laërt. I. 71. Dio Chrys. XXXI. 317 C. Plato 669 D.

διστατέω II. 993 D.

δίστιχος — κρίθη II. 906 B.

διςύπατος II. 777 B.

δισχίλιοι II. 193 B. 197 E. 206 F.

διτάλαντος pondere I. 898 D.

δίτονος — ον II. 430 A. 1021 F.

διττὸς II. 1083 C. E. F. I. 145 F. 720 F. — ὰς duas II. 7 D. — ambiguus, duplicis sensus Jambl. Stob. 471.

διυγιαίνειν f. II. 135 C. Jambl. V. P. 102. 232.

διυλίζω vinum II. 692 D. Colv. ad Appulej. Met. IX. p. 636. ed. Oud. Jo. Chrysostom. T. I. p. 742 A. Pearson. Ep. Apostol. ed. Bas. p. 261.

διφθέρα II. 149 C. 276 F. I. 557 D. 938 A. — χαλκῆ II. 297 F. — liber II. 942 C. Jovis Zenob. IV. 11. Aristid. I. 292. — Dio Chrys. IV. 70 C. scholion in textum invectum a Casaub. notatur: ἱμάτιον γεωργικὸν, στερεὸν, πρὸς ὄμβρων μάλιστα ἀποφυγὴν ἱκανόν. LXXI. 627 D. Varro R. R. II. 11, 11. et ibi v. d.

δίφρος — ους facere I. 961 D. — Philosophus ἀπὸ δίφρου διαλέγεται II. 796 C. — paronomas. cum διφορος II. 839 A. Eust. II. p. 412 fin. — I. 45 A. 118 E. 139 E. 408 A. D. 453 E. 991 D. — consulis I. 311 C. 430 E. — praetoris I. 737 B. 739 B. — χρυσοῦς I. 736 D. 922 E. — magistratuum I. 800 E. II. 232 F. bis. — concionis I. 833 D. — χαμαίζηλος II. 150 A. — ἐπὶ δίφρου sedere, *cacare* Aristid. I. 314.

διφρόφορος II. 348 E.

διφυὴς II. 1083 C. F.

δίχα I. 283 C. 330 A. 399 C. 414 B. 530 D. II. 164 E. 429 C. 759 D. 1020 E, 1021 C. D. praeterea, sine eo quod jam habemus I. 316 B. 459 A. 648 E. — sine II. 145 C. 177 E. 192 A. 203 B. 237 A. 684 D. 694 F. 780 E. 854 E. 941 E. 1057 B. 1108 C. I. 132 B. 173 E. 394 D. 603 E. 614 B. 969 E. 1004 E. 1031 F. — lege διὰ Aelian. N. A. X. 2.

διχῆ I. 555 E.

διχογνώμων II. 11 C.

διχόθεν I. 306 B. 417 E. 464 D. 680 B.

διχομηνία II. 861 F. 929 B. 932 E. mss. plenilunium? I. 967 E.

διχόμηνος II. 288 B. 658 F. I. 371 A. idem ac διχότομος Vales. Am. Marc. p. 175. Lindenbrog. id. 89.

διχόνοια II. 70 C.

διχοστασία II. 20 C. 788 E. I. 397 C. 475 F.

διχοστατέω II. 985 C. Eur. fr. Antig. IV.

διχοτομέω de luna II. 929 F. — discindo medium I. 399 B.

διχοτομία lunae oppon. συνόδῳ II. 932 E.

διχότομος luna II. 368 B. 929 E. 930 F. 1028 D.

διχοφορέω pro διχοφρονέω II. 447 C.

διχοφρονέω II. 763 E.

διχοφροσύνη II. 824 D. I. 5 D. Jamblich. Vit. Pyth. 34.

δίχροος — ον γράμμα II. 737 E. 738 A.

δίψα I. 938 B. II. 126 E. 183 D.

διψάλεος convivium II. 643 D.

διψάω I. 658 A. II. 42 C. 81 A. 124 D. E. 132 D. 202 C. — I. 656 D. — de plantis II. 688 E. — δόξης II. 790 D. I. 342 E. — ῶν θυμὸς I. 431 B. — regio Aristid. II. 349.

δίψος I. 559 C. II. 174 E.

διψητικὸς II. 635 C.

διψώδης simpl. II. 129 B. — τὸ διψῶδες cupiditates II. 555 E.

διωγμὸς I. 684 E. 1040 A. II. 184 D. 483 E.

διωθέω II. 924 B. 979 A. — med. repello I. 637 E. 991 F. II. 92 E. — repellere suas passiones, iram etc. II. 446 B. emend. in fragm. N. S. N. V. p. 31. — II. 168 E. 372 E. 521 E. 523 E. 584 B. I. 100 C. 191 B. 255 F. Aristot. Nic. VIII. fin. Victor. p. 494. Jambl. V. P. 257. — crimina II. 549 E. — turbam I. 760 E. — ignem, per flammas evadere II. 583 A. Sim. 94 E. — διῶσαι telum I 359 B. — εῶσθαι munus simil. I. 435 A. 493 A. 505 E. 519 B. 616 F. 687 F. 695 C. 755 D. 829 D. 948 E. 1035 D. Aristid. I. 145. — recuso I. 880 D. 1008 E. 1063 A. Aristid. I. 355. — januam I. 1000 A. — εω pectus in gladium I. 1009 B. — ω hostium aciem II. 8 D. — μαι λόγον eum non dicere Dio Chrys. VII. 98 C. — adversus quem premo Epict. Diss. 626. — Aristid. I. 354.

διωθισμὸς I. 144 A.

διώκειν aliquid disputando persequi II. 50 C. ubi v. n. — καὶ ποθεῖν II. 371 A. 372 D. E. 673 E. 687 E. 688 A. 770 D. — de poena II. 549 C. 766 C. — abigo et appeto Lucian. T. I. 821 J. F. R. — ignis humorem corporis II. 687 B. — consectari rem II. 4 F. 6 B. 14 F. 16 A. 30 C. 35 A. 41 E. 44 B. 48 E. 66 B. 135 E. 149 B. 156 C. 719 B. 733 C. 793 A. 794 B. 796 A. 801 A. 974 D. 981 C. 1058 A. 1071 F. 1072 B. 1128 C. 1135 D. I. 152 D. — accuso I. 169 D. — quem abigo II. 192 C. 201 E. 203 B. 217 D. 227 A. bis. 239 B. — οὐ φεύγειν ἀλλὰ διώκειν τὸ συμφέρον ὀπίσω κείμενον II. 183 D. — et φεύγω in apophth. II. 178 A. — quem comprehensurus II. 144 A. — consector, studeo cui rei, τι II. 122 E. 126 B. Oenom. Euseb. P. E. V. 229 A. — οὐ δεῖ φιλεῖν τοὺς διώκοντας, ἀλλὰ τοὺς ἀξίους φιλίας διώκειν II. 94 D. — ἔρωτι τοῦ διωκομένου παρέρχεσθαι τὸν καταλαμβανόμενον II. 93 D. — ῥῆμα διαφεῦγον II. 80 D. — διώκων quem αἱρέω judicio I. 1039 A. — ω τὴν ἀσφάλειαν ἐξ ἅπαντος I. 1015 A. — ων φεύγω in pugna I. 957 A. — μαι φόνου I. 878 C. — sequor I. 723 D. 785 A. II. 162 E. Xenoph. H. Gr. I. 1, 8. — curro I. 715 F. 790 D. 823 C. — curro equo I. 667 E. 1004 D. Chares Mytil. Athen. 575 E. — vehor I. 587 D. — an fugio I. 558 D. — τινά τινος judic. I. 479 D. 708 C. II. 91 D. — festino I. 464 C. 622 C. — quaero I. 461 C. 507 C. 740 E. — repudio, abigo I. 422 C. — spem I. 398 C. — quid ῥήματι εὖ πράγματι II. 1114 D. — καὶ ἀλίσκομαί τινος I. 28 B. — judicio I. 134 B. 320 E. 344 D. 349 D. 368 E. 543 B. 769 B. 864 B. 886 E. Plato 692 A. et alibi. — ται rumor, inquiritur I. 268 E. — ω quem θανάτου I. 334 B. — δίκην I. 353 E.

Δίων Upton. Arrian. 109. — Exempli caussa nominatur II. 1061 C. 1076 B. oppon. Διὸς, ut Chrysipp. Anthol. I. 55, 12. M. Argentar.

διώνυμος I. 251 B.

δίωξις appetitio II. 468 E. 550 E. 960 F. 976 C. 979 A. 1071 C. 1073 D. 1091 D. — pulchrarum II. 758 B. — I. 113 F. 120 C. 125 E. 149 A. 158 A. 166 B. 169 B. E. 364 C. 371 C. 373 A. 384 B. 420 D. 427 D. 449 E. 464 C. 502 D. 513 D. E. 534 E. 536 E. 549 D. 554 C. E. 559 E. F. 563 B. 574 B. 578 C. 585 D. 616 A. 637 F. 640 E. bis. 658 E. 660 D. 807 D. 933 F.

διωρισμένως II. 415 A.

διώρυξ I. 618 D. 1040 A. II. 184 D. 483 A. διωρυχή Arist. I. 233. Metallorum ib. 546.

δμωὶς I. 146 A.

δνοφερὸς Pind. II. 1130 D. I. 741 A. — II. 17 C.

δνοφοεὶς Empedocl. II. 949 F.

δόγμα II. 814 F. — et λόγος differunt II. 79 F. — ἔργοις βεβαιοῦν II. 582 A. 779 B. sim. 79 F. — simpl. opinio sententia II. 402 E. 651 C. 672 E. 694 E. 728 E. 1062 E. 1075 B. 1086 C. — καὶ νόμος II. 742 D. ἄνευ δόγματος II. 817 E. — id. ac ψήφισμα II. 833 E. F. — σοφιστῶν II. 1000 D. — et βίος oppon. II. 1033 A. E. 1034 B. 1070 A. — δόγμα ποιεῖν τὸν ἔλεγχον II. 1077 F. — καὶ πάθος II. 1125 B. — II. 1107 D. 1117 E. 1118 A. 1119 C. 1122 A. 1124 D. 1125 B. 1126 E. — κοινὸν lex I. 8 C. — civitatis I. 83 A. 87 A. 390 D. F. 394 F. 407 D. E. F. 423 D. 588 B. 767 A. II. 227 A. — Senatusconsultum I. 221 E. 270 F. 290 B. 302 E. 305 A. 372 D. 429 A. 441 B. 624 A. 780 E. 835 E. 845 E. 868 C. 930 A. 1037 F. 1056 C. bis. — philosophi I. 337 C. 862 C. II. 14 E. 35 F. 36 A. D. 41 A. 42 C. — dubium utrum lex an senatuscons. ut R. I. 520 C. — opp. πρᾶγμα II. 75 F. — pro διανόημα, cogitatio Plato 652 B. 660 H. 670 A. 683 E. — Judic. Plato 680 F.

δογματικὸς philos. Fragm. I. 4.

δοιδυκοποιὸς I. 743 C.

δόκανον Lacon. Dioscurorum statua II. 478 A.

δοκέω f. volo II. 752 F. — ὁρῶν οὐδ' ἐδόκουν ὁρᾶν videns videbar mihi non videre Aristid. I. 296. πάσῃ τῇ ψυχῇ δεδογμένα πράττειν Synes. 10 D. — de somniis ἔδοξεν ἰδεῖν II. 83 C. 361 F. I. 124 F. 288 F. — sine ἰδεῖν II. 434 E. I. 153 D. 325 D. 402 D. 469 F. — puto f. II. 383 C. 730 E. 764 C. — τῷ θεῷ δόξαν οὕτως particip. consequentiae II. 414 B. I. 103 E. 464 C. Aristid. I. 312. — opponitur τῷ εἶναι, quod omittitur II. 702 A. — δοκῶ μοί, vellem II. 711 D. 741 D. 763 B. — videor mihi II. 724 A. — δοκοῦσα εὐπραγία, fortuna opinata II. 779 D. — ἔστω καὶ δοκείτω II. 788 F. — simulo II. 824 D. Casaub. Theoph. Char. I. p. 21. ed. Fischer. Valck. D. . II. 13 D. 59 F. Arist. Plut. 838. — τὸ δοκοῦν τεκμαίρεσθαι II. 879 A. — δοκῶ μοι τοῦτο παρήσειν II. 968 F. 973 E. — δεδογμένον ἐστὶν ἡμῖν II. 161 C. 985 C. — δοκοῦντα et μὴ δοκοῦντα alicujus placita et contra II. 1115 C. — καὶ φαίνεσθαι II. 1121 C. Diod. Sic. I. 431. — δοκῶ δ' ἐγὼ init. II. 1129 E. — ἔδοξαν ὁρᾶν in apparitionibus prodigiorum I. 17 A. — τὸ δοκοῦν mentis judicium I. 152 D. — puto I. 206 C. 246 A. 924 B. — τὰ δεδογμένα I. 328 F. 922 C. — εἰμὶ oppon. I. 364 F. 749 F. 1056 E. II. 53 E. — Somnio I. 490 B. 499 A. 586 C. 636 A. 655 C. 665 B. 678 D. 883 C. 961 F. II. 109 C. Ep. Hippocr. XVIII. p. 17 B. ed. Chart. — simulo I. 607 D. — τι I. 648 A. — τῷ δοκεῖν I. 722 D. ut quidem sibi videbatur. an τὸ δ. — δοκεῖ et συμβαίνει differt I. 742 A. — δοκῶ μοι ποιήσειν τι I. 886 B. — καὶ εἰμί, pro δόξαν ἔχω I. 955 D. — καὶ λέγω I. 1018 A. — καὶ καλεῖσθαι quid II. 44 E. — τῷ δοκοῦντι λυπεῖν ἐγείρει voluptatem II. 61 B — videor mihi II. 66 C. — δοκοῦσαι εὐτυχίαι II. 102 F. 104 D. — Simpl. II. 143 B. C. E. 144 D. 147 D. 148 B. 149 E. 151 A. 152 A. C. D. 153 C. 154 D. E. 155 A. C. 158 B. bis. 164 D. 165 A. 167 A. 174 A. 177 E. 181 B. D. 182 D. 183 D. 184 A. 185 C. 186 B. F. 190 A. D. E. 191 B. 195 B. 200 C. 201 A. 202 E. 204 C. 205 A. 207 B. C. 210 C. 214 F. 215 E. 217 E. 218 B. 222 C. 224 E. 234 E. 235 A. 236 A. 237 B. 239 D. 241 D. — τὰ δοκοῦντά τινι ποιεῖν II. 202 F. — τὸ δόξαν II. 210 B. — τὶ μηδὲ γινώσκειν II. 212 E. — et εἰμὶ II. 188 C. Dio Chr. 461 C. Plato 689 E. F. — οὐκ ἐμοῦ ἀλλ' ὃν ἔδοξεν ἐμὲ εἶναι II. 177 B. — δεδογμένον philosophi Plato 696 D. 697 B. — abund. τὸ δοκεῖν σοφὸν εἶναι, pro σοφὸν εἶναι Plato 700 B. — δεδόχθω Plato 632 C. — οἱ δοκοῦντες sc. σοφοὶ quod addit Euseb. Porph. Abst. II. 40. δοκῶ μοι γράφειν volo, Teles Stob. 516.

δόκημα νυκτερωπὸν Eurip. f. II. 1066 C.

δόκησις II. 63 F. 392 A. 1112 E. Eurip. incert. Musgr. XXVIII. LXXIV. 1. 240 C. 648 C. 820 F. 1010 B.

δοκιμάζω II. 421 A. 682 A. 697 D. 727 D. 729 A. 987 A. 1036 B. 1041 E. I. 5 D. 46 E. 146 B. E. 157 A. 238 E. 648 C. 706 E. Plato 703 G. 705 C. — examino II. 49 D. 94 B. E. — laudo, probo II. 11 E. (disting. ab ἀποδέχ. II. 18 B.) 18 F. 41 B. 62 E. — cum inf. II. 220 E. — τι II. 223 D. E. 227 B. 236 F. 238 C.

δοκιμασία I. 809 D. II. 9 D.

δοκίμιον II. 230 B. Jambl. V. P. 185.

δόκιμος II. 153 E. nummus II. 406 B. 1126 D. — homo II. 605 B. 834 E. I. 35 A. 134 C. 433 C. 559 E. 574 A. 660 D. 856 D.

δοκὶς in coelo II. 893 C. Wessel. Diod. Sic. II. 42.

δοκὸς trabs II. 210 D. 924 A. f. opinio II. 1112 E.

δολερὸς II. 646 B. 863 B. I. 565 D. 798 A. 1026 F.

δόλιος draco, terrae filius, Orac. II. 408 A.

δολιχόδρομος I. 848 D. Plato 641 C.

δολιχὸν opponitur σταδίῳ II. 803 B. 811 D. 846 D. I. 752 B. Lucian. II. 41. M. S. III. 493. — Diog. Laert. VI. 34. Plato 644 D. F. Aristid. II. 349.

δολιχόφρων Emped. II. 1113 C.

δολόεις Poet. II. 464 F.

δόλος in captura piscium II. 976 E. 977 B. 987 E. — I. 139 F. 363 E. 556 D. 562 E. 568 D. E. II. 195 F. 229 B. Plato 674 A. — καὶ βία comparatur Plato 685 G. seq.

δολοφονέω II. 773 B. 881 D. bis. I. 157 F. 243 C. 364 E. 571 C. 1028. D.

δολοφρονέω Archiloch. II. 950 E. 1070 A.

δολόω feram II. 757 D.

δόλων sica, gladiolus I. 829 C.

δόμα donum II. 182 E.

δόναξ καὶ αὐλὸς Himer. 674.

δονέω II. 1005 E.

δόξα — δόξας καὶ νόμους ἀποφυγοῦσα anima II. 101 A. — καὶ τῦφος Dio Chr. IV. 71 C. — καὶ βίος II. 87 F. — οἱ πρὸς δόξαν λόγοι II. 78 E. — species II. 68 B. — pass. δειλίας timidum videri II. 74 B. — καὶ ἀρετὴ II. 72 A. — oppon. II. 80 F. 81 E. 83 D. — αἱς πλάττεσθαι II. 83 D. — ὑφ' ἡδονῆς ἀκράτου πρὸς δόξαν θρασύνεσθαι quo referendum II. 15 E. — ἀνὴρ ἐλλόγιμος καὶ δόξαν ἔχων II. 16 D. — τὴν δόξαν διαφθείρεσθαι falsa opinione imbui II. 16 D. — κατὰ δόξαν καὶ πίστιν τινός τι λέγεται II. 17 B. — opinio activ. II. 18 E. 19 D. — ἀληθὴς καὶ ὑγιαίνουσα. II. 20 F. — ψευδὴς II. 26 A. — καταδεδουλωμένος τῇ δόξῃ τὴν κρίσιν II. 26 B. — καὶ ἐπιφάνεια II. 26 C. — ἀγεννὴς II. 28 C. — πρὸς δόξαν ἀτύφως ἔχειν II. 32 D. — καὶ ἡγεμονία II 34 C. — gloria, laus II. 34 E. 44 C. — ἄδοξας II. 35 A. — καὶ χρήματα II. 36 E. — καὶ κάλλος II. 39 D. — dicentis, passiv. existimatio II. 41 B. E. sim. 48 A. — opp. ἀλήθεια opinio et gloriola II. 48 C. — ἀπὸ δόξης probabili ratione, non certa II. 549 F. — ἀπὸ δόξης e gloria II. 1099 F. — ἐγγίνεται cui II. 664 B. — θειότητός τινι πρόσεστι II. 665 A. — τὸ πρὸς δόξαν II. 78 E. ubi v. n. — sententia opponitur scripto et verbis II. 683 A. — δόξῃ καὶ δυνάμει πρῶτος φιλόσοφος II. 700 B. — πρότερος δόξῃ? II. 717 B. — κατά γε τὴν ἐμὴν δόξαν II. 738 E. 1015 F. — ἀπολείπειν δόξας II. 752 F. — καὶ αἰδὼς II. 787 D. — καὶ δύναμις II. 24 C. E. 25 A. 84 D. 100 C. 790 D. 791 A. I. 807 C. 811 D. 812 F. 820 B. 827 F. 850 A. 907 F. 1027 D. F. 1032 A. 1066 B. — gloriola cum φιλοτιμία junctum II. 791 C. — I. 863 E. F. — καὶ τιμὴ II. 796 B. I. 141 E. 178 D. 190 A. 228 E. 342 E. 1066 B. — δόξαν ὑβρίζειν corrupt. II. 805 F. — δόξαν ἔσχε ὡς προαγορεύων II. 972 A. — ἔπηλυς opponitur naturae II. 988 B. C. — κενὴ II. 124 F. 125 A. 989 C. E. I. 803 A. — phil. II. 1023 D. E. 1024 B. definitur 1024 F. 1114 E. 1118 A. 1120 F. 1121 F. 1122 D. 1123 F. 1124 A. 1125 D. E. 1127 D. — καὶ ἔπαινος II. 1100 B. — δόξαν ἔχειν I. 84 B. 391 A. 893 A. — Simpl. politiae laus, gloria I. 147 F. 155 E. 1066 F. — ἀμαθὴς I. 173 D. — ἐκ δόξης ἀμαυρᾶς II. 420 E. — δόξης ἐνδεέστερον minus opinione I. 1070 A. — δόξα unde actio suscipitur I. 238 C. — honos, gradus I. 250 C. 536 F. — gloria I. 336 B. 337 D. 342 D. 548 E. 992 A. — opp. ἀρετῇ I. 342 D. 795 C. 796 A. B. 892 D. — ὡς ἡ τῶν πολλῶν δόξα I. 439 C. — καὶ δύναμις in rep. I. 647 E. 759 D. II. 49 D. — πλοῦτος, γένος I. 556 A. II. 58 D. — ἡ κατ' ἀνδρείαν δόξα, gloria fortitudinis I. 557 F. — religionis I. 567 E. — οἱ ἐν δόξῃ I. 621 F. 798 A. — καλὸν πρὸς δόξαν I. 654 D. — τε μετέχω τινὶ I. 695 B. — opp. λόγῳ (praejudicata opinio, an gloriola?) I. 817 C. — et φύσις I. 771 A. — καὶ ἰσχὺς in republ. I. 851 C. f. D. 857 A. — τῶν πολλῶν I. 863 A. 922 A. — ἀπὸ λόγου disting. a potentia I. 887 A. — καὶ ἀρχὴ I. 891 B. II. 92 B. — σκιὰ ἀληθείας I. 901 E. — dignitas regis I. 909 E. — propria existimatio I. 974 C. —

alterius bona de nobis l. 988 B. 989 B. 987 F. — ἀρετῆς I. 1006 A. 1009 B. — oppon. ἀδοξίᾳ, philosopho indifferens II. 101 D. — πλοῦτος, ἰσχὺς, δύναμις II. 99 E. — ἡ ἐν τοῖς πολλοῖς II. 118 E. — φαύλη II. 102 C. — αι καὶ τιμαὶ II. 103 E. sim. 147 D. — ξα καὶ χρόνῳ secundus ab Homero Hesiodus II. 105 D. — δόξα doloris opinio II. 106 D. — ψευδὴς II. 117 A. — simpl. opinio II. 107 A. 171 E. — παρὰ τὴν ἡμετέραν II. 115 A. — αν παρασχεῖν ὑφειμένου II. 131 A. — κενὴ καὶ ἄκαρπος II. 135 E. — αν ἀγροικίας φοβεῖσθαι II. 124 B. — fama, celebritas II. 125 B. 153 F. 154 C. 162 E. 178 A. 181 B. 182 F. 186 F. 199 A. 200 A. 210 F. 212 E. 227 E. 239 F. — καὶ φιλοτιμία II. 131 A. — περὶ θεῶν II. 401 E. Sim. 165 B. bis E. 167 B. 169 F. — et λόγος oppon. II. 170 D. — et εὔνοια oppon. δυνάμει II. 182 B. — καὶ δύναμις II. 185 C. — opinio φαύλη II. 214 D. — opinio et gloria bis acute II. 217 A. — δόξαις δουλεύειν Philem. 529. — pro κενοδοξία Dio Chrys. VIII. 137 A. C. X. 153 A. — δόξα ἀνθρώπων et αὐτοῦ γνώμη oppon. Dio Chrys. LXXVIII. 654 D. — non ὁ παρὰ τῶν πολλῶν ἔπαινος· εἰ δὲ τῶν πολλῶν, δηλονότι τῶν οὐκ εἰδότων ib. — σοφίας Plato 656 A. — ἀληθὴς Plato 669 B. — παιδικὴ id. 698 A. — αις φορεῖσθαι 698 F. — ης ἤθεσι utitur orator ib. G. — κατὰ δόξαν τὴν ἐπιεικῆ id. 702 A. — δόξαι πονηραὶ I. 1024 A. — ὀρθὴ phil. Galen. T. I. 50 D. — opinio II. 735 B. παρὰ τὴν δόξαν II. 1006 D. I. 182 F. 549 B. 557 D. — gloria II. 777 E. F. 1121 E. 1128 B. C. 1129 C. 1130 C. 91 D.

δοξάζω I. 913 B. Stoic. II. 1056 F. — II. 434 F. 1079 A. 1101 E. 1105 E. 1115 D. 1122 C. II. 16 F. 25 E. Plato 698 B. 699 A. — philosophus I. 681 A. Jambl. V. P. 200. — τί τι II. 167 D. — et λέγω oppon. II. 170 D. F.

δοξαστικὸς II. 1017 A. 1023 F. 1024 A.

δοξαστὸς deus, opponitur ὁρατῷ II. 756 D. — II. 1012 D. seq. 1114 C. E. 1115 D.

δοξοκομπέω I. 154 E. Mosc. sine μ. δοξοποιέω, f. δοξοκοπέω Porphyr. Abst. II. 35. — δοξοκομπέω Dio Chrys. Or. XV. 604 C.

δοξοκομπία I. 154 E. Mosc. sine μ. perperam tuetur Rhoër. ad Porph. A. I. 38.

δοξοκοπία II. 791 B. 1101 A. B. Porph. Abst. II. 52.

δοξόκοπος Teles Stob. 523. 524. Dio Chr. 422 C. 605 A. 606 C. 609 A.

δοξομανία I. 455 E. Chrysipp. Athen. 464 E. Jambl. V. P. 58.

δοξοσοφία II. 999 E.

δορά I. 289 A.

δοράτιον I. 329 F. 559 B. 968 B. II. 184 B.

δορατισμὸς I. 249 E. 387 A.

δορίκτητος I. 40 C. v. δορύκτητος.

δορκὰς II. 757 D.

δόρξ, δόρκες sed codd. δορκάδες II. 957 F. 966 A.

δόρυ I. 113 E. — διελαύνω τινὰ τοῦ δόρατος I. 403 F. — et sarissa I. 360 E. F. — ἐπὶ δόρυ I. 183 C. — est ἀκοντιστοῦ αἰχμὴ cum manu tenetur I. 304 C. — lignum pili I. 419 E. — ὀρθὸν et κεκλιμένον I. 44 D. — lignum vexilli I. 455 F. — Simpl. I. 587 A. 672 F. lictoris I. 833 B. — et λόγχη I. 971 E. — II. 89 C. 182 A. 190 B. 210 E. 218 E. 219 C. 229 C.

δορυάλωτος et δοριάλωτος Wessel. Diod. Sic. II. 97.

δορύκνιον herba I. 897 E.

δορύκτητος I. 34 A. 40 B. II. 232 A.

δορύμαχος II. 32 D.

δορύξενος II. 295 B.

δορύξοος I. 284 A. Aristid. II. 206.

δορυφορέω quem II. 810 B. 817 B. 830 D. 1128 F. I. 210 D. 280 D. 355 E. 430 F. 581 C. 588 B. 734 E. 868 C. 938 D. — μαι I. 591 D. 658 A. 708 B. — simpl. de asseclis II. 94 A. Sim. 170 E. Eurypham. Stob. 556.

δορυφόρημα II. 709 C. I. 707 C.

— κωφὸν II. 791 E. Spanh. Jul. Caes. 355 A. Aristoph. Ran. 944. — κωμικὸν Lucian. II. 5.

δορυφορία stellarum II. 890 E.

δορυφόρος I. 1064 E. F. II. 184 E. — I. 387 B. 392 B. 395 A. 431 A. C. 505 C. 570 D. 620 E. 654 F. 798 F. 822 E. 859 C. E. 906 D. 952 B. 1026 C. 1039 B. D. 1041 B. — statua II. 820 B. — praetoriani I. 1058 B.

δόσις donum, munus II. 554 D. I. 271 A. 433 A. Plato 699 C. — portio medicinae I. 1033 A. — veneni Plato 656 F.

δοτὴρ II. 402 A. 778 F. 1065 E. 1075 E. Porphyr. Euseb. P. E. IV. 147 C.

δοτικὸς — ἡ δοτικὴ casus dativus II. 1006 D.

δουλεία II. 240 B. I. 392 E. 621 C.

δουλεύω — rei II. 159 D. Philem. Stob. 529. — id. ac ἄρχομαι II. 806 F. Plato 618 A. B. — II. 142 E. 160 B. 166 E. 189 B. 197 B. 234 C. 1127 D. 1129 C. — μοι Epictet. p. 757. — τοῖς νόμοις Plato 593 G. H. 594 D. E.

δουλικὸς II. 830 D. (bellum servile) I. 549 A. 550 C. 566 F. 629 E. 688 D. — ὸν πλῆθος I. 1005 C.

δουλοπρεπὴς I. 54 F. — τὸ II. 11 C. 716 B.

δοῦλος ὁ II. 165 D. 166 D.

δοῦλος -η -ον II. 73 C. 122 A. 182 D. 183 E. 190 F. 200 B. 213 C. 222 D. 237 D. — τὸ τινὸς II. 634 B. — dicitur a δειλὸς II. 987 D. — servi pretium Romae I. 833 A. — fere meliori sensu quam ἀνδράποδον II. 4 B. — eorum genera, δανεισταὶ, γεωργοὶ, ἔμποροι, ναύκληροι, παιδαγωγοὶ II. 4 B. — δοῦλος et κακὸς δοῦλος Aristid. II. 194. — ἅπαντα δοῦλα τοῦ φρονεῖν καθίσταται Menand. Cler. 204. — Sim. τῆς ἐπιμελείας Gataker. Adv. p. 516 D.

δουλοσύνη Solon I. 86 E. 96 B.

δουλόω II. 779 E. I. 64 F. 371 E. 1002 A. — vino I. 177 E. — νόμους Plato 653 A. — δουλόομαι II. 88 A. 801 D. — pass. animo II. 102 F. 107 F. Porph. Abst. I. 41. — Aristox. Jambl. V. P. 236. Vid. Dissert. Mahnii. Dio Chr. XVIII. 257 B. 258 B. Plato 646 G. 647 B.

δούλωσις I. 108 A. 670 A.

δοῦνος v. Celtica II. 1151 E.

δούρειος ἵππος I. 114 A. 568 C.

δουρίκλυτος Archiloch. I. 3 A.

δοχὴ templi II. 1102 A. i. e. παραδοχὴ, vel θεοῦ ut γνῶμαι σοφ. ms. Leid. p. 1. Sensum quidem expressit Dio Chrys. III. 52 D. Sic ὑποδοχὴ Plut. fragm. Hesiod. X. 43.

δράγδην ita leg. II. 418 E. Sic δράξ, δρακὸς Porph. Abst. II. 17.

δράγμα messae frugis I. 100 E. Porphyr. Abst. II. 34. Himer. 738. 740.

δράκαινα II. 414 A.

δρακοντία II. 494 F.

δρακόντιον II. 733 B.

δρακοντώδης II. 551 E. — κόρη Eur. Or. II. 900 F.

δράκων II. 169 E. 224 E. bis. 408 A. (Fabula I. 795 F.) 823 E. F. 824 A. C. 834 A.

δρᾶμα Metaph. II. 940 F. — I. 415 B. 448 D. 706 C. 770 E. 915 D. — fabula II. 710 C. 712 C. 823 E. — factum ut tragoedia II. 598 D. 749 A. — II. 973 F. 1065 E. I. 65 A. 948 E. — dialogus Aristid. II. 39. — ὥσπερ ἐν δράματι Aristid. I. 155. 172. sim. 494.

δραματικὸς dialogus II. 711 C. Aristid. II. 39. δρᾶμα corrupt. — II. 42 A. 973 E. I. 22 C. 1014 C.

δραματοποιὸς II. 348 B.

δραματουργία hujus vitae Sopater Stob. 311, 39.

δραπετεύω II. 46 E. 241 B. 655 A. 742 D. 766 B. I. 194 B. Aristid. I. 368. 374.

δραπέτης I. 478 A. 515 C. 519 E. 549 E. 550 B. II. 144 A.

δραπετικὸς I. 635 E. 797 F.

δρασμὸς II. 867 A. 868 A. I. 562 A. 1039 E. Aristid. II. 194.

δραστήριος II. 373 C. 652 C. 982 D. 1125 A. I. 112 E. 147 F. (Eunap. 54.) 163 E. Eurip. Syleo fr. III. Musgr. I. 185 A. 237 C. 292 A. 302 F. 353 F. 357 B. 362 E. 430 C. 435 C. 495 C. 534 B. 573 B. 585 A. 744 B. 822 A. 848 B. 889 F. 935 D. 1053 C. II. 84 C. 165 C.

δραστικὸς I. 223 F. Plato 638 D. I. Longin. IX. 24. pro δραματικός.

δράττομαι II. 223 B. 968 D. 1005 A. I. 705 E. 1017 C. 1026 D.

δραχμὴ — ῆς ὤνιον II. 759 E. — οὐδὲ δραχμὴν οἴκοθεν ἔχειν II. 1058 C. — I. 86 D. 91 A. B. E. 117 A. 161 D. 176 C. 178 E. 271 A. 280 D. 293 C. 303 D. 335 C. D. 338 D. E. 412 E. 451 E. 460 A. 500 A. 504 B. 511 E. 512 C. 517 E. 525 B. 615 F. 767 B. 861 F. 904 E. 922 E. 937 B. 1001 E. F. 1005 A. 1023 D. II. 63 D. 182 E. 186 D. 193 B. 197 B. 206 F. — Sex oboli I. 442 D. — pro exiguo pretio Dio Chrys. VI. 90 C. XX. 263 A. LXXVIII. 659 C. LXXIX. 665 C.

δράω II. 26 D. 59 C. 149 E. 161 D. 193 D. 217 C. — et δρώμενα de sacris et teletis v. n. ad II. 352 C. — vim suam exerere, operor, de veneno II. 258 C. — ὁ δράσας judicio Plato 657 A. 658 A. C. E. 659 B. 660 D. 662 E. — δρῶν et πεπονθὸς oppon. II. 458 A. 1110 C. — δρᾶσαί τι καὶ παθεῖν II. 727 D. I. 84 C. 101 C. 139 A. 171 A. 316 E. 391 E. 587 D. 935 D. 1071 A. — δράσαντάς τι παθεῖν I. 329 E. — δράω ἄξια λόγου I. 493 E. — δρώμενον factum, res ipsa per somnium jussa Aristid. I. 41.

δρεπάνη I. 817 D. Aristid. I. 21.

δρεπανηφόρος I. 461 B. 463 E. 467 C. 496 B. 517 D. 912 F. 1014 E. conf. de eorum constructione Wessel. Diod. Sic. II. 201.

δρέπανον II. 233 F.

δρέπω ἀνθοσμίαν II. 632 F. Plato 649 B. — μαι χυμοὺς II. 646 B. — μαι simpl. accipio, conjung. cum λαμβάνειν II. 43 C. ubi v. n. — fructum II. 692 E. 991 C. 993 D. I. 586 C. Plato 649 C.

δριμέως II. 46 A.

δριμὺς λόγος II. 42 C. 73 A. — gustatu II. 669 A. 688 B. F. — amor II. 623 C. 759 A. I. 71 B. — voluptas II. 705 F. 1093 D. — odor II. 665 C. 683 B. — acutus animo et ingenio II. 379 E. 992 D. Aristocl. Euseb. P. E. 795 B. — χάρις II. 633 A. — κάλλος II. 684 E. — oppos. γλυκὺς II. 32 B. 708 D. — et αὐστηρῷ II. 990 A. — cupiditas II. 1089 B. — θυμὸς II. 41 F. — καὶ ψοφοδεὴς II. 61 E. — medicina II. 73 A. — καὶ δυσῶδες II. 92 B. — studii doctrinarum II. 137 C. — τέρας πειθοῦς Dio Chr. 394 B.

δριμύτης astutia II. 48 A. ubi v. n. — in corpore humano oritur inedia II. 132 D. — amoris II. 608 C. — plantae v. fructus II. 683 C. — cibi II. 687 D. 688 B. 974 B. — salis II. 912 D.

δρομαῖος Apollo II. 724 C. Hoc unum Meurs. Misc. Lac. I. 1. p. 3. — recens II. 779 C. Cyrill. Al. c. Jul. I. 10 B.

δρομὰς κάμηλος I. 683 B.

δρομεὺς II. 224 F. 1045 D.

δρομικὸς II. 641 B. I. 360 F. 824 E.

δρόμος II. 133 D. 148 B. 227 D. I. 935 A. — vita II. 782 C. — certamen, cursus II. 638 C. 640 A. 675 C. Athen. 495 F. — καθαρὸς I. 487 C. — ον ἵππου ἀπέχειν II. 679 B. 1083 D. — actio currendi I. 914 C. II. 150 A. — respirationis II. 698 C. — discursatio trepida Aristid. I. 544. — soni II. 721 B. — metaphor. II. 732 D. — Solis II. 781 A. 782 D. — μῳ θεῖν II. 817 A. — ου ἐκτὸς II. 859 E. — in dicendo I. 528 C. Aristid. II. 393. I. 171. — ῳ venio I. 592 A. — καὶ περίπατοι loci I. 914 C. — μος per mare I. 1032 B. II. 76 A. 161 E. 162 A. — diff. a φυγῇ I. 1065 B. — equi II. 31 D. — locus II. 148 B. Dio Chr. 288 D. — palaestra Aristid. I. 187. 188. 232. 241. 261. 521. 541. II. 339.

δρόσιμος II. 918 A.

δροσίζω II. 913 E. Epictet. 754.

δροσοβολέω II. 659 B.

δροσοβόλος II. 917 E. 572 A.

δρόσος καὶ χνοῦς elegantia II. 79 D. — σου καὶ πόας ἀνάπλεων καθαρᾶς animal ad coitum accedit II. 493 F. 990 C. — pastus apium Dio Chr. 498 A. 510 C. — μαλακὴ II. 688 A. — differt a πάχνῃ II. 732 C. — I. 1020 E.

δροσώδης II. 695 C. 913 E.

δρυὰς I. 711 E.

δρυμὸς I. 190 C. 412 E. 417 B. 716 F. 720 A.

δρυοκολάπτης I. 19 E. 21 C.

δρυμώδης II. 268 F.

δρυτόμος Hom. II. 726 D.

δρῦς — ἀπὸ δρυὸς γενέσθαι II. 608 C. Sopater Stob. 314, 1. Hierocl. ib. 478. — II. 1077 B. I. 214 E. 668 F. — διὰ δρυὸς καὶ πέτρας ὁρᾶν II. 1083 D.

δρύφρακτος I. 322 E. 408 B.

δυαδικὸς II. 1025 C.

δυὰς II. 428 F. 429 A. D. 1012 E. 1024 D. — δεῖ χρῆσθαι μέτρῳ φιλίας II. 93 E.

δύναμαι — ται etiam hoc esse ut Lat. I. 375 A. — νται valent II. 174 B. ubi v. n. — I. 113 A. 120 F. 121 B. 258 D. 259 F. 266 B. 275 D. 443 B. 446 C. 488 A. Simpl. 504 F. 520 B. 566 F. 582 D. 595 B. 607 B. 640 A. 662 E. 778 D. 798 B. bis. 867 D. 923 A. 949 F. 987 B. D. 1018 D. — I. 442 D. 451 E. — auctoritate I. 191 C. 232 E. 356 C. 359 E. 366 B. — de verborum significatu II. 3 B. 291 B. — μὴ φθονεῖν I. 1031 D. — δυνάμενος potens et δυνατὸς II. 709 B. — ται res τοῦτο eo valet Aristid. I. 410. 433. — et βούλομαι opponuntur II. 754 D. 782 C. — abund. Aristid. II. 94. — παρά τινος II. 792 B. I. 169 E. 211 D. — τινι I. 474 E. 640 A. 765 B. 920 A. 935 F. 1023 A. — δυνάμενος potens, valens II. 793 C. 796 E. — δύναιτο δ' ἂν initio explicationis I. 69 B. — δύναμαι μετά τινος proximam secundum quem auctoritatem habeo I. 1062 A. — fere abund. II. 101 A. — et δέομαι opp. II. 143 B. — simpl. II. 166 C. — μενος pro δυνατὸς εἶναι. δυναμένην ποιεῖν τι Plato 685 D. — ται εἶναί τι instar est Aristid. I. 555. — τὸ πᾶν et τοὐλάχιστον II. 174 B. — μεῖζον II. 232 D. — absolute *valeo viribus* Dio Chr. 638 D. — valeo, efficio quid Aristid. I. 61. bis. — significat ib. 326. 552. II. 311.

δυναμικὸς II. 1036 E.

δύναμις Simpl. II. 163 E. 216 A. 217 E. 218 E. 240 A. 222 D. — εἴς τι II. 724 D. — καὶ δόξα rep. I. 662 B. 663 A. — Plur. II. 182 E. 821 C. — Exercitus, copiae II. 851 B. 871 F. I. 118 B. C. 120 A. C. 127 F. 133 E. 147 A. 148 E. 149 A. B. 150 E. 163 B. 164 C. 167 F. 171 A. 207 F. 274 C. 329 A. 342 F. 345 A. B. 362 D. 364 E. 385 B. 412 E. 413 D. 420 A. 429 F. 460 D. 461 E. 463 F. 573 D. 586 B. 649 E. 651 A. 653 D. II. 181 C. 188 B. 195 C. D. 197 C. bis. 203 A. B. 206 D. 209 B. — εἰς δύναμιν II. 811 A. I. 178 B. 179 A. 180 F. 182 B. 183 B. — ἡ πρᾶξις II. 747 E. — opponitur γεύσει, res gustata II. 624 E. — ei subjecta est ἐνέργεια II. 637 C. — philosophus πρῶτος δόξῃ καὶ δυνάμει II. 700 B. — οὐσία καὶ σχῆμα II. 721 E. — literae pronunciatio II. 738 B. C. E. — de medicamento II. 22 A. 54 E. 134 D. 157 D. 256 B. 384 B. 408 B. 436 D. 662 E. 663 C. 918 B. 990 A. 1029 F. 1066 B. I. 949 D. Eunap. 76. — sensu philos. 1054 A. B. — significatio II. 116 C. 386 C. — sens. mathem. δύναμιν εἶναι ἑαυτοῦ II. 391 A. Sim. Plato 704 E. bis. — propria vis rei II. 701 F. — et οὐσία II. 435 A. — καὶ τέχνη II. 405 A. — φύσις II. 405 B. — Geometr. II. 1139 D. — Mus. II. 1135 A. 1143 E. 1146 D. — τῆς δυνάμεως ὑπαναλίσκειν? I. 303 A. — dubium exercitus an auctoritas civilis? I. 642 B. 883 E. — πολιτικὴ exercitus urbanus I. 361 D. — παρὰ δύναμιν I. 402 E. — e τιμῇ oritur I. 408 E. — δύναμις λόγων eloquentia II. 832 B. — et μονὰς in numero opponuntur II. 877 A. — δύναμις δυνάμει opposita esse potest II. 946 B. — ἐν δυνάμει γενέσθαι τοῦ βοηθεῖν II. 982 A. — differt a πάθος et συμβεβηκὸς est fere substantia II. 1007 B. 1115 E. — numeri (est quantitas, s. quantum δύναται) II. 1018 D. 1019 A. 1027 D. χρεία — multiplicatio II. 429 B. — et ἕξις II. 426 B. 1054 A. — σχέσις διαφορὰ II. 1073 A. — II. 1129 D. Plato 671 B. C. D. E. — pretium I. 86 D. II. 226 D. in republica I. 169 F. 173 B. C. E. 547 B. 568 F. 850 A. II. 178 B. — ἡ ἀπὸ τῶν φίλων II. 186 A. — κατὰ δύναμιν II. 221 D. Plato 702 B. 704 B. — ἡ ὑπὲρ — ἐν μάχῃ II. 718 A. —

nummi I. 743 F. — ὡς στρατιωτικαὶ copiae militares pleon. I. 778 F. — significatio I. 770 C. II. 22 F. — peccatorum, i. e. facultas peccandi I. 774 B. — καὶ δεινότης eloquentia I. 849 D. — oratoria I. 851 A. 854 B. 855 B. II. 45 B. — πολιτικὴ facultas reip. administrandae I. 862 F. — ἐν τῇ πολιτείᾳ I. 882 D. — ἀπὸ λόγου καὶ πολιτείας I. 883 E. (conf. 887 B.) in rep. I. 883 F. II. 186 A. — vid. distingui a στράτευμα I. 884 A. — oratoria distinguitur ab ea quae ex concionibus et rep. est I. 887 B. — λόγου I. 936 C. II. 31 E. 34 C. — εἰμὶ ἑτέρου I. 1000 C. — καὶ δόξα I. 1046 C. cf. δόξα. — εὐδοξία I. 1049 D. — ἐν δυνάμει εἶναι I. 1062 B. — καὶ ἐξουσία I. 1070 B. — καὶ τέχνη II. 17 F. 18 C. 156 B. — καὶ ἀρχὴ principium phil. II. 34 A. — φαρμάκου II. 34 B. — καὶ ἀρχὴ in rep. II. 37 A. — φυσικὴ opp. ἐμπειρίᾳ II. 43 B. — εὐμαθείας fere abund. II. 47 D. — καὶ προαίρεσις II. 54 D. — ἀντιληπτικὴ sensus II. 98 B. — δυνάμεως abund. vel corrupt. II. 98 B. — περὶ virtutem II. 118 D. — καὶ ὕλη II. 129 F. — stomachi subaud. II. 130 A. — cibi II. 132 B. D. — opp. εὐνοίᾳ II. 182 B. — καττὰν δύναμιν diis sacrificare II. 221 D. imit. Hesiod. Phintys. Stob. 445. — sacrificare θεοῖς δαίμοσιν ἢ δυνάμεσιν sensu Christ. *angeli* Porph. Abst. II. 2. 4. Nymph. 8. conf. Goens. — poetae, facultas poetica Plato 633 C. — εἰς δύναμιν quoad ejus fieri potest Plato 639 A. 700 F. — qui parvum furatur ἔρωτι τῷ αὐτῷ δυνάμει δὲ ἐλάττονι κέκλοφε Plato 686 A. — δυνάμεσι μαθημάτων Plato 697 A. — καὶ γένεσις numeri Plato 704 D. — μεις animalium II. 63 C.

δυναστεία II. 147 D. 760 A. 822 F. 826 F. I. 129 F. 155 A. 161 F. 236 C. 386 E. 443 E. 476 D. (et δῆμος oppon. 553 E.) 614 E. 845 E. 872 C. 968 C. 997 D. Plato 586 E. 587 B.

δυναστευτικὸς II. 818 A.

δυναστεύω II. 1015 D. I. 236 D. 240 D. 435 E. 854 C. τινὶ Heraclid. Athen. 624 C. Metaphor. Plato 655 H.

δυνάστης regum minister II. 421 C. — II. 710 A. 794 A. 807 F. 1043 D. 1061 D. I. 161 B. 163 E. 238 A. 477 F. 501 D. 505 B. 508 F. 635 A. 653 B. 755 C. 776 D. 895 C. 903 B. 914 E. 942 A. 949 B. 995 C. 996 F. 1001 C. 1034 C. Plato 598 F. H. 599 A. Aristid. I. 492. 499. II. 75.

δυνατός εἰμι ποιεῖν τι II. 552 D. 709 B. 781 F. I. 322 B. — opp. ἰδιώτῃ II. 298 C. 815 A. I. 407 D. 423 D. 424 A. 571 B. — In rep. I. 394 C. 426 B. 434 B. 514 D. 734 F. II. 178 B. — δυνατὸς Stoic. II. 1055 D. — ας διανοητέος jung. II. 1081 A. — πρὸς τὸ δυνατὸν quoad ejus fieri potuit I. 90 A. — τὸς f. leg. δυνάστης I. 639 C. — τώτατος εἰπεῖν I. 871 A. — δυνατὸν pro θεμιτὸν Plat. Tim. . . Dem. Megal. 84 C. — opp. plebi I. 796 C. 797 D. 827 E. 828 E. 830 C. 831 C. D. 835 A. 836 B. — εἰπεῖν I. 798 A. — diff. a rhetore I. 850 A. 853 C. conf. δεινός. — καὶ νέος oppon. I. 867 E. — οἱ καὶ πρῶτοι in rep. I. 868 A. — philosophus an συνετός? I. 911 F. — τοὶ ap. regem I. 1024 D. — τὸν et κράτιστον oppon. II. 8 E. — ἔνδοξος, πλούσιος II. 58 C. δυνατὸν καὶ συμφέρον II. 102 C. — τὸ δυνατὸν σκοπεῖν, considerare quomodo res fieri queat II. 151 C. ὡς ἦν δυνατὸν μάλιστα πόῤῥω II. 161 D. — meretrix potens Terent. Heaut. I. 3, 15. male corrigit Bentl. Sic Propert. II. 5, 28: 26. 22. III. 20, 7. — δυνατὸν εἰπεῖν Dio Chr. I. 2 A. ut θεμιτὸν ap. Plat. aut Eurip. Orest. init. *difficile dictu.* — τὸ δυνατὸν ἡγεῖται τῆς πράξεως, primum est, ut fieri possit Aristid. I. 385. — et ἀδύνατος pauper et dives Aristid. I. 84. 190. — ἐκ τῶν δυνατῶν proverbium id. I. 506. 518. II. 395.

δυνατῶς quem accusare II. 605 E. — τῶς εἴρηται λόγος I. 711 A. Sim. II. 40 A. — II. 208 C.

δύνω II. 203 E. 829 A. I. 226 A. 250 D.

δυσαγρέω I. 929 A.

δυσάγων I. 253 C.

δυσαὴς Hom. II. 831 E.

δυσαλγὴς II. 106 D. 659 D.

δυσάλωτος I. 716 F. II. 181 C.

δυσαναβλαστέω? II. 688 D.

δυσανάκλητος I. 10 F. II. 74 E.

δυσανακόμιστος I. 36 A.

δυσανάκρατος II. 1024 D.

δυσανασχετέω II. 85 E. 123 D. 144 E. 524 D. 541 C. 607 E. 1104 E. 1130 B. I. 18 A. 132 E. 147 E. 222 B. 261 F. 327 D. 397 E. 366 C. 394 A. 462 B. 558 F. 575 F. 613 C. 817 A. 821 B. 842 B. 946 B. 1016 A. 1037 A. 1043 C. Euseb. Stob. 567. Thucyd. VII. 71.

δυσανάτρεπτος I. 709 A.

δυσανιάω II. 106 D.

δυσάντητος II. 118 C. T. Hemsterh. Lucian. Tim. p. 110. D. Ruhnken. Ep. Crit. p. 273.

δυσαντίβλεπτος II. 530 E. I. 311 C.

δυσαπάλλακτος I. 275 F. II. 91 B. 127 C. 168 A. Dio Chr. 482 C.

δυσαπόσπαστος I. 216 F. Vit. Hom. §. 88. Jambl. V. P. 34. ut Xen. . . Herodian. VI. 7, 13.

δυσαπότρεπτος II. 534 C.

δυσαπότριπτος II. 55 E.

δυσαρεστέω τινὶ II. 878 C. Teles Stob. 523. Oenom. Euseb. P. E. V. 225 A. Upton. ind. Epict. — μαι Democr. in Hippocr. Epist. XX. p. 23 D. 25 A. — μένη φιλία II. 94 D. — corrig. Γνωμ. Σοφ. ms. Lugd. p. 1.

δυσάρεστος—στον οἱ νοσοῦντες ἀπορίας ὕπο Euripid. II. 466 C. Choricius Or. I. §. 20. — f. Plut. ap. Jo. Damasc. Exc. Flor. p. XII. fin. in ed. mea Fragm. inc. IX. Item Max. et Anton. p. 819, 12. fragm. inc. LXVII. — I. 63 E. 92 D. II. 128 C. 148 A.

δυσαρέστως II. 476 B.

δύσαρκτος II. 779 D. I. 492 E.

δυσαρμοστία I. 257 C.

δυσάρμοστος cui I. 591 C.

δυσβάστακτος II. 915 F.

δύσβατος I. 501 A. Plato 617 D.

δύσβρωτος II. 668 E.

δυσγένεια I. 524 A. 700 B. II. 35 E. 187 B.

δυσγενὴς II. 634 B.

δυσγράμματος scriptu difficilis Aristid. II. 360.

δυσδαίμων Emped. II. 1113 B. Plato 672 F.

δυσδιάθετος II. 1047 E. Menand. Cler. p. 8. I. 712 E.

δυσδιαίτητος I. 231 A. 523 A. Porph. Abst. II. 1.

δυσδιάκριτος II. 617 D.

δυσδιάλυτος II. 983 D.

δυσειδὴς Soph. II. 21 B.

δυσειματεῖν II. 290 E. εὐιματεῖν Stob. 188, 45.

δυσείσβολος Wessel. Diod. Sic. T. I. 114. II. 52.

δυσεκβίαστος v. n. ad II. 127 A.

δυσεκθέρμαντος II. 625 A.

δυσέκθυτος I. 554 D.

δυσέκλειπτος II. 829 A.

δυσεκνίπτος Porph. Abst. IV. 20.

δυσέκπλυτος II. 488 B. 779 C. ἀνεκπλ. Lysis Ep. ap. Jambl. V. P. 76.

δύσελπις I. 189 D. 294 E. 524 C. 553 D. 599 B. 706 E. 880 E. 1031 E.

δυσελπιστία I. 248 E. Teles Stob. 522. 523.

δυσέλπιστος active id. ac δύσελπις I. 184 C.

δυσέμβατος πρός τι II. 661 C.

δυσέμβολος I. 686 D. 720 A. Duker. Thucyd. III. 101. Wessel. Diod. Sic. T. I. p. 115.

δυσεντερικὸς II. 101 C. 1089 F.

δυσέντευκτος I. 526 A. 965 B. II. 27 D.

δυσεξαπάτητος I. 617 E.

δυσέξαπτος I. 36 A.

δυσεξαρίθμητος II. 667 E.

δυσεξέλικτος II. 968 C. I. 989 D.

δυσεξεύρετος II. 407 F.

δυσεξημέρωτος I. 1024 C.

δυσεξίλαστος II. 609 E.

δυσεξίτηλος II. 696 D.

δυσέξοδος II. 980 F.

δυσεπιβούλευτος II. 275 B.

δυσεπίμικτος II. 917 C.

δυσεπιχείρητος II. 281 A.

δυσεργὴς II. 1129 D.

δυσεργία I. 263 F.

δύσεργος καὶ παγχάλεπος II. 663 E. 980 C. I. 402 A. 534 C. 527 C. 798 D. 978 C. — Simpl. inefficax II. 431 E. 714 D. 819 C. 933 D. I. 283 F. 250 A. 373 B. 383 E. 424 C. piger 685 A. — I. 44 E. 131 C.

δυσέργως moveri I. 910 B.

δύσερις I. 279 E. 366 D. 411 A. II. 39 C. 80 B. Isocr. Dem. p. 9. 149. Plato 655 H. 656 C.

δύσερως II. 764 E. 1105 B. I. 164 A. 877 B. 964 D. 1042 E. Aristid. II. 404. 422.

δυσεύρετος II. 97 B.

δυσέφικτος II. 65 E. vid. ind. gramm. in Synonym.

δύσζηλον II. 91 B. I. 669 A. act. 707 B. — 1025 A.

δυσηκοΐα II. 794 D. 1073 D.

δυσήκοος II. 722. 13 E.

δυσήλιος I. 411 E.

δυσημερέω II. 740 A.

δυσημερία II. 168 C. ubi v. n.

δυσηχὴς quod infirmum sonum habet II. 721 C.

δυσθανατάω—ῶσα γραῦς II. 1038 F. 1039 A. 1060 F. I. 402 E. (503 C.—έω) 587 A. 793 F. 951 E. 1067 B. Plato 621 C.

δυσθέατος II. 966 B.

δυσθεώρητος II. 690 F. 718 C. 731 A. 996 A. 1020 B. 1043 A. 1057 B. 1118 D. I. 382 E.

δυσθήρατος caussa II. 680 E. — I. 160 E. 639 D. II. 17 D. Jambl. V. P. 252.

δυσθυμέω II. 984 B. I. 252 D.

δυσθυμία II. 473 B. I. 116 D. 143 C. 239 E. 245 C. 259 B. 269 E. 327 E. 502 B. 592 F. 612 D. 699 F. 704 B. 934 A. 1027 A. B.

δύσθυμος II. 330 C. 1101 E. I. 161 C. 177 E. Democrit. Stob. 552.

δυσθύμως ἔχω I. 1023 F.

δυσίατος Plato 652 B. 676 D. 683 G.

δυσιερέω II. 587 C. (758 D. in ms. E.) I. 314 D. 738 B. 747 B. 990 D.

δύσιππος locus I. 364 C. 396 E. 461 C. 554 D. 601 A. 675 D.

δυσκαὴς II. 952 C.

δυσκάθαιρετος II. 511 D.

δυσκάθαρτος—ον πνεῦμα II. 991 B.

δυσκάθεκτος recordatu difficilis II. 408 B. — ὁρμὴ II. 750 D. — Simpl. II. 31 D. 810 D. I. 61 E. 352 D. 517 F.

δυσκαμπὴς II. 650 D. 953 D.

δυσκαρτέρητος II. 36 B. 753 C. I. 76 E. 743 D.

δυσκατάλλακτος II. 13 C.

δυσκατανόητος II. 47 C.

δυσκατάπαυστος I. 682 F.

δυσκατάσβεστος II. 417 B.

δυσκατέργαστος Muson. Stob. 204. 33.

δυσκέραστος II. 754 C. I. 981 B.

δυσκινησία II. 127 D.

δυσκίνητος πρός τι II. 625 A. — Simpl. II. 420 E. 714 D. 946 B. I. 150 A. 327 B. 367 B. 550 B. 666 D. 667 F. 696 F. 744 B. 759 E. — καὶ μόνιμος I. 17 D. — hebes II. 1144 A. — animo constans et hebes I. 174 C.

δύσκλεια I. 794 D.

δυσκλεῶς II. 169 A.

δυσκοίλιος II. 137 A.

δυσκοινώνητος I. 890 B.

δυσκολαίνω II. 37 A. E. 53 E. 73 A. 77 B. 85 E. 143 A. 149 A. 153 A. 420 C. 633 E. 673 D. 682 C. 797 A. (τι repudio 938 C.) 1076 C. 1120 B. I. 186 A. 336 F. 349 A. 529 C. 550 D. 606 B. 640 C. 651 B. 725 B. 753 E. 907 E. 1023 A.

δυσκολία II. 45 C. 780 A. I. 49 F. 922 A. 935 B.

δύσκολος aenigm. II. 673 F. — II. 104 C. 395 A. 766 E. 762 D. I. 142 C. — λον καὶ τραχύ τι ἔχειν ἐν τοῖς λόγοις II. 122 C. —λος factu I. 522 A. 548 D. II. 153 F. — lector I. 686 C. — I. 742 B. II. 54 C. Aristid. I. 384. 392. — Demosth. I. 886 F. — moribus II. 50 B. — ψυχὴ Plato 649 A. — et εὔκολος Aristid. I. 531.

δυσκόλως I. 359 D. II. 115 F.

δυσκρασία II. 758 D. 909 A. I. 697 D. 958 D. 1040 F.

δυσκρινὴς II. 922 A.

δύσκριτος II. 194 A. 413 A. I. 490 C. 567 E. 989 A.

δύσκωφος surdus II. 13 E.
δύσληπτος II. 17 D. 426 F.
δυσλόγιστος II. 981 E.
δυσμαθὴς II. 968 C. 992 D. Plato 699 G.
δυσμαθία Plato 637 E.
δυσμαχεῖν II. 371 A. 442 A. 661 C. 1015 A.
δύσμαχος I. 635 F. 993 B. Plato 655 H.
δυσμείλικτος II. 553 A. I. 367 D. 413 A. 1021 A.
δυσμεναίνω Aristid. I. 218. II. 139. 251.
δυσμένεια — μετὰ δυσμενείας II. 468 B. — II. 39 D. 43 C. 94 D. 170 D. 716 A. 824 D. I. 123 B. 160 E. 173 D. 322 D. 381 B. 457 F. 488 E. 547 A. 597 E. 797 E. 834 D. 984 C. 987 E. 1061 A.
δυσμενὴς II. 13 D. 67 D. 151 E. 1102 D. I. 553 E. 635 D. 948 E. 1022 F. Plato 680 G.
δυσμενῶς ἐξελέγχειν I. 34 A. — ἔχω I. 982 B. II. 240 A.
δυσμετάβλητος II. 625 A. 701 C. 952 B. 1025 B.
δυσμετάθετος II. 799 B.
δυσμεταχείριστος II. 61 C. 86 F. 820 A. I. 327 B. 426 F. 495 E. 731 C. 652 A. 821 B. 979 D. 1006 B. Plato 635 G.
δυσμὴ — αἱ I. 331 D. 397 B. 415 C. 864 E. Plato 665 D. 704 C. — θεριναὶ I. 325 D. — Vid. Excerpta ex Marino p. 44. Junc. Stob. 587, 47. Cyrill. Jul. 227 C. Sext. Emp. 572.
δύσμικτος II. 754 C. 1025 B. I. 71 D. 742 E.
δυσμίμητος I. 763 A. 889 E. II. 10 D. 836 B.
δυσμνημόνευτος II. 408 B.
δύσμορφος II. 670 A. 1058 A.
δυσνίκητος I. 317 C.
δυσνοέω I. 880 B. II. 205 D.
δύσνοια I. 890 B.
δύσνους II. 176 A.
δυσξήραντος II. 627 D.
δυσξύμβολος I. 743 E. 961 B.
δυσξύνθετος (f. δυσξύνετος) II. 975 F.
δύσογκος I. 261 C.
δυσοδέω I. 404 D.
δυσοδία II. 448 A. Gatak. M. A. p. 1806 A.
δύσοιστος II. 96 A. 830 A. Hierocl. Stob. 416, 23.
δυσόμιλος I. 909 B. — δυσομίλητος Hierocl. Stob. 477. Dio Chr. 494 B.
δυσόνειρος II. 15 B. 734 E. 766 B.
δύσορμος I. 177 D. 392 B. 438 C. 735 C.
δύσορνις I. 299 E.
δυσουρία II. 733 C.
δυσπάθεια (fere ἀπάθεια) II. 112 B. 131 B. 666 B. I. 898 C.
δυσπαθεῖν II. 77 E. 105 F. I. 170 C. 274 C. 726 D. 879 D.
δυσπαθὴς II. 454 C. — et ἀπαθὴς 102 D. — ἢ εἶναι ὑπό τινος II. 651 C.
δυσπαράβλητος I. 927 E.
δυσπαραίτητος II. 133 A. 708 A. I. 179 D. 382 A. 759 F.
δυσπαρακολούθητος Menand. Cler. 184.
δυσπαρακόμιστος II. 915 F. 967 F. I. 442 D. 896 B.
δυσπαραμύθητος I. 432 F.
δυσπαρηγόρητος II. 74 E.
δύσπαρις II. 255.
δυσπειθὴς passiv. II. 127 A. 745 D. — II. 777 C. I. 512 D. 932 B. Plato 663 A.
δυσπειθῶς I. 1064 E.
δυσπείστως ἔχειν ἄγεσθαι II. 589 B. I. 760 A. δυσπίστως I. 486 E. Sic εὔπιστος f. εὔπειστος Menand. Stob. 558, 23. Dio Chr. XII. 216 corr. Reisk. ib. XXXII. 381 B.
δυσπενθεῖν II. 106 A.
δύσπεπτος II. 137 A. 661 E. 662 F.
δυσπερίληπτος I. 1065 D.
δυσπιστέω II. 593 A.
δύσπνοια Aristid. I. 314.
δυσπολίτευτος I. 972 D.
δυσπόριστος II. 125 A. 156 F. 786 A. I. 91 A. Muson. Stob. 160, 8. 15. 167, 4. 9. — Syllogism. I. 448 A.
δύσποτμος I. 164 A. 184 F. 190 B.
δυσπραγέω I. 514 D. 580 A. 946 B.
δυσπραγμάτευτος λαὸς II. 348 E.
δυσπρόσδεκτος II. 39 D. 100 D.
δυσπρόσιτος II. 517 C.
δυσπρόσμαχος I. 246 C.

δυσπρόσοδος urbs l. 27 F. 102 B. 526 A. 812 E. homo l. 546 F. 909 B. 961 B.—II. 65 E. Aristid. l. 160.

δυσπρόσοπτος l. 261 A.

δυσπροσπέλαστος l. 633 C.

δυσπρόσωπος l. 414 B.

δύσριγος II. 648 D. 916 A. 939 C.

δύσσηπτος II. 725 C.

δυστατέω (f. διστατέω) II. 1124 B.

δυστέκμαρτος I. 794 C. 938 A.

δύστηκτος II. 101 B.

δύστηνος II. 1052 E. I. 954 C. Dio Chr. 660 A. Synes. 112 D. — τί πάθη ὦ δύστηνε f. Comic. II. 1098 C.

δυστήρητος I. 822 A.

δυστίβευτος II. 917 E. 918 A.

δυστιθάσσευτος II. 529 B.

δύστλητος II. 745 B.

δυστοκέω II. 964 C. Aristid. I. 78.

δυστόπαστος I. 31 B. 907 A.

δυστόχαστος I. 928 B.

δυστράπελος malus genius II. 419 A. — Ajax Sophoclis II. 741 A.

δύστροπος II. 361 B. 417 C. I. 886 F.

δύστρωτος II. 983 D.

δυστυχέω—εῖται ἀγὼν II. 344 A. Sim. Plato 662 A. — II. 1126 D. I. 134 E. 149 C. — et ἀτυχέω Epictet. p. 330. — II. 54 A. 69 A. B. 106 B. — χέω capi I. 376 F. — εῖταί τι res cujus pereunt I. 384 F. — et εὐτυχέω oppon. II. 96 C.

δυστύχημα clades I. 670 B.

δυστυχὴς πρός τι καὶ ἀφυὴς I. 516 F. — differt ab ἀβελτέρῳ II. 471 D. — sua culpa Dio Chr. 604 B. 629 B. — II. 168 B. Aristid. II. 404.

δυστυχία clades I. 185 A. 203 F. II. 24 E. 35 E. 167 C. — τρόπων Plato 682 A. stultitia Aristid. I. 376. 378.

δυσυπέστατος I. 216 F.

δυσφαὴς II. 431 F. (in cod. Paris. F.) ita leg. I. 497 B.

δυσφανὴς II. 431 F. vulg. I. 497 B.

δυσφάνταστος II. 432 C.

δυσφημέω I. 871 E.

δυσφημία II. 587 F. I. 281 F. 350 C. ejus genera Jambl. V. P. 171.

δύσφημος — μα II. 1065 E. — I. 503 C. 1027 C.

δυσφορέω I. 9 A. 12 D. 223 E. 235 D. 238 B. 329 D. 398 D. 426 B. 449 F. 481 B. 637 B. 638 D. 714 C. 732 A. 936 E. 942 D. 989 E. 1004 F. II. 112 B. 116 A. 143 E. 167 F. 216 F.

δύσφορος difficilis portatu II. 967 F. 989 D. — δυσφορώτατος v. I.

δυσφώρατος II. 854 E.

δυσφύλακτος I. 155 E. II. 49 B.

δυσφώρατος II. 51 D. ubi v. n. ἀφώρατος Oenom. Euseb. P. E. V. 211 C. 217 D. 220 A.

δυσχάριστος trag. II. 61 A.

δυσχείμερος II. 721 F. 952 A. I. 695 B.

δυσχείρωτος I. 193 D.

δυσχεραίνω II. 16 A. 18 C. 19 A. 25 D. 26 A. 29 E. 39 E. 43 E. 53 E. 82 C. 85 A. 101 C. 111 F. 114 F. 116 A. C. 123 B. 126 A. 138 D. E. 140 C. 142 B. 144 D. 149 F. 165 A. 176 B. 213 F. 236 F. 237 C. 400 F. 401 A. C. 428 C. 674 B 707 F. 709 C. 711 D. 754 D. 799 C. 851 E. 1065 A. 1084 C. 1087 E. 1095 F. 1096 A. 1102 B. 1106 A. 1109 B. 1136 C. — I. 148 F. 199 C. 214 B. 225 C. 231 D. 322 E. 350 A. F. 351 A. 626 A. 631 C. 634 F. 640 B. 645 E. 901 C. 908 C. 923 B. 948 E. 949 E. 960 B. 963 D. 965 B. 1017 B. 1023 B. 1067 C. — abominor II. 670 E. F. — pass. II. 795 C. 820 E. I. 800 C. 872 D. 1075 A.—ω τινὶ I. 1002 C. 1019 F. II. 149 B. — cibum II. 1120 E. I. 46 D. F. 238 C. —ω πρός τι I. 1005 E. — I. 97 D. 120 A. 121 F. 123 A. 161 C. 166 E. 170 D. 396 A. 408 F. 416 A. 446 B. 447 F. 519 A. 555 B. 566 E. 570 D. 575 D. 758 B. 774 E. 799 E. 826 F. 830 C. 835 A. E. 838 D. 840 D. 866 E. 873 E. 878 B. 982 D.— οὐ δυσχεραντέον εἰ Plato 654 C. τὴν ἀδικίαν Plato 673 H. — θεοὺς Plato 670 E.

δυσχέρεια II. 160 A. 437 D. 654 B. 669 B. 758 B. 1015 C. I. 86 C. — ἅπτεσθαί τινος, difficultas, injucunditas ad quid tractandum Plato 696 E. Sim. 698 D.

δυσχερὴς simpl. difficil. injucund. II. 127 C. — simpl. difficile factu II. 16 D. 216 A. 437 B. 696 D. — injucundum II. 117 D. 806 B. 819 B. 828 A. 855 B. 1111 C. I. 89 C. 92 F. 479 F. 859 C. 984 C. — Leg. δυστυχὲς Dio Chr. XXXIV. 424 D.

δυσχερῶς II. 113 D.

δυσχορήγητος II. 712 E.

δυσχρηστία II. 600 A.

δύσχρηστος II. 95 B. 99 F. 1050 E. I. 265 D. 667 C. Anon. vet. Pyth. 15. Dio Chr. 602 B.

δυσχωρία II. 680 B. I. 28 E. 178 C. 262 D. 364 B. 371 A. C. 396 E. 399 A. 461 D. 540 C. 562 C. 653 F.

δυσχώριστος II. 51 A.

δυσώδης II. 1058 A. 1109 C. I. 702 B.

δυσωδία II. 90 B. 175 B.

δυσώνυμος Ajax. Sophocl. II. 741 A. — obscurus homo vel sim. Soph. II. 21 B.

δυσωπέω et — εῖσθαι II. 532 D. 535 E. vim inferre alicujus modestiae — I. 45 A. 85 E. 220 C. 226 A. 348 C. definitur 986 E. II. 62 B. 64 A. 71 B. 100 F. 130 E. 418 D. — tristitiam objicere cui II. 610 A. 783 B. 994 D. 995 B. I. 186 E. Hierocl. Stob. 415, 10. Epict. fragm. I. 770. — vereor II. 669 D. 674 E. Dio Chr. 559 C. — έομαι metuo, suspicor Plato 683 B.

δυσωπία II. 528 D. definit. ib. E. II. 95 B. 124 A. — res habet δυσωπίαν II. 707 D.

δυσωρήσονται canes Hom. II. 781 C.

δυτικὸς II. 887 A. 932 A.

δύω — δύομαι II. 557 E. 1077 C. — δυόμενος sol II. 931 F. I. 92 C. ται 625 F. Luna I. 1030 A. — δέδυκε κατὰ θαλάσσης II. 938 D. — δεδυκὼς εἴς τι II. 426 D. — Med. induo, ἐδύσατο τὴν πανοπλίαν I. 397 F. — δύει telum διὰ φλεβῶν, penetrat I. 559 A. — μαί τινι leg. ὑποδύομαι I. 559 B. — δύει εἰς τὰ μέσα I. 1015 A. — urbs, demergitur, subsidet Aristid. I. 264. 271. — κατὰ γῆς Lucian. II. 349.

δύω — δυεῖν I. 650 D. 652 D. E. 655 A. 708 B. II. 178 A. 188 E. 701 C. — duo 720 A. B. 744 B. 785 E. 1016 F. 1018 C. 1019 B. 1022 D. 1041 A. 1045 D. Wessel. Diod. Sic. T. I. p. 33. — 427 D. 429 D. 547 D. 600 A. 642 C. — civium sententiae εἰς δύο divisae sunt II. 844 E. — δύο II. 180 B. 198 C. 199 F. 201 B. 202 E. 203 F. 207 C. 212 A. 218 D. 220 C. 225 F. 229 A. E. 1017 D. E. 1021 A. — δυοῖν θάτερον II. 1081 D. — δυοῖν II. 428 B. cum plur. II. 198 C. — δυεῖν cum plur. I. 447 C. D. 549 E. 568 C. — δυοκαίδεκα I. 384 C. — δύω κακὼ Eur. Stob. 171, 52.

δώδεκα II. 171 D. 1018 D. 1019 E. 1021 B.

δωδεκάεδρον II. 423 A. 427 A. B. 428 A. D. 887 C. 1003 C. dodecaedron est terrae. Refer huc Jacobsium Anthol. T. VII. p. 93.

δωδεκαετὴς I. 48 C. 77 D. II. 198 C. δωδεκετὴς I. 274 A.

δωδεκαπλάσιος II. 1028 C.

δωδεκάσκαλμος I. 720 B.

δωδεκάσκυτος II. 1003 C. Jamblich. V. P. 8. 247. Senec. Q. N. IV. 1. nr. 12. Jovi sacer. Proclus Euclid. p. 48. Plotin. 708 D.

δωδεκατημόριον II. 1028 D. — urbis Plato 650 F. 651 A.

Δωδωναῖον χάλκεον Aristid. II. 309. Himer. 272.

δωμάτιον cubiculum II. 252 E. 261 B. 622 E. 766 B. I. 26 B. 89 E. Saepe male verterunt interpretes in Plutarcho. Casaub. Theophr. Char. p. 154. I. 350 E. 428 B. 431 E. 475 C. 482 B. 669 E. 737 F. 760 D. 763 B. 792 F. 878 D. 907 A. 924 D. 951 C. D. 956 B. 961 E. 991 A. 1051 C. 1055 F. II. 61 C. Aristid. I. 360. — sacellum I. 808 C.

δωρεὰν πεντήκοντα τάλαντά τινι δοῦναι et accipio II. 331 E. 333 B. F. 183 B. 188 B. 195 B. 197 B. I. 335 D. 364 F. 749 E. 755 A. 813 E. 937 E. 964 E. 966 A. 1047 B. 1048 B. E. — deorum II. 108 E. — ἐὰ II. 177 D. 178 C. 182 D. 183 D. 195 B. 203 E. 207 A.

δωρέομαι II. 174 D. 180 A. Plato 679 E. — τινὰ δώρῳ II. 402 A. I.

385 C. 421 E. 722 C. — Dii donant II. 108 F.

δωρητικὸς II. 762 B.

δωρητὸς I. 220 F.

Δωρίζειν οὐ πόῤῥω μελῶν II. 421 B.

Δωρικὸς — κὴ Aristocratia I. 1027 E.

Δώριος Mus. II. 1134 A. 1135 A. 1136 F. 1137 D. 1140 F. 1142 F. 1143 C. I. 812 A. — opp. Λυδίῳ v. p. ad II. 83 F.

Δωριστὶ Mus. II. 1134 A. 1136 D. F. 1143 C.

δωρίτης ἀγὼν II. 820 C.

δωροδοκέω II. 226 C. 847 F. 848 F. 850 C.

δωροδοκία II. 27 C. 32 F. 220 B. 846 B. I. 229 A. 234 C. 294 E. 335 A. 365 A. 485 B. 646 B. 649 A. 706 F. 747 A. 766 A. 776 D. 780 B. D. 782 C. 843 B. 857 D. E. 1022 F. 1069 E.

δωρόδοκος ἄρχων II. 819 F.

δῶρον II. 138 C. 143 A. 172 C. 173 B. 174 D. 176 B. 181 B. 207 C. 209 D. 211 C. 216 E. θεῶν II. 735 E. — ων δίκη I. 169 E. 454 A. — Plato 673 D. 691 E.

Δώσων cognomen I. 218 E.

δωτὴρ vid. δοτὴρ II. 23 A. 1075 E. — Aristid. II. 106.

Δώτιον Pindar. II. 748 B.

E.

ε et σ confund. II. 921 D.

ἑαλώκαντι Lacon. II. 229 B.

ἐὰν — ἐάν τ' οὖν Plato 684 A. — ἐὰν ἄρα — ἐὰν καὶ non disjuncte ib. 688 E. — εἰ — εἴτε — ἐάν τε (l. γε) — ἐὰν δὲ — ἐὰν δὲ — καὶ ἐὰν μὲν — ἐὰν δὲ μὴ — ἐάν τε — ἐὰν δὲ Plato 690 D. E.

ἔαρ II. 1028 F. I. 933 A.

ἐαρινὴ I. 72 C.

ἑαυτοῦ — ῷ συνεῖναι II. 777 F. — οὺς pro ἀλλήλους II. 237 D. 816 C. — ille ad quem loquimur II. 861 D. — δι' ἑαυτοῦ quid facere, non per alium I. 388 E. Conf. Αὐτός — οῦ pessimus I. 456 C. — ἑαυτοῦ πλεῖστος καὶ μέγιστος ἐῤῥύη fluvius I. 613 E. — ἐφ' ἑαυτοῦ expeditionem suscipere, *summo imperio*, non sub alio duce I. I. 583 C. — pro σεαυτὸν I. 187 A. 207 C. conf. 210 D. Jambl. V. P. 116. — Simpl. II. 143 B. 144 A. D. F. 145 F. 152 A. 154 B. 162 A. 163 C. E. 168 E. bis. 172 E. 173 A. bis. C. F. 178 B. D. 179 A. 181 A. 184 A. 187 A. C. 193 A. 194 E. 197 A. D. 198 B. D. 201 A. C. 203 D. 207 E. 209 D. 211 A. B. F. 212 D. 213 C. 224 A. 234 C. 235 E. 236 D. 238 C. 240 F. 241 C. 242 D. — αὐτοὺς καθ' ἑαυτοὺς II. 123 B. — pro ἑαυτοῦ et σεαυτοῦ Dorvill. Char. p. 159. II. 155 B. — τὸ βουλευτὴν εἶναι ἑαυτὸν οὐδενὸς ἄξιον ἡγεῖτο pro βουλευτὴς εἶναι I. 1000 A. — pro αὐτὸς I. 940 F. f. II. 41 B. 201 F. — ᾧ ζῆν vel mori I. 819 F. — τὰ ἑαυτοῦ πράττειν Porph. V. P. 54. — ἑαυτῷ λαλεῖν Upton. Arrian. p. 247. — ἑαυτοὺς pendet a πόλις Plato 689 D. — ἑαυτοῦ γενέσθαι Aristid. I. 148. — pro ἐμαυτὸν Kuster. Suid. T. II. p. 33. — cum superlat. II. 748 B.

ἐάω II. 27 E. 67 C. 663 C. 1116 F. — τινί τι II. 233 D. — I. 509 D. II. 39 F. 42 A. 43 F. 55 A. 64 D. — intactum relinquo II. 665 C. 701 E. 793 F. 1094 D. I. 113 C. — II. 749 E. — e manibus dimitto II. 307 A. — ἵνα τοὺς ἄλλους ἐάσω I. 477 F. — τι κατὰ χώραν II. 364 E. — negligo I. 940 B. — Simpl. omittere II. 548 B. 683 F. 710 B. 729 F. 733 D. 763 B. 990 D. 1051 D. I. 170 C. 597 F. 977 C. Aristid. I. 254. — χαίρειν II. 701 E. 1083 F. 123 B. I. 137 A. — καὶ περιεῖδω τινὰ II. 862 A. 1049 D. — τινα II. 122 E. 131 C. 134 F. 1087 A. I. 154 E. Plato 696 A. — ὅτι statuere, ut ἀπολείπω I. 35 F. — ἐατέον ταῦτα I. 659 C. — ἔα με ἄνθρω..ε διδόναι δίκην II. 168 C. — non facio II. 102 C. — τοὺς λόγους μὴ λόγους ἐᾶν, ἀλλὰ πράξεις ποιεῖν II. 84 B. — cum inf. II. 65 C. 148 E. 165 A. 168 D. — cum. inf. sino quid fieri II. 130 B. 133 C. 136 C. 172 E. 176 B. 188 B. C. 199 C. 200 B. 201 A. 203 E. 206 C. — ἔα τινα II. 214 C. — domi II. 215 F. 226 D. — τινα χαίρειν II. 204 B — ἐᾶται ἄγαμος puella II. 227 F

F. — fere abund. Dio Chr. XII. 198 A. — αὐτροῦ τοὺς λόγους. f. abund. Dio Chr. LVII. 568 D. — τί τινι σιγῇ Plato 652 C. — ἐάω τὴν πόλιν τῆς κατοικήσεως, desino urbem constituere. Plato 697 D. — ἐῶντες εἶναι πάσας τὰς τέχνας, f. corrupt. Plato 699 D. — et ἀνίημι Aristid. I. 428. — omitto Aristid. I. 437.

ἑβδομαγενὴς Apollo II. 717 D.

ἑβδομαῖος I. 1055 E.

ἑβδομὰς II. 909 E. tempus 7 annorum. — II. 1027 F. I. 42 F.

ἑβδομήκοντα II. 206 F.

ἑβδομηκοστόδυος II. 932 A.

ἕβδομος II. 109 A. 207 F.

ἔβενος I. 159 B. 905 D.

ἔγγαιος (f. ἔγγειος) II. 701 B. 953 A.

ἐγγαστρίμυθος II. 414 E. Oenom. Euseb. P. E. V. 219 C. Greg. Naz. T. I. 20 B. Stel. I. 71 A.

ἔγγειος II. 911 C. καὶ θαλάττιος φόβος Aristid. I. 127. — Aristid. I. 524. — ον ὄχημα II. 180.

ἐγγεννάω II. 132 E.

ἐγγενὴς II. 989 C. I. 1 D. 959 B.

ἐγγήραμα I. 351 D. Cic. Att. XII. 25, 30. Victor. Castig. Cic. p. 390.

ἐγγηράω I. 243 C. 532 E.

ἐγγίζω I. 930 E.

ἐγγίνομαι — ται cui δόξα II. 664 B. — Sim. 47 B. — I. 98 B. II. 75 B. 76 B. 91 B. E. 96 E. 99 C. 101 B. C. 102 D. 144 F. 161 E. 165 C. 429 A. 1023 D. 1024 C. 1026 A. E. 1030 C. 1054 B. 1110 C. — ται χρόνος Wessel. Diod. Sic. I. 392. II. 102 A. pro ἐπιγ. — ταί τι licet mihi 1058 B. — I. 999 A. 1005 A.

ἔγγιστα I. 72 E. II. 66 C. — de tempore praeterlapso Dio Chrys. XXXI. 344 C.

ἔγγονος I. 153 C. 220 B?

ἐγγράμματος φωνὴ Vit. Hom. §. 16. Porph. Abst. III. 3.

ἔγγραφος I. 47 A. B. 156 C. 335 A. 909 C. II. 227 B. — μαρτυρία δήμων καὶ βασιλέων Dio Chr. 657 C.

ἐγγράφως Dio Chr. XIV. 232 D.

ἐγγράφω I. 323 A. II. 109 C. — in civitatem II. 37 E. 182 D. 400 C. 1034 A. — II. 671 C. 761 B. — filium in ephebos I. 949 C. — in tabula pingo I. 1033 A. — menti II. 779 B. — pass. ἐνεγράφη ἄτιμος II. 833 A. — monumento quem II. 873 A. — in senatu I. 102 F. 114 F. — I. 525 E. II. 175 A. 186 A. bis.

ἐγγυάω act. I. 335 C. — med. I. 194 A. 215 E. 762 D. 940 E. 1025 D. II. 13 F. Plato 679 E. — ομαι πρός τινα II. 661 A. — II. 146 C. 164 C. 831 E. I. 644 C. 714 A. 754 A. 785 A. 916 C. Plato 691 A. 652 F. 659 D.

ἐγγύα, παρὰ δ' ἄτη II. 164 B.

ἐγγύη I. 76 E. 762 D. Plato 623 A. conjugii I. 351 B. — I. 621 C. II. 164 C. 196 B. Plato 659 E. 660 A. 691 A.

ἐγγυητὴς II. 195 E. 981 E. I. 294 A. 548 F. 781 A. Aristid. I. 373. 381. 396. 452. 458. Plato 659 D. 691 A. 675 F. 685 A.

ἔγγυθεν II. 65 B. 1124 F. I. 101 D.

ἐγγυμνάζεσθαί τινι πρός τι II. 458 B. 585 C. — λόγῳ II. 628 D. 1135 E. — τινι I. 319 E. 359 D. 610 D. 721 D. 848 C. 947 F. II. 130 F.

ἔγγυος — ον ἐπάγεσθαι II. 753 D. — I. 547 B.

ἐγγὺς II. 1123 E. — Simpl. II. 151 C. 156 A. 178 C. 193 A. 202 C. 225 B. bis. 187 C. — ὡς ἔγγιστα λέγειν opponitur τῷ ἐξακριβοῦν II. 1028 C. — ἴσμεν τινός, parum abest, quin nos II. 1044 D. — γίνομαι II. 1121 D. I. 232 F. — οἱ ἔγγιστα τοῦ γένους I. 89 B. — ἔγγιστα γίγνεσθαί τινος I. 362 D. — ἐγγὺς γενέσθαι I. 383 E. — ἐγγὺς ἔρχεσθαί τινος I. 470 D. 502 D. — cum inf. I. 514 C. 578 B. 870 F. — ἐγγυτάτω τινὸς simillime I. 808 E. 1063 D. Plato 643 C. E. Aristid. II. 224. — ἐγγιστά τινι ἐλθεῖν I. 889 C. — υτάτω τινὸς ἔρχεσθαι I. 1006 E. — ἐγγύτατα Aristid. II. 171. — γιστα quem statuo I. 1009 A. — τέρω venio ταῖς ἐλπίσιν I. 1056 E. — τέρω τοῦ τέλους βαδίζουσα ἐλπὶς II. 85 E. — οὖσα βίου τελευτὴ II. 33 A. — ἐμφερὴς, καὶ τὰ τῆς ἡλικίας ἐγγὺς II. 109 C. — Sim. II. 113 D. — θεῶν ταῦτά ἐστι haec facta II. 162 C. — ἐγγυτέρω II. 224 D. — τοιούτους ἢ ἐγγὺς Dio Chrys. 618 B. — οἱ ἐγγύτατα τῷ γένει Plato 678 A. B. C. 660 B. — τω Plato ib. — οὐδ' ἐγγὺς Aristid. I. 208. 274. 328. 449. II. 164. 247. 286. 387. — τέρω προσάγω τὸν λόγον Aristid. II. 110.

ἐγείρω II. 165 E. — regionem bello I. 720 C. lapsum II. 69 C. — sermonem II. 431 B. I. 648 B. — genitalia II. 681 D. — vitium II. 61 B. 822 B. — urbem I. 144 E. — seditionem I. 149 E. — flammam I. 475 E. — τινὰ ἐπί τι I. 643 C. — deus ἐγείρεται bello Plato 648 D. — τελέτας Aeneas Gaz. p. 25. — partem animi I. 492 A. II. 88 D. — aristocratiam I. 488 A. — πάθος I. 926 D. II. 61 E. — τάρσους navis I. 945 A.

ἐγερτικὸς I. 53 A.

ἐγκαθεύδω II. 190 E. 229 D. 981 A. I. 198 E. 445 E.

ἐγκάθημαι II. 957 D. Aristid I. 451.

ἐγκαθίζω Aristid. I. 451.

ἐγκαθίημι I. 389 B.

ἐγκαθίστημι II. 430 E. 1013 F. 1016 C. 1017 B. I. 208 C. 585 A. 891 F.

ἐγκαθοράω τινὶ I. 907 A. Anacr. ap. Schol. Hephaest. p. 73. Plato 704 E.

ἔγκαιρος Plato 681 C.

ἐγκαίω deo sacra facio Pausan. 102. — πῦρ f. ἐναύω I. 678 F.

ἐγκαλέω II. 127 A. 706 E. 743 B. 1025 C. 1108 D. E. 1115 B. 1117 E. 1118 C. 1121 F. 1126 A. I. 332 F. 448 E. — Med. II. 745 E. — cui I. 207 E. 210 A. 211 E. 475 D. II. 23 E. 32 B. 60 A. C. F. 66 B. 71 D. 73 D. 91 A. 176 E. 177 A. E. 178 A. B. E. 179 B. 190 A. 194 E. 202 C. — τινί τινος I. 324 F. — τι I. 427 F. II. 150 E. — ἔγκλημα I. 1066 E.

ἐγκαλλωπίζομαι II. 85 C. 683 D. 963 C. I. 206 E. 355 C. 797 C. 932 C.

ἐγκαλλώπισμα Aristid. I. 224. 512.

ἐγκαλύπτω II. 159 D. 204 E. 232 C. 987 C. 995 D. I. 64 B. 224 D. 661 A. 727 E. 757 D. 885 E. 920 E. 991 F. 1070 F. — ται dormiens I. 885 C. — de moribundis II. 204 E.

ἔγκαρπος II. 2 E. 776 B. Aristid. II. 309.

ἐγκάρσιος II. 630 A. Aristid. I. 358.

ἐγκαρτερέω II. 46 E. 82 C. 97 C. 202 B. 242 C. 967 D. 987 E. 1107 E. I. 51 B. 66 F. 72 C. 338 D. 461 A. 602 C. 661 C. 814 F. 907 C. 934 C. 938 B. 966 A. 1046 E.

ἔγκατα viscera Hom. II. 684 A.

ἐγκαταβιόω II. 783 D. I. 802 E.

ἐγκαταβυσσόω Democr. II. 735 A.

ἐγκαταγηράω I. 755 C.

ἐγκαταδαρθάνω τῷ διψῆν II. 688 E. 647 F. ἐγκαταδαρθέντος plurimi codd. Ita et Aristoph. Plut. 300. ubi vid. Hemsterh.

ἐγκατακεῖσθαι II. 691 F.

ἐγκατακλείω II. 356 C.

ἐγκατακλίνω II. 989 F.

ἐγκαταλαμβάνω II. 947 C. I. 400 C. 425 C. 633 F. Aristid. I. 275. II. 178.

ἐγκαταλείπω κίνδυνον II. 872 F. 873 C. — I. 27 A. 28 E. 544 E. 654 D. 862 D. 872 A. 879 F. 977 A. 1028 E. 1031 E. 1044 C. 1046 C. 1058 E. 1060 D. II. 175 D. Aristid. I. 426. 438. 457. 460. II. 140. — τι II. 47 B. 790 C. I. 39 A. B. 42 F. 117 E. 385 A. pass. II. 797 D. — act. et pass. I. 957 D. — πίστιν II. 54 A. — ἐγκαταλείπεσθαι II. 577 E. 863 F. — activ. II. 761 B. 787 E. 871 E. I. 234 B. 250 F. 256 A. 451 A. ib. D. bona filiis, sed ἐν delend. 506 D. 517 E. 664 D. 725 A. 780 F. 796 B. 816 A. D. 841 B. 844 A.

ἐγκαταμίγνυμι Aristid. I. 93. 96. 100.

ἐγκαταπήγνυμι II. 313 E.

ἐγκαταπλέκω II. 983 C.

ἐγκατασβέννυμι — ταί τινι τι II. 975 B. 987 D.

ἐγκατάσκευος λόγος Vit. Hom. §. 15.

ἐγκατασκήπτω Aristid. I. 258.

ἐγκατασπείρω II. 1001 B. I. 2 A. 867 C. Herodian. II. 1, 6.

ἐγκαταστοιχειοῦν τινί τι II. 363 E. I. 47 A.
ἐγκατασφάττω I. 860 E.
ἐγκαταταράττω II. 592 B.
ἐγκατατίθημι Orac. I. 11 B.
ἐγκαταχέω Epigr. I. 316 C.
ἐγκατείδω I. 95 B. f. συγκ. 991 C.
ἐγκατείργνυμι II. 951 B.
ἐγκατέχεσθαι II. 691 F.
ἐγκατοικίζω II. 779 E.
ἐγκατοικοδομέω II. 783 D. I. 45 A. 259 A. — εῖσθαι in armis I. 510 E.
ἔγκαυμα [I. 760 A.] pictura memoriae II. 759 C.
ἔγκαυσις aestas II. 127 B.
ἐγκαυστὴς ἀγαλμάτων II. 348 E.
ἔγκειμαι — φόβος et simil. II. 1090 C. I. 129 D. 179 A. D. 198 B. 207 B. 217 F. 266 C. 578 B. 616 A. 737 C. 908 B. 933 F. 947 A. 1007 C. — insisto, flagito II. 654 C. I. 655 C. 749 F. — alicui vituperando II. 73 C. 868 F. 1059 A. — sc. operi Ep. Hippocr. XX. p. 20 A.
ἐγκελεύω — μοι II. 402 F. 677 E. 722 E. 751 A. 801 E. 970 B. I. 82 D. 107 A. 205 A. 339 B. 494 A. 527 E. 552 A. 557 C. 587 A. 780 A. 873 A. — τὸ πολεμικὸν I. 332 A.
ἐγκεράννυσθαι δόγμασι φυσικοῖς versari in iis II. 1035 B. — simpl. II. 17 B. 426 B. 673 E. 943 E. 958 A. 1001 A. 1029 E. 1085 D. 1108 D. I. 220 D. 743 B. — act. τινι φίλτρον II. 780 E.
ἐγκέραστος II. 660 C.
ἐγκέφαλος II. 733 E. — I. 126 E. 155 A. 842 E. 893 E. II. 98 B. 133 C. 425 A. B. — τὸ I. 641 C.
ἐγκλείω II. 426 B. 1057 C. I. 1030 A. — μαι med. me ipse I. 714 B. — pass. -μαι ὡς θηρίον I. 912 F.
ἔγκλημα I. 363 B. 386 E. 389 D. 400 F. 490 B. 610 E. 663 E. 875 A. 1045 D. et passim 1066 E. II. 71 F. 165 C. 215 C. 227 C. Plato 676 B. D. 690 G. — II. 1113 E. 1115 A. 1146 A. I. 134 F. 168 C. 169 E. — Deorum περιῆν quis I. 983 C. — cui κατασκευάζω I. 1038 F. — ἀδικήματα ἐγκλημάτων pro ἐγκλήματα ἀδικημάτων Plato 649 G. — πρὸς θεοὺς ποιοῦμαι ἐμοὶ committo crimen contra Deos Plato 674 F.
ἐγκλητέος II. 1051 C.
ἔγκλητος judex ad quem provocatur II. 215 C. (sed f. ἔκκλητον ut codd.) — II. 1051 B. 1057 B.
ἐγκλίνω refugio II. 339 B. — 592 A. 623 A. 1015 B. I. 140 B. 347 C. — vincor II. 704 D. — ἢ φέρομαι ὑπὸ τῶν ἐπιθυμιῶν II. 128 C. — πρός τι I. 734 C. — capite I. 689 F. — ται terra II. 895 F. — ναντα φεύγειν I. 181 B. — ω equum I. 362 E. — labefactor I. 424 E. — mutor I. 451 D. — ita leg. pro ἀνακ. I. 464 E. — cedo I. 477 D. 521 C.
ἔγκλισις II. 891 A. stellae — pro ἔκκλισις 1034 D. 1037 F. — collis I. 387 B. — παραλλήλων astron. I. 411 E. — τοῦ τραχήλου II. 53 C.
ἔγκνισμα II. 296 F.
ἐγκοιμάομαι oraculo II. 109 C. Wessel. Diod. Sic. T. I. p. 29. et 63. Casaub. Strab. 77. Plaut. Curcul II. 2, 16. I. 1, 61. Epict. Diss. 275.
ἐγκολάπτω I. 164 B.
ἐγκολπίζεσθαί τι II. 508 C. 776 A. Fragm. Hesiod. Comm. X. 8.
ἐγκόπτω τινὶ pro ἀντικ. Hierocl. Stob. 449.
ἐγκοσμέω Aristid. I. 225.
ἐγκραγεῖν II. 357 C. ubi v. n.
ἐγκράτεια patrimonia vel simil. II. 678 E. 754 B. 1034 D. — II. 966 B. 969 C. I. 48 F. 214 B. 333 F. 339 D. 371 C. 478 C. 805 B. 825 C. — diff. a καρτερία II. 97 C. 1040 F. 1041 A. — II. 14 E. 33 A. 125 D. 126 B. — ἡ περὶ γλῶτταν 90 B.
ἐγκρατὴς I. 85 D. 589 E. — II. 133 E. 273 E. 424 A. I. 572 E. 677 B. 678 A. Plato 698 E. — ἑαυτοῦ 404 A.
ἐγκράτησις Fragm. I. 6.
ἐγκρατῶς — ἑαυτῶν προσέχειν II. 464 C. — II. 39 C. — custodio I. 1046 B. — imperare I. 334 A.
ἐγκρίνω II. 11 F. 191 F. 231 B. Jambl. V. P. 95. Plato 633 C. 640 F. 684 E. 687 G. Aristid. I. 109. 218. 508. Hinc ἀνέγκριτος Pyrrhonis Aristocl. Euseb. P. E. XIV.

758 D. — probo, statuo II. 877 C. 882 B. 884 F. 904 D. E. 946 B. I. 51 D. 174 E. 188 C.

ἔγκρισις Aristid. I. 508.

ἐγκρύπτω II. 1146 E. I. 259 A.

ἐγκτίζειν II. 328 E.

ἐγκυκλεῖσθαι περὶ πλουσίαν τράπεζαν II. 50 D. conf aliquid ap. Wessel. Diod. Sic. I. p. 269. — ουμένων I. 826 B.

ἐγκύκλιος — τινος in aliqua re consuetum II. 45 B. — motus II. 1024 D. — I. 67 C. — παιδεία II. 1135 E. Tzetz. Chil. XI. 377. — τὰ I. 667 F. — ος ἀγὼν I. 681 C. — μαθήματα Soran. ed. Galen. Paris. I. 1 B. — παίδευμα II. 7 C.

ἐγκυκλόω quem med. I. 301 A.

ἐγκυλίνδησις inter scorta I. 1067 B.

ἔγκυμων I. 67 F. 473 B. 623 B. 983 B. — terra Plato 700 A.

ἔγκυον ποιεῖν mulierem II. 301 A. — II. 974 D. I. 9 A. 931 E. 941 B.

ἐγκύπτω I. 671 A. II. 159 D. ita leg. ap. Euseb. Stob. 567. Arist. Eus. P. E. 372 A. Dio Chrys. 305 D.

ἐγκωμιάζω II. 172 F. 190 B. 219 D. 748 C. 1044 E. I. 42 D. 55 F. 102 A. 133 C. 156 D. 291 A. B. 326 B. 345 D. 347 D. 363 C. 872 E. 873 C. 939 A. Plato 614 D. — pass. II. 869 A. — II. 59 A. permutatur cum ἐπαινέω.

ἐγκωμιαστικὸς — ὸν τὸ II. 743 D. 744 D.

ἐγκώμιον II. 44 E. 177 D. 217 D. 711 E. 716 C. 835 B. 838 B. I. 48 A. 344 B. 460 F. 709 C. 710 B. 733 C. 765 B. 797 A. 846 B. 849 F. 863 C. 872 D. 887 A. 922 B. Plato 633 A. 643 A. — genus certaminis in Isthmicis II. 723 B. Casaub. Athen. 731. — mut. cum ἔπαινος II. 9 A. — Simpl. II. 30 B. — βίου inscriptio, ut Lat. elogium Plato 693 A.

ἐγρηγορέω — εῖναι II. 12 C. — νῖα II. 55 E.

ἐγρηγορότως II. 32 A.

ἐγρήγορσις II. 9 B. 106 F. 958 D.

ἐγρηγορὼς II. 87 B. Plato 640 B. — ἐγρηγορότων ἐνύπνια sunt spes, Pindar. Stob. 581. fin.

ἐγχαλάω II. 690 A.

ἐγχαλινόω II. 830 E. I. 445 C. 470 F. 589 A.

ἐγχάραξις τυμπάνων II. 56 E.

ἐγχαράττω quid ligno II. 779 B. I. 421 C. — monumento II. 870 D. 873 B. D. I. 21 D. 116 B. 164 B. — numismati I. 11 D. 666 D.

ἐγχειρέω pro ἐπιχειρέω demonstrationis II. 687 D. I. 871 A. Plato 702 A. Aristid. I. 518. — τι I. 447 C. II. 239 A.

ἐγχείρημα I. 816 F.

ἐγχείρησις mox ἐπιχείρησις I. 739 A. — conatus Aristid. I. 449.

ἐγχειρίδιον I. 51 F. 69 A. 82 E. 146 A. 170 E. 213 A. 243 F. 266 B. 364 D. 482 B. 587 B. 594 A. 739 C. 793 C. 841 D. 852 E. 952 B. 984 C. 989 B. 991 C. 1026 B.

ἐγχειρίζω II. 181 C. 204 F. 216 F. 398 D. 714 E. 809 A. 1030 B. 1062 F. I. 344 A. 376 A. 383 E. 384 C. 397 C. 410 F. 411 A. 424 B. 440 E. 452 B. 457 B. 461 A. 512 A. 514 B. 551 C. 562 A. 564 A. 573 C. 593 F. 622 B. 627 A. 633 B. 803 A. Plato 674 E.

ἐγχέλιον II. 349 A.

ἔγχελυς II. 637 E. 976 A. 1084 E. I. 245 E.

ἐγχέω II. 38 E. 39 D. 677 C. Corrupt. 156 E. I. 196 E.

ἐγχορεύω II. 332 B.

ἔγχρεμμα (R. ἔγχριμμα) offensio, σκάνδαλον II. 82 B.

ἐγχρίμπτω Euseb. P. E. I. 40 D.

ἐγχρίπτομαι Eurip. II. 52 A. 959 C.

ἔγχυσις II. 38 E.

ἐγχωρέω — εἴ τι fieri potest. I. 933 B. Dio Chrys. 540 D. Plato 665 C. 676 F. 689 E.

ἐγχώριος II. 214 D. 850 B. I. 9 B. 310 A. 404 F. 518 D. 576 E. 585 A. — νόμος Soph. Stob. 241, 10.

ἐγὼ μὲν οὐκ οἶμαι II. 243 B. 937 B. Demosthenicum. vid. Lennep. ad. Phal. p. 335. 436 C. Aristid. II. 247. — οἶμαι II. 868 D. Aristid. I. 479. — μὲν οὐδένα νομίζω II. 1099 A. — οὗτος ὁ ἐγὼ II. 1119 A. — δὲ οἶδα καὶ, transitus II. 54 A. — τοι II. 151 A. — ἐγὼ δ' ἂν ἡδέως ἀκούσαιμι II. 158 B. — γοῦν ἐθέλοιμι μᾶλλον II. 169 F. — simpl. II. 152 A. B. 154 C. 155 C. — μὲν οὕτως ἡγοῦμαι — Resp. interrogavi Dio Chrys. 463 A. — ὥσπερ ἔγωγε οὐκ οἶμαι Aristid. II. 238. ἐγὼ μὲν οἶμαι ταῦτα Aristid. II. 238. — ἀκριβῶς Himer. 135.

ἔδαφος εἰς urbem καταβάλλειν II. 5 F. — καταλύειν II. 515 C. 1097 B. 1125 E. I. 96 E. Diod. Sic. I. p. 142. — metaph. II. 798 C. — terrae II. 910 D. 977 F. I. 99 F. 102 C. 131 E. — pavimentum II. 1006 A. I. 159 F. — navis I. 8 A. — I. 559 A. 590 B. 724 B. 841 F. Aristid. I. 214. 233. 493. 502. 504. 513. II. 142. 207. 305. 360.

▶ ἔδεθλον fanum Antimach. Pausan. 648.

ἔδεσμα II. 226 E. 660 E. 1099 B. I. 238 C.

ἐδεστὸς — ὸν II. 716 E. 733 F.

ἐδίτια I. 46 B.

ἕδος II. 354 C. 433 E. 1034 B. I. 84 A. 160 C. 173 D. 232 A. 331 C. — Diis superis ponitur Porph. A. N. VI. — Philosophi I. 668 A.

ἕδρα fluvii, ejus ἐξ ἕδρας aversio I. 175 C. — firmitas I. 401 E. — Plato 652 F. — sessio 702 C. — certa sedes II. 58 B. C. 101 B. 227 F. 237 D. 566 C. 937 D. 1004 E. 1005 D. 1006 A. 1014 D. 1024 D. 1058 F. 1085 B. I. 48 C. 76 D. 433 B. 653 E. — ἐξ ἕδρας movetur constitutio corporis II. 653 F. 655 B. 734 B. 954 F. — statuae II. 436 A. 898 B. — καὶ τόπος Plato 672 C. — ἐξ ἕδρας ἀναστῆσαι Aristid. I. 221. — nates Aristid. I. 277.

ἑδράζω pass. II. 982 F. ms. B. I. 64 E. Jambl. V. P. 185. Dio Chr. I. 16 C. Athen. 204 D.

ἑδραῖος II. 76 F. 937 D. 954 D. 1129 D. I. 946 A. Jambl. V. P. 16.

ἕδρασμα Eurip. Belleroph. fr. XXVII. Musgr.

ἕδω II. 996 F.

ἐδωδὴ II. 14 E. 159 C. 705 C. 726 E. 729 E. 746 E. 997 B. I. 46 B. Plato 698 D.

ἐδώδιμος II. 668 E. 684 A. 693 E. 694 D. 699 C. 702 D. 723 C. 967 D. 968 A. B. 977 A. 980 C. 1098 D. I. 114 A. 589 E. 995 E. 1023 D.

ἑδώλια Soph. II. 74 A. conf. fr. Callim. p. 469.

ἐθὰς II. 8 D. 668 F. I. 959 D. 1069 A. 1072 B. Spanhem. Ar. Ran. 657.

ἐθελέχθρως Aristid. I. 527.

ἐθελοδούλως I. 1038 F.

ἐθελοκωφεῖν Sext. Emp. 727.

ἐθελοντὴς I. 83 A. 163 F. 366 F. 512 A. 654 B. 762 F. 985 D. II. 235 F.

ἐθελοντὶ I. 163 B.

ἐθέλω possum II. 678 D. Athen. Cas. 18. Plato 698 D. — inanimat. II. 806 C. 934 B. I. 736 C. *solet* Plato 611 A. B. — Statuo Pausan. 673. 745. — ἐθέλων [ἐθέλουσαν ut Herodot. init. Pausan. 571. — al. ὀφείλω II. 62 B. — λει pro πέφυκε II. 76 D. — οὐδὲ ἐθέλει οὐδ' ὑπομένει II. 84 B. II. 147 D. 148 B. 151 C. 169 F. 173 A. 185 A. 188 D. 191 B. 192 F. 194 A. 195 A. 202 B. 212 C.

ἐθίζω — simpl. ἐθίζεσθαι non addito cui II. 616 B. — II. 14 F. 26 A. B. 28 A. C. 29 D. 31 A. 34 C. 35 C. 36 E. 37 E. 38 D. E. 39 C. 41 B. 44 A. 48 E. 56 B. 982 D. 1111 B. 1113 B. 1117 B. — I. 130 A. 133 C. 134 A. 156 E. — μαι ἔν τινι II. 18 B. — μαι cum inf. II. 90 D. bis 91 A. E. — me ipse II. 92 A. — Simpl. II. 123 C. 131 E. 132 B. E. 133 C. 189 D. E. F. 190 F. 210 B. 213 C. 225 F. 226 A. 228 D. 237 A. 238 E. Plato 704 D. ἔθει ἐθίσθαι Plato 686 B. restitue ἐθίζονται pro οἴονται Dio Chrys. 648 C.

ἐθικὸς II. 3 A.

ἐθισμὸς II. 83 B. 714 B. 996 A. 1142 D. I. 52 D. 70 E. 76 E. 276 F. 408 D. 434 A. 442 F. Porph. Abst. II. 61.

ἔθνος 674 E. (κατ' ἔθνη I. 853 E.) II. 200 F. 210 D. socii quid militiae Plato 686 F. — ἔθνη oratorum, turba, multitudo Aristid. I. 92. — καὶ πόλεις Aristid. I. 383. 394. — opponuntur Graecis Aristid. II. 3.

ἔθος I. 881 C. 922 A. 923 B. conf. 925 E. ἐξ ἔθους I. 620 F.

697 B. II. 91 B. ἔθει τινὶ I. 521 F. — ἔκ τινος ἔθους I. 822 B. II. 91 C. — ὥσπερ ἔθος ἐστὶ I. 993 A. — ἔθος πονηρὸν ἐπὶ τὰ μείζονα λαμβάνειν II. 464 B. — ἔθη καὶ βίοι I. 742 F. — et ἦθος II. 3 A. 551 E. confund. II. 12 A. — καὶ νόμος II. 784 D. 988 D. Dio Chrys. XXXI. 351 B. C. 352 tot. — ἐν ἔθει quid est II. 832 C. I. 957 A. — μέγα Demosth. p. 68 A. Polyaen. Stob. 244, 25. Plato Diog. L. III. 38. Sim. II. 532 B. Philo Jud. 756 D. — I. 843 E. 1001 A. II. 2 A. — est ἄσκησις II. 76 D. — πάτριον II. 118 E. — φύσις τοῦ παρὰ φύσιν γέγονε, ita E. Vulg. οὐ II. 132 A. — ζητούμενον II. 135 A. — simpl. II. 125 D. 232 B. Plato 29 E. 635 D. 639 E. H. 645 B. 647 G. 697 A. — ἔστι τινὶ II. 153 F. 197 B. 203 F. 204 A. 238 E. 239 A. 257 C. — ἔθη καὶ βίοι f. l. ἤθη II. 238 D. — ἔθος est ἄγραφος νόμος Hierocl. Stob. 230. — omnia fiunt tribus caussis νόμῳ, ἀνάγκῃ, ἔθει τινὶ Menand. Stob. p. 240. — ἐτῶν γεροντικῶν, leg. ἐθῶν Apollod. Stob. 592. — ἔθει τι διδάσκειν τὴν ψυχὴν Plut. 686 C. — ἔθει ἐθίσθαι Plato 686 C. — et ἔθνος jung. f. ut ejusd. originis Dio Chrys. 648 B. περὶ ἔθους Or Dio Chrys. LXXVI. μάχη ὑπὲρ τῶν ἐθῶν Dio Chr. 475 B. conf. 481 D. — ἔθει τινὶ hoc fit Dio Chr. 31. 329 B, — et ἦθος Pseudo-Plut. Nobil. p. 259. ed. Wolf. — φαῦλον Gatak. M. A. 169 A. C.

ἔθω — εἴωθε pro ἔοικε II. 642 E. — εἰωθὸς λέγεσθαι II. 1020 E. — οἷον εἴωθε I. 119 E. — ὥσπερ εἰώθει I. 432 F. 457 C. 719 D. 737 F. 741 A. 854 A. 885 E. 963 C. 1002 D. 1004 A. — θεν I. 593 A. 912 B. 996 D. (ita leg. pro εἰώθει) 1073 C. — καθάπερ εἴωθεν, ut solet fieri, I. 820 F. — εἰώθει II. 72 F. 135 D. 149 D. 176 E. 180 D. bis. 184 D. 187 D. 193 D. 230 F. — τὰ εἰωθότα cum inf. II. 116 E. — παρὰ τὸ εἰωθὸ oppon. ὡς οὐ πέφυκε II. 129 B.

εἰ formula interrogandi, optandi II. 386 C. D. — εἰ δὲ βούλει II. 122 E. 560 C. 1060 A. — ellipticum II. 154 D. — εἰ δὲ μὴ βούλει II. 557 F. — εἰ βούλει II. p. 20 E. 667 A. 699 A. — εἰ δεῖ οὕτως εἰπεῖν (Chrysipp. II. 1038 C.) H. 671 B. — εἰ γὰρ τοῦτο οὐκ ἔστι φιλοσόφως τίνα ἐστὶν ἄλλα II. 333 A. — εἰ δὲ μὴ δόξαιμι παίζειν ἐγώ, φαίην ἂν II. 559 D. simil. 661 D. — εἴγε II. 785 A. 109 A. — εἴ γε δὴ v. n. II. 374 C. — εἰ μὴ κακὸς ἐγὼ τεκμήρασθαι II. 586 A. — εἰ δὲ τοῦτο — ἐκεῖνο δὲ pro γε II. 621 A. (γε 704 A.) — εἰ abund. ὅρα εἰ μὴ II. 660 A. — ὅρα εἰ καὶ II. 703 C. — εἴ τις ἔλθοι, si forte quis veniat, II. 703 C. — εἰ καὶ μὴ μᾶλλον, post οὐχ ἧττον I. 1015 A. — εἰ δὲ τοῦτο μικρὸν ἐκεῖνό γε οὐ μικρὸν II. 704 A. — εἴ γε μὴν II. 107 F. 109 D. 113 C. 707 E. — εἰ δὴ II. 707 E. I. 188 A. 327 A. 335 C. 660 A. — εἴ γὰρ ἄλλοτε μάλιστα δή που II. 710 E. — εἰ δὲ μὴ post longam interjectionem II. 747 F. — εἰ μή τι ὑμᾶς πεπείκασι II. 765 E. — εἰ καὶ ut alibi καί τοι I. 1006 A. — εἰ — καὶ conseq. Si hoc — etiam illud est II. 798 A. — εἰ καὶ διὰ μηδὲν ἄλλο, τῇ γοῖν II. 861 C. 1086 C. — εἴ τι τῶν γεωμετρικῶν ὄφελός ἐστιν ἀποδείξεων II. 1028 C. — εἰ pro ὅτι II. 191 E. 192 D. 193 C. 206 D. 207 D. 1063 B. 1089 A. I. 12 E. 377 E. 380 C. 390 F. 459 C. 480 A. 507 A. Phaedon. 34. ubi v. n. — εἰ μὴ μεῖζον, οὐκ ἔλαττόν γε II. 1090 D. — εἰ μηδὲν ἄλλο II. 422 A. 1095 A. 1123 E. Plato 654 D. — εἰ δὲ δὴ II. 1107 A. I. 63 E. — εἰ καὶ μὴ — ὅμως II. 1125 F. — εἴ γε μὴ I. 102 A. — εἴ τις ἄλλος I. 211 A. — εἰ δέ ἐστιν ὥσπερ ἐστὶν I. 355 A. — ὡς εἴ τις ἄλλος I. 434 A. — εἰ μὴ pro ἢ — οὐ πρότερον εἰ μὴ pro ἢ I. 438 B. — εἴ γέ τις ἄλλος I. 476 E. — εἰ μὴ νὴ Δία I. 521 D. — εἰ καὶ τοῦτό πως ἐγγένοιτο I. 535 B. — bonus εἰ καὶ τις ἄλλος I. 610 A. — εἰ μὲν οἷόν τε — εἰ δὲ μὴ I. 738 A. — εἴποτε siquando, in parenthesi, I. 864 E. — εἰ μὴ — ἀλλὰ tamen I. 1060 F. πᾶν εἴ τι τούτοις ἔοικε II. 45 D. — ὥσπερ εἴ τις — οὕτως εἴ τις II. 48 C. — εἰ δεῖ — δεῖ apodosis II. 48 D. — διὰ μηδὲν ἄλλο, ὅπως γε μὴ II. 70 C. — vitiose pro τι vel ὅ ut mss. II. 80 A. — εἰ μηδὲν ἄλλο, ταῖς ἔχθραις συμπλέκουσιν ἡμᾶς II. 86 C. — Sim. Plato 634 G. 637 G. — εἰ μὴ nisi vero Ironick respons. II. 109 F. — εἰ δέ ἐστι — ὥσπερ εἰκὸς ἔχειν — οὕτως II. 120 B. Sim. 139 E. — εἰ τοίνυν καὶ II. 126 A. — εἰ οὕτω transitus II. 144 C. — εἰ μὴ — ἀλλὰ II. 148 B. — εἴ γε εἰδείης resp. II 150 E. — Simpl. II. 152 A. — εἰ δεῖ τὸ φαινόμενον εἰπεῖν II. 158 C. — εἴ τις οἶδεν — μάλιστ' ἂν ὁ Χίλων. f. subaud. οὗτός ἐστι μάλιστα ὁ Χίλων II. 163 D. Simil. Aristid. II. 44. — εἰ μὲν — εἰ δὲ μὴ II. 183 E. — εἴ γε resp. II. 198 B. — εἴ που abund. II. 216 B. — εἰ σὺ ἤμην II. 222 C. — εἴ που II. 228 E. — confund. cum ἔτι II. 1140 F. Philo Jud. Euseb. P. E. 399 D. — οὐδ' ἂν εἴ τι γένοιτο, f. ὁτιοῦν, ut Demosth. Fals. Leg. 244 A. — εἰ χρὴ φάναι Porph. Abst. I. 57. — εἴ που elliptic. *eo consilio ut, si fieri potest.* Dio Chr. VII. 99 A. — εἰ μὴ affirmat. *hoc nunc etiam fit* (εἰ μὴ) *nisi etiam magis*, pro *atque adeo* Dio Chr. VII. 116 D. — Synes. 38 D. — Gatak. M. A. 151 a. F. — ὅταν — εἰ ambiguitatem parit Dio Chr. XXXI. 341 B. — εἰ μὲν — εἰ δὲ μὴ — ellip. εὖ ἂν ἔχοι Dio Chr. 460 A. Aristid. I. 135. 190. II. 401. — εἴ ποτε ellipt. ut. εἴπερ ἄρα Dio Chr. 520 B. — εἰ δ' οὖν ellipt. Dio Chr. 522 D. et post μάλιστα μέν. vid. Μάλιστα. Eur. Hipp. 513. — εἰ δὲ καὶ init. pro καίπερ δὲ, vel Οὐ μὴν ἀλλὰ καίπερ Dio Chr. 646 D. — εἴ τινων, οὐκ ἄλλων ἢ τούτων ἕνεκα Plato 63 D. G. — εἰ καὶ μὴ transp. v. c. ἐὰν μὴ καὶ μουσικὰ ᾖ etiamsi non sint musica, Plato 643 A. — εἰ καὶ μὴ — ἀλλ' οὖν Plato 677 D. — τοιοῦτον οἷον ἄν εἴποτέ τις Plato 702 F. — ὑπακούων εἴτις καὶ ἄλλος ἀνθρώπων ὑπήκουσε θεῷ Aristid. I. 362. — εἰ plane abund. apud. genitiv. conseq. Aristid. II. 221. — εἰ χρὴ τοῦτ' εἰπεῖν I. 399. — εἰ πρὸς ἄλλον δεῖ — καὶ πρὸς Πλάτωνα II. 4.

εἰαρινὸς — ἡ ὥρα I. 1071 D. II. 400 C.

εἰδεχθὲς II. 94 D. 290 A.

εἰδικὸς καὶ ποιητικὸς II. 876 E. — Vit. Hom. §. 45. Diog. L. VII. 61. Sext. Emp. 525.

εἰδοποιεῖν II. 1054 B. I. 665 A.

εἶδος II. 141 B. D. 149 C. — εἰς ἕτερον εἶδος ἐξ ἑτέρου se mutare II. 97 A. — et ὕλη II. 440 D. — periphras. εἶδος φιληδονίας pro ipsa φιληδονία II. 565 D. 1140 E. Aristox. Athen. 546 B. — καὶ χρῶμα pictor. II. 99 B. — πᾶν εἶδος ἀρετῆς II. 32 D. — δυσπρόσωποι τὰ εἴδη Cimbri I. 414 B. Eunap. — καὶ πάθος σώματος I. 406 E. — τάξεως καὶ σχήματος I. 360 E. — corporis I. 336 C. 356 F. 451 E. Eunap. — εἶδος λόγου, species vel genus rei II. 569 D. 1042 F. — figura mathem. II. 720 A. — f. abund.? II. 746 F. — ἐπὶ τοῦ σώματος est in saltatione II. 747 C. — figura in tabula picta II. 748 B. — princip. Aristot. II. 875 D. 878 B. — et ἰδέα II. 882 C. — εἶδος qualitas II. 947 B. — et μόριον II. 974 B. — coloris II. 994 D. — καὶ μορφὴ II. 1013 C. 1022 E. I. 1035 E. — II. 68 A. 1016 C. 1025 B. D. 1026 A. — καὶ ἀριθμὸς II. 1016 E. — τὸ εἶδος εἰς θηρίου μορφὴν μεταβάλλειν II. 1064 A. — σχῆμα, τύπος 1085 A. — et ἦθος II. 1073 B. — idem quod ἰδέα II. 423 D. 1114 F. — κατ' εἶδος θαυμάζεσθαι ob pulchritudinem I. 135 F. Eunap. 67. εὐπρεπὴς τὸ εἶδος I. 165 B. 615 E. — ἐμφερής τινι τὸ εἶδος I. 155 C. — καὶ λόγος καὶ παράδειγμα II. 422 B. — et ὕλη II. 404 C. 429 A. — ἡδὺς τὸ εἶδος I. 589 F. — καὶ μέγεθος I. 741 B. — vultus II. 172 E. — imago in tapet. II. 185 E. — abund. ut Plat. Diog. L. VII. 28. — et γένος Plato 656 C. D. 704 E. F. — κατὰ δύο εἴδη, quod fit bifariam Plato 671 A. — ὡς ἐν εἴδεσι λαβεῖν μετ' ἀριθμοῦ Plato 688 A.

εἴδω — εἰδέναι δεῖ II. 23 C. — χάριν II. 816 A. I. 793 B. — εἰδέναι I. 24 A. perperam *vidisse* redditur. Verte, *nosse*, ut ap. Diog. L. I. 23. 34. Schol. Arat. p. 121. ed. Oxon. Eustath. ad Dion. Perieg. v. 294. Eudoc. p. 84. Quare nolim cum Heynio mutare ἐπίσταται in ὑφίσταται, quamvis frequentius Heraclidi Alleg. Hom. praef. p. 26. Clem. Al. Protr. 18 A. Athen. 648 D. 673 F. Aen. Gaz. p. 77. Zach. Mityl. 195. Pausan. I. 160. Plene Vit. Hom. §. 93. 107. 108. 111. Porph. A. N. 27. 31. Pausan. II. 14. Cic. Off. III. 19. *novit.* Fin. II. 3. *nosse.* Himer. 342. et Wernsd. Athen. 39 B. 100 E. Philostr. 702. 705. 721. — Simil. *habeo, celebro* II. 744 C. Philostr. V. S. 497. de Agathone. — ἐδεῖτο τὸν Ἀριστείδην αὐτὸν εἰδέναι, ἑτέρῳ δὲ μὴ καταειπεῖν, ut Aristides hoc solus sciret, nec alteri diceret I. 327 E. — οἶδα καὶ ἐπίσταμαι et simil. Markl. Iph. T. 491. — quem sc. malum esse I. 292 D. — τινα κακὸν, 1062 C. sim. 427 F. — καὶ γινώσκειν II. 59 E. — ἅπαντα εἴσῃ ἐκ τούτου II. 109 C. — τίς οἶδεν εἰ II. 117 D. — mutatur brevi spatio cum γινώσκειν II. 136 F. — εἰδὼς et δεδιὼς jung. II. 159 D. — Simpl. I. 146 E. 150 B. E. 154 B. 156 A. 164 A. 179 B. E. 180 C. 193 B. 194 B. C. 200 D. E. 206 D. 215 C. 217 C. 218 B. 225 B. 228 F. 232 B. 234 C. — εἰδότες καὶ γινώσκοντες II. 171 C. — οὐκ οἶδας ἀδικεῖσθαι II. 190 A. — εἴσῃ τῆς ὠκῆς II. 234 C. — οὔτε εἶδε οὔτε ἔλαβέ τι II. 97 C. — ἰδεῖν in somnio II. 109 C. — εἶδεν leg. οἶδεν II. 163 D. — ἰδὼν II. 144 A. 146 D. 149 E. 156 A. 161 D. — al. temp. II. 148 E. 159 D. 167 C. 175 D. 182 A. 183 A. F. 190 D. E. 191 D. 192 A. 198 A. 200 E. 208 E. 217 F. 219 A. 223 C. 225 B. 226 B. 231 B. 232 E. F. 235 E. 236 D. — ἰδεῖν de rebus inanimatis quae velut testes sunt facti alius (ut Julian. Sol vidit) II. 324 A. oceanus. — γῆρας II. 603 B. — ἰδέσθαι κάλλιστοι I. 118 F. — εὖ γὰρ εἰδέναι χρὴ, ὅτι II. 406 F. — ἰδόντι θαῦμα hoc est Pausan. 372. — οὐδεὶς εἶδεν τἀληθὲς rem ipsam nemo viderat I. 955 A. — οὐκ οἶδ' ὅπως I. 902 E. — ἰδὼν πρός τινα, ut alibi ἀπιδὼν II. 181 F. 192 F. codd. — uxorem Jambl. V. P. 48. Kust. — εἴσεται experietur, i. e. punietur Plato 681 B. — εὖ εἰδέναι Plato 688 A. — εἰδέναι καὶ γνῶναι Plato 695 C. — εἰδέναι τοὺς κρείττους fortiores cognoscere, i. e. quiescere metu Aristid. I. 66. — εἴσομαι statuo, credo Aristid. II. 135. — ἰδεῖν ἐστι quid, ut Lat. Vit. Hom. §. 55. — μόνον εἶδον τὸ τῆς πόλεως, solum patriae commodum spectavi Dio Chr. 514 A. Sim. Aristid. I. 77. — ἰδοῦσα βοῦν μυκωμένην Dio Chr. 592 D. — ἴδωμεν δὴ init. Plato 699 A.

εἴδωλον II. 417 E. 672 E. 683 A. 735 A. B. 1001 C. D. I. 635 E. 909 A. — καὶ ἴχνος II. 718 E. — κινούμενον καὶ ζῶν in memoria II. 759 C. — amoris II. 765 E. 766 E. — λων εἰσκρίσεις Democr. Epic. II. 901 A. — Democ. Epic. II. 904 E. F. 1089 A. 1116 C. 1124 B. — anima est εἴδωλον corporis II. 945 A. 1105 E. 1106 A. — caro in mensa II. 993 B. — rei extrinsecus objectae visum II. 1121 A. B. — spectrum I. 119 E. 479 C. 482 C. 958 D. — imitatio, imago II. 436 B. I. 955 B. — ὡς perire I. 621 B. — somnii I. 1001 B. — καὶ σκιά τινός εἰμι I. 1062 F. Sim. II. 80 F. — spectrum orci II. 17 B. Sim. 165 D. 167 A. — voluptatis in somno II. 101 A. — ὥσπερ ἐν κατόπτρῳ ἐμβλέπειν Aristid. I. 196. — corpus mortui Plato 693 B. — παιδείας ἀληθείας μὴ σφόδρα μετέχουσαι ἀλλ' εἴδωλα ἄττα ξυγγενῆ Plato 666 B.

εἰδωλοποιεῖν II. 347 A. Diogenian. Eus. P. E. 265 B. Diod. Sic. I. 96. Bibl. Crit. III. 47. et XII. Addend.

εἰδωλοφανὴς II. 908 E.

εἶεν II. 965 D.

εἰκάζω II. 399 A. 563 F. 781 B. 855 F. I. 21 D. 101 D. 104 C. 217 D. 398 F. τινὰ I. 1012 C. — conjicio II. 160 F. 726 B. I. 481 C. 511 D. 562 B. 585 B. 663 C. 854 D. 986 C. 1004 D. 1008. — pingo, fingo I. 468 C. — καὶ παραβάλλω I. 932 D. Aristid. II. 174. — pictoris Arist. II. 38. — vatis 39.

εἰκαῖος II. 80 B. Jambl. V. P. 213. Plato 596 G.

εἰκὰς I. 24 C. 92 C. 138 B. 706 D. 754 B. — myster. I. 754 B Musgr. Eur. Ion. 1095. — Epic. II. 1089 C. Casaub. Athen. 330. Plin. XXXV. 2. Diog. Laert. VI. 101 Cas.

εἰκασία II. 109 D. 765 E. 1001 D. 1013 C. I. 126 C.

εἴκασμα II. 1123 C. I. 909 A.

εἰκασμὸς I. 140 A. 412 A. II. 399 B.

εἴκελος κορώνης ποδὶ II. 410 E. — σοὶ II. 988 D. ib. ἴκελος.

εἰκῇ II. 99 B. 550 D. 616 B. 879 C. Jambl. V. P. 213. Dio Chr.

563 D. Upton. ind. Epictet. — II. 6 C. — τὸ II. 65 F. 550 D. 1142 E. II. 85 F. 740 C, 796 A. — ut Lat. *haud temere* I. 132 B. — πολλοῦ τοῦ εἰκῆ μετέχειν Philo Jud. 1086 A. f. ex Platone.

εἰκονίζω τι II. 882 D.

εἰκονικὸς similis I. 433 E. 1011 C. Hard. Plin. XXXIV. 9. XXXV. 34.

εἰκόνιον — α τὰ ἀναθεῖν Amator. II. 753 B. — I. 123 B.

εἰκονισμὸς assimilatio II. 54 B.

εἰκὸς — τῷ μετ' εἰκότος ἡγουμένῳ ἕπεσθαι II. 433 C. οἷον εἰκὸς I. 151 F. — ἐστιν ἐγγεγονέναι periphr. abund. pro simpl. ἐγγέγονε II. 551 E. — τὸ εἰκὸς ἀποδοῦναι τῷ λόγῳ II. 561 B. — τὸ εἰκὸς simpl. II. 24 B. 422 E. 626 F. 740 C. — ἔχειν II. 719 F. — ἐξ εἰκότων ἐπιχειρεῖν est rhetorum II. 724 A. — πιθανὸς II. 728 F. 953 C. — τοῦ εἰκότος ἀμαυρεῖν II. 1013 B. — πιστεῦσθαί τι τῷ εἰκότι II. 1014 A. — τῶν εἰκότων ἔχεσθαι I. 20 C. — τοῦ εἰκότος τυγχάνειν, non aberrare a verisimili I. 24 F. — εἰκὸς et πιθανὸν disting. Vit. Hom. §. 6. — ἔοικέ τινί τινα *decet quem quid*, si vera lectio, nec legendum Ἀθηναίους, erit Homericum ἔοικέ τοι οὔ τοι ἀεικὲς II. 870 D. — simpl. εἴκω in suis mod. et temp. II. 144 C. 147 C. 149 C. 155 B. 165 B. — τὸ εἰκὸς ἀπάγειν πρὸς τὴν διάνοιάν τινος f. ἐπὶ II. 430 B. — τα πάσχω I. 433 B. — φρονεῖν I. 548 C. — τὰ εἰκότα παρηγορεῖν τινα I. 700 A. — hoc ἀπ' οὐδενὸς ἦν εἰκὸς, ita leg. pro vulg. εἰκότος I. 1042 F. — τὸ ἀποδοῦναι sine τινὶ II. 18 A. — κατὰ τὸ εἰκὸς II. 118 B. — εἰ δ' ἐστί, ὥσπερ εἰκὸς ἔχειν II. 120 B. — τὰ εἰκότα λέγειν, τὰ δ' ἀμήχανα σιωπᾶν II. 160 D. — ὡς εἰκὸς II. 162 D. 164 B. — ἐστι cum inf. II. 158 A. B. 162 E. 163 E. — ὡς ἔοικε II. 146 C. 161 A. 163 B. — ἔοικέ τινι — simile est II. 139 A. 159 C. 162 A. — ὡς τὸ εἰκὸς ἔχει pro ὡς ἔοικε Aristid. I. 253. — κατὰ τὸν εἰκότα λόγον Plato 700 G. — sufficiens μετ' εἰκυίας βίας Plato 687 B. — ἐκ τῶν εἰκότων Plato 686 B. 689 F. — periphr. τί ποτ' ἐστὶν ὃ συμφέρειν εἰκὸς καὶ τί τὸ μὴ συμφέρον Plato 700 A. — quidvis habet suum εἰκότα σωτῆρα, congruum, suum sibi Plato 694 B. — ὅτι εἰκὸς ἦν hoc, οὐκ ἀδύνατον est — f. Pleonasm. Dio Chr. XI. 192 A. — τὸ εἰκὸς νικᾷ Aristid. II. 258.

εἰκοσάεδρον II. 427 A. B. C. 428 A. D. 719 D. 887 C. 1003 C.

εἰκοσαετὴς II. 113 D.

εἰκοσάκις II. 733 A.

εἰκοσαπλασίων II. 925 C.

εἰκοσίεπτα II. 1017 D. 1018 C. E. 1028 B. — simpl. II. 113 D. bis. 214 E. — καὶ τέτταρα II. 207 C.

εἰκόσορος Telea Stobaei 233.

εἰκοστοέβδομος II. 1027 E.

εἰκοστὸς (λαγχάνει II. 739 E.) 740 A. E.

εἰκοστοτέταρτος II. 935 D.

εἰκότως II. 116 A. 155 B. 182 A. 201 D. E. — fere abund. II. 5 C. — ὡς εἰκότως abund. Plato 700 C. — μάλα Himer. 410. 416. in fine Toup. Longin. ad p. 8. — εἰκότως appositio Aristid. I. 531. 561. II. 24. 29. 97. 105. 338. 342. 389. 420. — εἰκότως μᾶλλον δὲ ἀναγκαίως Aristid. I. 492. 561.

εἴκω I. 407 E. 561 D. 663 C. 999 A. 1074 C. II. 72 B. 222 F. — καὶ φεύγω I. 100 A. D. τινὸς I. 258 C. evidentiae II. 1056 F. 1057 A. bis. — similis sum II. 527 D. — ὡς ἔοικεν v. n. ad II. 41 C. 548 B. — ἔοικέ τινί τι decet quem quid Plato 662 F. — ἐκ τῶν εἰκότων pro εἰκότως Plato 623 C. Aristid. I. 49. — θεοῖς ἔοικε Xenoph. M. S. IV. conf. calc. ed. Ernest. Sim. Oenom. Euseb. P. E. V. 212 D. Aristid. I. 307. — ἐοικὼς φαίνεται Porphyr. Euseb. P. E. X. 465 C. — ἔοικας cum inf. II. 229 E. — ὡς ἔοικε simpl. ut videtur II. 227 E. Salmas. ad Epict. 256. — ἐοικέναι τινὶ II. 185 E. — ἐοικώς τινι II. 125 C. — ἐοικότα τέκνα γονεῦσι II. 63 D. — ἕδρας ἐπιόντι II. 58 B. — εἰκὼς λόγος I. 1 B. — εἰκότι λόγῳ καὶ ἀληθείᾳ I. 36 B. — ἔοικε βουλομένῳ I. 40 A. — Sim. 744 A. II. 82 C. 116 A. 187 E. Aristid. I. 351. — ἔοικέ μοι *videtur mihi* pessime ita interpretatur Clericus Praef. ad Philarg. Cant. p. 34.

εἰκὼν ἀγάλματος I. 676 E. — picta imago I. 619 F. — μορφῆς I. 596 E. — ἐν εἰκόνι τινὸς facere cujus πρόσωπον II. 481 A. — corporis differt ab animi I. 479 E. — facta in annulo I. 452 E. Sim. 493 A. — χρυσῆ I. 424 B. — λιθινὴ I. 406 E. 479 E. — οἷον ἐν εἰκόνι I. 391 A. — et τιμὴ disting. I. 368 E. — λόγος ἐν εἰκόνι II. 575 B. — ὁμοιότης εἰκόνος Plato 646 A. — comparatio II. 104 F. 430 C. 636 E. 759 C. 988 D. I. 701 E. — II. 672 E. I. 139 B. 596 F. 1067 C. Plato 701 H. —idea philos. II. 718 F. [1001 C. D. 1024 C. 1029 D. — τῆς ὄψεως in aqua II. 754 A. 1099 D. — exemplum II. 785 E. Plato 657 D. E. — χαλκῆ II. 871 B. 1033 E. I. 65 C. 106 A. 187 D. 369 A. 443 A. 673 C. 688 E. 836 E. 1033 C. Aristid. I. 540. Pausan. 429. 505. 537. 617. 698. 787. — Statua Herod. II. 143. 144. I. 9 A. 738 F. 886 B. 990 B. 991 D. 1062 E. II. 68 A. Dio Chr. XXXI. 339 C. et saepe. — differt a παράδειγμα II. 1115 E. F. 1116 A. — γεγραμμένη τῆς ὄψεως II. 1117 C. — statuarii et pictoris I. 2 E. — id. ac μορφὴ I. 169 C. — εἰκὼν et ἀνδριὰς promiscue I. 706 A. 881 C. D. — animi I. 770 B. 885 F. — χαλκῆ est ἀνδριὰς vid. I. 860 C. — et ἀντίτυπος oppon. I. 888 E. — καθαιρεῖται I. 955 C. — ἰδέα ἀθλητικὴ in Arati εἰκόσιν apparet I. 1028 B. — an statua? I. 1048 C. 1065 B. — speculi II. 53 A. 139 E. — simile II. 106 F. — τῆς ὄψεως II. 150 A. — generatim signum II. 183 B. 191 D. 205 D. 210 D. 215 A. — κωμῳδεῖν τινα εἰκόνι i. e. larva Plato 684 E. — [et ἄγαλμα Plato 682 E. — ἐπὶ εἰκόνος ἑστάναι, imaginem, statuam habere Dio Chr. 462 A. — Rhet. dist. ab ὁμοίωσις et παραβολὴ Vit. Hom. §. 84. — ὄνα συμμίγνυμι Plato 697 C. — ὄνες ἐν πίναξι Aristid. I. 553.

εἰλαπίνη — αι II. 169 D.

εἰλάρχης I. 251 E.

εἰλείθυια II. 758 A.

εἰλέω I. 55 B. 558 F. 1006 C.

εἴλη pro ἴλη II. 259 E. I. 301 A.

εἴλησις f. ἡλίωσις II. 688 A. [Vid. Ruhnken. Tim. V. 97.

εἴλιγγος I. 736 C.

εἰλικρίνεια Didym. Stob. 557.

εἰλικρινὴς νοῦς II. 444 C. Sim. Junc. Stob. 597. 598. Aristid. II. 409. — II. 72 H. 75 B. 428 D. I. 274 D. 480 A. 573 A. 795 C. 921 E. 1010 D. — II. 626 B. 831 B. 928 E. F. 964 D. 1002 C. 1025 C. 1026 C. 1109 E.

εἰλικρινῶς II. 430 D. 696 C.]

εἰλινδέομαι I. 797 A.

εἰλίποδα Empedocl. II. 1123 B.]

εἵλωτες II. 871 E. I. 325 A. 328 B. 489 D. 614 B. 616 F. terminatio ται II. 189 F. 210 C. 216 F. 232 C. 233 C. 239 A. D. — [Plato 623 E. F.

εἱλωτικὸς I. 90 D.

εἱλωτὶς I. 597 A.

εἷμα II. 1069 A. — τα δολερὰ H. 270 E. Herod. 646 B. 863 D.

εἱμαρμένη ἀνάγκη Plato 677 E. — εἱμαρμένη dicitur ab εἴρω II. 570 B. Aristid. T. I. p. 7. f. ab νέμειν μοῖραν — Porph. Euseb. P. E. III. 92 D. Diog. ib. 263 C. Gatak. M. A. p. 85 A. Didym. Euseb. P. E. 818 A. — I. 269 E. II. 23 C. D. 24 B. 111 D. 114 D. 119 F. — ὑπὲρ εἱμαρμένην II. 643 E. — τὸ I. 393 D. — II. 426 A. 675 B. 1035 B. C. 1055 D. E. 1056 A. 1075 B. I. 999 A. Plato 660 B. — τὸ καθ' εἱμαρμένην II. 740 C. — ἐξ εἱμαρμένης καὶ προνοίας II. 740 D. — Defin. II. 885 A. B. 1026 B. — δίκη, πρόνοια II. 884 E. — εἱμαρμένους μονάρχους I. 869 B.

εἰμὶ ἔν τινι in hoc occupatus sum II. 63 B. 342 B. — ἴστω cum inf. *fac* II. 961 B. 1072 D. I. 113 F. — ἔκ τινος venio ex quo, *feci* II. 129 E. — particip. ὢν abundat, βέλτιον εἶχεν ὂν II. 104 A. Ephor. Athen. 500 C. — ἔστιν ὅπου II. 55 B. Vid. ὅπου. — ἡδέως μετά τινος II. 147 E. — ἔστιν ὅτε II. 57 D. 125 A. — pro πάρειμι adsum II. 289 A. — cum participio II. 625 C. — εἶναι ἔν τινι σύν τινι καὶ περί τι. II. 719 A. — ἐστί τινί τι II. 719 A. — ἔστι τινί τι II. 735 F. — οὐκ ἔστι σοι μὴ ποιεῖν τοῦτο II. 764 A. — ἔστω 'καὶ δεδόχθω II. 788 F. — ἔσται accidet II. 830 A. — οὐκ ἔστιν ἄλλως εἰπεῖν II. 862 E. — οὐκ ἔστιν εἶναι τούτῳ II. 957 E. — εἶναι ἐν τῷ servare II. 957 C. — εἶμες Lac. pro ἔσμεν I. 53 B. II. 234 F. — et δοκέω I. 890 C. II. 31 A. — ἐκεῖνός ἐστιν ὁ ἐξονομάσας pro ἐξωνόμασε I. 881 B. — λιπαρής εἰμι pro λιπαρέω I. 826 E. Sim. 843 D. — ὢν οἰκεῖος pro οἰκεῖος ὢν I. 782 D. — διὰ πάντων εὐθὺς ἦν, ὡς — erat rumor, quod I. 740 D. — εἶναι πρός τινα I. 722 C. — ἦν ὅ τι ἐτέθραυστο I. 717 A. — sum et vivo, jocus in ambiguitate I. 701 A. Plaut. Pseudol. I. 3, 19. — ἤμην essem I. 671 E. 681 F. 691 B. II. 146 B. — τίς ὢν hoc facis? I. 661 E. — ἔστι τινὶ pro ἔνεστι I. 525 C. 987 F. — ἔστιν ὢν I. 525 F. — ἔστιν ἀκούειν τινὸς I. 441 A. — τὸ δὲ οὐκ ἦν ἄρα τοιοῦτον I. 424 A. 1051 B. — εἰσὶν οἱ λέγουσι I. 411 D. — πρὸς τῷ τυφλὸς εἶναι καὶ κωφὸς ὢν I. 394 F. — εἰμὶ vivo I. 381 D. ἔνιοι ἦσαν οἱ ἐπαινοῦντες erant quidam qui laudarent I. 381 B. 389 B. 439 C. Sim. 939 F. — εἶναι abund. τὴν προσήκουσαν ἐν ἀξιώματι τάξιν εἶναι προλαβὼν I. 381 A. — οὐκ ἔστι ποιεῖν τοῦτο βουλόμενον II. 974 E. — καὶ λέγομαι II. 981 E. — ἔστω σοι καὶ τοῦτο οὕτως II. 987 B. — ὄντα abund. II. 1037 B. — ἔστι cum genitivo II. 1047 B. — ἔστιν ὅπως, interrog. II. 1042 A. — ἔστω fac. II. 1080 A. 1092 A. — ἔστιν ἃς II. 1061 D. Sim. 69 D. — ἐν τούτοις (libris) ἅ ἐστι περὶ τέλους Latinism. II. 1091 A. — εἶναι καὶ ζῆν II. 1093 A. — πρὸς τοῖς εἰρημένοις II. 1100 E. — ἐν ἀγαθοῖς II. 1106 A. — οὐκ ἔστιν εἰπεῖν II. 1114 E. Vid. οὐκ. — εἰμὶ et μὴ ὂν εἶναι disting. II. 1115 D. — init. εἴη μὲν οὖν cit. Utinam I. 1 D. 1002 E. Pind. Athen. 601 C. — Theseo Herculis facta νύκτωρ ὄνειρος ἦσαν I. 3 F. — Sinis, Procrustes Theseo πάρεργα ἦσαν I. 37 B. — ὀλίγοι τῶν ὄντων hominum I. 38 A. II. 1059 C. — οἱ λόγοι ἦσαν ᾠδαὶ I. 41 D. 112 B. — εἴη δ' ἂν καὶ τὸ I. 42 F. — ἔστιν ὅτε I. 67 A. 71 B. 732 E. 748 F. II. 62 C. — ᾖ I. 399 E. — ἤμην eram I. 94 D. — ἦν δ' ἄρα τὸ I. 98 D. 133 C. II. 407 E. Vid. τό. — Abund. τὸ ἐπὶ τούτοις εἶναι, quantum in istis erat. Markl. Lys. p. 482 Reisk. — ἦμεν κατὰ τοῦτον τὸν τόπον προϊόντες II. 397 F. — ἦν δὲ τοιόνδε I. 177 E. — ἦν πολλὰ sc. αὐτῷ possidebat multa I. 257 A. — τινί τι sum cui cibus, pro praebeo I. 288 B. — εἰμὶ κατά τινα currendo veni ad eum locum quo is est I. 289 C. — ἦν λαβεῖν I. 332 F. Sim. 914 C. — Catonis δοκεῖ μοι μὴ εἶναι Καρχηδόνα, delenda Carthago I. 352 C. D. — Sim. 871 A. 886 B. — ἦν ἰδεῖν μὲν — ἦν δὲ I. 368 C. — ἦν δ' ἄρα I. 375 C. — ἦν cum inf. I. 645 E. — τοῦτο οὐχ ἁπλῶς γινόμενόν ἐστιν II. 40 D. 143 E. — τρεῖς ὄντας II. 144 C. — τοῦτο δὲ ἦν II. 159 A. Vid. not. ad Act. Apost. Plaut. Menaechm. V. 9, 76. — ἄμοιρον οὖσαν pro ἀμοιροῦσαν II. 171 A. — ἔστι cum inf. II. 147 F. 151 B. 158 E. 160 A. 163 C. 166 B. D. — οὐκ ἔστι cum inf. II. 145 B. E. εἰμὶ ἑωρακὼς et simil. II. 147 B. — ἐστὶ cum Gen. decet II. 168 C. — τίς ὢν μέγα φρονεῖς II. 187 B. — ἦσθα II. 173 B. — ἤμην II. 174 A. 180 B. 222 C. 224 A. — σὺν τινι II. 195 A. οἱ ὄντες νόμοι, quae jam sunt II. 214 B. — εἰμὶ πολλοῦ ἄξιος et κτάομαι πολλοῦ ἄξια II. 230 E. ἂν εἴησαν II. 255 B. — ἦ μὴ ἔσο II. 241 A. D. F. ἦμεν Lac. II. 242 C. bis. — εἰμὲς Lac. 234 F. — εἰμὶ et γίνομαι jung. II. 233 A. — ἐμαυτοῦ II. 233 D. — ἰδεῖν ἐστι ut Lat. Vit. Hom. §. 55. — ἦν ποτε χρόνος ἐκεῖνος ὅτε cet. formula antiquissimae fabulae. Parodia Diogenis ap. Diog. L. VI. 57. Euseb. P. E. VII. Max. 338 B. et 345 C. Aristid. I. 552. — λόγος τὸ τί ἦν ἢ ἔστι δηλῶν Diog. L. VI. 3. — εἴθε ᾖ ἔχειν ἡμᾶς, utinam haberemus Dio Chr. VII. 107 B. — Aristoteles epistola, ἐν ᾗ ἐστι μετανοῶν pro μετανοεῖ. Vid. Ἐν. Dio Chr. 525 B. — ἔστω γὰρ εἶναί τινας, fac esse quosdam Dio Chr. 643 C. — ἴσθ' ὅστις ταῦτα ὁμολογεῖ cet. ita leg. Plato 670 C. — εἶναι inf. ut Virgil. esse sui dederat cet. Plat. 677 B. Aristid. II. 363. — abund. τὸ τήμερον εἶναι

Aristid. I. 275. Sim. ib. 311. 520. Plat. 262 G. cf. Alciphron. I. 1. Zeun. Viger. 233. — ἦν ἄν τι τοῦτο hoc aliquid esset Aristid. I. 368. 396. — ᾧ γραφικὴν ἢ πλαστικὴν εἶναι διαφέρει, *quo differt ut sit vel pictura vel plastice*, pro quo differt pictura a plastica Aristid. II. 39, 1. Mox ib. 5. — ἦν πάντα μία ἤπειρος ὡς Πέρσαις εἶναι Aristid. II. 169. ὡς εἶναι abund. — εἶναι τὴν Ἑλλάδ' ἢ μὴ II. 184. — abund. ὡραῖος ὡς εἶναι στρατεύεσθαι maturus militiae Aristid. II. 430. — εἰμὶ τῶν λόγων, audio id. I. 77. — ἦν ὅτε ἄπρακτον ἦν I. 446. 478. — ὄντες οἵπερ ἐσμὲν id. I. 443. — ἐκεῖνο ἦν τὸ μὴ λαβεῖν accidisset ut non acciperetis I. 496. — ἦν ἄν τις λόγος I. 509. μηκέτ' εἶναι I. 555. — ἔστι τινὰ ἀκροᾶσθαι pro ἔξεστί τινι II. 4. — τὸ νῦν εἶναι II. 47. — εἰς δύναμιν εἶναι abund. I. 245. — ἔστιν ἢ I. 531. — ἔστιν ἀκούειν init. id. I. 436. — εἶναι abund. Hemsterh. Luc. 98. — εἰμὶ τῶν ἐμαυτοῦ λογισμῶν I. 933 A. — ἔστι τινί τι I. 957 B. — ἔστιν οὔστινας λόγους efferre I. 962 C. — ἦν δέ τις init. transit. I. 988 D. 993 D. 1007 E. — εἷς *es* I. 1019 E. — ἦν δὲ τοιαῦτα transitus I. 1025 C. Sim. II. 123 E. τὸ νῦν εἶναι abund. Galen. Protr. T. II. 10 D. — εἰσὶν οἱ χαριζόμενοι pro χαρίζονται II. 4 D. παντός εἰσι κατιδεῖν quisque videre haec potest II. 19 D. — particip. ὢν abund. plane, et omiss. a quibusdam codd. II. 38 C. — πρὸ τὸ μανθάνειν εἶναι II. 47 E. — ἔστιν ὁρᾶν II. 58 C. — ἰδεῖν 60 C. — ἀληθέστερον ἦν εἰπεῖν ὅτι II. 61 C. — ἔστι γὰρ συνηγορῶν II. 62 B. ita ms. D. Vulg. γὰρ ὁ σ. — ἐστὶ ἐν τῷ συνδιαπορεῖν, al. ἔστη II. 63 B. — ἐστὶ γενόμενον pro γεγένηται II. 76 E. — ἔστι δ' ἃ II. 87 A.

εἶμι ἐπί τι II. 667 E. ἰτέον II. 980 A. Plato 695 F. Bibl. Crit. XII. — τινὶ διὰ μάχης I. 288 D. — συνῇσαν pro συνήεσαν (et alia tempora similia verbo εἰμὶ *sum* — vid. in Compositis et Decompositis) I. 656 E. — inf. εἶναι pro ἰέναι I. 1004 A. pro περιεῖναι II. 660 B. 680 D. 817 D. 927 B. — ἐπί τι in disp. II. 62 B. Sim. Plato 608 G. 639 H. 654 C. 699 C. 794 F. Aristid. I. 57. II. 73. — ἐγγυτάτω τινὸς ὁμοιότητι Plato 643 C. — ἴτω hoc in disp. Plato 646 D. — εἶμι εἰς σκέψιν Plato 652 G. — ἴτω ἀναγκάζων periphr. pro ἀναγκαζέτω Plato 659 C. 665 E. — ἰέναι ἐπὶ πᾶσαν κακίαν Plato 663 C. — ἂν ἴῃ ἐπὶ νοῦν 664 E. — ἴτω θύσων Plato 674 E. — πρὸς τέχνην Plato 698 A. — ἴωμεν δὴ Plato 699 F.

εἵνεκεν II. 660 A. εἵνεκα I. 532 F.

εἰνόδιος Arat. II. 998 A.

εἷξις II. 1122 C.

εἴπερ ἄρα v. n. ad II. 113 A. — εἴπερ ποτὲ Aristid. I. 312. 542. — ποῦ, κἀνταῦθα I. 537. II. 202.

εἴ ποθεν Aristid. I. 540.

εἴπω simpl. II. 143 E. 147 C. 149 D. 150 D. 151 D. 156 A. 157 A. B. C. 162 A. 165 E. 166 B. 168 E. 169 F. — μεγάλα II. 743 D. — ῥᾷστον εἰπεῖν corrupt. II. 152 F. — εἰπόντες cum orationem habuerunt II. 132 C. — τὸ σύμπαν εἰπεῖν II. 120 A. — εἴποιμι II. 114 C. — εἴπας particip. II. 861 A. — ὡς ἁπλῶς εἰπεῖν II. 1074 E. — ὅσους οὐκ ἄν τις εἴποι II. 1077 C. — οὐκ ἔστιν εἰπεῖν II. 1114 E. I. 771 B. — καθόλου εἰπεῖν ut universe dicam II. 397 C. 403 A. — ὡς εἰπεῖν, sine ἔπος I. 1031 C. — τοῖς εἰποῦσιν philosophi II. 47 D. — καὶ ποιέω II. 59 E. — periphr. δοκεῖ μοι εἰπεῖν τις ὡς μετατίθησιν pro δοκεῖ μοι μετατιθέναι Teles Stob. 522. — πρὶν ἂν ἱκανῶς εἴπωμεν, pro εὕρωμεν, Plato 695 G. — εἰπεῖν et εὑρεῖν jung. Plato 697 E. — εἰπεῖν ἐστι significat Aristid. II. 360. — εἰ οἷόν τε εἰπεῖν Aristid. I. 419. 444. — εἰπεῖν δ' ἐν ἴσῳ licet item dicere hoc Aristid. II. 5. — ἴσον εἰπεῖν idem dictu Himer. p. 168.

εἱργμὸς II. 84 F. carcer 1091 E. I. 770 A. 858 A.

εἴργω I. 168 A. II. 214 C. 227 E. 704 C. vinculis constringo I. 179 C. 199 B. 206 E. 480 D. 483 C. 538 F. 770 A. 950 A. — σθαι aqua et igne I. 423 A. — σθαι med. *littore — se abstinere* I. 426 A. Sim. Aristid. I. 270. II. 303. — ω quem *intercludo* I. 760 D. — σθαι ταφῆς I. 916 C. — ω arceo II. 11 D. — τινὰ μὴ κοινωνεῖν abund. Plato 649 C. — ἱερῶν cet. Plato 663 F. et alibi. Vid. μιαίνω, καθαίρεσθαι, καθαρμός.

εἰρεσία II. 941 C. 1056 E. I. 915 C. 927 B. — αν αὐλεῖν I. 209 C.

εἰρεσιώνη I. 10 B.

εἰρὴν apud Spart. I. 50 D. E. 51 B. C.

εἰρηναῖος I. 300 D.

εἰρήνη Simpl. II. 166 F. 175 A. 196 D. 197 E. 209 C. 213 A. B. 216 E. 221 B. — καὶ φιλία I. 371 F.

εἰρηνικὸς I. 208 C. 523 E. 571 C. 839 B. Plato 689 C. G.

εἰρηνικῶς ἔχω I. 748 D. — I. 937 D.

εἰρηνοποιὸς I. 530 C.

εἰρηνοφύλαξ I. 68 A. sic postea εἰρηνάρχης Masson. ad Aristid. ann. 39. §. 13. φύλαξ εἰρήνης Aristid. I. 338.

εἰρκτὴ II. 598 A. B. 808 D. I. 148 A. 474 F. 520 D. 758 F. 803 F. 822 B. 983 B. E. 1029 A. 1038 B.

εἱρμὸς II. 885 B. Oenom. Eus. P. E. VI. 258 D. 259 D. 260 C.

εἴρω — εἰρόμενος λόγος II. 506 F. 1047 A. ita leg. — Aristot. Rhet. III. 9. Aquila Rom. p. 158. — necto cantum II. 1029 C. — εἴρων συνάπτω ὅλον σύνταγμα, edisco Dio Chrys. XVIII. 259 A. — poësin compono, totum librum Dio Chr. 440. — εἰρομένη λέξις Turneb. ad Cic. Leg. I. 1. p. 257. ed. Davis. — Si hoc diximus, tum εἰρήκαμεν, nil amplius dicere habemus Aristid. I. 51.

εἴρων opponitur ἀλάζονι II. 618 E. — ἢ κόλαξ II. 44 D.

εἰρωνεία I. 180 C. 243 B. 419 D. 635 A. 803 E. 806 C. 896 F. — Vit. Hom. §. 68 — 70. — καὶ χλεύη Dio Chrys. XXXI. 319 C.

εἰρωνεύομαι II. 199 E. 236 C. 999 D. I. 430 F. 509 F. 1019 E. Dio Chr. 390 B.

εἰρωνικὸς deceptor Plato 674 B.

εἰς — εἰς καπήλου II. 643 C. εἰς θεοῦ II. 109 A. — εἰς τὰ βασίλεια I. 505 F. — εἰς σάρκα pro ἐν σαρκὶ II. 786 C. — εἰς γῆρας pro ἐν γήρᾳ I. 449 A. Sic 536 A. — εἰς τὴν ὑστεραίαν I. 438 A. — εἴς τι quem διαφθείρω I. 459 F. — τινά τι κατακηρύσσω, cui adjudico rem vendendam I. 477 A. — εἴς τι φέρει ἡ ὄψις somnii I. 506 E. — quem σκώπτω I. 528 A. — εἴς τι λέγειν in hanc rem dicere II. 40 A. 651 A. I. 210 A. — τόπον προσμίγνυμι I. 534 C. — εἴς τι ἐπιχειρεῖν II. 40 D. 690 F. — μαλακιᾶν aegrotare II. 559 E. — κατηγορεῖν τινα II. 60 D. — εἰς τὸ σῶμα ἐφόδιον λαβεῖν I. 540 D. — εἰς τὴν ἡμέραν certam portionem accipere, in quamvis diem I. 542 B. Sim. 550 C. — εἰς τὴν κρίσιν ἀπολλύντες ἑαυτοὺς II. 49 E. ubi v. n. — οὐ μικρόν ἐστιν εἰς τοῦτο II. 456 A. — δανείζειν cui εἰς certum tempus I. 544 B. — μεταβολὴ magna εἰς βίον, quod ad II. 551 E. — εἰς τὴν θάλασσαν versus mare I. 549 A. — εἴς τι laudari vel vituperari II. 187 B. 575 D. 633 B. D. 635 A. 833 C. I. 243 A. 524 A. 639 C. Thuc. VIII. 88. Duk. — εἰς τὸ μὴ δεῖσθαί τινος παραγενέσθαι II. 611 C. 159 E. — εἴς τι αἰνίττεσθαι II. 685 E. — εἰς τὸ ἡδὺ καταναλίσκειν τὸ χρήσιμον II. 692 C. — εἴς τι ἐπιχειρεῖν II. 724 D. — τὸ κοινὸν quid dicere I. 550 E. — δύναμις εἴς τι II. 724 D. — εἰς ἥμισυ τῶν ἐκπωμάτων abstulit II. 762 C. — εἴς τι quod ad hoc attinet II. 811 C. — perfectus I. 480 A. — εἰς ἄμιδας καταχωνεύεται statua II. 820 E. — ἐπίφθονον εἴς τι II. 823 C. — εἰς γέλωτα τίθεσθαί τι II. 826 C. — εἰς ἡμᾶς quid servatum est II. 842 E. — εἰς Μαραθῶνα βοηθεῖν τινι II. 861 E. — εἴς τι ἐλλείπειν II. 881 C. 994 A. — mare dicitur εἰς πικρίαν ὑποστῆναι II. 897 A. — εἴς τι λαμβάνειν τι II. 915 F. I. 533 A. — εἰς σῶμα καταναλίσκειν cibum II. 917 C. — εἰς τί θησόμεθα τοῦτο II. 929 A. — φυτεύειν τι εἰς γῆν II. 986 F. — εἰς λεπτότητα εἰργασμένος χιτὼν II. 989 E. — εἰς ἡδονῆς μέρος pro ἐν μέρει II. 998 E. — εἰς ἐφημερίδας φιλοσοφεῖν II. 999 A. — διάλυσις εἴς τι, dissolvi in quid II. 1003 F. sim. I. 439 E. — εἰκὼν εἴς τι pro τινὸς II. 1029 D. — εἴς τι πονεῖν II. 1061

B. — εἰς ἀρετὴν θεόληπτος Socrates II. 1117 A. — εἴς τινα ποιεῖσθαι τὴν ἀναγωγὴν, ad auctorem II. 1122 A. — εἰς τὰ ὅπλα χωρεῖν τινι I. 29 A. — εἰς ἅπασαν εὔνοιάν τινα θαυμάζειν I. 32 D. — τὸν ἐνιαυτὸν I. 50 C. εἰς τὸν ἐνιαυτὸν uti 10 mensibus I. 72 A. B. — εἰς τὸ αὐτό τινι τίθεσθαί τι I. 90 B. — locum congregatos esse I. 104 D. — εἰς τὸν δῆμον παριέναι, vid. δῆμος. — εἰς τὸ δέκατον ἔτος, ut Lat. in decimum annum I. 131 B. 165 A. — δέκα ἔτη I. 489 C. 530 A. — λόγους τινὶ ἔρχεσθαι I. 143 C. — εἰς τὸ αὐτό τινι φοιτᾶν I. 160 D. 169 D. — εἴς τι διαβάλλειν τινὰ I. 160 D. 168 A. — εἴς τινα quem ducere, ad alicujus domum I. 165 C. — εἰς πάντα τινὶ μαλακωτέρῳ χρῆσθαι I. 170 A. — εἰς ἔτους ὥραν I. 157 C. conf. ἔτος. — εἰς τοὺς πρυτάνεις quid deponere I. 169 E. — εἰς πόρον θεωρεῖν v. n. ad II. 350 E. de hoc usu cogitare debebat Taylor. Lys. p. 73. ed. Reisk. — εἰς ὑμᾶς εἰσιέναι ad judices dictum Markl. Lys. p. 134. ed. R. — εἰς γυναῖκας εἰσιέναι Menand. Cler. p. 266. — εἰς ποταμὸν σφαγιάζεσθαι Herodot. VI. 76. — sic Virgil. XI. 109. *in flammam jugulant pecudes.* Pausan. 790. Porph. Abst. II. 6 bis. — εἰς τοὺς Ἕλληνας φιλοτιμεῖσθαι Casaub. Polyb. I. 814. Sic Plato Symp. 317 H. Vid. Bibl. Crit. Vol. I. p. 1. — f. Simil. I. 610 C. Aristid. II. 322. — pro ἐν Wesseling. Diod. Sic. I. p. 212. 551. I. 186 C. — *ad* in summa signif. I. 193 E. 346 E. 391 A. 472 D. 825 B. — tempus futur. εἰς τρίτην ἀγορὰν I. 222 E. Simil. 312 F. 322 F. — εἰς ἡμᾶς usque ad nostram aetatem I. 257 B. — εἴς τι cui comparari I. 258 D. — εἰς certam diem quem invitare I. 282 B. — εἰς ἅπαν I. 304 D. — ἔκπληξις ἦν Συρακοσίων Syracusii expavescebant I. 306 B. — εἰς locum διασώζεσθαι I. 309 F. — εἰς δῆμον sententiam fero pro ἐν δήμῳ I. 320 A. — εἰς πυρὰν σφάττειν bovem I. 332 B. — εἰς λόγον 360 talentorum *ad summam* I. 333 D. — εἰς φερνὴν cui quid dare I. 335 E. εἰς τὸν μῆνα sumtus I. 339 C. — ἔρχεταί τι εἰς ἐμὲ accipio quid I. 342 A. — εἰς ἀρετὴν opus artificis I. 348 C. — ἀνὴρ ἐπιφανὴς εἰς τὴν σύγκλητον ἑρμηνεύει τι, ad utrum referendum? f. ad ἑρμηνεύει I. 349 F. — εἰς τοὐπιὸν στρατηγῶν proxime anno cum praetor esset I. 366 D. — venit εἰς τοὺς Ἀχαιοὺς ad Achaeos I. 359 E. Sim. Thessal. opp. Galen. I. 3 D. — εἴς τι λεγόμενον de qua re I. 376 A. — εἰς Δελφοὺς Delphis I. 376 B. — εἴς τινα εὐεργεσία I. 381 E. — εἴς τι exemplum I. 406 A. — ἐπιχείρησις inquisitio I. 406 E. — τινα εἰσέρχεσθαι ad quem I. 408 B. — τι καθαρὸς I. 418 C. — ἀποφαίνεσθαι εἴς τι *de re* statuere I. 422 E. — εἰς superstitionem εὐάλωτος I. 573 D. — εἴς τι propter quid I. 573 B. — εἰς ἑαυτὸν ὁρκίζειν ὅρκον I. 590 D. num signif. I. 598 E. 702 A. — εἰς locum adesse I. 613 A. — εἰς τὸ πλῆθος εἰσέρχεσθαι I. 598 E. 612 F. — εἰς τὰ ἄλλα ceteroquin I. 640 A. — εἰς milites datur pecunia I. 642 F. — εἴς τι tempus I. 644 E. bis. 646 D. 649 C. 651 A. 735 A. 737 A. — λόγος εἰς ἐμὲ ἥκει defertur ad me sermo I. 654 D. — εἴς τι κυριώτατος I. 663 B. — εἴς τι vituperatio I. 663 E. 975 C. — εἴς τι καταναλίσκεσθαι I. 667 A. — pro ἔν τινι loco I. 669 E. — εἰς τὸ μέλλον ἄρχων, magistratus designatus in sequentem annum I. 672 A. — εἰς μέσας νύκτας finitur pugna I. 716 E. — habere quid εἰς τὸ χρέος, utrum tanquam debiti pretium, an ad aliquem usum I. 730 F. — τρίτην sc. diem I. 751 F. — εἴς τι quam vituperare I. 755 E. Sim. 836 F. 873 D. — εἰς ἀργύριον συνάγω hereditatem I. 762 D. — εἴς τινα ἥκει hereditas I. 764 B. — εἰς οἶκον pro οἴκαδε I. 767 D. — εἰς χάριν τινὸς I. 773 C. εἰς νόμον ὀμνύω I. 775 A. — εἰς πενταετίαν I. 775 E. — εἰς brachium vulnerari I. 779 B. — εἴς τι tempus I. 780 D. 832 A. C. — εἴς τι λέγειν de aliqua re I. 796 A. — locum βοηθεῖν I. 814 B. — εἰς ἐκεῖνο καιροῦ συμπεραίνω τι I. 854 C. — ἐπίδηλον εἰς δόξαν I. 863 E. — εἰς ἑκάτερον ἐπιχειρεῖν I. 871 A. — εἴς τι κατεπτωχεῦσθαι I. 866 A. —

εἰς την ὑπόθεσιν γυμνάζω τὸν λόγον I. 873 C. — liber scriptus εἰς τὸν Ἀκαδημαϊκὸν τρόπον I. 886 C. — εἰς τὸ χρειῶδες f. utilitatis caussa I. 886 D. — εἰς κακίαν ἐπιφανὴς I. 889 A. — εἴς τι pecuniam dare I. 901 A. — εἰς μῆκος I. 933 B. — precatur a diis ut εἰς αὐτὸν veniat poena I. 936 E. — εἰς πάντα me bonum praebeo I. 957 C. — εἰς τρίτην ἡμέραν futurum I. 954 B. — τὸν ὕπνον mihi quid apparet I. 962 A. pro ἐν τῷ ὕπνῳ — εἴς τινα librum facere I. 967 C.—εἴς τι magna est alicujus vis I. 989 F. — εἰς τοῦτο καιροῦ adhuc I. 994 C. — τὴν ὑστεραίαν invitor I. 1002 D. — τὸ δειπνεῖν ἀφικνέομαι I. 1018 D. — εἰς τὸν λογισμόν τινι δυσθυμίαν ἐμβάλλειν I. 1027 A. — εἴς τι χρῆσθαί τινι I. 1033 E. — εἰς μέγα φρόνημα λόγους παραδεξάμενος, sermones probavit, quibus efferebatur — nisi aliter distinguendum, ut sit θαυμαστοὺς εἰς μέγα φρόνημα I. 1041 A. — εἴς τινα jurare I. 1057 C. 1063 B. 1070 A. — εἰς τὰ μάλιστα pro simpl. μάλιστα I. 1063 E. — προέρχομαι εἰς ἄρχοντα fio magistratus I. 984 D. Eunap. — εἰς Χῖον ἢ Ἄβυδόν τινα πωλεῖν (conf. Act. Apost. εἰς Αἴγυπτον) Aristoph. Athen. 525 A. — εἰσιέναι εἴς τινα ad quem Athen. 584 E. — εἴς τι συγγνώμη II. 85 E. — literae ἑάλωσαν εἰς Ἀθήνας literae interceptae et Athenas delatae Xenoph. H. Gr. I. 1, 15. — εἰς τοὺς Ἕλληνας διαβολὴν ἔχειν Xen. H. Gr. II. 1, 2. — εἰς τὴν κρίσιν ἑαυτὸν ἀπολλύναι veneni, sumto eo: i. e. *ineptum se reddere ad judicium veneni*, vel judicandi veneni caussa se perdere II. 49 E. — εἴς τι quem κατηγορεῖν II. 60 D. — λοιδορεῖν II. 60 D. 90 A. — διαβάλλειν II. 89 E. et ἐν oppon. in dicto Zeuxidis — ἐν πολλῷ χρόνῳ γραφεὶς· καὶ γὰρ εἰς πολὺν II. 94 E. — εἰς ἑβδόμην ἡμέραν ἀποδώσειν promisit mercedem II. 109 A. — εἰς τὸν βίον πάρεσμεν II. 111 D. — εἰς τὸ ἀποθανεῖν γέγονεν homo II. 116 B. — εἰς τὴν ὑστεραίαν proprie II. 125 E. — κολασμοῖς εἰς τὸ σῶμα χρῆσθαι, suum corpus affligere II. 135 A. — εἰς ἅπαντα τὸν βίον II. 148 A. — εἰς ψυκτῆρα κεράσας vinum et unguentum II. 149 B. — χρῆσθαί τινι εἴς τι II. 150 E. — τελειοῖ τι εἴς τι II. 159 C. — εἰς τὸ μὴ δεῖσθαι ἔρχεσθαι II. 159 D. — ἅπαντας λέγειν II. 160 E. — ἀρκεῖ τι εἴς τι II. 181 E. εἴς τι vituperari vel laudari II. 175 B. 204 E. F. 233 A. — εἰς τρίτην II. 196 B. Sim. II. 205 E. — εἰς τὸν ἐνιαυτὸν ἓν ἱμάτιον λαμβάνειν II. 237 B. — εἰς τοὺς Πέρσας Aelian. V. H. Plaut. Pers. IV. 7, 8. — εἰς τὴν Σινώπην καθῆσθαι pro ἐν τῇ Σ. Muson. Stob. 235, 7. — εἰς Κέρκυραν filium ἀποκηρύττειν Diog. L. I. 95. ut in Act. Apost. in Aegyptum aliquem vendere. — τὸ συμβαῖνον εἰς τοὺς πολλοὺς, quod vulgo fit, quod vulgus facere solet Jambl. V. P. 201. — σκώπτειν τινὰ εἰς λίχνον ἢ φιλάργυρον pro εἰς λιχνείαν cet. Dio Chr. 610 C. — εἴς τινας ὀγδοήκοντα σταδίους ἡ πόλις ἀπέχει τῆς θαλάττης Plato Legg. IV. init. 596 A. — δίκην εἰς τὴν ἀξίαν τοῦ τελευτήσαντος ὑποσχέτω διπλῆν in duplum solvat Plato 656 G. — εἰς ἓν γενέσθαι unum fieri ib. 694 C. — νόμον τιθέσθαι Plato 703 B. — ἥκει τὰ πράγματα τοῖς Ἕλλησι εἰς τὰς ναῦς, salus in navibus posita est Aristid. I. 132. τό γ' εἰς ἀνθρώπους ἐλθόν, quantum ad humanas vires pertinet Aristid. I. 149. — εἰς κάλλος ζῆν Aristid. 246. — εἴς τι bonum esse, valere ad quid ib. 334. — εἰς τραγῳδίαν ἔνδοξος II. 410. — εἰς μάτην II. 417. — εἰς κέρδος mihi quid est I. 507. — εἰς κάλλος βιοῦν I. 508. — ἀνήλισκον — εἰς τὸν εἰς τοὺς στρατιώτας μισθὸν Isocr. 174. ed. Paris. εἰς τοὺς Ἕλληνας παρέχειν ἑαυτὸν Plato 194. (Aristid. II. 291.) 209 A. — εἰς λέοντα θυμοῦται cet. ὡς λέων — Philost. 595. Himer. 744. Conon. Narrat. Phot. Hoeschel. XXXI. Propert. IV. 11, 82. Tacit. A. I. 57. II. 16. ubi vid. Gronov. 39. Eunap. 53.

εἷς — cum τις per tmesin II. 321 B. — εἰς ἓν ἔρχεσθαι I. 216 D. — ἦν λόγος ἁπάντων II. 673 D. — εἰς ἓν συνάγω τι I. 530 E. — οὐ καθ' ἓν quid laudare II. 966 E. — οὐ μιᾶς ἀρετῆς, non unius tantum virtutis II. 970 E. simil. 979 B. —

εἷς οὐκ ἔστι pro οὐδείς ἐστι II. 975 B. — ἓν ἢ δεύτερον II. 1067 D. — ἕνα ἢ τρεῖς II. 1067 D. — εἷς γίνεται Jupiter per combustionem mundi II. 1065 B. — εἷς τινι pro αὐτός τινι idem atque alius II. 1089 A. — ἓν phil. II. 1114 A. D. E. — μία debet esse civitas I. 71 C. 161 A. — ἐφ' ἑνὸς μένειν II. 430 F. — Simpl. pro τις I. 174 A. 543 B. C. — μία τῶν πολλῶν I. 203 B. — καθ' ἕνα I. 206 A. 405 C. 515 F. 792 F. 883 C. 963 D. — ἓν καλὸν unum maxime honestum I. 209 B. — potestas εἰς ἓν συνελθοῦσα καὶ μία γενομένη I. 643 F. — εἰς ἓν συνέρχεσθαι I. 653 E. — εἷς συνάρχων pro τῶν συναρχόντων I. 766 E. — εἰς ἓν colligo quid I. 801 B. — περὶ ἑνὸς ἀνθρώπου ὡς εἷς ἄνθρωπος ἢ πόλις θορυβεῖσθε Hippocr. Ep. ad Abder. 13 E. Mox p. 15 D. ὡς μιῇ ψυχῇ συννοσέειν. — καὶ ἁπλοῦς homo, sincerus II. 52 B. — τοῦτο μὲν ἓν ἐστι· ἕτερον δὲ — ita leg. Vulgo ἔνεστι II. 89 B. — ἓν παρ' ἓν II. 106 E. F. — ἓν παρ' ἐσθλὸν σύνδυο πήματα Pindar. II. 107 B. — μιᾶς τραπέζης τινὶ κοινωνεῖν II. 149 F. — Simpl. II. 162 C. 177 C. 178 C. 182 D. 187 F. 189 A. 190 C. 194 A. 199 D. 201 A. C. 203 C. 207 E. 215 F. 216 A. 221 E. 226 F. 237 B. 238 C. 239 D. — Ταξίλης εἷς τῶν Ἰνδῶν βασιλεὺς II. 181 B. — ἑνὸς οὐκ ἀντάξια ῥήματος II. 181 D. — εἷς πρὸς ἕνα II. 216 B. — εἷς τις II. 222 B. — οὐ παρ' ἕνα τὰ Σπάρτης II. 222 F. — δι' ἓν μὲν, ἔπειτα δὲ Dio Chr. 486 B. — ἑνὶ λόγῳ Thucyd. V. 85. v. l. ἐν ὀλίγῳ Plato 686 C. v. ad Phaedon. — ἓν πρὸς ἓν Plato 574 C. plenius 569 E. (ἀνθ' ἑνὸς ἓν 596 D.) 609 C. 699 A. — ἓν οὐδὲν, Lat. nullum unum Plat. 612 G. 699 D. — οὐδὲν ἄλλο Aristid. I. 196. — ἓν — ὡς ἓν αὖ δεύτερον, τρίτον δὲ Plato 639 E. — ἕνα γενέσθαι μὴ πολλοὺς unam tractare cutem, non multas Plato 650 B. — οὐδ' ἐξ ἑνὸς λόγου ἱκανοῦ Plato 665 E. — ἓν ἑκάστῳ τῶν καθ' ἓν ἀσεβούντων Plato 673 G. conf. 683 B. — εἰς ἓν συνέχω Plato 687 F. — εἰς ἓν γίνεσθαι Plato 694 C. — ὧν τι κάλλιον ἓν ἑνὸς ἄν τι θεάσαιτο πλὴν τὸ τῆς ἡμέρας γένος Plato 699 F. — ἕν τε καὶ δύο cognoscere ib. F. G. ἕνα ὅλον κύκλον εἰς ἓν τιθέναι ib. H. — τὸ καθ' ἓν αὐτὸ καθ' αὑτὸ ib. H. — εἷς ὢν μιᾶς θεωρὸς φρονήσεως id. 703 A. — ἓν ἔσεσθαι, perinde fere Aristid. I. 41. — τριῶν ἕν γέ τι Aristid. I. 191. II. 128. — ἑνὸς καὶ δυοῖν Lat. unus et alter Aristid. I. 364. 373. — τις εἷς pro εἷς τις id. II. 132. — καθ' ἓν γενέσθαι, conjungi I. 365. — εἷς καὶ δεύτερος I. 449. — πάντα ἓν ἐστι I. 488. — εἷς ἢ δεύτερος I. 564. — ἐστὶν ἓν τῶν αἰσχρῶν, f. pro simpl. αἰσχρόν ἐστι Isocr. 233. — μία abund. Ael. N. A. VI. 41. — ἑνὶ ἀκοντίῳ τινὰ φονεύειν Lucian. II. 16. 17. M. S.

εἰσαγγελεὺς Wessel. Diod. Sic. II. 118. Petav. ad Synes. p. 7.

εἰσαγγελίας δίκη II. 63 E. Ex Stephano sapuit Ernest. Aeschin. Ctes. 61, 3. 65, 4. Taylor. Aeschin. F. L. 307. ed. S. Ctes. p. 440. 441. 471. I. 200 E. 202 E.

εἰσαγγέλλω judic. II. 833 A. 834 C. I. 169 D. 200 E. 202 E. 771 C. 869 F. Plato 674 C. Simpl. II. 222 C.

εἰσαγείρω I. 398 C.

εἰσάγω II. 62 E. 133 A. 148 C. 175 A. 711 B. I. 55 E. 692 E. — οἱ εἰσαγόμενοι an λόγοι? Chrys. II. 1036 A. — discipuli Galen. T. I. 36 C. D. E. 40 C. 49 A. 50 E. — conf. II. 15 C. 16 A. — λόγον εἰς δικαστήριον metaph. II. 826 A. — λόγους II. 152 E. — pass. in judicium II. 834 E. 846 A. — statuo in doctrina II. 420 C. 884 D. 904 D. 1041 E. 1080 C. — simpl. Math. II. 1019 B. — uxor in domum mariti I. 26 D. — mercator I. 90 D. 209 A. — ad regem I. 125 E. 126 B. — δίκη I. 148 B. — γραφὴ I. 897 A. — musica in convivium II. 1146 F. — triumphum I. 310 E. 643 B. quid in remp. I. 866 D. — ται lex I. 872 C. — navis frumentum εἰσάγει I. 904 E. — δίκας φόνου contra quem I. 996 D. — ω intro in scenam I. 1053 D. — in domum II. 227 C. Sim. 239 F. — μαι μάρτυς II. 206 A. — drama et histriones Plato 639 F. — externas merces Plato 650 B. — δίκην Plato 673 F. 674 G. 689 D. — μαι in judic. Plato 676 B. 680 G. 681 D. 683 D. 686 E. 688 B. 690 E. 691 E. G.

εἰσαγωγεὺς Plato 618 A. Aristid. I. 10.

εἰσαγωγὴ II. 43 F. ubi v. n. — externarum rerum Plato 650 C. — δίκης Plato 652 G. 659 C.

εἰσαγώγιμος σωτηρία Eurip. II. 713 D. Plato 650 B. C.

εἰσακούω τινὸς pro ὑπακούω II. 442 C. I. 193 B. 821 A. 971 C. Plato 704 B.

εἰσάλλομαι I. 814 D.

εἰσάμενος quum statuisset I. 7 E. 123 A. (Valck. Hippol. 31. Kuster. Aristoph. Av. 873.) I. 383 B. Anthol. III. 5, 6.

εἰσάπαξ Aristid. I. 510. II. 304. Synes. 123 D.

εἰσάττω Aristid. I. 313.

εἰσαῦθις et εὐθὺς oppon. II. 131 E. — Plato 698 B. Himer. 638.

εἰσαύριον II. 127 B.

εἰσαφικνέομαι — Sophocl. II. 745 F. Plato 650 D. Aristid. I. 182. 201. 267. 515. 547. II. 303. Himer. 636. — I. 2 C. τινὸς Dio Chr. XIX. 260 D.

εἰσβάλλω I. 449 B.

εἰσβιάζομαι εἰς ὄνομα II. 750 B. I. 59 F. — εἴς τι I. 369 D. 924 D. Aristid. I. 103. — I. 489 C. 833 A.

εἰσβολὴ initium II. 804 C. Eus. p. 765 D. 766 A.

εἰσδέχομαι II. 413 E. εἰσδεχθὲν f. II. 94 D.

εἴσδυσις κενεὴ οὐδ' αἰθέρι II. 116 A.

εἴσειμι — εἰσιοῦσα φιλία μετὰ παθῶν II. 94 A. — εἰς ἀρχὴν II. 813 D. — in certamen II. 1099 B. — simpl. in domum I. 154 D. — εἰσιὼν καὶ ἐξιὼν I. 165 D. — πρός τινα I. 243 B. II. 111 F. — ad mulieres I. 415 A. — σι με λογισμὸς I. 723 D. 884 F. Hemsterh. Luc. I. 26. — σι τραγῳδὸς I. 750 C. — μι εἰς ἀρχὴν I. 898 D. Isocr. p. 41. 44. 52. ed. Par. 1621. 8°. — εἰσῄει μέ τι I. 972 C. — εἰσιοῦσα φιλία quae a nobis recipitur II. p. 96 A. An capiendum ex illo εἰσιέναι καὶ ἐξιέναι Valck. Phoen. 735. — II. 226 D. 236 F. — εἰς δήμους orator Aristid. II. 108. — γραφὴν Aristid. II. 8.

εἰσέλασις I. 1014 E.

εἰσελαύνω II. 763 E. I. 101 F. 126 E. 139 F. 144 C. 190 D. — activ. II. 962 E. — triumphum I. 301 F. 412 C. 774 C. — in hostes I. 403 E. 1016 F. — I. 425 E. 933 E. — ingredior sc. in urbem I. 581 B. 652 B. 952 F. — εἰσελᾷ θριαμβεύων εἰς τὴν πόλιν I. 625 E. — εἰσελαύνω simpl. sc. per triumphum I. 626 A. — ω διὰ θριάμβου I. 671 E.

εἰσεπιδημέω Plato 690 E.

εἰσερπύζω I. 808 C.

εἰσέρχομαι — εἰσελθὼν ὁ οἶνος vinum quod bibitur II. 656 E. — ται με, μήποτ' εἴη φαρμάκοις ἀπολωλώς, suspicio eum incessit II. 109 B. — ταί μοί τι venit in mentem II. 697 F. I. 248 D. 1061 A. Dorvill. Char. 494. — ad quem II. 737 B. I. 432 D. — λόγος εἰσέρχεται pervulgatur II. 756 D. — δίκη II. 840 C. Sic εἰσιέναι Tayl. Aesch. Ctes. p. 389. ed. Reisk. — in concionem I. 198 A. 612 F. — in senatum I. 341 B. 407 D. — εἴς τινα ad quem I. 408 B. — ται φρόνημα scil. μοι I. 649 F. — εἰς δικαστήριον I. 857 F. — πρός τινα I. 886 A. 988 E. II. 175 D. 184 D. — Simpl. II. 149 F. 198 C. 240 B. — μέ τι venit in mentem Dio Chrys. XXXI. 376 D. Plato 645 E. 646 E. Aristid. I. 21. — ται ἀνθρώποις τι, inducitur in humanam societatem Aristid. I. 60. 106.

εἰσιτι II. 188 D.

εἰσέχω — ει κόλπος maris I. 699 D. Dio Chr. V. 83 C. Sed 87 B.

εἰσῆκον f. a librario profectum — Aristid. I. 128. II. 354 bis.

εἰσηγέομαι II. 622 B. 1134 B. I. 105 F. 122 B. 160 A. 172 D. 201 B. 441 D. 476 E. 722 E. 830 D. 899 F. 929 F. 979 B. Aristid. I. 402. 504. 505. — contradico I. 334 A.

εἰσήγησις II. 11 D. 826 D.

εἰσηγητὴς I. 613 B. II. 11 B. 12 A. 714 B. 1000 F. Legis II. 620 B.

εἰσθλίβω II. 688 B.

εἰσίπταμαι I. 456 C. II. 461 E.

εἰσκομίζω I. 428 D. — pass. cibus in corpus II. 699 F.

εἰσκρίνω — ται anima in corpus Porph. Abst. I. 19.

εἴσκρισις εἰδώλων II. 901 A. Democr. Epic. Diog. L. I. 7. — Simil. II. 906 E.

εἰσκωμάζω Aristid. I. 353.

εἰσλάμπω II. 929 B.

εἰσμίγνυμι II. 127 C.

εἰσόδιος homo Antipat. Stob. 428.

εἴσοδος mulierum II. 610 B. — I. 142 E. — et ἔξοδος acceptum et expensum, reditus et sumtus. Valck. Theocr. p. 339. — καὶ ἀρχὴ I. 672 D. — conclavis I. 1000 E. — uxoris Antipat. Stob. 418, 9. 46. — viri Anaxand. Stob. 419, 34. — dei Aristid. I. 45. 84.

εἰσοικειόω quem I. 669 D.

εἰσοικίζω med. II. 984 C. I. 81 F.

εἴσοπτρον II. 765 A.

εἰσοράω pro simpl. ὁράω I. 389 C.

εἰσορμάω II. 775 A.

εἰσορμίζω — μαι I. 486 C.

εἰσπέμπω I. 115 D. 875 C. 1022 E.

εἰσπηδάω Aristid. I. 353.

εἰσπίπτω fugiens in locum I. 425 D. 723 F. — ἐπὶ τὰς θύρας I. 1074 D.

εἰσπλέω I. 128 E. Dio Chrys. 437 A. 438 B.

εἴσπλους Aristid. I. 237.

εἰσπνοὴ καὶ ἐκπνοὴ II. 903 D. E.

εἰσποιεῖ τοῦτό μοι conducit, si sana lectio II. 1042 E. — εῖν ἑαυτόν τινι II. 318 C. Pausan. 497. 895. — I. 694 A. 953 A. — τι I. 72 E. — ἐμποιέω Dio Chrys. 534 A. — εῖν τινά τινι Pausan. 897. I. 257 D. 629 B. Plato 662 B. Aristid. I. 180. 509. — μαι I. 442 E. — adopto Aristid. I. 103. II. 318. 319. — έω me in quid I. 626 E. Dio Chr. 543 B. — διάδοχον I. 956 A.

εἰσποίησις II. 338 F. I. 1065 B. C. 1074 A.

εἴσπραξις I. 901 A. 942 B.

εἰσπράττω II. 556 E. Plato 689 C. — ἀργύριόν τινα II. 838 A. E. — med. mercedem II. 837 D. 1043 E. — χρήματά τινος rei II. 850 C. — activ. mercedem II. 1044 A. — ω χρήματα II. 175 E. 182 A. — μαί τινα δίκας Oenom. Eus. P. E. V. 231 D.

εἰσρέω I. 58 B. 73 B. 925 F.

εἰστίθημι — ἐσέθηκε imposuit sc. in librum, memoravit II. 698 E.

εἰστρέχω I. 756 F.

εἰσφέρω pecuniam I. 103 C. 133 A. B. 158 E. 270 C. 275 B. 999 B. — novum quid II. 543 B. — quid in concionem I. 88 D. — ἔρανον Plato 681 A. — ζημίαν II. 179 A. — συμβολὰς II. 159 A. vectigal, sitz. II. 11 B. — Simpl. I. 752 A. II. 148 A. 180 E. 189 E. — ται δόγμα I. 423 D. — ω ψήφισμα I. 857 F. 858 E. — facio II. 427 E. — σθαι σπουδὴν Wessel. Diod. Sic. T. I. p. 95. Eus. P. E. VI. 243 B. — εἰσαίσεις II. 997 D. — ad disputationem II. 40 E. 723 E. — legem II. 543 A. 1035 B. I. 92 D. 172 D. 341 D. 407 F. 474 B. 645 E. 646 F. 774 D. 775 C. 797 D. 798 F. 828 F. 830 E. 837 A. 866 E. — δίκην I. 298 E. — γνώμην I. 320 A. B. 648 C. — ἐπιτίμια I. 422 F. — εἰσφέρω quem commendo, introduco Plato 694 A. — beneficium εἰσενηνόχασι Aristid. I. 469. — μαι ἡδονὴν sc. alteri Aristid. II. 296. — ω προθυμίαν Aristid. I. 68. — σθαι αὐθάδειαν pro esse αὐθαδῆ Aristid. II. 60. 318.

εἰσφορὰ I. 346 E. ter. 853 E. Plato 689 C. 691 F. — I. 103 D.

εἰσφύω I. 306 C.

εἴσω τι παριέναι II. 990 A. — cum genitivo I. 116 B. — στρέφω πινάκιον I. 168 D. — e mari ad terram I. 321 C. — I. 405 A.

εἶτα — οὐκ ἂν cum conjunctiv. I. 907 C. — simpl. II. 178 B. 179 A. 190 B. 191 B. 204 C. 206 A. 207 D. 212 D. 214 A. 219 C. 228 E. — II. 702 D. — Iron. II. 58 E. 166 E. 167 D. 175 D. 204 B. 241 B. 784 F. 785 B. 1103 F. 1123 C. I. 466 C. 518 D. 791 C. — corrigend. pro οὕτω Xen. Symp. 913. — εἶτα μέντοι tum vero II. 150 A. 650 A. — post participium abundat II. 653 C. I. 615 F. — plane abundat II. 656 A. — εἶτα οὗται μὲν — ἡμεῖς δὲ II. 710 D. — εἶτα τί παθόντες, ὦ πρὸς Διός, εἶτα cet. II. 722 C. — εἶτα ὦ πρὸς αὐτῆς τῆς σελήνης II. 935 C. — εἶτα τι ἄλλο πράττομεν II. 1073 B. — εἶτα οὐ δεινὸν II. 1066 C. Repon. Alex. Stob. 387, 42. — εἶτα οὐκ ἔλεγες ὅτι II. 1086 E. Sim. 4 D. — εἶθ' οὕτως in apodosi II. 69 C. Hoogeveen 384. II. 379 A. ubi v. n. — post πρῶτον II. 151 A.

εἴτε ῥεῦμα δεῖ προσαγορεύειν, εἴτε II. 626 C. Dio Chr. 443 D. 445 B. — ἄρα — εἴτε II. 681 B. — τὴν εἴτε ἀπονίαν εἴτε ἡδονὴν μεταίροντες II. 1089 D. — εἴτε — εἴτε δόξαν ἄλλως I. 103 E. — εἴτε οὖν — εἴτε I. 150 A. — τὴν δὲ, εἴτε Τουτούλαν, εἴτε Φιλωτίδα, παραινέσαι Lat. I. 146 B. — δὴ I. 457 B. — pro εἰ, an I. 710 A. — εἴτε γὰρ optat. I. 907 C. — εἴτε — εἴτε categorice I. 1011 C. — τῆς εἴτε ἐπαφροδισίαν αὐτὴν εἴθ' ὅτι δήποτε χρὴ καλεῖν Dio Chr. 463 D. — εἴτε καὶ Plato 649 E. abund. — εἴτε — εἴτε — εἴτε ὅπῃ, εἴτε ὅπως Plato 670 B. C. — εἴτ' οὖν ἐν δίκῃ εἴτε καὶ μὴ Plato 681 F. — εἴτε — εἴτ' οὖν Plato 683 F. — εἴτε — εἴτε — εἴτε — εἴτε ὅπως ποτὲ πέφυκε Plato 695 G. — εἴτε καὶ δείσαντες χρὴ λέγειν abund. Aristid. I. 257.

ἐκ — ἐκ παλαιοῦ pro ἔκπαλαι I. 260 E. — ἐκ τότε I. 730 F. — ἐκ τινος τίκτει mulier I. 731 E. — γυναικὸς pater fio I. 751 C. — ἐκ παιδίου I. 759 D. — παίδων I. 767 D. 1061 C. — σπουδῆς pro σπουδῇ I. 829 A. — γνώμης Πομπηΐου e sententia P. Lat. I. 768 E. — ἐκ γειτόνων II. 48 C. — bis ἐκ παλαιοῦ χρόνου, ἐκ πολλῶν ἐτῶν Aristot. II. 115 C. — ἐκ διαφορᾶς II. 462 C. — ἐκ τινῶν ἐνυπνίων monitu II. 16 C. 140 C. 168 F. 579 E. — νόσου post, propter I. 591 F. — πότου καθεύδειν II. 623 E. — τοῦ ἀργυρίου quid emere II. 668 A. — ἀναλαμβάνειν ἐκ δείπνων e. venientem II. 686 A. — ἐκ δαπάνης et παρασκευῆς II. 686 D. — ἐκ πώγωνος σοφιστὰς βαρὺ φθεγγομένους f. εὔπωγ. II. 709 B. — αὐλὸν ἐκ συμποσίου φεύγειν II. 710 E. — ἐκ μὴ ὄντος quid fieri nequit II. 731 D. — μειράκιον ἐκ χλαμύδος II. 752 F. — τῆς ἐναντίας μερίδος τινὶ πολιτεύεσθαι II. 840 B. — ἔκ τινος γενέσθαι v. n. ad II. 129 E. — ἐκ τοῦ μεγέθους καλός ἐστι II. 879 E. — ἐκ δευτέρας γενέσεως iterum natus II. 982 A. — ἐκ τῆς συνηθείας φθέγγεσθαι II. 988 E. — ἡ ἔκ τινος δίκη I. 662 A. — ἔκ τινος triumphare I. 643 A. — ἐκ μέσων νυκτῶν I. 636 A. Theaet. Anthol. III. 6. p. 307. Brod. — ἔκ τινος muliere aut viro natus filius I. 596 C. 597 A. — ἐκ ταύτης ἡμέρας inde ab hoc die I. 613 A. — ἐκ πραγμάτων ὑπερεχόντων ἀποβλέπεσθαι I. 588 C. — ἔκ τε δὴ τούτων, καὶ ὅτι I. 575 A. — θεοῦ signum I. 538 E. Sim. 706. 704 F. — ἐκ χειμῶνος quid facere, statim post hiemem v. n. ad II. 129 E. — πόλεμον ἐκ πολέμου διώκω deinceps I. 507 C. — τὸ ἔκ τινος et τις oppon. I. 476 C. — προδοσίας urbem capere I. 430 B. — ἔργον οὐ γόνιμον οὐδὲ ἀπηκριβωμένον ἐκ τῶν δικαίων I. 365 C. — δευτέρου secundo I. 365 A. — Philopoemen ἐκ τῶν μέσων στενώτερος media parte corporis I. 357 B. 461 E. — παίδων I. 357 C. — τινος inde ab eo tempore I. 345 F. — cum genitivo abund. I. 327 D. — ἐκ et διὰ oppon. II. 1076 D. 1085 B. — παίδων II. 1100 A. — τῶν παρόντων quid facere pro viribus I. 431 C. 999 D. — τινος a judice condemnari I. 88 E. — πολλοῦ — ἐξ οὗ I. 84 A. — τὸ ἐκ γένους pro genus ipsum, origo I. 111 E. — Φρεάῤῥιος τὸν δῆμον, ἐκ τῆς Λεοντίδος φυλῆς I. 111 E. — τῶν δεξιῶν I. 119 A. — τοῦ παρόντος quid facere I. 142 F. — ἔκ τινος τίκτει filium mulier, et παρά τινι I. 165 D. — ἐκ φρονήματος quid facere I. 169 A. — in compos. v. c. ἐκθεοῦσθαι Gatak. M. A. 189. — ἐκ τοῦ ῥάστου I. 130 D. — ἐκ τοσούτου tanto ante tempore I. 184 C. — τραυμάτων mori I. 317 E. Sim. mox ibid. — ἐκ πολλοῦ τοῦ περιδεοῦς animum recipere I. 317 B. — ἐκ τούτων *hinc* temp. II. 150 B. — μέσου II. 150 D. — τοῦ προστυχόντος II. 150 D. — ἔκ τινων χρησμῶν quid facere II. 160 C. — παρόδου II. 212 A. — μείζονος παρασκευῆς II. 212 A. — θεμελίων II. 207 F. — τοῦ φανεροῦ II. 238 F. — ἐνέδρας quem vincere II. 229 B. — ἑτοίμου II.

226 D. — ἀποδημίας subaud. redux II. 228 B. — παρατάξεως μάχη II. 231 E. — ὁ ἐκ τοῦ γυμνασίου νεανίσκος II. 239 C. — τραυμάτων mori II. 242 A. — ἐκ καλλιόνων λέκτροις ἐπ' αἰσχροῖς εἶδον ἐκπεπληγμένους Eur. Antiop. Stob. 386. pulcram habens uxorem tamen deformis amore captus. — ἐκ τῶν εἰκότων pro εἰκότως Plato 686 B. Aristid. I. 369. II. 96. 97. — ἐκ τῶν εἰρημένων hoc faciendum, pro τούτων οὕτως ἐχόντων Plato 697 H. 704 B. — abund. ap. Genitiv. Plato 686 F. 693 C. — ἐκ πολλοῦ ἦν ἡμέρα, jamdiu Aristid. I. 349. — ἐκ τρίτων quid facere, tamquam tertia persona Aristid. II. 316. — ἐκ τῶν δυνατῶν id. II. 68. 225. 231. 278. — ἐκ τοῦ εὐθέως id. II. 96. — ἐκ τοῦ δικαιοτάτου id. II. 267. — ἐκ τοῦ σώματος δίκην δοῦναι I. 508. — ἔκ τινος ἔθους I. 822 B. — τῶν ἐνδεχομένων I. 823 D. — παίδων γίνομαι I. 826 D. — ἐκ δὲ ὧν pro ἐξ ὧν δὲ I. 844 D. — ἐξ εἴκοσι βημάτων telum emissum I. 898 C. — ἐκ περιουσίας I. 897 D. — ἔκ τινος τίκτει mulier I. 907 A. Sim. 931 F. — τῆς συνωμοσίας unus I. 921 E. — *post* bis I. 939 B. 988 D. — pro ἐν I. 943 A. 1034 B. II. 629 C. — πολλοῦ dudum, antea I. 951 C. 1041 A. — ἔκ τινος matris natus I. 994 B. — ἐκ πορείας εὐθὺς pleonasm. I. 999 D. — sine εὐθὺς I. 1071 D. — ἐκ παντὸς διώκω τὴν ἀσφάλειαν I. 1015 A. Hippocr. Ep. XIV. p. 14 A. — ἐκ τῆς διαφορᾶς amicitia I. 1020 E. — τύραννον ἐκ τυράννου μεταβάλλω I. 1027 F. — ἐξ ὀλίγων quid dare I. 1029 C. — ἔκ τε δὴ τούτων I. 1033 A. — ἐκ κεφαλῆς impendet periculum, sc. *caput exterum* I. 1064 A. — τάγματος miles, legionarius I. 1065 D. — ἐκ βουλῆς sumere duces pro ἀπὸ I. 630 D. 632 A. — τινὸς ἄγεσθαι *per* quid II. 33 E. — ἐκ σκότους videre lucem II. 36 E. — ἡ ἐξ ὄψεως χάρις II. 120 B.

ἑκασταχόθεν I. 903 C.

ἑκασταχόθι I. 443 E. — οἱ ἑκαστ. φίλοι I. 768 B. Aristid. I. 214. 218.

ἑκασταχόσε I. 393 C. 910 A. Aristid. I. 237.

ἑκασταχοῦ οἱ I. 58 E. — I. 417 C.

ἕκαστος Simpl. II. 142 E. 146 D. 148 A. 152 F. 154 D. 155 C. bis. 156 E. 157 A. 159 A. 164 B. 174 F. 177 C. 194 E. 197 B. 200 D. 201 C. 206 F. 207 C. 208 A. 211 C. 213 D. 214 A. 221 B. 227 F. 233 E. 236 E. 237 D. — τὰ καθ' ἕκαστα II. 44 B. 423 D. 568 F. 570 A. 1024 E. I. 725 A. 834 E. 983 E. 985 B. 1054 A. 1073 B. — ἡ καθ' ἕκαστα et κατὰ μέρος differt II. 569 D. — τὸ καθ' ἕκαστον unumquodque II. 712 A. 1023 A. I. 410 D. — plur. pro αὐτοὶ II. 754 A. I. 872 F. — καθ' ἑκάστην ἡμέραν II. 974 E. — καθ' ἕκαστα sc. πρόβατα, singulae oves I. 340 A. 806 A. — degebat ὥσπερ ἕκαστος ἐργάτης, ut unusquisque operarius I. 357 E. — τὰ καθ' ἕκαστον I. 442 F. — καθ' ἕκαστον res exculta vel ornata I. 664 F. 823 A. — ἕκασται fere abund. II. 32 D. Sim. Porph. Abst. III. 11. — καθ' ἕκαστον omiss. alius casus, αὐτοῖς II. 101 D. — κατὰ μέρος ὡς ἑκάστῳ πειρωμένῳ χρήσιμόν ἐστι f. abund. II. 123 C. — pro ἑκάτερος vulg. II. 226 A. — τις ἕκαστος Dio Chr. 601 C. Plato 631 A. — ἕκαστα ἑκάστοις Plato 631 H. 634 A. — τὸ παρεχόμενον ἡμῶν ἕκαστον, τοῦτ' εἶναι τὴν ψυχήν, animam esse id quod efficit ut unusquisque is sit qui est, Plato 693 B. — οἱ καθ' ἑκάστους Aristid. I. 12. 408.

ἑκάστοτε — f. semper I. 542 C. II. 16 D. 32 C. 48 A. 61 E. 68 B. 133 B. Jambl. V. P. 238. — ut οἱ ἀεὶ I. 571 A. — II. 543 A. 661 B. 668 A. 967 D. — Casaub. Strab. p. 114 B. — saepe I. 186 B. 199 D. 285 C. 336 D. 351 E. 576 C. 599 C. 610 B. 660 B. 928 E. 1028 C. II. 9 D. — fere abund. II. 646 B. 669 C. 733 A. 769 B. 790 A. 792 B. 832 F. 847 E. 952 B. 953 B. 961 C 984 E. 1010 E. I. 89 C. 132 B. 930 E. 1034 C.

ἑκάτερος II. 647 B. 829 F. 848 A. — ab ἀμφότερος distinguitur v. n. ad II. 177 F. — ut educ. . . . . ad unum refertur Pausan. III. 1. p. 205. I. 1023 E. 1024 A. — ἑκάτερός τις αὐτῶν abund. I. 480 B. — ἡ γλῶσσα Gr. et Lat. I. 491 E. — σοφίσματα εἰς ἑκάτερον τῶν λόγων

I. 106 A. — εἰς ἑκάτερον ἐπιχειρεῖν I. 871 A. — et θάτερος I. 1074 C. — nom. propr. et ἀμφότερος II. 177 F. — ἑκάτερον διὰ τὸ ἕτερον Aristid. I. 103. sim. 382. Plut. I. 1023 D. Dem. Megalop. 85 B. — uterque I. 878 A. 893 F. 1013 A. 1019 E. Plato 602 D. 607 A. 614 B, 680 F. — invicem II. 45 E. 907 A. — οἱ εἰς ἑκάτερον λόγοι II. 955 E. 1037 B. — ἑκάτερον ἑκατέρου II. 1019 D. diversa a se invicem Plato 701 G. I. 1026 E. F. — ἑκάτερον ἀφ' ἑτέρας ἀρχῆς oritur II. 1024 D. — ἐφ' ἑκάτερα II. 1028 D. — idem forte quod ἀμφότερος II. 1072 B. C. — simpl. II. 1146 D. I. 332 E. 335 C. 359 B. C. 373 A. 381 E. 391 D. 397 B. 480 B. 501 B. 566 A. 568 C. 618 D. 628 B. 647 A. 662 D. 664 C. 1023 E. 1035 C. — I. 353 A. II. 158 A. 225 F. 226 A. ita leg. 229 A. — f. pro ὁ ἕτερος vel θάτερος II. 8 B. — f. pro ἀμφότερος II. 43 C. — et ἕτερον oppon. Antiph. Stob. 155. Aristid. I. 472 bis. 475. II. 254.

ἑκατέρωθεν I. 160 C. 183 B. 204 D. 217 F. 362 A. 370 C. 371 A. 418 D. 421 B. 439 C. 465 D. 550 A. 592 B. 597 D. 697 B. 699 A. 1030 C.

ἑκατέρωθι II. 415 A.

ἑκατέρωσε I. 183 B. 399 B. 513 D.

Ἑκάτη· — μὰ τὴν II. 986 A. — de ejus numine conf. Euseb. P. E. ind. Viger.

Ἑκατήσιον II. 193 E.

ἑκατόγχειρ Briareus II. 93 C. I. 307 B.

Ἑκατομβαιὼν I. 5 C. 11 B. 17 D. 138 A. 612 A. 665 F.

ἑκατόμβη II. 668 C. I. 420 C.

ἑκατόμβοιον νόμισμα I. 11 D.

ἑκατόμπεδος II. 349 D. 351 A. 970 A. I. 159 E. Thucyd. III. 68. Duker. not. et Hudson. in v. I. 978 A. Aristid. I. 360.

ἑκατομφόνια v. n. ad II. 159 E.

ἕκατον ἐνενήκοντα δύο II. 1020 C. D. 1021 E. F. — II. 173 A. 179 E. F. 180 B. 188 B. 211 D. — ἄνδρες R. centum viri II. 205 E.

ἑκατοντάρχης I. 145 B. 464 A. 550 B. 561 A. 637 B. 660 D. 664 A. 886 C. 1000 E. 1065 B. C. 1067 E. 1072 E. F.

ἑκατόνταρχος I. 473 C. 816 E. — dubium ος an ης gen. — χου II. 201 F.

ἑκατοντάχειρ II. 478 F.

ἑκατοστὸς — ἡ I. 504 D.

ἑκατοστὺς I. 22 B.

ἐκβαίνω — ει quid decorum II. 613 F. — ἔλαττον, non ulterius II. 982 C. — ἐκτὸς βῆναι II. 1011 D. — τινὸς II. 422 A. 429 D. 1120 F. I. 522 A. — I. 141 F. — ἔλεγχος ἐκβαίνει εἰς πλῆθος ad multos refertur I. 326 D. — sc. conditionem I. 408 C. — τι I. 644 A. — ἐπαρχίας I. 651 A. Sim. Plato 611 D. — ει morbus in phthisin I. 819 B. — τινὸς I. 828 B. 830 C. Aristid. II. 401. 404. — ει ostentum Porph. Abst. I. 25. — redeamus ὅθεν ἐξέβημεν Plato 656 D. vid. not. ad Julian. Or. II. p. 64 A. Aristid. I. 37. 45. 105. 116. 307. 338. II. 312. — ει evenit Plato 701 C.

ἐκβακχεύω II. 41 D

ἐκβάλλω II. 710 D. 711 C. I. 107 F. — vocem, profero I. 232 B. II. 1113 A. — contemno I. 357 D. 645 E. — facio ut abeat I. 943 D. — dicentem I. 412 B. — λόγον εἴς τι II. 1073 C. — φωνὴν clamo I. 739 C. — δόξαν ex mente mea II. 548 C. I. 793 B. — φρέαρ I. 635 F. — legatos I. 835 E. — quid natura II. 664 A. — differo I. 864 B. 865 D. — semen, urinam II. 733 C. — ex usu hominum quid proscribere II. 995 C. — αἷμα, effluit mihi sanguis I. 475 C. Sim. 1016 D. — ται σῶμα I. 542 A. — ω λόγον I. 542 E. Sim. 866 C. — cadere sino I. 555 B. Diog. L. VI. 45. Aristid. I. 196. — sc. ex animo I. 854 B. — facio quid excidere II. 974 D. I. 881 A. — τινα foenerator II. 829 E. — evomo II. 831 C. — μαι gradu I. 766 D. 773 C. 803 A. — excitare II. 657 A. I. 273 C. — aurigam equus ἐκβάλλει I. 104 A. — quid ex alterius γνώμη I. 871 C. — spem I. 822 A. — facio quem repudiari, pro ἀποψηφίζομαι I. 867 F. — τοὺς λογισμοὺς sc. ex me, simil. S. N. V. I. 1015 B. — expono quem e navi II. 27 D. — pronuncio Diog. L. IX. 7, 16. Sim. f. Porph. Abst. IV. 1. — σιτίον, sc. e stomacho II. 94 D. —

τινὰ τῆς βουλῆς II. 139 D. — ἐξέβαλον deos gigantes II. 171 D. — τινά τινος II. 176 F. — quem II. 193 D. 222 B. 239 C. 240 D. — uxorem II. 206 A. — ω τι, sino cadere, excidit mihi quid ex manibus Jambl. V. P. 126. Homer. Il. ξ' 419. — ω ἐλπίδα pro ἀποβ. Aristid. II. 207.

ἐκβαρβαρισμὸς I. 244 C.

ἐκβαρβαρόω I. 245 F. 383 C. 434 E. 1045 A.

ἐκβαρβάρωσις I. 244 D.

ἔκβασις II. 1103 E. 1142 F. I. 398 E. Hierax Stob. 106, 55. 107, 20. opp. ἕξει et ἐνεργείᾳ — II. 62 B. f. pro ἔνστασις.

ἐκβατήριος et ἐπιβατήριος Himer. 238.

ἐκβέβαιος? II. 752 F.

ἐκβεβαίωσις II. 85 C.

ἐκβεβαιοῦν τι II. 283 A. — σθαι II. 402 B. I. 606 B. 628 C. 640 E. 686 D. 1059 D.

ἐκβιάζω cum inf. I. 536 F. 537 D. — activ. II. 243 D. — I. 177 E. 286 F. 316 A. 332 C. 334 A. 996 A. E. — leg. ἐκβιβάζω II. 1083 C. — I. 134 E. — Pass. I. 13 A. 198 A. 253 C. 341 E. 409 D. 503 F. 515 F. 567 A. II. 183 F. 194 A. — 165 C. 430 C. 815 A. 1076 E. 1093 B. 1104 A. I. 21 F. 358 C. 393 C. 394 A. 464 D. 655 A. 722 F. 767 D. E. 805 C. 818 D. 828 E. 850 E. 938 B. 1050 A.

ἐκβιβάζω v. n. ad II. 243 D.

ἔκβλητος Heraclit. II. 669 A. Alludit eo Plaut. ut putat Lambin. p. 890, 1.

ἐκβλύζω I. 830 E.

ἐκβοάω v. n. ad II. 249 A.

ἐκβοηθέω v. n. ad II. 249 A.

ἐκβολὴ Mus. II. 1141 B. — Simpl. I. 262 B. 966 C. II. 134 C. D. — e senatu I. 345 F. 346 C. — αἱ regionis I. 912 E. — ἄρθρων II. 164 F. f. vitium, distortio. Upt. Ind. Epict. Ἐκβάλλω — fluvii II. 590 D. I. 427 A. 671 F. 637 D. 726 C. — κοπρίων II. 811 B. — digressio II. 855 C. Aristid. II. 323.

ἐκβόλιμος II. 44 D.

ἐκβόλιον abortivum II. 134 F.

ἐκβράζεσθαι II. 294 E. Pausan. 272. I. 392 C. Dio Chr. VII. 109 C.

ἐκβράσσειν a mari ad iram transfertur II. 456 C. — pass. e mari II. 863 C. Wessel. Diod. Sic. I. 696. Casaub. Strab. 84. Dio Chr. 664 D. — de risu βράσσεσθαι ad mare transfertur Dio Chr. XXXII. 370 A. B. C.

ἐκβριθὴς II. 1005 B. codd. ἐμβρ. negat.

ἐκγελᾶν in risum erumpere II. 149 E. I. 815 B.

ἐκγίνομαι II. 147 E. 927 D. I. 827 B.

ἐκγλύφω — ται serpens ova pro ἐκλέπει I. 832 D.

ἔκγονος II. 433 E. 982 A. 1038 B. I. 152 C. 410 B. — nati Plato 662 D. E. 680 G. — πάθη alicujus II. 489 C. I. 1024 A. Plato 591 B. 671 C. 681 F. — filius vel nepos I. 1063 B.

ἐκδακρύειν de plantis quae stillant II. 384 B. — de homine II. 475 A. — I. 450 B. 938 E. 980 E.

ἐκδείκνυμι II. 25 B. Libri ἐνδείκνυμι melius.

ἐκδέκτωρ Aeschyl. II. 98 C.

ἐκδέρω II. 996 A. I. 192 F. 1019 E.

ἐκδέχομαί τι εἰς ἐμαυτὸν II. 904 B. — ται me locus I. 638 A. — res quid v. ἐνδεχ. pro simpl. δεχ. II. 69 B. — ἐνδέχεσθαι ψευδὲς δόγμα tamquam verum accipere II. 41 A. — excipere φωνὴν II. 407 B. — τί τινι II. 444 A. — τι εὐκόλως II. 601 B. — τὸν λόγον II. 740 A. — gubernandum accipere II. 746 D. — meretrix amatorem II. 759 E. — II. 770 C. — laborem II. 796 C. — exspecto II. 832 A. I. 414 F. 419 C. — II. 984 D. I. 150 E. 209 D. 497 D. 569 F. 937 F. 968 D.

ἔκδηλος II. 666 F. 687 C. 1045 B. I. 220 B. 770 F. 1074 E.

ἐκδηλότατα adv. I. 468 F.

ἐκδημέω Plato 690 E. 693 H.

ἐκδημία Plato 658 E. 689.

ἔκδημος I. 455 E.

ἐκδιαιτᾶσθαι Orig. Cels. 525 C. Vales. Euagr. III. 2. p. 80.

ἐκδιαίτησις I. 345 C. 690 E. 797

A. Damasc. Suid. Πέριος, Anon. ib. Χαρῖνος.

ἐκδιδάσκω — μαί τι II. 480 E. 711 C. 1126 A.

ἐκδίδωμι I. 384 C. — quid in Graecos I. 485 A. Sim. 982 D. — fumum II. 683 B. — aër bonam tempestatem II. 701 A. Sim. 100 D. — me voluptati II. 101 A. — θυγατέρα II. 1062 F. I. 2 A. — I. 76 D. II. 227 F. — filiam I. 334 D. Dio Chr. XI. 163 D. 168 B. Aristid. I. 567. — τι εἴς τι II. 698 B. — semen, urinam II. 733 C. — καὶ λαβεῖν Plato 621 G. 622 G. — cui filiam θέσθαι II. 198 C. — λόγους τινὶ II. 836 B. 850 D. — σι fluvius in mare II. 981 C. — librum II. 1086 E. 1107 D. 1128 C. I. 12 B. 188 C. 551 F. 668 B. C. 777 B. 787 B. 953 D. — quem ad poenam I. 21 C. 427 B. Sim. 594 A. 784 A. — quid artifici I. 103 E. 859 A. Plato 678 D. — uxorem alteri I. 165 D. 583 A. 912 A. — quem hostibus I. 567 B. 746 A. 753 E. 856 E. 957 C.

ἐκδικάζω Plato 692 F. f. 686 F. Synes. 112 B.

ἐκδικέω I. 845 E. 947 B.

ἐκδιψάω I. 818 F.

ἐκδιώκω I. 122 E. II. 13 C. 165 E.

ἔκδοσις — σιν προγράφειν locandum opus II. 498 E. Sim. I. 347 B. 379 F. — puellae in matrimonium I. 77 C. 238 E. Plato 679 G.

ἔκδοτος Wessel. Diod. Sic. I. 698. mss. II. 7 E. 8 A. Aristid. I. 412. 456.

ἐκδρομὴ I. 136 F. 164 A. 264 E. 285 F. 934 A. 935 C. 1003 B. 1004 B. II. 77 A. — II. Mus. 1140 D. — λόγου pro ἐκτροπὴ Aristid. 92.

ἐκδύω — εται τι ὁ λόγος II. 392 F. — act. ἐκδύω τινά τι II. 785 E. — leg. ἐκλύω I. 614 F. — fastum I. 797 B. — εσθαι τὸ ἄγριον I. 633 D. — ω φθόνον fugio I. 634 F. — ὑς σεαυτὸν II. 230 D. — et κατεδύομαι in locum II. 241 B.

ἐκεῖ II. 361 C. — τῶν ἐκεῖ πρώτος II. 109 B. — ἐκεῖ ἐνθένδε v. n. ad II. 352 C. — κατὰ μέσον abund. ἐκεῖ I. 1015 C. — in oppos. pro ἐκεῖνος Dio Chrys. 667 C. f. corrig. Plato Leg. I. 584 A. — et ἐνταῦθα II. 172 D. 1019 D. — in disp. non satis apparet oppositio II. 102 D. — δεῦρο II. 722 A. — ὅπου fere abund. II. 319 A. — in citatione additur a Plutarcho II. 782 D. 847 A.

ἐκεῖθεν II. 168 A. 202 C. Dio Chr. 501 C. Plato 665 H. — f. pro ἐκεῖ II. 155 B.

ἐκεῖθι II. 230 A.

ἐκεῖνος celebritatem nominis notat II. 828 B. 1059 D. — malo sensu 810 A. — ἐκεῖνος μὲν — ἐκεῖνος δὲ — dicitur de diversis, ut prius de οὗτος de propiore dicatur II. 1007 A. — cum αὐτὸς I. 210 F. 239 C. 292 F. 297 E. 431 C. — τοῦτο ἐκεῖνο I. 307 C. 373 F. Hippocr. Ep. XX. init. Plat Phaed. 342 F. 347 B. 353 A. — I. 238 D. — ἐκεῖνος αὐτὸς copulata II. 304 B. 351 C. 378 B. 435 A. 654 E. II. 51 C. 139 B. — ad remotius refertur II. 813 D. — et αὐτός oppon. II. 68 E. — τρίτην ἐκείνην ἡμέραν II. 969 C. — opp. ἑτέροις II. 79 E. — cum ταῦτα disjunctive ad remotius refertur II. 330 D. I. 279 B. — f. abund. II. 830 E. — ος pro οὗτος II. 1074 B. 1080 C. — αὐτὸς I. 372 C. 654 E. II. 109 A. Xen. H. Gr. III. 4, 2. Thucyd. I. 132. — potior II. 63 B. — pro subj. malo sensu II. 62 D. — emph. abund. τοῖς σιωπηλοῖς ἐκείνοις II. 47 D. — appositio, ἐκεῖνο οἴεσθω μίμησιν εἶναι τὴν ποιητικὴν ut Lat. II. 26 A. — de quo quis loquitur I. 1061 D. — ἐκείνως v. l. oppon. τῷ νῦν I. 1000 B. — Cicero abiit ἐκεῖνο ἔτος γεγονὼς 64mum. I. 885 E. 1054 D. — ἐκεῖνό τε δὴ καλὸν τοῦ Ἀλκιβιάδου I. 206 A. — ἐκεῖνο δὲ ἤδη καὶ βιαιότερον τὸ I. 352 C. — simil. cum ὅτι I. 349 D. — ἐκεῖνος ὁ ἀνὴρ repetit. subj. I. 364 F. II. 127 F. — emphatice I. 655 B. 801 D. 997 C. II. 32 E. 137 D. — ad propius I. 825 A. D. — ὁ Καῖσαρ ἐκ. opponitur juniori I. 883 A. — repet. subj. II. 112 C. 138 D. 143 F. 147 E. 160 D. 164 A. 169 B. 170 A. E. 174 F. 178 D. 179 C. 180 D. F. 181 F. 185 B. 212 C. 226 A. — opp. οὗτος II. 158 F.

173 E. 185 E. 188 D. 192 F. 199 B. 205 C. 206 E. 239 E. — ἐκεῖνο δὲ οὐ λέγεις II. 158 F. — emphat. II. 145 E. 151 A. 164 A. 171 B. 182 F. 183 B. — ἐκεῖνος γάρ ἐστιν ὁ II. 157 E. — Simpl. II. 173 C. E. 188 E. 207 D. — ἐκεῖνος ὁ ἀνὴρ honoris caussa Pythagoras mortuus vocabatur a suis Jambl. V. P. 255. — ἐκεῖνος pro ὁ ἕτερος opp. αὐτὸς Dio Chr. VII. 106 D. 107 A. 108 C. — transpos. ἐκεῖνον Θησέα pro Θησέα ἐκεῖνον Dio Chr. LXXX. 669 A. — ἐκείνῃ illa via II. 973 C. 1063 B. I. 142 B. 698 E.

ἐκεῖσε mentem habere I. 365 C. Eurip. Phoen. 363. 1427 Valck. — κἀκεῖσε I. 901 E.

ἐκεχειρία II. 395 B. 413 D. 729 C. 975 D. I. 39 E. 54 C. 528 F. Porph. Abst. II. 31. Dio Chrys. 661 C. Aristid. I. 571. Himer. 616 W.

ἐκζητέω Aristid. I. 488. Himer. 188.

ἐκζωπύρησις carbonum II. 156 B.

ἐκζωπυρίζω carbones I. 431 F.

ἐκζωπυρόω I. 36 D. an — ίω 549 A.?

ἐκηβόλος I. 510 D.

ἐκθαῤῥέω I. 33 F. 854 F. 1021 C. 1066 A.

ἐκθάρσημα II. 1103 A.

ἐκθειάζω I. 35 E. 573 C. 681 A. II. 281 D. 670 B. 684 B. Jambl. V. P. 162.

ἐκθειόω II. 856 D. Oenom. Euseb. P. E. V. 230 A.

ἐκθεραπεύω I. 96 C. 1062 A.

ἐκθερίζω Eurip. II. 104 B.

ἐκθερμαίνω τὸν τῆς ψυχῆς ἔρωτα II. 48 D. — pass. simpl. II. 694 D. — ω animum alicujus I. 414 D.

ἔκθεσις I. 21 E. II. 27 D.

ἔκθεσμος I. 723 F.

ἐκθέω I. 22 A. — θεῖ βέλος I. 307 A.

ἐκθηράω I. 567 C. 632 E.

ἐκθηρεύω I. 564 A.

ἐκθλίβω v. n. ad II. 76 E.

ἔκθλιψις II. 966 A.

ἐκθνήσκω II. 54 C. 563 D. Dio Chr. IX. 139 B. θνήσκω δέει.

ἐκθρώσκω II. 735 B.

ἔκθυμος fortis I. 818 B. — I. 260 D. 301 E. 403 D. 489 F. 605 E. 747 D.

ἐκθύσιμος II. 518 B.

ἔκθυσις ita leg. I. 314 D. Porphyr. Eus. P. E. V. 199 A.

ἐκθύω v. n. ad II. 149 D.

ἐκθώπτω Sophocl. II. 530 A.

ἐκκαθαίρειν λογισμὸν v. n. ad II. 64 F. — κηλῖδας e veste II. 696 D. — pass. II. 718 E. — dentes II. 976 B. — Med. argumentum, ut Lat. *perpurgare* I. 1 C. Plato 572 B. — ω simpl. II. 130 B. — fossam I. 414 E. — arma I. 510 A. — litem I. 611 E. — ται animus institutione I. 962 D. Sim. II. 42 C. Jambl. V. P. 109. — ὕβριν II. 67 E.

ἐκκαιδεκέτης II. 754 E.

ἐκκαιδεκήρης I. 271 B. 897 F. 910 B.

ἐκκαίω II. 687 A. — μαι ira I. 830 D. — pass. bellum II. 855 F. I. 169 F. 613 C. 662 D. 890 F. — amorem I. 164 A. Porph. Abst. II. 40. — ὀργὴν I. 178 C. Sim. II. 72 E. — certamen I. 682 F. — quem ambitione I. 796 B. Sim. 987 D. — πόθῳ Himer. 216.

ἐκκαλέομαι II. 333 E. 984 B. I. 131 D. — provoco in judicio II. 178 F. 493 B. — φωνὴν ab aliquo II. 512 B. — differt a γεννάω II. 642 C. — I. 141 B. 152 E. 341 C. 955 A. 988 A. 1035 A.

ἐκκαλύπτω II. 744 D. I. 326 D. 450 E. 784 B. — τινα πρός τινα I. 1018 D. — med. ται moribundus I. 162 C. — med. I. 859 E.

ἐκκάμνω I. 82 B. 96 D. 351 C. 725 F. 936 E. II. 77 A. bis.

ἐκκαρποῦσθαι Aristid. I. 209.

ἔκκαυμα I. 760 A. Eurip. fr. inc. VI. Musg.

ἔκκαυσις II. 895 B. 896 F.

ἔκκειμαι — τὰ ἐκκείμενα proposita quaestio II. 701 A. 1018 D. 1020 A. — ἐκκείμενοι ὑπὸ Πλάτωνος ἀριθμοὶ II. 416 B. 1017 D. I. 662 B. — f. II. 1066 C. ὕπαρ ἔκκειται. — ἐκκείμενα narrata I. 233 A. — ται σκοπὸς I. 5 D.

ἐκκηρύττω quem II. 224 A. Plato 681 G. Aristid. II. 83. — ἐύσσω

II. 224 A. I. 251 B. 280 C. 322 F. 834 A. 836 D. E. Aristid. II. 292.

ἐκκινέω pass. II. 631 C.

ἐκκλάω pass. oculi II. 671 A. 762 E.

ἐκκλείω bellum I. 163 C. — εἰς locum vates I. 1002 A.

ἐκκλέπτω I. 124 B. 139 C. 144 C. 166 B. 358 C. 383 D. 515 E. 1028 B. II. 834 E. Eurip. Iph. T. 28.

ἐκκλησία I. 34 E. 100 B. 134 D. 151 F. 158 E. 160 F. 169 B. 170 C. 171 D. 320 A. 324 E. 331 F. 390 B. E. 415 D. 421 E. F. 422 A. 424 D. 473 D. 476 A. 483 B. 527 E. F. 531 B. C. 535 C. 541 D. 576 A. 630 C. 632 D. 642 A. 717 A. 748 C. 752 D. 756 E. 757 D. F. 758 C. 767 C. 771 D. 779 D. 811 C. 829 E. 831 C. 832 B. 849 D. 852 D. 854 C. 857 D. 858 C. D. 907 D. 966 E. 972 E. 973 A. C. D. 993 E. 1046 C. 1047 A. II. 183 B. 187 C. D. E. 189 A. 225 F. Plato 618 E. 651 D. 705 E. 726 B. ἀναβαίνειν in eam II. 803 D.

ἐκκλησιάζω II. 714 A. I. 197 F. 293 E. 425 C. 456 E. 550 E. 948 F. 975 A. 981 C.

ἐκκλησιαστικὸς ἀγὼν II. 713 F. — I. 220 A.

ἔκκλησις evocatio deorum II. 278 E.

ἔκκλητος judex ad quem provocatur II. 215 C. 493 A. Vales. Harpocr. p. 24.

ἐκκλίνω vito I. 343 C. 673 A. 913 D. 948 E. 1003 E. — ictum II. 584 D. — geom. II. 1079 D. — e via cedo I. 199 C. 375 B. 420 C. 602 B. — cedo I. 684 E. Dio Chr. VIII. 123 D. ex em. Reiskii. — mutor I. 797 A. — τι II. 209 D. 236 B.

ἔκκλισις Lunae II. 929 C.

ἔκκλυσμα II. 1089 B.

ἐκκολάπτω pass. de ave ex ovo prodeunte II. 670 C. — evado ex monumento II. 873 C. Aristid. II. 303. I. 425.

ἐκκομιδὴ I. 90 C. — plur. funus I. 188 C.

ἐκκομίζω I. 296 D. — 35 E. 101 F. 200 C. 629 B. II. 766 D. 973 C. — mortuum I. 341 B. 804 E. 882 C. 922 A. 993 D. 1074 E. II. 89. — et εἰσκομίζω I. 428 D.

ἐκκοπὴ teli I. 700 E.

ἐκκόπτω domum I. 832 B. somnum II. 100 F. morbum I. 780 E. — vel καθαίρειν rem II. 727 A. — τὸ σοβαρὸν II. 767 E. — tyrannum II 1097 B. I. 96 A. 252 F. — ἑαυτοῦ τι II. 1103 A. — spem II. 1105 A. I. 111 B. — I. 3 D. 105 E. 137 E. 670 E. 885 D. 893 B. II. 15 E. 227 A. — oculum I. 87 C. Duker. Aristoph. Nub. 24. I. 569 E. II. 98 A. — populum I. 258 A. — τινὰ τῆς πατρίδος I. 887 F. — bellum I. 373 F. — φρούριον I. 398 B. Sim. 720 D. 747 C. 1026 B. — urbem I. 462 B. 631 A. C. D. — τὸ θράσος τινὸς I. 495 F. Sim. 856 D. II. 21 C. 26 D. 46 B. 62 B. 65 E. 92 D.

ἐκκουφίζω — fortuna II. 782 E. I. 410 C. — corpus I. 565 B.

ἐκκράζω — γῆν I. 431 D. 510 B. 630 C. II. 60 B. 79 D.

ἔκκρασις II. 910 A.

ἐκκραυγάζω II. 1098 B.

ἐκκρεμάω (vel ἐκκρεμάννυμαι) pass. pro ἐπικρ. II. 937 E. — σθαι ἐπιθυμίας I. 412 D. Ita leg. Attic. Euseb. P. E. XV. 808 C. Plato 606 G. Vid. not. ad Julian. MS. p. 84. Eunap. 56. — τινὸς II. 281 A. 473 D. 476 A. 606 D. 943 B. — act. oculum τινὸς II. 522 A.

ἐκκρίνω II. 656 B. 689 A. I. 603 B. Aristid. I. 217. — quid εἴς τι II. 700 B. 913 D. — phys. II. 901 C. 903 E. 946 A. — ται quid e corpore I. 565 B.

ἔκκρισις II. 896 C.

ἔκκριτος I. 91 B. Plato 680 F. 681 D.

ἐκκρούω — II. 1088 A. 1107 A. I. 187 E. 238 C. 255 E. 265 E. 291 A. 520 B. — λογισμὸν II. 450 C. Gatak. M. A. 150. I. 403 D. II. 61 E. — λόγον II. 514 B. 669 E. Aristid. II. 334. — morbum II. 74 A. 515 A. — τινὰ II. 545 C. 708 F. I. 132 E. 705 F. Insidias II. 597 A. —, καιρὸν II. 804 C. Sim. Aristid. I. 482. 445. — pass. τινὸς II. 923 D. I. 36 C. 348 D. Dio Chr. 516 A. Upton. ind. Epictet.

— II. 1050 C. I. 32 B. 85 F. 422 B. 463 F. 713 C. 774 C. D. 789 D. 816 A. 844 F. 884 A. 891 E. 1024 E. 1053 D.

ἐκκυβεύω — μαι quid alea perdere I. 1019 F.

ἐκκυβιστάω II. 919 A. 937 E.

ἐκκυκλέω — εἶν εἰς διατριβὰς II. 80 A. ἐκ in ejusmodi profertur. Ruhnken. et Ernest. ad Xenoph. M. I. 2, 22.

ἐκκυλίω — μαι I. 1066 C.

ἐκκυμαίνομαι II. 357 A.

ἐκκύπτω II. 733 B.

ἐκκωφοῦσθαι Aristid. I. 306. Orig. Cels. 423 A.

ἐκλαμβάνω II. 48 A. 520 A. — de artifice, qui pacto pretio quid facere suscipit II. 396 E. I. 291 B. Polyb. III. 42. — pro ἀναλ. vel ὑπολ. II. 955 E. I. 155 B. Erotian. Exord. p. 6, fin. ed. Lips. — Porphyr. Abst. IV. 11. ex Josepho. Bas. M. III. 368 C. — ει venator ἴχνος Dio Chr. VII. 125 A. — pro simpl. λαμβ. δοῦναι et ἐκλαμβάνειν δίκας Plato 692 H.

ἐκλάμπω II. 75 E. 633 F. 804 D. 933 E. 1129 F. I. 538 F. 546 B. 592 A. 655 D. 861 D. 863 B. 953 E. 993 C. — amor I. 268 B. — Aristid. I. 136. 145. — II. 787 C. I. 119 D. 708 F. — Sol Xenoph. H. Gr. I. 1, 11.

ἐκλανθάνω II. 95 D. 1095 C. I. 9 E. 529 B. 946 F. 1066 E. ita leg. 1074 B.

ἐκλεαίνειν τι πάθος II. 83 C. 600 D. Sim. II. 77 D. 131 C. — instrumento II. 567 E.

ἐκλέγω — θνητῶν τὰς συμφορὰς II. 520 B. Lucian. II. p. 338. Sim. II. 518 D. — II. 611 B. 855 D. 994 D. — purgare, tollere, Galli scorpios ἐκλέγουσι Chr. II. 980 E. 1049 A. Sim. Dio Chr. XII. 195 C. σπέρμα. — Simpl. II. 976 E. Plato 687 E. — ομαι St. II. 1069 B. 1071 A. C. Upton. ind. Epict. — μενον vectigal Athen. 547 F. Xenoph. H. Gr. I. 1, 14. — ω mala ex rebus Menand. Stob. 423, 8. Grot. 285. 570, 14. — dentem, extrahere, Teles Stob. 577. — μισθὸν Dio Chrys. VII. 126 A. φόρον Aristid. I. 546. 175. — ἐξειλοχὼς Arist. II. 381. — πληγὰς accipio id. II. 394. — vectigal T. Hemsterh. Lucian. 505.

ἐκλείπω — τινὸς II. 851 A. — II. 1116 F. I. 97 F. 130 C. 136 A. 139 F. 155 D. 172 D. — pulli prodeunt II. 982 C. vid. Ἐκλέπω. — Sol vel luna II. 931 F. 932 C. D. E. 933 A. 934 C. I. 171 C. (Duker. Thuc. VII. 50. —) 256 C. 538 D. 539 A. 605 B. 967 A. — ἐξελείφθη pro ἐξέλιπε I. 1023 D. — πω τι I. 934 E. — obliviscor I. 927 F. — ει moriens I. 690 B. 755 E. II. 111 D. — neutre I. 634 E. — ἐκλελοιπὼς mortuus I. 391 C. — pass. ἔθος ἐκλειφθὲν deficiens II. 620 A. I. 210 C. — τὸν βίον II. 107 E. 223 C. 234 E. — deliquium animi patior II. 674 A. 984 E. I. 647 A. — τὸ ἐκλεῖπον II. 687 E. 688 A. — ἐκλείπει τι II. 733 D. 965 D. Markl. Eurip. Suppl. 553. II. 402 C. 434 C. 1052 A. — ει φύλαξ II. 752 A. — ω τι amitto II. 792 D. I. 307 E. 610 A. 779 F. — εται oraculum deficit I. 286 B. — τὸ ζῆν II. 216 C. — ει luna II. 169 A. — urbem II. 205 C. — simpl. in militia *non adsum* Plato 686 E.

ἐκλειπτικὸς — ὸν πάθος lunae II. 923 A. — de sole vel luna II. 145 C. 932 A. 933 E. 1026 D. I. 24 A. 264 B. 968 A.

ἔκλειψις II. 411 E. 689 E. 946 B. — solis vel lunae II. 931 D. E. F. 932 A. B. C. D. E. 933 A. 934 A. Duker. Thuc. VII. 50. — scripti I. 89 A. — oraculi II. 431 A. 433 F. — interitus I. 968 A.

ἔκλεκτος id. quod ἔκκριτος. Vid. Plato 685 E. 688 B. F. 690 B. 692 B.

ἐκλέπω ova II. 381 C. Cratinus ap. Athen. IX. 373 E. vid. Valcken. Phoen. p. 165. 6. — aor. 2. pass. ἐκλεπεὶς e corr. II. 982 C. Musaeus I. 426 E.

ἔκλευκος II. 292 C.

ἐκλιπαίνω I. 417 F.

ἐκλιπαρέω I. 114 B. 445 E. oppon. λιπαρέω II. 198 F. — pro simplici ponit male Diog. L. IV. 7.

ἐκλογεὺς Aristid. I. 343.

ἐκλογὴ II. 772 A. 1069 A. C. D. 1071 A. E. 1072 C. D. E.

ἐκλογίζομαι II. 168 B. 729 C. I. 105 A. 553 E.

ἐκλογισμὸς I. 543 D. 777 A. 1070 D. ἐκ delendum.

ἔκλυρος II. 699 A. Eupolis.

ἔκλυσις Mus. II. 1141 B.

ἔκλυτος II. 7 E. 8 A. — τως I. 51 A.

ἐκλύω — ἐκλελυμένοι morbo II. 652 B. — animo II. 102 D. — αἴσθησις ebrietate II. 656 C. — εσθαι τὸν στόμαχον II. 694 B. — otio II. 792 A. — ἐκλελυμένως II. 830 E. I. 51 C. 593 D. — I. 75 C. — ἐκλελυμένος I. 147 D. — II. 87 F. histrio non diligenter agens. — Mus. II. 1136 E. I. 812 A. — νη διάνοια I. 1049 B. — εσθαι victoria I. 364 B. — ω sino quid desinere I. 942 E. — corpore I. 426 D. 991 A. — ita leg. pro ἐκδύω I. 514 F. — σθαι vim amittere I. 520 D. — med. ἑαυτὸν e malis II. 112 C. — fortuna I. 528 E. — ω debitum I. 713 B. — εσθαι luxu I. 805 E. — ω odium cujus I. 838 F. — ται ira I. 897 C. II. 133 A. — μαι κακῶν v. l. ἔλκυσαι II. 112 C. 122 A. — ει quid τὴν δύναμιν alterius II. 130 A. — λελυμένος animi deliquio et labore II. 161 B. — ω animum II. 206 D. — σθαι otio II. 193 E. — ται vetus mos II. 216 B. — μαί τινα ζημίας Plato 688 H. — ω κατάλογον Aristid. I. 380.

ἐκμαγεῖον II. 374 E. ubi v. n. et ad 373 A.

ἐκμαίνομαι I. 542 C. — περὶ τὸν υἱὸν II. 267 D. amore flagrare (ut νοσεῖν περί τι) — II. 144 D. 167 C. 1100 C. I. 180 A. 882 C. — νω τινὰ act. Aristid. II. 124. Aelian. N. A. II. 11. p. 81. Plato Epigr. Apulej. Elmenhorst. p. 288. Himer 282. Index 342.

ἐκμανθάνω II. 579 A.

ἐκμαρτυρέω II. 696 E.

ἐκμαρτυρία Aristid. II. 67.

ἐκμάττεσθαι v. n. ad II. 373 A.

ἐκμάττω abstergo I. 1020 F.

ἐκμειλίσσεσθαι II. 380 C. ἀπομ. Porphyr. Abst. II. 43. 44. IV. 5. A. N. 35 bis.

ἐκμελετάω I. 447 E. 1059 A. Aristid. I. 332. 507.

ἐκμελὴς II. 1135 A. I. 446 D. 888 F. Dio Chr. 617 D.

ἐκμετρέομαι II. 356 B.

ἐκμηνύω I. 282 B.

ἐκμηρύω — σθαι I. 269 A.

ἐκμιμέομαι II. 50 A.

ἐκμιαίνω I. 362 E.

ἐκμισθόω I. 840 B.

ἐκμορφοῦν τι II. 83 A. 537 D.

ἐκμοχθέω II. 341 F. — ῆθεῖσθαι Eurip. II. 106 A. — ἐκμοχλεύεσθαι Bentl.

ἐκμοχλεύω metaph. II. 662 C. Greg. Presb. p. 24 B.

ἐκμυζάω Aristid. I. 524.

* ἐκναρκάω I. 228 D.

ἐκνευρίζω II. 451 D. pass. II. 755 C.

ἐκνεύω τῆς ὁδοῦ II. 577 B. in lucta bis Plato 638 D.

ἐκνέω I. 206 D.

ἐκνηστεύω II. 686 E.

ἐκνήφω I. 855 B.

ἐκνικάω ut ap. Thucyd. II. 667 F. 1083 B. Pausan. ap. Wessel. Diod. Sic. I. 376. II. 538. Pausan. 178. 262. 511. 523. 592. 641. 642. 695. 798. 815. 877. 888. — pass. II. 927 D. — sententia I. 945 B. Simil. Phil. Bybl. Euseb. P. E. I. 39 D.

ἐκνίπτω — εσθαι ex animâ terrenam faciem II. 499 C. — ω ignominiam II. 241 A.

ἔκνους I. 843 D.

ἑκοντὶ II. 223 D.

ἑκούσιος II. 1056 D. De hoc fuit liber Aristot. Diog. L. V. 24. Theoph. V. 43. — σίων γάμων ἀπορεῖν I. 22 D. — τὸ ἑκ. II. 37 E.

ἑκουσίως II. 146 D. 168 F. 216 D. 1124 E.

ἔκπαγλα Homer. II. 739 D.

ἐκπαθὴς l. ἐκπαχθὴς I. 831 C. 881 A. 990 F. — II. 7 E. I. 405 E. 920 E.

ἐκπαθῶς Teles Stob. 522.

ἐκπαίω — ἐκπαισάμενος eques (ita leg. pro ἐκπεσόμενος) I. 1008 D.

ἔκπαλαι II. 548 D. 792 F. I. 127 A. 328 F. 528 E. 595 C. 914 F. Lucian. III. 572.

ἐκπείθω I. 186 F. 374 D.

ἐκπέμπω II. 162 A. 186 B. 200 D. E. 214 A. 1126 C. I. 169 E. 294 D. — δόμων Eurip. II. 615 D. vaporem II. 681 A. — med. vocem II. 738 B. — μαι ἐπὶ τὸν πόλεμον I. 332 D. 572 C. 611 A. 627 D. 631 F. 633 A. 650 F. II. 241 B. — διάγραμμα I. 644 E. — bonum cui I. 1017 F. 1018 A. II. 38 B.

ἔκπεμψις I. 776 A. 820 C.

ἐκπεπαίνω pass. II. 701 C.

ἐκπεραίνω Aristid. I. 365.

ἐκπεριέρχομαι — ται μῦθος ex Aegypto II. 614 B. I. 735 B. 811 A. 818 C.

ἐκπεριοδεύω II. 705 D.

ἐκπεριπλέω I. 263 A.

ἐκπετάννυμι I. 127 B. 927 B.

ἐκπέτασις II. 564 B.

ἐκπέττω — ει arbor fructum II. 683 D. — ovum II. 982 B.

ἐκπήγνυσθαι II. 202 C. 567 C. 636 C. 953 E. 954 D. 978 D. — Senex II. 793 B.

ἐκπηδάω I. 82 C. E. 477 C. 547 D. 550 A. 713 F. 756 B. 773 A. 831 B. 914 A.

ἐκπήδησις in lucta Plato 638 D.

ἐκπιέζω — ει rupes aquam I. 545 C.

ἐκπίνω ambiguum, elegans I. 1008 D. — II. 71 D. 151 B. C. 240 D.

ἐκπίπλημι — ἐκπλῆσαι βίον II. 114 D. sim. 119 F. — iram Aristid. I. 400.

ἐκπίπτω — naufragus in terram I. 120 F. — φιλίας τινὸς II. 68 B. — I. 38 B. — de Demosthene v. Alcibiade in Oratione II. 80 D. — in concione I. 390 D. — Simpl. *inutilem fieri* II. 9 B. Rom. IX. 6. et Alberti, non ad rem faciunt quae Wetstenius habet. — II. 38 E. — de voce divina s. oraculo II. 355 E. Wessel. Diod. Sic. I. 286. Diog. L. I. 32. Aristid. I. 317. Eunap. 62. — τῆς πατρίδος II. 69 C. 421 C. 493 C. D. 605 C. 834 F. 835 C. D. E. I. 101 E. 123 B. C. 135 A. 144 B. — ἐκπίπτει τι II. 644 B. — ex oculis excidit vis amoris II. 681 B. — Simpl. II. 699 D. I. 528 D. — de actoribus, qui exploduntur II. 710 B. 1066 A. — sonus ex ore II. 738 C. I. 101 D. 166 C. — τινὸς II. 748 D. 1116 D. I. 84 C. 796 D. 798 D. — ἐν τῷ δήμῳ II. 795 C. — bonis II. 829 E. — Simpl. in exilium II. 412 C. 851 D. I. 155 C. 163 F. 168 E. 430 C. 530 D. 542 A. 598 D. — ἐπὶ τῆς ἐκκλησίας II. 845 A. — πάθους liberor vitio II. 868 E. — τῶν λογισμῶν II. 963 E. — navis ad rupem II. 1103 D. — δρόμῳ ἐξ ἀγορᾶς expellor I. 45 D. — ἐκπίπτουσα φωνὴ ἀκουσίως II. 90 B. — ω τῆς φιλοσοφίας II. 47 C. 52 D. — ει λαμπρὰ φλὸξ I. 1071 C. — ω privor I. 1052 B. — ει navis in littus I. 974 A. — ω τινὸς ὑπό τινος I. 836 D. — καὶ στέρομαί τινος I. 834 E. — repellor I. 813 F. 814 E. — ει φήμη I. 807 A. — in affectum I. 790 D. Sim. 827 B. — φυγῇ in exilium I. 775 A. — ω in vitium I. 771 E. — ει uxor, τῆς οἴκου dimittitur divortio I. 770 E. — τῆς πόλεως abeo I. 769 E. — ει τὰ πράγματα εἰς μοναρχίαν I. 721 E. — ει os vulnere I. 690 F. 691 D. — εἰς θράσος I. 650 A. — ει λαμπρὸν πνεῦμα I. 147 A. — ει τι εἴς τι mutatur quid in quid Thuc. VII. 50. — equo I. 175 B. — in pugna, f. leg. simpl. πίπτω I. 175 C. — τῶν λογισμῶν I. 177 B. 663 E. 918 D. — idem ac ἐμπίπτω I. 191 B. 390 B. — excedo I. 184 D. — τινὸς ars, e. studiis excidit I. 192 F. — ει ira, sedatur penitus I. 222 F. — evado I. 213 G. — repulsam ferre I. 234 E. 408 A. 569 F. 707 E. 742 F. 783 F. 839 E. 866 C. — ει δάκρυα I. 282 D. II. 84 D. f. leg. pro ἐμπ. — τινὸς I. 305 E. — equus Simpl. *exit* I. 288 B. — τῆς ὁδοῦ I. 343 C. 561 D. — desero quid I. 349 E. 663 C. — τω διώκων I. 362 D. — in terram in fluctu I. 392 C. — τοῦ φρονεῖν I. 393 C. — ῥεῦμα ex fluvio I. 383 F. — ἐλπίδων I. 400 A. — ejicior I. 404 F. 1003 E. — βουλῆς e senatu ejicior I. 408 B. — του δράματος metaph. I. 448 E. — τῆς πόλεως I. 454 C. — τινὸς privor I. 478 C. 957 D. — χάριτος, ὀργῆς dimitto iram, gratiam I. 547 C. — κλῆρος I. 552 D. — ει μοι φωνὴ I. 555 A. — ω τινὸς ὑπό τινος I. 580 E. 891 E. — τοῦ θράσους I. 610 E. — θέας non videre quid I. 642 D. -- in concione, s. senatu I. 643 D. 848 F. — et ἐμπίπτω opp. excido ex virtute, incido in vitium ll. 6 C. — f. leg. pro ἐμπίπτω excido sc. ex instituto cursu, defatigor ll. 9 B. — falsus amicus, ut χολὴ, opp. ἐκβάλλω ll. 94 D. — εἰς τινα παροινίαν, pro ἐμπ. ll. 120 B. — Simpl. ll. 162 A. 163 C. τῶν Ἀθηναίων pro τῶν Ἀθηνῶν ll. 185 E. — cum gen. ll. 276 D. — e loco expellor ll. 226 C. — κατὰ θάλατταν προσχωρῶν Plato 657 C. — ει locus accusatoris Aristid. I. 472. — ω τινὸς careo quo Aristid. ll. 114. — ει μοι ψῆφος eligor, probor ib. 114. — et συνεκπίπτω fuffragium cui do ib. 219.

ἐκπλέω proficiscor, abeo ll. 67 C. 148 E. 184 C. 986 E. I. 117 B. 128 E. 156 D. 171 D. 308 A. 338 C.

ἔκπλεως I. 680 E. 931 B. — Jambl. V. P. 21.

ἐκπλήθω ll. 119 F.

ἐκπληκτικὸς I. 517 C. 647 A.

ἔκπληξις I. 130 D. 394 C. 537 A. 577 E. ll. 36 D 52 A. — εἰς ἔκπληξιν ὑπερφυῆς I. 349 E. — καὶ δέος I. 417 B. — Scriptionis I. 663 F.? ll. 17 A. 20 F. 25 D. Porphyr. Abst. ll. 41. — et χάρις oppon. I. 889 E. jung. 25 D.

ἐκπληρόω — tempus ll. 113 D. — cresco Aristid. ll. 337. 338. — χρέος Plato 692 G. Simpl. Plato 693 A. Aristid. I. 400.

ἐκπλήττω ll. 163 C. — pass. οὐδὲν ἐκπλαγέντα, non perculsum ll. 119 B. — ll. 675 B. — voluptate f. ll. 16 B. 706 E. — εσθαι τι, auferri opinione alicujus rei ll. 754 B. 823 E. 1089 B. — μνήμην (Thucyd.) ll. 764 E. sim. 973 D. — quem ad mei amorem ll. 822 B. — μέ τι, allicit, movet ll. 25 D. 84 F. 195 A. 989 D. — εσθαι πρός τι I. 8 B. 155 C. 171 C. — μαί τι I. 322 B. 596 D. 811 E. 972 C. ll. 24 E. 148 B. 197 C. — τὰ δαιμόνια I. 525 C. — ω amicos, τέρπω hostes I. 897 F. — μαι ὑπό τινος laudibus alteri tributis ll. 39 E. — τόμενος ἐπί τινι, ita leg. pro ἐν. amore cujus captus, Eurip. Antiop. Stob. 386.

ἔκπλους I. 200 C. 239 A. B. 268 F. 493 A. 532 B. 540 E. 895 D. Aristid. I. 157.

ἐκπλύνειν ὀθόνιον lavando conterere, perdere ll. 134 E.

ἔκπλυτος — ον scelus Plato 659 H.

ἐκπνευματοῦν τὸ οἴημα τῶν νέων ὡς τὸν ἀέρα τῶν ἀσκῶν ll. 39 D. — κενωθεὶς Dio Chr. IV. 71 C. ex emend. Cas. IX. 142 C. — de materia in pass. Theophr. ll. 292 C. D.?

ἐκπνέω ll. 597 E. I. 331 D. — an morior ll. 347 C.

ἐκπνοὴ ll. 891 B. 903 D. I. 917 A.

ἐκποδὼν — ἔῤῥειν νέος ll. 110 C. — ll. 809 C. 859 F. 988 E. I. 61 D. 82 E. 173 E. Musg. Eur. Bacch. 1148. Fr. inc. 81. ll. 431 D. — ἐκπ. τοῦ μέλλοντος quem ponere I. 282 E. — διώκειν I. 284 A. — 324 C. 362 E. 402 A. 595. Plato 698 C. Aristid. I. 505. — ποιέω με I. 621 B. — Simpl. I. 644 E. 876 C. 879 E. 890 D. 954 E. 969 F. ll. 158 D. 229 D.

ἐκποιεῖ conducit ll. 1042 E. mss. pro εἰσποιεῖ Teles Stob. 575, 32.

ἐκποίητός τινος ll. 562 E. Tayl. Aesch. Ctes. p. 414. ed. R.

ἐκπολεμέω — leg. — μόω I. 164 C.

ἐκπολεμόω I. 167 F. 233 F. 604 C. 720 D. 748 D. 966 D. ll. 211 B. Hierocl. Stob. 477.

ἐκπολέμωσις I. 261 D.

ἐκπολίζω Aristid. I. 198.

ἐκπολιορκέω I. 473 B. 482 C. 487 D. 572 C. 754 D.

ἐκπομπὴ uxoris, dimissio, divortium Antiphon. Stob. 422.

ἐκπονέω I. 159 A. 275 A. 971 E. ll. 1146 A. — acquiro scientiam ll. 784 C. 844 D. — ll. 14 B. Epigr. — labore abigo ll. 584 E. — fatigo I. 817 F. 985 E. 1070 F. — εἶσθαι τὰς ὄψεις ll. 854 B. — νημένον χωρίον ll. 88 B. — ἐκπονουμένων σκληρὰς διαίτας Eur. Meleag. Fr. IX. Stob. 425.

ἐκπορεύομαι I. 46 D.

ἐκπορίζω I. 171 B. 947 D. — μαι Plato 693 G.

ἐκπράττω bellum, efficio ut inferatur I. 611 E. — debitum exigo, I. 767 B. 1060 B. Sim. Plato 622 F. H. — recupero I. 848 C. — τὸ πραχθὲν efficio Plato 657 D.

ἐκπραΰνω II. 74 D.

ἐκπρεπὴς II. 723 C. 760 A. I. 93 D. 168 A. 298 E. 418 A. 615 E. 843 F. conf. cum εὐπρ. Valcken. Phoen. p. 56.

ἐκπρεπῶς II. 704 C. I. 218 C. 364 D. 525 A. 832 D. 940 C.

ἔκπρησις I. 439 E.

ἐκπρίζω telum ex vulnere I. 700 E.

ἐκπτῆμι II. 980 E. 1105 D.

ἐκπτύω τὸν χαλινὸν II. 328 C. — λόγον ib. Plaut. Asin. I. 1, 26 seq. — II. 801 A.

ἔκπτωσις II. 813 E.

ἐκπυνθάνομαι I. 692 D. II. 48 A. 129 C.

ἐκπυρόω II. 696 C. 953 D. 1004 F. 1067 A. — affectum I. 223 F.

ἐκπύρωσις II. 415 E. F. 877 D. 887 F. 897 A. 955 E. 1053 B. C. 1075 D. 1077 B.

ἔκπυστος I. 74 F. 130 D. 574 F. 738 C.

ἔκπωμα II. 145 A. 175 D. 181 F. 189 E. 201 B. 204 E. 673 E. 762 C. 828 A. 876 B. 1010 D. I. 70 B. 193 D. 267 E. 515 B. 518 E. 638 D. 657 E. 673 D. 687 D. 721 B. 776 F. 920 A. (ergo aureum necne 928 C.) 938 D. 977 F. 1035 C. 1061 F. — ομα II. 42 C.

ἐκρέω v. n. ad II. 77 B. — πῦρ II. 957 C.

ἔκρηγμα I. 698 E. F. 917 A.

ἐκρήγνυμι — σι nubes pluviam I. 181 C. — ται ventus I. 392 A. 498 B. — glacies I. 513 F. — ται bellum I. 1062 D. — φροντὶς ut procella II. 101 B.

ἔκρηξις II. 398 E.

ἐκριπίζω II. 663 D. 914 B. I. 220 E. 285 C. 622 E. 848 E. 854 B. 1071 D. Aristid. I. 225.

ἐκριπτέω excito II. 654 D. Fragm. I. 1.

ἐκρίπτω — pass. in insulam relegari II. 813 F. — I. 84 C. 440 A. bis. 707 A. 897 A. 909 C. — tempestate I. 968 F.

ἐκροὴ Plato 649 A.

ἐκρύω vel — ἐω — ἐξεῤῥύη cursu abiit quid Dio Chr. XIX. 261 C. — ἐξεῤῥύηκε pecunia Aristid. I. 475.

ἐκσαγηνεύω quem II. 52 C.

ἐκσείω v. n. ad II. 78 A.

ἐκσκορπισμὸς II. 383 D.

ἐκσοβέω petulantiam e me ipse II. 715 C.

ἔκσπονδος I. 68 C. 122 C. 448 F. 611 F. 1011 C. Aristid. I. 461. II. 220.

ἔκστασις καὶ μεταβολὴ II. 393 D. E. 717 F. 732 B. — mentis I. 276 A. II. 38 A. Phintys Stob. 445. — dolor amoris II. 623 C. I. 82 C. — secessus II. 946 A. B.

ἐκστατικός II. 2. A. 125 C. 432 D. 437 A. 661 D. 1123 B. — τινὸς II. 951 C.

ἐκστατικῶς ἔχω I. 982 C. II. 588 A.

ἐκστρατεύω II. 863 A. I. 252 A. 449 B. 490 B. 615 C. 806 F. 1043 A.

ἐκστρατοπεδεύω (leg. ἐν.) I. 462 D.

ἐκστρέφω, τι II. 1073 C. — et διαστρέφω II. 1072 C.

ἐκστροφὴ et διαστροφὴ II. 1072 C

ἐκσώζω I. 499 E.

ἐκτανικὸς (f. ἐκτατικὸς) II. 1085 D.

ἐκταπεινόω me I. 220 A. II. 165 B.

ἐκτάραξις II. 134 C.

ἐκταράσσω — εται oculus ophthalmia laborans ab omni splendido II. 537 A. — Simpl. ταρασσ. II. 23 E. 134 D. 144 C. — pass. mare ventis II. 788 C. — II. 438 C. — τινὸς τὸ ὕποπτον II. 976 E. I. 76 E. 154 C.

ἔκτασις literae gramm. opponitur τῇ συστολῇ II. 1009 E.

ἐκτάττω v. n. ad II. 58 A. — 1022 D.

ἐκτείνω II. 185 E. βίον II. 110 C. — ἱστίον I. 969 A. — τινὰ νεκρὸν Wessel. Diod. Sic. II. 154. — manum ad quem I. 883 C. — τὸν πότον μακρὸν I. 677 E. — II. 1134 D. I. 658 C. — δεξιὰν pro προτείνω 896 C. — τὴν ἀλκὴν corrig. 987 C. — II. 61 C. — mortuum Gatak. M. A. 331. — spem Aristid. I. 366. — τὸν ἔπαινον Aristid. I. 40. —

λόγον Plat. 665 A. — manum in quid Rom. Casaub. Polyb. I. p. 746. ed. Ernest. — τὰς ἀνθρωπίνας τύχας Dio Chr. 466 C. — ἐκτεταμένος καθεύδω II. 157 B.

ἐκτελειόω I. 109 C.

ἐκτελέω II. 841 D. 1087 A. I. 820 C.

ἐκτέμνω virum, tanquam gallinaceos et porcos II. 692 C. castrare II. 857 C. I. 864 C. Dio Chr. 660 C. — scriptionem f. ἐντείνω I. 492 B. Simpl. I. 799 F. 859 C. 987 C. II. 202 B. 220 C. — εσθαι circumscribo, abjicio II. 1107 B.

ἐκτεφρόω II. 696 B.

ἐκτήκειν quem voluptate II. 500 A. 566 A. — me quid εἰς δάκρυα I. 994 E. — II. 627 B. 697 A. I. 42 B. 103 F. 278 A. 641 C. 940 E. 961 A. f. 987 C.

ἐκτημόριος I. 85 B.

ἐκτίθημι I. 207 E. 656 D. — signum pugnae I. 933 E. — statuo II. 416 D. 1117 E.—exemplo I. 380 F. — edictum I. 516 D. 635 A. 968 B. Aristid. I. 354. — e mari in littus II. 161 A. 984 D. — neut. Mathem. II. 1018 D. 1019 F. 1027 D. — sententiam II. 1014 A.

ἐκτιθηνέω II. 1070 C.

ἐκτικῶς II. 802 F. Porph. Abst. IV. 20.

ἐκτίλλω I. 576 B.

ἔκτιμα Plato 657 A.

ἐκτιμάω II. 880 C.

ἐκτινάσσω — ται dens I. 344 B.

ἐκτίνω I. 335 A.

ἔκτισις I. 480 D. Plato 652 E. F. 655 F. 683 F.

ἐκτιτρώσκω II. 666 C. abortum facio.

ἐκτίω II. 179 A. 221 F. I. 91 E. 95 A. D. Plato 661 F. — τὸ βλάβος et saepe 684 F. 691 B. — debitum II. 829 F. I. 1006 A. — τὶ ἐπί τινι Aristid. II. 260.

ἐκτομὴ castratio II. 861 A. (857 B. 859 F. ἐντομὴ) — figurae I. 69 A. — γῆς cespes I. 641 A.

ἐκτοπίζειν II. 273 E. de avibus 971 E. — active II. 962 F. I. 912 B.

ἔκτοπος II. 977 B.

ἐκτόπως valde I. 1029 B.

ἐκτὸς — οἱ ἐκτὸς opponuntur familiaribus II. 142 C. 593 C. I. 155 E. — I. 174 C. 965 F. II. 59 C. 82 B. — δρόμου II. 859 E. — ἡ ἔξωθεν ἐπείσοδος τοῦ ἐκτὸς II. 903 D. — ἐκτὸς βῆναι II. 1011 D. — τὰ ἐκτὸς II. 23 E. 35 E. 36 D. 1069 C. 1120 D. F. 1121 A. D. E. — εἶναί τινος II. 1092 A. — τὸ ἐκτὸς res extrinsecus sensibus objecta II. 1121 B. — οἱ ἐκτὸς exteri I. 32 D. — ἡ ἐκτὸς θάλασσα I. 639 D. 932 B. — Ἰβηρία I. 408 D. — οἱ ἐκτὸς extra Romanos I. 646 A. — ἐκτὸς εἰ μὴ I. 850 C. Dio Chr. 518 D. — τὰ ἐκτὸς Aegypti partes Oceanum spectantes I. 949 B. — hominis, minora II. 59 E. — corporis hum. II. 130 B. 131 B. — εἶναί τινος ignarum esse alicujus Vit. Hom. §. 175. — ζημίας Plato 693 E. Sim. 698 G.

ἕκτος VI. II. 152 B. 154 E.

ἐκτραγῳδέω Philo Bybl. Euseb. P. E. I. 39 D.

ἐκτράπελος II. 1142 A. Plin. H. N. VII. 17.

ἐκτραχηλιάζω I. 998 E.

ἐκτραχηλίζω II. 13 A. 15 E. Euseb. P. E. IV. 173 D. Porphyr. Abst. I. 42.

ἐκτραχύνω I. 197 D. 222 B. 227 E. 300 D. 573 B. 689 D. 1025 C. 1050 A. — corpus II. 655 C.

ἐκτρέπω — I. 426 C. 501 B. II. 146 D. — II. 76 A. 486 D. — I. 131 B. 309 E. 345 B. — σθαι πρὸς ἄπρακτα πένθη II. 114 C. Sim. 112 D. — ται ὁ λόγος ἐπὶ τὸ μυθῶδες I. 1014 C. Sim. Plat. 587 B. — μαι in rep. fluctuo I. 852 A. — paludes I. 735 C. — iter in paludes I. 562 B. — αἰτίαν in quem I. 527 D. — ῥεῖθρον II. 263 B. — σθαι κατὰ φορὰς φυσικὰς II. 1046 C. — a via, vestigio II. 203 C. 520 E. I. 505 A. 820 A. — evitare quem II. 564 E. 1062 F. 1094 D. I. 70 B. — interiorem partem extra verto II. 567 B. 977 B. — pass. luna cursu II. 731 F. 1028 D. — τοῖς λογισμοῖς II. 1083 F. — quod extra lineam excidit I. 23 E. — muto I. 43 D. — affectum ἐπί τι I. 361 A. — cui νῶτον fugor a quo I. 693 F.

ἐκτρέφω II. 21 C. 727 F. I. 154 A. — mare piscem II. 667 C. — Plato 650 E. 692 H. ἐκτρέφει ῥεῦμα ποταμὸς II. 357 D. v. πνεῦμα ut lég. — ῳ νέαν I. 474 E. — natos I. 824 E. Plato 681 F. — σθαι ποιήμασι f. ἐντρεφ. II. 32 E. — habitum animi II. 35 E. Sim. 48 B.

ἐκτρέχω de oraculo II. 403 F. — πρὸς γένεσιν II. 732 D. I. 98 C. — λόγος I. 294 B. — velites I. 558 A. — simpl. I. 656 A.

ἐκτρίβω pass. terendo elicio II. 665 C. — πῦρ Philo Jud. 1134 A. ex Platone — purgo, polio II. 693 A. — ῥύπον II. 529 C. — dolorem II. 610 B. — Aristid. II. 428. I. 512. — ται σίδηρος II. D. — plura ad II. 13 A.

ἐκτροπὴ morbi II. 84 A. — in vitium II. 546 F. 547 A. Epict. p. 668. ed. Upt. — φήμης ἐπὶ τὸ μυθῶδες I. 19 E. — viae I. 803 C. 1034 E. 1040 D. Sim. Teles Stob. 504. Aristid. I. 337. — orationis I. 825 B.

ἐκτροφὴ I. 77 F. 448 B.

ἐκτρυφάω I. 688 C.

ἐκτρωτικὸς II. 974 D.

ἐκτυπόω II. 404 B. 902 E. 920 D. Plato 623 C.

ἐκτυφλόω quem ictu I. 830 B. 1053 C. — II. 181 F.

ἐκυρὰ I. 77 C. II. 143 A.

ἐκφάγω I. 84 E. 1012 D.

ἐκφαίνω I. 742 F. 827 A. 843 A. 1029 F. 1054 D. II. 214 F. Pass. Sol II. 722 D. 972 B. 1002 A. I. 206 F. 512 F. 517 A. 1001 B. Jambl. Stob. 471. 472. — I. 20 D. 315 F. 591 F. — neutr. I. 500 B. — ἐκπέφαγκε Aristid. I. 86.

ἐκφανὴς Chrys. II. 450 C. I. 669 A. — νὲς fit quid II. 731 B. 1018 A. I. 139 D. 1065 D. II. 20 C. 395 E. 396 B. repone Aristid. I. 261.

ἐκφαντικῶς II. 104 B. ubi vid. not.

ἐκφανῶς Chrys. II. 1036 F. — manifeste II. 436 E. 1013 D. 1016 E. I. 1069 C.

ἐκφέρω II. 669 F. I. 80 A. 87 A. 92 E. 118 C. 123 D. — emineo pro διαφέρω Aristid. II. 2. — scriptor suam opinionem ἐκφέρει in legentes II. 17 B. — comoediam doceo II. 10 C. ubi v. n. — ει me affectus in pugnam I. 1055 D. — μαι ἔχθραν I. 1041 C. — με ὁ ὕπνος I. 1016 C. metaph. Aristid. I. 59. — μαι τοῦ δικαίου πρὸς τὸ κερδάλεον I. 997 D. — ει me cura e somno I. 989 C. — σθαι τὰ ὅπλα, arma suscipio, bellum paro I. 985 C. — ει terra lignum I. 933 B. — refero ad senatum I. 921 A. 941 C. — narro I. 920 E. ἐξενήνοχα. — scribere II. 350 E. Sim. II. 80 D. Vit. Hom. §. 51. — καθάρσια Hecatae II. 280 C. 708 F. I. 31 E. — νικητήριον II. 344 E. 759 D. Sim. I. 477 C. — producere, ut ἀναφύειν II. 2 D. 456 D. 457 A. 552 B. 636 C. 648 D. 683 C. 701 B. D. 937 D. 939 C. 986 F. I. 417 F. 465 C. 776 C. 1031 F. — arcanum II. 175 B. 212 C. 508 A. 596 A. I. 160 E. 172 A. 385 E. 450 F. 506 B. 581 E. 582 D. 692 C. 776 C. 1026 F. — oraculum Pythia II. 396 F. 403 A. E. 512 E. I. 754 C. — εσθαι παρὰ τὸν αἱροῦντα λόγον II. 441 D. — πάθος II. 444 C. 990 E. — tempestate 458 A. — ἐκφέρουσα κακία ἐμβάλλει ἡμᾶς εἰς — abund. II. 546 D. — σθαι τῇ ὑπονοίᾳ ἐπὶ τὴν ἀλήθειαν II. 597 D. (Soph. Aj. 7.) — λόγος ψευδὴς ἄλλως II. 609 D. — χρεία quid ἐκφέρει II. 638 D. — εσθαι εἴς τι perturbatione II. 713 F. — pronunciare II. 738 B. 747 E. 1010 A. 1011 C. I. 109 D. 153 F. 343 B. 850 D. — animam in quid II. 767 C. — πόλεμον πρός τινα II. 774 B. I. 68 C. 401 C. 918 D. — ἐξενέγκασθαι εἰς εὐδαιμονίαν II. 814 D. — πόλεμον ἐπί τινα II. 829 E. I. 226 A. 288 C. 600 C. 609 B. 1023 C. 1038 F. — τέχνην prodere II. 832 D. 1133 E. — mortuus II. 13 B. 199 D. 970 C. — pass. piscis in terram II. 981 A. 984 E. 985 A. — tempestate in terram I. 9 B. — παράδειγμα I. 73 D. 335 E. 778 A. 825 F. Aristid. I. 60. 95. 96. 116. 157. 165. 179. 245. 393. 554. 555. II. 189. 195. 401. — Simpl. I. 139 B. — ται cupiditas II. 127 A. — σθαι navi in locum I. 918 B. — σθαι in jocum I. 886 D. — τινί τι denuncio cui quid I. 821 D. — ει ingenium quid I. 812 B. — ει me res in furorem I. 795 E. — ω habeo I. 743 B. — ω παράγγελμα I. 683 E. — ει me affectus ad suspicionem I. 682 B. — quid εἰς μέσον I. 648 A. — λόγους profero I. 650 A. II. 17 C. — vulgo I. 606 F. 646 D. 668 B. 725 E. II. 229 F. — ει με ζῆλος in odium I. 547 A. — ω λόγον in populum I. 526 B. — ει deus χρησμὸν I. 490 F. — μαί τι deporto I. 132 C. — med. γένος procreare posteritatem I. 174 B. — σθαι in viam I. 184 D. — invidia I. 187 F. — σθαι τὰ ὅπλα I. 198 C. — ω I. 423 C. profero I. 214 B. — decretum I. 216 A. 217 E. 427 E. — ει quid natura I. 237 C. 253 B. — σθαι πρὸς ὀργὴν I. 237 F. Sim. 999 E. — ει locus quid I. 287 B. — λόγους dico I. 309 D. — ει me τοῦτο θυμῷ I. 315 A. — ὁ θυμὸς I. 317 E. — ὄστρακον I. 322 D. — γῆρας τοσοῦτον I. 425 B.

ἐκφεύγω — ει μέ τι II. 982 E. 991 D. 1076 B. — II. 1013 C. — φεύγων I. 317 B. — πλοῦτος ἀμελούμενος f. ex Soph. Oed. T. I. 162 A. — quem I. 377 D. — τὸ δοκεῖν Plato 697 C. — proverbium I. 476 E. — ει τι e manibus cadit I. 555 B. — me dictum I. 644 B. Sim. II. 30 D. 38 F. Plato 649 E. — me ὁ τῶν πράξεων καιρὸς I. 956 E. — ω μοῖραν II. 117 E. — Simpl. II. 134 D. E. — γω calamitatem Plato 644 C. τοῦτο οὐκ ἐκφεύγει δεῖγμα εἶναι φιλανθρωπίας Aristid. I. 115. Sim. 185. — ει τι τὸν καιρὸν Aristid. I. 147.

ἐκφλαυρίζω τι I. 367 C.

ἐκφλέγω — μαι τὴν διάνοιαν II. 766 A.

ἐκφλυαρίζω τι II. 680 C. I. 681 F. 650 A.

ἐκφοβέω I. 427 D. 697 E. 759 E. 91B

ἔκφοβος I. 178 A.

ἐκφοιτάω I. 41 B. 1044 A. Jambl. V. P. 227. Aristid. I. 113. 390.

ἐκφορὰ elatio funeris I. 81 C. 276 A. 626 D. 709 C. 830 E. 993 A. II. 187 D. 196 E. Plato 688 D. 693 A. — ἀν facere alicujus rei ex loco II. 660 A. — gramm. II. 1112 E. — exportatio e domo II. 660 A. Hemsterh. Arist. Plut. p. 360.

ἐκφορέω I. 310 C. Dio Chr. VIII. 137 C.

ἐκφορικὸς — τὸ — ὸν II. 1113 B.

ἐκφορικῶς gramm. II. 1112 D.

ἔκφορος II. 424 A. Valcken. Hippol. 294. Aristoph. Thesm. 479. Aristid. II. 391. — ἐξώφορος Jambl. V. P. 147.

ἐκφράζειν τὴν τύχην θεῶν ὀνόμασι II. 24 A. — describere II. 967 D.

ἐκφράττω (f. ἐμφράττω) I. 104 B. 895 D.

ἐκφροντίζειν II. 270 C. 409 C.

ἔκφρων I. 124 E. 135 E. 455 E. 592 D. 613 C. 658 F. 788 B. 1042 C. II. 438 B. Plato 681 H.

ἐκφυὴς cum inf. lege εὐφ. I. 407 C.

ἐκφυλάττω II. 982 B.

ἔκφυλος I. 261 A. 299 D. 741 B. 1000 E. II. 669 D. 731 F. 976 C. 997 C. 1123 B. II. 353 E.?

ἐκφυσάω τινὶ II. 902 C. 915 A. Aristid. II. 398.

ἐκφύσημα Aristid. I. 545.

ἔκφυσις II. 1087 F. Plato 624 B.

ἐκφύω II. 659 C. 684 D. 700 C. I. 1050 E.

ἐκφωνέω II. 1010 A. 1124 D. I. 739 C.

ἐκφώνησις II. 111 D.

ἐκφωτίζω II. 922 E.

ἐκχαλινόω equum I. 296 C.

ἐκχαράττω erado e monumento II. 873 D.

ἐκχεῖν τὴν δόξαν v. n. ad II. 10 B. et ad 78 E. — ἐκχεῖσθαι τοῖς πάθεσιν II. 562 A. Sim. I. 899 B. — in luctum inanem II. 609 E. Jambl. V. P. 123. — ἐκχέω diffluere sino II. 649 D. — pass. vinum percolatum II. 692 B. — animi motus in remp. effundere II. 790 C. — in quem odium II. 871 D. (v. l. mss.) — II. 1082 F. — ἐκχεῖσθαι εἰς ἄπειρον II. 1107 A. — πλῆθος δακρύων I. 172 D. — εἶ sermo mihi lacrymas, effundere me facit I. 194 B. — ται imber I. 475 E. 698 E. — τὰ βέλη I. 558 C. — ω exercitum in locum I. 556 E. — bona I. 565 E. — εῖται ventus I. 576 F. — ἐκκεχυμένως I. 592 C. — εῖται multitudo hominum in viam I. 633 A. 642 B. 882 F. 927 C. 1037 E. — έω clamorem I. 661 C. — iram in quem I. 733 C. — σθαι in voluptates I. 923 E. — εἶ tonitru ὄμβρον I. 978 E. — facio effundere quem Aelian. N. A. II. 50.

ἐκχύσεις ὑδάτων II. 880 B. — II. 38 E. 1083 A.

ἐκχωρέω II. 234 C. — fugio Aristid. I. 147. 148.

ἐκχώρησις II. 903 D.

ἐκψύχομαι II. 695 D.

ἑκὼν — καὶ βουλόμενος I. 566 E. abund. II. 733 B. 929 B. I. 1014 C. — εἶναι II. 1125 C. bis. Plato 692 G. — ἑκόντων ἄρχειν I. 734 F. Plato 644 B. — et ἄκων I. 787 D. Aristid. I. 373. 533. — putetisne hoc accepturos τοὺς ἑκόντας ullos? Dio Chrys. XXXI. 320 C.

ἐλάδιον Teles Stob. 524.

ἐλαία I. 931 A. II. 94 E. 125 F. 238 D. 735 D. — est arbor et fructus II. 24 C. — nuptialis II. 755 A.

ἐλαιηρὸς II. 640 D.

ἐλάϊνος II. 658 E.

ἔλαιον — hinc Lat. *Oleum* II. 726 E. — II. 127 B. 192 C. 228 B. 234 E. 395 E. 396 A. — lychno infundere, prov. I. 162 D.

ἐλαιόφυτον II. 524 A.

ἐλαιώδης II. 640 E. 1149 B.

ἐλάσιος II. 296 F.

ἐλάσιππος II. 1105 B.

ἔλασις I. 464 C. praedae I. 20 F. — Expeditione bellica Oenom. Euseb. P. E. V. 218 B.

ἐλάσσων vel — ττων I. 541 D. II. 60 D. 158 D. 160 B. 167 C. 177 A. 202 B. 232 D. — τον τι ποιεῖν, v. c. λύπην, minuere II. 106 B. — ττον ἐκβαίνειν non ulterius progredi II. 982 C. — τον I. 360 E. 364 A. — ἔχω 446 D. 534 A. II. 54 C. — οὐκ ἐλάττους in numero I. 373 C. 537 A. 570 E. 585 C. 613 A. 642 E. — των τοῦ cum inf. I. 589 B. — sine οὐκ in numeri signif. I. 703 F. — τον ἔχων ἄπειμι I. 930 E. — μήτε πλείω μήτε ἐλάττονα II. 224 F.

ἐλάτη arbor. I. 283 D.

ἐλατήριον medic. Aristid. I. 305.

ἐλαττόω ἔνδειαν II. 687 D. — οῦσθαί τινος II. 604 A. — ὑπό τινος II. 842 A. — I. 79 B. 156 F. 176 F. 447 A. 546 B. E. 551 E. 599 F. 774 C. II. 143 B. 209 B. 222 F. 240 A. — σθαί τινι I. 490 A. 600 E.

ἐλάττωμα corporis II. 331 B. I. 850 E. — II. 105 B. — τῆς φύσεως Porph. Grad. §. 35. fin. p. 243.

ἐλάττωσις I. 680 F. II. 2 C.

ἐλαύνω — κωπὴν I. 438 A. — ejicio II. 418 A. 778 D. 825 C. I. 338 F. 386 B. — νεται φωνὴ διὰ τῶν ἄνω τόνων I. 862 C. — ω μέχρι τινὸς ποιῶν τι II. 418 A. — εἰς ἔσχατον κακίας II. 538 A. — εσθαι vexari II. 558 C. — constringo, condenso II. 914 A. — moveo, agito II. 934 E. — ὑπὸ ποινῆς II. 1125 E. — σασθαι λείαν I. 32 E. 108 F. 259 E. 494 C. 608 B. Aristid. I. 400. — ἐλαύνει nos μήνιμα divinum I. 32 F. — navem I. 82 E. — εσθαι ὑπὸ τοῦ συνειδότος I. 99 B. — ferrum I. 151 B. II. 436 C. — ἄγος I. 170 A. — ἐπ' ἄκρον τινὸς II. 1131 F. Euseb. P. E. VI. 273 A. — advenio I. 284 D. — fut. ἐλᾶν I. 302 E. Xenoph. Anab. V. 7, 5. ἐμβιβῶ — venio cum exercitu I. 323 A. — vexo quem I. 334 E. 857 A. 865 C. 904 C. — πόῤῥω ἡλικίας I. 337 C. — μαι vexor, an expellor I. 478 A. 776 B. — ω equitatum circum hostes I. 558 E. — μαι πρὸς ἐναντίον κοντὸν adversum hastam irruo I. 559 C. — ω equito I. 638 E. 1007 E. 1015 D. 1063 A. II. 172 B. — equum I. 639 A. — neutre εο, I. 639 C. — στρατιὰν in regionem I. 640 E. — ει ὁ δαίμων I. 1058 B. — ω gladium I. 496 A. fabricor. — ἔλα τὴν κατὰ σαυτὸν II. 13 F. — μαι ὑπ' ἀνάγκης II. 47 D. — πόθῳ II. 77 C. — vento II. 97 F. — in factum II. 136 B. — μαι navi II. 162 E. — expello II. 211 B. bis — ω πόῤῥω σοφίας Aristid. II. 365. — εἰς ἔσχατον κάλλους Aristid. II. 408. — ἐλᾷς pro ἔτλας id. I. 169. — ω quem vexo Aristid. I. 411. 425. 438. — vitupero Aristid. II. 299. 304.

ἐλαφηβολία II. 244 D. 660 D.

ἐλαφηβόλος Diana II. 966 A.

ἔλαφος ἡ II. 700 F. — etymol. ab ἕλκειν τοὺς ὄφεις II. 976 D. — I. 573 B. C. D. 578 D. II. 167 C. 187 D. 241 A.

ἐλαφρίζω II. 317 E.

ἐλαφρὸς levis, ad mores ref. II. 65 B. 623 B. — ἁ νουθεσία II. 612

D. 972 F. — quaestio ll. 814 D. — cibus, diaeta ll. 131 D. 137 A. 678 A. 913 D. — ἐλαφρὸς τοῖς βιωτικοῖς qui paucis opus habet ll. 679 C. — corpus non nimis repletur cibo ll. 128 E. 132 A. 686 B. — vinum ll. 692 E. — res facilis ad ediscendum ll. 15 F. 711 C. Sim. 133 E. — Simpl. pondere ll. 721 C. — ὸν ὄρχημα poët. ll. 748 C. — καὶ λιτὸς ll. 752 E. 940 C. — exiguus ll. 818 C. E. — καὶ κοῦφος ll. 950 D. — ἐλαφρὸν σκότος ll. 941 D. — ὰ κακία ll. 962 B. — καὶ ῥάδιος ll. 1088 C. — θεῖν I. 214 D. Simil. motus Plato 702 D. — ὸν γῆρας I. 367 B. — in puniendo I. 369 B. Plato 683 G. — et ἔλαφος I. 373 E. — ὰ αἰτία I. 474 E. ll. 57 B. — calamitas I. 528 F. Sim. ll. 56 D. — navis I. 571 E. — ὸς spe, bono sensu I. 613 A. — οἱ milites in muro I. 652 D. 978 A. — parvus, exiguus I. 685 D. ll. 127 A. — res parva, et facilis subditis ad ferendum I. 896 E. — ὸν βέλος I. 1003 B. — ότερος καὶ ἡδίων γίνομαι, deposito morbo ll. 42 B. Sim. 106 B. — homo, oppon. gravi moribus ll. 44 C. 71 E. — ἔπαινος exigua laudatio, bono sensu, paululum laudare quem ll. 72 B. — καὶ ποδώκης ll. 179 D. — τὰ καὶ ἐπιπόλαια disciplinae Porphyr. V. P. 53.

ἐλαφρῶς ll. 100 D. 117 D. 134 A. 175 A. 468 E. 616 D. 793 B. I. 55 A. 215 A. — θεῖν I. 969 A. — ῶς quid ferre, tolerare ll. 50 B.

ἐλάχιστος Epicur. atomis declinat ἐπὶ τοὐλάχιστον ll. 964 C. — terminus proportionis ll. 1019 D. E. F. 1020 A. 1021 F. — α μέρη σώματος ll. 1080 D. 1081 C. — et πλεῖστοι, qui plurimum et minimum dicunt I. 171 E. — παρ' ἐλάχιστον I. 663 F. — α φροντίζω τινὸς I. 738 A. ll. 80 D. — τοὐλάχιστον ad minimum I. 865 C. — ός ἐστι λόγος τινί τινος I. 877 A. — οὐκ ll. 9 F. 12 D. — ll. 174 B. 208 E. — ἐλαχιστότερος, μειζότατος soloec. Sext. Emp. 627.

ἐλεγεία ἡ I. 82 C. 92 A. 481 B. C. ll. 106 B.

ἐλεγεῖον ll. 217 F. 870 E. 872 E. 1132 B. 1134 A. bis 1141 A. I. 82 C. 116 A. 251 D. 400 D. 1033 C.

ἐλεγκτικὸς oppon. φιλονεικῷ ll. 832 C. 999 F. I. 154 A.

ἔλεγοι οἱ ll. 1132 C.

ἐλέγχιστος ll. 737 C.

ἔλεγχος ll. 43 C. 46 E. 53 B. 56 A. 59 B. 63 E. 81 B. C. 91 C. 994 C. 1077 F. 1115 C. 1117 E. I. 326 D. 344 D. 358 B. 385 E. 692 F. 999 E. — εἰς ἔλεγχον res venit I. 839 C. — εἰς ἔλεγχόν τινος ἔρχεσθαι metaphor. Philem. Stob. 529. — Plato 666 E.

ἐλέγχω I. 319 A. ll. 656 D. 672 A. — redarguo ll. 46 D. 47 A. 49 D. 53 A. 58 A. 66 A. 71 C. 72 A. 89 C. 94 C. I. 608 C. — ostendo, manifestum reddo ll. 706 A. Plato 688 A. 694 H. 704 F. — priorem vitam ll. 783 C. — ω καὶ μαι ll. 46 C. — et ἐξελέγχω v. n. ad ll. 176 E. — ἐμαυτὸν ll. 76 A. — οὐκ ἐλέγχω cujus dictum ll. 41 A. — infirmitatem cujus ostendo, v. n. ad ll. 220 E. Nicost. Stob. 445. — μαι convincor I. 662 E. — ll. 40 F. 67 B. 72 B. 74 C. 80 B. C. 82 A. D. 89 C. 94 C. 176 C. 177 E. 212 C. 214 A. 220 E. 400 C. 436 C. 722 B. E. 732 F. 1060 A. 1120 C. 1121 B. — τινὰ ληροῦντα ll. 969 A. — supero quem ll. 992 D. — τὸ ἀπόῤῥητον I. 164 E. — τινί τι aliquo aliquid I. 167 A. — f. examinare ll. 409 F. I. 857 F. 949 D. — ω quem κατὰ κράτος I. 440 A. — τύχην experiri, bono sensu I. 532 D. — Simpl. I. 565 C.

ἐλεεινὸς I. 273 B. 430 A. 1007 F.

ἐλεέω I. 293 F. 603 C. ll. 191 A. 209 F.

ἔλειος aqua ll. 725 D. — ll. 400 C. 951 F. 980 D.

ἐλελεῦ, ἰοὺ, ἰοὺ I. 10 A.

ἐλελίζω — ομαι poët. ll. 748 B.

ἔλεος ο παρά τινος ll. 598 C. — ον ἔχειν apud alios I. 117 B. — ον ἔχει τί τινι Plato 680 G. — I. 269 B. 272 B. 432 A. 541 B. 802 D. E. ll. 60 E. — καὶ φθόνος I. 914 A. — οὔτε ἐξ ἱεροῦ βωμόν, οὔτε ἐκ τῆς ἀνθρωπίνης φύσεως ἀφαιρετέον τὸν ἔλεον Phocion Max. et Ant. p. 275. Stob. p. 3. — ἐλέου βωμὸς Gale ad Apollodor. p. 58. Wessel. Diod.

Sic. I. 559. Philo Jud. 935 B. et Mangey. Pausan. p. 39.

ἐλέπολις I. 896 A. B. 901 B. 908 B. 909 D. II. 183 B. — metaphor. Hippocrat. Ep. XIV. p. 14 B.

ἐλετός Homer II. 1142 F.

ἐλευθερία II. 37 C. 92 D. 166 D. 170 F. 188 D. 190 F. 197 B. 200 B. 209 E. 210 A. 216 A. 236 A. ἐπὶ ἐλευθερίᾳ vocare servos I. 457 E. — αν ἐπὶ vocare populum v. n. ad II. 257 C. — stili, Platonis Dio Chr. 445 C. — quid sub Rom. Dio Chrys. 509 D. 512 A. Strabo XII. 846. — sine legibus Dio Chr. 525 C.

ἐλευθέρια festum I. 331 F. Henioch. Stob. 241.

ἐλευθεριάζω in dicendo, subito, sine meditatione II. 6 E. — sine metu esse simil. Dio Chr. XVI. 245 B.

ἐλευθερικὸς Plato 677 H.

ἐλευθέριος II. 63 F. 64 B. 221 C. 667 C. 676 C. 706 B. 1047 A. 1094 D. I. 112 B. C. 146 A. 436 C. — Bacchus II. 716 B. — διατριβὴ I. 20 E. 192 F. 487 C. 961 D. — παιδεία I. 492 A. Aristid. II. 414. — βίος I. 743 C. — I. 820 B. 985 C. 1033 E. II. 44 A. 46 D. 74 B. — ἐν γράμμασιν ἐλευθερίοις τρέφεσθαι I. 885 D. — forma I. 917 C. — ad dandum I. 915 F. — δίαιτα I. 953 B. — Teles Stob. 523 bis diverse. — notabilis locus, oppon. ἀναγκαίῳ Callicratid. Stob. 485. Aristot. Polit. VIII. 3. — τέχνη II. 122 D. μάθημα I. 480 E. — Ζεὺς I. 331 A.

ἐλευθεριότης I. 114 A. 270 D. 824 E. 917 D. II. 56 C.

ἐλευθερίως I. 97 C. 620 A. — οὐκ ἐλ. χρῆσθαι τῇ ὥρᾳ II. 401 C. — προΐστασθαι τῆς ὥρας I. 863 C. — coenare I. 879 A. — τρέφεσθαι I. 1028 B. — ὥστατα πῶς αὐτῷ προσδραμοῦσαν II. 148 C.

ἐλεύθερος II. 37 D. 60 C. 155 A. 159 D. 160 C. 166 C. 175 D. 181 A. 182 D. 186 C. 187 D. 210 C. 213 C. 216 B. 219 A. 222 D. 224 D. 234 A. B. C. 235 B. 242 C. D. — θέρα φωνὴ II. 68 B. — homo quis II. 33 D. — ambig. in joco I. 893 A. — ον μάθημα I. 480 E. — γυνὴ I. 169 D. — παρθένος I. 146 A. — γέλως Metrodor. II. 1127 C. — pro ἐλευθέριος διατριβὴ II. 705 B. Aeschin. Or. p. 31, 18. conf. 23, 2. — καὶ γενναῖος liberalis et generosi animi homo II. 96 A. — παιδεία II. 112 F? — ος utor aliqua re II. 135 A. — Homerus, se ipse non nominans Dio Chr. 555 D. — ἀπό τινος Plato 644 C.

ἐλευθερόω I. 581 B. 892 A. C. 893 A. 956 D. 970 D. 997 A. II. 160 B. 182 E. 190 B. 197 B. 205 E. 208 F. 219 C. — Urbem I. 639 E. 641 D. 730 D. 1041 A. 1042 C. — servos I. 790 A. II. 13 B. — σθαί τινι pro τινὸς I, 649 C. — II. 1097 B. 1099 A. B. 1126 C. I. 483 B.

ἐλευθέρως I. 583 A.

ἐλευθέρωσις I. 448 E. — ἡ κατὰ μέρος Rom. I. 1055 A.

Ἐλευσίνιον templum Aristid. I. 191. 259.

Ἐλευσίνιος — α κομίζεσθαι τῷ δήμῳ II. 851 E.

Ἐλευσῖνοθεν I. 119 E.

ἐλεφαντάρχης II. 823 C.

ἐλεφάνταρχος I. 900 C.

ἐλεφαντίασις II. 731 A. B. 732 A.

ἐλεφάντινος I. 139 E.

ἐλεφαντομαχία I. 647 A.

ἐλέφας II. 98 E. 144 D. 195 A. — I. 159 B. C. 276 B. 443 A. 693 B. 625 A. 626 A. 950 D. Plato 691 C.

ἕλιγμα πλάγιον II. 524 D.

ἑλιγμὸς II. 8 A. I. 69 A. 375 A. 674 B. 717 B. 1036 F.

ἑλικοβλέφαρος Hesiod. II. 747 F.

ἑλικοειδὴς I. 69 A. Hermias mss. Schol. in Phaedr. p. 30.

ἑλικτὸς — καὶ οὐδὲν ὑγιὲς II. 863 E. 1073 C. 1102 C.

ἑλικώδης II. 648 F.

ἑλιννύω II. 275 E. 776 C. I. 69 C. 409 B.

ἕλιξ II. 599 E. 916 E. I. 444 C. — motus lunae II. 937 E. — Solis I. 742 D.

ἑλίττω πέριξ τι II. 667 E. — περί τι II. 224 E. — σθαι saltare Porph. Abst. I. 34. — revolvo, vel revolutum specto Plato 699 G. — cantum Aelian. N. A. V. 38.

ἕλκος II. 769 E. — calumniae II

66 C. II. — animi II. 164 F. corporis II. 170 D.—vulnus Plato 661 E.

ἑλκόω I. 742 B. 938 B. 953 C. II. 59 D. 73 B. 529 C.

ἑλκύδιον II. 299 F.

ἑλκυσμὸς διάκενος II. 900 E. F.

ἑλκύω τι ἐπί τι Plat. I. 156 A. — I. 830 B. — ύεσθαι νόσῳ II. 223 F. — ω pisces et aves II. 998 B. — extraho II. 190 B. — ἑλκύσειεν ἄν τις ἐνταῦθα τὴν τοῦ Σωκ. φωνὴν II. 106 B. interpretatione II. 377 C. Aristot. Soph. El. V. 3. p. 794. ed. Pac. — ἑλκύειν ταὐτόν τινος II. 122 A. C. (conf. 112 C.) se liberare aliqua re, si vera lectio — Synes. 45 C. Music. ἕλκυσις pro ἔκλυσις 1141 B. pondus II. 670 C. 914 A.

ἕλκω II. 208 E. 405 E. 1108 D. 1123 D. I. 80 C. ἐρευθος, colorari, colorem ducere rubrum, II. 48 C. — εσθαι a lictoribus (ut Xenoph. M. S.) II. 534 D. — vinum a corpore attrahitur II. 650 D. 651 E. 700 A. — ἕλκει θυμὸς vers. poët. II. 446 A. — γέον ut leg. pro χρόνον II. 394 C. Sic Plat. Phaedr. 353 D. Virg. Aen. IV. 463. — κίνησιν II. 592 A. — Clepsydra II. 914 A. — currum II. 108 E. — ἐφ' ἑαυτὸν quid II. 88 D. Liban. Fabr. B. G. VII. Or. III. 6. — quem in disputationem alienam II. 43 C.— vestem I. 198 E.—captivum I. 367 C. —εσθαι naves, subint. in mare I. 434 F. II. 94 C.—bellum duco I. 514 E.—μαι πόθῳ I. 560 A.—πρὸς vitium II. 80 F. — aërem I. 576 F. —χρόνον I. 640 E. 677 C. 832 B. — μαι gladium I. 653 A. 991 F. — quem εἰς μέσον I. 712 A. — quem ἐπὶ βῆμα I. 748 E. — ἀπὸ τοῦ βήματος in carcerem I. 775 C. Sim. 830 B. 840 A. — ore, sugo, I. 787 A. — ω τὸ κερδαλέον πρὸς ἐμαυτὸν I. 805 C. — pondus I. 842 E. — ab aliquo, sc. amore ejus I. 946 F. Sim. 987 B. — cogo II. 44 C. 62 A.

ἑλκώδης quis fit crebra ira II. 454 B. (conf. Jambl. V. P. 101.) II. 167 B.

ἕλκωσις II. 769 E.

ἑλκωτικὸς II. 854 C.

Ἑλλαδικὸς II. 676 B.

ἐλλάμπω — εἰ μοί τι II. 589 B. — oculo quid II. 40 D.

ἔλλαμψις II. 893 E. 929 B. Metaph. Simplic. Coel. 72, 6. med.

Ἑλλανοδίκαι Aristid. II. 326.

Ἑλλὰς I. 158 E. II. 414 B. — Graeci I. 327 F. 330 E. II. 71 E. φωνὴ I. 563 C. — μεγάλη quare dicta Italia Athen. 523 E.

ἐλλεβορίζω I. 689 B.

ἐλλέβορον I. 897 E. II. 55 A. 693 A. 1071 D. Upton. Ind. Epictet.

ἔλλειμμα II. 59 E. 65 E. 542 F. 782 F. 1106 B. I. 226 A. 300 B. 480 A. Porph. Abst. I. 49. Aristid. II. 102.

ἐλλειπὲς μόριον II. 394 F. — I. 325 F. II. 49 B.

ἐλλείπω εἴς τι II. 532 A. 881 C. — οὐδὲν ποιῶν τι Brut. Ep. I. 985 A. Sim. II. 229 E. — ει μοί τι II. 689 E. 706 B. — res ἐλλείπει οὐδὲν δράματος II. 749 A. — τὸ ἐλλεῖπον ἐκπληροῦν II. 795 B.—τοῦτο ἐλλείπει οὐδὲν αἰσχύνης Aristid. I. 502. — πων II. 851 A. — Simpl. II. 45 C. 237 E. 1056 C. 1079 D. Plato 692 G. 693 F. — πρός τι I. 142 C. — οὐδὲν προθυμίας I. 602 F. Simil. Thessal. Or. 7 E. Hippocr. ed. Chart. Aeschyl. Prom. 345. T. Hemsterh. Lucian. Dial. . . . Aristid. I. 268. 315. 516. — τὸ ἐλλεῖπον I. 211 A. — τινὸς pro ἀπολ. I. 291 B. Aristid. I. 516. — οὐδέν τινος I. 355 B. Aristid. I. 505. — τι omitto I. 485 D. — τοῦ βιοῦν bene I. 846 D.

ἔλλειψις in vitio sermonis ponitur II. 1047 B. — κατ' ἔλλειψιν oppon. τῷ καθ' ὑπερβολὴν II. 826 E. 1069 A. 1014 D. E. Hippocr. Ep. XVI. p. 15 E. 44 A. — ingenii II. 0 E.— Schema Rhet. Vit. Hom. §. 39.

Ἕλλην II. 113 A. 154 C. 141 A. 143 F. 144 B. 146 E. 150 D. 151 B. 158 E. 172 C. 173 C. 179 B. C. 182 F. 185 A. 186 B. C. 188 B. 197 B. 208 F. 209 B. C. 212 B. E. 219 A. D. 240 A. — humanus II. 1099 B. — νων τῶν ἐντὸς I. 542 C. — νων ἄριστος et per. Aristid. II. 255. 286. 287. 292. 294. et saepe.

ἑλληνίζω II. 1116 E. — ἐφελληνίζεσθαι Dio Chr. 461 C. Aristid. I. 403. 571.

Ἑλληνικὸς religio I. 299 D. 360 B. 547 D. 812 B. 1048 D. II. 228

F. Aristid. II. 295. — κόν τι πάσχειν I. 519 B. — τὰ I. 858 C. Aristid. I. 483. —moribus, opp. βαρβαρικῷ II. 29 E. 30 C. Clearch. Eus. P. E. 409 D. — κῇ ἱστορία II. 119 D.

Ἑλληνικῶς simpl. II. 558 A.

Ἑλληνιστὶ II. 199 F. 685 A. I. 31 B. 343 A. B. 651 D. 680 F. 739 C. 862 F. 985 A. 991 F. 1008 E.

ἑλληνοταμίας II. 841 B. Thucyd. I. 96. interpp.

ἐλλιπὴς v. n. ad II. 40 B. 2 B.

ἐλλόβιον II. 693 C. I. 412 D.

ἐλλόγιμος II. 16 D. 612 D. 715 A. 778 A. 1124 C. I. 344 D. 723 B. 915 C. Aristid. I. 517. 525.

ἔλλοπες pisces unde dict. II. 728 E. 981 D.

ἔλλοπος II. 621 A.

ἐλλοχίζω I. 364 D.

ἐλλύχνιον I. 849 D. 886 D. II. 802 E.

ἔλλωψ piscis II. 979 C.

ἕλξις in lucta II. 660 B. — II. 916 D. 976 D. — vestium Dio Chr. IV. 76 A.

ἕλος αἰγὸς ἢ ζορκὸς Romae I. 34 E. — καὶ λίμνη I. 286 B. 406 A. opp. 465 C. jung. Plato 642 A. — I. 427 C. D. 562 B. C. 1003 B. E. 1006 C. 1026 E. — Aegypti ἕλεσι f. pro Ἕλλησι Aristid. II. 361.

ἐλπίζω — ἀλλ' οὐ γὰρ ἤλπιζον II. 112 C. — putant hoc παντὸς εἶναι τοῦ ἐλπίσαντος unumquemque facere posse Dio Chr. XXXIV. 426 A. — puto Plato 667 H. — κατά τινος contra quem Aristid. I. 477. — ειν τὸ ἀποτίθεσθαι ἕνα καὶ τὸ φροντίζειν I. 949 B. — II. 41 E. 47 A. 177 B. 195 D.

ἐλπὶς simpl. II. 12 C. 126 B. 166 E. 168 E. F. 169 C. 188 D. 201 D. I. 433 B. — κενὴ καὶ μακρὰ 562 A. — I. 154 F. 161 C. 210 A. 290 C. 371 B. — πίπτειν ἀπ' II. 344 B. — ἀπ' ἐλπίδος hoc est I. 164 A. — metus Wessel. Diod. Sic. I. 574. — re sperata I. 383 C. II. 596 F. — φόβου Thucyd. VII. 61. — δων Ἰταλικῶν ἐκπίπτειν I. 400 A. — δα ἐξ ἐλπίδος κυλίνδειν I. 403 C. — δος ἄξιος I. 553 C. — ἐπ' ἐλπίδος ὥσπερ ἐπὶ σχεδίας διαφέρεσθαι II. 606 D. — Epic. II. 1087 D. 1089 E. 1090 A. F. 1102 C. 1103 E. 1104 B. 1107 C. 1125 B. — παρ' ἐλπίδας Wessel. Diod. Sic. I. 418. — notabilia, vid. I. 646 A. 752 B. 870 E. 878 A. 911 E. 950 E. 1028 E. 1033 E. 1035 E. 1056 E. II. 85 E. — καλὴ vitae futurae I. 1002 B. Plato 697 F. 703 D. — καὶ πόθος II. 84 D. — ἐγγυτέρω τοῦ τέλους βαδίζουσα συναύξει τῷ πλούτῳ τὴν φιλοπλουτίαν II. 85 D. — Simpl. philos. II. 101 B. — δος ἀφῃρῆσθαι II. 113 C. — δων ἀναπλασμός II. 113 D. — παρ' ἐλπίδα II. 115 A. 117 A. — δας καλὰς ἔχειν II. 120 B. — κατασβέννυται II. 129 B. Sim. 168 F. — proverb. II. 127 E. F. — κοινότατον II. 153 D. — metus, veri similitudo τὴν ἐλπίδα τῆς μεταβολῆς ὑφεωρῶντο, pro simplici τὴν μεταβολὴν Dio Chr. 602 B. — commune, genus complectens duas species, φόβον et θάῤῥος Plato Leg. I. p. 573 B. — ἐπὶ τῆς ἐλπίδος ὀχούμενοι Plato 594 C. — exspectatio, ut Lat. Plato 698 B. — res exspectata ib. 698 E. — μακρὰ Aristid. II. 384. — γρηγορούντων ἐνύπνιον Basil. M. Ep. T. III. p. 56 B.

ἔλπισμα II. 1089 D. 1090 A. Epicur. Cleomed. II. 467. 474.

ἐλπιστικὸς II. 668 E.

ἐλπιστὸς Plato 652 A.

ἔλυτρον II. 562 B. — involucrum vasis argentei II. 665 B. — fluvii ut ap. Herodot. Pausan. 628. 661.

ἐλώδης II. 951 E. I. 487 B. 505 F. 985 E. 986 B. 996 A.

ἐμαυτὸν II. 153 C. 204 A.

ἐμβάδες I. 909 A. Cothurni Upton. Ind. Epict.

ἔμβαδον Pausan. 847.

ἐμβαθύνω morbum II. 1128 E. — mentem cujus Anon. Vit. Pythag. 14.

ἐμβαίνειν τινὶ v. c. ὅροις χώρας II. 274 B. — II. 131 B. 204 C. 206 C. 980 C. — est ἐντὸς βῆναι II. 1011 D. — in naves I. 552 C. 884 F. — εἰς ὁδὸν ἐλπίδων I. 870 E. — in lecticam I. 1065 A. — καιροῖς vel ἀγῶνι Aristid. II. 389. clam 381 pro συμβ. — εἰς θάλασσαν Aristid. I. 420. 421. 459. — εἰς κίνδυνον Aristid. II. 170.

ἐμβάλλω II. 45 D. 760 E. I. 133 E. 136 B. 145 E. 147 C. — hostibus I. 348 D. 361 D. E. — infero, addo, planto quid in horto, τῷ παραδείσῳ II. 648 C. — cibum equis (ut mox προβάλλω) II. 678 A. Alex. Athen. 610 B. — Simpl. II. 12 F. 200 B. 239 C. — induco quem in locum II. 680 B. — τινὰ πρὸς πάθη II. 697 D. — cui φρουρὰν I. 397 E. 908 A. — εἰς τὴν ἀγορὰν bono sensu II. 660 A. 868 C. 979 E. — τὸ ὄνομα τῶν σοφῶν II. 385 E. — et ἐμπίπτω I. 448 D. — τινὰ εἰς ἐπαίνους aliquem in laudes conjicere, i. e. laudare, nisi genitiv. τινὸς legendum II. 57 B. — quem in diaetam II. 561 D. Sim. II. 767 C. — λόγον II. 29 C. 108 D. 243 D. 277 F. 356 D. 490 C. 615 A. 653 B. 710 C. 723 D. 736 E. Sim. 792 D. I. 70 B. 140 F. — advenio II. 676 D. — σκαφεῖον in herbas II. 549 B. (ut Xenoph. Oecon. XVII. 12.) I. 108 E. — τινὶ homini τι II. 553 A. — τινὶ δεξιὰν II. 12 E. 597 F. I. 587 D. 907 D. 1008 F. 1036 A. 1050 C. — equis pabulum I. 588 E. 590 B. — τὴν πόλιν εἰς πόλεμον II. 188 D. — quem in voluptates I. 916 C. — me in coetum I. 607 D. — hosti I. 559 E. 578 B. II. 193 B. 198 A. — praesidium in locum I. 553 D. — ω quem in δῆμον produco I. 529 E. — μαι animo patientiam I. 514 A. — ει fluvius II. 1085 A. — ἐμαυτὸν εἴς τι II. 51 B. 62 D. 124 B. 127 E. 212 E. 1130 C. — σθαί τι εἰς νοῦν I. 709 B. — homines, viros immiscere mulieribus I. 10 D. Simil. I. 306 A. — τάφρον facio I. 401 F. 414 A. 549 B. 1003 B. — βάθος εἰς βόθρον I. 91 D. — εἰς ἀγορὰν venio I. 99 D. 220 C. 275 C. 868 C. 1065 A. — in locum venio I. 519 F. 526 A. 545 A. II. 128 D. 209 B. 212 A. 219 A. 235 A. — εἰς χώραν I. 106 A. 107 A. 157 B. 163 A. 168 E. 170 A. B. C. E. 324 F. 365 C. 368 B. 370 A. 386 F. 388 B. E. 400 B. 636 E. 637 F. 638 C. — εἰς χρόνον I. 121 D. Sim. 536 C. — τινὰ εἰς ὑποψίαν I. 123 D. — τινί τι I. 132 E. — εἴς τινα venio ad quem I. 134 A. — in regionem I. 226 D. 600 D. F. — cui πληγὰς I. 221 E. II. 70 E. — intro I. 238 D. 990 C. — ται luna in umbram terrae I. 264 C. — εἴς τι irruere I. 313 E. — pro ἐπιβ. I. 316 A. — τι εἰς σκέψιν Plato 589 A. — τι εἴς τι II. 125 F. 134 D. 137 B. — φρουρὰν loco I. 441 F. — me in quid I. 635 E. — fluvius in mare I. 636 F. — ἐμβαλόντες pro fut. ἐμβαλοῦντες I. 657 B. — ὁμιλίαν I. 739 A. — murum I. 748 C. — me μέσον duorum I. 772 C. — hominem in locum, i. e. impono I. 770 B. — ἀσχολίας I. 801 B. τινὶ ὀργὴν I. 922 B. — in navem, eam rostro percutio meae navis, I. 947 B. — μαί τι εἰς νοῦν I. 1011 A. — ω cui δυσθυμίαν I. 1027 A. — quem in colloquium I. 1028 C. — me in locum I. 1067 A. — δεξιὰν cui II. 12 E. 96 A. conf. δεξιά. Plaut. Aul. II. 2, 21. — τινὰ εἰς ἐπαίνους, ut laudetur II. 57 B. — τι mentionem cujus rei facio II. 72 A. — μαι activ. onera in navem II. 127 C. Sim. 132 A. Dio Chrys. 622 D. λω ἀσιτίαν, pro ἐμβ. με εἰς ἀσιτίαν II. 134 F. — τινὰ εἰς λόγους, ut colloquatur II. 147 D.

ἔμβασις passionis, an ingressio in passionem, gratificatio II. 62 B. — in fluvium I. 358.

ἐμβαπτίζω I. 466 A.

ἐμβατεύω Aristid. I. 346. 486. 522.

ἐμβατήριος v. n. ad II. 238 B.

ἐμβάτης calceus Aristid. I. 390.

ἐμβατὸς Aristid. 43.

ἐμβεβαιόω I. 54 A.

ἐμβιβάζω sc. in navem II. 781 D. I. 114 F. — εἰς ἴχνος I. 513 C. Eurip. Herc. F. 858. — deum in quid II. 416 F. — I. 323 F. 504 D. 539 D. 652 C. II. 26 E. — milites in naves I. 391 F. 485 D. 919 A. 945 E. — quem in scientiam Jambl. V. P. 22.

ἐμβιόω II. 789 A. (Wessel. Diod. Sic. II. 518. et ἐμβιωτήριον) I. 1066 B.

ἐμβίωσις II. 640 D.

ἐμβλέπω II. 681 B. C. 968 D. 999 B. I. 350 E. 841 B. subaud. cui II. 133 B. — cui 613 F. II. 68 F. — εἰς οἰκειότητα II. 769 B. — δεινὸν I. 405 F.

ἔμβλημα I. 410 E.

ἐμβοάω v. n. ad II. 249 A.

ἐμβολᾶς II. 640 B.

ἐμβολὴ — αἱ fauces loci I. 358 E. 370 C. 806 C. 948 D. — I. 494 A. — navis rostrum I. 599 C. — pugnae I. 558 D. 622 B. 946 A. C. 975 D. — fluvii I. 935 B. — luctatorum II. 638 F. I. 133 C. — hastarum 217 E. — impetus I. 301 A. 450 C. — objectae rei in sensus II. 901 F.

ἐμβόλιμος I. 72 A. 735 D.

ἔμβολον aciei I. 183 B. — α rostra Romae I. 780 E. 872 B. 885 F. 946 B. — sedere ὑπὲρ τῶν ἐμβόλων R. I. 736 A. — ἐπὶ — D. 992 D. — locus quo fluvii confluunt, ut rostrum navis Dio Chr. XXXVI. 437 C.

ἔμβολος navium Aristid. I. 540. 570.

ἔμβραχυ II. 1021 B. Dio Chr. 446 C. Aristid. II. 287.

ἐμβρέχω II. 74 D.

ἐμβριθὴς bono sensu ad mores II. 65 B. 791 B. 1097 E. I. 154 B. 215 A. 314 E. 666 D. 828 E. 887 B. 891 B. 958 E. 962 D. 984 B. 986 D. 1028 D. Porphyr. Abst. I. 3. — solidus, corpus II. 427 E. 921 D. 924 D. 931 B. 946 B. 953 C. — terra frugifera, II. 664 E. 725 E. — cibus II. 129 E. 132 A. 687 B. — vinum II. 692 D. — καὶ γεώδης II. 911 D. 927 E. 936 E. 1004 C. I. 36 A. — I. 220 D. 574 B. — Clypeus I. 496 A.

ἐμβροντᾶσθαι II. 193 A.

ἐμβροντησία II. 1119 B.

ἐμβρόντητος II. 193 A. Antiphan. Stob. 195, 5.

ἐμβροχὴ II. 42 C. ubi v. n.

ἔμβρυον II. 907 B. C. D. 910 C. 997 A.

ἐμβυθίζω II. 981 A.

ἐμβυρσόομαι II. 1150 E.

ἐμετικὸς I. 646 E. II. 204 C.

ἔμετος II. 44 E. 134 A. B. D. E. 711 C. I. 920 A. 937 C.

ἐμμανὴς I. 404 C. II. 40 A. Amor II. 745 E. 858 D. 1107 E. I. 629 D. 1034 C. Plato 607 C.

ἐμμέλεια — ἐμμέλειαν καὶ φωνὴν ἀφιέναι II. 443 A. Sim. 41 D. — saltationis II, 747 B. Athen. 629 D. 630 E. 631 D. Plato 638 G. Aristid. II. 415. — poenae I. 1017 F. — II. 138 C. 167 B.

ἐμμελετάω II. 932 D. I. 490 B.

ἐμμελὴς I. 491 A. 492 A. 742 E. 951 A. II. 133 D. 288 B. — ὁμιλία II. 629 F. — II. 7 B. — in ira II. 456 A. 550 F. — facetus, scitus II. 531 E. I. 187 D. 984 B. — ἐπιδέξιος II. 617 B. — I. 46 A. 89 E. 154 D. 161 D. 288 A. 501 D. 889 F. 963 A. 964 F. — φωνὴ II. 444 E. 1029 D. I. 77 E. — ἐμμελὴς εἶμι II. 794 F. — musicus et al. II. 809 E. 827 A. 1029 C. 1014 C. 1018 E. 1065 B. 1095 E. 1132 B. 1140 D. — placitum II. 964 E. — Music. differt a σύμφωνος II. 1021 B. — oppon. magnis et parvis Plato 617 A. 699 A. — repon. Aristid. I. 360.

ἐμμελῶς II. 70 D. 79 C. 87 B. 614 D. 1037 E. I. 111 B. 161 C. 347 D. 687 B. 691 A. 797 B. 867 A. 887 A. 1025 E. 1053 C. 1062 A. Plato 670 D. 679 B. 681 H.

ἐμμένειν fidem servare II. 218 D. 273 A. 960 A. 1239 F. I. 20 A. 57 D. 75 A. 96 C. Plato 626 F. 649 A. 657 G. 660 H. — ἤθεσιν II. 598 C. — II. 1141 C. I. 240 B. 422 F. 587 A. 608 D. 662 E. — simpl. II. 682 C. 783 C. 1110 E. 1126 B. I. 168. 230 D. 333 C. 334 B. 357 B. 489 F. 540 E. 614 C. 754 A. 767 E. 789 C. 817 B. 933 D. 975 F. 1022 F. 1057 B. 1059 A. — ἐμμεμενηκότα τῆς ἀνθρωπίνης φύσεως, reliquiae humanae imbecillitatis Aristid. II. 225.

ἐμμενετέος II. 1034 D.

ἐμμενὴς Timon. II. 446 B.

ἔμμετρος II. 396 C. 403 E. 850 B. 1030 B. I. 31 A. — pro σύμμετρος Plato 641 G. 680 E. 691 F.

ἐμμέτρως II. 623 C.

ἔμμηνος — οἱ ἡμερῶν περίοδοι II. 495 D. — I. 711 C. Porphyr. Abst. II. 50. Plato 642 C. 691 G.

ἐμμίγνυμι II. 61 B. 668 E. I. 71 B. 154 C.

ἔμμισθος II. 777 D. 809 A. I. 158 C. 159 A. 704 D. 721 D. 866 E. Plato 678 D.

ἐμμανῶς II. 208 C.

ἔμμορφος v. n. ad II. 362 B. ubi leg. I. 65 C.

ἐμὸς — οὐ τἀμὰ κωλύσει II. 151 C. — εἰμὶ I. 793 C. — οὐκ ἐμὸν ἐπιορκεῖν I. 930 C. — ἐμὸν καὶ οὐκ ἐμὸν Plat. II. 140 C. — οὑμὸς II. 147 C. — II. 187 B. 241 A. 242 A. bis. — et σὸς II. 204 D. Aristid. I. 534.

ἐμπάζομαι poët. II. 90 D. pros. Euseb. P. E. II. 70 B. Liban. T. II. 564 B.

ἐμπαθὴς II. 25 C. 30 E. 72 B. 165 B. 167 B. 705 D. 769 E. 959 B. 963 D. 1010 E. 1094 C. 1125 D. I. 457 D. 481 B. 676 B. 703 C. 764 A. 781 C. 806 A. — adv. superlat. II. 437 D. 668 C. — ὕστερον ἔχω πρός τι I. 863 F.

ἐμπαθῶς I. 232 C. 907 D.

ἔμπαλιν II. 619 B. 705 D. 737 D. Taylor. Lys. 152. ed. Reisk. — τοὔμπαλιν II. 1058 D. pro simpl. ἐμπ. Aristid. I. 566.

ἐμπανηγυρίζω caussae II. 532 B. I. 190 B.

ἐμπαρέχω me II. 64 E. 407 C. 722 B. I. 1066 C. Eurypham. Stob. 557. — Sim. Euseb. P. E. V. 180 C. VII. 326 A. — pro simpl. παρέχω II. 45 B. 638 C. 1014 B. ex codd. Callicrat. Stob. 489.

ἐμπαρεῖναι II. 298 A.

ἐμπαροίνημά τινος γενέσθαι II. 350 C.

ἔμπεδος Solon. II. 78 C.

ἐμπεδόφυλλος II. 646 D. 649 C. 723 E.

ἐμπεδόω I. 64 A. 92 B. 763 B. 826 C. 1025 E.

ἐμπειρία II. 43 B. 57 F. 58 A. C. 98 F. 129 D. 198 B. 405 C. 715 D. 716 A. — I. 158 C. 298 C. 381 B. 382 B. F. 387 C. 400 A. 536 A. 546 B. 668 B. 846 E. 887 B. — λόγων Dio Chr. XVIII. 253 D. 254 A. XXIV. 280 B. C. — simpl. bellica I. 398 A. 432 C. 566 E. 567 A. 747 E. 967 D. — plur. I. 320 D. II. 4 B. 10 E. Jambl. Stob. 471. — studium scientiae Porph. Abst. IV. 8. Jambl. V. P. 68. et 187. corrig. ut al. . . . . f. Dio Chrys. 616 D. opp. prati. — opp. λόγῳ medic. Plato 613 E. — τέχνῃ 685 D. — αι Plato 692 D. — simpl. — α Plato 696 C.

ἐμπειρικὸς — οἱ medici II. 908 A.

ἐμπειροπόλεμος I. 276 E.

ἔμπειρός τινος adsuetus I. 357 B. — dux belli I. 430 C. — II. 136 F. 145 C. 227 C.

ἐμπείρως I. 257 E. II. 137 A.

ἐμπεριέχω — ομαι II. 731 F. 742 F. I. 1064 D. II. 937 B.

ἐμπεριέρχομαι II. 1161 D.

ἐμπεριλαμβάνεσθαι (Chrys. II. 1040 F.) 613 E.

ἐμπεριλαμβάνω τὴν ἐξουσίαν πρᾳότητι II. 459 C. sim. 474 B. — quid narratione II. 855 C. — simpl. II. 881 F. 1040 F. I. 2 C. 949 A.

ἐμπεριπατεῖν v. n. ad II. 57 A.

ἐμπηγνύω II. 658 A. — μαι I. 700 D.

ἐμπιέζω II. 1005 A.

ἐμπίμπλημι II. 1119 D.

ἐμπίνειν τι II. 509 D. 650 D. — simpl. II. 715 D.

ἐμπιπλάω II. 994 B. — μοῖραν Plato 693 C. — iram Plato 684 B.

ἐμπίπλημι — ασθαι scil. cibo et potu II. 716 E. — τινὰ καπνοῦ καὶ ταραχῆς II. 765 B. — τινὰ αἰτίας II. 859 E. — ager fructibus II. 994 C. — pass. II. 1026 E. — II. 39 A. 42 C. 160 A. 165 A. 1073 D. I. 876 E. — μαι cibo I. 150 F. II. 125 E. 140 A. 147 D. — ἀνδρὸς ejus poena I. 365 E. — σθαι φόνου I. 403 E. — δόξης orbem I. 616 C. sim. 863 E. — μί τινα spe I. 646 C. — τι 127 C. 134 D. simpl, corp. τί τινος II. 101 B. — κακῶν τὰς δύο ἠπείρους II. 97 D. — φιλοσοφίας ἀπορειῶν II. 75 F. — βίον factis I. 677 D. — quem δόξης πονηρᾶς I. 751 C. — μαι βλασφημιῶν κατά τινος vitupero quem I. 974 B. — τῆς τύχης I. 1060 B. — vitio II. 37 D.

ἐμπιπράω I. 226 B.

ἐμπίπτω II. 701 B. — μοι ἀθυμία I. 372 F. — Simpl. II. 152 E. 166 A. 169 A. 171 E. bis. — pro ἐντυγχάνω τινί II. 596 E. — ἐμπεσὼν εἶπε, incidens in sermonem II. 626 A. — ει λόγος II. 680 C. I. 381 A.

407 C. — pestis I. 171 A. — tumultus in castra II. 192 C. — ω in hostes II. 194 D. — in proverbium II. 855 D. — in historiae argumentum II. 855 D. in attributum II. 1055 E. bis. — ποινῇ II. 1101 C. — daemonis ἔμπτωσις Porph. Abst. II. 39. — εἰς ὑποψίαν καὶ διαβολὴν I. 34 C. — ει quid in judicium I. 88 A. — imperium cui ἐμπίπτει, fit imperator I. 114 E. — f. ἐκπ. I. 117 C. — μοί τι I. 134 C. 144 D. — γέλως I. 182 F. — εἰς λογισμοὺς II. 77 E. — sibi invicem II. 53 F. — ἐμπίπτω subaud. in rete, codd. ἐμπέπαικε II. 52 C. — εἰς πράξεις Simpl. II. 25 D. — ω simpl. f. leg. ἐκπίπτω sc. ex instituto cursu II. 9 B. — ει res in senatum, deliber. de ea I. 986 A. — τει δάκρυα I. 976 E. — τινι μικρά, leg. ἐμπταίω I. 465 B. — ει morbus in pedes I. 468 C. — in quem I. 629 C. — ει Creta bello piratico in Pompeii imperium, ἐμπίπτουσαν εἰς τὸ μέτρον τὸ ἀπὸ θαλάσσης I. 634 A. — in locum fugiens I. 651 F. — ει λόγος I. 737 F. 928 A. 993 A. II. 188 C. 206 F. — cui γέλως I. 765 B. — in remp. non consilio accedo I. 768 A. — ω cui increpo I. 771 E. — in locum cum onere I. 780 C. — ω σφοδρός, disputans I. 792 C. — ει τὰ πράγματα εἰς μοναρχίαν I. 862 A. — λόγος in exercitum I. 910 D. Sim. 920 D. — sine εἰς I. 922 F. — bellum I. 964 D. Sim. II. 137 D. Sophocl. Stob. 570, 46. et ἐμβάλλω I. 448 D. — εἰς ἐνέδραν I. 1036 E. — ει δάκρυα al. ἐκπ. II. 84 C.

ἐμπὶς musca Aristid. I. 356. II. 309.

ἐμπιστεύω cui quid I. 756 B.

ἐμπλάζω — εσθαι I. 1072 A.

ἐμπλάσσω II. 683 A.

ἐμπλέκω I. 684 F. Plato 638 C. 641 F. — σθαί τινι II. 787 E. 1028 E. I. 1044 F. — ται res per definitos numeros I. 568 B.

ἐμπλέω II. 419 B. 161 C.

ἔμπλεως II. 113 A.

ἐμπλήθω II. 712 D. 996 E.

ἐμπληκτικὸς — ὸν θέατρον II. 748 D.

ἔμπληκτος v. n. ad II. 149 B.

ἐμπληξία v. n. ad II. 149 B. Porphyr. Euseb. P. E. 198 B.

ἐμπλοκὴ II. 916 D.

ἐμπλόκιον I. 750 E.

ἐμπνευματόω II. 906 A.

ἐμπνευμάτωσις II. 905 D.

ἔμπνευστος et ἔντατος instrumm. mus. Vit. Hom. §. 148.

ἐμπνέω — vivo II. 794 F. I. 585 F. 587 D. 779 B. 791 A. 1073 D. — εἰς μαντικὴν II. 424 B. Cleom. I. 805 F. Lacon. Musg. addend. Theocr. T. II. p. 410. — amare Valck. Eur. Phoen. p. 62. — spirare odorem Perictyone Stob. 488.

ἔμπνους II. 164 A. 758 E. 955 C. Plato 687 A.

ἐμποδίζεσθαι II. 329 A. si sana lect. 1056 E. Stoic. Upton. Ind. Epictet. — ω II. 48 B.

ἐμπόδιον adj. II. 1000 A. I. 446 C.

ἐμπόδιος qui currentibus in via est I. 31 D. 250 A. — I. 320 A. 367 B. II. 39 D. — τινί τινος Plato 680 D.

ἐμποδὼν I. 184 A. 389 E. 493 D. — 125 D. 137 B. 150 F. 313 A. 620 D. 909 F. — τὰ ἐμποδὼν cogitata II. 656 A. 962 C. — ἐμποδών τινί τι καταβάλλειν II. 342 D. — τί ἐστί τινι II. 706 B. I. 383 E. 1007 E. — γίνεταί τι II. 941 E. — II. 1091 D. 1118 A. I. 566 F. 618 C. 684 F. 918 A. 967 A.

ἐμποιέω I. 25 B. 37 F. 48 A. 70 E. 74 D. 75 B. F. 76 D. 81 F. 111 D. 120 C. 152 E. 230 C. 260 C. 476 D. 528 C. 739 A. II. 28 C. 39 E. 48 C. 56 A. 61 E. 68 A. 72 D. 87 D. 95 D. 101 D. 123 A. 130 B. 669 B. 684 E. 699 E. 701 A. 792 C. 745 E. 794 C. 918 C. 1023 D. f. corrupt. 106 C. 156 C. 164 E. 165 B. 218 C. 431 C. 432 E. 732 D. 734 E. 818 C. 1023 D. 1121 E. 1122 F. 1124 B. 1126 C. — dubium Plato 700 A. — pro ἐμὸν ποιέω quid — εἰσποιέω Dio Chr. 534 A.

ἐμποικίλλω pass. I. 139 C.

ἐμπολαῖος II. 777 D.

ἐμπολεμέω II. 252 A.

ἐμπόρεια I. 631 E.

ἐμπορεύομαι II. 33 D. — *σοφίας ἐμπορίαν* Oenom. Euseb. P. E. V. 214 A. D. X. 371 D. Porph. Abst. I. 34. Lysid. Ep. Jambl. V. P. 76. Porph. V. P. 12. ibique Holsten. Plato 689 D. 690 F.

ἐμπορία II. 630 E. I. 79 B. D. E. 257 F. 735 C. Plato 677 D. — *κατ' ἐμπορίαν* II. 410 A. restitue Zosimo I. 34. conf. Pausan. p. 468. 608. 836. Athen. 595 C. Sic Appuleius *secundum quaestum* p. 33. ed. Oudend. Diog. Laërt. VIII. 8. Porph. V. P. 1. Jambl. V. P. 5. Aristid. I. 151. Isocrat. Trapez. 617. Lucian. T. II. p. 126. — *αι ἐκ θαλάσσης* I. 430 B. 505 D. — mercatum, an caussa itineris II. 151 E.

ἐμπορικὸς φόρτος I. 44 F. II. 419 B. *βίος* I. 79 E. — Plato 648 D.

ἐμπόριον I. 184 A. 645 D. — *εῖον* Dio Chr. 438 C.

ἔμπορος II. 128 E. 162 B. 226 D. 649 E. I. 159 C. 430 B. 466 B. 483 C. 639 D. 655 A. 856 E. 904 E. Plato 644 A. 677 C. 678 G.

ἐμπορπᾶσθαι II. 201 C. I. 415 A.

ἐμπόρπημα Casaub. Theocr. p. 272 A.

ἐμπράκτως I. 569 E.

ἐμπρέπει cui quid I. 192 B. — *πω* virtuti Aristid. I. 76.

ἐμπρήθω I. 321 A.

ἔμπρησις I. 189 C.

ἐμπρησμὸς II. 824 E. 892 F. 1051 C. I. 30 E. 543 E.

ἔμπροσθεν — olim II. 12 E. *ἐν τοῖς* supra in libro II. 113 E. — *εἰς τοὔμπροσθεν τοὺς ὅρους μεταθεῖναι* II. 126 A. — *ἢ ὄπισθεν κιναιδος* II. 126 A. — *τοῦ δείπνου* pro *πρὸ* II. 154 B. — corrupt. *ὄπισθεν* II. 156 A. — bello Aristid. I. 379. — *τὸ ἔμπροσθεν τοῦ βίου* Antip. Stob. 418, 21. — *τινός τι θεῖναι* Dio Chr. XXXIV. 423 C. Aristid. I. 469. — praestantior Aristid. II. 102.

ἐμπρόθεσμος II. 601 E.

ἐμπρόσθιος II. 917 D. I. 590 B.

ἐμπταίω τινὶ ita leg. pro *ἐμπίπτω* I. 465 B.

ἐμπτύω II. 189 A.

ἔμπτωσις Metrodor. II. 993 D.

ἔμπνοος I. 474 E. II. 43 A. 73 B.

ἐμπύρευμα Julian. p. 269 D. conf. *Ζώπυρον*.

ἐμπυροειδὴς II. 881 D.

ἔμπυρος I. 63 B. II. 222 F. 305 F. 314 D. 586 F. vinum II. 648 B. — regio II. 648 C. — 938 E. 940 B. — *ον σκεῦος* Plat. 536 A.

ἐμφάγω II. 656 A. 689 B. 694 D. F. Schol. Aristoph. Vesp. 1115. I. 241 D. 700 D. 826 E.

ἐμφαίνω Activ. II. 112 F. 692 C. 730 C. 977 C. 1089 C. I. 2 B. 67 F. — I. 193 B. 340 A. 827 A. 844 E. f. F. II. 172 C. — *ἐνέφηνε* II. 880 E. — doceo II. 11. — ostendo vultu II. 1146 D. — *ει* imago quid I. 666 B. — *ἐμφαίνεσθαι* pro simpl. *φαίνεσθαι* Chrys. II. 546 B. 962 A. 1040 E. — *τινι* II. 572 B. — *ταί τι* II. 612 A. 650 A. 673 F. 703 A. 718 E. 968 C. 970 E. 1026 C. — simpl. apparet II. 953 E. 1040 E. — *ταί τινι τὸ ἀπογυμνοῦσθαι* pleonasm. II. 646 B.

ἐμφανὴς simpl. II. 141 B. clarus I. 568 C. II. 108 E. *εἰς τοὐμφανὲς* sto I. 833 A. II. 232 C. — *κωθὼν* I. 917 D. — II. 680 C. I. 564 D. 568 E. — *ἐς τὸ παρορᾶν* II. 447 C. opponitur *θεωρητῷ* intelligibili II. 722 D.

ἐμφανίζω II. 1133 D. I. 479 F. 794 E. Diog. Laert. I. 7.

ἐμφαντικὸς v. n. ad II. 104 B.

ἐμφανῶς II. 72 C. 796 B. I. 91 A.

ἔμφασις II. 354 C. 359 A. 728 A. 736 A. B. 767 B. (894 B. opp. *ὑποστάσει*) 901 C. 930 B. bis. 936 F. 937 C. 966 B. 967 D. 970 E. 1001 E. 1044 D. 1051 B. Stoic. Upton. Ind. Epict. — metaphor. II. 747 D. Casaub. Strab. 697. Trop. Rhet. Vit. Hom. §. 26. — *κάλλος* II. 1073 B. — II. 19 A. 35 A. 63 F. 141 E. Vit. Hom. §. 72. 417 B. I. 665 A. — Mus. II. 1145 A. — significatio Jambl. V. P. 103. 161. — sign. major quam vulgo Fabric. Sext. Emp. 92.

ἐμφατικὸς II. 747 E. — *τινος* significans 1009 E.

ἐμφέρεια I. 68 F. 824 E.

ἐμφερὴς II. 670 E. I. 155 C. 239

D. 664 A. 917 C. 1028 D. — de forma corporis f. II. 109 C.

ἐμφέρω — όμενον nomen *tritum*, *frequens* Aristid. II. 360.

ἐμφερῶς II. 885 A.

ἐμφιλοκαλεῖν v. n. II. 122 E. Sic ἐμφιληθεῖν Porph. Abst. II. 47.

ἐμφιλοχωρεῖν Alciphr. III. 18. Suicer. Thes. Eccles. Joseph. I. 89.

ἐμφοβέομαι I. 1068 F.

ἐμφορέω cui πληγὰς I. 620 B. 953 E. — ἐμφορεῖσθαί τινος II. 551 A. 692 F. 701 D. 703 B. 704 D. 734 A. 871 E. 1067 D. 1128 B. I. 570 D. 870 B.

ἐμφόρησις f. Hippocr. II. 472 B. 995 D. Porph. Abst. I. 34.

ἔμφραγμα οὐ σάρκινον II. 745 E.

ἐμφράττω τὴν φωνὴν II. 88 C. 606 D. — II. 995 E. 1059 B. I. 120 A. 177 D. 497 C. 539 D. 618 D. 869 D. 1034 B.

ἐμφρόνως II. 979 E. I. 108 D. 374 B.

ἔμφρουρος I. 295 A. 374 C.

ἔμφρων II. 12 C. 24 C. 177 F. 214 C. 758 E. 1003 A. I. 391 A. 423 A. 501 C. 547 B. 567 A. 658 F. 776 E. 817 B. 828 B. 1021 E. 1058 C. — ονα νοῦν ἔχειν Plato 675 A. — ἐμφρονέστατα I. 922 A. — in lucro Dio Chr. IV. 74 C. — mentis compos Plato 675 F. — 698 A. 701 D. G. 703 B.

ἐμφύλιος πόλεμος II. 202 D. 786 D. 806 D. 969 C. I. 77 B. 104 E. 110 E. 219 C. 222 A. 331 D. 490 B. 517 A. 521 A. 627 C. 647 E. 720 C. 734 C. D. 772 A. 882 B. 883 C. 918 D. 922 A. 940 F. 989 A. 992 F. 994 C. 1066 C. 1073 B. Plato 659 A. — ον αἷμα I. 453 B. 1031 A.

ἐμφυσάω tibiam Dio Chr. 559 C.

ἐμφύσησις est φύσις Stoic. II. 1077 B.

ἐμφυσιόω — οῦσθαι Charond. Stob. 289 fin. φυσίωσις Porphyr. Abst. I. 29.

ἐμφυτεύειν τινί τι II. 526 C.

ἔμφυτος ἐπιθυμία II. 584 C. 746 D. 81 E. Dio Chr. XII. 201 B. 205 A. Aristid. I. 157. — Simpl. 903 C. 907 C. 1000 E. 1026 D. 1044 E. 1042 A. I. 389 E. 614 D. 635 A. 726 D. 1050 A.

ἐμφύω τινὶ II. 342 C. 410 E. 458 C. 806 E. 819 F. I. 147 C. 358 A. — I. 182 A. 246 C. 366 A. 371 A. 381 B. 386 A. 528 C. 654 B. 672 E. 761 D. 773 D. 783 B. 826 E. 859 E. 951 F. 955 A. B. 1036 F. 1050 E. — II. 28 E. 30 C. 42 D. 47 A. 49 B. 116 E. 699 E. 827 B. 1130 B. — appeto, bono sensu 131 E. — οντ' ἀποθανεῖν poët. II. 769 B. — hosti I. 532 D. — innasci cui I. 668 E. 1028 B. II. 125 E.

ἐμφωλεύω Euseb. P. E. IV. 131 B.

ἐμψυχία II. 1053 B.

ἔμψυχος II. 159 B. 683 A. 735 B. 776 C. 960 C. D. 1053 A. C. 1074 B. C. 1084 E. 1123 A. Plato 672 B. bis. 673 A. 701 B. bis. — ων ἀπέχεσθαι II. 727 B. — ον instrumentum I. 544 A. — affectus animi II. 138 F.

ἐμψύχως πλάττεσθαι vivo exemplo institui II. 789 E. — prudenter, f. εὐλόγως II. 1079 E.

ἐν (ellips. οἴκῳ) II. 686 D. — pro εἰς II. 624 C. — ἐν Δελφοῖς I. 433 E. — ἐν ἀριστερᾷ ad dextram I. 436 B. — ἐν ᾗ sc. ἡμέρᾳ I. 441 C. — ἔν τινι nil sperare, pro ab eo I. 460 F. — πηγαῖς fluvius navigabilis, inde a fonte I. 465 C. — ἐν τινος εἰκόνι facere cujus πρόσωπον I. 481 A. — ἐν τούτοις pro ἐπί, propter II. 350 A. — τοῖς μεγίστοις pro μάλιστα I. 501 D. — ἐν plane abund. II. 365 E. — ταύτῃ ἡμέρᾳ I. 510 C. — ἐν μούσαις ἱερὸν πνεῦμα II. 605 A. — σπείραις δώδεκα exercitum trajicere I. 513 C. — ἐν Κέῳ pro ἐκ I. 524 A. — ἐν οἴνῳ II. 612 E. 675 C. 707 C. 711 D. 714 B. 716 B. 746 E. — ἐν Ἀργῷ δύνατος I. 526 D. — ἐν δόξῃ γίνεταί τι II. 617 D. — abund. ἐν πέδαις δεδέσθαι I. 535 E. — pro ἐπί, κεῖται ὄνομα ἐν πράγματι II. 638 B. — ἔν τινι stat quid I. 560 B. — ἐν πώλοις de equo *quum pullus esset* II. 642 A. — ἐν ἀτόπῳ εἶναι pro ἄτοπον εἶναι II. 677 E. — ἐν προσηγορίᾳ τινὶ γενέσθαι II. 709 B. — ἐν τοῖς γεωμετρικωτάτοις ἐστὶ τοῦτο τὸ θεώρημα II. 720 A. — ἐν τοῖς βεβαιοτάτοις II. 982 E. — μάλιστα (vid. μάλιστα) II. 723 E. 812

E. — ἐν ἀκράτῳ panem edere II. 726 C. — ἐν κύλιξι γενέσθαι II. 736 E. — νόσῳ 733 C. — ἔν τινι λόγῳ hoc fit II. 740 D. — ἡ ἐν τοῖς ὅπλοις δόξα, bellica laus II. 813 A. — ἔν τινι τίθεσθαί τι II. 826 C. — ἐν ταῖς Ἀθήναις pro Ἀθήνησι II. 830 C. ἐν φόβῳ γενέσθαι II. 861 C. Simil. 437 E. — ἐν ῥήματι θιγεῖν τινὸς II. 865 C. f. ἐνὶ Dio Chr. 515 C. — ἐν μνήμῃ γενέσθαι τινὸς pro recordari quid II. 968 C. Sim. I. 498 C. — δεξιᾷ II. 979 E. — ἀγαθοῖς εἶναι II. 1106 A. — ἐν ξηροῖς μέτροις possidere multa I. 87 F. — προδοσίᾳ γενέσθαι in sociis proditionis I. 98 E. — ἐν τοῖς Ἕλλησι in conventu universorum Graecorum I. 123 E. 124 C. — ἐν κύκλῳ I. 118 C. — ἐν τοῖς παισὶ τὴν πόλιν κομίζειν I. 134 B. — οἴνῳ I. 147 C. — ἐν Χαιρωνείᾳ pugna ad Wessel. D. S. I. 695. II. 324 D. ubi v. n. — ἔν τινί τινα ὑπερβάλλειν Wessel. D. S. II. 72. — ἔν τινι ὁρᾶσθαι Mus. Mathem. II. 430 A. — quid miscere abund. II. 1132 D. — ἐν αὐτῷ ἔχειν pro simpl. ἔχειν II. 1142 C. I. 514 B. — ἔν τινι σφάλλεσθαι I. 182 B. — pro σὺν I. 185 B. 190 C. 397 A. 519 E. 1063 C. — in hac oratione est Tisias, i. e. memoratur I. 196 D. — ἐν λόγοις γενέσθαι πρός τινα I. 197 F. Sim. 245 E. — ἐν τούτῳ tunc I. 200 D. 244 A. 301 B. 303 E. 329 C. 357 A. 362 A. 384 B. 438 C. 457 D. 460 C. 461 B. 463 D. 470 F. 472 E. 494 A. 536 E. 537 A. 560 A. 593 A. 603 E. 628 F. 642 C. 651 B. 661 C. 669 C. 776 C. — ὀλίγοις Latin. I. 201 F. 511 C. — τινι per quem I. 202 C. — τοῖς ἀρίστοις Latin. I. 222 E. simil. 308 A. — temporis I. 225 A. — τινι sub alicujus imperio I. 240 D. — ἐν ἁμαρτήμασι γενέσθαι I. 242 F. — ἡ ἐν ἀργυρίῳ κατασκευὴ vasa argentea, pro ἐνάργυρος I. 267 E. 947 B. — ἐν φωναῖς εἶναι clamare I. 271 E. — ἐν δόξῃ quem αἱρεῖν, abund. ἐν I. 285 F. — ἡ ἐν Σαλαμῖνι μάχη v. n. ad II. 82 D. — πανοπλία ἐν ἀργύρῳ στίλβουσα I. 301 C. — ἐν τοῖς ὅπλοις esse armatum I. 331 A. 393 B. 395 D. 418 B. — ἔν τινι εἶναι occupatum I. 328 C. — ἐν veste sc. indutus I. 366 B. — ἐν βραχεῖ sc. tempore I. 372 F. — ἐν τῷ τέλει abund. I. 376 D. — ἐν ὀργῇ γίνομαι, alius mihi irascitur I. 378 A. — ἀμφίβολος ἐν Μακεδόσι, non satis fidens Macedonibus I. 389 D. — ἐν νυκτὶ noctu I. 401 C. — ἐν ὑποψίᾳ πρός τινα γενέσθαι I. 617 E. — ἐν γράμμασι τρέφεσθαι I. 583 B. — ἐν χρυσοῖς ἔχειν ἑκατὸν τάλαντα I. 584 F. — ἐν ἑαυτῷ τίθεσθαι arcanum I. 585 D. — ἐν τοῖς ξίφεσιν est pugna I. 587 A. — ἐν θαύματί τι ποιεῖσθαι I. 626 A. — ἔν τινος σώματι moriuntur multi I. 641 B. — ἐν ὅπλοις homines armati I. 646 E. 1015 B. — temp. ἐν μηνὶ hoc I. 679 A. — ἔν τινι χρόνῳ aliquando I. 691 E. — ἐν ap. tempus abundat I. 702 B. — ἐν διακοσίοις σταδίοις esse, i. e. abesse ab aliquo I. 717 A. — ἐν παιδιᾷ abund. I. 772 C. — ἔν τινι alius laeditur I. 736 B. sim. 773 B. 954 D. — ἐν τῷ ἀδυνάτῳ, quum res fieri non possit I. 776 B. — ἐν δεινῷ τίθεσθαί τι I. 779 D. — ἐν τιμῇ τοῦ θεοῦ γενέσθαι dicitur, ab Apolline honorari I. 799 C. — patriae donavit Agis τὴν οὐσίαν, πολλὴν οὖσαν ἐν τοῖς γεωργουμένοις καὶ νεμομένοις I. 799 C. — αὐτὸς ἐν ἑαυτῷ ipse secum animo I. 806 A. — ἐν ὀργῇ γενέσθαι πρός τινα I. 840 A. — οἱ ἐν δόξῃ καὶ φρονήματι I. 866 A. — ἐν γράμμασιν ἐλευθερίοις τρέφεσθαι I. 885 D. — ἐν φωναῖς εἶναι clamare I. 905 D. — ἐν ἀλλήλοις τι διανέμεσθαι I. 924 A. — ἐν τοῖς θεραπεύουσι γενέσθαι in numerum ministrorum recipi I. 928 C. — cum inf. I. 937 B. — ἐν ἀθυμίᾳ quid facio pro σὺν I. 962 B. — ἐν ἑτέρῳ καιρῷ I. 979 E. — ἐν τοῖς φίλοις βουλεύομαι I. 987 A. — ἐν χεροῖν quem interficio I. 1003 D. — ἐν ἐλπίσι καλαῖς sum I. 1002 C. — ἐν navibus duces, pro ἐπὶ I. 1006 D. — ἐν καλῷ χώρας esse I. 1006 D. — ἔν τινι θαῦμα παρέχω abund. I. 1014 E. — ἔν τινί τι γίνεται pro ἐπί, est in alicujus potestate I. 1020 B. — ἐν δυνάμει sum I. 1027 F. — ἐν τοῖς φίλοις ἀγῶνα ἔχειν apud, inter I. 1024 D. — ἐν τοῖς μεγίστοις factum memoratur I. 1042 C. ἐν ἀδήλῳ τρόπῳ abund. I. 1051 C. — ἔν τινι γίνομαι facio quid I. 1066 C. — ἐν δυνάμει εἰμί I. 1062 A. — ἐν αὐτοῖς dicere I. 1062 E. — ἐν τῷ ἐρᾷν εἰμὶ, amo Clearch. Athen. 670 A. ἐν τῷδε, in hac actione, interea, Galen. Protr. T. II. 14 C. — ἔν τινι δεινὸς, peritus in re 31 E. — ἐν δὲ, poëtica formula D. Ruhnken. Ep. Cr. p. 236. — ἐν τοῖς ἱππεῦσιν ἐξέτασιν facere i. e. praesentibus equitibus F.? Xen. H. Gr. II. 4, 5. — ἐν δυνατῷ quid est pro δυνατὸν II. 10 E. — ἐν παισὶ, in puerili aetate II. 37 C. — ἔν τινι χαίρειν abund. omittunt mss. II. 61 B. — ἐν πολλοῖς, multis praesentibus II. 70 E. F. 71 A. — ἐν τοῖς νέοις αἰσχύνην παρασκευάζειν II. 71 B. — ἐν ᾧ τοῦτο λέγεται qua in re dicitur, f. ἐφ' ᾧ ut D. II. 71 F. ubi v. n. — ἐν ἑαυτῷ μέγα φρονεῖν II. 80 E. sim. 81 A. — ἐν οὐδενὶ τίθεσθαί τι II. 85 E. — ἐν τοσούτῳ interea, praedictum erat septem dies II. 109 A. — verba ἐν οἷς φησὶν II. 113 F. — ἐν τοῖς ἀνθρώποις abund. v. Ἄνθρωπος — ἐν νῷ ἔχειν quid II. 118 A. — ἐν ἄλλοις φησὶν alio loco libri II. 118 A. — ἐν γέλωτί τινι τί προφέρειν II. 124 E. — ἔν τινι καὶ μετά τινος II. 128 C. — abund. ἐν οἷς ἅπτεται τοῦ ἀνδρὸς pro δι' ὧν II. 141 A. sim. 156 D. — πάντα ἐν ἑαυτῷ θέσθαι, omnia subsidia et spem II. 141 C. — ἐν ἑαυτῷ διαλαλεῖν quid II. 141 D. — ταῖς ἡδοναῖς εἶναι II. 143 D. — ὀργῇ γενέσθαι II. 143 D. — ἐν Ὀλυμπίᾳ pro Ὀλυμπιάσι II. 144 B. Sim. II. 170 A. — ἐν ἐμοὶ τὸν πέμψαντα προπηλακίσαι βουλόμενος II. 148 F. — ἐν οἷς γράφει in libro scriptor II. 155 E. — ἐν ᾧ γράφει sc. νόμῳ legislator II. 155 F. — τὸ ἐν αὑτῷ et τὰ παρ' αὑτῷ ἀγαθὰ differunt II. 155 B. οὐκ ἔστιν ἐν σοὶ τύραννος II. 175 D. — ἐν Ἀρβήλοις pugna ad Arb. II. 180 B. sim. 191 A. B. 193 A. 196 D. 200 A. 204 D. 205 D. 206 D. 218 E. 233 C. — τὸ σὸν γένος ἐν σοὶ παύεται II. 187 B. — ἐν ὀλίγοις ἐστὶ τὸ ἀμπλάκημα II. 226 E. — ἐν τῇ δεξιᾷ τινος stare, ad dexteram II. 222 A. — ἐν τῷ γελοίῳ αἰσχύνεσθαι pro ἐπὶ II. 241 E. — τῇ παρατάξει, alibi ἐπὶ τῆς παρατάξεως II. 242 A. bis. — ἔν τινι quid dicere per quid v. ad II. 365 E. — ἐν ταῖς κώπαισι πλεῖν, remis navigare Menand. Stob. 376 pen. — ἐν τούτῳ πάντα ἐστὶ, hac in re omnia posita sunt, Perictyone Stobaei 488. — ἡ ἐν Πλαταιαῖς μάχη ad, et sim. Aelian. V. H. II. 25. — ἐν τοῖς πολίταις argentum accipio, cum reliquis civibus, ut unus e civium numero Dio Chr. VII. 108 D. — ἐν ἀργυρίῳ quid facio R. ἐπ'. Dio Chr. 507 C. conf. Xenoph. ἐν μισθῷ — ἐν τῇ ὑμετέρᾳ εὐνοίᾳ habeo omnes honores, i. e. mihi positi sunt in Dio Chr. 508 D. — Aristotelis epistola ἐν ᾗ ἐστι μετανοεῖν Dio Chr. 525 C. — ἐν πέδαις δῆσαί τινα Plato 663 G. — ἐν εὐθύναις ἔστω τῶν κατηγορημάτων τῶν μεγίστων ἐν τούτῳ αὐτῷ, hujus ipsius criminis Plato 663 F. — abund. ap. dativ. Plato 617 C. 618 A. 630 B. C. 635 B. 656 F. 658 D. 660 E. 673 B. — ἐν τοσούτῳ κριτῇ λέγειν coram, rarum cum singul. Aristid. I. 41. — ἐν τοῖς πολεμίοις εἶναι, pro σὺν, ita leg. ib. 379. — ἔν τινι ἔστι τι, pendet quid a quo, id. II. 381. — ἔν τινι κρίνεσθαι, in facto erga quem cognosci Aristid. I. 478. — ἐν δυνατῷ quid est, pro δυνατὸν ib. 425. — ἐν φαύλῳ pro φαύλῳ II. 127. — pro εἰς φαῦλον II. 128. 202. — ἐν Ἀπόλλωνι κρίνεσθαι, eo judice II. 214. 256. ut παρὰ 215. — ἐν Τροίᾳ ad Trojam II. 265. — ἐν ἀκοντίῳ φονεύειν τινὰ Lucian. II. 16. 17. M. S. ἐνί.

ἓν τὸ phil. II. 420 A. 1024 D. 1025 B. E. 1027 A.

ἐναγὴς II. 304 F. 729 E. 778 E. 862 A. I. 32 A. 84 B. C. F. 309 A. 406 A. 767 B. 834 D. Aristid. I. 570. II. 56.

ἐναγικὸς II. 825 B.

ἐναγίζειν ὡς ἥρωσι, μὴ θύειν ὡς θεοῖς II. 857 D. Wessel. Diod. Sic. I. 224. Pausan. 133. 137. 629. 669. 683. 745. Dio Chr. XV. 237 C. — Vit. Hom. §. 145. — II. 268 C. 269 F. 272 D. E. 285 A. 359 B. 372 E. I. 2 E. 72 E. 90 C. 332 A.

344 E. 1005 E. Soran. ed. Gal. Par. I. 1 B. 5 D.

ἐναγισμὸς I. 403 F. 705 A. 1062 D. Jambl. V. P. 122. — ἐνάγισμα Aristoph. Stob. 609. Grot. 501. Aristid. I. 262.

ἐναγκαλίζεσθαι II. 492 D. I. 131 C.

ἐναγκυλοῦσθαι II. 180 C.

ἔναγχος II. 158 A. 431 D. 438 A. 563 A. 610 C. 638 B. 664 B. 724 A. 931 D. 976 B. 1101 B. 1107 E. I. 102 F. 224 B. 388 D. 455 E. 493 E. 525 F. 623 B. 633 E. 636 F. 638 E. 639 D. 798 B. 803 B. 993 E.

ἐνάγω τι hortor ad quid II. 595 E. I. 123 E. 137 A. 260 C. 335 A. 411 A. 581 B. 1006 A. Jambl. V. P. 22. emenda Porph. Styg. p. 283. ed. Cantab. — Aristid. I. 152. II. 277.

ἐναγωνίζομαι I. 324 B. 326 A. 348 B. 361 C. 465 B. 588 A. 664 A. 685 C.

ἐναγώνιος adverb. II. 771 A. — II. 979 A. I. 95 B. Wessel. Diod. Sic. II. 307. I. 209 C. 729 E. 853 B. 1037 A. Simonid. Athen. 490 E. II. 161 A. C. Aristid. II. 256.

ἐνάερος II. 915 C. 966 F. M. Anton. XII. 358 a. A. ibi Gatak. ex Porphyr. Abst. III. 14.

ἐναθλέω II. 320 A.

ἔναιμος I. 174 F. 310 B.

ἐναίσιμος II. 777 C.

ἐνακόσια II. 783 A. ἐννακόσιοι I. 286 E.

ἐναλείφω — μαί τι II. 771 B.

ἐναλίγκιος Hom. II. 1058 D.

ἐνάλιος II. 669 D. 729 E. 911 D. I. 119 F. 518 C. 1050 E. — ἔναλος II. 954 B. 956 C. 960 A. 965 C. E. 966 B. 970 B. 975 C. F. 982 D. F. 983 F. 948 D. 949 C.

ἐναλλαγὴ et ἐξαλλαγὴ promiscue dic. ap. Vit. Hom. §. 15 — 73. — Schema Rhet. ib. 30.

ἐναλλὰξ II. 9 A. 951 D. 1017 E. 1021 B. 1025 E. I. 1042 C. — pedes habere conf. Lindenbrog. Am. Marc. p. 202.

ἐναλλάττω, ἐνηλλαγμένος pro alienus σφετερισθεὶς II. 421 E. (Arg. Symp. IV. ed. Steph. 1172.) 905 E. I. 444 E. Aristid. I. 112. 147. 550. II. 181. 393. — τὴν τάξιν II. 1064 D. — gram. et ἐξαλλάττω promiscue dic. Vit. Hom. 15 — 17. — πολιτείαν, φυγὴν bis Aristid. I. 486.

ἐνάλλεσθαί τινι II. 997 A. 1040 A. 1087 B. I. 117 C. 217 A. 498 C. 590 B. 998 E. 1005 F. Aristid. I. 543.

ἐναμβλύνω quem I. 532 D.

ἐνάμιλλος I. 224 C. 436 E. 495 D. 838 C. 844 F. 916 B. 984 E. 1038 A. II. 10 E. 11 A.

ἔναμμα I. 359 B.

ἐνανταλλάττεσθαι Himer. 372.

ἐναντιολογία I. 154 A.

ἐναντίος — α πράγματα, adversa fortuna I. 826 A. — vulnus I. 336 E. II. 317 D. — πόλεμος I. 555 C. — telum I. 559 C. 936 A. — χωρίω I. 387 A. — ἐναντίας ellips. ἐξ, ex adverso II. 591 A. I. 208 B. 286 D. 1036 E. — ος χειμὼν II. 938 B. — ἐξ ἐναντίας τινὶ ἐπιφέρεσθαι II. 253 B. — II. 739 C. 978 C. 1045 C. I. 587 B. — ἐναντίον εἴς τι II. 93 C. impedimentum — sic f. leg. pro αἴτιον — Simpl. II. 47 C. — para domus sublimis (f. ἐνώπια, ut Toup. Suid.) II. 672 B. — πρὸς τὰ ἐναντία διαλέγεσθαι II. 1035 F. 1050 F. — εἰς τοὐναντίον τι περιΐσταται I. 170 A. — τὰ ἐναντία pro adv. ἀντὶ Pausan. 215. — ία πληγὴ I. 265 F. Sim. I. 289 A. ἐναντίος κατα στὰς orator I. 605 F. — ἐξ ἐναντίας I. 818 D. II. 74 A. 106 F. — τοὐναντίον II. 66 C. passim. 125 D. 127 D. 135 D. 137 B. 139 C. 217 F. — ἡ ἐναντία κακία II. 66 C. — τύχη II. 103 B. — α πολεμεῖν Aristid. I. 154. 459. — φιλία πρὸς ἐναντίαν εἰσιοῦσα μετὰ πολλῶν παθῶν II. 96 A. — α τύχη II. 103 B. — ος ἐχώρει ἐφ' ἡμᾶς II. 122 C. — ἐναντίος II. 171 E. 203 C. 213 C. — ἐναντία adv. coram I. 226 A. ἐναντίον coram II. 71 C. 208 E. 597 B. — καταστὰς dicens I. 429 A. — per euphemismum in disjunct. Plato 686 D. — conseq. si bene sit, utile est, καὶ τοὐναντίον ἐναντίως Plato 686 E. — bono sensu in disiunctis Plato 687 A. — τὸ ἐναντίον hostis Plato 687 C. — ἐναντίος ὡς, pro ἢ ὡς vel ᾧ ib. 687 C. — Mathem. Plato 704 E.

ἐναντιόομαι I. 115 C. 121 C. 149 F. 158 A. 168 C. 531 C. D. 532 C. — et μάχομαι distingui videntur II. 1145 C. — τινι I. 238 D. 407 F. II. 187 F. 1145 C. — τινι πρός τι I. 552 E. — II. 231 E.

ἐναντίωμα II. 96 D. 1040 E. I. 446 E. Aristid. I. 283.

ἐναντίως simpl. II. 1007 A.

ἐναντίωσις II. 1053 D.

ἐναπεργάζομαι II. 1016 D.

ἐναπερείδεσθαι τῇ μνήμῃ II. 126 E. ubi v. n.

ἐναπογεννάω II. 767 D.

ἐναπογράφω II. 900 B.

ἐναποδύομαι Himer. 460. 694.

ἐναποθνήσκω II. 987 D. 1046 A. 1099 D. I. 558 F.

ἐναπόκειμαι II. 961 C. I. 262 B.

ἐναπολαύω II. 684 D. 824 E.

ἐναπολείπω II. 91 B. 125 C. 659 D. 686 C. 759 C. 811 F. 917 E. 982 B. 1053 B. I. 48 F. 978 D.

ἐναπολάμβάνω Porph. V. P. 41.

ἐναπόλειψις II. 134 C.

ἐναπομάττεσθαι II. 3 E. ἐναπομόργνυσθαι Porph. Gradib. §. 32. p. 232. — τειν II. 99 B.

ἐναπομύττομαι II. 1128 B.

ἐναποπνέω I. 230 C.

ἐναποσημαίνω I. 480 A.

ἐναποτυποῦσθαι II. 3 E. — ἐκτυπ. Plato 623 C. Aristot. περὶ ἀκ. T. XI. 79, 8.

ἐνάπτεσθαί τι II. 277 C. 672 A. Bergl. Ariet. Nub. 72. I. 1024 A. Dio Chrys. VII. 105 A. LXXI. 627 D. Eunap. p. 32. — ειν τινί τι II. 550 D. — ἐνημμένος βρόχος I. 402 A. — I. 951 E.

ἐνάπτω rogum, f. ἀνάπτω I. 418 C. — εσθαί τι, coelum — ται ἄστρα Perict. Stob. 457. — opp. καταφρονεῖσθαι Dio Chrys. 502 A.

ἐνάργεια notio manifesta II. 759 B. 1051 E. I. 1014 F. — παρὰ τὴν ἐνάργ. II. 398 A. 447 A. 449 D. 936 D. 961 F. 1074 C. 1079 F. 1082 A. 1083 C. — Phil. I. 862 D. — picturae II. 64 A.

ἐναργὴς — visum somnii II. 579 E. — II. 718 D. 735 B. 1066 C. 1074 B. 1079 A. — μνήμη II. 654 D. — documentum II. 756 B. 964 D. 1089 C. — τὰ II. 1117 E. 1123 A. bis. 1124 A. 1127 F. I. 73 D. 497 F. — II. 396 F. 1121 D. — γῆς προσοχὴ v. l. ἐνεργ. II. 45 C.

ἐναργῶς memor II. 1089 A. I. 853 B. 883 D. II. 6 D. 16 D. 36 A. pro ἐμφανῶς Porphyr. Abst. II. 29. Plato 681 B. ipsis sensibus Plato 688 G.

ἐνάρετος v. n. II. 116 E.

ἔναρθρος II. 722 C. 735 B. 736 B. 738 B. 902 B. 936 A. 973 A. 1024 B. 1131 D. I. 232 B. Porphyr. Abst. III. 3.

ἐναρίθμιος I. 733 E. 766 E.

ἐναρμόζω cui placeo, congruo I. 742 F. Sim. II. 18 D. — ζειν τοῖς ἔπεσι μύθους ex mea conjectura pro ἐνόμιζεν II. 16 C. ubi v. n. — εἴς τι convenit II. 711 B. — τί τινι II. 1028 B. I. 695 A.

ἐναρμόνιος II. 143 A. E. 430 A. 711 C. 740 B. 744 C. 898 C. 1024 D. 1135 A. B. 1143 A. B. bis E. 1145 A. 1146 D.

ἐνάρμοστος λόγος II. 745 B.

ἐναρμόττειν τινί II. 18 B. 625 A. 626 B. 689 D. 883 C. 1108 A. 1109 D. — Plato 668 B. — neutre II. 433 A. 626 B. I. 1 C. 309 A. — τι εἴς τι II. 855 B. Plato 640 B. — τινι placeo I. 114 C.

ἐναρτᾶσθαί τινος f. ἐξαρτᾶσθαι Aristid. I. 271.

ἐνάρχομαι I. 145 B. 244 A. 268 A. 274 D. 362 D. 878 E. Arist. Eus. P. E. 370 D.

ἐνασκέω I. 673 E.

ἐνασπάζομαι II. 987 D.

ἐνασχημονεῖν τινι II. 336 B. I. 582 C.

ἐναταῖος II. 838 C.

ἐναυλίζεσθαί τινι II. 579 F. I. 571 E. 573 C.

ἐναύλιος sc. θύρα II. 1098 C.

ἔναυλος II. 17 D. 639 B. Aristid. I. 338. Ruhnken. Tim. 73. Senec. Ep. 123. p. 495.

ἔναυσις I. 485 A.

ἔναυσμα Wessel. Diod. Sic. T. II. 556. Jambl. V. P. 30. — I. 375 D. Epict. p. 66.

ἐναύω II. 297 B. I. 66 C. 331 D. 759 A. Nicostrat. Stob. 426. Dio

Chr. VII. 115 B. Orig. Cels. VII. 672 D.

ἐναφανίζεταί τινί τι II. 489 A. 968 B. 1099 D. I. 274 B. 353 A. Gatak. M. A. 194.

ἐνδεὴς I. 433 A. 878 A. E. 912 E. 928 C. II. 84 D. 195 C. — II. 862 D. 989 D. I. 38 E. 87 B. 93 E. 94 D. 137 C. 140 E. 147 C. 276 A. 758 F. (ἐνδεᾶ 776 B.) 846 E. 981 B. 1070 A. Plato 703 G. — nemo est ejus quod non fit II. 637 A. 1036 C. 1068 C. 1085 D. corpus I. 367 B. — νοῦ II. 714 F. — cibi potusque II. 687 C. 688 C. 726 E. 736 A. ἐνδεέστερος II. 122 D. — τινὸς II. 45 B. — τοῦ ἐνδεοῦς τὸ συνειδὸς II. 84 D. — ἐστερον ἔχει τὸ σῶμα, nunc non satis valet corpus II. 130 C. — Simpl. II. 165 C.

ἐνδεῖ ταῦτα μέτρων Ἡροδότῳ Σίβυλλαν ἀποφῆναι Ἀρτεμισίαν II. 870 A. Sim. 1125 B. Dio Chr. XXXII. 379 C. — ἐνδεήσαντος II. 957 C. — μοί τι II. 1012 E. — μοι οὐδὲν πρὸς τὸ II. 1063 C. — τινὸς ita leg. I. 682 B. — dicebant τὰ πράγματα ἐνδεῖν τῆς ἐκείνου παρουσίας μὴ ἔχειν ἄριστα, quo minus res optime se haberent fieri per ejus absentiam I. 882 F.

ἔνδεια et πλήρωσις corporis II. 9 C. 128 A. 134 B. 136 B. 662 C. 663 E. 664 A. 686 E. 687 C. D. E. F. 688 B. D. E. F. 689 A. E. 732 D. 735 D. 1061 B. I. 76 A. 859 D. — f. fames I. 426 D. Simpl. II. 80 C. 157 C. 160 B. 167 B. 227 F. 237 E.

ἐνδείκνυμαι II. 23 B. 26 D. 30 F. 58 C. 59 D. 90 F. 181 A. 212 B. 396 B. 430 C. 829 E. 947 E. 949 A. 1013 F. 1026 D. 1027 A. 1039 E. 1071 B. 1097 C. 1114 F. 1116 A. I. 52 D. 88 F. 127 D. 162 F. 198 D. 211 E. 270 D. 606 D. 662 E. 867 E. 877 A. judicio I. 368 E. Aristid. II. 176. — μοι cui beneficium I. 1033 D. 1068 F.

ἔνδεινον Homer. II. 156 E.

ἔνδειξις II. 835 A. judicii 1036 D. 1086 D. I. 692 D. 701 E. — simpl. I. 777 E. (I. ἔντευξις II. 185 F.) Plato 696 A.

ἕνδεκα οἱ Athenis II. 834 A. 842 D. 848 A.

ἐνδεκάκλινος Teleclid. Com. I. 153 E.

ἐνδελέχεια II. 1006 B.

ἐνδελεχὴς II. 48 B. 52 A. 62 D. 75 C. 87 D. 351 E. 544 B. 561 D. 650 C. 787 A. 1005 E. I. 163 C. 408 E. 413 A. 646 E. 576 B. 709 A. 767 C. 889 E.

ἐνδελεχῶς II. 106 E. 130 C. 681 A. 916 D. 1085 A. I. 185 C. 357 D. 460 A. 468 D.

ἐνδέχομαι — τοὺς ἐνδεχομένους λόγους εὑρεῖν, optimos quoad ejus fieri potest II. 715 B. ἐκ τῶν ἐνδεχομένων quoad ejus fieri potest I. 823 D. — ταί μοι cum inf. I. 849 C. — II. 787 E. 794 D. — accipio II. 951 B. I. 10 F. 801 B. — simpl. omisso γενέσθαι II. 481 C. — II. 886 C. 888 F. 890 C. D. 907 B. 1040 B. 1044 B. Wessel. Diod. Sic. I. p. 139. — ἐνδεχόμενον quid sit explicat II. 420 C. 570 E. 571 B. C. 572 E. 574 D. 938 C. Aristocl. Euseb. P. E. XIV. 767 A. Upton. Ind. Epict. — εἰς τὸ ἐνδεχόμενον v. n. ad II. 2 C.

ἐνδέω deficio — τι I. 942 D. — II. 1126 B. I. 73 C. — ἐνδεῖ μοι οὐδέν τινος II. 962 B. 1108 C. — οὐδενὸς I. 1070 C. — II. 968 B. 996 B. — ἐνδέομαι v. n. ad II. 155 D.

ἐνδέω illigo II. 928 B. — pro ἐντίθημι I. 20 E. f. 834 D. 1038 C. — ἐνδεδεμένος ἐπὶ σχήματι βίου II. 135 A. — ἐν ἐπιθυμίαις Jambl. V. P. 206. — βίος in quo fit Plato 607 B. — ἐνέδει quid in legum, pro ἐνέδυ corrig. Plato 592 C.

ἐνδεῶς ἔχειν II. 1014 E. I. 541 B. πράττειν τοῖς ἰδίοις II. 8 E. Sim. Dio Chrys. 521 C. — ὡς πράττω pauper sum Dio Chr. 600 C. D. 602 C.

ἐνδεῶς λέγει laudans laudato non sibi Aristid. I. 57.

ἔνδηλος II. 726 B. 1084 C. I. 231 E. 544 E. 590 E.

ἐνδημέω II. 578 D.

ἐνδημιουργέω II. 17 B. 636 C. 664 F. 1084 A.

ἐνδιάζω II. 728 E. I. 19 D.

ἐνδιάθετος v. n. ad II. 44 A.

ἐνδιαιτάομαι — ἄταί μοί τι II.

608 E. 740 C. — Simpl. II. 727 E. 982 A. Aristid. I. 255. 568.

ἐνδιαίτημα II. 968 B. Aristid. I. 2. Himer. 842.

ἐνδιαίτησις II. 493 C.

ἐνδιασπείρω II. 99 C. 417 B. 720 F. 762 A. 1109 C. I. 71 D. 158 B.

ἐνδιατρίβω cogitatione II. 423 C. 654 D. — simpl. II. 698 D. 973 C. 1089 C. I. 153 B. 658 B. 742 A. 879 C. 912 D. Aristid. I. 348.

ἐνδιαφέρω f. II. 1078 B.

ἐνδιαφθείρω pro simpl. II. 658 C.

ἐνδιδόναι ἑαυτὸν II. 422 A. 550 D. 584 B. 768 E. 978 B. — τινὶ II. 588 E. — πρός τι II. 588 E. I. 374 B. 441 E. 442 F. 470 C. 626 E. — ἡνίας II. 588 E. — pass. ἐνδίδοταί τι lenitur II. 585 B. 771 A. — τὴν θύραν II. 597 D. — ἀφὴν II. 86 E. 660 B. — simpl. II. 666 A. 724 E. 818 A. 960 A. 970 D. 979 D. 1057 B. 1100 E. — ἀρχὴν II. 156 D. 397 B. 681 A. 694 D. 989 B. 1000 E. 1049 E. 1066 B. 1115 B. 1118 C. I. 20 F. 141 E. 528 D. Vit. Hom. p. 92. — remittit sitis II. 690 A. — discipulo librum interpretandum II. 737 B. — vestem II. 785 D. — efficio II. 950 B. 951 B. — δόξαν τινὸς II. 971 C. — minuor II. 81 C. 1057 B. I. 29 A. 337 A. 897 A. — II. 1108 B. 1112 A. I. 330 B. 377 D. — spem I. 21 B. 99 E. 197 D. 610 A. 963 C. 1034 D. — et ἐπιτείνω I. 37 F. — cedo, remitto I. 43 F. 45 E. 98 A. 168 D. 170 A. ita leg. II. 438 A. I. 180 A. 203 E. 222 A. 280 A. 305 F. 317 B. 366 B. 393 D. 403 A. 415 C. 638 A. 576 B. 591 E. 630 D. 633 C. 884 D. 923 A. — εἰς vitium I. 75 B. — ἀφορμὰς I. 179 B. 968 A. — λόγῳ πάροδον II. 431 D. — τι II. 73 E. 134 E. 406 D. — urbem hostibus prodo I. 185 D. 187 B. 208 A. 483 C. 410 E. 434 C. 950 C. — σι urbs se ipsam tradit I. 227 A. — me mollem I. 320 E. 507 D. — ἐπιείκειαν praebeo me clementem I. 345 D. Sim. 361 D. — cui quid do II. 126 C. — cui ἀρχὰς ἀποστάσεως I. 1038 B. — πρὸς fluctum I. 1033 A. — me cui διὰ ἐλπίδος I. 987 A. — me εἰς οὐδὲν ἡδὺ I. 981 B. — cui δεξιὰν I. 952 F. — μι me cui πρὸς τὸ ἥδιστον I. 952 E. — λόγον habeo orationem I. 876 A. — sonum I. 825 C. — σι ὁ καιρός τι I. 721 D. — πρόφασιν I. 514 E. — concedit in omnibus I. 394 E. 441 E. — indulgeo I. 421 D. — εἰς σάρκα pinguis fio I. 425 A. — τι μαλακὸν I. 478 A. Athen. 625 B. — cui ἔρωτα II. 47 C. — Mus. opp. ἐπιτείνω II. 55 D. — cupiditate II. 62 F. — μι me cui ὑποσκελίζεσθαι et sim. II. 65 D. — χρόνον I. 653 E. — σι tegumentum πρὸς βέλος I. 554 C. — ventus I. 591 E. — μι πρὸς voluptates I. 514 C. — me luxui I. 643 D. — τινί τινος I. 656 B. — πρὸς τὴν ἱκετείαν supplex sum I. 888 B. — admonitioni I. 694 E. — μι τὸ σῶμα πρὸς τὴν πληγὴν I. 700 D. — πρὸς τὰ θεῖα I. 706 A. — cui ἐλπίζειν I. 734 F. — cedo I. 766 A. 771 E. 783 A. II. 59 C. 72 F. 125 B. 128 E. 228 F. — τινὶ cedo II. 132 D. — dativus subauditur II. 137 C. — σι ὁ ἱπποθόρος τοῖς ἵπποις μέλος ὁρμῆς ἐπεγερτικὸν II. 138 B. — τινί τι II. 159 C.

ἐνδιηθέω II. 692 B.

ἔνδικος Plato 676 B.

ἐνδίκως 691 A. 699 A.

ἔνδιος. — ον II. 726 E.

ἔνδοθεν v. n. ad II. 3 C.

ἐνδοιάζειν II. 11 C. I. 457 A. B. 767 A. Valcken. D. p. 109 C.

ἔνδον II. 46 B. 143 C. 180 E. — οἱ in urbe obsessa I. 538 C. — domi I. 857 F. — ἐν Σπάρτῃ I. 862 A. Moechus Pausan. 329. — Plaut. Amph. Prol. 131. — ἔνδον τι εἶναι δεῖ anima in corp. II. 234 F. — apud amicam ut Xenoph. M. S. III. Horat. Diog. L. VI. 91.

ἔνδοξος λόγος I. 538 E. II. 163 A. — oppon. plebi I. 93 E. 121 A. 131 A. 161 D. 193 C. 198 F. 202 A. 213 E. 337 F. 342 C. 358 E. 379 E. 410 C. 462 D. 545 F. 600 B. 604 F. 608 D. 611 B. 670 E. 696 C. 795 E. 815 B. 851 E. 867 D. 868 F. 872 F. 878 C. 911 F. 936 C. 1027 F. 1042 A. 1048 D. 1069 A. — II. 749 C. 753 C. 777 D. 782 F. 1100 D. 1122 A. — ἐπί τινι II. 1036 F. — quid est παρὰ τινι I. 320 F. — et ἄδοξος II. 142 D. — celebratus, laudatus II. 152 A. — καὶ παράδοξος I. 626 B. — vir II. 35 E. 85 C. — καὶ δυνατὸς II. 58 C. — mulier, meretrix II. 125 A. — cibus II. 125 C. — II. 60 E. 185 C. 204 E. 213 B. 221 A. 225 D. — res honorifica II. 99 F.

ἐνδόσιμος v. n. II. 73 B.

ἔνδοσις πρός τι II. 457 A. — febris remissio II. 687 C. Simpl. II. 83 E. 717 F. I. 169 A. 439 E.

ἐνδοτάτω II. 918 F.

ἐνδοτέρω τοῦ μετρίου parum II. 656 F. Aristid. I. 49. — brevi tempore II. 909 B. — II. 82 D. 411 A. — σε συστέλλειν parcimonia I. 335 F. — τῆς χρείας προσάγω τινὰ I. 1047 C. — ποιεῖν ἑαυτὸν II. 63 F.

ἔνδυμα II. 785 D. I. 82 E.

ἐνδυμάτιον mus. II. 1134 C.

ἐνδυστυχέω I. 191 B.

ἐνδύω II. 186 C. I. 68 F. 105 E. — εσθαι asinum, i. e. in corpus asini II. 739 F. — ἐνδέδυκε via, non apparet I. 1036 F. — μαι εἴς τι II. 187 B. — χιτῶνα, περιβάλλω ἱμάτιον Dio Chr. VII. 111 C. — ἐνεδύνετο τῇ γνώμῃ τόνος Aristid. I. 347. — ἐνδεδυκυῖα δόξα pro ἐντετηκυῖα II. 359 F. 1118 E. — μαι regno, affecto regnum I. 1025 E. — ἐνδύεται τὸ ἔθος τρόπον II. 551 E. — anima corpori II. 611 E. Sim. I. 700 E. — Simpl. II. 664 E. 690 A. 696 D. 701 B. 766 E. 811 A. 968 F. 1077 E. 1098 B. — animae passio II. 681 E. — I. 706 A. II. 38 A. 55 E. 85 E. — εσθαί τινι II. 78 E. 82 D. 396 A. 407 B. 435 F. 689 C. 983 B. D. 1010 B. I. 81 E. 558 A. 637 F. 665 A. 834 D. 989 C. 1014 D. — ται τοῦτο ἠθικῶς dictum penetrat in animum II. 72 B. — ὅσα κακία II. 85 E. — εσθαι τῇ ψυχῇ suam ipsum animam examinare II. 88 C.

ἐνεαρίζω loco II. 770 B.

ἐνεγγυάω I. 714 A. 771 C. 774 D.

ἐνεγκωμιάζω quem I. 389 B.

ἐνέδρα II. 195 C. 229 B. 976 C. I. 107 B. 185 D. 312 D. 314 F. 400 C. 494 C. 540 C. 579 C. 725 D. 770 A. — et λόχος I. 108 E. — δόλος I. 139 E. Plato 674 A. — I. 779 A. 1036 E. 1037 B. 1070 A. B. 1072 F. — daemonis Porph. Abst. II. 39.

ἐνεδρεύω I. 6 A. 108 F. 109 A. 251 B. — τινὰ Wessel. Diod Sic. II. 327. — I. 315 A. 415 B. 869 E. 939 B. 945 D. II. 162 C. 219 B.

ἐνείδω II. 966 B. — τινί τι II. 27 B. 171 A. Jamblich. V. P. 15. Aristid. I. 13. — τι ἔν τινι Dio Chr. 56 B.

ἐνειρωνίζεσθαι suas orationes orationibus aliorum II. 40 D.

ἐνειλέω II. 664 E. 733 B. 830 E. I. 739 D. 1005 C. 1016 C. σπαργάνοις Dio Chrys. XXIII. 277 A.

ἔνειμι insum II. 137 A. 138 B. 148 D. 156 D. — licet II. 762 C. I. 524 A. 793 A. — II. 830 B. — et ἔξεστι Himer. 314. — τὸ ἐνόν, quantum fieri possit II. 1037 B. — ἂν ἐνῇ τι II. 697 D. — ὡς ἐνῆν II. 771 D. 861 A. 968 D. I. 221 F. 342 C. 495 A. 625 C. — ὡς ἔνεστι μάλιστα II. 966 E. — ἐνῆν II. 1009 F. I. 229 A. — pro simpl. εἰμὶ I. 158 E. — ὡς ἐνῆν μάλιστα I. 635 C. II. 6 D. 86 C. — II. 37 E. 68 F. 181 E.

ἕνεκα simpl. II. 143 D. 144 D. 167 B. 171 D. 183 E. 208 F. 211 A. 220 A. 221 A. 241 C. — *per, non obstante*, v. n. ad II. 98 C. — Boeotia ἕνεκα χρηστηρίων πολύφωνος II. 411 E. — τὸ ἕνεκα τοῦ καὶ τὸ οὗ ἕνεκα II. 569 F. 572 A. B. Sim. 156 B. — τὸ οὗ ἕνεκα τῷ λόγῳ μετιὼν II. 697 B. — ἕνεκα τούτου χρήσιμον, *in hoc* II. 957 A. Aristid. I. 232. 254. 263. 380. II. 108. — τινὸς λαμπρὸς pro διά, ἀπὸ I. 356 C. 964 C. — quem cui comparare I. 466 B. — κεν δείγματος I. 920 E.

ἐνεός et ἐνεός mutua D. Ruhnken. Ep. Crit. 212.

ἐνεπιδείκνυμι — μαι τινί τι — ita plerique libri II. 90 E.

ἐνεργάζομαι I. 48 B. 58 D. E. 71 A. 73 E. 74 D. 138 E. 154 F. 173 E. 292 E. 301 B. 343 C. 387 E. 533 F. — τινί τι II. 91 B. 428 C. 621 C. 642 A. 682 C. 750 C. 765 E. 821 A. 946 B. 954 D. 961 B. 1036 A. 1049 D. 1057 B.

ἐνέργεια II. 477 B. 680 B. 699 B.

E. 792 D. 876 A. 896 D. 898 C. 903 E. 910 A. 1034 C. — opp. ἕξει II. 899 D. 1084 C. pro ἔννοια II. 1051 E. 1056 E. II. 1076 B. (ἐνάργεια leg.) 1083 C. 1084 A. I. 886 C. — et οὐσία divisiones II. 568 B. C. seq. — δυνάμει subjecta est II. 637 C. — plur. II. 715 D. 722 D.

ἐνεργέω II. 123 A. 332 D. 436 A. 909 A. 1046 E. 1047 A. 1144 E. — εἴς τι II. 900 B. 1069 F.

ἐνέργημα II. 899 D.

ἐνεργὴς scriptor (f. ἐναργὴς) I. 523 C. — I. 96 D.

ἐνεργητέος II. 1034 C.

ἐνεργητικὸς II. 908 F.

ἔνεργος II. 33 A. 64 C. 431 B. 748 A. 736 C. 812 D. 983 E. 1129 C. I. 6 A. 160 C. 255 D. 261 F. bis. 360 D. 370 B. 452 A. 459 A. 511 C. 533 F. 545 F. 889 E. 919 A. 946 C. 1021 C. 1049 E. — ον πεδίον I. 736 C. — γυμνάσιον I. 762 A. — ἔρως II. 84 C. — πρᾶξις pro ἔνεργος ἡμέρα II. 9 C. — τινι Aristid. I. 43. — pecunia Basil. M. T. III. 476 D.

ἐνερείδεται βέλος ἀπὸ τόξου II. 327 B. 344 C. — ειν τινὶ τὴν ὄψιν II. 586 C. — θυμόν τινι Oenom. Euseb. 230 D. Jambl. V. P. 65.

ἔνεροι inferi II. 955 C. 1008 A.

ἐνευδοκιμέω v. n. ad II. 71 A.

ἐνευημερεῖν II. 289 D. 665 D.

ἐνευτυχέω Aristid. I. 111.

ἐνέχομαι I. 419 E. 562 A. Aristid. I. 103. ἐνσχεθεὶς ἄρκυσι II. 344 A. 966 F. 977 E. I. 359 B. — sectae II. 635 E. Sim. Jambl. V. P. 30. — crimine II. 662 B. 925 F. I. 112 A. 553 B. 829 A. 883 A. Plato 618 A. 663 D. 684 C. — ἐνσχεθεὶς II. 985 A.

ἐνεχυρασμὸς I. 215 D.

ἐνεχυρίασις Plato 689 C.

ἐνέχυρον δοῦναι II. 399 E. 545 C. — ρα θέσθαι res suas II. 828 A. — I. 215 B. 261 D. 410 A. 777 C. 1035 E. Plato 689 C. Aristid. I. 176. II. 48. 372. — ρον λύσιμον metaphor. Plato 640 F.

ἐνζωνύω II. 896 A.

ἐνζώννυμι I. 470 B.

ἔνη καὶ νέα I. 92 C. 201 E. 894 B. Varro R. R. I. 38.

ἐνηθεῖσθαι nisi corrupta est lectio II. 57 A.

ἐνήλικος, ἐνῆλιξ v. n. ad II. 184 B.

ἐνήλιος I. 984 E.

ἐνήρεμος mss. pro. εὐήρεμος II. 983 C.

ἐνήρης navis I. 467 C. 945 A. 997 B.

ἐνηχέω — εἴ μοί τι II. 589 D. Fragm. I. 4. ἐνήχημα Jambl. V. P. 65.

ἔνθα — δὴ init. I. 115 A. 116 D. 118 B. 216 E. 266 C. 333 B. 364 F. 393 C. 394 E. 418 F. 465 D. 527 A. 601 F. 610 E. 690 A. 763 B. 772 D. 779 E. 785 E. 842 C. 946 E. 988 A. 990 C. 992 D. 1043 D. — init. sine δὴ I. 325 D. 585 D. 945 E.

ἐνθάδε — ὁ ἐ. βίος II. 119 F.

ἐνθάπτω I. 15 E. 216 A. — pass. ruinis patriae I. 977 A.

ἐνθεάζω — εσθαι II. 623 C. 763 A. Wessel. Diod. Sic. I. 311.

ἐνθεαστικὸς Plato 587 C.

ἔνθεν — καὶ ἔνθεν II. 930 B. I. 401 F. 640 B. 802 D. — I. 411 F. Plaut. Most. III. 1, 76. Men. V. 2, 48. — ἔνθεν μὲν — ἔνθεν δὲ I. 970 C. II. 17 A.

ἐνθένδε II. 758 B. — ἐκεῖσε mors Euseb. P. E. VII. 316 D.

ἔνθεος II. 752 C. I. 287 D. Porph. Abst. II. 41. Aristid. I. 346.

ἔνθερμος II. 701 A. 951 E. 432 E.

ἔνθεσμος I. 527 B.

ἐνθλάω Aristid. I. 276.

ἐνθνήσκειν pro ἐκθ. II. 357 D.

ἐνθουσιασμὸς II. 42 B. 85 A. 206 D. 397 C. 404 E. 406 B. 431 B. 432 D. F. ejus definitio 435 C. 433 A. C. 623 A. B. D. 758 E. 759 A. D. 904 E. 1026 D. — I. 31 A. 55 B. 162 B. 217 F. 249 D. 564 E. 656 C. 665 E. 697 A. 730 C. 739 A. 772 A. 805 D. — Vit. Hom. 212. Aristid. I. 354. Liber Theophrasti περὶ ἐνθουσιασμοῦ Diog. L. V. 43. Stratonis ib. 59.

ἐνθουσιαστικὸς II. 436 E. 437 E. 758 E. 904 D. I. 84 D.

ἐνθουσιαστικῶς affici II. 433 C.
ἐνθουσιάω II. 14 E. 765 D. I. 349 E. 828 E. 850 B. 1045 C.
ἐνθουσιώδης I. 53 A. 229 D. 398 A. II. 238 A. 433 C.
ἐνθουσιώδως Hippocr. Ep. XX. p. 20 B.
ἐνθρηνέω Aristid. I. 262.
ἔνθρυπτα Aristid. II. 307.
ἐνθυμέομαι II. 9 B. 11 E. 70 E. 103 E. 106 B. 1142 D.
ἐνθύμιον Aristid. I. 143. 283. 312. 341. 360. — opp. ἐνύπνιον Bas. M. T. I. p. 332 E.
ἐνθύμημα II. 802 E. πικρὸν — I. 91 F. 803 D. — I. 744 A. 848 E. 849 D. Upton Ind. Epict.
ἔνι — ὡς ἔνι μάλιστα II. 75 C. 140 D. 976 E. 1049 A. 1060 B. 1076 B. 1116 D. I. 32 A. 299 D. 604 F. — γοῦν II. 1059 D. — ὡς ἔνι εἰπεῖν II. 389 D.
ἐνιαύσιος I. 161 F. 528 F. 711 C. 732 A. 1046 E.
ἐνιαυτὸς II. 177 C. 194 B. 207 C. 237 B. — περιιὼν II. 736 A. — μέγας II. 421 C. — καθ' ἕκαστον ἐνιαυτὸν I. 332 A. (ἔτους ὥρα 411 D.) 649 D. 820 C. 893 D. — μετ' ἐνιαυτὸν I. 1002 C. — κατ' ἐν. I. 1038 B. — παρ' ἐν. ibid. — πρὸ ἐνιαυτοῦ II. 147 E. — δι' ἐνιαυτοῦ et κατ' ἔτος disting. ap. Pausan. 142. si sanus locus — et ἔτος Plato 673 B. 700 A. 701 F. 702 F. G.
ἐνιαχῆ II. 427 E.
ἐνιαχοῦ II. 81 F. 701 C. 743 D. 959 E. I. 80 A. 872 E. 986 A.
ἐνιδρύω τινί τι II. 745 C. 1008 A.
ἐνίημι τινί τι II. 642 D. — πῦρ II. 775 D. I. 364 B. 482 E. 583 F. 697 A. Wessel. Diod. Sic. I. 685. — II. 951 E. 952 F. I. 271 C.
ἔνικμος Vit. Hom. §. 127. Porph. A. N. 5.
ἔνιος simpl. II. 171 B. E. 177 C. 178 B. 180 E. 206 E. 212 A. 238 E. — ἔνιοί τινες I. 847 E. τισὶν ἐνίοις II. 656 A. Sim. transp. Dio Chr. 517 B. 580 C. Plato 614 E. — ἔνια fere abund. I. 161 B. — ἔνιοι fere abund. II. 432 C. Dio Chr. LI. 545 A. f. ἐνιοίς — transpos. Aeschin. Ctesiph. p. 520. ed. R.
ἐνίοτε saepe II. 112 D.
ἐνιππάζομαι I. 419 F.
ἐνίστημι II. 942 C. — Med. II. 749 E. 818 A. — ἐνίστασθαι πρός τινα II. 283 B. 454 C. 609 C. 721 D. 934 A. 1120 B. — τινὶ Chrysipp. II. 464 B. 784 E. 1050 D. 1051 A. Jambl. V. P. 214. — σθαι λόγῳ II. 449 D. — ἐνέστηκεν ὁ λόγος v. n. II. 137 C. — ἐνέστη κρίσις II. 488 E. f. ita accipiend. Plato 662 C. — fere *ortum est* II. 429 C. — ἐνστησάμενος initium faciens II. 886 B. — urgere II. 933 F. — τὸ νῦν πανταχοῦ ἐνέστηκε II. 1002 D. — ἐνίστασθαι πόλεμον II. 1049 B. — ἐνεστὼς χρόνος praesens II. 1081 C. 1082 A. — ἐνίστασθαί τινι se cui opponere I. 33 B. 41 B. 76 C. 83 E. 98 B. 113 B. 115 A. 132 D. 175 A. 200 B. 219 C. 227 D. 275 A. II. 60 A. 428 C. 429 C. 430 C. — magistratum gerere Valck. Theocr. p. 273. — σταται pugna I. 241 E. — tempus I. 271 A. 362 A. 390 D. 413 D. 634 E. 710 D. 1026 B. II. 153 B. — μαί τινι πρός τι resisto cui ne quid habeat I. 310 D. — resisto I. 319 F. 341 A. 342 C. 345 C. 358 D. 369 D. 390 D. 407 D. 448 F. 453 A. 552 F. 626 D. 632 A. 746 C. 768 B. 774 C. 809 A. 816 A. 917 B. 922 E. II. 203 E. — insisto persequens I. 499 C. II. 234 C. — impedio I. 594 E. 644 D. 880 D. 883 A. — καὶ κωλύω I. 625 F. — μαι πρός τι I. 637 D. 642 B. 649 D. 953 F. 992 B. II. 131 B. — μαι opus I. 723 B. 1029 C. 1034 A. Aristid. I. 47. 517. — τι impedio I. 1034 B. — τὰ ἐνεστηκότα πράγματα Xenoph. H. Gr. II. 1, 5. — ἐνστάσης τῆς ὥρας II. 185 F. — ἐνίστασθαι βίον Porphyr. Eus. P. E. IV. 144 C. — μαί τινι orationi Aristid. I. 297.
ἐνίσχω — ομαι II. 77 A. 131 A. 698 B. 804 A. 978 D. 980 E. F. 1005 D. I. 101 A. 119 D. 360 B. 679 B. 878 E. 998 C. — σχεῖν neutre I. 657 A.
ἔνντατα mortuis sacrificantur Procl. Tim. I. 45. Holsten. Porph. V. P. 17.

ἐνναυμαχίᾳ loco II. 1078 D.

ἐννέα II. 220 C. 1017 D. E. 1018 B. D. E. 1021 A. B. 1028 B. — καὶ δεκαπλασίων II. 891 B. — perfectus numerus Homero frequens Vit. Hom. §. 145. — καὶ δεκαετηρὶς II. 892 C.

ἐννεάβοιος Homer. II. 1063 F.

ἐννεὰς II. 736 C. 738 D. 744 A.

ἐννεκροῦσθαί τινι II. 792 B.

ἐννεοττεύω Plato 689 C.

ἐννέω Aristid. I. 295.

ἐννήχομαι II. 994 B.

ἐννοέω II. 157 E. Plato 699 F. 703 A. — II. 1094 B. 1099 F. 1108 B. I. 540 E. 599 A. 625 F. 985 A. med. pro activ. II. 114 B. Plato 654 D. — pro et post διανοέομαι Plato 696 A.

ἐννόημα II. 892 D. — et νόημα differunt II. 900 C.

ἔννοια — dif. II. 1084 F. 1085 A. — II. 585 E. 763 B. 880 A. 1051 E. — I. 117 F. 337 A. 612 D. 962 A. 1004 B. II. 23 A. 171 B. 216 D. — differt a προλήψει II. 900 B. C. 961 C. 1059 E. Upton. Ind. Epict. Callicrat. Stob. 486. — differt ab ἐπιστήμη Polyb. I. 5. pro ἐπίνοια Dio Chr. XII. 207 D.

ἐννοσίφυλλος II. 722 C.

ἔννους γίνομαι II. 252 D. — 1060 E.

ἐννυχεύω oraculo II. 434 D.

ἔννυχος II. 1066 C.

ἐνόδιος II. 499 E. I. 259 A. 919 B. Plato 675 D.

ἔνοδος ἵππος II. 303 B.

ἐνοικειόω II. 960 A.

ἐνοικέω II. 727 E. I. 17 B. — I. 419 C. II. 136 E. 210 E. 212 E. 224 F. Plato 673 B. — loco I. 363 B. 576 C. Plato 669 B. — οῦντες domo opponuntur τῷ δεσπότῃ Plato 691 B.

ἐνοικίζω II. 705 D. 1087 E. — pass. voluptas mihi II. 989 F. — ιοι deus homini facultatem ingeneravit Plato 699 F.

ἐνοίκιον τελεῖν II. 135 E. 1058 C. — I. 451 D. E.

ἐνοικοδομέω simpl. aedifico II. 823 B. — I. 246 F. 254 B.

ἐνοικός τινος II. 781 B. pro σύνοικος virtuti — heros, Solon. I. 82 F.

ἐνολισθάνω — εἰ quid terrae motu I. 488 E. 632 C.

ἐνομιλέω τινὶ II. 653 C. 784 B. I. 934 F.

ἐνομόργνυμι II. 1081 B.

ἐνόπλιος I. 68 F. 418 C. II. 239 A. Dio Chr. 458 B. Aristid. I. 151.

ἔνοπλος I. 367 E. II. 196 C.

ἐνοπτρίζω Med. II. 696 A.

ἐνοράω I. 333 A. 345 B. 728 D. 909 A. τινί τι II. 457 A. 673 E. 1116 C. I. 49 B. — τι ἀπό τινος II. 552 D. — Simpl. II. 682 F. — dat. II. 92 A. (pro simpl. ὁράω) τινα II. 781 F. I. 193 B. — pass. 142 D. 921 A. E. — τινί τι I. 21 B. 481 F. 709 B. 937 D. Dio Chr. XII. 206 A. — τινὶ δεινὸν I. 99 E. — I. 193 B. 345 B. — τινι I. 393 C. — τι ἐν τινι I. 707 E.

ἔνορκος συνθήκη II. 741 F. I. 14 C. 780 E. Plato 648 D.

ἑνότης II. 95 A. 416 E. 424 E. 559 A. 769 F. 1085 D.

ἑνοῦσθαι quodnam fit conjunctionis genus II. 142 E. F. — II. 689 D. 924 E. 1055 D. 1083 C.

ἐνοφθαλμιάζω II. 640 B.

ἐνοφθαλμισμὸς inoculatio II. 640 B.

ἐνοχλέω I. 24 C. 130 B. 132 F. 323 A. 365 B. 398 B. C. 446 F. 482 D. 548 C. 581 B. 783 C. 863 D. 1039 E. II. 47 D. 57 F. 83 B. 777 B. 778 B. 822 D. 823 A. 850 A. 903 A. 947 B. 1105 B. — cum accusat. II. 88 D. 92 D. 543 E. 812 D. I. 901 A. Pass. II. 18 C. 630 C. 654 B. 967 D. I. 592 D. — ἐνοχλεῖ μοι κάλλος mulieris II. 752 D. — Sim. II. 43 D. — sine casu II. 133 C. 179 C. — εἴ μοι ὁ καιρὸς f. χόρος II. 172 D. — ἠνώχλει Aristid. I. 84. 292. 299. 306. 318. 323.

ἔνοχος II. 70 E. 237 C. 632 A. 727 E. 965 F. 1117 E. I. 170 A. 482 B. 607 A. 665 D. 715 D. 767 B. 864 C. 1057 E. — τινι Plato 658 C. D. 677 A. — τινος Plato 675 F.

ἐνράπτω I. 1038 E. II. 257 D.

ἐνσείω incutio, medicus medicinam II. 54 A. Sim. Philetaer. Athen. 487 A. — misceo Machon. Athen. 579 F. — fortuna ἐνέσεισε Alexandro Thebas II. 342 D. — τινὰ εἴς τι II. 524 A. 588 B. (Wessel. Diod. Sic. I. 572.) I. 751 F. — I. 541 B. 699 A. — τινὶ irruo in quem I. 678 F. 807 D. 1016 A.

ἐνσημαίνεσθαι v. n. ad II. 129 E.

ἐνσκευάζειν τινὰ instruere II. 304 B. — εἴς τι II. 434 D. I. 48 D. — εσθαι indui τι II. 431 C. — σῶμα Dio Chr. 628 A. — σθαι librum I. 468 B. — σθαί τινι indumento I. 569 D. — I. 1069 D. veste.

ἐνσκήπτειν cui malum de diis II. 310 B. Valck. Hipp. 438. Fulgur I. 268 A. Himer. 394.

ἐνσκιατραφεῖσθαι ἐλπίσιν II. 476 E.

ἐνσπείρω — ἐνέσπαρται meis orationibus Aristid. 327.

ἔνσπονδος I. 352 A. 562 F. Dio Chr. XXXII. 363 B.

ἐνστάζω passio II. 84 D. 482 B. I. 602 A. Aristid. I. 206. — II. 938 D.

ἔνστασις Mus. f. ἔντασις II. 1140 F. — rectae lineae parit curvam II. 1004 B. — f. ἔντασις Vit. Hom. §. 69. conf. Σύστασις. Plura vide in n. ad II. 62 B.

ἐνστατικὸς prohibens II. 975 A.

ἔνστημα impedimentum II. 1056 D.

ἐνστρατοπεδεύω ira cordi II. 647 E. — Simpl. I. 12 E. ita leg. 462 D.

ἔντασις caussa febris II. 948 B. f. ἔνστασις I. 442 F. Porph. Abst. I. 54. in lacuna — Mus. f. II. 1140 F. ut 1141 A.

ἔντατος — α et ἔμπνευστα instrum. mus. Vit. Hom. 148.

ἐνταῦθα — δὴ init. I. 158 D. 385 C. 714 A. II. 193 E. — που I. 800 A. — II. 431 A. — γράψαι in hoc libro f. ἐγκατεγ. I. 881 D. — Simpl. de re II. 27 A. 30 A. 124 A. 203 F. 236 A. — τοῦ λόγου γεγονὼς II. 968 F. Sim. 922 D. — in rebus humanis II. 1004 C. D. — fere abundat I. 104 A. II. 4 A. ἂν εἴη καιρὸς I. 165 A. — ταῖς ἐπιθυμίαις ἀνηρτημένος pro ἐντεῦθεν II. 989 D. — II. 144 A. 146 E. 149 C. 169 D. 188 E. 206 B. 211 B. — ὅθεν II. 232 F. — tunc post ὡς Dio Chr. 583 D. — τὰ πράγματα ἐλήλυθεν ἐνταῦθα in hunc statum Aristid. I. 364.

ἐνταφιάζω II. 995 C. I. 977 D.

ἐντάφιος — ον tyrannis II. 783 C. D. Isocrat. 215. ed. 8° Paris. Simil. Wessel. Diod. Sic I. 412. — I. 276 B. 353 D. — Sumtus funeris I. 335 B. — an ἐντάφιον II. 161 C.

ἐντείνω — Sol calorem II. 658 C. — πληγὰς II. 1108 A. πολιορκίαν I. 500 A. — ει quid animum ad iram II. 464 B. — τινὶ morbus II. 565 D. — in versus, restitue Scriptori in Petav. Uranolog. p. 148. — I. 80 A. M. d. S. ad Vit. III. 553, 1. ita forte I. 492 B. Galen. Pr. T. II. 14 E. Jambl. V. P. 266. Aristid. I. 206. θεῖναι 266. Plato 199 G. 405 B. Jamblich. V. P. restitue. Plato 47 D. 2 G. 83 F. 199 G. Hermias Phaedr. p. 174. ἐκτείνω conf. 175. ubi ἐκτείνω sanum videtur. — demonstrationem II. 614 C. — σθαι harmoniam II. 657 D. — σθαι curis et laboribus II. 136 B. — πρός τι II. 604 C. — μαι τῇ φωνῇ τραχύτερον II. 130 F. — ασθαι ἀλλήλοις φιλίαν Eur. Hippol. ita D. II. 95 F. — cui θυμὸν excito vel augeo II. 61 E. Sim. 74 A. 663 E. — vocem I. 792 F. — εσθαι εἴς τι, studium in aliqua re ponere II. 731 A. — fructus fervet (ref. Ep. Crit. Liban.) II. 36 E. 734 E. — quem ut μηρίνθοις II. 748 C. — omnem doctrinam in eloquentiam I. 886 C. — ἑαυτὸν εἴς τι, studium omne ponere in quo II. 795 E. Sim. 35 E. — ἐντεταμένος τοῖς μορίοις, genitalibus II. 797 E. — Mus. II. 238 C. 828 C. I. 161 B. — κλάδους pro ἐκτ. II. 910 B. — pro συντείνεσθαι II. 949 B. — med. τῷ λόγῳ πρὸς τοὐναντίον II. 963 F. — ἑαυτὸν I. 188 F.

ἐντειχίζω I. 633 C.

ἐντεκνόω mulieri I. 771 A.

ἐντελέχεια II. 875 D. 878 B. 884 C. (expl. 898 C.) — opp. δυνάμει II. 883 D. — plur. Menand. Cler.

p. 216. Stob. 199. ἐντελέχεια an ἐνδελέχεια vid. Hemsterhus. ad Lucian. 95.

ἐντελεχὴς I. 321 F.

ἐντελεχῶς Plato 672 G.

ἐντελὴς II. 827 B. 1017 D. I. 190 E. 624 B. 653 A.

ἐντέλλω — ομαι II. 189 A. 215 A.

ἐντέμνειν sacrificare II. 290 D. I. 83 A. Musgr. Supplem. Eur. Iph. A. 35. Thucyd. V. 11. I. 289 D. 572 D. — pass. ut vespa Dio Chr. VIII. 132 A.

ἐντεριώνη medulla arboris II. 268 A.

ἔντερον II. 699 F. 974 B. — γῆς II. 982 D. vid. Lex. et Nemes. p. 9. Schol. Nicand. Ther. p. 42 C. Proverb. Diogenian. III. 91. Suid. IV. 82. Athen. 298 D. 304 F. 305 A.

ἐντεῦθεν II. 234 B. 240 E. — ἐκεῖ II. 745 D. — ex hac urbe Dio Chr. 490 B. 491 A. B.

ἐντευκτικὸς I. 196 E. II. 9 F. Upton. Ind. Epict.

ἔντευξις II. 27 B. 67 C. 81 A. 749 C. 808 C. I. 14 D. 70 A. 125 B. E. 303 C. 452 B. 519 C. 569 B. 619 C. 635 C. 711 E. 716 A. 749 D. 815 B. 849 C. 876 D. 943 C. 961 B. 991 D. — regia I. 909 C. — Venereus coitus II. 655 B. I. 1056 E. — mariti et uxoris II. 139 E. — inventio rei II. 1137 E. — petitio I. 829 D. Vales. Euseb. p. 59 C. — conventus I. 904 A. — per literas I. 986 B. Diminutiv. Epict. p. 61. — legatorum I. 1057 D.

ἔντεχνος II. 7 B. 99 B. Plato 672 A.

ἐντήκω studia, mores II. 3 E. — II. 433 A. I. 432 F. 842 E. Aristid. II. 317. — II. 681 B. pro ἐκτ. I. 1018 C.

ἐντὶ pro εἰσὶ Timocr. Rhod. I. 122 F.

ἐντίθημι I. 153 B. — σι natura nobis quid, *dat.* II. 3 C. Sim. 7 D. — μαι instituitur mos II. 654 D. Sim. Jambl. V. P. 168. — cibum infanti I. 18 F. ἔνθεσις Porph. Abst. II. 48. Athen. IV. 20. Aristoph. Eq. 51. — II. 405 E. — quid εἰς μελοποιΐαν, pro ἐντείνειν II. 1134 E. — cui verbera I. 301 C. — cui vitium Plato 595 A. cui scientiam Jambl. V. P. 228.

ἐντίκτω τινί τι II. 718 A. 827 A. I. 735 A. 799 F. Plato 595 A. 648 E. 658 F. G.

ἔντιμος II. 149 A. 191 F. 219 D. 823 E. 1056 A. I. 34 B. 109 C. 716 B. 955 B. 964 C. 1017 F. Plato 652 E. 702 F.

ἐντίμως I. 17 B. 233 A. 316 A. 455 C. 618 E. 1074 A.

ἐντολὴ — ῆς ἐξ Aristid. II. 168.

ἐντομὴ castratio II. 857 B. 859 F. — muri I. 1035 B.

ἔντονος II 628 A. I. 97 E. (Eurip. Belleroph. fr. XXII. Musgr.) I. 824 F. Soph. II. 84 A. — I. 851 C. 1012 A.

ἐντόνως I. 643 D. 465 D. — latrat canis I. 1030 B.

ἐντορεύω I. 861 C. v. l. II. 164 A.

ἐντορνεύω II. 164 A. 399 E. — νος κύκλος Plato 669 F. G.

ἐντὸς II. 155 B. C. — non cum genitivo sed dativo actionis—Amor ἐντὸς τῶν ἐρωτικῶν ψυχαῖς ignem accendit II. 681 C. — τῆς φύσεως Stob. Ecl. T. II. p. 122. ed. Heeren. Athen. 102 E. — ἐπιδῶσι quid II. 731 D. — τὰ ἐντὸς ἐκτὸς vertere II. 977 B. — ἐντὸς βῆναι II. 1011 D. — ἐνιαυτοῦ I. 144 F. 145 D. — τῶν ὅπλων (Bergl. Aristoph. Av. 390.) I. 606 A. — ἡλικίας esse Taylor. Lys. p. 110. ed. R. — ἑαυτοῦ γενέσθαι Pausan. 669. — ἐντὸς ὅπλων εἶναι, teneri I. 297 D. — Vid. ἐκτὸς et ἔξω. — οἱ ἐντὸς Graeci I. 542 C. Siculi f. ἐκτός. — ἐντὸς φιλήματος cui venire I. 602 B. — θάλαττα I. 632 E. 917 A. 998 A. — cognatus ἐντὸς ἀνεψιότητος Plato 659 B. — ἐντὸς Εὐφράτους regio, *cis* I. 682 E. — λογισμῶν εἶναι I. 684 A. — μανίας Hippocrat. Ep. XIX. p. 18 B. — βολῆς I. 729 B. — Ἰσθμοῦ I. 907 F. — τοξεύματος I. 933 F. — τινὸς περιέρχομαι I. 1014 D. — intra corpus II. 192 D. — τῆς πόλεως II. 200 B. — θυρῶν II. 204 F. — τινὸς esse, peritum Vit. Hom. §. 6. 161. conf. ἐκτός — ἐντὸς δραχμῶν Plato 690 G. 691 A.

ἐντραγεῖν II. 734 A.

ἐντρέπω Vit. Hom. §. 167. Porphyr. Euseb. P. E. XI. 555 D. Aristid. I. 72. — ομαι revereor II. 237 D. 253 C. Xenoph. H. Gr. II. 3, 17. p. 80. ed. Mor. — ἐντροπή Jambl. V. P. 10. Dio Chr. 463 C. 519 B. Eunap.

ἐντρέφεσθαί τινι v. n. ad II. 32 E. — φύλαξ τῷ ἤθει II. 38 B.

ἐντρέχεια Sext. Emp. 281.

ἐντρέχω II. 970 C.

ἐντρίβω I. 195 A. 987 F. II. 186 D. Dio Chr. VII. 110 D. pro ἀνέτριβε.

ἔντριμμα I. 557 F.

ἐντρίχωμα II. 912 D. H. Steph. Thes. Ling. Gr. I. 158. 8.

ἔντρομος I. 175 B.

ἐντροπαλίζεσθαι II. 449 D.

ἐντρυφάω τινὶ II. 185 D. 401 E. I. 121 B. 132 D. 203 E. 209 C. 211 D. 294 D. 353 B. 453 E. 592 C. 631 B. 640 C. 687 B. 799 B. 950 B. Anon. Stob. 474, 47. Liban. I. 473 B. — pass. I. 436 D. 738 C. 1022 B. II. 222 D.

ἐντρώγω II. 279 F.

ἐντυγχάνω Simpl. I. 837 E. 896 D. 927 E. II. 21 B. Soph. 39 C. 47 A. 63 C. 69 C. — homini κατ' ὄψιν I. 1035 E. — τινί τι I. 984 C. 991 D. — telo I. 306 F. 558 A. 956 E. — f. concedo II. 828 E. — ἐνυπνίῳ somniare II. 972 C. — τινὶ περί τι Phil. II. 1025 E. — οντες discipuli II. 1117 D. — et προσεντυγχάνω differt II. 1124 D. — prenso I. 783 D. bis. — dico I. 815 A. 965 F. 966 E. — εἰ αἴσθησις cui rei I. 888 E. — regi I. 909 B. D. — populo I. 343 B. 751 A. 848 E. 934 E. — ἐντευχθεὶς I. 341 A. — ω et μαι I. 370 A. — cui molliter I. 398 C. Sim. cum adverb. I. 652 A. C. telis I. 415 E. — cui ἰδίᾳ cum inf. peto. I. 649 A. — ὀνείρῳ I. 738 C. — Pass. I. 771 C. 1013 B. — II. 679 A. 715 B. 728 E. 816 C. 1115 A. I. 14 D. 371 E. 372 A. 394 C. 519 C. 526 A. — ἐντυγχάνειν τοῖς κριταῖς intercedere apud judices II. 334 E. coire Venere II. 654 D. I. 20 A. 89 C. 619 F. — libro II. 675 B. 676 C. 677 B. 734 C. 1012 D. 1027 A. 1037 A. 1070 E. 1077 C. I. 358 A. 396 D. 523 C. 558 D. 801 F. 846 E. 889 B. 954 E. 1012 E. — sibi δὲ ἀλλήλων II. 678 D. Simil. 431 C. — agere cum quo II. 967 E. — simpl. οντες qui ad nos accedunt 86 B. II. 88 C. 94 D. — rei, eam tracto, tango II. 87 A. 173 B. — cui homini II. 89 E. 117 F. 173 F. 184 F. 199 F. 222 C. — τινί, generatim scripto vel colloquio II. 102 A. — philosopho II. 145 B. — Simpl. II. 148 D. 163 A. — vesti, cibo, cet. i. e. eo uti, Nicostr. Stob. 446, 3. — τὸ ἐντυγχανόμενον, petitum, id quod ab aliquo petimus. Alex. Pol. ex Artapano ap. Euseb. P. E. IX. p. 429 C. — ω τινὶ divinat. Plato 702 E.

ἐντύνω Hom. I. 926 F.

ἐντυπόω II. 672 B. I. 169 C. Porph. Abst. II. 39.

ἐντυχία II. 582 E. restituend. Stobaeo p. 146, 40.

Ἐνυάλιος II. 757 C. 801 E. Xen. H. Gr. II. 4, 10. — οὐ μὰ τὸν II. 234 D.

ἐνυβρίζω II. 434 D. 817 A. I. 299 F. 569 D. 607 F. 631 C. 623 D. 773 B. 819 A. 920 B. 924 C.

ἐνύβρισμά τινος γενέσθαι II. 350 C.

ἐνυγροθηρευτής Plato 642 A.

ἔνυδρος II. 670 D. 908 F. 975 B. 976 C. Plato 668 E.

ἐνυπάρχω II. 405 F. 429 A. 946 C. 953 F. 955 C. 1023 D. 1076 D. 1078 D. 1101 B. I. 480 E. 650 B. Aristid. I. 457.

ἐνυπατεύειν τινὶ II. 797 D.

ἐνυπνιάζομαι I. 350 D. 995 A.

ἐνύπνιον II. 432 C. 1067 D. 1123 B. — ἰδεῖν 437 F. — ίου ὄψις II. 437 E. — Simpl. II. 146 D. — πνια II. 16 C. 83 D. 100 F. 735 D. — picta? Dio Chr. XI. 186 C. D. Herodian. II. 9, 8. Xenoph. Anab. VII. 8, 1. — ἐνύπνιον pinxit Apelles, Prudentius II. in Symmach. cit. in not. ad Pacat. 39. p. 387. levis imago I. 691 C.

ἐνυπνιώδης II. 1024 B.

ἔνυπνος — ον φάσμα II. 166 A.

ἐνυφαίνω I. 893 D. 894 B.

'Ενύω Bellona I. 456 B. 469 B. 471 E.

ἐνωθέω I. 510 E.

ἐνώμοτος I. 581 E. 730 D.

ἔνωσις II. 1162 B.

ἐνωτικὴ σύγκρασις II. 428 A. — ῶς II. 876 A. 1112 A.

ἐξ — ἐνυπνίου monitu II. 587 A. 635 E. — ἔθους II. 697 B. — ὀνόματης quem appellare II. 741 C. 1040 E. I. 544 D. — ἐξ ὁμοφροσύνης quid fit, concorditer I. 877 F. — ἡ ἐξ Ἀρείου πάγου βουλὴ II. 794 B. I. 155 F. — ἄλλος ἐξ ἄλλου deinceps II. 829 E. 839 E. F. I. 263 C. 268 F. — ἐξ ἐφήβων γενέσθαι H. 844 B. — ἐξ ἐναντίας II. 1045 C. — ἐξ ἀμφοτέρων aperire aedem sc. θυρῶν I. 78 E. — ἐξ ὀνόματος ἑαυτὸν φράζειν I. 141 F. — ὧν e quorum numero est II. 427 B. — ἐξ ἄκρων σφυρῶν tremere II. 435 B. — τὸ ἐξ οὗ materia II. 436 C. — ὁδοῦ pugnare I. 264 A. — ἑαυτοῦ suis sumtibus I. 512 C. — ἐξ ἅπαντος amo quid I. 566 A. 608 D. — ἐξ ἑαυτοῦ καὶ τῆς περὶ αὐτὸν διαθέσεως quid considerare II. 42 A. 168 B. — ἐναντίας II. 74 A. — pro ἐν, ut ἐκ Κίρκης pro ἐν Κ. . . . Forma non temere repudianda. Ita ἡ ἐξ Ἀρεπάγουβουλή, ἐκ γειτόνων. — ἐξ ἑτέρων ἕτερα ἱμάτια μεταλαμβάνειν II. 100 B. — ἐξ ἀκρασίας κεκραμένοις, al. κρεμαμένοις II. 139 B. — φθείρεται ἐξ οὗ πέφυκε, perit ex sua natura, ex suo genere II. 159 B. — ὧν hinc, ideo II. 170 E. — οὐδὲν ἐξ ἑαυτοῦ τέκνον ἔθρεψε II. 184 B. — ἅπαντος II. 213 B. — ἐξ ἐφήβων εἶναι, ex ephebis excessisse Teles Stob. 535. — ἐξ αὐτὸς αὐτοῦ moritur Diog. L. I. 73. — οὐδὲ ἐξ ἅπαντος ἦν cum inf. *nullo modo fieri poterat, ut* Dio Chr. 550 A. — ἐξ εὐνῆς cibum edere, *quum primum ex lecto surgens, an in lecto cubans* Aristid. I. 315.

ἓξ II. 1018 B. — καὶ τριάκοντα II. 1027 F. — πεντήκοντα καὶ διακόσια II. 1027 C. — ἓξακις II. 1018 B.

ἐξάγγελος Plato 696 E.

ἐξαγγέλλω nuntius II. 742 C. — II. 237 D. 942 A. 945 D. I. 6 A. 118 C. 560 F. 562 B. 593 B. 1089 F. Plato 652 F. 663 A. B. — τι πρὸς τὸ δεινότερον I. 554 B. — φωνὴν publice, in luctu Plato 693 D.

ἐξάγιστος I. 99 B.

ἐξαγκωνίζω Wessel. Diod. Sic. I. 563. Oenom. Euseb. P. E. VI. 260 D.

ἐξαγοράζω I. 543 E.

ἐξαγορεύω II. 1124 D. I. 586 D. — arcana II. 54 A. 82 D. 108 D. explica Porph. Abst. II. 1. — II. 510 A. 1124 C.

ἐξαγριαίνω I. 717 C. 783 D. 834 D. 901 F. 960 E. 1046 A.

ἐξαγριόω — οὖσθαι terra II. 993 E. I. 221 E. 245 B. 252 F. 430 A. 953 E. Jambl. V. P. 261. — ψυχὴ Plato 658 F. 684 B.

ἐξάγω sacra I. 665 E. — exuo I. 1053 D. e vita II. 36 B. 837 E. 1042 D. 1059 C. 1063 C. 1076 B. 1089 F. 1116 E. I. 305 E. 313 D. 361 D. Wessel. Diod. Sic. I. p. 199. Upton. Ind. Epict. — II. 609 B. 663 C. 682 C. 991 B. 998 E. 1040 B. I. 3 F. Musgr. Eur. Herc. F. 777. I. 882 C. 912 D. — Simpl. τὸ σῶμα neut. II. 501 C. — quem deus, sc. e vita I. 1006 E. — II. 680 E. 1079 A. — I. 69 B. 91 E. 95 B. 119 E. 124 F. 132 C. 134 A. 138 D. — act. Simpl. II. 182 B. — exercitum II. 175 A. 188 E. 231 D. I. 672 E. — merces in aliam regionem Plato 650 C. D. — εἰ quid deus Aristid. I. 41. — τὸν λόγον εἰς ἄλλας ὑποθέσεις II. 42 F. — μαι εἰς ἅπασαν αἰσχύνην II. 56 F. Sim. 131 A. — γω oui δάκρυον II. 69 E. — γει res ipsa ad quid, impellit II. 71 F. — e corpore II. 134 C. — ειν ἑαυτὸν interficere se I. 957 E. II. 242 C. Porph. Abst. I. 38. corrig. II. 47. Clem. Al. 481 C. — γω τι ἀνωτέρω altius evehere II 639 C. — vinum vocem II. 706 A. — quem actorem e theatro II. 717 C. Sim. II. 19 E. — τινά τινας II. 922 F. — μαι affectu I. 1032 F. — καρπὸν quid pro ἐκφέρει H. 21 A. — τὰ ποιήματα τοῦ μύθου i. e. ad actionem traduco II. 36 D. — et ἐπάγω II. 36 D. — pro διεξάγω, vitae rationem Teles Stob. 524. Dio Chrys. VII. 128 B. — mercem in alias regiones Plato 651 A. — γομαί τι ποιεῖν Aristid. I. 170. — γω τέλος ib. 494. — extendo aedificium ib. II. 200.

ἐξαγωγὴ II. 134 C. 215 B. 697 E. 699 A. 1042 D. I. 91 E. Dio Chr. XXXI. 344 A. Plato 596 D. — vita II. 1042 D. Gataker. M. A. p. 62. Olympiod. Phaedon. III. p. 3. Clem. Al. 485 A. — exercitum Aristid. I. 369. — ἀνδράποδον τῶν ἐπ' ἐξαγωγῇ II. 232. — mercis in alienam regionem Plato 650 C. Liban. I. 473 B.

ἐξαγώγιμος Eur. II. 604 C. Plato 650 B. C.

ἐξαδυνατεῖν cum infinitivo II. 63 D. I. 203 C. 424 E. 1027 A.

ἐξᾴδω II. 161 C. f. cantando sanare quid, Dio Chrys. XXXIII. 412 B. Plato Phaed. — τῷ βίῳ τελευτῶν II. 161 C. Musgr. Eur. Troad. 476.

ἐξαιρόω II. 97 B. 659 B. 963 D.

ἐξαίτης I. 400 A.

ἐξαθυμέω I. 863 E. II. 62 D. 168 F. 795 C. 1104 F. — ντο II. 474 A.

ἐξαιθερόω II. 922 B.

ἐξαιμάξω l. ἐξαμαξέω II. 1150 B.

ἐξαιματόω Gatak. M. A. 109.

ἐξαιμος II. 970 D.

ἐξαίρετος — ον quid habere II. 617 B. 619 E. — ον εἴς τι II. 896 E. — extraordinarius I. 778 B. — donum I. 218 B. 663 A. — ἐξαίρετον μηδὲν ποιεῖν Aristid. I. 406. — τόν τι ποιεῖν εἰς τὴν ὑστεραίαν, aliquid servare in crastinum diem Aristid. I. 316. — πολιτεία Dio Chr. 492 C.

ἐξαιρέτως quid vocari II. 667 F. 683 C. — simpl. II. 59 B. 958 E. 984 A. 1068 F. I. 67 E. 867 D. 903 C. 965 E.

ἐξαιρέω — versum ex poëta II. 26 F. — cui donum I. 253 D. — II. 657 A. 664 E. 676 C. 683 D. 687 A. 692 D. 693 E. 696 D. 712 F. 1104 C. I. 704 A. 978 E. — τινι τέμενος II. 299 D. I. 10 D. (dubium an ita I. 15 E.) I. 16 D. — θαι pro ἐξαίρεσθαι II. 360 C. — τι pass. extrahitur mihi quid II. 565 B. — quid ex praeda I. 331 C. 468 A. — εἶται ὅμηνος II. 595 E. — partem praedae I. 676 A. Sim. 1060 E. — diem II. 741 B. — Med. libero I. 747 A. 775 C. 974 C. 1021 C. — οἶκτον alterius II. 771 C. — med. liberare urbem periculo II. 847 E. I. 20 E. 202 B. 503 E. F. — II. 1056 A. 1080 A. I. 218 A. 219 E. 270 E. 368 E. 522 B. 719 A. — urbem excidere I. 187 A. 377 E. 556 A. 633 F. 634 B. — conf. Mor. Xenoph. H. Gr. II. 2, 12. — expugnare I. 197 E. 392 F. — ἐξελὼν ἐξέπεμψε donum II. 38 B. — μαι τι τῆς αἰτίας II. 126 E. — ται quid ex corpore v. c. spina piscis II. 131 A. — Simpl. demo, deleo I. 133 C. 141 E. 146 F. 174 F. 226 D. — ἐξελεῖν ἱερὸν Dio Chr. 500 D. Sim. Plat. 686 D. — μαι θεῷ templum Plato 650 F. — urbem κατ' ἄκρας Plato 674 C. — ἐξαίρειν excipere, l. ἐξαιρεῖν Aristid. II. 327. — cui agrum dono Aristid. II. 366. I. 6. 12. 102. 239. — everto Aristid. I. 173. 401. — ἐω morbos ib. 45. — μαι libero ib. 167. 178. 438. 490.

ἐξαίρησις τοῦ φρονήματος quae pravis passionibus obsistit, f. vindicatio in libertatem II. 78 A. — σεις II. 1137 B.

ἐξαίρω eximo, falso, II. 405 D. 466 C. 593 A. 716 B. 719 C. 746 F. 824 D. 914 C. 1087 B. I. 27 D. Pausan. 699. I. 186 A. 513 A. 641 A. 666 C. 699 C. 821 F. — animum alterius II. 545 B. — debitum II. 831 A. — μαι superbia I. 527 E. 643 C. 1002 B. — II. 782 D. hostem I. 534 F. — bellum Pausan. 735. — Simpl. I. 559 A. 706 E. 771 E. — mentem alicujus II. 644 D. 814 A. (fugio, l. ἐχθαίρω II, 1130 B.) Eurip. ap. Valck. Hippol. 322. conf. infra v. Ἐπαίρω (potius ἐξαίρω II. 410 E.) — ἐξαίρει tollit, demit f. leg. ἐξαιρεῖ II. 44 B. Plato 688 H. — ἐξήρθη καὶ ᾤδησε pulvinar II. 59 C. — Rhet. Vit. Hom. §. 27. — fort. corrig. ἐξηρτημένος ἀπὸ τῆς ἀνθρωπίνης ζωῆς, leg. ἐξηρημένος Jamblich. Stob. 553. — ἐξῄλοιμεν et sim. tempora Plato 699 C. — Πλάτωνα ἐξαίρω τοῦ λόγου Aristid. II. 269. 393. — extollo laude Aristid. II. 389. — ω τι Aristid. I. 561. supero quid — τι τοῦ λόγου Damasc. Suid. Ἐπίκτητος Σωκράτη Liban. Ep. Fabr. B. G. VIII. 54. Orat. T. II. 226 C. — ἐξηρμένος animo elatus I. 624 D.

ἐξαίσιος (Wessel. Diod. Sic. T. I. p. 50.) I. 418 A. 975 A. Thessal. Or. Opp. Gal. I. 6 A.

ἐξαιτέω II. 185 C. 259 F. 417 D. 775 A. 808 E. I. 16 F. 137 A. 169 E. (Wessel. Diod. Sic. I. 322 Addend.) 381 A. 384 C. 409 D. 460 F. 503 D. 504 B. 541 F. 670 D. 737 A. 746 A. 749 B. C. 766 D. (856 D. pro ἐζήτει) 953 A. 1021 A. Aristid. I. 267. — μαι bono sensu Aristid. I. 404.

ἐξαίτησις Jambl. V. P. 133.

ἐξαίφνης II. 52 F. 75 D. 112 C. 731 E. 1056 B. I. 6 A. 205 E. 207 A. 208 A. 244 F. 249 E. 270 F. 280 C. 286 C. 309 D. 315 D. 358 C. 383 E. 388 B. 424 B. 438 F. 496 F. 535 E. 536 E. 548 D. 557 E. 615 C. 627 F. 628 A. C. 652 D. 658 C. 710 B. 732 E. 735 D. 779 C. D. 883 C. 937 A. 982 B. 996 D. 998 D. 1007 B. 1011 B. 1014 D. 1041 E. F. 1044 A. Plato 657 D.

ἐξακέω — μαι I. 645 C. Plato 664 D.

ἐξακολουθέω II. 694 C. I. 678 D.

ἐξακοντίζω I. 417 C. 1015 E. 1016 B. — λόγους Menand. Stob. 217, 25.

ἐξάκουστος I. 67 B. 661 C. 750 D. II. 171 D. Porph. Abst. II. 53. III. 3.

ἐξακούω, percipio, intelligo I. 177 C. 479 C. 873 F. 1064 C. II. 152 D. 202 D. Porph. Abst. II. 5.

ἐξακριβοῦν τι II. 464 A. 611 B. 626 A. 1028 A. C. I. 12 F. 60 B. 448 C. — videndo, accurate videre II. 920 D. — I. 177 A. II. 62 D. Aristid. II. 384.

ἐξαλείφειν passionem II. 84 A. 88 D. 111 F. 562 B. 728 B. 1106 B. I. 71 C. 794 F. 1007 A. — vas II. 676 B. Eurip. Peleo fr. IV. Musgr. Incert. XXVII. Wessel. Diod. Sic. I. p. 207. — I. 1033 A. II. 99 B. Porphyr. Abst. II. 25. Plato 651 C. E. Aristid. I. 266. 425 bis. 444. II. 269. 364. Isocrat. Panath. 483. — nomen e civium numero II. 860 A. 1040 A. I. 611 D. 1048 F. Xenoph. H. Gr. II. 3, 21. Aristid. II. 327. I. 151.

ἔξαλλα II. 1160 F.

ἐξαλλαγή II. 732 A. 733 E. 759 A. 935 B. 927 C. 940 D. 1083 B. 1116 C. I. 896 E.

ἐξαλλάττω II. 661 E. 800 B. I. 10 D. 78 C. 174 F. Vit. Hom. S. 167. — ἐξηλλαγμένως II. 745 F. Porph. Abst. I. 27. Aristid. II. 52.

ἐξαλλοιόω II. 930 F. vulg.

ἐξάλλομαι II. 161 A. 190 E. 623 B. 1094 C. I. 83 C. (Musgr. Eur. Iph. A. 924.) 213 D. 296 A. 306 D. 402 F. 421 B. 615 E. 625 E. 684 F. 718 D. — de parte corp. II. 341 B. 984 E. — emergère II. 382 D.

ἔξαλλος pro ἐξαλλάττων II. 329 F.

ἔξαλος et ἔναλος Sext. Emp. 452.

ἐξαμαξέω, (ita leg. pro ἐξαιμαξέω) e via recedo II. 1120 B.

ἐξαμαρτάνω. I. 377 D. II. 192 E. 207 B. — πρὸς θεραπαινίδα — per euphem. de re venerea II. 140 B. I. 480 F. — I. 478 C. 780 C. II. 70 A. 88 A. — περί τινα an pro quo I. 494 B. — ἐξημαρτημένος Plato 667 A.

ἐξαμαυρόω II. 93 F. 127 C. 136 C. 662 B. 720 D. 797 C. 917 E. 939 E. I. 566 A.

ἐξαμαύρωσις II. 434 A.

ἐξαμάω II. 183 A. — μαί τι I. 899 D.

ἐξαμβλόω II. 2 E.

ἐξαμβλύνω I. 187 E.

ἐξαμείβω — ειν πρὸς ἀλλήλους II. 590 C.

ἐξάμειψις ἡ κατ' οὐρανὸν II. 426 D.

ἐξαμελέω I. 137 D. 1022 D. Porph. Abst. II. 27. Aristid. I. 21.

ἑξάμηνος II. 908 B. 933 E. 676 D.

ἐξαμιλλᾶσθαι II. 593 F. 1098 E.

ἔξαμμα πυρὸς II. 958 E.

ἐξαναγιγνώσκω I. 792 F. 869 F. 874 D.

ἐξαναδύω — μαί τινος I. 574 B.

ἐξανακρούομαι II. 862 C.

ἐξαναλίσκω II. 697 B. 980 A. 1052 C. I. 312 B. 628 E. 768 D. Aristid. I. 378.

ἐξανάπτω — genus hominum generationibus Amor. II. 752 A.

ἐξανατέλλω Teleclid. Com. I. 153 E.

ἐξαναφέρω πρός τι II. 341 E. (Vid. ad II. 550 C.) — e fluctibus I. 392 A. — simpl. II. 446 B. — ἑαυτὸν πρός τι II. 469 C. — πρός τι II. 541 A. I. 1070 E. — τι profero II. 563 A. 765 A. — aqua onera II. 627 B. Simpl. emergo II. 147 C.

ἐξαναχωρέω Aristid. I. 424.

ἐξανδραποδίζομαι II. 5 F. 775 A. I. 220 A. 271 A. 916 E. Activ. Xen. H. Gr. II. 2, 12.

ἐξανευρίσκω II. 32 E. 421 A. 907 A. 972 E. 1017 F. I. 17 B. 89 E. 1037 A.

ἐξανθεῖν τι II. 248 D. 353 F. 397 F. 474 F. 546 C. 551 D. 563 B. 731 C. I. 3 E. 685 F. 1007 A. — perditas vires recipere II. 432 C. conf. 434 B. — febris I. 415 D. — simpliciter pro ἀπανθεῖν colorem amittere II. 287 D. — neutre insecta II. 396 A. 637 B. Sim. I. 955 A. — I. 451 F. 593 E. 824 A. E. 804 B. — nubes iridem II. 664 E. — simpl. vinum vim amittit II. 692 C.

ἐξάνθημα II. 671 A.

ἐξανθίζομαι II. 661 F.

ἐξανθρωπίζειν res divinas II. 360 A. ubi v. n.

ἐξανίημι II. 666 A. 691 B. I. 342 E. 418 A. pass. II. 788 B.

ἐξανιστάω — ἐπ' ἔργα quem II. 722 F.

ἐξανίστημι I. 223 B. 224 D. 231 D. 269 C. 284 C. 289 A. 313 A. 333 B. 343 B. 412 E. II. 162 B. 165 F. — II. 628 C. — II. 522 D. — I. 400 E. 427 E. 431 E. 535 A. 544 C. 612 A. — ἐξανίστασθαι II. 457 B. 658 F. 710 D. 788 F. 974 A. 1056 C. I. 100 A. 112 E. 130 C. 155 E. 621 E. 723 D. 859 E. 991 E. II. 232 B. F. τινι. — ad salutandum I. 653 C. 985 E. — ηαι quem quid I. 388 B. — terret I. 655 D. — μι surgo I. 660 E. 661 C. 669 B. 757 E. 790 D. 793 A. 906 B. C. 1008 F. — μαι ex morbo I. 974 F. — ται πόλις somno, an exspectatione I. 1036 E. — μαι deficio, ad res novas convertor I. 1043 F.

ἐξαντλέω Eurip. II. 110 D.

ἐξαπατάω I. 556 F. 852 E. II. 15 C. 16 D. 24 F. 51 D. 100 C. 166 A. 173 A. 200 C. 229 B. 1103 D. 1110 A. bis B. — Plato 686 A.

ἐξαπελαύνω I. 668 F.

ἐξαπίνης II. 85 C. 109 B. 759 E. I. 229 F. 449 E. 493 B. 812 D.

ἐξαπλάσιος II. 1020 A. 1028 E.

ἐξαπόλλυμι II. 2 E. 931 E. 1067 A.

ἐξαπορέω — εῖσθαι I. 194 A.

ἐξαποστέλλω II. 29 D. 221 E. 1126 C. I. 216 B. 263 C. Teles Stob. 231, 52.

ἐξάπους I. 517 D.

ἐξάπτω suspendo — τι τῆς τύχης I. 454 D. — aliquid ad caussam aliquam referre II. 278 E. Euseb. P. E. III. 93 A. — med. τινὸς pro simpl. ἅπτεσθαι I. 127 F. 732 D. — II. 1111 E. I. 178 B. 549 E. — pugna I. 207 B. 470 F. — μαί τι a me suspendo Aristid. I. 23. — accendo I. 66 C. 685 D. II. 48 C. 138 E. 794 D. — vim II. 433 E. — II. 787 A. I. 84 A. 121 E. urbem ad aliam I. 198 D. — bellum II. 840 B. 847 F. Sim. 828 A. — ἐξάπτομαι incendor II. 522 C.

ἐξαργεῖσθαι II. 2 D.

ἐξαργυρίζω — μαί τι vendo II. 850 D. I. 364 F. 776 E. F. 985 C. Duker. Thucyd. VIII. 81. Wessel. Diod. Sic. II. 562.

ἐξαριθμέω — ομαι II. 106 B. 731 C. — vocem f. ἐξαρθρόω II. 972 F.

ἐξαρίθμησις II. 1011 C. 1142 E.

ἐξαρκέω πρός τι II. 575 C. — I. 642 D. 1056 B. — πᾶσι II. 95 C. 624 C. 707 C. — οὐκ ἐξήρκει κατακειμένοις ἔτι βοᾶν non satis habebant II. 704 D. Sim. 86 D. — solvo I. 257 B.

ἐξαρμα altitudo math. II. 410 E. (Casaub. Strab. 25 A. et Ptolem. ibid. p. 123.) I. 411 E. — excellentia Damasc. Suid. in Εὐπείθιος.

ἐξαρμόνιος II. 1141 E. 1142 A.

ἐξαρνέομαι Plato 689 B. Aristid. II. 288.

ἔξαρνος I. 400 B. 467 A. 565 C. 770 A. 849 E. Dio Chr. 499 C.

517 B. Aristid. I. 134. 426. 458. 481. II. 21. 83. 425.

ἐξαρπάζω — ται mortuus vulg. ἀναρπ. II. 117 B. — μαι quem πολιορκίας I. 470 D. Sim. 869 C. — cui quid I. 594 A. — libero quem I. 662 D. 891 F. — Simpl. I. 770 B. 772 D. 804 A.

ἐξαρτάω II. 1021 A. I. 112 E. 187 B. 727 F. 998 F. — ἀλλοτρίας δόξης τὴν ἐμὴν δόξαν ἐξαρτῶ I. 1027 D. — με ὄχλου I. 796 A. — ἦσθαι θεοῦ II. 163 E. Hippodam. Stob. 554, 15. — τᾶσθαί τινος II. 383 A. 559 C. 901 E. I. 101 A. 465 D. 551 B. — ται campus λόφου I. 937 F. — ταί τινός τι I. 564 A. — θαι πήραν Aesop. I. 564 C. — ται urbs ab alia I. 748 D. — μοῦ hominum multitudo I. 837 E. Sim. 989 C. 1056 F. — σθαί τινος studere cui I. 964 E. 1047 A. 1048 D. Dio Chrys. XXXIV. 422 B. Aristid. I. 191. II. 296. 422.

ἐξαρτύειν τι ὥσπερ ὄργανον I. 862 E. — II. 437 D. 973 D. I. 156 A. 214 D. 386 D. — pass. Numen. Euseb. P. E. XIV. 729 D. — μαι classem I. 499 A. F. Sim. I. 910 B. 996 F. Aristid. I. 142. — corpus ipse I. 848 F. — navibus, sc. instructus sum I. 944 D. — Simpl. Athen. 511 D. Aristid. I. 223. 419.

ἐξαρύω II. 637 F.

ἔξαρχος II. 65 C. 158 D. 792 F. I. 61 C.

ἐξάρχω — ειν βουλὰς II. 118 E. Sim. I. 1056 C. — in oratione II. 741 F. — Simpl. II. 1013 E. — τινὶ παιᾶνος I. 27 C. 53 E. Xenoph. H. Gr. II. 4, 10. — τινὸς Plato 667 A.

ἐξῆς II. 738 F. 744 B. 1018 C. I. 42 F.

ἐξασθενέω II. 411 D. E. 822 D. 1054 A. I. 230 B.

ἐξασκέω II. 800 B. I. 154 A. 245 F. 363 C. 412 E. F. — εῖσθαι περί τι edoctum esse in re I. 526 B. 631 B. — ornatum esse I. 537 A. — έω quem Himer. 188.

ἐξακμάζω II. 898 A. 906 C. 919 C.

ἐξάττειν passione II. 83 E. I. 990 F.

ἐξάτονος II. 1028 E.

ἐξαῦθις Archiloch. II. 289 B.

ἐξαυτομολέω II. 755 D.

ἐξάχους I. 91 D.

ἐξαίφνης II. 888 E. 893 A. E. F. 922 A. 934 B. 929 D. 1087 F. I 439 E.

ἐξεγείρω II. 71 C. 784 A. I. 402 D.

ἐξέγερσις II. 909 C. I. 949 E.

ἔξεδρος et ἔξεδρος differt, Casaub. Strab. 928.

ἐξέδρα I. 990 B. 991 D. Dio Chrys. XXVIII. 208 D. Vales. Euseb. p. 298. b. A.

ἐξέδω II. 554 F.

ἐξειδέναι II. 621 A.

ἔξειμι licet II. 146 A. 154 E. 155 D. 178 B. 180 F. 192 E. 198 F. 225 C. 226 E. 230 F. 237 A. 238 D. E. 239 D. accusat. ἔξεστι τοῦτο ἐμὲ ποιεῖν II. 941 E. 1045 D. I. 117 A. — ἔστι τοῦτο πείθεσθαι καὶ μὴ II. 665 C. Sim. Aristid I. 421. — ἐξὸν I. 37 B. 595 D. II. 186 E.

ἔξειμι exeo I. 90 B. 165 D. 235 F. 243 B. 941 B. II. 148 E. 194 C. 210 F. 225 A. 234 E.

ἐξείπω pro simpl. εἴπω II. 550 C. I. 12 C.

ἐξείργω — μαι γνώμην εἰπεῖν Herod. II. 1098 A. — I. 8 C. 32 C. 272 D. 311 C. 753 B. Plato 641 C. 642 A. 684 C. E. corrig. 698 F. Aristid. I. 140.

ἐξέκλαγξε II. 1098 C.

ἐξέλασις I. 775 E. proelii impetus I. 1019 A.

ἐξελαύνω pudorem II. 654 D. — Iacchum I. 210 C. — triumph. I. 310 D. — II. 711 B. 999 A. 1087 C. 1108 C. 119 B. I. 1104 A. 136 F. 149 B. 153 D. 170 F. 355 E. 358 C. 556 B. — evehor II. 760 F. I. 303 E. 407 F. 420 B. 565 B. 556 A. 590 E. 644 F. 909 C. 1012 C. 1017 D. — I. 131 C. 888 A. 957 B. 1042 C. II. 177 D. 261 B. 228 B. — de fut. ἐξελεῖν, ἐξελῶν v. n. ad II. 127 F.

ἐξελέγχω II. 42 E. 50 C. 58 C. 61 B. 65 B. 69 E. 72 B. 73 E. 99 E. 193 B. 212 C. 707 D. 782 E. 827 E. 1126 B. I. 35 A. 83 D. 320 E. 321 A. 396 D. 606 E. 608 A. 650 E. 929 C. — pass. I. 1019 A. II. 13 E. 131 C. 793 C. 861 E. punitur. —

explor̈o I. 14 B. 606 A. 766 E. 1062 F. — imbecillitates convinco (Petav. ad Synes. p. 52.) H. 137 C. ubi v. n. Aristid. I. 151. 494. 53?.

ἐξελευθερικὸς I. 456 C. 473 B. 942 E.

ἐξελίσσειν τὸν κύκλον αὐτῆς luna II. 368 A. 939 A. — I. 134 F. Plotin. 474 B. — II. 680 B. — χορείαν Aristid. I. 97. 249. ex Eurip. — τάφρον I. 402 A. — coelum II. 923 A. — luna ἐξελίττεται κύκλους περὶ ἑτέρους κύκλους II. 939 A. — acies I. 249 D. 264 A. 675 D. 1072 A.

ἐξελκύω II. 219 C.

ἐξελληνίζω I. 69 B.

ἐξεμεῖν II. 918 B.

ἐξεναντίας I. 758 C. 860 F.

ἐξεπᾴδω II. 384 A.

ἐξεπαίρω II. 192 F.

ἐξεπίσταμαι Aristid. II. 367.

ἐξεπιτηδὲς II. 1075 C. I. 66 F.

ἐξεράω τι II. 904 B. Diog. L. IX. 4. Menag. Hinc f. ἐξέρασμα Porph. Abst. I. 10. Dion. Hal. A. R. II. 69. p. 124, 16. V. L. cognatum ἀπέρασις II. 134 E. ubi v. n. et δείραμα, κατέρασας V. L. 149 B.

ἐξεργάζομαι II. 65 C. — τινί τι ingenerare cui quid II. 295 B. — opus II. 668 C. — pertracto quaestionem II. 650 A. 1022 C. — I. 66 A. Plato 658 C. D. — ἐκ ἐξειργασμένοις venire II. 870 C. Tayl. Lys. 871.—Pausan. 81. 124. conf. 392. Aristid. I. 138. II. 306. — I. 96 E. Plato 696 E. — cum inf. I. 338 B. — instituo I. 352 E. — ἐξειργασμένως quid conscribere I. 664 F. — promissum I. 1043 C. — δεινὸν ἔργον I. 1050 E.

ἐξεργασία explicatio II. 1004 E. — Rhet. Vit. Hom. §. 83. 90. Porphyr. Euseb. P. E. X. 465 C. Orig. Cels. 554 A.

ἐξερεθίζω I. 134 F. 271 C. 293 D. 460 A. 488 B. 867 C. 998 D.

ἐξερευνάω I. 503 F.

ἐξερημόω Eur. I. 76 F. Plato 680 C.

ἐξερίζω I. 649 D.

ἐξερμηνεύω ex una in alteram linguam verto II. 383 D.

ἐξέρομαι — ἐξερήσομαι interrogabo Aristid. I. 471.

ἐξέρχομαι II. 155 D. 194 B. 219 C. 236 F. — deficit quid, desinit, Plato 573 A. sic 674 C. 678 F. διεξέρχ. 609 A. — ται tempus Plato 691 C. — ἐπιπλεῖστον bello Aristid. I. 397.

ἐξεσθίω II. 968 A.

ἐξετάζω — censu I. 733 E. — μαι πρός τινα comparor I. 761 C. Dio Chr. 529 B. C. — ω sciscitor II. 119 A. — exigo Aristid. I. 137. — philosophi Aristid. II. 307. — I. 381 E. 382 B. 423 D. II. 41 B. 42 E. 45 E. 94 C. Plato 698 B. — ζομαι sum, gero me II. 74 B. ubi v. n. — in foro 802 A. Sim. Plato 618 E. — ει imperator I. 553 E. 932 E.

ἐξέτασις militum II. 969 D. II. 275 E. 939 C. Thuc. IV. 74. Duk. Xenoph. H. Gr. II. 3, 14. — βίων, censura, Rom. I. 275 E. — I. 345 B. 479 B. 532 F. 550 F. 813 B.

ἐξετασμός II. 1060 B.

ἐξεταστὴς I. 256 E. — πικρὸς I. 41 A. 601 F.

ἐξευθύνω Plato 687 F.

ἐξευλαβεῖσθαι II. 31 B. 85 E. 129 A. 274 B. 540 A. 655 D. 727 C. I. 870 B. 961 C. Numen. Euseb. P. E. XIV. 731 C. Plato 672 E.

ἐξευμενίζω — σθαι med. I. 176 B. Porph. Abst. II. 37. Aristid. I. 18.

ἐξευνουχίζω virum II. 692 C. ex em. vv. dd. Simpl. castro εὐνουχίζω Porph. Abst. III. 7.

ἐξευπορέω Plato 655 A. 677 C.

ἐξεύρημα II. 1087 D. 1125 B.

ἐξευρίσκω II. 147 E. 149 A. 191 F. 219 D. 414 F. 415 A. 701 A. 720 A. I. 97 B. Plato 698 B. 703 C. Aristid. I. 389.

ἐξευτελίζω I. 681 C.

ἐξέχομαί τινος Dio Chr. 514 C.

ἐξηγέομαι I. 139 E. 144 D. Thucyd. VI. 85 Duk. — Aristid. I. 60. 224. 235. 533. — Narro I. 3 F. 961 D. — interpretor II. 12 D. 31 D. 757 B. 943 A. Plato 697 B. — Sacra I. 256 E.

ἐξηγητὴς munus II. 843 B. Deus Aristid. I. 87. 112. 182. 196. 237. II. 366. antiquitatum monstrator Pausan. 77. 84. 133. 362. 388. 399.

416. 423. 428. 431. 537. I. 11 D. 25 B. 66 A. 225 E. Aristid. II. 209.

ἐξηγητικὰ libri prodigiorum I. 539 B.

ἑξήκοντα, ἔτη II. 136 D.

ἑξηκονταετία I. 873 C.

ἐξήκω II. 1072 D. — tempus ἐξήκει II. 540 D. Plato 651 D. Aristid. I. 155. 159. 207. 543. — κλῆσις II. 833 F. — pereo Aristid. I. 111. — desinit Aristid. I. 410. — Plato 619 D. 681 D. 703 B. — ἐξήκοντες anni praeteriti Aristid. I. 74.

ἐξηλιόω (ms. II. 930 F.) II. 929 D.

ἐξημερόω II. 980 E. 997 E. I. 61 D. Wessel. Diod. Sic. T. I. p. 19. — I. 186 A. 274 C. 252 F. 633 D. II. 86 E.

ἐξημέρωσις II. 987 E. I. 69 F. Porph. Abst. III. 18.

ἐξημοιβός II. 20 A.

ἐξήνιος II. 510 E.

ἐξήρης I. 778 B. 930 B.

ἑξῆς II. 30 B. 117 D. 236 B. 1027 E. 1029 B. 1050 C. I. 780 D. Plato 702 C. Aristid. I. 106. — II. 826 B. ὁ ἑξῆς λόγος II. 948 A. Plato 670 F. Aristid. I. 104.

ἐξηττᾶσθαί τινος II. 644 B. I. 671 E.

ἐξιάομαι Plato 662 E. 677 D. 683 E. 684 G. bis. Aristid. I. 314.

ἐξιδιοῦσθαί τι, — Hierocl. Stob. 477. Herodot. Vit. Hom. VI. 2. ἐξιδιοποιεῖσθαι Diog. L. I. 40. — ἐξιδιάζομαι Theophr. Testam. Diog. Laërt. V. 53. — Philo Bybl. Euseb. P. E. 39 D.

ἐξίδρωσις II. 949 E.

ἔξίημι — ἐξιᾶσι fontes II. 670 C. — II. 682 F. 738 B. — σι fluvius in mare I. 637 D. Dio Chr. 437 C. Aristid. I. 233. II. 333 bis. — ἐξῆκα χρόνον, transegi Dio Chr. XII. 198 A.

ἐξικμάζω II. 690 A. 910 C. 950 A.

ἐξιλάσκομαι II. 149 D. ubi v. n.

ἐξικνεῖσθαι τῷ λόγῳ διὰ τὸ κάλλος sine gen. II. 347 D. — εἰπεῖν valeo dicendo Aristid. I. 82. — χιλίων ἐτῶν II. 397 A. — cum inf. Aristid. I. 89. 202. — περαιτέρω II. 551 C. — II. 56 B. 149 D. 409 D. 414 C. I. 761 F. 769 A. Aristid. I. 104. 170. — πρὸς ἐπίβλεψίν τινος II. 619 D. — τι πρὸς τέλος II. 621 C. 962 A. B. I. 366 B. — Simpl. II. 721 B. 722 C. 745 E. 934 A. 951 B. F. 937 B. 1002 E. 1056 C. 1078 A. 1118 E. I. 80 B. 91 D. 94 C. 298 C. 342 D. 708 E. — εἰς φιλίαν διὰ χάριτος II. 751 D. 756 E. — ad aliquam magnitudinem II. 804 B. 1061 E. — ται εἰς τὴν αἴσθησιν II. 943 F. — τι πρὸς ἐμὲ II. 976 A. — βέλος I. 329 C. II. 347 E. nude, ubi v. n. — ἐπί τι I. 630 F.

ἐξιππάζομαι I. 264 E. 470 E. 513 D. 593 E. 721 C. 1007 B.

ἐξιππεύω I. 1047 A.

ἐξίπταμαι — ἐξέπτη II. 806 E. — ται verbum II. 90 C.

ἕξις facultas in aliqua doctrina vel arte II. 39 E. 48 D. — ἀγαθῶν ἢ κτῆσις II. 24 F. — θειοτάτη est virtus II. 24 D. — μαθηματική, math. scientia II. 43 A. 48 D. 47 D. 386 E. 514 A. 743 E. — corporis habitus II. 237 F. 625 A. B. 680 D. 681 E. 603 B. 764 C. — temperamentum II. 650 C. 652 C. — sensu philos. Chrysipp. II. 960 D. 1053 F. 1054 A. Upton. Ind. Epict. — forma rerum II. 392 B. κατὰ ἕξιν — differt ab δύναμις et πάθος II. 443 D. Vid. δύναμις — Dio Chr. XVIII. 258 D. — καὶ διάθεσις II. 565 D. — ἕξιν, ἔχειν in disciplina II. 630 B. I. 154 A. 763 E. — oritur e frequentia πάθους II. 682 C. — Simpl. II. 82 E. 83 D. 682 D. E. 701 A. 788 B. 792 D. 1053 F. 1054 A. B. 1134 B. Plato 607 E. G. — diff. ab ἐνεργείᾳ II. 899 D. — II. 927 F. — opp. στερήσει II. 946 A. B. D. E. — diff. a διαθέσεως II. 1058 B. Galen. Protr. T. II. 11 C. 18 E. — σύμπτωμα II. 1072 C. — corporis I. 49 E. 51 A. 357 D. 848 D. 862 E. 864 F. II. 75 B. 135 C. — καὶ γνώμη I. 74 D. — καὶ δύναμις II. 404 F. 426 B. — καὶ σῶμα I. 277 E. — τὴν ἕξιν ἰσχυρὸς I. 715 D. — eloquentiae I. 886 D. 984 E. Dio Chr. XVIII. 258 D. XIX. 261 B. — ἀνόητος II. 69 E. — fere idem ac διάθεσις, status praesens animi II. 159 D. — corporis

II. 237 F. — λογικὴ Vit. Hom. §. 173.—periphr. φιλοτίμου ψυχῆς pro φιλοτιμία Plato 658 G. — status animi e corporis Aristid. I. 88.

ἐξισόω — οῦσθαι II. 487 B. 1078 A. I. 110 F. 344 C. 376 E. 546 E. 618 D. 797 E. Teles Stob. 577, Plato 681 C. Aristid. I. 118.

ἐξίσωσις II. 1078 A. I. 88 B. 813 A.

ἐξίσταμαι, — ἐξίστημι — σθαι mente I. 412 C. — ταί τι abit I. 421 E. — mutatur II. 16 B. — de planta, mutor II. 648 D. 649 D.— vinum II. 692 D.—II. 71 C. 1054 A. I. 397 E. — enthusiasmo II. 623 B. — σι (Zephyrus vinum II. 655 E.) II. 663 B. (702 A. τῆς ποιότητος) 725 B. C. 911 E. 914 C. 915 D. 919 D. vinum II. 988 D. — ται equus I. 933 F.—ται τοῦ καθεστηκότος δι' ὀργὴν αὐτοῦ I. 903 B. — μι remp. muto I. 866 C. — μαι cedo I. 778 F. — μαι τοῦ φρονεῖν I. 689 D. — μαι πρός τι I. 675 B. — μι quid muto I. 573 A. — σι me quid ὀργῇ I. 424 B. Sim. 1034 F. — ἐκστῆναι πρὸς ὄρεξιν II. 663 D. — discedo II. 688 C. — ἐκστὰς attonitus I. 222 C. — pass. mutari, aegrotari II. 764 C. — 785 C. — μαί τινι τινος II. 813 A. 863 E. I. 33 D. 103 D. 270 B. 328 B. 343 E. 371 D. 402 C. 478 B. 516 B. 527 D. 566 C. 623 C. 786 D. 817 A. 884 D. 924 A. B. — II. 822 D. 980 B. — τι, act. ejicio quid II. 824 A. 914 B. tumultu II. 844 E. 988 D. — ομαι τῆς κατὰ φύσιν ποιότητος II. 939 E.—μί τινα statu moveo II. 945 B. — τὸ φρονεῖν II. 963 E. — μαί τινι ὁδοῦ II. 967 E. I. 30 C.—τινος II. 1062 E. 1068 D. I. 33 F. 55 B. 76 D. 106 F. 114 D. 260 C. 466 D. 522 A. 595 E. 1014 D. — II. 1085 A. 1114 E. 1115 E. I. 49 E. 81 E. 100 A. — τι ἐμαυτοῦ, ἐκστήσειεν — f. ἐξ. II. 1099 E. — mutor I. 37 E. — simpl. e via I. 67 B. — λογισμὸν I. 90 B. 217 F. 520 E. 557 E. — ἐξίσταμαι dilator I. 103 F. — ται τὰ ἤθη ἀρετῆς I. 173 A. — τοῦ παρόντος II. 432 D. — τινα τοῦ λογισμοῦ I. 177 A. — μαι λογισμῶν I. 508 B. Sim. 1052 B. — σι καὶ ταράττει sanitatem II. 136 C. — σι quid, subaud. animum II. 165 A. — μαί τινί τινος II. 183 C. — τῶν πατρίων νόμων II. 220 F. — σι me docentem strepitus, i. e. turbat Dio Chr. XX. 264 A. — ἐξεστηκὼς οἶνος Dio Chr. 539 D. Aristid. I. 255. — ἐξεστάναι dolore, ira Dio Chr. 521 B. — σθαί τινι εἴς τι Plato 673 F. et in mysteriis Aristoph. Ran. — σθαι ἑαυτοῦ mutari Aristid. I. 63. — sana mente ib. 428. — ἐξεστηκώς τινος expers ib. 466.

ἐξισχύω τινὸς II. 801 E.

ἐξίτηλος II. 68 B. 549 D. 551 D. 652 D. 686 C. 693 B. 735 B. 783 E. I. 709 A. — Pausan. 807. — ἀρετὴ Antiphan. Stob. 437, 50.

ἐξιχνεύω II. 3 A. 87 C. 652 E. I. 633 C.

ἐξκαιπεντηκονταπλάσιος II. 925 C.

ἐξογκόω II. 801 D. Casaub. Athen. 437.

ἐξοδεύω I. 343 C.

ἐξόδιον dramatis I. 706 C.

ἐξόδιος — ον θεατρικὸν I. 296 E. 565 A.

ἔξοδος II. 380 D. 438 B. 821 E. — exire e domo I. 90 B. — expeditio militaris II. 186 F. 861 E. 1145 F. I. 146 B. 415 B. 425 F. 552 E. 716 A. 724 C. 1029 C. 1038 B. — genus orationis, f. castrense I. 984 F. — matronae in publicum Phintys Stob. 444, 22. 445.—mulierum et matronarum Plato Leg. VI. 626 H.

ἐξοιδέω Aristid. I. 287. 568.

ἐξοικειόω — Passiv. II. 26 B. 649 Euseb. P. E. XI. 524 B. Phil. Bybl. ib. p. 37 C. — activ. absum Aristid. I. 232.

ἐξοικίζω II. 1084 A. I. 33 A. 364 A. — ται bellum I. 603 F. — μαι urbem in ἐξορκ. I. 663 B. Plato 596 B. 681 F. — Aristid. I. 111. 133. 404.

ἐξοικοδομέω I. 521 C. 980 B. II. 212 D.

ἔξοινος Athen. 477 E.

ἐξοιστρηλατέομαι II. 1158 F.

ἐξοίχομαι ex memoria II. 764 E. — II. 404 D.

ἐξοιωνίζεσθαι mali ominis caussa quid omittere II. 289 B. I. 855 D.

ἐξοκέλλω II. 5 B. 981 B. Pausan. 647. conf. Excerpt. Athenaei ad 521 C. Men. Stob. 508. Hipparch. ib. 873. — de navi II. 347 A. λόγον εἰς γῆν II. 940 F. 985 C. I. 263 E. 407 A. 432 E. 518 A. 984 B. — activ. II. 654 E.

ἐξολισθαίνω II. 398 B. 978 F. — ἐξολισθέντος gladio e manu I. 348 D.

ἐξόλλυμι — μεσθαι II. 684 B. 1113 C. I. 860 E.

ἐξολοθρεύω corrupt. I. 965 E.

ἐξομήρευσις I. 36 E. 146 A.

ἐξομηρεύω — μαι I. 575 B.

ἐξομιλέω τινὰ II. 824 D. Musgr. Eur. Iph. A. 740. I. 193 B. 482 A. Aristocl. Euseb. P. E. XI. 511 A. Polyb. Ind. — καθομιλέω Megaclid. Athen. 513 C.

ἐξομνύσθαι λόγον II. 613 A. I. 150 B. — I. 299 F. 300 D. 304 B. 832 A. 1044 E. II. 17 E. Plato 689 B.

ἐξομοιοῦσθαι II. 84 D. 1487 B. 1015 B. 1053 D. 1075 D. — όω I. 370 D. II. 96 E.

ἐξομοίωσις II. 151 C. 54 D. 1014 C. I. 153 A.

ἐξομολογέω II. 1042 A. I. 71 A. 76 F. 169 A. 215 C. 594 A. 943 D.

ἐξομολόγησις ἥττης II. 987 C. 1118 E. I. 505 D. 700 A. 926 C.

ἐξονειδίζω II. 66 E. 70 A. 814 E. I. 155 D. 742 B. 767 B. — τινὰ II. 863 B. — σθεὶς mori I. 499 C.

ἐξονομάζω II. 934 E. I. 881 B.

ἐξόπισθε II. 190 F. 182 F. 195 A. 707 B. I. 64 B. 249 F. 358 F. 417 B. 474 C. 670 D. 671 A. 739 B. 895 D. 953 A. 1016 E.

ἐξοπλίζω — ζει τοὖπος Ἀργεῖον λεὼν II. 752 C. — in lacuna II. 758 F. — μαι I. 536 D. — I. 561 C. 622 C.

ἐξοπτέω exasso, Sol terram Aristid. II. 349.

ἐξοργάω II. 652 D.

ἐξοργίζω Junc. Stob. 597.

ἐξορθιάζειν τῷ αἰδοίῳ II. 371 F.

ἐξορθόω Plato 655 E.

ἐξορίζω II. 559 D. 1145 A. I. 758 E. Plato 660 D. — pass. II. 607 B.

ἐξορισμός II. 549 A.

ἐξορκίζω II. 174 C.

ἐξορκόω II. 1126 B.

ἐξορμάω II. 260 D. 758 F. 908 A. — proficiscor I. 4 A. 283 C. 295 B. 346 A. 370 B. 419 B. 449 C. 536 B. — quem incito I. 446 B. 936 C. 853 C.

ἐξορύττω — ὀφθαλμοὺς II. 606 B. I. 1018 C.

ἐξορχέομαι τὴν ἀλήθειαν II. 867 B. Upton. Ind. Epict. — II. 1127 B. I. 460 Herodian. V. 514. ibi Strothius ed. Irmisc. — Aristid. II. 391. 415. — mysteria Aristid. I. 260. Sim. 489. Lucian. T. II. 277.

ἐξοσιοῦσθαι II. 586 F. I. 139 B. 1052 A.

ἐξοστρακίζω — σθεὶς ἀμφορεὺς Aristoph. II. 853 C. I. 114 D. 117 C. 118 D. 154 A. 155 D. 157 B. 235 C. 319 D. 322 D. E. 334 E. 353 E. 471 F. 472 A. 473 A. 489 D. 522 B. 530 E. 531 A.

ἐξοστρακισμός I. 123 B. 318 E. 322 E. F. 335 B. 526 C. 530 C. E. II. 186 A. De hoc qui scripserint vid. Hudson. et Wass. Thucyd. I. 135.

ἐξουδενίζειν II. 308 E. 210 C.

ἐξούλης δίκη Aristid. I. 103. II. 99.

ἐξουσία licentia I. 591 B. II. 12 C. — οἱ ἐν' ἐξουσίᾳ II. 776 B. — potestas II. 782 B. C. D. E. 815 A. 1079 E. I. 129 B. 143 E. 151 D. 173 C. E. 333 B. C. 345 B. D. 352 E. 434 B. 454 C. 471 F. 472 A. 473 A. 476 E. 482 A. 660 A. — magistratus quidam II. 813 C. I. 366 D. 406 F. 734 F. — majestas I. 273 E. — magistratus Vales. Euseb. 77 A. — malum Thessal. Or. 8 D. — καὶ δύναμις I. 962 D. — καὶ ἀρχὴ I. 887 C. — imperium I. 600 B. 632 A. 774 E. 870 B. H. 212 D. — libertatis Jambl. V. P. 217. 218. 226. — libido imperandi I. 685 A. 754 A. E. — Simpl. I. 763 C. 764 F. 768 D. 795 E. 809 A bis. 872 C. 889 A. 918 F. 982 A. 1046 A. 1048 C. 1058 C. 1070 B. II. 198 B. — ἀπ' ἐξουσίας quid facere I. 829 E. — αν τινὶ παρέχειν haud aegre ferre, si quis quid fa cit, concedere cui quid Dio Chr. 499 A. — amantes, συνόντες μετ' ἐξουσίας, cum imperio Dio Chr. 581 C.—τῶν ἀναγκαίων pro εὐπορία, rerum necessariarum copia Plato 642 D.—καὶ παῤῥησία ἐν μούσαις Plato 643 B. — animi remissio Aristid. I. 224.—πρὸς ἐξουσίαν bibere, pro *arbitrio*, Aristid. I. 316. — ἐπ' ἐξουσίας in securitate Aristid. II. 139. 163.—ἐξουσία simpl. fingendi licentia Aristid. II. 287. 361. — ἐπὶ τοσαύτης Aristid. I. 83. — genio indulgere ib. 521.

ἔξοχος I. 191 D. 301 B. Hierocl. Stob. 461. Aristid. II. 293.

ἐξοχυρόω I. 133 F.

ἐξυβρίζω I. 155 F. 211 B. 334 F. 445 C. 474 A. 641 E. 742 A. 855 A. II. 15 E. 83 B. 103 E. 155 F. 167 B.

ἐξυγραίνω I. 262 B. II. 97 B. 136 B. pass. κοιλίαν II. 914 E.

ἐξυδατοῦσθαι II. 292 C. Theophr.

ἐξυδρόω II. 898 A.

ἐξυλακτεῖ juvenis ad omnes sermones II. 39 B. I. 1050 C.

ἐξυπηρετέω τινὶ II. 656 D. Eurip. Autol. III. Musgr. Callicrat. Stob. 485.

ἐξυπνίζω pass. II. 979 C. 1044 D. I. 929 F.

ἐξυφαίνω I. 18 E.

ἔξω—διὰ τὸν νόμον II. 752 A.— extra nos res II. 686 F. 689 F. — τοῦ δυνατοῦ καὶ συμφ. hoc est II. 102 C. — in superficie corporis I. 123 A. extra corpus II. 128 C. 131 B. — retrorsum II. 162 D. 168 C. — extra domum II. 155 D. 168 D. — βλέπειν v. n. ad II. 80 E. — τρέπειν τι II. 485 E. 815 B. I. 133 E. — λόγον τίθεσθαί τι II. 671 A. 1017 D. I. 253 B. 480 B. 733 F. 852 C. Plato 570 E. — τίθεσθαι ἑαυτὸν τινος II. 815 D. — ὠτέρω τινὸς extra eum II. 879 A. — ἡ ἔξω θάλασσα, oceanus, II. 920 F. 921 C. conf. I. 552 E. 583 E. 690 D. 700 B. 713 A. — in alia re II. 1120 F. — οἱ I. 142 A. II. 180 D. — ὁ ἔξω πόντος I. 166 C. — extra portam I. 633 B. — τῆς μάχης παρόντες quidam ad Pharsalum I. 656 D. — περισπάω quem extra urbem in provinciis I. 768 A. — ap. plebem I. 784 D. — τῶν ἑαυτοῦ λογισμῶν I. 863 C. — ap. alios I. 889 C. — τὰ ἔξω πράγματα, extra suam artem II. 43 E. — ἔξω αν εἴσω τὰ ἴχνη τέτραπται II. 79 B. — ἔξω γίνομαι τῶν φρενῶν II. 223 B. — ζῶντες Cretenses Plato 664 F. — τοῦ λόγου λέγειν Plato 689 B. — ἔξω τῆς πόλεως πρὸς τῇ πόλει ib. 690 F. — ἔξω γῆς καὶ θεῶν ignarus omnium rerum Aristid. I. 256. Sim. 263. 265. — στηλῶν καὶ Γαδείρων ὁ νοῦς Aristid. II. 364. — τὰ καλὰ ἔξω τρέπειν τοὺς ἀγαθοὺς dixit Pindarus Aristid. II. 403. — ἔξω φθέγγεσθαι sc. extra scenam id. II. 414. ἔξω τινὸς εἶναι ignarum esse cujus id. I. 91. — διατρίβειν, Phil. Jud. 1062 B.

ἔξωθεν — εἴσω τὸν λογισμὸν στρέφειν II. 463 E. — τι σκοπεῖν Aristid. I. 151. — fere abund. II. 734 C. — ὑπαγορεύω magistratus II. 790 E. — περικεῖσθαι ornatum II. 820 A. — II. 100 C. 102 A. 131 A. 980 C. — ἐπείσοδος ἔξωθεν τοῦ ἐκτὸς II. 903 D. 907 C. — II. 1035 A. D. I. 140 A. 144 C. 145 B. 147 D. 251 E. — οἱ, peregrini, exteri I. 24 F. — extra argumentum I. 334 B. — εὖ φρονεῖν I. 393 C. Sim. II. 68 F. — mihi traditur epistola I. 986 A. — pro ἔξω II. 46 B. 180 E. Enallage Pseud. Plut. Vit. Hom. c. 63. p. 311. ed. Gal. — bis alio sensu II. 131 A. — 1. externa pars corporis II. 131 A. — 2. extrinsecus ex alio loco II. 131 A. — Simpl. II. 127 B. 134 D. 232 A. — Extrinsecus sunt felices qui videntur intrinsecus omnibus aliis similes Menand. Stob. 558, 46.

ἐξωθέω — legem I. 845 E. — civitatem in periculum I. 531 C. — naves hostium I. 536 E. — hastas hostium I. 320 F. 464 A. — hostes I. 1037 C. 1039 E. — in invicem I. 1041 E. — τινά τινος II. 180 C. 435 A. (437 f. l. ἐξανθεῖν) 485 B. — λόγον II. 514 B. 540 B. — II. 406 D. I. 74 E. 105 D. 206 D. 289 D. 398 A. 493 D. 528 D. 780 E. 827 D. — pass. calor ex interioribus partibus corporis in exteriores II. 648 A. — med. ut ἀπωθέομαι II. 693 A. — pravitas affectum ἐξωθεῖ sc. in affectum II. 782 C. abjicio II. 48 B.

818 F. — pass. astra II. 890 D. — 1091 D. 1093 C. I. 29 A. Thuc. VII. 36 Duk. I. 392 A. 519 A. 581 A. 912 A. 1003 E. F.

ἐξώλης II. 13 A. 1076 A. I. 292 D. 1038 F. 1051 B.

ἐξωμὶς vilis vestis II. 470 E. I. 337 D. Ep. Hippocr. XX. p. 19 E. Charter. Philo Jud. Euseb. P. E. VIII. 380. . . Dio Chrys. IV. 69 D. VII. 105 A. 116 B. 627 D.

ἐξωμοσία I. 1044 E.

ἐξωνέομαι I. 114 E. Pausan. 431. I. 247 E. 565 D. II. 197 B. Porph. Abst. II. 60. ἐκπρίαμαι Isocr. p. 44, 30. Aristid. I. 42, 509. 510. repone.

ἐξώπιος Aristid I. 235.

ἔξωρος I. 474 E. Teles Stob. 231, 57. Philo Jud. 1021 D.

ἐξωτερικὸς — dialogi Aristot. II. 1115 B.

ἑορτάζειν τινὶ II. 358 B. 759 D. — τι II. 717 D. I. 942 B. — II. 1099 E. I. 162 A.

ἑορτάσιμος II. 270 A.

ἑορτασμὸς II. 1101 E.

ἑορταστικὸς Plato 642 F.

ἑορτὴ II. 7 C. 169 D. 171 D. 184 E. F. 192 D. 238 A. 717 D. Plato 702 F. — privati II. 123 E.

ἐπαγανακτέω I. 198 B. 606 D.

ἐπαγγελία stilus II. 45 A. leg. ἀπαγγελία. Galen. T. I. 35 A. stilus, sed mox 36 A. professio, materia libri 38 C. 49 A. promissio, jactatio. II. 238 A. I. 53 A. Taylor. Demosth. F. L. T. IX. p. 344. ed. Reisk. — II. 29 E. 62 D. E. 64 B. Dio Chr. 622 B. Aristid. I. 144. 145. 395. — σπονδῶν Aristid. I. 55.

ἐπαγγέλλεσθαι ἑαυτὸν II. 512 A. — ω τινὶ κρίσιν II. 922 F. Med. II. 94 C. 145 C. 173 E. 195 B. 200 C. 233 F. 1043 F. 1106 D. I. 126 F. 629 F. 813 E. — ω τι I. 149 D. — nuncio I. 215 A. — plebi arma, πόλεμον, ad arma voco I. 219 C. ἐκεχειρίαν Dio Chr. VI. 93 A. Casaub. — μαι promitto I. 388 F. 394 D. E. 395 A. 396 B. 443 D. 637 B. 724 F. II. 29 E. 41 D. 109 A. cui convivium, ut alias καταγγέλλω I. 582 A. 906 C. — μαι φιλοσοφεῖν II. 75 C. incipio — μαί τι ὡς μουσικὴν ἄριστα ἐπιστάμενος Dio Chr. 622 A. — ἐπαγγέλλω recito, leg. ἀπαγγ. II. 105 A. — μαί τινι invito quem, Aristid. I. 265. vid. Reisk. — ω τοῖς φίλοις συνουσίαν Aristid I. 328. — ω postulo id. I. 499. 550. — μαι promitto id. I. 499. — philosophiam. id. II. 308.

ἐπαγγελτικὸς I. 258 E.

ἐπαγρυπνέω I. 1001 A.

ἐπάγω simpl. induco I. 1019 B. II. 123 A. 709 B. C. D. 710 B. 719 B. 1075 D. — δίκην I. 862 B. — 548 F. 645 A. 800 D. — τῷ νόμῳ ψῆφον I. 829 D. Sim. 839 E. — pro ἀπάγω I. 210 E. — cui αἰτίαν I. 836 A. — ψόγον cui II. 35 B. — juvenem carminibus pro εἰσάγω II. 25 D. — ω vulnus I. 973 D. — ω aggredior I. 921 A. — μαι quem voco I. 810 F. — γω cibum equo, do, I. 732 D. — μαι exercitum I. 663 A. — Pompejus videbat τὴν οἰκουμένην ἐπῆχθαι τρισὶν θριάμβοις I. 643 B. — cui δεισιδαιμονίαν I. 591 A. — cui δόλον I. 562 E. 618 D. — hosti exercitum I. 553 E. 562 A. — ἐπάγω τὸ εἰκὸς opinioni, ita leg. pro ἀπ. II. 430 A. — allicio II. 1137 C. — μαι bellum I. 179 B. — γω dux suum I. 178 D. — μαι bis, diverse I. 383 D. — quem I. 379 B. 398 E. 409 A. II. 178 D. — legem I. 422 C. — γει τι ὄψιν I. 444 C. — ω ad videndum I. 513 B. — concilio mihi quem I. 529 E. — ἐναργείας φαντασίαν ἐπαγόμενον II. 64 A. — ἐπάγει fluvius aquam arvis II. 670 C. — Simpl. τινί τι II. 29 C. 43 B. 73 D. 683 A. 1014 A. 1109 E. 1115 B. 1119 C. 1123 C. — δρᾶμα II. 710 C. — ει ἀνάγκη II. 730 A. melos II. 746 A. conf. calc. Ep. Crit. Sic ἄγω Athen. 617 D. si vera lectio. — hostibus, neutr. II. 793 E. I. 393 E. 400 C. 404 D. 510 E. 637 E. — — κίνησιν, moveor II. 944 A. — ὁ λόγος ἐπάγων πιθανὰ II. 959 C. — μαί τι καὶ ἀγαπάω II. 987 E. — mulier alliciens virum II. 990 C. Sim. 524 C. — Simpl. ἐπάγεταί μέ τι II. 1020 C. — τινι τὸν περὶ χρειῶν sc. ἀγῶνα II. 1067 B. — ἐπάγομαί τι adhibeo quid II. 147 C. 1118 B. — aratro lineam ducere I. 23 D. —

λόγῳ ἔργον I. 44 B. — respondeo I. 70 E. — mensem vel dies I. 72 A. — pass. inducor, allicior I. 99 B. — διάνοιαν θαύμασι I. 152 E. — μαι μάρτυρα II. 10 A. — γειν filio novercam, pro ἐπιγαμεῖν II. 314 B. Wessel. Diod. Sic. I. 485. Plato 682 C. — canes dicuntur in vestigia II. 356 E. — πολεμίοις neutr. II. 238 B. I. 53 B. — quid jucundum, pro facio, ut προσπίπτω II. 669 B. — μαι de canibus II. 225 F. — cibus χρωμένους allicit II. 636 D. 660 A. — argumenta II. 698 E. 975 D. — τινα ἐπάγομαι, f. allicio, al. ἐπάγετα, II. 52 A. 93 D. — ω νέφος τῇ εὐδίᾳ II. 68 C. — συνήθειαν, pro ἀσκέω II. 123 C. — ω τινί τι II. 146 B. — μαι, quem, adduco II. 225 C. — ω et ἐξάγω oppon. 226 C. — τινι δίκην Plato 663 F. 687 A. — cui bellum Aristid. I. 440.

ἐπαγωγὴ II. 106 F. 957 C. nisi leg. in mascul. cum codd. Plato 683 F. — in hostem I. 510 D. — Dialect. Jambl. Stob. 471. — φόβων Aristid. I. 130.

ἐπαγώγιμος I. 442 C.

ἐπαγωγὸς II. 383 F. 442 F. 769 C. 920 C. — κάλλος ἐπαγωγὸν τοῦ ἔρωτος II. 1073 B. — cum gen. I. 98 A. mss. II. 106 F. — I. 394 D. 770 A. II. 133 C. — ὄχλου λόγος I. 651 A. 992 C. — οἴκτου I. 825 A.

ἐπαγωνίζομαι II. 1075 D. I. 65 C. (Sic Philo Jud. περὶ Ἀφθαρσ. 946. laudatus Galeo ad Ocell. Luc. p. 509.) I. 187 E. 486 E.

ἐπάδω μέλος II. 329 E. 347 E. — rationem cui II. 602 E. 604 B. 779 A. — ἑαυτῷ II. 920 C. — ἐπάδεσθαι λόγοις passiv. II. 145 C. — καὶ ᾄδω Plato Leg. II. 578 D. 580 D. 581 D. — ταῖς τῶν νέων ψυχαῖς Leg. VII. 637 C. — πείθων Plato 622 D. 646 D. 687 B. — μενον, pro epodos Aristid. I. 330. — Aristid. II. 19.

ἐπαθλον praemium II. 617 E. I. 224 E. 377 E. 502 D. 516 C. 521 B. 594 C.

ἐπαθροίζω — μαι I. 936 D.

ἐπαιγίζω Aristid. I. 358.

ἐπαιδέομαι Plato 678 D.

ἐπαινετὴς et ζηλωτὴς Demosthenis II. 741 D. — II. 51 F. 53 B. 80 E. 157 E. 164 C. 227 B. 238 A.

ἐπαινετὸς II. 1039 C. Chrysipp. — Plato 703 D.

ἐπαινέω I. 100 A. II. 39 B. 40 B. 88 B. 90 F. 111 A. 119 C. 142 E. 148 D. 149 A. 151 A. D. 154 E. 158 A. 164 B. 180 E. 182 A. 189 C. 190 C. 205 F. 207 A. 208 B. 215 E. 217 F. 218 A. C. F. bis. 220 D. E. 223 F. 229 D. E. 230 F. 231 B. 232 E. — I. 125 C. — et μακαρίζω I. 246 D. — ἐπαινεσάμενος Activ. I. 326 B. — τὴν τύχην I. 1002 F. — θαυμάζω oppon. II. 7 A. conf. 44 B. — recuso II. 22 F. — τιμάω II. 44 B. — μέγα Alcaeus II. 763 E. — τέχνη ἐπαινοῦσα Εὐριπίδειον, i. e. confirmans Euripidis dictum II. 959 C. — μετρίως ἐπαινούμενον παρέχω ἐμαυτὸν I. 408 D. — differt a ζηλόω I. 1037 E. — Simpl. II. 26 A. 40 A. 50 B. 55 D. E. 57 C. 58 B. 59 A. 60 E. 61 B. 66 A. 72 D. 73 C. 88 B. — θαυμάζω, ζηλόω II. 84 B. — τι, contentus sum aliqua re, Muson. Stob. 489. — oppon. αἰνέω Plato 690 C. — ἐπαινούμενος λόγος, proverbium, Plato 691 F.

ἔπαινος καὶ δόξα II. 12 C. 1100 B. — ei parcere, ut pecuniae II. 44 B. C. — I. 133 B. II. 32 D. 35 A. 39 E. 40 A. 50 B. 55 B. E. 56 A. B. D. F. 57 A. B. 58 A. B. 70 B. 71 B. 73 D. 91 A. 190 D. 203 F. 238 A. — laudatio I. 993 B. Markl. Eurip. Suppl. 858. — in judicio I. 783 A. — epitaphius Ath. I. 855 C. — in ἐγκωμίῳ I. 922 B. disting. II. 9 A. — funebris I. 993 B. — ἐπαινὴ Περσεφόνεια laudanda Tibull. Vid. Scal. p. 142. II. 23 A. — εἰ περὶ τοὺς ἑτέρων ἐπαίνους γλισχροὶ ἔτι πεινῆν καὶ πενέσθαι ἐοίκασι τῶν ἰδίων II. 44 C. — Simpl. II. 40 C. 41 A. 42 E. 44 A. E. F. 45 E. F. 46 A. B. 114 C.

ἐπαίρω II. 795 C. — laudibus I. 199 E. 210 E. 335 A. 367 C. — II. 540 C. 724 F. 959 B. 1097 E. 1101 F. I. 101 D. 114 B. 126 E. 162 D. 727 C. — activ. II. 964 A. Kuster. Aristoph. Nub. 42. I. 291 D. 293 C. 300 E. 317 B. 319 F. 391 A. — med. τὸ ἀκάτιον II. 1094 D. — I. 117 E. 341 F. II. 186 A. — med.

ἐστίον II. 662 C. 870 B. I. 7 D. 9 E. — cui bellum I. 294 B. — adfero argumentum II. 675 D. — μαι fastu tollor II. 752 F. 806 A. I. 127 F. 169 C. (Eurip. fr. inc. XXVI. Musgr. T. III. p. 595.) 190 C. 207 C. — νεότης μ' ἐπῆρε καὶ σθένος τοῦ νοῦ πλέον Eurip. Fr. Androm. Stob. 357, 52. — μαι πρός τι I. 866 A. — vexilla I. 868 E. — pass. auferor affectu I. 873 B. — animo I. 882 B. 896 F. 1035 C. 1049 F. II. 32 D. 103 E. — ει quid animum I. 896 E. — μαι τῇ γνώμῃ I. 913 A. — ω τι ἐπὶ πλεῖον I. 917 E. — μαι baculum I. 1065 C. II. 186 B. — ω quem male ad fastum II. 9 A. Sim. 21 C. — με bono sensu II. 26 A. — ται τράπεζα II. 150 D. — ω τὸ σῶμα εἰς ἴψος II 237 F. alendo. Rhet. Vit. Hom. 6. 213. — μαι f. minari Aristid. I. 395.

ἐπαισθάνομαι II. 77 A.

ἐπαίσθημα II. 899 D. Porph. Abst. I. 67. ἐπαίσθησις III. 15.

ἐπαισχύνεσθαί τινι II. 858 F.

ἐπαίτης II. 235 D.

ἐπαιτιάομαι I. 201 D. Plato 684 F.

ἐπαίτιος πρός τινα I. 1010 B.

ἐπαΐω I. 991 C. II. 152 C. Muson. Stob. 202, 56. Euseb. P. E. X. 481 D. Dio Chr. 655 D. Aristid. II. 19. 316. 371. — II. 406 C. Plato 595 A.

ἐπαιωρέω I. 176 E. 236 D. 258 A. 293 D. 627 C.

ἐπακμάζω I. 382 B. 521 C.

ἐπακμός II. 966 C.

ἐπακολουθέω — ταῖς φαντασίαις II. 656 C. 739 A. — Simpl. II. 96 A. 113 C. 117 E. 195 C. 196 E. 981 A. 1020 C. 1115 A. — scriptori I. 778 B. — cupiditati I. 795 C. — εῖ cui factio I. 800 A. — intelligo I. 846 E. Plato 655 B. 694 G. — cui ad ταφὴν I. 967 A. — εῖ malum, error, Aristid. II. 228.

ἐπακολούθημα effectus II. 641 D. E. I. 344 B. 525 C. Philo Jud. Euseb. P. E. 395 A. 396 A. Gatak. Anton. p. 94 E.

ἐπακολούθησις II. 117 D. ubi v. n. — σιν ἔχειν II. 641 C. — κατ' II. 1011 B. M. Ant. VI. 44.

ἐπάκουστος Emped. II. 17 E.

ἐπακούω II. 118 A. 1030 A. 1122 C. I. 374 E. — καταιβάτης καλούμενος II. 338 A.

ἔπακρος classis civium Athen. II. 763 D.

ἐπακτὴρ Homer. II. 494 C.

ἐπακτὸς I. 191 A. Phintys Stob. 445, 8. Aristid. II. 395. I. 535. — ὅρκος Zenob. III. 80. — Eurip. II. 604 D. Philem. Cler. p. 354. I. 1034 B.

ἐπαλαλάζω I. 301 B.

ἐπαληθεύειν alicujus dictum II. 107 A. ubi v. n.

ἐπαλείφω II. 966 E. — metaph. Aristid. II. 29. — naves minio ib. 214.

ἐπαλλὰξ II. 140 E. ubi v. n.

ἐπάλλαξις II. 45 D. 140 E. ubi v. n.

ἐπαλλάττω manus I. 505 D. — nominis, confundo, permuto, Porph. Grad. §. 35. p. 241.

ἐπάλληλος (γάμοι II. 338 C.) 721 C. 887 C. I. 274 E. 632 B.

ἔπαλξις II. 245 D. ubi v. n. I. 296 F. 704 F. 998 C.

ἐπαμάω — μαι τινί τι II. 982 B. Jambl. V. P. 192. Aristid. I. 323. Philo 530 A.

ἐπαμπέχω — μαι ut περιαμπέχω II. 1102 C. Sic ἐπαμφιάω Philem. Stob. 419, 55. — μαι animo I. 573 A. — ω quid ὕβρει I. 1069 B.

ἐπαμύνω I. 330 B. 976 E.

ἐπαμφέρω Solon I. 96 B.

ἐπαμφοτερίζειν II. 229 C. Ruhnken. Tim. 78. I. 205 A. 429 B. 445 D. 512 C. 524 A. Upton. Ind. Epict.

ἐπὰν II. 112 F.

ἐπανάγω — redeo II. 7 A. 119 F. 590 E. 933 C. — in altum vehor 298 C. I. 211 C. Dio Chr. XI. 167 D. — Simpl. reduco in altum II. 688 E. 718 E. — Math. αὔξειν II. 1020 A. 1028 C. — II. 57 A. 1064 D. — caussam in quid II. 411 D.

ἐπαναγκὲς I. 90 D. E. 942 B. Epict. p. 292. Plato 650 et saepe 661 G. 662 D.

ἐπαναγωγὴ ramorum II. 910 B.

ἐπαναιρέομαί τι I. 234 B. Porph.

Abst. I. 27. Dio Chr. XXXIV. 416 B. XXXVIII. 473 A. — legem abrogo I. 828 F. 836 E.

ἐπανακοινέω Plato 677 B.

ἐπανακύπτω — ει λόγος II. 725 B.

ἐπαναλαμβάνω II. 982 A. Plato 612 D.

ἐπαναπλέω II. 591 F.

ἐπαναῤῥήσσω I. 794 A.

ἐπανάστασις seditio II. 818 D. I. 13 D. 437 B. 547 C. — leg. ὑπανάστασις Porph. Abst. II. 61. — Aristid. II. 249.

ἐπανατίθημι — σθαι Plato 680 F.

ἐπανατείνω — σθαι minas Wessel. Diod. Sic. I. 641. ἐπανάτασις Jambl. V. P. 174. Dio Chr. IV. 81 D.

ἐπανατέλλω I. 265 A.

ἐπαναφέρω pass. II. 83 B. 735 A. — ται sol. II. 19 E. — Callicratid. Stob. 484. 485. Plato 586 F. 599 A. 610 G. — τὸ δαιμόνιον εἰς τὸν Κικέρωνος οἶκον ἐπανήνεγκε τὸ τέλος τῆς Ἀντωνίου κολάσεως I. 886 B. — ω refero quid ad regem I. 1026 C. Xenoph. H. Gr. II. 2, 13.

ἐπαναφορὰ Schem. Rhet. Vit. Hom. §. 33.

ἐπαναχωρέω τινὸς εἴς τι II. 580 A. Aristid. I. 134.

ἔπανδρος Hierocl. Stob. 491.

ἐπανεγείρω II. 101 A.

ἐπάνειμι I. 53 D. 57 D. 414 F. 773 D. 920 E. 921 E. 1008 D. II. 186 B. — τοὺς λόγους et sim. Plato 591 H. 653 E. 638. 666 G. 680 A. F. Aristid. I. 139. 338. II. 128. 242.

ἐπανέρομαι πολλάκις II. 748 E. Plato 633 C. 660 B. Aristid. I. 133. 458. Zachar. Mityl. 209.

ἐπανέρχομαι II. 63 D. 184 E. 186 B. 197 D. 203 D. 212 A. C. 220 B. 226 F. 236 B. 969 A. I. 17 C. 57 D. E. 58 A. 167 C. 211 C. 489 D. 530 A. 551 F. 928 F. — ἐπὶ τὸν λόγον Plato 603 G. 657 E. 661 E. Sim. 699 C. Aristid. II. 108. I. 168.

ἐπανερωτάω Plato 632 F. 694 H. 695 C.

ἐπανέχω τί τινι I. 856 A.

ἐπανήκω II. 737 B. I. 59 C. 151 D. 454 B. 559 F. 766 F. 774 C.

ἐπανθεῖ — χάρις II. 646 C. I. 159 E. Sim. II. 64 E. Junc. Stob. 593. Dio Chrys. XXIX. 293 A. em. R. — malo sensu II. 800 B. — Non ἐρύθημα sed σκότος Nicostr. Stob. 427. — consuetudo Aristid. I. 149.

ἐπανίημι — ειμένη melodia II. 1136 E. — σι timor I. 581 B. — quid Dio Chr. 579 B. — relaxo Aristid. II. 228.

ἐπανισόω II. 484 E. 596 D. 821 C. 1028 E. I. 317 C. 568 E. 643 F. Plato 612 B. Aristid. I. 437. f. 423.

ἐπανίστημι cui insidias I. 575 A. — ται rebellis I. 596 D. 617 D. 1054 D. τινὶ Aristid. II. 312. — II. 737 A. I. 111 B. — I. 710 A. 752 A. 768 C. 987 F. 1008 C. D. passim. II. 155 E. 193 C. — τινὶ τύραννος II. 251 E. 255 E. I. 34 E. 215 F. — Activ. surgo II. 741 C. — cui neutre I. 495 A. — σθαι abire. Venet. ἀπαν. Dio Chr. XI. 189 C.

ἐπάνοδος I. 254 D. 641 E. 986 F. II. 223 C. bis. Schem. Rhet. Vit. Hom. §. 34. Aristid. II. 321. — animae Porph. Abst. I. 19.

ἐπανορθόω I. 194 E. — med. pro act. II. 722 B. 746 C. 778 E. I. 476 C. — όω coquum, doceo, corrigo II. 137 A. — mores et animum cujus II. 67 D. 72 A. 179 B. — poëtae dictum II. 24 A. 406 D. 814 D. 1039 F. — μαι II. 33 D. — med. excuso, defendo I. 14 E. — suam paupertatem Casaub. Polyb. T. I. p. 790. I. 158 D. — Med. I. 578 A. 748 B. E. bis. II. 40 E. 141 D. Plato 690 A. 692 D.

ἐπανόρθωμα I. 409 A. 596 E.

ἐπανόρθωσις, interpretatio qua scriptoris mens melior fit II. 1010 C. — II. 1142 E. I. 590 F. 735 E. 828 B. 889 A. II. 22 A. 29 D. 34 B. 35 E. 46 D. F. 72 F. 73 D. 79 C. — πενίας I. 812 A. 848 D. Dio Chr. 486 C. 513 D. — orationis I. 849 C. II. 183 B.

ἐπαντλέω II. 688 E. Aristid. I. 24. — τὸ ἐπηντλημένον φροντίσι τῆς ζωῆς II. 107 A. forte ductum e proverbio. Vid. Stromat. 629. et Schott. ibid.

ἐπάνω — τινὸς γενέσθαι II. 1063 C. — II. 150 B. 424 C. 438 D. — in libro disp. II, 35 E.

ἐπάξιος Plato 694 A.

ἐπαοιδὴ Dio Chr. 609 B.

ἐπαπειλέω II. 103 E.

ἐπαποδύω τινά τινι II. 788 D. — σθαί τινι I. 299 B.

ἐπαποθνήσκω I. 274 A. Aristid. I. 204.

ἐπαπολογέομαι I. 314 B.

ἐπαπορέω II. 863 B.

ἐπαράομαι I. 281 F. 430 D. 458 A. 503 C. 553 A. 918 C. II. 222 D. — Plato 682 F. 684 B. 689 B.

ἐπαράσσω januam I. 1026 B.

ἐπάρατος v. n. ad II. 239 D.

ἐπαριθμέω τινί τι Aristid. I. 223.

ἐπαρίστερος I. 347 D. II. 34 A.

ἐπαριστέρως τι μεταλαμβάνειν II. 467 C. conf. Athen. p. 104 A. 671 B. Bergler. Arist. Av. 1566. Menand. Stob. Grot. 285.

ἐπαρκέω II. 118 C. 197 D. 540 A. 939 E. I. 79 B. 88 B. C. 97 C. 646 A. 1022 D. Aristid. I. 473.

ἐπαρκὴς I. 864 A.

ἔπαρσις Fragm. I. 1.

ἐπαρτάω Porph. Abst. I. 2. et Rhoër. 9. — pass. Hipparch. Stob. 573.

ἐπαρύτω — εσθαί τινι ἔκ τινος II. 600 C.

ἐπαρχία II. 604 B. 814 D. provincia I. 257 A. 294 A. 300 A. B. 339 D. 341 E. 342 C. 346 A. 379 B. 408 D. 432 A. 494 E. 495 A. B. 504 C. F. 514 F. 516 F. 551 B. 565 E. 567 C. 580 E. 628 E. 634 C. 639 C. E. 641 B. 651 A. C. E. 646 D. 647 A. B. 649 C. 655 A. 659 E. 712 E. bis. 713 B. 714 A. 717 D. 721 F. 722 A. 723 A. 725 D. 728 A. 738 C. 740 B. 764 D. 768 B. 778 F. 779 F. 781 E. 784 C. 837 D. 866 E. 875 E. 878 F. 879 B. 882 C. 891 E. 902 F. 922 A. 925 C. 985 D. E. 986 E. 992 F. 996 C. E. II. 172 F. — ας κάκωσις R. f. repetundarum I. 708 E. — munus I. 583 C.

ἐπαρχικὸς I. 879 A.

ἔπαρχος I. 369 D. f. praefectus praetorio I. 1056 B. — Simpl. I. 1067 F. 1070 B. II. 206 C. — τεκτόνων vulg. ὑπ' — I. 877 A. 880 B. — τεχνιτῶν I. 1008 C. — αὐλῆς — praefectus praetorio I. 1053 E. 1058 B. et ὕπαρχος Vales. Euseb. p. 215.

ἐπάρχω — ων I. 456 E. — χώρας possideo I. 487 D. Teles Stobaei 524. — praeterea ut Herodot. Select. Aristid. I. 178.

ἐπασκέω v. n. ad II. 92 D.

ἐπαστράπτω — δεξιὸν II. 594 D.

ἔπαυλα Soph. II. 785 A.

ἐπαυλέω II. 171 C. 704 F.

ἐπαυλία casa II. 508 D. — ιον I. 425 F.

ἐπαυλίζομαι I. 470 E. 936 C.

ἔπαυλις II. 184 D. E. 770 E. — βασιλικὴ I. 99 C. D. 100 E. — I. 170 B. 337 A. 338 E. 466 B. 518 D. 588 A. 631 D. 716 B. 864 A. 877 C. F. 885 B. Dio Chr. VII. 128 D. Aristid. I. 321.

ἐπαύξησις I. 80 D. ἐπαύξη Plato 638 F. 692 E.

ἐπαύρω — μαί τι — mihi sumo II. 793 C. fruor Thessal. Or. 7 F. Numen. Euseb. XI. 537 D. — ἐπαύρησις Democrit. Stob. 452. — ίσκομαι Democr. Stob. Ecl. p. 205.

ἐπαυτοφώρῳ I. 525 F. II. 49 E.

ἐπαφὴ v. n. ad II. 46 D.

ἐπαφίημι cui lapidem II. 241 B.

ἐπαφρόδιτος I. 473 D. Dio Chr. 463 D. et ἐπαφροδισία.

ἐπαχθὴς — ῆ festum Theb. II. 378 E. — II. 61 E. 64 A. bis B. 72 A. 73 A. 123 E. 207 A. — in laudatione II. 543 F. — Simpl. II. 604 B. 619 C. 692 B. 714 D. 753 C. 794 A. 805 D. 811 E. 823 A. 1119 B. I. 8 B. 33 F. 122 D. 129 B. 131 C. 181 C. 214 B. 235 B. 240 E. 332 E. 366 E. 380 B. F. 413 F. 443 D. 447 B. 473 A. 485 D. 524 C. 519 A. 544 C. 599 B. 610 E. 634 A. 754 E. 767 C. 837 D. 860 E. 872 D. 874 E. 893 C. 918 F. 919 F. 924 D. 961 B. 1061 F. 1069 D. — f. leg. ἀπεχθὴς I. 601 B. leg. pro ἐκπαθὴς I. 831 C.

ἐπεγγελάω τινὶ II. 760 F. 771 D. I. 395 B. 840 C.

ἐπεγείρω II. 975 E. 980 E. I. 219

A. 772 B. 841 C. 984 B. Wessel. Diod. Sic. I. 683.

ἐπεγερτικὸς II. 138 B.

ἐπεγκεράννυμι II. 1025 B.

ἐπεὶ — longa periodus ἐπεὶ δὲ — ἐνταῦθα δὴ I. 188 D. — δή περ II. 1143 E. — II. 1015 B. — nam II. 88 A. 683 D. 709 D. 723 C. I. 24 D. 539 A. Upton. Ind. Epict. — initio, quam; — quam II. 147 A. 599 A. I. 389 E. 401 B. 850 A. 1040 C. Porph. Abst. II. 59. — ceterum II. 38 D. 421 D. 996 E. I. 40 A. — Alias, alioquin II. 425 D. 610 D. 644 C. 660 F. 674 B. 693 C. 795 E. 830 A. 875 D. 877 E. 915 C. I. 795 F. pro εἰ δὲ μὴ Markl. — Sic accipiendum II. 468 D. Porph. Abst. II. 41. et citatus Albert. Cor. I. 5, 10. — ἐπεὶ δὲ remota apodosis I. 222 D. — γε quandoquidem I. 372 B. — post hoc οὖν abundat I. 434 E. 768 A. 1 B. C. Fragm. II. 6. Conf. οὖν. Hoogeveen. ad Viger. p. 392. seq. Herodot. II. 87. per tmesin, et alibi. Cicero Tusc. IV. 5. n. 10. ita interpretandus *Quoniam igitur*. μέντοι sine apodosi I. 443 D. — ἐπεὶ νῦν γε τὸ γενόμενον — ὑπερκαταγέλαστόν ἐστι transpos. pro Ἐ. τό γε νῦν γ. ὑ. ἐ. II. 4 A. — ἐπεὶ ὅτι γε — δῆλόν ἐστι II. 38 C. — ἐπεὶ δ' ἡ sic leg. pro ἐπειδὴ in transitu II. 94 B. — τοίνυν II. 144 C. D. — ἐπεὶ — γε II. 156 E. 160 A.

ἐπείγω — ει πάθος II. 722 E. — II. 430 C. — τινὰ πρός τι II. 567 D. — Med. πρός τι I. 188 B. — I. 133 D. — et σπεύδω cupio Plato 589 F. G. — μαι pass. τῷ καιρῷ I. 623 A. cum inf. I. 550 A. 566 C. — μαι εἰς locum I. 382 A. 969 D. — γει οὐδὲν I. 380 F. — οὐκ Athen. 520 C. Proverb. Plato 665 B. — μαι ἐπί τι I. 324 B. 458 F. 464 D. 499 C. Plato 695 F. — ἠπειγμένος Aristid. I. 231. — ομένη navis II. 438 B. — Med. II. 726 A. I. 36 F. 208 A. 554 D. 576 C. 621 F. 792 E. 794 C. 832 F. 933 B. 978 A. 1030 C. — οντα negotia I. 164 D. 716 A. Upton. Ind. Epict. Aristid. I. 119. — ει res I. 312 D. — όντα scitu necessariae I. 560 B. — ει ὥρα II. 408 F. Sim. Porph. II. 53.

ἐπειδέω — ἐπιδεῖν II. 173 C. 563 B. 583 F. 926 E. 1060 A. 1098 A. B. 1105 C. I. 109 F. 110 E. 189 F. 242 C. 243 C. 623 B. 693 B. 694 A. 802 E. bis. 980 E. 1074 A. — bona I. 215 C. 254 A. 601 B. 629 D. 700 B. 701 F. II. 85 D. — inspicere I. 412 F. (quid ἥλιος, ut Jul. I. 1065 B.)

ἐπείκω — ἐπέοικε II. 1029 F.

ἔπειμι — ἡ ἐπιοῦσα cras II. 838 D. 1129 D. I. 417 B. 469 F. 536 A. 541 D. 560 E. 791 F. 865 C. — inf. ἐπεῖναι II. 927 B. — I. 139 E. F. II. 400 B. — I. 118 E. 149 D. — τὸ ἐπιὸν sc. annum I. 366 C. — insum, ἔπεστί τινί τι II. 63 C. 767 B. ἐποῦσα I. 110 A. — ἔπεστί τι ἔν τινι II. 793 A. — χάρις II. 793 A. 874 B. — ἔπειμι ἀπανταχόσε μετὰ πειθοῦς II. 854 B. — urbes I. 536 B. — ὅπως ἂν ἐπίῃ in mentem venerit II. 253 E. 1126 D.? v. l. 57 F. — ἐπιόντι surgere II. 56 B. 806 E. — τὸ ἐπιὸν ingruens malum 284 B. — ἐπιούσας Σειρῆνας φεύγειν II. 710 D. — quod in mentem venit II. 711 D. 717 B. 737 B. — ὅτι ἂν ἐπίῃ II. 1079 E. Dio Chr. XII. 198 A. — τὰ ἐπιόντα accessio II. 1083 B. — ἐπιὼν superveniens aliud attributum (ut Plat. Phaed.) II. 1077 F. — ἐπιοῦσαι ἡμέραι I. 225 A. — ἐπῆσαν superveniebant I. 265 A. conf. Valck. Herod. — ἐπιὸν ἔτος I. 312 F. — ἐπῄει ipsis in animum venit I. 375 B. Hemsterh. Luc. 26. — ἐπιὼν quem oppugno I. 377 E. — σι cui οἰκτείρειν I. 425 B. — quid in mentem I. 523 E. — μι regioni, invado eam I. 556 A. — ordines aciei I. 560 B. — abeo I. 569 C. — ἐπιὼν χρόνος I. 576 B. II. 118 C. — σι mihi videre I. 616 E. — cui quid dicere I. 603 D. 754 E. 908 F. 994 E. Sim. II. 150 C. — regionem I. 635 A. — ἐπεῖναι pro ἐπιέναι I. 636 B. — ἔπειμι τὰς φυλακὰς I. 655 D. — εἰς τοὐπιὸν sc. ἔτος I. 732 A. 734 F. — μι urbes I. 868 F. 920 A. 996 F. — σι hostis I. 920 D. — ἐπίασι hostes II. 29 D. 143 C. — ἐπιόντες λόγοι in oratione, nondum dicti II. 39 F.

— ἔπεστιν pro simpl. ἔστιν — f. leg. ἔτ' ἔστιν II. 109 C. — ἐπιόντος ἀνέμου II. 123 E. — ἐπιών τι II. 148 D. — advenio II. 227 F. — ἡ ἐπιοῦσα subaud. ἡμέρα II. 205 E. — malum II. 214 E. — τὰ ἐπιόντα cibi, continuo ingesti in ventrem Philo Jud. Eus. P. E. VIII. 399 A. — an hinc ἐπιούσιος ἄρτος? Sol semper τὴν αὐτὴν ἐπιὼν ὁδὸν, ita leg. pro ἀπιὼν Dio Chr. III. 49 C. — ἔπεισί μοι θυμὸς Plato 681 F. — ἐπιέναι in mentem venire, ἐπιὼν λόγος Plat. 700 D. — ἐπιόντα in memoriam Aristid. II. 38.

ἔπειξις I. 36 C. F.

ἐπείπερ II. 172 D.

ἐπείπω I. 480 F. v. n. ad II. 70 E.

ἐπεισάγω II. 27 A. 45 F. 645 E. 719 B. 731 D. 733 D. 968 A. 1015 B. C. 1023 A. 1084 A. 1087 D. I. 351 F. 773 A. 915 D. 956 E. 1023 D. — quem in theatrum II. 717 C. — Med. II. 733 A. — superinducere filiis novercam. Argum. Senec. Exc. Controv. VII. 1. — λόγον Aristid. II. 296.

ἐπείσακτος v. n. ad II. 38 C. Aristid. I. 102. 565. II. 335. 336.

ἐπεισδέχομαι II. 903 E.

ἐπείσειμι II. 936 A. I. 46 E. 56 D.

ἐπεισέρχομαι — εταί μοι ἔννοια II. 585 E. — τί τινι II. 644 B. — Simpl. II. 676 F. 1053 D. 1087 D. I. 1026 A. — τινι ad quem I. 899 D.

ἐπεισκωμάζω bellum Aristid. I. 258.

ἐπεισόδιον II. 634 D. 710 D. (1065 F. Comoediae) 1070 C. I. 347 A. Vit. Hom. §. 214. Aristid. II. 90. 267.

ἐπεισόδιος II. 451 C. 684 E. 596 E. 629 C. 675 B. 734 C. 914 B. 1015 B. I. 518 E. — ἐπεισοδιώδης Porph. Grad. §. 38. Jambl. Stob. Ecl. p. 205.

ἐπείσοδος II. 903 D. 907 C.

ἐπεισπίπτω I. 494 D.

ἐπεισρέω II. 702 A. I. 73 B.

ἐπεισφέρω I. 382 C. II. 61 A.

ἔπειτα II. 225 F.

ἐπεκδιδάσκω I. 92 D. Galen. T. I. p. 36 E.

ἐπέκεινα II. 413 C. 924 C. 957 A. 1078 E. 1080 D. 1091 D. 1123 E. I. 487 A. 623 C. 643 B. 651 C. 923 C. 1004 A. — τὰ ἐπέκεινα τοῦ Porphyr. Ἀφορμ. §. 10. 26. — fere abund. ὑπερβάλλει τοὺς ὅρους ἐπέκεινα τοῦ ζῆν II. 166 F. Aristid. I. 201. 208. 225. 238. 355.

ἐπεκθέω I. 144 B.

ἐπεκκλίνω neutr. I. 183 C.

ἐπεκλύω I. 532 E. l. ὑπεκλύω.

ἐπεκτείνω sermonem II. 1147 A.

ἐπεκτρέχω II. 772 F.

ἐπεκφέρω — ει quid anim. I. 680 B. — ἐμφέρω Hippodam. Stob. 554.

ἐπέλασις I. 249 D. 1016 A.

ἐπελαύνω cui ὅρκον II. 858 F. — I. 141 B. 315 B. 393 B. 585 E. — f. ἀπ. I. 563 B.

ἐπελαφρύνω II. 165 F. — ἐπελαφρίζω Phil. Jud. Euseb. P. E. 336 D. Dio Chr. 56 C.

ἐπέλευσις II. 1045 C.

ἐπελευστικὴ δύναμις II. 1045 B. C.

ἐπεμβαίνειν τινὶ, insultare cui, invehi in quem II. 59 D. 346 B. 463 D. 483 A. 598 B. 808 B. 868 A. 1078 C. I. 365 E. 381 A. 522 F. 773 B. 855 C. 870 C. Eurip. Hipp. 668. Philo Jud. Euseb. P. E. VIII. 386 D. Nic. Damasc. ib. X. 419 A. Aristid. II. 265.

ἐπεμβάλλω II. 1109 E. Dio Chr. 460 B. Aristid. I. 420.

ἐπένδυμα I. 684 B.

ἐπενδύω I. 283 D.

ἐπεξάγω cui rei narrationem II. 855 C. — I. 936 F.

ἐπεξαμαρτάνω Aristid. I. 397. 407.

ἐπέξειμι II. 191 C. 214 F. Plato 657 A. 659 E. 660 C. Aristid. I. 396. 446.

ἐπεξέρχεσθαι pro διεξέρχ. narrare II. 391 F. 438 D. Jambl. V. P. 218. Aristid. I. 518. — I. 136 E. 762 D. 950 E. II. 206 D. 435 F. — ἀδίκημα punire I. 455 B. 740 F. 845 C.

ἐπεξηγέομαι I. 1014 F.

ἐπεξιέναι φόνῳ II. 261 B. Sim.

I. 987 F. — τινι Simpl. II. 817 C. I. 68 A. 166 C. 231 C. 303 E. 418 B. 613 B. — narro I. 967 E.

ἐπείπω II. 810 C.

ἐπεργάζομαι Plato 648 F.

ἐπεργασία Plato 648 F.

ἐπερεθίζω I. 590 B.

ἐπερεθισμὸς venereus II. 908 E.

ἐπερείδειν τὴν διάνοιαν II. 392 A. — τῷ φιλεῖν ἑαυτὸν II. 463 C. — τῇ μνήμῃ II. 513 E. — Simpl. II. 664 E. 682 A. — hosti aciem I. 373 A. — τινὶ I. 397 A.

ἐπέρομαι I. 70 E. 680 C. — oraculum Spanh. Ar. Plut. 32.

ἐπέρχεσθαι πολλὴν χώραν II. 514 B. — quid ὄψεσιν II. 615 D. — qui non exspectatus venit II. 678 E. — mihi quid II. 683 B. 796 F. 1112 D. I. 165 F. — simpl. II. 183 C. 732 D. — teli jactus ἐπέρχεται spatium II. 820 E. — recenseo II. 956 B. Plato 657 A. — ἐπί τι disp. II. 1035 C. — ὅτι ἂν ἐπέλθῃ II. 1047 B. — μοι εἰπεῖν II. 1086 C. 1095 A. B. 1107 D. 1117 C. Valck. Ph. p. 464. II. 15 A. 422 C. — ται δάκρυα alicui II. 595 D. Musgr. Eur. Phoen. 1408. — μαι urbem, capio I. 449 B. — ταί μοι στρατεία, sc. auxilio I. 538 D. — μοι γελᾶν I. 527 F. — μοί τι in mentem I. 545 C. — urbes I. 545 E. 634 C. 835 D. 888 A. — μαι νικων I. 656 E. — μαι turpe in locum honesti I. 909 E. — ὥσπερ πολεμίων ἐπελθόντων II. 112 C. — lego II. 212 C. 232 A. — ingruo II. 214 B. 231 E. — post alium venio Aristid. I. 92. — Musae omnes sunt Smyrnae ὅσαι πόλεις ἀνθρώπων ἐπέρχονται Aristid. I. 232. — γῆν Aristid. I. 488.

ἐπέρω—ἐπείρηκα pro ἀπ. II. 1116 F.

ἐπερωτάω — ᾷ praeses I. 320 B. — II. 187 B. 190 B. 195 E. 200 C. 209 A. 229 D. 230 C. 231 C.

ἐπεσθίω praepos. fere abund. II. 912 E. 918 A. 974 B. 991 E. — Eurip. fragm. incert. Musgr. CXLXII.

ἐπέτειος fructus II. 635 D. I. 162 A. — II. 411 C. Pausan. 186. Plato 691 F. Aristid. I. 104.

ἐπευθύνω juvenes II. 790 E. — II. 975 A. 980 F.

ἐπευφημέω I. 1059 B.

ἐπεύχεσθαι simpl. II. 194 E. 590 B. I. 131 F. 135 A. 139 E. 682 C. 684 D. 701 F. 703 C. Plato 662 B. 672 E. — diis I. 936 D. 990 A. — glorior Plato 704 F. — τινι I. 1061 B. — malo sensu Plato 682 F.

ἐπευωνίζω II. 828 E. I. 223 C. 837 A. 864 D. Hemsterhus. Luc. I. 62.

ἐπέχω — θηλὴν II. 265 A. 268 F. 320 D. — pro κατέχω II. 411 E. — neutre, continere se, II. 128 A. 426 E. 710. I. 1007 A. — activ. II. 713 F. I. 81 A. — τόπον II. 721 A. 858 B. 953 E. 1008 E. 1066 A. 1073 E. I. 12 A. Porph. Abst. I. 29. — ἐπισχὼν neutre II. 740 B. — τάξιν τινὸς II. 892 E. 910 D. 921 D. I. 66 A. — assensum II. 955 C. 1056 E. 1120 C. 1122 C. 1123 C. E. 1124 A. — ἐπίσχες dialog. II. 940 F. 965 D. — τινὶ Eur. Bacch. 1131. ibi Musgr. I. 393 C. — cui rei γνώμην I. 259 A. — Simpl. cohibeo II. 151 A. — locum in navi I. 239 D. — obtineo I. 297 A. — τὴν δίωξιν I. 364 C. — neutre, cohibeo me I. 372 F. 401 C. 554 C. II. 62 A. — ἐπισχὼν μικρὸν I. 391 C. II. 118 D. 119 C. Sim. 151 C. 152 A. — ἐπισχὼν ploratum, i. e. suum II. 164 A. — ει σκότος neutr. I. 416 F. — ω locum I. 420 E. — ει nox venit I. 562 E. — ventus, alias κατέχει I. 576 E. — ω cujus cupiditatem I. 647 E. — cui gladium I. 711 C. — cui τῇ χειρὶ τὸ στόμα I. 772 D. — πλοῦν I. 778 B. — ἐπέχω τὸ πνεῦμα, habitum contineo I. 793 A. — μικρὸν I. 859 D. — ει navis πρὸς Πελοπόννησον tendit ad Pelop. I. 946 E. — ω τινά τινος I. 945 F. — ἐπέσχητο vox I. 991 A. Sim. II. 162 D. — χει urbem κλαυθμὸς I. 1074 D. — ω λόγον τινὸς Aristid. II. 41. — ω τὴν διάνοιαν ἐπὶ μείζοσι γάμοις Plato 680 E. — τρόπον τινὸς instar cujus, Sext. Emp. 285.

ἐπήβολος II. 8 A. ubi v. n.

ἐπήκοός τινος II. 588 D. 767 E. I. 99 A. Jambl. Stob. 471. 472. Plato 682 F. bis G. 620 B. 632 E. 652 G. ἐν ἐπηκόῳ Pausan. 333. Euseb. P. E. 179 C. εἰς Dio Chr. 587 C.

ἐπηλυγάζομαι II. 971 C. Dionys.

Alex. Euseb. P. E. XIV. 777 A. Aelian. N. A. I. 41. III. 16.

ἔπηλυς II. 134 D. 584 C. 756 C. 768 E. 988 B. 989 C. I. 5 F. 15 C. 60 D. 63 E. 145 A. 568 E. 587 E. 910 E. Jambl. V. P. 37. Dio Chr. XI. 163 C. f. Aristid. I. 109. 232. 338. 384.

ἐπηρεάζειν v. n. ad II. 135 D.

ἐπηρεία II. 117 A. 397 D. 1096 E. Ruhnken. Xenoph. Mem. III. 5, 17. Wass. Thucyd. I. 26. Philem. Stob. 520, 54. Dio Chrys. 520 B, Aristid. I. 450. 526. 541. Himer. 776.

ἐπήτης Homer. Aristid. I. 27.

ἐπὶ gen. ἔπλευσαν ἐπὶ Θρᾴκης II. 293 B. — ὁ ἐπὶ τῆς αἰχμῆς Ἀλέξανδρος Alexandri statua hastata II. 335 E. — δικαστῶν λόγον λέγειν v. n. ad II. 182 D. — ἐπ' εὐθείας II. 564 A. — ἐπὶ ξένης II. 583 E. 600 A. 601 C. 737 B. I. 12 D. — ἐπὶ θεῶν καταρᾶσθαί τινι II. 597 C. — ἐπὶ γυναικὸς δάκνεσθαι II. 619 A.— ἐπί τινος οὕτως ἔχει II. 625 B. 688 E. 892 F. 893 B. 900 F. 902 F. 903 B. 904 F. — ἐπὶ τοῦ δείπνου repletio, pro ἀπὸ II. 679 E. — ἐπ' οἴκου domi 693 E. — ἐπί τινος ὀνομάζεταί τι II. 694 B. — pro περὶ, inquirere de aliqua re II. 698 B. 755 D. Amphis Athen. 448 A. — ἐπί τινος τάττεται τὸ ἔργον αὐτοῦ II. 698 C. — τῆς ἅλω manet fructus II. 701 C. — χώρας convivas recipere II. 707 B. — ἐπὶ τοῦ σώματος est εἶδος in saltatione II. 747 C. — ἐπί τινος quid dicere II. 747 D. — ἐπὶ καπηλείου τινὰ συνέχειν II. 785 D. — τινος ἰσχύειν, contra quem II. 804 E. — τοῦ στρατοπέδου in castris II. 821 D. I. 27 B. 147 B. 166 E. 254 C. 314 A. 452 C. 529 A. 787 E. — ἐπί γε τῶν σωματικῶν II. 681 D. — σχολῆς τι ἀναλαμβάνειν, discere in schola II. 840 A. — ἐκκλησίας ἐκπίπτειν II. 845 A. — προφάσεως II. 863 C. — γραφείου quid fingere II. 868 C. — τῶν ὅπλων κάθημαι II. 872 C. — ὥσπερ ἐπὶ τούτου, sine ἔχει, *ut in hoc est*, II. 876 B. 879 B. 884 A. 900 E. 902 A. D. 903 A. 906 A. 909 A. B. 910 C. 911 A. 918 D. 1037 D.—Chrysipp. Athen. 464 E. Galen. T. H. 17 D. 20 C. Aristot. Gell. N. A. VII. 6. leg. εἴ τι. Dio Chrys. XV. 243 C. D. XXXVIII. 476 D. — ἐπὶ μέρους (τὰ) individua II. 877 B. — ἐπί τινος ὅρον ἀποδοῦναι, definitionem dare alicujus rei II. 877 B. — ἐπί τινός τι ὑπομιμνήσκειν, aliquo exemplo quid ostendere II. 903 E. — ἐπὶ ξένης II. 201 A. 941 D. 1033 C. I. 39 C. 297 A. 618 E. 786 E. — ἐπὶ σχολῆς in otio II. 942 A. 1129 D. I. 338 B. — ἐπὶ τῆς ἰδίας οὐσίας II. 957 C.—ὁ ἐπὶ θεῶν ἀγὼν II. 1013 E. — ἐπὶ μιᾶς εὐθείας, sc. linea II. 1017 D. 1022 D. — ἐπὶ διαγράμματος quid clarum fit 1018 A. — ἐπί τινός τι σκοπεῖν II. 1019 E. 1144 A. F. Sim. 2 B. 112 C. — ἐφ' ἑνὸς στίχου II. 1027 D. mox ἐν. ἐπί τινός τι λέγειν II. 1073 E. de aliquo. Sim. 19 C. D. 22 B. — praeter, cum quo II. 1107 C. — ἐπὶ τῶν τριάκοντα II. 1117 E. — abund. τὸ ἐπὶ τοῦ Στίλπωνος II. 1120 A. — ἐπ' ὀνόματος II. 1120 C. — ἐπὶ καιροῦ II. 1129 C. I. 933 B. — ἐπί τινος ὁ λόγος κρατεῖ de aliquo I. 14 A.—ἐπ' οἰωνῶν καθέζεσθαι I. 131 F. — τὴν ἐπὶ Κρότωνος πορεύεσθαι I. 35 D. — ἐφ' ἑαυτοῦ f. ἀφ' ἑαυτοῦ I. 37 B. —ἐπὶ καιρῶν opportuno tempore I. 47 B. — ἐπὶ τῆς ιγ' Ὀλυμπιάδος I. 60 A. 66 C. — ἐπὶ τῆς δίκης in judicio I. 83 D. — pro περὶ, ἀναρρίπτειν τὸν ἐπὶ μεγίστων κίνδυνον I. 111 B. — quid facere, *in aliquo, de* I. 123 B. — τῶν χρόνων τούτων I. 129 D. — τῶν ἐργαστηρίων in I. 149 D. — τῆς ἀγορᾶς I. 149 D. 151 D. 456 E. — in, ἐπὶ τῆς ἀληθινῆς ἀρετῆς κάλλιστα φαίνεται τὰ μάλιστα φαινόμενα I. 155 E. — ἐπὶ τοῦ βήματος quem laudare I. 156 D. — ἐπὶ τῆς ἀληθείας κρατεῖν τὴν διήγησιν I. 167 C. Sim. II. 125 F. — τῶν σημάτων orationem habere I. 167 D. — τῶν ὅρων I. 157 C. — ἐπ' οἴκου abire I. 163 D. 287 A. 290 B. D. Sim. 428 E. 442 A. 465 A. 492 E. 513 C. 555 C. 569 B. 636 E. 658 D. 816 E. 903 F. 941 F. — ἐπὶ τοῦ ποτηρίου quem laudare Alex. . . . . Casaub. Theophr. Char. XX. p. 207. ed. Fisch. — ἐφ' ἡμῶν nostra aetate, Valck. Theocr. VII. 86. Pausan. 463. 510.

513. 640. 648. I. 955 F. Wernsd. Himer. 464. et citati. — τὰ ἐπὶ Θρᾴκης I. 527 A. Sim. II. 190 B. 219 D. Wessel. Diod. Sic. I. 506. — ἐπί τινος ἑαυτὸν τηρεῖν in sententia manere II. 422 A. — ἐφ' ἑνὸς μένειν II. 430 F. I. 213 A. — ὅρα δὴ πρῶτον ἐπὶ τῶν τεχνιτῶν II. 436 A. — ἐπὶ Δωρίων ποιεῖν II. 1135 A. — ἐπὶ τῶν ὅπλων exercitum continere, pro ἐν τοῖς ὅπλοις I. 180 F. — ἐφ' ἡγεμονίας urbem custodire, ut praefectus, I. 186 D. Sim. 201 B. 209 E. 211 B. 216 E. 237 C. — ἐπὶ στόματος quem habere, pro διὰ I. 189 C. — ἐπὶ τῆς οἰκίας, domi I. 203 B. 253 D. 257 C. 274 A. 474 E. 525 C. 526 B. 711 E. 864 D. 876 E. — ἐπὶ ὀργῆς ira I. 227 E. — ἐπὶ ἐλπίδος I. 241 A. — οἱ ἐπὶ τῆς φάλαγγος, ipsa phalanx militum I. 265 D. — οἱ ἐπὶ τοῦ νομίσματος praefecti monetae I. 267 D. Sim. II. 182 B. — ἐπί τινος μένειν in sententia manere I. 275 B. Sim. 570 A. — τινι II. 112 B. — λόγος de quo, pro περὶ I. 294 B. — ἐπὶ διαγράμματος quid explorare i. e. Mathem. non re ipsa, sed lineis et figura I. 308 E. — ἐπί τινος θύειν in aliquo festo sacrificare I. 311 A. — viderunt patriam auctam ἐφ' ἑαυτῶν, *viventes adhuc*, f. leg. ὑφ' I. 279 E. — ἐπὶ νήσων πλεῖν, in insulas navigare I. 321 C. Sim. Jambl. V. P. 239. — ἐπὶ τῶν πράξεών τι σκοπεῖν, pro ἀπὸ I. 407 A. — ἐπὶ τῆς στρατείας I. 336 F. 838 E. II. 179 A. — ἐπὶ γήρως I. 338 F. — τιμῆς apud quem esse I. 346 A. — ἐπὶ τῶν πράξεων hoc apparet I. 370 A. Sim. 926 C. — γνώμης εἶναι secum cogitare I. 384 B. — ὁ ἐπὶ τοῦ οἴνου I. 385 D. — ἡ ἐπὶ τῶν τεκτόνων ἀρχὴ praefectura fabrorum I. 409 C. — ἡγεμονίας τεταγμένος I. 413 B. Sim. 446 E. — τῆς οἰκίας, domi I. 423 C. — ἐπ' εἰρήνης I. 424 A. Homeric. — ἐπί τινος quid servare I. 430 D. — in actione alicujus rei I. 432 F. — ἐπ' ἐμοῦ me imperante I. 435 E. — ἐπὶ τῶν ἀνδριάντων ejus forma conspicitur I. 451 E. — τινος μένειν I. 472 F. 550 B. — τινος quid videre I. 480 D. Sim. II. 9 B. — λογισμοῦ esse I. 500 E. — ἐπί τινος sub aliquo imperatore I. 510 B. — τινος τετάχθαι alicui rei praefectum esse I. 532 A. 818 C. D. 823 A. 935 D. — ἐπὶ τῶν ἀγώνων τὴν τύχην ἐλέγχω I. 532 D. — ἐπί τινος πόλεως imperator nominatur, sc. a capita urbe I. 553 D. — ἐπὶ καιροῦ I. 569 B. 644 B. — τοῦ χάρακος in castris I. 577 E. — ἐπὶ ἡγεμονίας esse cum imperio I. 581 C. conf. 883 A. 961 F. — ἐπὶ βασιλείας cujus hoc accidit I. 615 B. — ἐπὶ τῆς μάχης in pugna I. 594 E. — ἐπ' ἐλπίδος γενέσθαι I. 633 B. 940 A. 1006 E. — τὰ ἐπὶ θαλάττης I. 676 E. 1012 C. dat. 1021 F. — ἐπὶ τῆς κύλικος quid dicere I. 677 C. — ἐπὶ τῆς στρατιᾶς I. 693 B. 826 C. — ἐπὶ τοῦ ποτηρίου, ad poculum, inter bibendum I. 695 D. — ἐπὶ πολλῆς ἀδείας I. 708 B. — ἡ ἐπὶ Σύλλα πολιτεία I. 709 C. — ἐπί τινος orationem habere, in alicujus honorem I. 709 D. — dicere quid, de aliquo I. 741 F. 795 C. — ἐπὶ φυγῆς vivo, exul, I. 786 C. — ἐπ' Αἰγύπτου in Aegypto I. 786 E. — ἐπὶ οὗ τόδε γέγραπται, leg. περί, I. 796 E. — ἐπὶ τῆς μορφῆς aliquis habet similitudinem alterius I. 824 E. — ἐπὶ τῶν πράξεων in rebus gerendis I. 825 F. — ἐπ' ἀγορᾶς ἀγωνίζομαι I. 863 B. — ἐπὶ πολλῶν ἀγώνων maturitatem habet orationis, facultatem pro ἐξ I. 878 D. — Brutus Ciceronem filium habuit ἐφ' ἡγεμονίας I. 883 F. — ἐπὶ δεινῶν λογισμῶν pernoctare I. 885 A. — ἐπὶ δικῶν versor I. 886 C. — ἐφ' ἑαυτοῦ sponte, al. ἀφ' I. 905 C. — ἐπὶ ἄλλων λογισμῶν γενέσθαι I. 913 D. — ἐπί τινος esse, in loco I. 925 E. — ὁδὸς ad locum I. 934 A. — τῆς θαλάττης ad mare I. 946 A. — ἐπὶ Δημητρίου τοῦτο ἄμεμπτόν ἐστι, haec Demetrii actio non habet reprehensionem I. 958 C. — ἐπὶ τῆς πολιορκίας ἡσυχάζω I. 973 A. — ἐπὶ οἴκου abire I. 979 E. in locum 986 C. 994 F. 998 E. — ἐπὶ τῶν ἐμβολῶν quem constituo, in rostris R. I. 992 D. — ὁ ἐπί τινος praefectus I. 995 A. — ἐπὶ τῶν ὅπλων νυκτερεύω armatus I. 1036 B. ἐπὶ τῶν ἱερῶν signum I. 1047 D. — ἐπὶ τῆς ἀγορᾶς I 066 A. — οἱ

ἐπὶ Τροίας Athen. 611 D. (cum accus. οἱ ἐπὶ Τροίαν Clearch. ib. 457 F.) — ἐπί τινος quid accidit alicui homini, in aliquo Athen. 607 C. — ἐφ' ἑαυτοῦ γενέσθαι ex mentis affectu ad se redire, Hippocr. Ep. XX. p. 19 D. — ὧδε εἶχον ὡς ἐπὶ μαινομένῳ Δημοκρίτῳ ib. C. — fere abund. περὶ τῆς ἐπὶ τῶν τεθνεώτων ἀνατομῆς — τῆς ἐπὶ τῶν ζώντων Galen. T. I. p. 51 A. — ἐπὶ γῆς νεύειν f. γῆν, cum aliis codd. II. 81 B. — ἐφ' ἑτέρων μᾶλλον ἢ ἐφ' ἑαυτῶν apparet nobis vitium II. 40 C. — ἐπί τινος quid facere, in aliqua re II. 40 D. Sim. 45 C. 110 A. 124 A. — ἐφ' ἁρμονίας πεποιημένη ᾠδὴ II. 46 B. — ἐπὶ τῶν συμφορῶν ἀπαθὴς pro dativ. II. 102 D. — ἐπί τινός τι λέγειν, pro περὶ II. 107 D. 136 D. — ἐπὶ τῶν ἔργων re ipsa II. 119 D. — τῆς εὐανθεστάτης ἡλικίας in II. 120 A. — ἐφ' ἑαυτοῦ peculiariter, per se ipsum II. 126 B. Aristid. I. 117. — ἐπὶ σκηνῆς τινα κομίζειν II. 161 B. — ἐπὶ δελφίνων vecti servantur, al. ὑπὸ II. 163 C. — ἡ ἐπὶ τῶν σπλάγχνων γλῶσσα II. 166 B. — παρατάξεως II. 236 D. 242 A. — ἐπί τινος ἐπίγραμμα II. 241 A. — τῆς οἰκίας II. 198 C. — στρατοπέδου II. 198 A. — ἐφ' ἑαυτῶν soli II. 214 A. — οἱ ἐπὶ τῆς Ἀσίας Ἕλληνες II. 210 D. bis. 212 D. — τῆς στρατείας II. 199 D. — ἐφ' ἵππου ἀναβαίνειν. Vid. Ἀναβ. — ἐπί τινος scriptor quid dicit in loco de aliquo Vit. Hom. §. 147. — ἐπὶ τοῦ παρόντος cui quid concedere Disp. Teles Stob. 522. — ἐφ' ἑαυτοῦ περιφέρειν clavem, secum in vestitu vel sacco Numen. Euseb. P. E. XIV. 734 B. — ἐφ' ἡμῶν nostra aetate Dio Chrys. XXI. 270 D. XXXI. 344 C. — οἱ ἐπ' ἀξιώματος Dio Chrys. XXXI. 343 C. — μένειν ἐπὶ τοῦ σχήματος τῆς ἀρετῆς ib. 360 A. — ἐπὶ εἰκόνος stare, statuam habere Dio Chrys. 462 B. ἐπί τινος εἶναι alicui rei studere et perfectum esse Dio Chr. 433 C. Aristid. II. 420. — τινός τι εἰπεῖν pro περὶ ib. 642 C. — ἐπὶ δυοῖν καλεῖσθαι a duobus accusatoribus in jus vocari Plato 649 G. — ἐφ' ἑαυτοῦ solus, Aristid. I. 293, 448. II. 108. 109. 120. 226. 231. 298. 316. — ἐπὶ πόλεως τρέφεσθαι s. in urbe Aristid. I. 68. — τοὺς ἐπ' ἄλλων ὄντας, eos qui alias res tractant Aristid. I. 216. — ἐφ' ἡμῶν nostra aetate Aristid. I. 39. 44. 224. 328. 335. — oppon. ὑφ' ὑμῶν ib. — ἐπὶ τοῦ γεγηθέναι κοσμεῖν τι, oppon. ὀδυρόμενος κοσμεῖν Aristid. I. 264. — ἐφ' ἑαυτοῦ οἶδεν, ipse a se, non aliunde novit Aristid. II. 32. f. ἀφ'. cf. 47. — sua sponte Aristid. I. 343. — ἐπί τινος σκοπεῖν τι id. I. 463. — ἐπὶ πλάνης hoc creditur, *errore* id. II. 20. — οἱ ἐπὶ τῶν τεχνῶν artifices id. II. 33. — ἐπὶ τοῦ βίου quid facere, in vita II. 124. 147. — ἐφ' ἑαυτοῦ sua aetate II. 245. — ἐπὶ μειζόνων majore foenore ib. 260. — ἐπί τινος aetate alicujus ib. 278.

Cum dativo. — ἄρτον ἐπὶ καρδάμῳ II. 101 D. ἐπ' αἰτίαις II. 670 B. — tempore II. 639 A. 674 D. — conditio, praemium, merces II. 151 C. 173 A. D. 183 C. 192 A. 199 C. 214 D. Aristid. I. 479. — ἐφ' ἑαυτῷ γενέσθαι attendere apud se, vulg. ἑαυτὸν II. 179 A. — ἐπὶ θύραις II. 179 B. — τινὶ αἰτίᾳ quid facere II. 188 E. — loci II. 179 E. — laudari II. 190 C. 208 C. Vulg. τό. vituperari II. 190 D. — ἐπὶ τοῖς ξένοις pro ἐ. τῆς ξένης in peregrina terra II. 241 D. — τὰ καλὰ ἐπὶ τοῖς ἀγαθοῖς sibi a diis precari Lacon. II. 239 A. — ἐπ' αἰσχρᾷ γυναικὶ μοιχὸν λαβεῖν II. 235 E. — πᾶσι tandem II. 223 D. 232 A. 236 C. — ἐπ' αἰσχύνῃ II. 237 C. — τινὶ in potestate cujus II. 198 B. — κλαίω II. 216 D. — τιμωρίᾳ II. 227 A. 235 F. — ἀδικήματι κρίνεσθαι II. 241 E. — ἐπί τινι διαβάλλεσθαι II. 207 D. — φεύγω δίκην II. 206 A. — ὁ ἐπ' ἀριστείαις στέφανος II. 202 C. — ἐπ' ἀγαθῷ II. 204 D. — ἐφ' ὥρᾳ II. 204 F. — ἐπὶ θέᾳ alere gladiatores I. 989 B. — μάχῃ produco copias I. 1005 C. — τινι quem accuso, pro τινὸς I. 1000 B. — ἐπ' ἀνδρείᾳ honoratus I. 1007 B. — ἐπὶ πολλοῖς cado in pugna I. 1007 E. — ἐπὶ τοῖς σιτίοις additus sius cibus II. 101 D. ubi v. n. — ἐπὶ βασιλείᾳ τρέφεται filius regis, in spem regni alitur I. 1020 G. —

τὰ ἐπὶ θαλάττῃ I. 1021 F.—ἐπὶ ταλάντῳ magistro utor quo I. 1032 E.—ἐπί τινι στέργω I. 1045 F.—ὅσον ἐπ' αὐτοῖς I. 1054 D. — ἐπί τινι me interficio I. 1055 D. — ἐπὶ τοῖς ἰδίοις χρήμασι quem heredem relinquere I. 1062 E. — οὐκ ἐπ' ἀγαθῷ I. 1063 C. 1068 A. — ἐπί τινι f. post quid I. 1072 D. — τό γ' ἐπ' ἐμοὶ, quantum in me est, Hippocr. Ep. XIV. p. 14 B. ed. Charter. — ἐπί τινι quid exclamo, de aliqua re, v. ad aliquam rem. v. n. ad II. 71 F. — οὐκ ἐπ' ἀξίοις τι ἀσκεῖν II. 6 E. — ἐπὶ τῷ ἐκείνων ὀνόματι — ἑαυτῶν κατήγοροι γιγνόμενοι II. 14 A. — alicujus rei caussa II. 14 B. — ἐπί τινι χρῆσθαι τῷ ὀνόματι II. 23 E. — μηχανάομαι παραγωγὰς in aliquo dicto explicando II. 26 A. — ἐφ' ἑαυτῷ μέγα φρονεῖν II. 32 D. — ῥητοῖς II. 42 E. — quem reprehendo, de facto II. 67 B. 73 B. — εὐνοίᾳ τινὸς advenire, fere abund. II. 67 D. — ἐφ' ἑαυτῷ θαῤῥεῖν II. 69 C. — ἐπί τινι κακῶς ἀκούειν II. 70 D. — ἐπὶ ταῖς τραπέζαις ad mensas argentarias II. 70 E. — ἐπὶ πᾶσι δυσκολαίνω II. 73 A. — ἐπὶ γάμοις φερνὰς λαμβάνειν II. 78 B. — ἐπὶ τοῖς λόγοις ἔχει κράτος an *in praeceptis* an *praeter praecepta?* II. 83 E. — ἡγεμονίαις καὶ στρατηγίαις βίος vita imperatoria II. 101 D. ἐφ' ᾧ γε διατελεῖν ea conditione ut permaneas II. 103 C. Menand. — ἐπὶ τούτῳ ἥκω hujus rei caussa venio II. 109 C. — ἐπί τινι μένω, frequentius τινὸς, in aliqua re persevero II. 112 B. — ἐπὶ τοῖς ἀώροις ἀτυχεῖν immatura natorum morte affligi II. 113 C. Sim. 114 D. — θανάτους ἐπὶ τοῖς υἱοῖς γενομένους, pro θανάτους υἱῶν II. 118. — ἐπί τινι alicujus rei caussa II. 134 D. 144 B. —ἐπὶ βίου κοινωνίᾳ συνιέναι II. 138. — τοσούτῳ tam parvi lucri caussa II. 144 D. — ἐφ' ἑαυτῷ μέγα φρονεῖν II. 146 A. — ἐπί τινι est λόγος, an περί τινος, an *post quid* II. 146 B. — ἐπὶ πᾶσι ultimum II. 151 B. — γέλωτι quid dicere II. 155 A. — ὁ ἐπὶ τοῖς ἀναγκαίοις βίος II. 160 B. — ἐπὶ τούτοις loquens in colloqu. *post hoc* II. 163 F. — ἐπὶ τῷ εἰπεῖν λίθον εἶναι ἥλιον ἔφυγε δίκην II. 169 E. — Post II. 162 A. 154 E. — θανάτῳ κατάκριτος I. 346 B. — ναυτικοῖς foenus I. 349 B. — κοινωνίᾳ quem παρακαλεῖν I. 349 B. — τινι δόξα I. 349 E. — ἐπὶ πολλοῖς ταλάντοις quem vocare I. 350 C. — conditionis I. 354 B. 371 F. 385 A. — μισθῷ I. 356 A. 904 C. ὅσον ἐπ' αὐτῷ ἦν I. 357 D. — χρῆσαί τινι τὴν ἑαυτοῦ σχολὴν ἐφ' ἡγεμονίᾳ commodo cui meum otium, ea conditione ut dux sim I. 363 C. — ἐπί τινι χαλεπῶς φέρω I. 363 D. 374 D. 482 C. — ἐπ' αἰτίαις τινὰ ποιεῖσθαι I. 368 C. — ἐπ' ἐλπίδι I. 374 D. — ἐπ' ἐσχάτοις sedere *in* I. 380 A. — ἐπ' ὠφελείᾳ quid facere I. 385 A. — ἐπί τινι θήγεσθαι I. 388 A. — ἐπ' οὐδενὶ αἰσχρῷ I. 395 D. — ἐπί τινι ἥκειν condit. I. 397 E. — ἐπί τινι γίνομαι, in alicujus potestatem venio I. 402 A. — ταῖς εὐτυχίαις ἐπ' ἄλλαις χρώμενος ἀφορμαῖς, victoriis utens pro caussis aliarum victoriarum I. 402 C. — ἐπί τινι μάχεσθαι de mortuo I. 403 F. — ἐπί τινι quid fecit, post illud factum I. 410 A. — in numero I. 412 E. 469 C. — ὁ ἐπὶ ταῖς ἀριστείαις πάτριος στέφανος I. 413 C. — ἐπὶ τῶν δυνάμεων Μάνιον, Manium relinquens praefectum exercitui I. 413 D. 509 E. — ἐπί τινί τι βουλεύεσθαι I. 428 C.— ἐπ' οὐδενὶ χρηστῷ I. 429 B. — ἐπὶ τῷ παλαιῷ antiquo more I. 433 E. — ἐπὶ πένθει κείρεσθαι I. 433 F. Sim. 650 F. 876 C. — ἐπὶ ἐλευθερίᾳ καλεῖν servos I. 430 B. 457 E. — ἐπί τινι laudare quid, *post* an *propter?* I. 437 A. — ἐπί τινι σημεῖον pro τινὸς I. 439 C. — ἐφ' οἷς quibus conditionibus I. 441 A. — ἐπὶ σωτηρίᾳ I. 441 C. — Autolycus ἐφ' ᾧ τὸ συμπόσιον πεποίηκε Ξενοφῶν I. 441 F. — ἡ ἐπὶ τῷ νομίσματι φιλαργυρία, avaritia quae ex pecunia oritur I. 442 E. — ἐπί τινι quem θαυμάζω I. 443 D. — εὐδόκιμος I. 446 A. — ἐπί τινι τάττεσθαι *opponi cui* an *alicui rei praefici* I. 461 A. — ἐπὶ πράξεσι pravis honestam excusationem proferre I. 467 D. — ἐπὶ τῇ πολιορκίᾳ τάττεσθαι, urbis oppugnationi praefici I. 471 C. Sim. 500 E. id. cum genit. v. supr. — ἐπὶ πᾶσι deniqua I. 478 B. — ἐπ' αἰσχύνῃ stupri caussa I. 482 B. — ἐπὶ τῷ καλῷ — τὴν ἐλευθέριον ἐπὶ τῷ καλῷ προσεποιεῖτο παιδείαν honestatis caussa I. 492 A. — ἐπὶ κακῷ τινος I. 506 A. Aristid. I. 87. — ἐπὶ ταῖς διηγήσεσιν pro ἐν I. 523 C. — αἰτίαις μικραῖς I. 529 B. — πᾶσι δικαίοις venit legatus I. 529 D. — συμφορᾷ cui quid condonare, propter calamitatem I. 532 B. — ἐπ' ὀλέθρῳ, ut intereat I. 532 B. — ἐπὶ μάχῃ, ad pugnandum I. 533 F. — οὐκ ἐπ' ἀγαθῷ τινος I. 544 E. 551 F. — numeri I. 549 E. — ἐπὶ ταῖς ἀραῖς δεινοὺς θεοὺς καλεῖν I. 553 A. — ἐπὶ μεγίστοις I. 566 A. — ἐπὶ κοινωνίᾳ quem καλέω I. 570 A. — ἐπί τινι ποιεῖσθαί τι, cui quid subjicere I. 571 B. 595 A. — ἐφ' ἡγεμονίᾳ quem vocare I. 572 E. 580 B. — ἐπὶ εὐαγγελίοις quem producere I. 513 D. — ἐπ' ἐμοὶ quid est, *in mea potestate* I. 580 E. — ἐπὶ νεωτέροις πράγμασι coire I. 614 B. — ἐπὶ τοῖς ἴσοις καὶ δικαίοις I. 585 F. — ἐπὶ αἱρέσει principum δημαγωγεῖται multitudo I. 591 C. — ἐπί τινι δίκη, vindicta de aliquo homine I. 594 C. — ἐπὶ βασιλείᾳ τρέφεσθαι, filius regis successurus I. 596 D. — ἐπί τινι hoc est θαυμαστὸν I. 604 F. — ἐπὶ παιδείᾳ ἔνδοξος I. 611 B. — ἐπὶ πένθει I. 612 C. 704 E. 722 F. — ἐπί τινι fama est, *ex re* I. 629 A bis. — quem τάττω, alicui rei ducem praeficio I. 632 E. — γίνεται resp. ejus imperio subjicitur I. 634 C. — ἐφ' οἷς conditionis I. 634 C. — ἐπὶ φρουρᾷ mare dividere, ad illud custodiendum contra piratas I. 635 E. — ἐπί τινι χαίρω I. 636 A. — ἀγαπάω I. 637 D. — ἐφ' ἑαυτῷ τι ποιεῖσθαι I. 639 F. — ἐπὶ τοῖς δικαίοις aequis conditionibus I. 650 D. — ἐπί τινι ἀτρεμεῖν, in alicujus rei possessione quietum se tenere, arma non movere I. 650 D. 977 C. — ἐπὶ τῷ δήμῳ γενέσθαι, in potestate populi esse, sc. dimisso exercitu I. 631 A. — ἐπὶ δυσὶ τάγμασι καὶ τῷ Ἰλλυρικῷ alterum consulatum exspectare i. e. habens interea I. 651 A. — ἐπί τινι γίνεταί τι alicujus imperio subjectum I. 645 D. — ἐπ' εὐνοίᾳ I. 649 D. — ἐπί τινι ἀγῶνα ἄγω I. 647 A. — σωτηρίᾳ I. 655 B. ἐπὶ τῷ παρόντι I. 659 E. — ἐπί τινι γίνομαι, in alicujus potestate sum I. 660 A. 685 C. — ἐπί τινι ποιεῖσθαι τὴν πρᾶξιν remp. ferendam cui committere I. 660 D. — ἐπὶ μισθῷ ῥητορικῶν λόγων διδάσκαλος I. 660 C. — ἐπὶ τῷ παρόντι in praesenti tempore I. 659 E. — ἐπί τινι λόγος I. 674 B. *de quo.* — ἐπ' ἐμοὶ γίνεταί τι licet I. 663 B. — magia contra me I. 665 D. conf. Xenoph. Mem. III. 11, 18. — ἐπί τινι spe alicujus rei I. 669 D. ἐπὶ πέδαις δέδεσθαι pro ἐν I. 669 E. — ἐπί τινι loco I. 672 D. ἐπί τινί τι εἰπεῖν I. 695 C. — ἐπὶ τιμῇ τινος I. 740 D. 787 C. 871 E. — ἐπί τινι urbem condere, in alicujus honorem I. 699 C. ἐπὶ γνώμῃ dicitur oratio, i. e. ad sententiam suam confirmandam et suadendam I. 711 A. — dies ὀγδόη ἐπὶ δεκάτῃ I. 706 D. — ἐπὶ λόγῳ mihi ἐκλάμπει χάρις, mihi dicenti I. 708 F. — ἐπί τινι orationem habere, ἐπὶ omissum ex antec. repetendum I. 709 D. — ἐπὶ τοῖς παροῦσιν ἀτρεμεῖν I. 716 F. — conditio I. 723 A. — ad efficiendum quid I. 725 A. — εὖ πράττειν ἐπὶ τῷ παρόντι, f. in praesentia I. 728 E. — ἐπὶ μάχῃ καταβαίνειν ad pugnandum I. 728 F. — ἐπί τινι εὐδόκιμος I. 730 C. Sim. 761 C. — ἐπὶ παιδιᾷ καὶ γέλωτι I. 736 D. — ἐπὶ δέκα dies I. 744 D. 758 E. — ἐπὶ βακτηρίᾳ venire ut claudus I. 746 C. — ἐπ' αἰτίᾳ συλληφθῆναι I. 750 B. — ἐπί τινι λόγος ἐστί τινος laudatur ob aliquid I. 750 C. — ἐμὲ παρακατατίθεμαι alicujus fidei me credo I. 751 B. — ἐπὶ πᾶσι δικαίοις I. 751 E. — ἐπὶ ταῖς καταδίκαις debeo pecuniam, mulctam I. 753 B. — ἐπί τινι viro κακῶς ἀκούει mulier I. 770 E. Sim. 873 D. 875 C. 918 F. — ἐπὶ μισθῷ τῇ τοῦ Κικέρωνος ἐξελάσει I. 775 E. — ἐπ' οὐδενὶ δικαίῳ quid fit I. 774 E. — ἐπὶ πολλοῖς χρήμασι χηρεύουσα mulier I. 784 E. — ἐπί τινι reprehendi I. 785 E. 887 E. — ἐπί τινι est fabula, de quo I. 795 B. — ἐπὶ Τιμοθέῳ idem fecerunt, in Timotheum, in ejus re I. 800 A. — ἐπὶ ἐλευθερίᾳ quid facere, alicujus rei caussa I. 797 F. — ἐφ' ἡμῖν in nostra potestate I. 815 C. — ἐπὶ παιδιᾷ I. 817 C. — ἐφ' οἷς ἐβούλετο, pacem facere potuit conditionibus I. 818 B. — ἐπὶ μάχῃ milites ordino I. 818 C. — ἐφ' οἷς ἔλαβε οὐ ποιῶν I. 831 D. — ἐπί τινι καλεῖν τινα invitare quem ad quid I. 838 C. — contra aliquem I. 839 C. — ἐφ' ὕβρει I. 840 E. — ἐπὶ τῇ τύχῃ τι ποιέομαι committo quid casui I. 850 A. — ἐπ' ἀργυρίῳ I. 851 C. 864 D. — ἐπί τινι ἔπαινος, oratio in alicujus laudem I. 855 C. — ἐπὶ πλούτῳ quem θεραπεύω I. 864 F. — θανάτῳ quem proscribo I. 874 D. — ἐπὶ παιδείᾳ συγγίνομαί τινι ita leg. I. 879 C. Sim. Plato 674 B. — ἐπὶ πολλοῖς ὀφλήμασι domum vacuam reddere I. 881 E. — ἐπί τινι χρηματίζομαι I. 887 E. — δανείζω I. 887 E. — quem nomino I. 888 D. — υἱῷ moritur pater I. 888 D. — σχολῇ cui συνεῖναι in otio I. 890 D. — κάλλει περιβόητος I. 892 E. — ἐφ' ἁρπαγῇ τρέπεσθαι ad praedam I. 893 A. — ἄλλους ἐπ' ἄλλοις I. 896 A. 1014 A. — ἐπί τινι filio σαλεύω I. 907 C. — propterea quem odisse I. 914 E. — ἐπὶ τοῖς μεγίστοις ἄθλοις contra quem pugnare I. 913 A. — ὁ ἐπ' οἰωνοῖς ἱερεὺς augur I. 917 F. — f. abund. cum verbo, ἐπέμιξε τοῖς ἐκείνοις οἶκτον, ἅμα καὶ δείνωσιν ἐπὶ τῷ πάθει καὶ τῷ λόγῳ I. 922 B. — ἐπ' ἀγαθῷ τινος I. 927 C. — ἐπὶ κάλλει σεμνότης I. 929 F. *cum* — ἐφ' ὅτῳ τύχοιεν I. 930 E. — ἐπὶ σκηναῖς portari, ad *tentoria* I. 936 A. — ἐπί τινι quem mitto, *ad quid* I. 936 D. — ἐπὶ τῷ ποταμῷ I. 939 A. — ἐπί τινι ἥκω alicujus rei caussa I. 943 C. — festum celebrare I. 949 C. — vestem lacerare in cujus aspectu I. 951 F. — θανάτῳ custodiri I. 949 D. — ἐπί τινι veniam accipere facti I. 957 C. — ἐπὶ τῷ πνεύματι ποιεῖσθαι τὸν πλοῦν I. 968 D. — ἐπί τινι sum in cujus potestate I. 973 F. — νέαις ἀρχαῖς ἐκκλησιάζω I. 975 A. comitia habeo eligendis novis magistratibus. — ἡγεμονίᾳ venio I. 980 A. Sim. 1045 C. — τινι ποιέομαί τι I. 980 E. — στρατηγὸς fio ut vulgo, ἐφ' ἡγεμονίᾳ τινὶ I. 987 B. — mercedis II. 858 C. 859 A. I. 122 D. 324 E. 650 C. 674 F. 710 D. 916 E. 931 C. 957 C. 1058 A. — ἐπὶ Σάμῳ expeditio II. 859 F. — ἐπὶ πράγμασι φαύλοις αἰτίας χρηστὰς πορίζειν II. 868 D. — ὅσον ἐφ' ἑαυτῷ II. 869 D. 882 F. — ἐπ' ἐκτομῇ II. 859 F. — ἐπ' ἐξειργασμένοις II. 870 C. Dio Chr. XI. 166 B. sim. — ἐπὶ γενέσει f. tempore nativitatis II. 881 F. — ἐπὶ πᾶσι ultimus II. 880 C. I. 40 C. 116 B. — ὅσον ἐπὶ τῇ ἰδίᾳ φύσει II. 882 C. 886 E. — ἐπ' εὐωχίᾳ κατακόπτειν animalia II. 965 A. — ἐπὶ μάχῃ κονίεται ταῦρος II. 966 C. — ἐπὶ καιρῷ II. 977 C. — ἐπί τινί τι ποιεῖσθαι II. 979 E. — cui quid subjicere 1107 F. I. 7 B. 50 A. 77 E. 100 A. 311 E. — ἐπί τινί τι ποιεῖν, versum facere in quem II. 985 A. — ἐπί τινι per quem pro διά τινος II. 1030 C. — hoc accidit II. 1036 F. — ἔνδοξον esse II. 1036 F. — ἐφ' ἑαυτῷ II. 1051 B. — ἐπί τινι προσλαβεῖν τι supra quid II. 1093 B. — τάττειν ἑαυτὸν II. 1107 F. — ἐπὶ Δηλίῳ II. 1117 E. — ἐπί τινί τι ὀνομάζειν II. 1111 F. I. 156 B. — γέλωτι II. 1127 A. I. 172 A. — ἐπὶ τῷ καλῷ τὴν δικαιοσύνην τιμᾶν II. 1124 E. — ἐπί τινι γελάω II. 1127 C. — ἐπὶ τοῖς ἴσοις I. 11 C. 27 B. 228 B. 247 C. 652 D. — ἐπί τινι πλανᾶται ἡ ἱστορία in aliquo argumento I. 13 A. — κεῖται τάφος in hujus honorem I. 13 B. — ἐπὶ τοῖς ὁρισθεῖσι conditione certa I. 7 D. — ἐπὶ θανάτῳ τινὰ συλλαβεῖν I. 18 E. — ἐπὶ πολλοῖς κτήμασι haeredem relinquere I. 20 B. ἐπὶ πράξει φαίνεται γὺψ I. 23 A. — ἐπί τινι ἀγῶνα ἐπιτελεῖν I. 25 E. — ἐπί τινι βαρέως φέρειν I. 27 F. 41 B. 115 D. 296 B. — καλεῖν τι ab aliquo quid nominare I. 30 A. 65 D. — propter, in usum I. 31 F. — punio ob caussam I. 31 F. 122 E. — ἐπὶ δόξῃ μέγιστος fere abundat ἐπὶ I. 35 B. — ἐπὶ κοινοῖς in convivium venire I. 45 B. — λέξις ἐπὶ πράγμασι, de rebus I. 53 A. ἐπ' οὐδενὶ χρησίμῳ I. 56 C. — ἐπὶ ταῖς γενεαλογίαις Aegyptii magnum annorum numerum καταφέρουσι I. 72 B. — ἐπί τινι εἶναι alicui subjectum esse I. 77 D.

122 B. 160 C.—φεύγειν propter crimen I. 88 F.—ἐπί τινι διατρίβειν in aliquo studio degere I. 91 C. — ἐπὶ τέχνῃ in urbem migrare I. 91 F. — ἐπὶ τοῖς σώμασι δανείζειν I. 85 D. 86 D. — ἐπὶ τῇ ξένῃ I. 85 B. — ἐπ' ἀγκύρᾳ ὁρμεῖν I. 88 D. — ἐπὶ τῷ χρόνῳ τούτῳ per totum illud tempus I. 92 E. — alicujus caussa I. 96 D. 184 D. — ἐπὶ δίκῃ κατελθεῖν redire ea conditione ut judicium habeat I. 84 A. — ἐπὶ σωτηρίᾳ I. 85 C. — προφάσει praetextu I. 98 D. — ἐπὶ τούτοις ad haec efficienda I. 98 F. — ἐπὶ τιμῇ cujus quid facere I. 97 B. 109 C. 506 D. 661 B. — ἐπὶ πᾶσι δικαίοις quem recipere I. 108 C. 228 B. 247 C. — propter I. 97 D. 108 A. 175 A. 189 C. 358 D. 546 D. 547 D. 788 F. 800 B. 930 F. 945 B. — praeter, supra I. 107 E. — in numero ἐπὶ χιλίοις τριακόσιοι I. 101 F. 107 E. 330 E. 332 A. 629 B. 638 A. 851 C. 944 B. 1053 E.— ἐπί τινι orationem habere I. 101 F. 133 B. 155 E. — πενθεῖν I. 109 C. — praefectus I. 110 C. — χρόνῳ certo tempore I. 117 D. — οἱ ἐπὶ θαλάττῃ qui ad mare habitant I. 124 E. — ἐπὶ θύραις βασιλέως I. 125 B. 126 B. — τινι sacrificare I. 131 B. — συνέρχεσθαι I. 132 A. — τοῖς ἱεροῖς in sacrificiis I. 132 F. — αἰτίαις πονηραῖς ὄφλειν I. 135 A. — τιμωρίᾳ quem tradere I. 137 A.—cum dativo loci I. 138 B. C. 141 C. — conditionis I. 143 C. 311 C.—ἐπ' ὄρνισι καθέζεσθαι I. 145 E. 800 B. — ἐπὶ τοῖς υἱέσι διαθέσθαι I. 161 B. — ἐφ' ὥρᾳ ἀνθεῖν I. 161 F. — ἐπὶ τοῖς καλοῖς τὴν διάνοιαν κινεῖν I. 162 B. — ὅσον ἐπ' αὐτῷ I. 163 A. 180 A. 307 F.—τὸ ἐφ' ἑαυτῷ Diog. L. I. 49. Dio Chrys. 560 A. — ἐπί τινι ἁλίσκεσθαι crimine I. 164 E. — ῥητορικῇ ὁμιλεῖν τινι I. 165 C. — διαβολῇ cujus quid facere I. 167 C. 169 C. — τινι κακῶς διατίθεσθαι I. 172 A.— in hujus caussa I. 160 C. 172 C. — ἐπ' ἀγαθῷ τινὸς μνημονεύειν II. 520 E. — ἐπί τινι κατάρας ποιεῖσθαι II. 421 D. — τί μαθόντες ἐπὶ τοῖς χρηστηρίοις II. 435 B. — ἐπὶ μάρτυρι θεῷ II. 401 F. — ἐπὶ πράγματι ἐρώτησις pro περὶ πράγματος II. 408 C. ἐπὶ δόξῃ quid καλλωπίζειν II. 408 C. — me ipsum amo ἐφ' οἷς ἐγενόμην χρήσιμος, i. e. ἐπὶ τούτοις εἰς ἃ ἐ. χ. II. 409 B.— ἐπ' ἐξειργασμένοις v. Ἐξεργ. Pausan. 81. 124. 392. — ἐφ' αὑτῷ sua aetate Pausan. 476. — ἐπ' αὐτοῖς ἄρχων praefectus militum 799. 800. Pausan. — ἐφ' αἵματι Pausan. 177. 186. 187. conf. Αἷμα et φεύγω. — ἐπί τινι τηρεῖν τι in aliquo statu I. 190 B. — praeter, insuper I. 260 D. — ἐπὶ γέλωτι I. 195 A. — ἐπὶ δέκα ταλάντοις conditio I. 195 B. 205 D. 208 C. D. 209 A. 244 A. 252 E. 258 C. 261 D. 563 C. 664 C. 1062 B. — ἐπί τινι δάκνεσθαι I. 195 D. — ἐπί τινι ἥκειν quadam auctoritate I. 198 B. — μεγάλοις πράγμασι quid fit, ad magna negotia I. 200 D. ἐπὶ νόμοις caussam dicere I. 201 A. — ἐπὶ αἰτίαις quem κρίνειν, de criminibus I. 201 D. — ἐπ' αἰσχύνῃ τινὸς in alicujus dedecus I. 207 D. — ἐφ' ἡμῖν τὸ I. 229 C. — ἐπί τινι in finem, effectum, hujus efficiendi caussa I. 233 E. — ἐπὶ Σάγρᾳ pugna I. 268 C. — ἐπ' ἐμοί ἐστι licet mihi I. 273 E. — ἐπί τινι τολμᾶν I. 287 B. — ἡγεῖσθαι pro ἐπί τινα I. 297 D. — pretio I. 304 F. 308 A. — ἐπὶ τῷ χρόνῳ τίθεσθαι τὴν πολιορκίαν expugnationem non vi sed diuturnitate conficere velle I. 307 C. — ἐπὶ ταῖς μάχαις aegrotare, e vulnere I. 313 C. — οὐκ ἐπ' ἀγαθῷ I. 250 F. καλῷ Aristid. I. 20. — post quid, propter quid I. 319 B. 323 B. — ἐπί τινι luctus I. 327 C. — ἡ ἐπὶ μάχῃ τάξις I. 329 B. — ἄλλα ἐπ' ἄλλοις I. 329 D. — ἐπί τινι προδοσίαν βουλεύειν I. 410 E.—ἐπὶ στρατείᾳ I. 410 E. — ἐπί τινι πάντα τίθεσθαι I. 333 C. — ἐπὶ τῇ τύχῃ τι κεῖται pendet a. f. II. 24 E. — ἐπ' ἀγαθῷ II. 520 E. Diog. L. I. 84.— ἐπ' οὐδενὶ ὑγιεῖ II. 104 C. Simil. 730 B. 783 C. — ἐπ' οὐδενὶ χρησίμῳ II. 456 A. —ἐπ' οὐσίᾳ πολλῇ filius II. 109 B. H. ἑ. 154. ἰ. 478. Demosth. Non cum genit. ut vult Scalig. Catull. p. 82. — ἐπ' οἴνῳ pro ἐν II. 612 F. 671 D. — οἱ ἐπ' οἰωνοῖς qui auguriis praefecti sunt II. 281 A. 976 C. — ἐπ' ἐμπορίᾳ

πλεῖν II. 303 C. — ἐπὶ τιμῇ II. 365 A. 724 B. 983 F. I. 12 D. 861 E. 867 A. — ἐπὶ γέλωτι II. 635 E. — ἐπ' αὐτῷ γέγονα II. 418 C. f. imitat. Soph. II. 522 C. — panem ἐπ' ἐλαιῷ σιτεῖσθαι II. 466 D. — ἐπ' ἀσελγείᾳ τινὰ λοιδορεῖν II. 668 A. — ἐφ' ἡμῖν II. 467 A. in nostra potestate 102 C. 740 C. 964 C. 1056 D. — ἐπ' ἀνδρέασι, virili aetate II. 487 C. — ἐπὶ παιδιαῖς certare in ludendo II. 487 E. — τοῦτο οὐκ ἔστι ἐπὶ τῇ φιλοχρηματίᾳ, hoc non inest avaritiae II. 525 B. — ἐπὶ γυναικὶ μοιχὸν λαβεῖν II. 235 D. 525 D. — ἐπί τινι ζῆν II. 526 D. — ἐπὶ ταῖς τοῦ Διὸς τιμαῖς II. 561 B. Conf. Plaut. Men. I. 3, 34. Sim. Aristid. I. 475. — ἐπὶ χρείᾳ τι παραλαμβάνειν II. 629 C. — ἐπὶ λειότητι στίλβειν II. 650 B. — τῷ σίτῳ κατασχεῖν τὴν ὄρεξιν II. 668 D. — τινι ἥδεσθαι II. 674 A. B. — τινι εὐδαιμεῖν II. 674 B. — ἐπί τινι μῦθος πεπλασμένος II. 684 E. — λόγῳ γίνεται σιωπὴ II. 698 E. (ita μετὰ II. 708 A.) — ταφαῖς alicujus pro ἐν τ. II. 675 A. — ἐπί τινι ψέγειν τινὰ II. 692 B. Simil. II. 974 B. —in loco ἐπὶ τῇ τραπέζῃ II. 702 D. — ἐπί τινί τι ποιεῖσθαι, alicujus arbitrio quid committere II. 707 B. 772 A. 774 E. — ἐπὶ τούτῳ οὕτως ποιητέον II. 708 B. — ἐπὶ τραγήμασι καὶ μύροις Platonem audire, ad II. 711 D. — voluptas ἐπί τινι, de aliqua re II. 713 C. — ὄψον ἐπὶ τῷ λόγῳ II. 713 C. — ἐπὶ τούτοις ῥηθεῖσι II. 719 E. — ἐπί τινι θέσιν II. 720 A. — ὄνομα ἐπί τινι est II. 736 A. 738 B. — ῥητοῖς II. 741 E. Vid. Ῥητός. 937 C. Thucyd. I. 13. ibi Duker. Plat. Symp. — conditione II. 742 E. — ἐπί τινι τάττεσθαι, ad gubernandum II. 746 D. 965 E. — ἐφ' ὥρᾳ quem θεραπεύειν II. 750 E. — ἐπὶ τούτῳ fere abund. ap. numeros II. 758 C. — ἐπὶ τῇ κρήνῃ λούεσθαι pro ἐν II. 771 E. — ἐπί τινι exsibilari II. 795 D. — ἐπὶ βιβλίοις σχολὰς περαίνειν II. 796 C. — ἐπ' ἐργασίᾳ quid facere II. 798 E. — ἐπὶ θερμοῖς factis II. 798 F. — ἐπὶ τῷ καλῷ τὸ κεχαρισμένον ἔχειν pro σὺν II. 803 A. — ἐπ' αἰσχύνῃ II. 805 B. — ἐπί τινι accusari II. 807 E. F. — ἐπὶ πᾶσι δικαίοις, honestis conditionibus II. 808 A. Sim. 814 E. — τοῖς τριάκοντα II. 814 B. — τοῖς μεγίστοις quid facere II. 815 D. 817 E. — τινι quid facere II. 818 A. — dicere II. 817 F. — ἐπὶ συμφοραῖς, post perpessas calamitates II. 825 C. — ἐπὶ πολλῷ magno foenore II. 827 F. — ἐπὶ σώματι ὀφείλειν II. 828 F. — κακῷ τινος psephism. II. 833 E. — ἐφ' ᾧ γέγονε καὶ πέφυκε II. 994 E. — κινεῖν τι ἐπὶ τῷ λόγῳ II. 996 B. — ἐπί τινι quem amare, *caussa* I. 63 E. Sim. Fragm. I. 1. — πρεσβείας (τὰς) ἐφ' αἷς ἐπέμφθη Plato 685 G. — ἐπὶ ταῖς ἐλπίσιν ἀεὶ πεινῶμεν Antiphan. Stob. 382. — ἐπὶ πλήθει ἀδελφῶν βιοῦν Muson. Stob. p. 479. — ἐπὶ παιδὶ mori, relicto filio, Lollius Anthol. III. 6. p. 310. Brod. Hemsterh. Lucian. 356. — ἐπὶ τῇ διανοίᾳ habere quid in mente Muson. Stob. 595. fin. — ἐπὶ συνηγεσίᾳ ἐξάγειν τινὰ Steph. malit συνηγέσια accus. plur. Diog. L. VI. 31. — quot digitos ἐπὶ τῶν χειρῶν habeant Aristocl. Euseb. P. E. XIV. 765 C. — ἐπὶ θανάτῳ κατακρίνεσθαι Porph. Abst. II. 54. — ἐπ' αἰσθήσει μόνῃ ζῆν id. III. 19. τὸν ἐπὶ τοῖς ἀναγκαίοις βίον στέργειν id. II. 27 fin. ex Plutarcho II. 160 B. — ἐπὶ τῶν ἔργων, ipso facto, non solum oratione, Iamblich. V. P. 112. — ὄνομα ἐπί τινι λέγειν, rem aliquo nomine appellare Dio Chr. XI. 157 A. v. n. ad II. 71 F. — ἄγαλμα ἐπ' ὀνόματι καὶ σχήματι τοῦ θεοῦ, signum dignum nomine ac forma Dei? Dio Chr. XII. 210 B. — uxor ἐφ' ᾗ τὴν βασιλείαν εἰλήφει Nero, *cujus dote*, Casaub. Dio Chr. XXI. 270 D. — ἐπὶ κάλλει Jupiter Ganymedem fecit οἰνοχόον Dio Chr. XXXIII. 400 C. — τρίτη ἐπὶ τρίσσαις χάρισι, tertia accedit, Gratiarum instar, ut sunt tres, veluti Gratiae sunt tres, Dio Chr. XXXVIII. 457 D. — ἐπί τινι χρόνῳ pro εἴς τινα χρόνον, statuitur statua Dio Chr. 462 C. — ἐπί γε ᾧ pro ἐφ' ᾧ γε Dio Chr. 472 A. — ἂν μὴ ἐπὶ τέχνῃ μηδὲ προσέχοντες ξυνῶσι sc. αὐτῷ ib. 559 C. ἐπί τινι ποιεῖσθαί τι Dio Chr. 571 B. — ἑαυτὸν Dio Chr. 642 D. Aristid. II. 144. — ἐπὶ τοῖς αὐτοῖς νόμοις reum in judicio persequi Plato 657 B. — ἐπὶ κλήρῳ πεποιημένος υἱὸς Plato 679 D. — ἐπ' ἀμείνοσι τύχαις Plato 653 C. 662 B. 679 E. — ἐπί γε τούτῳ quantum ab hoc pendebat, Plato 591 D. — ἐπὶ βιβλίῳ mori, inter legendum Aristid. I. 88. — ἐπ' ἀρίστῳ post prandium, Aristid. I. 313. an *in prandio*, ut Canter. conf. 358. — ἐφ' αὐτῷ solus Aristid. I. 329. — ἐπὶ τοῖς λόγοις τινὸς γενέσθαι, alicujus scriptis studere Aristid. I. 336. — ἡδίστην ἡμέραν ἀγαγὼν ἐπὶ λόγοις, *in munere oratorio*, Aristid. I. 355.—ἀγωνιστὴς ἐπ' ἄθλοις ἀποδημῶν Aristid. II. 207. — οἱ ἐπὶ τῇ μουσικῇ Aristid. II. 1. — ἐπὶ τούτῳ est ars, *ad hoc propositum* Aristid. II. 18. — τὸ ἐπὶ τούτοις id. 95. — ἐφ' ἑαυτῷ φρονεῖν ib. 192. — ἐπὶ πᾶσι δικαίοις quid facere ib. II. 219. 252. 281. 303. — ἐπὶ ὀνόματι Σωκράτους Plato dixit ib. II. 224. — ἐπὶ λόγοις τινὶ συγγίνεσθαι ib. 228. — ἐπὶ τῇ Ἀκαδημίᾳ ᾠκοδόμουν διατριβὰς, Aristoteles, contrariam Platoni scholam aperuit, an *in Academia*, an *contra Academiam*, ib. 249. — ἐπὶ τοῖς βελτίστοις quem memorare ib. 268. sim. 280. 305. — ἐπὶ τέχνῃ τινὶ φοιτᾶν Himer. 582. — ἐπί τισι θέσις, pro περί τινος Himer. 324.

Cum accus. ἐπὶ tot annos quid praedicere II. 891 A. — ἐπὶ πλέον saepius II. 919 B. I. 138 E. — ἐπὶ μίαν εὐθεῖαν stant corpora complura II. 932 E. — ἡμέρας τριάκοντα II. 941 D. — ὑποψία ἐπί τινα, adversus quem II. 973 D. — ἐπί τι γενέσθαι, pro τινὶ, II. 995 A. nascor ad quid faciendum Aristid. I. 223. — ἐπί τι γενέσθαι Arithm. *multiplicari per aliquid* (v. numerus ξδ' γενόμενος ἐπὶ τὸν γ. i. e. 64×3.) II. 1020 D. — μεῖζον II. 1039 B. — πλεῖον, ἔλαττον, τοσοῦτον, πολὺ II. 1039 B. (ἡ ἐπὶ πλεῖον χρῆσις II. 34 B.) πόσον II. 1043 D. — τοσόνδε II. 1045 E. — ἐπί τι νέμους θέσθαι II. 1125 C. — ἐφ' ὅσον ἂν μὴ II. 1127 D. — ἐπὶ τοὐναντίον quem reprehendere II. 1113 C. — ἕκτη ἐπὶ δέκα I. 11 A. 441 C. 611 F. 860 B. — ἐφ' ὅσον I. 37 C. 94 C. E. 791 B. — ἐπὶ τὸν πόλεμον imperator creatur I. 84 A. Sim. 499 A. — ἐπί τι λαχεῖν I. 104 C. ἐπὶ τὸν Ἰσθμὸν πλεῖν I. 117 D. — ἐπὶ λόγον ἀνάγειν audientem I. 117 E. — τὸν πόλεμον quem αἱρεῖσθαι ducem I. 130 A. — πολλὰς ἡμέρας I. 140 C. — συνδικέω τινὶ ἐπί τινα I. 148 A. — ἐπὶ ἡμέρας δέκα, ita leg. Mosc. vulg. αις I. 167 C. — οὐδὲ ἐπ' ὀλίγον Pausan. 645. — ἐπὶ τὴν ἐλευθερίαν vocare populum I. 284 A. II. 257 C. — ἐπὶ πολὺν τόπον, pro ἐπὶ πολὺ *longe*, I. 286 F. — ἐπί τι magistratum creari I. 320 E. — ἐπ' ἀμφότερα partes muri I. 398 A. — ἐπί τι se praebere I. 336 D. — ἐπὶ τὸν πόλεμον emittitur dux I. 332 D. 333 C. — ἐπὶ θάτερα I. 359 B. — ἐπὶ πάντα δύναμις I. 364 A. 366 B. — in locum I. 375 E. — ἐπὶ τὴν μάχην τάττειν ἑαυτὸν I. 403 B. — ἐπὶ πόλεμον consul creatus I. 409 A. Sim. 748 D. 752 C. 839 A. — ἔτι δώδεκα ἡμερῶν λειπομένων ἐπὶ τὴν τῶν ὑπάτων ἀνάδειξιν, ἀφῆκεν αὐτὸν, quum adhuc duodecim dies superessent ante comitia consularia I. 409 F. — ἐπί τι δίδωμι me I. 453 B. Conf. δίδωμι. — ἀπογράφομαι *peto munus* I. 453 B. — ἐπὶ πολλοὺς χρόνους εὐδοκιμῆσαν γένος I. 478 E. — ἐπ' ἐμὲ hostem exspecto I. 490 E. — ἐφ' ἡμέρας τριάκοντα I. 491 A. — ἐπί τινα creatur dux, contra quem I. 494 E. — αἰτία I. 500 D. Sim. 521 E. — ἐπί τι τάττεσθαι praefici alicui rei I. 519 B. — αἱ ἐπὶ τὰς πράξεις κατορθώσεις, leg. περὶ I. 521 E. — ἐπὶ πολὺν χρόνον I. 524 E. — πλεῖστον αἱρομαι δυνάμεως I. 534 E. — ἐπί τινα ἀπάτη I. 540 B. — ἐπὶ στρατείαν mitti *ad colligendum exercitum* I. 545 F. — πυθομένους ἐφ' ὅσον οἷόν τε τὸ πλῆθος καὶ τὴν τάξιν τῶν πολεμίων — explorantes *quale quantumque* hostium esset πλῆθος et ordo? an vero *quoad ejus fieri potest* I. 557 C. — aciem ἐπὶ πλεῖστον τοῦ πεδίου extendere I. 557 B. — ἐπὶ τὸ φοβερὸν κομᾶν I. 557 F. — ἐπὶ τῷ σώζεσθαι insuper, praeter salutem I. 558 C. — ἐπί τι φυλάττω me I. 566 D. — ἐπὶ πόλεμον αἱρεῖσθαι ducem I. 566 F. — ἐπὶ πολὺ in multum spatium

I. 376 D. 638 A. II. 215 D. 232 E. — ἐπί τινα imperatorem ἀνάγεται captivus I. 582 E. ἁμαρτάνω I. 593 C. — sc. hostem creatur imperator I. 626 F. — ἐφ' ὅσον — ἐπὶ τοσοῦτον I. 633 B. Porph. Abst. I. 19. Jambl. V. P. 257. — ἐπί τι τρίβεσθαι l. περὶ I. 640 E. — quem mitto I. 708 A. — ἐπὶ σχολὴν Rhodum ad Apollonium proficiscitur Caesar I. 708 D. — ἐπί τι σχολὴν ἄγω I. 708 E. — ἐπὶ θέαν διδάσκων Sylla lusum Trojam I. 760 E. — ἐπί τινα θήρα I. 810 E. II. 194 B. 197 A. — ἐπ' αὐτὸ τοῦτο I. 858 A. — ἐπί τι καλεῖσθαι accusari alicujus rei I. 876 B. — ἐπί τινα contra quem I. 887 E. — σκηνὴν quem ἑστιάω in tentorio I. 904 A. — ἁρπαγὴν curro I. 911 A. — ἐπὶ μηδὲν ἔρχομαι Soph. I. 911 C. — ἐπὶ θάτερα I. 913 B. — πλεῖόν τι ἐπαίρω, augeo quid I. 917 E. Sim. 970 C. — ἐπὶ μικρὸν ἀνύω τῆς ὁδοῦ I. 937 A. — ἐπί τινα] locum ire I. 948 A. — ἐπί τινα πειράω τινὰ tento quem contra quem I. 988 B. Sim. II. 151 E. — ἐπὶ στρατὸν mitto ducem I. 1070 B. — οἱ ἐπὶ Τροίαν et Τρῶες oppon. Clearch. Athen. 457 F. — ἐπὶ τὰς ναῦς τινα αἰτεῖν, rogare ut quis classi praeficiatur II. 1, 6. Xen. H. Gr. — ἐπὶ τὰ ὅπλα κελεύειν quem sc. ire, sed locus non integer, Xen. H. Gr. II. 3, 14, 22. — ἐπὶ δεῖπνον σκίαν καταμετρεῖν al. ἐπιδείπνῳ II. 50 D. —]ἐπί τινα συντίθημι αἰτίαν II. 57 B. — ἐπὶ τὸ κρεῖσσον |ἑαυτὸν μεταβάλλειν II. 117 F. — μέλος ἐπεγερτικὸν ἐπὶ τὰς ὀχείας sic A. Vulgo περὶ II. 138 B. — ἐπί τινα ἥκω, *ad quem* II. 150 B. — ἐφ' ἡμέρας τρεῖς συντελεῖται θυσία, *per tres dies* II. 160 E. — δεῖπνόν τινα καλεῖν II. 170 A. 176 A. 178 D. — ἐπί τινα ἐκκαλέομαι τὴν κρίσιν II. 178 F. — ἐπί τι in usum alicujus II. 193 D. 204 A. — venio ad quid accipiendum II. 222 C. 223 C. Xen. Hell. . . . Diog. L. II. 77. Jambl. V. P. 135. — πλέον II. 239 A. — καὶ μᾶλλον II. 239 D. — ποῦ πορεύονται καὶ ἐπὶ τί II. 237 C. — πλεῖστον II. 235 A. — ἐπί τι μεταβάλλεσθαι Dio Chr. 660 D. — ἐπὶ μᾶλλον II. 1033. codd. B. E. Sim. Plato 641 E. pro ἔτι. — ἐπὶ τὰς πρώτας ἀποκρίσεις in v. post. II. 438 B. — ἐπὶ πλεῖστον εὐροοῦσα κακία II. 548 D. — ὡς ἐπὶ τὸ πλεῖστον II. 675 C. Democrit. Ep. in ed. Hippocr. Chart. I. 26 A. — sine ὡς II. 864 B. 696 C. — ἐπὶ νοῦν — ὅ τι ἂν ἐπὶ νοῦν ἴῃ II. 589 E. Simil. 717 D. 761 E. — ἐλευθερίαν κηρύττειν cives II. 598 D. — ἐπὶ γραφὴν ὄρεξις II. 668 E. — ἐπ' αὐτὰ δεῖ στοργῆς II. 669 E. 976 D. 977 A. — ἐπὶ πᾶν (τὸ) ἐνθὲν II. 671 C. — ὡς ἔπίπαν II. 679 F. — ἐπί τι μίγνυσθαι II. 697 D. — ἐπ' ἀμφότερα II. 698 C. — ἐφ' ἡμᾶς πρὸς τὸν λόγον προσάξεις τοῦτον II. 701 A. — ἐπ' αὐτὸ τοῦτο hoc consilio II. 714 B. — ἐπὶ μείζονα νοσήματα natus medicus II. 717 D. — ἐπί τινα κατάγεσθαι, apud quem diversari II. 773 D. — vim habere II. 827 C. — de tempore II. 841 D. 844 B. — ἐπί τι χειροτονεῖσθαι II. 841 C. — πλέον I. 696 F. — imitari quem ἐπὶ τὸ σεμνὸν, ἐπὶ τὸ γελοῖον Plato 638 C. — ἐπὶ μικρὸν βλέπειν Plato 679 B. — ἐπὶ πλεῖστον ἥκειν τινὸς Aristid. II. 216. — ἐπί τινα λαμβάνω τι, *imputo cui quid* ib. II. 231. — ἐπί τινα τοξεύειν τινα aliquem alicujus amore vulnerare Himer. 598.

ἐπιβαίνω — ἐπὶ τὴν ναῦν I. 427 C. ad mentem I. 371 B. — τείχους I. 398 A. 556 B. 825 F. Sim. 233 C. 916 E. genitiv. I. 302 A. — ἅρματος I. 273 E. 626 A. — νεὼς II. 161 B. 419 B. I. 132 C. 139. 142 D. 168 E. 426 A. 429 D. 493 E. 539 C. 571 D. 658 B. 672 B. 715 A. 815 B. 819 A. 823 C. 932 D. — alicui Veneris caussa II. 990 E. — hosti I. 329 F. — διαδήματι II. 753 D. — I. 44 B. 58 B. 119 D. 243 D. 304 F. 311 F. 404 E. 429 A. — χώρας I. 487 D. 605 B. 641 E. 642 A. Plato 656 E. 659 D. 660 D. — cui, insulto, deprimo I. 487 F. — ει inimicus I. 670 B. 1044 E. — classi in mari I. 719 B. Aristid. I. 56. — τινος hominem aggredior I. 839 A. — ω τι auxilior I. 1045 B. — τῷ ποδὶ cui rei II. 63 E. — equam II. 213 E. — τινὸς terrae II. 212 A. — τινι rei II. 236 B. — ὁπλητείαις Porph. Abst. II. 27. — in fluvium, pro ἐμβαίνω

Plato 667 F. — ω μετά τινος Plato 700 F. — ω πραγμάτων Aristid. I. 420.

ἐπιβάθρα ἡ I. 190 D. 392 A. Dionys. Alex. Euseb. P. E. 276 D. Jambl. V. P. 109. 119. Upton. Ind. Epict. Aristid. I. 328. Orig. Cels. 728 D.

ἐπίβαθρον merces τοῦ ἐπιβαίνειν II. 727 F.

ἐπιβάλλω — μαί τινι rei I. 8 D. — τινι magistro II. 832 D. — ομαι πρός τι II. 432 B. — τινι aggredior I. 149 B. 289 E. 313 A. Plato 667 D. — manum gladio II. 597 A. I. 991 C. — vestes II. 691 E.— testem II. 722 A. — tempus II. 817 E. — λω τινὶ, neutre. II. 270 A. de die 791 A. — ἐμαυτῷ de numero addito II. 388 B. D. — τι εἰπεῖν II. 402 B. Aristid. I. 537. — astron. eclipsi II. 411 B. umbra nobis ἐπιβάλλει 933 A. 935 F. — attendo ad quid II. 611 B. 1091 B. — ἐπιβάλλον (τὸ) rata portio II. 37 F. ubi v. n. — ἐπιβάλλει λογισμὸν αἰτίας II. 435 B. — ει tibicen II. 737 A. — comprimo II. 853 E. — ω τίνὶ aliquem sequi I. 273 A. B. E. 353 A. — τινι assequor quem I. 300 E. — σφραγῖδα I. 444 D. II. 203 C. — ει τί τινι connectitur quid cum quo I. 444 C. — σκιὰν sibi I. 537 F. — ζημίαν τινὶ I. 615 F. Pausan. 430. 431. 434. 450. 478. 544. 555. 563. 801. 833. Plato 689 D. — ει me σκιὰ I. 636 C. — μοι ἀρχὴ sortior magistratum I. 766 B. — ω hosti I. 806 F. 814 D. — τοῖς κοινοῖς accedo ad remp. I. 862 E. — cui φόρον impono, vectigal I. 926 B. — cui labores II. 9 B. — responsum II. 39 C. — ει quid medicus II. 55 A. — ω rei tempus II. 194 A. — ων consentaneus cum reliquis Teles Stob. 523, 53. Jambl. V. P. 193. — varius usus, Upton. Ind. Epict. — ει decet, oportet, Aristid. II. 207. — ω τινὶ χεῖρα Aristid. I. 189. — ει μοι visum II. 899 E. σκιὰν II. 976 E. — ω equum hosti, eum converto in hostem I. 403 E. — τινι venio ad quem I. 571 F. — consentio cui Porph. Abst. II. 58. — μαι ὕπνον Dio Chr. XII. 209 B. — ἔτι aggredior quid ad potiundum, animo quid praecipio Plato 667 D.

ἐπίβασις lacus exundatio II. 578 A. — coitus brutorum masculi II. 764 A. — κύκλων II. 939 A. — Aristid. I. 149.

ἐπιβατεύω τινὸς I. 928 A.

ἐπιβατήριος Himer. 238.

ἐπιβάτης νεὼς II. 419 B. 1103 E. I. 306 D. 944 F. in navi I. 77 E. 167 C. 170 C. Duker. Thuc. VI. 43. — II. 419 B. — ται, πλήρωμα, ναῦται I. 438 E. — equi I. 362 D. 394 A. 559 B.

ἐπίβατος locus I. 308 B. 353 E. 852 B. — ἐπίβατος παιὼν mus. II. 1141 A. 1143 B.

ἐπίβδαι dies Aristid. I. 353.

ἐπιβεβαιόω I. 775 A. 795 E.

ἐπιβιόω II. 114 B. 768 D. 853 F. I. 96 F. 315 E. 740 E. 855 D.

ἐπιβλαστάνω II. 723 F.

ἐπιβλέπω de Providentia II. 561 B. — simpl. II. 39 E. 682 E. — munus I. 298 E. — τινι, inhio, insidior Dio Chr. IV. 74 D.

ἐπίβλεψις II. 619 D. I. 362 D. 539 E. 677 E. f. περιβλ. Porph. Abst. I. 41. 53.

ἐπίβλημα lapis I. 338 E.

ἐπιβοάω — ομαι II. 720 C. I. 455 D. 980 C.

ἐπιβοηθέω I. 182 A. 211 C. 406 B. 418 D. 562 D. 576 A. 935 F.

ἐπιβόησις I. 1037 E. Dio Chr. 494 C.

ἐπιβόητος Wass. et Duk. ad Thuc. VI. 16.

ἐπιβοθρία Aristid. I. 296, 7.

ἐπιβολὴ I. 910 A. census I. 346 E. — II. 590 E. — luctae II. 660 B. — molitio I. 159 B. — sensuum in rem II. 901 E. — adjectio II. 921 B. — Stoicor. II. 961 C. Upton. Ind. Epictet. — αἱ maris I. 392 B. — aggressio in bello I. 424 C. 679 A. 729 A. — conatus I. 680 B. 844 B. — et ἐπιθυμία Teles Stob. 524. — sententiae Porphyr. Euseb. P. E. X. 467 A. — νουθεσίας Jambl. V. P. 112. — orationis Dio Chrys. XVIII. 257 D.

ἐπιβούλευμα pro simpl. βούλευμα I. 709 B.
ἐπιβούλευσις Plato 657 D. E. F.
ἐπιβουλεύω II. 65 E. 133 B. 175 F. 176 A. 183 E. 184 A. 213 E. 222 A. 980 E. — cum inf. I. 106. B. 1014 B. II. 161 B. — pass. I. 562 C. — Plato 674 A.
ἐπιβουλὴ II. 91 B. 195 B. bis 222 A. Plato 657 D. E. F.
ἐπίβουλος II. 208 E. 727 F. I. 1031 F.
ἐπιβούλως II. 715 A. 716 A. I. 643 F. 769 B.
ἐπιβρίζειν II. 321 F. Porph. Abst. I. 43.
ἐπιβροντάω I. 304 B.
ἐπιγαμεῖν μητρυιὰν filio I. 314 A. ἐπάγειν 480 D. — I. 128 B. 351 B. 352 F. 356 A. Wessel. Diod. Sic. I. 486. II. 153.
ἐπιγαμία II. 863 A. I. 6 A. 36 D. 39 B. 146 A. Dio Chr. 492 D.
ἐπίγαμος I. 773 E.
ἐπιγάστριον II. 559 E.
ἐπιγαυρόω II. 78 C. 644 D. 760 F. I. 1074 E.
ἐπίγειος II. 566 D.
ἐπιγελῶντες λόγοι II. 27 F. — II. 1087 E. 1103 C.
ἐπιγέννημα effectus II. 637 E. 910 F. Upton. Ind. Epict.
ἐπιγεύομαι II. 991 A.
ἐπιγίγνομαι, ἐπιγίνομαι — ταί τι II. 947 F. — II. 32 D. 1141 D. I. 861 F. — II. 537 E. 1066 E. 1111 C. 1118 E. I. 171 D. 474 E. — τινί τι II. 90 C. 431 E. 623 F. 637 A. C. D. 694 B. 701 C. 1004 A. — II. 732 D. — posteri II. 873 C. Plato 658 F. 697 C. — ομένης ἡμέρας I. 538 A. — τινι pro ἐμφύομαι affect. II. 61 F.
ἐπιγινώσκω II. 163 A. 200 B. 212 F. 230 A. 239 A. 717 F. I. 230 D. 362 E. 405 E. 451 A. 606 D. Aristid. I. 378. — me non I. 826 B. — saluto Vales. Euseb. Vid. Ind. annot.
ἐπίγλωσσις II. 699 D.
ἐπιγλωττὶς II. 698 B. 699 C.
ἐπιγνώμων I. 137 B. Plato 642 C. 648 F. 649 F. 650 C. 657 F.
ἐπίγνωσις II. 1145 A.
ἐπιγονὴ II. 408 C. I. 176 C. — ἦν λαμβάνει λόγος augetur rumor II. 506 F.
ἐπίγονος — οι Plato 681 H.
ἐπίγραμμα I. 373 D. II. 234 F. 240 F. 241 A. — II. 14 B. 395 A. 869 C. 871 B. 873 B. I. 11 E. 52 E. — τος τυχεῖν poët. II. 769 B. compara Dio Chrys. XXXI. 316 A. — comoediae II. 1065 D. 1066 A. — I. 316 B. 475 E. 860 B. D. Aristid. I. 148. 179. 424. 425. II. 303. 380. 384.
ἐπιγραμμάτιον II. 785 B. I. 336 C.
ἐπιγραφὴ honor, monumentum II. 820 C. 870 E. 873 A. D. 1124 C. — I. 160 F. 202 A. 250 E. 309 B. 318 E. 378 B. — οὐσίας leg. ἀπογρ. census I. 275 E. Sed conf. 333 D. — inscriptio monumenti I. 347 C. 433 E. 673 C. 703 B. 843 A. 1075 A. II. 238 D. f. differt ab ἐπίγραμμα Dio Chr. 312 D. 316 A. B. 318 C. 329 C. 330 D. 336 B. 337 A. 339 B. 353 D. 365 D. 465 C. D. 593 A. Plato 691 E. Aristid. I. 426.
ἐπιγράφω II. 17 A. 173 A. 194 B. 217 F. 873 B. C. D. I. 82 C. 316 B. — passiv. adscribi ad patricios II. 278 D. — ειν ἑαυτῷ τι II. 319 E. Senec. Ep. 68. — ἑαυτόν τινι II. 326 E. I. 635 E. — τῇ δόξῃ ἀξίωμα θεότητος II. 359 D. — εσθαι σοφίαν II. 543 E. — τὶ 749 A. I. 121 D. 909 E. Dio Chr. 610 D. Aristid. I. 82. 264. II. 108. — πατὴρ II. 583 C. — pass. epistola cui II. 790 F. — libri titulum II. 1086 C. 1107 D. — ἐπιγεγραμμένη ποινὴ in tragoed. II. 1101 C. — σθαι rei auctor I. 104 E. 253 D. Menand. Cler. p. 182. Wessel. Diod. Sic. II. 121. — ται τῇ δίκῃ κατήγορος I. 171 E. Sim. Plato 675 F. — τινός τι II. 400 E. I. 316 C. — nomen tabulae I. 291 B. — cui quid I. 330 F. — cui τιμὴν I. 340 C. — monumento I. 347 C. 673 C. 836 E. 1033 C. — statua ἐπιγεγραμμένη litteris Graecis I. 369 B. — tropaeum I. 464 E. — cui milites, impero I. 553 E. — μενον μονόστιχον εἴς τινα I. 633 B. — ται liber titulo I. 733 C. — ω me decreto I. 855 D. — ται cui epistola I. 868 A. — ω statuam

alicui I. 876 E. — ται liber Cato, ita inscripsit I. 880 F. 984 F. — ω librum Φιλιππικοὺς I. 886 E. — ται statua quid I. 944 A. — epistola ἔξωθεν I. 972 A. — χώραν — ἰδίαν ἐπιγράφουσι, suam haberi volunt Hippocr. Ep. XX. p. 22 A. — Aristot. ἐν τῷ ἐπιγραφομένῳ Εὐδήμῳ II. 115 B. — ἐπιγράφεσθαί ποι Dio Chrys. 476 A.

ἐπιδακρύω I. 471 F. 687 A. — τῇ μνήμῃ τινὸς II. 583 C.

ἐπιδανείζω — μαι χρόνον a fortuna I. 999 D.

ἐπιδαψιλεύομαι II. 1146 F. Phil. Jud. Euseb. P. E. VIII. 386 D. Hemsterhus. Lucian. 453. Basil. M. T. III. 290 A. Hom. X. 376 C.

ἐπιδεὴς II. 402 D. I. 26 C. Plato 672 G.

ἐπιδείκνυμι II. 146 E. 739 B. 1067 D. — μαι active, monstro II. 176 E. 181 B. 190 A. 221 C. 640 B. 693 B. 704 D. 712 F. 980 D. I. 346 F. Plato 684 E. — pass II. 695 E. 1024 E. — activ. II. 782 E. — med. sophist. II. 840 D. 968 B. opp. μελετάω I. 363 C. — II. 44 E. — pro ἀποδ. II. 931 A. I. 81 B. 149 B. 233 C. 364 C. — med. portendunt dii II. 941 E. — de inanimatis, ostendere II. 977 C. — ἐμαυτὸν II. 985 B. — med. II. 1030 A. 1129 A. I. 107 C. — neutre, ἐπέδειξε apparuit Pausan. 759. — med. cui exemplum I. 254 A. — beneficium I. 254 D. 492 F. 862 F. — fortitudinem I. 266 C. 277 B. 409 A. 476 E. 569 E. 801 E. 947 F. II. 119 E. — τι ἔν τινι I. 338 B. — μαι Alexandrum, imitor, I. 387 C. — μαι scelus, facio I. 433 C. 816 B. — μι ὡς ποιήσων I. 600 C. — μαι me bonum I. 604 C. — ἐμαυτὸν ostento me I. 607 D. — ostendo I. 684 E. 975 C. II. 47 D. 87 B. 150 D. 185 E. 201 D. 203 B. 208 D. 210 E. 212 D. 214 F. 224 A. 226 E. 227 A. legati 230 C. 239 A. 241 B. D. — opus I. 719 A. — pro ἀποδ. I. 750 A. — μαι ornatum I. 750 D. Sim. 755 B. 965 A. — an me? an artem? II. 212 E. — μι τὴν ἀνθρωπίνην φύσιν, κακὸς γενόμενος Plato 688 F.

ἐπιδεικτικὸς orator I. 886 C. — malo sensu II. 63 C. 71 A. 123 B. 131 B. 133 E.

ἐπιδεικτικῶς I. 498 C. 944 D.

ἐπίδειξις — ιν ποιεῖσθαι II. 1028 A. — τι ποιεῖσθαι se aliqua re ostentare I. 4 B. — I. 140 F. Rhet. Dio Chr. 503 C. — ostentatio I. 346 F. 754 A. opp. usui I. 910 B. II. 80 E. — ιν virtutis, cui παρέχω I. 385 A. — ostensio I. 512 A. 514 C. — occasio ostendendae virtutis I. 682 A. — virtutis, bono sensu I. 813 B. 887 C. 913 F. 952 E. 978 F.

ἐπιδέκατος — τὸ II. 834 A.

ἐπιδεκτικὸς τοῦ γενέσθαι II. 1055 E. — τινος II. 962 C. — πότερον γράφειν II. 28 E.

ἐπίδεκτός τινος II. 1055 E.

ἐπιδέξια II. 619 C. — potare Musgr. Eur. Rhes. 364. — Pollux II. 159. Bergler. Aristoph. Av. 1567. Athen. XI. 463 F. seqq. Plato 617 B.

ἐπιδέξιος II. 504 B. — qui scienter conversatur cum hominibus II. 5 A. 67 E. 124 B. 617 B. 709 C. 739 D. I. 275 B.

ἐπιδεξιότης II. 441 B. Diog. L. I. 78.

ἐπιδερκτὸς Empedocl. II. 17 E.

ἐπίδεσμος vulneris II. 46 E.

ἐπιδέχομαι II. 956 E. 1043 F. 1044 A. 1054 D.

ἐπιδέω — ἐπιδεῖ opus est ms. E. II. 975 C. ἐπιδέον Plato 670 D. — δέομαι Plato 619 E. — ἐπιδεῖσθαι σφαῖραν ἢ ἵμαντα, an περιδ. et quomodo de pila? II. 80 B. — δέω vulnus I. 793 D.

ἐπιδεῶς ἔχειν II. 689 B.

ἐπίδηλος I. 863 E. 1057 C. II. 659 A.

ἐπιδήλως I. 32 F. 130 B. C. 138 B. 996 D.

ἐπιδημέω II. 760 A. 773 C. I. 340 E. Plato 651 D. 663 E.

ἐπιδημία in vita II. 117 E. — παρεπιδημία Hipparch. Stob. 573. — Simpl. II. 200 F. 232 F. 233 B. — μίαι deorum Aristid. I. 184.

ἐπιδήμιος pervulgatus II. 735 A. — ἐπιδημίων libri Athenodori II. 731 A.

ἐπιδιαιρέω Aristid. I. 96.

ἐπιδιακρίνω Plato II. 121 D.

ἐπιδίδωμι — populo ψῆφον I. 64 A. — quid civibus I. 1032 A. — πράγμασι cresco imperio et opibus I. 78 C. — viscera hostiae I. 300 C. — bis legend. I. 326 A. — dono I. 335 E. 504 B. 947 D. II. 183 B. — poculum I. 675 A. ἐπιδιδόντα καὶ προσάγοντα ταῖς χρείαις τὴν φιλίαν II. 95 E. — pro ὑπαγορεύω dicto Dio Chrys. XVIII. 258 D. — dotem Plato 687 A. — χρόνον, vitam cui prolongo Aristid. I. 38. — ἐπιδίδωμι in publicum dono II. 62 A. 280 A. 417 C. 566 C. 822 E. 823 D. 828 C. 846 A. 849 F. 850 F. 851 A. I. 170 B. — pro ἐνδίδωμι cedo II. 430 C. 566 D. 680 A. — ἐμαυτόν τινι, differt a λαμβάνω II. 794 B. I. 155 F. — addo II. 122 D. 809 C. — oppon. ἀποδίδωμι II. 822 E. 848 A. — me cui II. 856 E. 968 E. I. 569 E. 616 C. 1026 A. — fluvius augetur II. 914 C. — ἐμαυτὸν συνήγερον ὡς ὄντος cet. II. 960 B. — ἑαυτὸν I. 7 D. 15 C. 621 F. — me in quid I. 838 D. 863 A. — cresco I. 349 A. — εἴς τι cresco I. 687 D. 805 E. Plato 675 B. — me in opus I. 888 A. Sim. 1028 B. — trado I. 738 F. II. 202 F. 207 B. — πρός τι I. 959 C. 1049 D. — et ἀποδίδωμι I. 745 C. D. — εἰς μεῖζον I. 844 D. Sim. II. 2 E. — cui γάμον meae uxoris I. 907 C. — cui donum I. 1060 A. — ταὐτὸν ὑπὲρ τῆς πατρίδος I. 1073 F. — proficio II. 75 B. 85 B. — impendo reip. I. 195 E. 798 C. 905 B.

ἐπιδιέξειμι II. 854 F.

ἐπιδικάζομαί τινος II. 833 A. Oenom. Euseb. P. E. V. 231 A. Dio Chrys. XXXI. 316 C. Plato 660 D.

ἐπίδικος — ον νίκημα II. 858 D. Herodot. I. 175 D. — II. 925 D. I. 806 C.

ἐπιδιώκω II. 228 F. 551 C. 969 E. 990 D. I. 358 C. 858 A.

ἐπίδοξος celebris II. 209 B. 226 B. 239 D. — ποιήσων I. 801 C. — spem habere alicujus rei cum futuro infin. II. 535 B. — sum ποιεῖν τι II. 674 F. 760 A. 806 A. 968 E. I. 81 B. 62 E. 97 D. 114 E. 346 C. 390 E. 464 E. 473 F. 494 E. 610 A. 839 E. 985 C. 987 A. 990 A. 1050 C. 1062 B. — simil. I. 423 D. E. 434 D.

ἐπιδορατὶς II. 217 E. 338 B. 659 D.

ἐπίδοσις — ιν ἀθρόαν λαβεῖν II. 682 E. Simpl. I. 130 E. II. 75 D. 76 D. — ν λαβεῖν alio modo II. 696 C. 853 F. I. 1043 C. — publica II. 188 A. 826 D. 849 F. 1033 C. I. 196 E. 221 B. 986 D. — II. 518 C. 1052 D. 1076 C. I. 745 C.

ἐπιδότης II. 1102 E. deus Kuhn. Pausan. 616. 253.

ἐπιδουπέω I. 557 E. 592 B.

ἐπιδράττομαι II. 124 F. 179 E. 471 D. 521 A. 541 A. 625 E. 743 E. 793 C. 855 B. 1098 E. I. 679 D. 1067 B.

ἐπιδρομὴ II. 206 D. 977 F. I. 147 A. 329 D. 478 E. 656 C. 729 B. — ἐξ ἐπιδρομῆς λέγειν I. 953 A. Sim. Aristid. I. 292. 304. — I. 971 E. 1070 E. Jambl. V. P. 19. 104. — τύχης (ita leg. pro ψυχῆς) Hierocl. Stob. 478.

ἐπίδρομος levis, negligens, credulus Pausan. 388 B. 752. 776. — ον ὄργανον I. 579 E. — locus I. 588 F.

ἐπιδυσχεραίνω II. 864 B.

ἐπιδύω — ει aqua I. 262 A.

ἐπιείκεια II. 60 E. 69 B. 80 B. 231 B. 729 D. I. 173 C. 332 D. 334 E. 345 D. 378 C. 387 D. 390 D. 528 F. 566 E. 581 D. 595 F. 663 A. 714 F. 761 D. 870 B. 890 E. 961 A. 966 F. 1013 A. — dea, ejus templum I. 734 D. — αν accipere, beneficium Aristid. II. 304. 305. — habet ἀνανδρίαν Aristid. I. 529. — αις χρῆσθαι I. 524. sim. plur. II. 119.

ἐπιεικὴς II. 71 F. 90 E. 177 A. 185 D. 196 D. 709 A. D. 712 D. 766 D. 1075 B. 1081 D. I. 135 C. 597 E. Dio Chr. 499 B. 500 B. — materia II. 721 C. — homo nimis concedens, nimis bonus II. 529 A. — amicus ἐπιεικὴς II. 563 E. — πρός τι II. 614 E. 1096 A. — interrogatio II. 614 C. — τοῦτο οὐκ ἐπιεικές ἐστι II. 708 A. — πρὸς τὸ ἐπιεικέστατον quid vertere II. 712 B. — ἑστερον φιλοσοφεῖν II. 730 E. 1076 E. Sim. II. 402 D. — ἐς opponitur δίκη II. 761 F. — opponitur τοῖς πολλοῖς II. 807 A. Aristid. II. 83. 84. 104. — bonus II. 67 D. 73 D. 807 B. 1090 F. 1104 A. I. 218 B. 277 C. 382 E. 567 E. 725 A. 769 A. 770 E. 831 B. Aristid. I. 195. 510. — ὄνομα II. 855 B. — ἑστέραν ἔχειν II. 1104 A. — spes I. 99 E. — οὐδενὸς τῶν ἐπιεικῶν ἁμαρτεῖν I. 950 A. — lenis I. 754 A. 825 B. 871 A. 1058 B. II. 74 D. — νέος I. 753 A. — καὶ σεμνὸς I. 742 E. — τὸν τρόπον I. 676 E. 708 D. 770 F. 805 A. 680 A. — πρόσρησις I. 638 D. — conditio I. 635 C. — βίος I. 633 E. — ὁδὸς I. 556 C. — fortuna I. 540 E. — exemplum I. 440 D. — ἐς οὐδὲν cui respondere I. 397 E. 516 F. — ἐς οὐδὲν παρά τινος mihi ostenditur, spe I. 215 F. — φύσις mores boni II. 13 C. — ἤθη II. 49 B. — οὐ μικρὸν οὐδ' ἐπιεικὲς ἔργον II. 122 B. — homo II. 146 D. 151 C. 166 D. Plato 692 C. — qui sit Athen. 353 C. — res II. 170 B. — homo, mox εὖ πεφυκὼς Jamblich. V. P. 51. nisi leg. μὴ ἐπιεικεῖ, vid. Ind. Gr. *Corruptela*. — δόξα, probabilis Plato 702 A. — jung. cum ἐπιεικῶς Aristid. I. 397. 505.

ἐπιεικῶς plerumque, v. n. ad II. 43 E. — probabiliter I. 240 B. — I. 193 E. 220 D. 620 A. 633 A. B. II. 199 A. — quem tractare, benigne, I. 398 C. — amice I. 519 B. conf. 516 C. 652 C. 821 F. 876 A. — ἔχω πρός τι I. 580 B. — bene II. 87 D. — vivere I. 1075 A. — satis bene II. 54 D.

ἐπιέσπερος Homer II. 114 E.

ἐπιζάω II. 823 E. 1039 E. I. 74 F. 647 D. 703 D.

ἐπιζεύγνυμι I. 159 F.

ἐπιζεφύριος I. 314 F. Locri.

ἐπιζέω II. 399 D.

ἐπιζητέω II. 28 A. 209 D. 210 E. 213 C. 216 E. 219 A. 226 D. 227 B. 228 D. E. 230 C. 239 E. 397 D. 686 E. 747 B. 787 A. 1131 E. I. 464 D.

ἐπιζώννυμι — μαι gladium f. ὑποζ. I. 841 D.

ἐπιθάλπω II. 780 E.

ἐπιθαῤῥέω I. 1001 B.

ἐπιθαρσύνω I. 426 D. 497 E. 729 B. 1037 C.

ἐπιθαυμάζω ἐπί τινι II. 657 F. — I. 316 F. II. 210 A.

ἐπιθειάζειν πρᾶξιν II. 579 F. I. 126 A. 137 A. 144 F. — genius τινὶ II. 580 D. 589 D.

ἐπιθείασις II. 1117 A.

ἐπιθέλγω Aeschyl. II. 456 A.

ἐπίθεσις medicina II. 102 A. — II. 772 D. 833 B. 975 E. 976 D. I. 142 A. 381 C. 581 E. 867 F. 869 C. 1036 B. 1042 E.

ἐπίθετος (δόξα) II. 493 C. Dionys. Hal. II. 204, 6. — II. 668 E. 674 E. Menand. Cler. p. 246. Stob. 528, 2. Themist. 55 D. — pervulgata, f. ἐπίῤῥητος — injustus I. 809 A. — τον nomen II. 683 D. 684 A. 695 E. I. 218 D. 451 F. — adjectivum Vit. Hom. §. 17. — ἐξ ἐπιθέτου nomen I. 406 E.

ἐπιθέω accurro I. 306 B.

ἐπιθεωρέω I. 888 E.

ἐπιθήκη Aristid. I. 78. 141. 390. 544.

ἐπίθημα sepulcri I. 74 E. Pausan. 106. 126. 386. 606 restitue Athen. 473 G. Porphyr. V. P. 44. Aristid. II. 347.

ἐπιθιγγάνω II. 588 D. 626 A. 683 C. 921 C. 971 E. I. 833 C.

ἐπιθίγω II. 786 A.

ἐπιθλίβω — ει ratio vanitatem II. 782 D.

ἐπιθολόω II. 894 E. Jambl. V. P. 107.

ἐπιθρηνέω II. 123 C.

ἐπιθρήνησις II. 611 A.

ἐπιθρύπτω — μαι I. 965 A.

ἐπιθυμέω I. 907 A. II. 61 F. 62 B. 101 A. 218 F. 231 E. — τινὸς mulierem amare II. 972 F. — τὸ — ροῦν II. 101 A.

ἐπιθύμημα II. 1117 B.

ἐπιθυμητής Plato 593 D.

ἐπιθυμητικὸς II. 429 E. 898 E. 1007 E. seq.

ἐπιθυμία II. 13 D. 37 C. 43 D. 62 F. 83 D. E. 101 A. 125 B. C. E. 127 A. 128 C. 133 A. 136 C. 142 E. 157 B. 161 E. 216 E. 225 C. 699 E. 750 E. 989 B. C. F. 1015 A. 1127 B. C. I. 627 F. — ejus definitio et partitio Jambl. V. P. 205.

ψυχὴ ἡδονῶν καὶ ἐπιθυμιῶν ὀρεγομένη Plato 600 A. conf. 626 B. — δι' ἥττης ἐπιθυμιῶν καὶ ἡδονῶν καὶ φθόνων Plato 658 F. — ἔρως — ἵμερος Plato 658 F. Sim. 646 A. B.

ἐπιθυμιάω II. 169 E. 179 D. E. 372 C. 397 A. I. 553 A. 679 C.

ἐπιθυμίς II. 647 E.

ἐπιθυμόδειπνος II. 726 A.

ἐπιθύω — ἐπιτεθυμένον Plat. II. 1119 B. — et doleo Wessel. Diod. Sic. I. 484. — I. 317 B. 1058 E. Porph. Abst. II. 9. 12. 16. 59. Jambl. V. P. 150.

ἐπικάθημαι — ται exercitus I. 509 D.

ἐπίκαιρος II. 772 D. I. 747 D.—locus Aristid. I. 6. 12. 156. —homo promtissimus, in quo plurimum momenti est.—Indic. Xenoph. H. Gr. ed. Mor. Aristid. I. 353. — temporarius Aristid. I. 561. — praesens Aristid. II. 94. 98. 108.

ἐπικαίω — nix artus II. 695 C. — sol Dio Chrys. 622 A.

ἐπικαλέω I. 4 B. 769 E. 845 D. II. 122 E. — II. 674 E. — I. 100 B. 103 A. 110 B. 714 B. — I. 227 A. 299 A. 352 D. 425 C. 488 E. — Med. II. 706 C. I. 739 A. — ταί τινί τι II. 843 D. 856 C. — μαι auxilium I. 341 E. 487 C. — trib. pl. I. 407 E. 708 E. 871 C.—Caesarem I. 990 D. — testem I. 479 D. 529 E. — deos II. 116 C. — plebem ἀπὸ τῶν δικαστῶν I. 832 B. — pass. cognominor I. 1012 E. F. II. 184 A. 213 A. — μαι deum II. 23 B. 239 A. Plato 676 G. — ἐπικαλούμενοι dii, κεκλημένοι legit Viger. Oenom. Euseb. P. E. V. 217 D. — έω τινὶ ἄγος Oenom. ib. 231 D. corrig. Jamblich. V. P. 198. — τινὶ pro ἐγκ. Plato 617 F. 619 F. 689 B.

ἐπικαλύπτω I. 86 C. — ται res quae tegitur I. 954 E.

ἐπικάλυμμα quod tegit ignominiam Menand. Stob. 502, 50.

ἐπικαμπεῖον stoae II. 594 B.

ἐπικαμπής I. 145 D.

ἐπικαρπία Dio Chr. 520 C. Plato 691 F. Aristid. I. 329. 567. II. 163.

Ἐπικάρπιος Jupiter II. 1048 C. 1079 F.

ἐπικαταβαίνω I. 486 D.

ἐπικαταδαρθάνω Aristid. I. 284. 286.

ἐπικαταίρω — ει avis I. 636 E.

ἐπικαταλαμβάνω Aristid. I. 25.

ἐπικαταῤῥέω mortuis I. 280 A.

ἐπικαταῤῥήγνυται pluvia I. 418 A.

ἐπικατασφάττω — ἑαυτόν τινι II. 772 C. Pausan. p. 284. — I. 823 A.

ἐπικατηγόρημα ita mss. II. 1127 C.

ἐπίκειμαι I. 106 A. 173 E. 727 C. — μαι πρόσωπον indutus sum larva I. 446 C. — ται timor I. 352 D. — ται poena, mors II. 730 A. — διώκων I. 45 E. 562 D. 575 D. 1044 F. — ταί μοί τι mei officii est II. 786 F. — coronam I. 310 E. — ται χρεία necessitas I. 317 E. — pro ἐγκ. I. 502 D. — ται periculum I. 1064 A. — urgeo II. 236 D. — μένη θάλασσα Aristid. I. 112. — νὺξ instans Aristid. I. 312.

ἐπικελεύω II. 649 A. — med. (τινι II. 677 D.) 729 E. I. 151 E. 951 F.

ἐπικερδαίνω I. 370 B.

ἐπικερτομέω I. 639 B.

ἐπικήδειος II. 657 A. 1030 A. I. 278 A. 534 D.

ἐπίκηρος v. n. II. 371 B. Attic. Euseb. 796 D.

ἐπικηρυκεύεσθαι II. p. 183 A. I. 6 D. 324 F. 471 D. 826 B. 854 B. 934 D. — ω τινὶ Attic. Euseb. P. E. 796 C.

ἐπικηρύττω — τταί μοί τι I. 124 E. 126 C. (Duk. Thuc. VI. 60. Wessel. Diod. Sic. I. 546.) 457 E. 579 D. 636 E. 829 B. — venale edico I. 133 D. — edicto poenam minor Xenoph. H. Gr. II. 1, 10. — ται pax Dio Chr. 473 C.

ἐπικινδυνεύω f. corrupt. Aristid. II. 313.

ἐπικίνδυνος II. 7 A.

ἐπικινδύνως ἔχειν I. 313 C.

ἐπικίρναμαι II. 270 A.

ἐπικλάομαι ad misericordiam II. 259 D. I. 29 C. 98 B. 172 F. 310 A. 311 F. 441 E. 700 A. 886 C.

912 C. 923 D. 931 F. — ἐπικεκλασμένῃ μουσικῇ II. 397 B. — I. 117 B. 145 A. 231 E. — cum miseratione I. 934 F. 1073 D.

ἐπικληρόω — οῦταί τινί τι Plato 617 A.

ἐπίκληρος II. 265 D. I. 89 B. C. 805 A.

ἐπίκλησις II. 401 A. 671 E. 948 E. 1049 B. I. 106 C. 115 F. 156 A. 299 A. 625 D. 775 D. 909 E. — σιν pro κατ' ἐπίκλησιν II. 413 A. — σιν cognomen I. 219 E. 268 D. 411 D. 861 B. 932 C. Plato 698 A. D. — tribuni pleb. I. 344 E. 782 A. — nomen I. 416 D. — σιν nomine quis I. 571 C. 868 F. 869 A. 989 B. 1072 A.

ἐπίκλητος f. corr. II. 371 B. — ad convivium II. 707 A. D.

ἐπικλινὴς collis I. 936 E.

ἐπικλίνω ἐπί τι II. 1045 D. — subaud. τι ἐπί τι II. 38 E.

ἐπίκλισις Stoic. II. 1045 B. D. E. Simpl. Antipat. Stob. 418.

ἐπίκλοπος — ον ἦθος II. 422 D. 1065 D. Plato 625 D.

ἐπικλύζω II. 199 B. 982 B. 1007 C. Aristid. I. 488.

ἐπικλώθω — κεκλῶσθαι II. 22 B. 114 D. Plato 692 F. immutabilis.

ἐπίκοινος II. 368 E. 1018 F.

ἐπικομπάζω I. 140 A.

ἐπικόπτω vitium II. 529 B. (ἐπικόπτης v. l. Diog. Laërt IV. 33. II. 127. IX. 18 bis.) — II. 975 A. — vitium *reprehendo*, ita corrigit D. R. pro ἐπισκώπτω I. 873 B. Diog. L. VII. 16.

ἐπικοσμέω II. 44 C. 145 B. 808 C. I. 635 B.

ἐπικουρέω II. 213 D. — pro ἐπαρκέω Aristid. II. 103.

ἐπικούρησις Plato 677 F.

ἐπικουρία II. 957 A. 958 B. I. 341 F. 497 D. 569 C. Plato 677 C.

ἐπίκουρος auxiliator II. 760 E. 761 A. I. 166 C. 1003 D. — filii Hierocl. Stob. 461. Phintys ib. 444, 30.

ἐπικουφίζω II. 137 D. Aristid. I. 61. 111. 554.

ἐπικράνιον II. 1011 D.

ἐπικρανὶς II. 899 A.

ἐπικράτεια — κατ' ἐπικράτειαν II. 905 E. 906 E. — ager Carthag. in Sicilia I. 248 A. C. 250 F. 251 B. 397 F. 969 A. Aristot. Mirab. Ausc. CXXIII.

ἐπικρατέω I. 7 A. 58 B. 122 B. 136 C. F. 174 E. 189 B. 288 F. 302 C. 310 E. 490 A. 492 C. 593 D. 707 D. 715 A. 880 B. 889 C. 975 C. 1039 F. II. 404 E. 430 D. 711 C. 752 E. 870 B. 906 D. 949 C. 988 A. 1024 E.

ἐπικρεμάω, vel — ννυμι — ται domus foro I. 102 B. Sim. 501 A. — ται φόβος Wesseling. Diod. Sic. II. 120. — I. 352 E. Sim. 895 C. 960 D. Hipparch. Stob. 573.

ἐπικρίνω II. 44 C. 154 E. 711 B. I. 43 C. 590 C. 796 C. 864 B.

ἐπίκρισις II. 43 C.

ἐπικροτέω I. 921 B.

ἐπικρούω — τὸ ξίφος τῇ χειρὶ I. 650 D.

ἐπικρύπτω med. I. 153 F. (subint. me ipse 726 B.) 965 F. 967 C. 1013 A. 1023 A. C. Aristid. I. 459. 466. 482. — I. 169 C. 1030 D. II. 63 E. 193 B. Aristid. I. 471.

ἐπίκρυφος I. 1031 F.

ἐπίκρυψις I. 539 B.

ἐπικτάομαι II. 432 A. Aristid. I. 383. 391.

ἐπικτείνω I. 730 A.

ἐπίκτησις II. 895 A. opp. φύσει.

ἐπίκτητος II. 65 B. ubi v. n. f. reddendum Themistio 55 D. — terra Aegyptia Aristid. II. 350. — I. 214 C. 386 B. 1045 F.

ἐπικτίζειν populo urbem II. 328 B. ut ἐπιτειχίζειν vid. Jul. Or. II. — 409 A.

ἐπικυΐσκω med. II. 829 B.

ἐπικύκλιος sermo II. 1146 D. Hemsterh. Lucian. 171.

ἐπίκυκλος II. 1028 B.

ἐπικυλινδέω — ομαι II. 699 C.

ἐπικυλίω II. 831 E.

ἐπικυμαίνω — ει acies I. 684 E.

ἐπικύπτω Dio Chr. XXVII. 286 B.

ἐπικυρόω I. 150 B. 272 C. 294 D. 407 F. 644 D. 753 B. 758 B. 779 D. 991 B. Aristid. II. 368.

ἐπίκυρτος II. 63 C.

ἐπικωμάζω — μὰι I. 390 F. — II. 760 C. 762 C. 765 D. 772 F. I. 209 C. 674 A. Jambl. V. P. 112. — Metaph. Plato 166 A. 689 A. Himer. 752.

ἐπικώμιος Apollo Theophr. Stob. 241.

ἐπίκωμος II. 128 D. 148 B. 784 B.

ἐπιλαμβάνω — cibum I. 337 A. Aristid. I. 479. II. 779 D. 825 D. I. 48 A. 151 B. — II. 83 C. — ω locum I. 339 A. — ει febris I. 953 C. 989 E. — νειν τὸ πρόσθεν II. 76 C. ubi v. n. — σθαί τινα τοῦ τρίβωνος II. 413 B. — ειν τῆς ἀρχῆς imperium sibi prorogare Pausan. 739. Sim. Aristid. I. 149. — ται dumus II. 94 E. 709 D. — Platonis dictum nos II. 758 D. — σθαι τόπου I. 468 E. — morbo comitiali corripi II. 290 B. — studium ἀγαθῆς φύσεως II. 784 C. — σθαι τινὸς moveri qua re, consternari II. 362 C. — τινὸς ne nimium excurrat II. 271 E. 713 F. 789 B. — τόπου scriptor II. 749 A. 988 F. 1038 C. 1039 D. — reprehendo II. 1046 E. — σθαι τὴν αἴσθησιν, morbus, deliquium animi I. 372 C. — μαι ἐμαυτοῦ II. 16 E. ubi v. n. — ται hostis I. 404 C. — σθαι πράξεων I. 409 A. — ω tempus I. 433 C. — μαί τινος conjung. cum *precari* et *minari* I. 471 B. 795 E. — I. 489 D. 547 F. 587 B. 648 A. 1067 D. II. 15 E. 22 B. 35 D. 69 F. — ται virtus φύσεως χρηστῆς I. 846 C. — μαι τῶν ὄρων, converto me ad montes I. 935 A. — ψυχῆς περιφερομένης I. 962 D. — τινὸς hostiliter I. 1050 B. — ὕβρεως φερομένης II. 69 E. — μαί τινος II. 122 E. 229 F. — ταί τινος πῦρ II. 138 F. — μαι αὐτοῦ τῆς χειρὸς II. 207 C. — ἡλικίας Aristid. I. 77. — δόξης sim. Plato 669 F. — νει γῆρας Plato 698 A. — μαί τινος possessionis, jure Plato 691 B. bis. — μαί τι ὄρυγμασιν cet. *occupo* Plato 624 H.

ἐπιλαμπρύνω vocem II. 912 C. — I. 450 E. 810 D.

ἐπιλάμπω II. 944 C. E. I. 177 F. 264 C. 439 D. 717 B. 1037 C. — ει deus nobis Porph. Abst. II. 34. ut Dioscuri scil.

ἐπιλανθάνομαι I. 124 B. II. 116 A. B. 165 D.

ἐπιλελάθαμες Lacon. II. 232 D.

ἐπιλεαίνω II. 74 E. v. n. ad 67 B.

ἐπιλέγω II. 117 B. 238 A. 254 A. 677 D. 693 F. 694 A. 1110 A. Plato 594 H. — milites Aristid. I. 218. — σταί τινι τὸ καλῶς II. 704 E. Sim. 45 F. — II. 234 C. 239 A. 1042 A. I. 722 A. 726 E. Pamphil. Athen. 497 B. — Pass. I. 88 D. — Med. eligo I. 146 A. 545 E. 574 F. 691 E. — lego Pausan. 762. 828. 874. 898. Vit. Hom. §. 6. — Activ. eligo, I. 325 A. — colligo, eligo I. 418 A. — cognomino Plato 594 F.

ἐπιλείπω I. 343 E. 428 E. 453 A. 475 C. 514 C. II. 411 E. 1061 C. 1077 F. 1078 C. D. 1126 F. — Sol I. 34 E. — nox I. 399 B. — ἐπιλείπει μοί τι II. 678 E. I. 882 B. — τι II. 86 D. 680 C. 694 E. 696 C. 948 E. I. 139 A. 497 B. — μέ τι I. 898 F. 94 B.

ἐπίλειψις II. 695 C.

ἐπιλεκτάρχης I. 1042 A.

ἐπίλεκτος I. 182 C. 287 B. 403 D. 553 D. 747 C. 940 B.

ἐπιλευκία II. 670 F.

ἐπιληπτίζειν morbo comitiali corripi II. 290 B.

ἐπιληπτικὸς II. 782 E. I. 49 E. 715 D.

ἐπίληπτος II. 798 E.

ἐπιλήπτωρ Timon. I. 154 B.

ἐπιλήσμων II. 9 E. Aristid. I. 432.

ἐπιληψία morbus comitialis II. 290 A. 981 D. — coitus Stob. Eryximach. 78. — Democrit. 82. ἀποπληξία Gell. XIX. 2.

ἐπίληψις Epicur. II. 1117 C. reprehensio I. 566 A. II. 36 D. — jurid. Plato 691 C.

ἐπιλιμνάζω I. 720 A.

ἐπιλιπαίνω I. 697 D.

ἐπιλιπὴς I. 455 E.

ἐπιλλώπτειν II. 51 C. ubi v. n. — v. Eustath. II. ι. 643, 10. Aristocl. Eus. P. E. XIV. 762 C.

ἐπιλογίζομαι v. n. ad II. 40 B.

ἐπιλόγισις II. 1091 B.

ἐπιλογισμὸς v. n. ad II. 40 B.

ἐπίλοιπος βίος I. 1025 C. Plato 670 D. 682 A. 687 C. 703 A.

ἐπιλυγίζομαι II. 370 E. Porph. Abst. I. 33.

ἐπιλυμαίνομαι II. 881 D.

ἐπίλυπος II. 13 A.

ἐπιμαίνομαι II. 990 F. I. 401 A. 986 A.

ἐπιμανὴς morbus I. 978 E.

ἐπιμαρτυρέω II. 45 B. 398 D. I. 445 F. 526 E. 573 E.

ἐπιμαρτύρησις II. 1121 D.

ἐπιμαρτύρομαι I. 137 A. 516 B. Aristid. I. 547.

ἐπιμειδίασις II. 1099 E. 1092 D.

ἐπιμειδιάω II. 585 D. 744 A. 931 D. 1096 D. I. 1018 E.

ἐπιμελαίνω II. 953 F.

ἐπιμέλεια II. 14 C. 137 E. 176 E. 1092 A. 1114 F. 1127 B. I. 516 F. 544 A. C. 825 C. 874 C. — magistratus II. 794 A. 811 A. B. E. I. 381 D. 453. verb. Dio Chrys. 424 D. Plato 681 B. C. Tayl. Aeschin. Ctesiph. p. 398. ed. Reisk. Restitue Polyaen. VI. 9, 3. — virtus opponitur curiositati II. 693 C. — cura de juvenibus II. 9 D. 12 B. 751 A. 758 B. 778 A. 780 D. — II. 981 B. l. ἐμμέλεια II. 1030 C. — ας τυγχάνειν I. 13 B. — I. 16 A. 62 C. II. 88 B. 98 D. 121 D. — providentiae II. 426 D. — ας τυγχάνειν doctrina II. 1146 A. — beneficium I. 332 C. — educatio I. 448 B. 667 A. 751. — operis I. 761 D. — convivii I. 927 D. — αι τυγχάνω in amici testamento Athen. 589 C. — a diis post mortem Muson. Stob. p. 23. Ruhnken. Hist. Crit. Orat. p. 69. ap. Stob. p. 618. v. l. ἐπιμελείας — corporis II. 7 D. — attentio, cura II. 40 B. plural. II. 92 B. 435 C. — omnia bona existunt ἐξ ἐπιμελείας II. 92. — oppon. ἀμελεία II. 95 D. — σώματος II. 118 B. — magistratus, reip. procuratio Jambl. V. P. 260.

ἐπιμελέομαι II. 116 A. — θεῶν Plat. 703 D. — οῦνται dii Plato 706 E. — ηθεὶς II. 63 C. 67 E. — ἀρετῆς II. 72 A. — ἑαυτοῦ II. 197 D. 217 A. Dio Chr. 548 B. — simpl. II. 216 F. 217 A. bis. — Plato 679 G. 680 C. 681 B. C. D. H. 682 A. 683 A. B.

ἐπιμελὴς I. 554 D. Plato 673 E. pass. II. 4 C. — ἐπιμελὲς II. 675 B. 1146 B. I. 282 A. 641 E. Plato 674 E. 683 C.

ἐπιμελητὴς II. 121 A. 204 B. 704 C. I. 211 B. 320 D. 426 A. 587 F. 709 E. 913 F. Plato 636 A. 637 F. 650 C. G. 681 H. 684 E. — praefectus urbis I. 908 A. — magistratus I. 963 F. 985 C. Plato 635 C.

ἐπιμέλομαι II. 59 E. 159 A. 228 E.

ἐπιμελῳδέω Aristid. I. 511.

ἐπιμελῶς II. 112 A. 187 A. 207 F. 733 C. I. 805 B. 863 B. — λέστερον II. 40 C. — f. pro ἐπιεικῶς satis Dio Chr. 525 A.

ἐπιμέμφομαι II. 126 E.

ἐπιμένω II. 190 D. 857 B. I. 83 C. 255 B. 780 A. 793 E. 851 E. 1061 B. 1070 E. ita leg. Xenoph. H. Gr. III. 4, 6. — εἴδει II. 747 C.

ἐπιμετρέω cui tempus II. 712 C. I. 435 B. 647 A. 663 C. 718 C. — donum I. 689 E. — rep. Hierocl. Stob. 482, 25. pro ἐπὶ μετρίαν leg. ἐπιμετρεῖν, ut ib. 491.

ἐπίμετρον II. 503 D. 676 B.

ἐπιμήκης II. 902 D.

ἐπιμήκιστον adv. II. 925 C.

ἐπιμήνιος I. 371 C.

ἐπιμηχανάομαι II. 498 D.

ἐπιμίγνυσθαι II. 297 E. 424 B. 740 C. 1077 E. I. 260 F. 369 F. 463 E. Porphyr. Abst. ex Chaeremone IV. 6. Dio Ch. p. 11 D. 436 A. 492 D. 501 D. — f. corrupt. II. 590 D. — μί τινί τι I. 922 D. — μι loco Aristid. II. 229.

ἐπιμιμνήσκω — μαί τινος I. 395 E. 590 D. II. 11 A.

ἐπιμιξία μέχρι παίδων γενέσεως II. 296 B. 424 B. — 957 A. 975 E. 981 C. 1085 A. I. 20 E. 130 D. (vid. Ind. Diodor. Sic.) 434 E. 506 C. 528 F. 1034 B. Athen. 511 D. Dio Chr. XI. 164 A. Aristid. I. 20. 247. 511. — γάμων Dio Chr. 475 A. ut 492 D. — ἐπιμιγνύμενοι — ἐπιγαμίας ὑπαρχούσης ib. 492 D. Plato 689 D.

ἐπίμισθος ita leg. I. 1056 E.

ἐπίμοιρός τινος particeps Eurypham. Stob. 555.

ἐπιμονή I. 576 B. II. 22 C.

ἐπίμονός τινι II. 799 D. I. 369 B. — II. 166 C.

ἐπιμυκτηρίζω II. 547 C.

ἐπιναυμαχία pugna in navibus Vit. Hom. §. 192.

ἐπινεανιεύομαι II. 1077 D.

ἐπίνειον I. 748 C. — ω σωτηρίας ἤρτηται hinc Aristid. I. 521.

ἐπινέμησις flammae II. 891 E. I. 439 D.

ἐπινέμομαι de pecore quod in aliquo loco pascitur II. 293 A. — μω pecus in alieno fundo Plato 648 G. — de igne, incendio, II. 395 B. 415 F. 1077 B. f. I. 731 C. 898 F. — serpo, de contagione II. 776 F. — simpl. consumere II. 890 E. 980 D. — ται quid umbra II. 942 A. 953 A. — hostis mare I. 631 E. — μαι regionem, ita leg. I. 716 F. — ται quid quem ζήλῳ I. 896 D.

ἐπινεύω I. 661 B. 760 B. — victima II. 729 F.

ἐπινέω supernato Aristid. II. 94.

ἐπινήφω τῷ βίῳ II. 87 E.

ἐπινίκια II. 11 A. 628 A. 630 B. 972 C. I. 33 E. (Tayl. Lect. Lys. p. 517. ed. Reisk.) 465 A. 506 D. 511 F. 567 C. 942 B.

ἐπινίκιος (θυσία) II. 198 B. 628 F. 674 F. I. 27 C. 36 F. 215 A. 271 E. 273 E. 274 A. 302 A. 368 C. 416 F. 418 C. 579 E. — ἰαυς ᾄδειν Aristid. I. 374.

ἐπίνικος Aristid. II. 379.

ἐπινοέω II. 1071 F. 1099 E. I. 155 B. 465 B. 490 E. 981 C. — statuo II. 1051 E. — invenio II. 1131 F. — τι ἐπινοοῦσαι, an ἐπιοῦσαι II. 41 E. — pro ἐννοέω Plato 699 G. 703 G.

ἐπίνοια — αν λαμβάνειν τινὸς II. 608 D. 611 D. — δοῦναί τινος II. 982 C. — quid facere II. 609 D. 924 C. — simpl. τινος II. 86 B. 608 E. 610 F. — εἰς ἐπίνοιάν τινος ἐλθεῖν II. 611 D. Aristid I. 272. —simpl. II. 681 D. 1072 A. 1074 C. 1086 D. 1089 A. C. 1106 C. bis E. 1107 A. — divina opponitur humano λογισμῷ II. 765 E. — an ἐπίπνοια ut Long. Euseb. P. E. 823 D. Jamblich. V. P. 103. Longini locum correxit Casaub. Diatr. Dionis p. 8. Dion. Chrys. p. 12 B. emend. — κατ' ἐπίνοιαν II. 804 C.? — ὑπερβάλλει πᾶσαν ἐπίνοιαν συνέσεως II. 968 A. 1065 D. — παρὰ τὴν ἐπίνοιαν II. 1076 D. — τῇ ἐπινοίᾳ ἅπτεσθαί τινος I. 21 B. — I. 54 C. 229 E. F. 432 B. 985 E. — propositum I. 735 A. — καὶ μνήμῃ II. 85 B. — αν ἀθανάτων κακῶν τῷ θανάτῳ συνάπτειν II. 166 F. — Aristoph. Eq. οἶνον εἰς ἐπίνοιαν λοιδορεῖν, Etymol, Kulenkamp. — ἢ ἑκόντας, ἢ ἐπινοίᾳ, ἢ μεθόδῳ docere fallacia, sollertia, occulte Jamblich. V. P. 21. — opp. sensibus Jambl. V. P. 31. — pro ἔννοια de deo Dio Chr. XII. 201 A. D. (opp. ὑπονοίᾳ ib. D. ὑποψία 203 D. 207 A. C.) 211 A. 214 D. 215 D. 218 C. — ratio et modus opponitur proposito et consilio Aristid. II. 364.

ἐπινομεύομαι f. leg. ἐπινέμομαι I. 716 F.

ἐπινομή ignis I. 685 F.

ἐπινυκτερεύω II. 690 C.

ἐπινυστάζω cibo I. 1000 E.

ἐπιξενοῦσθαί τινι II. 250 A. 834 E. I. 62 D. Clearch. Eus. P. E. 409 D. Dio Chr. 494 B.

ἐπιορκέω I. 930 B. 957 C. II. 200 E. Plato 689 A. bis. Aristid. I. 493. Clearch. et Chrysipp. ap. Stob. 196.

ἐπιορκία I. 334 A. 600 C. 827 A. 875 B.

ἐπίορκος II. 223 C. 819 E.

ἐπίπαγος II. 627 F. 641 E.

ἐπιπαιανίζω I. 310 F.

ἐπίπαν ὡς II. 679 F. Wessel. Diod. Sic. T. I. p. 114. — I. 1070 B. II. 86 C. Plato 703 A. Aristid. II. 288.

ἐπιπαρορμέω II. 118 F.

ἐπίπαστος medic. Vit. Hom. §. 211. conjung. cum ἐπίπλαστος.

ἐπίπεδος II. 370 B. I. 417 D. Plato 704 D. — δον τοῦ τριγώνου, area I. 422 B. — κατ' ἐπίπεδον opponitur τῷ κατὰ πλευρὰν II. 679 F. — Geometr. II. 427 A. 719 D. 979 F. 1079 E. II. 1002 A. 1004

B. 1081 B. I. 648 A. — ἐπίπεδος γωνιὰ II. 1004 B. conf. 410 E. — Arithm. II. 415 E. 1017 D. 1022 D. — campestris locus, planus I. 28 E. 29 A. I. 263 E. 510 D. 747 C. 1029 A. — terrae, in quo versantur animae mortuorum Plato 672 D. — campestris I. 150 F. — speculum II. 404 C. — ἐξ ἐπιπέδου tactic. I. 396 F. — ϑύρα f. alibi ἐπίῤῥακτος.

ἐπιπέμπω I. 175 B. 373 A.

ἐπιπηδάω τῷ λόγῳ II. 79 C. 612 D. — poenae II. 550 E. — cui rei II. 794 C. Oenom. Euseb. P. E. V. 219 B. Aristid. II. 304. — ὥσα cupiditas II. 127 A.

ἐπιπήδησις venus mascula II. 768 E. — II. 76 C. 916 D. 1095 A.

ἐπιπίνω pass. II. 653 A. — I. 762 B.

ἐπιπίπτω Simpl. II. 698 C. 816 C. 984 E. I. 108 F. 670 D. — hosti I. 6 A. 341 E. 358 F. 811 D. 826 B. — cogitato II. 656 A. — ει βαρύ τι II. 692 D. — ει successor tyranno, ut ποινὴ I. 1067 A. — μοι cogitatio I. 1071 A.

ἐπιπλα I. 44 D. conf. emend. in Aeschin. Socr. Dial. II. calc. ed. Fisch. ultim. Liban. T. II. 221 A. Duk. Thuc. III. 68. Aristot. Rhet. I. 5, 6. Pausan. 323. Dio Chr. VI. 87. D. Philo Jud. 986 D. 1009 B. 1025 E. 1058 D.

ἐπιπλεῖστον II. 590 E. 850 C. — τινὸς ἀφικνεῖσϑαι I. 35 C.

ἐπιπλέον II. 715 D. 728 A. 978 C. I. 26 E. 218 E. 777 E.

ἐπιπλέω obeo meos I. 438 E. — I. 895 B.

ἐπίπλεως I. 954 D.

ἐπιπλήξεις II. 9 A. 34 D. 46 C. 810 A. I. 80 A. 960 B.

ἐπιπλήττω vel — σσω I. 677 A. 994 C. 1060 D. ita leg. II. 59 E. 69 C. 106 C. 237 C. ter. Plato 695 D.

ἐπιπλοκὴ II. 732 E. I. 89 D. Epict. Diss. p. 247. Gatak. M. A. 260. Antip. Stob. 428. Aristocl. vel potius Arceus Didymus Eus. P. E. XV. 817 A. Jambl. V. P. 69. 229.

ἐπίπλους I. 259 D. 438 D. E.

ἐπιπλώω pro ἐπιπλέω Aristid. I. 389.

ἐπιπνέω — εῖ amor II. 759 F. 767 D. — I. 576 E.

ἐπίπνοια II. 758 E. 1094 C. I. 761 D. 798 D. Vit. Hom. §. 212. Porph. Abst. IV. 6. ex Chaeremone. Dio Chr. 447 C. 542 D. 554 D. Plato 600 B. 613 A. 636 G. Aristid. I. 331. II. 23. 37. 398.

ἐπιποϑέω II. 409 D. 601 D. 766 A. 1093 A. I. 368 D. 798 A. Teles Stob. 524. 535. Plato 652 G.

ἐπιπολάζω II. 134 C. 198 D. 634 C. 666 C. 701 F. 914 C. 950 B.

ἐπιπολαῖος II. 949 D. Porph. Abst. I. 3. V. P. 53.

ἐπιπολαίως II. 130 B.

ἐπιπολῆς II. 648 A. 684 A. 697 A. 701 C. 702 C. 913 E. 922 D. 950 B. 953 A. 966 D. I. 1073 B. — ἐξ ἐπιπολῆς II. 701 F. I. 973 D. Lucian. III. 565. — ἡ τῆς ἐπιφανείας II. 1078 D. — I. 548 A.

ἐπιπόλησις obitio, ita leg. pro ἀπιπώλησις II. 29 A.

ἐπιπομπεύω I. 734 B.

ἐπιπονέω II. 237 E.

ἐπίπονος II. 57 D. (ut Plat. Phaedr. 96 F.) 63 F. 64 D. 115 D. 136 B. 137 C. 426 E. 567 A. 662 C. 793 D. I. 526 B. 540 A. Plato 632 A. — ον εὐπαραμύϑητον II. 332 D.

ἐπιπόνως II. 787 A. 1106 B. I. 562 C. 571 E.

ἐπιπορεύεσϑαι considerare v. n. ad II. 167 D. — advenire II. 829 A. Simpl. I. 56 F. 58 C. 241 D. 372 A. 499 A. 548 C. 683 B. 1030 B. II. 235 C.

ἐπιπόρπαμα I. 684 B.

ἐπιπόρωσις II. 906 F. f. ἐπιπώρωσις.

ἐπιπρεσβεύομαι I. 241 F. 458 F. 682 C. 947 F. 1023 E.

ἐπιπρέπω — ει cui χάρις II. 794 A. 797 B. — τινί τι I. 1027 D. — pro simpl. πρέπει Oenom. Euseb. P. E. V. 217 A.

ἐπιπροβάλλω Simpl. I. 28 D.

ἐπιπροΐημι II. 869 B.

ἐπίπροσϑεν v. n. ad II. 121 B.

ἐπιπροσϑέω v. n. ad II. 41 C.

ἐπιπρόσϑησις v. n. ad II. 121 B.

ἐπιπροσφϑέγγομαι Himer. 664.

ἐπιπτυχὴ II. 979 C. I. 638 A.

ἐπίπτωσις κλήρων II. 740 D.

ἐπιπώλησις, (leg. ἐπιπόλησις) obitio II. 29 A.

ἐπιπώρωσις I. 906 F.

ἐπίῤῥαγκτο; f. ἐπίῤῥυτος II. 699 D, conf. Ἐπιῤῥακτή.

ἐπιῤῥαίνω II. 916 D. duplici ῤῥ 950 D.

ἐπιῤῥέω insuper dico, ἐπεῤῥητέον II. 36 B.

ἐπιῤῥακτὴ janua II. 781 D. v. n. II. 356 C.

ἐπιῤῥάσσω — ἐπιῤῥάξαντες λίθον carceri januae I. 367 E. v. n. II. 356 C.

ἐπιῤῥέω I. 247 F. 249 B. 325 B. 327 D. 911 D. II. 699 C. 731 D. 733 D. 824 A. 1058 C. 1116 C.

ἐπίῤῥητος Euseb. P. E. VI. 242 E.

ἐπίῤῥημα adverbium II. 1009 C.

ἐπίῤῥησις II. 19 C.

ἐπιῤῥίπτω I. 925 C. 356 C.

ἐπιῤῥοὴ II. 688 E. I. 646 A.

ἐπίῤῥοια II. 903 D.

ἐπιῤῥοφέω I. 746 A.

ἐπιῤῥυπαίνω II. 828 A.

ἐπίῤῥυτος — ὕδωρ opp. pluviae II. 911 F. — χλοὴ Ezech. Trag. Eus. IX. 446 B.

ἐπιῤῥώννυμι II. 9 E. 62 A. 681 F. 796 E. 1137 A. I. 227 A. 243 E. 248 D. 359 A. 435 A. 554 D. 580 D. 591 B. 684 C. 741 B. 876 A. 901 F. 921 D. 967 C. 978 D. 1030 D. 1044 C. — μαι I. 389 A. 674 C. Porph. Abst. II. 40. Aristid. I. 354.

ἐπισείω — φόβον I. 113 D. — I. 264 F. Aristid. I. 502.

ἐπισημαίνω — ομαι I. 55 E. 88 B. Plato 611 D. Aristid I. 187. 293. 301. 312. 315. 360. 523. — I. 74 D. 464 E. II. 1131 D. — de prodigiis Wessel. Diod. Sic. I. 333. 439. Gatak. M. A. p. 182. — in malam partem Wessel. Diod. Sic. I. 563. — animadvertere cum laude Wessel. Diod. Sic. II. 178. Suid. v. ex Diod. Sic. — ει δαιμόνιον I. 461 A. 894 D. — Sim. Dio Chr. 533 A. — designo, narro cui signa viae I. 1035 E. — ει tuba I. 1036 E. — pro simpl. σημαίνω II. 12 F. — de sidere tempus notante Harduin. Plin. XVIII. 64. — deus Aristid. I. 296. 298. — ω Aristid. I. 343. 6. II. 42.

ἐπισημασία II. 236 D. 889 E. Wessel. Diod. Sic. I, p. 254. — prodig. Wessel. Diod. Sic. I. 439.

ἐπισημειοῦσθαι II. 235 C. — ἐπισημείωσις Diog. Laërt. VII. 20.

ἐπίσημον navis in puppi et prora II. 247 F. I. 115 E. Ep. Hippocr. XX. init. — clypei II. 234 C. D. 408 B. 845 F. 985 B. I. 198 F. 450 C. — pecuniae I. 3 B. 1021 E. II. 984 F. Philo Jud. Eus. P. E. VIII. 389 A. Numen. ib. XI. 538 D. — librae II. 1063 D. — σήμοις καὶ συμβόλοις II. 59 B.

ἐπίσημος I. 304 F. — μοι λόγοι Dio Chr. 522 A.

ἐπίσης II. 180 B. 1046 C. D. 1060 E. 1062 E. 1076 B. 1092 A. 1121 D. I. 180 B. Aristid. I. 450.

ἐπισιτίζεσθαι II. 78 F. ubi v. n.

ἐπισιτισμὸς II. 327 E. I. 140 D. 912 B. Aristid. I. 383.

ἐπισκεδάννυμι I. 774 F.

ἐπισκέπτω II. 1144 C. — μαι aegrotum II. 129 C. 231 A. — I. 333 C. 352 A. 453 F. II. 149 C. 177 D. Plato 697 E. 704 C.

ἐπισκευάζω τὸν τῦφον II. 616 D. — triremes II. 852 C. — I. 30 E. 112 A. Plato 609 A. Aristid. I. 66.

ἐπισκευὴ II. 845 F. I. 65 F. — placiti alieni Porphyr. V. P. 53.

ἐπίσκεψις ἱππέων I. 550 F. — leg. ἔτι σκέψις I. 790 C. — II. 42 A. 49 C.

ἐπίσκηνος M. Solan. leg. ἐπίσταθμος I. 581 B.

ἐπισκήπτω II. 109 A. 583 B. 595 B. I. 116 B. radius incidit II. 664 F. — frigus II. 701 B. — amor II. 767 D. — pestis I. 6 C. — ει cui portentum I. 458 E. — moriens Diog. L. I. 62. Jambl. V. P. 253. — Judicial. — μαί τινι Plato 659 D. 685 B.

ἐπίσκηψις I. 962 D. 965 D. 972 B. Eus. P. E. IV. 130 C. Plato 685 E.

ἐπισκιάζω Junc. Stob. 597.

ἐπίσκιος βίος umbratica II. 135 B. — II. 934 D. I. 428 C. 1036 C.

ἐπισκιρτάω I. 856 A.

ἐπισκοπέω I. 173 A. 869 E. 883 C. 907 B. 934 A. 936 A. 939 F. — deus praeses rei ll. 654 F. 746 A. — I. 47 E. 50 B. 90 E. 120 F. — I. 113 F. ll. 1143 E. — τὰς γενέσεις Astrolog. I. 930 D. — ούμενος τὸ μέλλον I. 663 C. — act. ll. 39 E. 42 B. D. 80 A. D. 124 D. — se ipsum ll. 88 E. — μενος aegrum Philem. Stob. 540. — έω πρός τι Plato 679 G.

ἐπίσκοπος deus ll. 200 E. 402 C. 417 A. 757 D. 758 A. — I. 66 B. 67 E. 71 B. 131 E. 159 E. — sacerdos Porphyr. Abst. ll. 9. — Diana Elide ll. 302 C. — Plato Leg. 618 A. 626 E. 630 D. 657 A. 659 G. 693 D.

ἐπισκοτέω ll. 538 E. I. 662 D. — εἴ μοί τι ll. 849 A. I. 543 C. 854 B. — Menand. Cler. p. 14. et 184. corrigitur a Bentl. — Wessel. Diod. Sic. I. p. 87. ll. 350. Soran. opp. Galen. I. 2 D. Muson. Stob. 160, 22. Antiphan. ib. p. 153, 47. Menand. 511. Aristophan. 518. Aristid. ll. 246. 423. I. 476.

ἐπισκότησις ll. 932 A. I. 171 D. 538 D.

ἐπισκυθρωπάζειν ll. 376 A.

ἐπισκυνίου βαρύτης ll. 45 C. Suid. Synes. 35 D.

ἐπισκώπτω ll. 4 F. 157 D. 189 E. 220 F. 525 B. 635 A. 645 D. 660 C. I. 58 F. 114 D. 343 B. 350 B. 357 A. 382 D. 451 F. 521 B. 553 B. 556 E. 577 D. 849 D. 853 C. 863 C. 873 B. (leg. ἐπικόπτω D. R.) 922 D. 1053 D. 1058 D.

ἐπίσκωψις I. 925 C.

πισόω I. 444 B.

ἐπισπαίρω ll. 327 C. f. leg ἔτ' ἤσπαιρε conf. 684 E.

ἐπισπᾶσθαί τινα v. n. ll. 39 A. — januam I. 983 A. — spectatorem ll. 622 E. — Sim. ll. 789 E. 1003 A. I. 317 E. 693 A. 933 C. — ται quid nos ll. 426 F. 792 E. Plato 656 B. — quem ad se I. 303 E. 500 D. 727 C. 747 B. — pass. I. 992 D. 1044 C. 1049 C. 1050 E. — μαι malum Aristid. ll. 297. — hostem in se I. 367 A. — quid contra quid I. 412 A. 420 D. — μαι I. 417 E. 513 D. Aristid. I. 368. 374. — μαι crimen I. 490 B. — pro ἐπίσπομαι sequor I. 562 B. 618 C. 1070 E. Steph. Thes. III. 920. — quem in acie I. 558 D. — άω quem τῆς χειρὸς I. 772 C. — μαι exemplo Aristid. ll. 128.

ἐπισπαστοὶ proci Pausan. 624. — α κακὰ Aristid. I. 533.

ἐπισπείρω ll. 945 B.

ἐπισπένδω I. 19 D. 98 F.

ἐπισπέρχω ll. 347 A. Dio Chr. XXX. 308 A.

ἐπισταθμεύω ll. 828 E. Wessel. Diod. Sic. ll. 196. — cui aures sermone ll. 778 B. — ει miles I. 468 A. 899 B. — ται cui domus I. 920 B.

ἐπισταθμία I. 571 B.

ἐπίσταθμος convivii ll. 612 C. Wessel. Diod. Sic. I. 717.

ἐπίσταμαι ll. 66 A. 143 A. 187 B. 201 E. 213 E. 216 D. 217 E. 225 D. 229 E. 234 B. 235 C. 236 C. 239 C. 242 C. — et οἶδα fere oppos. ll. 633 E. — soleo I. 515 F. Aeschyl. Stob. 217. — ll. 737 A. — τινά τι I. 137 C. — ἐπιστάμενος λέγει pleonasm. pro simpl. ἐπίσταται ll. 655 F. — ἐπιστάμενος ll. 874 B. Dio Chr. XXX. 309 A. Aristid. I. 247. — τι ὂν statuo ll. 1013 A. Pausan. 788. Vit. Hom. §. 114. — ll. 1125 A. I. 21 C. 116 D. — ὡς ἐπίστανται, *ut putant*, I. 868 C. — quem, *novi*, I. 883 D. — οὐδ' ἐπίσταμαι οὐδὲ βούλομαι ll. 42 E. — cum inf. ll. 124 B. — καὶ γινώσκω Eur. Hippol. Stob. 209, 51. — vidi, frequentavi, Dio Chr. VII. 112 B. 115 A. XI. 156 D. emenda. non aliam patriam, *habeo*, Dio Chrys. XXXIV. 419 D. — ἐπίστανται οἱ φρόνιμοι, δοξάζουσιν οἱ πολλοὶ Dio Chrys. LV. 560 C. — ᾧ ἂν ἐπίστωνται τρόπῳ, quocumque modo sciverint, i. e. possint, Plato 684 A. — καὶ γινώσκω Plato 686 C.

ἐπιστὰς subito II. 580 C.

ἐπιστασα I. 77 D. 492 E. 541 F. 667 F. 742 D. II. 440 D. 581 D. 620 B. 794 B. 1051 D.

ἐπιστάσιον I. 29 B.

ἐπίστασις pompae, quum paulum subsistit II. 973 C. Sim 48 B. 76 C. — attentio animi Wessel. Diod. Sic. II. 308. Erotian. Proëm. p. 4. II. 99 D. Upton. Ind. Epict. —

interstitium in crescente arbore Theophr. Caus. Plant. II. 11.

ἐπιστατέω τινὶ II. 795 E. — pro ἐπιτάττω Jambl. V. P. 99. — in senatu vel concione II. 833 E. 841 C. — II. 1000 A. I. 160 A. D. 513 B. 544 A. 981 D, Plato 693 C. — ἀνεπίστατος Porph. Abst. I. 9.

ἐπιστάτης convivii II. 621 D. 680 A. — chori Plato 689 A. — deus II. 436 F. 756 D. 759 D. 1007 D. — elephanti II. 968 D. — Simil. I. 258 B. 405 B. Plato 673 A. — καὶ παιδαγωγὸς I. 2 D. Sim. I. 691 E. 1012 D. I. 127 D. — civitatis I. 769 B.

ἐπιστέλλω mando I. 684 B. Jambl. V. P. 238. 253. — Pass. τὰ ἐπεσταλμένα literae I. 1021 F. — II. 760 C. I. 184 A. 415 E. 512 E. 597 E. 598 E. — I. 675 E. 815 D. 859 D. 868 B. II. 213 A. ita leg. 219 A. D. 222 A. — γράφων I. 516 A. — mitto Cic. Ep. Div. II. 8. — τινὶ γράμματα πρός τινα I. 1074 A. — τινὰ ἐπί τι II. 472 B. — τινί τι disputationem scribere et mittere II. 568 C.

ἐπιστενάζω I. 1008 C.

ἐπιστένω I. 718 C. 761 A. II. 88 B.

ἐπιστεφὴς Archiloch. II. 604 C.

ἐπίστημα Plato 693 A.

ἐπιστήμη καὶ τέχνη II. 744 C. — II. 1024 A. 1118 B. F. 1143 C. F. 1146 A. Plato 698 A. B. C. H. — Stoic. II. 1061 C. 1085 A. — Simpl. in hist. I. 238 D. — in virtute I. 1030 F. — medicina et gymnastica II. 7 D. — καὶ λόγος II. 31 F. — discendi actio Isocrat. Demon. p. 5. 41. f. ἐπιμελείας. Vid. Bibl. Crit. — et νοῦς Plato 661 A. — ἐπιστήμη μαθήματος ἐν ψυχῇ γίνεται Plato 697 A. — αι artes ac disciplinae Aristid. I. 225.

ἐπιστημονικὸς II. 443 E.

ἐπιστήμων II. 1131 C. 1142 D. 1144 C. I. 453 B. Plato 683 E. 698 C. 700 C.

ἐπιστῆναι τινί II. 585 A.

ἐπιστίλβω colorem I. 449 D.

ἐπιστολεὺς I. 436 F.

ἐπιστολὴ II. 152 E. 179 E. 191 A. 195 A. 202 E. 204 A. 211 B. 213 D bis. 218 E. 1126 F. I. 185 D. 444 D. E. 582 D bis. 625 D. 629 A. B. 639 A. 641 F. 651 A. 855 C. 963 E. 964 A. 966 E. 972 A. 1009 D. 1021 E. 1045 D. passim. — Aristid. I. 89. — ἣν γράφω I. 127 D. — μηνύουσα vel φράζουσα I. 239 A. 283 B. — ὁ ἐπὶ τῶν ἐπιστολῶν τινι I. 1070 F. — λὴ καὶ γράμματα I. 688 A. B. 868 A. — ἣν γράψας ἀποστέλλω πρός τινα I. 784 A.

ἐπιστόλιον I. 603 B. 770 D. 840 D. 985 B. 986 B. 1009 D. II. 45 E. 209 E. 807 F.

ἐπιστομέω — ἐπιστομεῖν leg. — μιεῖν I. 778 A.

ἐπιστομίζω fraeno coërceo II. 592 B. — se ipsum libra et capistro II. 713 D. — alium II. 810 E. — Sim. II. 967 B. I. 192 E. 365 B. leg. 778 A. 928 C. 1027 D. II. 67 F 156 A. 233 C.

ἐπιστρατεύω I. 164 B. 527 B. — μαι II. 192 E. — τινά τινι Philo Bybl. Euseb. P. E. I. 37 C.

ἐπιστρεφὴς II. 275 F.

ἐπιστρέφω — ει exercitus I. 510 B. — ω quem I. 765 B. C. 784 C. — φων ἔφη converteus se II. 626 F. — terrarum orbem II. 778 C. — orationem ad quem I. 272 B. — populum ad se II. 69 E. 805 B. 823 C. — milites I. 403 E. Sim. 935 F. 975 E. seq. — naves I. 494 A. — sc. me I. 918 E. 933 E. 936 F. — Med. τινὸς I. 432 C. 881 B. — II. 1127 E. I. 127 F. 183 B. 315 D. 464 B. — I. 389 A. 399 B. 405 D. 540 E. 729 D. 772 C. II. 12 F. — ω quem corrigo I. 495 F. 549 A. II. 87 E. — ω quid in me I. 809 A. — ει μέ τι I. 631 E. — in quem I. 637 F. auditores I. 850 A. — quem in me I. 1022 A. Dio Chr. XXX. 409 B. — ω simpl. converto me II. 60 B. — corrigo, attentum reddo II. 70 D. — ἐπιστραφεὶς med. II. 188. 195 A. 204 D. 208 E. 209 F. 214 C. 227 A. — ομαί τινος II. 204 F. 432 C. 1047 A. B. Aristid. I. 64. — Simpl. sum II. 406 A. — intendo, nisi ἐπιστύφω II. 136 B. 687 D. 1049 A. — II. 666 A. 1003 A. 1024 D. 1044 D. 1066 E. I. 117 E. 199 C. — quid τὴν αἴσθησιν καὶ τὴν διάνοιαν II. 713 C. — guberno II. 746 C. Sim. 21 C. — equum I. 327 B.

ἐπιστροφὴ attentio II. 443 E. 1039 B. 1045 A. — τροχοῦ II. 891 B. E. ἣν ἔχειν τινὸς Menand. Cler. p. 282. Sim. Hierocl. Stob. 490. Jambl. V. P. 250. — ἐξ ἐπιστροφῆς I. 249 D. — Tactic. I. 360 A. 463 D. — funiculi I. 679 B. — animadversio, poena II. 55 B. Aristid. II. 389.

Ἐπιστρόφιος — α Venus Pausan. 97.

ἐπιστύλιον I. 159 F.

ἐπιστύφω f. II. 136 B.

ἐπισυκοφαντέω I. 924 F.

ἐπισύλληψις II. 906 C. D.

ἐπισυνάγω II. 894 A. Hierocl. Stob. 482.

ἐπισυνάπτω matrimonium II. 666 E. — I. 137 B.

ἐπισύνδεσις II. 885 B. — ἐπισυνδέω Hierocl. Stob. 490.

ἐπισυνδίδωμι I. 262 B.

ἐπισυνίστημι — σθαι τινὶ II. 227 A. 894 E. Beros. Euseb. P. E. IX. 455 D.

ἐπισυῤῥέω II. 895 B.

ἐπισύρω pro διασύρω, caviller, Porph. Abst. II. 53. et Demosth. citatus Rho. — simpl. σεσυρμένος πλοῦς continuus, Jambl. V. P. 16. — festino vid. not. Julian. p. 428 E.

ἐπισφαίρια περιδέουσι περὶ τὰς χεῖρας cum se lucta exercent T. II. 825 E.

ἐπισφαλὴς εἴς τι II. 653 C. — πρός τι II. 661 B. 725 C. 736 A. I. 630 D. 666 A. — II. 702 A. 714 D. 756 B. — Simpl. II. 48 A. 408 F. 779 F. 1090 F. I. 137 D. 139 D. 221 F. 447 C. 591 F. 742 D. 795 E. 805 E.

ἐπισφαλῶς ἔχειν πρός τι II. 31 B. 129 B. 631 C. pro ἀπό τινος 818 D. 914 D. 1104 B. I. 85 A. 98 A. — νοσεῖν II. 676 D. I. 909 F. — I. 326 C. 1005 C. 1035 E. 1048 C. — ὡς νοσέω I. 388 B. 466 E. 649 E. — ἐστατα adv. I. 766 A. — ὡς ἔχω I. 809 F. II. 88 A. — moveor I. 910 B.

ἐπισφάττειν τινά τινι II. 597 F. I. 992 A. — I. 287 D. 842 D. 921 E. 925 C. — penitus interficio I. 951 D.

ἐπισφίγγω II. 1161 B.

ἐπισφραγίζομαι Plato 692 D. — ubique notat confirmare Aristid. T. I. p. 30. 156. 177. 325. 339. 555. 567. II. 18. 23. 84. 211. 301. 359. 368. Himer. 344.

ἐπισφοδρύνω I. 809 A. al. ἐπιφαιδρύνω.

ἐπίσχεσις II. 43 D. 907 F. I. 20 D. C. 432 A. 907 B. Plato 610 A.

ἐπισχναίνω II. 624 D.

ἐπίσχω — μαι τὰ ὦτα I. 649 B. 783 A. — Plato 683 D.

ἐπισωρεύω II. 830 A. I. 498 A.

ἐπίταγμα II. 151 B. C. 753 E. I. 212 A. — subsidia aciei I. 656 A. — Plato 603 E. Aristid. II. 5.

ἐπίτακτος I. 463 C. — τακτα φάρμακα Eur. Stob. 539, 53.

ἐπιταλάριος Ἀφροδίτη II. 323 A.

ἐπίταμα II. 457 B.

ἐπίταξις II. 152 E.

ἐπιταράττω II. 43 D. 404 E. 663 E. 683 A. 716 A. 731 F. 788 D. 863 F. 1003 B. 1037 A.

ἐπίτασις II. 99 C. 946 D. I. 58 B. conjung. cum γένεσις II. 621 C. 650 E. — intentio gradus II. 732 A. B. C.

ἐπιτάττω mando, impero II. 64 D. 99 E. 100 E. 187 B. 235 B. — pass. imperatur mihi II. 898 E. I. 110 D. 121 B. Plato 680 D. — cui φυλακὴν adpono Athen. 663 F. — colloco post alios I. 265 F. 402 C. 509 C. 513 C. 657 B.

ἐπιτάφιος — ον funus II. 811 D. I. 218 E. — λόγος II. 187 D. 218 A. 836 B. 845 F. I. 101 F. 102 A. 709 D. Aristid. I. 93, II. 85. 286. 287. — ἀγὼν II. 181 E. 866 B. I. 403 E. — ὸν καλὸν βασίλεια Procop. B. P. I. 272 A.

ἐπιταχύνω II. 411 B. 722 F. 1011 E. I. 168 C. 557 A. 563 E. 592 B. 594 C. 726 A. 948 B. 1030 A. 1056 C. 1064 C. 1071 B.

ἐπιτείνω II. 594 D. 596 C. 689 B. 1050 E. 1112 B. I. 37 F. 50 B. — ἐπί τι, leg. τείνει Plato 637 G. — νω me labore I. 688 E. — tympanum I. 557 E. — τὴν κρᾶσιν τοῦ οἴνου, meracius miscere II. 677 F.

678 A. — ται f. ἐπιγίνεται II. 78 A. — Simpl. *irasci* Muson. Stob. 170, 3. — augeo II. 57 C. 67 B. 88 C. 132 D. 419 C. 683 E. 689 E. 863 E. I. 333 E. 337 B. 347 A. 471 E. 627 F. 820 E. 938 B. Jambl. V. P. 224. Dio Chr. 662 B. Aristid. I. 305. corrig. — neutr. cresco II. 756 A. I. 75 D. 143 C. 449 A. 537 C. 912 B. — Mus. II. 437 A. 809 E. 826 E. 827 A. 1009 A. 1021 E. 1022 A. — vocem I. 850 F. 1030 C. Sim. Aristid. II. 286.

ἐπιτειχίζω Duker. Thucyd. I. 122. Wessel. Diod. Sic. I. 508. I. 203 A. Hemsterhus. Lucian. 63.

ἐπιτείχισμα Pausan. 387. I. 899 B. 993 A. Aristid. I. 153. II. 250. Vales. Euseb. p. 7 C.

ἐπιτελειόω I. 418 C.

ἐπιτελείωσις Stoic. ita cod. B. II. 961 C. I. 69 F. 345 B. 379 A.

ἐπιτελέω II. 49 C. 119 A. 208 D. 216 A. 219 B. 434 E. 812 D. 879 E. I. 25 E. 65 E. 82 D. 149 E. 192 B. 291 B. 681 C. 225 E. 226 A. 265 C. 270 C. 606 B. 711 F. 929 F. 1034 D. — Simpl. opus I. 751 D. — δίκην Plato 674 G. solvo Dio Chr. VII. 104 B.

ἐπιτελής I. 533 A. Plato 682 H.

ἐπιτέλλω de astro II. 974 E. I. 735 F. Himer. 812.

ἐπιτέμνω II. 395 A. I. 644 F. — ἐπιτεμόντι dat. conseq. 1016 B. Exc. Euseb. P. E. 355 A. — τι πρός τι Porph. Abst. I. 12.

ἐπιτερπὴς de visu, ut ἡδὺς de gustu II. 683 C. — II. 100 D. 122 D. 126 F. 705 A. B. 710 B. 743 D. 787 C. 1044 E. 1087 B. 1089 C. 1092 C. I. 203 C.

ἐπιτέρπω II. 713 B. — εσθαι ἔν τινι II. 824 B. I. 976 A.

ἐπιτερπῶς I. 69 A. 152 F.

ἐπιτετευγμένος ἐν μοίραις II. 119 E.

ἐπιτεχνάομαι II. 139 A. 857 B. I. 48 E.

ἐπιτήδειος τοῖς ξένοις hospitalis II. 773 C. — dignus (v. Bibl. Crit. XII.) II. 458 A. 959 D. E. 998 B. I. 408 B. 1022 B. Scalig. ad Manil. p. 172. ed. Plantin. 4. Male Abresch. Auct. Thuc. p. 241. Sic ἀνεπιτήδειον pro ἄδικον Democr. Stob. 310, 47. Dio Chr. 601 C. Julian. 115 B. — conveniens II. 669 B. 676 F. 1136 C. — cum inf. pass. II. 729 C. — τὰ I. 90 F. II. 182 C. — τέχνη Stoic. II. 874 D. 1131 D. — amicus I. 171 F. 228 A. 351 B. 581 C. 754 A. 757 A. 849 A. II. 666 F. 679 C. D. 707 C. 1117 E. 1129 A. — compar II. 667 E. — τὰ ἐπιτήδεια I. 143 A. 184 B. 244 F. 327 D. 334 C. 425 F. 438 D. 497 C. 527 C. 545 B. 555 A. 574 F. 628 E. 935 A. Athen. 510 B.

ἐπιτηδειότης — ητα ἔχειν πρός τι II. 676 B. — II. 1065 B. Aristid. I. 112.

ἐπιτηδὲς II. 260 A. 971 B. I. 123 D. 352 C. 501 D. 502 D. 562 E. 678 B. 718 C. 736 D. 739 A. 865 D. 867 C. 894 D. 952 D. — II. 58 A.

ἐπιτηδεύειν τι ποιεῖν, pro ποιεῖν simpl. periphrasi inservit II. p. 287 E. 6 B. — λόγους II. 1117 D. — I. 242 E. 985 A. II. 14 B. 227 E. Plato 678 B. 685 G. 686 D. 705 B. — βίον ἐλεύθερον II. 12 E. — τρυφὴν Dio Chr. 616 D.

ἐπιτήδευμα I. 442 F. 743 C. 799 E. II. 51 B. D. E bis. 97 A. Plato 681 C. 694 E. 696 F. 700 B. Aristid. I. 38. — differt a νόσημα II. 633 A. I. 60 B. 112 D. — II. 8 F. 12 C. 1136 B. 1138 C. — disting. a προσῆκον ἔργον Vit. Hom. §. 207. — ἦθος, νόμος dist. Hippodam. Stob. 554. — c. τέχνη Plato 649 G. 650 B.

ἐπιτήδευσις I. 627 F. Plato 651 G. 698 G.

ἐπιτήκω — ἐπιτακήσεται poët. II. 1104 E. — τινί τι I. 618 F.

ἐπιτηρέω καιρὸν I. 106 D. 1039 A. — I. 548 D. 797 E. 899 D. II. 73 C.

ἐπιτηρητικός τινος II. 538 D.

ἐπιτίθημι act. 180 D. — galeam II. 760 F. — εσθαι, hostiliter invado, aggredior II. 60 E. 68 E. 76 D. 164 B. 201 E. 225 C. 237 E. 772 D. 961 C. 1126 D. — poenam II. 705 C. 985 C. I. 376 A. 437 D. 556 D. Pausan. 431. — τι cui, pro testamentum jubeo, ut ἐπισκήπτομαι, Harmod. Athen. 465 D.

— coronas in convivio I. 822 A. — τὰ ἱερὰ τοῖς θεοῖς I. 706 D. — κεφαλὴν faotis I. 641 B. — μαι τῇ στρατείᾳ I. 598 D. — σθαι quem in finem I. 460 A. — id. ac ἐνεργάζομαι ll. 776 C. — cui coronam ll. 871 C. — quid τῇ ὠνῇ I. 194 A. — vectigal, augeo I. 333 D. — μαι στέφανον II. 119 A. — ταί μοι vitium ll. 546 B. Sim. 49 D. — πέρας ταῖς ἀρχαῖς ll. 12 E. — λόγῳ ll. 630 A. 661 A. — aggredi quem sermone ll. 700 E. 706 E. — τῇ ἀρχῇ ll. 772 C. — dicitur de insidiis, μάχεσθαι de vi ll. 966 A. — vi aggredi ll. 966 D. I. 142 B. E. 147 F. 508 E. passim 549 D. — τρυφῇ eam oppugnare B. — viris mulier I. 165 B. — cum inf. I. 400 E. 719 B. Alexis Athen. 544 F. — τι ἐπί τι ll. 202 A. 214 E. — domui lectum ll. 227 B. — μαί rei, *eam expello* ll. 226 C.

ἐπιτίκτω — τινά τινι I. 366 E.

ἐπιτιμάω I. 821 F. — ll. 1080 C. — ll. 14 A. ter. 70 A. 179 D. 186 F. 187 C. 198 E. 199 A. 237 C. — I. 320 F. 377 E. — τινα I. 669 E. 1017 F. — pretium statuo Pausan. 369. 521. — τινι punio quem Dio Chr. 474 A.

ἐπιτίμημα ll. 13 D. 1110 E.

ἐπιτίμησις I. 258 F. ll. 13 E. 47 A. 70 E.

ἐπιτιμητικὸς ll. 692 B.

ἐπιτιμία ll. 828 E. — census ll. 831 C. — Dio Chr. 608 D. 521 B.

ἐπιτίμιον ll. 237 C. 602 A. 833 A. 843 D. I. 87 E. 219 E. 422 F. 776 A. 782 F. 783 A. Porph. Abst. ll. 3.

ἐπίτιμος ll. 828 D. I. 88 E. 89 A. 613 A. — honoribus aptus I. 727 A. — oppon. ἀτίμῳ I. 879 B. Mor. ad Xenoph. H. Gr. II. 2, 6.

ἐπίτοκος ll. 997 A. — foenus Plato 648.

ἐπιτολὴ ll. 889 E. Wessel. Diod. Sic. I. p. 22.

ἐπιτολμάω I. 362 A. 381 A. 948 C. 1010 C. Himer. 694.

ἐπιτομὴ — ἐν ἐπιτομῇ ll. 892 D. — libri I. 985 F.

ἐπιτόνιον εὐνοίας συντροφία ll. 3 D.

ἐπίτονος vox navis et corporis Plato 687 E.

Ἐπιτραγία Venus I. 8 A.

ἐπιτραγῳδέω I. 167 B. 1020 C.

ἐπιτρεπτικὸς Aristid. ll. 310.

ἐπιτρέπω, concedo, permitto, ll. 238 C. D. Plato 674 F. — τινί τι ll. 184 D. 197 E. 238 D. — cui Galliam, sc. provinciam I. 986 E. — meos in hostem, leg. ἐπιστρ. I. 975 D. — simpl. committere cui judicium, ll. 616 C. Thessal. I. Or. Opp. Galen. I. 4 D. Jambl. V. P. 124. — I. 134 D. 925 A. 981 B. C. Plato 671 A. — meas res cui I. 236 D. 258 F. 301 F. — cui τὰ καθ' αὑτὸν I. 374 A. 913 F. 1052 B. — τινι πρός τινος I. 753 D. — ἐμαυτῷ τι I. 908 D. — μηδὲ σιγῶντι αὐτῷ pro σιγᾶν Dio Chr. XXXIV. 413 D. — in delicto alterius, id commissum non punire Plato 657 H. — ει legislator judici multa, i. e. ejus arbitrio relinquit, Plato 660 B. C. D. conf. 683 H. — καὶ ἀποπληρόω τὰς βουλήσεις parentum, sc. ἐπιτρέπω αὐτοῖς Plato 683 A. — mando ib. 684 E. — μὴ ἐπιτρέπειν ὃς ἂν μὴ Plato 696 B.

ἐπιτρέχω II. 236 D. — igni, pro per ignem I. 978 C. — invado regionem II. 703 F. I. 613 A. — τινι Venere II. 965 E. — ει τινὶ χάρις I. 761 E. — corpori signum I. 830 D. 839 C. — χει τοῖς ἔργοις εὐρυθμία II. 67 E. — II. 671 A. 767 B. 934 E. 1073 D. I. 299 F. regionem 308 A. — oratio rebus II. 854 E. Dionys. Hal. II. 204, 8. — rumor in urbem I. 268 D. — actioni κὴρ I. 480 A. — ω quid, sc. narratione I. 523 F. 662 B. II. 119 E.

ἐπιτρίβω, comoedus ἐπιτρίβει Menandrum, male agit II. 531 B. — Deus malos II. 552 F. 805 C. — II. 56 D. 136 A. 1106 B. I. 86 B. 677 F. Porph. Abst. III. 18. Aristid. I. 451. 469.

ἐπιτριβὴ pro διατριβὴ per jocum Euseb. P. E. III. 127 D. alicubi Diog. Laërt.

ἐπίτριπτος musica Sext. Emp. 359.

ἐπίτριτος II. 1018 A. E. 1020 A.

B. D. F. 1021 A. B. C. E. 1022 B. C. 1027 C. 1030 B. Plato 704 F. — τον II. 420 D. — τος harmonia II. 657 B. C. 1138 E. 1139 A. D. E. F.

ἐπιτροπεύω τινὸς II. 322 A. I. 191 F. — II. 946 F. I. 999 C. Plato 679 F. 681 C. D.

ἐπιτροπὴ ἐπαρχίας II. 814 D. Aristid. II. 346. — ἧς accusari II. 844 C. 1099 C. — tutela I. 797 A. Plato 679 F. G. 681 D. — arbitrium Jambl. V. P. 262. — committere s. commissio Plato 696 B.

ἐπιτροπεία Plato 681 E.

ἐπιτροπικὸς Plato 681 B.

ἐπίτροπος villae I. 645 A. Sim. 813 D. 917 E. 953 F. 965 C. II. 10 D. 94 B. — II. 766 D. I. 40 E. 41 A. 135 F. 258 E. 357 C. 494 D. 583 E. 626 D. 798 C. 848 C. 880 B. 953 F. 987 F. Plato 619 E. 661 G. 679 F. 680 F. G. 681 B. D. — Καίσαρος II. 813 E. 1054 C. D. 1061 B. — Callicrat. Stob. 487. — agri Plato 651 A. B.

ἐπιτυγχάνω — ἐπιτυχόντα ὀνόματα ut Plat. Ap. S. II. 307 D. — I. 1028 C. — scopum ferire II. 438 A. — τινος deprehendo quem I. 1017 B. — τὰ ἐπιτυχόντα, res minimae II. 522 B. — ἐπιτετυγμένος ἐν μοίραις f. corrupt II. 119 E. Galen. κατὰ τόπους Lib. VIII. init. cit. Hard. Plin. XXIV. 30. — homo ἐπιτυχὼν II. 446 E. 611 A. 801 A. 1032 A. Plato 648 G. — pass. imitatio exprimitur II. 673 D. F. — ἔν τινι felix sum in aliqua re II. 424 A. 917 F. f. corrupt. — sc. scopum II. 438 A. — τινι nanciscor casu II. 395 C. I. 140 C. 578 D. — simpl. bonum successum habeo I. 991 B. II. 40 B. Jambl. V. P. 40. — γένους ἢ σώματος habere generis et corporis commendationem, i. e. nobilem et pulchrum esse Dio Chr. 607 D. — et ἀποτυγχάνω τοῦ κυρίου, in dicterio jaciendo, Cas. καιρίου, Dio Chr. 610 B. — τινι, incido in quem forte, occurro cui Plato 660 E.

ἐπιτυχὴς Wessel. Diod. Sic. I. 326.

ἐπιτυχῶς II. 415 A. 675 A.

ἐπιφαίνω pro ἀποφ. II. 1044 D. I. 298 C. — ται hostis I. 629 A. — τινι signum, in quo, I. 1063 D. — ται quis non exspectatus adest II. 124 A. — oppon. praesenti 131 A. — ει ἡ πρᾶξις τὴν τοῦ ἀνδρὸς προαίρεσιν II. 139 D. — μαι II. 195 A. — ταί τινι τι, in eo quid apparet II. 429 A. 700 A. 789 D. 802 E. I. 1028 B. 1049 E. — Simpl. — ται quis II. 426 C. 704 A. 705 C. 985 B. I. 1067 D. — I. 19 E. — quid in mixtura dominatus II. 799 F. — II. 1025 C.

ἐπιφάνεια in rebus divinis II. 412 D. 1103 B. I. 16 A. 127 C. 132 B. 309 C. Porph. Euseb. P. E. IV. 144 A. — II. 1136 A. — superficies externa II. 96 F. 695 B. (ἡ ἐκτὸς) C. 979 D. 980 A. F. 1063 A. 1078 F. 1079 E. F. 1080 A. D. 1081 B. — corporis II. 815 B. 979 C. — Math. II. 63 B. 140 A. 1004 A. 1023 C. D. — celebritas, gloria I. 129 C. 215 A. 759 D. 889 E. 956 A. II. 26 C. — hostium II. 398 D.

ἐπιφανὴς I. 981 E. II. 58 D. — II. 782 E. 1017 E. 1034 D. I. 28 F. 59 C. 97 C. 106 E. 108 A. 109 E. 111 E. 116 B. 135 C. 136 F. 138 A. 142 F. 147 F. 149 E. 157 C. 188 C. 191 F. 201 F. 237 B. 256 C. 257 D. 258 A. 275 E. 276 A. 281 B. 298 E. 300 C. 323 F. 326 C. 330 D. 349 F. 352 F. 353 A. 370 A. 394 E. 405 D. 408 E. 410 B. 430 E. 511 C. 532 C. 548 E. 550 E. 710 C. 716 F. 718 B. 730 B. 751 C. 780 D. 783 A. 786 B. 863 E. 866 B. 883 D. 932 D. 954 B. 968 A. B. 984 D. 999 A. — superlativ. I. 956 D. — locus I. 645 A. — in utramque partem I. 451 C. 689 A. 955 F. — πλούτῳ καὶ δόξᾳ II. 770 D. — I. 601 C. 602 A. 621 D. 626 B. 737 A. 761 A. 830 C. 992 D. 1061 C. — II. 172 C. 197 A. 219 D. — manifestus I. 797 A. — opp. — εἷς et οἱ πολλοὶ clari in rep. Aristid. I. 119. 314. — deorum ..... Marg. ad Phil. II. p. 1040.

ἐπιφανῶς II. 723 C. 753 E. I. 596 B. 863 D. 867 C. 955 F. 992 D. 1069 D.

ἐπιφέρω — χοὰς v. n. ad II. 377 C. — cui bellum I. 554 A. — τινι ὄνομά τι II. 377 E. 961 B. — simpl. II. 38 A. 666 C. 1046 A. 1110 B. I. 313 E. — ἐσθῆτί τι, ut sponsa

II. 405 C. I. 89 D. Nicost. Stob. 445. — εις ἀντιτυπίαν lapis II. 599 C. — μαι hosti I. 329 A. 330 A. 367 A. 405 B. 415 C. 561 B. 562 D. 737 D. — τινι ἔγκλημα II. 418 E. 862 F. 870 D. — μαι med. simpl. habeo II. 937 E. — τὴν ψῆφον II. 965 D. I. 222 D. Sim. II. 19 C. 318 E. 632 C. 644 D. 646 F. 829 F. 836 D. — conclusionem syllogismi II. 969 B. — ϕόμενον tempus II. 1081 E. — et προσφ. I. 119 B. — Act. I. 113 B. 913 A. 928 E. — τινὶ αἰτίαν τινὸς I. 169 A. — Simpl. I. 1048 B. Plato 653 C. — ται κῆρ I. 546 B. — μαι cibum I. 574 E. — λέξις ἐπιφέρεται τοῖς πράγμασιν ἡδεῖα καὶ μετὰ πολλῆς κατασκευῆς II. 41 C. — πολὺ φῶς — ει philosophia II. 47 C. — cui ψόγον Thucyd. H. 71 D. — ται calamitas II. 103 A. — ω τι, f. ἐπ. ἔχω τι II. 167 A. — τινι φήμην Plato 676 F. 684 B. — δίκην Plato 686 D. — ἐπενήνοχα cui hostem Aristid. I. 447. — ω τινὶ κολακείαν, aliquem reprehensionis caussa reprehendo Aristid. II. 296. — ω cui nomen Aristid. I. 114.

ἐπιφῆμι II. 820 F. Emped. 1113 B.

ἐπιφημίζειν alicui rei nomen a re divina petere II. 267 C. 281 D. Porph. Abst. IV. 2. Dio Chr. IV. 80 C. XXXVIII. 470 C. Plato 621 F. — consecrare II. 270 A. 297 C. 646 E. I. 109 B. 132 D. 573 D. Porphyr. Eus. P. E. V. 198 D. Abst. I. 7, 9. — act. et pass. cui quid Aristid. I. 21. 190. 257. 445. II. 10. 300.

ἐπιφθέγγομαι II. 150 D. 436 D. 1110 E. I. 104 D. 114 E. 681 C. 710 B.

ἐπίφθονος pass. II. 73 A. 780 F. 811 E. 813 D. I. 101 F. 173. 273 F. 310 C. 318 E. 346 D. 530 B. C. 566 A. 625 E. 631 B. 632 D. 640 C. 643 B. 654 F. 773 A. 872 D. 988 B. 1056 C. 1075 A. Plato 691 C.

ἐπιφλέγειν bellum dicitur II. 324 C. — ω regionem I. 436 E. — ventus II. 366 D. — ει amor I. 986 A. — fulgur II. 624 A. — ει πόθῳ Graeciam Lais II. 767 F. — I. 208 A.

ἐπίφοβος I. 386 E.

ἐπιφοινίσσω — ον ἐρύθημα II. 723 D. — II. 934 C. Neutr. I. 666 B.

ἐπιφοιτάω II. 127 D. 421 B. I. 339 E. 375 F. 614 B. 653 B. 698 C. 843 A. 861 D. 911 D. 914 C. 946 A. 965 A.

ἐπιφορὰ II. 659 D. 1085 A. I. 74 C. 137 E. 322 A. — ὀνομάτων Plato 687 B. — sensus, animadversio II. 1144 B. — impetus animi I. 1052 B. Jambl. V. P. 205. — ῥεύματος morbi, II. 102 A.

ἐπιφορέω II. 964 A. I. 67 C.

ἐπιφόρημα funeris, v. n. ad Julian. Or. I. Jambl. V. P. 122. — convivii Zenob. Prov. I. 1.

ἐπίφορος (Ruhnk. Longin. p. 138. Longin. Ὑψ. §. 5.) II. 623 D. 703 C. I. 373 A. 974 E. — portus I. 660 E. — declivis Ep. Hippocr. XX. p. 20. B. — f. Dio Chrys. XVIII. 256 B. pro vulg. ἔφορον — . . φορόν ἐστί μοι hoc facere, *placet, eo feror*,

ἐπίφραξις II. 891 E.

ἐπιφράττω II. 891 E.

ἐπιφρίττω Empedocl. II. 98 D.

ἐπιφυλάττω πλοῦν Plato 657 C.

ἐπιφύομαι II. 6 C. 59 D. 69 D. 675 A. 694 E. 712 D. 809 E. I. 142 B. 170 D. 491 D. 529 D. 650 C. 646 D. 696 B. 756 F. 811 D. 852 D. 872 E. 943 A.

ἐπιφωνέω I. 109 F. 518 E. 620 F. act. et pass. 665 F. II. 26 B. 1046 A. 1117 D. — declamare in orationibus Soph. vel Diss. Phil. II. 46 A.

ἐπιφώνημα I. 665 F.

ἐπιφώνησις I. 621 A. — Schema Rhet. Vit. Hom. §. 65.

ἐπιφωτισμὸς II. 936 B.

ἐπιχαιρεκακία II. 1046 B. (definitio II. 518 C.) 91 B. 631 A. 858 B. 1084 C. Fragm. I. 4.

ἐπιχαίρω II. 483 B. I. 584 A. 608 B. 645 B. 749 A. Teles Stob. 576. Menand. Stob. 582. Aristid. I. 397.

ἐπίχαρις I. 64 E. 378 D. 695 A. 803 E. 1047 C. II. 45 A. 56 C.

ἐπίχαρτος II. 512 C. 811 E. Aristid. ex Plat. II. 84.

ἐπιχειρέω I. 327 C. II. 67 F. 72 B. 190 B. 197 D. 198 B. 202 C. 206 C. 219 C. 226 B. — ῥεῖν εἴς τι

v. n. ad II. 40 E. — 623 A. 744 B. — ἔργον II. 256 F. — εἴσθαι a quo II. 642 A. B. — caussam indagare II. 642 C. 651 E. — τι pro τινι II. 662 B. — ἐξ εἰκότων Rhetor. II. 724 A. D. 832 E. — adhibeo cui quid II. 957 E. — hostibus I. 108 F. 142 D. 575 F. 577 E. — passive, I. 151 A. 536 E. 580 D. propius, f. ἐπιχωρέω I. 243 F. — cui I. 637 D. — εἰς ἑκάτερον I. 871 A. Acad. Galen. de optima Doctr. T. II. 16 A. — cum inf. II. 101 A. — λόγον Plato 700 E.

ἐπιχείρημα ratiocinatio II. 651 C. 656 B. 662 D. 694 D. 701 F. 932 D. 951 A. 959 C. 1037 A. I. 831 C. Upton. Ind. Epict.

ἐπιχείρησις II. 698 A. I. 406 E. 424 D.

ἐπιχειρητὴς παντὸς II. 622 C.

ἐπιχειρητικὸς II. 978 B. Upton. Ind. Epict.

ἐπίχειρον I. 1051 D. Wessel. Diod. Sic. I. 625. — Aristid. II. 48.

ἐπιχειροτονέω I. 254 E. 425 E. Plato 615 C.

ἐπιχέω II. 657 D. 989 C. Passiv. de multis hominibus I. 11 C. 26 C. 405 B. 419 B. 756 B. II. 598 E. 729 E. 861 C. — ἐπιχυθέντος, f. ἐπιχωσθέντος v. ἐπιλυθέντος I. 44 E. — oleum lychno I. 161 D. — de potatione ἐπιχύσεως Posidipp. Anal. Brunck. II. 48. Diphil. Stob. 558. — ἐπιχεῖται λόγος Plato 629 D.

ἐπιχθόνιος II. 431 E. Hesiod.

ἐπιχλευάζειν τινὶ II. 93 B. — I. 75 A.

ἐπίχολος II. 129 C. Wessel. Herodot. IV. 58.

ἐπιχορηγέω Aristid. II. 145.

ἐπιχράω cui quid, mutuum do I. 647 A. — μαι Plato 690 F. Aristid. I. 497.

ἐπίχριστα v. n. II. 102 A.

ἐπίχρυσος II. 997 D.

ἐπιχρώννυμι II. 395 E.

ἐπίχρωσις II. 382 C.

ἐπίχυσις I. 900 C. Toup. Theocr. T. II. p. 390 b. ed. Warton. ib. Musgr. p. 410. Restituendum Polybio Exc. Vales. T. III. p. 66, 37. ed. Ern. ubi frustra Valesius, quamvis egregius vir. Sed mox idem vere — I. 995 B. — genus poculi Lambin. Plaut. p. 803. — generationis Plato 610 B. 647 G. — sanguinis et χολῆς in animarum evacuatione Porph. A. N. H.

ἐπιχώννυμι — ῶσαι cui arenam I. 1020 D.

ἐπιχωρέω Chrysipp. II. 1047 B. — τινι τὸ εἰκὸς II. 422 A. simil. 482 A. — Aristid. I. 248. — progredior Aristid. I. 275. — II. 925 E. — τι 1047 B. I. 690 F. — εἴ μοι ἡ ὥρα πρός τι aetas mihi quid concedit I. 846 F. — εἶται cui quid, licet, Perictyone Stob. 488.

ἐπιχωριάζω vitium II. 831 F. I. 41 D. 480 E. Pass. Athen. 619 F. — Aristid. I. 529.

ἐπιχώριος v. n. ad II. 123 F.

ἐπιψάλλω II. 713 B.

ἐπίψαυσις II. 395 E.

ἐπιψαύω II. 57 A. 702 A. 922 D. 935 C. 977 B. I. 130 C. 268 C. 590 B. Phanias Athen. 638 C.

ἐπιψεύδομαι I. 373 E. 414 D.

ἐπιψηφίζω, suffragia colligo II. 40 A. — I. 141 D. 200 B. 372 C. 767 C. 877 D. 905 C. 918 B. 992 E. — probo Aristid. I. 40. — deo sacrificium. Porphyr. Abst. II. 56. Upton. Ind. Epict. — Aristid. II. 17. 22. 66. 123. 284. — insuper ψηφίζεσθαι I. 778 F. — ίζομαι calculum adjicio II. 324 F.

ἐπίψογος I. 521 C.

ἐπιψόγως I. 887 E.

ἐπιψύχω I. 572 B.

ἐπόγδοος λόγος II. 367 F. — II. 1018 B. 1020 A. B. C. D. F. 1022 A. B. C. 1027 C. 1139 D. E.

ἔποικος, ἐποικέω, ἐποικίζω v. n. ad II. 244 E.

ἐποικοδομέω II. 826 B. 1059 E. I. 1035 B.

ἐποίχομαι II. 671 C.

ἐπολισθαίνω τινὶ ita leg. pro ὑπ. II. 641 D.

ἕπομαι — comitatus II. 707 B. — imperatori I. 363 A. — δόξαις πονηραῖς I. 1027 E. — τοῖς καιροῖς I. 627 C. — et ἡγέομαι I. 115 A. B. 591 A. — Simpl. II. 109 C. 211 C. 212 D. — fato, ut quo nos ducit fortuna, sequamur II. 102 D. —

νόμοις I. 786 F. — τούτῳ τι consequitur de rationis conclusione II. 560 B. 826 C. 1038 C. 1052 E. 1056 D. 1073 E. 1082 F. 1084 E. 1120 D. 1121 D. E. — καὶ ἕλκομαι II. 376 B. — ται τῷ λέγῳ τι II. 423 C. — deo I. 962 B. Plat. Leg. I. 569 G. — ἑπομένως II. 104 B. 569 E. Pausan. 673. — intelligo II. 614 F. 964 D. 1116 A. Plato 653 D. Aristid. I. 493. — εὖ ἑπόμενος II. 655 D. — effectus caussae II. 32 A. 699 E. — ἑπομένη διάθεσις τοῖς λεγομένοις histrionis II. 711 C. — μετά τινος II. 713 C. 742 D. — obtempero II. 158 D. 714 F. 715 A. Plato 697 F. — αὐτῷ, καλῶς γὰρ ὑφηγεῖται II. 724 D. Sim. Plato 660 C. — evidentiae II. 432 C. 1057 A. — κρίσις ἕπεται τῇ δόξῃ I. 190 A. — μενον καὶ δεύτερον II. 1146 C. — duci I. 481 F. — ἄλλῳ I. 521 A. — mulieri II. 981 F.

ἐπομβρία II. 136 B. 896 C. I. 461 A.

ἐπονείδιστος II. 24 A. 30 E. 64 A. Plato 610 E. 662 C. 663 A.

ἐπομνύω et — μι I. 168 E. 692 A. 767 A. 769 B. 872 B. II. 26 C.

ἐπονομάζειν τινὶ τὸν Δία II. 23 D. aliquid Jovis nomine appellare, ut ἐπιφημίζειν Jul. — 1112 A. Plato 662 B. — II. 1060 B. I. 139 B. Plato 132 E. 663 E. — τι ἐπί τινι Dio Chrys. XII. 214 A. — τινί τι Plato 695 A.

ἐποποιὸς pro scriptore qui fingit II. 749 A. — I. 24 A.

ἐποπτάω Comic. II. 811 E.

ἐποπτεία philosophiae II. 422 C. 718 D. I. 900 F.

ἐποπτεύω I. 118 E. 900 E. Plato 690 B.

ἐπόπτης I. 202 E. 603 C.

ἐποπτικὸς II. 382 D. I. 668 B. 900 E. Porph. Eus. P. E. 198 A.

ἐπόπτομαι malum, ut ἐπιδεῖν I. 231 A. 293 D. — Plato 687 D.

ἐπορέγω — μαι Solon. I. 88 B. Num. Eus. P. E. XI. 537 C.

ἐπορθρεύομαι Dio Chr. XII. 194 C.

ἐπορθρισμὸς II. 654 F.

ἐπόρνυμαι Homer. II. 807 B.

ἐπορχεῖσθαι ἑαυτῷ II. 335 C.

ἔπος carmen heroicum II. 16 C. 675 A. I. 657 D. 1000 A. — id. ac στίχος I. 881 C. II. 17 D. 118 A. C. — καὶ λόγος II. 397 D. — ἔπεσι καὶ μέτροις ἄλλοις II. 402 B. — ὡς ἔπος εἰπεῖν II. 396 C. D. 402 B. 406 E. 407 B. 655 C. 665 C. 952 C. 991 D. 1051 E. 1052 A. I. 159 C. Plato 697 C. ubique alibi 699 G. 703 B. Diog. L. I. 61. 97. Dio Chr. 440 C. 441 A. — Mus. II. 1132 B. C. D. F. 1146 E. — συνείρειν ἔπος παρ' ἔπος II. 618 F. — apud Homerum sign. ῥῆμα II. 1010 B. — Homerus ἐπέων κόσμῳ περιγενόμενος II. 1010 D. conf. Philet. Stob. 469, 3. Solon. ap. Plut. I. 81 C. Anthol. II. 47, 8. Antipater, Democrit. ap. Dion. Chrys. 553 B. Vales. Crit. I. 10. — aliquid examinare, ut ἔπος ἢ γραφὴν I. 353 A. — ellips. τρία ταῦτα, scil. ἔπη versus II. 109 C. — carmina, ἔπη II. 153 F. 157 E. — οὔτ' οὖν ἔπος, μήτε πάθος, μήτ' ἔργον Numen. Eus. 733 D. ref. Eurip. Orest.

ἐποτρύνω I. 217 C. 273 A. 557 E. Hierocl. Stob. 482.

ἐποφθαλμέω I. 271 C.

ἐποφθαλμιάω I. 271 C. 708 C.

ἐποχέομαι equo II. 793 E. — τινι II. 896 D.

ἐποχετεύω animo II. 660 B.

ἐποχὴ lunae II. 923 A. — subsistere II. 76 D. — dubitantium II. 1026 A. 1122 A. C. F. 1124 B. I. 881 B. Galen. T. II. 16 A. seq. — Astron. I. 24 D.

ἔποχος I. 414 A. 425 A. Aristid. I. 420.

ἐποψᾶσθαι II. 237 A. I. 46 A.

ἔποψις I. 272 D. 496 E. 636 C. Hippodam. Stob. 555.

ἑπτὰ II. 163 B. 184 E. 205 D. 238 C. 1028 E. — καὶ εἴκοσι 1028 D. — καίδεκα I. 336 E. — οἱ II. 146 B.

ἑπταετὴς I. 50 A. 847 D. 1028 A.

ἑπταετία I. 911 A.

ἑπτακαιεικοσαπλάσιος II 1027 B.

ἑπτακαιεικοσαπλασιῶν II. 890 C.

ἑπτάκι Posidon. I. 316 C.

ἑπτακισχίλιοι II. 186 D.

ἑπτάκλινος οἶκος Xenoph. Symp. II. 130 E.

ἑπτάλοφος Roma II. 280 D.
ἑπταμηνιαῖος II. 908 B.
ἑπτάμηνος (ἡ) II. 907 F. — II. 1018 B.
ἑπταμόριον I. 33 D.
ἑπτάφθογγος II. 1141 C.
ἑπτάφωνος II. 502 D.
ἕπω — ἕπουσαι κῆρες τῇ φιλίᾳ II. 66 D. Demosth. Midian. 386 C. — sed sequitur ἔπεστι. — τῷ ἐπιόντι χρῆσθαι, f. ἐπιόντι II. 716 A.
ἐπωάζω II. 962 E. 982 B. C. Valck. Ph. p. 166.
ἐπῳδὴ ratio philosophica II. 395 F. 1059 A. — magica Plato 683 D. F. — Simpl. Plato 665 D. 671 G. 673 B. 674 E. Aristid. II. 408. — cantilena, inficetus sermo II. 615 A. — θελκτήριος II. 759 B. — φαρμάκων II. 145 C. — ὡς θροεῖν Sophocl.
ἐπῳδὸς φωνὴ II. 622 D. — δὰ τὰ Mus. II. 1141 A. Aristid. I. 328. — τινι II. 51 E. Aristid. I. 567.
ἐπώδυνος II. 114 D.
ἐπωθέω — mori ὑπὸ τραυμάτων παχὺν ἐπωθούντων ὑπὸ σιδήρῳ τὸν κοντὸν εἰς τοὺς ἱππεῖς I. 560 E. — I. 803 D.
ἐπωμὶς I. 587 B. Musgr. Eurip. Iph. T. 1415.
ἐπωνυμία II. 929 A. I. 36 B. 72 E. 98 F. 105 E. 139 C. 256 A. 414 B. 697 F. 847 E. 861 B. 900 C. Aristid. II. 150.
ἐπωνύμιον I. 383 C.
ἐπώνυμον I. 406 C.
ἐπώνυμος ἀρχὴ II. 642 F. I. 318 D. 331 E.—II. 629 A. 647 B. 745 A. — ον γενέσθαι τινὸς II. 644 C. — πολλῶν ὀνομάτων Eurip. II. 757 A. —τινὸς II. 835 B. 987 D. I. 72 C. 116 E. 380 F. 513 B. 529 B. 679 D. 754 B. 915 D. Hemsterh. Lucian. 310. — πολυάνδριον II. 873 A. — γενέσεως ἑορτὴ I. 23 F. — I. 30 B. 38 C. 572 D. 699 E. Aristid. I. 506. 509. 513. — ἀρχὴ ἡλικίας, γερουσία ap. Laced. Aesch. Tim. p. 173. Reisk. — archontes Athenis conf. Tayl. Lys. p. 247. Reisk. I. 893 C. 911 E. — Wesseling. Diod. Sic. I. p. 23. fin. — ἐπώνυμον pro ἐπωνύμιον I. 218 D. — ἐπωνύμως maneo τινὸς pro — ος I. 1048 F. τινὶ Plato 697 B. Aristid. II. 18.
ἐρανίζω Med. II. 1058 C. — Plato 676 C. Aristid. I. 229.
ἐράνισις Plato 676 C.
ἐραννὸς pro ἐρατεινὸς II. 295 A. 402 D.
ἔρανος — ἔρανον ἀποδοῦναι II. 631 D. Dio Chrys. 509 D. — συμπληροῦν II. 694 B. sim. 41 E. Aristid. I. 54. 554. II. 102. — εἰσφέρειν Philem. Cler. p. 246. Diog. L. I. 37. Plato 681 A. Symp. 317 C. — I. 354 E. Teles Stob. 510. Aristid. I. 109. 136. 456. — pietas erga parentes Diog. L. I. 37. Demosth. Phil. IV. 142, 1. Reisk. — Metaph. Euseb. P. E. X. 470 A. 472 D.
ἐράσμιος II. 137 E. 765 D. F. 1093 A. I. 192 A. 596 E. 619 D.
ἐραστὴς II. 719 A. 760 B. 761 B. E. I. 141 E. 192 F. 193 C. 287 B. C. E. 445 E. 581 E. 596 D. — f. leg. ἐργάτης I. 1031 E. — et ἐρώμενος I. 287 B. 895 F. II. 56 C. 71 B. — II. 11 E. F. 56 D. 222 B. — discipulus magistri II. 448 E. — rei II. 227 B. — sectae Aristotelis II. 734 F. — virtutis I. 220 E. — Catonis Favonius I. 989 A. 999 F. — δόξης I. 992 D. — φιλίας II. 52 A.
ἐράστρια Perictyone Stob. 487.
ἐρατέημεν Lacon. I. 52 B.
ἐρατεινὸς — ἡ Mantinea I. 1048 F.
ἐρατὸς II. 705 A. 984 B.
Ἐρατὼ Musa, ejus munus II. 746 F.
ἐράω II. 141 B. 142 F. 1152 D. 163 B. 172 E. 180 E. 185 C. 189 B. 195 E. 237 B. — ἔρωτα II. 249 D. 633 F. I. 210 E. 279 E. 314 D. 964 C. 1023 A. — ἐρῶν fit ἐρώμενος I. 452 B. jung. 895 F. II. 61 A. — ἐράω malo sensu I. 476 E. — ἡ ἐρωμένη II. 192 E. 195 E. — μαι τινος I. 620 E. II. 180 F. — et φιλέω I. 997 C. — μαίνομαι gradus II. 54 C. — bonos viros II. 84 E. — ἐρώμενος I. 285 B. 822 F. II. 191 A. 209 F. 220 B. 759 C. 760 B. C. 761 B. E. 1094 A. — amand et amatus Vales. Diod. Sic. II. 581. — Med. pro act. II. 28 A.

139 B. 753 A. 1073 A. B. — ἐράω et ὁράω oppon. Plato 646 C.

ἐργαδεῖς Athen. I. 91 C.

ἐργάζομαι — varias significationes explicat Er. Schmidius ad Act. Apost. XVIII. 3. — conjung. cum πράττειν II. 262 D. — μένος βοῦς II. 229 E. — efficere II. 411 D. 687 B. — τέχνην II. 214 A. — aurum aurifex II. 658 D. — λύραν, facio II. 779 A. sim. B. Bast. Ep. Crit. 131. — θάλατταν II. 975 D. Wessel. Diod. Sic. I. 651. Aristid. I. 19. — pass. εἰργασμένος χιτὼν εἰς λεπτότητα II. 989 E. Sim. 174 D. — εἰργασμένος active *faber* I. 153 A. B. — pro ἐνεργ. alicujus animo quid injicere I. 176 B. 522 A. 763 D. Eunap. 80. — ἀφ' ὥρας meretricio quaestu I. 242 D. Alex. Sam. Athen. XIII. 572 F. Eunap. 66. — γῆν II. 239 D. — pro ποιέω — τὴν ἀρετὴν ἄπιστον, facio ut virtus fidem non inveniat, Dio Chr. III. 39 B. Himer. 386. 416. 440. 502. 526. Eunap. 80. — ἐπὶ τὴν αὐτοῦ τὴν ἐκ τοῦ πράγματος lucratur in sua arte ex opificio Dio Chrys. 650 C. — efficio, fabricor, Plato 701 H. — studeo Aristid. II. 108. — μέλος cano Himer. 716.

ἐργαλεῖον I. 47 B. II. 227 B. 935 E. 956 E. 983 C.

ἐργάνη Minerva II. 654 F. Gatak. adv. 494. — Aristid. I. 6. 12.

ἐργασία I. 979 B. II. 85 F. 136 C. 158 D. Hierocl. Stob. 491. — I. 103 A. 107 D. 159 A. 165 C. 250 D. 355 B. 484 C. 641 C. 684 C. 780 E. 846 C. — officina I. 434 F. — II. 785 D. 798 E. 855 D. E. Sophist. 983 B. — quaestus II. 407 D. 1043 E. I. 565 B. 1034 B. 1035 A. — argentifodinae I. 525 D. — opus fabri, v. c. lapis 85 F. — oppon. πραγματεία Isocr. Nicocl. 25, 12. — orationis dos Aristid. II. 393.

ἐργάσιμος II. 701 C. Plato 692 H.

ἐργαστήριον tonsoris II. 973 B. — in iis consident loquaces Perizon. Aelian. V. H. VI. 12. — philosophi schola Aristid. I. 88. II. 33. Sim. Himer. 440. 500. 564. 566. 726. 760. — I. 149 D. 210 B. 284 A. 361 A. 531 B. 847 C. 993 C.

ἐργάτης II. 735 E. 777 D. — βοῦς II. 998 B. I. 339 C. — operarius I. 338 D. 355 A. 357 E. — γῆς 483 C. — poëseos, ita leg. pro ἐραστὴς Oenom. Euseb. 228 D.

ἐργατήσιος — ἁ χώρα I. 349 B.

ἐργατικὸς II. 726 C. I. 338 E.

ἐργατικῶς I. 136 B.

ἔργμα Solon I. 92 D.

ἐργολαβέω v. n. II. 71 A. Xenoph. Mem. I. 7, 2. ἔργον λαμβάνειν, quod perperam accipit Valcken. — conducere domum II. 658 E. — sophistarum opificium Jambl. V. P. 245. — τὰ τῆς πόλεως, ut Plato, Dio Chr. 507 C. Demosth. Ind. Aeschin. Or. et ἐνεργολαβέω.

ἐργολαβία, ἐργόλαβος ad II. 71 A.

ἔργον opus I. 881 B. — difficile II. 131 E. 667 D. — ἔργα γῆς II. 268 C. — οὐδὲν ὄμματος ἄνευ φωτὸς II. 433 D. I. 42 B. 214 C. 222 D. II. 68 F. 156 D. — ἔστιν ἡμῶν oportet nos II. 548 C. ut 720 E. — με ποιεῖν τοῦτο, difficile est, II. 549 F. 730 A. 731 C. 1024 A. — ἔργον et ἄσκησις differunt II. 685 A. — ἔστι μοί τι II. 638 E. — ἐμὸν ἐστι τοῦτο II. 649 A. — arboris? II. 696 F. — lapis durus ad ἔργον sc. fabricam II. 701 C. οὐδὲν ἡμῶν ἔργον ἐστι, f. fieri nequit II. 720 E. F. I. 570 E. — periphras. ἔργον ἀγῶνος II. 743 B. — οὐδέν τινος ἔργον ἐστὶ ποιοῦντος nil proficit agendo I. 104 A. Sim. 438 F. 439 F. 404 D. 980 B. 1053 B. — ἔργον meum est urbs, sc. servata I. 977 A. — τὸ τινὸς ἔργον exspecto *ut alter incipiat* I. 1007 B. — munimentum Lat. opus I. 1071 E. — εὐχῆς II. 14 C. — ἦθος, πάθος II. 18 B. — Simpl. II. 41 E. 160 B. 191 D. 203 A. 207 D. 210 F. 215 A. 229 D. 240 C. 241 D. — πρὸς τὸ οἰκεῖον ἔργον abire II. 41 E. — ἔργον ἐστί τι τινος vel οὐδὲν Simpl. II. 45 D. bis. — ἡμέτερον ἂν ἔργον εἴη cum inf. II. 51 D. — καὶ τέλος II. 55 A. — λόγῳ συνάπτειν II. 55 C. — et ῥῆμα II. 56 D. 171 A. — et προαίρεσις II. 67 D. — δι' αὐτῶν τῶν ἔργων re ipsa II. 115 A. — est ὃ γίνεται, non δι' οὗ γίνεται II. 156 B. C. — ἔστι difficile est II. 163 C. — ἔργων καὶ λόγων ὄρθωσις II. 166 D. — διὰ κῶν quid ostendere II. 226 E. — τὸ τῆς σιτοδείας ἔργον II. 237 E. — ἐπὶ τῶν ἔργων Jambl. V. P. 112. re ipsa. — et ὄργανον Plato 678 D. — ἔχω ἔργον ἐν τῷ ποιεῖν I. 937 B. — οὐδὲν φαίνεταί τινος I. 925 A. — καὶ ὄνομα I. 923 E. 981 C. II. 56 B. — ὡς ἔργον τι ἀσκεῖν I. 877 C. — ον ἐπιτίθημι pro τέλος I. 844 C. — τὰ eventus I. 752 B. — ἔργον ἐστιν ἡμέρας, an ita accipiendum, *opus est totius diei, tota dies consumitur in hoc opere* 414 A. — ἔργα ἀποδείξασθαι sc. *magna* Pausan. 232. — ἔργον ἔχειν I. 245 E. — pugna I. 486 F. — καλὸν εἰς ἀρετὴν I. 348 C. — ἐν τοῖς ἄλλοις ἔργοις καὶ τὴν Φιλοποίμενος ἐποιοῦντο παίδευσιν I. 356 E. — ποιέομαι καὶ σπουδάζω cum inf. I. 395 C. — labor fodiendi I. 470 A. B. — opp. δόξα I. 477 C. — ποιέομαι πρῶτον cum inf. I. 491 D. — ἤτεῖτο αὐτοῦ μόνου γενέσθαι τὸ ἔργον I. 509 F. — τρέπομαι πρὸς ἔργον I. 560 D. — εἰμί τινος, interficior a quo, I. 594 B. 999 D. Bibl. Crit. III. 11. p. 16. Wernsd. Himer. 664. — et βούλημα sunt partes τοῦ πεπραγμένου I. 609 A. — τύχης τῆς ἐμῆς es, fortuna mea uteris I. 658 F. — ποιέομαί τι Lucian. II. 279. — ἔργον et πάρεργον II. 756 E. — τὸ δόγμα ποιεῖν ἔργον ἐν τοῖς Διονύσου πράγμασι II. 779 B. — opus fabri II. 395 B. 500 E. 684 B. C. 950 C. I. 44 E. — ἐστὶν οὐδὲν μικρὸν, si hoc fiat, II. 945 B. — ἔργον ἐστὶν εἰπεῖν II. 964 B. — opus, aedificium, cet. II. 966 E. I. 153 A. 191 D. 487 B. 535 D. — τὸ τῆς ἄγρας ἔργον pro ἄγρα II. 976 D. — et πάθος opp. II. 172 C. 978 F. I. 24 C. — et μέρος differt II. 1001 C. — πρᾶγμα II. 1070 A. I. 697 A. 1059 D. Hippocr. Ἐπιβωμ. p. 9. — καὶ πράξεις v. n. II. 84 C. — ποιεῖσθαι τὸ ἐντυχεῖν τινι, operam dare ut cum quo simus I. 14 D. 108 B. 768 B. 897 E. II. 17 D. Dio Chr. XXXIII. 409 D. Aristid. II. 43. Isocr. Big. 610. — λόγῳ ἐπάγειν I. 44 B. — ἐν ἔργῳ γενέσθαι I. 57 D. — ὑμέτερον ἤδη τὸ λοιπὸν τὸ ἔργον I. 99 F. — et λόγος v. n. II. 149 B. — τὰ ἔργα officinae I. 160 D. — τινί τι I. 154 E.

ἐργώδης, difficilis, adversarius, efficax II. 749 E. — ὅσον ἐργῶδες, pro ἔργον II. 790 A. — II. 40 E. 427 B. 800 A. 1084 F. I. 85 E. 129 F. — νόσος I. 278 F. — hostis I. 315 F. — καὶ χαλεπὸς I. 388 C. — I. 650 A. 742 E. — καὶ δύσκολος II. 104 C. — ης παιδευθῆναι Dio Chrys. LV. 561 A.

ἔρδω sacrifico, quare dictum II. 729 F. Porphyr. Abst. II. 59.

ἐρέβινθος II. 204 E. 437 B. 902 D. I. 861 B. C.

ἔρεβος II. 1130 D.

ἐρεβώδης θάλασσα II. 169 B.

ἐρεθίζω vitium, excito II. 822 C. — II. 12 E. 116 B. 984 B. I. 185 B. 314 F. 411 A.

ἐρεείνω II. 228 E.

ἐρείδω gladium I. 1009 A. — ἑαυτὸν εἴς τι II. 805 D. — arma ad terram I. 592 A. — ἠρεῖσθαι sine dupl. augm. Wessel. Diod. Sic. I. p. 56. — ἐρείδει φῶς γόνιμον ex luna II. 368 B. sol II. 515 C. I. 60 C. — ται equus I. 362 A. — γόνυ κατά τι I. 380 D. — fulcio I. 418 E. 487 B. — εῖ πνεῦμα in locum I. 554 F. — μαι εἰς γόνυ I. 587 C. — pedibus ἐπὶ γῆς I. 590 B.

ἐρείκη II. 94 E.

ἐρείπιον I. 143 A. 144 E. 429 B. 978 C. Aristid. I. 513.

ἐρείπω II. 327 B. I. 488 E. 684 F. 1004 A.

ἔρεισμα II. 1125 E. I. 232 E. 268 A. — Athenae Aristid. I. 196. 267. 405. — λόγου Aristid. I. 517.

ἔρεμβος Aristid. II. 390.

ἐρέπτω Dio Chr. 663 D. Aristid. I. 493.

ἐρέσσω II. 1128 B. I. 658 C. 885 B.

ἐρεσχελέω Dio Chrys. 629 A. antea ἐρεθίζω 628 A. Plato 664 C. Aristid. I. 334. II. 430. Aelian. N. A. III. 37.

ἐρέτης — εἰσαγείρω ἐρέτας I. 398 C. 910 B. 944 F. 1059 D. — II. 94 B.

ἐρετικὸς I. 632 A.

ἐρεύγομαι Pind. II. 17 C. 1130 D.

ἔρευθος metaph. falsa opinio doctrinae II. 48 C.

ἔρευνα II. 519 C.

ἐρευνάω I. 887 E. Plato 691 A. B. 696 H. Aristid. II. 130.

ἔρευψις II. 997 C. I. 160 A. 936 F.

ἐρημαῖος Emped. II. 720 E.

ἐρημία I. 389 D. 500 C. 522 D. 792 C. II. 414 A. B. C. — et κενὸν II. 947 A. — Σκυθῶν II. 1043 D. — adverb. in deserto ἐρημίᾳ II. 376 C. — ἐρημία πολλή ἐστι nobis euntibus II. 596 C. — ἐρημίᾳ τινὸς in malum incidere II. 758 A. — absentia II. 808 D. 884 A. I. 999 C. Plato 643 D. — διαδοχῆς I. 172 D. — Sic οἶκος ἔρημος Lys. p. 293. ibi Markl. ed. Reisk. Menand. ed. Cler. p. 236. — hominum I. 803 D. 898 A. — deserti ab amicis I. 862 B. Sim. II. 27 C. Plato 680 G. Aristid. I. 174. — σύνοικος αὐθαδείας I. 961 C. — νοῦ καὶ φρενῶν ἀγαθῶν II. 42 D. — ας ξύνοικος αὐθάδεια II. 69 F. — τινος bono sensu, absentia mali Aristid. I. 378.

ἔρημος expers alicujus rei II. 687 A. I. 110 F. 139 D. F. 384 E. 457 A. II. 161 C. 191 C. 214 B. — Plato 680 G. — bono sensu, liber a malo Plato 655 G. — simpl. II. 201 A. — ἐρήμην δίκην ὀφλισκάνω I. 349 E. 996 D. II. 698 E. — ἁλίσκεσθαι Dio Chr. 593 A. Sim. Aristid. I. 547. II. 302. 4. — δίκη I. 135 B. — τινος καταγινώσκειν I. 202 F. — φρενῶν καὶ φίλων I. 922 E. — ἔρημος dicitur insula quae paucos incolas habet II. 419 E. Sim. Dio Chrys. XXXIV. 416 D. XXXIII. 401 D. — τάξις, vacans munus I. 706 E. — avis I. 737 D. — καὶ ἄπορος I. 786 E. 1046 D. — καὶ κενὸς οἶκος, amissis opibus I. 881 E. — γίνομαι deseror, I. 884 B. — orbus, Plato 681 A. B. — σωμάτων II. 721 B. 722 A. — ἡγεμονίας II. 780 C. — ἐξ ἐρήμου quem capere in jud. II. 833 D. — φωνὴ γράμματος II. 1108 B. — καὶ γυμνός τινος II. 1111 E. — ἔρημα καταληψομένου Demetr. .... Toup. Longin. p. 165. legit εὕρημα.

ἐρημοῦται οἶκος sc. privatur mascula prole, Pausan. 284. — όω quid ab hostibus libero I. 485 F. 644 D. — οῦσθαί τινος I. 617 D. — οῦται urbs, incolis privatur I. 633 E. — όω me ipse I. 688 A. — locum relinquo Plato 657 A. — ῦμαι patria mea vastatur Aristid. I. 480.

ἐρητύω Homer. II. 19 B.

ἐριαύχην Pind. II. 623 B.

ἐριδαντέος Democr. 614 E. ἐριδαντὴς Timon. Diog. L. II. 107.

ἐρίζω I. 290 C. 531 A. 644 D. — II. 613 C. 741 B. I. 60 E. 121 E. 129 B. cum inf. — νικᾶν II. 824 D. — disputo I. 242 E. — in muneris petitione I. 709 C. 737 A.

ἐρίθαλλος Simonid. I. 7 A.

ἔριθος mulier quae Dio Chr. VII. 121 D.

ἐρίκη v. n. II. 94 E.

ἐρίνεος II. 700 F. I. 19 D. 36 F. 146 B, D. 186 A.

ἐρινεὺς II. 774 B. I. 982 C. Himer. 776. 778. 780. — ων lucus I. 842 D. — ἐρινεύων pro ἔργων restitue in Joh. Antioch. ap. Suid. v. Ἀντωνῖνος βασιλεύς.

ἐρινεώδης II. 458 B. 602 D.

ἔριον II. 857 D. II. 42 D. 99 D. Hierocl. Stob. 491.

ἐριούνιος Mercurius Aristid. II. 106.

ἔρις in diis II. 763 C. — δι' ἐρίδων cui ἰέναι I. 724 A. — disputatio v. n. II. 78 E. Philosophiae stud. I. 307 D. — καὶ νεῖκος I. 598 B. — civilis I. 655 B.

ἐριστικὸς — οἱ λόγοι II. 837 B. Zachar. Mityl. 167. — homo Porph. Abst. II. 4.

ἐριστικῶς II. 934 A.

ἐρισφάραγος antiquitus dicebatur μεγαλόφωνος II. 698 D.

ἔριφος II. 982 D. f. σέριφος.

ἕρκος I. 258 A. Aristid. I. 540. — II. 980 B. portûs II. 94 C.

ἕρμα πολιτείας II. 814 C. — I. 384 A. II. 163 A. tanquam navigia, sic animo sapientiae praecepta Stob. p. 43. Socr. Sim. Jambl. V. P. 224. — ὡς ἕρμα κατέδυ II. 319 F. ubi v. n. — navis II. 782 B. Casaub. Strab. p. 665. restituit in I. 42 E. Dio Chr. 497 C.

ἕρμαιον II. 146 E. Aristid. I. 88. 172. 288. 308. 373. 488 bis. II. 142. 229. 306. 389. — στρέφω Aristid. II. 10.

ἑρματίζω II. 967 B. 979 B. Eurip. Stob. 420.

Ἑρμαῖον I. 751 D.

ἑρμηνεία elocutio II. 6 F. — Mus. II. 1138 A. 1142 D. 1144 D. E. — daemonum Plato 702 C.

ἑρμηνεὺς νοῦς II. 908 F. — I. 114 E. 125 E. 343 B. 468 E. 927 E. 1017 A. Plato 673 F.

ἑρμηνευτικὸς II. 416 E. — ἡ ars Plato 698 E.

ἑρμηνεύω Mus. II. 1144 E. — I. 349 F. Plato 696 B. 702 D.

Ἑρμῆς II. 138 C. — κοινὸς Aristid. II. 256. — Stella II. 1028 B. — Ἑρμαῖ statuae II. 797 E. I. 200 B. 482 E. 531 E.

ἑρμογλυφεὺς II. 580 E.

ἑρμοκοπίδαι Alcibiad. I. 201 E. 202 B.

ἔρνος II. 357 A. 723 C. E. 757 E. 1077 A.

ἐρόεις Emped. II. 474 C.

ἔρομαι II. 109 C. 144 A. 148 C. 162 A. 206 A. 231 E. F. 1116 C. 1119 A. I. 137 D. — oraculum I. 331 C.

ἔρος Poët. II. 756 E.

ἑρπετὸν serpens II. 457 A. 517 E. — genus II. 653 A. — ad solem σαλεύεται II. 714 D. — I. 638 C. 1039 C.

ἕρπω — πει ἄντα σιδάρω poëta Laco I. 53 C. — πλοῦτος Soph. II. 21 B. — ον τοῖς ὀδοῦσι θηρίοις cancer, II. 54 B. — ει τι ἡμῖν ἐντεῦθεν malum hinc ad nos venit II. 104 C.

ἐῤῥάπτω v. ἐνρ. ἐνέῤῥαψ. I. 1038 D. Aristid. I. 29.

ἔῤῥω — ἔῤῥειν ἀκλεῆ καὶ ἄτιμον II. 861 F. — I. 212 E. Aristid. I. 379. — καὶ ἐκποδὼν εἶναι νέοις II. 110 C. — ἐῤῥέτω Archil. II. 239 B. — ἔῤῥε Lacon. II. 241 A.

ἔῤῥυθμος II. 623 B.

ἐῤῥωμένως malo sensu II. 584 C.

ἔρσα ros, Alcman II. 918 A. 940 A.

ἔρση θήλεια Leonid. Epig. LX. Brunck. I. p. 236.

ἐρύγγιον II. 776 F.

ἐρύθημα II. 81 C. 723 D. I. 461 F. 907 B. Nicostr. Stob. 427. Aristid. I. 72. — τος ἀνεπλήσθη τις τὸ πρόσωπον II. 154 B.

ἐρυθραίνω II. 894 F. Perictyone Stobaei 488, 3.

ἐρυθριάω I. 341 C. II. 29 E. 85 B. 198 E. Aristid. I. 77. 422.

ἐρυθρὸς — ἁ θάλασσα II. 733 B. I. 948 C. — vinum II. 692 E. 695 E. — Plato 703 C.

ἔρυμα I. 42 E. 96 B. 163 C. 173 E. 245 A. 246 E. 247 A. 261 E. 302 E. 343 C. 420 B. 601 E. 653 F. 717 C. 726 F. 732 F. 747 C. 751 C. 773 D. 916 E. 945 A. Porph. Abst. II. 44. Aristid. I. 129.

ἐρυμνὰς I. 133 E.

ἐρυσίβη II. 913 E. 948 B.

ἔρχομαι II. 148 E. 170 A. 176 F. 186 D. 189 B. 194 D. F. 197 F. 199 D. 200 A. 203 B. 206 E. 209 D. 211 D. 221 A. 231 E. 233 E. 236 A. B. C. 240 E. 241 D. — τινὶ εἰς λόγους I. 98 F. — ἐγγύς τινος I. 470 D. 502 D. — τινὶ εἰς καταφρόνησιν II. 214 D. — μαι εἰς τὸ μὴ δεῖσθαι II. 159 D. — μαι ἐπὶ τροφὴν accedo ad cibum capiendum, periphrast. II. 123 B. — ἐπὶ τὸ αὐτὸ in eundem locum II. 113 C. — φράσων II. 4 B. — πρὸς τοὺς πολεμίους I. 978 A. — ἐπὶ μηδὲν Soph. I. 911 C. — μαι ἐπί τι, facio quid I. 863 E. 805 F. II. 158 B. — αἰτία ἐπὶ τινα I. 807 B. — opponitur *quiescendo* II. 649 B. — sum II. 654 D. — εἴς τινα oculis, de amatoribus qui amatos intuentur II. 681 B. — εἰς τὸ πίνειν II. 715 E. — ταί τι ἐπὶ μνήμην II. 761 E. — εἰς ἡμᾶς ad nostram aetatem I. 257 B. — εἰς ἐμὲ potior aliqua re I. 342 A. — τι διὰ πάντων Dio Chr. 477 D. — id. ac κινέομαι Plato 669 E. bis. — εἰς πάθος Plato 670 E. — ἐπὶ μεῖζον Plato 670 E. — μι εἰς ἐμὲ, a me hoc faciendum est, redit ad me, Aristid. I. 43. vid. ἥκω — ἔρχονται διχῇ αἱ ψῆφοι, suffragia in duas partes divisa sunt, Aristid. I. 137. — τό γ' εἰς ἀνθρώπους ἐλθὸν, quantum ad humanas vires pertinet, Aristid. I. 149. — εἰς ὄψιν, quod sub visum cadit, visibile Aristid. I. 236. — ἔρχεταί τι εἰς θεὸν, pertinet ad deum Aristid. I. 354. — τὰ πράγματα ἐλήλυθεν ἐνταῦθα, res veniunt in hunc statum ib. 364. — ται ἐφ' ἡμᾶς exemplum Aristid. I. 448. — τι εἴς τι attinet quid ad quid Aristid. I. 522. — μα ἐπί τινα aggredior quem bello Aristid. I. 439. 450. 454. 481 bis. 482. 485. 494. 500. — ται λόγος πρός τι ratio opponitur Aristid. I. 441.

ἔρω dico, εἰρήσεται γὰρ τἀληθὲς πρός σε II. 453 B. Dio Chr. 486 B. — εἰρημένοι κακῶς, quibus male dictum est, conviciis petiti Menand. Stob. 583. Grot. 469. — partic. pass. εἰρημένος II. 706 C. (leg. Σειρῆνας) II. 40 A. — εἰρημένος λόγος, f. εἰρόμενος II. 1047 A. Sed vid. I. 881 B. 887 A. — εἴρηκε pro ἱστόρηκε I. 119 B. 115 E. F. 158 A. 170 A. 171 E. 247 C. 256 A. 316 B. 334 F. 536 F. 601 C. 856 D. 858 D. 953 D. 1014 C. II. 1134 D. — ὅτι — εἴρηται pl. de supra dictis I. 887 E. — ὥσπερ εἴρηται I. 888 A. 917 C. 922 D. 944 A. 1025 D. 1034 E. 1041 C. II. 128 F. — ἐῤῥέθη II. 711 A. 301 C. Hermias schol. Phaedr. M. 391. — καὶ μὴν ὅτι — εἴρηται de supra dictis II. 84 B. — II. 144 E. εἴρηται. — εἴρητο II. 146 E. — Alia tempora II. 147 B. 152 B. 154 C. 157 A. 166 C. 166 B. 184 D. 216 B. 220 E. 223 D. 234 C. — εὖ εἰρηκὼς II. 213 D. — εἰρημένης leg. εἰρήνης Viger Num. Euseb. 732 C. — εἴρηται γὰρ Dio Chr. 461 B. — ἐρεῖ, εἴρηται, εἴρηκε, νόμος, pro αἱρεῖ Plato 642 C. 644 D. 645 D. 648 D. 651 C. 655 B. 658 C. 659 A. C. 662 E. bis. 692 A. 693 E. G. 695 G. 702 E. — εἰρηκέναι Pythiae pro ἀνηρηκέναι Aristid. I. 21.

ἐρωδιὸς II. 405 C. 967 C.

ἐρώμενος — νη oppon. uxori I. 940 D. II. 60 F.

ἔρως II. 11 E. F. 43 D. 47 D. 60 E. 61 E. 64 E. 138 F. 144 C. 146 C. 181 A. — ἄῤῥην II. 11 E. — παιδὸς ἢ γυναικὸς ἀληθινὸς II. 80 E. — et φιλία II. 984 E. def. Stoic. II. 1073 B. Cic Tusc. IV. 33. Davis. — δύσερως ἐκκαίεται I. 164 A. — cupiditas I. 199 D. 432 F. 459 F. — ἐρώτων ἀκμὴ I. 823 B. — τες malo sensu II. 43 B. — γυναικῶν I. 860 A. — ὥρας I. 881 F. — παρθένων pass. II. 12 B. — δεινὰν II. 47 C. — ἐρῶς verus non est ἄνευ ζηλοτυπίας II. 84 C. — ἔρωτι τοῦ διωκομένου παρέχεσθαι τὸν καταλαμβανόμενον II. 93 D. — tertius ex φιλίᾳ et ἐπιθυμίᾳ Plato 646 A. — ἐπιθυμία, ἵμερος cet. Plato 658 F.

ἐρωτάω II. 70 C. 147 B. 150 D. 153 A. D. bis. 155 E. 158 B. 164 A. 172 F. 174 E. 175 D. 177 A. 178 A. C. 179 D. 180 A. 181 A. E. 182 E. 184 C. D. 185 A. 188 B. D. 189 A. B. F. 190 B. C. D. F. 191 B. 192 B. 194 A. 198 E. 200 A. 205 A. C. 208 A. 210 D. 212 E. 213 B. C. 215 C. D. E. 216 A. 217 A. C. D. 219 C. bis. 221 C. D. E. F. 224 C. F. 225 D. 227 B. C. 228 A. D. 230 F. 231 E. 232 B. C. 233 C. E. 234 B. 235 E. 236 C. 237 B. C. 240 C. 242 B. C. — ἐρωτᾶν λόγον dicitur de syllogismo II. 1034 E. 1041 C. 1083 A. Teles Stob. 522. Corrige Phavorin. Stob. 601, 51. ἐώρα l. ἠρώτα. Phaed. 31. — μεγάλα εἰπόντας, f. syllogismos II. 743 D. — syllogismum. Non videtur cepisse Upton. in Epict. Diss. II. 19. — in disp. II. 42 F. — Simpl. Plato 704 F.

ἐρώτημα syllogism. II. 1036 E. F. Aristid. II. 112. — II. 42 F. 211 D. 434 D. E. 645 A. 741 A. 983 E. 1117 F. Aristid. I. 488. II. 264.

ἐρώτησις II. 43 B. 48 A. 70 B. 153 C. 154 A. 408 C. — καὶ ἀπόκρισις altercatio oratorum I. 831 B.

ἐρωτικὰ festum II. 748 F.

ἐρωτικὸς I. 165 C. 917 D. II. 21 C. 31 B. 44 F. 56 C. — malo sensu: αἰσχρὸν et ἐρωτικὸν II. 26 E. — bono sensu II. 671 B. 758 D. — μέλη II. 1136 F. — α τὰ περὶ γυναῖκας I. 481 B. — καὶ πρὸς χρυσίον I. 857 D. — τὰ I. 895 D. — κὸν δελτάριον I. 943 B. — ἐρωτικὴν γὰρ μέμψιν ἡ ἀγαπωμένη Λύει. Ita leg. Stob. 393. Male Democrito tribuitur. Est f. Menandri. Ut Democriti citat Scheffer. ad Aelian. V. H. II. 21, 6. — κὴ φιλία Himer. 182.

ἐρωτικῶς I. 79 A. 692 E. 805 B.

ἐρωτομανία II. 451 E.

ἐσαεὶ I. 1056 B.

ἐσβάλλω λόγον II. 653 B.

ἐσθὴς I. 140 B. 321 D. 650 F.

II. 109 F. 119 B. 144 D. E. 147 B. 163 B. 209 C. 210 A. 214 D. — ἦτα περισχίζω cui I. 879 A. — sing. pro plur. I. 835 D. E. 940 B. II. 112 F. — ἦτα μεταβάλλω I. 829 B. 830 E. 876 C. — φαυλὴ I. 475 B. — victum ut vestem mutare I. 797 F.

ἐσθίω II. 124 D. E. 140 A. 153 E. 156 A. 178 D. 232 E. — ἀλλήλους II. 567 B.

ἐσθλὸς Empedocl. II. 1113 D. Phocylid. II. 47 E. Pittac. 147 C.

ἐσθλότης II. 441 B.

ἔσθω II. 101 D.

ἑσμὸς I. 1002 A. II. 96 B. — ὃν λαβοῦσαι apes I. 968 B. — vermium I. 1019 C. — Metaph. Porph. Abst. II. 60. I. 35. — et σμῆνος Dio Chr. 510 C. — coloniae Plato 567 E.

ἐσοικέω Callim. I. 957 B.

ἐσοπτρίζω II. 131 C. 696 A.

ἐσοπτρικὸς II. 920 F.

ἐσοπτρισμὸς II. 936 F.

ἐσοπτροειδὴς II. 890 A.

ἔσοπτρον II. 85 A. 139 E. 141 D. 682 E. 781 F. 930 D. 936 E. 937 A. C. I. 255 C.

ἑσπέρα βαθεῖα II. 179 D. — locus occidentis solis II. 411 B. 932 F. 933 A. I. 580 C. 1068 D. — tempus II. 162 A.

ἑσπέριος I. 567 B. 929 D.

ἕσπερος stella II. 1076 F. Plato 641 A. 703 B. — amantium, Himer. ind. Sappho 690.

ἔσσαι Lacon. II. 212 F. 233 A.

ἑστήκω — ἑστήξει Aristid. I. 549.

ἑστία II. 728 A. I. 759 A. — Ἑλλάδος — Athenae. — πρὸς ἑστίαν ἀνίστημι καὶ προσκυνέω de convivali propinatione I. 696 A. — patria I. 811 F. Aristid. I. 69. 81. 103. 112. 232. — Caesarum I. 1053 D. — πατρῴα II. 168 F. Plato 678 A. — ἤθους II. 52 A. ubi v. n. — ἀφ' ἑστίας ἄρχεσθαι II. 93 D. ubi v. n. — hospitium proprium metaph. I. 519 F. — ignis, cibus igne confectus Porphyr. Abst. I. 13. — armis repleta II. 598 D. — ἀφ' ἑστίας ut ἱκέτιν uxorem ducere Jambl. V. P. 48 et 84. — κοινὴ II. 693 E. 422 B. — terra II. 704 B. — Eurip. Fragm. incert. Musgr. 178. — ἐφ' ἑστίας amicitiam contrahere II. 816 A. — domus, familia I. 22 E. Plato 677 G. — Dea. Terra I. 67 D. Porphyr. Euseb. P. E. III. 209 A. Abst. II. 32. Plato 691 G. — ad eam supplex I. 124 A. 224 D. E. — domicilium I. 674 B. II. 154 F. 158 C. Plato 675 F.

ἑστίαμα ὀργῆς Plato 684 B.

ἑστιάρχης II. 643 D.

ἑστιὰς virgo vestalis I. 19 B. 31 E. 101 B. 139 B. 184 E. 348 B. 643 B. — δὲς παρθένοι I. 870 D. 924 F. 942 F.

ἑστίασις II. 123 E. 124 B. 198 B. 666 E. F. 667 A. 736 D. 980 D. 1097 E. 1102 A. 1131 C. I. 158 C. 270 C. 349 A. 474 A. 525 B. 564 E. 582 A. 733 E. 734 F. 879 A. 906 C. 966 C. 1047 D. 1057 D. 1060 E. Plato 623 A. — differt a domestico convivio II. 723 A. — γάμων II. 772 B. — λόγων v. n. II. 40 B. — oculorum Plaut. Poen. V. 4, 2.

ἑστιατικὸς Antipat. Stob. 428.

ἑστιατόριον II. 146 C.

ἑστιατὼρ II. 823 D. pro conviva ponitur ap. Posidon. Athen. 540 C. — orator Aristid. II. 365.

ἑστιάω II. 95 D. 147 D. 156 F. 180 E. 673 C. 674 E. 678 C. 680 C. 683 E. 692 B. 704 A. C. 708 A. 1099 B. I. 20 A. 525 B. 527 F. 733 E. 904 A. 930 B. E. F. 931 F. 992 F. — celebro I. 703 F. — oblecto II. 713 C. 1146 D. — Pass. II. 720 C. — ἐπινίκια II. 638 B. — ομαι pass. II. 401 C. 707 C. I. 825 D. 920 A. — differre videtur a δέχομαι οἴκοι II. 723 A. — populum II. 822 E. I. 220 B. 517 E. 543 D. 550 D. 565 D. — Simpl. II. 1147 A. I. 435 A. 591 E. F. — ὁ ἑστιῶν I. 10 8 F.

ἔστιν ᾗ II. 589 C. 1025 B. — ὅπη II. 589 F.

ἑστιοῦχον πῦρ II. 158 C. Ruhnken. Longin. p. 135. — Dii Charond. Stob. 290, 11. 12. — ἑστιοῦχος homo paterfam. Plato 662 B.

ἕστωρ currus I. 674 C.

ἐσχάρα I. 307 E. v. n. II. 180 E.

ἐσχαρὶς I. 106 B. 553 A.

ἐσχατεύειν II. 366 B.

ἐσχατιὰ II. 338 A. 344 B. 776 D. Casaub. Theocr. p. 268 seq. a quo dissentit Toup. Theocr. Adon. T. II. p. 329. — ἐ. 450 D. Xenoph. H. Gr. II. 4, 3. Plato 648 D. Aristid. I. 213. 216. 260. 294. 476. 549. II. 279.

ἐσχατόγηρως I. 653 A.

ἔσχατος II. 112 D. 114 E. 149 A. 201 C. 219 D. — II. 703 F. — τὰ dirissima II. 814 D. Sim. Plato 641 G. — εἰς ἔσχατον venire Aristid. I. 489. 555. II. 277. 395. — caussae proximae opp. πρώταις II. 948 B. 1080 E. 1082 A. — τὰ ut ἐσχατιὰ Plato 612 A. B. 652 F. — Ἑλλήνων laus I. 356 F. ut Tacitus *ultimi Romanorum*. — ων πέρι periclitari I. 470 F. — τῃ ἀνάγκῃ I. 561 F. 710 F. 782 D. — ἀπορία I. 578 F. — συμφορὰ mors I. 582 C. Sim. Plato 663 D. bis. — βίος I. 573 A. — κίνδυνος I. 625 C. 1030 B. — maximus. — τὰ pati, mors I. 769 F. 803 E. — τος accuratissimus I. 777 A. — τῃ τιμωρίᾳ I. 870 E. 1067 B. mors. — ἀπορία I. 912 C. 913 A. — τος Romanorum Cassius a Bruto dictus I. 1005 A. Graecorum (ut Brut. et Cass.) I. 1038 A. — contemptus Dio Chr. 479 B.

ἐσχάτως cum adjectiv. I. 423 B. 1057 E. — διακεῖσθαι Wessel. Diod. Sic. II. 293.

ἔσω (τὰ) elementa Empedoclis II. 909 C. — πίπτει τι infra dignitatem Aristid. I. 196. Vid. ἐντός.

ἔσωθεν I. 107 F. — οἱ ap. Euseb. P. E. IV. 142 D. Sunt Gr. opp. Christianis et Judaeis.

ἑταῖρα II. 60 C. 73 B. 128 D. 133 B. 140 B. 142 C. 144 D. 154 B. 1127 B. — Attice πόρνη I. 86 C. — I. 619 E. 647 C.

ἑταιρεία factio, conspiratio in republica II. 186 A. 212 C. 298 C. 787 E. 813 A. I. 108 B. 161 A. 197 B. 280 B. 319 E. 440 C. D. 551 C. 981 E. 987 B. Dio Chr. 515 D. Plato 653 A.

ἑταιρεύω — εται mulier I. 923 D.

ἑταιρέω II. 273 A. I. 166 C. 345 F. 495 B. ἑταιρούσης φιλίας II. 62 D.

ἑταίρησις II. 841 A. 1086 E.

ἑταιρία II. 583 A. I. 445 A. factio f. εἰ 606 E. Dio Chr. 541 D. Aristid. I. 426. II. 63.

ἑταιρίδιον II. 192 E. 808 E.

ἑταιρικὸς II. 758 D. 822 F. — ὰ factiones I. 435 E. — meretricius II. 140 C. 142 B. — ἔπαινος II. 46 A. — ἡ uxor II. 140 B. — ὸν εἶδος φιλίας Callicrat. Stob. 485.

ἑταιρικῶς I. 619 F.

ἑταῖρος II. 154 C. 157 D. 177 D. 181 E. 200 B. 226 E. — Philosoph. discip. II. 67 D. 1126 C. D. — Alexandri M. titulus II. 340 D. — οἱ ἀπὸ τῆς στοᾶς ἑταῖροι II. 1059 C. — duces Alexandri M. I. 584 B. bis. — factionis Dav. Ruhnken. Hist. Crit. Orat. p. 52. II. 91 F. — ὁ ἑταῖρος ἡμῶν, non nominatur II. 122 E. — Etymol. quasi ἕτερος II. 93 E. — ζηλοτυπία κενεοφρονέων ἑταῖρον ἀνδρῶν II. 91 E. — καὶ οἰκεῖος II. 91 E. — ἑταῖρε, ut f. leg. in dialogo II. 39 A. pro ἑτέραν — f. ἕτερος leg. II. 73 A. — risus ὕβρεως ἑταῖρος II. 622 B. I. 63 E. — Amor Veneris, Musarum II. 758 C. — disting. a γνώριμος II. 836 C. — ὦ ἑταῖρε II. 158 C. 1072 E. — Equites Maced. Wessel. Diod. Sicul. II. 187. — militis I. 403 D. — ducis I. 1007 E. 1009 B. — regis II. 58 A. 70 A.

ἐτεὸς verus, si vera lectio Dio Chr. 647 B.

ἑτερογενὴς II. 646 C.

ἑτεροειδὴς II. 894 A.

ἑτερόζυξ I. 489 C.

ἔτειος ἀπαρχὴ mortuis II. 114 C. v. n.

ἑτεροιόω II 559 C.

ἑτεροίωσις II. 430 B.

ἑτερομηκὴς Math. II. 367 E. 1018 C.

ἑτερορῤεπέω II. 1026 E.

ἕτερος II. 144 B. D. 152 E. 153 C. 155 E. 156 A. 158 E. 159 C. E. 165 E. 170 A. 172 B. E. 173 E. 175 E. 180 E. 189 C. 190 D. 192 B. 198 C. 201 C. 210 E. 213 B. 215 D. 217 A. 220 D. E. 224 A. 225 A.

229 C. 231 F. 232 E. 234 A. D. 235 F. 236 B. D. 237 D. 241 A. E. 242 A. — fere abund. si sana lect. II. 395 A. — γίνομαι muto sententiam II. 11 E. ubi v. n. Aristid. II. 431. — f. ὕστερον II. 410 B. — τῇ ἑτέρᾳ II. 626 A. — λόγος contrarius II. 669 E. — alter e duobus, sine articulo f., corrupt. II. 866 C. Dio Chr. XV. 235 B. — alter e duobus II. 173 D. 211 E. 226 A. 233 F. 237 C. — ὁ ἕτερος τὸν ἕτερον — maritus et uxor II. 143 B. — ἑτέρων παρόντων II. 139 E. bis. — ἕτεροι τοσοῦτοι I. 175 C. 1064 D. Antipat. Stob. 418, 41. Aristid. II. 372. — et ἀμφότεροι I. 230 F. — ος de pluribus quam duobus I. 244 A. — οἱ ἕτεροι pro ἐκεῖνοι I. 637 E. adversarii. altera pars II. 532 E. Appian. B. C. II. p. 352. sim. Aristid. II. 381. 387. — opp. θατέρῳ I. 643 F. — δεξιῷ, sinister I. 699 A. 1011 F. — transpositum I. 862 B. II. 91 B. — θάτερα τῶν ἑτέρων ambo seorsim peculiariter I. 897 D. — ἑτέραν στολὴν ἱερὰν Ἴσιδος del. I. 940 C. — ἕτερον κέρας, dextrum I. 1007 C. — ἕτερα τοιαῦτα I. 1061 B. II. 71 F. — λέγε ἕτερον ut apud Athen. sic Lysias Theomnest. p. 359. ed. Reisk. — simpl. II. 59 D. 70 B. D. 71 D. 72 A. D. — ἕτεροι opp. ἐκείνοις II. 70 E. — opp. familiaribus II. 616 C. — conf. cum ἑταῖροι II. 82 E. 734 D. — ὁ ἕτερος II. 89 A. — ἐξ ἑτέρων ἕτερα μεταλαμβάνειν ἱμάτια II. 100 B. — ἕτερον οὐδὲν II. 238 A. — ἑτέραις δι᾽ ἑτέρων II. 718 A. — ρα ἐν ἑτέροις videre II. 728 A. — μηδ᾽ ἕτερος II. 742 E. — ἕτερον ἑτέρου II. 748 B. 980 D. 1025 F. — τινὶ non αὐτὸ II. 764 D. — nil ἐστὶ ἑτέρῳ καθ᾽ ἕτερον ἑτέρου II. 981 B. ἕτεροι παρ᾽ ἑτέρων II. 984 D. — ἐν ἑτέροις ἕτερα II. 1012 B. — Platonis opp. ταὐτῷ II. 428 C. 1013 A. 1023 E. 1024 E. 1025 E. 1027 A. — τινος II. 1034 C. — ἕτεραι μᾶλλον transp. solennis Plutarcho II. 1101 E. — ἑτέραν ἀφ᾽ ἑτέρας II. 1111 E. — τὸ δὲ ἕτερον differt τῷ καθ᾽ αὑτὸ καὶ ταὐτὸν II. 1115 E. — ἕτερον ἑτέρου κατηγορεῖται II. 1119 C. 1120 A. — malus per euphemism. ἕτερος δαίμων Valck. Diatr. p. 112. Aristid. II. 280. Phaedon. 92. — an differat ab ἄλλος, Casaub. Lect. Theocr. p. 261. Plotin. 259 D. — post et pro δεύτερος II. 401 E. — ἕτερον ἄλλον Euripid. Or. 345. Markl. Suppl. 372. Athen. 340 C. — ἕτερα ἄλλα Heusd. Specim. Plat. p. 85. leg. αἴτια. — ἕτερον τἀνῦν init. Aristid. II. 286. — ἕτερος καὶ συναμφότερος Aristid. II. 76. — τὸ ἕτερον ὡσαύτως, vicissim, Aristid. II. 99. — ἑτέρα ἀπ᾽ ἄλλης Plato 687 F. — ἕτερος ἄλλῳ bis. Plato 676 C. — ἕτερον τοιοῦτον Dio Chr. VII. 116 C. Corrig. XIII. 219 C. ut Reisk. Aristid. I. 480. 490.

ἑτερότης II. 429 B. 884 C. 1013 A. 1015 F. 1024 E. 1025 A. 1026 A. C. 1083 D. 1115 D. I. 71 C.

ἑτερόφθαλμος II. 11 B. 803 A. 1058 A. I. 499 C. 568 D. 703 F. Dorvill. Char. p. 621. — Graecia Aristid. I. 425.

ἑτερόφωνος Plato 637 D.

ἑτέρωθεν I. 138 A.

ἑτέρωθι II. 412 C. 721 F. I. 764 F. Aristid. I. 34.

ἑτέρως alibi II. 939 C. f. ἑτέρωθι — ὡς male, Pausan. 723. Aristid. II. 141. 167. Phaedon. 92. — aliter, II. 40 E. ita legend. 104 B. pro ἕτερος — ὡς ἑτέρως Aristid. I. 166. — male Aristid. I. 165.

ἑτέρωσε ὁρᾶν non attendere, Aristid. I. 494.

ἐτήσιοι II. 366 C. — αι 1094 E. ἐτησίας II. 894 B. 897 E. — ὧραι II. 993 E. — I. 76 E. — αι venti I. 885 B. 967 E. Aristid. II. 331. 332. 333. 334. 339. 341. 353. 398.

ἔτι — ἔτι μᾶλλον II. 132 D. 162 E. 714 D. 1071 A. 1072 A. 1114 F. 1119 E. I. 436 A. 447 B. 616 C. 617 F. 649 A. 653 C. — μᾶλλον ἔτι II. 136 D. — Simpl. II. 216 D. — initio periodi pro καὶ μὴν sim. II. 352 A. 365 D. 376 B. C. — med. periodi pro praeterea II. 396 A. — pro εἶτα post πρῶτον II. 4 A. — ἔτι δὲ pro καὶ II. 328 A. — ἔτι πάλαι, abund. I. 240 D. — γε πάλαι I. 452 C. — καὶ μειράκιον ὢν I. 492 A. — pro εἶτα post πρῶτον I. 1009 E. — ἔτι δὲ initio periodi II. 29 D. 131 B. 640 E. 651 B. 652

C. 676 B. 764 C. 1001 E. 1004 A. 1110 D. I. 461 C. 473 E. 1009 F. —med. pro καὶ II. 650 D. 794 A.— τοίνυν init. II. 47 B. 58 B. 70 E. 73 A. 407 F. 443 D. 547 B. 672 B. 676 D. 698 C. 808 D. 855 F. 856 B. 949 C. 952 A. 1029 B. 1075 D. 1079 D. 1082 D. I. 109 F. 484 E. 887 A. — ἔτι καὶ ab initio periodi II. 707 D. 810 D. — ἔτι simpl. initio periodi II. 736 A. 903 A. 946 C. 1061 E. 1085 E. I. 23 A.— ἔτι γε μὴν II. 954 C. init. ἔτι δεῖ τινος II. 975 C. — ἔτι μὲν ab init. narrationis historicae II. 993 D.

ἔτνος λιπαρὸν II. 614 E.

ἑτοιμάζω II. 101 C.

ἕτοιμος κάρπος I. 485 A. — II. 62 D. 65 E. 151 F. — simpl. II. 201 A. 671 D. 1068 C. — ἕτοιμον τὸ διαφθαρῆναι in promtu est interitus II. 706 C. 787 A. — πρὸς μεταβολὴν II. 725 A. — ἐν ἑτοίμῳ quid habere I. 573 D. — cibus II. 48 A. — lingua, καὶ εὐτράπελος Dio Chr. 610 B. — τινὶ pro ὅμοιος Dio Chr. XVIII. 258 D. — ἐξ ἑτοίμου II. 226 D. — όν ἐστι cum inf. II. 147 F. — μὴν ἔχει τὴν γένεσιν II. 45 C. — facilis solutu quaestio II. 1083 A. — paratus I. 144 E. 145 A. — ἐξ ἑτοίμης ἀρχῆς I. 262 C. — καὶ ἰταμὸς I. 831 C. — πλοῦτος paratus, Latinum I. 867 C.

ἑτοιμότης I. 145 C. II. 6 E. 405 E.

ἑτοίμως II. 172 C. 406 A. 709 C. fere abund. Plato 663 A. — malo sensu Aristid. I. 426.

ἔτος — κατ' I. 34 B. Dio Chrys. 528 E. — ἔτους ὥρα ver I. 411 D. 413 D. — δι' ἔτους per totum annum I. 620 B. — ἔτος ἐκεῖνο ago vicesimum I. 625 A. Vid. ἐκεῖνος. 1054 D. — τρίτον, jam per tres annos I. 915 A. — πεντηκοστὸν γεγονὼς I. 1024 E. — Simpl. II. 113 D. E. 136 D. 162 B. 177 C. 190 C. 194 E. 198 C. 199 E. 204 B. 215 E. 222 A. 239 D. F.

ἔτυμος — οἶσι ὅμοια Xenophon. II. 746 B.

ἐτυμότης, verbi origo II. 638 E.

ἐτώσιος Homer. II. 465 F.

εὖ Simpl. II. 201 D. 213 D. 235 E. 242 C. — εὖ καὶ καλῶς I. 334 D. 857 D. II. 58 E. 146 F. Plato 661 D. — χωρεῖ τι I. 1047 D. — εὖ μάλα II. 15 A. 19 A. 33 B. 51 D. 66 E. 1084 A. I. 582 D. 679 E. 1005 E. — εὖ ποιέω II. 63 E. — μάλα δὲ χρὴ init. 43 B. — εὖ πως II. 161 F. 620 D. I. 557 E. 690 F. 1019 E. 1046 B. — γε ποιῶν II. 649 E. I. 574 D. — ποιεῖν et πάσχειν II. 181 C. 1097 A. — εὖ μὲν οὖν λέγουσιν οἱ λέγοντες ὅτι II. 414 F. Sim. 62 E. 67 B. — εὖ γὰρ εἰδέναι χρὴ ὅτι II. 406 F. — οὐ γὰρ τὸ εὖ ἐν τῷ μεγάλῳ, ἀλλ' ἐν τῷ εὖ τὸ μέγα Athen. 629 B. Sent. Ant. et Max. p. 55, 40. Stob. p. 55, 39. Diog. L. VII. 21. Gatak. M. A. p. 272 D. — εὖ φέρεσθαι II. 68 D. — δὲ καὶ transitus II. 70 C. — γὰρ εἰρημένον τὸ ἑλοῦ βίον cet. transitus II. 123 C. — τίθεσθαι suas res II. 129 D. — εὖ τοίνυν transit. II. 144 C. — εὖ γε ἐξεῦρες II. 149 A. — εὖ γε ἐποίησε μνησθεὶς II. 164 A. — πάσχω II. 143 E. — ποιέω et κακῶς ἀκούω II. 181 E. — εὖ γε II. 191 F. 196 A. 208 D. 219 D. — εὖ καὶ κακῶς πάσχω II. 230 D. — τὸ γὰρ μετ' ἐμοῦ proverb. metr. 220. Gataker. M. A. p. 221. — καλῶς vel κακῶς, vid. in his voc.

εὖα ovatio I. 310 D.

εὐαγγελίζομαι I. 418 B. 654 C.

εὐαγγέλιον munus pro bono nuntio II. 347 D. I. 896 C. 614 F. — ἐπ' εὐαγγελίοις quem producere I. 573 D. — εὐαγγέλια θύειν II. 184 A. 188 D. 582 A. 605 C. 749 A. 784 A. 799 F. 846 D. 855 E. Stanl. Aeschyl. T. II. 798. — I. 640 F. 752 B. 893 E. 1018 B. bis. Aristid. I. 174.

εὐάγεια Jambl. V. P. 107.

εὐαγὴς II. 518 B. I. 57 A. — οὐκ Porphyr. Euseb. P. E. IV. 144 B. Abst. II. 10. Plato 691 G. Aristid. I. 18. — εὐαγής, εὐηγής, περιηγής, rotundus, lucidus T. Hemst. ap. Musgr. Eurip. Suppl. 654. Jambl. V. P. 105. Plato 690 C. Theophr. περὶ αἰσθήσ. ed. Steph. p. 40, 8. Epigr. Brunck. Anal. I. p. 227. Leonid. 28. Plato Tim. 539 C.

εὐάγκαλος — τόξον II. 608 E. — onus II. 923 B. Porph. Abst. I. 45.

εὐαγωγία II. 10 C.

εὐαγωγὸς II. 15 B. 778 A. 987 E. Callicrat. Stob. 487. Porph. Abst. I. 56.

εὐαερία II. 787 D. δυσάερος Dio Chr. XIX. 301 A.

εὐαισθησία Phintys Stob. 444, 11.

εὐαίσθητος II. 903 C. 956 F. — activ. I. 341 C. II. 14 D. Porph. Abst. III. 8. ex Aristot. Plat. Leg. II. 579 B. 582 G. 637 C.

εὐαίων Soph. II. 21 C.

εὐαλδὴς II. 664 D. orac. Porph. Euseb. P. E. 192 C. — δυσαλδὴς Eus. P. E. I. 40 D.

εὐάλωτος πρός τι II. 256 E. — τῷ τέρποντι εἰς τὸ μιμεῖσθαι II. 334 D. sim. 348 C. — τινι II. 620 C. — I. 365 A. 546 D. 572 F. 573 D. 574 E. 958 E. II. 5 D. 181 C. 218 D.

εὐανάκλητος Gatak. M. A. p. 7. b. G. I. 490 A, 825 C.

εὐανακόμιστος ira II. 468 E.

εὐανδρέω I. 133 C. 352 A.

εὐανδρία II. 322 A. 824 C. I. 163 C. (Eurip. Alexand. Floril. Grot. p. 388. fragm. inc. Musgr. LI. Toup. Theocrit. T. I. p. 112 b. de Crotone. Conf. Cic. Juvent. init. Bibl. Crit. III. 1.) I. 622 C. 631 B. 656 D.

εὔανδρος urbs II. 209 E.

εὐανθὴς λειμὼν II. 854 C. — ἡλικία II. 120 A.

εὐαπαντησία II. 441 B.

εὐαπάτητος Stob. 221, 45.

εὐαπολόγητος I. 802 F.

εὐαποσείστως καταλαμβάνειν τι infirmiter, Chrysipp. II. 1036 E.

εὐαρδὴς II. 912 E.

εὐαρεστέω II. 121 F. Hierocl. Stob. 449. Teles 576. Upton. Ind. Epict.

εὐαρέστησις II. 574 B. Hierocl. Stob. 230.

εὐαρμοστία πρός τι II. 684 B. I. 71 E. Aristid. I. 388. II. 178. — simpl. II. 687 D. 1030 A. I. 619 C. — ὁμιλία II. 743 E.

εὐάρμοστος πρός τι II. 658 D. I. 214 B. — τινι II. 149 A. 697 D. 799 C. I. 514 D. 797 A. — conjugium II. 754 C. I. 966 D. — I. 332 E. 481 E. 596 D. II. 132 E. 138 D. 141 A.

εὐασμὸς I. 310 F. 950 A. εὐαστὴς Anthol. I. 47, 3. D. Ruhnken. ad Hermesianact. Eleg. Ep. Crit. Anthol. I. 55, 12. Argentarii. Εὐάζειν Meleager, ver, Anthol. I. fin.

εὐαφὴς II. 588 D.

εὐβάστακτος II. 967 F. Philo Sentent. Max. et Ant. ed. Wechel. Stob. 109, 1. ed. Mang. T. II. 671.

εὔβατος II. 340 F.

εὐβοσία Posidon, Athen. 527 E.

εὔβοτος I. 136 B. 698 A.

εὐβουλεὺς Bacchus II. 714 C. Wessel. Diod. Sic. I. 388.

εὐβουλία II. 9 F. 97 C. E. F. 98 A. B. F. 99 C. 1131 B. I. 181 E. 174 D. 409 B. 439 C. 556 B. 1031 C. 1049 E.

εὐγαιος I. 130 C.

εὐγένεια I. 481 A. 1045 B. II. 226 A. — ας χαρακτὴρ I. 4 A. — in corpore I. 20 D. — I. 109 E. 581 C. II. 5 D. 34 D. — λόγων eloquentia I. 852 B. — integritas I. 857 A. — αἱ εὐγένειαι I. 932 C. — fortitudo I. 955 B. — et συγγένεια jung. I. 1054 B. — Liber Pseudo-Plutarchi, Aristotelis D. L. Athenodori Sandonis f. Cic. Ep. Div. III. 7.

εὐγενὴς et γενναῖος differunt Dio Chr. XV. 243 B. — D. — I. 146 A. 881 A. II. 13 F. 139 B. 226 B. — II. 809 D. I. 157 F. 594 E. — canis I. 491 D. — χώρα I. 771 A. — Stoic. II. 58 E.

εὐγενῶς τελευτᾶν II. 816 A. I. 1075 A. — εὐτυχεῖν leg. ἀτυχεῖν II. 7 E. — quid ferre II. 118 C. — ὀρέγειν τὰς Χάριτας Jambl. Stob. 315.

εὔγεως Aristid. I. 101.

εὐγηρία II. 111 B. ubi v. n.

εὐγήρως II. 343 C.

εὐγνωμονέω II. 116 A. 142 B. 978 C. I. 68 A. 234 A. 382 A. 494 C.

εὐγνωμόνως I. 457 E. 945 A. II. 679 E.

εὔγνωμος II. 543 D.

εὐγνωμοσύνη II. 967 E. I. 115 B. 309 B. 332 E. 896 A. Upton. Ind. Epict. Aristid. I. 460. 471. 565. II. 219. pro συγγνώμη venia Dio Chr. VII. 128 A.

εὐγνώμων II. 413 C. 420 E. 796 E. 1043 F. 1044 A. I. 60 E. 168 B. — auditor I. 1 C. 440 A. Sim. II. 40 F. 44 A. — I. 221 F. 235 B. 430 D. 483 B. 653 D. 659 B. 724 B. 816 D. 828 B. 858 B. 876 A. 881 E. 891 A. 915 F. 952 C. 999 B. 1024 D. 1031 C. — II. 73 D. 107 A. restituendum Phavorino Stob. 600. ex cod. A. Epict. fragm. Upton. p. 782.

εὐδαιμονέω et εὐπραγέω disting. I. 265 C.

εὐδαιμονία I. 846 B. II. 212 B. 217 A. 224 E. Plato 681 A. 687 F. — tribuitur soli homini, ut εὐτυχία II. 572 E. conf. Hippodam. Stob. 553. — passim II. 24 F. 25 A. 58 D. 97 D. 99 D. E. 126 E. 152 A. 234 F. 1063 C. 1064 A. 1067 C. 1076 C. 1106 D. 1131 B. I. 93 E. 94 D. 109 C. 132 D. 161 E. 276 A. 846 B. Plato 672 F. laetitia vitae ib. 700 D. — παλαιὰ Dio Chr. 488 D. Aristid. I. 259. Julian. 433 B. Demosth. Mid. 405 A.

εὐδαιμονίζω I. 56 A. 94 A. 132 C. 340 E. 504 F. 521 A. 798 D. II. 36 D. 94 A. 105 B. 107 C. 111 D. 238 E. Plato 670 D. — disting. εὐδαίμων 688 D.

εὐδαιμονικὸς II. 1069 B.

εὐδαιμονισμὸς I. 297 A. 454 D.

εὐδαιμόνως καὶ μακαρίως II. 155 B.

εὐδαίμων urbs I. 152 C. 500 A. Plato 672 F. 699 D. F. 700 A. 701 B. II. 25 A. 37 A. 61 A. 113 E. 217 A. Plato 702 G. 704 F. 705 A. — terra I. 515 C. 727 C. 939 B. 1069 E. — I. 93 F. 94 A. B. 110 A. bis. 147 C. 846 B. — Regum titulus I. 218 E.

εὐδάπανος II. 632 C. I. 79 E. 257 A. Porphyr. Abst. II. 13. 14. 15.

εὔδηλος — ον ὅτι II. 856 B. — I. 73 E. II. 68 C.

εὐδήλως I. 2 B.

εὐδία Simpl. I. 121 A. 290 C. 418 C. 975 A. II. 8 C. 9 C. 103 B. 128 E. 162 F. 787 D. 967 B. 968 F. — animi serenitas II. 118 E. ubi v. n. — σαρκὸς II. 126 C. ubi v. n. — 101 B. 185 E. 610 B. 662 C. 686 B. 1090 B. Plato 694 C. — νέφος ἐπάγειν II. 68 C. — Metaph. II. 123 E. animi et vultus Jambl. V. P. 10.

εὐδιάβατος II. 1117 D.

εὐδιάβλητος II. 1040 B. Euseb. Stob. 309, 31.

εὐδιάβολος Plato 687 B.

εὐδιάζω — ita leg. pro ἐνδ. I. 501 E. Sic ἀπευδιάζω Jambl. V. P. 135. ἀπευδιασμός.

εὐδιαῖος f. corrupt. II. 699 F. An εὐδίαιος, quod adjectiv. ap. Dioscorid. I. 18. ex emend. Sarac. p. 6. Moschopul. ad Hesiod. p. 140, 1.

εὐδιάλλακτος I. 733 C.

εὐδιάλυτος II. 701 A. I. 360 B.

εὐδιάφθαρτος Plato 649 E.

εὐδιάχυτος II. 901 B. 949 B.

εὐδιεινὸς Plato 677 E.

εὐδικία II. 332 A. 780 F. 781 F.

εὐδοκέω (II. 334 D. ita f. leg. pro ἔνδοξον) vid. Wetsten. Nov. Foed. T. I. p. 269.

εὐδοκιμέω I. 163 A. 364 E. 385 B. 442 F. 443 F. 446 D. 478 E. 494 E. 518 F. 564 E. 710 B. 853 F. 873 D. 926 B. 956 D. 1057 E. II. 57 D. 71 C. 136 F. — dictum εὐδοκιμεῖ II. 719 F. 735 C. 961 B. 978 F. — in certamine H. 736 D. 973 C. — Simpl. II. 41 D. 60 C. 81 A. 91 A. 105 B. 188 A. 212 E. 820 B. 967 B. 1011 A. 1049 D. 1072 D. Plato 690 E. — pro εὐδαιμονέω II. 1067 E. — ούμενος I. 1060 A.

εὐδόκιμος I. 50 D. 93 E. 136 C. 383 D. 446 A. 452 D. 596 C. 730 C. 798 A. 846 B. 915 F. II. 227 F. 667 D. 747 B. Plato 689 G. 690 A. 698 F. — ἐν λόγοις II. 88 B.

εὐδοξέω II. 1100 C. Aristid. I. 491.

εὐδοξία II. 24 C. 1100 D. I. 698 F. 1049 D. Plato 689 F.

εὔδοξος βίος Plato 689 F.

εὐδρομέω I. 366 D. ita leg. pro εὐδραμέω Jambl. V. P. 51.

εὐδρομίη Anthias piscis ap. Eratosth. II. 981 D.

εὔδρομος II. 715 E. Galen. Stob. 545, 30.

εὐδυσώπητος II. 528 E bis.

εὕδω — δει ἡ συμφορὰ I. 932 A.

εὐειδὴς I. 51 A. II. 402 A.

εὐεκτέω II. 919 C. Stob. 147, 53. Dio Chrys. 416 A.

εὐεκτικὸς II. 7 A. 562 F.

εὔελπις II. 1101 D. I. 555 B. 1012 B. — Fortuna II. 281 E. 323 A. — συμφορὰ Aristid. I. 452.

εὐεξία II. 682 B. E. 724 C. 1060 C. 1062 C. 1065 C. 1090 B. — φωνῆς II. 804 B. — I. 350 E. 354 E. 412 F. II. 7 D. 8 C. — καὶ μέγεθος I. 1028 B. — ας καὶ ῥώμης καὶ τάχους certam. Olymp. Dio Chr. XII. 218 D.

εὐεπεία II. 396 C. Dio Chr. 552 A.

εὐεπὴς Vit. Hom. §. 6.

εὐεπία Vit. Hom. §. 33.

εὐεργεσία II. 88 B. 178 C. 1042 F. 1097 A. — καὶ πολιτεία cum quo civitate Xenoph. Hist. Gr. I. 1, 17. — Plato 651 D. Terent. Eun. V. 2, 22. — γεσία μοί ἐστι πρός τινος Aristid. I. 425.

εὐεργετέω II. 63 E. 81 A. 101 D. 198 D. 210 C. 218 A. 1098 E. I. 369 B. 643 E. Plato 681 A. — τυραννίδος μακαριώτατόν ἐστι τὸ μηδέποτε εὐεργετοῦντα νικηθῆναι Anaxil. Stob. 326.

εὐεργέτημα I. 835 F.

εὐεργέτης regum titulus II. 543 E. — I. 218 E. 369 B. 382 A. 374 D. 446 E. 511 F. 555 D. 892 D. II. 178 C. — καὶ σωτὴρ I. 15 F.

εὐεργετικὸς II. 1051 E.

εὐεργετὶς anima Plato 669 D.

εὐερκὴς II. 275 B. I. 315 A. 614 A. 617 F. 1050 C. Plato 617 C. 624 D. εὐερκία G. ib. 650 F.

εὐερκῶς de lingua II. 503 C.

εὐεστὼ Democriti Vid. Wessel. et Valcken. ad Herodot. . . . ἐστὼ Archytas Stob. Phys. p. 716. ed. Heeren.

εὐετηρία II. 824 C. Jambl. V. P. 69.

εὐζηλία I. 53 A.

εὔζωνος I. 250 A. 279 B. 892 F. 1029 D. — exercitus sine impedimentis I. 675 E. *alte cinctus* Senec. Ep. 92 fin.

εὐήθεια probitas morum, (f. εὐμάθεια) II. 963 A. — I. 196 A. 480 E. II. 52 D. 111 D. 113 B. — justitia Aristid. II. 112.

εὐήθης I. 27 F. II. 60 E. 177 F. 186 E. — θη λέγοντες appositio I. 1012 F. — θες hoc est II. 934 A. 1066 E. 1103 E. — bonis morbus Plato 586 C. — θεῖς Thebani Aristid. I. 449. — ineptus Aristid. II. 152.

εὐήκοος II. 39 A. activ.

εὐήλατος Xenoph. H. Gr. V. 4, 54.

εὐημερέω v. n. ad II. 78 B.

εὐημερία v. n. II. 168 C.

εὐήνιος homo II. 7 F. Plato 663 A. — anima II. 592 A. B. Porphyr. Abst. II. 39. — τῷ λόγῳ II. 943 D.

εὐηνίως quid λέγεσθαι II. 9 B.

εὐήνωρ ferrum quare ab Homero dictum II. 659 C. 692 F.

εὐήρεμος II. 983 C.

εὐήρης navis I. 946 C.

εὐήτριος Dionys. Alex. Euseb. P. E. XIV. 774 D.

εὐηχὴς — ἐς ὄργανον II. 437 D.

εὐθαλέω II. 28 D. 88 B. 745 A.

εὐθαλὴς II. 409 A.

εὐθάνατος Menand. Cler. p. 10. 186.

εὐθαρσὴς II. 69 A. 76 E. I. 94 A. 937 D. 46 F. 413 C. 497 D. 741 B. 787 F. 848 F. 878 F. — ὡς ἔχω I. 594 E. II. 194 E.

εὐθαρσῶς II. 199 B. 237 A. 728 B.

εὐθενέομαι Aristid. I. 28. Reisk. εὐθην.

εὔθετος εἴς τι Philem. Cler. p. 352. Jambl. V. P. 97. — καιρὸς Artapan. Eus. P. E. 432 D.

εὐθεώρητος II. 932 A. I. 353 A.

εὐθέως statim II. 39 B. 669 E.

εὐθημοσύνη II. 701 B. Numen. Euseb. P. E. XI. 536 D. — εὐθημονέω Plato 616 C.

εὐθηνέω II. 823 E. I. 103 B. (Wessel. Diod. Sic. I. 323.) 354 A. Euseb. Stob. 310. Antipat. Stob. 417, 5. Dio Chrys. I. 15 A. XXXV. 434 A. XLIV. 510 C. Aristid. I. 166. 182. 417. 484. εὐσθενέω 481. 500. 522. 560.

εὐθηνία — ἡ ἀπὸ τῶν σιτίων φερομένη II. 305 E. 307 D. — reponit pro εὐσθένεια Casaub. Diog. L. I. 83.

εὔθηρος Aristid. I. 251.

εὔθοινος II. 267 E.

εὐθορύβητος I. 524 D.

εὔθραυστος II. 174 D. 656 C. 877 E. I. 419 E.

εὔθρυπτος II. 916 B. I. 576 C.

εὐθυβολέω II. 906 B. 907 A. B. nominis Euseb. P. E. IV. 142 B. VII. 307 A. 516 D. 518 C. 533 D.

εὐθυβολία I. 639 F.

εὐθύγραμμος II. 1003 B. seq. E. 1004 A.

εὐθυθάνατος πληγὴ I. 951 D.

εὐθυμαχία I. 572 F.

εὐθυμεῖν II. 465 C. D. — εἶσθαι I. 573 D.

εὐθυμία I. 10 E. 578 F.

εὔθυμος II. 208 A. — ον τὸ II. 1106 C. — I. 596 F. II. 118 B. — bonam spem habens Dio Chr. 482 C. f. εὔμυθος corrig. Democr. Stob. Eclog. p. 205.

εὐθύμως θανάτους φέρειν II. 113 D.

εὐθύνειν τινὰ κλοπῆς I. 865 C. — II. 843 D. I. 768 E. Plato 690 B. regere equum II. 593 B. — scriptorem I. 523 F. Sim. II. 153 C.

εὐθύνη — ας ὑπέχειν II. 711 E. 1116 E. — λαβεῖν II. 922 E. — II. 40 C. 45 E. 938 C. I. 158 A. 855 C. Plato 663 F. 687 F. 688 B. C. F. — αν ὑπέχειν II. 397 D. 428 A. 1057 C. 1087 C. 1104 A. I. 232 D. 651 B. 724 B. — ας δοῦναι I. 247 E. 626 D. 630 A. 780 E. 943 A. II. 9 D. — judicii I. 320 E. — ας ἀπαιτέω I. 745 E. — δεδιέναι I. 932 D.

εὔθυνος Plato 687 D. bis F. 688 A. B.

εὐθυόνειρος II. 437 F.

εὐθυπορέω II. 890 D.

εὐθύπορος II. 722 B. — εὐθυπορία Plato 612 F. 623 C.

εὐθυῤῥημονέω I. 895 A.

εὐθὺς II. 977 A. — statim II. 131 F. 133 F. 151 B. 155 B. 161 B. 162 A. B. D. 163 C. 164 E. 167 E. 173 C. 175 C. 179 C. 180 F. 183 B. F. 184 F. 189 C. 196 D. 197 D. 198 B. 211 D. 228 E. 700 F. — ἐπ' εὐθείας, ἀπ' εὐθείας v. n. n. II. 67 A. — κατ' εὐθεῖαν perpendiculariter II. 941 B. — τὴν εὐθεῖαν sc. ὁδὸν manifeste, palam, I. 864 C. — II. 662 A. — adverb. exempli gratia (ut αὐτίκα) 470 B. 515 D. 758 A. 20 E. — ἐξ ἀρχῆς II. 197 A. — οἷον εὐθὺς II. 436 A. 470 B. 494 A. 515 D. Dio Chr. XI. 101 A. — init. εὐθὺς τὸ πρῶτον II. 938 C. — sic cum παραχρῆμα Taylor. Demosth. T. IX. 370. Reisk. — Lat. *continuo* II. 24 D. 960 D. — εὐθεῖα sc. linea II. 1022 D. plene 408 E. — rectus figura II. 1121 C. — τέλος εὐθὺς, tandem statim, repugn. I. 118 C. — δι' εὐθείας recta via II. 408 E. — εὐθὺς πρὸς ἀλήθειαν rectus ad veritatem II. 408 F. — εὐθύ τινος, via I. 856 C.

εὐθυσκοπέω (f. ἐπισκ.) II. 737 A. H. Steph. Thes. L. Gr. Ind.

εὐθυφερὴς in lucta, Plato 638 D.

εὐθυωρία II. 2 D. 921 A.

εὔιος II. 671 B. I. 311 A. Himer. 596.

εὔιππος Soph. II. 785 A.

εὔιστος πόθος Epigr. II. 14 B.

εὔιχθυς Aristid. I. 251.

εὐκαιρεῖν II. 223 D. ὑπερευκαιρεῖν Hippocr. Ep. XVI. p. 15 F.

εὐκαιρία στίχων, opportunitas, parodia, II. 736 E. — μεταφορᾶς II. 16 B. — et εὐγηρία II. 111 B.

εὔκαιρος II. 10 E.

εὐκαίρως II. 1071 D. — f. ἀκαίρως II. 131 B.

εὐκάματος κάματος II. 467 E. 794 B. Eurip. Procl. Hesiod. p. 111 b.

εὐκαμπὴς II. 1003 C. I. 463 D. (ita leg.) 742 D. Aristid. I. 219.

εὐκαρπία II. 312 A.

εὔκαρπος Venus, Soph. II. 144 B. 756 E. — II. 59 A. 994 B.

εὐκατάφορος ad venerem II. 503 B. — ad vitium II. 547 B. — εὐκαταφορία repone in Stob. Eth. 167, 14.

εὐκαταφρόνητος II. 223 E. 788 A. 813 D. 1091 A. I. 319 E. 347 E. 517 C. 544 C. 545 E. 576 A. 596 F. 617 E. 732 C. 789 F. Aristid. I. 531 II. 278.

εὐκαταφρονήτως οὐκ I. 895 E. 903 D.

εὐκατηγόρητος I. 942 F.

εὐκέανος δρῦς I. 304 F.

εὐκέραστος II. 922 A.

εὐκηλήτειρα II. 657 D.

εὐκίνητος II. 721 E. 799 C. 1023 C. I. 174 D. 381 F.

εὐκλεὴς II. 70 A. 114 C. 231 A. 238 B. 717 D. 1100 D. I. 131 B. 401 F. 441 D. 788 F. — morbus I. 950 F. — εὐκλεέστερον mori I. 819 B.

εὔκλεια Diana I. 331 E. — Simpl. II. 240 B. — disting. a δόξα Dio Chrys. Or. IV. D.

εὔκληρος Teles Stob. 232. εὐκληρέω id. 577. Wessel. Diod. Sic. I. 182. Aristid. I. 550.

εὐκοίλιος v. n. II. 137 A.

εὐκολία pro εὐτέλεια II. 461 A. et caussa εὐτελείας C. — II. 100 D. 123 C. 854 E. 1060 B. I. 356 F. 397 E. 412 F. 455 A. 544 D. 620 A. 716 A. 837 E. 927 C. — πρὸς ποίησιν poëtica facilitas, sc. faciendorum versuum I. 881 B. — II. 43 D. — καὶ εὐχέρεια, lusus, ac remissio, opponitur negotiis Plato 686 D. — jungitur cum εὐτέλεια Aristid. I. 64.

εὔκολος I. 49 F. 174 C. 256 D. 339 E. 407 C. 454 B. 1049 C. 1054 B. II. 44 B. — ποιεῖν τι II. 629 A. — τὴν λέξιν II. 836 B. — λώτερον II. 235 B. — Plato 704 A.

εὐκόλως II. 12 F. 13 D. 56 D. 90 D. 107 A. I. 91 A. 640 A. 801 A. 923 C. — se interficere I. 822 F. — καὶ ὀλιγώρως malo sensu II. 46 C.

εὐκόπως pro εὐκόλως II. 727 A.

εὐκοσμία II. 11 C. 228 C. reip. I. 648 B.

εὐκόσμως I. 861 A.

εὐκράγκης ventus Epicur. f. ἐκράπτης II. 1090 E. Ita ἐπιραγκτὸς II. 699 D.

εὐκρασία II. 101 B. 887 E. Porphyr. Abst. II. 58. — corporis II. 686 B. — οἶνος ἂν τύχῃ τῆς πρὸς τὸν καιρὸν μᾶλλον ἢ τῆς πρὸς τὸ ὕδωρ εὐκρασίας II. 132 B.

εὔκρατος II. 677 D. 896 B.

εὔκριτος Aristid. I. 62.

εὐκταῖος — sacrificia II. 369 E. Plato 673 B. Aristid. I. 544. — II. 1070 B.

εὐκτὸς — τὰ, εὑρετὰ διδακτὰ Soph. II. 98 A.

εὐλάβεια — ejus descriptio II. 1038 A. Upton. Arrian. Epict. 100 et Ind. — differt a φόβῳ II. 449 A. — Simpl. II. 12 A. 40 F. 87 D. 127 F. 176 A. 978 A. — II. 793 A. (non laedere quem II. 964 A.) — είας δεῖται II. 44 A. 45 D. 709 C. βεια περὶ τὸ θεῖον I. 75 A. Phintys Stob. 444, 25. — pietas, religio I. 132 C. 138 E. 139 D. 141 D. 225 E. 226 A. 256 C. — in statuendo II. 420 E. — ejicitur enthusiasmo II. 432 E. — prudentia I. 174 C. D. — cautio I. 302 F. — I. 524 C. 531 D. 532 D. 565 B. 567 E. 604 B. 623 E. 650 A. 713 F. — philosophi I. 538 E. — I. 743 B. 786 B. 804 C. 845 B. 882 F. 988 F. 1015 C. 1031 F. 1044 B. 1054 C. 1070 A. II. 45 D. 58 A. 71 B. 144 B. — fere εὐταξία II. 144 F. — μετ' εὐλαβείας II. 228 A. — in lucta, f. evitando et prehendendo Plato 638 D. 643 C. — Catonis II. 127 F.

εὐλαβέομαί τι II. 706 A. 977 A. I. 155 B. II. 11 D. 70 E. 87 D. 98 B. 129 B. 130 D. 224 A. 229 F. f. restit. Dio Chrys. XI. 192 B. Plato 652 A. B. 662 G. 681 A. Aristid. I. 491. — καὶ φυλάττομαι I. 288 B. — vito I. 29 B. 348 B.

εὐλαβὴς — περί τι II. 702 E. — πρός τι II. 729 F. I. 156 C. — τὸν τρόπον timidus II. 837 A. — I. 95 A. 184 C. 277 C. 620 A. 836 D. 887 A. II. 126 F. — Pass. medicina quae caute datur I. 161 C. — τὸ I. 805 B.

εὐλαβῶς II. 41 A. I. 526 A. 583 B. 863 A. — ἔχειν timere II. 849 F.

εὐλὴ — αἱ I. 1019 B. II. 165 A.

εὔληπτος I. 111 C. II. 66 B.

† εὐλογέω Eurip. Hec. 465. Wetsten. Math. V. 44.

εὐλογιστέω II. 1072 C. E. Upton. Epict. p. 244. I. 1072 E. Diog. L. VII. 88.

εὐλογιστία II. 103 A. pro φρόνησις sumitur 1072 C. E. Stob. Heeren. T. II. p. 106. seq. διαιρετικὴν καὶ ἀνακεφαλαιωτικὴν p. 134.

εὐλόγιστος II. 102 D. 1071 A. C. E. 1072 C. D. I. 843 E.

εὔλογος II. 399 A. 422 E. 550 B. 680 C. 739 B. 767 B. 1007 A. 1020 D. 1037 F. 1049 F. 1055 B. 1092 E. I. 119 A. 234 F. Aristid. I. 467.

εὔλογχα εἴδωλα Democriti II. 419 D. Hemsterhus. ad Hesych. T. I. p. 1514. — I. 255 D.

εὐλόγως II. 135 F. 701 F. 1060 C. 1070 B.

εὔλυτος Eurip. II. 95 E. F.

εὐλύτως Wessel. Diod. Sic. I. 357. Stoic. Upton. Ind. Arrian. Teles Stob. 523, 19.

εὐμάθεια II. 47 D. 963 C. 973 E. 992 B.

εὐμαθὴς I. 959 D. Plato 702 C.

εὐμαρὴς I. 97 A.

εὐμαρῶς I. 1024 C. II. 116 A.

εὐμεγέθης I. 30 D. 128 D. 475 D. 497 E. 545 A. 576 A. C. 658 B. 777 E. 823 E. II. 412 B. 657 F. 967 B.

εὐμέλεια II. 456 B.

εὐμένεια II. 67 E. 90 F. 96 D. 167 E. — *μετ' εὐμενείας* II. 724 D. — plur. II. 743 E.

εὐμενὴς — cibus nobis II. 123 C. — *καὶ φιλάνθρωπος δύναμις* vini non est II. 132 D. — *οἰκεῖον* II. 62 C. — *καὶ φίλος καὶ οἰκεῖος* II. 37 A. F. — *καὶ ἵλεως.* vid. *ἵλεως* Aristid. II. 249. — *κρᾶσις* coeli II. 701 A. — *πρός τι* I. 519 F. II. 122 C. — II. 69 A. 92 B. 167 D. 1102 A. I. 173 C. 567 B. 576 C. 736 A. Plato 681 A. — *θεὸς ἐκ χρηστοῦ βασιλέως* I. 35 A. — *δαίμων* I. 35 C. 523 A. deus — auditor II. 41 A. 42 F. 44 E. 421 A. et *εὐμαθὴς* Plato 601 G. 603 E. — *καὶ δυσμενὴς* Plato 680 G.

εὐμετάβολος I. 790 C. 874 B. II. 170 A. D. 224 C.

εὐμετάθετος II. 799 C. I. 981 D.

εὐμετάστατος II. 5 D.

εὐμεταχείριστος II. 800 C. 1012 B. I. 628 E.

εὐμήκης II. 523 C.

εὐμηχανία I. 244 B.

εὐμήχανος II. 699 B. 830 B. 977 C.

εὐμηχάνως I. 169 C. 945 A. II. 1078 B.

εὐμνημόνευτος II. 138 C. Aristid. II. 110.

εὐμοιρία II. 14 C.

εὐμορφία II. 34 E. F. 1058 A. I. 503 A. 620 A. 899 D.

εὔμορφος I. 257 C. 473 A. II. 21 B. Soph. 128 D.

εὐμουσία II. 903 A. Vit. Hom. §. 92.

εὐμούσως II. 1119 D.

εὐνὴ — *ἐξ εὐνῆς* surgere II. 727 C.

εὐνοέω cujus rebus I. 458 A. 590 D.

εὔνοια — *ἔχω εὔνοιαν*, amor, I. 400 F. 865 C. II. 72 A. — differt a *φιλία* II. 660 A. — *θαυμάζειν τινὰ εἰς πᾶσαν εὔνοιαν* I. 32 D. — I. 69 C. 166 A. 522 A. 887 B. II. 26 E. 30 A. 41 A. 44 D. 66 E. 67 D. 74 C. 89 C. 93 E. 95 B. 102 C. 140 E. 142 E. 143 B. 207 E. 213 C. — quasi amor sui II. 49 A. — *καὶ χάρις* II. 72 F. — *ὁμιλίας* II. 66 C. — *καὶ δόξα*, opp. *δυνάμει* II. 182 B.

εὐνοϊκὸς II. 790 B. Aristid. I. 421.

εὐνοϊκῶς Pausan. 284. I. 769 D. Aristid. I. 442, 533.

εὐνομέω — *εἶσθαι ταῖς ἐπιθυμίαις* II. 989 C. — II. 1127 B. — restituendum Menandro p. 204. *εὐνοούμενος* f. *εὐνομουμένοις*. — I. 476 A. Plato 681 A. 689 D. 690 A. Aristid. II. 166. 167.

εὐνόμημα Chrys. II. 1041 A.

εὐνομία — *ᾳ χρῆσθαι* II. 714 B. — II. 87 E. 97 E. 239 F. 1049 A. I. 58 A. 270 F. 356 E. 375 E. 506 C. — Plato 693 F.

εὔνομος II. 1146 B. Plato 638 D. 688 A. 689 F. Aristid. II. 166. 167.

εὔνους II. 49 F. 56 A. 68 F. 70 B. 178 D. 213 D. — reip. I. 855 C.

εὐνοῦχος I. 120 B. 502 C. F. 638 D. 660 C. 682 A. 730 E. II. 92 E. — Pers. I. 1016 D. 1017 A. B. 1018 D. 1019 A. C. D. F. 1026 A. B. F. — castratus I. 900 D. Dio Chrys. 660 D.

εὐνόως I. 1056 B.

Εὔξεινος πόντος I. 12 A.

εὔογκος II. 511 B. 969 E. Eurip. Syleo fr. III. Athen. 637 F. Democrit. Stob. 553. Porphyr. Abst. II. 20.

εὔοδος II. 1127 D. Epicur. An resp. non in via publica reddenda, ut Diog. L. II. 117. Stoic. Upton. Ind. Epict. Ὁδός.

εὔοινος Aristid. I. 241.

εὐόλισθος II. 878 D. Philo Jud. Eus. P. E. VIII. 382 A.

εὐόνειρος II. 83 D. Jamblich. V. P. 65. 114.

εὐόργητος II. 413 C. Valcken. Eurip. Hippol. 1038.

εὐόρεκτος II. 663 E.

εὔοψος II. 667 B.

εὐπαγὴς I. 49 D. Plato 623 C. Aristid. I. 568.

εὐπάθεια v. n. II. 132 C. — facilitas patiendi II. 589 C. 640 E. 916 A.

εὐπαθέω v. n. ad II. 176 B.

εὐπαθὴς πρός τι, qui facile movetur aliqua re II. 528 D. I. 685 D. Teles Stob. 509. — Simpl. quod facile afficitur II. 661 C. — τινι II. 949 E.

εὐπαραίτητος I. 754 E. 978 F.

εὐπαρακόμιστος placabilis II. 597 B. I. 499 D.

εὐπαραμύθητος II. 110 D. 113 E. Plato 664 C.

εὐπαρόξυντος I. 950 B.

εὐπάρυφος v. n. II. 57 A.

εὐπατρίδης II. 821 C. I. 11 C. D. 15 B. 106 F. 183 E. 337 C. 345 C. 451 C. 711 D. 1068 E. Aristid. I. 220. Vales. Euseb. H. E. 1 B. 44 C.

εὐπέδιλος Iris II. 765 D. χρυσοπέδιλος αὔως Sappho ap. Ammon. Diff. voc. p. 23.

εὐπείθεια II. 665 D. 672 E. 765 C. I. 41 D. 77 B. 79 E. 255 F. 522 A. 596 E. 959 E. 1049 E. Aristid. I. 140.

εὐπειθὴς II. 2 E. 26 D. 83 B. 669 B. 814 E. 981 A. 1114 D. I. 84 E. 404 D. Plato 663 A.

εὔπεπτος II. 137 A. 661 A. 662 F. 663 A.

εὐπερίθραυστος II. 458 E.

εὐπερίφωρος II. 238 F.

εὐπερίχυτος II. 954 D.

εὐπέταλος II. 648 C.

εὐπέτεια — δι' εὐπετείας II. 930 F. I. 77 D. 536 E.

εὐπετὴς II. 797 B. I. 360 E. 927 E. Plato 683 D. 691 F. 695 A. ʼπετῶς Hierocl. Stob. 449.

εὔπλαστον νεότης II. 3 E. Callicrat. Stob. 487. — vox II. 972 F.

εὔπληκτος II. 721 E.

εὔπλοια II. 469 D. 781 D. 1057 E. I. 433 A. εὐπλοέω Dio Chr. 617 C.

εὐπλόκαμος Hesiod. II. 415 C. Simonid. Athen. 490 F.

εὔπνους I. 680 C.

εὐποιητικὸς II. 1052 B.

εὐποιΐα Aristid. I. 511. Hierocl. Stob. 477.

εὐπορέω habeo I. 506 C. 766 A. — εὐπορηθέν τι pro εὐπορίστῳ Vit. Hom. §. 210. — τι πρός τινα II. 698 B. — τι II. 837 B. Wessel. Diod. Sic. p. 145. — nancisci II. 250 C. 403 E. 656 B. 698 A. 720 E. 796 A. I. 468 B. 1020 A. — I. 206 E. 772 F. — I. 117 B. 652 C. — I. 223 D. 226 D. 563 E. II. 197 E. — dives fio I. 487 B. — τινος nanciscor, Aristid. I. 350. 353. 428. 439. 456. 458. 500. — λόγων ib. II. 108.

εὐπορία I. 159 A. B. C. — divitiae I. 430 B. 468 E. 847 D. II. 45 B. 166 D. 401 D. Plato 674 E. — orationis Aristid. II. 298. — facilis transitus II. 721 C. 966 C. I. 212 D. 881. F. — commeatus II. 754 B. I. 461 C. 549 B. 555 C. 579 C. 935 A.

εὐπόριστος II. 157 F. 204 B. 661 A. 698 B. 1068 C. I. 518 F. 620 B.

εὔπορος I. 45 D. 132 D. — ὁδὸς 370 D. 481 A. 528 E. — cum dat. II. 729 C. — cum infin. II. 968 A. — εἰς οὐκ εὐπόρους λογισμοὺς κατακλείεσθαι I. 814 A. — sum, pro εὐπορέω λόγων Aristid II. 25. 29.

εὐπόρως I. 440 C. fere abund. II. 425 C. 1059 D.

εὐποτμέω I. 269 D.

εὐποτμία I. 104 F. 109 E. 255 F. 333 D. II. 118 E.

εὔποτμος II. 58 D. 119 F. 1058 C.

εὐπραγέω I. 265 C.

εὐπραγία II. 7 E. 102 E. 779 D. 1129 A. I. 269 E. 276 A.

εὐπραξία genus εὐδαιμονίας et εὐτυχίας II. 372 E. — II. 37 A. 1101 D. I. 94 B. 131 F. 176 D. 297 B. 409 F. Aristid. I. 526.

εὐπρέπεια praetextus I. 398 E. honesta caussa II. 258 A. 752 A. I. 467 D. 500 D. — μετ' εὐπρεπείας II. 748 A. I. 349 E. — στόματος II. 1047 B. — σώματος II. 1063 F. I. 199 A. — nominis I. 322 D. Aristid. I. 341. 445. 464. — I. 441 A. 725 B.

εὐπρεπὴς II. 44 C. 141 B. — pulcher II. 338 E. 1058 F. 1097 D. — praeclarum opus II. 553 B. — I. 146 A. — τὴν ὄψιν II. 768 B. I. 165 B. 429 C. 474 C. 692 C. 760 D. — I. 342 F. II. 26 A. — τοῦ εὐπρεποῦς στοχάζεσθαι II. 832 E. f. pro ἐκπρ. II. 972 C. — honesta caussa I. 158 E. 377 C. 682 C. 735 F. 771 D. 802 E. 881 E. 918 D. 1012 D. II. 56 C. — I. 257 C. — decorum I. 521 B. — formosus I. 545 C. 676 D. 794 D. 1042 A. II. 182 B. 189 D. 196 B. 228 E. — οὐκ εὐπρ. νόσος II. 70 F.

εὐπρεπῶς speciose I. 645 E. II. 178 C. — dicere Aristid. I. 427. 528. II. 128.

εὐπρόσδεκτος II. 801 C.

εὐπροσήγορος v. n. ad II. 10 A.

εὐπρόσοδος I. 99 B.

εὐπρόσωπος pulcher II. 458 F. — epitheton II. 683 D. — caussa Pausan. 288. Aristid. I. 429. 509. II. 127.

εὐπτόητος II. 642 A.

εὐρεσιεπὴς Bergler. Arist. Nub. 446.

εὐρεσιλογέω, εὐρεσιλογία, εὐρεσιολογία v. n. II. 31 E.

εὕρεσις I. 155 B. II. 35 E. 45 A. 48 D. Aristid. II. 24. 393.

εὑρέτης II. 164 B.

εὑρετικὸς II. 45 A. 48 B. C. 622 E. 715 E.

εὑρετὸς II. 98 A.

εὕρημα II. 1136 B. I. 661 E. Aristid. I. 392. 482.

εὔριπος I. 497 C. — vicissitudo. Repone Hipparcho Stob. 574, 11. εὐρίπου τρόπον — Aristid. I. 487.

εὑρίσκω — periphr. pro *sum* I. 112 B. Gatak. M. A. 269. Porph. Abst. I. 1. Herodian. VI. 6, 10. — Simpl. II. 48 C. — a diis vel superioribus II. 272 F. Porph. Abst. II. 31. — existere, passiv. II. 1106 F. — γεγραμμένον II. 675 B. — Med. II. 846 C. Aristid. I. 413. 415. 464. — εὑρόμενος activ. II. 962 D. — Med. lucror I. 661 E. — impetro I. 274 F. — ω cum inf. I. 386 A. Aristid. I. 348. — eventum speratum Aristid. I. 415. — μαί τι ποιεῖν I. 512 E. — ἀγαθόν τι Med. I. 649 D. 722 E. Sim. 753 B. Aristid. I. 218. 268. II. 304. — pass. — μαί τι πεποιηκὼς I. 677 A. — ω με μανέντα I. 704 C. — εὑρέθη ὕπνος II. 9 C. ubi v. n. — λαβεῖν — εὑρεῖν f. alterum delend. II. 158 E. — Simpl. II. 144 A. 153 D. 162 E. 163 F. 166 D. 173 B. 177 C. 192 D. 197 F. 198 A. B. 200 B. 204 B. 212 C. 218 E. 219 F. 230 A. 233 A. — κει maritum κόρη II. 232 D. — οὔτε εὑρεῖν ῥᾴδιον, οὔτε ἄλλου εὑρόντος μανθάνειν Plato 697 A.

εὐροέω — εὐροούσῃ κακίᾳ χρῆσθαι II. 548 D. — I. 246 D. 1049 F. II. 24 F. 35 C. Upton. Ind. Epict. — orator εὐροεῖ πρὸς τὴν ὑπόθεσιν I. 695 D.

εὔροια I. 164 B. 862 C. Physic. II. 652 C. I. 274 D.

εὖρος I. 545 B.

εὔρους. εὔρουν τι ἔχειν πρὸς ποίησιν II. 405 D. — generatio Plato 610 A.

εὐρυάγυια Terpand. I. 53 C.

εὐρυεδὴς — οὖς ὅσοι αἰνύμεθα καρπὸν χθονὸς II. 743 F. 470 D. 1061 B.

εὐρυθμία II. 8 C. 45 E. 67 E. 167 B.

εὔρυθμος sophista II. 790 F. — μυκτὴρ scriptoris II. 860 E. — luctator I. 817 F.

εὐρύθμως II. 45 E.

Εὐρυκλῆς eggastrimythus II. 414 E. Schol. Aristoph. Vesp. 1014. Suid. voc. Proverb. VII. 27. et Schott. Aristid. I. 30. ibi Palmer.

εὐρύοψ Jupiter, Chrysippus accipit pro *largum voce* II. 31 E. — Poët. II. 1096 A.

εὐρὺς — εἶα κληδὼν Simonid. II. 872 F.

εὐρυχωρία II. 680 A. 721 A. 828 D. 925 A. I. 257 E. 566 B. 647 E. — μεταξὺ φιλίας habet adulator, ut se in amicitiam collocare possit II. 48 E.

εὐρύχωρος II. 603 A. I. 15 E. Taylor. Demosth. IX. 591 ed. Reisk.

εὐρώεις Hom. II. 940 F.

Εὐρώπη Graeci oppos. Persis I. 324 A.

εὖρως II. 693 D. 967 F. 1129 D. I. 72 C. 232 B. — animi II. 48 C.

εὐρωστία I. 277 C. 781 C.

εὔρωστος τὴν ψυχὴν, et ῥωμάλεος κατὰ χεῖρα II. 597 D. — I. 130 F. 214 E. 245 E. 400 B. 574 F. II. 7 A. 168 E. 405 B.

εὐρώστως I. 181 C. 546 A. 579 A. 587 C. 622 B. 673 B. 807 D. 823 D. 897 A. 898 D. 1037 B. 1039 E. 1072 B. II. 234 F.

εὐσέβεια conjung. cum philosophia II. 614 A. 1103 D. — ab ea ordiri Aristid. I. 60. — II. 56 E. 108 E. F bis. 120 B. 1111 B. I. 75 B. 96 F. 154 F. 176 B. 256 D. 525 C.—II. 166 B. 171 E. Plato 703 H. Stob. Ecl. T. II. p. 318. ed. Heer.

εὐσεβέω II. 740 C.

εὐσεβὴς I. 661 E. II. 120 B. C.

εὔσημος quod bene distingui potest. II. 719 B. 720 D. 736 B. 982 B. 1019 A. 1022 A. I. 728 D. Sext. Emp. 354.

εὔσηπτος II. 912 B.

εὔσκοπος I. 343 D.

εὐστάθεια σαρκὸς Epicuri II. 135 C. 1089 D. 1090 A. — casti mores II. 144 E. — constantia II. 342 F. 523 D. 609 C. I. 320 B. Jambl. V. P. 10. — II. 943 D. I. 104 E. 492 C. 588 D. 788 C. 902 B. 1068 A.

εὐσταθεῖν de avibus quiete sedentibus ad augurium II. 281 B. — II. 1090 A. D. Upton. Ind. Epict.

εὐσταθὴς (firmus in scientia II. 44 A.) 611 A. Epicur. 1089 D. 1090 A. I. 620 E. Cleomed. p. 466. 474. Stoic. Upton. Ind. Epict. Davis. Cic. Tusc. II. 6. Orig. Cels. 500 C.

εὐσταλὴς II. 564 A. 813 E. 940 C. I. 84 D. — frugalis I. 346 E. Dio Chr. 657 C. — corpore I. 425 A. II. 123 E. 127 C. — miles I. 559 B.

εὐσταλία ἡ I. 574 B. II. 74 D.

εὐστοιχία II. 74 D.

εὐστόμαχος v. n. II. 136 F.

εὐστομία II. 669 B. 687 D. 688 B.

εὔστομος v. n. II. 136 F.—homo 938 C. 940 B. — confund. cum σύστομος Zenob. V. 95. — εὔστομος τῷ χαλινῷ equus II. 39 A. — εὔστομά μοι κείσθω Herodot. II. 607 C. 636 D. 657 C.

εὐστοχέω II. 617 D.

εὔστοχος — όν ἐστι II. 709 B. Sim. Plato 690 E. — πρᾶξις II. 826 D.

εὐστόχως quid dicere I. 749 D.

εὐστροφία versatile ingenium in respondendo breviter II. 510 F. 962 D. 975 A.

εὔστροφος II. 588 E. F. 801 D. 803 F. I. 944 D.

εὐσυκοφάντητος II. 707 F.

εὐσυλλόγιστος I. 1073 C.

εὐσύμβολος I. 894 D.

εὐσυνάλλακτος II. 42 F.

εὐσυνθετέω I. 20 A.

εὐσύνοπτος II. 1005 D.

εὐσχημόνως II. 746 D.

εὐσχημοσύνη II. 242 C. Aristid. I. 508.

εὐσχήμων virgo II. 309 C. et de serva II. 312 F. — I. 38 E. 965 A. 974 C. II. 14 E. 73 E. 112 D. 1140 B. Dio Chr. 506 B. Plato 698 E. 700 F. Aristid. I. 568.

εὐσωματεῖν II. 267 F. — μεγέθει II. 641 A.

εὐτακτέω I. 137 D.

εὔτακτος τὸν ἄλλον βίον II. 749 D. I. 695 C. — II. 1026 C. I. 195 C. 276 F. 434 A. 480 F. 507 C. 543 B. 582 A.

εὐτάκτως II. 119 F. 405 C. I. 765 C. 1040 D.

εὐταξία II. 12 A. 141 E. 142 A. 145 A. 724 E. I. 371 D. 762 F. 825 F. 984 E. 1054 C. — Phys. corporis II. 911 B.

εὐτάρακτος I. 1031 F.

εὐτεχνεῖν II. 278 B.

εὐτεχνία I. 108 E.

εὐτέλεια II. 150 D. 180 E. 396 C. 406 D. I. 338 A. 339 E. 409 B. 474 B. 487 E. 544 C. 627 F. 749 F. 768 C. 844 A. — cogitati II. 40 C. 45 B.

εὐτελὴς I. 355 B. 357 A. 603 D. 715 F. 810 B. 825 A. II. 56 C. 142 A. 237 E. — res, cibus II. 123 D. 125 F. 150 C. 158 A. 228 C. — II. 668 F. I. 41 D. — II. 172 B. 241 C. 825 F. I. 685 E. — τὴν ὄψιν II. 683 C.

Εὐτελίδας II. 682 B.

εὐτελίζω II. 1063 C.

Εὐτέρπη Musa II. 746 E.

εὐτοκεῖν II. 282 B. C.

εὐτοκία II. 658 F. 939 F. I. 31 C. 736 D.

εὐτολμία I. 71 B. 589 D.

εὔτολμος I. 85 D.

εὐτονέω quid facere II. 531 B. 583 E.

εὐτονία II. 87 B. 131 C. 436 C. 456 F. 721 E. 888 D. 936 F. 977 B. 995 A. 1085 D. I. 743 B.

εὔτονος — argumentum II. 614 D. — δέρμα II. 642 E. — ferrum II. 660 C. — corpus animale II. 666 A. — Simpl. II. 915 F. 937 A. B. 976 E. (114 A. f. ἐντ.) Vit. Hom. 83. — ad conciliandum amorem Menand. Cler. p. 172. — fortis I. 548 A. — πληγὴ I. 558 B. — ον βέλος I. 700 D.

εὐτόνως postulare I. 766 F.

εὐτράπεζος II. 667 C. Eurip. Sthenob. fr. III. Musgr. Incert. LI. I. 843 D. Athen. 641 C. Stob. 356, 23.

εὐτραπελία II. 46 C. 52 D. 441 B. 629 E. I. 810 B. 863 C. 936 C.

εὐτράπελος ridiculum, jocosum, II. 1062 B. Dio Chr. 610 B. 394 D. — agilis, de luctatore II. 274 D.

εὐτραφὴς Plato 646 E.

εὐτρεπὴς v. n. II. 163 E.

εὔτρεπτος II. 901 B. 912 B. 978 F. 1065 F. I. 418 A.

εὐτροπία II. 500 D.

εὐτροφεῖν II. 353 E.

εὔτροχος II. 1023 E. I. 155 C. Eurip. Bacch. 268.

εὐτύπωτος II. 660 C.

εὐτυχέω — εἶναί μοί τι I. 68 C. Galen. Protr. c. 12. Sim. Jambl. V. P. 9. Dionys. Hal. T. II. 68. init. — εὐτυχίαν I. 175 A. — I. 253 D. 297 A. II. 39 D. 68 D. E. 69 D. 70 A. 91 A. — vinco I. 788 A. 855 F. 1040 E. — cum particip. II. 234 B. — τὸν εὐτυχοῦντα καὶ φρονεῖν νομίζομεν Stob. Phys. p. 198. ed. Heeren. — τινὸς Galen. T. VI. p. 22 E.

εὐτύχημα Spartae fuit Lycurgus I. 44 A. — I. 116 E. 413 A. 508 B. 1052 C. II. 105 A. B. — victoria I. 140 E. 416 F. 786 B.

εὐτυχὴς (οὐκ δόξα) II. 348 B. — παραμύθιον II. 97 A. 613 B. 1106 C. et Dio Chrys. V. 82 C. non intellexit Casaub. Sim. Plato 629 A. 633 F. — bonum Stoic. II. 1070 B. — I. 109 E. 110 E. — sagax I. 396 C. — οὐκ εὐτυχῆ μὲν ἰσχυρὰν δὲ τῆς ἀρετῆς ἀπόδειξιν παρεῖχεν I. 382 B. Construct. sim. Synes. 117 D. — οὐκ I. 713 D. Plato 661 C. 681 F. — cum inf. I. 931 D. — II. 187 B. — et δυστυχὴς quis Democrit. Stob. 552. — domus Plato 662 A. — φήμη Plato 705 B.

εὐτυχία I. 94 B. 131 F. — modo τύχη I. 245 B. II. 24 E. 69 E. 103 A. — victoria I. 175 A. 179 B. 263 F. 468 F. 788 A. 855 D. 973 F. 1006 D. 1017 C. — εὐτυχία tribuitur non nisi τελείῳ homini, ut εὐδαιμονία II. 572 E. — βαρὺ φορτίον Wessel. Diod. Sic. I. 565. — I. 453 D. 528 E. II. 65 E. 92 C. Plato 698 F. — et δυστυχία I. 643 B. — αν ἐπεύχομαι Rom. I. 1061 B.

εὐτυχῶς pugnare I. 417 A.

εὔυδρος Epigr. II. 870 E. I. 328 D. Plato 617 E.

εὐφεγγὴς II. 161 E. Hierocl. Stob. 415. emend. Gesn.

εὐφημέω Eurip. II. 615 E. in funere Diog. L. V. 96. moriens Jambl. V. P. 257. — resp. οὐκ εὐφημήσετε II. 771 D. I. 26 B. 32 C. 680 D. 682 C. 750 A. 921 D. 1027 E. — εὐφήμησον I. 351 B. — laudo Dio Chrys. 518 D. Deos Plato 705 C. Aristid. I. 98. 569. — εὐφήμει Plato 673 D.

εὐφημία i. e. ὑποκορισμὸς II. 449

A. Aristid. I. 493. — 464 C. evitatio verborum iracundiae I. 610 E. 795 B. Plato 601 D. — I. 64 A. 218 A. 455 C. 994 F. II. 393 D. Jambl. V. P. 257 emend. — laus v. n. II. 99 C. — in sacrificio Chaeremon Athen. XV. 676 E. Plato Alcib. II. Leg. VII. 800 E. Steph. Lugd. 632 D. E. F. Jambl. V. P. 55. Dio Chr. XII. 218 D. morte. Upton. Epict. Arr. p. 50. Plato 641 A. 689 B. — Aristid. I. 506. 507. 526. Suid. εὐφημία. — καὶ σιγὴ Plato 692 D. — Dio Chr. 494 C. 495 A. 530 D. — τῆς εὐφημίας χείρω πράττειν Aristid. I. 382. — malum omen sim. I. 78. 535.

εὔφημος — ον ὄνομα II. 632 D. Dio Chr. 493 D. διαπορεία daemon. Plato 702 C. — α dicere II. 712 F. — λόγος laudatio II. 809 F. Aristid. I. 359. — οις ὀνόμασι περιαμπέχειν II. 921 F. — homo II. 1086 C. Dio Chr. 502 C. — fabula probabilis I. 9 A. — τιμὴ II. 84 D.

εὐφορβία Soph. II. 280 A.

εὐφορία II. 1159 B.

εὔφορος frugifer, ferax II. 59 A. — locus ἑκάστῃ ὥρᾳ an leg. συμφ. Dio Chr. VI. 92 C.

εὐφόρως ἔχειν πρός τι II. 651 C.

εὐφραίνω II. 41 E. 54 E. 55 B. D. 92 D. 101 D. 142 E. 145 E. — II. 77 C. — orno, purgo? II. 693 A. 709 F. 1093 C. 1096 A. 1099 E. I. 96 E. 537 B. 1025 F.

εὐφρόνη nox Heraclit. II. 98 C. 957 A. — nox quare ita vocata II. 521 D. 714 C. Vales. Ammian. Marcell. p. 221. Valcken. Eurip. Hippol. 375. Diog. L. II. 4.

εὐφρόνως τι φέρω II. 102 E.

εὐφροσύνη differt a κήλησις II. 747 A. — II. 1092 E. 1097 F. 1099 F. 1100 E. 1107 A. I. 344 D. 889 F.

εὐφυής ingeniosus I. 759 F. 860 D. 861 F. 897 D. Plato 674 A. II. 16 C. 47 A. — festivus, urbanus v. n. ad II. 47 E. — Simpl. I. 407 C. 544 C. cum inf. I. 325 E. 465 B. 701 D. 708 E. II. 54 D. — πρὸς ἀρετὴν II. 448. 987 B. I. 95 B. — ὄργανον I. 425 C. — εὐφυᾶ I. 992 B. — simpl. bonus II. 676 C. 750 D. 824 E. — ψυχὴ II. 765 E. — πρός τι II. 813 E. 1059 D. 1073 B. I. 156 F. 822 F. 843 E. — locus I. 482 E. 513 B. II. 48 E. — νέος II. 81 C. Simpl. Plato 695 E.

εὐφυΐα — αις χρῆσθαι, ingeniis uti II. 605 D. — regionis situs I. 257 A. 315 B. 679 F. — scita sententia II. 626 F. — Sic f. μεγαλοφυΐα sublimis sententia Jambl. V. P. 103. — πρὸς ἀρετὴν I. 1063 C. — et προκοπὴ II. 636 B. — Simpl. II. 406 C. 723 C. 745 E. 767 A. B. 963 E. I. 121 D. 192 B. 193 A. 194 B. 307 D. 348 C. 481 F. 797 B. 843 D. 849 D. 890 E. — ποδὸς II. 766 F. — καὶ ὥρα I. 79 A. — ingenium I. 861 D. 1031 F. — ingenii nat. bonitas II. 26 A. 65 E.

εὐφύλακτος I. 28 E.

εὐφυῶς II. 46 A. 237 E. 406 A. I. 357 C.

εὐφωνία II. 396 C.

εὔφωνος II. 1132 A. — oppon. ἰσχνοφώνῳ II. 622 C. I. 405 B. de inanimatis II. 721 C.

εὐφώρατος II. 63 C. ubi v. n.

εὐχαίτης Bacchus Himer. 742.

εὔχαρις II. 715 D. 716 E. 819 C. I. 647 B. 1013 B. oratio I. 339 F. Aristid. I. 187. 568.

εὐχαριστέω II. 830 A. opp. χαρίζομαι — I. 689 A. 768 B.

εὐχαριστία Stoic. II. 1038 A. 1146 C. — beneficium Menand. Cler. p. 172.

εὐχάριστος — τὸ — τῷ εὐχαρίστῳ τι ἐφιέναι II. 703 C. — II. 792 D. I. 270 D. 783 C. — οὐκ Porph. Abst. II. 9.

εὐχειρία Diod. Sic. indic. v. f. I. 704 B. et εὐχέρεια conf. Lucian. II. 408.

εὐχείρωτος II. 240 A. 976 C. I. 556 B.

εὐχέρεια πρός τι II. 228 B. 271 B. 712 A. — II. 6 C. 64 B. 707 F. 752 B. 1051 D. 1115 C. I. 49 C. 159 D. 437 C. 452 B. 524 D. 528 C. 547 B. 893 E. Aristid. II. 304. — facilitas, bono sensu I. 360 A. 704 B. f. εὐχειρία. Simil. confus. notat H. Steph. Thes. T. IV. p. 448 E. — ρειαν εὐκολία oppon. negotio Plato 686 D.

εὐχερὴς πρὸς ὀργὴν II. 170 A. — I. 319 D. 918 D. II. 26 B. 85 F.

temere. Plato 689 A. — res facilis, bono sensu I. 846 F.—ῆς ἀνάθημα corrigend. εὐαγὲς Plato 691 G.

εὐχερῶς facile factu II. 138 E. — καὶ ῥαδίως I. 253 C. differt 341 E. II. 56 A. — II. 94 E.

εὐχὴ II. 238 F. 239 A. 1112 C. 1125 C. D. E. Plato 682 F. H. 608 C. 632 G. 633 A. 641 G. 647 H. 665 C. 682 F. H. 700 D. 702 C.—καὶ θυσία matris II. 749 B. — ἣν ἀποδίδωμι I. 6 F. 10 A. — I. 133 A. 135 B. II. 14 C. — κατ' εὐχὴν II. 75 E. — εὐχῆς δεῖται II. 236 D. Sim. Dio Chr. XXXIV. 418 D. Aristid. I. 70. — εἰς ἀνήνυτον βίον συλλέγεσθαι, mendicari Plato 684 F. — πᾶν εἶδος εὐχῆς Canter. τύχης Aristid. I. 86. — εὐχῆς κάλλιον Aristid. I. 120. — εὐχὴ ἄλλης εὐχῆς δεῖται Aristid. I. 197. v. n. II. 236 D. oppon. κατάρα II. 275 D. Aristid. I. 203. — quod fieri nequit oppon. εὐχῇ ib. 242. — ῆς ἐν μέρει Aristid. I. 164. — ἔξω ib. 379. — ἡ κοινὴ ib. 488. — et ἐλπὶς id. II. 162.

εὔχομαι τοὺς θεούς τι διδόναι II. 688 A. I. 1017 C. — τι ὑπέρ τινος II. 781 D. — II. 1124 C. I. 132 A. 133 A. 151 E. F. 156 C. 162 D. 236 D. — Diis I. 230 E. II. 119 A. 232 C. pro λέγειν Lacedaemon. Meurs. Misc. Lacon. p. 224. — εὔχομαι μηδὲν οὕτως παρὰ θεῶν II. 85 D. — cum inf. II. 138 C. 169 B. — a diis II. 163 B. 167 E. 169 B. E. — opp. βουλεύεσθαι Isocr. p. 33, 37. — τινι καὶ τιμάω deum Plato 699 C. Sim. 706 D. — εὐτυχήσαμεν οἷα ἂν εὐξάμεθα Aristid I. 396.

εὐχρηστεῖσθαι II. 185 D. Activ. Polyb. ind.

εὐχρηστία II. 87 E. ubi v. n.

εὔχρηστος II. 95 B. 226 D. 1044 D. 1066 B. 1070 A. 1098 A.

εὔχρους Aristid. I. 568.

εὐχυμία II. 683 D. Galen. T. I. 42 D.

εὔχυμος II. 690 A.

εὐψυχία I. 558 D. 951 C.

εὐψύχως II. 305 F.

εὐώδης II. 41 E. 54 E bis. 79 D. 100 D. 402 D. 702 B. 1109 C. I. 568 D.

εὐωδία II. 421 B. 437 C. 565 F. 645 E. 676 C. 683 C. 917 E. 941 F. I. 666 B. C.

εἴωθεν εἰς γῆρυν ὀλισθάνειν II. 405 E.

εἴωνος ἀμαθία II. 4 F. — I. 338 E.

εὐώνυμος I. 106 C. 208 F. 289 D. 326 B. 328 A. B. D. 373 A. 471 A. B. 605 C. D. 729 A. 919 D. 945 F. 946 A. C. 1003 E. — τὸ εὐώνυμον, subaud. κέρας I. 655 F. 658 A. — κέρας I. 744 C. — Medic. II. 140 D. — pulcri nominis Plato 614 G.

εὐωχέω τινὰ II. 78 A. — II. 349 A. 583 E. 785 E. 802 D. 950 F. — μαι de animalibus II. 635 D. 977 F. 109 A. I. 166 F. 275 F. — animus II. 613 A. I. 649 F. Dio Chr. 548 D.

εὐωχία (ut ap. Xenoph. Mem. Socr.) II. 528 B. — Simpl. II. 114 F. 682 A. 965 A. II. 521 B.

εὐφύλακτος I. 28 E.

εὐψύχως II. 305 F.

ἐφάλλομαι II. 139 B.

ἔφαλμος salsus II. 687 D.

ἐφάμιλλος νίκη II. 214 D. — 617 C. Wessel. Diod. Sic. I. p. 222. I. 316 D. 595 D. 823 E. 827 F. — ἀγὼν II. 841 E. Sim. 153 F. Aristid. I. 138. 149. 159. 160. 187. 193. 232. 238. 256. 529. II. 131. 194. 216.

ἐφανδάνω Homer. II. 593 B.

ἐφαπλόω II. 167 A. — ἐφήπλωται.

ἐφάπτω — σθαί τινος I. 65 C. 827 A. 974 A. II. 23 A. 35 B. 134 A. 210 F. 411 A. 447 D. 448 B. 551 C. 589 B. 788 C. 1011 D. 1023 D. 1024 A. 1025 A. 1083 A. 1117 B. — τοῖς χρόνοις τῆς ἡλικίας τῶν ἐνδοξοτάτων Aristid. I. 81. — τῆς ἀξίας Aristid. II. 179.

ἐφαρμογὴ II. 780 B.

ἐφαρμόζειν τινὶ θεσμὸν II. 138 B. — cui metrum et rhythmum II. 769 C. — geom. II. 1080 C. D. — I. 444 B. 1019 A. — II. 34 F. 116 D.

ἐφαρμόττειν neutre II. 853 D. — facta temporibus Aristid. I. 291.

ἐφεδρεία I. 299 B. 358 F. 372 F. Plato 640 A.

ἐφεδρεύειν τοῖς πράγμασί τινος vid.

ad Julian. Or. I. — II. 67 B. — Wessel. Diod. Sic. I. p. 222. — ων παντὶ λόγῳ χόρος II. 504 D. — τινὶ II. 586 E. 793 D. I. 180 C. 324 A. 358 E. 404 C. 485 F. 490 D. 497 B. 556 A. 747 C. 1003 B.

ἔφεδρος II. 414 B. 556 D. I. 470 D. 647 E. 721 D. Euseb. P.E. VII. 317 A.

ἐφεκκαιδέκατος II. 1021 D.

ἐφελκύεσθαι κατὰ κεφαλῆς τὸ ἱμάτιον II. 267 B. I. 661 C. 739 D. — κύεσθαι malum necessarium Aristid. II. 144. — ib. ἐφόλκιον.

ἐφέλκω I. 209 B. 383 D. II. 144 E. Vit. Hom. §. 123. 128. — II. 767 C. 1026 E. 1129 D. I. 76 E. 151 B. 707 C. — respiratione II. 904 A. B. 907 C. — Med. τι καθ' αὑτοῦ II. 617 C. 663 C. — εσθαι potum ἄθρουν II. 698 C. — quem I. 178 B. 403 D. 421 B. 564 C. 589 B. 631 A. leg. pro ἀφ. 1004 E. 1070 B. 1046 A. — phantasiae II. 715 E. — ται πλημμελῶν pass. vel med. *trahitur vi ineptus ad rem*, vel *trahit sua ipse membra ineptus* Plato 630 D. — εσθαι quem allicere Aristid. II. 407.

ἐφεπτακαιδέκατος II. 1021 D.

ἐφεξῆς II. 422 B. I. 422 F. 507 F. 512 D. II. 8 E. 19 A. 131 D. 175 A. 214 A. Plato 704 D. Lucian. T. I. p. 550. — II. 951 D. 988 F. 1020 B. 1022 D. 1023 E. 1028 E. 1113 E. I. 72 D. bis. 92 C. 145 B. 565 A. — ἐφεξῆς λέγειν II. 34 B. Taylor. Demosth. Reisk. T. IX. p. 368. Dio Chrys. XI. 157 C. Libanius T. I. 9 C. — λόγος ὁ ἐφεξῆς 66 D. — αἰτεῖ τὸ ἐφεξῆς II. 546 B. — ἀλλήλοις II. 876 D. omnino omnes Porph. Abst. III. 2. Aristid. II. 100. 224. 227 bis. 248. 249. 255. 292.

ἐφέπομαι I. 1052 A. — ἐφέπω τι II. 33 B.

ἐφέρπω — πει χάρις Pindar. II. 120 D.

ἐφέσιμος dies f. pro ἀφέσ. Aristid. I. 344.

ἔφεσις scientiae II. 351 E. Sim. Plato 656 D. — permissio II. 455 C. 468 E. — II. 1071 C. E. 1073 D. — judicii I. 88 A. Aristid. I. 108. 208. 340. 343. 345.

ἐφέστιος καὶ ἱκέτης II. 299 D. 959 F. I. 1050 A. Plato 682 E. Himer. 500.

ἐφεστρὶς I. 510 D.

ἐφέτης judex I. 88 E. bis. 89 A.

ἐφετμὴ Homer. II. 31 A.

ἐφετὸς II. 374 D. 944 D. 1091 D. — Non est rarissima vox, ut voluit Toup. Theocr. p. 217. T. I. ed. Warton. Non erat versatus in philosophis.

ἐφευάζω I. 310 F.

ἐφευρίσκω II. 738 E. Aristid. II. 316.

ἐφηβεύω Pausan. 595. Decret. Athen. Opp. Galen. I. 3 B. Vales. Polyb. T. III. p. 308. ed. Ern.

ἔφηβος II. 749 E. 754 D. 755 A. 1128 F. I. 198 E. 296 D. — ἐξ ἐφήβων γενέσθαι II. 844 B. Teles Stob. 535. ann. 20. — I. 365 E. 640 B. 805 D. 949 C. Teles Stob. χλαμύδιον gestat 524. — opp. νεανίσκος I. 488 F. bis. — παῖδες 764 F. 1052 A.

ἐφήδομαι malo sensu, opp. συνήδομαι Dio Chrys. III. 53 C. D. 600 C. Aristid. I. 462. 506.

ἐφηδύνω II. 41 D. 514 F. 668 D. 676 A. 693 C. 697 C. 975 E. 992 D. I. 589 F.

ἔφηλις macula in vultu a solis contactu II. 624 D. Dioscor. II. p. 156. I. 39.

ἐφημέριος II. 938 B.

ἐφημερὶς II. 623 E. 829 C. 909 A. 1089 C. I. 677 D. 706 C. F. 718 D.

ἐφήμερος II. 821 F. 938 B. 1090 B. — II. 20 A. 115 D. Plato 679 B. — II. 1104 F. Bergler. Arist. Nub. 223. I. 709 E. — ον φάρμακον I. 118 A. — sumtus I. 162 A. — τροφὴ Jambl. V. P. 24. — τῷ βίῳ *victu* I. 1060 A. — II. 41 E.

ἐφ' ἡμῖν II. 570 E. 574 D. (explic. et dividitur II. 570 A. 574 C.)

ἐφθήμερον II. 223 A.

ἐφθημιμερὴς Fragm. Metr. 2.

ἑφθὸς I. 460 A. 704 E. II. 65 B. 126 D. 131 C. 201 C.

ἐφίδρωσις II. 652 B. I. 995 E.

ἐφίημι — τινι II. 483 A. — τι II. 818 C. — ἐσθαί τινος collineare II. 582 F. 746 D. 965 B. 1026 E.

— ἐφεῖται II. 855 E. — ἐφεῖναι τὴν αἵρεσιν cui, optionem cui dare I. 1071 A. — cui milites, contra eam I. 977 C. (Sim. ἀφίημι 976 B.) — ἑρμὴν pro τῇ ὁρμῇ II. 589 E. — ῥεύματι εἰς ἅπαν affectui II. 609 B. — τὰς κλίσεις convivii liberum relinquere locum quemcumque II. 629 B. — τινί τι ἐφίημι II. 658 E. pass. — εσαι τινος de inanimatis II. 686 F. — τι τῷ εὐχαρίστῳ II. 703 C. — ἐφίησι ἡ γλῶσσα εἰπεῖν τι II. 707 E. — σθαί τινος II. 1065 E. 1071 A. E. I. 250 B. locum petere 932 A. 937 D. — εσθαί τι ποιεῖν II. 1071 B. I. 54 E. — permitto I. 90 A. — σθαί τινος, cupere quid I. 114 E. 566 E. — corpus fluvio, I. 141 F. — act. ἡδονῇ ut Jul. et Plat. Eurip. Oenom. Fragm. IX. — cui equitatum vel simil. I. 325 E. — τῷ πελάγει sc. me et navim I. 392 B. — μαι cupio I. 398 B. C. 737 B. — τινος telo I. 457 D. 729 D. — μεγάλων I. 560 C. 571 A. — μι τῇ φύσει sc. me I. 932 D. — cui parrhesiam, al. ἀφίημι II. 68 E.

ἐφικνέομαι. οὐδεὶς ἂν ἐφίκοιτο τῷ λόγῳ διελθεῖν II. 338 D. Sic ἐξικνέομαι II. 347 D. — I. 51 F. 68 E. 87 C. 437 A. 624 C. 636 C. 889 E. II. 53 D. 190 E. 191 E. 216 C. 218 F. 229 B. Aristid. I. 234. — dicens, audior I. 833 A. — oculis Dio Chr. 567 B. — τινὸς Aristid. I. 81. 82. 89. 146. 154. 511. 521. 530. II. 231. 384. 387. — διά τινος Aristid. II. 227.

ἐφικτὸς II. 494 E. ἐν ἐφικτῷ τῆς ἐλπίδος εἶναι — simil. 496 B. 585 B. εἰς ἐφικτόν τινος ἥκειν 967 A. — ἡ φύσις τοῦτο οὐκ ἐφικτὸν ἔχει τῷ λόγῳ II. 699 B. — I. 1 B. 109 A. 109 C. 127 F. 417 C. 791 F. 863 E. Aristid. I. 236. — εἰς ἐφικτὸν I. 265 A. — ἐν ἐφικτῷ I. 391 D. 502 E. 588 E. 933 E. — αἰσθήσει I. 556 C.

ἐφίππιος πῖλος I. 1016 D. 1018 B. — subaud. δρόμος Plato 644 E.

ἔφιππος II. 306 F. 307 A. I. 107 C. 187 D.

ἐφίπταμαι I. 823 E.

ἐφιστάνω II. 233 D.

ἐφίστημι — ἐπιστὰς II. 1103 C. I. 917 D. — II. 548 B. 606 D. I. 243 C. 248 E. — I. 796 A. — januae I. 193 D. 564 E. Sim. 636 B. — τινί τι II. 745 C. — ἐφέστηκεν ἐπί τινι columna II. 761 A. — τινι, venire ad quem, II. 431 A. 773 C. — in somno II. 434 E. 774 C. I. 457 D. 499 A. — cui rei, ut Tantalus II. 829 A. — animadverto II. 73 F. 111 E. 881 A. I. 53 B. 658 C. Euseb. P. E. XI. 520 D. I. 10 D. 11 B. Hemsterh. Lucian. I. 56. — ἐπίστησον II. 1001 B. — stare facio I. 65 A. 103 E. 241 D. 343 E. — νόμον alicui rei I. 90 B. — φύλακά τινι I. 99 C. Sim. II. 12 A. — dominum II. 37 C. — τὸν λόγον, subsisto in historia, digressionem facio I. 1039 A. — ἐφιστάναι τινά, aliquem in vestigio cogitationis ponere, cautum reddere II. 17 E. 27 A. — ἐπέστησεν ὁ λόγος τὸ συμπόσιον, erexit, attentos fecit II. 157 D. 660 C. — τινὶ ἰατρὸν λόγον II. 710 E. Simil. I. 154 C. — ἐφιστάναι τινὶ alicui rei cogitando insistere, reputare aliquid II. 32 B. ubi v. n. διάνοιαν II. 40 B. ubi v. n. — derepente ad quem venire II. 525 B. 831 D. — praesum cui II. 418 E. — τοῖς καιροῖς II. 577 A. — ασθαί τινι, obstare II. 688 C. — erigere se ad standum II. 700 D. τινὶ ἐφίστημι praesum cui II. 418 E. 746 A. I. 129 B. 1045 A. — τε consistere facio, cohibeo II. 954 A. — ται φυλακῇ I. 914 C. Sim. 933 A. — μι sepulcro quid I. 874 B. — μι ἐμαυτὸν διοικητὴν rei I. 837 D. — μί τινα attentum reddo I. 832 E. — ἐφέστηκεν statua I. 794 B. — ἐπιστὰς f. famulus? I. 779 B. — σι τὴν διάνοιαν res I. 829 A. — μι spectaculo I. 723 C. — ται deus apparet I. 705 D. interpr. Luc. II. 9. — μι praefectus cui rei sum I. 667 A. — τινι adsto I. 194 D. Sim. 890 A. 1017 C. — τὴν πορείαν I. 263 E. 466 E. 479 B. 592 A. 723 D. 807 D. 970 A. Hemsterh. Lucian. I. 56. — quid sepulcro I. 307 F. — μαι imperio I. 434 D. 766 C. Forte Trag. ap. Scriver. p. 166. — μι insto armatus I. 445 D. — cui, attendo, I. 453 F. II. 32 B. — ἐφεστὼς κολαστὴς I. 462 B. — ἐπιστῆσαι subst stere I. 464 C. — operarium operi I. 536 B. — τὸν στόλον I. 527 A. — praesens sum I. 544 F. — φυγὴν I. 549 D. — σι historicus legentem rebus, praesentem I. 1014 F. — μι τάχος alterius I. 592 E. — ἐπέστη substitit I. 592 B. — μαι advenio, insto I. 600 F. — σταθεὶς muneri I. 645 F. — μαι δίκῃ I. 647 A. 693 E. Sim. 779 D. — in via, subsisto I. 884 E. 991 B. — κατὰ ῥῆμα, auditor oratori II. 44 C. — ἐπιστὰς, adstans, II. 50 F. 182 F. 206 B. 209 C. — ἐπέστησε ἐξεγείρων dormientem II. 71 C. adstitit. Al. ἐπάτησεν et ἐπάταξεν. — ἐπιστήσαντος τοῦ λόγου τὸ συμπόσιον II. 157 D. — ἐπέστη τοῖς πράγμασιν, rerum summae praefectus est II. 176 D. — μι cui quid, sc. sepulcro II. 205 A. 229 C. — ἐφεστὼς II. 208 E. — rei τὴν διάνοιαν Jamblich. V. P. 125. — εἴ τις ὑμᾶς ἐπιστὰς ἔρηται Dio Chrys. 475 B. — μαι κατήγορος Dio Chrys. 508 A. — attendo Upton. Ind. Epictet. — περὶ οὗ νῦν ἐφέστηκε τὸ λεγόμενον, de quo nunc sermo instat Plato 625 D. — ὁ ἐπιστήσας, is qui puero paedagogum praefecit Aristid. I. 83.

ἐφοδεύω τι II. 781 C. — (equo) phalangem II. 793 E. — explico oratione II. 895 C. Upton. Ind. Epict. — I. 1030 B.

ἐφοδιάζειν τινὰ II. 327 E. I. 92 D. 221 B. 791 B. Wessel. Diod. Sic. I. 357. — σθαι παρά τινος doctrinam Jambl. V. P. 12.

ἐφόδιον I. 484 C. 546 D. 672 A. 858 A. 881 E. 913 D. 968 D. 1009 F. 1029 B. 1069 B. II. 193 B. — I. 511 F. — fructus, effectus, damnum II. 125 E. 160 A. — τοῦ γήρως II. 8 C. 13 B. Muson. Stob. 595. — caussa, adminiculum II. 8 C. 87 A. 287 B. 322 A. 472 C. 476 B. 525 C. 605 D. 617 A. 686 B. 1095 A. I. 79 B. 98 C. 117 B. 199 E. 601 C. 614 C. Aristid. I. 572. II. 244. 389. — εἴς τι I. 354 F. 355 E.

ἔφοδος, ἐξ ἐφόδου II. 206 E. 346 C. I. 263 E. 401 C. 457 C. 819 A. — demonstratio II. 426 F. 1035 F. Sim. II. 171 E. Diog. L. VI. 31. — adventus II. 418 A. — I. 245 D. 246 C. 265 A. 286 E. 396 E. 397 A. 402 A. 411 F. 412 A. 420 D. 460 C. 471 A. 585 B. 586 F. 717 B. 724 F. 729 A. II. 224 A. 228 E. — pugnae I. 648 A. 1003 B. 1030 C.

ἐφόλκιον II. 476 A. Schol. Aristoph. Vesp. 268. I. 640 D. 658 C. 896 B. — malum necessarium Aristid. II. 144. 23. 330.

ἐφοράω I. 337 B. 473 C. 767 B. 786 A. 809 D. — τινί τι, fere ut ἐνοράω II. 989 B. — simpl. I. 337 E. — pro ἐπείδω, de calamitate, II. 561 A. — deus II. 426 A. 727 C. 758 B. — nos Sol, Plato 702 F.

ἐφορεῖον, locus ubi Ephori sedebant II. 232 F.

ἐφορεύω, Ephorus sum, I. 797 D. 799 F. 802 B. II. 192 B. 217 C. F. 235 B.

ἐφόριος exercitus in terminis positus Aristid. I. 219.

ἐφορμάω I. 628 B. 830 B. II. 119 C.

ἐφορμέω I. 211 D. 240 A. 242 A. 438 D. 919 A. 975 C. — Aristid. I. 379.

ἔφορος I. 42 D. 58 A. 164 C. 441 A. B. 442 B. 444 A. E. 445 A. 449 A. 451 A. 482 A. 597 E. F. 603 E. 612 B. 613 E. 614 B. 798 F. 800 D. E. F. 801 C. 803 A. D. 804 F. 807 B. 808 A. C. D. 809 A. B. C. 1022 D. 1044 F. II. 191 B. E. 208 F. 211 A. B. 214 D. 215 C. 216 C. 217 C. 219 C. 220 C. 221 B. 224 A. 225 A. D. 227 A bis. 229 B. 230 A. 231 B. 232 F. 233 D. 238 C. 239 C. — ὁ προεστὼς τῶν Ἐφ. II. 229 F. — V sunt I. 807 F. 808 C.

ἐφυβρίζω, illudo, reprehendo II. 80 B. 579 C. 737 C. I. 143 D. 167 F. 170 D. 346 D. 365 E. 373 E. 400 F. 409 E. 435 C. 462 A. 669 B. 736 F. 801 B. 867 B.

ἐφυβρίστως I. 1026 F.

ἔφυδρος Aristid. I. 302.

ἐφυλακτεῖν τινι II. 551 C.

ἐφυμνέω Plato 688 E.

ἐχέγγυος II. 595 E. 1055 B. I. 99 B. Thucyd. III. 46. Wass. — cum infin. II. 923 C. I. 259 B.

ἔχθολλον II. 481 C. 735 E. I. 172 C. ἐχόντως II. 966 D.

ἐχεμυθία II. 519 C. vox Pythagorica 728 D. I. 65 B. Vit. Hom. §. 149. — καὶ σιγῇ II. 606 A.

ἐχενῆϊς II. 641 B.

ἐχέτλη Hesiod. II. 169 B.

ἐχέφρων Homer. II. 30 F.

ἐχθαίρω II. 670 D. f. 1130 B. I. 122 D.

ἔχθες καὶ πρώην II. 676 C. 956 B. I. 1008 F. — II. 148 A. 184 E. 189 C. 193 A. 195 A. 236 B. 826 A.

ἔχθιστος, leg. αἴσχιστος, II. 1057 E.

ἔχθομαι Aesch. II. 106 C.

ἔχθος I. 101 C. 506 B. 773 C. 828 B. 1063 D.

ἔχθρα ἡ I. 114 F. 168 E. II. 44 D. 68 A. 86 C. 87 B. E. 89 C. 90 E. 91 B. 94 D. 95 F. 96 A. 149 B. 186 B. Plato 684 A.

ἐχθραίνω I. 63 C. Dio Chr. 501 D.

ἐχθρὸς II. 56 A. 67 D. 70 D. 74 C. 86 C. 87 D. E. F. 88 A. B. 89 B. C. 90 A. B. D. E. 91 A. B. C. D. F. 92 A. B. C. D. E. 96 A. — diis et hominibus I. 653 E. — θεοῖς II. 48 A. 1064 E. 1065 E. — et πολέμιος jung. I. 493 D. 594 E. 1010 E. — I. 490 C. — qualis sit, describitur II. 160 D. 170 D. E. — II. 186 B. 189 A. 203 D. 213 B. 218 A. 220 B. 222 B. 231 D. — hostis II. 228 D. et πολέμ. 236 E. Aristid. I. 457. — diis Diog. L. VI. 42.

ἐχθρῶς II. 82 A.

ἔχιδνα I. 564 D. Aristid. I. 234. II. 395.

ἐχινόπους II. 44 E. 485 A. 621 E.

ἐχῖνος II. 98 D. 733 F.

ἔχις II. 564 D.

Ἐχυρὸς II. 230 C. 1119 D. I. 79 A.

ἔχω. ὡς ἔχει πάχους II. 610 C. 882 F. I. 251 F. — σθαί τινος II. 680 E. 772 C. 806 E. — potior II. 255 F. 260 E. 805 D. I. 245 D. — pro παρέχω II. 418 B. Demosth. Cor. 330 B. — τινί τι II. 443 B. Teles Stob. 509, 9. Dio Chr. 489 A. — ται τοῦτο τῆς διανοίας II. 297 A. — de vase ἔχει τι, continet II. 298 E. — ἐντὸς 360 F. 367 A. 395 C. 665 B. domus II. 395 B. — aliquem in potestate sua II. 339 E. — ἡδέως ποιεῖν τι, pro πρὸς τὸ ποιεῖν τι II. 519 D. — puellam II. 555 C. I. 20 A. — ἔχω ἐμαυτὸν πῶς abund. II. 556 C. — ἔχει τοῦτο καινότητα πρὸς τὸν συνόντα II. 559 C. — ἔχει περιλαβὸν II. 572 D. — ἔχει γὰρ ὧδε, resumtio orationis, *Ita enim se res habet* II. 591 D. — ἔχω τινὰ ἀνυπόπτως, non suspicatur ille de me II. 594 C. — σπουδῆς ἐχόμενον σύγγραμμα II. 653 E. — τοῦτο λόγον ἔχει II. 654 F. 670 D. 700 A. — ἔχω ἐμαυτοῦ ἱκανῶς II. 655 B. — ita genitivum restituit Philemoni Bentleius Em. p. 112. Simil. Alex. Athen. 419 C. Locus a Bentleio tractatus exstat Athen. 569 E. Aelian. V. H. I. 7. conf. Aristoph. Vesp. 365. — ἔχει τοῦτο ἀπόδειξιν τινι II. 660 E. — ἔχων abundat II. 668 A. — ἔχει τὰ ὄμματα συγκλεῖσας II. 681 C. — πῶς ἔχεις εὐρεσιλογίας πρὸς τὸ II. 682 B. Simil. vid. n. II. 96 E. — res habet tactum mollem, pro *est mollis tactu* II. 683 C. — cibus ἀναγκαίαν ἔχει ἀνάμιξιν πρὸς potum II. 698 B. — φύσις τοῦτο οὐκ ἐφικτὸν ἔχει τῷ λόγῳ II. 699 B. — τοῦτο οὐ καλῶς ἔχον ἐστὶ II. 699 B. 798 A. — φύσιν ἔχει τοῦτο, pro λόγον II. 700 A. — τὴν αἰτίαν ἄπορον — ἀνεύρετον II. 700 D. — πίστιν II. 700 D. 718 C. — καὶ φέρω II. 704 B. — abund. τὰ θηρία τούτοις ἔχοντα χρῆσθαι II. 704 E. — τοῦτο ἔχει δυσωπίαν, pro facit II. 707 D. — ἀπορίαν II. 708 A. — ἥκει ἔχων adducens, pro ἄγων II. 708 A. Lucil. Anthol. II. 32, 9. — hoc non habet αἵρεσιν II. 708 B. — χάριν ἐν τῷ διαλέγεσθαι II. 710 D. — τοῦτο καιρὸν ἔχει τινὶ II. 712 C. — λόγος habet τὸ εἰκὸς II. 719 F. simil. 720 E. — τοῦτο ἔχει τινὶ δύναμιν II. 740 C. Sim. 38 D. — τὸ νῦν ἔχον in praesentiarum II. 749 A. — ἔχοι τις ἂν βδελύττεσθαι τοῦτο, pro βδελυχθείη II. 753 B. — ἔχειν διάδημα, indutum esse diademate, II. 753 D. sim. vid. in n. ad II. 168 D. — ταύτην ἔχει ὥραν τοῦ ποιεῖν τι, consueverat hac facere hora, II. 754 E. — ἵν' ἔχοι ἀτενωτέραν τὴν Κόρινθον, ut ei minus resistere posset, II. 772 D. — τινὰ δι' ἔχθρας II. 822 A. — οἱ ἔχοντες, divites, II. 822 D. — ἔχειν τινί τι II. 47 C. 939 B. — in via ἔχειν Πελοπόννησον ἐν δεξιᾷ II. 984 A. — πλέω ἔχων πεντηκόντορον, pro πεντηκοντόρῳ II. 985 A. — ταῦτα ἐχέτω ὡς λέγεις II. 986 A. — fut. σχήσω II. 1050 D. — ἀνατροπὴν pro ἀνατρέπεσθαι II. 1059 C. — γένεσιν pro γίνομαι II. 1070 C. — ἐχόμενός τινος II. 1074 B. — σχόντας II. 1071 E. Simil. I. 50 F. 59 B. 68 B. 80 F. 555 C. — ἔχει τοῦτο συγγνώμην II. 1118 E. — locus continet quid, v. c. sepulcrum continet mortuum I. 74 C. — ἔχεται ταῦτά τινος I. 65 C. 319 A. — ἔχει τοῦτο αὐτῷ ἀτοπίαν, hoc eum ostendit ἄτοπον esse I. 90 F. — σπουδὴν Aristid. I. 189. — equi efferebant currum ἔχοντες τὸν ἡνίοχον I. 104 A. — ἔχει αὐτήν, sc. ut uxorem I. 98 E. — ἔχω ἔλεος *habeo commiserationem*, poss. sc. apud alios I. 117 B. 118 C. 126 D. 139 A. (conf. Duker. Thuc. II. 41.) 188 D. 269 D. 310 D. 781 A. 826 A. 1060 B. E. II. 72 A. 162 C. Men. Stob. 474. A. — φόβον, timeor Aristid. I. 54. — τινὰ δι' ὀργῆς I. 123 F. — πρός τινα cum adv. I. 126 E. 161 A. — Roma ἔχει χρόνον 360 ἐτῶν ἀπὸ γενέσεως I. 139 F. — ἔχομαί τινος I. 133 C. — abstineo ἔσχοντο I. 327 C. 329 B. — ἔχειν εὔνοιαν πρός τινα I. 160 A. — et ἄγω promiscue, sc. εἰρήνην, Wessel. Diod. Sic. I. 544. — ἔχει λόγος, fama est, Pausan. 464. 678. I. 859 A. — τὰ εἰς τοῦτο ἔχοντα, quod ad hoc attinet, Pausan. 678. 769. 762. 796. 862. — ἔχω εἴς τι navem, alicubi appello, Pausan. 625. — ἔχει εἴς τι navis alicubi appellitur, Pausan. 753. — ἔχειν τι ἐν ἑαυτῷ, fere abund. I. 180 D. Agatharchid. Athen. 651 A. — ἔχω τι ἀσμένως I. 222 E. — ἔχει me affectus I. 223 D. — ἔργον facere I. 245 E. — πλεῖστον, vinco I. 312 B. — ἵππον, equo vehor, I. 327 D. — ἔχει me perturbatio I. 327 E. — quem retineo, cohibeo I. 331 B. — ὥσπερ εἶχον, prouti se habebant, v. n. II. 150 B. — ἔχω φθόνον, invidetur mihi, I. 587 E. 647 B. — βίον vivo I. 336 A. — contineo I. 343 A. — οἶκτον apud alios in commiseratione sum I. 346 B. — οὐκ ἔχω ὅπως ποιῶ τι, Lat. *non habeo quomodo quid faciam* I. 358 D. — ἔλαττον ἔχω I. 360 E. 364 A. — ἔχω διαβολήν, sum in calumnia I. 363 B. — ἔχεταί τι, raptum est I. 371 B. — ἔχω σιωπὴν I. 384 B. 394 F. (Liv. I. 28.) 883 C. 1007 A. — μέσον τὸν Ἰόνιον I. 392 A. — κίνδυνον cum inf. I. 392 B. — εὔνοιαν καὶ πίστιν, sc. apud alios I. 400 F. Sim. 865 C. — παρά τινι I. 409 B. — δίαιταν, pro διαιτάομαι I. 407 B. — ἔχει *quid* sculptura, sc. argumentum I. 411 A. — quem poena scelerum I. 412 D. — metus I. 417 B. Sim. 428 C. 429 A. 433 C. — μῖσός τινος *odit quid*, I. 422 E. — τὸν μὲν ἐμφανῆ λόγον ἔχων — Ἀριοβαρζάνην καταγαγεῖν, αἰτίαν δὲ ἀληθῆ Μιθριδάτην ἐπισχεῖν, pro vulgari λόγῳ μὲν, ἔργῳ δέ. I. 453 D. — Ἰλίαν ἔσχε, sc. uxorem I. 455 C. — ἔχω ἵππον, vehor equo, I. 471 A. 502 C. — ἔλαττον παρά τινι I. 494 D. — Ciliciam, sc. provinciam I. 495 A. — ἔχει arx pecunias, in ea servantur I. 508 A. — interrogavit ὅπως ἔχει πρὸς ἔντευξιν I. 519 C. II. 682 B. ut Plat. Symp. — potior I. 527 A. 747 F. — σχήσοντες I. 531 B. — festum, pro ἄγω I. 532 A. 541 E. — παῖδας, suscipio, I. 543 B. — ἵμερόν τινος I. 580 A. — καλῶς cum inf. οὐκ ἂν ἔχοιμι καλῶς πολεμεῖν, pro ἔχοι καλῶς ἐμὲ πολεμεῖν I. 617 C. — ἔχει με θαῦμα I. 589 D. — σκέψασθαι ὅτι καλῶς ἔχει καὶ πρεπόντως, dixit se consideraturum quid recte et honeste facere posset I. 610 A. — ἔχων οἴχομαι, cum accus. pro ἄγων I. 631 D. — ἔχειν τινὰ σὺν ἑαυτῷ I. 645 A. 653 E. — ἔχω χρόνον ἴσον atque alter, eadem aetate sum I. 686 D. — mulierem I. 692 C. — ἐμαυτὸν ἐν διαίτῃ I. 700 E. — τινά τινος abstineo quem a quo I. 719 F. pro κατέχω I. 722 C. — impedio I. 732 E. — πίστιν παρά τινι I. 737 A. — habeo quem, subaud. *in meis partibus* I. 748 E. — ἔτος ὀγδοηκοστόν, ago, I. 752 E. — quam, sc. uxorem I. 769 B. 773 C. Thessal. Or, 6 F. — ἔχω καιρὸν ἀκούειν, tempus est audiendi I. 786 A. — ἔχει τι liber, continet I. 787 B. 826 C. — ἔχων venio, pro ἄγων I. 790 E. 808 A. 1040 C. — dives I. 797 E. — ἔχω et ἔχομαι (ut in dicto Aristippi) I. 813 D. 1046 E. εἶχε puellam ἀναληφὼς μετὰ τὴν τῆς γυναικὸς τελευτὴν I. 818 F. — τὴν ἀδελφὴν τινος in matrimonio I. 825 F. — αἰτίαν καὶ κατηγορίαν, accusor I. 826 F. — δίκην accusor I. 836 D. — τι διὰ χειρὸς I. 868 C. — tres dies ἀρχῆς, tres adhuc dies imperii mihi supersunt I. 865 C. — εἰ ἀπόκρισιν legatus I. 890 A. — ω τινί τι, pro παρέχω I. 895 C. 912 A. — ὥσπερ εἶχε I. 898 D. Sim. 1030 B. — ἔχει quem domus, est in ea I. 899 C. — ἔχει καὶ εἰσάγει navis frumentum I. 904 C. — ἔχονται Athenienses, sc. praesidio I. 905 C. — ἔχω exercitum in armis I. 906 B. — ἔχω περί τι occupatus sum in aliqua re I. 906 B. 1039 F. — ἄτρεμα I. 931 F. — ἔχειν πεισθεὶς ἀνεῖλκε, putans piscator se piscem habere in hamo, extraxit hamum I. 929 B. — mulierem, opponitur matrimonio I. 929 E. Lysias Athen. 535 A. — ἔσχε τινά τινος, cohibuit aliquem ab aliqua re I. 936 A. — ἔχω ἔργον ἐν τῷ ποιεῖν I. 937 A. — ἔχει με μεταβολή, mutor, I. 945 B. — ἔχω πίστιν I. 955 D. creditur mihi, fide dignus habeor 1006 F. — ἔλατton, vid. ib. I. 960 A. — ὡς εἶχεν I. 964 A. — ὅσα καλῶς εἶχε I. 965 C. ἔχω quem συγκλείσας, retineo quem apud me I. 971 C. — τι ἐν ἐμαυτῷ, taceo quid, I. 989 C. — quam mulierem, subint. in matrimonio I. 989 D. — ἔχω καὶ παρέχω honorem I. 997 B. ἔχω τινί τι assequor quid aliqua re I. 1023 A. — ἔχει τι, est in eo quid, Carystius Athen. 542 F. — οὐκ ἔχω ὅπως ἀπιστῶ σοι Theophr. Char.... Sim. Abresch. Auct. Thucyd. p. 240. — πῶς ἔχει παιδείας II. 6 A. — οὐχ ἕξεις τὴν κεφαλὴν II. 11 C. — periphr. ἡδονὴν ἔχουσα λέξις, pro ἡδεῖα II. 42 C. 44 A. — ἔχειν ἐν νῷ II. 47 C. — ἔχειν et λαβεῖν oppon. II. 47 D. — ἔχω χαλεπὴν τὴν ἀποκάθαρσιν, difficulter separor II. 51 A. — κίνδυνον ἔχουσα χρεία II. 64 D. — πῶς ἔχουσιν ὁμονοίας πρὸς ἀλλήλους II. 70 B. — βέλτιον ἂν εἶχεν ὂν abund. II. 104 A. — πλέον ἔχων τυγχάνει II. 113 C. — οὐκ ἔχοντος φρένας ἀνθρώπου ἐστὶν II. 116 B. — ἐκτέον ἐλαφρῶς II. 117 D. — νοῦν οὐκ ἔχει οὐδὲ λόγον II. 124 B. — καλῶς ἔχει cum inf. utile est, II. 128 C. — κατὰ φύσιν ἔχειν II. 128 C. — κακῶς καὶ παρὰ φύσιν II. 128 D. — ἔχω τί τι II. 149 A. —, τὰ ἄνω ἔχον ἀνθρώπου βρέφος II. 149 C. — ἔσχηκά τι, nactus sum II. 154 C. — ἔχω στολὴν, modo ἄγω II. 159 D. — οὐδὲν εἶχε κακὸν, nil illatum ei erat mali, II. 161 B. Sim. 169 D. — θηρίον ἔχων ἐφήσει τοῖς καρποῖς II. 170 A. — ἀνηκοὼς II. 145 C. — πίστιν II. 146 B. — σύγχυσιν II. 158 C. — et δηλόω oppon. II. 149 A. — εἰπεῖν II. 154 B. — cum adverb. II. 162 A. 172 F. 179 B. C. 183 B. — ἔχω κακῶς τὴν ψυχὴν II. 168 F. — δίκην, est mihi lis II. 179 A. — καρπὸν pro φέρω II. 188 D. — εἰ res quid II. 180 D. continet — ω urbem II. 181 C. sim. E. — ἔσχηκα nactus sum II. 185 C. bis. 186 F. — ω οὕτως II. 192 E. 235 F. 240 A. — πρός τι II. 210 A. — καλῶς ἔχον ἐστὶν II. 214 B. 215 B. C. — ω subintellecto accusativo ex anteced. II. 223 D. 238 E. ἠρεμίαν πολλὴν II. 223 F. — πλέον II. 226 E. — μεῖον II. 227 E. — οὐδὲν κακὸν II. 231 A. — οὕτω τιμῆς πρός τινα II. 232 B. Herodian. VIII. 7, 1. — οἱ ἔχοντες subaud. αὐτὰς, earum mariti II. 232 C. — ω ὅπλα II. 239 A. — ἀρετὴν II. 239 A. — δυσμενῶς II. 240 A. — εἰ καλῶς II. 193 A. 215 B. — ω τι indutus sum quo II. 196 E. — χρύσιον et κρατῶ τοῦ ἔχοντος II. 194 F. — χάριν cui II. 194 E. 197 F. 202 A. — εὐθαρσῶς πρὸς θάνατον II. 194 E. — συγγνώμην cui II. 203 D. — τοὺς, i. e. milites sub me II. 215 C. — στρατείαν II. 219 F. — possideo II. 226 C. — ἔχομαι pass. locus II. 884 A. — med. τοῦ ἐνδεχομένου II. 888 F. — τῆς γῆς, prope terram natare II. 979 E. I. 618 E. — τοῦ βελτίονος II. 1047 B. — ἔσχοντο μάχης, abstinuerunt I. 14 B. —

ἰσοφέα ἐχομένη πεπραγμένων I. 1 B. — ἔχεσθαι τῶν εἰκότων I. 20 C. — δικαιολογίας I. 168 E. — λόγος qui ἔχεται φυσιολογίας II. 420 E. — ἑαυτοῦ II. 428 C. — simpl. τινος II. 1135 C. I. 783 B. — τινός, tendere in locum, I. 383 E. 654 C. — abstineo I. 400 C. 723 D. — ἔργου, opus tracto, aggredior I. 430 A. 460 D. 572 C. 680 A. Oenom. Euseb. P. E. V. 220 B. — τινος studeo cui rei I. 526 D. 528 F. 854 A. II. 30 D. — petere quid I. 583 E 774 D. II. 87 C. — σχήσεσθαι μάχης abstenturos pugna I. 588 C. — ἔχεσθαι δρασμοῦ I. 562 A. — ἔσχοντο μάχης abstinuerunt se I. 562 F. Lucian. III. 463 seq. Gesn. Reitz. — ἔχομαι γνώμης, teneo meam sententiam, I. 785 A. — ἔχομαί τινος, aggredior I. 875 E. — τῆς κεφαλῆς, caput ipse meum manibus comprehendo I. 947 A. — τοῦ χρόνου, moror I. 497 B. — τινος res, pro est quid II. 29 E. — εὐδίης Protag. pro tranquillitati animi studeo II. 118 E. Sim. Anthol. II. 47, 7. Strato. — μενος, proximus II. 222 D. — ὅσα μαθημάτων ἔχεται Muson. Stob. 595. Saepe Plato. Vid. Fischer. Ind. Aeschin. — ὑπὸ δεσμῶν Dio Chr. VI. 94 B. — τοῖς πάθεσιν ἢ τοῖς νοσήμασι Dio Chr. LV. 561 C. Sim. Plato 663 D. ἔχομαι et ἀπέχομαί τινος oppon. Plato 626 A. — ἐχόμενα ἐγγὺς, propinqua, abund. Plato 635 A. — μαι ἔν τινι Plato 665 D. — τινος Plato 607 E. 608 D. 639 A. 647 C. F. 654 E. 656 A. 672 D. D. 677 D. 692 F. 705 C. — μενα τῆς αὐτῆς γνώμης Aristid. II. 417 et saepe. — ἔχω πῶς complectitur σχέσιν et πάθημα, Vit. Hom. §. 82. 84. — μακαρίως ἔχεις φρενῶν Dionys. Tyr. Stob. 531. conf. ἱκανῶς ἑαυτοῦ ἔχειν. — ἔχω ἄριστα γνώμης Junc. Stob. 587, 2. — ἔγκυος οὖσα — τὸν δέκατον μῆνα εἶχε Jambl. V. P. 192. — ἔχεις δὴ τὸν παρ' ἐμοῦ λόγον, in fine, Dio Chr. 530 B. οὕτως ἔχουσι ὡς ὄντας πάντας ἀθλίους, cogitant cunctos esse miseros Dio Chr. 629 B. — ἔχειν ἑαυτὸν ἀκοινώνητον, habere se, gerere Plato 622 E. — λόγος ἔχει ὁ αὐτὸς — τοῦτον de hoc idem narratur Plato 647 C. — ἔχει τί τινι ἔλεον Plato 680 G. — οὐκ ἔχω ὁπόθεν je n'avois pas de quoi Plato 692 G. — ἐχόντων τούτων οὕτως Plato 697 B. — ἔχω intelligo Plato 598 D. — cum adverb. participio ἔχω παρατεταγμένως, ὑποπεπτωκότως Aristid. I. 145. — ἔχει ταῦτα εἴς τι, haec tendunt, spectant ad quid, Aristid. I. 294. III. 375. — epigramma ἔχον οὕτως Aristid. I. 332. — ἔχειν Inf. praes. pro perf. Reisk. leg. σχεῖν, Aristid. I. 481. — ὡς εἶχεν Aristid. I. 348. — ἔχω τινὰ, pro ἄγω dux ib. 433. — ἔχων ῥιπτεῖς abjicis quae habes, ib. 442. — ἔχει γάρ οὕτως οἶμαι init. vulg. εἶν. ib. 531. — ἔχω κατά τινα id. II. 96. pro εἰμί — ἔχε δή, id. II. 167. 270. — ἔχει τί τινι φαυλότητα II. 227. — carmina ἔχοντα εἴς τι, de hoc argumento, II. 279. — ὡς ἔχω περὶ τούτου, quid sentiam de hoc, II. 367.

ἑψάω II. 1084 E. I. 10 A. 46 C.

ἕψημα II. 1010 C.

ἕψησις I. 10 A.

ἕψω II. 182 F. 194 F. 668 C. 725 B. 968 D. 995 B. I. 337 A. 355 B. — aqua II. 690 C.

ἕωθεν II. 111 C. 683 B. 726 C. 749 C. 960 B. 1059 C. 1095 E. I. 20 A. 135 D. 194 A. 475 E. 624 D. 748 C. 777 D. 780 E. 993 D. 1064 A. Plato 688 D.

ἑωθινὸς II. 726 C. I. 655 D. 728 E. 1030 B. repon. Jambl. V. P. 110. Aristid. I. 327.

ἑωλοκρασία II. 148 A.

ἕωλος I. 390 B. 537 D. 1054 C. II. 128 D. 514 C. 611 E. 674 E. 686 C. 777 B. 808 B. 912 A. 996 D. 1088 F. Porph. Abst. I. 3. Aristid. I. 148.

ἑῷος I. 522 D. 929 D.

ἑώρα f. pro αἰώρα II. 897 B. vid. αἰώρα.

ἕως situs Aurorae I. 69 F. 637 D. — τὰ πρὸς ἕω τινὸς I. 510 A. 567 B. Sim. 925 C.

ἕως Simpl. II. 178 B. 194 A. 202 C. 203 D. 216 D. 219 A. 222 C. 223 B. — usque dum II. 288 C. 239 F. 986 B. — ante quam II.

798 B. — ἕως οὗ cum verbo II. 240 B. — pro εἰ μὴ II. 863 B.

ἑωσφόρος II. 880 B. Stella. Plato 641 A. 703 A.

Z.

ζ pro κ. παιδιζὴ pro παιδικὴ Kuhn. Pausan. 133.

ζᾶ magnitudinem significat II. 677 D.

Ζαγρεὺς, Bacchus, II. 389 A. ubi v. n.

ζάκορος II. 272 E. I. 144 C. 455 F. Hierocl. Stob. 462.

ζάλη vitae II. 741 E. — II. 419 F. 993 E. I. 34 F. 60 C. 181 C. 440 A. 624 D. — Metaphor. II. 126 C.

ζαφλεγὴς Homer. 104 F.

ζάω II. 153 C. 159 B. 160 A. 161 C. E. 162 E. bis. 163 B. 166 E. 169 A. 171 D. 176 F. 178 A. 184 B. 186 E. 187 A. 193 A. 194 A. 201 F. 202 A. 404 B. bis. C. 205 A. 208 E. 212 C. 216 E. 231 A. C. 236 A. 238 A. 241 E. — ἔζησε II. 786 A. — πρὸς ὄχλον II. 580 A. Aristot. Nicom. IV. 3. Victor. Rhet. 143. Aeschin. Axioch. 12. — καιρόν τινος II. 790 B. — jung. cum βιόω II. 1042 A. 1117 E. 1128 C. — II. 1112 E. 1119 A bis. 1124 E. 1129 E. — ὡς οὔτε ἑαυτῷ ζῆν ἄμεινον ὂν I. 49 E. — βίον I. 526 B. Porph. Abst. IV. 2. ex Dicaearcho Dio Chr. 611 C. — ζῆν πρός τι I. 718 D. — ἔζηκα I. 954 D. Dio Chr. XII. 198 A. ed. Veret. — ζῆν ἡδέως, mox βιοῦν, II. 100 C. 101 D. — τὸ ζῆν II. 106 F. 107 A. 111 C. 115 C. E. 116 C. 117 E. 234 B. — Plato 701 C. D. E. 702 B. — ζῶν animal II. 234 A. — pro simplici *sum*, Plaut. Amph. Prol. 75. Men. V. 5, 5. Trin. II. 2, 109. Horat. A. P. — πρός τινα Menand. Stob. 384, 40. Aristid. II. 394. — πρὸς ἀέρα Stob. 509. — ζῆν et εὖ ζῆν Jambl. V. P. 246. Porph. Abst. III. 18. p. 255. Aristot. Top. III. 2. citatus Rhoërio, Gataker. M. A. p. 16. a. A. — et βίος mutat. Dio Chr. 608 D. 609 D. — τινι χρώμενος, Plato 649 G. — κτᾶσθαι τὸ ζῆν ἔκ τινος Plato 650 A. — ζῆν docs fese putantem Plato 670 C. — definitur, Plato 668 E. — ζῶν τε ὡς κάλλιστα ζῆν, καὶ τελευτήσαντα τελευτῆς τοιαύτης τυχεῖν Plato 697 C. — plus est quam βιοῦν. Epitaph. Similis ap. Dion. Cass. Hist. LXIX. 19. T. II. p. 1167. Menand. Stob. CVIII. μικρόν τι τοῦ βίου καὶ στενὸν ζῶμεν χρόνον — plura Fabric. ibid. — εἰς κάλλος ζῆν Aristid. I. 246. — ζῆν τινι Aristid. I. 504.

ζείδωρος Venus, Empedocl. II. 756 D. — II. 993 F.

ζέσις — aqua μέχρι ζέσεως ἕψεται II. 690 C. — hinc ducitur Ζεὺς II. 878 A. — II. 398 E. 918 A.

ζεστὸς fervens Flum. II. 1147 B. Diog. L. VI. 23.

ζεστότης Pausan. 824.

ζευγῖται Athen. 88 A. 353 B. — aciei I. 289 F.

ζεῦγμα I. 128 A. 305 C. 306 D. E. 324 A. 418 E. 525 A. 561 C. 719 A. II. 174 E.

ζευγνύω fluvium I. 553 C. — ται uxor I. 473 B. — πόρον I. 418 B. — διάβασιν fluvii I. 1071 B.

ζεῦγος — φιλία κατὰ ζεῦγος II. 93 D. vid. n. ad Julian. 244 C. — II. 244 E. I. 95 C. 192 D. Plato 672 H. 673 C. — ἐπὶ ζεύγους II. 842 A. I. 254 E. — ὀρικὸν I. 686 F. Wessel. Diod. Sic. T. I. p. 125. — I. 339 E. 723 B. D. — boum I. 385 D. — luctatorum I. 709 E. — hominum I. 796 C. — draconum I. 824 C. — currus I. 918 C. D. 920 F. — subint. *boum* vel sim. II. 13 E. currus, mox συνωρὶς II. 146 D.

ζευγότροφος I. 159 C.

ζευκτὸν ὄχημα II. 278 B. 280 C. 828 E.

Ζεὺς dictus a ζέσις II. 878 A. — a ζῆν Ar. Didym. Euseb. P. E. XV. 818 A. — II. 112 A. 156 E. 158 D. 164 C. 169 B. C. 180 D. 191 A. B. Plato 702 B. — τὸ ἐκ Διὸς ὕδωρ II. 912 A. — Δία γενέθλιον II. 1119 D. — Ζεῦ καὶ θεοὶ πάντες, exclam. extra dial. II. 4 D. — de hujus attributis conf. Euseb. P. E. Ind. Viger. — a ζῆν dictus. et Δία quia δι' αὐτὸν omnia sunt Aristid. T. I. p. 67. — αἱ ἐκ Διὸς ἱερὰ Aristid. I. 867. — ὦ Ζεῦ καὶ θεοὶ ut II. 256. et saepe.

ζέω II. 721 A. 734 E. 735 D. — de juventute II. 791 C. — ζεῖ voluptas ἐπὶ σαρκὶ II. 1088 F. — ζέον ὕδωρ I. 899 E. — ουσα τροφὴ καὶ ὠμὴ II. 133 D. — θάλασσα αἵματι καὶ ῥοθίῳ Aristid. I. 142. — ζέοντος ἤδη τοῦ πράγματος Aristid. I. 178. — τοῦ λόγου ib. II. 389.

ζῆλος II. 226 D. I. 317 A. — a φθόνῳ distinguitur II. 83 E. 796 A. — κατὰ ζῆλον II. 676 E. I. 11 E. — jung. φθόνῳ II. 54 B. 82 C. 84 C. 768 A. I. 581 B. 901 B. — καὶ φιλοτιμία, bono sensu, II. 806 E. — II. 999 E. 1049 A. 1129 B. I. 48 A. B. 56 C. 58 B. 78 A. 101 F. 152 E. 153 A. 154 E. — τῶν καλῶν I. 41 D. — φόβος καὶ τιμὴ I. 322 B. — λον προτίθεσθαί τινι I. 327 A. 359 C. — studium, v. c. philosophiae I. 349 F. 519 F. 668 E. II. 52 D. — μάταιος I. 360 F. — rei I. 442 E. 451 D. — Simpl. I. 536 F. 547 A. 551 D. 896 D. — καὶ ἔρως I. 639 C. — Περσικὸς I. 586 A. — ἀρετῆς I. 763 E. 875 F. 844 A. — malo sensu I. 795 E. 799 F. — Asiaticus eloquentiae I. 916 D. conf. 926 B. — ζῆλος βίου, vitae rationo quem imitari, I. 944 A. — bono sensu I. 965 A. II. 11 E. 72 D. — ζῆλος καὶ ἀγὼν πρός τινα I. 1013 A. — καὶ προαίρεσις II. 27 E. — φθόνος, φιλονεικία II. 86 B. — τινος, cupiditas, II. 159 E. — aliquid πρὸς ζῆλόν τινι, aemulandum cui, Dio Chr. V. 82 C. — et ἔλεος oppon. Dio Chr. XXXVII. 464 C. — λον καὶ παράδειγμα ἑαυτὸν βίας παρέχειν Dio Chr. LXXV. 645 B.

ζηλοτυπέω II. 96 B. 1118 E. I. 942 C. 965 B. 1039 B. — II. 782 A. — ζηλοτυπεῖν δούλην ἐπὶ τῷ ἀνδρὶ de muliere II. 267 D.

ζηλοτυπία II. 61 A. 84 C. 92 E. 95 D. 100 E. 143 A. E. 144 A. C. 632 B. 681 E. 788 E. 805 F. 1086 F. I. 38 A. 48 F. 76 E. 125 A. 257 F. 279 E. 316 D. 432 F. 494 D. 501 D. 523 F. 704 C. 777 B. 940 F. 964 D. 1020 D. 1052 C. 1061 E. — καὶ φθόνος II. 78 E. 91 B. — debet esse in amore II. 84 C.

ζηλόω II. 209 B. 221 E. 227 C. — ac τιμᾶν differt II. 334 D. — καὶ μιμέομαι II. 84 C. 830 B. I. 153 B. 163 A. 165 B. 850 A. — Simpl. II. 1069 B. 1094 D. II. 78 A. 92 A. E. 125 A. I. 109 F. 321 F. 1043 A. — καὶ θαυμάζω I. 310 C. 425 C. II. 40 B. 85 A. — μακαρίζω I. 322 B. — τινά τινος I. 402 C. 612 A. — κατά τι I. 408 E. — philosophiam I. 521 B. Aristocl. Euseb. P. E. XIV. 763 B. — καὶ μιμέομαι; differunt I. 923 B. — βίον aliquem I. 948 E. F. — quem imitando, bono sensu I. 984 E. II. 92 C. 119 B. — imitor, I. 1013 A. II. 12 A. 14 B. C. 29 E. — τύχην, ἐπαινέω ἀρετὴν I. 1037 B. — καὶ δεδοικὼς I. 1041 A. — καὶ φθονέω II. 83 F. — καὶ βούλομαι II. 55 E. — θαυμάζω, ἐπαινέω II. 84 B. — malo sensu II. 144 A. — μὲν τὸν εὐδαίμονα Muson. Stob. 595.

ζηλωτὴς I. 292 A. 357 B. 504 A. 718 C. 781 F. — bono sensu, imitator II. 6 D. 154 C. 741 D. I. 112 D. — admirator II. 975 C. — philosophiae I. 743 C. — philosophi I. 878 A. 882 E. — quid differat μαθητὴς a ζηλώτης Dio Chr. LV. 559 A — C.

ζηλωτὸς II. 92 E. 120 A. 140 F. 226 C. 1091 E. I. 93 C. 109 C. 110 E. 250 E. 273 F. 318 B. 518 A. E. 801 E. 818 E. 819 D. — τινὸς I. 652 B.

ζημία I. 320 E. 858 F. Plato 689 C. D. — II. 90 C. 155 F. 228 F. 237 E. 730 A. I. 87 E. 396 B. 442 E. 472 C. 639 D. Plato 661 F. 662 A. 663 F. 674 C. 675 D. 676 B. 683 F. 685 B. E. 686 B. 691 E. G. — ζημίαν ὀφείλειν τάλαντον I. 446 E. — καὶ χρήματά τινος solvere I. 753 F. — προσβάλλω cui I. 879 A. — εἰσφέρω II. 479 A.

ζημιόω I. 494 B. II. 175 C. 182 D. 226 F. 227 A. 230 A. 231 E bis. 238 C. 239 C. — σθαι περί τι I. 821 D. — θανάτῳ I. 82 B. 169 E. — pecunia I. 150 A. 164 D. 167 B. 168 E. — cum dativ. I. 284 D. 293 C. 299 A. 374 A. 999 B. — Plato 676 F. 683 F. G.

ζημιώδης II. 64 D.

Ζὴν. — Ζῆνας Joves II. 425 E.

ζητέω II. 1118 C. F. 1123 E. Plato 608 A. 700 A. 703 G. H. — opponitur *inveniendo* Plaut. Epid. V. 2, 55. — φόνον inquiro in auctorem caedis II. 162 E. — Simpl. II. 128 C. 132 E. 133 C. 136 B. 140 A. 147 D. 151 D. 157 E. 162 E. 163 F. 164 A. 186 E. 187 F. 192 A. 199 F. 204 B. 210 B. F. 220 D. 227 E. 228 A. 253 D. — καὶ διδάσκω καὶ μανθάνω II. 130 E. — καὶ μανθάνω II. 122 D. — τὰ εὑρετὰ Soph. II. 98 A. — ἐω τὸ ἀληθὲς II. 72 A. — ἀπόδειξιν phil. II. 48 A. — ζητήσας, inveniens, f. ζήσας cum Bryano, I. 1017 C. — τέω τὸ κατ' ἐμὲ, quaero meum commodum I. 1073 C. — ται quaestio caedis habetur I. 839 C. — pro ζηλόω I. 797 C. — ζητουμένην ἐπιστολὴν, corrupt. I. 551 B. — ζητούμενον ἔθος, consuetudo adscititia II. 136 A.

ζήτημα III. 43 B. 736 C. 737 D. 742 F. 1035 B. 1095 C.

ζήτησις II. 10 A. 68 A. 80 B. 97 F. 132 E. 234 A. 413 A. 683 B. 700 C. E. 701 A. 714 D. 1118 C. Fragm. I. 1. I. 135 D. 641 E. 792 C. — καὶ ἀπορία Plato 698 B. — σιν κατὰ I. 426 C. Clearch. f. Athen. 522 F. — ποιεῖν hominis I. 882 C.

ζητητικὸς caussarum II. 627 A. 636 A.

ζόρξ — ζορκὶς ἕλος Romae I. 34 E. — dama, vid. Casaub. ad Theophr. c. V. p. 72. ed. Fisch. Callim. Fragm. p. 527.

ζοφερὸς II. 106 F. 692 F. 922 A. 935 C. 948 D. 949 A. 952 G. 978 A. 1053 E. Pempelus ap. Stob. p. 461; 6. corrigitur a Valck. Phoen. p. 99, 1.

ζοφοδορπίδης Alcaei II. 726 A. B.

ζόφος hinc ζέφυρος II. 895 A. occidens. — II. 931 E. I. 146 D. 192 D. 249 A. F. 372 F. — καὶ ὄμβρος I. 1063 C. — animi II. 48 C. Sim. Aristid. I. 487. — καὶ σκότος Aristid. I. 568.

ζοφώδης II. 892 A.

ζύγιος — α Ἥρα Himer. 338.

ζυγόδεσμος currus I. 674 C.

ζυγομαχέω I. 349 A. 412 D. 507 C. 606 C. II. 445 C. 592 A. 754 C. 767 C. 986 A. 1100 A. Menand. Stob. 582.

ζυγὸν — ὰ τὰ aciei I. 288 E. — καὶ σταθμὰ καὶ μέτρα Aristid. I. 24.

ζυγὸς lyrae II. 1030 B. 1045 C. — bovis I. 975 A. currus I. 93 F. 674 C. — ἐπὶ ζυγοῦ ἢ ῥέπει ἢ αἴγεται φερομένη II. 76 E. 1. de meliori, 2. de pejori. Vid. et fragm. Londin. — II. 469 C. 488 B. 1063 D. I. 143 E. F. 842 A. — ζυγῷ jus statuere II. 719 B. — ζυγοῖς καὶ χαλινοῖς vix contineri II. 752 C. — librae comparatio II. 754 B. 955 B. — Upton. Ind. Epict. — ὥσπερ ἐπὶ ζυγοῦ ῥέπειν πρὸς τὸ βέλτιον II. 21 D. Sim. 75 C.

ζυγοστάθμος II. 928 B.

ζυγοφόρος II. 524 A.

ζῦθος II. 499 D. Cerevisia VV. DD. Plin. XXII. 82. Dio Chrys. XXXII. 387 B. Casaub. Strabon. p. 233.

ζυμόω II. 659 B.

ζύμωσις II. 659 B.

ζωάγριον I. 1051 E.

ζωγραφεῖον II. 471 F.

ζωγραφέω II. 65 B. 94 E. 99 B. 187 B. 1044 D. I. 479 F. 897 E. vultum suum Nicostr. Stob. 445. — memoria II. 759 C.

ζωγράφημα II. 64 A. 80 F. 410 A. 889 A. I. 253 C.

ζωγραφία II. 17 F. 58 B. 243 A. 748 A.

ζωγράφος II. 53 D. 57 C. 58 D. E. 183 A. 396 E. I. 159 C. D. 258 B. 480 F. 1033 A. Plato 683 H. 691 G.

ζωγρεῖον vivarium II. 89 A. Porph. Ἀφορμ. 29.

ζωγρέω I. 513 E. 541 C. 715 A. 908 F. 952 D. 1073 C. Jambl. V. P. 191. 192. Plato 656.

ζωδιακὸς II. 888 C. 890 E. 937 E. 1003 D.

ζωδιογλύφος, eorum ἀγὼν II. 712 E.

ζώδιον II. 673 E. Pausan. p. 246. — in coelo II. 908 B. C. 1028 D.

ζωὴ II. 106 F. 111 C. 118 B. 136 B. 221 B. 225 D. — καὶ βίος II. 908 C. Philo 701 A. 1114 D. I.

109 F. — ἧς χρόνος ll. 113 D. βίος 114 D.

ζωμοποιὸς ll. 218 C.

ζωμὸς ll. 137 A. B. 218 C. 236 F. I. 46 E. F. 810 D.

ζώνη I. 341 B. 594 A. 953 B. — Geogr. ll. 429 F. 888 C. 891 A. 895 E. 935 A. — ll. 665 B. Jambl. V. P. 126. — ζώνην λύειν, de mulieribus quae ipsae se suspendant ll. 253 C. 293 D. I. 48 D. — λύσασθαι Aristid. I. 97. ζώνης λαβέσθαι τινὸς, Persicus mos Wessel. Diod. Sic. ll. 182. — μέχρι ζώνης φιλοσοφεῖν Greg. Naz. or. I. 21 D. Senec. Ep. 92. fin. *alte cinctus.*

ζώνιον ll. 154 B.

ζωογονέω ll. 637 E. 880 A. I. 824 A.

ζωογονία ll. 637 D. 905 C. Plato 700 E.

ζωόμορφος I. 65 B.

ζῶον ll. 103 B. 111 B. C. 142 E. 144 D. 163 E. 171 A. C. 1112 C. 1115 B. 1116 A. Plato 701 A. B. C. E. Saepe 702 A. B. D. — α ποιέω pictor I. 159 D. — ὥσπερ ζώου φωνὴ, metaph. ll. 51 C. — intus habet τὰς κυριωτάτας δυνάμεις ll. 63 C. — ἄλογον et ἥμερον ll. 91 C. — τῶν ἀνθρώπων genus hominum Plato 699 A. — ζῶον animal, distinct. ab homine ll. 514 A. — differt ab ᾠὸν ll. 982 A. — in coelo ll. 1028 D. — ll. 1051 F. 1084 B. — festive, *mendicus*, Plato 684 F.

ζωοποιητικὸν ll. 906 A.

ζωότης ll. 1001 B. Galen. T. ll. p. 66 E. 67 A. Vid. *Καλότης.*

ζωοτεκέω ll. 637 B.

ζώπυρα διασώζειν τινὸς ll. 240 A. ubi v. n.

ζωπυρεῖν ll. 618 F. 923 D. 940 C. I. 44 F.

ζωρὸς unde dicatur ll. 677 C. seq. Empedocl.

ζωστὴρ ll. 1033 E. ἐπὶ ζωστῆρος σχολάζοντες. Reisk. πόῤῥω ζωστῆρος, *procul a munere publico*, laud. Wolf. Liban. Ep. index Ζώνη populus Atticus ad mare. Pausan. I. 31. init. Herodot. VIII. 107. nil ad rem. vid. Wessel. et VV. DD. ad Steph. Byz. voc. Ruhnken. Hist. Or. p. 70. Strabo IX. 610 B. Aristid. T. I. p. 97. Neanth. ap. Schol. Aristoph. Lys. 809. Joan. Siceliota MS. ap. Ruhnken. Hist. Crit. Or. Gr. p. 70. Xenoph. Hist. Gr. V. 1, 9. — I. 143 A. 421 A. — ἐπὶ ζωστῆρι Philippus Mac. simpl. pro in Attica Aristid. I. 484. f. huc valet.

ζωστὸς I. 684 B. — τὸν χιτῶνα εἰς μηρὸν I. 917 C.

ζωτικὸς v. n. ad ll. 130 B. (ubi post ζωτικώτατα insere, II. 668 C.)

ζώφυτος lapis II. 701 B. I. 30 D.

ζωώδης II. 8 A.

H.

ἢ ortus ex anteced. ν. v. n. ad II. 96 A.

ἢ disjunct. μηδὲν πλέον ἐχέτω ἢ (τοῖς) δεσπόταις ἢ δούλοις νεμόμενον, μήτε αὖ τὸ τῶν ξένων, Plato 650 E. l. f. τό. — ἢ γὰρ in disjunct. Aristid. II. 128. ἢ ὄναρ, ἢ γρῖφος ἢ οὐκ ἔχω ὅ τι φῶ Aristid. II. 148. — ἤ τις ἢ οὐδεὶς id. I. 164. — ἤ τί ταῦτα ἐκείνων διαφέρει II. 159 F. — pro καὶ, διακρῖναι τὸ ἴδιον ἢ τὸ ἀλλότριον II. 140 E. — τὸ διαφέρον πρὸς ἡδονὴν ἢ ὠφέλειαν II. 64 B. — ἢ ter, prius non est pars disjunctionis II. 60 E. Dio Chrys. II. 22. B. Sim. XXXI. 345 C. Plato 610 A. ἢ — ἢ — ἢ *vel*, *quam*, *vel.* — ἐναντίως ἢ οἷς δρᾷ, abund. Porphyr. Abst. II. 44. — ἢ καὶ cum subjunctivo, in adferendo argumento II. 947 D. — comparativus cum ἢ ὡς et infinitivo, ἀμαθέστεροι ἢ ὡς ὑπ' ἐμοῦ ἐξαπατᾶσθαι II. 15 D. conf. Valcken. Herodot. III. 14. — ἄλλο τι πεποίηκε ἢ ἀπολώλοιπε II. 1039 C. — ἢ bis, diverso sensu, II. 1043 A. — ἤ που pro simpl. ἢ II. 1101 B. — ἢ ταν ἢ ἐπὶ ταν Lac. Duker. Thucyd. p. 629 a. II. 241 F. — pro genitivo, διαφέρει τὸ γενέσθαι τὸ ῥηθὲν ἢ ῥηθῆναι τὸ γενησόμενον II. 398 F. — bis disjuncte I. 177 F. — ἢ in exclamatione post ὅρα I. 269 E. — et affirmat ut II. 94 F. Sic ap. Lat. Cic. de Or. I. 38. Arch. 12. Item pro *annon?* ergo ajenter ad De Pearce Orat. I. 58.

p. 116. — ἦ γάρ; interrog. I. 303 C. — ἦ — ἦ I. 408 C. D. — ἦ nisi quod I. 772 C. — ἦ γὰρ οὐχ ὁρᾶτε II. 157 B. 405 A. 621 B. — ἦ γὰρ οὐχ οὕτως; II. 416 A. Plaut. Stich. I. 2, 21. *Certo enim*, — οὐκ οἴει II. 147 D. — ἦ interrogationis initio II. 209 A. 394 F. — τί; ἦ δῆλον respond. II. 54 E. Polyb. T. IV. p. 561. ed. Schweigh. — ἦ τ' ἄρα, f. ἦ γ' ἄρα, vel ἦ γὰρ Longin. Euseb. P. E. XV. 823 D. — ἦ γὰρ ἂν cum conjunctivo vel indic. Homer. Il. ά. 232. β'. 242. Zosim. VI. 3, 3. — ἦ μὴν I. 422 C. 534 A. 692 A. 775 A. 831 B. 872 B. Plato 680 F. 685 A bis. 691 A.

ἦ που post ὅπου γὰρ II. 404 F. 480 A. B. 785 C. 801 E. 937 B. 938 A. Fragm. I. 5. Herodot. I. 68. Ironice negat omnibus illis locis, et aliis notatis in v. Ὅπου. Porph. Abst. II. 50. Dio Chrys. III. 50 E. corrige seq. ἀλλὰ μὴ ut Casaub. — II. 800 C. — ἄρα Thuc. V. 100. — ἄρ' ἐγὼ τοιοῦτος II. 40 D. — init. II. 90 F. 146 B. 149 A. — init. Epigr. ref. ad Euthynoi Consol. Apoll. Antipatr. Anthol. III. 12, 55. p. 340. — in consequentia, per se negat Dio Chr. XXXI. 328 A. Sim. LXXVII. 654 A. — ἦ που post εἰ Aristid. I. 85. 87. 401. — post ἔπου Aristid. I. 401.

ἢ II. 154 F. ἢ πέφυκεν II. 991 B. — ἔστιν ἢ I. 399 E. Aristid. II. 83. I. 531. — ἤπερ I. 873 B. — οὐκ ἔστιν ἢ nullo modo Plato 642 D.

ἡβάω — ἡβώντων παίδων II. 14 B. Epigr. — II. 215 C. Plato 681 D.

ἥβη II. 1058 B. — οἱ μέχρι ἑξήκοντα ἐτῶν ἀφ' ἥβης II. 819 A. Taylor. Lys. p. 245. ed. Reisk. — I. 609 B. 752 D. — ἥβης ἐκείνης νοῦ δὲ τοῦδε καὶ φρενῶν Cratin. Stob. 358, 5. f. crines pudendorum Dio Chr. XXXIII. 412 D. 413 A.

ἡβηδὸν I. 199 B. 293 E. 305 B. 704 F. 787 D.

ἡβητήριον I. 640 C. 647 B. Wesseel. ad Herodot. II. 133.

ἠγάθεος II. 671 C.

ἡγεμονεύω II. 947 C.

ἡγεμονία II. 482 B. — τινὸς elementi in compositione corporum 700 E. — mariti in conjugio II. 139 D. Men. Stob. Grot. 316. Gesn. 437. — ὁ ἐπὶ ἡγεμονίαις βίος, vita imperatoria II. 101 D. — καὶ δόξα II. 34 C. — militaris I. 1062 A. — Caesarum R. munus I. 1054 E. 1055 B. 1057 A. B. 1059 C. 1060 D. F. 1062 C. 1065 C. 1066 B. C. 1067 A. 1073 E. — αἱ καὶ πράγματα I. 983 C. — aciei I. 978 A. — rerum summa I. 708 E. 710 E. 714 B. 719 B. 724 B. II. 182 A. 188 D. 189 D. 195 A. 207 D. — imperium Alex. M. I. 706 E. II. 181 D. F. — praefecti I. 703 F. 972 D. — Spartae in Graecis I. 663 C. — provinciae I. 646 D. 647 E. — αἱ κατὰ μέρος ἡγεμονίαι legatorum sub Pompejo I. 632 A. — sc. exercitus I. 616 D. — pro στρατηγία I. 586 B. — ἐπὶ ἡγεμονίας εἶναι I. 581 E. — στρατευμάτων I. 551 D. — ἐφ' ἡγεμονίας τετάχθαι I. 532 A. 935 D. 961 F. — παρὰ τῶν συμμάχων, inter socios I. 522 A. — ἡ μεγίστη, consulis I. 426 E. — ας ἐπὶ τάττω quem I. 413 B. — sub imperatore summo I. 359 D. 388 B. 393 B. 744 C. 883 F. — Romae I. 352 E. 424 C. 566 B. 571 A. 631 B. 656 D. 663 F. 664 A. 735 B. 769 E. 778 F. 869 D. 872 B. 930 C. 955 F. 997 B. — summi imperatoris bellici I. 327 F. 328 B. 333 A. B. 372 C. — ας κρείττονος ἄμοιρος II. 744 E. — regnum imp. s. Caesaris R. II. 771 C. — disputationis II. 1087 C. — principatus civilis II. 1100 D. 1125 C. I. 551 E. — I. 117 D. 129 A. C. 140 E. 145 F. 161 B. 164 A. 165 E. 172 C. 186 D. — Phys. II. 428 A. — regnum II. 398 D. — καὶ στρατηγία πολέμων I. 298 D. — ἡγεμονίας διαιρεῖν ducibus ante pugnam dicitur imperator. I. 263 B.

ἡγεμονικός II. 173 D. 177 D. 778 B. 789 D. I. 152 C. — primarius II. 707 B. I. 336 D. 398 D. — δεῖπνον II. 712 A. — οὐ φρονήματος repleri II. 715 A. — κωτάτη τάξις II. 737 D. — δύναμις II. 797 E. — ἑστίασις II. 123 E. — et πλούσιος, in magistratu II. 94 A. — gradu dignitatis I. 1071 A. 1072 E. — οἱ praefecti militares I. 1062 E. — ικὸν μέρος rex I. 962 D. — στρατηγὸς I. 930 F. — et τυραννικὸς oppon. I. 476 E. τὸ φύσει ἡγεμονικὸν καὶ βασιλικὸν I. 596 D. — ὸς ordo I. 588 B. — f. cum imperio esse, imperatorius I. 653 B. — piratis tribuuntur σωμάτων ἡγεμονικῶν ἁρπαγαὶ I. 631 B. — ἡγεμονικοὶ καὶ στρατηγικοὶ κατελέγησαν ἀπὸ βουλῆς ἄνδρες qui sub Pompeio legati essent I. 632 D. — *imperatorii et praetorii*, an ad facult. *periti?* — virtus imperatoria, digna imperio I. 744 C. 919 A. 1066 C. — πρός τι I. 866 B. 959 E. Xenoph. Mem. S. II. 3, 14. Cic. Amić. 8. *Princeps ad* Terent. Ad. II. 3, 6. — qui imperium gessit, imperatorius I. 871 C. — κὴ τάξις I. 103 D. 880 A. II. 428 E. 1096 D. — ἡ πρᾶξις II. 806 E. — κῇ συνηθείᾳ se subjicere II. 814 E. — ἡ κρίσις II. 814 F. — philosophia, pars animi II. 898 E. 899 D. 901 E. 902 A. 903 A. B. 904 C. 907 E. 909 A. 1053 B. 1084 B. 1122 C. Fragm. I. 4. — opponitur πειθαρχικῷ I. 20 E. — φύσις I. 42 A. 382 E. — ἡγεμονικοὶ sunt in exercitu sub imperatore legati I. 263 F. 269 D. 385 A. 628 A. — peritus artis imperatoriae I. 302 E. f. 570 B.

ἡγεμονικῶς et δεσποτικῶς opponuntur II. 329 B. quid ferre I. 582 C.

ἡγεμὼν simpl. dux milit. II. 172 C. 182 A. 184 C. 222 F. 230 D. 231 E. 240 A. — magistratus II. 708 A. 710 A. 794 A. et passim. — deus artis II. 745 A. — εὐνοίας ἔπαινος, f. γνωμὼν II. 786 E. — *patronus* fere II. 806 B. — όνες Romani praefecti II. 814 F. — ἀνὴρ vocatur magistratus Romanus ab exteris I. 24 F. — Rom. II. 131 D. 133 D. 141 C. 144 E. 323 F. — praeses provinciae Ciliciae II. 434 D. E. — Sim. I. 1061 F. — Mus. II. 1135 A. — καὶ στρατηγὸς de uno eodemque dicitur I. 205 F. 234 E. 276 F. 278 E. 294 B. — ἡγεμὼν στρατηγὸς I. 301 D. — sub imperatore I. 248 F. 264 C. 266 B. 308 C. D. 327 D. 328 A. 358 E. 359 D. 366 A. 402 D. 414 C. 417 C. 466 E. 578 A. E. 587 A. 786 A. 814 F. 967 D. E. 985 F. 996 B. 999 E. 1001 E. 1003 B. 1041 E. 1054 E. — τοῦ θαῤῥεῖν I. 317 C. — elephanti I. 400 C. — σπείρας I. 478 F. — quaestor I. 569 E. — νος καὶ σύμβουλοι I. 598 B. — plus est quam στρατηγὸς I. 617 A. 1015 B. — καὶ στρατηγὸς I. 586 D. 623 A. 682 F. 871 F. 887 D. — νες et οἱ πολλοὶ I. 588 D. — στρατιώτης ἐπὶ κρίσιν τινὰ καλούμενος ὑφ᾽ ἡγεμόνος I. 860 D. — Caesares R. et reip. principes I. 861 D. 883 C. D. 1060 B. — βίου I. 863 A. II. 37 D. Dio Chr. 667 B. — Graeciae I. 1045 B bis. — Achaeorum I. 1046 E. — νες καὶ φίλοι (καὶ f. del.) II. 92 C. — νες ad convivium II. 124 A. — ἀποικίας dist. a βασιλεὺς et ἀρχηγέτης II. 163 B. — opp. ὄχλῳ s. democratiae II. 168 B. — praeses Rom. provinciae Dio Chrys. 487 C. 488 C. 489 A. 492 C. 507 D. 514 B. C. 515 D. 517 D. 522 B. 528 D. Aristid. I. 533. — ut infra στρατηγὸν Plato 615 C. D. — magister Aristid. I. 508.

ἡγέομαι dux sum, praesum II. 187 D. 238 F. — puto, censeo II. 111 D. 115 B. 128 B. 137 B. E. 140 E. 147 C. 149 C. 155 B. C. 157 B. 158 E. 160 E. 166 E. 188 C. 194 A. E. 195 C. 207 D. 208 B. 228 F. 236 B. sine εἶναι cum accus. II. 1125 A. — Musgr. Suppl. not. Eurip. Hec. 800. — θεοὺς Dio Chrys. III. 45 C. Sim. Plato 703 C. — ἡγουμένη χώρα, locus praecipuus II. 618 A. — ούμενοι sunt Romani Graecis II. 814 F. — imperantes II. 816 F. — Sim. 228 C. — et ἀκολουθέω I. 110 D. 116 A. B. Orac. Oenom. Euseb. P. E. V. 223 C. — τῷ μετ᾽ εἰκότος ἡγουμένῳ ἕπεσθαι II. 432 C. — ούμενοι duces I. 1439 A. — μαι εἴς τι, in opinionem quem duco, pro εἰσηγέομαι Aristid. I. 351. — εῖσθαί τινι ἐπί τι I. 440 B. II. 215 C. — σθαι αὐτῶν, eorum dux militiae erat I. 638 A. —, et ἕπομαι Plato 660 H. — ἡγεῖται τὸ δυνατὸν τῆς πράξεως ante omnia res debet fieri posse Aristid. I. 385.

ἡδέως ἔχειν πρός τι II. 633 A. Sine πρὸς Philem. Cler. p. 352. — ἂν μοι δοκῶ πυθέσθαι II. 920 B

Sim. 937 D. — πυθοίμην II. 443 A. 712 E. 985 B. 1036 E. 1044 E. 1066 B. 1116 C. I. 355 A. — ὁρᾶν τι I. 349 F. 488 C. — ἰδεῖν τι I. 435 F. 441 A. II. 69 C. — ἔχειν πρός τι I. 483 E. — ζῆν II. 100 C. 101 D. — Simpl. *libenter* II. 142 A. 154 B. 158 A. 172 B. 174 A. 196 B. 208 E. 239 E. 667 D. — ἔχειν τινὶ benevolum esse cui Aristid. I. 216. — δ' ἂν πυθοίμην vel ἐροίμην Aristid. I. 415. 434. 442. 511. II. 17. 182. 252. 264. — ἡδίως φαίη τις ἂν Aristid. II. 82. — γενέσθαι v. n. II. 127 B. — ἂν ἀκούσαιμι II. 756 A. — διατίθεσθαι πρός τινος II. 760 C. — θεάομαί τι I. 802 B. — ἔχω cum inf. *cupio* I. 1062 D. — τινα Jambl. V. P. 254. — ὁρᾶν τινα II. 121 F. Sim. 140 A. — ἂν γενοίμην πρόθυμος ἀκροατὴς abund. II. 122 C.

ἤδη fere abund. II. 909 B. — etiam II. 911 D. — οὐ γὰρ εἰ — ἤδη propterea II. 1091 E. — ἤδη δὲ — καὶ I. 406 A. — ἐκεῖνα δὲ ἤδη χαλεπὰ II. 60 D. — in affirm. II. 162 E.

ἡδίων — ἥδιον βιοῦν II. 1104 B. — ἔχειν II. 1104 D. — ον ἔχω πρός τι I. 106 D. — ων γίνομαι ταῖς ἐλπίσιν I. 208 C. 613 A. 1067 A. — ον διατεθῆναι πρὸς ἀλλήλους I. 219 C. — ων γίνομαι πρός τι I. 584 B. Sim. Aristid. I. 17. 315. 340. 512. 518. 552. — ονά τι ποιεῖ με I. 724 F. — laetior I. 793 D. — ἡδίω με παρέχω, nisi leg. ἵλεω I. 1013 A. — sum, simpl. II. 124 C. — ἥδιον adv. libentius, II. 139 B. Adj. suavius II. 150 E. — να τὰ, res secundae, laetae II. 160 D. — ἥδιον simpl. II. 174 F. 188 B. 240 F. — ἡδίους hoc nos facit, *hilariores* II. 739 E. — ἂν γνῷς τι ἐστ' ἄνθρωπος ἡδίων ἔσῃ Diph. Stob. 176.

ἥδομαι I. 915 A. II. 39 D. 63 E. 69 D. 128 C. 144 A. 149 E. 165 F. 169 F. 171 D. 182 A. 209 C. 219 B. 221 C. 226 B. — τὸ ἡδόμενον II. 27 C. 61 B. 1025 D. 1089 E. 1101 E. — II. 1123 A. — μαι ἡδονὴν I. 108 F. — ἥσθην δὴ init. Aristid. I. 446. — ἥσθην imit. iron. Aristid. II. 354. — ἥδετο I. εἵλετο R. Dio Chr. 582 A. — diff. a χαίρω II. 449 A. Dio Chr. 454 B.

ἡδονὴ II. 174 A. 183 E. 204 B. 210 A. 218 C. — μεθ' ἡδονῆς II. 961 E. — πρός τι ex aliqua re II. 990 A. — καθ' ἡδονάς τινας βιάζεσθαι II. 991 A. — καὶ χάρις II. 100 C. 1102 A. I. 112 B. — Epicur. II. 1087 B. D. E. 1088 B. C. 1089 D. 1095 A. 1097 F. 1103 C. 1123 A. 1124 E. F. 1125 A. B. 1129 A. 1130 B. — vera, ref. ad Epic. Aristid. I. 278. 296. — πρὸς ἡδονὴν I. 86 B. 345 B. 407 C. 422 A. 495 F. II. 60 B. — εὐλαβὴς I. 161 C. — καθ' ἡδονὰς I. 345 B. — πρὸς ἡδονὴν ζῆν I. 392 E. — καθ' ἡδονήν ἐστί μοί τι I. 653 D. 835 B. — καθ' ἡδονὴν I. 897 D. 966 D. — I. 915 A. II. 33 A. 42 C. 61 E. 64 B. 66 B. 69 E. 101 A. B. 111 E. 138 C. 139 A. 140 A. B. 142 B. E. 143 C. D. 144 C. 145 A. 151 D. 153 D. 156 C. D. 158 E. 160 A. 161 A. — πρὸς ἡδονὴν πίνειν Plato Symp. . . . Lynceus Serm. Athen. 499 D. — αἱ καὶ αἰσχρὰ II. 32 C. — καὶ ὥρα II. 34 A. — δόξα II. 41 D. — πόνος II. 38 C. — πρὸς ἡδονὴν καὶ ἐφ' ἡδονῇ II. 55 A. — καὶ παιδιὰ II. 79 C. — καὶ ἐπιθυμία Plato 626 B. — Vid. ἐπιθυμία 633 C. 658 F. 664 E. — ἐν ἡδονῇ ἐστί μοί τι Plato 699 C. — simpl. Plato 702 D. — κέρδους pro ἐπιθυμία Aristid. I. 154. — καὶ τέρψις Aristid. II. 108.

ἡδονικὸς βίος II. 1033 E. Diog. L. V. 31.

ἡδονοπλὴξ φύσις Timon. Sill. de Anaxarch. II. 446 C. 705 D.

ἡδύνω quem, voluptate afficio, II. 631 E.

ἡδύοσμον II. 732 B.

ἡδυπάθεια v. n. II. 132 C.

ἡδυπαθέω II. 134 F. 148 B.

ἡδυπαθὴς I. 924 A.

ἡδὺς II. 46 E. 47 C. 55 A. D. 101 B. 123 C. 124 D. E. 126 D. 128 C. 132 B. 133 B. 136 E. 138 D. 141 F. 143 A. 160 A. 218 C. 209 B. — τινὶ ἡδύς I. 526 C. — ἥδιστος II. 152 E. 157 E. 193 A. 198 B. 199 B. ἥδιστα II. 217 D. — ἡδὺς τὸ εἶδος I. 589 F. — Pompeius ἥδιστος ὁμοῦ πολλοῖς καὶ ἀθρόοις ἐφαίνετο in foro, f. corrupt. I. 630 E. — πρὸς τὰ ἥδιστον καὶ ῥᾷστον ἐνδοῦναι cui I. 952 E. — ὡς ἡδὺς εἰ καὶ μακάριος iron. I. 1019 E. — ἡδεῖα ἡ λέξις καὶ πολλὴ II. 41 C. — τὸ ἡδὺ pro ἡδονὴ II. 42 B. — cum σεμνὸς et ποθούμενος II. 49 E. — ἰστεν hoc mihi est ll. 65 A. — τὸ ἡδὺ et χαῖρον in amicitia ll. 94 B. — ἡδίτατον ll. 98 E. — Simpl. ll. 107 D. et γλυκὺ differunt II. 128 C. — cum inf. I. 338 B. 351 E. — γέλως ἐπέρχεταί μοί τινος ll. 582 B. — ἡδὺς εἰπεῖν ut δεινὸς I. 847 A. — et σεμνὸς conjung. ll. 660 B. — ἥδιστον τοῦτο αὐτὸν παρεῖχε II. 667 D. — stultus ll. 925 F. (936 F. mss.) Dio Chr. 488 A. — καὶ τερπνὸς ll. 1096 C. — ἡδὺ φίλου μνήμη Epic. II. 1105 D.

ἥδυσμα II. 49 F. 51 C. 54 F. 67 E. 126 C. 128 C. 197 C. 697 D. 769 C. 856 D. 999 B. 1010 C. 1130 B. I. 378 F. 589 E. 926 D. — Metaph. Plaut. Prud. ll. 3, 71. Trin. ll. 2, 82. — in unguentis differt ἥδυσμα et στύμμα Plin. XIII. 2.

ἥδω v. n. II. 150 E.

ἠερόεις Hesiod. II. 948 A.

ἠθὰς I. 469 E.

ἠθέω vinum percolo ll. 692 B. 913 C.

ἠθικὸς II. 728 B. 744 D. 802 E. 809 E. 1115 B. 1129 B. I. 38 A. 43 B. 77 D. 80 B. — ὰ liber Theophrast. I. 173 A. — κὸν ἔσθος II. 267 E. — δόγμα I. 761 D. — λόγος, pars philosophiae I. 668 A. —αὶ καὶ βιωτικαὶ χάριτες II. 142 B.

ἠθικῶς rideo I. 1008 D. — ἠθικῶς scite I. 694 F. conf. II. 72 B. 73 F. 79 B.

ἠθμοειδὴς II. 699 A.

ἠθμὸς compar. II. 600 D. 689 C.

ἠθόλογος et mimus II. 673 B. Vales. Ammian. Marcell. p. 405. Ernest. Clav. Cic. V. Wessel. Diod. Sic. II. 452.

ἠθοποιεῖσθαι II. 1053 D. — εῖν II. 450 F. 799 B. bis. 814 A. I. 153 B.

ἠθοποιός II. 660 B. I. 53 A. 71 B. 112 B. 961 D.

ἦθος I. 336 D. 337 E. 338 D. 340 A. 341 E. 355 B. 356 D. 357 B. 365 A. 369 B. 378 C. 406 E. 407 A. 422 F. 423 D. 451 D. 478 B. F. 480 A. 481 C. F. 482 A. 524 A. 572 F. 573 A. 619 C. D. 622 F. 648 E. 665 A. 667 A. 707 C. 709 B. D. 741 F. 742 E. 743 B. 744 A. 759 E. 769 C. 770 C. 776 D. 777 D. 783 D. 805 E. 810 F. 812 B. 814 F. 821 A. 825 B. 828 E. 846 B. 849 B. 851 B. 857 D. 865 F. 870 E. 886 D. 889 E. 925 D. E. 926 C. 927 E. 928 A. 941 C. 949 E. 950 A. 959 C. 962 A. B. 964 F. 984 B. 987 C. 989 F. 1023 B. — II. 4 C. 52 E. 56 B. 66 C. 67 D. 71 E. 73 D. 141 D. 145 B. 147 E. 148 D. 164 E. 172 C. 239 E. — ἤθους πίστις II. 801 C. — ἄπλαστον II. 802 F. — καὶ τρόπος II. 1053 D. I. 471 F. 479 E. — καὶ εἶδος II. 1073 B. — in oratore a πάθος distinguitur II. 45 B. Valcken. Theocr. p. 328 seq. — η humana II. 975 E. — ἐν ἤθει λεγόμενα II. 20 E. ubi v. n. — ἦθος ἐστὶ πολυχρόνιον II. 3 A. 443 C. 551 E. — πηγὴ τοῦ βίου II. 56 B. ubi v. n. — pictor et statuarius exprimere debet II. 335 B. ubi v. n. — καὶ βίος v. n. II. 142 B. — personae in dramate II. 711 C. 813 E. — καὶ πάθος II. 79 B. C. 715 F. I. 161 D. 173 A. Athen. 625 E. Ael. V. H. IV. 3. Plin. XXXV. 36, 19. Diogenian. Euseb. 263 B. — οἰκεῖος καρπὸς ἤθους II. 750 E. καὶ εἶδος καὶ βίος II. 759 C. — boni mores II. 85 C. 789 D. 824 D. — hominis κρατεῖ vinum et ab eo κρατεῖται II. 799 B. — locus ubi vivit quis II. 975 E. 976 A. I. 505 C. Plato 657 A. — τῆς συνηθείας locus consuetus. — ἤθους ἑστία II. 52 A. — ἤθη καὶ ἔθη II. 51 D. — ἐν ἤθει καὶ μετ' εὐνοίας II. 73 E. ingenia, naturae τὰ ἤθη II. 49 B. — ἤθη καὶ ἐπιτηδεύματα II. 51 B. — ἦθος debet esse in philosophia II. 66 B. 68 C. 71 E. — καὶ πρόσωπα II. 28 E. — ἔργον, πάθος II. 18 B. — τοῖς ἤθεσιν Ἑλληνίδας nutrices quaerere debemus II. 3 E. — καὶ μέγεθος II. 79 A. — θη τυραννικὰ I. 962 E. — ἐν ἤθεσι τρέφεσθαι I. 959 D. — ἤθεσι Πάρθων ἐνομιλεῖν I. 934 F. — καὶ φρόνημα I. 395 F. — ἤθη mores II. 38 B. — poëtarum, characteres II. 18 E. 142 B. 1096 B. — II. 4 A. 30 D. 38 B. 46 C. 1129 D. I. 45 B. 47 A. 61 D. 78 A. 154 B. 173 C. 174 C. 175 F. 192 B. 287 F. Dio Chr. 559 D. — et λόγος oppon. I. 40 E. II. 27 B. — κεκραμένον πρὸς ἀρετὴν I. 61 D. — καὶ σῶμα I. 77

D. — ἤθει ἐγκαρτερεῖν I. 172 C. — ἦθος πόλεως Taylor. Demosth. IX. p. 514, ed. Reisk. Dio Chr. 511 D. — Mus. II. 1134 F. 1137 B. C. D. 1143 A. bis. B. C. D. 1144 E. Athen. 624. 626. — orationis I. 228 B. — ἦθος et φύσις I. 316 D. 319 D. id. ac φύσις 805 E. conf. 961 B. — et τύχη I. 381 B. — η, πράγματα, λόγοι II. 24 A. — ἤθη καὶ πράξεις II. 25 B. — φαυλὰ καὶ ἄτοποι πράξεις II. 27 F. — ος φαυλὸν II. 27 E. — πλάττω II. 28 E. — καὶ μέγεθος, f. ἐν διὰ δυοῖν ex philosophia II. 79 A. — ἤθη, πάθη, ἐπιτηδεύματα, λόγοι, διαθέσεις II. 97 A. — ἰδίαν ἤθους ἑστίαν οὐκ ἔχων II. 52 A. 97 A. — βέβαιον II. 97 B. Dio Chr. 381 D. διηγήσεις ἤθη καὶ σκέψεις ἔχουσαι, (f. ἠθικαὶ) II. 133 E. — ἔρως περὶ τὸ ἦθος ἱδρυθεὶς II. 138 F. — καὶ ὁμιλία II. 141 A. — καὶ ἀρετὴ II. 141 C. — βαρὺς τὸ ἦθος II. 141 F. — πάθος, διάθεσις II. 142 D. — oppon. σῶμα II. 147 E. παιδεύειν τὰ ἤθη, παρηγορεῖν τὰ πάθη II. 156 C. — μαλάσσειν τὰ ἤθη II. 156 D. — et λόγος II. 177 E. — ergo est caussa ἔργων II. 177 E. — factum in quo ἦθος apparet II. 235 C. — ἦθος, φύσις, τρόπος, disting. Alexis Stob. 384, 55. ubi leg. τῶν δ' ὑπηρετοῦσα καὶ προσέχουσα. — ἤθη, τρόπους, ἔργα Junc. Stob. 597. — Dialogi Aeschinis germani habentur οἱ τὸ Σωκρατικὸν ἦθος ἀπομεμαγμένοι Diog. L. II. 61. — μᾶλλον ἀποβλέπουσιν οἱ θεοὶ πρὸς τὸ τῶν θυόντων ἦθος ἢ πρὸς τὸ τῶν θυομένων πλῆθος Porph. Abst. II. 15. — ἦθος ψυχῆς cernitur διὰ τῆς ὄψεως, in vultu, Porph. V. P. 35. — reponendum pro εἶδος leg. Dio Chrys. XXXII. 381 D. — τὸ ἦθος βέβαιος. — ἔθη πάθη καὶ πράξεις, f. ἤθη, Strab. p. 29 A. — ἦθος senum melius est quam juvenum judicium, sensus pulcri, vel simil. Plato Leg. I. 578 B. D. — fere est ἔθος, v. c. Plato Leg. I. 565 B. ἐν τοιούτοις ἤθεσι τέθραφθε τομικοῖς. — periphr. τὸ τῆς ἀνδρείας ἦθος pro ἀνδρεία, vel ἦθος ἀνδρεῖον Plato 646 A. — ἦθος φύσει δίκαιον Plato 673 H. — ἤθη νέων φύσει ἄνευ λόγου γίνεται ἀνδρεῖα Plato 696 B. — τρόπων ἤθεσι καὶ ἔθεσι Plato 697 A. — ἤθη τρόπων Plato 622 C. 669 B. 679 H. 682 B. G. — ἦθος et ἤθη, ingenium, Plato 622 D. 628 B. 631 B. 646 C. 652 E. 654 D. 656 E. 671 A. 672 A. 673 H. 674 B. 677 G. 678 H. 681 F. G. 682 B. 689 D. G. 696 F. 698 G. — corrigend. ἔθη Plato 630 B. E. f. 644 B. — factum a quo μὴ κατὰ ἦθος, non pro ejus natura et animo Aristid. I. 174. — ἤθη, λόγοι, δόξαι Aristid. II. 163. — ἤθει πρᾳοτέρῳ καὶ σχήματι quid dicere Aristid. II. 319. — ἤθεσι καὶ τρόποις id. I. 391. — ἦθος civitatis Athenarum id. I. 408. 450. — oratoris id. II. 321.

ἠΐα II. 967 F. Arat. Empedocl. Porph. Abst. II. 27. ib. Rhoër.

ἠΐθεος I. 6 D. 7 B. E. 8 A. E. 10 B. 17 C. II. 99 A. 120 A. 163 B. 225 D. Plato 647 D. 662 A. 688 D.

ἠϊὼν Aristid. I. 260. 321.

ἥκιστα Simpl. II. 125 C. 135 C. 136 C. 140 D. 154 E. 189 D. 213 B. — οὐχ ἥκιστα II. 125 E. 154 C. 808 B. I. 356 C. 527 C. 543 B. οὐχ ἥκιστα ἀλλὰ καὶ μάλιστα Strabo 216. Pausan. 698. — et μάλιστα oppon. II. 73 E. 126 B. — pro ἥδιστα II. 474 C. I. 94 C. — pro οὐχ ἧττον II. 905 C.

ἥκω simpl. II. 109 C. 124 C. 147 E. 148 B. 150 B. 151 A. 160 E. 168 A. 179 B. 196 B. D. 197 C. 200 E. 209 D. 210 B. 218 A. 233 C. 235 C. 236 C. 240 F. 241 B. — ἐπὶ πόλιν I. 136 D. — redit ad nos I. 161 B. — portatus I. 592 A. — εὖ γένους ἥκων, vid. annot. Select. hist. 347. Aelian. N. A. II. 11. p. 81. — ἔχων, pro simpl. ἔχω II. 1143 A. bis. — εἰ λόγος εἰς ἐμὲ, rumor, I. 654 D. — ἐφ' οἷς ἥκει, *quo consilio, quid acturus, venit* I. 943 C. Xenoph. H. Gr. II. 2, 12. Sic ἐπὶ I. 1, 24. — ἧξει οὐ διὰ μακροῦ φῶς ἐπιφέρουσα II. 47 C. — φερόμενος II. 52 D. — εἰς μελαγχολίαν vel morbum II. 81 F. — εἰς ἔπαινον, laudabile est, Aristid. II. 238. — ἥκαμες Lacon. II. 225 B. — ἥκοντες legati Jambl. V. P. 178. — ἥκω ὑπέρ τινος legatus Dio Chr. 401 A. — vid. supr. Xenoph. —

ἦκει αὐτοῖς τὰ πράγματα εἰς τὰς ναῦς, salus in navibus posita est Aristid. I. 132. — ὅσον εἰς αὐτοὺς ἧκεν, quantum ipsis positum erat Aristid. I. 388. II. 432. — ἥκει ταῦτα αὐτοῖς οὐκ εἰς καλὸν non bene procedunt, Aristid. I. 399. — ἥκω ἄγων Aristid. I. 151. — ἥκει τι εἰς μνήμην, memorandum, Aristid. I. 241. Sim. 270. 559. II. 6. 207. — ἥκει τι εἰς λόγον Aristid. II. 70. — τι ἐφ' ἡμᾶς officii nostri est id. II. 82. — εἰς ἐμὲ, pendet a me id. II. 170. 175. — εὖ περί τινος Procop. B. P. 248 A.

ἠλακάτη II. 271 E. 745 E. I. 955 A.

ἤλεκτρον II. 1004 E.

ἡλιαία tribunal Ath. I. 748 D.

ἡλιακὸς II. 891 A. 892 C. F. 895 B. 896 F. I. 71 F. — ἡ, sc. περίοδος I. 735 D.

ἠλίβατον κῦμα II. 163 C. 935 E. — εὐήθεια Porph. Abst. I. 12.

ἠλίθιος II. 109 C. 644 F. 716 B. 854 D. 995 E. 1113 C. Plato 699 A.

ἡλικία II. 120 A. 206 B. 210 B. 211 A. 238 A. 732 B. — οἱ ἐφ' ἡλικίᾳ, aequales alicujus II. 331 A. — παρ' ἡλικίαν τῷ πιθανῷ τοῦ λόγου καλλωπίζεσθαι II. 435 E. — τὸ μὴ καθ' ἡλικίαν τινὰς II. 749 E. — ἡλικία γάμου et ὥρα II. 754 B. — nulla aetas hominis sine ἀρχῇ II. 754 D. — ἐν ἡλικίᾳ γενέσθαι v. n. II. 184 B. — τὸ παρ' ἡλικίαν τοῦ γάμου II. 754 D. — aetates hominis, βρέφος, παῖς, ἔφηβος, ex μειράκιον, ἐν ἡλικίᾳ γενόμενος II. 754 D. — παρ' ἡλικίαν II. 785 F. 788 B. 793 D. 959 B. 1013 E. I. 33 E. 112 C. 181 B. 403 B. 432 D. 518 B. 552 D. 579 A. 615 D. 620 E. 653. C. 666 D. — ἡλικίαι, senectus, II. 792 D. — ἡλικίας χρόνος, varii gradus aetatis II. 796 A. — ἡ ἡλικία προβαίνει II. 908 D. — πόῤῥω ἥκων ἡλικίας I. 20 B. — ἡλικίας γεγονὼς ἐν ᾗ I. 57 F. — πρόσω ἡλικίας I. 148 D. — αν ἔχω σὴν II. 198 B. — ας μέτρον ἔχων ἱκανὸν II. 113 D. — ἐμφερὴς, τά τε τοῦ χρόνου καὶ τὰ τῆς ἡλικίας ἐγγὺς, II. 109 C. — ὀψὲ τῆς ἡλικίας II. 14 B. — μέχρι τῆς τῶν ἀνδρῶν ἡλικίας, ad aetatem virilem II. 6 E. — αν λαμβάνω cum infin. II. 4 A. — multis ἡλικίαις antea I. 167 A. — Simpl. I. 159 C. D. 362 C. 371 F. — ἀκμάζουσα I. 171 A. — ἡ αὐτὴ pro αὐτοῦ II. 1142 B. — προήκειν καθ' ἡλικίαν I. 196 E. 669 F. II. 72 A. 151 E. — οἱ καθ' ἡλικίαν aequales mei I. 282 D. 569 C. — Juventus I. 352 A. Aristid. I. 475. — καθ' ἡλικίαν I. 350 E. 351 E. — αἱ καθ' ἡλικίαν ἡδοναὶ αὐτοῦ, juvenis res venereae I. 545 C. — καθ' ἡλικίαν πρεσβεύει I. 543 B. — ἡλικίᾳ λείπεσθαί τινος I. 546 A. — πρεσβύτερος τὴν ὄψιν ἢ καθ' ἡλικίαν I. 553 C. — καθ' ἡλικίαν παραπλήσιοι I. 568 D. — populus ἀκμάζει ἡλικίᾳ, i. e. juvenibus I. 571 A. — πρὸ ἡλικίας I. 626 B. — ἐν ἡλικίᾳ γάμου I. 601 E. — τὸ μὴ καθ' ἡλικίαν conjugii I. 648 F. — παρ' ἡλικίαν I. 669 B. 708 F. 759 E. 841 C. 881 F. 901 F. 916 C. 956 B. 1028 E. 1034 E. II. 196 A. 204 B. bis. — ἡλικίας τοσοῦτος I. 793 B. — ἡλικίᾳ δὲ γεγονὼς ἐν ᾗ cet. pro — ας I. 804 F. — ἐν ἡλικίᾳ τοῦ μανθάνειν γενέσθαι I. 861 D. — καθ' ἡλικίαν ἑταῖρος I. 890 C. — τὸ καθ' ἡλικίαν I. 901 C. — κίᾳ bonus exercitus I. 936 B. — πρεέχω I. 997 B. — κία πᾶσα I. 998 D. — ἔξω τῆς ἡλικίας ὁ Aristid. II. 217.

ἡλικιώτης II. 228 A. 965 C. I. 48 E. 666 F. 827 F. Adj. II. 783 C. — veteranus Himer. 586.

ἡλικιωτὶς II. 554 A. I. 160 E. Diod. Sic. I. p. 12. Wessel.

ἧλιξ II. 72 D. 78 B. Plato 662 G. 663 A. — ἧλικα τέρπει Plato Phaedr. . . . Aelian. N. A. I. 46.

ἥλος II. 10 B. 106 C. 156 A. 234 D. 236 A. 672 D. 1127 D. I. 243 A. 626 B. — οἱ καὶ ὅσοι II. 1092 E.

ἥλιος Simpl. II. 139 C. D. 153 B. 155 A. 158 D. 159 F. 171 A. 180 B. 182 C. 203 E. 225 B — in νόθῳ φωτὶ videre II. 36 E. — εἰς φῶς ἡλίου τι προάγειν II. 552 D. notum facere. — πρὸς ἥλιον ἀνατείνειν τὼ χεῖρε II. 774 B. — ἥλιον ψυχῆς ἀφαιρεῖσθαι, vivum vitae luce privare II. 994 E. — ἐκλείπει I. 171 C. — οἱ ἥλιοι, solis ardores, Duker. Thuc. VII. 87. — τῷ ἡλίῳ quid δεικνύναι II. 159 D. Hesiod. E. 612. — ὁ ἥλιος ἐφορᾷ τι I. 511 B. Pro esse Plaut. Mil. III. 1, 208. Plato 689 F. — ὑπὸ τὸν ἥλιον I. 512 D. Dio Chr. XXXII. 372 A. Aristid. I. 492. — πρὸς τὸν ἥλιον splendent arma I. 592 A. — ἐν ἡλίῳ I. 671 D. — cognomen I. 930 C.? — ῳ ἀνατέλλοντι προσεύχομαι I. 970 A. — ος ἐλευθέρῳ ἀνίσχων I. 980 C. — ἐπειδέ τε I. 1065 B.— ον βλέπειν τὸν κοινὸν II. 21 C. — ον φῶς δείξασα ἡμῖν caussa quae nobis vitam dedit II. 106 F. — ου φῶς ὁρᾶν II. 113 A. — καταδύεται εἰς θάλασσαν II. 161 C. — corrupt. II. 664 B. 952 A. 1088 A. — κέκραται πρὸς τὸν ἀέρα II. 131 D.— τρέπεται θερινὸς εἰς τὰ χειμερινὰ Plato 676 B. — Simpl. Plato 701 E. 702 F. G. 703 A. 704 D. — de ejus numine conf. Euseb. P. E. ind. Viger.—eum adspicere caliginem offundit oculis Plato 669 E. alia Davis. Cic. Tusc. I. 30. — ει ὑφ' ἡλίῳ Aristid. I. 36. 106. II. 192. Himer. 376. 392. vid. ind. 774. 822. 848. — ὑφ' ἡλίῳ μάρτυρι Aristid. I. 141. vid. schol. ms. Simil. 165. 374. 519. — ὅς πάντ' ἐφορᾷ Aristid. I. 227. 262. — πρὸς τὸν ἥλιον βλέπειν id. II. 181. — ὁ ἥλιος ἐπεῖδεν id. I. 546. — ὁ πάντ' ἐφορῶν πλὴν Ῥόδον id. I. 546. — ὑφ' ἥλιον pro ὑφ' ἡλίῳ Himer. 486. 576. 654. 662. 684.

ἡλιοτρόπιον I. 970 E. F.

ἡλιοῦσθαι II. 132 C.

ἡλιτόμηνος II. 358 E.

ἡλιφάρμακος II. 1161 C.

ἡλίωσις II. 129 D. ubi v. n.

ἧλος I. 419 E. 688 C. — λον ἐκκρούω I. 1053 D. Paroem. ind. Schott. — ἡδονῆς II. 718 D.

ἡμαρτημένον ἐστὶ τοῦτο II. 139 F. — νος ἔπαινος II. 545 D. 546 F.

ἡμέρα Simpl. II. 106 F. 160 E. 171 A. 177 D. 181 B. 184 E. 190 C. 192 D. 196 E. 198 C. 199 C. 201 C. 202 B. 203 A. 207 D. 215 B. E. 217 A. B. 218 A. 221 B. 222 C. 223 B. 228 A. 236 B. 239 C. — παρ' ἡμέραν II. 132 F. — καθ' ἡμέραν II. 968 D. — ἐφ' ἡμέρᾳ quotidie Aristid. I. 36. — ὁ καθ' ἡμέραν βίος I. 155 E. — λευκὴ I. 168 F. — μεθ' ἡμέραν urbes dirutae non agnoscuntur II. 398 E. conf. 414 A. — παρ' ἡμέραν I. 182 E. 321 B. — καθ' I. 321 B. 820 B. 843 C. 864 F. 877 D. 949 D. 1026 F. II. 130 A. 141 A. 150 C. 189 E. — quotidianus I. 361 A. 363 C. 459 A. 518 F. 525 A. C. — μεθ' ἡμέρας ὀλίγας I. 457 F. — μεθ' ἡμέραν postridie I. 518 E. — ambig. I. 562 A. 857 D. 920 A. 923 D. 979 B. 988 B. 1059 B. — ἡμέρα ἄρχει ἔχθρας II. 483 D. conf. Valcken. Eurip. Phoen. 543. Sim. Aristid. I. 354. — ραν τρίτην ταύτην II. 586 E. — ἐξαιρεῖται II. 741 B.— δευτέρα mensis II. 741 B.— ellips. II. 972 E. — καθ' ἑκάστην ἡμέραν II. 974 E. I. 981 A. — μεθ' ἡμέραν I. 141 B. vid. *Μετά*. Gatak. M. A. 72 b. 398 E. 385 E. 457 C. — interdiu 493 B. 501 A. 503 F.— αὕτη δείξει τὸν ἀγαθὸν II. 231 F. — ἀφ' ἧς ἡμέρας II. 182 E. — τὸ παρ' ἡμέραν αἰσχρὸν I. 663 F. — ἡ σήμερον I. 752 D. II. 196 F. — μακαρίζω με τῆς ἡμέρας I. 858 F. — ἐφ' ἑκάστης, quotidie Aristid. I. 68. — ἡμέρας μιᾶς μέρει μικρῷ I. 855 B. Aristid. I. 453. — τὸ καθ' ἡμέραν Aristid. I. 230. — μεθ' ἡμέραν interdiu, proximo die, cujus nunc est vespera I. 877 B. II. 184 D. 227 A. — ἡ καθ' ἡμέραν δίαιτα I. 914 C. II. 132 B. Sim. Plato 643 G. 618 B. — τὴν ἡμέραν ταύτην καὶ τὸν ἥλιον ἐλευθέραις ἀνίσχοντα ταῖς Συρακούσαις οὐκ ἐφορῶσιν I. 980 C. — καθ' ἣν ἐγεγόνει πρῶτον, natalis, I. 995 B. — τὸ καθ' ἡμέραν δεῖπνον I. 1012 F. — ἐν ἐκείναις ταῖς ἡμέραις I. 1071 B. — μεθ' ἡμέραν, opp. νύκτωρ II. 100 E. F. — Plato 584 E. — η μέση II. 111 C. bis. ἐπὶ πλείους ἡμέρας II. 113 A. — μίαν II. 128 B. — μιᾷ II. 226 F. — ἡμέραν παρ' ἡμέραν II. 132 F. τῇ μετὰ τὸν γάμον ἡμέρᾳ II. 143 A. — ἡμέρας interdiu II. 179 C. — τῆς αὐτῆς II. 224 A. alibi. Vid. in simpl. ἡμέρα. — ὅλην τὴν ἡμέραν II. 239 C. — δι' ὅλης τῆς ἡμέρας ib. — καθ' ἡμέραν, *quotidie* Dio Chr. XXX. 311 B. — ἀγαθὴ nuptiis, quae? Dio Chr. VII. 113 A. —

τῶν καθ' ἡμέραν ἀναγκαίων Menand. Stob. 186, 6. — τῆς καθ' ἡμέραν ἡδονῆς τὸν ὕστερον χρόνον πωλεῖν Aristid. I. 529. — α, ἣν ἐκ πολλοῦ ἐπεθυμοῦμεν ἰδεῖν, ἤδ' ἐστὶν Aristid. I. 399. — ἡμέραν ἀναμένω ἐν ᾗ Aristid. I. 397. — ἐφ' ἡμέρᾳ quotidie, Aristid. I. 46. 55. 77. 148. 322. II. 415. 416.

ἡμερίδης deus, Bacchus II. 451 C. 994 A. — vinum II. 663 D. 692 E.

ἥμερις (ἡ) ποιητικὴ τῶν Μουσῶν ὑλομανεῖ II. 15 E. Homer. II. 757 E.

ἡμερήσιος I. 882 F. II. 111 C.

ἡμερόδρομος Aristid. I. 404.

ἡμερολόγιον I. 735 D.

ἥμερος II. 152 E. Plato 689 G. 646 B. — animo, ἄγριος τὴν ὄψιν II. 148 C. — ώτατα quem tracto I. 923 E. — arbor II. 700 F. — ον καὶ πολιτικὸν animal II. 791 C. Sim. Antip. Stob. 416. Plato 619 D. — καρπὸς II. 829 A. — comparatio 138 D. — differt a τιθασσὸς II. 964 F. — ον καὶ ὑψηλὸν φρόνημα II. 970 E. — animal II. 984 C. I. 117 B. II. 61 B. idem ἄλογον 91 C. 147 B. — καὶ φίλος II. 1084 B. — homo I. 46 A. 134 F. 137 B. 337 E. 568 D. 571 B. 573 A. 636 F. 676 C. 709 D. 763 D. 764 B. 765 E. 785 D. 804 F. 838 F. 855 F. 1051 B. II. 38 D. 40 F. Plato 664 D. — γῆ I. 198 E. — ότερον ἔχειν πρός τινα I. 225 D. — ος ψυχὴ I. 512 A. Sim. Aristid. I. 86. — in luctu moveri I. 855 F. Sic *mansuetus* Terent. And. I. 1, 186. ἡμερότης I. 339 A.

ἡμερόω II. 152 E. Plato 689 C. 646 B.

ἡμέρως II. 964 A.

ἡμέρωσις I. 63 D.

ἡμερωτέρως I. 698 C.

ἡμέτερος simpl. cum subst. II. 151 A. 218 D. — ἡμέτερος periphrasis nominis proprii II. 146 F. 597 F.—additum nomini proprio II. 1146 F. — ὧν noster civis I. 461 D. — οὐχ ἡμέτερον, nos non decet II. 181 A.

ἡμίγυμνος I. 309 E.

ἡμιδακτύλιον II. 935 D.

ἡμιεκτέον I. 460 B.

ἡμίεργος II. 841 D. 852 C.

ἡμίθεος II. 415 B. 1145 E. I. 694 D. Plato 702 D.

ἡμιθωράκιον II. 596 D.

ἡμίκλαστος II. 306 B. Bacchyl. 317 D.

ἡμικοτύλιον Aristid. I. 316.

ἡμικύκλιον II. 502 E. I. 199 E. 531 B. Jambl. V. P. 26. Porph. V. P. 9.

ἡμιλίτρον I. 143 A.

ἡμιμέδιμνος I. 330 D.

ἡμιμναῖον II. 818 E. I. 637 B.

ἡμίμνεον I. 46 C.

ἥμινα Aristid. I. 316.

ἡμιοβόλιον II. 193 D.

ἡμιολία Plato 692 B.

ἡμιόλιος harmonia II. 657 B. 1138 F. 1139 B. C. E. Plato 704 F. — II. 1018 B. E. 1019 A. 1020 D. F. 1021 A. B. C. 1022 C. 1027 B. C. 1030 B.

ἡμίονος I. 339 A. 502 D. 517 D. II. 108 E. 145 A. 150 A. — Mariana I. 412 F. 413 A.

ἡμίπεπτος fructus I. 740 A.

ἡμίπυρος II. 928 D.

ἡμιῤῥαγὴς Aristid. I. 547.

ἥμισυς — μέρος II. 968 D. 1020 A. 1019 E. — τὰ ἡμίση I. 193 D. — τοὺς ἡμίσεις II. 172 C. — II. 1018 E. 1022 B. 1085 F. — συς in nummo I. 424 F. 781 A.

ἡμισφαίριον II. 888 B. 890 B. 930 E. 931 C.

ἡμιτελὴς I. 909 A.

ἡμίτομος Aristid. I. 544.

ἡμιτόνιον II. 430 A. 1020 E. F. 1021 D. 1022 B. 1135 B. 1146 B.

ἡμιτριγώνιον II. 428 A.

ἡμίφλεκτος I. 993 C.

ἡμίφωνος litera II. 737 E. 738 D. 1008 B.

ἤμυσε Soph. II. 792 A.

ἥμων Homer. II. 675 A.?

ἤνια neut. plur. II. 503 C.

ἡνία — παρ' ἡνίαν στὰς reipublicae II. 790 D. — I. 63 F. 667 D. — ας ἀνεῖναι populo I. 158 C. — ἐφ' ἡνίαν equum vertere I. 301

A. — ἡ ἐπὶ τῆς ἡνίας χεὶρ I. 403 F. — αι I. 405 E. — καὶ χαλινὸς I. 667 E. — αν παραδοῦναι I. 1048 C. — ας ἀφίημι II. 13 D. 83 A.

ἡνιοχεία καὶ κυβέρνησις, administratio, II. 966 F. — II. 1009 B.

ἡνιοχεύω II. 155 A.

ἡνιοχέω metaph. II. 980 B.

ἡνίοχος I. 104 A. 159 C. 554 F. — comparat. cum imperatore I. 1055 D. Plato 672 H. — amor II. 759 D. et im. Epigr. Bosch. Anthol. Grot. p. 178. — II. 1066 C. Plato 672 H. 673 C.

ἦξις. — ἥξεις, an futur.? Aristid. I. 344.

ἧπαρ — hostiae I. 214 E. 1047 D. — II. 73 B. 159 A. C. 170 D.

ἡπατικὸς II. 733 C.

ἤπειρος II. 163 C. 941 A. I. 162 E. 411 D. 438 F. 497 C. 631 F. 643 A. 679 F. 929 B. 1031 C. 1034 B. — ἑτέρα I. 741 A. — opponitur deserto I. 555 D. — νήσῳ Plato 705 B. — αἱ δύο II. 97 D. — ἡ, an Phrygia, vel sim.? Jambl. V. P. 143. Asia proprie ita dicitur Aristid. I. 268. 271. Morus ad Isocr. Panath. p. 95. Aristid. II. 179. — ἐν ἠπείρῳ bellum terrestre Aristid. II. 210. 220.

ἠπειρόω. — οῦσθαι Aristid. I. 271. 304.

ἠπειρώτης II. 941 B.

ἠπημένα ἱμάτια Aristid. II. 307.

ἠπίαλος II. 476 F. 502 A.

ἤπιος, ἠπίως v. n. ad II. 132 D.

ἤπου II. 1062 E. 1074 D. I. 712 F. 793 B. 966 C. 1008 A. Julian. 264 B. 420 B. — post ὅπου Vid. infra in Ὅπου. Andocid. Or. de Myst. p. 43. et seq. ed. Reisk. Isocr. Demon. p. 16, 43.

ἦρ ver, Eurip. II. 1028 F.

Ἥρα II. 141 E. 143 D. Porphyr. Euseb. P. E. III. 108 B. C. 119 C. V. 192 C.

Ἡραῖα festum II. 587 D. I. 900 B.

Ἡραῖον I. 329 D. 443 C.

Ἡράκλειον, fanum Herculis II. 816 B. I. 16 D. 854 A.

Ἡράκλειος II. 90 C. — Ἡρακλεώτης prave Euseb. P. E. XV. 816 B.

Ἡρακλῆς II. 190 E. 192 A. 219 A. — ὦ Ἡράκλεις, τοῦτο ἄρα ἦν τὸ II. 660 D. — decimam partem accipiebat Plaut. Truc. II. 7, 11. Stich. I. 3, 80. II. 2, 61. 69. 70. Bacch. IV. 4, 15. Most. IV. 2, 68. — de ejus numine cet. conf. Euseb. P. E. Ind. Viger. — Ἡρακλῆν τὸν ἀνάρμοστον περιφέρειν, proverb. Simplic. Coel. 32, b. 1.

ἠρέμα I. 395 E. 407 C. 416 A. — οὐκ ἠρέμα διεβοήθη, haud mediocriter II. 581 E. — tacite, leniter, I. 294 A. 306 A. — I. 488 D. 863 B. 990 E. 1056 A. — opponitur σφόδρα, ironice in respondendo Plato 640 D.

ἠρεμαῖος I. 96 D. Plato 607 C.

ἠρεμέω II. 84 D. 234 A. 725 E. 934 E. I. 150 F. Plato 666 E. 692 B.

ἠρεμία quies II. 223 F. 875 A. B. C. 884 C. — καὶ ἡσυχία Dio Chr. XX. 266 A. item jung. sed ἐρημίας 269 A. — sine hac οἱ φιλοσοφοῦντες nil egregium inveniunt, Comicus ap. Phurnut. N. D. XIV. p. 160.

ἠρεμέω I. 835 A.

Ἥρη Plato 702 B.

ἠρίον I. 116 D. 759 A. 828 D. Valck. Theocr. p. 34. Hemsterh. Lucian. 518.

ἠρυγγίτης II. 558 E.

ἠρύγγιον II. 700 D.

ἡρωϊκὸς στίχος Plato 693 A. — κὴ πρᾶξις II. 238 C. Sim. Antip. Stob. 418 A. — αἱ συμφοραὶ II. 106 B. — ὂν ὄνομα II. 26 B. — ὰς τιμὰς ἔχειν II. 761 D. — I. 123 B. — κὴ ὑπόθεσις II. 1134 E. — κὸν ἄγαλμα I. 436 A. — vultus I. 889 E.

ἡρωῒς II. 739 D.

ἡρῷον I. 7 E. 13 A. 144 E. 325 F. II. 297 D. — ον πολυάνδριον Jambl. V. P. 192. — fanum Dio Chr. XV. 237 D.

ἡρῷος — ῳ δειπνεῖν athleta II. 811 D. — ον versus hexameter I. 62 C. 482 C. Mus. II. 1141 A.

ἥρως I. 483 D. 672 C. 704 F. II. 111 B. 415 B. 419 E. 1058 B. 1145 F. — ἡμίθεος et θεὸς, promiscue, Dio Chr. 618 B.

ἡσυχάζω — παριέντων II. 237 D.

— II. 143 C. 212 D. 673 A. 684 D. 713 A. 725 C. I. 140 B. 166 B. 419 D. 438 B. 531 C. 931 F. 933 D. 938 C. — Logic. II. 1124 A. Upton. Diss. Epict. p. 148. Simplic. Categor. Aristot. p. ult. ante Ββ. ed. Ald. Diog. L. VII. 197. — castra I. 465 D. — persisto I. 973 A.

ἡσυχαῖος II. 759 A. 1025 D. E.

ἡσυχῇ I. 364 D. 396 A. 446 E. 452 E. 572 B. 666 B. 667 D. 692 F. 835 A. 886 E. 987 A. 1035 A. II. 63 E. 151 E. 699 D. 733 E. — πως φιλοσοφεῖν II. 749 C. 914 C. — oppon. bello Aristid. I. 467.

ἡσυχία I. 521 B. II. 722 F. 734 B. 748 C. 974 C. 1129 B. — τὴν ἡσυχίαν ἄγειν II. 90 D. 125 A. 220 E. Dio Chrys. 515 D. 517 D. Aristid. I. 373. 396. 397. 563, II. 183. 272. 426. — silentium II. 708 A. otium II. 784 A. — τὴν ἔχειν II. 1047 C. — τὰς ἡσυχίας Athen. 493 F. Aristid. II. 132. — ἄγω II. 31 A. C. 90 E. 435 C. 1104 B. I. 397 E. 429 A. 462 A. 490 A. 501 C. 532 A. 548 E. 550 A. 552 D. 567 C. 614 A. 626 C. 630 D. 644 E. 655 D. 656 A. 664 B. 853 C. 879 E. 908 E. 947 C. 964 E. 996 D. Aristid. I. 395. 468. — καθ' ἡσυχίαν I. 118 C. 141 A. 420 B. 533 D. 538 C. 551 D. 637 E. 657 F. II. 146 D. 149 E. 397 E. — ἐφ' ἡσυχίας I. 120 B. — Simpl. I. 141 F. — ἔχειν II. 112 E. 198 A. 419 C. I. 502 A. 834 F. — καὶ γαλήνη II. 437 E. — μεθ' ἡσυχίας I. 366 D. — aciei I. 358 E. 420 B. 656 B. 938 F. — δι' ἡσυχίας I. 561 A. — I. 566 A. 572 B. 580 B. — a et metus I. 951 A. — ὁ ἐν ἡσυχίᾳ βίος I. 1068 C. — opp. πολιτείᾳ II. 53 A. — animi II. 101 B. — ἐα καλὸν Lac. Epist. II. 219 A. — pars summi boni Senec. Ep. 92. — Titulus libri Plutarchi ap. Stob. — Nom. propr. I. 532 A.

ἡσύχιος I. 174 C.

ἦτρον Aristid. I. 274.

ἧττα vel ἧσσα I. 101 E. 113 C. 134 D. 700 A. II. 192 E. 194 E. 206 E. 215 E. 223 F. 235 B. 742 B. C. 840 C. Plato 671 D. — ης ἐξομολόγησις II. 987 D. — σωτήριος I. 181 F. — θεία I. 729 F. — ejus qui exoratur I. 986 E. — ης ἀναπίπλημι castra I. 1044 D. — ἡδονῶν cet. Plato 658 F.

ἡττάομαι II. 151 B. 178 C. 184 A. 185 B. 197 E. 199 C. 201 B. 236 E. 742 C. — μᾶλλόν τι ἡττᾶτο τῆς παρθένου II. 771 F. 773 C. I. 138 B. 172 C. Sim. Thessal. Or. 7 D. (I. ἐσσόμενος pro ἐσσομένης) — τοῖς δικαίοις I. 766 D. Dio Chrys. XI. 165 A. — γυναικὸς I. 691 E. — τινὸς, in aliqua re II. 178 C. — εἰδέναι ἡττᾶσθαι Aristid. I. 535. — ἡττᾶτο τὸν Οἰδίπουν Sophocles Aristid. II. 256. — σθαι τῆς ἀληθείας id. II. 274. Ael. N. A. III. 1. — τῶν δικαίων Xen. Hell. V. 4, 31. Terent. Phorm. III. 2, 16. — ἑαυτοῦ, laudatur Aristid. I. 530.

ἥττων II. 181 C. 821 F. 855 E. — differunt τῷ μᾶλλον καὶ ἧττον v. n. II. 76 B. — οὐδενὸς ἧττον II. 138 B. 210 F. 825 A. I. 543 B. — ἧττον τοῦτο θαυμαστὸν καίπερ ὂν θαυμάσιον II. 974 E. — χρημάτων I. 114 E. Sim. II. 13 E. — et κρείττον oppon. I. 136 E. Plato 656 B. Vid. κρείττων. — οὐδενὸς ἔνδοξος Valck. Diatr. p. 123. — φθόνου I. 410 C. — μειρακίων I. 413 B. — οὐχ ἧττον τῶν πολεμίων τοὺς Ἀθηναίους ἔβλαπτε, pro οὐχ ἧττον τ. Ἀθ. ἢ τ. π. I. 539 F. — των τιμῆς I. 883 E. — οὐχ ἧττον, εἰ καὶ μὴ μᾶλλον I. 1015 A. — imperium ἧττον τῶν ἀρχομένων Xenoph. H. Gr. II. 3, 13. — οὔτε ἧττον οὔτε μᾶλλον II. 131 D. — οὐδὲν ἧττον II. 154 D. 171 C. 237 F. — οὐχ ἧττον II. 165 C. 170 F. 192 B. 208 D. — ἧσσον II. 215 C. — *plus minusque feci quam usquam fuit* Plaut. Capt. V. 3, 19. — ἑαυτοῦ Plato 565 G. 566 A. seq. 647 G.

Ἥφαιστος ignis Plaut. Men. II. 2, 55. — De Vulcani numine conf. Euseb. P. E. Ind. Viger.

Ἡφαιστότευκτος Diog. L. I. 32.

ἠχεῖον I. 557 E.

ἠχέω I. 232 B. 452 E.

ἠχή I. 249 A. — fama I. 349 E.

ἠχήεις θρόος αὐλῶν II. 654 F.

ἦχος II. 38 A. 722 B. eloquentiae Himer. 280. — disting. a φωνῇ II. 903 A.

ἠχὼ II. 902 E. seq.

ἠχώδης II. 720 D. 721 D. E. 722 A. C. E. — τὸ noctis I. 1037 C.

Θ.

θακεῖν II. 232 F.

θακεύω I. 52 F.

θᾶκος Aristid. I. 46.

θαλαμηπόλος I. 682 A. D. 1055 F.

θάλαμος II. 144 A. 597 D. 1069 A. I. 203 E. 283 E. 297 E. 521 C. 597 D. 665 B. 694 E. 989 E. 1026 A. — palatia Aristid. I. 541.

θάλασσα, aqua marina, II. 914 D. — ξένοι ἀπὸ θαλάσσης II. 609 D. — αν πλεῖν II. 730 C. — κατὰ γῆν καὶ θ. II. 230 D. — venit ἐκ πελάγους I. 1032 B. — Caspia I. 956 B. — et ὠκεανὸς I. 719 B. — ἀπωκίσθαι τινὸς ὥσπερ θαλάσσης II. 989 C. — disting. a πέλαγος II. 151 C. 1078 D. I. 136 B. 673 F. 690 C. — I. 121 E. F. 631 E. F. 632 E. 638 B. C. 639 C. D. 645 A. 660 E. II. 103 B. 127 C. 128 B. 144 D. 148 D. 151 B. C. D. 153 E. 160 B. E. 161 A. D. E. 162 D. 163 A. C. 165 D. 166 A. D. 180 F. 183 A. 196 C. 200 A. 204 C. 206 C. 240 A. — ττης κράτος I. 167 E. — ἡ ἐντὸς, ἡ καθ' ἡμᾶς Wessel. Diod. Sic. I. p. 264. — ἡ ἔξωθεν I. 411 D. — ἔξω I. 411 E. 552 E. — ἡ μεγάλη, oceanus, I. 437 E. 705 B. 706 D. — αν Graecam videre I. 595 B. — ἡ Ἀτλαντικὴ I. 581 A.

θαλασσοκρατέω I. 127 F. 436 A. 608 C. 652 E. II. 213 A.

θαλασσονόμος Empedocl. II. 618 B.

θαλαττεύω I. 494 A.

θαλάττιος II. 730 C. 976 D.

θαλέθω II. 116 C.

Θαλεία Musa II. 744 F. 746 C.

θαλειάζειν II. 357 E. 712 F.

θαλεῖαι I. 949 C.

θαλερὸς, virum poët. II. 955 C. — I. 30 E. 516 E.

θαλία — αι νέων II. 33 B. 655 A. I. 84 F. 73 B. 392 C. — η funus, oracul. I. 1051 E.

θαλιάζω II. 746 E.

θαλλίας pro θαλλὸς II. 1120 E.

θαλλὸς II. 820 D. 1120 E. I. 120 D. 483 A. Dio Chr. 647 A. Dav. Ruhnken. Tim. — malo senseu Eurip. Stob. 517. Soph. Philoct. 259. — eum sequitur αἲξ II. 30 C. — οὺς στέφω, supplex, Hippocr. Ἐπιβώμιος p. 9. ed. Chart. — corona θαλλοῦ Plato 686 F. 688 A. — οὺς ὀρέγοντες in limine templi Aristid. I. 360. — ὸν ἀνασείων Himer. 278.

θάλλω — τέθηλε II. 477 B. 479 A. 517 D. 735 F. 917 E. 939 D. — τεθηλὼς II. 770 B. — βίῳ ἀφθίτῳ Eurip. II. 880 F. — metaphor. Plato 687 F.

θάλος I. 84 E. vigor Aristid. I. 27.

θάλπος I. 559 C. II. 210 A.

θάλπω ova, foveo, incubo II. 381 C. 962 E. — II. 139 B. 952 F. — μαι igne II. 48 C. — καὶ περισκέπω Suid. v. Κίβδηλον.

θαμβέω I. 273 C. 723 F. 993 D.

θάμβος v. n. ad II. 44 B. — corporis I. 907 B. — philosophiae II. 36 E.

θαμειὸς Archil. I. 3 A.

θαμίζειν Emp. II. 93 B. θαμίζειν σοφίας ἐπ' ἄκροισι θ. — Soph. II. 785 A. — Plato 648 E.

θαμνὸς Emped. II. 1113 A. B.

θανάσιμος I. 587 C. 636 E. 638 C. 723 E. 949 D. 1027 A. 1052 B. II. 22 A. 49 E. 233 F. 691 B. 778 D. 973 E. 983 F. 993 B. Plato 683 C. E.

θανατάω II. 249 C. Alexis Stob. 376, 30. Aristid. I. 143. II. 178.

θανατήφορος II. 381 C. 432 D. I. 460 A. 735 F. 739 B.

θανατικὸς I. 157 E. 460 E. 689 D. 780 D. 836 C. II. 186 E. — κὴ γνώμη I. 871 B.

θάνατος II. 37 A. 106 C. F. 107 A. B. D. E. F. 108 A. B. C. D. F. 109 B. C. D. 110 A. D. 113 B. D. E. 114 B. 116 E. 117 D. 120 B. 161 E. 166 F. 168 C. 175 D. 186 E. 189 A. 192 C. 194 A. E. 206 E bis. 210 F. 217 A. B. 219 E. 221 B. F. 222 A. 225 C. D. 235 B. 238 B. 239

C. 241 C. 242 B. — mortuus homo II. 44 F. — Empedocl. II. 1113 A. — ἐπὶ θανάτῳ τινὰ συλλαμβάνειν Wessel. Diod. Sic. II. 86. — ον ducis mori I. 477 D. — ου ἔρως I. 998 D. — κοινότατον II. 153 A. B. — ους multos ἀποθνήσκειν Dio Chrys. VI. 95 D. Sim. Plato 658 D. 674 B. — ζημία Plato 658 D. et saepe. — εὐδαίμων pugnantis Plato 687 B. — παρὰ τὸν θάνατον ἐσκηνῶσθαι Aristid. II. 183. — ὁ κοινῇ πᾶσι συμβαίνων Himer. 370. — ὑπὸ τῆς φύσεως λυθῆναι Himer. 370.

θανατόω II. 159 B. 997 D. I. 123 A. D. 124 B. 179 C. 225 E. 278 A. 614 B. 710 E. 871 A. 924 C. 1066 B. Xenoph. H. Gr. II. 3, 20. Plato 655 E. 656 H. 658 A. 659 F. Jambl. V. P. 113 A. — οῦσθαι ad mortem condemnari II. 518 B.

θάπτω I. 83 E. 101 F. 109 C. D. II. 162 E bis. 230 D. 238 D. 241 C. — πυρὶ II. 286 E. Wessel. Herod. V. p. 375. et Diod. Sic. I. p. 223. Markl. Eurip. Suppl. 935. — de crematione I. 830 E. — οντι συμπενθεῖν II. 95 C. — ει ἰατρὸς II. 231 A.

Θαργηλιὼν I. 138 B. 210 B. 249 A. 892 B.

θαῤῥαλέος II. 666 E. 988 C. 1125 A. I. 21 B. 79 A. 175 F. 278 B. 737 F. 772 F. 808 D. — ον τὸ I. 293 A. 762 F. II. 101 B.

θαῤῥαλέως I. 101 F. II. 128 E.

θαῤῥαλεότης II. 238 B. 443 D. 523 D. I. 274 B.

θαῤῥέω II. 69 C. 85 C. 127 A. 161 A. 166 E. 189 D. 196 C. 203 A. 214 F. 241 E. — confirmare mentem contra aliquam cupiditatem II. 127 A. ubi v. n. — Plato 703 B. — τὸ τεθαῤῥηκὸς I. 189 D. 289 C. — εῖν jubeo quem I. 293 F. — τινὶ I. 319 F. — ἐπί τι I. 855 E. — καὶ ἥδομαι II. 27 C. — οῦντος ἅπτεσθαί τινος II. 65 C. — μετὰ πείσματος τεθαῤῥηκότως — al. τεθαῤῥηκότος II. 106 D. — θάῤῥει II. 180 C. — ἐπί τινι II. 69 C. — τῷ δράματι Euripides II. 756 C. — II. 85 C. 981 E. I. 115 F. 134 A. B. 140 F. 144 A. 146 F. 552 A. — τεθοῤῥηκότως I. 24 C. 611 D. 772 B. Wessel. Diod. Sic. I. 703. II. 190. — θάῤῥει ἕνεκα τούτου I. 81 D. — τεθαῤῥηκὼς I. 563 C. 1007 F.

θαῤῥύνω τινὰ πρός τι II. 781 B. — I. 106 E. 176 B. 239 E. 317 B. 419 B. 541 C. 552 A. 556 E. 617 E. 674 C. 719 A. 790 B. 938 E. 969 B. 991 D. 1047 A.

θαρσαλέος II. 622 E. 745 E. 1024 C. II. 88 D.

θαρσαλέως II. 26 B.

θαρσέω II. 795 B. I. 151 B. 326 E. 629 E. 978 A.

θάρσος II. 443 D. Differt a θράσος Greg. Naz. Stel. II. . Aristipp. ap. Schol. Apoll. Rhod. II. 77. J. M. Gesner. Lucian. III. 94. — Simpl. cum ἰταμότης II. 716 D. — quid sit, II. 988 C. conf. Eustath. II. ἑ. 2. et plenius Schol. Villois. p. 127. — de rebus praesentibus, ut ἐλπὶς de futuris II. 1101 B. — I. 251 E. 260 F. 285 E. 386 F. 656 B. 557 B. 772 C. 1072 B. II. 34 A. 42 A.

θαρσύνω I. 263 E. — θαρσύνεσθαι Himer. 394.

Θάσια, τὰ II. 1097 D.

Θάσιος οἶνος II. 1089 C.

θάσσων — ον II. 204 D. Plato 703 A.

θάτερος — ον Plat. II. 1024 D. E. 1025 A. B. C. E. F. 1026 D. — οὐ φύσις II. 1012 C. D. — κύκλος 1023 E. — ἀνάγκη θάτερον II. 1071 A. — θατέρῳ genitiv. Lacon. I. 52. — I. 326 C. 358 E. 359 B. 382 C. 592 C. 628 B. 824 C. 832 E. 1074 C. — pro ἕτερος II. 637 E. F. 689 E. 967 C. 1006 A. 1076 A. 1078 B. 1114 A. I. 145 D. 280 B. 304 A. 530 B. D. 1052 C. 1068 C. — ἐπὶ θάτερον II. 930 A. — θάτερα II. 930 C. 1045 C. I. 587 C. 637 A. 657 B. 787 B. 913 B. — et ἕτερος I. 551 C. 643 F. 829 A. 897 D. — opp. δεξιῷ I. 699 A. — ἐραν ἀφεῖναι I. 651 B. — ον δυεῖν I. 650 D. — κέρας (sinistrum) I. 818 C. 913 C. 946 D. — θάτερος et ἅτερος I. 905 F. II. 228 E. — κατὰ θάτερα I. 1008 C. 1020 F. — θάτερον διὰ θατέρου II. 116 C. — pro ἕτερον II. 159 B. — ον II. 202 B. — ος pro ὁ ἕτερος II. 225 F. 230 B. — ἐκ τοῦ ἐπὶ θάτερα μέρους Dio Chr.

I. 18 C. — ἡ ἐπὶ θάτερα τύχη Aristid. I. 555. — πλέον θάτερον ποιεῖν Isocr. Aegin. 667. ed. Phaedon. — θάτερος non probum, sed ἅτερος J. M. Gesner. Lucian. III. 126.

θᾶττον ἢ βάδην II. 726 A. — citissime I. 815 B. — ὁ θᾶττον φίλος mox futurus amicus Dio Chrys. XXXI. 320 B.

θαῦμα II. 44 B. 52 A. 1123 C. I. 130 B. 134 C. 626 A. — Plato 696 D. — id. ac. παίγνιον Plato 634 A. conf. 633 G. — παρέχεσθαι id. 702 D. — οὐδὲν id. 703 F. — θεῖον id. 704 E.

θαυμάζω simpl. II. 39 E. 40 F. 43 E. 64 B. 78 B. 84 B. C. D. 145 E. 146 F. 147 A. B. 154 A. 157 E. F. 160 D. 162 D. 163 D. 169 E. 172 D. 174 F. 176 A. C. 177 A. 179 B. C. 180 B. 181 B. E. 184 F. 185 A. 192 D. 194 D. 197 C. 198 D. 199 B. 203 D. 207 D. 208 B. 211 D. 212 E. 216 B. 218 C. 223 E. F. 224 D. 226 A. 228 A. 230 E. — τινὰ εἰς εὔνοιαν I. 32 D. — et τιμάω differunt I. 197 C. — τινὰ εἰ ποιεῖ I. 272 A. Sim. II. 231 C. — καὶ τιμάω jung. I. 310 B. 396 A. II. 44 B. 84 D. — honoro I. 300 A. f. 870 C. — τινός τι I. 498 E. 587 F. — quem διὰ τὸν λόγον, ob eloquentiam I. 861 F. — καὶ ζηλόω II. 85 A. conf. ζηλόω 40 B. — et ἐπαινέω oppon. II. 7 A. 44 B. — μενον καὶ θρυλλούμενον II. 36 B. — et καταφρονέω II. 44 B. — μηδὲν θαυμάζειν v. n. II. 44 B. — καὶ σεμνύνω II. 59 D. — καὶ αἰδέομαι II. 66 E. — ἀγαπάω II. 84 E. — ἄγαμαι II. 119 D. — simpl. παιδείαν, studeo, operam do, tracto II. 146 A. — philosophum, sc. ei studeo II. 183 D. — astra et mundum Plato 702 G. — colo Valck. Hippol. 106.

θαυμάσιος — πρός τι I. 849. — II. 155 A.

θαυμασίως II. 112 B.

θαυμασμὸς II. 419 D. I. 276 A.

θαυμαστὴς I. 337 E. 770 F. II. 83 F.

θαυμαστικὸς II. 41 A.

θαυμαστὸς iron. II. 5 A. — II. 73 B. 145 F. 148 D. 170 E. 177 D. 189 D. 190 G. 192 B. 220 E. 230 E. — τὸ εἶδος καὶ μέγεθος II. 568 A. — φόβος II. 861 C. — ἧττον τοῦτο θαυμαστὸν καίπερ ὂν θαυμάσιον (l. θαυμαστὸν) II. 974 E. — πρός τι II. 980 D. — τινὲς I. 104 E. 173 C. Plato 574 G. — θαυμαστὰ quae modo θαύματα dicebantur I. 130 E. — ὄν τι φρονεῖν I. 167 E. — ἔπαινος I. 218 A. — τινες I. 339 D. — καὶ θεῖος I. 349 D. — ἃ ἔργα διαπράττεσθαι I. 559 B. — οἱ πλήθει I. 710 B. — ὂν me praebeo cui I. 801 C. — λαμπρότητι ἐκφαίνεται exercitus I. 1001 E. — ὂν ὅσον II. 93 C. Aristid. I. 858. — ὂν καὶ μέγα II. 125 B. — ὂν οἷον II. 130 A. — ὂν ὅπλοις II. 195 E. — θεῖον καὶ θαυμαστὸν Plato 704 E. — ἃ ποιεῖν orando, precando Aristid. I. 358. — Plato 702 E. 703 F. 704 C.

θαυμαστόω — οῦσθαι I. 167 D. 647 B.

θαυματοποιὸς II. 191 E. 216 C. Junc. Stob. 597. — II. 924 C. I. 51 F. 810 A. 924 E. — deus Aristid. I. 255. II. 414.

θαυματουργέω II. 1004 E.

θάψινος color I. 754 C. Dalecamp. Plin. XVI. 20.

θέα I. 11 F. 158 C. 270 C. 272 E. F. 273 C. D. II. 227 E. — θέαν κατανέμειν II. 618 A. — αἱ περὶ θέαν εὐπαθείαι II. 704 E. — ἐπὶ θέαν venire II. 796 F. — αὐλητῶν II. 1029 F. — θέαν παρέχειν I. 20 C. — πανηγυρικὴν ἐπιτελεῖν I. 25 E. — θέας καὶ ἱστορίας ἕνεκα II. 419 E. — καὶ ὄψις II. 422 B. conf. Synon. — I. 176 C. 398 A. 406 F. 474 B. 511 F. 517 C. 518 E. 612 C. 620 F. 642 D. 733 E. 778 C. 782 A. — sacra II. 225 E. F. 226 B. — est ἐν θεάτρῳ I. 346 C. 380 A. — ἀνέχειν I. 380 A. — θέας ἕνεκα I. 392 F. — Simpl. I. 810 A. 840 B. 867 E bis. 1034 E. 1061 B. 1065 B. — ἐπὶ θέᾳ cui lychnum praeferre, ut videatur, I. 871 E. — ἀγώνων Gr. I. 928 D. — ludi I. 989 B. 993 F. 994 A. — θέα καὶ πομπὴ I. 1002 A. — θέας ἐπιτελέω I. 1034 D. — auditio citharoedi II. 41 D. — ἐπὶ θέαν προθεῖναι rem, ut pictor II. 80 F. — καταλαβεῖν Aristid. I. 102. — προκαταλαμβάνειν Aristid. II. 311.

θέαμα Διονυσιακὸν II. 1095 C. — I. 152 D. E. 270 D. 310 B. 361 B. 409 B. 412 C. 542 B. 630 A. 647 A. 649 F. 909 B. 1060 D. II. 18 C. 79 D. 662 A. 674 A. 786 E. 821 C. 997 C. 1096 F. — τος θεᾶσθαι I. 661 D. — μα me praebeo I. 801 D. — quem παρέχω I. 1059 B. II. 609 C. — et ἄκουσμα II. 7 B. — VII celebrata II. 983 E. — In convivio II. 629 C.

θεάομαι I. 802 B. II. 29 F. 30 A. 148 B. 155 B. 161 B. 175 D. 180 A. 193 B. 203 B. 210 D. 215 D. 218 E. 227 C. 234 B. 235 C. E. 240 B. 241 B. II. 144 A. 147 B. — ὁρῶν I. 946 E. — θεῶ II. 79 B.? — θέασαι Διονύσια II. 80 E. — θέασαι γὰρ οἷα II. 110 E.

θεατὴς II. 122 D. 155 B. 395 B. 483 E. 1125 E. pro ἀκροατὴς v. n. II. 41 A. — et μιμητὴς I. 889 B. — μάρτυρ II. 71 A. 81 A. — ἀρετῆς II. 80 F. Simpl. II. 85 D. 92 C.

θεατὸς II. 718 E. restituend. Porphyr. Grad. p. 283. ed. Cantab.

θεατρικὸς metaph. II. 7 A. 802 E. 1140 E. — ἡ ὄψις I. 937 A. — ὸς I. 296 F. 463 F. 675 A. 915 B. II. 15 E.

θεατρικῶς dixit hoc Menander II. 1076 C. I. 446 C. 498 C. 537 A.

θέατρον scitum mulierum II. 609 C. — II. 33 B. 58 C. 63 A. 68 B. 77 E. 87 F. 417 F. 705 B. 749 C. 755 A. 796 F. 799 E. 823 E. 977 D. 996 B. 1104 D. 1125 E. — spectatores II. 79 D. 110 C. I. 374. vid. Bibl. Crit. n. XII. — ubi grammaticus ἐπίδειξιν facit II. 737 C. — ἐμπληκτικὸν καὶ ἀνόητον II. 748 D. — καὶ ὄχλος II. 777 F. — theatra sunt ὑπ' αὐτῷ II. 795 D. — Διονυσιακὸν II. 852 C. — κλειόμενον II. 1093 A. — ubi est ἐκκλησία II. 414 C. interp. Nepot. Timol. IV. 1. — Mus. II. 1136 B. 1140 D. bis. E. — locus concionis et supplicii I. 252 E. 254 E. 975 A. 976 E. — ἱππικὸν I. 172 C. circus. — concionis I. 309 E. 1030 E. 1031 E. 1037 D. Dio Chrys. XL. 487 D. — I. 340 C. 380 A. 406 F. 483 E. 511 F. 569 F. 612 B. 640 D. 641 D. 647 A. 654 C. 704 D. E. 709 F. 750 D. 782 A. B. 810 A. 859 D. II. 183 D. — Metaph. I. 372 E. 409 H. — καὶ σκηνὴ I. 452 A. — judicii I. 757 D bis. E. — I. 866 B. 867 A. 905 A. 942 C. 1034 E. 1060 D. II. 43 E. — nocturna frequentare I. 920 A. — locus Romae I. 990 B. — τρα exhibet praetor I. 988 D. 994 A. — chirurgorum s. medic. II. 71 A. — α δεδειπνισμένα II. 92 E. — τὰ κινεῖ ἡ Μερόπη II. 110 C. — δόξης II. 178 A. — concionis et judicii describitur Dio Chr. VII. 103 C. — panegyricum opponitur βουλευτηρίῳ et δικαστηρίῳ Sopater Proleg. Aristid. p. pen. fin. et ult. Scenica, corruptio poëseos theatrocratia Plato 595 A. seq. et 594 F. seq. — judicum concilium, ut theatrum θορύβου μεστὸν, applausu audientium Plato 661 C. — urbs regionis laus Aristid. I. 262.

θεηκόλετος sacerdos foemina ap. Elaeos Pausan. 416. [V. 15.]

θεήλατος II. 418 E. 830 E. Philo Jud. Euseb. P. E. VIII. 394 A. 396 A.

θειασμὸς II. 855 B. I. 525 C. Sic θέασις l. θείασις Porph. Abst. IV. 6.

θεῖον sulphur I. 869 C. 1071 C. — unde dictum II. 665 C.

θεῖος patris vel matris frater I. 99 B. 293 E. 491 D. 669 B. 759 E. 760 B. C. 884 D. 924 B. 957 C. 963 D. 994 E. 995 B. 1074 B. Plato 680 E. 700 B. D. bis. 703 B. C. 704 E. F. 705 C.

θεῖος divinus I. 130 C. — τὸ θεῖον II. 402 B. E. 1065 F. I. 184 E. 322 A. B. — τὰ θεῖα καὶ οὐράνια II. 1066 B. — θείῳ τινὶ ἐντυχεῖν, omini II. 588 C. — paeanis modus τὸ θεῖον II. 713 A. — duo maxime divina in rebus humanis virtus et regnum II. 759 D. — τὸ θεῖον ἐμποδὼν γίνεται II. 941 E. 972 C. — θεῖος ἀνὴρ II. 1119 B. — α μοῖρα II. 1119 B. Plato 661 A. — et θηριώδης oppon. humano I. 100 A. — τὸ θεῖον I. 108 A. 402 D. 454 D. 497 F. 526 E. 538 F. 540 F. 612 E. 894 B. 1064 E. II. 108 E. 165 B. 167 E. 228 D. — θεῖόν τι I. 101 E. — α τὰ μὴ νομίζειν I. 169 D. — καὶ δαιμόνιος II. 24 A.

438 C. f. leg. I. 1033 C. — καὶ θαυμαστὸς I. 349 D. Aristid. II. 313. Sim. Plat. Phaedr. 342 G. — I. 523 A. II. 156 B. C. 162 A. 166 B. — τὰ θεῖα, f. superstitio I. 706 A. — τὰ θεῖα I. 754 B. — περὶ τὸ θεῖον ἁμαρτάνειν I. 800 C. — πρὸς τὸ θεῖον καθωσιῶσθαι I. 831 E. — ον ὄνομα leg. θετὸν I. 1067 C. — καὶ βασιλικὸς II. 32 A. — τὰ θεῖα φόβος σώφροσι βροτῶν II. 34 A. — ἡγεμὼν βίου II. 37 D. — καὶ μέγα II. 83 E. — ος Ὅμηρος II. 104 D. — ότερος βίος II. 114 C. — Πλάτων II. 120 D. — ότατος II. 128 D. 145 C. — ότερος II. 163 C. — ἄνθρωπος Plato 639 F. 690 A. 696 B. — θεῖον ψυχῆς γένος Plato 700 G. — θεῖος λόγος et θεῖοι λόγοι diff. Vales. Euseb. H. E. p. 99.

θειότης — ητος δόξα τινὶ πρόσεστι II. 398 A. E. 411 E. 665 A. 975 A. — religio, pietas II. 857 A. I. 35 E. 268 A. 454 F.

θείως ludit ambiguitate divini et quod avunculum decet II. 492 C. — acclamatio sophistis tributa II. 45 F. 543 F.

θείωσις II. 351 F.

θέλγητρον II. 95 E. Eurip. 165 E. Aristobul. Euseb. P. E. VII. 230 A. Himer. 600.

θέλγω II. 307 E. II. 46 F. 48 C. — de musica II. 356 A. 745 E. — spes Dio Chr. 514 D.

θελκτήριος II. 759 B. Valck. Hippol. 509.

θέλξις II. 662 A.

θέλω simpl. οὐδὲν, omiss. f. ἔχειν II. 1130 B. — λέγοντες ἃ θέλουσιν, ἀκούουσιν ἃ μὴ θέλουσιν II. 89 A. — Simpl. II. 144 B. 149 E. 151 C. 172 E. 211 E. 216 D. 219 E. 230 D. 233 D. — cum βούλομαι Numen. Euseb. P. E. XIV. 727 C. — θέλων quid facio, lubens, s. quandocumque volo Dio Chr. 482 A.

θέμα depositum apud argentarios II. 116 A. B. Hinc θέσθαι Jambl. V. P. 124.

θεματικὸς Mus. II. 1135 D.

θεμέλιος fundamentum II. 8 C. 658 D. 719 D. 930 A. I. 105 A.

θεμελίωσις I. 145 A. 487 B.

θέμις I. 322 A. — de ejus numine cons. Euseb. P. E. Ind. Viger. — dea II. 781 B. — ἡ θέμις Empedocl. II. 820 F. — fere, id quod fieri potest II. 979 D. — ὃ μηδὲ θέμις ἐστὶν εἰπεῖν II. 1076 B. — θέμιν καὶ ἀγχιστείαν conjugium Plato 680 C. — dii οὓς οὐ θέμις εἰπεῖν Plato 702 G. — οὐ θέμις Plato 705 A.

θεμιστεὶ Jovis I. 909 E.

θεμιστεύω II. 406 A. 435 B. 437 A. B. 1048 C. I. 671 E. Pythia 292 F. Wessel. Diod. Sic. I. 384. Casaub. Strab. p. 506.

θεμίστιος II. 1065 F.

θεμιστοπόλος Hesiod. II. 747 F.

θεμιτὸς I. 597 C. 804 A. II. 781 B.

θεογονία Plato 664 F. 700 E.

θεοειδὴς II. 988 D. 1057 F. Plato 700 F. — καὶ θεῖος Muson. Stob. 595.

θεόθεν τοῦτό ἐστι II. 632 C.

θεοκλυτέω — θεοκλυτούμενον γένος II. 592 C. I. 35 C. (Eur. Med. 211.) 329 E. 471 B. 615 A. 675 B. 787 D. Porph. Abst. II. 26.

θεόληπτος II. 855 B. 1117 A.

θεοληψία II. 56 E. 763 A.

θεολογέω II. 614 C. — ούμενα II. 421 D.

θεολογία II. 354 C. 410 B.

θεολογικῶς II. 568 D.

θεόλογος II. 360 D. 369 B. 417 F. 436 D. 474 F. 1030 A. Porphyr. Abst. II. 36. f. Apoll. Tyan. citatus, 34. ib. 43. 44. 47. Porphyr. A. N. 32. 33. Himer. 736.

θεολογούμενα II. 421 D.

θεόμαντις Aristid. II. 18. 187.

θεομαχεῖν v. n. II. 168 C.

θεομισὴς II. 168 B. 1065 E. I. 293 A. Plato 646 G. 662 F. 676 G.

θεοξένια Pausan. 595.

θεόπνευστος ὄνειρος II. 904 E. an θεόπεμπτος?

θεοποιΐα v. n. II. 377 C.

θεοπολέω Plato 674 D. f. θυη. vid. H. Steph. Thes.

θεοπρεπὴς II. 780 A. E. I. 210 D. 524 F. 970 D.

θεοπρεπῶς honoro quem I. 952 F.

θεοπρόπος II. 438 A. B. I. 35 E. 184 E. 490 F. 531 E. Porph. Abst. II. 9.

θεὸς — Simpl. plur. II. 111 B. D. 116 C. — statua dei II. 303 C. I. 132 A. — ἐκ θεῶν II. 752 B. — θεῶν γένος I. 173 D. — sententiae II. 63 E. — θεὸς dicitur a θέω et θεατὸς II. 375 C. 880 B. Euseb. P. E. V. 182 D. — πρὸς θεὸν βαδίζειν II. 489 D. Sim. 768 C. 771 D. I. 55 F. — τῆς θεοῦ τὸ ἐπιδέκατον II. 834 A. — κατὰ θεὸν II. 152 D. 944 F. I. 316 A. Plato 587 B. E. 688 A. — εὐμενὴς ἐκ χρηστοῦ βασιλέως I. 35 A. — τὼ θεὼ Alcib. Tayl. Lys. p. 193. ed. Reisk. ἐπὶ μάρτυρι θεῷ II. 401 F. — παρὰ τὸν θεὸν, nisi leg. π. τῶν θεῶν II. 401 D. — pro imagine (f. more Romano) I. 187 C. 310 C. — τὼ θεὼ I. 200 E. Cas. Athen. 372. — ἡ per excellentiam I. 210 B. 389 E. — τοῖν θεαῖν I. 239 C. — ὁ θεὸς ἐπιβροντῶ periphrast. I. 304 B. — παρὰ τοῦ θεοῦ Delphis I. 331 D. — Trophonius I. 462 F. — παρὰ τῷ θεῷ oracul. I. 490 D. — οἱ δώδεκα I. 531 F. — tempestatis I. 603 D. — ἡ ἐν Πάφῳ I. 776 C. — ἐκ θεῶν ἐλπὶς I. 540 E. — παρὰ τῇ θεῷ I. 860 C. — θεοῖς ἐχθρὸς I. 970 B. — ὡς θεῶν ἄλλων γεγονότων I. 1066 A. — θεῶν παῖδες II. 56 D. Plato 651 G. — pro θεῖος II. 745 B. — οἱ γονεῖς, φίλοι II. 101 F. — ἡ θεὸς ref. ad anteced. II. 108 F. 146 D. 149 D. 170 B. C. D. — μετὰ θεῶν ὢν mortuus II. 121 F. — πρὸς τὸν θεὸν εἰς Δελφοὺς II. 150 A. — μεστὸς τοῦ θεοῦ II. 150 B. — ὡς ὠφελιμώτατον an πρεσβύτατον II. 153 A. B. C. — φίλιοι καὶ ξένιοι II. 158 C. — θεῶν ἐγγὺς haec sunt, ut Xenoph. θεοῖς ἔοικε II. 162 C. — ἀρετῆς ἐλπίς ἐστιν οὐ δειλίας πρόφασις II. 169 C. — πρὸς τοὺς θεοὺς βαδίζειν II. 169 E. — Simpl. θεὸς II. 168 E. 162 A. 163 D. 164 A. bis. 168 C. 180 E. 187 F. 210 D. 219 E. 228 E. 236 D. — Simpl. ὁ θεὸς II. 165 E. 166 D. 167 B. 168 A. — ὁ θεὸς ref. ad certum quendam deum vel ad anteced. II. 152 C. — θεοὶ et οἱ θεοὶ II. 140 C. D. 150 E. 156 E. 160 A. 161 C. E. 164 E. 165 B. 166 A. D. bis. 167 B. D. E. 168 B. C. 169 B. D. E. 170 D. 202 A. 204 E. 208 E. 214 E. 217 C. 224 B. 229 D. 232 C. 235 E. 238 A. — Simpl. Plato 704 A. ter. — τοῖς θεοῖς ὁ Ζεὺς II. 156 E. — θεοὶ καὶ δαίμονες II. 168 C. 171 C. Plato 673 A. B. 699 B. — ὦ θεοὶ II. 183 D. — τοῖς θεοῖς εὐαγγέλια ἔθυσε II. 184 A. — θεοὶ καὶ ἄνθρωποι II. 223 B. — πρὸς τῶν θεῶν II. 234 A. θεοὶ, δαίμονες, ἥρωες Plato 633 A. 639 G. — θεὸς ἀνθρώποις factus Plato 639 G. — θεοὶ οἱ μετὰ θεῶν i. e. daemones et heroës Plato 648 C. 650 F. ὦ πρὸς θεῶν Plato 653 G. — σὺν θεῷ εἰπεῖν ἔξεστι Plato 653 G. — λόγος ὥσπερ παρὰ θεοῦ λεχθεὶς Plato 655 B. — οὔτε τῶν ἄνω θεῶν δείσας μῆνιν, οὔτε τῶν ὑπὸ γῆς λεγομένων τιμωρίαν Plato 663 C. conf. 680 G. — θεοὺς ἡγέομαι εἶναι Plato 664 B. 683 G. — sine εἶναι Plato 664 C. 670 B. D. bis. F. 688 G. — νομίζω sine εἶναι Plato 664 C. 670 C. 674 A. C. — μεθείσθω καὶ χαιρέτω καὶ ὅπῃ τοῖς θεοῖς φίλον ταύτῃ λεγέσθω Plato 664 B. — θεῶν πάντα πλήρη Plato 670 C. 704 G. Sic θ. π. ἔρημα Plato 674 A. — θεὸς βασιλεὺς summus Plato 672 B. — homo et mundus sunt θεῶν κτήματα Plato 672 D. 673 A. — dii sunt φύλακες hominum Plato 673 B. C. seq. — θεοῖς καὶ δαίμοσι καὶ θεῶν παισὶ Plato 674 E. Sim. 683 H. — θεὸς ἔμψυχος et ἄψυχος simulacrum Plato 682 E. — θεοὶ καὶ θεῶν παῖδες Plato 686 A. — τὰ θεῖα νόμιμα τῶν τε ὑπὸ γῆς θεῶν καὶ τῶν τῇδε Plato 692 H. — anima mortui πρὸς ἄλλους θεοὺς abit Plato 693 B. — οὐ τέχνῃ ἀλλὰ φύσει κατὰ θεὸν Plato 698 D. — summus, τέλος ἔχων τῆς θείας μοίρας Plato 702 D. — ἀκρότατος ib. — θεοὶ καὶ θεοὶ ib. 705 C. — θεὸς opp. τύχη ib. 699 B. — et τύχη permutari videntur ib. 705 A. — θεοὶ φανεροὶ et ὁρατοὶ ib. 702 A. B. — θεῶν πόῤῥω Aristid. II. 389. — μετά γε θεοὺς me servavit Aristid. I. 89. — σὺν θεῷ βοηθῷ id. II. 109. — Caesares Himer. 640. — ὁ ἐπὶ πᾶσιν Porphyr. Abst. II. 49. — κατὰ μέρος ibid. — dii χθόνιοι, δαίμονες, ἥρωες Plato 601 C. seq.

θεόδοτος II. 23 F.

θεοσέβεια Plato 702 E. 704 B.

θεοσεβὴς I. 31 F. Plato 647 H. 671 D. 696 F. 699 E.

θεότης II. 415 B.

θεοτίμητος Tyrt. I. 43 D. Oenom. Euseb. 232 D.

θεουδὴς, εὐδικία, poët. II. 780 F.

θεόφαντος II. 1117 B.

θεοφιλὴς I. 210 D. 253 B. 529 A. 540 E. 823 F. 1060 C. II. 30 F. 119 D. 121 E. 161 E. — regum titulus II. 543 E. — II. 568 A. 670 D. 972 B. 982 E. 984 C. 989 E. 1102 D. E. I. 20 B. 59 C. 64 B. 84 D. 111 B.

θεοφίλητος Phintys Stob. 444, 44.

θεοφορεῖσθαι Himer. 806. Dio Chr. XI. 166.

θεοφόρησις II. 278 B.

θεοφόρητος I. 124 E. 469 B. — plus quam δεισιδαίμων II. 54 C.

θεοφορήτως acclamatio sophistis exhibita II. 46 F.

θεράπαινα II. 7 C. 144 C. I. 127 B. 991 A. 1020 E.

θεραπαινίδιον II. 144 C. 768 A. I. 928 E.

θεραπαινὶς II. 27 A. 80 E. 140 B. 785 E. I. 36 E. F. 145 D. 146 A. 348 F. 545 D. 750 D. 874 F. 875 B. 927 B.

θεραπεία, officium regibus praestandum II. 655 A. — curatio II. 46 E. 831 A. I. 38 A. 160 C. — quam animus corpori praestat II. 673 B. — officium aliis praestitum, ministerium II. 794 A. — uxoris, famulae ejus II. 823 B. I. 99 C. 139 D. — apum, cultus II. 823 E. — inscriptio navium II. 1057 E. — Epicur. II. 1117 B. — restitutio II. 431 F. — comitatus I. 206 E. 981 A. — famuli I. 269 A. 273 C. 416 A. 511 D. 588 E. 638 D. 826 C. 891 A. et ministerium famulorum Perizon. Aelian. V. H. II. 2. Servi Numen. Euseb. P. E. XI. 538 D. Aristid. I. 347. — Medic. I. 350 D. II. 75 B. 201 D. 208 E. 213 A. — cultus, observantia erga aliquem I. 446 F. 453 C. 881 C. — luxus I. 602 B. 959 D. — populi I. 849 E. — ἡ περὶ τὸ σῶμα, servi domestici et reliquus apparatus I. 891 A. — corporis I. 907 A. — apparatus regius I. 914 C. 1057 D. — irae est ultio I. 1048 E. — generatim, sive corp. sive animi II. 71 A. — corporis sani II. 137 E. — affectus II. 143 B. — καὶ τιμὴ II. 227 F.

θεράπευμα II. 202 B. 1117 C.

θεραπευτὴρ I. 45 E.

θεραπευτὴς — τῶν παλαιῶν Aristid. I. 325. — I. 333. leg. II. 75.

θεραπευτικὸς I. 256 B. 434 B. 435 A. 501 D. 514 D. 708 F. II. 29 B. 64 F. — κὴ παῤῥησία et πρακτικὴ II. 74 A. — ad sanandum comparatus II. 74 A. II. 622 D. 634 B. 776 B. 778 A. 810 C. 819 C. I. 76 A. 235 C bis.

θεραπευτικῶς γράφω ad quem I. 1013 A. Sim. II. 60 F. 71 D. Aristid. I. 183.

θεραπεύω corpus sanum II. 135 E. 136 A. — II. 43 D. 55 B. C. 65 C. 69 A. 73 E. 74 D. 89 C. 177 F. 693 C. 1128 E. I. 127 E. — quem bona spe I. 346 D. — τοὔψον purgo, praeparo II. 716 E. — pulchrum ἐφ' ὥρα II. 750 E. — τὸν κρείττονα II. 816 B. Sim. I. 380 B. 385 A. 395 A. 424 A. 446 F. 447 A. 451 A. 454 A. 455 B. 616 E. 739 H. 797 A. 851 E. 864 F. 883 F. 889 C. II. 176 A. 230 A. Plato 678 D. — apes II. 821 A. — corrumpo quem I. 164 E. — populum I. 170 E. — τὸ ἱερὸν II. 437 C. — captivos I. 197 C. — quem, bene ei facio, sano II. 60 C. — ὑποψίαν I. 506 A. — odium I. 522 B. Sim. 591 A. — ἑαυτὸν I. 588 E. 936 B. — alterius corpus I. 685 E. — τὸ σῶμα I. 723 C. 953 D. — τὴν τοῦ πατρὸς συμφορὰν ἐθεράπευε filia, comes exilii I. 802 C. — corpus mortui I. 823 D. — sententiam philosophi sequor, studeo, colo I. 862 D. — τά τινος alicujus regis partes sequi I. 917 F. — medicus γίνεται ἐν τοῖς θεραπεύουσι quem, ejus medicorum unus, I. 928 C. — fere adulor. I. 944 C. II. 89 E. 128 B. 142 D. —μαι tabulis pictis, *delector*, an *color* donis? I. 1032 D. — —ων medicos et θεραπευόμε—

νος II. 128 B. — εἰν ἑαυτὸν est δίαιταν τρέφεσθαι II. 159 F. — morbum II. 168 C. — regem II. 157 E. 170 E. — τὴν πρόφασιν II. 143 A. — deum II. 146 D. — sano II. 143 E. — quomodo libertus patronum Plato 675 F. — τὸ ἐμὸν Aristid. II. 237.

θεράπων I. 27 B. 42 B. 55 A. 336 F. 442 B. 464 A. II. 148 C. 155 C. 184 D. — id. ac δοῦλος I. 225 E. II. 93 B. — dei II. 945 D. Jovis aquila I. 968 C. — in exercitu I. 657 E. — opp. ἐλευθέρῳ I. 658 B. Apollinis Homerus Aristid. II. 297.

θέρειος — α foem. f. solstitium II. 938 A. f. Dio Chr. VII. 112 D.

θερίζω λόγους II. 394 D. — I. 100 E. II. 182 A. 226 B. — ταφ μοῦσα Simonid. Aristid. II. 380. — θερίζων syllogismus II. 574 E. Facciolat. Acroas. p. 57. Menag. Diog. L. VII. 25.

θερινὸς II. 722 A. 137 F. Plato 676 C. 703 A. D. — αἱ δυσμαὶ I. 325 D. — peregrinator Plato 690 E.

θεριστὴς I. 840 D. 944 D.

θερμαὶ f. nom. propr. II. 667 C.

θερμαίνω II. 54 E. 100 B. 1102 D. I. 577 F.

θερμαντικὸς II. 237 B. 1109 F.

θερμασία II. 128 F. 652 A. 658 A. C. 691 E. 738 E. 906 A. C. 907 C.

θέρμη, ἡ μαλακὴ calor lenis I. 1051 C. Aristid. I. 295. 296. 302. 317. 348. 359. 360. et saepe. II. 391.

θερμολουσία II. 131 C. Suid. Prov. Schott. III. 5.

θερμολουτέω II. 789 E. Musgr. Eurip. Suppl. 1113.

θερμομιγὴς II. 870 B.

θερμὸς — ὰ ὕδατα I. 349 B. 468 C. 472 D. — κίνησις II. 944 A. — ab aliquo opere θερμὸς II. 347 C. 497 D. 598 A. I. 296 C. 344 C. 486 D. 737 F. — ὂν τὸ actionis I. 424 C. — τὰ sc. ὕδατα I. 424 F. — ἐπί τινα, ira incensus in quem I. 295 B. — χαλκὸς, liquefactus I. 1018 C. II. 73 C. — cum πρόσφατος, oppon. ἕωλος II. 517 F. — ότατον II. 759 A. — θερμῷ τινι ἐπισφάττειν τινὰ II. 597 F. — Sim. I. 189 E. Plaut. Epid. I. 2, 39. Most. III. 1136. II. 2, 71. Bast. Epist. 44. — θερμὰς χεῖρας ἔχειν ἀπό τινος ἔργου II. 632 A. — celer, θερμότερον ἅπτεσθαί τινος ἔργου II. 677 E. — ἐπὶ θερμοῖς factis II. 798 F. — II. 100 B. 139 D. 153 E. 1120 E. 1121 B. — Phys. II. 122 E. 123 A. 128 D. 130 B. 132 D. 133 F. — μὸν bibere II. 123 B. — ὕδωρ II. 123 D. — οἱ lupini Cynic. Teles Stob. 524. — θερμῶν, sc. balneorum Dio Chr. 520 D. — ὂν καὶ Ἀττικὸν II. 380.

θερμότης II. 73 C. 100 B. 131 C. 136 E. 435 A. 437 C. 685 A. 1118 D. — viri ad agendum I. 712 E. — vini ad cor irruentis II. 61 B. — stomachi, πνεύματος II. 87 B. — οἰκεία sanctitatis II. 101 D. — Simpl. Plato 703 F.

θερμοτικὸς vinum II. 715 E. 1110 A. B. I. 50 C.

θέρος χρυσοῦν II. 183 A. 402 A. 796 E. I. 890 C. D. — aestas II. 123 B. 146 D. 157 B. 1028 F. I. 576 E. — ους ὥρα I. 171 B. — messis an aestas I. 512 F. — ἄκαρπον barba II. 52 C. — τροπαὶ ἡλίου ἐκ θέρους εἰς χειμῶνα Plato 687 G.

θέρω II. 954 F.

θέσις — θέσεις εἰπεῖν ἐν Ἀκαδημίᾳ II. 328 A. ubi v. n. conf. Cas. Athen. 347. — conf. II. 220 E. Conf. notam meam ad Cic. Paradox. — βαρβαρικὴ Ἑλληνικῇ πολιτείᾳ opponitur II. 332 C. — Music. τετραχόρδων II. 389 E. 430 A. — ὀνομάτων ἐν ἀριθμοῖς, griphus II. 673 A. — assertio argumenti, v. simil. II. 687 B. Jambl. Stob. 472. — ῥητορικὴ simil. II. 741 D. Himer. 324. — mathem. II. 930 A. 1022 D. — et τάξις II. 425 B. 1111 C. situs I. 199 E. 675 D. — legum I. 253 B. — collocatio I. 272 E.

θέσκελος poët. II. 1093 B.

θεσμόθειον II. 613 B.

θεσμοθέσιον Athenis II. 714 B.

θεσμοθέτης II. 817 C. 833 E. I. 92 B.

θεσμὸς πάτριος v. n. II. 138 B. — lex Solonis, Peris. Aelian. V. H. VIII. 10. — mortuus in alium *θεσμὸν* abit, Aristid. I. 45. conf. *νόμος*. — omnia sunt *ἐν τῷ τοῦ κρείττονας θεσμῷ*, sunt in potestate potentioris Aristid. I. 176. bis. — consuetudo Aristid. I. 158. — ordo naturae, lex divina Aristid. I. 194. 537. — *ἀνάγκης* Aristid. I. 520. — status imp. Romani id. I. 533. — an philosophiae Aristid. II. 313.

θεσμοφόρια I. 860 B.

θεσμοφόρος Ceres II. 994 A. 1119 D. plur. I. 982 E.

θεσπέσιος II. 1136 B. — odor I. 676 A.

θεσπίζω II. 402 B. 403 E. 404 A. 821 A. 1093 B. Porphyr. Euseb. P. E. IV. 143 D. 144 C.

θεσπιῳδέω II. 407 D.

θέσφατα Sophocl. II. 406 F.

θετὸς I. 5 F. 81 E. ita leg. 1067 C. pro *θεῖον*. — Anthol. I. 37, 8. — Meurs. Lect. Att. V. 23. Aristocl. Euseb. P. E. XV. 793 A. Plato 681 H.

θέω I. 252 E. 289 C. 309 E. 883 D. II. 58 E. 98 E. 150 A. — hinc *θεὸς* II. 880 B. — periculum I. 189 D. — navi I. 269 A. 969 A. II. 76 B. — *δρόμῳ* I. 382 D. — *οὐ πόῤῥω τῆς παροιμίας* Aristid. I. 380.

Θέων exempli caussa notatur II. 1061 C.

θεωρέω venit a *θεὸς* II. 880 B. — II. 879 E. — II. 152 D. 1030 B. Plato 704 C. — *τὸ θεωροῦν* rationalis et contemplativa pars animae II. 565 D. — observo II. 1020 F. Mus. — *τῷ πράττειν* oppon. II. 1025 E. — *τι πρός τι* 24 B. — etymol. a *θεὸς* II. 1140 E. — scientia et ratione II. 1143 A. — simpl. video II. 210 F. 239 E. — et *παραγγέλλω* philosophorum est Antip. Stob. 418. act. et pass. *θεωρεῖν* et *θεωρεῖσθαι* Plato 621 G. 622 B. — sacra legatio Plato 689 G. 690 A. B. — mathem. *θεωρεῖταί τι ἔν τινι* II. 1138 E. Sic Theon Mathem. Plat. p. 36. Nicom. Harm. I. p. 15. II. 31. et saepe. Porph. Abst. III. 17. — tria *θεωρεῖται ἐπὶ τοῦ βίου*, anima, corpus, externa Aristid. I. 51. Sim. 86.

θεώρημα differt a *πρόβλημα* II. 720 A. — II. 991 D. 1035 A. I. 307 C. 358 A. Vit. Hom. §. 92. Muson. Stob. 371, 21. — inquisitio II. 1131 C. — spectaculum, oppon. *ἀκρόαμα* Aristoxen. Athen. 545 F. — Plato 690 F.

θεωρητήριον I. 840 B. bis.

θεωρητικὸς I. 162 B. II. 8 A. — cum genitiv. II. 627 A. 719 C. 1142 E. — homo, f. ingeniosus I. 897 E. — *κὸς καὶ σχολαστὴς βίος* I. 862 A. — *ὸν τό τινος* II. 746 E. — activ. II. 874 E. *τινος*. — Simpl. II. 874 F. 1025 D. 1088 E. — pro *θεωρικὸν* munus scenicum II. 1010 B. — *τὸ* II. 1092 C. 1096 C. 1107 B. I. 492 A. pars animi. — *ἡ* ars opp. *πρακτικῇ* II. 792 D. — *κὴ ἑαυτῆς* sola ex artibus est philosophia Arrian. Diss. Epict. I. 1.

θεωρητὸς intelligibilis opponitur *ἐμφανεῖ* II. 722 D. — *λόγῳ* II. 876 C. bis. 877 D. E. 882 A. 884 C. 894 C. Macrob. Sat. I. 3. p. 328.

θεωρία vocabatur legatio ad Demetrium II. 338 A. — *ας ἕνεκα*, non ex animi sententia, sed inveniendi caussa II. 1013 A. I. 24 B. — *αν* habet *λόγος καὶ Μοῦσαν* II. 717 A. — simpl. spectatio II. 967 E. — inquisitio veri II. 1027 E. I. 24 B. 61 E. — peregrinationis Isocr. Trapez. 617. — *θεωρία μαθηματικὴ* II. 1028 A. — *ας ἄξιον* I. 52 E. — *ἀγώνων* I. 89 F. — scientia, ratio II. 1144 C. 1146 D. I. 308 E. — animi caussa I. 351 B. — philosophi I. 521 B. — sacra legatio I. 525 A. II. 160 C. Plato 688 C. artis opp. actioni I. 668 C. — observatio, doctrina II. 29 E. spectatio festi Phintys Stob. 445. — *καὶ πομπὴ* Dio Chr. 395 C. — *τινος* Plato 699 C.

θεωρικὴ σκήνη Henioch. Stob. p. 241.

θεωρικὸν v. n. II. 122 D. Aristid. I. 105. 565. II. 100. 227.

θεωρὶς navis I. 12 A.

θεωρὸς II. 235 D. 304 E. 773 B. 846 A. I. 133 C. 331 F. *893 E. 1069 C. Wessel. Diod. Sic. I. 297. II. 41. Dio Chr. V. 86 A. Plato 690 F. H. Aristid. I. 317 487. — *θεωροὶ* per adulationem di cebantur legati ad Dem. Pol. missi, quae consuetudo mansisse videtur Ita Percerte apud Macedonas. Ita Persaeus Stoicus; Antigoni praefectus ap. Athen. XIII. 607 C. Nam communiter accipitur in Polybii loco de Antiocho Epiph. ap. Athen. V. 195 C. ubi nil ad hanc quidem significationem Casaub.

θηβαΐζω non videtur voluisse dicere Aristid. I. 530. dixit οἱ Θηβαίους ἐθαύμαζον.

Θηβαῖος et Ἀθηναῖος confund. Aristid. I. 437.

Θήβη. Θῆβαις II. 359 A. ubi v. n.

θήγω dentem II. 966 C. — I. 388 A. II. 92 B.

θήσασθαι orac. I. 854 D.

θήκη II. 173 B. 365 A. 407 F. 872 E. 982 B. I. 12 F. 13 C. 17 B. 83 E. — καὶ μνῆμα I. 950 D. — Simpl. II. 395 C. Plato 688 D bis. E. 692 H. — thesaurus I. 514 C.

θηκτὸς Eurip. I. 388 A.

θηλάζω I. 19 E. 20 D.

θηλασμὸς I. 19 D. 262 C. non prob. Lucian. III. 558.

θήλεια II. 209 A.

θήλειος II. 977 A.

θήλη II. 265 A. 268 F. 278 C. 609 D. 907 D. I. 19 D. 20 D. 31 D. Dio Chr. XII. 202 B. C.

θηλονὴ II. 278 D.

θῆλυ τὸ II. 651 B. 906 B. 915 F. 990 D. — καὶ κόσμιον I. 76 F. — παιδίον I. 647 D.

θηλυγενὴς Plato 633 E.

θηλυδοῦν corrupt. II. 1044 D.

θηλυκὸς—ὸν nomen II. 1011 C.

θηλύνω II. 997 B. 999 A.

θῆλυς—θηλύτερος pro eo dicitur II. 677 D. — καὶ νόθος II. 750 F. — τερος effoeminatus I. 424 F. — II. 239 A. — Plato 692 H. ὁ Aelian. N. A. III. 44.—ἵππος I. 600 E.

θηλύτης μαλακὴ II. 496 A. — Hierocl. Stob. 491. — II. 711 C. Plur. I. 198 E. — καὶ ὑγρότης II. 939 F. — I. 557 F. 564 B. 1064 C. II. 56 E. 89 E.

θηλυφανὴς I. 10 C.

θηλὼ nutrix II. 278 D. conf. Valcken. Eurip. Phoen. p. 169.

θὴν an sit otiosum II. 386 D.

θὴρ I. 258 B. — θηρῶν ἅμιλλα I. 647 A.

θήρα νέων II. 751 A. amor St. II. 1073 B. 1124 B. — καὶ κυνηγεσία I. 704 F. — hominum conciliatio I. 810 E. Plato 641 F. venatio II. 473 E. piscatio II. 139 A. genus multas habet formas Plato 641 F. G. 642. — πραγμάτων Aristid. I. 493.

θήραμα II. 757 D. I. 502 D.

θηρᾶν μεγάλα ἀπὸ μικρῶν II. 410 C. Sim. Synes. 96 A. — δόξαν II. 48 A. ubi v. n. — venerem tragic. II. 778 B. — metaphor. Wessel. Diod. Sic II. 452. — τι ἔκ τινος I. 625 B. — piscari II. 163 A.

θηρατὴς II. 820 F.

θηρατικὸς II. 960 A. 965 B.

θήρατρον II. 961 C. 966 E. Himer. 358.

θήρειος II. 973 C.

θηρευτὴς II. 91 C. — comparatio Aristid. I. 494.

θηρευτικὴ ἡ II. 959 C. Plato 698 E.

θηρευτικὸς I. 1030 C. II. 52 B.

θηρεύω II. 52 C. 234 D. 757 D.— imaginem II. 1105 E. — ῥῆμα Aristid. I. 521. — invenio, quaero Mathem. I. 24 B. Plato 689 F.— act. et pass. II. 58 B. — amatum II. 220 B.

θηρητὴρ Hom. ubi θηρητὴρ II. 422 D. Plaut. Mil. Glor. III. 1, 13. *Venator sermonis.* ib. IV. 1, 9. *auceps sermonis.* Stich. I. 2, 45. *auceps auribus.*

θηριακὰ Nicandri II. 16 C.

θηρίδιον II. 733 C. 980 B.

Θηρίκλειος II. 201 D. 619 E. I. 273 B. 361 A. 702 C. Hard. Plin. XVI. 76, 3.

θηρίον II. 38 D. 48 B. 98 C. 171 E. 234 A. 1125 B. — ἄγριον vel ἥμερον II. 147 B. — mutatio, antea dictum ζῶον ἄγριον καὶ ἀλλόφυλον II. 86 D. — elephas II. 195 A. 196 C. I. 313 D. E. 592 A. 699 A. — piscis qui alios devorat, magnus, II. 981 E. — delphinus II. 984 B. — Eleph. quum jam longe ante Ἐλέφαντες dicti fuissent I. 399 D. E. F. 401 E. — statim post dictos Elephantas I. 400 C. — ut, includi I. 912 F. — venenatum animal I. 949 D. — compar. II. 61 E. — θηρία καὶ βοσκήματα Dio Chr. 498 B. — ferae bestiae, contra quas homini sempiternum bellum Dio Chr. 473 B. conf. 481 D.

θηριόω—τεθηριῶσθαι Crantor II. 102 D. — θηριούμενος ira, Plato 684 B.

θηριώδης II. 1070 C. 1125 C. — νομὴ σαρκὸς, f. a viperae morsu II. 165 E. — morbus Epist. V. Hippocrat. Charterii p. 10 C. Hard. Plin. XXVI. 87. — sitis, *vehemens* II. 690 A. 1089 C. — animo II. 102 D. — τὸ II. 746 E. 821 C. —δες animal II. 980 D. — homo 7 E. 1099 B. I. 58 C. 72 F. 157 F. 291 E. 595 A. 656 A. 1021 A. — vita II. 86 D. 1124 E. I. 72 F. Markland. Eurip. Suppl. 201. — locus I. 1 A. — et θεῖος oppon. humano I. 100 A. (Aristot. Polit. I. 2.) 322 B. II. 75 E. — I. 388 A. 408 D. 414 D. 847 F. II. 33 E. 61 C. 158 E. — ὠρυγὴ I. 557 E. — ἀλκὴ I. 575 A. —δες καὶ κυνικὸν cupiditatum II. 133 B. — καὶ βάρβαρος II. 170 C. — καὶ ἄγριος animus II. 167 D. — homo, Plato 673 B. — πρός τι 674 C.

θηριωδῶς II. 746 C. 1108 C.

θηρομιγὴς I. 417 A.

θὴς, θητὸς II. 1002 A. I. 22 E. 88 A. θητεία Diog. L. I. 66. Aristid. I. 25.

θησαυρίζω II. 242 A. Metaph. Wessel. Diod. Sic. II. 431.

θησαύρισμα II. 500 D.

θησαυρὸς Delphis variarum gentium II. 400 E. 675 B. — I. 433 E. 443 A. — II. 982 B. I. 502 E. 511 E. 624 C. Plato 675 A. C. — carcer Messen. I. 367 D. — ὁ οἶκοι Aristid. II. 135. — μνήμης γράμματα Eurypham. Stob. 556. — παῤῥησίας II. 1 B.

Θησεῖα festum I. 2 D.

Θησεῖον fanum Thesei I. 16 D. Aristoph. fr. p. 1244, 2.

Θησηΐς carmen I. 2 E.

θῆσσα equi I. 228 F.

θητεύω I. 6 E.

θητικὸς ὄχλος I. 94 E. — I. 259 C.

θίασος I. 665 E. 821 A. 822 B. 925 F. 951 H. 956 E. — θίασοι festum Neptuni II. 301 E.

θιασώτης II. 768 B. 1131 C.

Θιβεῖς populus Ponti II. 680 D.

θιγγάνω II. 35 E. 56 B. 952 A. I. 31 B. Dio Chr. XXXIV. 423 C.

θίγειν τινὸς venere II. 442 E. 760 D. Gatak. Stil. N. T. p. 79. — II. 82 B. 423 C. 431 C. 433 A. 665 B. 754 F. 930 F. 959 B. 978 B. 980 C. 983 E. — θίγει ὑπόνοια οἰκίαν II. 755 D. — amor II. 767 E. F. — τινὸς ἐν ῥήματι II. 855 E. — μοῦ λόγος I. 293 B. — f. gustare I. 98 F. — Simpl. I. 321 D. 332 B. 685 F. 1003 C. 1025 B. II. 59 B. —ει μοῦ διαβολὴ I. 669 F. — mulierem I. 676 D. 691 E. — τροφῆς I. 832 D.

θὶν II. 340 E. 982 B. I. 1 A. 116 A. 177 D. 414 A. 556 C. 558 C. 559 C. 576 F. 680 B. 1020 D. Porph. Abst. IV. 21. Aristid. II. 338.

θινῶδες ἄγκιστρον II. 446 A. — I. 380 C. 593 E.

θίξις chordarum II. 802 E. — Simpl. II. 903 C. 958 A.

θλίβεσθαι voluptatibus, si sana lectio II. 136 B. (f. λείβεσθαι) — πενίᾳ II. 177 D. — atomus Epicur. II. 765 C. 1081 A. — II. 1130 D. I. 405 C. 537 C. — quem θλίβω, metaph. I. 204 D. — acies I. 615 E. — τῇ ἀγορᾷ, annona I. 631 E. — — onere I. 687 E. — ει quem calceus II. 141 A. — ειν dicitur senex ut molestus Junc. Stob. 593.

θνήσκω — ὑπό τινος I. 102 F. — pugna I. 979 B. — τεθνεὼς II. 111 E. — τεθνάναι II. 107 A. 115 C. E. 182 A. 225 B. E. — τεθνήξεται II. 1082 B. — τεθνηκὼς II. 175 C. 188 D. 194 C. 198 A. 205 A. 211 E. 223 C. 250 E. — ειν II. 242 A. — τεθνηκέναι II. 242 A.

θνητοειδὴς II. 1002 C.

θνητὸς — θνητὰ φρονεῖν II. 152 B. 996 B. — II. 103 F. 104 A. C. 107 F. 114 D. 116 A. B. 118 D. 137 C. 1075 C. Plato 702 A. —

τῶν πράγματα II. 97 C. 99 A. — μὴ μέγα φρονεῖν, ὡς θνητοὺς ὄντας v. l. θεοὺς II. 182 B. — mortales inimicitias esse debere, Senec. Exc. Controv. V. 2. Wessel. Diod. Sic. I. 589. — ἡ φύσις, homines Plato 660 F. 702 E. G. — θνητοῖς ὄμμασι quid videre velle Plato 669 E. — ἄνθρωπος Plato 696 F. 697 E. — ὂν γένος Plato 704 A. homines.

θοάζω ap. poëtas II. 22 E. — Tragicorum, Hesych. v. et ibi vv. dd. θαάσσω Homericum D. Ruhnken. Ep. Cr. I. p. 47.

θοιμάτιον I. 400 F.

θοίνη I. 474 A. Porph. Abst. II. 47. 60. — τοὺς γόητας οὐκ ἐν θοίνῃ λέγω Plat. Leg. I. 575 A. Damasc. apud Suid. v. θοίνη.

θολερὸς II. 128 D. 651 D. 670 A. 691 B. 696 C. 725 E. 891 D. 928 D. 933 D. 935 B. 939 B. 963 B. 993 D. 995 F. I. 249 A. 507 D.

θολὸς sepiae II. 978 A.

θολόω — θολοῦσθαι animus ira, Jambl. V. P. 70.

θοὸς — ἡ νὺξ Homero quare dicta II. 410 E. 923 B. Heraclid. Alleg. p. 470 seq. ed. Gal. — acutus ap. Hom. Pseudo Plutarch. Vit. Hom. c. 21. Heraclid. l. c. p. 471.

θορὴ semen II. 907 A. Alcmaeon.

θορὸς II. 637 E. semen. Zachar. Mityl. 233.

θορυβέω II. 175 A. 207 E. — II. 1060 A. I. 83 A. 133 A. 144 A. — Pass. I. 357 A. 359 A. 444 E. 527 E. 529 F. 557 B. 942 D. 974 E. — II. 707 B. 740 B. — scena explodi II. 756 B. — Med. obstrepere II. 784 B. Wessel. Diod. Sic. I. p. 84. I. 223 D. — Pass. II. 178 D. 848 B. — dubium, utrum in bonam an in malam partem II. 741 A. — έω quem II. 201 E. — εῖν et — εῖσθαι II. 129 A. — εῖ με φθόνος sc. meus II. 39 E. — εῖ judex obstrepit I. 334 C. — εῖται orator I. 541 F. 849 E. 868 E. — εῖν in concione I. 979 C. — εἴσθαι τοῖς πράγμασι imperio labante turbari I. 983 B. — bono sensu εὐμενῶς ἐπιθορυβέω Xenoph. H. Gr. II. 3, 19. — εῖν malo sensu, obstrepo II. 33 C. Aristid. I. 465. — έω τινὶ obstrepo cui Dio Chr. 470 A.

θορυβοποιὸς I. 422 A. 748 E.

θόρυβος bono sensu II. 41 C. — καὶ κρότος f. bono sensu II. 80 D. obstrepere I. 752 D. — assensus, applausus II. 620 A. I. 760 D. Dio Chr. 422 C. Plato 661 C. Aristid. I. 39. 262. 325. 344. 354. II. 411. — exercitus I. 403 B. — convivii II. 737 C. — concionis II. 796 C. I. 252 E. 848 E. 850 A. 867 D. — I. 130 C. 141 B. F. 142 E. 148 B. II. 81 E. 156 A. 192 C. — philosophiae ut mysterii II. 47 A. B. 81 E. — et ὄχλος salutatorum II. 94 A. — καὶ κονιορτὸς II. 146 D.

θορυβώδης συμπεριφορὰ in convivio II. 678 C. — λόγος II. 714 D. — Simpl. II. 209 F. 722 E. I. 142 E. 146 B. 514 A. 839 B. 1070 B.

θρασέως καταφρονεῖν II. 40 D.

θράσος καὶ κίνδυνον ἔχει τι II. 153 B. — et θάρσος comp. Pericl. et Fab. M. p. 414. ed. Bryan. vid. Gesner. ad Lucian. T. III. p. 95. — et ἀπειρία I. 191 A. — I. 524 C. 528 B. 530 C. 554 C. 565 E. 650 A. 657 F. II. 29 D. 65 D. 81 B. E. 119 A. — et ἀκολασία II. 27 B.

θρασύδειλος II. 1160 B.

θρασυκάρδιος Aristid. II. 238.

Θρασυνία λίμνη, Thrasymenus I. 175 C.

θρασύνω II. 705 B. Plato 662 G. — μαι med. non malo sensu II. 794 D. 1125 A. 1127 B. — II. 1090 A. I. 77 A. 88 D. 94 E. 121 B. 148 A. 161 C. 177 A. 269 F. 278 B. 293 D. 414 C. 435 C. 445 C. 489 C. 527 E. 752 A. 928 C. 1006 B. — μᾶλλον τοῦ δέοντος φρονεῖν Dio Chr. VII. 123 D.

θρασὺς II. 142 A. — I. 874 E. 876 B. II. 19 A. B. — εῖα meretrix II. 712 C. — Simpl. II. 40 F. 46 C. 47 D. 70 D. — καὶ φορτικὸς II. 1092 D. — εῖα φιληδονία II. 1113 F. — opinio philosophi II. 418 E. — negligens honesti I. 235 D. Sim. II. 89 E. — demagogus I. 422 A. 424 D. 643 D. 644 F. 712 E. 774 C. E. 916 C. — impatiens imperii I. 585 B. — εῖα φωνὴ

I. 667 E. — εὐα δίαιτα II. 90 C. — ὑτερον προσφέρεσθαι cui II. 189 F. Sim. 215 E. 232 C.

θρασύσπλαγχνος Poët. II. 1 D.

θρασύτης διαίτης II. 800 D. conf. δίαιτα — καὶ μανία, sunt gradus κουφολογίας II. 855 B. — II. 1119 E. I. 303 A. 390 C. 575 F. 856 D. 877 D. 894 A. 973 A. — militum I. 1060 A. — ἀκολασίας II. 21 C. — II. 29 E. 66 C. 67 E. 198 A. — opp. ἀνδρεία Aristid. II. 112. — et ἀμαθία Philo Jud. 736 D.

Θρᾶττα ibid. dicitur Θρῇσσα I. 111 F.

θράττω Aristid. I. 514. Porphyr. Euseb. V. 197 D.

θραῦσις II. 893 D.

θραῦσμα, ramentum, pulvisculus II. 722 A. — II. 883 B. 902 C. D. 916 D. 1011 D.

θραύω v. n. II. 77 F.

θρέμμα II. 57 A. 176 F. 592 B. 671 A. 713 A. — σοφοῦ σοφὸν Eumaeus Ulyssis II. 704 A. — f. filius I. 82 A. — simpl. I. 136 B. 413 A. Plato 684 G. 627 E. 628 D. 640 C. 675 F. — homo quidam II. 13 C. Sim. Dio Chr. XIX. 261 A. LXXVII. 651 A. meretrix ap. lenonem τρέφοντα. Vid. Cas. Plato 624 A. — Νείλου Aegyptii Plato 691 A. — τινὸς Aristid. I. 100. — τὰ Μουσῶν ib. I. 47.

θρέξας a τρέχω I. 331 E.

θρεπτήριος I. 1038 D.

θρεπτικὸς τῆς τροφῆς II. 907 E.

θρηνέω II. 23 B. 48 A. 107 C. 113 F. 115 E. 171 D. Plato 693 D.

θρηνητικὸς II. 623 A.

θρῆνος I. 840 F. II. 110 D. 111 C. 112 B. 113 E. 114 D. 117 C. 165 A. 168 A. 171 D. Pindari II. 120 C. Cantilenae II. 712 F. 1132 A. 1136 C. — I. 134 C. 200 C. — funeris Plato 688 D. — Aristid. I. 75. 78.

θρηνώδης II. 822 B. 1136 C. I. 455 F.

θρηνῳδία II. 112 E. 657 A.

θρηνῳδικὸς II. 1136 E.

θρησκεία, religio, cultus II. 140 C. Porphyr. Euseb. P. E. III. 117 B. IV. 174 C. Abst. II. 37. IV. 7.

θρησκεύω a θρῇσσα I. 665 D. Suid. v. Greg. Naz. III. p. 100. L. Bos. Ant. Gr. p. 9. Porph. Euseb. P. E. III. 110 C. — Simpl. I. 337 A. 342 C. 377 A. Phintys Stob. 445, 25.

θρῇσσα I. 111 F.

θριαμβευτικὸς I. 351 A.

θριαμβεύω — την νίκην II. 318 B. — II. 804 E. — τινὰ I. 38 D. 101 F. 109 F. 129 D. 132 C. 144 B. 939 E. 1052 C. — τινὰ Gatak. Stil. N. T. 32 F. σωτῆρα triumpho ut servator. — simpl. I. 257 E. 274 A. B. F. 299 E. 421 D. 452 E. 517 C. 546 D. 550 C. 625 E. 626 A. B. 642 D. 643 A. 663 B. 773 C. D. 834 C. 843 B. 879 C. 931 C. II. 196 E. 197 B. 201 E. 263 E. — κατά τινος I. 231 A. — σθαι ὑπό τινος I. 231 A. 954 D. — όμενα τά I. 522 E.

θριαμβικὸς I. 139 E. 271 B. 346 D. 412 E. 543 A. 577 C. 579 F. 631 B. 736 D. 843 B. — ἡ vestis I. 921 B.

θρίαμβος I. 63 E. 107 E. 109 C. 147 E. 187 E. 188 B. 190 D. 271 C. E. 272 A. C. 301 F. 310 A. B. D. E. F. 317 F. — Bacchus I. 311 A. — Rom. 338 D. 342 D. 347 C. 377 A. B. 406 F. 410 D. 412 C. D. 414 C. 418 A. 421 D. 423 F. 425 B. 473 C. 506 D. 516 C. D. 517 C. 550 F. 551 D. 564 B. 566 A. 625 E. 626 B. 629 E. 630 D. 634 B. 635 C. 637 C. 638 F. 640 D. 642 A. D. 643 A. 656 D. 713 C. 733 D. 773 C. D. 778 B. 824 B. 871 E. 931 C. 952 C. 954 C. 955 B. II. 198 B. C. 203 E.

Θριάσιον πεδίον I. 119 F.

θριγγὸς II. 85 F.

θριγκὸς II. 94 C.

θρίγκωμα sal corpori II. 684 B.

θριδακίνη Aristid. I. 347.

θριδάκιον II. 349 A.

θρίδαξ Arg. Symp. IV. Steph. 1472. I. 782 A.

θρῖναξ II. 284 C.

θρὶξ I. 138 E. 178 F. 481 E. — metalli vena II. 434 B. — animalium disting. a δέρμα II. 86 D.

θρῖον escae genus II. 125 E. ubi v. n. Athen. 664 C. — folium fici

II. 365 E. 410 E. 684 B. I. 954 D. F.

θριπήδεστος Meurs. Lycophr. 508.

θρίσσα II. 961 E.

θρὶψ II. 49 B. 924 A. Menand. Cler. p. 220.

θρόνος I. 34 A. — magistri in schola II. 790 D. Spanh. Aristoph. Ran. 78. — II. 43 E. — magistrat. I. 319 E. 437 D.—I. 591 A. B. 638 F. 787 B. 941 A. 1014 A. 1015 B. II. 173 E. — judicis II. 807 B. — sophistae et oratoris Aristid. II. 394. Himer. 808. — εἰς τὸν θρόνον ἐγκαθίζω quem Aristid. II. 304. — grammaticistae Pallad. Anthol. I. 17, 8.

θρόνωσις Myster. Dio Chr. XII. 203 A.

θρόος II. 654 F. I. 390 E. 621 B. 1064 F.

θρυαλλὶς II. 138 E. 410 C.

θρυλέω I. 335 B. 355 B. 394 F. 860 C. 872 D. Aristid. I. 230. II. 290. — II. 641 B. 935 F. 1050 B. 1078 C. I. 2 B. 11 E. 80 E. 674 B. Epicur. II. 1091 B. — τὸ θρυλούμενον I. 509 F. II. 17 F. 36 B. 94 A. 115 C.

θρύον II. 383 E.

θρυπτικὸς II. 223 F. 240 D.

θρύπτω laude II. 535 D. — ει quid cibum in ventre II. 688 B. 689 C. — II. 692 A. — caro mollitur ad esum II. 697 B. 997 A. — τεθρυμμένως ζῆν II. 801 A.—II. 915 B. 936 F. I. 193 B.—med. mulier fingens se non amare II. 990 C. Sim. Dio Chr. VIII. 136 D. — Med. πρός τινα I. 259 F. 379 B. 455 A. 875 F. — ει quid animum I. 277 C. — Med. simulo me nolle I. 413 E. 921 C. — Sim. Aristid. II. 407.—ambig. an *simulo nolle*, an simpl. *recuso* I. 519 D. — ω frango I. 577 A. — μαι laude II. 9 A. Dio Chr. XXXIII. 367 A. Plato 624 B. C. simil. — ω frango mollitie animum Teles Stob. 509. — μαι quid vendens, *superbio*, Dio Chr. LXXVII. 653 D. — II. 751 B. 786 C.

θρύψις κόμης non reprehendenda II. 693 B. — II. 732 D. 1050 E. I. 194 D. — corporis I. 847 D.

θυάδες II. 242 E. 249 E. 364 E. 953 C. 365 A. ubi v. n. — θυάδα, μαινάδα, φοιβάδα, λυσσάδα Timoth. II. 22 A.

θύαμα Aristid. I. 633.

θυγάτηρ II. 119 B. 179 E. 182 B. 185 D. 189 C. 190 D. 198 A. 205 B. 218 D. 229 B. 230 A. 240 C. — confund. cum μήτηρ Diog. L. IV. 48.

θυγατριδῆ II. 608 B. — I. 335 C. E.

θυγατριδοῦς filiae filius s. ex filia nepos II. 318 B. E. I. 7 E. 66 A. — δέος, οῦ II. 563 A. — δοῦς I. 213 E. 297 B. 335 C. 832 E. 886 A. 982 D. II. 207 D. 240 E.

θυγάτριον I. 354 D. 455 C. 930 E. 931 E. II. 179 E. 197 F.

θυέλλη I. 146 D. 839 B. 894 B. 944 A. 1020 D.

θυηλὴ Porph. Abst. II. 6. 59.

θυηπολία II. 1102 A. — f. addend. ad θυηπολεύσας Phintys Stob. 445. — D. Ruhnken. ad Tim. in v. — f. corrig. Plato 874 D. θυηπολέω.

θυηπόλος I. 1052 A.

θύλακος I. 333 F. gymnas. Artemidor. I. 73. — θυλάκῳ σπείρειν non oportet sed χειρὶ II. 348 A. — θύλακος Anaxarchi Gatak. M. A.

θύλημα Theophr. Stob. 281. Porph. Abst. II. 6. — θυλέομαι Porphyr. Abst. II. 17. 29. — θύημα Jambl. V. P. 98.

θῦμα Plato 674 E. 688 H.

θυμαίνω Soph. II. 74 B. ex codd.

θυμαλγὴς II. 1010 B.

θύμβρα II. 662 E.

θυμέλη II. 405 D. 527 F. 711 B. 822 F. I. 464 F. 894 D. 1058 E. Porphyr. Abst. II. 59. — non est σκηνὴ II. 621 B. — in curru I. 202 B.

θυμελικὸς I. 176 C. 474 E. 782 A. — τὸ II. 853 A.

θυμηδία II. 713 D. Vit. Hom. §. 214. Jambl. V. P. 96. Aristid. I. 232. 568.

θυμίαμα II. 990 B. 1096 A. I. 272 D. 679 C. 764 A. B. Plato 650 B.

θυμιατήριον Dio Chr. 663 D.

θυμιάω II. 938 C.

θυμικὸς II. 332 D. 458 D. 642 A. 898 E. — ώτερον στρατηγεῖν I. 1049 C.

θυμοειδὴς I. 362 A. 471 A. 534 F. 596 D. 1023 D. II. 31 B. 74 B. 90 D. 98 E. — II. 970 E. 1007 E. seq. I. 20 D. 45 D. 175 A. — natura et vultus decet viros Aristid. I. 72.

θυμολέων II. 988 D.

θυμομαχέω I. 120 A.

θύμον τὸ allium II. 649 E. ὁ 41 F.

θυμὸς φορτίου? II. 599 C. — οἱ ὄχλων II. 1090 E. — I. 171 E. II. 150 A. 1141 D. — ira I. 403 F. 489 F. 490 A. II. 26 D. — παντὶ τῷ θυμῷ ὤσασθαι τὴν ἀμαθίαν II. 47 F. sc. suam ipsum. — φθόνος καὶ φόβος II. 100 F. Plato 683 G. — τοῖς ἀνασκήτοις θυμοῖς τοῦτο ἐπιγίνεται δι' ἀσθένειαν θυμοῦ II. 90 C. Simpl. 90 C. E. 133 A. 238 A. — Plato 684 A. B. C. D. E. — θυμὸν ἀγαθὸν ἔχειν Eunap. 33. edit. B. Lucian. T. I. 743. Sine exemplis in prosa usitatum ponit Steph. Thes. I. 1596 F. Exempla in indicibus nullis inveni.

θυμόσοφος II. 970 E. I. 1019 D.

θυμοφθόρος Hesiod. II. 24 A.

θυμόω — οὗται βοῦς I. 975 A. II. 10 D. 12 E. 31 C.

θυμώδης II. 462 A.

θύννος II. 966 A. 979 C—F.

θυννοσκόπος II. 980 A.

θύον Plin. H. N. XIII. 29. 30. Dio Chrys. XII. 208 C. XIII. 228 C. conf. Casaub.

θύρα II. 43 C. 227 B. — διὰ θυρῶν ἀπέρχεσθαι II. 413 D. — θύρας ἐπὶ τινος φοιτᾶν I. 125 B. 126 B. 225 A. 864 F. 868 D. II. 815 B. Wessel. Diod. Sic. I. 660. Casaub. Diog. L. II. 69. Aristid. I. 418. 419. 421. — τί μοι ἔρχεται II. 340 B. — περὶ θύρας τινὶ μάχεσθαι II. 609 F. 786 E. — ἐπὶ θυρῶν τινος εἶναι II. 755 A. — θύραν κόπτειν στρατηγίου II. 784 B. — ας τινὸς θεραπεύειν I. 591 D. — ἐπὶ τινος θύραις εἶναι I. 591 B. 646 C. — ας ἐπι quid adfertur I. 564 E. — ἐπὶ ταῖς θύραις φοιτᾶν I. 526 A. 769 C. — ας ἐπι patriae I. 479 D. 471 B. (περὶ 631 A.) 1044 D. — ας τινὸς venire I. 436 B. C. D. 1056 C. Aristid. II. 43. — ας ἐπί τινος φοιτᾶν I. 424 A. 487 E. (leg. pro περὶ 599 C.) 864 F. 868 D. 925 A. Upton. Ind. Epictet. — αἱ θύραι pro sing. I. 394 F. 433 E. 624 D. E. 643 E. II. 100 D. — ἐπὶ θύρας ἔρχεσθαι I. 379 D. 777 B. — θύρα qua mens quid accipit II. 645 E. — ἀπὸ τῶν θυρῶν, *confestim* II. 812 B. — ἐπὶ θύραις ὀφθεὶς II. 816 B. Bergler. Arist. Nub. 467. — patriae I. 189 B. — οἱ ἐπὶ θύραις I. 294 B. 436 C. — πρὸ θύρας ἵππος I. 638 E. — διὰ θυρῶν fugere I. 638 E. — abire I. 739 F. — θύραι et θυρίδες I. 737 F. 928 E. 950 E. 952 D. 983 A. — αις τινὸς προσέρχομαι I. 776 E. 1073 C. — ἐπὶ θύραις I. 794 A. 868 D. 965 B. II. 179 B. — θύρα porta urbis I. 791 C. Aristid. I. 233. — ἐπὶ θύρας προελθὼν I. 804 B. — ἐπὶ τὰς τοῦ βασιλέως θύρας ἀναστρέφεσθαι, an *versari*, an *venire?* I. 817 A. — ἐπὶ τῶν θυρῶν I. 841 C. — θυρῶν ἐντὸς I. 864 C. II. 204 F. — αι ἐπίπεδοι I. 952 C. — ας ἐπισπάομαι I. 983 A. — περὶ θύρας φιλοσοφίας II. 81 D. — quid est, instat II. 128 F. — ας ἀποκλείειν τινὶ II 143 E. — ἐπὶ ταῖς θύραις II. 146 D. — πρὸς τὰς θύρας τινὶ ἀπαντᾶν II. 149 E. — ἐπὶ θύραις τινὸς ἔρχομαι II. 170 A. — θύρας II. 186 D. — plural. II. 236 F. 239 A. — ἐπὶ τὰς II. 206 A. — ἐστεμμέναι nuptiis Hierocl. Stob. 416. — ἐπὶ θύρας πλουσίων φοιτᾶν Simonid. Stob. 504. Plato 690 H. — ἐπὶ θύραις τινὸς esse Dio Chr. 660 A. — θύραν ἐπὶ σαυτὸν ἀνοίξεις Prov. Strom. 234. Zenob. IV. 98. Schott. — αις κοιναῖς ἀποκλείειν Aristid. I. 483. — παρὰ θύραν εἰσβιάζεσθαι Lucian. I. 71. — θύραι quas homines aperiunt ad recipiendas in corpore voluptates Antisth. Stob. 78. Diog. ib. 80. Apollodor. Stob. 307. janua qua pudor abit cinaedis. — senectus θύραι mortis Junc. Stob. 593. — ἡ ἐπὶ κῆπον φέρουσα Ind. Demosth. Reisk.

θύραζε II. 904 B. 982 A. 1005 F. 1103 E. Men. Stob. 440, 48.

θύραθεν II. 589 B. 904 A. 1005 F. 1086 A. Men. Stob. 440, 38. —

νοῦς. Aristot. Gener. Anim. II. 3. Orig. Cels. 500 A.

θύραιος ἐπείσακτος II. 38 C. (poët. ap. Clem. Alex. 49 B.) 65 E. Valcken. Hipp. 395. — κόλαξ II. 479 A. — homo Jambl. V. P. 227. — χιτὼν Soph. I. 77 A. — I. 347 A.

θυραυλέω II. 759 B. I. 715 F. 920 B. 934 C. Dio Chr. 580 A. Isocr. 226.

θυραυλία II. 271 B. 498 C.

θυρεὸς I. 28 B. 30 E. 142 F. 150 E. 151 B. 217 D. 264 F. 265 A. E. F. 303 A. II. 201 D. — Scutum Celtarum Pausan. 848. 852. — I. 174 F. 185 B. 360 E. F. 361 A. 393 B. 415 C. 416 F. 417 C. 418 E. 420 B. E. 461 F. 469 C. 470 A. 496 A. 510 A. 517 D. 559 A. C. 569 A. 575 B. 635 D. 644 B. 713 F. 715 C. 717 F. — differt ab ἀσπὶς I. 376 B. — I. 936 F. 939 A. 1004 A. 1059 B.

θυρεοφόρος I. 558 D.

θυρεπανοίκτης II. 632 E.

θύριον — τὸ τοῦ λόγου παραβάλλεσθαι II. 940 F. 965 B. — I. 808 C.

θυρὶς fenestra II. 273 B. 322 E. 521 D. 645 B. I. 269 A. 760 C. 885 C. 928 E. 950 E. 952 D. 955 B. 983 A. —disting. a θύρα Aristid. I. 348.— janua II. 208 E. 697 E.

θυροκοπεῖν πλευρὰν τινος II. 503 A. — Simpl. II. 828 E. Comic. Stob. 591, 45. Aelian. N. A. I. 50.

θύρσος II. 655 A. 671 E. I. 926 A. Propert. II. 30, 38. — Diminut. θυρσάριον II. 614 A.

θυρσοφορία II. 671 E.

θύρωμα II. 285 C. 366 A. 997 C. I. 588 D.

θυρὼν I. 405 E.

θυρωρέω II. 830 A.

θυρωρὸς I. 414 E. 810 C. 868 A bis. 879 A. Aristid. I. 348. 508. II. 95. 308. Plato Phileb. 95 C.

θυσθλὸν βεβακχευμένον ἱεραῖς νυξὶ ὀργιάζειν II. 501 E.

θυσία II. 16 C. 119 A. 124 B. 132 E. 146 C. 149 C. 158 D. 160 C. E. 162 D. 171 B. 186 A. 228 C. 1119 E. 1125 E. 1135 F. — festum I. 344 D. — καὶ τιμὴ II. 1099 C.— θυσία non actio, sed apparatus et materia II. 184 E. — est ὁσία Porph. Abst. II. 12. — Plato 702 E. G. 704 A. — confund. cum οὐσία Wernsdorf. ad Himer. 554.

θύσιμος II. 437 A. 729 C. Porph. Abst. II. 14, 25. Jambl. V. P. 98.

θύτης II. 201 B. 751 C. I. 430 D. 490 D. 502 C. 1064 A. E.

θυτικὸς — ὸν pars divinationis II. 904 E.

θύω — oppon. ὑβρίζω II. 192 D. 1099 C. — diis fit Pausan. 133. 137. diis in peregrina urbe I. 633 A. — Simpl. II. 118 F. 132 E. 141 E. 146 D. 158 D. 159 E. 169 E. 170 E. 171 B. C. 184 A. 188 D. 196 F. 238 F. 1071 C. — γάμους II. 648 F. 1034 D. Hierocl. Stob. 416. Musgr. Eurip. Electr. 1139. — εσθαι activ. I. 539 B. 556 F. Porphyr. Abst. II. 56. — ω et σπένδω oppon. I. 672 C. — convivor Cae. Athen. 27. — jocus, occido, sacrifico II. 68 A. — ὅρκον Theophr. Stob. 281. — per alium sacrifico I. 315 B. — περί τινος I. 705 C. 706 B. — ω ἱερὰ ἀγῶνας καὶ χοροὺς Plato 642 C.— dictum a θυμίαμα, suffimentum Porphyr. Abst. II. 5. 59.

θῶκος I. 597 F.

θωπεία Jambl. V. P. 226. Dio Chrys. III. 36 D. Plato Leg. I. 568 F. X. 673 B. Conf. Dav. Ruhnken. ad Tim. θῶπες λόγοι p. 145. His adde omissa D. Ruhnken. XI. 673 C. XII. 688 H.

θώπευμα II. 823 C.

θωπεύω v. n. II. 128 B.

θὼρ Phoenicium nomen, bos I. 463 B.

θωρακίζω — μαι II. 966 D. I. 1037 E. — I. 282 C. 867 E.

θώραξ II. 182 A. 220 A. 898 F. 899 A. 903 E. 904 B. 909 D. F. I. 250 D. 405 D. 557 E. 559 B. 563 E. 638 A. 950 E. 1015 E. — ferreus I. 249 E. — ἱππικὸς I. 359 B. 360 F. — διπλοῦς I. 684 B.

θωρηκτὴς Homer. I. 483 A.

θωΰσσω Eurip. II. 52 B. 959 B.

Ι.

ἰαίνω Homer. II. 735 F. 947 C.

Ἰακχεῖον τὸ I. 335 D.

Ἴακχος I. 119 E. 138 D. 210 C. 754 B.

Ἰάλυσος II. 183 A.

ἴαμα ἀτοπίας, difficultatis in disputatione II. 427 C. Sim. Plato 621 F. — II. 510 D. 600 A. 679 B. 964 B. I. 72 A. (ita leg. pro ἅμα I. 562 E.) 782 D. 829 E. — κακῶν more II. 106 C. simil. alio modo Plato 692 F.

ἰαμβεῖον II. 54 B. 935 F. 1141 A. I. 320 B. 661 A. 670 A. 694 D.

ἴαμβος I. 762 E. Plato 684 D.

ἰάομαι ἀτοπίαν, ut παραμυθέομαι alibi II. 284 D. 1074 E. — pass. II. 694 D. — act. I. 171 C. 346 A. 379 C. 849 A. — II. 47 A. 112 E. 1128 D.—iram alicujus I. 234 B.—malum malo I. 205 A. — peccatum I. 455 B. Plato 683 G. — famem v. sim. Porph. Abst. I. 48.

Ἰὰς Ionica I. 165 B. — Mus. II. 1136 E. 1137 A.

ἰάσιμος I. 12 B. II. 102 C. Plato 662 E. 686 B. 692 F.

ἴασις II. 681 D. 991 E. Dio Chrys. 663 B. Plato 655 F.

ἰατὴς medicus Plato 689 C.

ἰατὸς Plato 655 F.

ἰατρεία curatio, non sanatio I. 384 D. — II. 81 F.

ἰατρεύω I. 330 C. II. 80 A. 1059 A. — μαι II. 86 D. 240 E. — Pass. Plato 648 F.

ἰατρικὴ II. 112 F. 122 B. D. 159 E. Plato 694 B. 698 F. Aristid. II. 10.

ἰατρικὸς I. 845 A. II. 26 C. 54 E. 60 A. 129 D. 158 A. 668 C.

ἰατρὸς mors II. 106 D. — I. 655 A. 1010 D. II. 46 E. 55 A. 61 D. 63 C. 67 E. 69 B. 71 A. 73 A. B. D. 74 D. 89 C. 102 A. B. 107 E. 122 B. 128 B. 133 D. 136 B. E. 137 A. 140 D. 141 A. 152 D. 154 C. 168 C. 177 F. 191 A. 195 A. 199 B. 201 D. 202 D. 204 B. 208 E. 213 A. 218 F. 230 F. 231 A. saepe. — civilium rerum I. 612 E. 648 F. — Ἀφροδίτη II. 143 D. — Plato 676 D. E. — et ejus servi, curant Aristid. I. 225. 299.

ἰαύω Homer. II. 326 E.

ἰαχὰ αὐλῶν Poët. II. 1104 E.

ἶβις II. 379 F.

ἰγνύα, ἡ I. 587 C. 1016 F. 1018 B. 1065 C.

Ἰδαῖος δάκτυλος II. 85 B.

ἰδέα Aristotelis et εἶδος II. 882 D. — Sic atomum vocat Democritus II. 1111 A. — formula disciplinae I. 2 A. — corporis I. 20 D. 153 D. 218 D. 319 D. 369 A. 481 D. 666 A. 883 D. (984 D. an vultus?) 1003 F. Aristid. II. 38. — αν πᾶσαν τρέπεσθαι, sc. in omnes vertere formas I. 70 D. — cum genitivo periphrasi inservit II. 427 D. — exemplum II. 550 D. — species II. 719 E. 1084 A. — Platonis II. 720 A. defin. 882 D. 1023 B. C. 1025 C. 1114 D. 1115 B. F. Aristid. II. 182. 311. — καὶ μορφὴ II. 747 E. I. 319 D. — orationis II. 832 D. 833 D. I. 339 F. 340 A. — forma II. 898 D. — corrupt. 1115 F. — καὶ λόγος II. 428 C. — statuae II. 395 A. I. 1028 B. — belli, ratio, methodus I. 182 A. — πᾶσα I. 306 B. — pro γένος I. 242 B. 244 E. — forma pulcra I. 329 C. — προσώπου I. 384 D. 824 F. 889 E. — αν πᾶσαν πολιορκίας προσάγω I. 514 C. — μάχης μάχεσθαι I. 898 B. — ἰδέαν ἐπὶ πᾶσαν mutat mens sensum I. 1001 A. — f. vultus I. 1056 F. — periphrast. τὸ τῆς σώφρονος ἰδέας γένος pro σωφροσύνη Plato 646 A.

ἰδία — καὶ χωρὶς I. 331 C. — II. 1038 B. — I. 108 C. 109 C. 145 A. 180 C. 322 F. — f. abund. Plato 681 B. — Aristid. I. 193. ita nominatus id. II. 311. 312 bis. — II. 43 E. F. 70 D. E. F. 71 C. 124 E. 143 B. 144 C. 175 F. 213 D. 214 A. 231 F. 981 F. I. 442 E. 786 D. — f. corrupt. II. 1038 B. ἰδία στρατηγεῖν f. διαστ. I. 1053 B. II. 66 D. ms. D. νὴ Δία — et κοινῇ I. 230 B. 987 D. — καὶ δημοσίᾳ I. 648 D. Plato 702 E. 705 B. C. — κατ' ἰδίαν v. n. II. 120 D.

ἰδιάζω II. 905 E. Hippocr. Ep. XV. init.

ἰδιαστὴς Diog. L. I. 26. Jambl. V. P. 297.

ἰδικὸς peculiaris II. 900 A. item Galen. XXIV. 3. conf. Heraclid. Allegor. et Heyn. Praef. H. Steph. Thes. I. 1106. Stob. Ecl. Eth. 183, 44. Marin. Vit. Procl. 45. ed. 4. Athen. 299 D. Sext. Emp. 366. Basil. M. Ep. p. 63 D. Greg. Naz. 325 B.

ἰδιόμορφος I. 420 B.

ἰδιόξενος II. 577 A. Wessel. Diod. Sic. I. 545. ἴδιος ξένος Hippocr. Ep. XV. p. 20 E.

ἰδιοπραγέω Wessel. Diod. Sic. II. 295.

ἰδιοπραγία Plato 660 H. — οἰκειοπραγία 451 B. Olympiodor. Phaedon. 201. 225. Porph. Grad. §. 34. p. 235. 237. eandem vocat ἰδιοπραγίαν ib. §. 41. p. 276 fin.

ἰδιοπράγμων II. 1042 A. Diog. L. IX. 112.

ἴδιος I. 348 A. B. 379 C. 409 E. II. 39 E. 43 D. 45 B. 66 E. 67 B. 70 E. 140 A. C. E. 144 F. 153 C. 631 C. — τὰ opes II. 8 E. — ἴδιος ἔσται meus erit I. 996 A. — ἐκ τῶν ἰδίων quid donare I. 939 F. — ὢν γνώμῃ Antigonus, non cum aliis deliberans I. 902 B. — ους filios non habere I. 883 D. — ἰδίᾳ χειρὶ quid facere I. 556 B. — α καὶ δημόσια I. 525 C. — ambig. I. 453 C. D. — ἴδιος ἄνθρωπος v. n. II. 57 E. — privatus, domesticus II. 801 A. 825 A bis. — ἰδίων f. ἡδίων II. 803 A. — opp. δημόσιος Plato 661 G. seq. — oppon. κοινὸς II. 868 E. I. 130 E. 224 C. 382 B. 526 C. 1046 A. Jambl. V. P. 168. Plato 660 G. H. Aristid. I. 158. — quod non in aliis est II. 976 A. I. 129 A. — ἴδιος λόγος τάχα ἔσται περὶ τούτου II. 977 E. — καὶ οἰκεῖος v. n. II. 351 D. — ἰδιόν τι λέγειν II. 1121 E. I. 16 B. — dialect. *proprietas* II. 1115 D. Sim. II. 29 E. — ab aliis diversum I. 121 C. 123 A. — καὶ παράδοξος I. 129 A. — oppon. κοινῷ et ἀλλοτρίῳ II. 428 B. — καὶ δημοσίᾳ I. 235 A. — rarus I. 275 A. 301 E. — ἴδιος ἔσται λόγος de hoc II. 59 D. — Simpl. II. 125 A. C. 134 B. 135 D. 215 E. 222 E. 225 D. 230 B. 238 E. 240 B. — τὸ ἴδιον τῷ ἀνδρὶ uxoris debet apparere II. 144 F. — ος opp. hosti II. 214 C. — α ἡ, sc. γῆ II. 216 A. 221 A. — pro ἑαυτοῦ II. 237 D. Jambl. V. P. 96. — ἴδιον est de hoc dicere, i. e. καιρὸς Numen. Euseb. P. E. XI. 526 A. — ἴδια ἱερὰ non licet habere in civitate, Plato 674 E. F. G. — αἱ φιλίαι Aristid I. 486.

ἰδιόστολος navis I. 12 A. 101 E. 972 D.

ἰδιότης II. 136 E. 658 C.

ἰδιότροπος Epic. II. 1097 F. Jambl. V. P. 65. 247. Dio Chr. 610 B.

ἰδίω sudo I. 232 A.

ἰδίως aliquo nomine vocari II. 276 E. — Phil. II. 1077 D. — καὶ περιττῶς I. 8 C. — ποῖος II. 423 E.

ἰδίωσις II. 644 D.

ἰδιωτεύω I. 140 E. Aristid. II. 263.

ἰδιώτης I. 754 E. 874 A. II. 172 B. 176 D. 196 B. 216 E. 240 A. 782 E. — I. 98 C. 99 B. 320 D. 362 F. 363 C. 365 D. 366 A. 382 D. 442 E. 523 C. II. 81 E. 665 A. 710 D. 729 C. 776 E. Aristid. I. 83. II. 170. — opp. philosopho Porphyr. Abst. II. 40. Upton. Ind. Epict. — καὶ βασιλεὺς II. 157 C. — βίος II. 101 D. — opponitur δυνατῷ II. 815 A. — ἄρχων II. 58 F. 165 D. 817 A. Sim. — opponitur ἄρχοντι II. 93 B. 140 B. 821 D. 956 E. I. 1054 B. Isocr. p. 41, 44. Plato 674 C. 690 E. — πεπαιδευμένῳ II. 853 B. D. Sim. I. 373 D. — poëtae II. 81 F. Hierocl. Stob. 462, 43. Plato 666 D. Hemsterhus. Lucian. 484. — οἱ πολλοὶ medii inter bonos et malos II. 1104 A. — opp. medico, philosopho, gymnastae; Porphyr. Abst. I. 47. hinc ref. ad Xenoph. MS. ἰδιωτικῶς τὸ σῶμα ἔχ. — athletae Dio Chrys. XXVIII. 288 D. XXIX. 296 B. Plato 647 C. 656 C. 676 D. E. 683 F. Aristid. I. 44. — καὶ πένης I. 10 F. — I. 89 F. 125 D. 159 C. 240 B. 247 F. 580 A. 584 B. 596 C. 649 D. 650 D. — civis I. 196 B. — I. 911 B. D. 916 E. 932 B. 936 B. 949 E. 981 C. 1065 B.

ἰδιωτικὸς πλοῦτος privatus census I. 105 A. 967 F. — I. 145 D. 754

C. — βίος I. 442 F. — κὸν βαλανεῖον I. 899 D. — αἱ φιλίαι Dio Chrys. 475 A. 481 D. — κῇ δίκῃ Dio Chr. 568 C.

ἰδιωτικῶς καὶ φαύλως ἰδών τι Plato 696 C.

ἴδρις Simonid. II. 872 D. Democr. Ep. in Hippocrat. 25. init.

ἰδρόω I. 420 F.

ἵδρυμα I. 309 C. Plato (682 E. ap. Stob. 456, 4.) 682 G.

ἱδρύνω I. 18 A.

ἵδρυσις πόλεων II. 408 A. 495 C. I. 22 D. — locus II. 651 D. — I. 84 E. 100 A. 232 D. Porph. Abst. II. 49. Plato 674 E.

ἱδρύω pass. II. 1024 A.—υται urbs in loco I. 944 F. — sedare II. 474 E.—σας στρατιὰν I. 146 E. 150 E. 313 A. 449 C. 533 D. 574 D. 950 E. — σθαι I. 65 D. 110 F. — ται tyrannis I. 959 A. — II. 741 B. — ειν ἑαυτὰν I. 412 B. — templum I. 148 D. 151 F. 231 F. 253 D. — incolas I. 253 A. — φύσις ἐν ἤθει βεβαίῳ I. 319 D. Sim. II. 138 F. — μαι βωμὸν I. 331 C. Sim. 487 B. II. 150 A. Plato 674 E. F. G. 702 A.

ἱδρὼς I. 132 B. 590 B. — πράξεις αἳ πολὺν ἱδρῶτα καὶ πόνον τοῖς ὑμνοῦσι ποιηταῖς καὶ μουσικοῖς παρέξουσι I. 672 A. — ὀξὺς I. 907 B. — μαλακὸς I. 949 E. — καὶ ἴλιγγος in pudore reprehensionis II. 46 D. — et labor II. 63 F. — πρότερον Aristid. II. 8. — ἀρετῆς Zachar. Mityl. 233.

ἱέραξ reg. cognom. I. 322 A. — II. 158 B.

ἱεράομαί τινος II. 843 B. E. — ώμενος καὶ ἄφετος II 981 D. — II. 403 F. Pausan. 186. ibi Sylb. 246. 261. 371. 584. 585. 627. 695. 763. 795. 887. idem ἱερέομαι 570. 584. 887.

ἱεράστολος II. 352 B. Vales. ad Amm. Marc. p. 234. Porphyr. Abst. IV. 8.

ἱερατικὸς — ἡ ἁγιστεία II. 729 A. — στέφανος II. 34 E. — Euseb. P. E. 111. Porph. 92 C.

ἱεραφόρος II. 352 B. Vales. ad Amm. Marc. p. 234.

ἱερεῖα II. 108 E. 138 B. 183 F.

ἱερεῖον II. 38 B. 128 C. 146 F. 183 E. 435 C. D. 437 A. 438 A. 684 A. I. 91 B. 300 C. 591 F. 969 E. 983 B. — simpl. caro Casaub. Dio Chr. 650 D. et Athen.

ἱερεὺς et μάγειρος opp. II. 1102 B. τὰ παρὰ τῶν ἱερέων adversa sunt, sacra divinat, I. 531 C. — augur R. I. 825 D. — ἱερέων μέγιστος καὶ πρῶτος Pontif. M. I. 834 D. — Simpl. II. 150 A. 184 E. 217 C. 229 D. — dei summi, philosophus Porph. Abst. II. 49.

ἱερεύσιμος II. 729 C.

ἱερὴ sacerdos Dianae Ephesi II. 795 D.

ἱερὶς foem. masculini ἱερεὺς II. 435 B.

ἱερογλυφικὸς II. 354 F.

ἱερογραμματεὺς Wessel. Diod. Sic. I. p. 20. Vales. Euseb. p. 41.

ἱερόδουλος II. 768 A. Casaub. Athen. 742. Vales. Euseb. p. 11 A.

ἱεροθύτης Pausan. 688.

ἱερόθυτος θάνατος II. 349 C. — II. 729 C.

ἱερομηνία Dio Chr. 636 D. Aristid. I. 148. 236. 349. Stob. 546.

ἱερομνήμων II. 730 D. Taylor. Aeschin. Ctes. p. 507. ed. Reisk.

ἱερονίκης II. 646 E.

ἱερὸν sacrificium II. 729 E. — τινὸς et simpl. I. 808 C. — locus II. 146 C. 158 A. 163 D. 166 E. 169 D. 170 E. 171 B. 196 B. 227 A. 238 D. Plato 702 E. — pars τεμένους. sacellum I. 46 A. II. 227 B. — ἱερὸν ἡγεμονικὸν τῆς οἰκουμένης II. 602 E. — ἃ καὶ ναοὶ II. 753 E. — ναὸς καὶ ἕδος I. 331 C. — ad id confugere metaph. I. 184 C.

ἱεροποιέω Aristid. I. 191.

ἱεροποιὸς Aristid. I. 46.

ἱεροπρεπὴς II. 11 C.

ἱερὸς II. 195 E. — et ὅσιος quomodo differant II. 375 D. — ἱερός τινος II. 560 E. — ἀνὴρ quis II. 589 D. — urbs II. 667 E. — καὶ μουσικὸς cicada II. 727 E. — ἁ νόσος II. 755 E. magnus 981 D. Plato 676 D. E. — ἡ ἀφ' ἱερᾶς II. 783 B. 975 A. Casaub. Theocrit. p. 282. Muret. T. III. p. 49. Plato 609 C. — ψήφων φορὰ Plato 689 A.

Philo 1007 B. v. n. ad II. 386 B. — *ἱερὰ Ἑλλὰς* II. 870 E. Epigr. — piscis, morbus, os II. 981 D. — *ἱερὰ καὶ βωμοὶ* II. 984 A. — *ἱεραὶ οὐσίαι* II. 1009 A. — *ἱερὰ καὶ τιμὰς* habet rex II. 1064 B. — *ἱερὸν κλειόμενον* II. 1093 A. — *δοχῆς* expers II. 1102 A. — *ἱερὰ* res sacrae II. 1117 A. — *ἱερὸν σῶμα* Epicur. II. 1117 D. I. 834 D. — *ἱερῶς ἀποθνήσκειν* I. 56 A. — mortuus I. 89 E. interpp. Propert. III. 1, 1. — *ἱερὰ καὶ θυσίαι* I. 92 B. — *αἱ Ἀθῆναι* Timocr. I. 122 D. — *καὶ ἅγιος* I. 144 F. — *πόλεμος* I. 164 B. — *τὰ ἱερὰ γίνεται*, litatur, Taylor. Lys. p. 62. Reisk. I. 399 E. 463 A. — *ἱερὸς ἀνὴρ* II. 410 A. — *ἱερὸν ἅγιον* Pausan. 278. 585. 760. — *ἱερὸς Ἑλλάδι ἀγὼν* omiss. *ἐν τῇ* I. 247 C. — deo I. 331 F. — *ἱερὰ* dies I. 541 E. — *ὸς καὶ ἄσυλος* vir I. 831 B. D. 834 D. Sim. 832 A. — *ὸν μέλος* I. 915 C. — *ὥσπερ ἐν ἱερῷ φρίττειν* II. 26 B. — *ἱερὰ ἑστίασις* II. 40 B. — *ὸν* templum et *νεὼς* permut. II. 108 E. F. Simpl. *τὰ ἱερὰ* sacra II. 140 D. 237 C. — victimae partes II. 141 E. — *σπόρος, ἀροτὸς* II. 144 A. B. — *ὰ* ibi arma suspensa II. 223 B. — curia, prytaneum, *καὶ τὰ ἄλλα ἱερὰ* Dio Chr. 541 C. Ergo sunt et illa sacra. — *καθ' ἱερῶν ὀμνύειν* Dio Chr. 637 C. — in eo hospitium Plato 690 F. — *πλὴν ἱερῶν* Aristid. I. 538. et supra alio loco, qui me effugit.

ἱεροσυλέω II. 217 A. Teles Stob. 524.

ἱεροσυλία II. 556 F. I. 251 B.

ἱερόσυλος II. 557 A. I. 87 E. Plato 644 A. 652 A. B. 693 E. Aristid. I. 403. 570.

ἱερουργεῖν II. 228 E. I. 69 C. 683 B. — *ημένος* bos Galen. Protr. T. II. 14 B.

ἱερουργία II. 171 B. D. 228 D. 672 A. B. I. 65 E. 66 E. 69 D. 84 D. 179 C. 229 A. 231 F. 276 A. 299 A. victima 268 A. — 339 E. 665 D. 683 B. 711 F. 831 E. 834 D.

ἱεροφάντης I. 66 A. 144 D. 200 E. 202 E. 203 B. 210 A. II. 10 E. Aristid. I. 257.

ἱεροφαντία I. 205 E. II. 621 C.

ἱεροφαντικὸς I. 74 A.

ἱεροφάντις Toam. I. 460 B.

ἱερωσύνη II. 403 F. 768 B. I. 67 F. 69 B. 256 D. 298 E. 300 C. 707 D. 710 C. 761 C. 770 C. 825 D. 1066 F. Plato 616 E. Aristid. I. 345. — *μεγίστη* I. 189 A.

ἵζημα terrae II. 434 B. conf. Toup. Longin. S. IX. *ἵζεσθαι* Plat. Tim. p. 525 F.

ἰήϊος deus I. 378 C.

ἵημι vocem II. 564 B. 1029 C. I. 86 F. 416 C. Plato 637 D. 666 E. 684 A. — *ἵεσθαι δρόμῳ* II. 597 D. I. 104 A. — Simpl. II. 774 A. E. 1005 F. — *πρόσω* II. 970 D. — ad quem I. 349 D. — *εἰς χεῖρας* I. 510 D. — *παντοδαπὰς χρόας* I. 538 E. 881 A. — linguam R. I. 561 E. *μαι* in hostes I. 684 E. — *λόγῳ*, impetu orationis feror I. 770 A. — simpl. curro I. 780 A. — aor. 2. inf. *εἶναι* in compositis probus perperam ab editoribus improbatus. Dorvill. Char. p. 278. cf. 337. Lucian. II. 302. Reitz. — *ἱέναι* ire, vehi Aristid. II. 344.

ἰθαγενὴς II. 719 F. 875 E. 991 E.

ἴθι δὴ καὶ σκόπει ita leg. pro *ἴσθι* II. 1072 A. — II. 1128 D. I. 224 F.

ἰθύμαχος Simonid. II. 871 C.

ἰθύνειν litem dijudicare II. 742 A.

ἰθύνει πλοῦν II. 984 A.

ἰθὺς — *ἰθὺ ἐπὶ Λιβύης* II. 857 B.

ἰθύω Poët. II. 472 C.

ἱκανὸς II. 113 D. 117 C. 130 F. 131 D. 157 A. 178 D. 179 F. 190 D. 214 E. 216 A. E. F. 218 A. 225 D. 232 B. 700 A. Plato 661 A. 700 A. 703 A. 704 C. — peritus II. 1135 C. — cum inf. II. 13 C. *φθείρειν* — *συμπιεῖν* I. 853 C. — *τὴν γνώμην* I. 501 D. — *τῷ φρονεῖν* I. 391 A. — bonus, aptus I. 336 D. — *τὴν ὄψιν* II. 339 E. — *πρὸς τὴν αἰτίαν* II. 625 A. — meretrices *θρασεῖαι καὶ ἱκαναὶ* (Xyl. *ἰταμαὶ*) II. 712 C. — *νέα καὶ ἱκανὴ τὸ εἶδος* II. 749 D. — opp. *τῷ πιθανὸς* II. 916 B. — *ἱκανόν σοι ἔστω* hoc, more dictum pro *ἅλις* II. 986 A. — *καὶ ἄφθονος* II. 989 D. — *ἱκα-*

vel pueri f. corrupt. Plato 674 D. conf. 682 B. C. saepius. — λόγος Plato 665 E. περὶ πραγμάτων Dio Chr. 413 D. — fere abund. Dio Chr. XII. 211 A. XIII. 221 B. — οὐχ ἱκανὰ ἀλλὰ πέρα τῶν ἱκανῶν Aristid. II. 336.

ἱκανόω—οῦσθαι Teles Stob. 523. 524.

ἱκάνω Poët. H. 557 D.

ἱκανῶς καὶ εὖ II. 58 A. — ἢ καλῶς II. 40 D. — ταῦτα μὲν ἱκανῶς, transitus, II. 25 B. — II. 146 D. 148 B. — ἱκανῶς ἔχειν αὐτοῦ II. 655 B. — ἱκανῶς ἔχω simpl. II. 124 A. 989 B. — ἱκανῶς ἐστι cum inf. Plato 660 G. — ἱκανῶς ἔχειν τινός I. 76 D. excellere Dio Chr. 655 C. — ἔχει μοι τὰ τινος ἱκ. Plato 705 C. — ἱκανῶς demonstratur, firmiter Plato 704 G.

ἱκεσία I. 29 D. 84 B. 124 A. B. 227 F. 230 C. 912 C. 972 A. 1073 D. — αι I. 876 B. — αν θέσθαι θεῷ Thessal. Or. 7 A.

ἱκετεία I. 230 A. 235 A. 888 B. Plato 689 B.

ἱκέτευμα II. 950 E. I. 124 A.

ἱκετεύω I. 84 A. B. 649 B. 800 D. 802 B. H. 30 C. — supplex sum in asylo I. 267 F. — τὸν δῆμον I. 876 B.

ἱκετηρία v. n. II. 315 F.

ἱκέτης καθέζομαι II. 774 F. — I. 124 A. 125 F. 450 E. 500 D. 800 D. 859 C. — καθέζειν τινὰ ἱκέτην I. 169 B. — mutatur in οἰκέτης Ael. H. A. XI. 31. forte et ap. Plutarch. II. 959 E. Sic passer orac. Herodot. I. 159.

ἱκέτις I. 802 D.

ἰκμάζω II. 954 E.

ἰκμὰς II. 640 D. 650 C. 687 A. 688 B. 698 A. 735 E. 974 C.

ἱκνέομαι — v. n. II. 6 C.

ἴκριον — α I. 272 D. — α scenae Dio Chr. 396 C.

ἰκτερικὸς II. 681 C.

ἴκτερος II. 681 C.

ἱκτήριος Soph. II. 22 F.

ἰκτῖνος II. 991 C.

ἰλαδὸν Hesiod. II. 25 A.

ἰλάειρα luna, Emped. II. 920 C.

ἵλαος Archiloch. II. 23 A. — ἱλαρὸς II. 46 C. 60 A. 66 E. 127 A. 139 F. 191 F. 194 D. 203 A. 231 B. 239 C. 1130 B. I. 473 E. 589 E. 622 C. 920 D. — differt ab ἀκολάστῳ II. 854 D.

ἱλαρότης I. 596 F.

ἱλαρῶς II. 140 A. 746 E. I. 351 E. 596 E. 612 D. 745 B. 810 C. 823 C. — ζῆν II. 100 C.

ἱλάσκω med. pro activ. I. 6 C. — μαί τινι I. 108 A. — iram cujus I. 989 E. — quem I. 947 D.

ἱλασμὸς II. 555 C. 972 C. I. 84 E. 133 A. 184 E.

ἰλεόομαι Plato 634 A.

ἵλεως II. 40 B. 125 C. 740 A. 983 E. I. 70 E. 107 C. 255 C. 265 B. — cum εὐμενὴς II. 96 D. — mori II. 597 F. Gatak. M. A. 40. — II. 464 D. 610 E. — de corpore II. 613 D. — II. 422 A. I. 954 A. 1024 C. Plato 679 F. — Dii Aristid. I. 388.

ἴλη — κατ' ἴλην II. 237 B. I. 50 C. — I. 393 D. 426 F. 557 B. 622 B. 672 E. 684 E. 729 D.

Ἰλιὰς κακῶν II. 140 F. Junc. Stob. 593. Porph. Abst. I. 47. Rh. laud. à Wessel. Diod. Sic. II. 534. Zenob. IV. 43. ibi Schott. Aristid. I. 460.

ἰλιγγιάω II. 17 E. Pierson. Moer. p. 196 seq. — I. 260 A. 1016 D. Dio Chr. XI. 180 D. — Aristid. I. 151. II. 259. Basil. M. T. I. 351 D. — metu I. 706 A.

ἰλίγγου καὶ ἱδρῶτος μεστὸς II. 46 D. — II. 763 A. 766 A. 782 E. 1068 B. I. 372 B. Aristocl. Euseb. P. E. XI. 519 C. Plato 667 E. — proprie I. 1040 E.

Ἴλισσος μυστικὸς Himer. 192. Callirrhoë 342.

ἰλλὰς scutum Lacon. mss. Harl. II. 190 B.

ἴλλομαι constringor II. 728 E. 1006 C. Antipater Anthol. I. 46, 1. Jacobs. T. VIII. p. 51.

ἰλὺς II. 127 C. 940 E. 966 D. 993 E. I. 101 A. 414 A.

ἰλυσπᾶσθαι II. 567 B. Euseb. P. E. III. 112 D.

ἰλυώδης II. 935 A.

ἱμαντελικτεὺς Democr. II. 614 E.

ἱμὰς Simpl. I. 444 D. — corrigia calcei II. 665 B. — ἄντα ἐκ τοῦ βοὸς λαβεῖν proverb. II. 1090 E. — quo servi, puniuntur I. 349 A. Casaub. Athen. 244. — ἱμάντα ἐπιδεῖσθαι v. n. II. 80 B.

ἱμάτιον I. 134 B. 528 C. 833 C. E. 991 F. II. 38 E. 42 D. 99 D. 100 A. 141 D. 142 C. 156 B. 168 D. 173 D. 177 E. 184 A. 186 C. 187 D. 190 D. 200 E. 213 D. 234 A. 237 B. — Simpl. II. 1083 F. 1117 F. I. 50 C. 89 D. — opponitur purpurae II. 790 B. 801 E. — opp. armis I. 133 F. 147 C. 149 D. — Casaub. Theophr. c. IV. p. 52. ed. Fisch. I. 614 A. 1039 C. — in conflictu cui circum collum injicere, f. ἱμάντος I. 99 D. — I. 99 F. — capitis obtegumentum II. 319 C. — domi non videntur gestasse II. 594 F. — disting. a χιτὼν II. 139 D. I. 219 F. 309 E. 401 E. — in eo domi degitur II. 127 E. — παιδικὸν II. 37 D. — ἀνδρεῖον II. 37 C. — ὑπὸ τῷ ἱματίῳ I. 243 F. — ῥίπτειν I. 252 E. — α cui ὑποτίθεται I. 764 C. — ἱῳ se strangulare I. 380 D. — ὁ ἐν ἱματίῳ βίος, togata vita, I. 630 E. vestimentum Senec. Ep. 78. p. 241. ed. 12. Polyb. Ind. — τὸ ἱμάτιον ἀπάγω τῆς κεφαλῆς I. 622 D. 885 C. — in convivio κατέκειτο σοβαρῶς ἔχων δι' ὤτων κατὰ τῆς κεφαλῆς τὸ ἱμάτιον I. 640 C. Sic Maecenas ap. Senec. Ep. CXIV. p. 449. — κατασείω I. 658 C. — ἀπάγω τοῦ τραχήλου τὸ ἱμάτιον I. 736 B. 921 D. Sim. 739 B. — ἐφειλκύσατο κατὰ τῆς κεφαλῆς Caesar moriens I. 739 D. II. 207 B. — τὸ ἱμάτιον περιβαλὼν περὶ τὸν τράχηλον εἷλκεν sc. illum, I. 803 D. — opponitur sago I. 931 A. — caput ἱματίῳ tectus Hippocrates Soran. ed. Gal. Paris. I. 2 C bis. — adaperire caput, honoris caussa Senec. Ep. 64. — ἐν ἱματίῳ sine armis II. 248 E. — ἐξ ἱματίου τύραννος Athen. 215 C. — ἱμάτιον περιβάλλειν, ἐνδύειν χιτῶνα, Dio Chr. VII. 111 C. conf. B et 110 D. — tegumentum lecti Jambl. V. P. 100. 149.

ἱματισμὸς I. 688 B. II. 218 D.

ἱμείρω Solon. II. 751 C.

ἱμερόεις Homer. II. 36 A.

ἵμερος I. 680 A. — καὶ πόθος I. 843 C. — ἐπέχεται Plato 641 G. — ἔρως, ἐπιθυμία Plato 658 F.

ἱμερτὸς II. 394 B. 926 F.

ἱμερῶπις II. 370 D.

ἵνα pro ὥστε v. n. II. 67 F. Latinism. 179 B. Liban. I. 472 A. — ἵν' οὕτως εἴπω II. 1050 F. fere abund. Plato 597 C. — pro ὥστε cum infinitivo μή σοι οὕτω κακῶς γένοιτο ἵνα σὺ ταῦτα ἐμοῦ βέλτιον εἰδῇς, pro ὥστε σε εἰδέναι, II. 634 D. 1115 A. — ἵνα ἀφῶ, ut omittam, ut Lat. II. 726 E. — simil. II. 729 F. — cum indicativ. Musgr. Eur. Phoen. 216. Markl. Iph. A. 349. Taylor. Lys. p. 43. ed. Reisk. — Latinism. II. 701 B. — ἐξεύρηκα φάρμακον, ὦ —. ἵνα καὶ σὺ διαλύσῃς, *hoc nimirum, ut tu quoque explices*, nisi legendum ἐάν. Epigr. Leontii . . . I. 1. — peto a te ut hoc facias, Luc. XVI. 27. et saepe in N. T. Teles Stob. 524. — μὴ — ἵνα abest a codd. II. 142 A. — perperam additum II. 159 D. — πείθωμεν αὐτὴν ἵνα μένῃ μεθ' ἡμῶν, Lat. pro μένειν, II. 181 A. — mutatum f. in ἂν II. 1080 B. — ἵνα μὴ λέγω ut Lat. Aristid. II. 46.

ἰνδάλλομαι II. 921 B. Dio Chr. XII. 209 D. Ruhnken. Tim. Voc. Sext. Emp. 420. conf. indic.

Ἰνδικὸς λίθος Perictyon. Stob. 487.

Ἰνδὸς sophismatis genus II. 133 B. ubi v. n.

ἰνίον I. 424 E. 657 A. 729 C.

ἰξεύτρια τύχη II. 322 F.

ἰξία de Mario II. 202 B.

ἰξὸς I. 214 F. — ulcus I. 408 E. v. not. ad Polluc. IV. 196.

ἰοειδὴς II. 934 E. Pontus, Homer.

ἴον flos II. 41 F. 92 A.

Ἰόνιος ὁ, sc. κόλπος I. 465 A. 919 A. 929 D. ita leg. pro ω 944 C. F. Aristid. I. 22.

ἰοπλόκαμος Poët. II. 504 D.

ἰὸς II. 693 A. 828 A. — animae II. 819 E. Dio Chr. 663 A. — statuae II. 395 D. E. 820 E. — venenum II. 164 F.

ἰοστέφανος Venus, Solon I. 93 B. Ruhnken. Ep. Crit. I. p. 57.

ἰοὺ, ἰοὺ, καὶ φεῦ, φεῦ, βοᾶν II.

1074 E. — ἐλελεῦ, ἰοὺ, ἰοὺ I. 10 A. — II. 413 A.

Ἰουδαΐζω I. 864 C.

ἰουλὶς Piscis II. 977 E.

ἴουλος καθέρπει Himer. 226. 514. 738.

ἱππαγωγὸς navis Duker. Thucyd. VI. 43.

ἱππάζομαι I. 141 A. — χώραν.— I. 272 C. 366 F. 500 A. 561 D. 716 A. 979 F.

ἱππάριον I. 359 E.

ἱππαρχέω II. 578 B.

ἱππάρχης I. 252 A.

ἱππαρχία turma, I. 586 E.

ἵππαρχος I. 359 E. 790 A. ita leg. 919 D.—Plato 616 A.—Rom. Mag. Eq. I. 131 B. 150 B. 175 F. 178 D.

ἱππὰς — ἄδες πύλαι Athenis II. 849 C. — ordo equestris, ἱππάδα τελεῖν I. 88 A.

ἱππασία I. 425 A.

ἱππάσιμος I. 465 D. 556 D. adulatoribus 677 E.

ἱππαστικὸς I. 203 C.

ἱππάστρια, camelus, I. 592 D.

ἵππειος Neptunus I. 25 D.

ἱππεὺς ἀνὴρ ἵππῳ χρώμενος II. 1119 A. — Megarici philosophi contendunt, non ἱππεῖς μυρίοι sed ἱππεὺς ἱππεῖς dicendum II. 1119 D. — εῖς Ath. I. 353 B. — Rom. I. 549 E. F. 630 A. — έων ἄρχων I. 916 E. — miles II. 187 B. 197 C. 203 A. F. 209 B. 211 F.

ἱππεύω I. 716 A. II. 54 D. 58 F.

ἱππηγὸς navis I. 391 F.

ἱππήλατος Aristid. I. 225.

ἱππικὸς vir I. 476 C. 626 C. 866 C. 867 A—Plato 689 A.—ὸν τὸ, longitudo stadiorum 4. Athenis I. 91 C. — τὸ equitatus II. 211 F.

ἱππιοχάρμης Hesiod. II. 747 F.

ἱπποβάτης Chalcidensis I. 164 F.

ἱπποδρομία II. 747 D. I. 463 F. 760 E. 846 B. Philo Euseb. P. E. VIII. 397 A. Aristid. I. 328.

Ἱπποδρόμιος mensis Boeotiorum II. 188 A.

ἱππόδρομος I. 20 C. 25 D. 30 D. 104 A. circus 314 B. — Rom. 369 B. circus 471 E. 517 C. 950 E. — Gr. Dio Chr. 548 B.

ἱπποθόρος II. 138 B. 704 F.

ἱπποκένταυρος II. 54 D.

ἱπποκόμος II. 9 D. 174 C. 792 C. 970 D. I. 338 E. 471 A. 477 F. 502 C. 563 E. 590 B.

ἱπποκρατέω I. 328 D. 465 B. 502 A. 587 F. — εῖσθαι I. 325 E.

ἱππόκροτος Aristid. I. 128.

ἱππομαχέω I. 300 F.

ἱππομαχία I. 259 C. 327 A. 500 F. 673 B. II. 197 E.

ἱπποποτάμιος II. 364 F. ibid. autem ἵππος ποτάμιος.

ἵππος II. 59 E. 64 E. 98 E. 99 B. 138 B. 139 B. 145 A. 147 D. 149 C. E. 150 A. 173 E. 174 E. F. 175 A. 196 A. 200 D. E. 204 E. 205 D. 210 F. 213 E. — ἡ II. 704 F. — ἡ equitatus II. 872 B. I. 176 E. 394 A. 498 D. 510 D. 534 C. 554 E. 559 E. 935 A. — II. 1119 A. — ἵππῳ θεῖν, equo incitato vehi II. 754 E. — ον προσελαύνειν pro — ῳ II. 755 B. — II. 785 D. — ἵπποι χίλιοι equitatus, ut hodierni, equus pro equite I. 331 F. — καθ' ἵππον Tact. I. 360 A. — ἵππου δρόμος distantia I. 487 A. (40 stadia 491 C.) 944 E. — ἵππος πρὸ τῆς θύρας I. 638 E. — ἀφ' ἵππου I. 656 B. — comparatio, et λόγου cum χαλινῷ II. 33 E. F. 39 A. B. — ἵππων διδάσκαλοι rei equestris magistri Plato 630 A.

ἱπποσύνη II. 818 D.

ἱππότης στρατὸς I. 259 E. Markl. Eurip. Suppl. 659. — I. 482 E. 249 E. 259 E. 303 E. 515 B. 327 A. 463 C. 560 D. 628 B. 653 A. 699 B. 935 D. 936 D. — venio equo insidens ἱππότης ἥκω I. 637 A.

ἱπποτοξότης I. 513 C.

ἱπποτροφέω II. 52 D.

ἱπποτροφία I. 196 A. 606 D. II. 49 B. 212 B.

ἱπποτρόφος II. 821 A. I. 114 A. Dio Chr. 461 B.

ἱπποφόρβιον I. 587 F.

ἱππέω — εῦσθαι se, non equum

videre, volunt Cyrenaici II. 1120 D. 1121 A.

ἵπταμαι et τρέχω II. 54 C.

ἴρεις Boeotica vox II. 664 E.

Ἶρις II. 409 C. 664 E. — χάρις ὥσπερ ἶρις τεταμένη Aristid. I. 236.

ἲς ἰνὸς, vena metalli II. 434 B. — corporis II. 905 A. 1130 D.

ἴσα adv. Wessel. Diod. Sic. II. 554. Pausan. 116. I. 376 E. — καὶ Pausan. 571. Aristaenet. . . Galen. Protr. c. 9. et 5. cum dativo. Aristid. I. 324. — corrupt. f. I. 879 F.

ἰσάριθμος II. 430 D. 744 E. 745 C. 1029 B. I. 643 A.

Ἴσειον fanum Isidis, II. 352 A. Harduin. ad Plin. V. 10.

ἰσηγορία? synonymia II. 641 F. — reip. II. 66 D.

ἰσημερία II. 979 C. 1028 E. I. 523 E. 934 C.

ἰσημερινὸς II. 429 F. 888 C.

ἴσημι II. 162 E. 187 A. 225 D. 235 D. 679 B. 764 B. 964 A. — II. 978 B. — ἴστε δήπου 150 F. — ἴσθι δὴ καὶ σκόπει, leg. ἴθι II. 1072 A. — ἴσμεν in fine periodi II. 1118 E. — ἴσμεν ἀλλήλους I. 745 E. — ἴστω cum particip. sing. nom. II. 84 D. — ἴσμεν formula II. 132 E. — τοῦτο μὲν δὴ πρῶτον ἴσθι ὅτι Dio Chr. XVIII. 256 A.

Ἴσθμια I. 91 B. II. 197 A. 400 E.

Ἰσθμὸς I. 130 C. 549 B. 917 A. 948 C. 1034 B. — Ἰσθμοῖ II. 29 F. 676 D. I. 122 E. 631 C.

ἰσία antiquitus dicebatur pro οὐσία II. 375 D. ubi v. n.

Ἰσιακὸς II. 352 B. C.

Ἶσις — δος τρίχες flores II. 939 D.

ἰσοβασιλεὺς I. 688 A.

ἰσογώνιος II. 427 A. 1003 D.

ἰσοδαίμων — τας ἀνθρώποις βασιλῆϊδος ἀρχᾶ II. 450 A. 479 A. Ariphron Athen. XV. p. 702 A. Licymnius ap. Sext. Emp. c. Math. XI. 49. Aeschyl. Pers. 635. Jacobs. ad Anthol. I. p. 309.

ἰσοδαίτης II. 389 A.

ἰσοδένδρου τέκμαρ αἰῶνος λαχοῖσαι nymphae II. 415 D. Pindar.

ἰσοδρόμος II. 889 C. 892 C.

ἰσόθεος II. 1058 B. 1091 B. I. 16 A. 383 C. Wessel. Diod. Sic. I. p. 101. Epicur. Diog. L. X. 5. Porph. Abst. II. 37.

ἰσόκληρος I. 44 B.

ἰσόκοιλος tibia II. 1021 A.

ἰσοκρατὴς II. 827 B.

ἰσόκωλον II. 350 E.

ἰσομεγέθης II. 844 E.

ἰσομέτρητος I. 92 B. Aristid. 197. 199.

ἰσομετρία II. 1139 B.

ἰσομοιρία II. 226 E. 644 B. I. 11 A. 975 B. Oenom. Euseb. 228 A.

ἰσόμοιρος II. 908 E.

ἰσονομία — phys. II. 914 A. — II. 428 E. I. 75 F. Gatak. M. A. p. 16, b. — ab Epicuro Steph. Thes. L. Gr. 1027.

ἰσόνομος II. 154 D.

ἰσόπαιδος I. 67 C.

ἰσόπλευρος triangulus II. 416 C. 427 A. 670 C. 1003 D.

ἰσοπολιτεία πρός τινα II. 300 A. I. 149 D. 228 B. Diog. L. I. 67.

ἰσοῤῥοπέω II. 819 C. 960 D. 987 F. I. 1006 B. Plato 1630 B.

ἰσοῤῥοπία II. 137 D. 896 D. Plato 607 A.

ἰσόῤῥοπος μάχη a poetis ὁμοίη vocatur I. 657 E. — II. 943 E. I. 42 E. 172 C. 175 E. 807 B. 898 C. Plato 607 A. — II. 34 A. — ἰσοῤῥόπους vel ἰσόῤῥοπος leg. Aristid. I. 214.

ἴσος II. 226 B. — ἐπὶ τοῖς ἴσοις I. 11 C. 228 B. 247 C. — τοῖς ἑαυτοῦ μέρεσι numerus I. 42 F. — ἴσα φέρεσθαι, aequo marte pugnare, I. 180 E. — οὐ τοῖς ἴσοις deditum esse, pro οὐ τοιούτοις II. 8 B. — ἴσον εἰπεῖν, idem dictu, Himer. 168. 672. — ἐπ' ἴσης πρὸς τἀναντία διαλέγεσθαι II. 1050 F. — τὸ ἴσον aequalitas, quid sit explicatur II. 157 C. (ubi v. n.) 643 C. 719 B. I. 3 D. 85 D. 94 F. — ἴσον ἑαυτὸν παρέχειν καὶ ἀδούλωτον i. e. non se submittere II. 744 B. — omnibus

II. 807 A. — καὶ ὅμοιος disting. II. 879 F. — conjung. H. 998 F. Eurip. Fr. inc. Musgr. 226. quod est Phoeniss. 654. — Aristid. I. 224. — bis II. 191 D. 214 F. — κατ' ἴσον II. 238 D. — Simpl. II. 194 C. 195 B. 214 F. 236 A. 237 C. 239 B. — in rep. II. 154 E. — et προσῆκον differunt II. 167 C. — ἐξίσου una voce II. 154 C. Plato 677 G. — ἴσον λέγειν τί τινι II. 109 E. — ἴσα καὶ μείζω II. 106 B. — τὸ ἴσον διελέσθαι II. 106 B. — ἴση victoria οὐκ ἀπ' ἴσης παρασκευῆς I. 296 E. — ἴσοι πρὸς ἴσους I. 287 A. — ἴσον φέρεσθαι I. 258 D. 287 A. 313 A. 958 B. — ος καὶ κοινὸς I. 319 E. Aristid. II. 321. — ἴσον οὐδέν ἐστι I. 757 C. — ος πρός τινα I. 411 F. — ἐξ ἴσου contra quem pugnare I. 417 C. — ἀπ' ἴσης pugnare I. 555 C. — ἴσον ἀπέχω I. 558 B. — καὶ δίκαιον I. 611 C. — μέτρον I. 618 C. — ἐπὶ τοῖς ἴσοις καὶ δικαίοις I. 585 F. — ἐπὶ τοῖς ἴσοις I. 652 F. — ἴσον ἔχειν I. 950 B. II. 54 C. — ἴσῳ μέτρῳ I. 743 B. — ἐξ ἴσου I. 208 B. 226 B. 231 E. 784 C. — ἴσος in rep. I. 807 B. — καὶ δίκαιος I. 1039 E. — σῷ σταθμῷ Prov. II. 75 B. — ἄγει ἴσον σταθμὸν II. 96 B. — ἴσον καὶ τὸ — p. τινι Plut. Symp. Arist. Chrys. T. II. 874 D. Galen. Protr. p. 11 W. — ἐν ἴσῳ τινὸς pro ἐξ ἴσου T. Hemsterh. Lucian. 85. — — ἐπὶ τῇ ἴσῃ καὶ ὁμοίᾳ ellips. Aristid. I. 489. Sim. 492. — ἐξ ἴσου Aristid. I. 176. 182. 193. 195. 229. 271. 464. 474. 476. — ἀπὸ τοῦ ἴσου Aristid. I. 175. 176. — ἐπ' ἴσοις Aristid. I. 174. — in amore Plato 646 B. — ἴσος judex et legislator Plato 692 F. — ἐξ ἴσης Plato 655 A. ἴσα — καθάπερ aeque ac Porph. V. P. 44. ἴσα πνεῖν, ἴσα φρονεῖν Antiphon Stob. 422.

ἰσοσκελὴς II. 1003 B. seq. 428 A. I. 66 C. 416 D.

ἰσοστάσιος I. 842 E. Hippocr. Ep. XIX. p. 18 B.

ἰσοσύλλαβος II. 739 A.

ἰσοταχῶς II. 1082 E. Sext. Emp. 643. 655. 657.

ἰσοτελὴς II. 836 A. Taylor. Vit. Lys. p. 140. ed. Reisk.

ἰσότης, virtus, quid si ὁμοιότης II. 97 C. — an sit justitia II. 719 B. I. 611 C. — plur. II. 719 D. — simpl. Juris II. 815 A. I. 110 D. — I. 123 B. 125 C. 630 E. — reip. I. 805 C. 844 B. 974 E. — et ὁμοιότης oppon. H. 54 C. Plato 650 E. Isocrat. 261, — amicitiae Jambl. V. P. 162. Plato 615 G.

ἰσότιμος I. 75 F. 175 E. 224 E. 443 D. 454 D. 514 D 546 B. 581 B. Dio Chr. 498 D.

ἰσόχωρος Fragm. Metr. 2.

ἰσοψηφία I. 838 E.

ἰσόψηφος II. 351 A. I. 42 E. 837 A.

ἵστημι — ἵστη, fuit, II. 958 A. — opponitur τῷ ἐξίστημι II. 914 D. 918 B. — congelare facio 947 D. 954 D. — ἵστατα: consistit, est, II. 956 C. — ἵστημι statuam II. 402 A. — ἵστημι μέχρι τινός, non ultra progredior II. 1145 A. — μι βακτηρίαν figo II. 147 B. — pondero, Plat. Euthyph. . . . Xen. Ἀπομν. . . . Repone in Dione Chr. VII. 107 D. — οὐχ ἥκιστα μὲν — Leg. οὐχ ἵσταμεν τὰ κρέα ἡμεῖς. — ἕστη subsistit v. n. II. 63 B. — sanitas corporis non ἕστηκε II. 682 E. — ἀσθαι ἐξ ἐναντίας, pro ἀνθίστασθαι II. 74 A. ubi v. n. — ἑστὼς, de statua, v. n. II. 170 E. — II. 1029 B. Music. 1145 C. — ἵστασθαι ἔν τινι, subsistere, H. 551 C. — consistere facio II. 641 C. 652 C. 663 E. 684 C. 1015 E. — ἱσταμένου μηνὸς II. 655 E. 717 B. 738 E. 849 B. 861 E. 931 F. I. 9 C. 10 A. 24 C. 60 C. 90 C. 138 A. 290 A. 300 F. 665 F. Porph. Abst. II. 54. — ἔτους Aristid. I. 344. — ἵστημι faciem H. 715 C. — ἕστηκε κακῶς ἡ αἰχμὴ αὐτοῖς bello infelices erant, II. 803 D. F. — ἵσταμαι ἐκποδὼν II. 859 F. I. 1065 B. — ημι τὴν ἄκανθαν piscis II. 977 C. — quiesco II. 981 A. — Deus ἵστησι θάλασσαν ἀκύμονα II. 982 F. — ἱστάναι καὶ ἵστασθαι II. 1012 E. — stare facio II. 1025 A. — finem impono H. 1081 A. — σταθῇ Epic. consisto intra justos limites II. 1091 B. — e fuga I. 29 B. — σκηνὴν I. 124 C. — instauro, leg. ἀνιστ. I. 113 F. — τρόπαιον I. 163 D. 173 D. II. 193 F. — pro sum, Wessel.

Diod. Sic. I. 584. — ἔστηκε ὁ ἀνὴρ, statua ei posita est. Pausan. 695. — λογισμὸς I. 175 E. 177 A. — ἐμποδὼν I. 184 A. 389 E. 918 A. — ἑστὼς munimentum, *non dirutum*, I. 197 D. — consistere facio I. 216 F. 229 E. 377 D. — ἱστάμενον θέρος I. 249 A. — ται pugna ἄκριτος I. 393 E. — άμενον κατὰ κορυφὴν σημεῖον I. 411 E. — non cedo I. 447 C. — στῆναι consistere I. 485 F. e fuga 501 C. — ἑστῶσα urbs, non diruta I. 529 D. — ἵσταταί τι ἔν τινι, servatur quid in eo, per id, I. 556 B. — coenae sumtus εἰς μυρίας δραχμὰς προῆλθε, ἐνταῦθα δὲ ἔστη I. 678 A. — ὅπου στήσεται, ubi desinet I. 782 F. — οὕτως ἔστη τοῖς λογισμοῖς ὁ Κάτων, ὡς — ita apud te constituerat ut iret I. 786 C. — ἵσταται ἀθὴρ gladii *erectus stat* I. 793 C. — ἵστημι σκηνὴν I. 854 E. — μαι πρός τι, curo quid I. 856 A. — μι statuam I. 881 D. II. 205 D. E. — ἵσταντες πρὸς ἀργύριον ἀπέδοντο I. 937 B. — μαι ὑπέρ τινος tueor quem I. 949 F. 997 C. — μι κρατῆρας καὶ τραπέζας ante domum I. 970 E. — ἑστᾶναι dicuntur oratores dicentes I. 986 A. — μι ἀνδριάντα et πήγνυμι disting. Cicero II. 91 A. — fluvius οὐ στήσεται II. 106 E. — ἑστῶσα θάλασσα ἀκύμων II. 161 E. — μι sto II. 201 C. 202 F. 203 D. 206 D. 233 B. — et πίπτω II. 201 F. — μι χορὸν II. 191 F. 211 F. — ἑστᾶναι II. 193 E. — εἱστήκει stabat, II. 241 C. — στὰς II. 222 A. — quem in loco II. 208 D. — μαι sum II. 217 C. — στῆσαι νεκρὸν ἔρθιον II. 234 F. — ἑσταμένη ἀποφορὰ, constitutum vectigal II. 239 D. — ἵστασθαί τι περί τι, *extstat, est*, Diog. L. VII. 122. — μί τινα simpl. pono cui statuam Dio Chr. XXXI. 323 A. — ἑστάναι statuam habere ib. 343 A. — ἵστασαι ib. 343 C. 462 A. B. — ἵστημι εἰκόνα τινός ib. 356 D. — ἑστὼς miles Aristid. I. 219. — ἔστησα quid in libro, scripsi Aristid. I. 327. — σθαι περί τι, versari in quo Sext. Empir. 302. — ἵσταται πάντα πράγματα ἔν τινι, omnia pendent a quo, Aristid. II. 211. — ἑστὼς, concors, constans, Aristid. I. 560. — στῆσαι τὴν πλεονεξίαν ἔν τινι Aristid. I. 479. — ἵστασθαι μετά τινος Aristid. I. 435. — ἵστημι pondero, Aristid. I. 462. — στῆναι οὐδαμοῦ Aristid. I. 403. II. 125. — aestas, hiems, Aristid. II. 341. — ἵσταται aër immotus Aristid. II. 339.

ἱστίον II. 128 E. 1056 E. I. 493 B. 969 A. 1006 C. — ἱστία ἑκάτερα ἐπάρασθαι II. 662 C.

ἱστορέω II. 675 A. 728 E. 974 E 978 C. 980 B. 981 A. 985 B. 1047 D. 1070 E. I. 102 A. E. — inf pass. II. 797 C. — pass. I. 12 B. 99 B. — ἀκοῇ ἱστοροῦντα Jambl. V. P. 239. — εἶταί τι II. 227 E. — ούμενα II. 30 D. — in mythologia — id. ac θεωρέω II. 861 C. (Stanl. Aeschyl. T. II. 757.) 516 C. 578 C. 681 C. — I. 14 C. — lego, cognosco, II. 347 D. 980 B. I. 381 E. Sim. 451 B. — breviter cognosco II. 423 C. — video I. 493 A. 640 B. 861 D. II. 158 A. — memoriae prodo I. 346 E. 394 A. 415 B. 420 D. F. 422 A. 432 D. F. 439 E. 440 B. 443 B. 450 E. 451 E. 453 F. 454 E. 480 C. 498 B. 529 C. 572 C. E. 583 A. 596 E. 603 C. 616 A. 668 D. 678 F. 683 A. 690 D. 737 D. 750 C. 777 B. 835 C. 852 D. 857 F. 886 A. C. 974 A. 994 F. 1003 C. 1009 C. 1028 D. 1032 F. 1037 F. 1046 D. — I. 328 A. 335 A. B. C. 397 B. 412 A. — ἱστορέω memoriae prodo, dicitur etiam de aliis scriptoribus, non tantum de historicis. conf. locos infra notatos et II. 1136 B. I. 192 A. 310 A. 850 C. E. — et εἴρηκε I. 316 B. — differt a λέγω I. 481 A. — scribo, memoriae prodo I. 112 B. 113 A. E. 115 C. 117 C. 121 C. 124 B. C. 125 B. 132 C. 138 C. 139 A. 157 A. 164 E. 167 B. 173 A. 197 B. 233 E. 239 E. 316 D. II. 111 C. 113 A. 159 C. 422 D. 1136 C. 1140 F.

ἱστόρημα I. 152 E. Aristid. I. 24.

ἱστορία — ἀφ' ἱστορίας II. 724 A. — ἱστορία experientia II. 642 D. 664 C. 680 D. 1047 C. — factum II. 675 A. C. 680 C. — plur. narratio factorum II. 803 A. — ρίαν γενέσθαι ἑαυτοῦ, suam ipsum historiam scribere II. 845 D. — ας ἕνεκα quo ire II. 410 E. I. 79 C. — κατὰ Diog. L. I. 43. — καὶ μάθησις, scientia II. 441 B. 673 A. — consideratio spectatio, II. 975 E. Staal. Aeschyl. T. II. 757. — singulare factum II. 27 D. 60 A. 977 D. — plur. II. 1092 E. 1093 C. 1095 A. — ία καὶ διήγησις II. 1093 B. — liber I. 12 B. 962 F. — I. 1 B. C. 80 A, 126 C. 153 B. 160 E. 163 C. 174 A. 183 D. 190 A. H. 406 B. E. — res διαφόρους ἔχει ἱστορίας, varie refertur I. 39 E. — scientia II. 421 B. — καὶ μάθησις II. 44 B. — ἔννοια φαντασία 171 B. — historia I. 232 B. 255 C. E. 257 E. 276 C. 343 B. 412 A. 480 A. 491 F. 492 B. 523 D. 850 A. II. 30 C. 79 C. — καθ' ἱστορίαν peregrinari I. 764 D. Aristid. I. 97. 326. — αι I. 337 C. 348 B. 351 D. 358 A. 564 E. 639 B. 664 F. II. 78 F. 199 E. — α καὶ ἀκοῇ τι συνάγω I. 568 C. — spectatio, opp. ἀκοῇ Aristid. I. 235. 295. 302. — α vitae Plutarchi I. 824 B. 846 D. — πάτριος I. 881 D. — πραγματικὴ I. 1064 A. — αι f. narratiunculae II. 78 F. — α Ἑλληνικὴ καὶ Ῥωμαϊκὴ II. 119 D. — μνήμην παρέδωκε Porph. Abst. II. 52. — α Dei Dio Chr. XII. 199 C. — ut quae in ἱστορίαις legimus Aristid. I. 487.

ἱστορικὸς I. 1 A. 73 E. 77 B. 198 A. 240 D. 432 E. 448 A. 673 F. 908 A. 943 D. 957 B. — τὸ H. 242 F. 743 D. — ὰ γράμματα I. 419 B. 480 C. 492 A. — ώτατος I. 572 E. — κὴ ἕξις opp. verae et φιλοσόφω H. 48 D. — ζήτησις II. 133 E. — λόγος — genus dicendi historicum vit. Hom. §. 74. — ἱστορικὴ ἕξις II. 48 D.

ἱστοριογράφος et συγγραφεὺς videntur distingui H. 898 A.

ἱστὸς pro gynaecio ponitur II. 257 D. — tela, certa mensura lintei texti Rom. . . . J. Gron. Polyb. V. 89.

ἵστωρ Porph. Abst. II. 49. Aristid. II. 369.

ἰσχὰς II. 78 E. 173 C. 190 A.

ἴσχεσθαί τινος II. 83 B.

ἰσχία II. 669 E. — I. 380 D.

ἰσχνοπόρος II. 913 F.

ἰσχνὸς opponitur εὐρεῖ II. 689 B. — καρπὸς II. 735 D. — καὶ νοσώδης II. 791 E. — tenuis corpore H. 8 D. 206 E. 831 B. I. 51 A. 715 E. 862 C. 867 E. 987 C. — νὴ καὶ Ἀττικὴ λέξις II. 42 D. Sim. 7 A. Vit. Hom. 72. — subaudi animo Antipat. Stob. 427. — ὸς λόγος exile genus dicendi, Vit. Hom. §. 72.

ἰσχνόφωνος H. 89 B. 405 B. 721 C. 837 A.

ἰσχυρίζομαι niti argumento II. 664 C. 727 B. 931 B. 1022 D. I. 875 A. 880 C. Aristid. I. 220. 434. II. 63. 224. 270. 287. — τὴν ἀξίωσιν H. 742 A. — f. contendo I. 59 F. 83 D. 132 A. 713 C. — aio, affirmo I. 992 B. 1063 E. Aristid. II. 264.

ἰσχυροποιέω II. 890 D.

ἰσχυρὸς II. 24 A. 30 E. 35 A. 417 D. 723 F. 1130 A. — in laude ponitur II. 456 F. — ὰ καὶ ἀπαραίτητος συνήθεια II. 708 A. — λόγος verus I. 94 E. — νόμος I. 102 F. — cum inf. I. 320 C. — ὸν σημεῖον I. 705 C. — ὸν, τὸ τῆς ἀρχῆς I. 768 F. Xenoph. H. Gr. ind. Mor. Dio Chr. 539 C. — ὸς τῇ γνώμῃ I. 791 E. — ῶς II. 152 F. 153 A. C. D. 174 F. 204 B. 206 D. duplex 227 D. 228 A. — ἰσχυρότερα τῆς φύσεως ἡ τροφὴ, an ἡ φύσις τῆς τροφῆς Porph. Abst. IV. 2. — ὰ ὁμιλία Plato 672 D. — pugiles οὐκ εἰς τὰ τῶν ἀντιπάλων ἰσχυρὰ συγκαθίενται Aristid. II. 142. — λόγος justa caussa et sim. Aristid. I. 404. 414. 457. 471. 485. II. 129. 251. 252. 280. 360. — τὰ ἰσχυρὰ τοῦ βίου, vitae subsidia, Aristid. II. 310.

ἰσχυρῶς βούλομαι I. 637 E. — videtur I. 992 A. — Simpl. II. 133 C. 177 D. 193 B. 233 A. — jurare I. 603 A. — vitare I. 613 A. — metuere I. 2 D. — ἄρχειν II. 755 A. — II. 536 C. 729 F. — πέπεισμαι I. 395 D. 597 E. — ὡς νομίζω καὶ πέπεισμαι de re Dio Chr. XII. 210 D.

ἰσχὺς simpl. II. 130 A. 140 F. 218 F. 227 E. — πλοῦτος, ὑγίεια, δόξα II. 99 E. — πίστεως καὶ ἀξιώματος II. 35 E. — II. 1034 D. — ἀποδοῦναι de opere, quod diu durat I. 159 E. — potestas in civitate I. 173 E. 917 E. 1058 B. — exercitus I. 171 C.— pretium numi II. 406 B. — τροφῆς εἰς ἦθος ut Lat. vis educationis ad mores I. 989 F.

ἰσχύω II. 224 F. — ειν pro ἰσχὺς II. 130 B. — nomen invaluit, ἴσχυκε II. 694 B. — in republica I. 165 F. 524 C. 741 E. 806 B. Sim. 829 D. 881 B. 917 B. 918 A. 1038 B. — ει νόμος I. 172 E. — perficio I. 532 C. — παρά τινι I. 584 F. 620 A. 820 F. — cum inf. I. 650 E. 800 A. — πλεῖστον I. 952 B. 956 A.

ἴσχω malo sensu II. 442 F. 649 B. 698 C. 782 E. 911 D. 913 E. 921 D. 922 D. 923 C. 955 C. 1090 B. 1129 D. II. 36 E. 125 C. 129 B. Plato 698 C. — pro ἔχω II. 127 B. 398 D. 436 C. 437 C. 642 A. 652 C. 661 C. 689 E. 698 C. 943 D. — ται φωνῇ II. 763 A. — pass. opponitur motui II. 1056 B. 1076 E. F. — σχέσθαι δακρύων, abstinere lacrymis II. 83 B. — bono sensu Plato 699 F.

ἴσως leg. μύσος I. 982 F. — τὸ ἴσως II. 572 E. — omnino II. 71 D. — ἴσως ἀδύνατον forte leg. I. 89 F. — τὸ ἴσως II. 572 E. — ἴσως μὲν — ἄλλως δὲ I. 127 F. — οὔτε ἴσως δυνατὸν οὔτε ὠφέλιμον II. 15 A. Aristid. I. 184. — μὲν οὖν init. II. 47 C. — μὲν γάρ τι καὶ Θεοφρ. ἀληθὲς εἶπεν II. 135 E. — utrum *aequaliter* an *forte* II. 71 E. — Forte, simpl. II. 139 E. 143 B. 154 A. 162 C. 165 A. 169 A. 205 B. — Dial. ἴσως, Resp. οὐκ ἴσως, ἀλλ' ὄντως Plato 695 G. — οὔτε ἄλλως ἐπιεικὲς, οὔτε ἴσως τοῖς τηλικούτοις Dio Chr. 544 D.

Ἰταλικὴ ἡ γλῶσσα, Romana, Heusinger. Antibarb. p. 413. Himer. 658.

ἰταμὸς II. 46 C. 97 C. 98 E. 128 D. 131 A. E. 450 F. 767 B. 795 C. 1041 A. I. 648 B. 766 D. — καὶ ἀκόλαστος II. 1707 B. 796 C. — II. 977 D. 1094 A. I. 21 B. 106 C. 113 A. 185 B. 277 E. 447 E. 452 A. — πρὸς λόγους II. 1041 A. Sim. I. 1064 C. Aristid. II. 203. — I. 447 E. 530 D. 780 F. 831 C. 840 B. II. 89 A. 140 C. D. Dio Chr. IV. 77 A. Plato 622 C. — ὂν τὸ τῆς ὥρας, an πιθανὸν I. 953 E. — vultu I. 889 E.

ἰταμότης II. 554 F. 715 D. I. 524 C. 803 E.

ἰταμῶς I. 770 B. 894 A. II. 93 B. 127 F. — bono sensu II. 128 E.

ἰτητικὸς Anon. Vit. Pythag. 21.

ἴτυς II. 921 A. 932 B.

Ἰτωνία Minerva II. 774 F. I. 606 A.

Ἰτωνὶς I. 400 D.

ἴυγξ II. 1093 D. Aristid. I. 182. Aelian. N. A. II. 9, 21.

ἶφι κταμένοιο βοὸς II. 642 E.

ἰχθύδιον II. 978 D. 980 B.

ἰχθυόβρωτος II. 668 A.

ἰχθυοπωλία II. 668 A.

ἰχθυόπωλις sc. ἀγορὰ II. 849 D.

ἰχθυόπωλος II. 668 D.

ἰχθυοτρόφος I. 518 C.

ἰχθὺς II. 14 D. 91 C. 125 F. 139 A. 198 D. — homo stupidus II. 975 B. — Sign. coeleste II. 908 C. — Ὑρκανοὶ II. 1101 A.

ἰχνεύμων II. 966 D. 980 E. I. 689 A.

ἰχνεύω Pindar. I. 523 D. — πεζὸς παρὰ Λύδιον ἅρμα II. 65 B.

ἰχνηλάτης veri II. 762 B.

ἴχνος καθεῖναι ἀκρώνυχον f. ex Trag. II. 317 E. — Sim. II. 971 E. — εἰς ἀρετῆς τινα καθιστάναι II. 439 F. — εἰς, τινα ἐμβιβάζειν II. 513 A. — 680 F. 746 E. 765 D. — vulneris II. 924 A. — signum II. 670 A. 718 E. 728 B. C. 766 F. — annuli II. 754 A. — καὶ μνῆμα II. 860 A. — γνώρισμα 855 B. — memoriae II. 944 E. — lucis II. 945 A. — ferae II. 966 C. D. — vires principes quae postea explicantur Plat. II. 1016 E. 1023

D. — I. 69 D. 142 B. 555 B. — ἀρετῆς I. 78 A. — νεσω ἀλώπεκος βαίνειν Solon. I. 95 E. — κατ' ἴχνος Musgr. Eurip. Hec. 1057. Plato 690 A. — καὶ λείψανον II. 417 B. — εἰς ἴχνος quem pono I. 680 D. Sim. 770 C. 813 B. — εἰς τινος ἐμβαίνω I. 1037 A. — νη ἔσω non ἔξω τέτραπται II. 79 A. — vitii ex animo ἐξαλείφειν II. 88 D.— τὸ ἴχνος absolute ferae disting. ab ἴχνη προβάτων, ut Dio Chr. XX. 265 D.

ἰχνοσκοπεῖν II. 399 A.

ἰχνοσκοπία II. 917 F.

ἰχὼρ II. 100 D. 640 D. 993 B. I. 824 A.

ἰώδης II. 565 C.

ἰωνοκάμπτας II. 539 C.

In Kuehniana libraria hi quoque libri veneunt:

Acta nova societatis Iablonovianae. Vol. II. 4. 3 Thlr. Vol. III. 2 Thlr.

Athenaei deipnosophistarum libri XV. Ad edit. Lugd. postrem. emend. expressi. Acc. Villebrunii interp. gall. et notae, itemque Is. Casaub. anim. integr. Curav. vir. doct. emend. adnot. vel edit. vel ined. adiec. indices novos conf. H. G. Schaefer. P. I. tom. I. P. II. tom. I. P. III. tom. I. 8. 4 Thlr.
Charta script. 6 Thlr.

Beiträge zur Naturgeschichte der Wallfischarten. Erster Theil enth. Joh. Hunter's Bemerk. über den Bau und die Oekonomie der Wallfische. A. d. Engl. mit Anmerk. und Zusätzen v. J. G. Schneider. 8. 16 Gr.

Briefe über das sächsische Erzgebirge. 8. 18 Gr.

Brisson über die specifischen Gewichte der Körper A. d. Fr. m. Anmerk. v. J. A. G. Blumhof. M. Zusätzen v. d. Hofr. Kästner. Mit 2 Kpfrn. 8. 1 Thlr. 6 Gr.

Demosthenis orat. de pace. Rec. adnot. et crit. et exeget. instrux. ind. adiec. Ch. Dan. Beck. Acc. A. Dounaei praelection. 8. 1 Thlr. 16 Gr. Charta script. 2 Thlr. 12 Gr.

Dindorfii, Guil. grammatici graeci. Vol. I. Ael. Herodiani de irregulari dictione libri II. primum editi. — Arcadius de accentibus ex libro MS. auct. et emend. — Favorini eclogae. Editoris annotat. critica. 8 mai. 2 Thlr. 16 Gr.
Charta script. 4 Thlr. Charta membr. 5 Thlr. 8 Gr.

Eichstaedt, H. C. Abr., quaestion. philolog. specim. 4. 12 Gr.

Etwas üb. d. Kuren des Gr. v. Thun; aus phys. und medic. Gesichtspunkten betrachtet v. D. C. G. Kühn. 8. 4 Gr.

Fischer, Gotthf., üb. die versch. Form des Intermaxillarknochens in versch. Thierarten. Mit 3 Kfrn. 8. 18 Gr.

Fischer, Chr. Aug., neues spanisch. Lesebuch über polit. und merkant. Gegenstände. 8. 21 Gr.

Fragmenta Theognidis, Archilochi, Solonis, Simonidis, Mimnermi, Callini, Tyrtaei, Phocylidis, Naumachii, Lini, Panyasidis, Rhiani, Eueni, Pythagorae, Empedoclis, Parmenidis, Sapphonis, Alcaei, Stesichori, Antimachi (mit Anmerk. v. Brunck, Iacobs, Gaisford, Blomfield, Dindorf u. a. — aus Poetae min. graeci besonders.) 8 mai. 2 Thlr. 16 Gr.

Freiesleben's, J. C., bergmänn. mineral. Beschreib. des grösst. Theils d. Harzes. M. 3 Kfrn. 2 Theile. 8. 2 Thlr. 12 Gr.

Gesellschafter, der, angenehme, in englischen Gartenanlagen, für alle, die mit dem Angenehmen des Spazierganges in ihnen auch das Nützliche verbinden wollen. Ein Anhang z. d. bot. Taschenbuche f. wissbegierige Spaziergänger. 12. 6 Gr.

Gruner's, Joh. Ernst, Cremutius Cordus, oder über die Büchervetbote. 8. 18 Gr.

— — über die Abschaffung des Lehnwesens. 8. 15 Gr.

Hedwig, Io., filicum genera et species recent. method. accommodatae. icon. ad nat. pict. illustratae a Rom. Hedwig. IV Fasc. fol. à 3 Thlr. 12 Thlr.

— — Rom., Observationum botanicarum Fasc. I. c. tabb. XI. color. 4. 3 Thlr.

Hedwig, Rom., Aphorismen üb. d. Pflanzenkunde; z. Gebrauch sein. Vorlesungen. 8. 12 Gr.

esiodi carmina et fragmenta, cum scholiis. Ed. Th. Gaisford. Ed. nova et aucta. II. Voll. (aus Poetae mini graeci besondere) 8 mai. 5 Thlr. 16 Gr.

Hindenburg's, Chr. Fr., Archiv d. rein. u. angewandten Mathemat. Heft 1—11. M. Kpfrn. gr. 8. à 12 Gr. 5 Thlr. 12 Gr.

Hübler's, D. G. J., Beiträge zur Bibliopöie in prakt. Anmerk. f. Schriftsteller und Verleger. 8. 10 Gr.

Justini Histor. Philipp. Ex rec. Abr. Gronov. et cum divers. lect. Graece accurate edidit C. H. Frotscher. Praemittitur notitia litterar. et A. H. L. Heerenii commentatio de Trogi Pompeii fontib. et auctoritate. 8 mai. 1 Thlr. 8 Gr. Charta script. 2 Thlr. Charta membr. 2 Thlr. 16 Gr.

Kühn, Carl Gottlob, Briefe üb. d. Mittel, die atmosphär. Luft bei ansteck. Krankh. zu verbessern. 8. 12 Gr.

— — de exanthemate, vulgo variolar. vaccin. nomine insignito, comm. I) 4. 12 Gr.

Lipsii, I. G., bibliotheca numaria s. catalog. auct., qui usque ad fin. sec. XVIII. de re numar. scripsere. Praef. est Chr. Glo. Heyne. Tom. I. et II. 8. 3 Thlr.

Luntze, Joh. Glo., monimentor. typographic. decas. 8. 3 Gr.

— — moniment. typogr. tridecas. 8. 4 Gr.

Pausaniae Graeciae descriptio, gr. lat. Rec. emend. explan. Io. Fr. Facius. Tomi IV. 8. 7 Thlr. Charta script. 10 Thlr.

Poetae minores Graeci. Praecipua lection. variet. et indicib. locupletiss. instrux. Th. Gaisford. Ed. nova, F. V. Reizii annotat. in Hesiodum, E. H. Barkeri epistolis criticis, plur. poet. fragment. aliisque accessionib. aucta. 8. mai. V. Voll. 11 Thlr. Charta script. 14 Thlr. 16 Gr.

Plutarchi vitae parallelae Demosthenis et Ciceronis. Graeca recognov. et in us. schol. edid. C. H. Frotscher. 8. 9 Gr. Charta script. 12 Gr. Charta membr. 1 Thlr.

Prasse, Maur. de, institutiones analyt. 4. 5 Thlr. 12 Gr.

Sallustii, Caii Crispi, quae exstant, item epistolae de rep. ordinanda, declamatio in Ciceronem et Pseudo-Ciceronis in Sallustium, Iul. Exsuperantius de bell. civ. et Porcius Latro in Catilinam. Ex recens. et cum integr. adnotatt. Theoph. Cortii et var. lect. libr. recens collatorum accur. edid., vitam Sallustii et notit. litterar. praemisit, divers. lect. Havercamp. in fragm. etiam Gerlach. suosque comment. atque indices adiec. Carol. Henr. Frotscher. Acced. Constant. Felic. Durantinus de coniur. Catilin. itemque vett. historicor. fragmenta plenius et emendatius edita. 8. mai. Vol. I. 3 Thlr. Charta script. 4 Thlr. 12 Gr. Charta membr. 6 Thlr.

Stobaei, Joan., florilegium, ad MS. fidem emend. et supplev. Th. Gaisford. Ed. auct. 8 mai. IV Voll. 10 Thlr. Charta script. 14 Thlr.

Theocriti, Bionis et Moschi carmina bucol., cum scholiis. Ed. Th. Gaisford. Ed. nova et aucta. II. Voll. (aus Poetae min. graeci besonders.) 8 mai. 4 Thlr. 8 Gr.

Wenckii, F. A. W., orat. secul. de vir. erud., qui inde a secul. solemn. 1709. Lips. acad. doctrina scriptisque ornav. atque illustrav. 4. 18 Gr. Charta script. 1 Thlr. 3 Gr. Charta membr. 1 Thlr. 12 Gr.

Milton Keynes UK
Ingram Content Group UK Ltd.
UKHW051303060724
445042UK00008B/472

9 781271 463596